武汉卫生年鉴

WU HAN WEI SHENG NIAN JIAN

武汉卫生年鉴编纂委员会

2008

武汉出版社

(鄂)新登字 08 号

图书在版编目(CIP)数据

武汉卫生年鉴. 2008/《武汉卫生年鉴》编纂委员会编. —武汉:武汉出版社,2009. 9

ISBN 978-7-5430-4480-7

Ⅰ. 武… Ⅱ. 武… Ⅲ. 卫生工作-武汉市-2008-年鉴 Ⅳ. R199. 2-54

中国版本图书馆 CIP 数据核字(2009)第 158808 号

编　　者:《武汉卫生年鉴》编纂委员会
责任编辑:胡培光　楚　风
装帧设计:洪　毅
出　　版:武汉出版社
社　　址:武汉市江汉区新华下路 103 号　　邮　编:430015
电　　话:(027)85606403　85600625
http://www.whcbs.com　　E-mail:zbs@whcbs.com
印　　刷:武汉市委印刷厂　　经　销:新华书店
开　　本:880mm×1230mm　1/16
印　　张:40.25　　字　数:1012 千字　　插　页:30
版　　次:2009 年 9 月第 1 版　　2009 年 9 月第 1 次印刷
定　　价:200.00 元

武汉卫生年鉴编纂委员会

《武汉卫生年鉴》编辑部

编辑说明

本卷年鉴记载了2007年度武汉地区医疗卫生工作的进展和完成情况，包括全市医疗卫生工作宏观微观情况，各区的医疗卫生工作宏观微观情况，在汉的部省属和军队的医疗机构情况，中央在汉企业医疗机构情况，以及在汉的医学院校情况等。

所记的主要内容包括：各项医疗卫生工作年度指标完成情况，所开展的主要工作和重要活动情况，医疗机构人员结构及变动情况，开展医疗新技术新业务的情况，各医疗机构的优势技术情况，医疗设施设备的完善情况，医疗护理服务的改善情况，学术活动及国际交往情况，医学科研所取得的成果及其对临床技术的推动情况，医疗人才的培养和成长情况，专业和重点专学科的进展情况，医院管理和医学教育的改革情况，职工的医德教育和业务技能培训情况，专业组织和中心成立及活动情况，医疗联合与合作情况，社区医疗卫生情况，新型农村合作医疗情况，医疗公益活动情况，医疗扶助情况，卫生法规发布情况，武汉地区医疗卫生工作详细资料统计情况，武汉市卫生工作大事记载情况，联络医疗机构的相关资料情况等。

本卷年鉴加记了改革开放30年中，武汉地区医疗卫生工作发展路径和过程、改革措施和实践、技术进展和效果、行业基础及变化等资料，有宏观层面的资料分析与对比，也有医疗实体各项工作资料的记载，它们被作为资料链接的方式安排在相关连的年度资产后面，便于读者查找。

本年卷内容编排为19个类目，42个分目，881个条目，篇目架构与上卷基本保持一致。

卫生法规资料突出了地方性、完整性、可操作性特色，有法规和规定的全文，也有具体的执行标准，便于查阅和借鉴。

本年卷记载的内容深厚，时间跨度大，涉及面广，工作难度增加不少，尽管编辑人员付出了努力，仍难免有诸多不足之处，敬请读者多多指教，我们会在往后工作中不断加以改进。衷心感谢武汉卫生年鉴各参编单位的大力支持！各参编单位负责本年鉴工作的办公室主任均为本卷年鉴的特约编辑，特作说明。

《武汉卫生年鉴》编辑部

中共中央政治局常委、国务院副总理李克强视察武汉市社区卫生工作

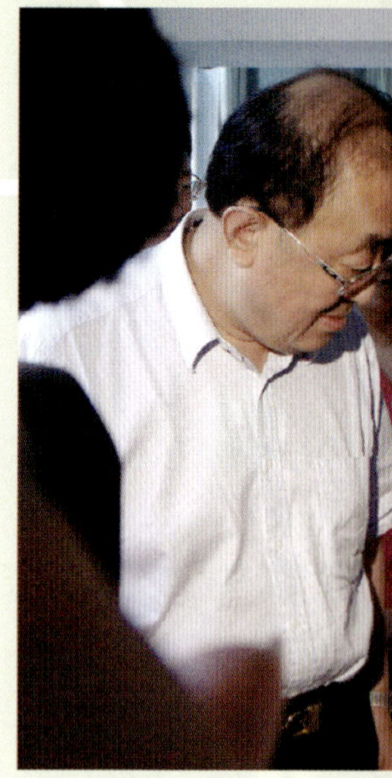

卫生部党组书记高

省委常委、省委宣传部李春明部长视察全市卫生系统文明城市创建工作

武汉市委胡曙光副书记在全市卫生行业创建全国文明城市推进大会上讲话

市卫生局党委书记张建华陪同市委副书记胡曙光参观全市卫生系统抗震救灾工作展览

市卫生局张建华书记在“树立文明风尚，关爱孕妇妈妈”启动会上讲话

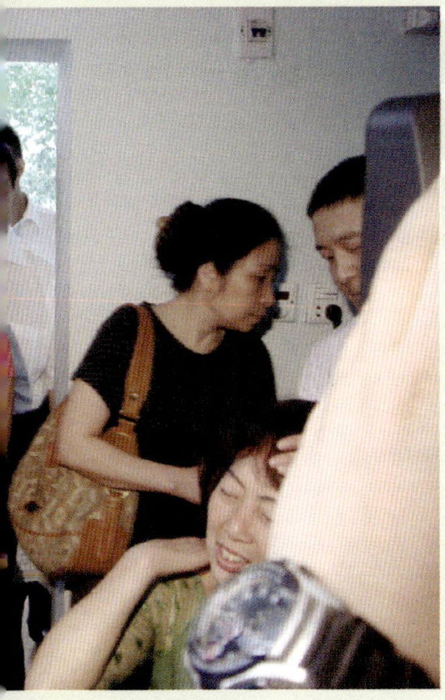

武汉市社区卫生服务工作

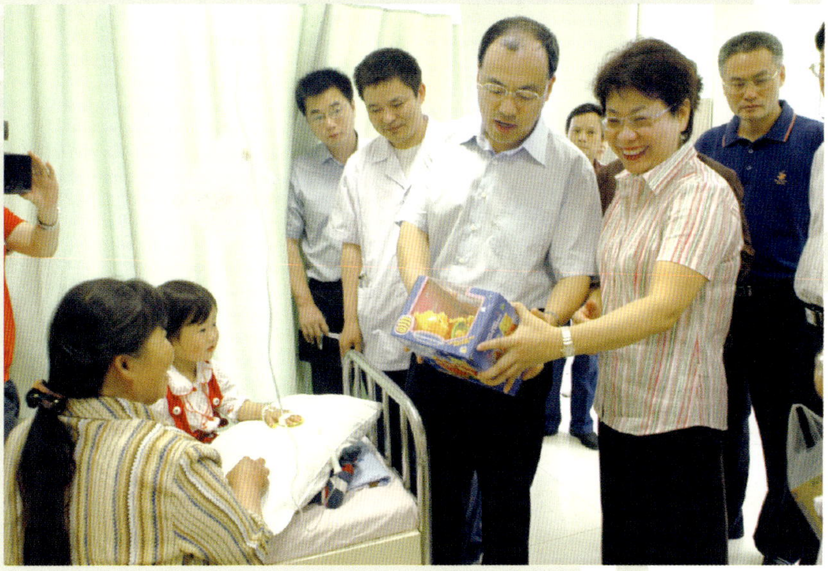

武汉市市长阮成发（中）到市妇女儿童医疗保障中心慰问小病员

武汉市刘顺妮副市长在全市卫生工作会议上讲话

市政府周元秘书长参观全市卫生系统抗震救灾工作展

全市卫生行业创建全国文明城市推进大会

市委宣传部副部长干小明在全市卫生行业创建全国文明城市推进大会上讲话

林国生局长在武汉电视台行风连线现场

丁顺清、朱宏斌副局长在行风连线现场解答问题

市卫生局朱宏斌副局长在义诊现场发放健康教育资料

市卫生局纪委书记刘国庆在行风连线现场解答问题

市卫生局副局长李滔到江汉区民权街社区卫生服务中心指导工作

图为医务人员进社区为居民义诊

市卫生系统一批先进集体和个人在全市卫生工作会议上受表彰

刘顺妮副市长为孕妇发放“孕妇妈妈徽章”

医疗急救人员为市民传授急救知识

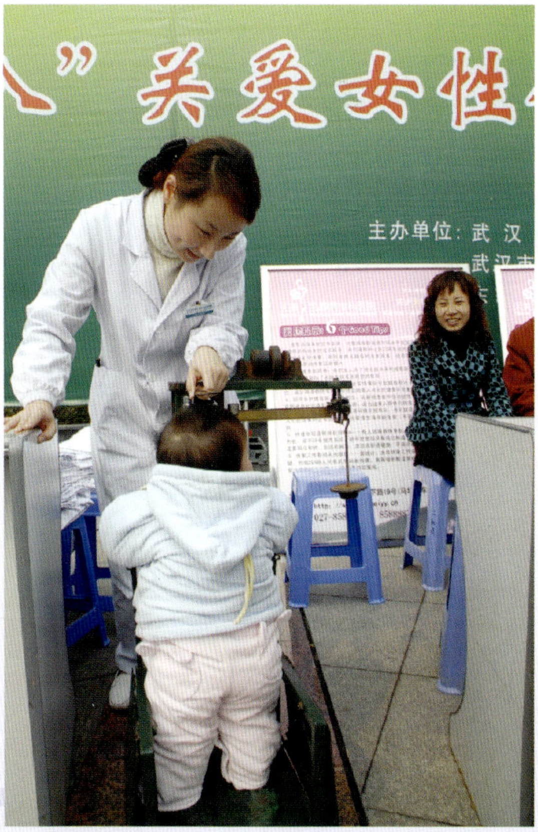

市卫生局组织医务人员上街举行“三八”义诊，图为儿童健康体检

武汉血液中心

卫生部专家组对武汉血液中心质量文件进行查阅

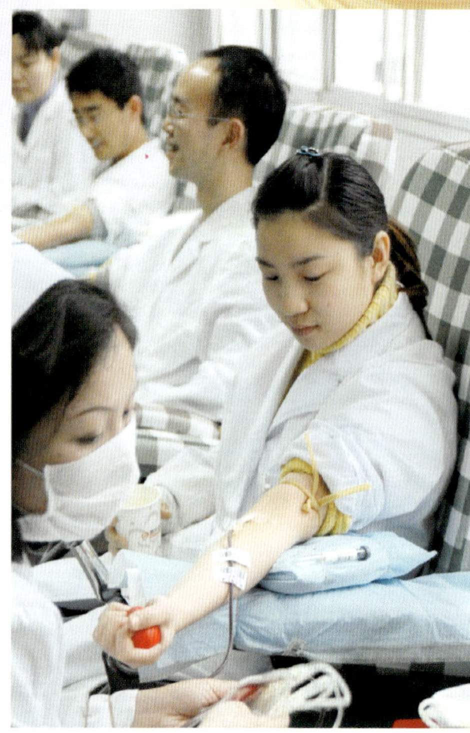

武汉血液中心员工踊跃献血

献血冠军带领一群小朋友参观武汉血液中心科普馆

德国专家考察武汉血液中心

幼儿园小朋友参观武汉血液中心血液科普馆

武汉医药卫生学会联合办公室

2007年11月中华医学会武汉分会与世界卒中组织、武汉市第一医院、南京军区南京总医院、南京大学神经病学研究所共同在武汉主办了第三届国际脑血管病高峰论坛。

2007年9月武汉医院管理学会第五次会员代表大会暨更名成立武汉医院协会大会在武汉举行。

2007年元月在武汉举办武汉市村级卫生组织管理干部培训班

武汉医药卫生学会联合办公室根据卫生工作需要送培训到基层，将社区精神卫生防治知识培训班送到各区甚至社区举办，图为武昌区培训精神卫生防治专业人员

中国医院药学杂志组织的全国医院药学会议于2007年在宜昌召开

硚口区卫生系统

积极开展“无非法行医街道、社区”创建活动，各街道共创建无非法行医社区127个，占全区社区总数的90%

该区欢送援建队医务人员奔赴抗震救灾一线

区红十字会在抗震救灾中表现突出，荣获“全省抗震救灾先进集体”称号

2008年，该区首创的大医院托管社区卫生服务中心的模式在全市遍地开花

开展中博会卫生应急演练现场

区卫生局开展白衣天使送健康进社区活动现场

开展“百万妇女乳腺病普查进硚口”及“眼疾建档走进社区”活动

汉阳区卫生系统

汉阳区举行达国家吸血虫病传播阻断标准考核验收会

中共武汉市委书记苗圩、副市长刘顺妮、市卫生局党委书记张建华、局长林国生等调研汉阳区社区卫生服务工作

召开2007年汉阳区部分医院、社区卫生服务中心医疗质量综合检查情况通报会

举行汉阳区社区卫生服务药品直供签约仪式

社区对话关注汉阳食品卫生安全（中共汉阳区委书记李诗伟召集相关委办局负责人与社区群众对话，关注汉阳食品卫生安全）

汉阳区卫生局举行“四城同创”暨社区卫生服务工作汇报会

武昌区卫生系统

武汉市市长阮成发视察惠民医院

在新建成的积玉桥街社区卫生服务中心推行医药分开改革试点工作

中共武昌区委书记张光清、区长吴志振、区委副书记陈京松和副区长李记泽等区领导专题调研社区卫生服务工作

武昌区卫生监督人员认真开展食品卫生法制宣传

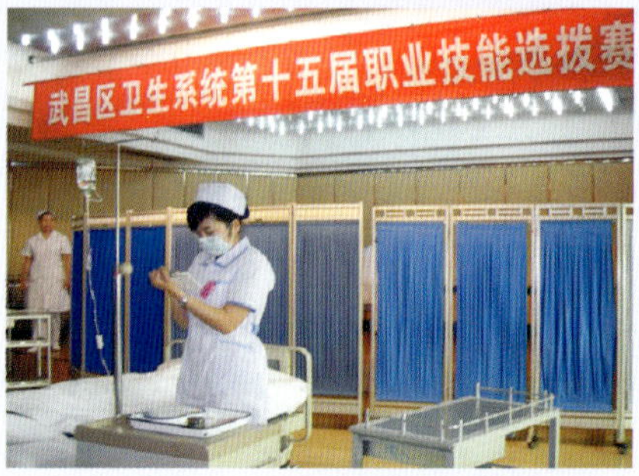

积极开展医务人员技能大练兵活动

区惠民医院组织“社区巡回医疗团队”开展惠民医疗服务

中国红十字会副会长苏菊香，湖北省红十字会会长、副省长蒋大国，市政府副秘书长周元出席在武昌区举行的湖北武汉『红十字博爱送万家』活动启动仪式

杨园街第一社区卫生服务中心与武昌医院剥离后的开诊庆典

区疾病预防控制中心在江滩进行药物灭螺

湖北武汉“红十字博爱送万家”活动启动仪式在武昌区成功举行

全国社区卫生服务研讨班代表现场考察武昌区社区卫生服务工作

洪山区卫生系统

2007年2月16日，刘顺妮副市长在市卫生局局长林国生、书记张建华、区政府副区长万磊的陪同下慰问该区社区卫生服务中心医务人员并与他们亲切合影

2007年2月1日洪山区首次举行向乡镇卫生监督员颁证仪式，图为宋朝友局长向乡镇卫生监督员颁证

2007年11月14日刘涛区长在万磊副区长的陪同下到珞南街第一社区卫生服务中心调研

2007年9月27日，区人大常务副主任陈家新、区政协副主席廖世毅在区卫生局局长宋朝友的陪同下到该区社区卫生服务机构调研

洪山区召开创建全国中医药社区卫生服务示范区动员会

2007年6月7日，市卫生局林国生局长在区政府副区长万磊的陪同下到洪山区就市十二医院与市三医院合并事宜进行调研

洪山区举办创建全国中医药社区卫生服务示范区培训班

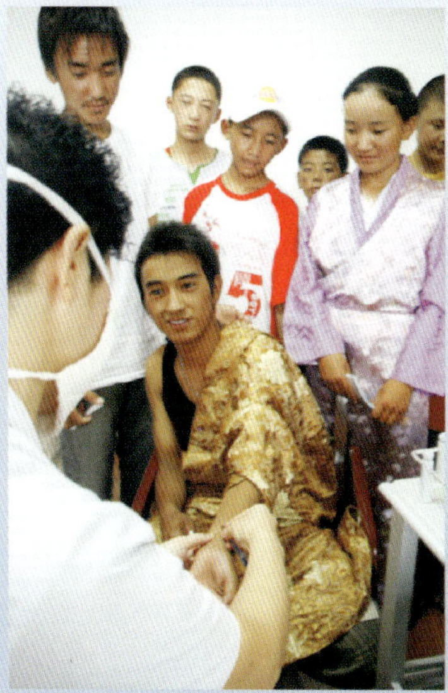

2007年8月27日，洪山区为西藏中学学生免费注射卡介苗

2007年4月25日，洪山区开展为农民工免费注射乙肝疫苗活动

2007年12月6日，洪山区创建全国中医药社区卫生服务示范区工作顺利接受省级专家组考核评估

江夏区卫生

8月22日，新到任区长郭胜伟（左图右一）在相关部门领导陪同下调研卫生工作。
并视察了区中医院（右图）、疾控中心、卫生监督所、纸坊街北华社区卫生服务站

9月7日，新到任中共江夏区委书记张卫国（中）在
韩定茂常委、张敏部长的陪同下调研卫生工作

金口中心卫生院标准化建设一新的手术室

2007年，该区金口等6所卫生院、湖泗株山等61个村卫生室标准化建设
获达标验收。上图为湖泗株山村卫生室和金口卫生院达标验收后新貌

金口中心卫生院标准化建设一新的药房

系统

2007年2月6日，中共江夏区卫生局党委书记、局长彭兆安率局领导班子成员到扶贫点慰问困难户

10月16日，江夏区血防工作通过国家血吸虫病疫情控制标准考核验收

2007年8——12月，为进一步弘扬团结、敬业、博爱、奉献的江夏卫生精神，区卫生系统积极开展了系列卫生文化活动。图为举办卫生文艺汇演场景

金口中心卫生院标准化建设一新的注射室

湖泗株山村卫生室

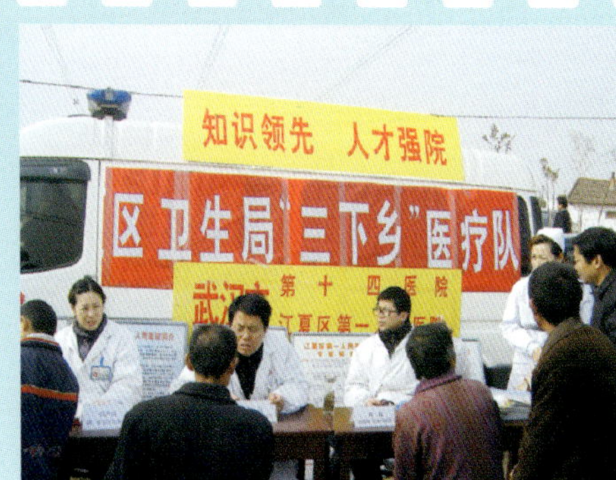

2007年2月6日，区卫生局组织“三下乡”活动，为农民朋友送医送药，深受欢迎

黄陂区卫生系统

建设中的黄陂区人民医院效果图

区红十字会发放"爱心卡"

省血防领导小组对该区达国家血吸虫病疫情控制标准进行考核验收

区卫生局召开创建全国文明城市、国家卫生城市暨构建和谐医患关系创建平安医院工作会

市农村卫生标准化建设工作现场会在黄陂区横店街中心卫生院举行

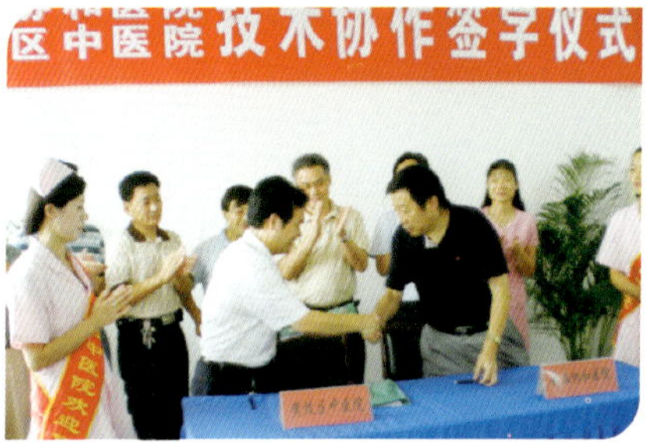

区中医医院与协和医院开展技术协作

区中医医院举办首届内科学术交流

老黄陂县人民医院旧址院容

现在的区人民医院

建设中的黄陂区人民医院效果图

新洲区卫生系统

2007年11月，中共新洲区委、区政府召开全区合作医疗动员大会。区长王世益在会上作动员报告

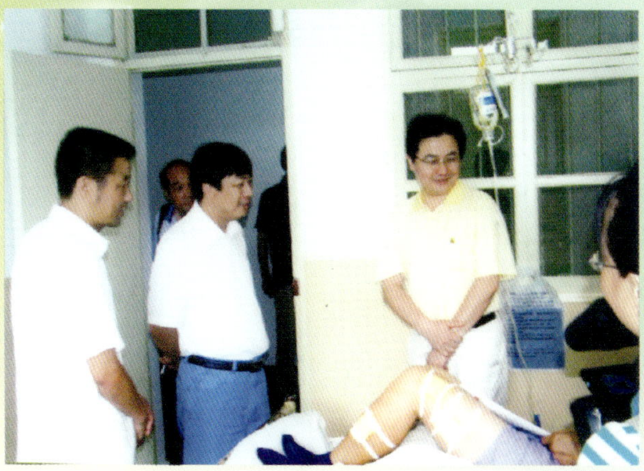

新洲区区长王世益在区卫生局局长李厚平的陪同下，在仓埠卫生院调研农村卫生工作

在农村标准化卫生院建设中，新洲区李集街卫生院装饰一新

2007年7月，新洲区人民政府在仓埠街召开全区街镇卫生院、村卫生室标准化建设现场会

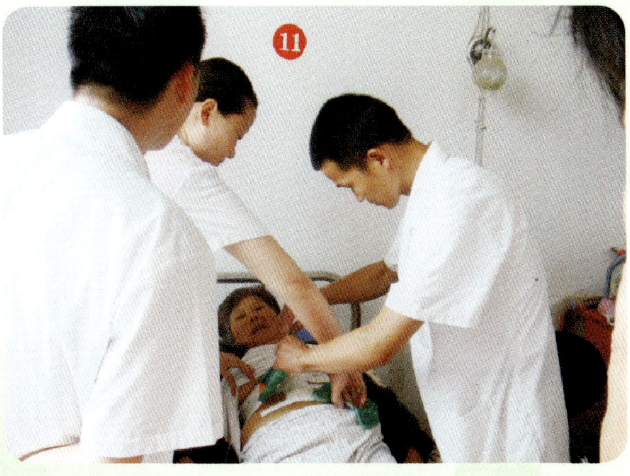

新洲区卫生局凤凰卫生院

新洲区骨伤专科医院举行科技成果鉴定会

武汉经济技术开发区卫生系统

沌口医院（沌口社区卫生服务中心）

军山街卫生院

神龙医院

沌阳医院（沌口街沌阳社区卫生服务中心）

武汉东湖高新技术开发区卫生系统

邀请省人民医院专家深入 高新区
农村开展健康教育宣传和义诊

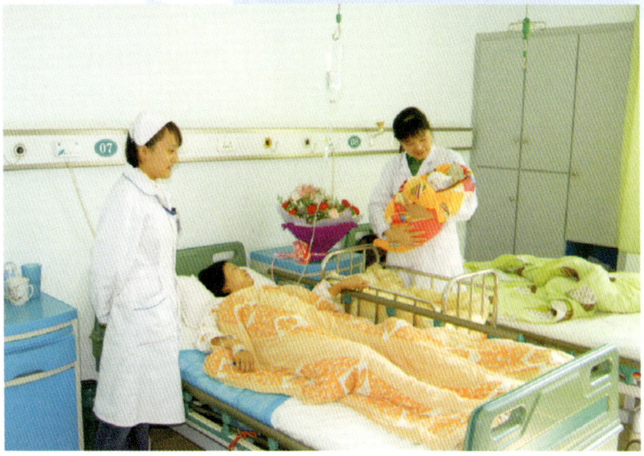

温馨产房

高新区开展冬季无偿献血

高新区管委会领导到新托管的豹澥医院指导工作

新建的流芳医院住院部

华中科技大学同济医学院

附属梨园医院

中科院院士裘法祖（右二）、卫生部规财司副司长于德志（右一）、原省卫生厅厅长朱忠华（左二）和梨园医院院长黄畦在梨园医院发展建设评审会上

梨园医院体检中心大厅

世界抗衰老医学会主席罗伯特·高德曼博士（左二）接受梨园医院院长黄畦（右一）颁发的客座教授证书

中国工程院杨叔子院士向医护人员传授人文知识

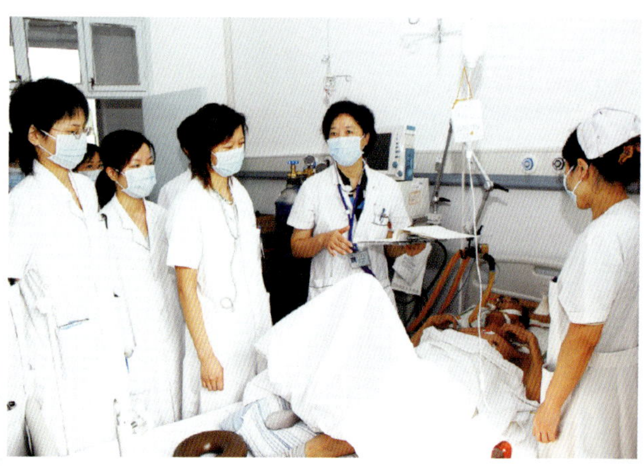

梨园医院医护人员参加查房

梨园医院外景

湖北省中山医院

省政协副主席胡永继（左三）、省卫生厅厅长朱忠华（右二）与该院领导一起为新建住院医技楼奠基

该院与武汉市人民检察院签订“预防职务犯罪”共建协议

该院青年才艺技能大赛获奖者合影

康复扶残小儿脑瘫康复治疗项目启动仪式现场

武汉市副市长刘顺妮（左二）、湖北省卫生厅副厅长黄利鸣（右二）为该院托管的荣华崇仁社区卫生服务中心揭牌

武汉市第一医院暨武

建院八十周年院庆活动

“生于忧患，死于安乐”科主任培训班

完成和超额完成2007年度目标任务动员大会

国家中医药管理局“十一五”重点专科（专病）项目建设工作启动仪式

重点专科大楼外景

汉市中西医结合医院

全国法制宣传日上街宣传

“大医精诚”知识竞赛

神经内科医务人员到福利院为老人义诊

健康体检中心外景

南方医科大学微创外科解剖学研究所（武汉）临床基地挂牌仪式暨学术交流会

武汉市中心医院

医院接受卫生部医院管理年督导检查，受到专家组好评

院领导查房

医院开展丰富多彩的职工文体娱乐活动

新门诊、新病房，武汉市中心医院呈现新面貌

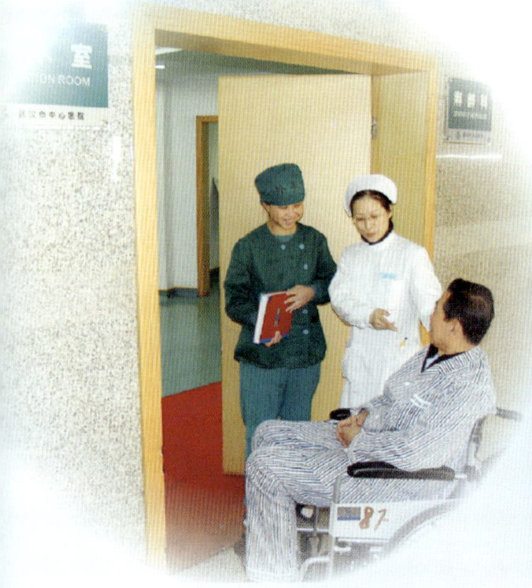

医院开展“温暖病人创新服务行活动”。图为全责护士将病人送至手术室，与手术护士交接班，实现“无缝”服务

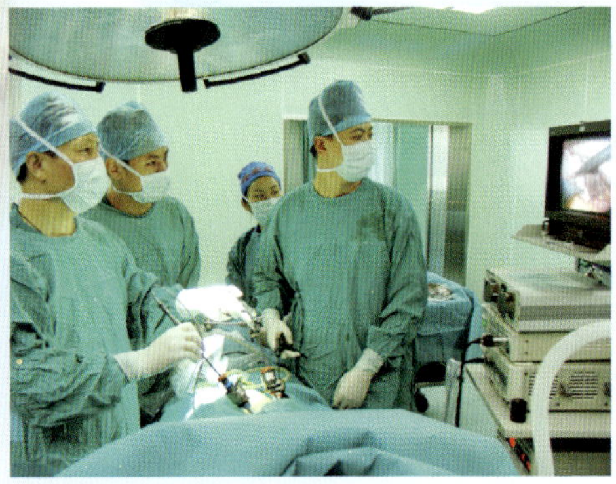

武汉市中心医院已开展腔镜手术万余例，并率先在武汉市开展“日间手术”。图为外科医生正在实施腔镜日间手术

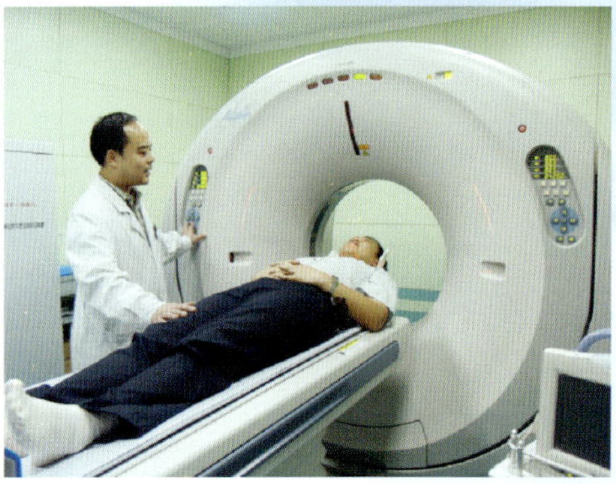

中国黄河以南首台64排螺旋CT落户武汉市中心医院，使心血管系统的无创伤性检查实现了历史性飞跃

武汉市第三医院

2007年10月29日，荷兰乌特勒支大学医学博士菲力斯·梅鱼森（左三）、肖艳玲（左四）夫妇来该院开展学术访问

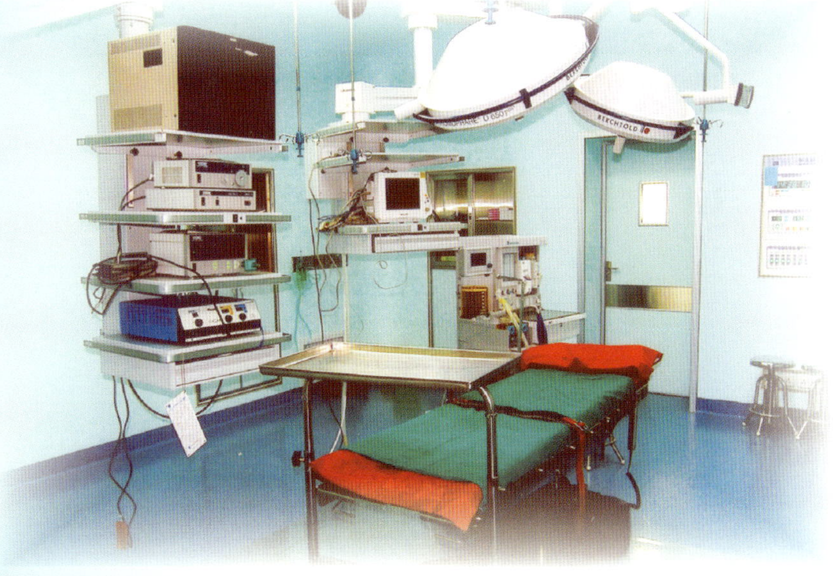

手术间按专业设置专科手术间，配置有先进手术台、麻醉机、专科专用设备等先进设施

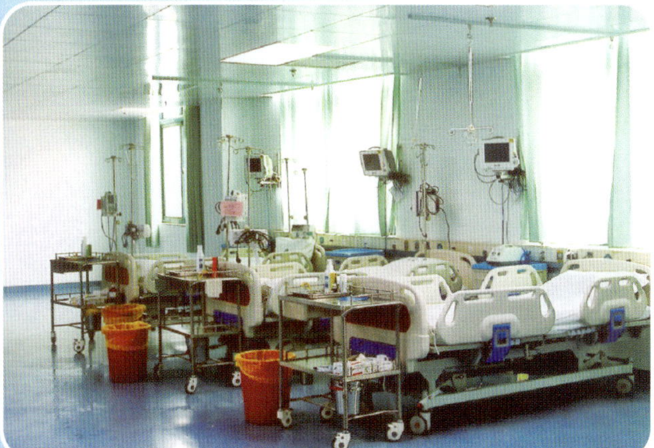

全院ICU配置先进多功能病床、多功能护仪、设备带的等先进设施

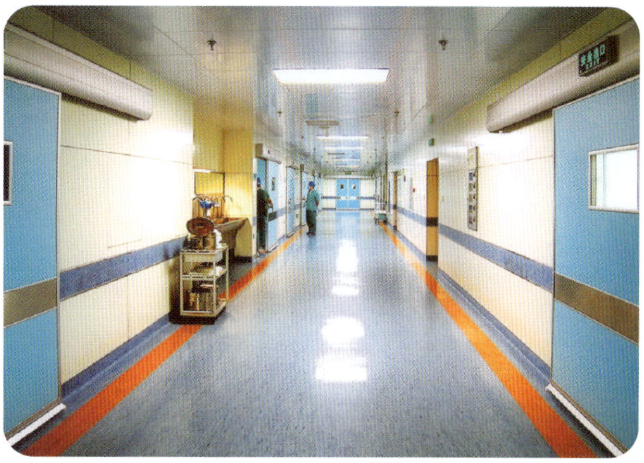

新建手术室配置有层流净化系统。百级手术间1间，千级手术间3间，万百级手术间7间

武汉市第六医院

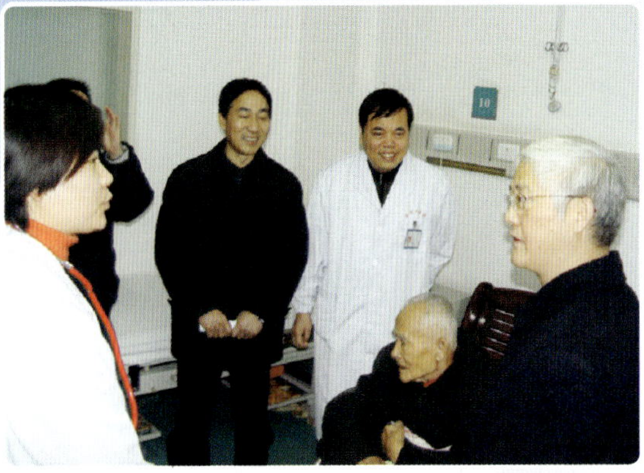

市委常委、常务副市长袁善腊（右1）来该院检查指导工作并慰问老干部

2007年省卫生厅“医院管理年”督导检查。该院获2005-2007年度湖北省医院管理年先进单位

市卫生局党委书记张建华（左2）春节慰问外科专家张应天教授

江汉大学校长杨卫东（左1）、副校长邓院方（左2）来该院检查指导工作

团结向上的护理队伍

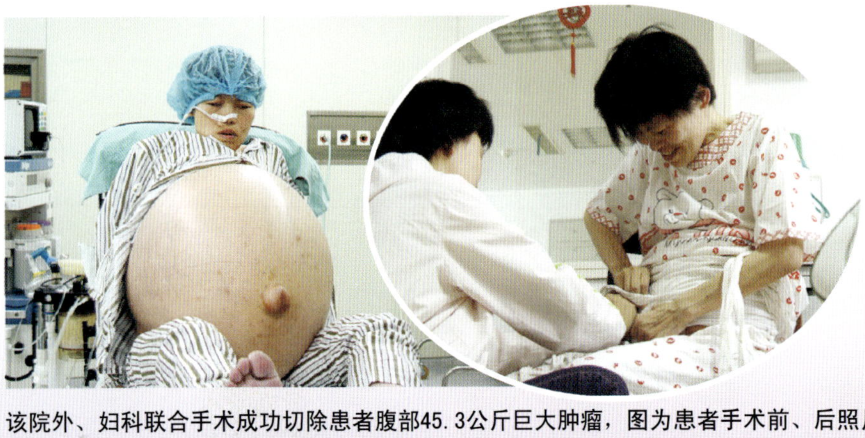

该院外、妇科联合手术成功切除患者腹部45.3公斤巨大肿瘤，图为患者手术前、后照片

职工政治学习

武汉市中医医院

2007年2月，刘顺妮副市长、胡菊萍副厅长来到武汉市中医医院现场办公，规划医院发展

2007年3月，医院急诊科被确立为全国中医、中西医结合急诊临床基地。图为该院与市急救中心签订合作协议

2007年11月，武汉市中医药学基地落成典礼

2007年4月，武汉市中医治未病中心被确定为全国首批14家中医治未病试点单位-图为该院开展治未病的健康教育活动

医院成功承办国家级继续教育项目

武汉市皮肤病防治研究所

2007年春节，刘顺妮副市长和
市卫生局领导看望麻风病人

市皮防所领导在职代会上作所务工作报告

市皮防所党员在江夏区皮防所为群众义诊

12.1世界艾滋病日，各级领导在市皮防所承
办的性病艾滋病防制知识宣传活动中讲话

市皮防所正在组织医患人员进行消防灭火演习

市皮防所2项科研课题通过了专家鉴定

市皮防所领导和中层干部参加拓展训练，
培养团结协作的团队精神和合作意识

武汉市汉口医院

2008年竣工的医疗新医、门诊大楼，大楼建筑面积19418平方米，设病床250张

教育部周济部长关心医院的发展和建设

在医院建院110周年、更名揭牌暨新院医疗大楼奠基的庆典上，武汉市、市卫生局等各级领导为医院新院名揭牌

在医院建院110周年暨医院更名揭牌、新住院医疗综合大楼奠基庆典活动上，刘顺妮副市长及各级领导为医院新院大楼奠基

团结奋进的医院领导班子

武汉市急救中心

举办六城会医疗急救培训班、法国SAMU
灾难医学与突发事件管理研修班

改造后的120调度指挥大厅

参加07-江城反恐演练

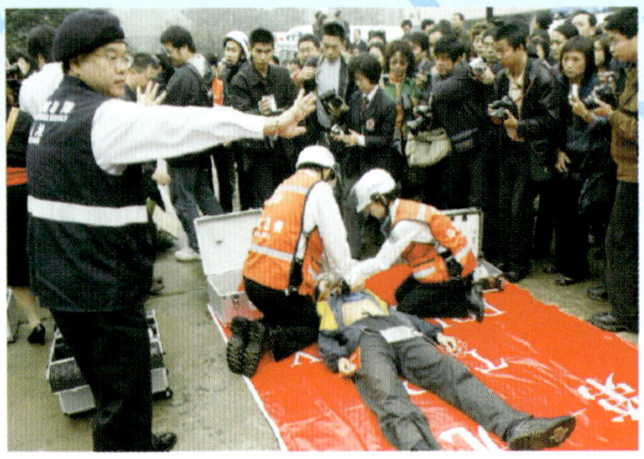

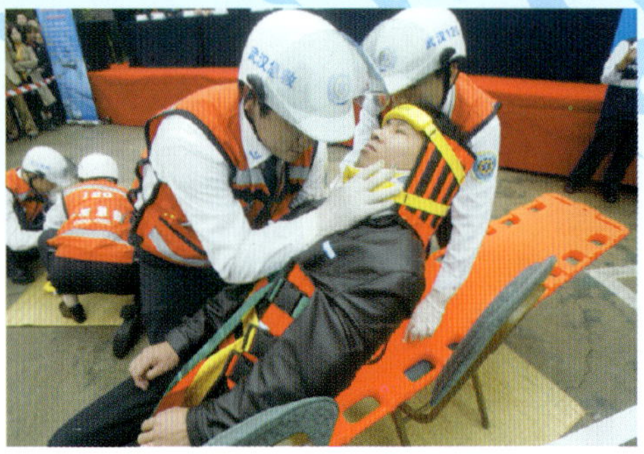

举行大型交通伤救治演练

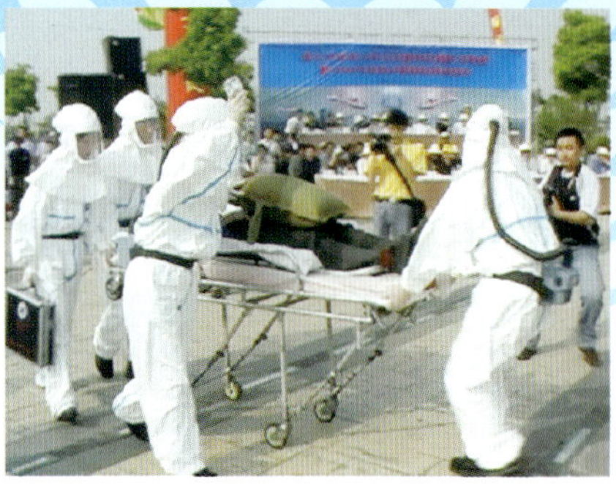

参加防化演练

武汉市医疗救治中心

刘顺妮副市长视察武汉市医疗救治中心施工现场

省卫生厅朱忠华厅长视察武汉市医疗救治中心施工现场

省卫生厅领导听取医疗救治中心项目建设汇报

武汉市医院协会传染病管理委员会筹备会在该院召开

武汉市医疗救治中心住院部中心景观

武汉市优抚医院

前进中的优抚医院

市长助理万勇来医院视察

街头义诊

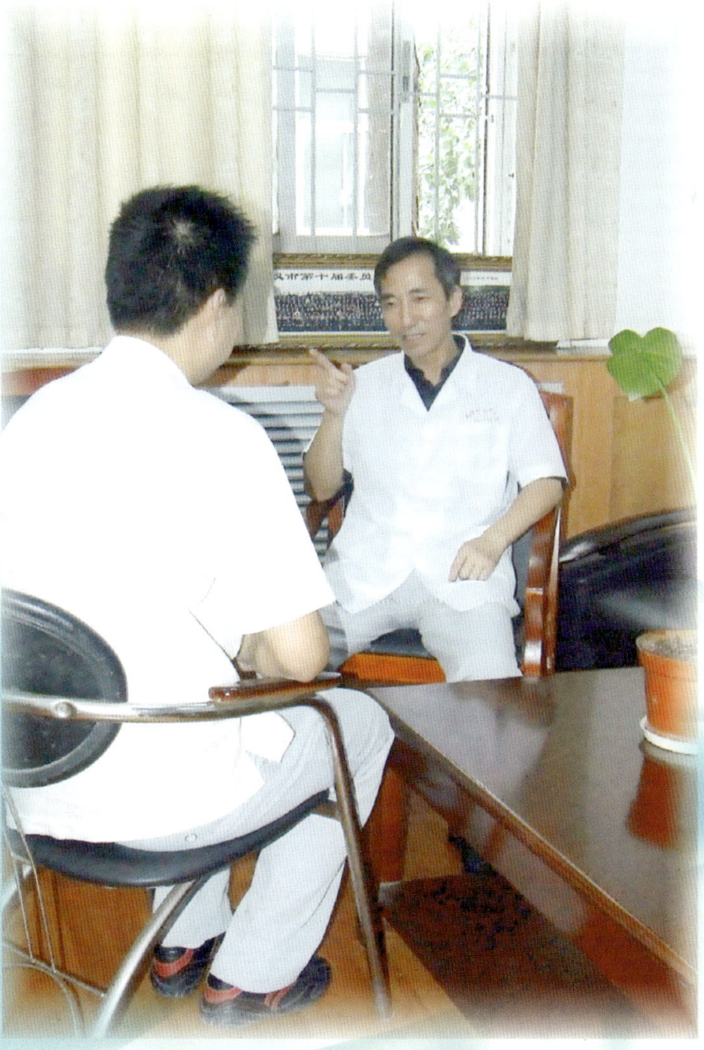

享受市政府津贴专家王安奇院长在接诊病人

心理咨询进社区

病员棋牌比赛

武汉市第五医院

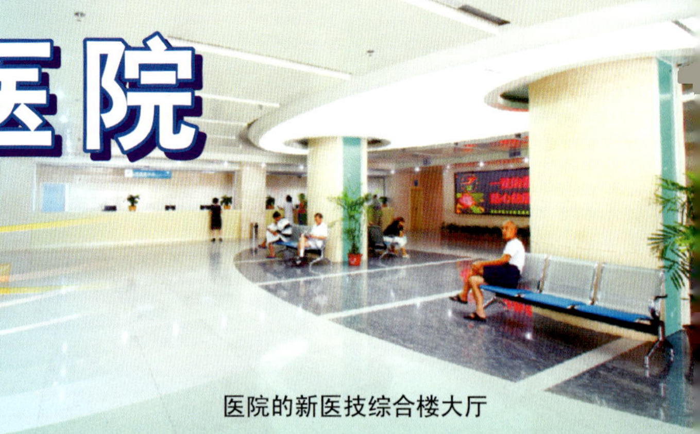

医院的新医技综合楼大厅

卫生部副部长蒋作君视察二桥街社区卫生服务中心工作

武汉市卫生局林国生局长检查指导医院直管的二桥街社区卫生服务中心工作

新医技综合楼病区护士站

湖北省卫生厅胡菊萍副厅长指导二桥街社区卫生服务中心工作

中共武汉市委书记苗圩调研指导中心工作

授予：武汉市第五医院

2006—2010年度

三级优秀医院

湖北省卫生厅

二〇〇七年四月

荣获三级优秀医院称号

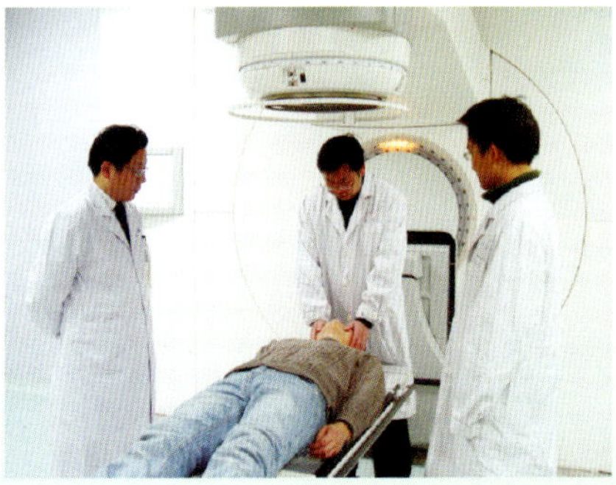

医院肿瘤科的直线加速器三维适形调强放疗系统

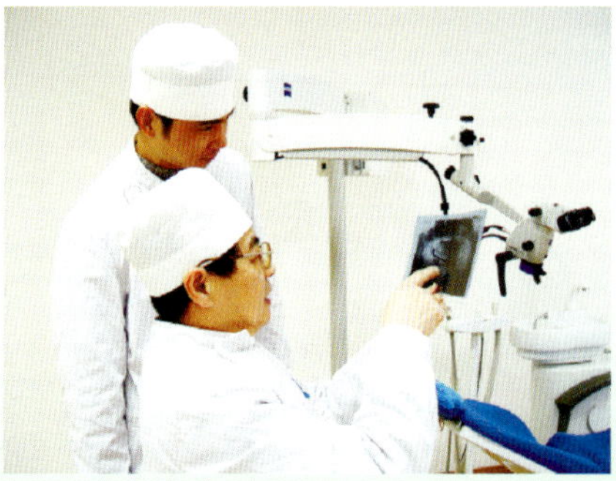

医院的市级重点专科口腔科

武汉市第十一医院

武汉市第十一医院管理工作评审

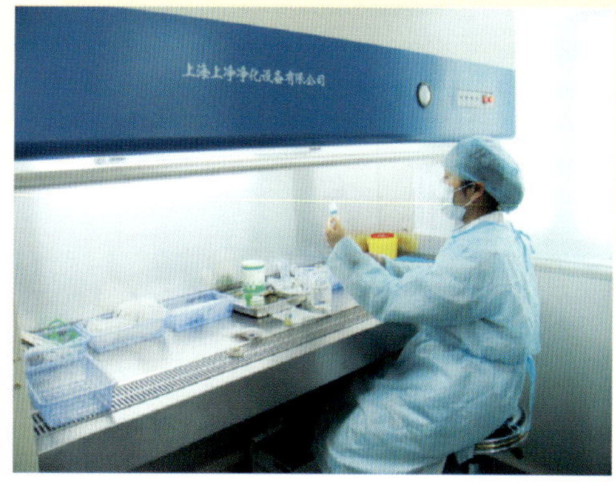

新建的医院急诊科无菌配药间

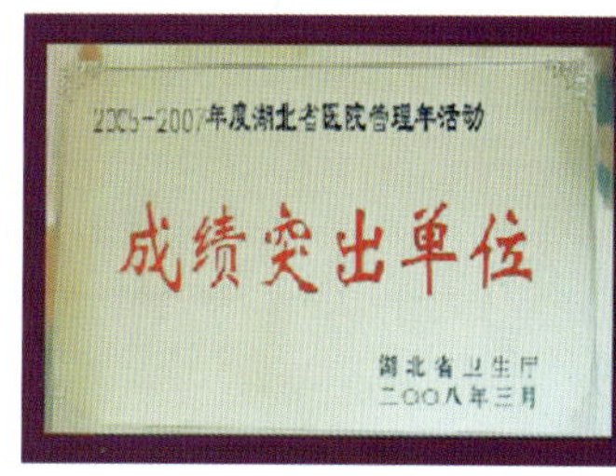

院庆九十周年华诞庆典会上，退休职工小合唱

医院全景

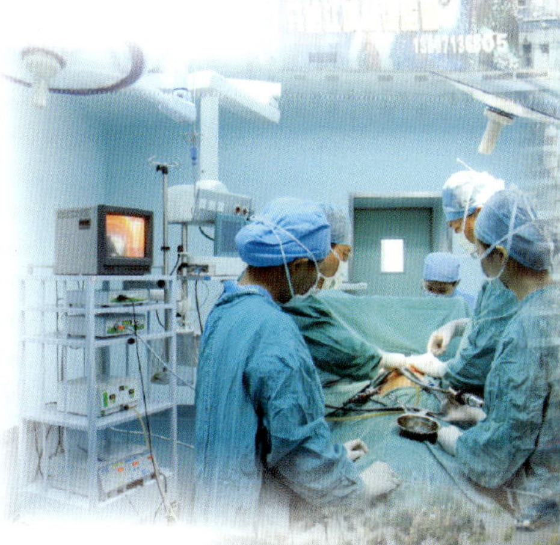

在医院新建的现代化净化手术室内，
医生正在为病人进行腹腔镜手术

武汉经济技术开发区神龙医院

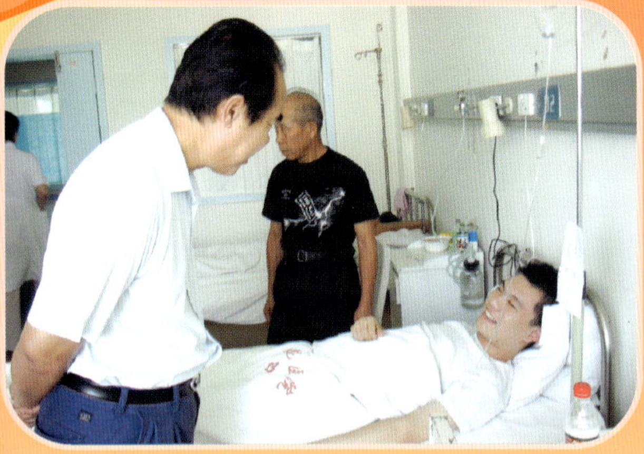

东风公司范仲书记看望住院病人

东风公司徐平总经理来院视察

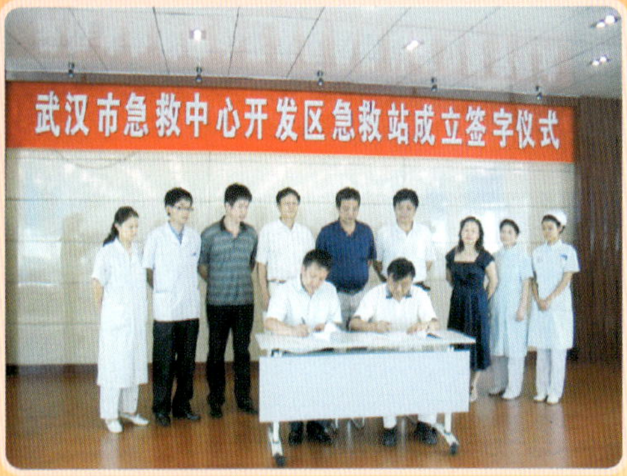

市急救中心开发区急救站成立签字仪式

患者致医院感谢信

干部岗位竞聘动员会

开展社区卫生服务

举行老年节健康咨询义诊

举行优秀护士表彰大会

武汉艾格眼科医院

眼疾建档社区行

百步亭社区卫生服务中心挂牌

携手社区光明行

全国助残日活动

江汉大学卫生职业技术学院

江汉大学卫生技术学院亚洲心脏病医院护理分院签字仪式

江汉大学卫生技术学院党委换届选举大会

江汉大学卫生职业技术学院百年校庆暨元旦晚会

卫生技术学院第七期入党积极分子培训班

2007年江汉大学运动会女子团体第一

武汉致远医疗科技有限公司

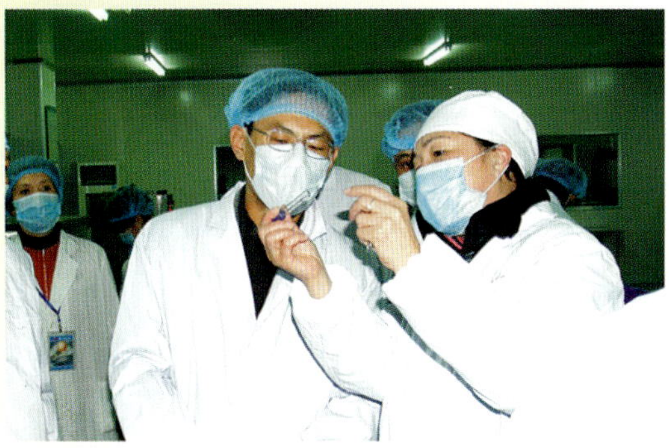

国家食品药品监督管理局高国彪司长视察我公司

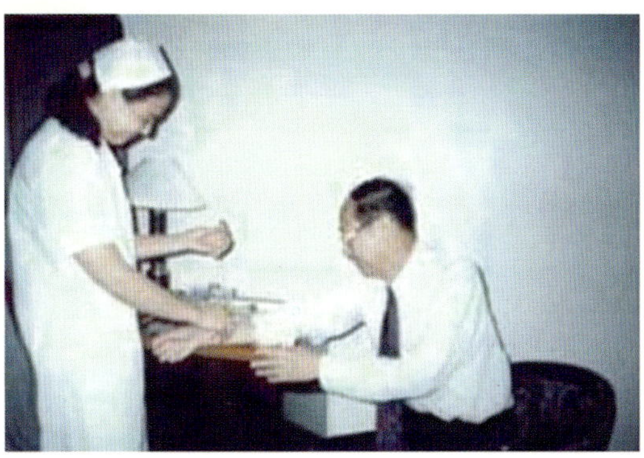

扬振华教授亲身体验我公司产品，
并赞赏该产品填补了我国一次性采血管空白

武汉致远医疗科技有限公司始创于一九九六年十一月，是专门从事医疗器械研制、开发、生产、销售于一体的高新技术企业。公司地处武汉东湖高新技术开发区，拥有30万级、10万级、万级标准厂房近5000平方米，凝集了一批具有实际研发能力的技术队伍。如今“致远”产品已成为国内检验界耳熟能详的品牌产品。

公司自1996年在中国率先研制开发的“一次性使用自动定量静脉采血管”至今已形成九大系列，近百个品种。此外，又先后研制、开发、生产了“一次性多用采集容器”、“一次性平板培养基”及“一次性多功能采样试子”等系列产品。

经过十多年的不懈努力，公司已建立完善的质量规范管理体系，并获得ISO13458:2003、ISO9001:2000、CE等体系认证证书。通过科学化管理，产品质量得以保证。我们将坚持以高科技、高质量、高品位、技术创新，塑“致远”品牌之精神，生产出每一品种的产品。

正因如此，“致远”经营服务网点已遍布上海、广州、昆明、福建、深圳等30多个省市，自治区及东南亚、中亚等国家及地区。其卓越的产品品质和诚实可信的服务，赢得了广大用户的良好赞誉。

尽管如此，“致远”人仍以“挑战自我、追求卓越、创造精品”的精神，在未来发展中，以临床检验用品为主体，在临床检验样品采集上：便捷、安全可靠；样品处置上：标准化、规范化；样品保存、转运、贮存上：科学、安全、实验结果真实可靠；特殊诊断试剂等方面，利用现有的研发技术队伍优势，研制开发生产出适用而具有卓越品质的产品，为我国医学检验事业多作贡献。

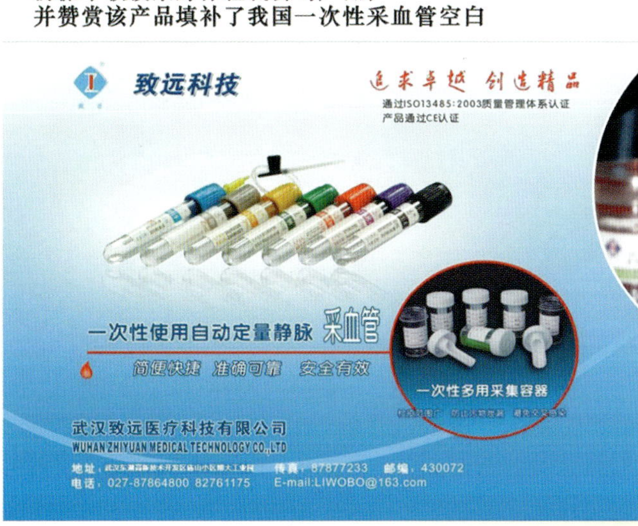

公司产品图片

培养基

地　　址：武汉市东湖高新技术开发区
　　　　　庙山小区博大工业园
电　　话：027-87864800、87877233
传　　真：027-87877233
邮政编码：430223

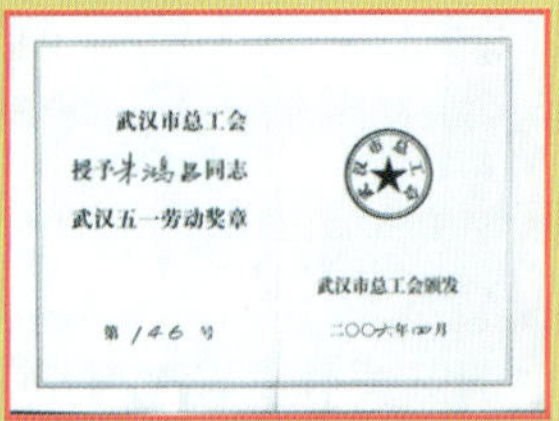

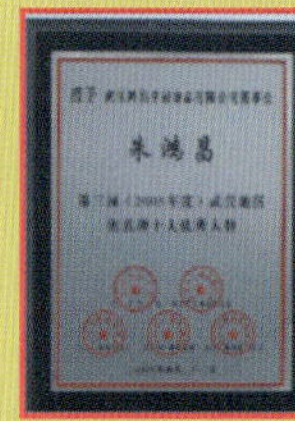

武汉市鸿昌皇

市长阮成发视察我公司

朱鸿昌总经理与岳勇副市长合影

国家八部委及各级领导莅临我公司检查指导工作

武汉市鸿昌皇冠食品有限公司是(香港)英昌国际控股集团在汉投资创建的企业。集团致力于高科技产品开发，食品研发和生产，贸易和房地产投资的中型企业，为国内提供了数千个就业机会。总部于2000年11月买下当时在汉经营小有名气的一家蛋糕总店及其属下的五家分店，2002年武汉市鸿昌皇冠食品有限公司正式注册成立，主要从事中西式蛋糕，面包，月饼及绿色健康系列食品的生产和销售。集团总部至今在武汉投资总额已超过8000万元，座落在桥口经济开发区内的中央工厂，建筑面积近2万平方米，生产厂房严格按照国际化食品生产标准设计，采用全封闭空调净化系统，使空气净化指数达30万级，实现无尘无污染生产环境；公司至今在汉拥有近六十家直营皇冠蛋糕连锁专卖店和一家专业的皇冠婚庆蛋糕店。

公司汇集了国内外食品行业的精英，董事长朱鸿昌先生以他创新的经营理念和卓越的领导能力，凭借着广东集团总部雄厚的实力和丰富的经验，辅以先进，规范，标准的管理，引进现代化高科技进口自动生产线，采用台湾，香港，日本，欧美等先进的生产技术，秉承务实，勤奋，敬业的工作态度，现已将武汉分公司发展成为湖北省食品行业的驰名企业，“鸿昌皇冠”也深入民心，成为家喻户晓的知名品牌。我们参照ISO9001国际质量管理体系，编制了具有皇冠特色的“Q.S.C”管理体系，并严格按此来执行。我们顺利地通过QS认证，成为武汉市首批拥有生产许可证的烘焙企业。皇冠的发展得到了国家、省、市各级领导的关心，国家八部委领导，武汉市委苗圩书记、阮成发市长等各级领导先后到我厂参观考察，并且都给予了高度的评价。

至今，公司已获得了多项荣誉，05、06连续两年被武汉市政府评为“经济合作先进单位”，董事长朱鸿昌先生也连续两年被评为“创名牌优秀人物”，被授予“武汉市五一劳动奖章”；公司董事王伟宏先生荣获国内月饼技术最高荣誉全国月饼技术比赛金奖。公司连续多年被国家权威机构评选为“全国十佳饼店”、“全国优秀饼店”、“全国食品安

食品有限公司

全示范单位”；生产的皇冠月饼也连续两年被评为全国“优质月饼”、“中国特色月饼”和“中国名饼”等荣誉，在05年全国月饼评比中皇冠月饼再次被评为“中国名牌月饼”，是湖北省惟一获此殊荣的食品生产企业。在06年武汉市首届月饼节上，公司被评为“武汉市十佳月饼生产企业”，“冰皮月饼”被评为“武汉市金牌月饼”。公司畅销产品肉松沙律包被中国焙烤协会评为“中国名点”，驰名老婆饼被评为“中国特色食品”。2005年公司被中国焙烤食品糖制品协会指定为职业技能培训基地和湖北省焙烤行业职业技能鉴定站，至今已成功举办了多次培训班。

在企业发展的同时我们也积极为社会做贡献。近年来，我们强化企业的责任感，用和谐理念、和谐管理、和谐生活、来推动公司的健康、持续、稳定发展。我们坚持“立足企业、回报社会”的宗旨，努力树立守诚信、负责任、重效率的企业形象，在经济效益持续增长的同时，为社会教育、文体、扶贫、卫生、慈善、妇女儿童等公益事业作出了积极的贡献。同时公司的知名度也在进一步提高，实现了规模、品牌、效益的几大跨越；在已取得的成绩面前，我们前进的脚步不会停止，“皇冠出品，必属精品”是本公司始终坚持不变的宗旨。努力开拓国内市场，立足华中，面向全国，倾心打造中国“鸿昌皇冠”品牌。严格精选上等原材料，把新鲜美味，天然营养的绿色健康食品奉献给广大消费者，皇冠人会继续以“不断创新，爱在皇冠，一切为了您”的经营理念服务于社会。

原市委书记苗圩参观皇冠公司产品

桥口区委书记、区长参观皇冠工厂与公司领导人合影

省市领导莅临我公司检查指导工作

地址：湖北省武汉市桥口区古田二路北特一号
电话：59301118　邮编：430034
传真：59301118-801　网址：www.hgsp.cn

武汉市威康医疗器械有限责任公司
威康药品分公司

营销网络图

武汉威康从成立伊始，即专业地致力于眼科领域，组织全国知名眼科专家进行跨地区的学术交流，传递眼科新进展及临床经验；在《中华眼底病杂志》上成功举办了“沃丽汀临床应用有奖征文”活动，并集结成册；邀请日本著名眼科专家井上治郎先生到中国各地进行讲学，国内各大城市眼科专家出席活动，并给予较高评价。经过多年努力，公司及产品已得到全国众多眼科专家的信任及各商业公司的鼎力支持。

武汉威康在眼科学界享有盛誉，我们以此为契机，经过多年精心经营，已拥有一支良好专业素质的营销队伍，且营销网络遍及全国。威康公司以先进、实际、良性的经营态势，为每位员工营造了一种公平、友好、向上的工作氛围和实现个人价值的良好平台，逐步实现高素质的专业化人才队伍，提升公司的核心竞争力。

武汉威康将继续努力，把公司发展成为具有先进营销水平和高度文化内涵的医药公司，并真诚期望与医药界同仁一起开创中国医药事业的美好未来！

武汉威康

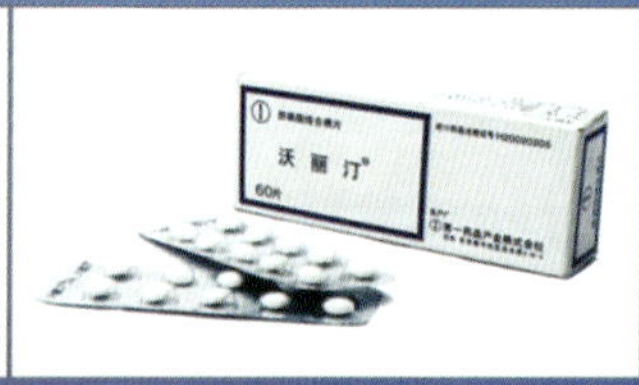

公司地址：武汉市江岸区云林街31号中环大厦B2303

邮　　编：430015

网　　址：http://www.whweikang.com.cn

E—mail：weikang@vip.163.com

小蓝鲸汉阳知音文化主题店

武汉市小蓝鲸酒店管理有限责任公司

武汉市小蓝鲸酒店管理有限责任公司是以中式健康餐饮和全国加盟连锁为特色的企业。从86年七张台子的小餐馆，到1997年10月15日依法注册成立，公司凭着“诚信为本，守法经营”和坚持“念好诚信经、打好健康牌、走好连锁路、办好特色店”的经营理念，始终坚持把餐饮当事业做。

1996年以来，小蓝鲸打造“吃出健康来”的健康餐饮事业，2006年底被国家发改委公众营养中心、中国烹饪协会联合授予“全国首家营养型餐饮示范单位”。2008年9月12日，小蓝鲸启动“净水厨房”项目。武汉市内三家直营店各安装一套净水处理设备。酒店在饮用水、洗菜、做菜、煲汤等用水环节，全部使用上纯净水。据了解，此举开创了全国餐饮行业采用纯净水烹饪菜肴的先河。

为了给消费者创造更好的就餐环境，2008年9月初，桥口路上的小蓝鲸美食广场对包房进行全面装修。该酒店把拆下来的窗户、桌子腿，进行加工后作为装饰物再利用，包房也全部利用环保材料进行装修，着力营造出老武汉室外乘凉的感觉。既富有餐饮的内涵，还有武汉的特色，而且四季风格分明的商务包房进餐环境更具现代时尚，更显档次。

同年10月底，台北路的小蓝鲸山味店又重装开业，改造后的山味特色店，档次更高，也更加时尚，充满着人文气息。作为武汉首家“山味”特色主题餐厅，设计师运用了大量具有自然特色的材料，并将这些自然的材料和现代元素进行结合运用，营造出浓郁的大山氛围，清新而雅致，体现独具个性的山味新时尚，给喧嚣的都市增添了一道时尚清新的大山文化风景线。

汉阳地区的小蓝鲸知音主题店，一进大厅迎面是一架古琴，端庄秀丽的演员为你演奏幽雅的高山流水觅知音曲子，整个酒店浓郁的知音文化，让您在酒店进餐的同时，亦感受古时俞伯牙与钟子期的知音友情故事。

春天风格包房

小蓝鲸桥口美食广场外立面

湖北吉利食品有限公司

湖北吉利食品有限公司是一家集产品研发、生产、销售于一体的综合性食品制造企业，公司成立于2003年，位于武汉市吴家山国家级食品工业园开发区。占地20亩，17000平方米现代化环保厂区，从美国、日本引进先进的生产技术、设备，公司极力打造“吉利火星”品牌，主导产品为微波爆米花、吉利素饼、吉利一品酥等。

经过五年的不懈努力，在同行来中率先通过ISO9001:2000质量管理体系和HACCP-EC-01(等同ISO/DIS22000)食品安全管理体系认证，湖北吉利食品有限公司以先进的生产工艺，过硬的产品质量，完善的售后服务，多元化的发展，产品多样化，逐步树立了良好市场信誉,其主导产品微波爆米花销售网点遍布全国，销售额节节增高，已成为同类产品领头羊，销售情况居同类产品首位。

先进的生产工艺、设备，严格的质量管理，强大市场占有率，公司2004年正式成为沃尔玛(中国)投资有限公司在亚太地区微波爆米花唯一国内生产商。同时，公司赢得了广大东南亚国家合作伙伴的主动邀约。

现在，公司正逐步向膨化及烘焙休闲食品领域发展，不断开发新的产品，公司除了主导产品吉利系列微波爆米花之外。其代表性的食品还有吉利素饼等新型休闲时尚食品。2006年底推出了以吉利素饼为代表的高档烘焙系列产品，另外，公司2008年开发的休闲食品“一品酥”及“苞米果”将有望引领国内高端休闲食品市场。

2008年，是湖北吉利食品有限公司发展的第五个年头，五年企业的发展历炼，成就了吉利如今积极进取，努力创新的企业文化，今天的湖北吉利食品有限公司面对全球经济一体化的挑战，提出到2010年湖北吉利食品有限公司跻身“中国食品500强”，推行“以人为本，诚信经营，追求卓越”经营理念，不断创新，真正实现全球化经营。

郝育红董事长

吉利产品

一品酥－原味

吉利花生酥饼

公司主打产品奶油爆米花

320花生素饼

苞谷果奶油

地址：武汉市东西湖台商投资区吉利工业园

电话：027---83262025

传真：027---83262026

网址：www.whjili.com

刘享平董事长工作照

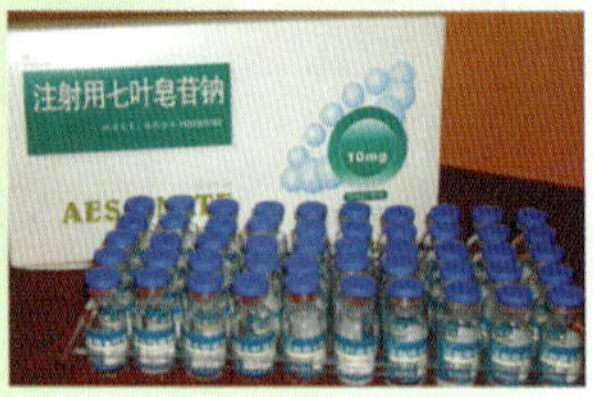

注射用七叶皂苷钠

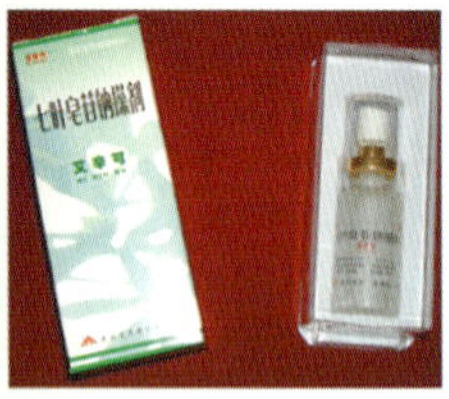

七叶皂苷钠搽剂

武汉爱民制药有限公司

武汉爱民制药有限公司始创于1969年，由原军办企业改制而来，是一家集研发、生产、销售于一体的高新技术企业，也是国内最早发明并生产植物提取药--注射用七叶皂苷钠的制药企业，注射用七叶皂苷钠冻干粉针剂被誉为中国植物药第一针。

公司占地面积145亩，现有原料药、冻干粉针剂、小容量注射剂、搽剂、软膏5大剂型生产车间，60个药品批准证书。生产的药品以“雷达”、“艾辛可”、“七叶皂”为注册商标。公司拥有先进的生产设备与检验设备一百多台，在多年的生产实践中建立起完整的生产管理、质量保障和安全保障体系，并多次通过国家GMP认证验收。

武汉爱民制药是一个现代化综合企业，有较强的原料生产能力。其中七叶皂苷钠原料的生产每年就有1000公斤。公司拥有“注射用七叶皂苷钠、七叶皂苷钠艾辛可搽剂、注射用前列地尔、阿昔洛韦乳膏、复方地蒽酚软膏药”等五大老字号产品，被全国各大小医院推广使用，产品抽检合格率100%，成为同类药中的最畅销产品。其中七叶皂苷钠艾辛可搽剂是中国第六届城市运动会运动员指定用药，同时还是中国人民解放军三军仪仗队战士训练用药。这些技术产品多年以来在全国产生了可观的社会效益和经济效益。企业产品曾被评为“消费者信得过产品”、“国家免检产品”、“湖北省消费者推荐品牌”；企业被评为“湖北省工业五百强”，“湖北医药行业十强”、“武汉市优质免检药品企业”，2007年4月被评为“武汉市高新技术企业”。

我们将用3年的时间使公司的年产值到达3个亿以上，用5年的时间完成公司的整体上市，10年的时间把武汉爱民制药有限公司打造成中国一流具有国际先进水平的制药企业。我们将以专业的操守做事，以诚信态度做人。爱民制药将为造福人类健康做出自己应有的贡献。

地址：武汉市江岸区赵家条69号
网址：www.whaimin.com
E-mail:aimin@whaimin
电话：02785991101转809
传真：027-85991136

武汉江瀚大药房连锁有限公司

省市各级领导莅临公司指导工作

董事长严培中

武汉江瀚大药房连锁有限公司2003年1月由原国有企业江汉区医药公司，经过国企改制，资产重组后新成立的有限责任公司。主要从事药品、医疗器械、保健食品、卫生用品的批发和零售连锁经营。公司设有药品批发分公司、零售连锁各级管理部门，拥有数家大型药品超市以及十余家药品零售连锁药店，逐渐形成集药品、医疗器械、健康用品的市场开发为一体的多渠道经营企业。

地址：武汉市江汉区三眼桥北路26号
电话：027-85312990
传真：027-65654775
E-mail:whjhdyf@163.com

国药控股湖北新龙有限公司

国药控股湖北新龙有限公司是由新龙药业集团与中国医药集团国咬控股有限公司共出资组建的一家大型医药销售股份制企业，公司注册资本1亿元，发定代表人；张春华，总经理。发定住所；武汉市汉阳经济开发龙阳大道特8号，现有员工400余人，其中中高级专业技术人员46人，超过50的员工拥有大专以上学历，年销售规模16亿元。

经营范围；中药材、中成药、化学药、生物生化制品、医疗器、保健品等8000余个品规，拥有符合标准设计的综合大楼、物流软件、会计电算化软件系统和现代办公设备。是湖北首家通过国家药品经营质量官理规烦恼认证的企业，并于2007年通过国际质量标准认证。

公司以诚信为本，以质量为生命，以服务健康为宗旨，严格管理，规范经营，已形成一整套适合医药快批物的流程和管理摸式，公司凭借九省通的区位地理优势、优良的经营条件、一流的服务质量和雄厚的经济实力，形成了以武汉为中心，省内各市县及周边省市为重点，辐射全国的销售网络，己与全国26个省、市自治区的36000多家销售客药品生企业和6000多家销售客户建立起稳定、中国民营企业500强，2006年，荣获湖北省医药批发行业龙头企业称号。

地址：武汉市龙阳大道特8号（武汉烟厂对面）
电话：027—84675088
传真：027—84675087
邮编：430051

武汉康威特生物药品科技有限公司

公司主打产品：雄威牌健酒

武汉康威特生物药品科技有限公司是集生产、科研、销售为一体的企业，已通过国家保健食品GMP认证，生产产品有：雄威健酒、雄威胶囊、酸梅膏、银花露等，一直赢得市场好评及赞誉。

公司导入现代化管理的经营理念，坚持以市场拓展为先导、以体制创新为契机、以科技进步为支撑，以灵活的营销政策、雄厚的资金运作、强大的开发能力和真诚的合作精神，与各同行携手共谋发展，共同振兴医药事业。我们将一如既往的以健全的质量体系、快捷的速度、最低的成本和完善的服务，满足您的需求，以完善的基础设施和专业化服务，赢得您的长期信赖。以战略管理为中心，以业绩提升为目的，以规模管理手段为内容，持续观念创新、制度创新、管理创新、以市场为导向，以品牌和文化为根本，以效益为中心，发展成为客户信赖、供应商重视、社会满意，集科、工、贸于一体的新型企业。

公司生产及包装车间

地址：武汉市香港路228号
电话：027--82610019

集团董事局刘宝林主席工作照

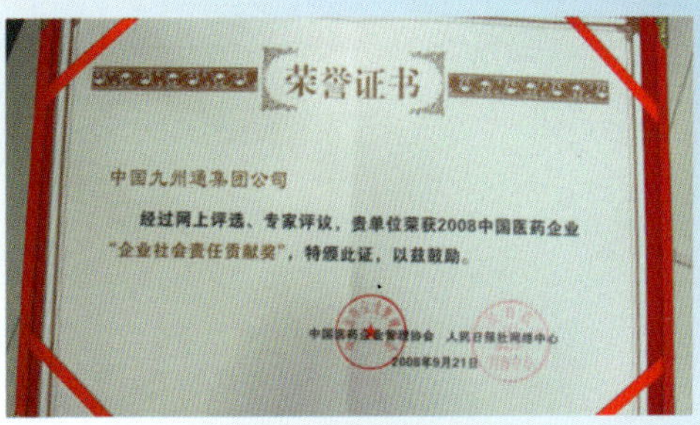

荣誉证书

中国九州通集团公司

经过网上评选、专家评议，贵单位荣获2008中国医药企业"企业社会责任贡献奖"，特颁此证，以兹鼓励。

2008年9月21日

获医药协会社会责任奖

中国·九州通集团
JOINTOWN GROUP · CHINA

九州通集团发轫于改革开放之初的1985年，是一家以药品、中药材和医疗器械的批发、物流配送、零售连锁以及电子商务为核心业务的民营企业集团，是湖北省最大的民营企业，在全国近万家医药商业企业中位列第三名、中国民营医药商业企业第一名，已连续5年入围"中国企业500强"。截至2008年，集团拥有总资产51亿元，下属企业70余家。

九州通集团以"传递健康 创造价值"为企业宗旨，以"责任心、危机感、执行力"为核心价值观，以"诚信 勤奋 竞合 创新"为企业精神，推行"客户至上，用心服务"的经营理念和"以人为本 有效执行"的管理理念。

九州通集团具备完善的品种结构和丰富的客户资源，拥有经营品种11500多种，上游合作伙伴4200多家，下游客户58000多家。现已有10家二级子公司和大型医药物流中心，30多家三级分公司和地区配送中心，100多个业务办事处,覆盖了国内70%县级以上的行政区域，形成了国内辐射面最广的医药分销网络。

九州通在行业内率先建立了电子商务平台---九州通医药网,实现了供货销售客户银行结算的网上一条龙服务，网上年销售额达已10亿元，位居国内同类型网站第一名。

九州通在国内开创的低成本、高效率的医药商业模式被中国医药界誉为"九州通模式"，并成为中国医药物流发展的主流模式，铸就了享誉中国医药行业的九州通品牌。

九州通在创造经济效益的同时追求社会价值的最大化，积极回馈社会。九州通集团先后被授予"中国优秀民营企业"、"湖北省医药储备企业""CCTV中国年度最佳雇主"、"劳动关系和谐企业"、"AAA资信等级"等荣誉称号。

未来五年，九州通集团将建成20家左右的二级子公司和大型医药物流中心、100家三级分公司和地区配送中心、300个终端配送点及5000家零售连锁药店，实现集团整体上市，力争年销售收入突破400亿元，占领中国医药分销10%左右的市场份额，使九州通成为以经营规范、管理科学、服务真诚、能为客户创造价值而著称的大型医药商业企业集团，做中国医药商业的领航者，为人类的健康事业做出更大的贡献！

刘宝林主席接受记者采访

地址：湖北省武汉市汉阳区龙阳大道特8号
电话：027-84884488 邮编：430051
网址：http://www.jzteyao.com.cn

整装待发的物流车队

武汉生物制品研究所

罗清泉等省、市领导莅临我所调研

对外合作签字仪式

研究生论文答辩会

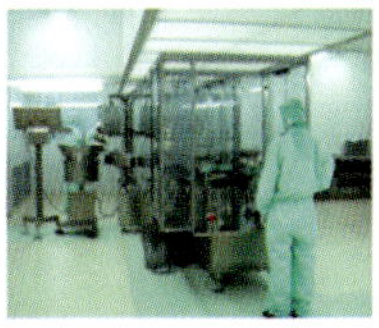

分包装2IMA灌装机

武汉生物制品研究所现隶属于国务院国资委主管的中国生物技术集团公司，在集团六个生物制品研究所中位列第三，共有员工1200余人，主要从事人用生物制品的研究和生产。全所共有4大系列、35个主要品种（107种不同规格）的产品，主导产品有乙脑疫苗、狂犬病疫苗、无细胞百白破、麻腮疫苗、血液制品，占全所经济收入的90%。产品市场占有率不断扩大，无细胞百白破全国占有率为70%，狂犬病疫苗为40%。

2007年，武汉生物制品研究所以“规范管理、强化质量、求实创新、协调发展”为指导思想，使企业步入良好的发展轨道，再次被中国生物技术集团公司评为A级企业（集团内只有两个A级企业）。

地址：武汉市武昌区临江大道9号　邮编：430060

武汉市江汉美思科技发展有限公司

武汉市江汉美思科技发展有限公司，是武汉市科技技术局属下的高科技企业，自1996年成立以来，公司成员长期从事高科技产品的设计与开发，具有较强的新产品开发能力。近年来公司先后推出了体外冲击波碎石机，激光雕刻机、机械雕刻机、指纹保管箱等多款新产品。产品涉及到医疗器械、自动控制、安防、环保等多个领域。

公司2007年9月通过国家食品药品监督管理局华光公司质量管理体系认证。

公司位于武汉市桥口区古田五路科技园内，占地面积300平米，建筑面积390平米。企业员工人数24人，专业技术人员6人，专业技术人员占职工总人数比例为30%。

注册产品：

1、体外冲击波碎石机，型号为MS-ESWL-VB，产品依据标准：体外冲击波碎石机YZB/国0393-20037。

2、体外冲击波治疗仪，型号为MS-ESWL-V，产品依据标准：体外冲击波碎石机YZB/国0007-2005。

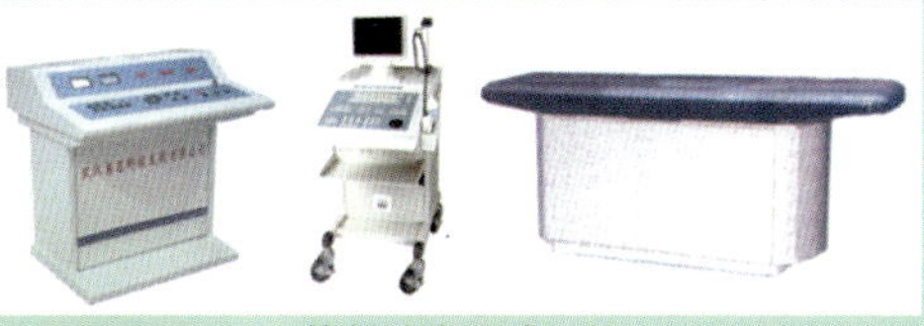

体外冲击波碎石机

体外冲击波治疗仪

地址：武汉市桥口区古田五路17号科技园243室
邮编：430034
电话/传真：027-83495578
网址：www.mskj.com.cn

湖北天隆药业有限公司

公司地址：武汉市江岸区工农兵路65号
电　　话：027-82915785
邮政编码：430012

湖北天隆药业有限公司成立于一九九八年三月，注册资本为1010万元。

公司位于武汉市的中心地区江岸区工农兵路111号。经营范围有：中成药、化学药制剂、抗生素制剂、生化药品、中药材、中药饮片、化学原料药、生物制品、一、二、三类医疗器械、保健食品、卫生防疫品、计生用品等。经营各类商品的品规达9000余个，其中药品品规达5000余个。销售网络遍布全国，与湖北省、武汉市多家医院建立了良好的供应关系。

公司大专以上学历达到全体员工人数的70%，高级职称有10人，中级职称有20人，有一支素质高、业务精悍的员工队伍。

全公司在总经理的领导下，坚持“实行全面质量管理，保障人民用药安全”的质量方针。视药品质量、服务质量和工作质量为企业的生命，先后获得了一系列质量管理信得过企业的荣誉称号。

湖北天隆药业有限公司是一个质量保证体系完善，供货能力强的经营公司。在强手如云的市场竞争中，凭借良好的信誉和雄厚的实力，在各方朋友的大力支持下，赢得了良好的社会效益和经济效益。我们愿同支持和关系我们的各位朋友携手共创更加美好、辉煌的未来。

武汉远大制药集团有限公司

武汉远大集团北大门

武汉远大制药集团有限公司（简称武药）创建于1939年太行山革命根据地，其前身为八路军卫生材料厂，毛泽东曾亲笔题词：“制药疗伤，不怕封锁，是战胜敌人的条件之一。”

经过68年的发展，当年的这所八路军卫生材料厂已发展成为中外合资医药企业，是国家战备储备急救用药和麻醉品定点企业、国家科技部火炬计划重点“高新技术企业”。公司占地面积280亩，注册资本8500万元，主营医药制剂、医药原料及中间体等产品。年销售收入过4亿元，年出口创汇逾2000万美元，年创利润达2500万元。

目前公司所有车间均通过国有GMP认证，部分原料产品通过美国FDA认证，拥有年生产液体制剂2亿支、固体制剂40多亿片、原料药4000多吨的能力。

未来的三年是武汉远大制药夯实基础、谋求跨越式发展的三年。我们将立足于现有的优势，寻求各领域的重点突破，提高综合盈利水平，提升规模，增强企业整体抗风险能力。在研发投入、市场投入、固定资产装备提升、企业文化建设、人才机制等各方面做好进行完善，力争成为全省制药行业的龙头企业，朝着“做百年药业，还原于社会”的愿景不断前进，为人类健康事业做出贡献。

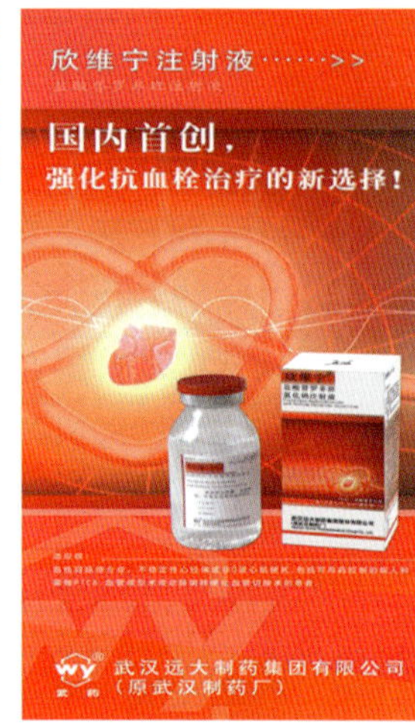

国家火炬计划项目
国家二类新药

地址：武汉市桥口区古田路5号
电话：027-83833738
网址：http://www.wuhan-pharm.com

3月13日，奥比斯善款首添“中国元素”，武汉远大制药集团捐出15万元，成为首个向飞机医院捐款的中国企业

集团向武昌惠民医院捐赠药品

武汉春光医疗美容仪器有限公司

SPRING SCENERY

WUHAN SPRING SCENERY MEDICAL INSTRUMENT CO.,LTD.

公司简介

武汉春光医疗美容仪器有限公司是一所集产品研制、开发、生产、销售、教学为一体的专业整形美容仪器生产企业。公司成立十几年来，产品畅销国内外，深受广大用户青睐。

自1991年公司独立研发的CHR 多功能手术仪荣获“武汉市优秀新产品奖”并被中央电视台反复报导，公司积极应对飞速发展的中国整形医学美容领域，广泛收集来自临床一线的信息反馈，在原有基础上推陈出新，目前已建立包括CHR多功能手术仪系列、CXZ电振动脂肪吸引器系列、微型打磨机系列、手术照明光源系列和单极微手术电凝器共五大类十余种的产品体系。

我公司秉承“真诚创造完美”的企业理念，以真心处事，以诚信待人。我们愿与您携手，以更加积极进取的姿态投入到新的开拓历程，共同创造美好明天！

CHR-IIB型

CHR-ⅡB型多功能手术仪是一种新型的医疗美容仪器。它广泛应用于美容、皮肤、外科、五官和妇科等手术。

本仪器设有现代先进的过流、过压、自动稳压的保护系统，并且其主要工作电路采用双重并联方法，故提高了仪器的寿命和稳定性。本产品工作原理是采用安全的低电压，通过震荡电路在靶组织产生温柔的电热火花，从而可起到切割、干燥、凝结、气化、碳化等效果，可瞬间封闭小血管，淋巴管，为美容和皮肤等科提供了一种新的有效治疗手段。

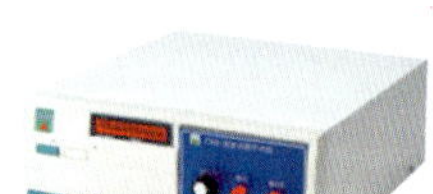

CHR-IIB卧式

治疗范围

寻常疣、老年疣、扁平疣、软疣、疣状痣皮脂腺痣、肉芽肿、粟丘疹、皮赘、各种色素痣、增生性瘢痕、穿耳孔、去雀斑等。

草莓状血管瘤、汗管瘤、皮下囊肿。

牙龈乳头切除、鼻息肉切除、下鼻甲肥大、睑黄疣切除等。

根治腋臭、直肠息肉、宫颈糜烂、鸡眼、尖锐湿疣等。

CHR-IIB便携式

CHR-IIID型

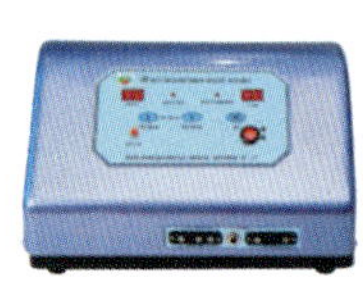

CHR-IIID

CHR-ⅢD型多功能手术仪是集单极高频电刀，双极电凝两大系统为一体的综合医疗美容手术仪器。采用本机制作双眼皮，操作简单，速度快。成形自然、安全，不破坏眼部皮肤结构，生物粘连，无异物，较传统的方法有突破性的进展。治疗各种痔疮、包皮环切不出血，不缝针。还可适用于神经、显微、眼科、五官、外科等精细手术止血，深受医生和患者欢迎。

目　　录

特　　载

工 作 进 展

党群工作

卫生行政

各区卫生工作

江岸区

江汉区

硚口区

汉阳区

武昌区

洪山区

青山区

东西湖区

汉南区

蔡甸区

江夏区

交通部长江航务管理局

医疗卫生机构选介

部省属医疗卫生机构

协和医院改革开放30年资料链接

同济医院改革开放30年资料链接

军队医疗卫生机构

大型企业医疗卫生机构

市属医疗卫生机构

区属医疗卫生机构

社会办医疗机构

社区卫生服务与新型农村合作医疗

医疗救助与社会公益

医学教育

医学科研

科研机构

改革开放 30 年资料链接

科研成果

改革开放 30 年资料链接

科研成果选介

医学科技论文

改革开放 30 年资料链接

医学专著

改革开放30年资料链接

医学期刊

学术团体

国际交流与合作

改革开放30年国际交流合作资料链接（2001－2006）

诊疗技术与医事珍闻

改革开放30年资料链接

卫生界人物

2007年获全国特殊荣誉人物

卫生法规

卫生统计

卫生基本情况统计

医院工作统计

财务、基建工作统计

采供血工作统计

传染病防治与公共卫生统计

科研项目完成情况统计

2007 年武汉卫生工作大事记

附　　录

索　　引

封面说明 ………………… 武汉市中心医院拥有一支技术精湛、医德高尚的专家团队。图为肝胆胰外科主任、主任医师李明杰正在为患者精心手术。

特　　载

深入贯彻落实党的十七大精神努力开创我市卫生事业发展新局面

——在2008年全市卫生工作会议上的报告

武汉市卫生局局长　林国生

（2008年2月28日）

武汉市卫生局局长林国生在全市卫生工作会议上作报告

同志们：

这次会议是在全市卫生系统深入学习贯彻党的十七大精神，深入推进医药卫生体制改革的关键时期召开的一次重要会议。会议的主要任务是：高举中国特色社会主义伟大旗帜，深入贯彻落实科学发展观，传达贯彻全国全省卫生工作会议精神，紧紧围绕党的十七大和市委市政府对卫生工作提出的新任务，深刻分析当前卫生工作面临的新形势，回顾总结2007年卫生工作，交流经验，以建立基本医疗卫生制度为目标，全面部署2008年卫生工作。市委、市人大、市政府、市政协领导对卫生工作非常重视，市政府副市长刘顺妮将作重要讲话，我们一定要认真学习领会，抓好贯彻落实。下面，我讲三个方面的内容，供大家讨论。

一、2007年卫生工作回顾

2007年是我市卫生事业取得又好又快发展的一年，全市卫生系统在市委、市政府的正确领导下，锐意改革，奋发进取，扎实工作，较好地完成了各项卫生工作任务。

（一）努力提高医疗卫生服务水平，社区卫生建设取得新成就

2007年，我市坚持走适合武汉实际的社区卫生

建设新路子,加强内涵建设,采取了多项改革措施强力推进社区卫生工作。一是完善网络,初步实现"15分钟社区卫生服务圈"的建设目标。全市共建标准化社区卫生服务中心103个、站388个。基本实现社区卫生服务网络全覆盖。二是开展"五个一批"工作,加强了社区卫生人才队伍建设。即:"招聘一批",由政府出资招聘了192名大医院退休的老医生到社区卫生服务机构坐诊。"下派一批",全市51家二级以上公立医院与96个社区卫生服务中心建立起了对口帮扶关系,245名医护人员深入社区传、帮、带。"引进一批",招聘了305名大学生充实到社区卫生服务机构工作。"培养一批",对586名医生和护士进行了全科医学和社区护理培训,4 688人次医务人员参加各种专业岗位培训,选派了235名医务人员到大医院进修学习。"淘汰一批",全年辞退和淘汰不合格社区卫生服务人员36名。三是改进服务模式,增强社区卫生服务功能。07年全市共组建"全科责任医生团队"800余个,积极开展"六上门"服务。实现了孕产妇、儿童保健的网络化管理。组织"社区健康教育大课堂"等专题讲座5 482场。建立了高血压、糖尿病等慢病社区防治模式。完成了标准化公共卫生科建设任务。四是完善政策,改善社区卫生服务机构工作环境。07年我市社区公共卫生工作经费投入提高到26元/人/年(按常住人口计算),继续实施"五免六减"、降低住院起付标准和个人自付比例的医保引导政策,实施各区政府为社区卫生服务机构购买或无偿提供业务用房的保障政策。在24个中心开展"医药分开"改革,药品降价达40%。2007年全市社区卫生服务机构的门诊量达到610万人次,住院量达到3.85万人次,分别比去年同期增长36%、15%,门诊量占中心城区医疗机构总门诊量的31%,市民对社区卫生服务工作的满意度达到85%以上。我市社区卫生工作走在了全国的前列。国家卫生部副部长蒋作君等领导多次来我市视察并给予高度评价。全国30多家省市兄弟单位先后来我市学习、借鉴经验。新华社、中央电视台等多家重要媒体多次予以报道。07年国务院城市社区卫生工作领导小组已将我市确定为"城市社区卫生服务体系建设国家重点联系城市"。

(二)加强新型合作医疗制度建设,农村卫生工作取得新进展

去年市政府将新型农村合作医疗和农村卫生服务体系建设作为为民办十件实事之一,全市卫生系统着力推进新型农村合作医疗制度建设,农民医疗卫生保障水平不断提高。一是农民参合率明显提高。07年全市参合农民人数达244万人,参合率达到92.4%。二是合作医疗基金筹资水平和参合农民受益水平不断提升。去年我市人均年筹资水平达到了85元以上。全市共41.7万人次获得门诊和住院补偿,补偿金额11 862万元,平均住院补偿比例达到33%,高于全国平均水平。三是管理制度不断完善。对全市三年来基金管理进行了财务审计,落实了整改措施。完成了乡镇经办机构"管办分离"工作,公开招聘127名乡镇合管员。建立了市、区两级合作医疗数据中心,实现了网上补偿费用公示、报表统计分析等信息化管理。

全面完成农村卫生服务体系建设任务,农村医疗卫生服务条件得到明显改善。完成了40所乡镇卫生院和463个村卫生室的标准化建设。新建业务用房19 678平方米,维修改造57 352平方米,招标采购乡镇卫生院设备1 412件,村卫生室设备463套。市区两级财政投资1 000多万元为农民购买公共卫生服务。实施农村卫生人才培养和水平提升计划。开展乡镇卫生院专业技术人员全科医学知识与技能的培训工作,对1 800名乡村医生进行全科医学知识培训,举办乡镇卫生院管理干部培训班,实施城市大中型医院对口帮扶农村卫生和千医下基层等。这些措施有效提高了农村医疗卫生服务水平。

(三)推进行政管理体制改革,卫生监督执法效能明显提高

按照市委、市政府要求,全市卫生系统从政府职能转变、行政审批、信息公示、收支两条线、电子政务监察五个方面推进卫生行政管理体制改革。全面清理卫生行政许可项目,改革行政审批制度,取消行政许可项目3项,归口上交2项,保留17项。同时下放了占全市医疗机构总数70%,的个体诊所等4 142家医疗机构的设置审批和校验职能。创新服务方式,规范行政许可行为,加快行政审批提速,在全市近30家有审批内容的市直部门中,我局的行政审批绩效排名连续四个月名列前五名。

重大活动食品卫生、医疗安全保障工作取得突出成绩。2007年是我市彰显城市形象和特色之年,六城会、八艺节、女足世界杯等重大活动精彩纷呈,食品卫生、医疗安全保障工作任务极为繁重。为了确保重大活动的顺利进行,卫生系统举全市之力,各级卫生监督机构和医疗急救部门忠实履行责任,发扬连续作战的

精神,日夜坚守岗位,全力以赴,精心组织,克难攻坚。共出动卫生监督员8 350余人次,执法车辆1 560余台次,监督检查食品单位18 290户次;出动医护人员6 000余人次,救护车辆700台次;共完成重大活动医疗保障工作45项、食品卫生保障工作21项。圆满完成市政府“无一例食物中事件,无一例传染病流行事件,无一例医疗急救差错事件”的卫生保障任务,被市委、市政府评为立功单位。

2007年市卫生局、市卫生监督所先后被卫生部授予“全国卫生监督先进集体”和“全国卫生系统先进集体”的荣誉称号。去年10月卫生部选定在我市召开了“全国餐饮消费安全专项整治工作现场会”,国内同行和领导150余人到我市借鉴经验,卫生部副部长陈啸宏对我市卫生监督执法工作给予高度评价。

(四)积极创建国家卫生城市,公共卫生服务能力明显增强

根据市委市政府“四城同创”的整体部署和要求,成立了“创建国家卫生城市工作领导小组”,制定了检查评分标准和创建卫生城市工作方案,明确了各部门工作任务和责任。市政府召开了全市创建“国家卫生城市”动员大会,推动爱国卫生运动深入开展,掀起了创建国家卫生城市活动的新高潮。在全市启动了争创省市级卫生先进单位活动,创建省市级卫生先进单位517家,省市级卫生先进社区182个、省市级卫生村25家。

加强公共卫生体系运行机制建设,公共卫生事件应急处置能力明显增强。一是完成了市级重点项目“武汉市医疗救治中心”的建设,应急医疗救治体系更加完善。二是完善和优化省、市突发公共卫生事件应急联动机制、卫生应急物资和信息资源储备机制、抗灾防病的保障机制。07年全市共有效处置突发传染病疫情21起,未发生重大传染性疾病暴发流行事件。三是圆满完成社区卫生服务中心和农村卫生院“标准化公共卫生科”建设任务,夯实了我市三级防疫网的网底。四是启动“母婴安全”项目,实行农民工孕妇定点限价分娩,受到农民工的好评。

血防工作取得了重大进展。一是制定并启动了蔡甸区和汉南区血防“整区推进、综合治理”实施方案。年内已投入资金8 700万元,蔡甸、汉南区整区推进年度任务全面完成。二是“升级达标”工作取得重大成绩。2007年,汉阳区达到了国家血吸虫病传播阻断标准,江岸区、东西湖区达到了国家血吸虫病传播控制标准,洪山区、汉南区、蔡甸区、江夏区、黄陂区达到了国家血吸虫病疫情控制标准。我市提前一年达到了国家提出的血吸虫病疫情控制标准。三是加强血吸虫急性感染预防控制,全市急感发生仅6例,处于历史较低水平。全年血防查病46.42万人,免费救治晚血病人268名。

实施“重点监测、强化干预、积极救治、人文关爱”的艾滋病防治策略,艾滋病疫情快速增长的势头得到遏制。结核病控制与管理工作进一步规范,由卫生部和世界卫生组织确定的“耐多药结核病防治”项目率先在我市开展,提升了我市结防工作水平。

(五)深入开展医院管理年活动,医疗服务费用增幅显著降低

2007年我们以强化公立医疗机构公益性质,控制医疗服务费用作为重点,深入开展医院管理年活动。制定并实施降低医药费用,提高医疗服务质量等措施,将医疗费用控制纳入医院院长绩效管理目标考核。去年全市每出院病人医疗费用增幅为0.1%,明显下降,低于同期物价指数上涨幅度。继续开展药品直供试点,市普爱医院门诊人均药品费用降幅达21.6%,住院人均药品费用降幅达36.4%。试点以来,到市普爱医院就诊的患者总计减少药品费用支出逾6 400余万元。省市主要领导对试点工作高度肯定,人民日报等多家媒体多次大篇幅报道。在市中心医院开展日间手术试点97例,病人医疗费用平均降低20%,目前正在全市大中型医疗机构逐步推广。开展了为外来务工人员办实事的“百千万”活动,深受农民工欢迎。武昌惠民医院为特困群众减免费用近400万元。实施药品、器械及医用耗材集中招标,网上采购,药品降价达26.8%,器械及医用耗材降幅达13.9%。深入开展商业贿赂治理,卫生行风进一步好转。继续推行医疗检查“一单通”、单病种限价收费等措施,受到广大患者好评。

加强医疗急救体系建设。2007年,全市已建成1个医疗紧急救援指挥中心、2个急救分中心基地(武昌、汉口)、20个急救站点的医疗救治网络。12月武汉市和孝感市签署了院前急救保障服务一体化战略合作协议,启动了武汉城市圈120急救一体化工作。加强血液管理,确保临床用血安全,07年全市自愿无偿献血比例达100%。

(六)坚持中西医并重,中医药事业得到快速发展

坚持贯彻“中西医并重”的工作方针,努力促进中医药事业进一步发展。一是重点中医机构建设。

2007年市中医院和市中西医结合医院取得国家中医药管理局建设项目7项。市中西医结合医院新建重点专科大楼，扩大病床400张。市中医院新建近万平方米的制剂大楼，打造武汉市中药学教学、生产和科研的平台。二是大力推进中医进社区。洪山区创建全国中医药社区卫生服务示范区工作通过了国家专家组的验收。开展创建中医药特色社区卫生服务机构活动，全市已建成中医药特色社区卫生服务中心10家、站27个。制定了武汉市乡镇中心卫生院中医科建设标准和中医药特色村卫生室建设标准，15家中心卫生院和5家村卫生室通过建设达标。三是整理适于社区和农村使用的省、市级中医药适宜技术90项。四是启动了国家级"治未病"试点工作，探索中医保健工作经验。五是整合市急救中心和市中医院资源，启动了国家级中医、中西医结合临床基地的建设项目，加强中医急诊体系建设，提升中医医疗机构的应急能力。

（七）积极开展学术交流，医学科技实力进一步提升

07年科技和对外交流工作取得明显成绩：一是重点专学科建设成效显著。我市已形成了由2个国家中医药管理局重点专科和5个建设专科、1个卫生部培训基地、7个省级临床重点专科、34个市级重点专学科及18个市级重点专学科建设单位组成的医疗卫生重点专学科群体。二是高层次人才培养工作取得重要进展。自启动了"5.1.1"工程以来，共培养青年学科带头人100人，全部已成为我市医学卫生系统的业务骨干和科技精英。三是医学科研水平整体提高，投入了科研经费100余万元，资助科技项目90项。其中，获国家自然科学基金资助项目2项，国家"十一五"科技支撑计划2项。共完成科研课题鉴定51项，2项达到国际先进水平。2007年获市科技进步奖29项，其中一等奖2项。四是国际学术交流不断加强，共组织了56个团组，174人次到国外开展医学合作与交流。共接待8个国外访问团到我市进行医学访问。与国际SOS签订了《武汉市急救中心——国际SOS合作协议》。与挪威共同在汉举办了高级心理师培训班。与荷兰欧洲皮库达成了合作建立皮肤供应库的意向。

在卫生人力资源建设工作中，我市制定了基层卫生和公共卫生人才培养规划，系统地进行社区全科医师、公共卫生人员和农村卫生人员培训工作，人才队伍建设取得了新成就。2007年国家卫生部在北京召开了"全国卫生人事人才工作会议"，我局作为唯一的省会城市代表做了大会交流发言。我市注重基层卫生人才培养的经验和模式得到了卫生部领导和与会代表的高度关注和肯定。

（八）以文明城市建设为抓手，卫生行风建设进一步深化

2007年，按照市委、市政府"四城同创"工作的统一部署，以全国文明城市创建为抓手，卫生行业作风建设得到进一步深化。各医疗卫生单位坚持以病人为中心，切实采取有力措施，从解决人民群众就医最关心、最直接、最现实的利益问题入手，将优化医疗服务细节，完善医患沟通渠道，提高医疗服务质量，密切医患关系，减少医患矛盾的工作目标落实到医疗服务的每个环节，医疗卫生服务水平有效提升。坚持纠建并举，采取多种形式活动加强反腐倡廉建设。深入开展医药购销领域商业贿赂治理工作，着力加强长效机制建设，在全市建立了医药购销领域商业行贿行为记录查询系统。积极参与"行风连线"活动，有力促进了卫生行业作风明显好转。

同志们，2007年卫生工作取得的成绩，要归功于市委、市人大、市政府、市政协高度重视、正确领导，归功于各区党委、政府和有关部门大力支持，归功于社会各界和人民群众关心帮助，归功于全市各级卫生部门和广大卫生工作者团结一心、共同努力！在此，我代表市卫生局向关心、支持我市卫生事业发展的各级领导、社会各界和新闻媒体，向全市卫生系统广大医疗卫生工作者和人民群众表示衷心的感谢和崇高的敬意！

二、深入贯彻落实十七大精神，努力实现人人享有基本医疗卫生服务

党的十六大以来，随着我市国民经济快速稳定发展，各级党委、政府对卫生工作的重视程度空前提高，特别是"非典"以后，市委、市政府高度重视卫生工作，卫生事业得到了空前发展。突出表现在：一是卫生投入明显加大、资源总量持续增长。2007年全市卫生投入较2002年增长5.93亿元，增长了216.71%；卫生医疗设备、卫生床位数有了大幅增加，卫生专业技术人员素质和结构进一步优化，为保障人民群众身体健康提供了有力的支撑。二是卫生保障能力大大增强。建立了覆盖全市的四级疾病预防控制体系、卫生监督执法体系、城市社区卫生服务体系和农村卫生服务体系，全市公共卫生和医疗服务能力得到了前所未有的提高。三是医疗保障体系

逐步完善。建立了新型农村合作医疗制度，与我市城镇职工基本医疗保险、城镇居民基本医疗保险制度共同构成了基本医疗保障制度的初步框架，有效缓解了人民群众看病贵的问题。四是人民群众健康状况进一步改善。从世界通行的衡量健康水平的几项基本指标看，目前全市人均期望寿命达77.89岁，超过全国平均水平。全市孕产妇死亡率从2002年的22.91/10万下降到2007年的12.20/10万，婴儿死亡率从2002年的7.36‰。下降到2007年的4.88‰。，均好于全国平均水平，走在了中西部的前面。

党的十六大以来，我市卫生事业的改革与发展，得到了市委、市政府充分的肯定，得到了社会各界和人民群众客观、公正的评价。但是我们也必须清醒地看到，医疗卫生工作距离党和人民群众的要求还有较大差距。重大传染病、慢性非传染性疾病仍严重威胁群众身体健康，医疗机构的管理体制和运行机制的改革相对滞后，城市社区和农村乡村医疗卫生机构人员素质不高，服务水平难以适应人民群众的需要等。高度重视，深入研究解决这些问题，必须认真学习贯彻党的十七大精神，将思想和行动统一到中央对当前卫生形势的分析和判断上来，全面贯彻落实科学发展观，解放思想，改革创新，将我市卫生改革与发展进一步推向深入。

党的十七大，是在我国改革与发展的关键时期召开的一次重要会议。胡锦涛总书记在十七大报告中，深刻阐明了新时期卫生工作的方针，强调健康是人全面发展的基础，科学阐述了医疗卫生工作在国家经济社会发展中的重要地位和作用，明确提出了人人享有基本医疗卫生服务的奋斗目标，并对建立基本医疗卫生制度、提高全民健康水平做出了全面部署，为即将开展的医药卫生体制改革指明了方向，充分体现了党中央对关系人民群众切身利益的卫生工作的高度重视。认真学习贯彻党的十七大精神，深化医药卫生体制改革，是当前和今后一个时期我市各级卫生部门和广大医疗卫生工作者的首要政治任务。全市卫生系统广大干部职工要在市委和市政府的统一领导下，认真组织好党的十七大精神的学习和贯彻落实工作。

（一）充分认识卫生事业在小康社会建设中的地位和作用

党的十七大报告明确提出，"健康是人全面发展的基础，关系千家万户的幸福"。阐明了健康既是建设中国特色社会主义事业的目标，又是全面建设小康社会的重要条件，将担负促进健康任务的卫生事业提高到了关系经济社会发展全局的空前高度。全市卫生系统要把实现好、维护好、发展好广大人民群众的健康权益，增进人民群众身体健康作为一切工作的出发点和落脚点，增强历史责任感和使命感。始终坚持以科学发展观为统领，找准卫生工作在构建社会主义和谐社会中的功能与定位，自觉地把科学发展观贯穿到卫生改革与发展的各项工作和任务中去，切实满足人民群众日益增长的健康需求，努力开创卫生改革与发展的新局面。

（二）准确把握新时期卫生工作的新目标和新任务

党的十七大报告制定了"到2020年，我国将建立一个人人享有基本医疗卫生服务制度"的宏大目标，并对建立基本医疗卫生制度，实现人人享有基本医疗卫生服务做出了战略部署。十七大明确提出，要坚持公共医疗卫生的公益性质，坚持预防为主、以农村为重点、中西医并重，实行政事分开、管办分开、医药分开、营利性和非营利性分开，强化政府责任和投入，完善国民健康政策，建设覆盖城乡居民的公共卫生服务体系、医疗服务体系、医疗保障体系、药品供应保障体系，深化公立医院改革，加强医德医风建设，积极扶持中医药事业发展，为群众提供安全、有效、方便、价廉的医疗卫生服务。根据十七大报告精神，卫生部提出了"健康中国2020"战略，其主要目标分为三步：第一步，到2010年，初步建立覆盖城乡居民的基本卫生保健制度框架，使我国进入实施全民基本卫生保健的国家行列；第二步，到2015年，使我国医疗卫生服务和保健水平进入发展中国家的前列；第三步，到2020年，保持我国在发展中国家前列的地位，东部地区的城乡和中西部的部分城乡接近或达到中等发达国家水平。

人人享有基本医疗卫生服务的奋斗目标和"健康中国2020"战略，是新时期党中央、国务院对医疗卫生工作提出的新目标和新任务。全市卫生系统和卫生工作者肩负着光荣的使命，要按照中央和国家的要求，制定"健康武汉2020"发展战略，努力满足人民群众日益增长的健康需求，为构建"和谐武汉，创新武汉"而努力奋斗。

（三）着力进行基本医疗卫生制度建设

深入贯彻落实十七大精神，必须要把我市卫生事业制度建设提到更加突出的位置，着力进行基本医疗

卫生制度建设。现阶段,建设基本医疗卫生制度的核心工作是建设和完善"四大体系":

一是建设覆盖城乡居民的公共卫生服务体系。2003年以来,我市坚持贯彻预防为主的工作方针,不断加强疾病预防控制、应急医疗救治、妇幼保健、精神卫生、采供血、卫生监督工作,公共卫生服务网络已经初步建成。下一步公共卫生的工作重点要转到健全职能、转换机制、增强能力、改善服务上来,要坚持公共卫生服务重心下移、贴近百姓的工作思路,加强公共卫生科建设,完善基层公共卫生服务网络,不断提高全民健康水平。要深入开展爱国卫生运动,积极创建国家卫生城市,改善城乡卫生环境,加强全民健康教育,倡导健康文明的生活方式。

二是建设覆盖城乡居民的医疗服务体系。未来几年,我市要加强医疗服务体系体制改革、机制创新,优化资源结构,科学布局,逐步建立起政府与市场各司其职的混合型医疗服务体系。第一,必须坚持把社区卫生和农村卫生作为卫生工作长期战略重点。要继续大力发展和完善社区卫生服务体系。工作重点要转到加强社区卫生服务内涵建设、转变运行机制和提高服务水平上来,最大限度提高医疗卫生资源的利用效率,构建以社区卫生服务为基础的新型城市卫生服务体系,真正形成"小病到社区,大病到医院"的医疗服务格局。要大力加强农村卫生服务体系建设,统筹城乡卫生事业发展。重点要认真制定和实施我市《农村卫生服务体系建设与发展规划》,加快乡镇卫生院和村卫生室标准化建设的进程,不断健全农村三级卫生服务网络。要加强农村医疗卫生人才培养,着力实施农村卫生水平提升计划,提高农村医疗卫生服务能力,为农民提供质优、价廉的公共卫生和基本医疗服务。第二,要以深化公立医院改革为突破口,逐步改革我市医疗卫生的管理体制、运行机制和投入机制,建立起公益性质明确、规模适当的公立医院服务体系。探索建立职责明确、监管有力的医院管理制度。深入开展药品直供、医药分家等各项改革工作,加强监督管理,改善医疗质量,控制医药费用,忠实为群众服务。第三,积极引导社会力量发展医疗卫生服务,鼓励国内外社会资金依法创办医疗机构,建立我市布局合理、运行规范的民办医院系统,满足群众多样化的医疗保健需求。同时要大力扶持中医药和民族医药发展。坚持"中西医并重"的方针,加大对中医药发展的扶持力度,充分发挥中医药在医疗卫生服务中的作用。

三是建设覆盖城乡居民的医疗保障体系。建立健全医疗保障制度,是确保城乡居民人人享有基本医疗卫生服务、减轻疾病风险的重要措施。要继续完善我市新型农村合作医疗制度建设,并最终与我市城镇职工基本医疗保险、城镇居民基本医疗保险和医疗救助制度共同形成覆盖我市城乡居民、多种形式的医疗保障体系。新型农村合作医疗制度建设的重点是要进一步巩固和做好"扩面"工作,实现应保尽保目标。要不断提高新型农村合作医疗筹资和农民受益水平,缩小城乡、不同人群之间的医疗保障差距。要加强管理制度和信息化建设,确保基金安全。

四是建设药品供应保障体系。建设药品供应保障体系的基础是建立国家基本药物制度,即统一基本药物目录,实行招标定点生产和政府集中采购配送,规范出厂价格,严格监督临床使用。其核心就是保证基本药物生产、供应、使用和报销,这是解决医药购销秩序混乱、药价虚高的治本之策。2006年以来,我市率先在国内开展的医院药品直供试点及社区医药分开改革均取得显著成效,其中尤其是在大中型医院、社区卫生服务机构的基本用药目录、药品购销体制和药品规范使用等方面做出了有价值的探索。2008年及今后一段时期,我市要进一步采取药品直供、医药分开、药品耗材集中采购等改革举措,推进各项医院药事管理制度改革,加强药物质量安全监管,为建立国家基本药物制度继续进行实践探索。

(四)稳步推进医药卫生体制改革

2008年是卫生事业发展极为重要的一年,国务院组织研究制订的深化医药卫生体制改革方案即将出台,深化医药卫生体制改革的基本思路和政策框架已初步形成。中央提出改革的总体目标是建立覆盖城乡居民的基本医疗卫生制度;重点是加强四大体系建设;主要政策措施是建立协调统一的医药卫生管理体制、高效规范的医药卫生运行机制、政府主导的卫生投入机制、科学合理的医药价格形成机制、严格有效的医药卫生监管体制、可持续发展的医药卫生科技创新机制和人才保障机制、实用共享的医药卫生信息系统和健全完善的卫生法律制度体系。

全市广大医务工作者要充分认识深化医药卫生体制改革的重要性、紧迫性和艰巨性,要在思想上、行动上做好各方面的准备,认真落实国务院关于深化医药卫生体制改革的指导思想、基本原则、目标任务和政策措施,稳步探索。改革方案出台之后,要在市委、市政府领导下,会同有关部门全力推进,狠抓落实,务求实效。

三、2008 年主要工作任务

2008 年是全面贯彻落实党的十七大战略部署的第一年，是实施"十一五"规划承上启下的一年。做好今年的卫生工作，对于贯彻落实党的十七大精神、完成"十一五"规划目标至关重要。2008 年卫生工作的指导思想是：深入贯彻落实科学发展观和党的十七大会议精神，加强农村卫生服务体系建设，巩固完善新型农村合作医疗制度，深入推进社区卫生服务体系建设，努力提高公共卫生服务能力，防控重大疾病和突发公共卫生事件，加强中医药工作，稳步探索医药卫生体制改革，强化医疗卫生监管，努力推进我市卫生事业又好又快发展。

2008 年我市卫生工作重点目标是：继续坚持以人为本的科学发展观，围绕"和谐武汉，创新武汉"这一目标，着力进行四个创新、建设四大体系。要创新公共卫生服务的运行机制，建立网络健全、功能完善、反应及时、运转高效的公共卫生服务体系。创新基层医疗卫生服务机构工作模式，建立安全、有效、方便、价廉的城乡一体化基层医疗卫生服务体系。创新医疗机构管理体制，建立政府主导、市场补充，政府和个人负担得起的医疗服务体系。创新卫生行政与监督执法绩效考评制度，建立依法行政、廉洁高效、行为规范、运转协调的卫生行政执法体系。具体要抓好以下几方面工作：

（一）推进武汉城市圈"两型社会"建设，着力打造"1＋8"卫生服务圈

2007 年武汉城市圈被国家列为"资源节约型、环境友好型两型社会"建设综合配套改革实验区，从而迎来了我市重大的历史发展机遇。时不我待，全市卫生系统要紧紧抓住武汉城市圈"两型社会"建设改革的重大契机，努力推进武汉城市圈卫生服务一体化建设，着力打造"1＋8"医疗卫生服务圈。一是要坚持资源共享、共同发展的原则，探索武汉城市圈卫生事业发展的机制、体制。二是要积极研究制定"武汉城市圈卫生事业一体化发展规划"，坚持整合资源、整体规划、逐步推进、谋划长远的工作思路，制定相关配套政策与措施，打造"1＋8"医疗卫生共同发展的平台。三是要加强调研，采取综合措施，推进"1＋8"城市圈在卫生信息共建共享、传染病等疾病控制联防联控、医疗救治网络分级联动、采供血城市圈一站化等医疗卫生服务领域全方位、一体化建设，开创武汉城市圈卫生事业跨越式发展的新局面。

（二）加强公共卫生工作，全力以赴创建国家卫生城市

2008 年，要抓住深化卫生改革给公共卫生工作带来的重大机遇，不断加强公共卫生服务体系建设。一是完善公共卫生服务网络。08 年要全面完成标准化公共卫生科创建目标，夯实我市公共卫生服务体系网底。要进一步明确疾病预防控制等公共卫生机构的功能定位和职责，建设管理高效的区级疾控中心。二是加强预防和医疗服务间的联系。开展在医疗机构建设公共卫生科试点，各级医疗机构要重视和加强疾病预防控制、突发公共卫生事件应急等公共卫生工作。三是加强传染病管理，切实做好突发公共卫生事件的处置。08 年全市法定传染病登记报告率达到 90% 以上。要明确任务、落实责任，确保国家扩大免疫规划政策的实施。不断健全卫生应急管理体制，完善机制，加强"应急办"机构建设。08 年将迎来"北京奥运会"，全市卫生系统要树立国家大局、全局观念，有效防范和应对鼠疫、SARS、人感染高致病性禽流感等严重威胁国家公共安全的重大突发公共卫生事件，为北京奥运会顺利召开做出应有的贡献。四是切实抓好重大疾病预防控制。要全面落实艾滋病防治各项工作措施，2008 年艾滋病病毒感染者追踪随访率力争达 85% 以上。加强结核病防治工作。实施以街乡为单位结核病现代控制策略，覆盖率达到 100%。完善社区和乡村的结核病人督导治疗模式。提高结核病防治工作"五率"。继续实施血吸虫病防治"整区推进，综合治理"，巩固升级达标工作成效，加大传染源控制力度，争取血防工作再上新台阶。五是加强妇幼保健工作。进一步降低孕产妇死亡率和婴儿死亡率。加强出生缺陷监测和干预工作，积极推进免费婚检，开展爱婴医院复评，保障妇女儿童健康。六是继续加强慢性非传染性疾病和职业病的防治，推进精神卫生下基层。

深入开展爱国卫生运动，努力创建国家卫生城市。2008 年是创建国家卫生城市的实施年，要按照市委、市政府的总体部署，全力以赴推进创建工作。08 年各项创卫指标要基本达标，完成向省爱卫会的申报工作，并确保 2009 年初全面启动向全国爱卫会的申报程序。要在全市范围内积极开展创卫达标街、创卫达标部门、创卫生先进单位活动，全民动员，全面掀起我市创卫活动高潮，努力改善我市城乡卫生面貌。

（三）加强农村卫生服务体系建设，巩固完善新型合作医疗制度

农村医疗服务体系建设要做好以下工作：一是 08

年要制定农村三级卫生服务网络建设规划，科学调整卫生资源布局。要办好政府十件实事，完成44家卫生院和500家村卫生室的标准化建设任务。二是深化改革，提高农村卫生管理水平。要继续改革人事分配制度，重点推行乡镇卫生院院长聘任制。强化乡村一体化管理，制定具体配套措施，切实对村卫生室进行“传、帮、带”。探索在农村实行药品集中采购和配送，降低药品价格。三是强化内涵，提高农村卫生服务水平。08年要进一步加强“对口支援”。全市二级以上医疗机构必须参与乡镇卫生院对口支援工作．明确任务，加强考核。落实“双百计划”，即争取下派100名大医院的业务骨干到农村医疗机构指导工作，上送100名乡村业务骨干到大医院进修深造。研究留住人才的政策和机制，对乡镇卫生院骨干医师、学科带头人给予经济补偿。

新型农村合作医疗制度建设主要做好以下几方面工作：一是08年争取我市农民参合率实现应保尽保目标。二是提高筹资水平、受益水平。中央把参合农民的补助标准由人均20元提高到40元，我市要落实配套政策，力争2008年筹资水平每人每年达到130元以上。要科学调整补偿方案，不断提高农民住院报销比例，增强农民参合积极性。三是探索门诊统筹试点。创造条件选择一个乡镇进行试点，使农民交1至2元钱就能治好小病。四是加强信息网络建设，做好新农合信息化管理，要重点推进农民医疗费用报销“一卡通”的策划与建设。五是进一步完善管理体制和运行机制。规范基金监管，加强对定点医疗机构的管理。严格控制医药费用不合理上涨，促进新型农村合作医疗制度健康发展。

（四）深化社区卫生服务建设，构建新型城市卫生服务体系

建立以社区卫生服务为基础的新型城市医疗服务网络，是当前深化医药体制改革中的重要组成部分。今年要深入推进社区卫生服务体系建设。一是加快社区卫生服务网络建设，进一步调整和完善中心城区社区卫生服务机构的网络布局，积极推进远城区社区卫生服务机构建设。二是深化改革社区卫生服务机构管理体制和运行机制。08年要进一步在全市开展大医院托管社区卫生服务中心改革，全市二级以上医院都要选择条件适合的社区卫生服务中心实施托管。继续在全市社区卫生服务中心推行医药分开改革，探索药品零差率销售试点。按照全国社区卫生服务体系建设重点联系城市工作要求，选择部分政府举办的社区卫生服务中心，探索收支两条线改革试点。建立激励约束有效的人事和收入分配制度，对政府举办的社区卫生服务机构实行岗位聘任、能进能出的灵活用人激励机制。三是完善功能，提高社区卫生服务能力。从08年起，开展群众满意社区卫生服务机构提档升级活动。对社区公共卫生服务工作内容实施项目化管理，细化量化“公共卫生服务包”。继续完善社区卫生服务中心公共卫生科建设，强化预防保健功能。大力推进中医药进社区工作。逐步探索建立分级医疗和双向转诊制度，建立大中型医院、预防保健机构与社区卫生服务机构的分工协作机制，切实发挥社区卫生服务的基础性作用。四是实施社区卫生技术人员培养规划，加强社区卫生服务队伍建设。要进一步建设社区全科责任医生服务团队，建立鼓励老医生、大学生到社区工作的长效机制。五是加强社区卫生服务监督管理，规范准入，严格技术标准。完善社区卫生服务工作制度，推广应用适宜技术。

（五）深化卫生监督体制改革，加强卫生法制监督体系建设

我市2008年卫生监督的工作重点是：一是促进卫生监督工作重心下移，完善基层卫生监督网络，建立街、乡镇卫生监督执法分支机构和卫生监督员队伍，健全我市覆盖城乡、功能完善、职责明确、执法有力的卫生监督体系。二是全面推进执法责任制，提升卫生监督队伍整体素质。要进一步完善卫生监督人才培养规划，建立综合培训体系，着力打造一支“政治合格、纪律严明、爱岗敬业、开拓创新”的卫生监督队伍。三是严格规范卫生行政许可，加强卫生法制建设，力争2008年出台“武汉市精神卫生条例”。四是加强医疗机构和采供血机构的监管。继续开展打击非法行医、非法胎儿性别鉴定和非法引产专项行动，逐步建立长效监管机制。探索大型医疗机构巡查工作制度，逐步开展对区中心医院以上的综合医院的巡查工作。开展血液安全监督，确保临床用血安全。开展医疗广告整治，规范医疗市场行为。五是加强食品卫生、职业卫生监督。建立餐饮业食品索证制度，加强监督抽检和监测工作，继续实施食品卫生监督量化分级管理制度。进一步加强学校集体食堂的卫生监管，探索农家乐、社区等消费环节的卫生监管措施。加强重大活动保障工作，避免重大食物中毒事件的发生。积极做好职业卫生和放射防护监管工作。

（六）加强医疗机构建设和监管，努力满足人民群众日益增长的医疗服务需求

要继续深化医院管理、巩固医院管理年活动成

果，持续改进医疗质量，保证医疗安全，探索建立医院管理的长效机制。主要工作有：一是认真实施《2007—2009年武汉市医疗机构设置规划》，严格医疗机构和技术的准入管理，重点强化对器官移植等高新技术的临床应用管理。二是规范医疗服务信息公示制度。逐步对医疗机构服务信息、医疗价格信息、行业作风建设情况、临床重点专科建设情况、医院管理年活动督查情况、医院评审的情况进行全面公示，引入社会监督机制，引导人民群众合理选择医院。三是加强内涵建设，促进医院管理评审制度规范化建设。四是按照建立国家基本药物制度的要求，认真做好医疗机构药事管理工作。要健全医疗机构药事管理专业组织，建立完善药物临床应用技术标准和规范，推行药品分级使用制度，开展临床合理用药知识培训，逐步推进临床药师制。五是贯彻《护士条例》，加强护士队伍建设，不断提高护理工作质量。六是加强全市医疗救治网络体系建设。要加快完成传染病防治资源整合，努力建设全国一流水平的"医疗卫生救治中心"。推进武汉急救网络建设，尤其是要加快推进农村急救网的建设，积极争取汉阳急救站立项。七是加强血液管理。实现全市自愿无偿献血达到90%以上工作目标。

（七）加大政策扶持力度，加快发展中医药事业

要大力扶持中医药事业发展，更好地发挥中医药在促进人人享有基本医疗卫生服务中的重要作用。一是完善中医药服务体系。2008年要启动全市中医科标准化建设达标工作，力争全市30%以上社区卫生服务中心、乡镇卫生院设置有中医科。实施"三名、三进"工程，推动各级医疗机构的中医药内涵建设，提高医疗服务水平。做好农村中医体系龙头单位建设工作。市中西医结合医院要确保2008年通过国家重点中西医结合医院的验收达标。市中医医院要加快推进异地扩建工作，并争取入选国家地市级以上重点中医医院建设项目。二是大力推进中医药进社区、进农村工作。积极支持青山区申报创建全国、全省中医药特色社区卫生服务示范区。继续开展创建市级有中医特色社区卫生服务机构、乡村卫生服务机构活动。大力开展中医药适宜技术整理和推广工作。三是加强中医人才队伍培养。做好国家级第四批师带徒启动工作，制定并实施社区中医全科医生、农村适宜技术骨干培训计划，促进中医药继承与创新。

（八）加强卫生人才培养，不断提高医疗卫生科研能力

人才队伍建设是我市卫生工作一项长期的战略任务。要大力加强城乡卫生适宜人才培养和卫生队伍的建设，加强在职人员培训和继续教育，增强服务能力。切实研究、制定相关政策，鼓励大中专学生到城乡基层就业。加强卫生下乡、城市卫生支援农村卫生工作力度，充实城乡基层卫生人员队伍。加强重点学科建设，努力建设创新型高素质的卫生人才队伍。积极开展应用医学的研究、高新技术研究和基础研究，大力推广适宜技术，提高卫生科技含量，更好服务人民健康。

（九）全力投入文明城市创建，努力改善卫生行业作风

2008年是武汉市创建全国文明城市申报、迎检年，全市卫生系统要按照市委、市政府的统一部署，全力投入文明城市创建，众志成城打好创建"攻坚战"。要针对卫生工作的薄弱环节和人民群众反映突出的行业作风问题，加强整改，努力提高人民群众对医疗卫生服务的满意率，确保全面完成创建任务。要深入推进卫生系统党风廉政建设和反腐纠风工作，完善对权力行使的监督制约机制。继续深入治理医药购销领域商业贿赂，扎实推进长效机制建设。推进医院院务公开工作，以公开促公正、促廉洁。进一步建设平安医院，构建和谐医患关系。

统筹做好其他各项卫生工作。要积极推进依法行政和科学执政，转变政府职能，提高卫生系统公务员队伍素质，建设服务型和学习型卫生行政机关。认真办理人大政协议提案，加强卫生信访工作，认真解决群众反映的实际问题。深化人事制度改革，进一步优化卫生人事资源配置。切实做好卫生规划、卫生统计各项工作。继续加强卫生新闻宣传，营造卫生事业发展的良好社会氛围。要全面推进卫生政务公开，加强电子政务建设。认真做好卫生保健和老干部工作。

同志们，我们已经站在一个新的历史起点上，卫生事业发展机遇与挑战并存，我们一定要振奋精神，抢抓机遇，开拓创新，扎实工作，努力把我市卫生工作推上新的台阶，为构建和谐武汉，健康武汉，开创卫生事业改革发展的新局面而努力奋斗！

在市卫生系统纪念建党86周年暨表彰先进大会上的讲话

武汉市卫生局党委书记　张建华

（2007年6月28日摘要）

中共武汉市卫生局党委书记张建华在2008年全市卫生行业创建全国文明城市推进大会上讲话

同志们：

今天，我们在这里举行纪念伟大的中国共产党成立86周年大会，表彰在卫生事业改革与发展中作出突出贡献的先进基层党组织和优秀党员。在此，我代表市卫生局党委向受表彰的先进党委和优秀党员表示热烈祝贺，向我局系统曾经为人民解放和社会主义建设作出重大贡献的老党员老同志表示亲切慰问。

在过去一年里，各单位党组织认真贯彻落实科学发展观，大力加强党员干部思想作风建设，着力提高党员队伍素质，带领干部职工求真务实，开拓创新，全市卫生事业进入了健康发展轨道。

一是各级领导班子以落实科学发展观为中心，不断增强创新意识、为民意识、服务意识，领导班子执政为民的能力明显提高。

二是以治理商业贿赂为抓手，建立反腐倡廉长效机制，行业作风建设不断加强。

三是以创建“文明品牌医院”为载体，大力加强文明创建工作，精神文明建设取得新成效。

总之，过去一年，是我市卫生事业发展较快的一年，也是党建工作取得明显成效的一年。当前，我国已经进入改革发展的关键时期，经济体制深刻变革，社会结构深刻变动，利益格局深刻调整，思想观念深刻变化。这种空前的社会变革，给我国进步发展带来巨大活力，也必然带来这样那样的矛盾和问题，也给党的建设提出了新的课题。结合我们卫生系统实际，我就加强党组织和党员队伍建设谈几点意见：

一、要大力加强基层领导班子建设，培养和造就一支善于带领干部群众锐意改革创新，积极推进卫生改革与发展的高素质的领导干部队伍。这些年，我局系统之所以能够健康快速发展，关键在于有一支高素质的领导干部队伍，绝大多数单位领导班子团结务实、勤政廉政，带领群众聚精会神搞建设，一心一意谋发展，事业得到快速发展，职工积极性高涨。同时我们要看到，当前卫生改革进入攻坚阶段，卫生事业发展进入关键时期，医务人员队伍结构、人员思想观念发生深刻变化，新的形势，新的任务，给基层领导班子提出了新的要求，建设一支高素质的基层领导干部队伍，是当前我市卫生系统党的建设的一项紧迫而重要的任务。

要按照中央提出的“政治坚定、求真务实、开拓创新、勤政廉政、团结协调”的要求，把各级领导班子建设成为坚强领导集体。在激烈的市场竞争中,一个单位不进则退,慢进则退,实践反复证明,领导班子是关键。各级领导班子一定要坚决贯彻党的路线方针,讲学习,讲政治,讲正气,把发展作为第一要务,集中精力抓大事谋发展,始终保持昂扬向上、奋发有为的精神状态。要严格执行民主集中制原则,科学决策,民主决策,坚决反对和防止个人独断专行,反对好人主义、自由主义。在领导班子内部要形成"大事讲原则,小事讲风格"的风气,使领导班子成为坚强有力、团结战斗的集体。

要把加强领导干部作风建设放在更加突出的位置,切实抓紧抓好、抓出成效。要坚决贯彻、认真践行胡锦涛总书记在中纪委第七次全会上提出"八个方面的良好风气",即"勤奋好学、学以致用;心系群众、服务人民;真抓实干、务求实效;艰苦奋斗、勤俭节约;顾全大局、令行禁止;发扬民主、团结共事;秉公用权、廉洁从政;生活正派、情趣健康"。各级领导干部要按照这八个方面的要求,严格要求自己,坚决抵制各种不良诱惑和腐朽思想侵袭,树正气,立形象,从而,带好职工队伍,引导行业风气。最近,中纪委发布了《关于严禁利用职务上的便利谋取不正当利益的若干规定》,各单位正在按照中央的要求进行自查自纠。各单位党组织不能仅仅把它当作一项纠风工作,更要作为对党员干部特别是领导干部的一项教育活动,以此规范行为,纯洁党风,树立基层单位领导干部良好形象。

要加强领导干部培训教育,不断提高领导干部理论修养。今年是我局直属单位领导班子调整较多的一年,有10多个领导班子要进行新老交替。局党委将严格按照领导干部选拔任用的规定,按照德才兼备的标准,选配好各单位领导班子。我们要加强领导干部培训教育工作。一些新提拔的干部走上领导岗位后,必然面临着对党的有关的路线方针政策不熟悉不了解的问题,面临如何提高领导能力和艺术的问题,为此,局党委将举办新任领导干部培训班,进行领导干部必备知识培训。各单位要进一步坚持和完善领导干部中心组学习制度,制定好学习计划,每月围绕一个专题进行学习讨论,持之以恒,一定能收到好的效果。中央政治局、省委、市委在学习方面已经为我们作出了表率,基层单位工作更忙,领导干部也要安排时间学习,否则就要落后,领导能力也难以提高。近期,各单位党委要组织中心组、党员干部认真学习胡锦涛总书记6月25日在中央党校的重要讲话精神,坚决贯彻落实"四个坚定不移''的要求,全面建设小康社会,用优异成绩迎接党的十七大胜利召开。今年下半年,各单位要围绕学习贯彻党的十七大精神,组织好领导干部中心组学习和党员学习。

二、要坚持党要管党的原则,增强党组织战斗力、凝聚力,永葆党组织的生机与活力。各单位党委书记一定要集中精力抓好党组织建设、党员队伍建设、单位改革发展稳定、人才队伍建设等大事,坚决贯彻党要管党的原则,履行好党委书记的职责。要按照"集体领导、民主集中、个别酝酿、会议决定"的原则,完善并严格执行党委内部的议事规则和决策程序,凡是涉及党的建设、班子建设、单位改革发展、干部任免、重点人才培养、群众切身利益等重大问题,一定要经过党委会集体讨论决定。

各级党委要抓好后备干部特别35岁以下有潜力干部的选拔培养,要有计划有目的选拔培养后备领导干部,要注意培养选拔女干部、少数民族干部、优秀党外干部。

要加强群团工作和统战工作。进一步坚持完善职代会评议领导干部制度,有关单位改革、发展和职工切身利益的事项,要让职工充分讨论,统一思想,形成共识,落实职工民主管理,维护职工合法权益。要重视和加强共青团工作,选配好共青团干部,特别是青年人数较多的大单位,要选配专职团委书记,团结凝聚青年职工,围绕党政中心工作,发挥团员青年的先锋队作用。要加强统战工作,我局系统民主党派较多,各单位党委要积极关心支持民主党派开展活动,培养优秀党外干部,把他们输送到人大、政协去,发挥参政议政、民主监督的作用,为卫生事业鼓与呼,为构建和谐社会、促进卫生事业发展发挥更大作用。

要严格执行重要岗位干部轮岗的有关规定,根据上级有关规定,去年局党委制定下发了《关于贯彻中共中央办公厅(党政领导干部职务任期的暂行规定)等三个法规文件的意见》(武卫发〔2006〕70号)。据了解,执行情况不平衡,有的单位重要岗位的干部长期没有轮换,一旦出事,不仅损害了个人、家庭,而且影响单位形象。我们一定从事业大局出发,从爱护干部出发,严格执行重要岗位干部轮岗制度,今年内局党委将对此进行检查,与单位年度绩效考核挂钩。

三、要加强党员队伍建设,充分发挥党员的先锋模范作用。局直属单位党员包括离退休党员在内,总数达到5 137人,基层支部182个。这是一个庞大的队伍,也是一支强大的力量。目前,局直属单位在职职工总数也只有1万1千多人,党员占有很大比例,党员队伍素质如何,先锋模范作用发挥如何,直接关系到卫生事业的发展。各级党组织必须把加强党员队伍建设作为首要任务来抓，采取切实措施，努力提高党员队伍素质。

要加强党支部建设。支部建在连上，是我党发展壮大的一条重要经验。支部是党的最基层组织，是联系党员的桥梁和纽带，是党员之家，党员的先锋模范作用发挥如何，支部是关键。今天，我们表彰了一批先进党支部，各单位要认真总结推广他们的经验，开展支部工作竞赛，活跃支部生活，发挥支部作用。要落实支部书记责任制，无论是专职支部书记，还是兼职支部书记，做了支部书记，就要认真履行职责。各单位党委要从职责、任务、时间、经费等方面，保证支部书记开展工作。要坚持和完善行之有效的党员教育制度，如"三会一课"、"党员责任区"、思想工作"五必谈、五必访"制度等，发挥支部在教育党员、引导职工中的战斗堡垒作用。局党委将举办支部书记培训班，提高支部书记工作能力，交流支部工作经验。

要加强党员宗旨教育、党员意识教育。现在有的党员宗旨意识淡薄、党员意识淡薄，把自己混同于一个普通老百姓，有的甚至不如一个普通群众。各单位要采取丰富多彩的形式，积极探索建立保持共产党员先进性的长效机制，强化党员意识，使党员成为一面旗帜，一杆标兵，"平时工作看得出，关键时刻挺身出，危急关头豁得出"，在构建和谐医患关系、廉洁行医等方面发挥先锋模范作用。要培养优秀青年入党，特别是35岁以下的优秀青年，使党的事业永葆青春和活力。最近，各单位围绕构建和谐医患关系为主题，积极开展曲艺竞赛活动，寓教于乐，产生了一批思想内容深刻、艺术水准较高的好作品。这是一种教育的好形式，、我们要认真总结，今后多多开展，活跃党员、职工教育。

要完善领导干部接待群众来信来访制度，做好维护稳定的工作。最近，局党委制定了《进一步加强局级领导干部接待群众来信来访制度的意见》，具体规定了局领导要亲自接待处理群众来信来访的责任、时限要求等。希望各单位领导也建立领导干部接待群众来信来访的制度，党政一把手是第一责任人。最近，市卫生局接待群众来信来访较多，按照谁主管、谁负责的原则，各单位要落实信访责任制，认真排查不稳定因素，采取措施，有针对性地做好工作，在依法处理的同时，要做好过细的思想疏导工作，确保不发生非正常上省、进京上访，维护稳定。省九次党代会召开期间，有关单位做了大量工作，我局系统没有发生非正常上访。中央、省市委有明确要求，在十七大召开期间，发生非正常进京上访，要追究有关领导的责任，希望各单位继续做好工作。

同志们，立党为公、执政为民是历史赋予我们党光荣而艰巨的使命，作为党基层组织和普通党员，我们要认真贯彻"三个代表"、全面落实科学发展观，积极履行党员义务，向优秀党员学习，在卫生事业改革与发展中作出积极贡献。当前，各单位党组织要认真贯彻落实省九次党代会和市十一次党代会精神，求真务实，开拓创新，大力推进卫生改革与发展，用优质成绩迎接党的十七大胜利召开。

办理《政协武汉市委员会关于进一步完善我市新型农村合作医疗制度，切实提高广大农民医疗保障水平的建议案》工作总结

武汉市卫生局

（2007年11月30日）

按照办理《政协武汉市委员会关于进一步完善我市新型农村合作医疗制度，切实提高广大农民医疗保障水平的建议案》的要求（武协字〔2007〕3号，以下简称3号建议案），全市各有关部门在市委、市政府正确领导和高度重视下，在市政协的监督指导下，以办理3号建议案为抓手，以农村卫生工作为全市卫生工作的

重点,不断扩大新型农村合作医疗覆盖面,提高农村卫生保障水平,取得了一定成效。现将办理工作情况总结如下:

一、领导高度重视,明确目标任务

市委、市政府高度重视3号建议案的办理工作。苗书记、李市长多次调研农村卫生工作。李市长亲自召集市政府常务会,对3号建议案的办理工作进行专题部署,成立了由刘顺妮副市长为组长,卫生、财政、民政、药监、审计等有关委办局和相关区政府领导为成员的领导小组。按照市委、市政府《关于进一步加强农村卫生工作的意见》(武发〔2006〕24号)和3号建议案的具体内容,结合市政府为民办实事的具体要求,制发了《3号建议案办理工作方案》,明确了各成员单位的责任分工,确定了工作任务和进度安排。为强化新型农村合作医疗工作,市政府办公厅印发了《关于进一步加强新型农村合作医疗工作的通知》,提出了新型农村合作医疗参合率达到90%的目标任务,对宣传发动、筹资标准、补偿方案、健全制度、监督管理等方面提出了明确要求。

二、加强制度建设,提高保障水平

(一)积极宣传发动,增强农民信任感。为增强农民信任感,争取广大农民的理解支持和积极参与,我市加大政策宣传力度,通过走村入户、悬挂标语、告农民一封信、典型事例引路、文艺演出和媒体宣传等多种形式,进行全方位、立体式的宣传,引导农民自愿参合。《长江日报》5月12日网络版整篇报道了全国优秀乡村医生刘纯泽事迹,5月16日民生专版全篇幅报道了合作医疗的政策、典型补偿事例、疑难解答等,进一步增强了农民的信任感。各区还将本区的典型事例、主要政策编印成册,下发近60万份到农户手中,有效提高了农民认知度与参合积极性。

(二)加大筹资力度,调整补偿方案。2007年,我们积极争取国家和省财政的支持,将我市农业人口占50%以上的黄陂、新洲、江夏、蔡甸、东西湖、汉南6个区纳入到国家和省级补助范围,参合农民在原有筹资基础上得到中央财政每人每年20元及省级财政15元的补助,使我市人均筹资水平由2006年的60元提高到85元以上。为提高参合农民受益率,邀请了卫生部及省、市新农合专家,解读新农合最新政策精神,科学调整补偿方案,在分析历年实际运行情况的基础上,降低起付线,提高补偿比例。目前,我市乡镇卫生院起付线为50-100元,年度封顶金额最高达3万元。洪山区青菱乡光霞村村民金惠英,患尿毒症三年多来,共获新农合补偿7.7万元,成为新农合最大受益者之一。

(三)加强规范管理,实现"管办分离"。为加大监管力度,市合医办建立了每季一次的联席会议制度,通报并分析合作医疗基金运行情况,防范基金风险。组织起草了《武汉市新型农村合作医疗制度建设管理工作规范》和《定点医疗机构管理管理办法》,对经办机构和定点医疗机构实行规范管理。今年,组织专家对24家二级以上定点医疗机构开展了检查,会同财政部门对各区参合情况进行了核查,开展了新农合资金清算,下达了《整改意见书》,通过自查、检查、督导和核查,各区进行了有针对性的整改。为加强合作医疗基金管理,配合审计局开展了基金筹集、管理和使用情况的审计调查,针对存在问题,市政府及时召开会议,研究落实了整改措施。为确保新农合制度的规范运行,我们委托高校对定点医疗机构及新农合总体运行情况进行第三方评估,并形成年度评估机制。

为加强合作医疗经办机构建设,市政府办公厅印发了《关于进一步加强新型农村合作医疗工作的通知》,各区按照要求,在卫生系统内公开招聘合管人员127名,隶属区合管办管理,并组织上岗培训,落实乡镇经办机构"管办分离"工作和人员与工作经费,改变了以往乡镇卫生院和合管站"管办不分"的现象。今年全市共组织3期合作医疗管理干部培训班,约256人次受训。提高了经办人员素质,确保了新农合工作的顺利开展。

为方便农民报销,我市在完善区级数据中心的基础上,建立了市级数据中心,初步实现了实时结算报销、信息汇总查询、网上费用公示及报表统计分析等功能,简化了报销程序,缩短了报销时间,受到了广大农民群众的欢迎。

(四)部门积极配合,落实相关政策。为落实农村贫困人群医疗救助政策,各级民政部门认真贯彻执行《武汉市贫困群众医疗救助实施办法》(武民政〔2005〕111号),代缴了农村五保户和低保户应缴纳的合作医疗个人缴费部分,同时继续加大了对贫困群众的医疗救助力度,使贫困人群住院除享受正常的住院医疗补助之外,还给予一定的经济援助;市劳动和社会保障局已要求乡镇卫生院按我市城镇职工基本医疗保险制度相关规定为本院职工和退休人员缴费参保,使其能够享受相应的基本医疗保险待遇。此外,积极争取上级的支持,待省里制定出台乡镇卫生院职工基本养老保险参保办法后,及时结合我市实际,尽快制定实施意见,抓紧建立乡镇卫生院职工养老保险制度;市食品药品监督部门以发挥协管员作用为中心，以规范农村药品购进渠道为重点，以加强互联网建设为核心，加强农村药品“两网”建设，确保广大农民用上安全、有效、经济的“放心药”；各级编办部门对“管办分离”工作提出了指导性意见。

通过各区和市直有关部门的共同努力，我市合作医疗制度今年在参合率、补偿人次、补偿总金额、人均住院补偿金额均有所提高，参合农民得到了实实在在的好处，医疗负担有所减轻，“看病难、看病贵”问题得到了初步缓解，新农合制度得到了农民的信任与支持，呈现了良好的运行态势。我市新农合工作得到了省政府领导的充分肯定，在全省新农合工作表彰大会上，黄陂区被评为全省新农合工作先进区。

2007 年，全市新农合覆盖 264 万农业人口，参合人数由 2006 年的 150 万人增加到 244 万人，参合率由 82.66% 提高到 92.4%。据统计，1—11 月份，新农合基金共支出 11 509 万元。其中：34.3 万人次获得门诊和住院补偿，补偿金额 10 855 万元；30.8 万人次获得住院分娩定额、住院大病、门诊慢性病、健康体检等补偿，补偿金额 654 万元。实际住院补偿率为 32.7%，较去年同期增长 25.8%，参合农民受益面不断扩大，受益水平明显提高。

三、开展标准化建设，改善服务条件

“增加对乡镇卫生院、村卫生室标准化建设的投入，改善农民看病条件”，是 3 号建议案为加强农村卫生而制定的具体工作目标。市政府将“建设 40 所标准化卫生院和 350 所村卫生室”工作列入为民办实事的内容。

（一）开展标准化建设工作。在各区和市卫生、市财政、发改委等市直有关部门的积极协调、配合下，今年确定了 40 所乡镇卫生院和 350 个村卫生室名单，下达了建设目标。通过广泛调研和征求意见，市卫生局会同市财政局制定了标准化乡村卫生机构《建设方案》及《考核验收标准》，从设置规划、房屋面积、人员、药品、设备配置、标识及管理制度等方面提出了明确要求，并成立了标准化建设验收专家组，各区已按照建设目标制定了具体实施方案及进度安排。市财政列专项标准化建设经费 4 252 万元，并要求各区相应配套。同时，按照统一名称、统一规划、统一标识的要求，对乡、村两级卫生服务机构标识系统进行了形象设计，并在蔡甸区和黄陂区选点示范，在黄陂区横店街中心卫生院召开了全市农村卫生服务机构标准化建设工作现场会。8 月份，在各区自查的基础上，会同财政、药监等部门，完成了第一批 15 个乡镇卫生院和 227 个村卫生室的检查验收工作，目前正在对第二批 25 个乡镇卫生院和 236 个村卫生室进行检查验收，年底可全部完成任务。

（二）实施招标采购工作。为做好乡镇卫生院和村卫生室的设备配置采购工作，用好财政专项资金，经过组织专家多次论证和征求乡镇卫生院长的意见，在考虑既往投入和现有配置水平的基础上，按照填平补齐的原则，确定了 16 类 1 412 件乡镇卫生院和 8 类村卫生室必配设备，完成了招标采购工作，目前，各区正在进行设备接收。

（三）加强乡村卫生服务一体化管理。为了提高基层卫生工作效率与医疗卫生服务水平，出台了《关于进一步强化乡村卫生服务一体化管理》文件，明确要求乡镇卫生院对村卫生室的管理，从机构设置、业务管理、人员培训、药品调拨、目标考核等方面做到“五个统一”。同时，为提高村卫生室的服务水平，要求乡镇卫生院选派医生组成巡医团队，定期到村卫生室开展巡诊和业务指导，并列入乡镇卫生院标准化建设的考核内容强化管理。

四、加强人才培养，提高服务水平

针对农村卫生服务人才匮乏、卫生队伍素质偏低的实际，市卫生局采取有力措施提高医务人员服务能力。一是出台了《武汉市农村卫生人才培养和水平提升计划》，市财政单列培训经费近 300 万元，建立健全了岗位培训和进修制度，开展了乡镇卫生院专业技术人员全科医学知识与技能的培训工作，选派乡镇卫生院青年业务骨干到二、三级综合医院进修学习；二是加强农村卫生管理人员培训工作。从 2005 年开始，每年以全脱产方式，对乡镇卫生院院长及其管理干部进行封闭培训，不断提高管理人员素质和水平；三是启动了乡村医生岗位培训工作，全市统一教学计划安排，将 1 800名培训名额分解到各区，以区为单位，按每人培训时间不少于 280 个学时，采取集中授课和自学相结合，统一考试结业的方式，开展培训，并要求各区建立培训效果的考核评价机制；四是开展乡村医生中专学历教育。按照“就近安排、不脱产学习”的原则，以各区卫校和乡镇卫生院为办学基地，采取观看视频和现场辅导相结合的方式，对具有执业资格并注册在岗的乡村医生进行为期 2 年的中专学历教育，全市共计 899 人参加了学习。五是继续开展大中型医院对口帮扶乡镇卫生院工作，制定了《武汉地区大中型医疗卫生机构对口帮扶基层医疗卫生单位工作实施方案》

(武卫〔2007〕75号),从职责分工、对口帮扶工作细则、考核评分标准等方面做出了明确规定,通过双向转诊、学科建设、设备支持等方式,免费培训乡村医生,给予技术指导,相关工作正在有序推进。

通过加强队伍建设,农村卫生服务能力和水平不断增强。今年,我市有7名乡镇卫生院长和12名乡村医生被授予2007年度湖北省"优秀乡镇卫生院长"和"优秀乡村医生"荣誉称号。

五、创建标准化公共卫生科,完善应急机制

针对农村地域广阔、人口众多、公共卫生工作基础薄弱的现实,我们积极开展标准化公共卫生科创建工作,夯实基层公共卫生体系的基础。一是进一步加大财政投入力度。首次启动了政府购买公共卫生服务项目,落实公共卫生服务各项工作,市卫生与财政局联合制定《武汉市乡镇卫生院公共卫生服务项目考核内容及标准(试行)》,明确了乡镇卫生院8大类28小项公共卫生服务项目、考核内容及经费补助标准,市财政投入约1 200万元,对服务区域常住人口每人每年按市级3元、区级相应配套,纳入同级财政预算,实行目标管理责任制,专款专用。在各区开展公共卫生服务自查的基础上,7月和11月份,市卫生局和市财政局组织专家小组,对各区开展公共卫生服务情况进行了检查评分,并依据评分结果,核拨公共卫生经费。二是创建标准化公共卫生科。我市从2006年开始,在乡镇卫生院防保科的基础上,整合传染病管理、免疫预防、妇幼保健、卫生监督协管多个职能,率先在全国创建标准化公共卫生科,具体履行突发公共卫生事件管理职能。三是完善突发公共卫生事件报告管理。以国家疾病报告管理信息系统为平台,以市政务网为依托,大力加强疫情网络直报系统的建设,2006年,在全省率先实现了乡镇卫生院国家法定传染病疫情和突发公共卫生事件网络直报的全覆盖;四是积极组织开展专业培训和应急演练,有效提高乡镇卫生院应急处置能力。

农村卫生工作事关农民的切身利益,没有农民的健康就没有农村的小康,就没有全社会的小康。目前,城乡之间还存在着较大的差距,需要政府进一步承担起农民医疗保障的责任,使广大农民共享改革发展成果。我们将在市委、市政府的领导下,在市政协的指导下,通过健全和完善新型农村合作医疗制度,加强农村卫生服务体系建设,不断提高农村医疗服务水平,为促进"健康武汉、和谐武汉"建设,推进全市经济社会协调发展而不懈努力!

(责任编辑:桂美煊)

工 作 进 展

党 群 工 作

【加强党的领导，促进卫生事业发展，取得突出成绩】 2007年，在市委、市政府的正确领导下，市卫生局党委以邓小平理论和“三个代表”重要思想为指导，以科学发展观统领卫生工作全局，深入贯彻党的十七大精神，围绕市十一次党代会提出的卫生工作目标，进一步深化医疗卫生体制改革，着力加强公共卫生、社区卫生和农村卫生建设，提高依法行政水平，强化党风廉政建设和行业作风建设，大力开展“四城同创”和“构建和谐医患关系，创建平安医院”活动，加强党组织和党员队伍的建设，圆满完成了全年卫生工作各项任务，取得突出成绩：

改革创新，社区卫生建设取得新成就　完善网络，全面实现“15分钟社区卫生服务圈”的建设目标，全市共建社区卫生服务中心103个、社区卫生服务站388个，其中91个中心、332个站完成了标准化建设。加强社区卫生人才队伍建设，通过开展老医生进社区、大学生进社区、大医院对口帮扶、全科医学培训、淘汰不合格人员等“五个一批”工作，不断优化人员结构，提高服务水平。增强社区卫生服务功能，完成了标准化公共卫生科建设任务。完善了经费投入政策，实施医保引导政策，实施“五免六减”，实施药品统一配送、在24个中心开展医药分开改革等，不断改革创新，全面促进社区卫生事业发展，社区卫生工作走在了全国的前列，受到卫生部充分肯定，全国30多家省市兄弟单位先后来武汉市学习、借鉴经验。新华社、中央电视台等多家媒体多次予以报道。武汉市2007年被国家社区卫生服务领导小组确定为全国“社区卫生服务体系建设重点联系城市”。

以民为本，农村卫生工作取得新进展　完善新型农村合作医疗制度，农村医疗卫生保障水平不断提高，全市参合农民人数达244万人，参合率达到92.4%，人均筹资水平达到了85元以上，共计282万人次获得门诊和住院补偿，补偿金额9 306万元，投入资金4 252万元，如期完成了40所乡镇卫生院、350个村卫生室的标准化建设，完善农村卫生三级网络。投入5 026万元支持硬件建设，投资1 200万元首次启动了政府购买农村公共卫生服务项目，启动了1 800名乡村医生岗位培训，不断提高农村卫生服务能力和水平，圆满完成了市政协《关于进一步完善我市新型农村合作医疗制度，切实提高广大农民医疗保障水平的建议案》（即3号建议案），农村卫生服务体系不断健全，农民看病难、看病贵问题得到有效缓解。

依法行政，卫生监督执法效能明显提高　全面清理卫生行政许可项目，取消行政许可项目3项，归口上交2项，保留17项，同时下放了占全市医疗机构总数70%的个体诊所等4 142家医疗机构的设置、校验审批权。规范行政许可行为，实行全程网上电子监控，积极开展食品安全专项整治行动，加强食品安全预警。全市共出动卫生监督员8 350余人次，执法车辆1 560余台次，监督检查食品单位18 290户次，对存在安全隐患的539户下达了责令整改通知书，确保了“一会一节”期间食品卫生安全。在卫生监督执法工作中，全市连续多年未发生重大群体性食物中毒事件，在全国特大城市中成绩名列前茅。2007年武汉市卫生局被卫生部授予“全国卫生监督先进集体”的荣誉称号。10月卫生部选定在武汉市召开了“全国餐饮消费安全专项整治工作现场会”，国内同行和领导150余人到会，卫生部陈啸宏副部长对武汉市卫生监督执法工作给予充分肯定。

2007年共参与全市重大活动医疗保障工作45项，参与重大活动食品卫生保障21项,均圆满完成了各项任务。尤其是在"一会一节"的保障工作中,全局动员,集全市医疗卫生队伍之力,精心组织,取得了显著成绩。重大活动期间,全市共动员医疗机构75家,出动医护人员6 000余人次,救护车辆700台次,为运动员、嘉宾、观众等提供了优质的医疗服务。对中国女足运动员头部受伤、六城会广州体操运动员摔伤等意外伤害事件实施了快速、有效的救援,受到各界普遍好评。

加强防控,公共卫生服务体系不断完善 加强艾滋病、结核病、血吸虫病等重大疾病防治。深入开展爱国卫生运动,全面部署推进创建国家卫生城市工作。公共卫生服务体系不断完善,应急处置能力有效提高。2007年全市有效处置突发传染病疫情16起。启动了在全国首倡的"标准化公共卫生科"建设,并完成了全市90%的创建任务,夯实了市三级防疫网的网底。全市孕产妇死亡率为12.20/10万,五岁以下儿童死亡率6.08‰,婴儿死亡率4.88‰,均控制在目标值以内。

服务民生,群众看病难、看病贵问题得到缓解 继续开展医院管理年活动,努力维护公立医疗机构的公益性质。将医疗费用控制纳入绩效管理目标,全市医疗费用的增幅明显下降。进一步减轻群众就医负担,在市中心医院开展日间手术试点,病人医疗费用平均降低20%;继续开展药品直供试点,市普爱医院门诊人均药品费用降幅达17%,住院人均药品费用降幅达33%;开展了为外来务工人员办实事的"百千万"活动;继续在全市设立救助病床和武昌惠民医院试点工作,为特困人群减免医疗费用达500万元;实施药品、器械及医用耗材集中招标,网上采购,药品降阶达26.8%,器械及医用耗材降幅达13.9%;进一步推行医疗检查"一单通"、单病种限价收费等措施,CT、彩超、磁共振等大型设备检查降价50%,使群众切实感受到了实际成效。

【深入学习贯彻党的十七大精神】

2007年10月,党的十七大胜利召开,这是党和国家政治生活中的一件大事,对于加快推进卫生事业改革与发展具有十分重要的意义。局党委迅速行动,认真组织全局系统广大干部职工深入学习贯彻党的十七大精神。局党委制定下发了《中共武汉市卫生局委员会关于认真学习贯彻党的十七大精神的通知》,组织局机关全体职工集中收看了十七大开幕式盛况,党委中心组多次集中学习了十七大的报告及相关文件,举办市卫生系统学习贯彻党的十七大精神专题报告会和辅导讲座,邀请党的十七大代表王波、省委党校孙大敏教授等作报告,引导大家深刻领会十七大精神,1月中旬至12月中旬,安排局领导班子成员和局机关正处以上干部分六期参加了市委举办的十七大精神轮训班。12月18日至21日,委托市委党校举办了两期全局系统学习十七大精神轮训班,对全局直属单位领导班子成员和党办主任、局机关副处以上干部共计189人进行了轮训。各基层单位也采取了报告会、座谈会,研讨会、专题学习、知识竞赛等多种形式,在广大干部职工中掀起了学习贯彻十七大精神的热潮。

【加大干部队伍建设力度,领导班子整体水平不断提高】 *加强理论学习和培训,提高领导干部的理论水平* 2007年,局党委着重组织广大领导干部学习贯彻胡锦涛同志在中央纪委第七次全体会议和中央党校的重要讲话以及党的十七大会议精神。4月2日至20日,在市委党校举办了三期市卫生系统领导干部培训班,分别对局机关处级干部、各区卫生局和局属各单位的领导班子成员共181人进行了专题培训,培训内客主要包括政治理论、领导艺术、党风廉政建设、发展规划、管理实践、公共财政、国际政治经济局势等,使领导干部进一步武装了头脑,开阔了视野,更新了理念,拓展了思路。选派了7名处级以上领导干部和优秀年轻干部分别到中国人民大学、清华大学和市委党校等培训机构参加市委组织部举办的理论培训。

加强干部队伍建设,提高领导班子整体素质 加强各级领导班子思想作风建设,进一步落实了中心组理论学习制度。要求党员干部特别是党员领导干部要带头学习党章。坚持民主集中制原则,重大问题党委和班子集体决策。坚持密切联系群众,继续抓好和巩固领导干部深入基层、联系基层的工作制度。加强干部的理论培训和提高工作,举办了中青年干部培训班,局系统新提任的班子成员、局管后备干部、中层干部和局机关青年干部33人参加了系统培训。认真贯彻中央《党政领导干部选拔任用工作条例》,2007年,局党委对9个基层班子进行了换届考核,选拔任用正处级干部7人、副处级干部10人,平职交流处级干部9人。协助市委组织部对市委提任的5名局级领导干部进行推荐、考察。加强优秀年轻干部的培养和选拔,向市委组织部推荐新一届市管后备干部,加强局管后备干部队伍建设,对117位局管后备干部的成长进行跟踪培养。

积极开展推荐公开选拔副局级领导干部人选工作，推荐3名人选报考全市公开选拔副局级领导干部，为青年干部的成长提供更多渠道。

【加强党的组织建设，提高基层党组织的战斗力】 认真做好党员发展工作。按照“坚持标准，保证质量，改善结构，慎重发展”的方针，做好党员发展工作，重点发展一线知识分子和35岁以下青年入党，2007年局系统发展113名党员，其中35岁以下青年68名，达到60%，处于较高水平。教育、动员和组织广大基层党组织和党员坚持实践党的先进性要求，切实做好联系和服务群众工作，进一步密切党同人民群众的血肉联系，各基层单位党组织和广大党员把缓解人民群众“看病难、看病贵”问题作为切入点，积极开展“群众在心中，服务见行动”主题实践活动，为提高全市医疗质量和服务水平起到了促进作用。“七一”前夕，对市中西医结合医院党委等18个基层党委、36个先进基层党支部和463名优秀共产党员进行了表彰。各基层党委(党总支)也按照要求积极主动开展了一系列学习实践活动，取得了较好成效。

【加强党风廉政建设教育，领导廉洁自律工作取得一定成效】 召开了反腐倡廉会议，把落实党风廉政建设责任制纳入了党政工作目标。加强反腐倡廉教育，春节前夕，向各区卫生局、局属各单位党政一把手邮寄了廉政新年贺卡，组织收看了全国卫生系统治理商业贿赂专项工作电视电话会议。在全市卫生系统开展了“廉政电影展映月”和廉政短信有奖征集活动。进一步加强了纪检监察信息报送工作，实行上报信息情况通报制度。组织了全市卫生系统纪检干部培训班。实施行风工程建设，进一步加大全市各级卫生行政部门和医疗卫生机构行风建设力度。实行了与基层单位党政主要领导和任职干部谈话制度，重点加强对各级领导班子及其成员的监督，加强对权，钱，人等重点环节、重点部位的监督。全年，局领导与下级党政领导班子成员谈话28人次。严格四项清理；严格执行公款接待用餐和禁止党员干部参与赌博的有关规定；对全系统科级以上干部过去3年里的出国出境情况进行了全面清理；按全市党政机关办公楼等楼堂馆所建设项目清理工作要求，对市卫生监督业务综合楼建设项目进行了清理自查；组织全系统3 591名在职和离退休三年内的党员干部填报了“武汉市党员干部严禁利用职务便利谋取不正当利益自查登记表”。通过全面清理，卫生系统领导干部作风建设得到显著加强。

【大力治理医药购销领域商业贿赂，建立治贿长效机制】 2007年，武汉市被列为全省治理商业贿赂工作试点地区在继续抓好自查自纠和查办案件工作的同时，着力加强长效机制建设，巩固和发展治理成果。一是继续做好自查自纠工作。组织市、区属医院和在汉企事业医疗机构共50家单位联名向社会公布了《武汉市医疗卫生单位反商业贿赂公开承诺书》。在各单位进行自查的基础上，抽调基层治贿工作骨干组成督导检查组开展交叉检查和重点抽查，召开全系统大会通报检查结果。医药购销领域专项治理工作取得新的成效，各医疗单位干部职工共上交回扣3 144万元；上交红包199万元，拒收2 827万元；拒绝有购销内容的商家赞助培训8 000元；查处乱收费问题3件，退还患者660元。二是坚决查处商业贿赂案件。全年查处商业贿赂案件3起。查办案件时，注重发挥治本功能，做好办案的“下半篇文章”，查漏补缺，亡羊补牢，进一步完善管理体制和监督机制，实行关口前移，防止同类问题再次发生。三是着力建设防治商业贿赂的长效机制，就自查自纠中发现的问题和工作中的薄弱环节，举一反三、查找漏洞，研究制订切实可行的整改措施。在全市建立医药购销领域商业行贿行为记录查询系统等。按照市卫生局统一部署，各单位建立健全规章制度100余项次，并贯穿于日常工作的每个环节，全面落实治理任务。

【坚持纠建并举，行业作风建设明显好转】 一是加强审计监督，分别对市武东医院、市结核病医院(所)、市医科所、市中西医结合医院进行了经济责任审计，提出审计意见和建议19条，加强了经济监督，完善了财务管理和内控制度。进一步加强对基本建设项目的审计监督。全年，系统共对206个项目进行了审计，审减金额近1 001.89万元，发现违纪线索1件，纠正违规金额4 006元；提出17条管理方面的建议和意见被采纳。二是认真受理群众来信来访。共收到信访举报170件，均按程序进行了处理，办结率98%。

增设了电子邮箱收受举报方式，新设了“局长接待日”，把每周五下午固定为接待群众来访日，安排1名局领导直接参加接待群众来访活动。建立了涵盖12项市级卫生行政许可项目的行政效能电子监察系统，对每项行政许可的办理过程实施全程同步监督，切实提高行政效能。三是积极参与“行风连线”直播活动。由党政“一把手”带队，全年共参加了3次直播活动，对群众提问中暴露的薄弱环节进行了认真归纳，举一反三，进行整改，在一定程度上缓和了社会矛盾。

【大力加强文明创建工作】 2007年，在武汉地区各级各类医疗机构中深入开展了“四城同创”暨“构建和谐医患关系，创建平安医院”活动，大力加强卫生行业文明创建工作。

加强领导，层层联动，夯实文明创建基础 市卫生局党委对创建平安医院工作高度重视，以此作为卫生行业改进医疗卫生服务，改善医患关系，树立良好社会形象，推动卫生事业发展的重要载体。市卫生局成立了由党政主要负责人挂帅的创建工作专班，党政一把手任组长，亲自抓创建工作，制定了《武汉市卫生局关于印发开展构建和谐医患关系，创建平安医院活动实施方案的通知》（武卫〔2007〕85号）、《中共武汉市卫生局委员会关于印发武汉市卫生行业创建全国文明城市工作方案的通知》（武卫发〔2007〕26号）、《武汉市卫生行业创建平安医院活动考核标准》等文件。5月16日召开了武汉地区创建全国文明城市暨“构建和谐医患关系，创建平安医院”工作部署会，在地域范围内营造了全行业参与创建的良好氛围。

大力宣传，交流信息，营造文明创建氛围 市卫生局加大了对平安医院创建工作的宣传力度。一是要求各单位加大宣传力度，通过墙报、宣传栏、院刊、院讯等多种手段，营造浓厚的创建氛围，二是市卫生局党办编发了创建平安医院工作专题简报，交流各单位好的经验作法，目前已编发简报42期，三是借助新闻媒体的宣传平台，加强对创建工作的社会宣传力度，广泛促进和谐医患关系。9月中旬，市卫生局与湖北日报传媒集团联合举办了首届“湖北医德医风建设与构建和谐医患关系论坛”活动，邀请和谐医患关系有关专家、律师进行主题演讲、各大医院关于和谐医患关系成功案例分享，以及医患互动讨论等形式，共同打造医德医风建设的年度盛宴，力促医德医风整体提升、医患关系和谐改善和医疗行业又好又快发展。

突出重点，精心组织，提升文明创建水平 全市各医疗卫生单位坚持以病人为中心，切实采取有力措施，根据自身实际情况和薄弱环节，从解决人民群众就医最关心、最直接、最现实的利益问题入手，努力构建医患沟通机制和投诉处理机制，积极开展全员教育培训、开展就医体验、细节服务建议、争先创优活动、医疗安全竞赛等五项活动，将优化医疗服务细节，完善医患沟通渠道，提高医疗服务质量，密切医患关系，减少医患矛盾的工作目标落到实处，将创建工作与医院中心工作、医院管理年活动有机结合，强化落实医疗安全管理核心制度，完善质量管理机制；开展医疗安全竞赛、职业技能比武活动，强化内部管理，提升医疗服务质量，将创建工作落实到医疗服务的每个环节，使群众看到实效，得到实惠。

加强督查，及时整改，巩固文明创建成果 市卫生局于5月底、6月初，分三个片区，召开了创建平安医院工作进展情况汇报会，座谈交流各单位创建平安医院的工作经验和作法。7月至8月，市四城同创办公室、市文明办、市卫生局联合行动，对武汉地区18家省部属医院、部队医院及部分市属大型医疗单位进行了专项检查。对360名医务人员进行了医德医风和职业道德随机抽查测试，对900名患者及其家属进行了病人满意度调查，平均满意率达到了83%。12月上旬，市四城同创办公室组织专题检查组，对武汉地区27家大中型医疗机构和社区卫生服务中心开展创建平安医院活动再次进行了专项检查，推动创建活动的深入开展。12月中旬，在湖北省卫生行业精神文明建设工作会上，武汉市创建活动经验受到肯定。

【认真做好信访稳定工作，积极化解矛盾】 认真落实综治工作责任制，定期听取局系统综治工作汇报，从保大局、保发展、保稳定，构建和谐社会的高度出发，加强对社会治安综合治理工作的管理，做到了年初有部署，年中有检查、通报，年底有考核，全面完成了社会治安综合治理工作目标。全年共受理信访事项138件，办理138件，领导阅批群众来信246件，接待群众200余人次。党的十七大召开和市六城会、八艺节期间，局党委多次召开专题会议研究部署稳定工作，对市三医院、市普爱医院、市急救中心、普仁医院等单位的上访大户，及时加强沟通，做好细致周密的协调工作。妥善处置了市结防所、市结核病医院的集体上访，及时调整加强了领导班子，积极化解矛盾，行动迅速、措施得当、处置有力，成效明显。党的十七大和六城会、八艺节期间，全市卫生行业没有发生非正常进京上访事件。

【继续加强共青团、工会、离退休干部等工作，群团组织作用进一步发挥】 坚持职工代表大会制度和职代会民主评议领导干部制度。2007

年有26个单位召开了职代会或会员大会，进行了民主评议领导干部工作，有力地促进了民主管理民主监督机制的完善和发展。完成了武汉医务工会的组建任务，会员单位由26个增加到36个，民营医疗机构新建工会3家。成功举办了武汉市第十五届职业技能大赛临床医师比赛，53家单位的398名医生参加了市级比赛。继续开展创建"巾帼文明岗"、"女职工建功立业示范岗"活动。职工重大疾病医疗互助工作成绩显著。努力丰富职工文化生活，成功举办了市卫生系统第三届"健康杯"乒乓球比赛，七一期间举办了"和谐医患关系创建平安医院"曲艺大奖赛活动，并在卫生系统纪念建党86周年表彰大会上作了汇报演出。

认真落实老干部工作政策，确保政治生活待遇落实。加强离退休党支部建设，对全局各直属单位离退休党支部进行了摸底调查，全局有老干部工作的23个直属单位全部建立健全了党支部(共设有离退休党支部31个)，2007年，有4个单位的离退休党支部进行了改选。市卫生局机关退休党支部被评为全省先进党支部。在春节、端午节、中秋节、重阳节等期间，约对500余人次的局管离退休干部进行了慰问。积极参加市老干部局组织的一系列文体竞赛活动，并取得了较好成绩。

共青团加强卫生青年理想信念教育，举办了理想信念追求卫生青年论坛活动，举办和谐医患关系专题讲座。积极开展争创青年文明号和青年岗位能手活动。深入开展纪念建团85周年活动，开展了武汉卫生首届十杰青年评选活动，选树了董明娜等一批具有卫生青年特点、时代特征、感召力强、示范性强的优秀青年典型。积极开展青年志愿者健康教育进社区、"卫生下乡"、未成年人健康教育暑期宣讲活动、为农民工送健康等多种志愿服务活动。认真完成了推选出席省十二次团代会代表的各项组织工作。

（市卫生局党办）

【进一步加强党风廉政建设见成效】 2007年，市卫生局党委、纪委把落实党风廉政责任制作为加强党风廉政建设的根本制度来抓，将其纳入党政工作目标一起部署、一起检查、一起落实、一起考核、一起表彰。

（一）2007年3月30日召开反腐倡廉会议。局党委委员、局领导，各区卫生局、相关医疗卫生单位党政主要领导、纪委书记，局机关副处以上干部参加了会议。会议传达、学习了中央纪委七次全会和省、市反腐倡廉工作会议精神，以领导干部廉洁从政和纠正医药购销、医疗服务中不正之风为重点，认真分析了局系统党风廉政建设工作面临的形势及存在的突出问题，对2006年全市卫生系统查处的5起商业贿赂案件，及媒体曝光蔡甸和黄陂区医疗机构开单提成问题进行了通报，全面部署了2007年反腐倡廉任务。林国生局长在会上作了重要讲话，对进一步强化局班子成员和各级党政"一把手"的责任做出了明确要求。

（二）开展反腐倡廉教育。2007年市卫生局将重心放在丰富教育形式上，通过创新载体达到最佳教育效果。春节前夕，向各区卫生局、局属各单位党政一把手邮寄廉政新年贺卡近百张。组织收看了全国卫生系统治理商业贿赂专项工作电视电话会议，各区卫生局、局直属医疗卫生单位班子成员，及局机关副处以上干部参加了收看活动。在全市卫生系统开展了"廉政电影展映月"和廉政短信有奖征集活动。很多单位表现得十分踊跃，在第一时间反馈了观看《暖秋》情况，表示深受教育。全系统提交短信近百条，部分单位的班子成员亲自捉刀，上交了廉政短信。进一步加强了纪检监察信息报送工作，实行上报信息情况通报制度，每季度对各单位信息上报条数进行排名通报，并直接寄送各单位主要领导，有效促进了工作交流。组织了全市卫生系统纪检干部培训班，17名干部参加了为期一周的学习，进一步提高了纪检干部的政治素质和业务素质。树立了张应天、陈曼仙、董明娜等先进典型，在全市卫生系统普遍开展以职业伦理、职业精神、职业规范、职业纪律为主的职业道德教育活动。通过扎实深入的宣传教育，宣传教育覆盖面基本达到100%，为深入推进反腐倡廉工作奠定了良好的思想基础。

（三）实施行风工程建设。印发了《武汉市卫生行风建设工程实施意见》，进一步加大全市各级卫生行政部门和医疗卫生机构行风建设力度，力争通过3至5年的时间，不断提高群众满意率，使人民群众对卫生行政管理和卫生医疗服务的社会满意率达80%以上，患者、服务对象综合满意率达90%以上，群众反映强烈的"看病难、看病贵"等突出问题得到有效缓解，努力把卫生系统真正建设成为让党和政府放心、让人民群众满意的行业。

（四）实行与基层单位党政主要领导和任职干部谈话制度。结合领导班子民主生活会及信访情况，就单位改革、发展、廉政建设等情况与基层单位党政领导谈话，做到凡新任职领导干部必对其个人廉洁自律和履行"一岗双责"提出明确要求,重点加强对各级领导班子及其成员的监督,加强对权、钱、人等重点环节、重点部位的监督。全年,局领导与下级党政领导班子成员谈话28人次。

(五)严格四项清理。一是严格执行公款接待用餐和禁止党员干部参与赌博的有关规定,按照《武汉市党政机关公款接待用餐费用公示制度》的要求,每季度在本单位内部局域网和政务公开栏上公示局机关各处室公款接待用餐费的明细情况;二是对全系统科级以上干部过去3年里的出国情况进行了全面清理;三是按全市党政机关办公楼等楼堂馆所建设项目清理工作要求,对市卫生监督所业务综合楼建设项目进行了清理自查;四是组织各单位干部、职工认真学习《中共中央纪委关于严格禁止利用职务上的便利谋取不正当利益的若干规定》,全系统3 591名在职和离退休三年内的党员干部填报了《武汉市党员干部严禁利用职务便利谋取不正当利益自查登记表》。通过全面清理,卫生系统领导干部作风建设得到显著加强。

【加强领导,快速部署,确保专项治理取得成效】 2007年武汉市被列为全省治理商业贿赂工作试点地区,市中心医院被确定为治理商业贿赂工作联系点。按照中央、省、市部署和卫生工作实际,市卫生局在继续抓好自查自纠和查办案件工作的同时,着力加强长效机制建设,巩固和发展治理成果。

(一)继续做好自查自纠工作。治理中充分体现了传达早、部署快、工作实3个特点。一是传达早。5月21日全市召开治理工作会议后,市卫生局于次日主持召开了党委扩大会,组织班子成员认真学习袁善腊同志的讲话精神,深入研究部署全市卫生系统专项治理工作。二是部署快。市治理商业贿赂专项工作会议召开后,按照市委市政府的统一部署,结合卫生行业的实际情况,立即制定下发了专项治理《实施意见》,明确了目标任务和进度安排,层层分解责任,在系统和行业内进行了宣传发动。三是工作实。组织25家市直医疗卫生单位、15家市区属医院代表以及10家在汉企事业医疗机构共50家单位联名向社会公布了《武汉市医疗卫生单位反商业贿赂公开承诺书》。在各单位进行自查的基础上,由市卫生局抽调基层治贿工作骨干组成督导检查组开展交叉检查和重点抽查,召开全系统大会通报检查结果。经努力,医药购销领域专项治理工作取得新的成效,各医疗单位干部职工共上交回扣31.44万元;上交红包1.99万元,拒收28.27万元;拒绝有购销内容的商家赞助培训8 000元;查处乱收费问题3件,退还患者660元。

(二)坚决查处商业贿赂案件。已查处商业贿赂案件3起。一是市十一医院原器械科副科长熊武收受器械公司4.9万元"回扣"案,熊被判处有期徒刑两年,缓刑两年。二是武钢总医院原检验科主任王建春等收受商业贿赂案,受贿金额22.48万元,有3人被移送司法机关,并受到组织处理。三是市中心医院原设备科副科长邹毅收受器械公司5.3万元财物案,邹被判处有期徒刑一年,缓刑一年,同时被撤销职务。

查办案件时,注重发挥治本功能,做好办案的"下半篇文章",查漏补缺,亡羊补牢,进一步完善管理体制和监督机制,实行关口前移,防止同类问题再次发生。如针对基建、药剂、器械、财务等易发生商业贿赂的重点岗位,各单位积极探索适宜的轮岗制度,做到既实现人才的合理流动,又能确保医疗质量,为商业贿赂行为设立防火墙,促使重要岗位的重要人员轻装上阵,阳光工作,不敢腐败、不想腐败、不能腐败。

(三)着力建设防治商业贿赂的长效机制。就自查自纠中发现的问题和工作中的薄弱环节,市卫生局举一反三、查找漏洞,研究制订切实可行的整改措施,圆满完成了市委2007年下达的制度建设工作任务。为了从源头上遏制药械购销活动中的行贿行为,印发了《武汉市医药购销领域商业行贿行为记录与公布实施办法(试行)》,在全市建立医药购销领域商业行贿行为记录查询系统,对列入商业行贿行为记录的药械生产、经营企业法人、其他组织及其代理人,受公布期间,医疗机构及医保定点药店不得以任何名义、任何形式购入其药械,不得接受其参与药械采购投标。针对医疗卫生单位在商谈、联谊、庆典活动中接受企业赞助问题,下发了《市卫生局关于规范医疗卫生单位接受赞助的指导意见》,规定医疗卫生单位接受赞助,举办或参加学术活动,与会人员应当是医疗卫生单位的特定专业人员,并经过班子讨论同意,按照相关法规明示入账,做到专款专用,并接受相关部门的监督和审计。就医务人员奖金分配与所在科室收入直接挂钩问题,制定了《市卫生局关于规范医院财务管理,健全医院激励机制的指导意见》,要求医疗机构的奖金分配要体现按劳分配、效率优先、兼顾公平以及奖金分配不得与药品收入挂钩的原则,以工作岗位性质、工作技术难度、风险程度、工作数量与质量等工作业绩为主要依据确定奖金分配方法，并以列举的方式明确了包括服务效率、服务质量和经济效率3个方面的具体考核指标。按照市卫生局统一部署，各单位共建立健全规章制度100余项次，并贯穿于日常工作的每个环节，全面落实治理任务。

【扩大范围，完善审计，加大干部监管力度】 局纪委坚持按照“全面审计、突出重点”的指导方针，不断更新工作理念，使审计成为发现问题、促进廉政建设、规范管理的有效手段，成为加强党风廉政建设和领导班子建设、加大干部监管力度的重要制度。

（一）完成局属单位领导干部经济责任审计。分别对市武东医院、市结核病医院（所）、市医科所、市中西医结合医院进行了经济责任审计，提出审计意见和建议24条，加强了经济监督，完善了财务管理和内控制度。

（二）进一步加强对基本建设项目的审计监督。按照《武汉市政府投资项目审计条例》等相关文件要求，印发了《市卫生局建设项目审计暂行规定》，规定局系统建设项目工程总造价三级医院在50万元以上，二级医院及局属非医疗单位在30万元以上，不设内审机构的单位在10万元以上的建设项目决算审计，在单位内审机构审计的基础上，由市卫生局统一协调，委托社会审计组织进行。依据《规定》对全系统政府投资项目进行了清理上报，促进了规范管理，提高了投资效益。

（三）继续推进新建和维修工程竣工决算审计。2007年，局系统共对206个项目进行了审计，审减金额近1 001.89万元；发现违纪线索1件，纠正违规金额4 006元；提出17条管理方面的建议和意见被采纳。

【拓宽渠道，加大力度，认真受理群众来信来访】 2007年，继续通过设立和公布举报电话、信函地址等方式，动员群众反映和举报，全年共收到信访举报170件，均按程序进行了处理，办结率98%。增设了电子邮箱收受举报方式，对洪山区无证行医、某缝线产品投标基准价等网上举报进行了调查、处理。新设了“局长接待日”，把每周五下午固定为接待群众来访日，安排1名局领导直接参加接待群众来访活动。着力抓好行政审批、行政执法等行政权力运行的公开，建立了涵盖12项市级卫生行政许可项目的行政效能电子监察系统，对每项行政许可的办理过程实施全程同步监督，同时与全市行政效能电子监察系统对接，接受监督，切实提高行政效能。

同时，积极参与“行风连线”直播活动。由党政“一把手”带队，上半年共参加了3次直播活动，对群众提问中暴露的薄弱环节进行了认真归纳，举一反三，进行整改，在一定程度上缓和了社会矛盾。特别是5月12日“行风连线”两周年纪念活动中，张建华书记作为代表市卫生局参加电视直播的“一把手”，对活动高度重视，进行了认真准备，三次直播彩排均做到亲自参与。对直播活动涉及的问题立即进行了整理归类，研究制定解决方案，明确了谁主管谁负责的原则，迅速将相关问题分解到各职能部门或单位，限期办理并回告了反映人，受到市纠风办的表扬。

【标本兼治，纠建并举，推进工作机制创新】 市卫生局将纠风工作与切实缓解群众看病难、看病贵问题紧密结合，通过医疗改革促进纠风稳健发展，全面提高医疗质量和服务水平；通过纠风工作为医疗改革创造一个良好的环境，有力推进了改革的进行。纠建并举的工作得到省、市纪委的充分肯定，2007年4月17日，市纠风办以《加大改革创新力度，努力缓解群众看病难、看病贵问题》为题，代表武汉市在全省纠风工作会议上进行了经验交流，国纠办领导也专程到汉进行了专题调研。武汉电视台摄制《为了让人民群众看得起病看得好病》专题片进行了推介。

一是立足改革锐意创新，推行医药分开。2005年10月，选择江汉区北湖街社区卫生服务中心进行“医药分开”改革试点，药品价格取得有效下降。国家发改委、卫生部领导调研后，高度称赞“北湖模式”。全市已有24家社区卫生服务机构推广、开展了“医药分开”改革。据统计，药品价格平均下降31.8%，门诊费用平均下降47.6%，门诊量平均增幅达238%，业务收入平均增长40%以上。市纠风办对这项工作高度重视，将其列为2008年国务院纠风会的重要内容。

二是试行药品直供，2006年8月，在市普爱医院启动了药品直供试点。截止2007年底，患者门诊平均药费降低了22.10%，住院平均药费降低了37.25%，共为病人减少药品费用支出5.77万元。这一改革举措在全国三级甲等医院首开先河，对探讨医药体制改革，建立基本药物制度，减轻病人医药负担，根治医药行业商业贿赂行为等具有深远意义，受到卫生部、省市主要领导的密切关注和充分肯定，人民日报、长江日报等多家媒体作了专题报道。

三是创新集中采购模式，降低药械虚高价格。自2001年开始，武汉市不断改进集中招标采购工作，逐步变单一城市招标为多城联合招标，变单一药品招标为药品、耗材、检验试剂集中招标，变传统采购模式为网上采购，实行阳光采购。2007年，市卫生局在积极参与省卫生厅组织的全省医疗机构药品网上集中招标采购的同时，主动开展了武汉地区医用耗材及检验试剂集中采购工作，将武汉地区包括同济、协和在内和83家二级以上的非营利性医疗机构全部纳入招标主体，招标目录基本覆盖到临床所有医用耗材，中标品种平均降价幅度达到13.9%，价格在全国处于较低水平，相关情况以《创新招标模式，严格采购管理，坚持把防腐治贿贯穿医药购销行为始终》为题，在市纪委三次全会上做了交流。

同时，注重工作总结和经验交流，先后在相关期刊上发表论文4篇，其中，《浅谈医疗卫生机构重要岗位干部轮岗制度》（中国医院院长2006年第16期）；《医药购销领域如何治理商业贿赂》（改革与党风2006年第5期）；《全面推进三项改革，从源头预防和纠正医疗卫生行业不正之风》（改革与党风2007年第6期）、《创新招标模式，严格采购管理，坚持把防腐治贿贯穿医药购销行为始终》（改革与党风2007年第9期）。

（市卫生局纪委、监察室）

【加强领导干部理论学习和培训】

学习是领导干部增长才干、提高素质的重要途径，是做好各项工作的重要基础。中共武汉卫生局委员会组织引导系统领导干部在2007年，着重学习贯彻党的十七大精神和胡锦涛同志在中央纪委第七次全体会议和中央党校的重要讲话。4月2日至20日，市卫生局在市委党校举办领导干部培训班，培训班分三期，分别对局机关处级干部、各区卫生局和局属各单位的领导班子成员共181人进行了为期一个星期的专题培训，培训内容主要包括政治理论、领导艺术、党风廉政建设、发展规划、管理实践、公共财政、国际政治经济局势等等。参加学习的同志普遍认为收获非常大，让大家进一步武装了头脑、开阔了视野、更新了理念、拓展了思路。全年共选派了7名处级以上领导干部和优秀年轻干部分别到中国人民大学、清华大学和市委党校等培训机构参加市委组织部举办的理论培训。

党的十七大胜利召开后，局党委及时组织各级领导干部认真学习贯彻十七大精神。组织市管干部和局机关处长分批参加全市学习贯彻十七大精神轮训班；和局党校一起积极筹备举办局系统党支部书记培训班等贯彻十七大精神培训班。使各级党组织和广大党员紧紧围绕卫生改革和发展的实际工作，进一步推进领导班子建设、干部队伍建设和党的基层组织建设，全面落实科学发展观。

【切实加强党的组织建设】 认真做好发展党员工作。按照“坚持标准，保证质量，改善结构，慎重发展”的方针，做好党员发展工作。抓好党建带团建工作。发展党员坚持“双推”工作，重点发展一线知识分子和35岁以下青年入党，切实落实发展党员35岁以下青年占65%的目标任务。1至3季度，局系统发展88名党员，其中35岁以下青年63名，占71.6%，高于全市平均水平。

卫生系统各级党政主要负责人带头坚持民主集中制，注意发挥班子成员作用，发挥班子集体作用，保证民主决策和科学决策；做到单位重大问题由党委和班子集体决策；坚持密切联系群众，健全领导干部深入科室、联系科室的工作制度。

为了进一步贯彻落实中央、省市委保持共产党员先进性长效机制文件精神，教育、动员和组织广大基层党组织和党员坚持实践党的先进性要求，切实做好联系和服务群众工作，进一步密切党同人民群众的血肉联系，各基层单位党组织和广大党员把缓解人民群众“看病难、看病贵”问题作为切入点，积极开展“群众在心中，服务见行动”主题实践活动，为提高医疗质量和服务水平起到了促进作用。“七一”前夕，市卫生局党委召开了“纪念建党86周年暨表彰先进大会”，对市中西医结合医院党委等18个基层党委、36个先进基层党支部和463名优秀共产党员进行了表彰。

【加强干部队伍建设】 加强各级领导班子思想作风建设，进一步落实了中心组理论学习制度。市卫生局要求各单位和领导干部要重点学习《党章》，深刻认识新的历史条件下学习贯彻党章的重大意义。要求党员干部特别是党员领导干部要带头学习党章、遵守党章、贯彻党章、维护党章，为全体党员作出表率。

加强干部的理论培训和提高工作，组织了各类干部的政治理论学习。10-11月，在局党校举办一期为期20天中青年干部培训班，局系统新提任的班子成员、局管后备干部、中层干部和局机关青年干部33人参加了系统培训，使受训学员提高了理论水平，加强了综合管理能力。

各单位领导班子和领导班子成

员带头学习，认真贯彻中央《党政领导干部选拔任用工作条例》，坚决克服和纠正在选拔干部工作中的不正之风。2007 年，局党委对 9 个基层班子进行了换届考核，选拔任用正处级干部 7 人、副处级干部 10 人，平职交流处级干部 19 人。协助市委组织部对市委提任的 5 名局级领导干部进行推荐、考察。

加强优秀年轻干部的培养和选拔，向市委组织部推荐新一届市管后备干部，加强局管后备干部队伍建设，对 117 位局管后备干部的成长进行跟踪培养。积极开展推荐公开选拔副局级领导干部人选工作，推荐 3 名人选报考全市公开选拔副局级领导干部，为青年干部的成长提供更多渠道。

【强化信息管理】 为适应快节奏的工作需要，2007 年，局组织部重点加强了干部信息、人才信息收集、整理工作，建立了局级干部（含离退休干部）信息库、重点人才信息库、社会工作人才信息库，加强党员信息库、处级干部信息库的管理，完善干部选拔任用、干部培训教育、干部请假、干部考核、知识分子、党外代表人士、少数民族代表人士等管理信息，为领导决策提供必要的信息数据。卫生局积极向市委组织部上报组工信息，宣传卫生系统组工动态，市委组工信息采用刊发了 1 篇。

【做好各项统战工作】 为贯彻落实中共中央 15 号文件和第二十次全国统战工作会议精神，切实做好统战工作。局党委加强了对党派工作的领导，支持基层单位各民主党派开展政治交接学习教育活动，把他们凝聚在党组织周围，发挥党派的积极作用。

2007 年初，向市政协办公厅、市委统战部推荐 23 名政协委员人选，19 名有关人员被确定为十一届市政协委员，使局系统有关人员进一步施展才华，提高参政议政水平。积极培养和选拔党派、非党知识分子人才，选派 3 人先后到市社会主义学院学习。

积极组织人员参加市委统战部组织的全市统战知识竞赛，获团体第七名的好成绩，局组织部荣获优秀组织奖。

加强市卫生系统培养和选拔女干部工作经验在全市女干部培养工作会议上作局面交流。

【积极开展对口帮扶工作】 上两年，市卫生局大力开展的“千名医生下基层”工作受到市委组织部表扬和广大群众的肯定。为进一步缓解群众“看病难”、“看病贵”问题，提高全市医疗卫生服务水平，局党委决定 2007 年继续开展大医院对口帮扶基层医疗卫生单位，即大型医疗机构以团队形式，重点支援社区卫生服务中心和乡镇中心卫生院。全市 49 家二级以上医疗机构对口帮扶支援 60 个社区卫生服务中心和 75 个乡镇卫生院，共下派医务人员 245 名。截至 10 月底，全市 135 个帮扶点共接诊病人 3 万人次，手术 300 台，双向转诊病人 1 400人次。

【认真抓好知识分子工作】 培养高素质管理人才和专业人才队伍。按照党管人才方针，加强了管理人才和专业人才队伍建设，进一步调动了人才队伍积极性，发挥其作用。

积极组织申报各类专家称号。先后从 15 位申报人员中遴选 5 位专家向市委组织部、市人事局推荐享受国务院政府特殊津贴专家人选。经推荐，新增市政府专项津贴专家 4 人，市十百千人才工程人选 3 人。经推荐，有 5 位人才工程人选专家共获得金额 10 万元的市人事局科研项目择优资助。

积极开展“武汉杰出人才奖”候选人推荐工作，经评选，市卫生局向市杰出人才奖评选工作领导小组推荐 7 名“武汉杰出人才奖”候选人，参加“武汉杰出人才奖”评选。

积极推荐人选参加高层次人员享受购房补助工作，局系统有 16 人各享受 4 万元购房专项补贴。

同时加强组织部门自身建设。组织工作的干部加强理论学习，进一步提高素质，增强抵制用人士不正之风的能力。了解和关心干部，为他们办实事，努力把党的组织部门建设成群众信任和满意的干部之家、知识分子之家。

【2007 年局机关处级以上人员职务变化情况】 2007 年 3 月，副局长、局党委委员李燕同志提任市食品药品监督管理局局长、党组书记；4 月，郑云同志任局中医管理处副处长；5 月，局中医管理处处长傅源业同志退休。李滔同志任市卫生局副局长、党委委员；7 月，局党委组织部部长武小军同志提任市中西医结合医院（市第一医院）党委书记（副局级）。局党委办公室主任孙昌林同志提任市中心医院（市第二医院）党委书记（副局级）。局副巡视员曾庆海同志退休；10 月，舒行政同志任局党委组织部部长。

（市卫生局党委组织部）

【以提高职工队伍为目的重点强化学习教育】 市卫生局工会重点抓了服务技能的学习、培训、竞赛。认真组织第 15 届职业技能大赛（医生）。根据武工〔2007〕8 号文件精神，经市卫生局研究在全市卫生系统开展医疗技能大赛活动，于2007年5月制定武汉市第十五届职业技能大赛临床医师（中、西医）实施方案。有65个单位参加了动员会，各基层单位共组织了321场次，有10 220名医生参加，最后有53个单位的398名医生先后报名参加比赛。经过两轮的角逐，中医前10名的有：市中西医结合医院、市妇女儿童医疗保健中心、市中医医院、武钢第二职工医院、市第三医院。西医前10名的有：市武昌医院、市妇妇儿童医疗保健中心、市洪山区卫生局、市第三医院、黄陂区卫生局、武钢职工医院、市第六医院、亚洲心脏病医院、市普仁医院。

本次比赛呈现三大特点：一是参赛队伍多。比赛共吸引了53支队伍报名参加；二是参赛选手年轻优秀。各医院纷纷举办了预选赛，经过了层层选拔的佼佼者参与比赛；三是领导重视。有关区、局直属单位、民营医院以及各参赛队伍的党政工领导亲临比赛现场，为选手鼓劲加油。在这项活动中涌现出了优秀组织工作者——市中西医结合医院康军，优秀组织单位——市妇女儿童医疗保健中心，优胜单位——市武昌医院和市中西医结合医院。

【强化工会民主管理和维权力度，广泛推进院务公开】 2007年，市卫生局工会进一步推进市卫生系统职工代表会制度，指导督促基层单位制定和完善民主选举、民主决策、民主管理和民主监督的相关制度。加强民主管理，切实保障职工知情权、参与权、监督权等合法权益。全年市卫生系统26个单位组织召开了职工代表大会和会员代表大会，认真执行了职代会制度。同时还就职工关心的热点问题进行全面公开，主动接受职工群众的监督、杜绝了矛盾的产生。

【推荐、选树评比表彰工作成效显著】 在2007年表彰评比选树工作中，通过公开公正严格评选条件，结合行业作风建设，发挥了工会的特点，树正面形象，挖掘培养推荐优秀卫生工作者，使评比选树工作收到较好的效果。经过层层推选，市妇女儿童医疗保健中心刘智胜获得省“五一”劳动奖章、市普爱医院李荣春获市“五一”劳动奖章；市中医医院刘艳琼、市中心医院鲁桂鸣、市妇女儿童医疗保健中心鄢素琪获武汉市“三八”红旗手；市精神病医院熊卫获“岗位立功女明星”；市中西医结合医院段逸群获省卫生厅“全国科教文卫工会职业道德标兵”。通过不懈努力争取，使先进单位和先进工作者的覆盖面有较大幅度增加。

【抓好女工工作，半边天作用成果显著】 1. 继续开展巾帼文明岗和女职工建功立业示范岗的创建活动，注重培养服务意识、更新医疗观念。市卫生局直属26个单位，186个岗参加“巾帼文明示范岗”活动，2007年3月，市武东医院心身疾病科获“女职工建功立业示范岗”、市武东医院急诊科被评为全国“巾帼文明示范岗”。历时11年的创建“巾帼文明岗”、“女职工建功立业示范岗”活动累积了经验，力求在形式创新、内容创新上下功夫。

2. 积极组织并参加全市女职工工装设计展示大赛，市中医医院获得了二等奖、市汉口医院获优胜奖。他们从全市近50个参赛队中脱颖而出，充分展示了卫生系统职业女性积极向上的精神面貌和职业风采。

3. 组织市卫生局直属26个单位2 000人参加“姊妹舒杯”《武汉市职工生育保险办法》知识竞赛。有2人获得了一等奖，20人获得了二等奖，200人获得了三等奖。

4. 女职工安康保险参入率比上年度上升近30个百分点。

【用健康向上的文体活动占领职工文化阵地】 市卫生局工会发挥组织优势，开展多种喜闻乐见的文体活动，用健康向上的文体活动占领每一位职工的心理阵地，筑起抵制邪教的防线。

1. 组织乒乓球比赛活动。武汉市卫生系统第三届“健康杯”乒乓球赛从5月18－21日，历时4天，此次参赛的共有26支代表队，182名队员，经过851场角逐，共决出七个大项的名次。通过这项活动，让全局的乒乓球爱好者有一个展现自我的机会，让各医院能够通过这项活动，进一步培养团队精神。

2. 积极组织参加卫生部举办的首届全国卫生系统桥牌比赛，市疾病控制中心代表武汉市参赛获得了第二名的好成绩。

3. 6月举办的以“构建和谐医患关系，创建平安医院”为主题的卫生系统首届小品比赛，是在基层党政领导的大力支持下，各级工会认真组织策划，历时几个月的精心排练，卫生系统19家单位奉献出了一台集小品、相声、湖北慢板等多种曲艺形式的精彩节目，充分展示了卫生系统职工爱岗敬业、救死扶伤、无私奉献的精神风貌。武汉市汉口铁路医院的小品《妈妈你真棒》把大赛推向了高潮，很多观众含着眼泪看完了演出，一个医务工作者为理想的坚持，引起了所有人的共鸣。

【组建医务工会】 从2007年3月开始，按照联合制、代表制的原则开展了成立武汉医务工会的一系列筹备工作。市总工会高度重视医务工会组建工作，多次来市卫生局调查、研究督促指导；市卫生局党委书记张建华同志亲自挂帅，组建筹备工作领导小组，多次召集相关部门开专题会议，听取意见、研究问题，对医务工会筹备工作关心、督导，还亲自到武汉最大的民营医院——武汉亚洲心脏病医院帮助、指导该院建立工会组织。医务工会的组建工作，也得到市总工会相关部门的高度重视和大力支持，以及全市医疗卫生单位（包括民营医院）的认同、理解、支持和帮助，并且引起了其他行业工会的高度关注。由于各级领导的重视，医疗卫生单位的配合，为武汉医务工会的筹备工作提供了良好的环境和有力的保障。结合基层需要和实际，边组建、边开展工作和活动，在实践中探索，在探索中总结和提高，2007 年 8 月 28 日上午，武汉医务工会成立暨第一届委员会第一次全体会议在市总工会隆重召开（会员单位由 26 个增加到 36 个）。武汉医务工会首届领导班子成员名单：常务委员会名单——张建华、马黎汉、杜娟、康军、鲁桂鸣、叶红、张德忠、吴丹田、孙东亮、时军果、王富强、王维轩、孟庆荣。张建华为武汉医务工会主席，马黎汉为常务副主席，杜娟、康军为副主席。

【职工重大疾病医疗互助工作成绩显著】 三年来，本系统工会按照“组织起来，切实维权”的工作要求，在各单位党委的领导下，积极投身职工重大疾病医疗互助活动；工会组织怀着对广大职工的深厚感情，积极组织和参与医疗互助活动，涌现出了一批热心互助事业，工作上台阶、服务创水平的互助先进集体。为表彰先进，经武汉医务工会研究决定，授予武汉市中西医结合医院工会等 5 家单位“武汉市卫生系统职工医疗互助工作优秀单位”荣誉称号；授予武汉市东湖医院工会等 7 家单位“”武汉市卫生系统职工医疗互助工作优胜单位荣誉称号；授予武汉市皮肤病防治所工会等 12 家单位“武汉市卫生系统职工医疗互助工作先进单位”荣誉称号，并通报表彰。

【广泛实施送温暖工程】 1. 职工是工会组织的服务对象，真心实意为职工解决问题是工会工作的出发点和落脚点，一年来，以“温暖工作”为纽带，围绕职工遇到的实际困难，想办法、谋出路。围绕经济条件差的基层单位的实际问题，给予适当的补助。补助金额达 10 多万元。

2. 对口扶贫蔡甸区侏儒街群力村。驻村工作组认真贯彻落实 3 月 29 日全市农村小康建设动员大会和涂勇副书记讲话精神，并确立了在小康村创建工作中“服务一定要到位，帮扶务必要尽力，指导但不能误导”的思路和原则，本着“服务、帮扶、指导，一切为了农民致富奔小康”的宗旨，千方百计为农民办好事，办实事，做到“农民得实惠，干部受教育”。根据村里急需解决的问题和村民急需解决的问题，共修筑田间碎石路 2 000 米及配套设施，举办农技培训讲座 3 次，补装自来水 17 户，补装有线电视安装 9 户，慰问特困 25 户，计划生育三结合工作帮扶重点 11 户；把开展计划生育“三结合”与建设“小康示范户”、创计划生育“合格户”、计划生育“自治示范户”结合起来，纪念建党八十周年暨新农村建设座谈会，表彰产业调整先进示范户；2007 年共投入资金 14. 61 万元。

（市卫生局工会）

【加强卫生系统青年思想政治工作】 2007 年，市卫生局团委在局党委和团市委的正确领导下，大力加强卫生青年职业道德和职业技能建设，以理想信念和职业道德教育为核心，进一步加强卫生青年思想政治工作和行业作风建设。努力深化卫生青年思想政治教育活动，举办了“理想、信念、追求——共享成长”卫生青年论坛，邀请了市心理卫生中心施琪嘉教授给团员青年作“加强医患沟通”的专题辅导报告，引起青年强烈反响，取得了良好的教育成效。

10 月，党的十七大胜利召开，这是党和国家政治生活中的一件大事，对于加快推进卫生事业的改革与发展具有十分重要的意义。局团委迅速行动，认真组织全局广大团员青年深入学习贯彻党的十七大精神，举办了市卫生系统青年学习贯彻党的十七大精神专题辅导讲座，邀请市中心医院党委书记孙昌林作报告，引导大家深刻领会十七大精神。各基层单位也采取了报告会、座谈会、研讨会、专题学习、知识竞赛等多种形式，在广大团员青年中掀起了学习贯彻十七大精神的热潮。通过学习，引导广大团员青年不断坚定理想信念，构筑起强大的精神支柱，引导卫生青年不断增强使命感和责任感，树立全心全意为人民健康服务的宗旨，不断提高综合素质，在卫生改革与发展的实践中奋发有为、建功立业。

【用先进典型激励团员青年】

2007 年，局团委大力开展评选表彰活动，积极选拔优秀青年和先进典型，树立卫生青年学习的榜样。五四期间，深入开展纪念建团 85 周年活动，开展了首届武汉卫生十杰青年评选活动，选树了董明娜、陈红辉等一批具有卫生青年特点、时代特征、感召力强、示范性强的优秀青年典型。积极推荐先进团组织和个人参加上级团组织的表彰，市妇儿中心外科团支部被评为湖北省五四红旗团支部、市东湖医院团委被评为五四红旗团委、市三医院妇儿团支部被评为市五四红旗团支部、邬俊、张鹏两名优秀个人被评为市优秀团干部和团员。通过先进典型影响和带动了广大青年，营造了崇尚先进、学习先进、争当先进的良好氛围，使团员青年学有榜样，做有表率。

【积极开展“青春建功”行动】

充分发挥团员青年生力军和突击队作用，局团委重点抓了两项工作。

1. 深化青年文明号创建活动。在全市卫生系统青年文明号创建十余年的基础上，积极探索新时期青年文明号的创建思路和管理机制，根据《武汉市卫生系统深化青年文明号创建活动实施意见》，完善了青年文明号管理规范，加强了青年文明号信息化建设。围绕武汉市“四城同创”、“构建和谐医患关系、创建平安医院”活动，组织团员青年开展富有特色的青年文明号活动，把优质医疗卫生服务送到人民群众身边，不断提升青年文明号的服务水平。全年新申报市级青年文明号21家（其中民营医疗机构首次主动要求参加创建活动）。

2. 深化青年志愿者行动。一年来，局团委围绕城市社区卫生服务和农村家园建设行动的中心工作，积极开展青年志愿者健康教育进社区、“卫生下乡”、未成年人健康教育暑期宣讲活动、为农民工送健康，为第六届全国城市运动会和中国第八届艺术节做好医疗服务等多种志愿服务活动。

三五期间，市卫生局团委组织了16家医疗单位的40余名青年医务人员在硚口体育广场开展了“和谐社会送健康，青春伴您一路行”卫生青年志愿者送健康服务主题活动，为社区居民提供义诊咨询、疾病预防、健康教育等医疗卫生志愿服务。当天共义诊群众800余人次，发放健康教育处方及宣传资料5 000余份，展出健康教育宣传板40多块，受到市民热烈欢迎和好评。

【参与举办武汉市第十五届职业技能大赛执业医师比赛活动】

2007年5－8月，市卫生局团委配合局工会、局医政处、局中医处在全局共同举办了武汉市第十五届职业技能大赛执业医师比赛活动，竭力服务卫生青年岗位成才。三个多月时间里，全局共有10 220名医疗专业技术人员参加了基层岗位练兵、技术培训和竞赛选拔等活动，经过基层321场次的选拔比赛，共有53个单位的398名优秀选手参加了西医、中医两个专业决赛。同时召开了比赛活动表彰会，对在活动中表现突出的先进单位和个人给予了奖励，并邀请评委针对比赛的知识要点和选手比赛的薄弱环节，进行了专题点评，查漏补缺，总结经验，强化规范。通过比赛，在全局广大医务人员中掀起了学技术、练本领、比奉献的热潮，为广大卫生青年业务技能的提升搭建了良好的平台，引导青年职工立足本职岗位学习新知识和新技能，不断提高卫生青年的业务技能和综合素质。

【加强团组织自身建设，提高团组织的凝聚力和战斗力】 切实加强基层团组织建设，2007年指导市中医院基层团委按期换届；较好地坚持了每月一次的团委会制度；及时增补局团委委员。加大了团组织在临床医疗卫生工作一线青年和青年管理干部中“双推”的工作力度。为进一步做好推优工作，4月15日至25日，局团委、局组织部和局党校联合举办了两期入党积极分子培训班，局系统108名积极分子参加了培训；全年局系统发展113名党员，其中35岁以下青年68名，达到60%，处于全市较高水平，认真完成了推选出席省第十二次团代会代表和各项组织工作。

团的信息化工作得到巩固。全年局团委共编发《卫生团讯》57期，上传武汉共青团网站信息74篇。由于网站更新迅速、内容丰富、能及时反映基层团组织活动情况和团员青年的心声，受到了全局青年的欢迎和好评，并积极向网站投稿。同时局团委实行了无纸化办公，除红头文件外，其他文件一律通过网上传递，要求各单位每天上网收看信息，有效提高了信息传播速度和工作效率。

（共青团武汉市卫生局委员会）

【围绕创建和谐社会的目标，加强离退休党支部建设】 2007年，市卫生局在上年举办了“局直属单位离退休党支部书记学习班”的基础上，继续加大党支部建设工作的力度，对全局各直属单位离退休党支部进行了摸底调查，并召开专题会议进行部署，要求各单位按照党章规定和中组部《关于进一步加强和改进离退休干部党支部工作的意见》的精神，本着“有利于管理、有利于组织、有利于发挥作用”的原则建立健全党支部，坚持党支部正常换届，注重配好班子，选好班长。市卫生局退休干部处还通过印发《市卫生局直属单位离退休党支部建设一览表》的形式，对党支部组织机构进行调查和督导，全局有老干部工作的23个直属单位全部建立健全了党支部（共设离退休党支部31个），2007年有4个单位的离退休党支部进行了改选。绝大多数的党支部体现了应有的凝聚力和战斗力，按照各级党委的要求，联系当前改革开放实际和社会热点问题，不拘形式，灵活积极地开展新时期离退休党员干部的思想政治工作和各种政治学习，开展丰富多彩的文体活动，适时地向本单位党委通报有关情况，为促进本单位离退休党员、干部思想稳定和引导广大离退休党员发挥先进性、为卫生事业的改革发展以及创建和谐社会贡献余热起到了积极作用。党支部建设工作得到市老干部局的充分肯定，2007年，市卫生局机关退休党支部被评为全省先进党支部，并将作为全市五个省级先进党支部代表之一参加“全省离退休先进党支部、先进个人表彰大会”（全省先进党支部共有50个），有两个离退休党支部获得了市卫生局党委授予的“先进党支部”光荣称号。

【认真落实老干部工作政策，确保政治生活待遇落实】 在政治待遇方面，主要是通过健全的组织生活、举办形势报告会、参加市老干部局组织的知识竞赛答题、学习先进人物事迹（将省卫生厅下发的关于在全省卫生系统开展向刘根钱同志学习的决定印发到各单位，要求组织学习）、为离退休干部征订报纸、特别是及时组织离退干部学习党的十七大会议精神等方式来抓紧落实。及时将党的十七大报告文件全部送到机关的离休干部和退休的局领导家中，同时及时召开离退休党支部委员会议，决定采取重点发言人的方式，组织、引导全体离退休干部开展学习讨论。为纪念中国人民解放军建军80周年，5月10日邀请武汉经济学院老院长季卜教授为局系统离退休干部作了一场题为“强化忧患意识，提升国防实力”的反映当前海峡两岸军事形势的报告，到会的离退休干部有150余人。

生活待遇方面，基本实现工作制度化。为确保离退休干部的福利待遇落实，在2006年拟定并下发《中共武汉市卫生局委员会关于调整离休干部有关津贴补助标准的通知》（武卫发〔2006〕6号），对全局系统180余名离休干部的公用经费的特需经费的使用标准作了重新规定的基础上，2007年，市卫生局离退休干部处就老同志生活待遇问题对局属单位的离退休干部工作人员进行了专题讲课，7月16日召开会议对此进行了检查，各单位均按政策规定及时落实了有关老干部的经费。

结合离退休干部的特点，各单位注重文化活动室的建设（目前有离退休干部专门文化活动室的单位达52%），又注重组织就近外出活动。如市卫生局机关80名离退休干部基本上是每季开展一次外出活动，1月组织参观武汉科技馆，4月组织到东湖看梅展，7月组织离休干部定点健康休养，10月组织到红石榴村游玩。两次组织退休干部听健康保健讲座。

按照上级老干部工作部门《关于开展“重阳节敬老活动周”活动的通知》精神和市卫生局党委下发的《关于做好重阳节系列庆祝活动工作的通知》精神，，继续利用一年一度的重阳节契机，开展多种寓教于乐的活动，市卫生局3 600余名离退休干部进一步感受到党组织的关怀。各单位均从弘扬中华民族尊老、敬老、爱老、助老的传统美德和构建和谐社会的高度，营造了一个全局性的尊老、爱老、敬老的良好氛围，开展的活动不仅丰富多彩，而且温馨感人，使老同志感慨不已，感动不已。如有的单位对职工进行“温情提示”和悬挂横幅标语，提示职工特别是在重阳节期间用合适的方式关心、问候、帮助自己的父母和身边的老人，用实际行动促进尊老爱老敬老的文明风尚；有的单位组织老同志参观社会主义新农村，感受改革开放的成果；有的组织老同志到曾经支援过的老区，重温峥嵘岁月；有的组织老同志参观、游览医疗卫生新场所和城市新建筑、景点，进一步激发其继续发挥余热汨盈眶的热情和生活热情。当很多单位的老同志看到党委行政领导亲自参加这些活动、看到本单位很多工作人员为自己的节日在辛苦而周密的服务、看到一些座轮椅的老战友也被单位领导请来相聚，感慨地说：我们要感谢各级领导，他们还没忘记我们呀！

市卫生局离退休干部处在此期间积极配合市老龄委等部门对“五老”（老红军、老领导、老劳模、老优秀党员、有突出贡献的老专家及老知名人士）进行送“慰问卡”和电话问候等工作；对局系统内近370人的局管离退休干部每人送上一份节日贺礼，同时对其中50余名80岁以上的老同志登门慰问。

据统计，全年局老干部处在春节、端午节、中秋节等期间，约对400余人次的局管离退休干部进行了慰问。

【重视离退休干部信访接待工作，促进社会和谐稳定】 依照国务院《信访工作条例》，与局信访办和各有关部门通力合作，市卫生局离退干部处2007年对每起信访工作都认真的办理，对反复来访的人员做到热情接待,按政策解答并做好思想疏导工作;对各类信函不推拖,不扣压,按分管权限及时回复,上报或批转送达,使每一信访件事事有着落,件件有回音,力求为老同志排忧解难,多办实事。近年,信访件呈大幅度下降趋势,2007 年共有来信来访4 件,占上年总数的 44%,重大事项信访件为 0,上级下转的信访件为 0。集体上访件为 0。

在信访工作中,对基层单位反映的还没有形成、但有可能出现的一些不稳定的因素的人和事,主动过问,加强预防,确保稳定。如,市普爱医院离休干部陈玉和因一些具有问题要到市老干部局和信访部门上访,市卫生局离退休干部处接到信息后,及时到他的病床前了解情况,与该单位领导一起做思想工作,化解了一些矛盾,使他比较满意。全局离退休干部队伍总体上稳定和谐。

【以文体活动为载体,丰富离退休干部精神文化生活】 2007 年,市卫生系统积极参加了市老干部局组织的一系列文体活动。

4 月参加了“全市老干部纪念建军 80 周年声乐比赛”,并获得了两个二等奖和单位组织奖;

6 月参加了“全市老干部工作人员激情杯乒乓球竞赛”,获得了女团、女单第三名和男团优胜奖。

9 月参加了“金秋重阳摄影展览比赛”活动,获得了金奖。

选派了 2 名退休干部参加市老干部活动中心举办的“柔力球”学习班,并在局系统内举办了多次“柔力球”推广活动,深受老同志喜爱。

【结合离退休干部兴趣及专业特长,引导其发挥余热】 按局党委、局领导的要求,为使老干部更加了解、关心和有机会投身于卫生改革,2007 年 6 月 6 日,市卫生局离退休干部处组织了机关 20 余名离退休领导干部先后到江岸区百步亭社区、后湖社区卫生服务中心和武汉市心理医院考察调研。在听取了以上单位领导的工作汇报和实地考察后,离退休干部们还积极认真地填写《参观学习社区卫生服务中心评议表》,提出了一些合理化的建议。

为了鼓励离退休干部继续发挥余热的热情,按要求向上级推荐了三篇发挥余热的先进典型材料,并积极与老年文汇报联系,宣传离退休干部在发挥技术专长和其他方面余热的先进典型。2007 年,两次配合武汉老卫生科技工作者协会开展老专家到农村为农民义务诊疗活动,第一次使黄陂区的 73 位农民受益,第二次活动选点在汉南区。

(市卫生局离退休干部处)

卫 生 行 政

【市卫生局医政处获荣誉称号】

2007 年,武汉市卫生局医政处被武汉市政府评为“武汉市机关作风建设十佳先进处室”、“2007 年度全市国内经济合作工作先进单位”。

【制定医疗机构设置规划】 在广泛征求各区意见和充分调研的基础上,2007 年初,市卫生局按照《医疗机构管理条例》、《医疗机构管理条例实施细则》等法规、规章的要求,结合武汉市医疗机构设置现状,制定了《2007 - 2009 年武汉市医疗机构设置规划》。各区卫生局在市卫生局《规划》的指导下,分别制定了各自的医疗机构设置规划。新规划的实施,对促进全市卫生事业持续发展,优化医疗资源配置,提高资源利用效率,完善公共卫生服务体系建设,增强医疗服务能力,不断满足人民群众日益增长的医疗服务需求具有重要的意义。

【社区卫生服务机构医师执业注册工作移交区卫生局】 为进一步加强医师队伍建设和管理,规范医师执业活动,根据《中华人民共和国执业医师法》、《医师执业注册暂行办法》等法律、法规和卫生部《关于印发城市社区卫生服务机构管理办法(试行)的通知》(卫妇社发〔2006〕39 号)、《武汉市卫生局关于社区卫生服务机构审批有关工作的通知》(武卫〔2006〕220 号)有关规定,市卫生局将社区卫生服务机构医师执业注册工作从 2007 年 7 月 1 日起移交到各区卫生局。

【加强对医疗技术临床应用和准入的管理】 2007 年 2 月和 3 月,市卫生局分别转发了《省卫生厅转发卫生部关于对“肢体延长术”实施严格管理的通知》(鄂卫发〔2007〕13 号)和《湖北省人体器官移植技术临床应用 2006 - 2010 年规划的通知》(鄂卫发〔2007〕12 号),对于规范和加强人体器官移植技术临床应用管理工作,保证医疗质量和安全具有重要意义。,要求开展“肢体延长术”的医疗机构,必须是三级综合医院或具备条件的骨科医院,具有卫生行政部门批准的“骨科”诊疗项目,且具备相应手术工程师资格的医疗机构方可开展。凡不符合此条件的医院机构立即停止该项技术。还转发了《卫生部关于印发〈人工耳蜗临床技术操作规范〉的通知》(卫医发〔2006〕473 号),使全市人工耳蜗临床技术有了新的操作规范。

【完成年度医疗机构审批、注册、检验等工作】 2007年度，市卫生局办理医疗机构登记注册39家，变更注册255家，门诊部以上医疗机构办理校验的有331家，批准停业申请的6家，经审查不合格退还窗口的有156家次，上报省卫生厅审批的有26家，注销8家。各区按照下放医疗机构的审批权限，进行了诊所、卫生所、医务室、护理站、社区卫生服务站、村卫生室的审批、变更、校验和注销，并报市卫生局备案，其中新设置审批诊所194家，医务室35家，村卫生室15家；办理医疗机构变更手续144家，校验换证327家，注销医疗机构24家。截止10月底，全市共有医疗机构（不含中医及中西医结合、社区卫生机构类）4 367家，其中综合医院153家，专科医院33家，门诊部207家，诊所1 653家，其余机构2 321家。

【完成年度医护人员准入和注册工作】 完成了全市2007年度1 134人医师资格证书的发放工作（不含中医）；2007年共完成医师首次注册1 101人，医师变更执业注册2 735人（其中区内变更1 509人，区内到区外变更700人，区外到区内变更526人）；办理护士首次注册1 239人次，再次注册6 196人，变更注册258人。截止2007年12月31日，全市执业注册的医师（不含中医及中西医结合类）共有19 078人，其中执业医师15 434人（公卫994人，口腔694人，临床13 746人），助理执业医师3 644人（公卫228人，口腔496人，临床2 920人）。2007年医师资格实践技能考试共报名5 782人，经初审不合格289人，合格5 493人。

【继续深入开展“医院管理年”活动】 1. 为搞好2007年的医院管理年活动工作，4月13日，市卫生局在武汉血液中心召开了全市医院管理年暨医政中医工作会议。会议对医院管理年活动工作进行了再动员，要求各区卫生局和各医院要切实加强对医院管理年活动的领导，采取有效措施，确保医院管理年活动各项目标的实现。下发了《市卫生局转发省卫生厅关于印发2007年湖北省医院管理年活动实施方案的通知》（武卫〔2007〕年63号），明确了2007年医院管理年活动的工作重点，为全市医院管理年活动的开展奠定了基础。

2. 6月18日－22日，组织相关专家分成管理组、临床组、护理组、院感组、医技组等，按照《武汉市二、三级综合医院医疗质量考核评分办法》的要求，对市卫生局直属医院、二甲以上企业职工医院等共19家医院进行了全面的半年医疗质量检查，促进了全市医院医疗质量的提高。

3. 积极开展临床重点专（学）科的评审，进一步发挥临床重点专（学）科在医院的内涵建设、医疗管理、医疗质量、医疗特色及科学研究等方面的带头作用。3月份，市卫生局开展了市级重点专（学）科考核和建设单位评审验收工作，经专家考核评分，市卫生局党委审核同意，确定了武汉市中西医结合医院肾内科等12个重点专（学）科建设单位为第二批市级重点专（学）科。9月份，经省临床重点专科评审委员会审定，武汉市儿童医院小儿神经科、小儿心血管科被评为省级临床重点专科（专科医院类）。10月份，市中心医院血液内科被评为湖北省临床重点专科。

【采取多项措施切实解决人民群众“看病难、看病贵”问题】 1. 继续按照《武汉市卫生局关于开展医疗救助工作的实施意见》（武卫〔2006〕56号）有关要求，在全市二级以上的非营利性医疗机构中建立救助病区，设立救助病床200张，作为缓解转诊的贫困群众看病贵和大病救助场所，实行“五免”、“六减”的优惠政策，2007年共减免金额102.6万元。

2. 继续在武昌区第二医院开展惠民医院试点，在市九医院设立惠民病区，为未参加医疗保险的低保人员、三无人员、残疾人员等困难群众提供医疗救助，2007年共为特困群众减免费用近400万元。

3. 在市中心医院开展日间手术试点并逐步推广，2007年底有97例病人接受治疗，医疗费用平均降低20%；继续开展药品直供试点，市普爱医院门诊人均药品费用降幅达17%，住院人均药品费用降幅达33%，受到了省市主要领导的高度肯定。

4. 在部分医疗机构开展医学检验、医学影像检查互认试点工作的基础上，根据工作的进展情况，及时总结经验、完善制度，扩大认可单位范围，调整认可项目，条件成熟时，逐步在全市医疗机构中推广临床检查“一单通”制度。

5. 继续按照《武汉市贫困群众医疗救助实施办法》进一步加大了对贫困群众实施医疗保障和救助的力度，将事后救助方式改为事前和事中救助方式，放宽了救助条件，扩大了大病救助病种，提高了救助标准。

【开展防盲治盲培训活动】 应省

政府蒋大国副省长的邀请,国际奥比斯眼科飞机医院于2007年3月10日抵达武汉天河机场,开始实施奥比斯—武汉眼科飞行医院防盲治盲培训项目。该次培训活动由省卫生厅主办,武汉爱尔眼科医院承办,奥比斯专家在飞机上和武汉爱尔眼科医院同时为省内眼科患者实施免费手术。同时,还安排了省内各地、市、州的眼科医生现场观摩手术、动物实验操作、学术交流讲座等培训活动。此次活动受到了广大市民和眼科患者的热烈欢迎,省市各大媒体纷纷对奥比斯眼科防盲治盲培训活动进行了全方位的跟踪报道。

【加强护理工作建设,促进护理服务水平提高】 1. 为认真贯彻落实《湖北省医院管理实施细则》,提高临床护理水平,规范医院护理管理,做好迎接省、市卫生厅(局)医院评审检查考核工作的准备,市卫生局委托中华医学会武汉分会分别于2007年4月11日、4月12日在市中心医院、空军457医院举办了二期全市医院护理质量管理培训班,邀请同济医院、协和医院、中南医院等医院有关护理专家,对护理质量与安全管理、目标管理与绩效考核、护理病例书写规范等进行了培训。通过培训,进一步规范了医院护理服务行为,提高了护理队伍的质量管理能力和服务水平。来自各区卫生局护理工作负责人,各医疗单位护理部主任,护士长及护理骨干共691人参加了培训。

2. 为纪念"5.12"国际护士节,弘扬南丁格尔无私奉献的精神,向全社会展示新世纪护理工作者的风采,推动护理事业的发展,4月底,开展了2007年度全市优秀护士评选工作,共评选出来自全市60个医疗单位共110名在平凡的护理工作岗位作出突出成绩的优秀护理工作者。5月11日,武汉市卫生系统在汉口空军四五七医院礼堂举行了庆祝"5.12"国际护士节文艺汇演暨优秀护士表彰大会。全省卫生系统庆祝"5.12"国际护士节"护士之歌"文艺演出中,市卫生局获得了省卫生厅颁发的"优秀组织奖"。

3. 为贯彻落实卫生部办公厅《关于在全国卫生系统开展护士岗位技能训练和竞赛活动的通知》和省卫生厅《关于在全省卫生系统开展护士岗位技能竞赛活动的通知》精神,2007年8－9月份,市卫生局积极组织全市有关医院护士参加全省三级医院护士岗位技能竞赛活动,取得了优异成绩,其中代表武汉市参赛的武钢总医院获得团体总成绩二等奖,市中西医结合医院、市中心医院、市六医院、武钢二医院获得团体总成绩三等奖,武钢总医院获得操作技能团体第五名,市中西医结合医院等三家医院的赵筱雯等四名护士授予"护理操作技术能手"称号,市中心医院等十三家医院的张晴等19名护士获得"护理操作优秀选手"奖。10月12日—13日,市卫生局在市中西医结合医院举行了全市有关医院护士岗位技能竞赛活动,共有市属各二级医院、各区中心医院、中医院及有关二级企业职工医院等26家综合医院及专科医院的52名选手参加了本次比赛。通过这次护士岗位技能训练和竞赛活动,在各医院掀起了护理岗位练兵的热潮,使全市各级医疗机构和广大护士进一步重视和加强基本功训练,努力掌握和运用护理基本理论、基本知识、基本技能,进一步提高护士队伍技术水平,提升护士的人文素质、改善护理服务质量,努力营造和谐融洽的医患关系。

【市卫生局荣获春节燃放烟花爆竹安全医疗保障先进集体】 2007年是武汉市燃放烟花爆竹"禁改限"第一年。为贯彻落实《武汉市燃放烟花爆竹安全管理规定》,加强对烟花爆竹燃放安全管理,保障国家、集体财产和人民群众生命财产安全,按照市委、市政府《贯彻实施〈武汉市燃放烟花爆竹安全管理规定〉工作方案》要求,市卫生局成立了武汉市燃放烟花爆竹医疗救治工作领导小组,召开了工作会议、制订了工作预案,建立救援机制、落实责任追究,组织各单位进行了集中宣传。春节期间,按照市政府"禁改限"工作的要求,市卫生局加强了局机关的值班力量,保障了医疗救治工作的顺利开展。据统计,春节期间卫生系统共备勤医护人员5 000人次,出动急救车50台次,各医疗机构共接诊一般性烟花爆竹致伤人员233人,无一例因救治不及时导致伤情失控,确保了限放期内全市无烟花爆竹致重伤、死亡人员事件的发生,实现了"不发生重大火灾、不发生群死群伤事故、不发生烟花爆竹重大安全责任事故"的工作目标,圆满完成全市燃放烟花爆竹医疗救治工作,被武汉市政府评为"2007年春节燃放烟花爆竹安全管理工作先进集体",受到了市政府的表彰。

【完成45项重大医疗保障工作】

2007年,市卫生局较好地完成市人大、政协两会、女足世界杯、第三届世界植物园大会、蛇山透绿工程拆迁爆破、国际赛马节和"六城会"有关赛事等45项重大医疗保障工作,以及各项突发事故救援68次。为切实做好第六届全国城市运动会、和女子足球世界杯赛(以下简称"会"、"赛")的医疗卫生保障工作,市卫生局成立了丁顺清副局长为组长,市卫生局医政处、中医处、市急救中心及各有关区卫生局相关负责人为成员的医疗救护工作领导小组,制定了“会”、“赛”的医疗保障总体方案和各项活动的应急预案。“会”、“赛”期间,参加保障的医务人员深入各比赛场馆和驻地宾馆,共出动医护人员6 000人次,救护车辆700台次,各医疗机构共接诊伤病员72人,完成应急救援32次。

【加强规范管理,提高综合救助应急能力】 2007年,切实加强了“110”社会联动工作的规范管理,建立健全各项规章制度,提高了综合救助应急能力。全年,各医疗机构在110社会联动工作中共出动救护车8 687台次(比上年增长27%),收治110求助的伤病员2 960人次,其中:门诊病人2 510人次,住院病人450人次。110联动全年欠费499万元。2007年市卫生局被武汉市政府评为“武汉市110报警服务社会联动工作先进集体”。全年完成急救出车39 658人次,同比去年增长25.7%。完成各类重大社会活动保障和突发事故救援204次,充分发挥政府职能,展示了院前急救的快速反应、救治有效的实战能力,受到社会各界的肯定。

【征兵体检心理检测项目全面开展】 为贯彻落实国务院、中央军委2007年冬季征兵命令和全国、广州军区征兵工作电视电话会议精神,针对征兵心理检测2007年全面铺开的新情况,市体检组及时选派专家,在组织培训的基础上,对各区站的心理检测工作进行指导。同时根据市国动委“十一五”国防动员建设任务,制订《武汉市医疗卫生动员“十一五”规划》,依据“十一五”期间军区国民经济动员需求计划,制订《武汉市血液征用预案》和《武汉市卫勤保障分队动员预案》。组织参加“江城-07”防空袭作战演习,并被评为“武汉‘江城-07’演习先进单位。开展武汉市医疗卫生动员潜力调查等。

【开展创建“平安医院”活动】

近年来,随着人民法制观念和维权意识的增强,医疗纠纷有逐年增多的趋势,在一些地方甚至出现了职业“医闹”,严重地扰乱了医院正常的医疗秩序。5月16日,市卫生局召开工作会议,决定在全市启动为期一年的“构建和谐医患关系,创建平安医院”活动,省卫生厅黄利鸣副厅长、市卫生局张建华书记和市公安局有关领导出席了本次工作会议,会议针对武汉市目前医患冲突呈上长趋势的情况,要求各医院要建立和完善医患沟通机制和投诉处理机制,及时化解矛盾,同时,市卫生局下发了2005-2006年度医疗纠纷和医闹情况调查统计表,对全市医疗纠纷和医闹情况进行了调查统计和分析。5月27日,市卫生局制定了《市卫生局关于进一步加强医疗安全的通知》(武卫办〔2007〕51号),要求各区卫生局和有关医疗卫生单位要从提高认识,加强领导、加强管理,预防为主、健全预案,妥善处理、加强监督,依法处理、部门协作,长效管理等方面依法妥善解决医患纠纷,建立和谐医患关系,创建平安医院。

【坚持依法处理医疗纠纷】 2007年,市卫生局坚持依照《医疗事故处理条例》,规范医疗事故处理和鉴定程序,维护医患双方的合法权益来调解医疗纠纷。截止10月30日共接待医疗纠纷投诉、咨询305件次,按规定向医学会移交医疗事故鉴定申请11起,其中,初次鉴定申请10起,再次鉴定申请1起,发放鉴定书2件。调查处理并书面回复市长专线督办件11件,回复信访6件。

【加强医疗机构药品监管,保障群众用药安全】 1. 广东佰易药品不良反应事件发生后,市卫生局迅速作出反应。2007年1月19日,召集市中西医结合医院等二十多家医疗机构分管院长传达了《省卫生厅关于暂停销售使用广东佰易药业有限公司生产的静注人免疫球蛋白的通知》的密码电报精神。要求各医疗机构根据电报精神要求,暂停使用广东佰易药业有限公司生产的静注人免疫球蛋白,并做好产品的清查和对已使用患者的相关信息统计、观察工作,及时掌握已购进和已使用产品的情况,尚未使用的要立即按规定封存;要准确掌握已使用该产品的情况,做好临床观察和随访记录,一经发现异常情况要立按机要途径上报市卫生局,并及时做好医疗救治工作。

2. 为了认真贯彻落实卫生部新的《处方管理办法》有关规定,2007年5月,市卫生局出台了《市卫生局关于贯彻落实〈处方管理办法〉的通知》(武卫〔2007〕90号),要求各区卫生局、有关医疗卫生单位从提高认识,加强领导、认真学习,加强培训、严格管理、狠抓落实、加强督导,促进整改等几个方面加强对处方的管理。为了使市区卫生行政部门管理人员和各医疗机构广大医务人员进一步掌握和熟悉新办法的有关内容和精神,2007年5月17日,市卫生局委托中华医学会武汉分会,邀请有关专家在协力宾馆举办了为期1天的全市医疗机构

《处方管理办法》培训班。来自各区卫生局医务科长、全市二级以上医疗机构医务处主任、药剂科主任、有关民营医疗机构负责人共300余人参加了培训。

3.4月20日,市药品食品监督管理局、市卫生局、市公安局联合下发了《关于加强麻醉药品和精神药品流通和使用监管工作的实施意见》(武食药监文〔2007〕36号),对规范全市麻醉药品和精神药品市场流通秩序,加强药品质量的监管,防止流入非法渠道,保障麻醉药品和精神药品的合法、安全、合理使用具有重要意义。

4. 为了认真贯彻执行国务院及省卫生厅关于做好麻醉药品和精神药品使用与管理工作的有关规定,6月底,市卫生局委托市医学会举办了3期"全市麻醉药品和精神药品使用与规范化管理培训班",对全市各级各类医院未经过"麻醉药品和精神药品使用与规范化管理培训班"培训的临床医师和中医师,医疗机构内使用、管理、调剂、保管麻醉药品及精神药品的药师、护士长,医务科主任、门诊部主任共600余人进行了培训。通过培训,使相关人员进一步熟悉了麻醉药品和精神药品使用与规范化管理相关法律、法规,了解了麻醉药品和精神药品临床应用指导原则,掌握了癌痛、急性疼痛和重度慢性疼痛的规范化治疗方法,提高了麻醉药品和第一类精神药品不良反应的防治水平。

【大力开展无偿献血工作,加强质量管理】 1. 市血液中心积极开展无偿献血宣传工作,精心策划开展了"元旦捐血"、"春节捐血"、"情人节捐血"、"元宵节捐血"、"学雷锋日捐血"、"5·1黄金周捐血"、"10·1黄金周捐血"等节日主题的一系列献血活动,在报纸、杂志、电台、电视等媒体上刊发新闻稿件405篇次,取得了良好效果。2007年6月14日是第四个无偿献血者日,市血液中心与武汉晚报联合举办了以"因爱结缘"为主题的无偿献血者姻缘会。此次活动受到了媒体的广泛报道,赢得了献血者的一致好评,并作为中国无偿献血者日活动的唯一代表入选世界无偿献血者日官方网站。

2. 2007年,武汉市累计献血12.4万人次,同比增长约6%;献血量达18.4万单位,同比增长9%。其中团体招募0.8万人次,献血量0.8万单位;街头无偿献血11万单位,献血量16.4万单位。无偿献血占临床用血的比例达100%,自愿无偿献血比例100%。采集血液成分6 000人次,同比增长约7%,采集血液成分总量0.8万人份,同比增长约20%。临床供血保障有力,春夏"淡季"平稳渡过。全年供应各类血液产品总量达37.3万单位,同比增长16%。其中,供应红细胞类产品18.5单位,同比增长18%;血液成分使用率达99.6%。

3. 为了增进青少年对血液知识的了解,树立无偿献血理念,培育未来的献血者,市血液中心成立了武汉血液科普馆,设立了血液知识、物品展示、互动实验、模拟献血间、多媒体等多个展示区,形式多样的展示形式和丰富多彩的展版让前来参观的青少年对血液知识有了更直观的了解,提高了他们对无偿献血的认识。

4. 加强质量管理,保障血液安全。2007年以来,市血液中心继续贯彻执行ISO9000标准,不断加大质量检测和质量管理力度。9月份,卫生部质量管理督导组专家一行9人按照"一个办法、两个规范"的要求对市血液中心质量管理体系建设、实验室质量管理、人员培训等重点内容进行了检查,其中《血站质量管理规范》符合率94.5%,《血站实验室质量管理规范》符合率93.4%,得到了检查组有关专家的高度肯定。

【急救网络建设得到进一步完善】

按照"十一五"规划发展目标,市急救中心进一步推行结构性调整盘活急救资源,继续实行医疗机构有偿占用政府公共卫生资源共建急救站点,新建了中南路、白玉山、武汉经济开发区、市中医院4个急救站点,使全市急救站点达到20个,进一步缩短了急救半径,提高应急反应能力。同时,以新洲区为试点,进一步启运和加强六个远城区的急救网络开发与建设,完善建立远城区急救信息联网工作,形成有效的社区网、医院网、农村网。

【市急救中心重点学科建设取得新进展】 2007年3月,市急救中心院前急救通过了省部属医学专家评审组全面考核评审,确定为武汉市第二批市级重点专(学)科。为进一步加强重点学科建设,加快与国际接轨,3月20日,市急救中心与武汉大学中南医院合作建立了中南急救站,双方利用各自优势,多层面开展交流合作。目前运行情况良好。4月28日,由市急救中心完成的《中国武汉120数字化信息指挥系统在急救医疗中的应用研究》科研课题,通过了市科技局的科研课题鉴定。该课题被认为达到国内领先水平。

【院前急救水平进一步提升】 市急救中心以深入开展医院管理年活

动为契机，通过加强指挥调度管理、急救站点管理、服务质量管理、人员准入管理等，院前急救综合水平等到了进一步提升。2 月 24 兴山县出现一名患有格林巴利综合症的危重患者，市急救中心立即拟定多种救治方案，派出 2 个救援小组，迅速启动全市急救网络和省内急救网络，使中南医院和宜昌市急救中心及时加入到救援体系，成功地完成了该患者的急救转送工作，使该患者得到了及时有效的治疗。在“8 · 25”东西湖特大交通事故救援中，市急救中心快速反应，及时启动预案，共有 6 个急救站点、9 个急救单元、35 名急救人员参与救援，共救治转送伤亡人员 45 人，得到市、局领导的高度肯定。

【急救中心与国际 SOS 签订合作协议】 2007 年 4 月 24 日，举行签约仪式，仪式由市卫生局张建华书记主持，省卫生厅黄利鸣副厅长，市人民政府刘顺妮副市长，法国驻武汉总领事费勇先生，国际 SOS 领导高层，以及武汉地区各医疗机构代表和新闻媒体百余人出席了签约仪式。该合作协议的签订，将促进双方在今后的医疗救援中展开更为广泛的信息，资源，设备和人员的多方位交流与合作。这也是国际 SOS 与中国院前急救体系签订的首个合作协议，对我市公共医疗卫生应急体系的建设与发展具有重要的意义，将大大提高湖北乃至中南地区的医疗救援实力，为外向型经济的发展提供更加强大的保障能力。

【武汉城市圈 120 急救一体化工作启动】 2007 年 12 月 28 日，“‘1 + 8’武汉城市圈急救网络建设暨武汉、孝感院前急救协作启动仪式”在孝感市举行，武汉市急救中心和孝感市紧急医疗救援中心在启动仪式上签署了院前急救保障服务一体化战略合作协议，这是武汉城市圈被国务院批准为“两型社会”综合配套改革试验区以来，院前急救率先在全省卫生行业中就建立公共资源共享，完善区域公共服务功能的有益探索。此次率先与孝感实行院前急救保障服务一体化试点之后，将继续发挥武汉龙头作用和资源优势，逐步与周边七个城市院前急救行业开展多方位合作，共同推进全省院前急救事业快速发展。

【建立医疗服务信息公示制度】

按照《省卫生厅关于做好医疗服务信息公示工作的通知》（鄂卫函〔2005〕268 号）和《武汉市卫生局关于推行医疗服务信息公示制度的通知》（武卫〔2005〕129 号）等文件要求，市卫生局公众信息网上公布了武汉市 2006 年 1 – 12 月份和 2007 年 1 – 6 月份市属及三级企业职工医院 10 个单病种信息及医疗服务综合信息。

【继续开展千名医师下基层活动】

根据卫生部七部委办《关于城市卫生支援农村卫生工作的意见》及《湖北省城市卫生支援农村卫生工作的实施意见》精神，按照市委统一部署，市卫生局继续组织实施全市千名医生下基层活动。建立对口支援和巡回医疗制度，使卫生下乡工作经常化、制度化。上半年，组织市二、三、四医院专家到麻城、红安等地开展对口卫生帮扶工作，圆满完成了首期支援任务，受到了卫生部督查组和省卫生厅的表彰。

（市卫生局医政处）

【武汉市卫生局荣获卫生部授予全国卫生监督先进集体荣誉称号】

2007 年，市卫生局根据全市卫生监督工作的总体目标，认真贯彻落实胡锦涛总书记关于“提高公共卫生监督能力，切实履行卫生监督执法职能，依法严厉打击各种危害人民群众身体健康和生命安全的违法行为”的指示精神，围绕全社会和人民群众关心的热点问题，深入开展医疗卫生服务监督和公共卫生领域卫生监督工作，规范卫生秩序，有力打击和遏制卫生领域的违法行为；同时不断规范卫生行政执法行为，严格执法与热情服务并重，切实提高卫生监督执法的能力和水平，努力开拓卫生监督工作的新局面，取得了明显成绩，市卫生局获卫生部授予“全国卫生监督先进集体”荣称。

全市 2007 年有各类医疗卫生机构 3 912 家，卫生部门对全市有证医疗机构（含社区卫生服务中心、站）的监督覆盖率达 100%；全市现有发证食品生产经营单位 30 963 户，卫生部门共监督检查 30 956 户，食品卫生监督覆盖率达 99.98%，监督合格率达 88.11%；继续在餐饮、集体和学校食堂等领域全面推行食品卫生监督量化分级管理制度，迄今共完成 5 815 家单位的量化分级评审，其中集体食堂、大中型餐饮单位已全部完成；组织开展冷冻饮品、餐具消毒等样品的抽样监测，发布抽检公告 5 期；积极推进职业卫生哨点监测工作；受理群众投诉举报 215 件，投诉举报的处理、回复率达 100%；印发医疗、食品卫生监督简讯共 24 期。

【整顿医疗市场，严打无证行医】

打击非法行医、规范医疗市场是 2007 年全市卫生监督工作的重点之一。为将全市医疗市场专项整治工作不断推向深入，我们在对前期医疗市场整治工作进行总结的基础上，先后制发了《市卫生局关于印发2007年全市医疗市场监管工作方案的通知》（武卫〔2007〕25号）、《市卫生局关于转发湖北省打击非法行医专项行动方案等五个方案的通知》（武卫〔2007〕92号）等文件，要求市、区卫生监督机构结合医疗市场监管工作的新特点，严厉打击无证非法行医，保障患者就医安全。

1月，全国打击非法行医专项行动督查组对武汉市医疗市场整治工作进行了督查。督查组在对工作成果予以充分肯定的同时，也指出了存在的打击非法行医工作发展不平衡、违法医疗广告较多等问题。针对这些问题，采取了一系列有针对性的措施进行综合整治。市、区卫生部门按照湖北省打击非法行医专项行动方案的要求，对非法行医继续保持高压打击态势。全市在打击无证非法行医、强化医疗市场整治工作中，共出动卫生监督员8 508人次，执法车辆1 857台次，监督检查各类医疗卫生机构6 963户次，取缔无证非法行医1 765户次，没收药品、医疗器械780余件（箱），折合人民币约37.8万元，罚款67.3万元。10月份，卫生部对无证行医情况进行了暗访，仅发现2家无证诊所。主要工作措施：

1. 继续开展公示，引导群众就医。根据《市人民政府办公厅关于建立打击非法行医长效监管工作机制的通知》（武政办〔2006〕133号）要求，在去年建立医疗市场监管公示制度的基础上，继续将打击非法行医、整顿和规范医疗市场秩序的工作情况予以公示。4月16日，在《长江日报》上对2007年监督执法中打击和取缔的又一批514家无证非法行医机构予以曝光，同时上传至市卫生局公众信息网，以引导患者安全合理就医。

2. 针对重点区域，进行大力整治。随着汉正街地区无证行医的持续高压整治，大多数无证行医诊所关门停业的同时，一部分无证诊所随服装加工厂由汉正街迁至长丰街长丰村等地，呈现向城乡结合部流动的态势。针对这一新的特点，硚口区卫生、公安、城管以及长丰街办事处等部门联合执法，对长丰街长丰村等地的无证行医进行了拉网式的巡查打击，效果良好。武昌区结合辖区医疗市场的新形势，以街道为整治责任区域，在日常监管的基础上，每周组织一次集中执法活动。为强化新闻媒体对医疗市场整治工作的舆论监督，该区继续邀请新闻媒体参与执法行动。该区对大东门老车站旁、黄鹤楼街五库村社区等无证行医“钉子户”进行监督执法，湖北电视台《经视直播》都进行了现场报道。针对后湖乡无证行医有所抬头的现象，江岸区卫生、药监、公安等部门成立联合执法队，对该地的无证行医进行了不间断的整治，并对该地区实施暴力抗法的无证诊所业主刘泽明及时移交公安机关，给予刘泽明行政拘留五日的治安处罚。该地非法行医突出的现象得到了有效遏制。

3. 探索刑事手段，提高整治效果。5月26日，《长江日报》等媒体对硚口区运用刑事手段打击非法行医工作成果进行了报道。该区2006年底向司法机关移送的两起非法行医案件已经审结，两名犯罪嫌疑人分别被以非法行医罪判处拘役四个月，并处罚金1万元。这两起案件是全市首批探索使用刑事手段打击“屡打不死”无证非法行医者的案件，案件的顺利审结标志着运用刑事手段打击非法行医工作取得阶段性成果。5月底，该区公安、检察、法院、卫生等部门召开了运用刑事手段打击非法行医工作会。会议总结了该区运用刑事手段打击非法行医相关工作经验。各部门表示将继续就刑事手段打击非法行医工作开展紧密合作，推动打击非法行医工作的深入开展。

4. 整治医疗广告，净化服务市场。为贯彻实施新的《医疗广告管理办法》，规范医疗机构执业行为，市卫生局根据《湖北省卫生厅关于开展医疗广告专项整治工作的通知》（鄂卫函〔2007〕47号）精神，在全市范围内组织开展了医疗广告监督检查，配合工商部门开展了医疗广告的专项整治，对100余家未取得《医疗广告审查证明》发布广告的医疗机构作出了责令改正、给予警告的行政处罚。9月中旬，市工商、卫生局联合召开主要新闻媒体负责人专题会议，责令有关单位立即停止发布违法医疗广告，对继续顶风而上的一律依法从重予以处罚；两部门还联合发布了违法医疗广告公告，对各有关医疗机构发布广告名称、发布媒体以及涉嫌违法问题进行了详细的列举和公示。在强化医疗广告监管的措施方面，实行医疗广告与企业信用、信誉挂钩的监管机制。卫生行政部门将医疗机构发布违法医疗广告列入不良执业行为予以记分，并按照《湖北省医疗机构执业校验管理暂行办法》严格管理。

【严格卫生监管，净化餐饮市场】

市卫生局按照《市人民政府办公厅关于转发2007年加强食品安全源头治理和市场监管工作方案的通知》（武政办〔2007〕33号）和《关于落实2007年加强食品安全源头治理和市场监管工作方案的实施办

法》(武食安办〔2007〕12 号),以餐饮业、集体食堂和学校食堂卫生监管为重点,不断加大卫生监督执法力度,有效提升了全市餐饮业的整体卫生管理水平。在全市卫生监督机构的共同努力下,消费环节食品卫生安全明显好转,2007 年共收到食物中毒事件报告 9 起,中毒 106 人,无人员死亡病例;全市未发生重大食品安全事件;食物中毒事件的发生处于近三年来的最低点。

1. 组织食品原料索证制度专项治理。将食品安全日常监管和市政府“十件实事”的办理相结合,组织大、中型餐饮单位以及集体食堂等开展自查自纠,向餐饮经营单位、集体食堂提供技术指导,强化监督检查。要求各单位建立健全食品原料采购管理制度,确定专门人员负责采购,建立食品原料采购台账制度;鼓励食品单位与合法的生产销售者签订供应协议,建立定向供货关系。

2. 开展餐饮具清洗消毒等食品安全监测。全市将监督检查和抽样检测相结合,2007 年的抽检工作以学生食品、食用农产品、节令食品、餐具消毒效果为重点,将消费领域的卫生监督和监测工作有机结合。由市卫生局组织的食品及餐饮具抽检总量为 2 800 批次。共抽检 1 246 件餐饮具,合格 1 159 件,合格率为 93%;抽检 310 件洗涤剂,合格 296 件,合格率为 95.5%;此外,猪肉“瘦肉精”、食用菌、月饼、食用油的抽检合格率为 100%;豆制品抽检合格率最低,为 54.5%。对此,全市部署开展“放心豆制品工程”工作。

3. 做好重大活动及节假日食品卫生保障。在做好重大活动和传统节假日卫生保障工作的同时,2007 年突出加强了对“农家乐”的监督检查。结合乡村休闲山庄、度假村的食品安全监管活动,开展了以“保障食品卫生安全,建设社会主义新农村”为主题的系列宣传活动,帮助“农家乐”经营者规范管理,完善卫生设施,取得了较好的社会效果。为做好女足世界杯、六城会、八艺节等一系列重大活动的卫生保障工作,市卫生局先后成立了食品卫生保障工作领导小组,制发了相应的食品卫生保障工作方案,对所有接待酒店(宾馆)的食品卫生保障进行了详细的安排和部署。全市共出动卫生监督员 2 980 余人次,执法车辆 420 余台次,按照“谁发证,谁管理”的原则,对所有接待酒店进行严格的卫生监督,做到责任到人、一人一点。

4. 加大学校及其周边的食品安全监管力度。一是春(秋)季开学前后,组织对全市大、中、小学校食品安全进行专项整治;二是 4 月份协调教育部门,对全市 13 个区的 60 余所中小学校开展了联合检查;三是针对年初调查摸排出的 277 所学校周边存在的突出问题进行集中整治,取缔学校周边 160 余户无证食品流动摊贩(点)。通过一系列的整治活动,全市学校及其周边的食品安全环境得到了较大的改善。根据市综治办的统一部署,在前期整治取得阶段性成果的基础上,开展年底学校及其周边食品卫生的再一轮巡查和整治工作。

5. 继续推进食品卫生监督量化分级管理。依据卫生部《食品卫生监督量化分级管理指南》等文件,继续推进食品卫生监督量化分级管理制度。2007 年,全市卫生部门共对 4 867 家餐饮单位、948 家学校食堂进行了量化评分,其中评为 A 级的单位 172 家,B 级 1 738 家,C 级 2 711 家,D 级 1 194 家。对不同级别的企业,严格按规定的监督频次开展检查,帮助企业建立和完善自我约束机制,进行科学的监督管理。

6. 规范行业标准,试点公示制度。在 2006 年迎接食品放心工程考核成功经验的基础上,2007 年在建筑工地食堂和餐饮业推出了新的监管思路,起草了《武汉市建筑工地食堂基本卫生要求(试行)》,并以市食品安全委员会的名义下发。武汉市是卫生部开展餐饮单位卫生监督情况公示制度的试点城市之一,江汉区作为全市卫生监督公示制度的试点地区,启动仪式已于 8 月 28 日举行。在江汉区试点经验的基础上,逐步把这一先进的管理模式进行推广。

7. 举办全国餐饮消费安全工作现场会。2007 年 10 月中旬,卫生部在武汉市召开了全国餐饮消费安全专项整治工作现场会。卫生部以及各省、自治区、直辖市卫生厅(局)领导约 120 人参会。与会代表对武汉市餐饮消费安全专项整治工作进行了专项检查,检查单位既有太子花园酒店、湖锦酒楼等餐饮名店,也有武汉市外国语学校食堂、育才一小食堂等学校食堂以及江花项目部、上海名华建筑公司工地食堂,还有近年来兴起的农家乐餐饮。迎检餐饮单位合理的卫生布局、完善的原料索证制度、健全的卫生管理制度、齐全的软硬件设施以及良好的整体卫生状况,得到了与会代表的充分肯定。各区实行的餐饮单位“一户一档”以及印制的《食品安全专项整治告消费领域食品经营户书》、《餐饮企业、单位食堂食品安全承诺书》、《餐饮企业、单位食堂原料进货验收台账》等资料受到代表们的一致好评。

【加强职业卫生监管,保障劳动者

健康】 为切实贯彻《职业病防治法》等法律法规，加强职业卫生监督执法工作，2007年市卫生局在预防和控制职业病、保障劳动者身体健康方面做了大量工作。省卫生厅于8月份对武汉市整治非法用工及重点职业卫生工作进行了督查督导，对工作所取得的成绩给予了充分肯定。

1. 加强宣传培训，增强服务观念。在2007年职业卫生宣传工作中，重点放在"给农民工普法、为农民工服务"方面，进一步提高宣传工作的针对性。3－4月，组织市卫生监督所在农民工集中的汉口火车站，开展了两次维护农民工健康权益宣传咨询活动，现场发放了相关宣传资料5 000余份，并仔细解答了农民工所关心的职业卫生问题。4月底，以"劳动者健康与企业社会责任"为主题，联合市安监局、市职业病防治院在蔡甸、黄陂、江夏等远城区开展了为采石工人免费体检、送法上门活动。根据采石行业的特点，组织专家向采石工人讲授了相关防护知识并提供了现场咨询服务，受到了农民工的普遍欢迎。省卫生厅关于用人单位职业健康监护管理档案及职工个人职业健康监护档案（试行）统一格式文本下发以后，市卫生局委托市卫生监督所对市直管单位开展了职业健康监护档案管理的培训工作，组织其认真学习，按要求做好职业卫生档案工作。培训使用人单位普遍认识到建立和健全职业健康监护档案的重要性，对进一步加强全市职业病防治工作、维护劳动者健康具有积极的推动作用。

2. 市区联合行动，强化监督检查。根据国务院、省、市政府关于整治非法用工打击违法犯罪专项行动的统一部署，7－8月，市、区卫生部门参与了小砖窑、小作坊等"四小"专项整治行动，对用工活动中劳动者的职业健康检查、监护情况进行监督。针对互联网上报道的武汉黑心棉作业环境恶劣事件，在及时组织市、区卫生监督机构进行调查的基础上，市卫生局严格依照《职业病防治法》的规定，对未组织从事接触职业病危害因素的劳动者进行职业健康检查的用人单位作出了行政处罚。为认真做好全市职业健康监护工作，制发了《市卫生局关于加强职业健康监护工作的通知》（武卫〔2007〕139号），要求各区各单位组织开展职业健康检查专项监管行动。截至8月底，市、区卫生监督机构共出动卫生监督员845人次，执法车辆320余台次，共监督检查"四小"企业330余家，涉及工人总数1 130余人（其中从事有害作业人数890余人），对检查中发现的72家单位在职业健康监护和建立监护档案等方面存在的问题，卫生监督员均当场下达了卫生监督意见书，责令限期整改并加强巡查。

3. 根据统一部署，开展哨点监测。为提高职业卫生监管工作水平，全面推进全市职业卫生工作的开展，根据省卫生厅统一部署，2007年，市卫生局积极探索职业病防治管理的新模式，在东西湖区设立监测哨点，区卫生局成立了职业卫生监测哨点工作领导小组，向从事生产、经营和使用苯系物的企业下发专题文件，将职业卫生监测哨点的具体工作分配到区卫生监督所限期完成。哨点工作是"以点带面"，全面推动职业卫生工作的重要手段。2006年底到2007年初，对东西湖区从事苯系物经营销售、生产使用的相关企业进行了详细的摸底调查，筛选确定了10家企业作为哨点单位。在开展大量宣传工作的基础上，组织这些单位填写职业卫生基本情况调查表。该区已开展了企业苯系物作业场所监测和接触职业病危害作业员工的职业健康检查。

4. 加强监督执法，探索源头控制。2007年，继续加大职业卫生监督执法力度，对违反《职业病防治法》等相关法律法规的行为进行严肃查处。2007年，全市已对32家违法的用人单位进行了警告或罚款的行政处罚。根据《卫生部关于实施建设项目职业病危害分类管理办法有关问题的通知》精神，对10家职业卫生单位开展了建设项目职业病危害预评价的监督检查工作，其中8家已完成了职业病危害的预评价工作。此项工作的开展，有利于从源头上控制企业职业病的发生，保护劳动者和企业的合法权益。

【强化公共场所卫生监督，保障群众身体健康】 根据《公共场所卫生管理条例》2007年全市统一部署，对公共场所的卫生监督工作进行了统筹安排，有计划、有步骤地组织开展了游泳场馆、化妆品以及"四小"整治等卫生监督检查活动。

1. 开展游泳场馆卫生监督检查。为加强对全市游泳场所的卫生监管，防止介水传染病的传播，市、区卫生监督部门对管辖范围内的游泳场所进行了专项监督检查。重点检查了各游泳场馆的卫生许可、卫生管理组织机构及制度、消毒、卫生设施设备运转、水质的定期检测、禁忌者控制措施的落实、从业人员的健康检查和卫生培训等。对少数场馆浸脚池不符合卫生要求，部分单位采用人工投放消毒方式等问题，立即整改，并进行了现场指导和跟踪检查验收。组织对56家游泳场馆水质进行了抽样检测，并将结果在媒体上予以公告。

2. 开展化妆品专项监督检查。根据全省统一部署，对全市化妆品批发市场（专卖店）经营化妆品的情况进行了监督检查。检查了208家美容美发店、174家化妆品批发（零售）市场、27家化妆品专卖店共409家单位经营和销售使用的2 095种化妆品。检查中发现的问题主要有：未建立化妆品索证制度，使用超期化妆品，少数单位使用的进口化妆品无中文标识或者无有效卫生许可批号或备案号。针对这些问题，下达了卫生监督意见书责令限期整改，并对其中12家单位进行了立案查处，罚款1.62万元，没收不合格化妆品14公斤。通过整治，及时纠正了化妆品经营及使用单位的不规范行为，保障了广大消费者的身体健康。

3. 开展公共场所"四小"专项整治。为认真落实市委市政府"四城同创"重大决策精神，结合自身承担的工作职责，组织开展了小旅店、小浴室、小美（容）发店和小歌舞厅（简称"四小"）的卫生专项整治工作。各区在辖区每条街道内，启动100平米以下"四小"单位各2家的示范点工作，同时按照"三统一（统一领导、统一安排、统一标准）、三集中（集中时间、集中力量、集中行动）"的原则开展专项整治活动，做到措施落实、责任落实，并在及时总结示范点工作经验的基础上以点带面、逐步推广。从对"四小"单位的检查结果来看，多数被检单位的持证情况、人员培训、公用物品更换、客用化妆品索证以及消毒设施配置情况均较往年有一定提高。但仍然有一些单位存在未取得卫生许可证、从业人员未取得健康合格证等问题。对检查发现的违反法律法规的行为，给予了相应的行政处罚，提出了有针对性的整改措施并督促落实。

（市卫生局法制监督处）

【疾病预防控制工作成绩显著】

2007年，武汉市疾病预防控制工作以贯彻科学发展观，构建和谐社会，打造健康武汉为目的，加强管理，不断创新，进一步加强公共卫生网络体系建设，全面落实重大传染病防治措施，提高传染病报告质量，加强免疫规划管理，着力提高突发公共卫生事件应急处置能力，各项工作取得了较好成绩。

公共卫生体系建设进一步深化 2007年继续开展标准化公共卫生科创建工作，全市94%的社区卫生服务中心和乡镇卫生院已完成标准化公共卫生科创建任务，公共卫生网底进一步夯实，覆盖城乡居民的公共卫生服务体系基本建成。

传染病管理不断规范 全市传染病发病率383.50/10万，传染病登记报告率99.01%。免疫规划管理逐步规范，全市冷链系统运转正常，一类苗预防接种率较上年明显提高，免疫规划"五苗"接种率均在98%以上。

重大传染病防治项目继续推进 全年共完成19 439名高危人群的主动监测，对84 139名孕妇进行了HIV筛查，自愿咨询检测8 245人次。新发登记艾滋病人217例，其中武汉市居民67例，至2007年底累计报告病人914例，本地病人268。滥用阿片类物质成瘾者社区药物维持治疗工作稳步推进，低档、小型娱乐场所的100%安全套使用项目试点顺利展开，党政干部艾滋病防治政策宣讲工作圆满完成。结核病防治完成省卫生厅下达的项目任务，全年发现结核病人7 060例，其中涂阳3 632，新发涂阳3 238例，结核病病人发现率和治愈率分别为78.2%和93.0%，认真执行卫生部结核病防治"五率"相关技术方案，结核病防治工作质量不断提高，"第五轮全球基金耐多药结核病控制试点项目"按计划实施。

卫生应急工作持续加强 着力完善和优化联动机制，落实应急预案，预防和处置突发公共事件能力进一步提高。全年突发传染病疫情7起均得到及时有效的处理和控制。

慢病防治工作不断扩展 武汉市慢性病本底调查圆满完成，对全市慢性病现状及相关危险因素进行详细的阐述，以白皮书公布。通过加强培训与督导，肿瘤网络直报与死因监测等工作质量较上年有大幅度提升。以控烟、高血压、糖尿病防控为主体的慢病防治社区干预工作在基层逐渐扩展。

健康宣教深入人心 在全市范围内开展了公共卫生服务农民工"百千万"大型活动等各类健康教育宣传活动，全面宣传公共卫生服务内容，提高武汉市民及外来务工人员健康意识。

【以标准化公共卫生科创建为抓手，完善疾控体系及网络建设】

2007年，市卫生局继续以在全国首倡的"标准化公共卫生科"创建工作为抓手，进一步落实城市社区和农村乡镇各项公共卫生工作，通过机构建设、组织管理、工作规范、人员优化等措施，使基层卫生服务机构在传染病疫情报告、儿童免疫预防接种、慢性非传染性疾病的管理等方面都有较大的提高，进一步夯实了全市三级防疫网的网底，进一步完善了基层公共卫生服务体系，使各项公共卫生服务更加深入基层，更加贴近百姓，切实建立起覆盖城乡居民的公共卫生服务体系。

在2006年78家社区卫生服务中心和乡镇卫生院达到标准的基础上，2007年又有89家通过了验收考评，全市90%以上的社区卫生服务中心和乡镇卫生院实现了创建目标。该项工作得到了卫生部、省卫生厅和兄弟省市的高度评价。

在加强基层防疫网网底建设的同时，市卫生局也高度重视区级疾病预防控制机构的建设，洪山、汉阳、黄陂、东西湖等区疾病预防控制中心新建业务大楼先后新建和扩建，各区疾病预防控制中心基建状况和实验室设备装备得到较大改善。疾病预防控制专业队伍通过现场流行病学、应急处置、实验室检验检测等多种范围、不同类型的技术培训和实战演练，疾病预防控制能力不断提高。

【以艾滋病、结核病项目深化为重点，推进重大传染病的防制】 结合武汉市实际，实施“重点监测、强化干预、积极救治、人文关爱”的艾滋病防治武汉策略，全面完成2007年省卫生厅艾滋病防治各项任务，武汉市艾滋病疫情快速增长的势头得到遏制。在继续推行武汉首创的“娱乐场所100%安全套使用项目”这一受到吴仪副总理、卫生部领导高度肯定的工作基础上，把重点放在“路边店”、“十元店”等小型娱乐场所，以汉阳区为试点，在低档、小型娱乐场所中推广100%使用安全套项目，借助标准化公共卫生科服务平台，工作人员深入场所开展外展工作，有针对地进行宣传教育，发放安全套，并定期踊跃随访，确保100%使用安全套项目不断深入。同时加大了对静脉吸毒人员的艾滋病防制的力度，阿片类物质成瘾者社区药物维持治疗在中心城区有序稳妥地覆盖，针具交换试点工作在远城区按计划开展，对艾滋病感染者及病人实施医疗救治与人文关怀，各项救治打电话全面落实，由武汉市倡导的艾滋病患者救治“包保责任制、家庭内护理”等多种关爱模式受到卫生部肯定，正在全国推广。

结核病控制耐多药项目是武汉市结核病防治工作中一项重要探索。2006年11月，正式确认承担第五轮全球基金耐多药结核病控制项目，成为中国地区两个试点区之一。2007年在全球基金的基础上，市级财政给予了20万配套经费，开展人员培训，规范工作流程，实施项目管理，为耐多药结核病防治工作在全国的全面展开探索出一种切实可行的模式。同时，结核病防制规划在2007年重点落实卫生部结核病控制“五率”，进一步规范了全市的结防工作，肺结核疫情报告率，转诊率，结防机构疫情追踪率，病人系统治疗管理率，涂阳病人密切接触者筛查率均有较大提高。

【以完善预案，加强机制建设为核心，提高卫生应急处置能力】 卫生应急工作一直是市卫生局的重要工作之一，在抓好各类突发公共事件的医疗救援和卫生保障的同时，切实做好突发公共卫生事件的应急防控。2007年，以完善和优化省、市突发公共卫生事件联动机制、卫生应急物资和信息资源储备机制、抗灾防病的保障机制和落实应急预案为核心，进一步提高预防和处置突发公共卫生事件能力。坚持针对不同对象开展培训，不断提高应对突发公共卫生事件的水平和能力。对全市社区卫生服务中心和乡镇卫生院的公共卫生骨干人员进行集中培训，重点强化。通过开展“全市疾控系统卫生检测工作岗位练兵及技术比武”活动，提高实验室检测能力，全方位提高和强化突发公共卫生事件应急能力。2007年全市共报告处置突发公共卫生事件7起，均为一般突发公共卫生事件（Ⅳ级），处理其他较有影响的传染病疫情20起、食物中毒9起、职业中毒1起。无群体性不明原因疾病、重大食物中毒、职业中毒以及其他严重影响公众健康的突发公共卫生事件。所有突发公共卫生事件和其他传染病疫情、食物中毒和职业中毒，均按照法定程序和流程，及时采取处置措施，全部得到有效控制。武汉市麻疹疫情控制，孝感霍乱疫情协查，一名出国人员输入性间日疟疾疫情的处置等成功案例均受到省卫生厅肯定，并将武汉市的一些好的做法作为成功的经验在全省进行推广。

2007年，结合在武汉市承办的“女足世界杯比赛”、“六城会”和“八艺节”等重大活动，切实做好“赛会节”的卫生保障工作，提供卫生监督、医疗救护、疾病控制、医疗保健等专业服务，专门制订了《食物中毒事故应急预案》、《医疗求援应急预案》、《突发公共卫生事件应急预案》等3个专题预案，努力创造卫生、整洁、舒适、优美的赛会环境，确保“赛会节”的顺利开展。以《武汉市突发公共卫生事件应急预案》（政府预案）为核心，按各类传染疾病、食物中毒、职业中毒等突发公共卫生事件为主题不断系统地制定下发应急预案和规范性文件。其中，专项预案1个，部门预案及子预案共41个，初步形成了武汉市突发公共卫生事件应急预案体系，为全市突发公共卫生事件应急处置奠定坚实的基础，为成功处置一例不明原因肺炎病人提供了有力的理论指导。

为探索具有可操作性、敏感性和实用性的突发传染病疫情早期预警模式和方法，武汉市承担了卫生部及世界卫生组织“提高突发公共卫生事件应急处置能力研究”项目，已通过了国内外专家的评审，获得卫生部、世界卫生组织的高度好评。

【以制度建设、规范管理为突破口，加强免疫规划疫情报告等疾病防控基础工作】 为进一步加强传染病的防控工作，履行疾病预防控制重要职能，2007年，进一步规范了疫情信息管理、传染病监测管理，落实免疫规划，积极开展各类传染病的主动防控。

按照《省卫生厅关于开展乡镇卫生院预防接种门诊规范化建设工作的通知》和《省卫生厅关于开展省级预防接种示范门诊建设的通知》精神，结合《市卫生局关于加强全市预防接种工作的通知》在全市开展预防接种门诊规范化建设和省级预防接种示范门诊建设，并根据国务院《疫苗流通和预防接种管理条例》的精神，按预防接种实行属地管理，对辖区所有接种单位及其从事预防接种服务的专业人员，针对武汉市各类医疗机构并存，管理复杂的实际，进行了为期半年的检查、清理，并重新指定了预防接种单位和确认了预防接种服务专业人员资质，结合基层公共卫生科建设，全面落实国家一类苗免费接种政策，提供更加接近老百姓的优质服务。

全面规范传染病报告，加强全市传染病疫情网络直报和突发公共卫生事件等各类疫情报告工作的管理，建立和完善疫情报告质量控制和疫情分析预测、定期通报等制度，及时警示问题，严肃查处迟漏，定期通报制度各医疗机构尤其是部省属大型医院起到了很好的督促作用。同时加对各区疫情管理员相关知识培训，多次为区疾病预防控制中心和有关医院、学校提供疫情管理师资，武汉市疫情报告质量不断提高，在全省的排名上升至目前五位，为防病工作提供了有力的信息保障。

职业病防治大力宣传贯彻《职业病防治法》，加强对全市职业人群职业病防治知识的普及工作，扩大职业病防治技术服务面，坚持做好高温中暑、农药中毒防治工作，开展了全市职业卫生哨点监测。麻风病防治继续推进全市基本消除麻风病进程，进一步完善麻风畸残康复及化疗工作。性病监测点不断扩大。寄生虫病防治工作以控制和消灭传染源为主，综合防治已见成效。

【以抓内涵、创特色为切入点，提升慢病防治工作的水平】 全市慢病工作以“抓内涵、创特色、建规范”为指导思想，不断完善和深化，通过加强培训与督导，肿瘤网络直报与死因监测等工作质量较上年有大幅度提升。

一是为进一步地了解全市居民的慢性病患病水平及相关危险因素，为卫生决策提供依据，在过去两年中，对全市慢性病状况开展调查，对武汉市慢性病现状及相关危险因素进行详细的阐述，提供了全面的、准确的慢性病患病现状、相关危险因素信息。《武汉市慢病状况白皮书》正式公布。

二是死因监测工作进一步推进，乡镇卫生院－区CDC－市CDC的死因监测体系不断完善，将死因监测工作纳入乡镇卫生院创建标准化公共卫生科的工作中，提高了培训和督导的频次，督覆盖率达到100%。全市(特别是4个远城区)报告数量和质量较2006年有明显的改善。

三是继续贯彻实施《中国肿瘤登记工作指导手册》工作规范，开展网络直报的规范性管理，对所有上报的肿瘤卡片进行编码和排重等质量控制工作，共审核并排除重卡2 000余张。加强督导和培训，督导培训率均达到100%，针对恶性肿瘤网络直报工作实际，编写了《武汉市恶性肿瘤报告工作手册》，对肿瘤网络直报中常见问题进行了阐述，指导报病点开展工作。肿瘤编码的正确率较上年有明显的提高，报卡张数较去年同期有大幅度增长。

为创新武汉慢防特色，还大力推进精神卫生下基层工作，把精神卫生作为疾病预防控制的重要内容，纳入标准化公共卫生科的工作范畴。要求各区疾控明确专人负责，进行技术指导等；各社区卫生服务中心和乡镇卫生院要有不少于1名，从事具体工作，初步建立精神卫生工作的专业网络，开展精神疾病流行病学调查，精神疾病登记建档和精神疾病防治知识宣传等工作，精防工作正逐渐向基层推进。

【组织大型健康教育，提高市民防病知识的知晓率】 加大健康宣教力度，在全市范围内开展了公共卫生服务农民工“百千万”大型活动等各类健康教育宣传活动，全面宣传公共卫生服务内容，提高武汉市民及外来务工人员健康意识，提供优质的公共卫生服务。为了做好外来人口，尤其是农民工及农民工子女的传染病的防制工作，专门针对外来农民工举办公共卫生服务“百千万”活动，为500名从事采石等危害职业的劳务工进行免费健康体检，为1 000名劳务工进行肺结核免费筛查，为10 000名劳务工免费注射乙肝疫苗，为农民工提供免费公共卫生服务，开展了健康知识的宣传。结合各个专项主题，将日常宣教和重点宣传相结合，开展关于结核病防治、职业病防治、精神卫生工作、艾滋病防治的重点工作的科普、咨询、义诊、检测等形式多样、喜闻乐见的活动。政府分管市长参加疾病宣传活动，同艾滋病人座谈，亲临麻风病村慰问麻风病人及麻防工作者，带来了党和政府的关怀。

（市卫生局疾控处）

【调整布局，推进社区卫生服务机构标准化建设】 加快社区卫生服务机构标准化建设，在全市开展了“四个一批”工作，即，巩固一批、调整一批、新建一批、淘汰一批社区卫生服务机构。初步实现“15 分钟社区卫生服务圈”的建设目标。2007 年，全市共建设巩固中心 77 个、站 233 个，调整中心 11 个、站 41 个，新建中心 2 个、站 8 个，淘汰中心 1 个、站 25 个；截止到 12 月底，全市（包括远城区）共有中心 103 个（中心城区 96 个）、站 388 个（中心城区 356 个），其中，有 91 个中心、332 个站完成了房屋维修改造、统一标识标牌等标准化建设任务。

【提高水平，加强社区卫生人才队伍建设】 一是“下来一批”。2007 年，全市共有 51 家大医院与 96 个社区卫生服务中心建立起了对口帮扶关系，共有 245 名大医院的专业技术人员，深入到社区坐诊，并对社区卫生工作人员进行“传、帮、带”。

二是“招聘一批”。截止 12 月底，由市政府出资，共招聘了 192 名大医院退休的老医生到社区卫生服务机构当“社区首席医生”。

三是“进来一批”。各区政府积极出台各项优惠政策，招聘医学专业本科以上毕业生到社区工作，截止 12 月底，共招聘了 305 名大学生进社区卫生服务机构工作。

四是“培养一批”。2007 年，全市共有 507 名医生参加全科医学培训、共有 457 名护士参加了社区护理培训、共有 4 688 人次医务人员参加各种专业岗位培训，共选派了 235 名医务人员到大医院进修学习；

五是“淘汰一批”。对素质不高、水平较差和未取得岗位培训合格证书的社区卫生服务人员，予以辞退和淘汰。2007 年，全市辞退和淘汰社区卫生服务工作人员 36 名。

【完善功能，推进社区卫生服务内涵建设】 一是规范管理向前推进。制订完善公共卫生、医疗、护理等各项工作规范，开展高血压、糖尿病防治和健康教育、护理培训等规范化服务活动，通过示范机构的创建，以点带面，全面推进社区卫生服务内涵建设。2007 年，全市社区共新增管理高血压病人 45 375 人，高血压病人累计管理数达 48.4 万人；新增糖尿病管理人数 8 872 人，累计管理数达 11.5 万人。

二是主动服务、上门服务受到欢迎。2007 年，全市社区卫生服务机构共组建“家庭责任医生团队”800 余个，制作设置门栋牌 20 115 个；全市共新建居民健康档案 84.4 万人份。截止到 12 月底，全市共建居民健康档案 260 万人份。2007 年，全市共开展“六上门”服务 22 万人次，截止 2007 年底，共开展“六上门”服务 68 万人次。

三是公共卫生工作得到加强。2007 年，全市有近 48 万余人次接受了社区高血压管理服务，11 万人次接受了社区糖尿病管理服务，管理人数较 2006 年增幅均在 50% 以上，管理高血压、糖尿病人数约占全市高血压、糖尿病病人的 30%；1.3 万人次接受了肺结核跟踪治疗服务，3.6 万人次残疾人接受了随访。2 万余人次接受精神病人随访服务。上述三项匀较上年同期增长 95% 以上。传染病报告率稳定在 99% 以上，免疫接种较 2006 年增长 29%；产后访视较 2006 年增加 123%；421 儿童体检较 2006 年增加 32.3%；参加健康教育人次较 2006 年增加 188%，城市居民基本健康知识知晓率达 62%。

四是社区卫生服务功能不断拓展。利用政府搭建的社区卫生服务公益性平台，结合社区的工作重点，积极开展各项公益保健活动。7 月，配合“清凉度夏”主题，开展“平安度夏健康社区行活动”，主动为辖区居民开展防暑防病健康教育讲座，张贴宣传画报，免费送医送药到社区纳凉点；10 月，在社区开展“光明社区行”活动，宣传眼保健知识，为 150 名贫困居民免费开展白内障手术；11 月，结合文明城市创建工作，开展“我为创建全国文明城市加一分”活动，提高服务意识，改善服务态度，增进医患沟通，提高服务质量，为居民提供温馨、细心、爱心、耐心的服务，拉近了社区卫生服务机构和居民的关系，取得了良好的社会影响。

五是切实落实“五免六减”普惠政策。2007 年，全市社区卫生服务机构共实施“五免六减”788 万人（项）次，免收医疗服务费用 2 355 万元，使居民切实感受到了政府的政策与关爱。

【完善考核，加强对社区卫生服务的监管】

一是强化社区卫生服务机构监管。2007 年，各中心城区卫生局共组织 31 次社区卫生服务机构依法执业专项检查，严肃查处非法行医活动。对不符合资质和规定要求的机构，限期整改，坚决淘汰。

二是继续开展创建群众满意社区卫生服务机构活动。2007 年，市卫生局通过第三方评价，对全市创建的 52 个社区卫生服务中心和 195 个社区卫生服务站进行了群众满意度考核，同时对已被评为群众满意社区卫生服务机构进行了满意度复查，达标率达到 87%。

【探索创新，促进社区卫生事业不断发展】一是认真开展调研，积极争取政策。2007 年通过深入调研，提出了深入推进全市社区卫生服务体系建设的建议，促使市政府专门出台了《市人民政府关于深入推进社区卫生服务体系建设的意见》（武政〔2007〕63 号文），使社区公共卫生经费投入翻番（10 元到 20 元/人），从政策上为社区解决了业务用房等问题。

二是积极争取到武汉市成为 28 个国家社区卫生服务体系建设重点联系城市之一，青山区成为 10 个全国社区卫生服务适宜技术试点区之一，有力地促进了全市社区卫生服务体系建设和内涵建设。

三是深入推广社区卫生服务中心医药分开改革工作。进一步规范了社区卫生服务机构用药，加强了对社区"医药分开"常用药品价格的监管，减轻患者药费负担。截止 12 月底，全市共有 24 个社区卫生服务中心实行了"医药分开"改革。

四是积极探索社区卫生服务运行机制改革。江汉区深入推进社区卫生服务中心"医药分开"改革，得到了国务院纠风办的高度关注；硚口区大胆探索大医院托管社区卫生服务中心改革取得了显著成效，受到了卫生部领导的充分肯定；江岸区积极落实社区卫生服务站房屋政策，将购买社区卫生服务机构房屋经费纳入财政预算；汉阳区积极探索社区卫生服务机构药品直供新途径；洪山区积极开展创建国家中医特色社区卫生服务示范区活动，有力推进了中医药进社区工作；青山区在全面推进社区卫生服务体系建设方面进行了大胆的探索，受到了卫生部领导和专家们的高度好评；武昌区、江汉区创新改革，被湖北省卫生厅确定为社区卫生服务体系建设综合改革试点区。

据统计，2007 年，全市社区卫生服务机构的门诊量为 610 万人次，住院量为 3.85 万人次，分别比去年同期增长 36% 和 15%，门诊量占中心城区医疗机构总门诊量的 31%。每门诊病人平均费用为 50 元，每住院病人平均费用为 1 258 元，分别比去年同期下降 14.6% 和 8%，进一步缓解了群众"看病难、看病贵"问题。各项公共卫生工作指标比 2006 年同期都有大幅度的增长。

2007 年 2 月，卫生部副部长蒋作君、妇社司司长杨青来武汉视察社区卫生工作，对全市社区卫生服务工作取得的成绩给予了高度肯定。6 月，在国务院召开的全国社区卫生工作会议上武汉市社区卫生工作经验在大会上进行了书面交流。8 月 30 日，全国社区卫生服务体系建设重点联系城市工作会议在北京召开，刘顺妮副市长代表武汉市人民政府进行了大会交流。9 月 4 日至 5 日，全国社区卫生服务研讨会在武汉市举行，来自全国 28 个省市的 350 余名代表参加了此次研讨会。（市卫生局妇社处）

【贯彻落实"一法两纲"，依法开展妇幼卫生工作】（一）制定了产科设置及母婴保健技术准入设置规划，按设置规划实施母婴保健技术服务机构的准入工作。按"既重审批、又重监管，优胜劣汰、适时调整"的原则，明确了产科设置与母婴保健技术准入的规划要求，婚检机构每区设置 1 家，结扎和终止妊娠手术机构须设置在一级及以上医院，实施助产技术服务机构的资源重组与调整严格按设置规划实施母婴保健技术服务机构的准入管理。

（二）加强母婴保健技术服务机构、人员准入管理。完成了 156 家助产技术服务机构和 250 家结扎、终止妊娠手术机构的年度校验工作，对各区母婴保健法执行情况进行了检查。配合监督部门严厉打击非法从事母婴保健技术服务的行为，配合计生部门做好出生性别比整治的相关工作、对侨光诊所违法开展人流的事件移交司法机关处理，市卫生局在全市进行了通报。

（三）规范出生医学证明管理。结合武汉市的实际，制定了出生医学证明管理制度，开办了出生医学证明管理的培训制度，开办了出生医学证明管理的培训班，规范了出生医学证明的购买、保管\开具、存档、补办等系列工作，各区按要求完成了签发管理单位的上报工作，对各区、医疗机构出生医学证明发放管理工作进行了督导通报。

【完善妇幼卫生服务体系，提高妇幼保健服务水平】（一）规范妇幼保健服务工作。制定实施了《湖北省妇幼保健机构保健工作规范》、《武汉市孕产妇系统管理实施细则》、《武汉市散居儿童管理实施细则》，开展对妇幼保健机构的规范化建设，加强对全市孕产妇、儿童的系统管理，如青山区实施了产后访视免费制度；按照《武汉市助产服务机构产科质量标准》，开展2007年度全市产科质量检查，在各区开展拉网式自查的基础上，组织专家对全市11家三级医院、9家二级医院、16家一级医院、6家民营医院等42家助产技术服务机构进行了抽查并进行了通报，抽查结果表明各医疗机构针对上年底全市产科质量检查提出的问题进行了整改，产科技术人员基本技能考核抽检合格率达87.3%；组织开展了中心城区二级及民营医院助产技术培训，并开展了新生儿窒息复苏项目工作的培训；按照《武汉市孕产妇死亡报告调查处理制度》，组织专家评审会，对2006年孕产妇死亡情况实施了年度评审及通报，并开展了2007年度围产保健专家协作组会议，对2007年度孕产妇死亡进行了评审和责任分解

（二）加强妇幼保健机构莲设。按照《卫生部妇幼保健机构管理办法》及《湖北省妇幼保健机构工作规范考核标准》，组织了全市妇幼保健机构自查，加强了对市区妇幼保健机构的管理，承担了省卫生厅关于中心城区二级妇幼保健机构建设标准的制定工作，各中心城区妇幼保健机构公共卫生服务指导职能不断强化，远城区保健与临床相结合的工作不断深入。

【大力推广母婴安全项目、降低孕产妇及婴儿死亡率】 在蔡甸区奓山卫生院召开了母婴安全项目工作现场会，启动全市远城区的母婴安全项目工作，在全市推广了黄陂区全国“降消”项目县工作经验。选派了7位省、市级医院的妇产科专家到7个远城区开展为期2个月的驻点工作指导，开展了为期两周的母婴安全项目“直通车”式培训，共有400余名远城区基层助产技术服务人员参加了培训；全市统一采购下发了一批孕妇学校教具和教材，分发到了区妇保院、区人民医院和乡镇卫生院，建立了孕产妇住院分娩救助、孕产妇急救“绿色通道”和“危急重症抢救中心”；开展乡镇卫生院标准化产科建设等工作。如黄陂区在危重孕产妇围产保健管理中实行院长负责制，积极解决危重孕产妇的经济困难，统一家属思想，使辖区孕产妇死亡率及婴儿死亡率得到有效地控制。

【积极探索城乡流动人口孕产妇及儿童系统管理的模式】

（一）创建了具有武汉市特色的孕妇信息联动制度，在医疗机构发现早孕妇女时填写孕妇信息联系单，通过社区卫生服务中心及乡镇卫生院工作人员上门，利用计生部门、居委会、家庭健康档案做为补充，收集孕妇信息，督促流动人口孕产妇接受系统管理。建立分娩－产后访视－儿童建册追踪服务模式，医疗机构对分娩孕妇信息进行微机录入上传，社区卫生服务中心通过网络下载辖区产妇信息，上门家庭访视，为新生儿建立儿童保健手册，开展保健跟踪服务，提高流动儿童的建册率和系统管理。

（二）从3月8日起启动了农民工孕妇定点限价分娩工作，在中心城区设立了9家农民工孕产妇定点分娩医院，对农民工孕妇实施最高限价，提高农民工孕产妇住院分娩率，截至11月底，共为265名农民工产妇实施了限价分娩，让利13万余元。并于2007年6月组织专家对9家定点医院的工作情况进行检查，9家医院基本贯彻落实了市卫生局关于开展农民工孕产妇定点限价分娩工作的要求，为农民工孕妇提供了质优价廉的服务。

（三）开展关爱农村留守流动儿童工作。为给农村留守流动儿童提供优质的卫生保健服务，于2007年8－9月开始在黄陂区武湖农场、新洲区辛冲镇、硚口区汉正街、江汉区唐家墩街开展了关爱农村留守流动儿童工作。在试点工作期间对流动留守儿童进行了主动搜索，落实计划免疫、儿童体检、合作医疗政策，并开展了专题的健康教育活动。该项工作在试点基础上已经在全市推开。

【强化出生缺陷干预措施，提高出生人口素质】 （一）探索开展免费婚检工作。全市共有13个区开展了全部或部分免费婚检工作，全市婚检率达8.19%，青山区由于财政补助到位，民政、计生部门支持，2007年婚检率达到了52.91%。经与市财政、计生、民政等相关部门协商，制定了全市开展免费婚检的实施工作计划，积极争取部门支持，规范免费婚检的实施。

（二）加强产前筛查工作。开展孕妇艾滋病筛查，2007年，全市共筛查孕妇66 579人，筛查率达91.45%，比上年同期增长5.61%，共发现5例外藉来汉的HIV抗体阳性孕妇，及时采取干预措施，对其中1例动员终止了妊娠，对其中2例要求继续妊娠的孕妇，开展抗病毒治疗阻断母婴传播，对急产后已出生的2例婴儿上门指导喂养并采取了抗病毒治疗，最大限度地保护妇女儿童健康。开展先天愚型筛查，2007年全市共筛查7 968名孕妇，并对初筛阳性孕妇做了进一步追踪检查和治疗。

（三）加强新生儿疾病筛查工作。2007年重点加强了新生儿疾病筛查的程序规范、质控监督工作，截止年底，共对55 625名新生儿进

行了二项疾病筛查，筛查覆盖面达87.66%，筛查率达93.13%，确诊先天性甲低患儿64例，发生率为11.53/万；苯丙酮尿症3例，发生率为0.54/万，除1例放弃治疗外，对确诊的66例患儿进行了免费追踪治疗。加强新生儿听力筛查工作力度，修订并下发《武汉市新生儿听力筛查工作方案》，对全市开展新生儿听力筛查的机构进行了捡查，从技术上规范新生儿听力筛查工作，积极组织市妇女儿童医疗保健中心申报省级新生儿听力筛查中心，提高全市新生儿听力筛查水平。

（四）开展预防出生缺陷宣传活动。利用媒体对“健康宝宝、幸福家庭－预防出生缺陷系列宣传活动”进行宣传报道，会同妇联、残联共同开展预防出生缺陷宣传活动。在13个区妇幼保健机构开展了知识竞赛活动，发放预防出生缺陷试题1万份，宣传DVD光盘100套，在常青花园社区组织预防出生缺陷宣传社区行知识竞赛活动引起较大反响。在全国预防出生缺陷宣讲员的比赛中，武汉市选派的江岸区妇保所医生王婏在全国40余名参赛选手中取得了三等奖（第四名）的好成绩。

【实施妇幼卫生信息化管理，开展妇幼卫生监测工作】 （一）加强妇幼卫生信息化建设工作。2007年举办了妇幼卫生信息培训班52次，参加人数5 204人次，完成了15家妇幼保健机构、147家接生医院、96家社区卫生服务中心、83家乡镇卫生院、19所幼儿园的妇幼卫生信息数据远程登陆，初步实现妇幼保健个案信息收集、存储、上报、整理和分析功能。

（二）开展了全国妇幼保健信息化建设首批示范点（武汉、苏州、厦门）的工作，并接受了卫生部专家的督导，武汉市妇幼信息网络建设及管理经验做为两个交流城市之一在全国2007年度妇幼卫生信息工作会上进行了发言，工作受到卫生部领导的肯定。

（三）江岸、江汉、硚口、武昌、汉阳、青山、洪山等7个区承担了卫生部“三网”监测及出生缺陷人群监测任务，按要求开展了监测和信息质量控制，出生缺陷监测卡填写完整率达95%。监测围产儿16 241例，出生缺陷发生214例，发生率13.17‰。

经努力，2007年度，全市妇幼卫生工作指标全面达标。按国家妇幼卫生报表“3+1”制度，孕产妇死亡率为12.20/10万（目标为<19/10万），五岁以下儿童死亡率6.10‰（目标为<9‰），婴儿死亡率4.86‰（目标为<7‰）。接受了市人大母婴保健法检查，对控制孕产妇死亡率和婴儿死亡率的工作表示满意，对近年来妇幼卫生事业取得的成绩给予了充分的肯定。市卫生局被授予“湖北省维护妇女儿童权益先进集体”、“湖北省贯彻落实妇女儿童发展规划先进集体”、“武汉市贯彻落实妇女儿童发展规划先进集体”称号。

（市卫生局妇社处）

【农村卫生工作2007年取得新成绩】 2007年，农村卫生工作以贯彻落实市委、市政府《关于进一步加强农村卫生工作的意见》（武发〔2006〕）24号）和全市卫生工作会议精神为指导，以市政府为民办实事和市政协3号建议案为核心内容，不断完善新型农村合作医疗制度、加强乡镇卫生院和村卫生室标准化建设和农村卫生人才队伍培养，从硬件上改善农村医疗卫生条件，软件上提高农村医疗保障水平，促进全市农村卫生事业的全面发展。

完善新农合制度，提高医疗保障水平　一是加大宣传力度，扩大参合覆盖面。2007年，新农合制度覆盖264万农业人口，参合农民由2006年的150万人增至244万人，参合率达92.4%。

二是提高筹资水平，调整补偿方案。2007年，全市农业人口占50%以上的6个远城区全部纳入国家和省级财政补助范围，人均筹资由2006年的50元提高到85元以上。经科学调整方案，降低了起付线，提高了补偿比例。据统计，2007年1－12月，共有78.5万人次获得补偿，补偿金额14 451万元，平均住院补偿比例达32.5%，比上年同期增长25%。

三是加强能力建设，加大监管力度。2007年落实了乡镇经办机构“管办分离”工作；组织了3期合作医疗管理干部培训班，约256人次受训；建立了每季一次的联席会议制度，定期通报并分析合作医疗基金运行情况，防范基金风险。为加大监管力度，检查了24家二级以上定点医疗机构，核查了各区参合情况，开展了新农合基金筹集、管理和使用情况的审计调查和财政清算工作，并针对问题，下达了整改通知单，督办落实到位。通过自查、检查、督导和核查，有效强化了监管措施。

四是加强制度建设，规范管理。成立了市级新农合专家小组，组织起草了《武汉市新型农村合作医疗制度建设管理工作规范》和《定点医疗机构管理办法》；建立了市、区两级合作医疗数据中心，实现了网上费用公示、信息汇总查询、报表统计分析等功能；同时委托高校开展了新农合运行情况评估。11月份，邀请卫生部及省、市专家解读卫生部及省有关新农合最新政策精神，讨论并审定了各区2008年新农合实施方案。在此基础上，拟定了《2008年各区新型农村合作医疗制度实施办法指导意见》，要求各区在分析历年的实际运行情况和总结经验的基础上，科学、合理测算2008年新的补偿方案。

2007年武汉市新农合工作得到了省政府领导的充分肯定，在全省新农合工作表彰大会上，黄陂区被评为全省新农合工作先进区。

加强乡村卫生机构标准化建设，改善医疗服务条件 制定了标准化乡镇卫生院和村卫生室《建设方案》及《考核验收标准》，设计了乡、村两级卫生服务机构标识系统，并在蔡甸区和黄陂区选点示范，召开了全市农村卫生服务机构标准化建设工作现场会，成立了标准化建设验收小组。按照填平补齐的原则，对乡镇卫生院和村卫生室必配设备进行了招标采购。8月和11月，在各区自查基础上，市卫生局联合市财政、药监等部门，成立了由局领导带队的验收小组，分6个组、两批次对纳入标准化建设的40所乡镇卫生院进行了现场考核验收，按照总得分超过总分80%合格的标准，所验收的乡镇卫生院均为合格。同时，推行人事和分配制度改革，并将其绩效管理考核纳入标准化建设考核范畴。2007年，东西湖区公开招聘了慈惠卫生院院长；江夏区引进了11名大学生到卫生院工作，其中3人办了正式手续，其余的实行了人事代理；新洲区专列4万元，奖励绩效考核突出的卫生院院长，有效调动了基层管理人员的积极性。

加强标准化卫村生室建设，提高医疗服务水平 根据“家园建设行动计划”的总体要求，2007年确定了350个村卫生室标准化建设任务。在各区自查基础上，验收小组对村卫生室进行了随机抽查，各区共计有463个村卫生室达到了标准化建设要求，超额完成了办实事的目标任务。为加强乡村一体化管理，出台了《进一步强化乡村卫生服务管理一体化》文件，并将落实一体化管理作为标准化验收和公共卫生服务考核的重要内容，要求乡镇卫生院对村卫生室的“五统一”管理（机构设置、业务管理、人员培训、药品调拨、目标考核），各乡镇卫生院积极落实此项管理措施，加强了对乡村医生的培训、管理与指导，开展了对村卫生室的定期目标考核，并对村卫生室承担的公共卫生服务任务由乡镇卫生院考核后，给予适当补助。为加强对村医的指导，乡镇卫生院选派医护团队，定期到村卫生室开展业务指导，并列入了乡镇卫生院标准化建设的考核内容。据统计，全市全年有31家乡镇卫生院下派1 067人次，巡诊指导了214个村卫生室，共巡诊1 590次，接受进修和培训的村医达2 616人次。

政府购买农村公共卫生服务项目 2007年，全市首次启动政府购买农村公共卫生服务项目，加大农村公共卫生服务项目的投入，全市按每人每年5－6元即市财政按每人每年3元，区级相应配套的原则，拨付公共卫生服务费，以乡镇卫生院公共卫生科为平台，制定了8大类28小项公共卫生服务项目考核内容及标准，并组织考核，依据考核情况，核拨公共卫生经费。

加强农村卫生队伍建设，提升医疗服务水平 2007年市卫生局出台了《武汉市农村卫生人才培养和水平提升计划》，建立健全了岗位培训和进修制度，开展了乡镇卫生院专业技术人员全科医学知识与技能的培训工作，启动了1 800名乡村医生岗位培训工作，继续开展大中型医院对口帮扶乡镇卫生院工作，举办了乡镇卫生院院长和管理干部培训（139人）和899名乡村医生为斯上的中专学历教育工作。

（市卫生局农卫处）

【召开全市中医工作会议】 在局党委和局领导的关心指导下，中医处派员参加了2007年全国中医工作会议并及时撰写了传达提纲，在全市医政中医工作会议传达国家、省、市卫生工作会议精神和国家中医工作会议精神，认真贯彻执行会议精神和要求，落实各项有关中医工作要点和目标管理工作，全市2007年中医工作加强内涵建设，狠抓质量，培养人才，提高水平，规范建设，搞好科研取得显著成绩。

【推进中医进农村和社区工作】

市卫生局中医处会同妇社处共同制定了开展创建中医药特色社区卫生服务机构活动的方案，要求各中心城区至少建设一家中医药特色社区卫生服务中心。与农卫处共同制定了乡镇卫生院中医科建设标准和中医药特色村卫生室建设标准，并付诸实施，收到实效。创建中医药特色社区卫生服务中心工作，进展顺利，惠及群众，市卫生局于2007年底进行了考核验收。

深入洪山区卫生局调研，积极推进洪山区创建全国社区中医药服务示范区工作，正式向国家中医药管理局申报。

【持续开展医院管理年活动】

2007年，市卫生局按照卫生部和省卫生厅的统一部署，继续在全市中医医疗机构开展“医院管理年”活动，认真审查二级中医医疗机构管理年的方案和管理年活动的督导，并对中医医疗质量进行了考核。三级中医医疗机构参加了湖北省卫生厅医院管理年督导检查取得了优异成绩。同时还通过武汉民营中医师分会开展民营中医医疗机构行业自律，规范行医等系列活动，组织法律知识讲座，先后请市卫生监督所领导和律师讲课；多次组织学术讲座和会议，提高中医医疗质量与水平；组织人员对全市民营中医医疗机构进行医疗质量检查二次。

【完成中医执业医师考试】 市卫生局中医处会同武汉医师协会园满完成2007年全国中医执业医师考试武汉考点工作，共有922人报名参加考试。实践技能考试合格者参加医学综合笔试。2007年医学综合笔试合格线为具有规定学历中医执业医师360分、助理医师186分；中西医结合执业医师355分、助理医师174分；师承或确有专长中医执业医师360分、助理医师186分。武汉考点中医类共有人达到医学综合笔度合格线。

【人才培训工作取得新成绩】

2007年11月1日，市卫生局举办首期全市中医类全科医师岗位培训班，武昌、洪山、青山区社区卫生服务机构的67名执业医师参加了学习。

继续搞好农村中医乡村医生的中专学历教育工作及国家中医药管理局下达的乡村医生中专学历教育项目的实施。

【科研成果鉴定工作】 2007年，中医科研课题有17项通过市卫生局鉴定，有2项通过省市科技局鉴定。2008年立项的科研课题有40项。

（市卫生局中医处）

【稳步推进卫生行政体制改革】

2007年，市卫生局进一步贯彻落实市委市政府有关文件精神，按照市委市政府关于进一步深化行政管理体制改革的部署，结合卫生实际，实施全面推进，重点实出，体现亮点，力求创新的改革思路。迅速成立了市卫生局行政管理体制改革领导小组，制发了《卫生行政管理体制改革实施方案》，从五个方面进行改革：加快职能转变，推进依法行政；深化卫生行政审批制度改革，规范行政许可项目，下放部分医疗机构审批权限（“五小”，即诊所及其以下医疗机构）；实施信息公示，推进政务、医务公开；严格执行收支两条线、收罚分离，杜绝乱收费；实施电子政务监察，严格行政过错追究。通过实行目标任务分解，制定工作进度表，落实到部门，责任到人，收到明显效果。

【实行执法责任制目标考核，推进依法行政】 根据卫生法律法规，制定了2007年全市卫生执法责任制考核目标，对全市卫生行政执法部门从行政许可、行政监督、行政处罚、行政行为、规范性文件制发、舆情信息等6个方面进行考评。通过3年的执法责任制目标考核，大大提高全市卫生执法水平，为确保2007年各项大型活动食品安全打下了基础。7月，市政府法制办对市卫生局的行政许可及执法案卷进行了检查，评价为“主体合法，事项合法，适用依据合法”。

【建立行政效能电子监察系统，推动行政审批公正高效】 按照市政府的统一要求，市卫生局将17项市级卫生行政审批事项的实时办理情况纳入行政电子监察网络，从受理、承办、审核、批准、办结五个环节实行全程实时监控。组织各审批业务处室承办人员进行业务培训，熟悉操作系统和操作流程。截止10月底，办理医疗机构许可643家，食品、公共场所等卫生许可135家，未出现任何差错。

【实施五五普法和法制宣传】 市卫生局制定了全市卫生战线五五普法规划和年度工作安排，下达了2007年市卫生系统普法工作目标和考核办法，提出了具体的工作任务和要求。重点组织了《职业病防治法》颁布实施五周年宣传活动，联合劳动保障局、国资委、安监局、总工会等部门制定了宣传活动方案，组织有关单位对39个矿山企业266名农民工进行现场职业病健康体检，发放防病宣传资料3 000份，并对采石作业场所进行了现场环境监测，加强对农民工和弱势群体的保护，加强对农民工集中的建筑工地食品卫生督查。9月3－7日，在全市开展了卫生标准宣传周活动。

9月20日和27日在市血液中心举办了《物权法》、《信访条例》等知识讲座，局属各单位领导班子成员、普法部门负责人及机关全体干部参加了学习，丰富了广大干部的法律理论知识。11月8日组织市卫生系统中层以上干部及机关全体干部进行法律知识考试，全部合格。

【开展农村卫生督查】 2007年，市卫生局成立农村卫生工作督查专班，制定了《农村卫生工作督查方案》，对远城区乡镇卫生院、村卫生室标准化建设、新农合等工作进行了不间断督查。重点督查了各区新农合资金运用、参合人数、制度建设、规范管理等，指导相关部门健全帐目，改进方法，及时反映各区合管办存在的问题并提出整改意见。

【认真办理行政复议、行政诉讼案件】 2007年，市卫生局共办理行政复议案件3起，全部维持原决定。行政诉讼案件2起，在办理过程中，坚持调解原则，一方面努力做了宣传解释工作，化解矛盾，尽最大努力说服相对人撤诉；另一方面积极准备材料，认真应诉，以法律为准绳，维护社会稳定。

【加强医疗服务项目价格管理】

市卫生局对局属医院医疗服务价格执行情况进行了检查，对存在的问题进行了分析研究，提出了整改措施，2007年因医疗服务价格引起的投诉和纠纷大大下降。同时对14家医院8 600张新(改)建床位价格进行了调整。

【精神卫生立法工作取得积极进展】 2007年，经过多次讨论修改，完成了《武汉市精神卫生条例》(草案)条文的起草工作，汇编了国家有关精神卫生方面的政策、文件等资料。10月31日，市人大有关领导在听取了有关精神卫生条例立法工作汇报后，给予高度评价。基本确定了精神卫生条例列入2008年市人大常委会的立法项目。同时对卫生行政法规、规章继续进行清理。对《公共场所卫生管理条例》等5部法规、5部规章提出了修改意见，对2部规章提出了废止建设。

(市卫生局政策法规处)

【全年血防目标任务完成】 2007年，在市委、市政府的领导下、在省卫生厅、省血防办具体指导下，在各疫区党委、政府和市直有关部门的共同努力下，全市血防工作以“三个代表”重要思想和科学发展观为指导，认真贯彻落实《血吸虫病防治条例》，按照“流域防范、区域治理、突出重点、整市推进”的工作思路，以血防“整区推进、综合治理”为重点，以控制传染源为主要防治措施，全面实施血防“综合治理升级达标”项目，全市血吸虫病防治工作取得了新进展，较好地完成了全年血防目标任务。

卫生血防　全市血吸虫病普查464 205人(含询检300 438人)，超额完成省下达查病任务(175 589人)，查出病人2 638人，人群感染率为0.66%，较上年(1.58%)下降了33.54%；治疗病人2 629人，扩大化疗33 649人，省下达免费救治晚血病人257人，实际求治268人，完成任务104%，全市发生血吸虫病急性感染6例，其中：洪山区3例，蔡甸区2例，汉南区1例，无重大突发血吸虫病疫情发生。查螺21 607.07万平方米，全面完成年度任务。全市现有钉螺面积13 393.14万平方米，其中：垸内163.62万平方米，垸外13 229.52万平万米，与2006年相比，全市钉螺面积纯降25.13万平方米，其中：垸内纯降22.67万平万米，全市有螺处数由2006年的336处减少到303处，完成灭螺面积2 513.41万平方米，其中：药物灭螺2 136.58万平方米，全面完成年度任务。

农业血防　全市耕牛查病43 856头，完成年度任务102%，查出病牛253头，耕牛感染率为0.58%，比2006年(1.07%)下降11.2%，耕牛治疗及扩大化疗43 677头，完成年度任务100%；对查出的病牛179头全部进行了处理，完成以机代牛2 170头，新增机械2 856台(套)，超额完成省下达的目标任务，全市有58个有螺村达到“无牛耕”村标准(消灭90%以上耕牛)，其中有19个村完全消灭了耕牛；完成“一建三改”建沼气池4 965户，建三格无害化厕所14 354户；灭螺建鱼池面积1 385亩，完成年度任务100%：水改旱面积135亩，完成年度任务100%

水利血防　全市对270百有螺面积进行了综合治理，其中黄陂区垸内3处144亩，汉阳区垸外1处21亩、洪山区垸外1处105亩，疫区饮水安全受益人口22万人，完成年度任务110%，上述工程已经完工并验收。

林业血防　林业部门完成蔡甸区造抑螺防病林7 000亩。

血防“整区推进、综合治理”项目　蔡甸区血吸虫病普查92 954人，治疗及扩大化疗12 782人，完成年度任务100%；查螺8 740.52万平方米，完成年度任务180%，药物灭螺1 078万乎方米，完成年度任务100%，工程灭螺533.33万平方米；耕牛查病12 993头，完成年度任务100%，耕牛治疗及扩大化疗12 850头(次)，完成年度任务100%，对查出的143头病牛全部进行处理，以机代牛479头，完成年度任务115%；新建沼气池3 430口，完成年度任务100%，建三格式无害化厕所5 021座；疫区饮水安全受益人口3.44万人，完成年度任务101%，造抑螺防病林7 000亩，完成年度任务100%；道路建设78公里，完成年度任务100%。

汉南区血吸虫病普查29 398人治疗及扩大化疗4 082人，完成年度任务136%；查螺13 650亩，完成年度任务112%，药物灭螺2 305亩，完成年度任务105%；耕牛查病4 075头，完成年度任务100%；耕牛化疗4 039头(次),完成年度任务100%;对查出的36头病牛进行处理。以机代牛580头,完成年度任务100%,新增机械725台套,完成年度任务100%,新建沼气池1 035,完成年度任务52%,建三格式无害化厕所1 000座,完成年度任务71%,灭螺建鱼池400亩,成年度任务100%,水改旱135亩,完成年度任务100%,疫区饮水安全受益人口1.5万人,完成年度任务100%。

【2007年全市血防主要工作措施】

领导高度重视　强化目标责任

市委、市政府高度重视血防工作。6月18日,在市人民政府第10次常务会议上,讨论并通过了蔡甸区、汉南区血防"整区推进、综合治理"实施方案,李宪生市长在会上提出了"流域防范、区域治理、突出重点、整市推进"的血防工作新思路。刘顺妮副市长与各区、各部门签们了2007年血防目标责任书,进一步强化了各区、各部门血防工作的责任。李宪生市长、刘顺妮副市长、周元副秘书长多次到蔡甸、汉南等疫区检查指导血防工作。各区认真落实血防工作、主要领导带头抓血防,层层落实血防目标责任,不断强化血防工作力度。蔡甸区、汉南区多次召开血防专题会议,研究部署血防"整区推进、综合治理"工作,全面实施血防"整区推进、综合治理"工作。汉阳、东西湖、江岸等疫区科学制定血防"综合治理,升级达标"实施方案. 动员和组织各部门认真实施血防"综合治理、升级达标"项目。市直各部门责任明确,密切配合,积极筹集血防经费,认真指导疫区开展血吸虫病防治工作,有力地保证了全市血防工作地顺利实施。

综合治理　有效控制传染源

各区各部门认真贯彻落实《血吸虫病防治条例》、按照新的血吸虫病防治策略要求,以控制传染源为重点,紧紧围绕工作目标,采取综合防治措施,加大血防工作力度。一是加大了人群查病治病工作力度。各级卫生血防部门认真开展疫情监测和预警工作,组织工作专班,周密部署,完成了全市范围最大的人群血吸虫病普查工作,对查出病人及时实施治疗。在严格筛查的基础上,完成了晚血病人免费住院救治工作,救治水平明显提高。采取综合防控措施,加强血防健康教育,积极开展急感防控工作。市教育部门还将血防健教列入中小学教学计划和中考内容,起到了较好的效果。二是加大了耕牛管理工作力度。各疫区政府颁布了有螺洲滩禁牧通告,各级农业部门广泛发动群众,在有螺洲滩设置禁牧警示牌678块,警示标语280多条,设置禁牧监督岗78个。积极开展有螺洲滩禁牧工作,全市洲滩禁牧工作有了新的突破,开展了耕牛一查二治,认真实施以机代牛项目,逐步取代耕牛,有效地控制了耕牛的血吸虫病。三是加大了改水改厕工作力度。各级业部门不断加强人畜粪便管理,按照整村推进的原则,结合新农村建设,积极实施建沼气池、建三格式无害化厕所;各级水利部门按照家园行动计划,认真实施安全饮水工程,疫区改水工作有了新的进展。四是加大了查螺灭螺工作力度。各有关部门认真实施螺情监测,积极开展查螺工作,以工程灭螺为重点,采取药物灭螺,建鱼池、开新填旧、渠道硬化、封滩育林等综合措施,对有螺地带进行了综合治理,圆满地完成钉螺综合治理项目,有效地降低了垸内钉螺面积。市发改委组织市卫生、血防、农业,水利等部门,并邀请省血防专家,对全市阻螺涵闸和2007年水利、农业垸内灭螺工程进行了考核验收,武汉市的血防工作受到省血防专家的好评。

突出防治重点　实施整区推进

根据《省血防领导小组关于印发〈湖北省9县、市、区)血吸虫病防治"整县推进、综合治理"工作方案(2007 - 2008年)〉的通知》和"武汉市汉南区血防"整区推进、综合治理"项目实施方案》要求,蔡甸区、汉南区区委、区政府高度重视,认真开展调查研究,多次召开专题会议,明确了血防工作责任,制定了具体的实施方案,动员和组织有关部门围绕项目任务,认真开展查螺灭螺、防病治病、改水改厕等综合控防措施。省血防办和市血地办分别对蔡甸区和汉南区"整区推进、综合治理"工作进行督导检查,检查结果表明蔡甸区、汉南区基本完成了2007年度"整区推进、综合冶理"项目任务。实践证明,实行血防"整区推进、综合治理"是帮助重疫区实现疫情控制目标的有效措施。

全面升级达标　提高防控水平

根据《武汉市血吸虫病"综合治理、升级达标"项目实施方案》要求,在2006年武昌、青山区达到血吸虫病传播阻断标准,武汉经济技术开发区达到血吸虫病传播控制标准的基础上,全市进一步加大了血防"综合治理、升级达标"工作力度,各区高度重视,将"升级达标"工作列入目标管理、制定了具体的实施方案,严格对照国家血吸虫病控制标准,成立专班,落实专人,明确职责,强化措施,认真组织实施血防"升级达标"工作。汉阳区通过了血吸虫病传播阻断标准考核验收;江岸区、东西湖区通过了血吸虫病传播控制标准考核验收;洪山区、汉南区、蔡甸区、江夏区、黄陂区通过了血吸虫病疫情控制标准考核验收。全市提前1年达到了国家提出的"到2008年疫区达到血吸虫病疫情控制标准"的目标。同时,2007年又有3个街(乡、镇)达到血吸虫病传播阻断标准,1个街(乡、填)达到传播控制标准。至此,全市有43个街(乡、镇)达到传播阻断标准,27个街(乡、镇)达到传播控制标准,9个街(乡、镇)达到疫情控制标准,全市血吸虫病防控工作达到了历史新水平。

加大血防投入　确保目标完成

在市委、市政府的高度重视下,各区和市直各部门密切配合,积极筹集资金,加大了对血防工作的投入,认真落实血防"整区推进、综合治理"项目经费,血防"综合治理,升级达标"项目经费,钉螺综合治理项目经费,有力的保证,血防目标任务的完成。2007年,全市用于血防投入7 538.51万元,其中:中央投入246.00万元,省级投入2 428.60万元,市级投入4 163.91万元,区级投入700万元。

【当前存在的主要问题】 武汉市血吸虫病防治工作虽然取得了可喜的成绩,但还存在一些亟待加强的问题。主要表现在:

一是血防任务仍然十分繁重。虽然已全部达到了血吸血病疫情控制以上标堆,但全市血防达标成果的巩固和提高还十分艰巨,仍有垸内钉螺面积2 455亩,垸外198 442亩钉螺面积难以控制,已经消灭钉螺的地方随时可能复发,控制传染源的任务还很繁重,血吸虫病人和病牛的治疗任务还很大,三格式无害化厕所建没只完成了40%(13 295/33 258),疫区安全饮水只完成了十一五计划的10%。

二是落实传染源控制措施不力。随着防治策略的转变,控制传染源是今后血防工作的重要任务,但全市控制传染源的主要措施落实不够,主要表现在洲滩禁牧因经费不落实而流于形式,家畜圈养未能很好落实,建三格式无害化厕所数量少、质量差,有些达不到杀消血吸虫卵效果,以机代牛新增机械任务数每年增加,但耕牛存栏数却未见明显减少,安全饮水任务还很大,人畜粪便的管理亟待加强,人畜重复感染仍然严重。

三是对血防工作认识还有待加强,少数单位对血防工作的重要性认识不高、责任意识不强,对防治策略的调整和转变认识不足,少数部门之间配合不协调,条块信息沟通不够,对血防工程质量把关不严,血防整村、整乡推进进展缓慢,与新农村建设整合不够。

四是《血吸虫病防治条例》贯彻不够扎实。《条例》颁布施行已近2年,各地也采取了多种形式宣传条例,但仍只是停留在表面,对政府的责任、部门的职责、群众的义务宣传不够,社会的血防意识和群众的血防法制意识不强,依法治血亟待加强。　(市血地办)

【召开全市卫生科技大会】 为了总结近5年来全市卫生科技创新的工作经验,布置新时期卫生科技创新工作任务促进重点专学科建设和卫生人才成长,表彰先进典型,市卫生局于2007年3月召开了全市卫生工作会暨卫生科技大会,会上,市、局领导为市中西医结合医院肾内科等12个第二批市级重点专(学)科建设单位授牌,同时,对医德高尚、技术高超、贡献突出的5名"武汉市医学杰出人才"、12名"武汉市优秀学科带头人"和20名"武汉市医学新秀"予以了表彰和奖励。

【全市共有53个部省市级重点专(学)科】 为继续加强重点专(学)科建设,促进医疗卫生机构名科孵化和名医培养工作,市卫生局开展了新一批重点专(学)科建设单位评审工作。经专科申请,所在单位审核推荐,组织省部属医学专家对19个申报专科,从专科规模、质量管理、服务效果、技术特色、发展潜力、科研水平等方面进行了全面考核验收。经专家考核评分,市卫生局审核同意,确定了武汉市中西医结合医院消化内科等8个专科为第三批市级重点专(学)科建设单位。

6月至9月,在市卫生局5·1·1工程的基础上,湖北省卫生厅对武汉申报的省级临床重点候选专科进行了评审,最终确定了市中西医结合医院消化内科、市中心医院血液内科、市妇女儿童医疗保健中心小儿神经内科、小儿心血管科为湖北省临床重点专科。现阶段全市已形成了由2个国家中医药管理局重点专科,6个省级临床重点专科,27个市级重点专学科,18个市级重点专学科建设单位组成的医疗卫生重点专学科休系。

【集中培训优秀青年学科带头人】

2007年4月至7月,按照《武汉市卫生局百名优秀青年学科带头人培养计划管理办法》要求,市卫生局对46名第二批优秀青年学科带头人培养人选,在医学英语、计算机、医学统计等学科进行了集中培训,为其在医学科研能力方面打下了坚实的基础。

【构建重点学科建设平台】 为进一步做好医学科技平台建设工作,

市卫生局积极与市科技局合作建设了5个重点学科科技平台，争取到每年100余万经费用于科技平台的建设和发展。2007年，市科技局新确立了市妇女儿童医疗保健中心小儿神经内科为重点学科科技平台，为其每年投入20万元的科技经费，使之具有了更好的发展动力。为了搭建更多更好的平台，市卫生局张书记、林局长多次请市科技局领导到市心理医院和市医科所调研，促进两家单位纳入市科技局重点专科建设平台。

【组织医疗队到农村开展科普宣传】 为配合全国2007年科技周活动的开展，根据市委、市科技局的统一安排，5月19日，市卫生局组织由市中西医结合医院、市中心医院、市结核病医院、市疾控中心等单位组成的20余人的医疗及科普知识宣传小分队，携带近万元的免费发放药品，由丁顺清、曾庆海副局长带队到黄陂区李集镇，为当地群众开展了义诊咨询200余人次，义务测血压150余人次，免费胸透30余人次。

【开展科研项目评审及课题鉴定】 由27名包括省部属医学专家在内的评审团对2007年度武汉市医疗卫生科研项目进行评审，对申报的198项科研项目，分大外科、大内科、影像检验分科、公共卫生四组进行了评审，推选90项课题入围市卫生局医疗卫生科学研究项目。2007年共完成科研课题鉴定47项，其中5项达到国际先进水平。

【多项科技获奖和基金资助】 市卫生局各单位共获得市级以上科技奖励33项，其中，省科技进步三等奖4项，市科抖技进步一等奖2项，市科技进步二等奖5项，市科技进步三等奖22项。

市精神病医院陈红辉的"心理危机干预"获得卫生部卫生事业公益基金50万元资助，其"内源性CNTF对成体神经干细胞自发性分化的作用及其机制"项目也获得国家自然科学基金28万元资助，市中西医结合医院张介眉的"通阳中药葱白提取物对缺血心肌微循环及能量代谢影响的生物学基础研究"获国家自然科学基金8万元经费资助。

【市卫生局荣获科技先进奖】 2007年4月，市卫生局被市人事局和科技局联合授予"武汉市科技工作先进集体"，黄涛为"先进个人"。

【拓宽对外交流渠道，提高国际合作的水平】 1.5月28日至6月1日，香港食物环境卫生署第二领导、食物安全专员麦倩萍女士为首的卫生督察交流访问团一行十人，来武汉市交流访问。5月28－30日专程造访了市卫生局，林国生局长、刘国庆书记率市卫生局相关处室和直属单位领导接待了访问团一行，就食品卫生监管制度，食物中毒等突发公共卫生事件的调查和处理，虫害防治的技术规范和监测工作等方面进行了深入交流和实地考察，并就加强双方的合作与沟通达成了进一步意向。

2.9月20－22日，日本大分市医师会议长金谷正明先生为首的医学交流访问团一行5人，来武汉市交流访问。9月20日，武汉市刘顺妮副市长会见并宴请了访问团一行。9月21日，访问团造访武汉市卫生局，市卫生局张建华书记、林国生局长、朱宏斌副局长、刘国庆书记等领导会见了医师会代表团一行，双方介绍了各自所在地医疗卫生情况，并就公共卫生建设、妇幼保健、医疗机构设置和管理等方面的问题进行了深入友好的交流，同时，就加强双方的合作与沟通达成了进一步意向。访问团一行还实地考察了武汉市妇女儿童医疗保健中心。

3.为提升武汉市120院前急救网络建设的综合实力，加强公共医疗卫生应急体系的国际合作，2007年4月24日，市急救中心与国际SOS举行了《武汉市急救中心－国际SOS合作协议》签约仪式。武汉市刘顺妮副市长，法国驻武汉总领事费勇先生，省卫生厅黄利鸣副厅长，市卫生局张建华书记、丁顺清副局长，市急教中心熊悦安主任、国际SOS中国区常务董事JohnWilliams先生，国际SOS医疗运营总监AhmedFahmy先生，以及武汉地区各医机构代表和新闻媒体出席了签约仪式。此次签约是ISOS与中国院前急救系统鉴订的首个合作协仪，该协议将促进双方在今后的医疗求援中展开更为广泛的信息、资源、设备和人员的多方位交流与合作。

4.为提高基本医疗保障的医疗诊治和医药服务的总体水平，以市卫生局林国生局长为团长的武汉市卫生代表团一行7人于2007年5月上旬赴澳大利亚、新西兰进行为期12天的医疗考察活动。考察期间代表团重点考察了澳洲、新西兰的卫生保健体制、公共卫生及社区医疗情况，与澳大利亚中央黄金地市和新西兰怀托摩市卫生行政部门进行了广泛深入的交流。

5.应法国巴黎市政府和挪威社区卫生事务局的邀请，市政府周元副秘书长和市卫生局张建华书记，于2007年5月下旬率6人组成的医学访问团赴法国、挪威进行了为期12天的医学访问与交流。此次出访与法国巴黎市和挪威卫生行政部门以及相关医疗卫些机构进行了友好协商和广泛交流，探讨了基本医疗保障管理体系，考察了两国的社区卫服务模式，并对精神卫生的研究及发展进行了深入了解，达成了共同在汉举办高级心理师培训班，推动两国精神卫生合作与发展的意向。与荷兰欧洲皮库达成了合作建立皮肤供应库的意向。中挪高级心理医师培训班已于一月举行，欧洲荷兰皮库与市第三医院也达成了合作意向。

6. 选派援外医疗队赴阿尔及利亚、莱索托等国执行援外任务，1－10月，市卫生局选派3名医务人员赴莱索托执行医疗援助任务。

（市卫生局科技外事处）

【完成了局机关及局属单位工资制度改革工作】 2007年初组织完成了局机关及局属单位工资套改工作，并经市工改办审核通过，共计对13 654人的工资进行了套改，其中在职人员9 869人，离退休人员3 785人；10月完成机关事业单位首次正常运转晋级审核工作，审核9 657人正常增加薪级工资。

【完成2007年事业单位公开招聘和2008年计划申报工作】 3月，组织局属15家单位参加了2007年武汉市事业单位公开招考工作人员工作，面向社会招录108名工作人员，其中博士2人，硕士61人，本科41人，大专4人。坚持招聘过程公平、公正、公开，择优选录人才，全局的公开招聘得到市人事局的肯定，在全市大会上交流工作经验。同时，完成市人事局对卫生系统2004年以来事业单位公开招聘工作人员工作情况的调研。

按照统一部署，2007年事业单位人事制度改革的重点是岗位设置及岗位聘用工作，实现身份管理向岗位管理的实质转变。年初组织完成了市人事局对市卫生系统“岗位设置管理工作”的调研，了解局直属单位的人员状况，为组织实施岗位管理做好准备。

完成再就业一级目标新增就业岗位310人，其中再就业人数150人，提前完成全年目标。

【组织实施了2007年度全国卫生专业技术资格考试工作】 2007年共计7 082人报考，在纸笔考试的基础上，部分科目首次采用人机对话方式，整个考试工作组织严密、考场秩序良好，得到省卫生厅、市人事局和市保密局的肯定。

【积极探索职称评审量化评价方式】 2007年度全市卫生系列副高职称评审工作推行改革。

为完善以能力和业绩为导向的人才评价机制，提高卫生专业技术职称评价的科学性、准确性和公正性，积极探索改革职称评审方式，拟定《武汉市卫生技术副高级职务量化评审方案》，并组织评委会专家进行论证，报市职改办核准后，在全市卫生副高评审中试行，评审专家反映良好。

在评审工作中，坚持适度向偏远城区和农村地区倾斜。一是在评审政策上，适当放宽在预防医学、药、护、技等专业工作人员申报条件，规定大专毕业后任中级满7年人员可正常申报；二是在量化评分中，对在基层工作的和对口支援基层人员予以特殊贡献加分。

严格把握评审通过率，2007年共计544人申报，9月22、23日进行水平能力测试，10月17、18日进行专业组评审和高评会投票，西医系列通过率为57.7%，中医系列通过率为48.4%。

【组织了2007年局属单位的工人考工报名审核工作】 局直属共有740人报名，其中申报技师的有264人，高级工317人，中级工108人，初工51人。同时，受市人事局委托对医药卫生类的工人进行考核培训，报医药卫生专业的工人有423人，培训工作于11月10日启动，用时2个多月。整个工作由局人事教育处与局党校共同组织实施。2007年考工，积极与市人事局沟通协商，放宽工人报名条件，解决了铁路移交的几家单位及市中心医院工1人考工等问题。

【在教育培训工作中，加强制度建设和管理】 市卫生局制发了《关于加强专业技术人员培训管理的通知》，实行办班备案制度，协调相关业务处室，整合培训资源，优化培训项目，方便学员学习，提高培训质量。强化教学计划制定与实施、师资选聘、考勤考试等各个环节管理，实施考教分离制度培训教师与考试出题教师相对沟通，绝对分离，严格规范考试考核。实施综合评价制度，考勤、日常学习和考试成绩分别按不同比例记入成绩，进行综合评价。实施教学反馈制度，采取问卷调查等方式，对培训内容、方式、教学质量等进行评估，促进教学相长。实施奖励激励制度，评选优秀学员、优秀组织单位和最受欢迎教师，给予一定奖励。

【设置新一轮继续医学教育公共课】 在2006年继续教育免费公共课的基础上，2007年继续推出免费项目——《健康心理与和谐医患关系》,仍邀请资深专家,编印培训资料免费送教到基层。于8月初在江汉区正式启动,参加培训人数达3 000余人,深受基层卫生技术人员欢迎。

【进一步加强社区卫生技术培训工作】 根据中央中西部培训项目、卫生部《社区卫生人员岗位培训大纲》要求和省《城市社区卫生技术人员培训方案》,市卫生局调整了全市全科医生和社区护士培训计划,增加社区培训内容,申请武昌水果湖社区卫生服务中心等7个中心为全省全科医学社区培训基地。2007年进一步加大了培训力度,全年共培训全科医生和社区护士近700人,另选派92名具有主治医师资格或5年以上专业工作经验的社区医生参加省全科医生骨干培训班,武昌区水果湖街社区卫生服务中心被评为全国社区培训示范基地。

面向远城区的城关地区,适当选取部分乡镇卫生院医务人员进行全科医生、社区护士培训,推进城乡一体化工作。

【加强农村卫生队伍建设】 2007年,市卫生局实施农村卫生人才培养和水平提升计划,分层次开展各类专业技能培训。

2007年是乡村医生中专学历教育的第二年,也是非常关键的一年,重点是做好执业助理医师备考培训工作。为充分调动学员积极性,争取财政专项资金作为奖厉和补助经费,根据学员考试成绩、出勤情况,由市、区卫生局、教学单位共同确定发放办法和发放对象。

启动新一轮乡村医生岗位培训,全年培训1 800人,于6月1日在各城区同步进行。根据卫生部《农村卫生技术人员培训大纲》的要求,组织编印全市通用培训教材,统一安排培训工作,积极争取市财政经费支持,免收学员培训费、资料费,培训单位根据学员实际情况安排培训地点,提供良好学习环境,并在食宿上给予适当补贴,最大限度地减轻学员经济负担。

开展乡镇卫生院管理干部培训。在2005、2006年开办院长培训班的基础上,将培训面扩大到乡镇卫生院中层管理干部,参加培训学员80余人。

开展多种农村适宜技术培训,结合农村卫生工作需要,开展了检验、妇幼保健、急救技术培训及新农合管理技术等多项培训活动,参加培训学习800余人。

【开展继续教育计算机管理试点工作】 根据省卫生厅安排,武汉市作为全省继续教育管理系统试点地区,市卫生局正式启动试点工作,采用好医生继续医学教育管理系统,实现继续教育学分采集、数据汇总、统计分析、报表上传、项目申报、学分审验等工作的计算机管理,进一步规范该项工作。第一批选定市一医院等8家试点单位。

【继续开展基层公卫人员培训】

制定了《武汉市社区卫生服务中心和乡镇卫生院标准化公共卫生科人员培训方案》,明确培训目标、培训要求和考核管理办法,规定了公共卫生人员准入制度。按照培训方案要求,2007年开办社区卫生服务中心和乡镇卫生院公共卫生人员培训班各2期,培训学员300人。2007年新增实地见习内容,理论培训结束后,根据学员所从事的主要专业,分别安排他们到市疾控中心、市结防所和市妇幼保健院进行实习,提高实用技术水平,切实提高处理突发公共卫生事件的能力。

【离退休老医生进社区工作新进展】 2007年,进一步加强社区聘用离退休老医生管理工作。根据社区卫生工作需要聘用部分检验、放射专业的老医生到社区卫生服务中心工作,并鼓励在中心工作的老医生每周到站工作2-3天,担任"社区首席医生"。

据统计,共计已聘任192名离退休医生在社区卫生服务站工作,其中正高18人,副高101人,中级73人。加强考核与管理,及时了解聘用情况,掌握人员动态变化,并对不适应社区工作的人中及时进行调整与补充,保证政府举办的社区卫生服务站都有离退休老医生。

(市卫生局人事处)

【卫生规划管理】 武汉市人民政府以武政〔2006〕59号文批准卫生事业发展十一五规划,在规划中提出了市卫生事业十一五发展方针、发展目标、主要指标和主要任务,并在卫生事业十一五发展规划框架下,制定了医疗机构设置规划。

为加强规划管理,全面实现规划提出的发展方针、发展目标、主要指标和主要任务,按照市政府的统一布置,开展了规划执行情况的自查工作,对照规划提出的发展目标、主要指标和主要任务,进行检查,找出存在的薄弱环节,加以重视和完善。在建设项目申报审批时,严格按照规划建设项目报批,对没有规划的项目,原则上不报批。不定期参加医疗机构设置审批会议,严格按照规划审批和设置医疗机构。

【卫生基本建设】

2007年度,市卫生局直属单位完成基本建设投资2.4亿元,其中市重点项目完成投资1.69亿元，完成目标的126%。施工房屋建筑面积154 190平方米，竣工房屋建筑面积76 144平方米。

已竣工和即将竣工的主要项目有：市医疗救治中心、市中西结合医院重点专科病房楼、市第三医院烧伤综合楼等项目。其中：市医疗救治中心作为市重点建设项目即将开始试运行。

完成了市卫生监督业务综合楼项目的项目代理机构招标，确定了建筑设计公司，做好建筑方案、初步设计报批工作，办理完结土地过户工作，为该项目建设基本完成了前期各项准备工作。

修改完善市中医院、市麻风病医院、农村卫生机构建设项目方案，通过市发改部门审批，办理了项目的国债资金申报工作。

【卫生部门预算】

1. 2007年武汉市本级预算财政补助收入比2006年增长了1.84亿元，增幅为72.35%，达到4.38亿元，其中：卫生事业费增长了1.31亿元，增幅为57.45%，达到3.59亿元。

在财政补助中，基本支出占总经费的60.5%，其中：人员经费占总经费的56.39%，基本支出的重点是保障工资改革增资、规范调整津补贴、调整工改后引起的公用经费、社会保险费、住房补贴增加和完成2001－2005年住房货币化补贴。

项目支出占总经费的39.5%，继续加大对公共卫生、社区卫生投入力度，全面启动农村卫生建设，其中：医院补贴项目占项目支出的15.38%；公共卫生项目占17.95%；农村卫生项目占24.89%；社区卫生项目14.43%；其他项目占27.35%，包括中医事业费、培训经费、干部保健、设备维修专项等。

2. 为落实市政府十件实事，全年共安排标准化建设经费2 620万元（乡镇卫生院40万元/所，村卫生室1.5万元/个），对40所乡镇卫生院和350个村卫生室开展标准化建设和设备配备。

安排经费1 100万元，采取政府购买公共卫生服务方式，按服务区域常住人口每人每年按5－6元的标准给予补助，即按市级3元、区级相应配套，纳入同级财政预算管理。

为加强队伍建设，提升医疗服务水平，共安排经费289万元开展岗位培训和进修。

3. 按照中心城区市区常住人口每人每年10元的标准对社区卫生服务机构予以补助，所需经费由市、区两级财政各负担一半，市本级负担2 200万元。

为推进基本医疗进社区，对到社区就医的人员"五免六减"项目补助经费1 000万元。

为加强机构能力建设，社区卫生技术人员培训每年93万元，连续三年完成培训；开展千名医生下基层活动，聘请离退休医生进社区，按照正高1 000元/月、副高800元/月，中级600元/月的标准予以补助，2007年聘请了61名，补助140万元。

4. 继续推进公共卫生能力建设，提高保障能力，落实保障措施，在构建社区和农村两大公共卫生服务平台的基础上，重点对艾滋病、结核病、血吸虫病等重大疾病以及卫生监督、疾病预防控制、地方病防治、爱国卫生、妇幼保健以及突发事件应急处理等经费进行安排。

【卫生部门清产核资】

市政府于2月28日组织召开了全市行政事业单位清产核资工作会议，全面部署了全市行政事业清产核资工作，市卫生局随即成立了由林国生局长任组长的清产核资工作领导小组，布置了该项工作，要求各局属各单位成立了本单位清产核资领导小组，由单位主要领导挂帅，分管领导负责，成立由资产、财务、纪检、人事、基建、后勤等相关部门组成的清产核资工作人员专班。

通过单位自查、审计核查、单位公示、单位申报、确认批复、建立信息系统和总结整改等工作程序，全面摸清了行政事业单位的"家底"，对单位户数、编制和人员状况；单位的各种原始凭证、记账凭证和会计账簿等基本财务情况和单位各项资产和收支情况进行全面的清理、核对和查实。重点做好固定资产、货币资金、应收及预付账款、各项对外投资、账外资产的清理和核查，以及做好单位有关抵押、担保、诉讼、出租、内部经营等事项的清理。对清产核资中的盘盈、盘亏、资产挂账等问题，按国家有关规定和清产核资政策，经申报、价值重估、资产核实、批复后进行了账务处理。

【公共财政体制改革】

武汉市公共财政体制改革推进速度在全国走在前列，目前已实行了部门预算、国库集中支付、政府采购、收支两条线和政府收支科目改革在内的公共财政体制改革，推行了公务卡结算、取消全额单位银行账户、工资奖金集中发放、两库一体系预算体系等制度，将全市各行政事业单位各项收入、支出全部纳入财政管理，其中重点对财政补助、非税收入和部分单位的自有收入进行严格监管。

为适应改革，对人员、公用等基本支出，按照定员定额积极争取；对于专项经费，编制项目预算，实行项目管理，开展绩效评价。

【药品直供工作】

为降低药品流通费用，杜绝药品购销中不正当行为，逐步解决人民群众“看病难、看病贵”问题，以普爱医院为试点，由财政适当补助，试行由一家大型一级药品批发企业直接向医院供应所有药品的医院药品购销新形式。运行一年来，该院每门诊人次药费为60.2元，下降24.13%；住院病人每床日费用109.25元，下降39.53%，共减少患者药费支出4 700万元。

【卫生部门财会管理工作】

1. 完成2006年省卫生厅、市财政局布置的决算工作，聘请会计师事务所对基层单位2006年决算报表进行部门决算、基建决算审计，完成卫生统计、财务、基建年报汇总上报和资料汇编工作：做好年度财务分析工作，为控制医药费用过快增长，对局属医疗机构有关医药费用按季进行分析。

2. 加强政府采购工作管理，落实政府采购各项规定；做好票据管理工作；协助做好医疗收费项目的规范和调整工作，继续降低药品收入占业务收入的比重，分别达到45～60%；完成2006年度财政供养人员调查工作。

3. 做好会计管理工作，组织会计从业资格证、会计专业技术资格报名考试工作；组织会计人员继续教育培训工作，组织举办了财务知识讲座和组织参加全国会计人员知识竞赛；

4. 做好市直单位住房分配货币化申报工作，对市直单位住房分配货币化的错报、漏报情况进行调整，对2001－2005年的按月补贴进行发放，对2006－2007年方案进行申报共申请财政补助3 732.46万元，发放职工近万人。

【卫生统计工作】

1. 完成2006年卫生统计年报的汇总、整理工作。

2. 按时完成月报资料的收集，整理工作，不断完善月报程序，并对武汉市卫生季报程序进行了更新。

3. 整理2006年卫生统计提要。

4. 按照省厅的工作安排，在全市范围内开展卫生统计年报网络直报工作培训工作。

5. 布置07年卫生统计网络直报年报工作。（市卫生局规财处）

【健全服务网络，完善工作机制】

2007年，在全市保健对象不断增加，工作任务日益加重的情况下，武汉市干部保健工作认真贯彻落实全国干部保健会议精神，始终保持高度政治觉悟，不断深化工作理念，改进工作方式方法，全市干部保健服务意识不断强化，健全完善了以市保健办为枢纽，四大家医疗保健联络员和领导秘书为抓手，武汉地区各级保健基地医院为依托的多层次多渠道的服务网络。为保证领导就医更加便捷，提高工作效率，确保各项保健任务顺利完成，市保健办始终坚持团结协作、全市一盘棋的观念，不断加强医疗机构之间的协调，完善市保健专家库，定期召开保健联络员例会，建立互动机制，形成工作合力，构建和谐的工作关系。2007年参与重大会诊近20坎，陪诊出诊70余次，没有一次延误抢救时机，没有一个专家不按约会诊，没有一家医院拒不出诊。在女足世界杯和城运会召开期间，委派协和医院的医护人员，圆满完成了副部级以上的医疗保障任务。

在保障日常保健任务完成的基础上，做好保健对象与就诊医院之间的协调工作也是一个重要环节。很多老领导年岁已高，病情复杂，医院会诊、抢救工作任务十分繁重。时常会患者（家属）与医院在治疗措施上意见出现偏差的现象，为达到医患关系和谐，市保健办以做好服务为宗旨，耐心做好协调工作，有力沟通，有力保障了保健对象的身心健康。

【加强培训，不断提高干部病房管理水平】 提高干部病房管理水平是干部保健工作的关键，针对干部保健工诈所面对的高需求，进一步规范干部病房各项规章制度，系统加强干部病房医务人员的培训，3月，召开了全市干部保健工作会议，以会代训的形式对病房质量管理工作进行了部署和强调。5月份，组织全市干部保健基地的病房主任和护士长举办一期干部病房管理培训班，邀请同济有关负责人就科主任负责制、管理、报告、会诊以及抢救制度等有关内容进行了培。通过以上培训和学习，健全了病房保健、预防、健康教育、治疗、会诊、抢救及康复等各个环节的工作制度，提高了应对突发事件的综合服务能力，通过各种制度的完善和落实，使管理干部保健工作从各个环节都有章可循，有规可依，促进了干部保健工作的科学化和制度化，进一步提高了保健工作水平和服务质量。同时健全保健对象健康状况的分层逐级报告制度，按规定和要求及时上报有关情况。做到了月报表及时报，紧急情况随时报，确保了信息畅通。

【开展健康教育，认真组织体检】

干部保健工作始终坚持预防为

主、防治结合的方针，强化预防－保健－医疗康复新的保健观念，切实将干部保健工作重点前移，变被动治疗为主动预防，根据不同的季节，不同的环境及领导干部不同的年龄和身体状况，抓好疾病预防工作，及时向保健对象提供科学、准确的卫生指导和保健咨询，增强干部自我保健意识。3月份向每位保健对象下发了健康体检的温馨提示书，有计划地安排陪同领导健康体检并建立了健康档案，针对体检结果为领导制定个人健康处方，提供合理用药方法及科学饮食结构，2007年，全市在职副市级以上的领导干部的健康体检率达到了90%以上，健康档案建档率100%。

在加强干部健康体检和疾病治疗工作的同时，市保健办注重对保健对象预防保健、卫生常识宣传和健康教育。年初向每位对象赠送了《保健时报》，使保健对象及时便捷的了解健康新知识、新信息，提高自我保健意识和能力。4月份，联合同济医院组织举办了一期关于肾病知识的健康讲座。10月份，根据个人自愿的原则，采取上门服务的方式，分批给近110名保建对象接种了流感疫苗接种，受到了保健对象的好评。11月，有针对性地购买健康养生类书籍，并请有关专家研制具有保健功能的冬季保健品，发送到每个保健对象的手中。

（市保健办）

武汉卫生改革开放三十年综述

【武汉卫生改革开放三十年前言】

岁月长河，三十年仅瞬间，然而武汉市卫生事业却取得长足进步，卫生工作成就喜人。适应中国特色社会主义市场经济体制和人民健康需求，有武汉特点的医疗卫生服务体系初见端倪；卫生基本建设、城乡基层卫生网络建设、卫生科技建设、高素质职业道德卫生队伍建设、中医药工作建设、卫生法制建设、社会主义精神文明建设以及健康教育促进等等取得巨大成绩；群众就医条件、环境明显改善，群众“看病难、看病贵”矛盾得到缓解人民健康水平显著提高，这些都缘于：全市卫生系统高举邓小平理论伟大旗帜，在“三个代表”重要思想和科学发展观指导下，正确执行党的卫生工作方针，持续深入开展卫生改革；坚持党和政府加强对卫生工作的领导，部门支持，群众主动参与，保证了全市卫生事业与国民经济的协调发展；坚持“两手抓、两手都要硬”的方针，两个文明建设同步发展，保证了卫生事业发展和卫生改革有强大的精神动力；坚持“以人为本”、“构建和谐”，加强思想政治工作，解放思想，更新观念，为卫生事业发展和卫生改革提供坚实的思想保证；坚持履行卫生工作宗旨，全心全意为人民健康服务，为社会主义现代化建设服务，为构建和谐社会服务，保证了卫生事业发展和卫生改革的正确政治方向；坚持领先科技进步，科技兴医，发挥武汉人才、技术、信息优势，保证了卫生事业持续、快速、稳步发展。还应看到始于1978年的举国改革开放，三十年的辉煌成就，为发展与人民群众身体健康息息相关的卫生事业夯实了牢固的基础，推进卫生改革持续发展，不断深化。从综述、成就、措施三个方面回顾武汉卫生改革开放，三十年艰辛而闪耀的光辉历程，温故而知新，吸取有益经验，激励奋进，迈上新台阶，创造新业绩，造福于民。

【武汉卫生改革开放三十年综述】

1978年中国共产党的十一届三中全会以后，全市广大卫生工作者，坚持党的基本路线和方针，深化卫生改革，全面贯彻落实《中共中央国务院关于卫生改革与发展的决定》、《关于城镇医药卫生体制改革指导意见》和《中共武汉市委武汉市人民政府关于加快卫生事业发展的意见》以及全国城镇职工基本医疗保险制度和医疗卫生体制改革工作会议精神，执行“以农村为重点，预防为主，中西医并重，依靠科技与教育，动员社会参与，为人民健康服务，为社会主义现代化建设服务”的新时期卫生工作方针，围绕实现《决定》、《指导意见》、《意见》提出的卫生工作奋斗目标，开拓奋进。按照中共武汉市委的批示精神，卫生改革抓住主要矛盾，挖潜改革，市卫生局相继出台了《武汉市卫生工作改革方案》、《关于具体实施国务院批转卫生部关于卫生工作改革若干政策问题报告的通知》、《关于贯彻落实市人民政府办公厅转发市卫生局等部门关于扩大医疗卫生服务有关问题报告的通知》、《市卫生局关于进一步治理整顿和深化卫生改革的意见》、《关于进一步加强卫生工作目标管理的意见》等5个综合性改革文件，用以指导和组织全市卫生系统沿着正确的方向有序推进卫生改革，以解决群众“看病难”为突破口，克服“独家办”、“大锅饭”、“不核算”、“一刀切”等弊端，打破平均主义，条块分割界线，充分发挥卫生资源的利用效益，实行多渠道、多种形式办医和以责为核心的责权利相结合的多种形式责任制，改革医疗卫生服务模式。从单项改革扩展到综合配套，全方位推进改革，从偏重于搞活医疗卫生机构的补偿机制和内部运行机制，调动职工积极性，扩大服务，转向构建适应社会主义市场经济体制要求的卫生服务体系、医疗卫生体制、领导管理体制和运行机制，引入竞争机制，改革劳动人事分配制度，为人民提供便捷、优质、价廉的医疗卫生服务。

迈进21世纪，卫生改革与发展面临新的任务，挑战与机遇并存。胡锦涛总书记在中国共产党第十七次全国代表大会上的报告，把建立基本医疗卫生制度，人人享有基本医疗卫生服务，提高全民健康水平，纳入改善民生，全面建设小康社会奋斗目标的新要求。面对新形势新任务，全市卫生系统广大职工，以改革为动力，以高度的责任感和坚持科技创新的兴医精神，全面贯彻落实科学发展观，以人为本，围绕卫生改革总体目标，按照分类管理和引入竞争机制的要求，加快医疗卫生体制改革，坚持公共医疗卫生的公益性质，坚持预防为主、以农村为重点，中西医并重，实行政事分开、管办分开、医药分开、营利性与非营利性分开。加强农村三级卫生服务网络和城市社区卫生服务体系建设，深化公立医院改革，努力建设覆盖城乡居民的公共卫生服务体系、医疗服务体系、医疗保障体系、药品供应保障体系，为群众提供安全、有效、方便、价廉的医疗卫生服务。针对“看病难、看病贵”的新情况，中共武汉市委组织市委政研室等9个部门联合开展大型调查研究，分析医疗服务费用和医药价格偏高、医疗保障面窄、水平低、特困群众和弱势群体无力就医、农村缺医少药、卫生安全得不到保障、医药卫生行业不正之风依然突出等“看病难、看病贵”新现象，提出了解决群众“看病难、看病贵”问题的课题调研总报告和关于武汉市医疗资源配置、农村卫生发展情况、城镇职工基本医疗保障情况，对贫困群众实施医疗救助情况、卫生事业财政投入情况、药品流通和医疗机构监管问题等6个调研课题子报告，并在此基础上推出了系列政策和措施建议，从医疗卫生体制、医疗卫生服务体系、医疗保障体系等方面深化改革，探索突出政府公共职能，建立适应社会主义市场经济体制，适应人民群众卫生与健康意识增强对卫生服务更多更高需求以及医学模式快速转变的要求，并符合武汉市实际的医疗卫生服务体系，从中拓展解决群众“看病难、看病贵”问题的途径，从体制上、长效机制上解决群众最关心，迫切需要解决的热点、难点问题。为全面贯彻落实国家制发的《关于建立城镇职工基本医疗保险制度的决定》、《关于城镇医药卫生体制改革指导意见》、《开展区域卫生规划工作的指导意见》、《关于发展城市社区卫生服务的若干意见》、《关于城镇医疗机构分类管理的实施意见》等文件精神和要求，武汉市出台了系列相应文件，主要有：《关于城镇医药卫生体制改革实施意见》、《关于进一步加强农村卫生工作的意见》、《关于进一步推进基本医疗保障进社区的意见》、《关于发展社区卫生服务实施意见》、《武汉市新型农村合作医疗试点工作方案》、《关于卫生监督和疾病预防控制体制实施意见》、《关于实施医疗机构分类管理的通知》、《武汉市贫困群众医疗救助实施办法》、《市属国有困难企业退休人员参加基本医疗保险暂行办法》、《社区卫生服务中心“医药分开”改革实施方案》、《关于开展医院“药品直供”试点工作的方案》等等文件，指导了卫生改革持续有序进行，不断推进改革向深层次发展。

全市卫生改革主动适应社会经济体制和医学模式的转变，正确运用卫生改革系列政策，改革体制，转换机制，调整结构，整合资源，拓宽渠道，广纳资金，转变模式，加强了公共卫生、农村卫生和城市社区卫生建设，优化了医疗卫生资源配置，提高了群众医疗保障和救助水平，提高了卫生服务质量和水平，拓展了卫生服务的规模，基本建立公共卫生服务体系、基本医疗服务体系和医疗保障救助体系，全市卫生事业发生了巨大变化：卫生资源大幅增加，卫生机构数2007年比1978年增长95.47%，卫生工作人员2007年比1978年增长54.17%，卫生床位2007年比1978增长110.48%，卫生投入2007年比2002年增长5.93亿元，增长了216.71%；医疗保障程度大幅提升，每千人口床位2007年比1978年(4.22)增长20.85%，每千人口卫技人员2007年比1978年(6.78)增长0.44%，每一居民年均就诊次数2007年比1978年(4.09次)增长6.36%、平均每百居民住院人数2007年比1978年(5.58人)增长99.64%，居民健康体检人数2007比2000年(221 000人次)增长877.28%；居民医疗消费明显增加，农村居民年人均医疗保健费2005年比2000年(83.98元)增加152.82%，医疗保健费投入占生活消费的百分比从2000年的4.46%上升到2005年的6.35%，城镇居民年人均医疗保健费2005年比2000年(273.96元)增加175.14%，医疗保健费投入占生活消费的百分比从2000年的4.51%上升到2005年的9.15%；全市居民健康水平提高，世界卫生组织确定的衡量人民健康水平的三大指标中,人均期望寿命2007年比1978年延长8.78岁(男性8.21岁,女性9.51岁),孕产妇死亡率从1980年35.4/10万降到2007年的12.2/10万、婴儿死亡率从1978年的14.24‰降到2007年的4.86‰。卫生改革30年,通过八项主要改革措施.改变卫生事业八个方面的面貌,成绩斐然,得到国家和卫生部的好评,社区卫生服务工作、家庭病床工作、大小医院技术协作挂钩提高资源利用率、开展业余医疗服务和特需医疗服务,解决群众"看病难、看病贵"的问题,分别在全国社区卫生工作会议和卫生部卫生改革会议上交流。

【武汉卫生改革开放三十年成就】

三十年,武汉卫生改革不断深化,推进全市卫生事业发展,取得巨大成就,反映在以下八个方面。

一、卫生资源更加盈实。2007年同1978年相比较,医院机构数、卫生床位数、卫生工作人员数分别增长了95.47%、118.78%、67.61%。其结构也发生变化,"十五"期间,在机构总数中的百分比,卫生部门主办的卫生机构由9.86%增加到17.70%,企业主办的卫生机构由28.02%降到7.28%,私营卫生机构,由53.01%增加到69.56%。在卫生床位总数中的百分比,卫生部门、企业和私营的卫生机构床位分别由66.37%降到65.45%、由25.77%降到17.67%,由零增到1.41%。在卫生技术人员总数中的百分比,卫生部门、企业部门和私营的卫生机构的卫技人员分别由59.82%增加到66.58%,由28.39%降到14.29%、由4.11%增加到7.89%。

"十五"期间,基础设施基本建设的投入增加,到2005年,全市医疗卫生机构的固定资产占总资产的63.44%,达到840 174万元;共有万元以上设备29 991台,其中,100万元以上的占1.31%;基本建设明显改善,市、区属医疗卫生机构的基本建设投入比"九五"增加75.93%,达到80 928万元,竣工房屋面积比"九五"增加42.07%,达到85 513平方米。2007年,以上两项分别为43 075万元、110 674平方米。

卫生事业费总额增加,重点倾斜。"十五"期间市、区属医疗卫生机构的卫生事业费总额逐年递增,"十五"比"九五"增加了62.65%。防疫保健事业费作为重点倾斜,"十五"期间逐年增加,增幅在10.70% – 25.35%之间。"十五"比"九五"增加0.94%。2006年防疫保健费为32 273万元。

1978—2007年武汉地区卫生资源发展情况表

项目 \ 年份	1978	1980	1995	2000	2005	2007
人口出生率(‰)	14.71	12.86	9.51	7.68	6.59	7.7
死亡率(‰)	6.46	6.86	6.43	5.64	3.73	4.0
自然增长率(‰)	8.24	6.00	3.08	2.04	2.86	3.6
卫生机构数	1 348	1 542	1 443	2 274	1 938	2 635
其中:医院数	159	2 202 412	224	220	150	147
卫生床位数	20 159	4 158	36 430	33 073	37 400	42 430
其中:医院床位	16 636	19 804	29 602	28 321	31 124	34 689
卫生工作人员数	46 298	54 774	79 298	75 867	64 233	71 378
其中:卫技人员	33 663	40 198	58 860	56 444	50 705	56 424
市、区属卫生单位完成基建投资(万元)			3 583	13 152	25 375	43 075

二、中医事业得到较大发展。"十五"期末,全市共有中医医疗机构621个,其中,医院(含中西医结合医院),从2000年的12个增加到52个;中医院(含中西医结合医院)有卫生工作人员5 158人,卫技人员占76.64%;共有床位2 890张;50万元以上设备有140台,占全市50万元以上设备总台数的9.72%;医院房屋建筑面积占全市医疗卫生机构房屋总面积的8.82%;固定资产占总资产的62.26%。全市中医事业费的投入,"十五"期间逐年递增,增幅大于卫生事业费的增长幅度,市、区两级所属中医事业费总投入"十五"比"九五"增长236.66%。2006年达到67 894万元,比2005年增长17.81%。

三、农村卫生工作明显加强。新型农村合作医疗制度建设推进农民医疗卫生保障水平不断提高。到2007年，全市参合农民达244万人，参合率达到92.40%，共有41.7万人次获得门诊和住院补偿，平均住院补偿比例达到33%，高于全国平均水平；农村医疗卫生服务条件得到改善，已完成40所乡镇卫生院和463个村卫生室的标准化建设，为乡镇卫生院和村卫生室共添置设备1 875件（套）。村卫生室覆盖率达到93.31%（“十五”期末），村卫生室已占总数的72.37%，创历史新高，有3 000多名乡医领取了乡医执业证书。“十五”期间，国家和市级财政共投入1 768万元，加强农村卫生基础设施建设。

四、群众的医疗卫生保障状况得到改善。全市平均每千人口拥有的病床数，“十五”期间增加8.37%。2004年为4.55张（全省为2.29张），2007年已达5.12张。每千人口拥有的卫技人员数2007年达6.81人。妇女儿童健康保障水平持续提高，儿保覆盖率、妇女围产保健覆盖率2007年分别达到80.25%和93.89%。卫生监督体系建设加强，为群众健康提供了法制保障，市、区两级卫生监督机构14个相继建立，形成网络覆盖全市，2007年市卫生局、市卫生监督所先后被卫生部授予“全国卫生监督先进集体”和“全国卫生系统先进集体”。医疗机构病床运营稳中提高，为群众住院提供了床位保障。全市病床使用与周转、住院病人手术人次，“十五”期间均呈上升趋势。增幅分别为20.18%、22.48%和5.02%。2007年分别达到84.03%、23次，261 527人次，住院病人治愈好转率达到85.03%。医疗急救事业的发展为群众提供了生命保障。到2007年，全市已建成1个医疗紧急救援指挥中心，2个急救分中心基地、20个急救站点，242个直报站点，基本形成网络。武汉市和孝感市已签署了院前急救保障服务一体化战略合作协议，启动了武汉城市圈120急救一体化工作。

五、群众对卫生资源利用率有所提高。平均每百居民中住院人数2007年比1978年增加99.64%达到11.14人。门诊总诊疗人次“十五”期间增幅达11.82%，2007年已达3 609.1万人次。住院人数2007年已达92.27万人次。健康体检人数大幅度增加，“十五”期间增幅达352.80%，2007年达到215.98万人次。群众增加医疗保健费用的投入，农村居民生活消费中支出年人均医疗保健费由2000年的83.98元，增加到2005年的212.32元；城市居民由273.96元增加到753.76元。这些都反映了卫生资源利用率的提高，且城乡之间的差距在缩小。

1978—2007年对居民医疗保证程度情况表

项目 \ 年份	1978	1980	1995	2000	2005	2007
平均每千人口床位数（张）	5.36	4.29	5.17	4.44	4.66	5.12
平均每千人口医院床位数（张）	4.39	3.52	4.20	3.81	3.88	4.20
平均每千人口卫生工作人员数（人）	12.23	9.73	11.25	10.19	8.02	8.60
平均每千人口卫技人员数（人）	8.89	7.14	8.35	7.58	6.33	6.80
每百居民年均就诊次数（次）	4.09	2.68	3.12	2.39	3.19	4.35
平均每百居民住院人数（人）	5.58	4.39	6.25	5.98	8.63	11.14
每百门诊人次中住院人数（人）	1.56	1.76	2.21	2.51	2.69	2.56
人均期望寿命	69.11	69.25	73.58	75.20	77.32	77.89
男	67.32	67.34	71.21	72.98	75.17	75.53
女	70.89	71.17	75.95	77.50	79.58	80.40

六、科技为群众健康服务予以有力的技术支撑。随着科技体制改革和卫生改革的深化，全市医学科研开展和成果获奖的单位已由大单位向基层扩展，自主创新科研项目渐趋增多，更加注重与临床实用想结合。从1978年到2000年，全市医学科研机构相继建立起341个。其中：独立机构5个、附设机构336个；中医科研机构14个、西医科研机构322个、中西医结合科研机构5个。科研机构涵盖了基础医学、临床医学、预防医学、药学、社会（人文）医学，形成门类齐全的医学科学研究体系。自1978年以来，全地区有近百个医疗卫生机构的科研成果通过各级科管部门组织鉴定3 984项，有3 426项（占86%）荣获各级各类成

果奖，其中，国家级科技发明(进步)奖47项。从“六五”到“十五”时期，全地区共发表医学科技论文篇、科普文章共13 428篇，编辑出版医学专著4 015部。科学研究的成就，推进了医疗卫生技术的提升，多器官单种和联合移植、外科手术患者年龄幼龄化，培育出人造牛黄、人工建立体神经——内脏神经反射弧等等多项新技术位居全国前列，为解除患者身心创伤，挽救生命，促进健康，减少肢残做出了积极贡献。

1980—2005年武汉地区医学科研项目统计表

时　　期	医学科研成果奖		医学科研成果鉴定(项次)	医学科技论文发表(篇)	科普文章发表(篇)	医学专著(部)
	项次	占比(%)				
六五时期(1980—1985)	520	15.18	690	12 984		487
七五时期(1986—1990)	796	23.23	970	34 708	2 617	782
八五时期(1991—1995)	634	18.51	974	36 386	2 858	1 189
九五时期(1996—2000)	852	24.87	680	40 425	1 331	977
十五时期(2001—2005)	624	18.21	970	41 310	6 622	580
合　　计	3 426	100.00	3 984	165 813	13 428	4 015

七、国际合作与交流成果丰硕。提升了武汉在国际医药卫生界的地位，同时，武汉受益培养人才，学习先进管理理念，促进医疗质量的提高和大卫生的观念转变。党的十一届三中全会确定的改革开放总方针给武汉带来机遇，卫生系统不失时机广泛开展国际间医学合作与交流。自1979年恢复派遣留学生，到2000年，武汉地区已有3 000余名医学专家、学者等到五大洲50多个国家(地区)访问考察、讲学、参加学术活动；有2 000多名医务人员赴30个国家(地区)进修、留学，其中部分人攻读硕士、博士学位。来武汉学习的外国留学生随着武汉对外放日渐增多，1985年以前仅有25名，此后，随着硕士生(1992年)、博士生(1993年)招收，到2000年，已有1 000余名留学生来汉，他们来自50多个国家(地区)。其中，1986年后有21个国家242名医务人员来武汉学习。1980到1995年期间，武汉共接待来自60余个国家(地区)和世界性组织的学者、专家等约6 000余人的考察、访问、学术交流、讲学和科研合作。

国际合作包括了卫生防疫合作、环保保健项目合作、公益性医疗合作、诊疗技术合作和医学科研合作。1985年以前，仅有18项合作协定，此后十年间(1986－1995年)，武汉与40多个国家、地区、世界性组织签订单项技术合作协定100余项。在武汉建立的“中日友好诊疗院”就是合作项目之一，由武汉市卫生局同日本友好城市——大分市的医师会为庆贺武汉同大分结为友好城市十周年而鉴约。大分市提供医疗仪器设备、武汉市提供人员与场地，于1989年10月正式开诊。国际合作主要项目之一是援助和捐赠，武汉派赴阿尔及利亚医疗队，从1980年到1993年，共100批2 100名医务人员，担负着该国东、中、西部15个医院3 073张病床的医疗任务，还参加当地救灾抢险和霍乱抢救工作，为亚、非、拉、美、欧60多个国家的高官、皇族成员进行疾病治疗，抢救众多危急病人和救治高难度的疑难杂病，受到当地政府和人民的欢迎和好评，进一步密切了两国友好关系。同时，武汉先后接受了境外、国外“健康列车”、“微笑列车”提供的免费手术共计502名白内障患者和800余例青少年唇腭裂修复患者，享受改革开放成果。

八、疾病控制指标、群众健康水平显著提升。主要是传染病的防治，全市传染病报告发病率、死亡率分别从1980年的1 359.25/十万、3.11/十万降到2007年的369.1/十万、1.19/十万，消灭了严重危害人民健康的天花、霍乱、斑疹伤寒、回归热、丝虫病、麻风病以及脊髓灰质炎等等，血吸虫病防治取得明显成效，传染病在武汉市居民死亡十种主要疾病顺位，到2007年已降到末位。卫生事业的发展史反映在群众健康水平的提升上，世界卫生组织确定衡量人民健康水平的人均期望寿命、婴儿死亡率和孕产妇死亡率三大指标，武汉市从历史的纵向比较和现实的横向比较，均说明改革三十年武汉市的卫生事业发展取得的辉煌成就和人民健康水平的提高。

武汉市人民健康指标纵向比较表

	人均期望寿命(岁)	婴儿死亡率(1/千)	孕产妇死亡率(1/十万)
1949 年	50.5	200	
1978 年	69.11	14.24	
2000 年	75.20	9.60	31.60
2005 年	77.32	5.05	21.45
2007 年	77.89	4.86	12.2

2005 年武汉市人民健康指标横向比较

	人均期望寿命(岁)	婴儿死亡率(1/千)	孕产妇死亡率(1/十万)
武汉市	77.32	5.05	21.45
中　国	71.8	23.5	50.20
美　国	77	7	8
印　度	61	30	410
尼日利亚	49	112	700

【武汉卫生改革开放三十年措施】

在市委、市政府领导下，市卫生局党委加强领导，把做好改革开放中的思想政治工作放在首位，以抓思想教育为根本，以折职业道德教育和行风建设为重点，以提高全员综合素质为目标，不断采用新形式，新载体，新方法，大力加强社会主义精神文明建设。坚持用邓小平理论教育员工，解放思想，更新观念。在全国较早成立思想政治工作研究会，紧密联系实际中心工作和卫生改革与发展的重点、难点开展研讨和交流。在全国卫生系统率先开展卫生文化建设，凝炼具有较强凝聚力、逢勃向上的群体精神，持续开展“白求恩新风杯”竞赛，创建优质服务品牌，树典型，学先进，激励员工开拓进取，以主人翁精神积极参与卫生改革与建设，为卫生改革开放持续推进奠定了坚实的思想保证和有力的支持。遵循市委、市政府关于卫生改革要“抓主要矛盾，挖潜改革”的指导精神，采取八项具有措施，推进卫生改革开放，发展卫生事业。在市委、市政府领导下，遵循“抓主要矛盾，挖潜改革”的指导精神，从八个方面推进卫生改革。

一、改革办医模式

改革单一办医模式，打破“独家办”格局，实行多渠道、多形式、多层次提供医疗卫生服务，调动卫技人员积极性，发挥卫生资源特别是基层医疗卫生机构卫生资源的作用，缓解市民“看病难”、“住院难”的矛盾。

(一)推行医院横向联合

1978 年，全市城区街道卫生院共有 45 所，其病床有 838 张、卫生工作人员 3 342 人；农村卫生院共有 53 所，其病床有 1 804 张、卫生工作人员 2 579 人，但到卫生院就医的病人少，病床使用率不足 50%。大医院忙，小医院闲，部分慢性病如脑血管意外、精神病和肿瘤病人住院难，分娩高峰季节，产妇常现两人挤一张床。为提高基层卫生资源利用率，发挥大医院资源优势，在全市率先打破条块分割和不同所有制界限组织大医院带小医院(卫生院)，城市医院带乡镇卫生院，技术协作挂钩，建立医院横向联合体，通过“五结合”即带技术与带行政管理相结合、带医疗护理与带医技相结合、带重点专科与带一般业务相结合、带理论传授与带实践相结合、走出去进修与请进来带教相结合，发挥各自优势，提高卫生资源利用效益。1981 年，市卫生局组织 14 所县级以上综合性医院与 20 所区、县街(公社)的医院、卫生院业务挂钩，一次定点 3 年不变，开展技术指导。卫生院床位使用率提高 30 多个百分点。1983 年，武汉市第一医院率先同硚口区集体所有制的利济卫生院技术协作挂钩，开办脑血管外科专科病房，选派优秀有高级职称的医师挂职，主管业务，2年就收治625人，其中治疗好转548人，有效率87.8%，缓解中风病人住院难矛盾。到1985年全市共有20所大医院带32所城区卫生院，技术协作挂钩业务科室51对，设专科病床1 066张，1984年收住院病人6 327人次，手术1 621例；有6所郊区卫生院同大医院挂钩，设专科病床135张，1 984年收住院病人449人次，门诊1 857人次；有3所全民所有制工厂卫生所同大医院挂钩，设病床85张，1984年收住院病人503人次，手术1 442例。技术协作挂钩的专业涉及内、外、妇、儿、皮肤、眼、精神、血液、肿瘤、康复、中医、骨伤、针灸、痔瘘、口腔以及呼吸病、脑血管意外和乙肝等专业。技术协作挂钩的形式，依双方的具体情况和实际需要以及可能，经双方协商确定，主要有：大医院派骨干到小医院参加医院实践带教，帮助建设专科；派主治医师以上业务骨干到小医院查房；疑难病例会诊；同台手术，向小医院转介病人；讲学；小医院的卫技人员应邀到大医院参加查房、病案讨论、学术活动和进修；双方组建专科诊疗联合体；几所医院联合办一个专科；大医院派医师到小医院定期上门诊。

大医院带小医院技术协作挂钩，取得的成效：①提高基层医疗机构的病床使用率，方便病人就医。晚期肿瘤、偏瘫等慢性病人可以住院治疗了，精神病床增加了400多张，汉阳区车站卫生院和江汉区民权卫生院分别同市五医院和市红十字医院技术协作挂钩，增设产科，一年就接生婴儿610个。②分流病人。大医院能更多地解决疑难病症。市五医院妇产科住院人数由1982年的76%下降到1983年的66%，妇产科得以开展遗传优生的研究。1984年，市区属医院取得科研成果22项，比1983年增加3倍。武医附属一院向3所卫生院转介病人，两年共计2 120名。③促进卫生院稳定队伍。提高业务技术水平和医疗质量。硚口区汉水街卫生院同大医院挂钩后，手术质量提高，384例手术无一例术后感染，病人平均费用下降11.5%。江岸区红旗卫生院同大医院挂钩一年，内科医师便能较熟练地处理上消化道出血及常见内科急诊，并在门诊开展纤维胃镜检查。④卫生院扩大了业务范围，增设服务项目，提高病床使用率。业务收入相应增加。劳动卫生院同大医院技术协作挂钩设置痔瘘专科，业务量增大，增加业务收入，增添设备（冷光源手术灯），初步改变长期收支不平衡的现象。

为了做好大医院带小医院技术协作挂钩工作，市卫生局先后出台《关于当前医院与卫生院实行技术挂钩工作的几点意见》、《关于享受公费医疗、劳保医疗职工收住家庭病床、“大带小”卫生院的专科（病）病床费用可以公费、劳保内开支的通知》、《武汉市医疗横向联合管理规定》等文件。

（二）开办家庭病床，开展业余服务和兼职。

1984年，市卫生局在总结家庭病床工作经验和教训的基础上出台《家庭病床暂行管理办法》对家庭病床的组织领导、收治范围、管理制度、收费标准及结帐方法、奖惩制度作出明确规定。家庭病床分“治疗床”、“康复床”、“保健床”三种类型，其基本治疗范围是：①年老体弱、行动不便、家里无人照顾、患有慢性病（如高血压、心脏病、脑血管意外并后遗症、各种晚期癌症）一时不能治好而医院、卫生院又无法收治者；②病情经住院、留院观察，有所好转，出院后继续巩固治疗而又不便到医院、门诊治疗者；③病情需要住院，但没有空床，在家有条件治疗的病人。家庭病床由医院干部分工专管，由家庭病床科或医务科主持日常业务工作，由业务科室按本科室病床数的10－20%开设，由统计人员负责按月填报“家庭病床月报表”上报市卫生局。家庭病床按医院住院病床管理，建立出入院登记、病案管理、查床、交接班等制度，大小医院之间可互相转诊，对家庭病床病人给予优先诊治和优先安排。各项诊治、检查费用和药费收费标准按市场价核定标准收取。1984年设床管理费为每日0.2元，查床1次收费04元。对公费医疗、劳保医疗病人实行记帐结算即可开支。之后，市卫生局在局直属单位试行计划管理责任制和1988年开始的对部分院（所、站、校）长实行任期目标管理，将家庭病床纳入考核指标。几经周折，家庭病床坚持下来了，且医疗质量有明显提高。1984年，市卫生局出台家庭病床有关文件，当年有47个医疗机构开设家庭病床7 985张，撤床（即出院）病人数点73.09%，其中治疗好转者占76.27%，死亡者为3.56%。到1988年，有48个医疗机构开设家庭病床7 201张，撤床病人数点71.14%。其中，治疗好转者占89.46%，死亡者为2.46%。其后5年，到1993年，有25个医疗机构开设家庭病床3 581张，撤床病人数占83.88%，其中治疗好转者占97.90%，死亡者为0.86%。

1984年，在开设家庭病床同时，还在全市县以上医疗单位组织医务人员利用业余时间从事门诊、查房、手术、体检、教学、科研、防保技术咨询等各种医疗卫生服务活动。为了对业余服务加强领导和管理，市卫生局制发《武汉市医疗卫生单位开展业余服务管理办法》，明确规定开展业余服务的单位（主要是县以上医疗单位）、参与人员的条件和每人每周参与活动累计时间（不超过一个工作日）、单位按国家规定标准统一收取费用并建立收支帐目、服务的收入由单位统一核算、统一分配、统一管理，个人所得酬金计算方法、对参与人员的奖惩办法等等。同时要求各单位制定“业余服务实施细则”。业余服务取得成效。儿童医院突出重点，开展儿童疝手术，从1983到1985年12月，在门诊外科业余手术小组施行儿童疝气手术共计3 530例，相当于8年病房收治儿童疝气工作量。平均每例手术费用降低15元。1989年，市卫生局又制发《武汉市医务人员兼职工作管理的暂行规定》，就卫生技术人员兼职作部署并明确规定兼职人员必须是具有中级以上技术职称者，从事兼职时间每人每周不得超过两个工作日，双方单位应签订合同（协议书）。业余服务和兼职工作两个文件，加强了对这项工作的领导和管理，使之沿着正确方向有序开展，取得成效。

（三）开展特需医疗卫生服务。1983年，卫生系统保证基本医疗卫生服务的前提下，推出特需医疗卫生服务。适应各类人群对医疗卫生服务不同的需求，拓展医疗卫生服务市场，试行点名、全程代办、预约、咨询、卫生保健、中间性医疗、非治疗性专项医疗、设置特种病房和其他技术劳务等9类特需医疗卫生服务，它是基本医疗卫生保健服务的延伸。市卫生局对特需医疗卫生保健服务的开展、制度管理办法、特需医疗卫生服务项目的名称、范围、服务项目和内容、操作程序、定价原则、收费标准、财务管理、劳务报酬分配、组织领导、参与提供服务人员资格的确定、单位申报审批等作出明确的规定，保证了此项服务开展的规范性。同年，3月8日到30日，市卫生局就开展特需医疗卫生服务进行整群分层抽样调查，对7个城区的17岁以上共11 622人和23所医院医务人员1 249人作现场调查。对回收有效调查表10 889份作统计学处理，输入电脑分析。有7 957人表示需要，特需医疗卫生保健服务总需求率为72.90%。调查设计的15个项目，卫生健康咨询需求排首位（53.5%），其次是点医生看病（51.6%）、点医生手术（45.4%）、点护士治疗（39.2%）、家庭饮食卫生指导（385%）、导医（32.8%）、代办挂号交费和出入院手续（31.4%），需求率在30%以上的前七位提示群众的基本医疗服务需求为主导，要求医院提供高质量医疗服务，真正做到以病人为中心。15个项目归类六大类，需求率从高到低依次是：点名服务（55.4%）、卫生健康咨询（53.5%）、家庭卫生服务（47.4%）、代办服务（39.2%）、母婴卫生指导（27.7%）、特种服务类（27.6%）。调查还提示群众对医疗机构的迫切愿望列前三位的是：简化就诊手续（29.5%）、改善服务态度（25.9%）、提高业务技术（23.5%）。群众对卫生知识的需求把防病治病知识列首位（58.8%），其次是饮食卫生知识（26.3%）。这些为卫生行政部门和医疗机构深化卫生改革，以人为本，提供优质服务提供了翔实的数据依据。

为规范、推进特需医疗卫生服务，市卫生局和物价局联合制发了《关于实施特需医疗卫生服务几项具体工作的通知》等文件。该项改革措施得到卫生部肯定，并在卫生部会上介绍。

（四）倡导个体开业行医、鼓励企事业医院对外开放

在挖潜改革，缓解“看病难”、“住院难”矛盾的措施中，调动社会卫生资源参与，企事业医疗机构和个体（联合）开业行医是二支重要力量，发挥了应有的作用。

企事业的卫生资源比较丰富，机构数、病床数、卫生工作人员数在全市卫生资源各项总数中占比均在2位数接近30%。通过1986年组建武汉市职工医院管理体制委员会，进一步协调、指导企业职工医院面向社会开放，收治社会病员，占其服务总量的三分之一。其后，随着工厂企业改制，其医疗机构剥离，独立运营，全部面向社会开放，为解决群众看病难作出更多贡献。

1981年，市卫生局重新核批个体开业行医，首先在城区街道发展了144户。之后，逐步放开，并相继出台《武汉市个体开业行医管理办法》、《武汉市个体医生和个体联合医疗机构管理暂行规定》，规范个体行医行为，有序发展。申请个体开业行医须持有本市户口，确有一定医疗技术水平，能独立进行诊病工作，身体健康，本人提出申请，经辖区卫生局审查和技术考试合格，发给行医执照。对申办个体开业行医者的条件，针对不同情况列出了七种具体情况，同时明确规定三种不能申办个体开业行医的情况。随着行政法制建设的不断完善与深入，个体开业行医的条件逐步全国统一规范。1978年以来，改革开放，推进个体开业行医发展为社会

民营医疗卫生事业,由多人到联合再到集团兴办,由诊所到门诊部再到医院(专科和综合),由医疗到体检、急救再到医疗美容,西医、中医、中西医结合共同发展。几度兴衰,民营医疗卫生机构上档次、上规模、融进企业现代管理理念,成为卫生事业不可或缺的一支力量。截止2006年底,全市民营(私营)医疗卫生机构共有1 467个,病床有7 943张、卫生人员有5 308人,分别占全市各该项总数的69.86%、2.09%、8.03%,分别比"十五"期末增加0.3、1.48、1.23个百分点;民营(私营)医疗卫生机构的总资产、万元以上设备台数、房屋建筑面积(平方米)分别占全市各该项总数的23.49%、1.76%、2.56%,比"十五"期末增加22.57、0.38、0.83个百分点,达到4 804 131千元、663台、115 948平方米;民营(私营)医疗卫生机构的总收入为2 084 534千元,其中业务、事业收入为1 379 644千元,占总收入的66.18%,比"十五"期末分别增加1 930 856千元(增幅1 356.43%)、1 286 048千元(增幅1 474.04%)、5.28个百分点。广吸社会资金给卫生资源建设注入活力。

二、改革预防保健模式

预防保健模式的改革,总体精神是全面贯彻落实《国务院批转卫生部关于全面深入贯彻预防为主方针进一步加强预防保健工作若干意见的通知》和《武汉市卫生工作改革方案(试行)》以及市卫生局《关于进一步加强全市预防保健工作的若干意见》,重点抓了三项改革。

(一)加强预防保健组织机构建设,明确任务和职责,实现"2000年人人享有初级卫生保健"战略目标。各级医疗机构根据"扩大预防,指导基层"的精神,健全地段保健科,按比例配备地段医生。县以上医院实行以医院为中心扩大预防,担负地段辖区的预防保健任务,依国家有关规定,按全民所有制医药卫生人员总数的7%配足卫生防疫妇幼保健专业人员,街乡卫生院按照"预防为主,防治结合"原则承担乡街辖区的预防保健工作,组织形式有单独建立乡防保所或院内设防保组,从现有的卫生院人员中抽8-10名专业人员组成,专门从事防保工作。实行全院统一领导,专人分管负责,任务责任承包。经济单独核算。国家用于对乡街卫生院的补贴经费主要用于防保工作,并按其完成防保工作的数量和质量定期考核发放。村卫生室(站)、乡村医生承担所在村的预防保健任务。黄陂区于1987年1月起试行在全县乡镇建立乡防疫保健所,为承担预防保健工作的实体单位,配备专职防保所长,定编8-10人(由原来1.5万人配1名防保人员改为每万人配2名防保人员);全县防保人员从72人增至184人。防保所行政上隶属县卫生局、乡镇政府,业务上受县防保机构指导,所的经费实行独立核算,单立帐户,由县卫生局从国家给卫生院的补助经费中给防保人员工资予以全额补助(约占乡卫生院拨款总数的20%),实行防保任务承包(办公等费用从开展的防保业务有偿服务中解决)。防保人员分片包村,改革见成效,全县计划免疫四苗覆盖率由1986年的86%上升到1987年的93%,新法接生率达到90%以上,传染病发病率1987年比1986年下降21.3%,灭鼠实现一役达标,完成近14万人改水任务,食品卫生监督发证率达98.6%,从业人员体检率达90.2%。预防保健机构的建设促进全市、乡(街区)、村三级预防保健网的健全。

(二)预防保健体制改革。重点实施卫生监测与卫生监督分离,即从卫生防疫部门中将监督执法职能回归卫生行政管理部门,卫生防疫部门从集两个职能于一体转变为专一从事卫生监测业务。2001年8月18日,市卫生局监督所正式成立挂牌。1993年硚口区率先在城区进行防保体制改革,区卫生局组建卫生监督科,行使卫生行政管理及卫生监督两项职能。成立了卫生执法监察队,开展经常性的巡回监督,在乡街成立卫生检查站,受区卫生局委托开展一般性卫生检查及委托权限内的执法。为保证卫生行政执法的权威性与严肃性,区卫生局同区人民法院联合组建"卫生行政执法室",负责执行行政执法的处罚决定。1996年武昌区区卫生局调整局职能处室成立公共卫生监督科,改原卫生监督所为区卫生局公共卫生监督所,改原街食品检查站为街公共卫生监督站,任命了108名公共卫生监督员。监测监督职能的分离,各自更加专业化,提高了工作效率和质量。2006年同1991年相比较,围产保健覆盖率、儿童保健覆盖率、散居儿体检率、住院分娩率分别提高20.11、39.64、29.81、20.11个百分点。性病防控措施有力,预防艾滋病,切断传播途径,在全国率先实施娱乐场所100%安全套使用项目,收到实效,得到世卫组织肯定,被誉为"武汉模式"。2006年同1986年相比较,食品卫生监督覆盖率、食品卫生监测合格率,分别提高69.08、7.22个百分点。见表

武汉市妇幼保健工作几项指标比较表

年份 项目	“八五”期间		“九五”期间		“十五”期间		“十一五”期间	
	1991	1995	1996	2000	2001	2005	2006	2007
围产保健覆盖率(%)	74.30	91.26	92.06	93.48	93.12	92.06	94.41	93.89
儿童保健覆盖率(%)	40.64	69.57	73.97	75.97	79.01	89.73	80.28	80.25
集体儿童体检率(%)	39.05	21.01	91.30	95.78	93.49	93.59	92.24	90.82
散居儿童体检率(%)	43.34	48.56	69.08	68.52	70.65	69.12	73.15	73.84
住院分娩率(%)	79.70	86.49	86.63	94.39	95.45	99.68	99.81	99.97

武汉市监督监测几项指标比较表

年份 项目	“七五”期间		“八五”期间		“九五”期间		“十五”期间		“十一五”期间	
	1986	1990	1991	1995	1996	2000	2001	2005	2006	2007
抽样监测件数	3 363	7 484	7 132	10 201	9 541	12 419	12 624	19 955	31 019	30 624
合格件数	2 589	6 125	5 776	8 588	7 536	11 183	11 775	16 833	26 108	27 804
合格率	75.98	81.73	80.99	8 419	79.00	90.00	93.30	84.40	84.20	90.79
经营户数	40 177	36 025	40 046	33 172	27 151	28 525	24 591	30 500	30 963	40 315
监测户数	12 420	30 104	40 046	33 172	26 384	28 525	24 579	30 262	30 956	
监督覆盖率(%)	30.90	83.60	100	100	97.18	100	99.95	99.22	99.98	
监督户次数					161 666	109 100	104 447	118 859	112 690	103 581
合格数					144 008	97 209	95 576	103 957	99 287	90 799
合格率					89.08	89.10	91.51	87.46	88.11	87.66

（三）预防保健服务模式的改革，主要是变无偿服务为无偿服务与有偿服务相结合，推行妇幼保健保偿合同制和计划免疫保偿合同制。提供防保服务按物价部门核定的标准收取费用，且该费用不抵扣财政部门的防保经费拨款。妇幼保健和计划免疫保偿合同制度的经费按自愿参加的人数年人平1－2元筹集，如发生相关的疾患则由防保部门负责补偿给予治病。是项改革于1985年在汉阳县柏林乡启动，实行计划免疫承包合同制，从1985年1月1日、9月30日分别对该乡1980年1月1日、1985年9月20日出生的儿童试行儿童免疫保健合同制，参加比例为90.20%（应参加1 374户1 795人，实际参加1 249户1 617人），注射6种疫苗防8病，合同期满示发生相应的传染病。乡政府发文，继续实行保偿合同制，接种5苗防7病。1986年，市卫生局在柏林乡召开现场会，全市推广柏林乡经验。新洲县实行“合作防保制”，由乡政府行文筹集资金，按全乡人口数每人每年收取人民币0.3－0.4元不等，作为该乡全年防保业务活动经费。保偿合同制的推行受到农村居民的欢迎，提高了儿童计划免疫接种率，到2006年，全市儿童四苗接种率调查说明四苗全程接种合格率为99.01%。

预防保健模式改革，推进全市防保事业的建设与发展，提高了业务技术水平和质量，提高了应对突发公共卫生事件的能力，增强了公共卫生体系的综合实力与运行效力，有效的控制了突发的传染性非典型肺炎、禽流感和手足口病疫情，取得抗击“非典”斗争重大胜利。2003年上半年，突发“非典”疫情，在市委、市政府的领导下，全市卫生系统广大干部职工不辱使命，不负重托，忠于职守，全力以赴，科学防治，与全市人民一道，建立了周密的预防控制网络和强有力的监控体系，保证了“早发现、早报告、早隔离、早治疗”措施的落实，有效的切断传播途径。全市卫生系统构建的横到边，纵到底的市、区、街（乡镇）、村（社区）的预防控制网络发挥了重大作用。在全市机场码头、火车站、长途汽车站和11个公路入口建立了留验站，对所有来往旅客、车辆进行消毒，医学检测；在全市医疗机构、学校、社区（村）和公共场所建立了3 260个监测点；在市区建立了15个集中隔离点，对7 099人实施了集中隔离留观，对60 748人实行居家隔离观察；在医院建立了136个发热门诊。集中全地区优势力量。组成专家组，发挥专家优势，利用先进设备，全力救治非典和疑似病人，指定3家医院为救治病人定点医院，成功救治了3例输入性非典性肺炎病人，有效控制了传染源。全市统一制定了20个技术标准，举办各种培训班40多期，培训医务人员5 000多名，下发著名防治非典专家钟南山讲课光碟100盘，对全市医疗卫生人员进行了统一培训，建立起一支数万人预防治疗专业队，形成了全统一规范、科学防治的机制；先后共派出1 000人次的督导组，采取拉网式和明查暗访相结合的方式，对各区乡村、社区的预防措施、发热门诊、健康教育等进行督查和科学指导。发放各种宣传资料544多万份，及时消除了群众恐慌心理。同时，广泛、扎实开展爱国卫生运动，清除垃圾，美化环境，革除陋习，推进群众养成文明健康生活方式，提高全市抗击传染病的能力。有效的切断传播途径，有效的控制传染源，实现了“无一例收治病人死亡，无一例医务人员感染，无大面积疫情扩散”的目标，夺取了防治“非典”的重大胜利，重塑了“人民健康卫士”的白衣天使形象，一大批医务工作者被全国、省、市政府表彰，武汉市卫生局被卫生部评为全国抗击非典先进单位。武汉市卫生系统获得全国防治非典先进集体3个、优秀个人2人、先进个人3人。获得湖北省防治非典先进集体15个，获五一劳动奖章4人，获突出贡献奖27人，获先进个人奖62人。获湖北省党群组织表彰共3个集体4名个人。获得武汉防治非典先进集体2个、优秀共产党员6人、立功单位15个，先进单位30个、二等功68人、三等功98人、嘉奖131人。

总结防治“非典”经验，市委、市政府进一步加强公共卫生基础设施建设，出台《武汉市公共卫生体系基础设施建设方案》，政府贷款1.3亿元，建成武汉市医疗救治中心、6个远城区传染病区和87个乡镇卫生院发热门诊，改造市疾控中心和急救中心，建立急救网络、公共卫生场所网络体系，实现疫情从医院→区→市逐级卡报到建立信息网络，由网上直报。同时，制定了《武汉市突然公共卫生事件应急处理预案》等9个方案，建立了242个传染病监测哨点，初步建立起全市重大突发公共卫生事件应急处理机制，全市共卫生体系的综合实力和运行能力明显增强，有力保障群众身体健康。

三、推进基本医疗保障进社区

群众“看病难”、“住院难”的矛盾有所缓解，“看病贵”的问题则突显，群众反映看病药品和治疗费用高，特困群众治病难。据统计资料反映，“十五”期间（国民经济发展第十个五年计划2001－2005年）全市门诊和住院收费分别增长1.41倍和1.53倍，年均递增13%和11%；高于城乡居民收入平均增长水平。期内，武汉市城市居民年人均可支配收入年增幅依次是8.05%、7.05%、9.01%、12.19%、13.44%；农村居民年人均纯收入年增幅依次是4.98%、6.29%、6.13%、13.07%、9.79%。其医疗保健费用人均支出2005年城镇居民和农村居民分别达到753.76元和212.32元，占收入比例分别为6.9%和4.89%，在15个副省级城市中位列第六。2005年，武汉市每门诊人次收费和住院者平均每天费用分别为119.3元和330.3元，分别列15个副省级城市第四和第十；30种单病种收费平均住院费用列12个副省级城市第一到四的有7个（列第一的是肺恶性肿瘤21 911元）。群众的医疗负担相对较重。为此，市委、市政府全面贯彻落实科学发展观，坚持以人为本，关注民生，从强化政府公共服务职能，实现经济与社会协调发展，构建社会主义和谐社会的高度，深化卫生体制改革，解决群众“看病难”、“看病贵”的问题，大力推进基本医疗保障进社区，大力发展社区卫生服务事业，并将发展社区卫生服务事业纳入经济社会发展和精神文明建设规划，列入政府年度目标管理，连续两年将“推进基本医疗保障进社区”列为政府为民办理的实事。召开全市社区卫生工作专题会议，制定下发了《武汉市人民政府关于进一步推进基本医疗保障进社区的意见》、《武汉市社区卫生服务中心“医药分开”的改革实施方案》、《武汉市贫困群众医疗救助实施办法》等系列文件，组织领导全市社区卫生服务事业的建设与发展和社区卫生服务工作有序进行。

社区卫生服务是城市公共服务的基础平台，属于公益性事业，社区卫生服务机构（社区卫生站为主体）具有公益性质，不以营利为目的，按照“合理布局、便民利民”的原则设置，按照规范建设、标准统一的原则实施标准化建设，以居民需求为导向，以妇女、儿童、老年人、慢性病人、残疾人、贫困居民、外来人口等重点服务对象，以主动与上门服务为主探险索服务新模式，拓宽服务渠道，集医疗、预防、保健、康复、计划生育技术指导、健康教育于本体，发挥中医药在社区卫生服务中的优势和作用，为满足不同人群医疗保健需求，提供群众满意的社区卫生服务。

（一）基本医疗保障进社区，发展社区卫生服务，政府提供的政策支撑有财政支持，医保引导和房屋保障。

1. 改善社区卫生服务条件的

经费落实到位，实行了社区卫生服务机构建设经费补助制度，每建设一个社区卫生服务中心，市和区级财政共补助10万元，从2006年起，每个社区卫生服务站补助1万元，之后，分别提高到补助20万元和2万元。到2007年，全市已共建标准化社区卫生服务中心103个、服务站388个。同时，按照“填平补齐”、“以奖代补”的原则，区别不同情况，对房屋维修改造、租金和设备购置给予经费补助，已投资722万元为社区卫生服务机构配置心电图机、血糖仪等医疗设备2 172台（件、套），已减免房租（公房）200余万元，补助房租（私房）160余万元，减免幅度达47%。

2. 政府花钱买服务，社区公共卫生服务专项补助经费落实到位。以社区常住人口计算每人每年补助5元（之后提升为26元），2005年和2006年市区两级财政共下拨6 378万元。

3. 加强人才队伍建设，社区卫生服务人员培训经费落实到位。从2000年起，市财政每年安排培训补助经费20万元，2006年提升为97万元。已对1 420名社区医生和1 378名护士进行了规范化的全科医学培训，分别占全市社区医生和护士总人数的81%和83%，有4 688人次医务人员参加各种岗位专业培训，选取派了235名医务人员到大医院进修学习。同时，倡导“老医生进社区”传帮带青年医生，给予专项经费补助，对进社区卫生服务机构工作的退休主任医师每月1 000元、副主任医师每月800元、主治医师每月600元给予政府津贴补助，仅2006年共补助28.8万元。

4. 解决职工后顾之忧，社区卫生服务机构职工纳入养老保险经费补助落实到位。由政府买单，按企业参保标准，对由街道卫生院转制的社区卫生服务机构职工纳入养老保险，2年共投入8 190万元，为3 255名职工（包括退休人员）办理了养老保险。

5. 医保引导，给群众在社区就医提供方便，为社区卫生服务事业的建设与发展奠定基础。一是优先确定符合条件的社区卫生服务机构为医保定点机构。到2008年已全部定点。二是降低医保住院起付标准和个人自付比例。从2005年起由400元降到200元，自付比例由10%降至8%（在职职工），由8%降至6.4%（退休人员）。三是扩大医疗保险服务范围，社区卫生服务机构开设的家庭病床的部分医疗费用可支付，部分重症和慢性疾病门诊治疗可定点在社区卫生服务机构。

（二）推进社区卫生服务建设与发展，完善服务体系，给群众提供良好的社区卫生服务落实的措施主要有完善服务网络，加强队伍建设，转变服务模式和规范行医行为。

1. 建立了比较完善的社区卫生服务网络。

（1）按街道为单位，每3－5万人设置一个中心，每0.5－1万人设置一个站。到2008年已在80个街道、868个社区中共设置108抢占中心、388个站，初步实现“15分钟社区卫生服务圈”的建设目标和社区卫生服务网络全覆盖。

（2）坚持政府主导，鼓励社会参与。截止2006年底，全市社区卫生服务中心99个，其中，城乡卫生院改制承办37个（占37.37%）政府医院承办26个（占26.26）、企业和大学医院承办27个（占27.27%）、民营医疗机构承办9个（占9.09%），已基本形成多元化举办社区卫生服务的格局。

2. 完善了社区卫生服务功能，转变了服务模式。

（1）完成了标准化公共卫生科建设，明确了社区公共卫生服务“5大类20项”工作内容与职责，提高了服务能力。2006年1－10月全市社区卫生服务机构完成儿童健康体检8.53万人次，免疫接种45.32万人次，产后访视1.41万人次，举办健康教育，有54.5万人次参与。

（2）组建了“全科责任医生团队”（家庭医生团队），开展“六上门”服务（上门访视、家庭出诊、家庭病床、家庭护理、家庭健康指导、家庭康复指导）。到2007年已组建800余个“全科责任医生团队”，为群众体检50.5万人次，建立家庭病床3 780张，上门访视、出诊1.4万人次、家庭康复指导4 320人次，基本实现孕产妇、儿童保健的网络化管理，建立了高血压等慢性病社区防治模式。

3. 加强了队伍建设，提高社区卫生服务水平。

（1）开展“对口支援”，有领导、有计划的组织58家二级以上公立医院和预防保健机构对口支援帮扶社区卫生服务机构，并实行“双向转诊”合作，“下派一批”，已有640名医务人员到社区卫生服务机构帮助工作即“千名医生下基层”，还“招聘一批”，由政府出资招聘的192名大医院退休老医生到社区卫生服务机构坐诊。

（2）“引进一批”大学生（已有305名）到社区卫生服务机构工作，同时，通过进学校、进修等渠道“培养一批”（已有5 000多人次）医务人员，为社区卫生服务的发展奠定了人才基础。2007年已辞退不合格社区卫生服务人员36名，“淘汰一批”，更加激励医务人员好学上进，爱岗敬业，全心全意为人民服务。社区卫生服务技术水平有了提高。

4. 建立健全制度，促进社区卫生服务行为规范。

（1）对机构、人员、技术项目实行依法准入管理，并建立督查制度，加强执业监督。

（2）健全社区卫生服务各项技术操作规慢病管理和健康教育等业务工作规范。

（3）建立医疗安全防范机制。抓好医疗质量管理同时制定好社区医疗纠纷处理预案，明确处理程序，加强了医疗纠纷的防范。做到了截至目前未发生一起重大医疗纠纷和医疗事故。

（三）建立社区卫生服务可持续发展的机制，采取的积极改革创新项目主要有改革体制，转换运行机制，试点“社区首诊”、“双向转诊”，探索社区卫生“普惠”办法和社区服务第三方评价机制以及“医药分开”改革。

1. 改革管理体制和运行机制，实现社区卫生服务机构一体化的管理，明确中心与站的各自职责与分工，内部人事制度改革实行定编定岗、公开招聘主作，实行以岗位工资和绩效工资为主要内容的收入分配办法。

在“对口帮扶”的基础上，实施全方位的带动社区卫生服务工作，2008 年启动全面推进大医院托管社区卫生服务中心工作，已有 19 个社区卫生服务中心接受了 14 家大医院托管。托管后，中心的名称、独立法人地位、工作职能、行政隶属关系、机构编制、职工自份等均不改变，经济上实行独立核算。托管的形式虽有不同，但基本措施包含了大医院派人到中心任行政领导，全面主持工作，派业务骨干到中心任科主任、坐诊、指导业务工作的开展，给中心带来活力，有明显变化：一是进一步完善了中心的医疗和管理制度，规范医疗行为；二是社区卫生服务中心的医务人员的业务知识和工作水平通过大医院专家的传、帮、带和到大医院进修学习有了提高；三是大医院给社区卫生服务中心资金、设备支持，改善了中心的服务条件；四是双向转诊更加通畅，上转、下转病人均明显增加；五是大医院托管工作得到中心职工的拥护和辖区居民的欢迎，社区卫生服务中心取得了较好的社会效益和经济效益，参与托管的大医院得到了良好的社会反映。托管工作充分发挥了大医院的技术、人才、设备、管理的优势，对社区卫生服务机构的帮扶、业务指导、技术交流、人才培养、机构建设等纳入职责，“对口帮扶”的基础更加牢靠，社区卫生事业的建设与发展大步推进。

2. 实现基本医疗“五免”、“六减”救助，开展惠民医院试点工作和“医药分开”试点工作。

（1）全市从 2005 年起，社区卫生服务机构对就诊病人实行免收普通门诊挂号、诊疗、注射服务和住院诊疗、护理等 5 项服务费用（简称“五免”）。从 2006 年起，在继续实施基本医疗服务“五免”的基础上，对贫困群众实行医疗检查“六减”（血常规、尿常规、大便常规、肝功能、胸透、心电图等单项检查费用减免 20%）优惠。截到 2006 年 10 月，共为 1 180 万人次实施“五免”，免收费用 2 320 万元，政府对此给予了 1 100 余万元补贴。市民政局制发的《武汉市贫困群众医疗救助实施办法》，明确对持有武汉市户口的低保人员和“三无”（无劳动能力、无收入来源、无法定赡养或抚养人的对象）人员以及农村“五保”对象、特殊困难对象实行医疗救助。社区卫生服务机构被确定为普通医疗救助的定点机构，民政部门根据实际支出情况，从民政救济基金里给予补贴。据统计，通过系列惠民举措，医药费用得到有效降低。2006 年 1－6 月每门诊病人平均费用为 57.32 元。比 2005 年同期下降 22.76%，每住院病人平均费用 1 189.45元，下降 32.71%。青山区在全市首试“社区首诊”制，对企业职工和特困群众到社区卫生服务机构首诊的给予优惠，吸引患者小病首选社区卫生服务机构，已为 1.5 人次实行“首诊优惠”。

（2）开展惠民医院试点。2005 年起，武昌区选定在首义路街社区卫生服务中心开展惠民医院试点工作。惠民医院采取“零利润”运行方式，为辖区内低保和残疾人员等特困群众提供免费或廉价的常见病、多发病门诊和住院基本医疗优惠服务。实“八免费”（免门诊挂号费、诊疗费、注射费、住院诊疗费、护理费、陪伴费、空调费）和“十一项减半”（门诊检查费、治疗费、手术费、住院床位费、检查费、治疗费、放射、心电图、B 超、化验检查费实行减半收费），同时药品平价平出，不加成计价，让利于民。2006 年开始扩大惠民服务对象，将有武昌户籍、没有参加基本医疗保险、没有稳定收入来源、家庭人均收入不到 350 元的低收入人群纳入惠民就医范围。2 年内，提供的基本医疗优惠服务，门诊人次达 61 868 人次，住院 159 人次，门诊人均费用仅为 16.14 元，住院人均费用为 504.9 元。武昌区人民政府给惠民医院每年补助专项资金 150 万元。此项改革取得良好的社会效果。

（3）社区卫生服务机构的药品实行统一配送。通过招标，选择一级市场药品批发商，按最低价格统一配送给社区卫生服务机构，使用权其药品零售价降低节 20% 左右。

在此基础上,进一步开展“医药分开”改革试点,已取得成效。

经过数年努力,坚持走适合武汉实际的社区卫生建设新路子,加强内涵建设,初步形成了布局合理、分工明确、管理规范、便民利民的城市社区卫生服务体系,社区卫生服务功能进一步完善。2005年与2004年相比,全市社区卫生服务机构门诊量增长8.5%,每门诊病人平均费用下降10.6%,每住院病人平均费用下降15.5%,到2007年,全市社区卫生服务能力进一步加强,提供更多的防病治病服务,全年门诊量达到610万人次,住院量达到3.85万人次,分别比2006年增长36%、15%。门诊量已占中心城区医疗机构部门诊量的31%。群众对社区卫生服务工作的满意度达到85%以上。全市社区卫生事业建设和服务工作得到卫生部高度评价,受到全国30多个省市兄弟单位好评,来汉交流,受到中央电视台、新华社等多家重要媒体关注、予以报道,被国务院城市社区卫生工作领导小组确定为“城市社区卫生服务体系建设、国家重点联系城市”。

四、改革医疗保健制度

(一)公费医疗

1952年启动的全市行政机关事业单位沿用的公费医疗制度,几经改革,于2001年进行较大改革,行政机关事业单位处以下干部职工公费医疗取消,纳入医疗保险。1984年,武汉市人民政府印发《关于改革公费医疗管理办法的试行规定》,规定之一,对享受人员实行药费补贴,每人每月1元定额补贴,享受人中就诊时自付20%的门诊药费。累计自付金额超过补贴部分,年终核实报销。同时制定有相应奖励办法。该项管理办法沿用至1996年9月30日。期间,根据卫生部、财政部于1989年9月8日印发的《公费医疗管理办法》,市卫生局、市财政局也相应出台《关于加强市属单位保健、优诊人员管理办法》等近20个文件,就享受公费医疗人员、市政府驻外地办事处工作人员与行政机关事业单位的合同制工人的就诊、办理医疗证和优诊、保健医疗证、实行双处方制以及特殊诊疗、大型物理检查及其费用报销等等作出具体规定。但“七五”期间市区公费医疗费用仍增长,年递增25.06%,年人均支出递增16.16%。

随着市、区财政经费“分灶吃饭”,各区县公费医疗费用由各区县财政承担,为控制费用,各区县相继出台新的公费医疗管理办法。1987年江汉区率行进行改革,1993年10月青山区实行“定额保险,超支分担”。适合各区实际情况的公费医疗管理办法,除健全管理机构和制度、经费由财政独担改为多家分担外,主要有①定额拨款。按不同人员享受不同,确定年人均定额,60-500元。②个人自付。除老红军、二等乙级伤残军人、离休干部给予照顾外,其他人员门诊费自付10-30%,住院费用减半。③超支分担。超过年人均定额标准的部分财政分担30-80%,定点医疗单位负担5-40%,享受单位负担10-50%。

1996年,公费医疗再次进行较大改革。由于医患双方都缺乏费用意识和管理的制约机制,公费医疗费用虽经改革有所控制,仍大幅增长。“八五”期间(1991-1995年),全市公费医疗费用递增34.43%、年人均支出递增31.52%,增幅分别比“七五”提高9.37和15.36个百分点。面对新情况,同时为平稳过渡到医疗保险创造条件,1996年9月26日,市政府颁发了《武汉市市直行政事业单位公费医疗制度改革方案》于当年10月1日起施行。该方案提出的改革原则有3条:保障基本医疗,其保障水平同市财政承受能力相适应;合理负担,根据市财政和享受人员双方承受能力,合理确定医疗费用各自负担水平;强化制约机制,变医疗机构一家管理为医疗机构、财政部门、享受单位和个人共同参与管理,最大限度地减少公费医疗经费的浪费。该方案规范了公费医疗享受范围和对象,即市财政预算内开支工资的国家机关、党派、人民团体在职在编的工作人员及离退休人员;市财政全额预算管理的事业单位及差额预算管理的全民所有制医院在职在编的工作人员及离退休人员。改革的主要内容:合理确定公费医疗经费基数、定额拨付公费医疗经费、实行定点医疗和医疗费补贴、享受人员适当负担医疗费、医疗经费结余和超支处理办法、调整部分医疗费用收费标准、制定公费医疗用药目录、明确公费医疗开支与不予报销范围与项目、享受人员转诊规定以及公费医疗管理体制制约机制的建立等。同时,市政府和市卫生局分别印发与改革方案配套的文件有《武汉市市直差额预算事业单位医疗经费管理暂行办法》和《武汉市市直行政事业单位保健、优诊人员公费医疗管理规定》、《武汉市公费医疗中、西药报销范围》。1997年8月1日起执行新的公费医疗使用大型医用设备报销范围的规定。该规定系市卫生局根据卫生部通知精神结合武汉市具体情况制定的。

1996年10月1日起施行的《武汉市市直差额预算事业单位医疗经费管理暂行办法》是根据关于差额事业单位(不含全民所有制医院)不再在公费医疗范围之内的规定,结合武汉市实际情况制定的,该办法明确规定这些单位的医疗经费，从本单位职工福利基金或业务收入中支付，市财政给予经费补贴。福利基金按本单位职工年工资总额14%的比例提取，其中8%作为医疗经费使用。单位的业务收入处终有结余。可按20%的比例提取医疗经费。市财政按单位在职人员编制数和离退休人员1995年末实有人数计算每季度给予补助；保健、优诊、离休人员年人均1 200元，其他人员300元。职工患有精神病、癌症等重大疾病造成医疗经费支出过大，经核实后由市财政补贴70%。

1996年启动的公费医疗改革，经过各方共同努力，收到实效，1997年同1996年相比，医疗费用下降11.60%；月人均费用下降5.88%，降至185.84元2000年降到136.64元，降幅16.49%。

2001年，全市行政事业单位实施医疗保险，行政事业单位处以下干部职工公费医疗取消，纳入医疗保险。保健、优诊、老红军、离休干部、二等乙级伤残军人仍享受公费医疗待遇。

配合公费医疗制度改革，市、区子女统筹医疗改革同步进行。1996年，市政府颁发《武汉市市直行政事业单位工作人员女子互相合作医疗暂行办法》，明确提出子女统筹医疗改为女子互助合作医疗，实行自愿参加、费用共担、互助合作、经费调剂使用的原则。其经费筹集为家长和家长所在单位分别每月为每位参加者交纳10元，市财政以1994、1995年两年子女统筹医疗平均执行水平的50%作为补助定额基数，按月付给市公费医疗办公室，超支不补，结余留用。医疗经费定额的10%由市公医办调剂使用，90%分拨定点医院使用，年终结算，有结余转下年使用，如超支则由家长、家长所在单位和定点医院合理负担。参加者的门诊、住院费用由家长各负担20%，特殊检查（如CT、彩色B超等等）费用由家长自理。该办法规定参与者为享受公费医疗的市直国家机关、党派、人民团体以及全民所有制医院、全额预算事业单位的工作人员，有本市户口，18岁以下，未参加工作或未就业读于大中专学校的子女。是项改革也取得成效，市级子女统筹医疗支出费用1996年为3 235万元，1997年降为1 352.17万元。年人平支出1996年为1 644元，1997年降为676.55元。减幅58.86%。到2005年两项分别降为1 547.66万元和83 875万元。

（二）劳保医疗

1951年国家推行劳保医疗制度，其费用按职工工资总额的5.5%由工矿企业单位拨付。随着经济体制改革的推进，有更多企业依其自主权的确立而自行改革劳保医疗制度，自主其医疗保健模式。设有职工医院的大中型企业，指定职工在本企业的职工医院就医，医疗费用由企业拨付给医院。设有卫生所、医务室等医疗机构的企业，职工在本企业医疗机构就医，凭联单或现金收据报销医疗费，或凭医师处方回本企业医疗机构取药、治疗。有的企业与定点医院签订合约，实行医疗费用包干，如市商业职工医院与全市商业系统签订医疗承包合同。市四医院与部分企业签订职工医疗合约并实行双处方制，主动接受企业监督。有的企业将医疗费发给职工，个人掌握使用，节余归已，超支不补。基后，劳保医疗转入医疗保险。

2001年，全市建立城镇职工基本医疗保险制度，其主要特点是广覆盖、低水平，国家同用人单位及职工共同筹资，实行个人帐户同统筹帐户相结合。

（三）农村合作医疗

党政府历来关注农村卫生事业的建设与发展，关心农民健康。新中国建立后，逐步建立起农村卫生服务体系，兴办农村合作医疗，加强农村卫生“三项”建设，推行农村初级卫生保健。改善农村卫生条件，农村卫生事业取得伟大成就。缺医少药状况有较大改善，农民健康水平有了提高。但是，随着农村经济转轨，农村卫生事业几经曲折，二十世纪五十年代启动的“村办村管”农村合作医疗制度于八十年代末陷入低谷。1978年以来改革开放三十年，从中央到地方对农村卫生工作都作出专门决定，加强农村卫生建设，深化农村卫生改革。武汉市于1996年2月作出《关于加强农村卫生工作的决定》，加快农村合作医疗制度的改革和建设。在部分乡镇开展合作医疗工作试点。肾合作医疗制度适应社会主义市场经济体制，坚持“政府领导、群众自愿、因地制宜、科学管理、民主监督的指导思想和民办公助，自愿参加的原则”，坚持合作医疗的基金筹集以个为主、集体扶持、政府适当支持。除从村提留的“三抽五统”经费中提取0.5－2%外，农民负担部分纳入联产承包责任制合同，“谁出钱，谁受益”专款专用，集资的额度和合作医疗的类型同当地农民收入和当地经济发展状况相适应。江岸区19个村，1993年以前按每人年均6－7元集资，1995年以后随乡村经济发展，合作医疗经费好转，各村筹资不同，中胜村按每人每年20元拨给村卫生室。石桥、跃进2个村年拨3 000－5 000元给村卫生室，村民看病收门诊费用，住院费用，上村报销部分。二七、红桥2个村则是全包干。1991年黄陂区有28.6万人参加合作医疗，覆盖率达32%。1992年江夏区45.06%的村恢复合作医疗，48.17%农业人口享受合作医疗，1995年蔡甸区有13个村恢复合作医疗。到2003年，武汉市全面贯彻落实《中共中央国务院关于进一步加强农村卫生工作的决定》和国务院办公厅转卫生部等部门《关于建立新型农村合作医疗制度的意见》出台了《武汉市新型农村合作医疗试点工作方案》。之前，在全市17个乡镇48个行政村，对10 062户农民进行抽样调查，有94%的农民表达了对参加新型农村合作医疗的迫切愿望和要求。新型农村合作医疗制度是由政府组织、引导和支持，农民自愿参加，个人、集体和政府多方筹资，以大病统筹为主的农民医疗互助共济制度。有别于过去，新型农村合作医疗明确规定政府支持力度加大，中央、地方财政对参加者各按年人均10元补助；以县(区)为单位统筹，提高统筹层次，增强抗风险能力；突出以大病统筹为主；建立医疗救助制度，由民政和扶贫部门资助贫困农民参加新型农村合作医疗；由政府负责组织指导新型农村合作医疗经办机构，管办分离。

为进一步深化农村卫生改革，完善农村医疗保障体制，市政府办公厅贯彻落实《中共武汉市委武汉市人民政府关于进一步加强农村卫生工作的意见》，制发《关于进一步做好我市新型农村合作医疗工作的通知》。根据中央精神，自2006年起提高政府对参加新型农村合作医疗者补助经费标准，中央和市财政各补助20元，省级财政补助15元，个人缴费标准全市执行不低于15元。《通知》就提高农民保障水平，合理调整农民医疗费用补偿比例、实行两级转诊制度、加强定点医疗机构管理，提高服务质量，保障医疗安全等等作出部署和提出要求。全市新型农村合作医疗制度建设进一步加强，农村卫生改革取得新进展，理顺乡(镇)卫生院管理体制，进一步健全农村卫生服务网络，完善乡村卫生服务管理一体化和内部运行机制，引入竞争机制，面向社会招聘乡镇卫生院院长，实行全员合同制，改革分配制度。农村卫生工作取得新进展。农民医疗卫生保障水平不断提高；农民参合率明显提高，2007年全市参合农民达到244万人，参合率达到92.4%；合作医疗基金筹资水平和农民受益水平不断提高，2007年全市人均年筹资水平达到85元以上，有41.7万人次获得门诊和住院补偿，被偿金额达到11 862万元，平均住院补偿比例达到33%，高于全国平均水平，公开招聘127名乡镇合管员，完成了乡镇合作医疗经办机构“管办分离”工作；建立起市、区两级合作医疗数据中心，实现信息化管理；完成40所乡镇卫生院和463个村卫生室地标准化建设，新建业务用房19 678平方米，维修改造57 352平方米，招标采购乡镇卫生设备1 412件、村卫生室设备463套；市、区两级财政投资1 000多万元为农民购买公共卫生服务；对1 800多名乡村医生进行全科医学知识培训；城市大中型医院对口帮扶农村卫生和千名医生下基层工作取得成效。洪山区新型农村合作医疗工作纳入国家和湖北省新型农村合作医疗制度试点区。

五、改革医药管理体制和医疗机构药品供应模式

“以药养医”已成为群众“看病贵”的症结之一。据调查统计资料：药品收入占医院总收入的比例1998年为46.44%，2002年为42.99%、2006年全市平均仍在45.55%，列15个副省级城市第10位居中游。同年，每门诊人次收费中药费占54.14%，每床日平均收费中药费占3 481%，出院者平均医药费用中药费占37.86%，在15个副省级城市中分理第4、第10、第9位。30种单病种平均住院费中药费占比列15个副省级城市1－4位的有10种，占33。33%。群众就医负担的药费较重。改革药品管理体制和医疗机构药品供应模式已不失为解决群众“看病贵”有效措施之一。“医药分开”、“药品直供”是解决“以药养医”的重要举措。

(一)开展“医药分开”改革试点。江汉区北湖社区卫生服务中心率先在全市试行。社区卫生服务中心取消药房，将用于医疗服务的药品、医用器械、耗材的经营权、药房管理权、药房从业人员移交医药公司的药店，病人凭医生处方在药让取药。自2005年10月启动“医药分开”试点，药店的药品价格与原中心药房相比，平均下降了40%左右。中心的业务未受到影响，门量反由原来的每日30人次增加到每日100人次，实现了“三赢”目标：患者药费下降，社区卫生服务稳步发展改变了“以药养医”现象，药商扩大了市场。全市已有24家社区卫生服务机构开展了“医药分开”改革。

(二)医院药品直供试点改革

为降低药价，缓解人民群众看病难看病贵问题，按照省、市领导同志的批示精神，经市委、市政府研究部署，2006年武汉市率先在国内开展了“武汉市普爱医院药品直供”试点改革，取得了显著成效。

医院药品直供是指通过依法竞标，选择供应能力充足的大型药品批发企业，从生产厂家直接配送或进行药品一级批发，全面负责医院

的药品供应，最大限度减少药品流通中间环节、减少层层加价，从而降低药价的医院药品供销模式。2006年8月起，武汉市普爱医院选择了国内大型药品物流企业九州通集团公司独家实施药品直供，改变了原来由50多家医药公司分散供药的方式。规范临床药品使用。试点两年来，取得以下几方面成效。

一是药品价格降幅明显。截止2008年6月，医院药品收入与直供前同期统计对比：门诊每人次药费61.01元，下降达17.59%。住院病人每床日药费119.32元，下降30.6%。医院药品比例出直供前的43.67%下降至31.33%。按直供前医院药品收入初步估算，至武汉市普爱医院就诊的患者直供后两年来共减少药费支出11 430万元。

二是探索建立了三甲医院规范的基本用药目录。药品直供以来，武汉市普爱医院根据三甲医院用药特点及各临床学科用药要求，反复实践，制订出直供药品基本目录，全院中西药品规由直供前1 400余种精选“减肥”至700余种，并通过一年多的临床实践，证明该目录基本上能保证普爱医院临床医疗、急救和药品质量需要。

三是探索了从源头治理商业贿赂的治本之策。药品直供有效切断了医药购销之间的利益链，医院内“药商”围绕医生转的现象基本消失，医疗工作环境得到净化，医生回归了白衣天使的本位，患者健康权益也得到了更好的保障。

四是探索了医院药品采供及规范管理办法，为建立以人为本的医院管理制度积累了一定的经验。在直供新模式下，医院药品配置更加合理化，医生临床用药管理更加规范化，杜绝了大处方等不良现象。促进了医院医疗质量、分配制度等系列内部管理的改革创新。

武汉市医院药品直供试点作为一项全国三级医院药事管理机制改革的开创性工作，不仅在降低老百姓看病药费支出成效明显，药品直供试点改革在有效降低了药品价格的同时，还积累了在三甲医院建立科学规范的基本用药目录、规范药品临床使用、改革药品购销体制，治理商业贿赂等多方面很有价值的改革经验，为解决老百姓看病贵看病难的问题探索有效途径做出了一定贡献。

医院药品供应运营模式改革试点稳步推进，逐步积累经验推广，为解决群众“看病难、看病贵”的问题探索有效途径做出有益尝试。

六、改革中等医学办学和医学科研管理体制

（1）中等医学办学体制的改革主要是：以武汉市卫生学校为依托，组建中等医学教学培训中心，试行“一体两翼”（市卫生学校为主体，区县卫生学校设办学点和医院办护士分校为两翼），充分发挥资源作用，调动师生积极性。为卫生事业的建设和发展更多的培养人才。培训中心实行“五统一”（统一招生、统一教学计划、统一教材、统一考试、统一安排专业），规范办学行为，强化教学质量评议。提高教学质量。全面贯彻落实教育方针，抓师资质量的同时，改学生助学金为奖学金，激励学生德、智、体全面发展，品学兼优。

重视在职医务人员的培养，采取多种形式培养人才。继承名老中医药专家的学术经验，组织名老中医带徒，分国家级、省级、市级三个层次，从二十世纪90年代初开始，已完成三批、共有老中医药专家67人次，带教学徒102名，其中，国家级占主导。通过以跨世纪优秀人才“接力计划”为重点，形成市、院落、科三级拔尖人才培训梯队以及在职攻读研究生、重点专（学）科建设实践中培养学科带头人，出国进修（1986－1995年间向10多个国家、地区选派的市区属医疗卫生机构的卫技人员达47人）、国际合作交流（1985年以前仅签了18项国际合作协定，此后10年，与40多个国家、地区、世界性组织签定合作协定达100余项）等多种措施，培养一批中青年高层次的卫生技术人才，成为各学科的骨干，推进卫生队伍整体素质的提高。

通过施行“三定向”（定向招生、定向培训、定向分配）措施，为农村培养适宜的、留得住的卫生技术人员，偿试解决农村卫生技术人员后继乏人的困惑。

（2）改革医学科研管理体制，实行专业科研机构与医疗卫生单位专科研究室（所）相结合，与医院重点专（学）科建设想结合，共同发展。（“九五”末2000年，市属科研机构已有51个，占武汉地区总数的14.96%，有2个国家级重点专科）开展课题招标与同行评议，择优立项，改进科研成果评定、评奖方法，进一步促进科研出成果、上水平（1988－2000年，武汉市属医疗机构共有412项成果获奖，占武汉地区总数的14.71%，其中有5项获国家科技发明（进步）奖，占武汉地区该级别奖项总数的13.16%）。开展国际合作与学术技术交流，学习先进，取长补短，瞄准世界尖端，推进医学科技发殿，启动重点专（学）科建设工程，是又一项科技管理体制改革，集中人、财、物力，扶植重点，引入竞争机制，推动科研工作。1987年，市卫生局将市一医院等5所市属医院各相关专业列入重点专科建设计划，1991年，市卫生局又出台《关于进一步加强医院重点专科建设的几点意见》，推动是项改革，到“九五”期末武汉地区已有126多个重点专(学)科和实验室，其中国家级33个，带动了医院的全面建设和发展，取得了良好的效果。

七、改革领导管理体制，转换运行机制

(1)、改革领导管理体制主要是加强班子建设，发扬民主，选拔优秀人才，完善领导班子考核制度。具体有：

卫生行政机关转变职能，简政放权，加强宏观调控，放活微观。

改革卫生事业费补助办法，对沿用的“差额预算”管理办法和“五定”(定任务、定编制、定人员、定岗位、定业务技术指标)基础上定经费补助办法实施改革，自1985年起相继试行《计划管理责任制》、基本补助和奖励补助相结合、医疗质量控制与卫生事业费挂钩等多种改革，均以质量和社会效益为主，对医疗卫生单位要完成的基本任务提出指令性要求。

施行院(所、站、校)长负责制和党委领导下的行政首长分工负责制，实行党委对医疗卫生单位工作实行保证监督，职工代表大会参与民主管理，强化行政领导指挥职能。制定了行政(院长)、党委、工会3个工作条例，明确各自职能和工作程序。在市一医院、市三医院、市八医院率先试点的基础上于1985年在市区属医院全面推行院长负责制。

试行所有权和经营权适当分离，扩大单位自主权。以承包、租赁、股份、委托、一院多制等形式，改变高度单一所有制为多种所有制形式，一段时期内曾出现不同所有制联合经营。

1986年，全市厂矿企业医院成立武汉市企业职工医院管理委员会(当年有37家会员单位，2008年已发展到近百家)，制订章程，为进一步密切卫生行政部门与医院的联系，企业医院之间开展信息、技术交流、业务协作、人员培训，提高技术管理水平创造了条件。

(2)改革医疗卫生单位内部运行机制，主要改革措施有：

人事制度改革。市卫生局、市人事局联合印发了《武汉市卫生局直属卫生事业单位人事制度改革实施意见》，按照“精简、高效”科学制订编制，合理设置岗位，优化人员结构，公开岗位标准，鼓励员工竞争，双向选择，签订合同。卫生专业技术人员实行专业技术职务聘任制管理人员实行聘任制，工勤人员实行合同制。市五医院、市十医院、江夏区人民医院等多家二级医院公开招聘院长，市皮防所实行职工直选院长。

分配制度改革改变了传统的分配模式，克服“大锅饭”、“不核算”、“平均主义”的弊端，体现技术、劳务价值，按劳分配。实行以“责”为核心的“责、权、利”相结合的责任制相配套的分配制度，业务科室实行技术经济责任制、后勤部门实行经济承包责任制，行政科室实行岗位责任制。实行部分工资浮动、结构工资、职务工资、绩效工资等制度，拉开分配档次，各单位充分享有分配自主权，收效明显。市二医院于1994年实施改革，当年下半年门诊量和急诊量、床位使用率分别比上半年增加11.6%和1.3%。市卫生局直属单位从业人员劳动报酬由1986年的1 378.16万元增至1995年的8 459.3万元。人均年工资总额由0.13万元增至0.70万元。

实施“计划管理责任制”、“综合目标管理责任制”，1989年，市卫生局率先同市第一、第三、第四、市儿童医院、精神病院、传染病医院以及血站、卫校签定院(站、校)长任期目标管理合同书，从工作数量、工作质量、服务质量和经济收效力指标等方面，逐步以契约形式强化对院、所、校的各项工作的目标管理，年终考核奖励兑现。

开展经济管理，建立和健全各项经济管理制度，解决出勤不出力问题，调动职工积极性。市卫生局于1979年8月制发了《关于加强医院经济管理的试行办法》和《关于改进医疗机构药品管理的通知》，管理内容涉及药品、卫生材料以及水电节约等10多个项目。到1985年，各医院按经济规律办事，运用经济手段，制定了经济管理百分考核评比奖励实施细则。通过经济管理，普遍达到节支目标，做到了收支两抵略有节余，1981年同1979年比较，市、区县医院业务收入增长76.4%。

八、创办卫生产业，以副补主，以工助医。

1984年开始，卫生系统创办卫生产业，市卫生局相继制发《武汉市卫生局关于加快发展卫生产业的意见》和《武汉市卫生局关于鼓励发展卫生产业的若干规定(试行)》的政策意见。1994年开始，市卫生局把卫生产业工作纳入卫生工作目标管理，制定考核办法和明确了卫生产业的统计口径。把经营总额、利税收入、门面出租收入列入目标管理。

卫生产为初创阶段，多为流通型小企业，主要解决本系统待业子女就业。1989年国务院批转卫生部门增加社会服务意见的通知下达后，全市卫生产业在数量和经营规模上有了较大发展，截至1996年的统计，全市卫生产业企业有109年，其中，生产型32个，科技开发型15个，商贸型49个，招待所4个，餐饮业6个，中外合资企业3个，有固定资产近2 000万元，累计经营（生产）总额过亿元，上交税收近400万元。安置待业青年469人。1989年被市劳动局评为先进集体，此后，连续5年被市劳动局评为“劳动就业目标管理先进单位和外来劳动力管理先进单位”。

为搞好卫生产业工作，市卫生局于1984年成立了劳动服务公司，并于1994年扩大职权，从只管劳动就业企业为主管全部卫生产业，并宏观管理区、县卫生局的卫生产业。同时，组织卫生产业信息联谊活动，沟通信息，加强协作；组织企业经理、厂长学习企业管理知识，共训100多人，提高理论政策水平和业务能力；争取有关部门的优惠政策；培训财会等专业人员，提高专业技能。结合卫生系统实际和行业特点，充分发挥“三大”优势（科技优势、市场优势、行业优势）。开展“三大”工程（社区服务工程、绿色工程、院墙工程），1998年到2000年间，累计经营（生产）总金额达22 206.3万元，上交税金1 049.4万元，创利润1 574.1万元，门面出租收入4 405.82万元，实现以副补主，以工助医。

改革三十年，全市卫生事业已具一定规模，构建了现代化城乡医疗卫生预防保健网络，面对新世纪的新任务，抓住机遇，迎接挑战，以改革为动力，科技创新兴医，勇夺新的、更大的胜利，为人民的健康事业作出新的贡献。（桂美煊）

（责任编辑：桂美煊）

组织工作资料链接：

表一：中共武汉市卫生局党委任职人员一览表（1950年—2007年）

姓名	性别	职务	任职时间	备注
张洁	女	总支部书记	1950—1952	
洪明贵	男	分党组书记 分党委书记 党组书记	1952.7—1953.5 1953.5—1953.7 1953.8—1954.11	又记：党组书记 1952.7—1954.11
宋林波	男	分党委副书记	1953.5—1954.9	
杨桂生	男	分党委书记 党组副书记 党组书记	1953.7—1955.2 1953.8—1954.11 1954.11—1957.1	
杨桂生	男	党组书记	1954.11—1957.1	
田村	男	分党委书记	1955.2—1955.9	
孙荣章	男	党组书记	1957.1—1960.1	
李大裕	男	党组书记	1960.2—1960.6	
谈太阶	男	党组副书记	1960.2—1960.6	
李大裕	男	党委书记	1960.5—1961.3	
张林苏	女	党委副书记	1960.5—1966.5	
闵云程	女	党委书记	1961.3—1961.11	
谈太阶	男	党委副书记	1961.3—1966.5	
李大裕	男	党委副书记	1961.5—1966.8	
孙荣章	男	党委书记	1961.11—1963.12	
李大裕	男	分党组书记	1962.7—1966.5	
陈德根	男	党委副书记	1964.8—1966.8	
张林苏	女	党委副书记	1966.5—1968.8	
谈太阶	男	党委副书记	1966.5—1966.8	
杜万高	男	党委（党组）书记	1966.8—	
张林苏	女	党委副书记	1973.2—1976.10	
谈太阶	男	党委副书记	1973.2—1976.10	
杜万高	男	党委（党组）书记	1974.2—1976.10	
苏长梅	女	党委副书记	1975.6—1976.10	1976.10—1982.1（又记：1981.1）
陈少锋	男	党委副书记	1975.6—1976.10	1976.10—1980.8（又记1980.1）
杜万高	男	党委书记	1976.10—1979.4	

续表

姓　名	性别	职　　务	任 职 时 间	备　　注
张林苏	女	党委副书记	1976.10—1980.12	
谈太阶	男	党委副书记	1976.10—1983.1	
信金锡	男	党委副书记		1977.12—1983.1
张林苏	女	党委副书记	纪委书记	1979.12—1980.12
王伯谦	男	党委副书记	1981.1—1983.1	
马逢元	男	党委书记	1982.1—1985.12	
熊木兰	女	党委副书记	1982.8—1990.12	
信金锡	男	纪委书记	1983.2—1987.10	
方天人	女	党委书记	1985.12—1998.2	
连士奇	男	纪委书记	1987.12—1990.12	
张建华	女	党委书记	1998.2—2007.6	2007.6 为截至时间
彭国强	男	党委副书记	1998.2—2001.10	
李亚莉	女	纪委书记	1998—2005.8	2005.8 为退休时间
林国生	男	党委副书记	2001.10—2007.6	2007.6 为截至时间
刘国庆	男	纪委书记	2006.2—2007.6	2007.6 为截至时间

根据《中国共产党湖北省武汉市组织史资料》整理，部分资料由市卫生局党委组织部提供。

表二：武汉市卫生局局长、副局长任职人员一览表（1949—2007）

姓　名	性别	职　　务	任 职 时 间	备　　注
宋　瑛		副局长	1949.6—1951.12	
周吉安	男	局长	1949.7—1950.7	
卢镜澄	男	局长	1950.8—1952.4	
潘代青	男	副局长	1951.12—1952	
洪明贵	男	副局长	1952.1—1952.5	
洪明贵	男	局长	1952.5—1954.11	
杨桂生	男	副局长	1952.5—1954.11	
孙家齐	男	副局长	1952.5—1966.4 （又记：1966.5—1968.8）	1983.1—1987.11 为顾问
田　村	男	副局长	1954.10—1956.11	
杨桂生	男	局长	1954.11—1956.12	
谈太阶	男	副局长	1954.11—1966.4	又记：1966.5—1966.8
陆真翘	男	副局长	1955.2—1966.4	又记：1966.5—1968.8
闵云程	男	副局长	1956.11—1961.3	
孙荣章	男	局长	1956.12—1960.1	
李大裕	男	局长	1960.1—1966.8	又记：1966.5—1966.8
陈　毅	男	副局长	1962.6—1966.4	
杨在知	男	副局长	1964.7—1966.4	又记：1966.5—1968.8
陈德根	男	副局长	1964.8—1966.4	又记：1966.5—1968.8
夏　阳	男	副局长	1964.9—1966.4	又记：1966.5—1968.8
谈太阶	男	局长	1966.8—1968.9 1973.3—1983.1 （又记：1976.11—1983.1）	刘焕杰（军代表）任市民卫局革命领导小组组长 1970.2—1972.11
张林苏	女	副局长	1976.10—1980.12 （又记：1976.11—1981.1）	又记：1973.3—1976.10
李益三	男	副局长	1976.10—1983.1	又记：1973.3—1976.10
刘德馨	男	副局长	1976.10—1983.1	又记：1973.3—1976.10
苏长梅	女	副局长	1976.11—1982.1	又记：1975.6—1976.10

续表

姓　名	性别	职　　务	任 职 时 间	备　　注
卢寿彰	男	副局长	1979. 2—1983. 1	
王伯谦	男	副局长	1979. 2—1983. 1	1983. 1—1988. 3(又记:1989. 8)为顾问
李大裕	男	副局长	1979. 6—1983. 1	
陈少锋	男	副局长	1980. 8—1983. 1	1983. 11—1989. 11 (又记:1983. 12—1990. 12)巡视员
徐　洪	男	副局长	1981. 6—1983. 1	1983. 1—1989. 6(又记:1990. 12)为顾问
苏长梅	女	局长	1983. 1—1985. 12	
方天人	女	副局长	1983. 1—1985. 12	
彭国强	男	副局长	1983. 1—1998. 2	(又记:1990. 12)
黄南康	男	副局长	1983. 1—1990. 12	
曾庆海	男	副局长	1984. 6—1990. 12	
赵修汉	男	副局长	1984. 12—1987. 5	
李恢樵	男	局长	1985. 12—1993. 4	(又记 1990. 12)
孙光烈	男		1992. 2—1993. 10	助理巡视员
陈振中	男	副局长	1992. 10—	2000. 1—2001. 5
方天人	女	局长	1993. 4—1998. 2	
曹道德	男	副局长	1994. 4— 2000. 1—2006. 10	2006. 10 为退休时间
武　强	男	副局长	1994. 4— 2000. 1—2005. 8	
吴继雄	男		1994. 4—	助理巡视员 1994. 4—1999. 8
彭国强	男	局长	1998. 2—2001. 10	
李　燕	女	副局长	1999. 12— 2001. 1—2007. 3	2007. 3 为调动工作时间
金建年	男	副局长	1999. 12— 2000. 1—2007. 6	2007. 6 为截至时间
曾庆海	男	副局长	2000. 1—2000. 8	助理巡视员 2000. 8—2007. 6(截至时间)
丁顺清	男	副局长	2001. 6—2007. 6	2007. 6 为截至时间
林国生	男	局长	2001. 10—2007. 6	2007. 6 为截至时间
朱宏斌	男	副局长	2005. 12—2007. 6	2007. 6 为截至时间
李　滔	女	副局长	2007. 5—2007. 6	2007. 6 为截至时间

根据《中共武汉市卫生局系统组织史资料 1949—1990》、《中国共产党湖北省武汉市组织史资料 1920—1987》、《武汉市志卫生志》(注:1840—1985)、《武汉卫生年鉴 1986—1995》、《武汉卫生年鉴 1998—2000》整理,部分资料由市卫生局党委组织部提供。

(柳德生)

爱国卫生运动

2007年,全市爱卫工作深入贯彻《国务院关于加强爱国卫生工作的决定》和《湖北省爱国卫生条例》,坚持"以城带乡,全面推进,条块结合,齐抓共管"的原则,统筹规划,综合治理,在卫生创建、有害生物防治、健康教育、工作机制创新等方面做了大量工作,取得了一定成绩。

【创建国家卫生城市工作稳步推进】 (一)加强组织领导,制定工作方案。为了加强对该项工作的领导,市委、市政府成立了武汉市创建国家卫生城市领导小组(武办文〔2007〕51号),刘顺妮副市长担任组长,市政府副秘书长周元担任创卫办主任,办公地点设在市爱卫办。市政府办公厅下发了《武汉市创建国家卫生城市工作方案》(武政办〔2007〕134号),工作方案中做到"五个明确":一是明确指导思想,二是明确主要工作指标;三是明确各区和28个主要责任部门的职责分工及承担的分值,四是明确创卫的四个阶段,五是明确创建国家卫生城市保障措施。

(二)召开创卫动员大会,全面部署创卫工作。9月26日下午,市委、市政府在市政府礼堂召开全市创建国家卫生城市工作会议,市创建国家卫生城市领导小组成员及联络员、各区政府分管副区长、区卫生局局长、爱卫办主任、中心城区各街道办事处主任和新闻单位共240余人参加会议,会议由市政府副秘书长周元主持,市委副书记胡曙光、市人大副主任刘家栋、市人民政府副市长刘顺妮、市政协副主席肖志钢、省卫生厅副厅长胡菊萍、市委宣传部副部长干小明出席了会议。市委副书记胡曙光、市人民政府副市长刘顺妮、省卫生厅副厅长胡菊萍分别作了重要讲话。

刘顺妮副市长与各区和28个主要责任部门签定了创卫责任状。

(三)实施绩效目标管理,促进工作落实到位。为了探索创卫的长效管理模式,促进工作落实,年初,市委、市政府将创建国家卫生城市重要指标纳入绩效管理体系,武汉市绩效管理工作领导小组向各区和13个委办局下达了19项绩效工作目标,各区和各单位的主要负责人与市委书记苗圩、市长李宪生签定责任书。由于纳入政府的一级目标,强化了政府组织开展爱国卫生工作的意识,各区和各委办局高度重视,采取有效的措施,强力推进,促进了各项工作落到实处,取得了明显的效果。

【除四害工作有新的成效】 (一)社区公共外环境除害工作处于全国先进水平,为了深入贯彻落实《武

开展夏季灭蚊蝇活动

汉市城镇除害工作管理规定》(市人民政府令第167号),市爱卫办近5年积极探索社区公共外环境(重点是无物业管理公司的居民住公共外环境)除害工作新模式,在总结过去经验的基础上,2007年社区公共外环境灭鼠、灭蚊工作由各区全面组织实施,具体做法:1.由各区自行确定社区公共外环境除害工作范围,并进行政府采购招标,选择除害专业公司承包社区公共外环境除害工作;2.经费投入,市区按1:1配套,市级经费下拨到各区;3.市爱卫办设立除害督查项目,通过政府采购,选定一家专业机构对各区工作开展情况每月进行督导,确保工作落实到位,4.对配套经费不到位的区,如果通过检查除害工作不达标将扣减工作经费并通报批评,同时,通过督导发现除害工作达不到要求的除害专业公司,扣减承包经费并通报批评经组织市除四害专家委员会专家考核,全市891个政府购买服务的社区,公共外环境灭鼠灭蚊工作落实到位,有效降低鼠、蚊密度,保障了市民的健康,受到群众的欢迎,得到了省爱卫会的肯定,在全国四害防制协会组织的学术会上交流了武汉市的工作经验。

(二)"除害灭病,平安度夏"为主题的夏季灭蚊活动收效显著。根据市长办公会关于平安度夏工作部署,市爱卫会于7月10日至8月31日组织开展以"除害防病、平安度夏"为主题的夏季爱国卫生运动,以街道为单位,以社区为重点,采取发动群众和利用专业公司防制相结合的方式,组织开展集中灭蚊蝇活动。在做好日常工作的同时,市爱卫会于8月3日、8月17日在全市统一时间、统一药物、统一方法,开展两次大规模的集中灭蚊蝇活动。刘顺妮副市长参加了全市夏季爱国卫生运动启动会。据统计,7月10日至8月31日夏季爱国卫生运动期间,全市各区共组织上街宣传156次,发放宣传材料40万份,拉横幅546条,制作展牌624块。共有298 657人次参与灭蚊蝇活动,清除积存垃圾6 121吨,清理卫生死角8 000余处,翻盆倒罐54 628个,疏通沟道1 929条,有效减少蚊蝇孳生地、降低蚊蝇密度,保障市民平安度夏,受到市民普遍好评。

(三)春秋季灭鼠全面达标。为了加强除害灭病工作,按照国家的统一要求,市爱卫会于2007年3月14日至4月29日及2007年10月8日至11月8日,在全市组织开展了春、秋季灭鼠活动,通过开展灭鼠活动,降低了鼠密度,改善市民生活环境,防止鼠传疾病的发生。

(四)迎会节除四害专项督查活动有效果。根据市创卫办领导要求,市爱卫办于10月23日到10月26日组织开展了以"干干净净迎会节,我为城市添光彩"为主题的除四害专项督查活动。对全市范围内承担中华人民共和国第六届城市运动会和第八届中国艺术节接待任务的56家宾馆饭店和比赛场馆进行了除四害专项督查,对发现的问题当场提出,限期整改,检查结果进行了通报。

【"爱卫月"活动成绩明显】 每年四月开展"爱卫月"活动,是《国务院关于加强爱国卫生工作的决定》和《湖北省爱国卫生条例》统一的规定。它是保障人民健康和改善城乡卫生面貌的一项十分有效的群众性活动,历来受到各级领导的重视与支持。在2007年4月份的全国第十九个"爱卫月"中,全市围绕"三起来"的目标,组织宣传《湖北省爱国卫生条例》、《汉市城镇除害工作管理规定》和《武汉市公共场所禁止吸烟规定》,对群众反映强烈的突出社会环境卫生问题,组织力量,集中整治,取得明显成效,据不完全统计,在爱卫月期间全市共出动人员近40万人次,治理四害孳生地21 320处,清理积存垃圾6千3百余吨,新闻媒体对,"爱卫月"及时进行了宣传报道,起到了以月促年的效果。

4月7日是世界卫生日,也是第十九个"爱卫月"的第一周。在市、区爱卫办的统筹安排下紧紧围绕世界卫生日主题"通力合作、增进健

2007年爱卫月武昌洪山公园宣传点

康"及爱卫月主题"营造清洁环境，创造美好家园"，采取多种形式上街宣传《湖北省爱国卫生条例》、《武汉市城镇除害工作管理规定》、《武汉市公共场所禁止吸烟规定》及有关卫生知识、倡导健康理念，在一定程度上提高了广大市民的爱国卫生法治意识和文明卫生素质。

【创建卫生先进单位活动再掀高潮】 为了深入推动创建国家卫生城市工作，以社区和单位为基础，积极组织开展创建省、市级卫生先进单位、街（镇）、社区、村（以下简称单位）活动。各区、各单位创建卫生先进单位热情高。经过街道推荐，各区爱卫办初审，截至10月30日，各区共申报省市级卫生先进单位（社区、村、街镇）863家；市爱卫办组织市创卫专家委员会专家考核，向省爱卫办申报92个单位为湖北省卫生先进单位，24个社区为湖北省卫生先进社区，3个村为湖北省卫生村，4条街为湖北省卫生街。市爱卫会命名6个街（镇乡）为市级卫生街（镇乡），422个单位为市级卫生先进单位，156个社区为市级卫生社区，22个村为市级卫生村。东西湖区积极开展创建"省级卫生城区"活动，被省爱卫会授予"省级卫生区"称号。汉南区、蔡甸区积极争创"武汉市卫生区"，蔡甸区通过了市创卫专家委员会专家的考核，被市爱卫会授予"市级卫生区"称号。

这项工作的滚动发展，使全市单位、居民区创卫达标活动步入了经常化、规范化管理的轨道，有力的推动全市创卫工作向纵深发展。

【健康教育活动开展有声有色】

（一）市爱卫会委员部门积极开展健康教育。市卫生局与《武汉晚报》联合举办了"创建卫生城市，争做文明市民"、"遏制艾滋、履行诺言"有奖知识问答活动。市教育局建立了健康教育长效管理机制，目前，开设健康教育课程的各级各类学校达466所，占全市学校总数的91%。团市委在全市开展了"关心未成年人心理健康"活动。

（二）社区健康教育全面展开。全市社区卫生服务基本实现了网络全覆盖，功能全覆盖，作为"六位一体"重要内容的健康教育已经纳入社区卫生服务机构考核的重要指标。省市级大医院在社区竞相开展健康大讲堂，定期举行健康知识，疾病防治讲座，深受社区居民的欢迎。2007年，全市开展创建"健康教育示范社区"试点工作，目前15家社区卫生服务中心全部通过市卫生局专家组的验收。

（三）组织开展控烟工作。"5·31世界无烟日"，市卫生局与市吸烟与健康协会在汉口火车站联合举办了"创建无烟环境，构建和谐社会"大型控烟活动。组织了车站职工及过往旅客参加控烟万人签名活动，并向现场参加签名人员发放了控烟宣传资料。组织有关单位专业人员认真学习《烟草框架条约》，在机关、企事业单位、公共场所、学校开展创无吸烟单位活动。江岸区承担的中央补助地方控烟项目，在江岸区政府的重视和支持下，经过有关单位的共同努力，取得明显的成效，顺利通过了省爱卫办组织的考核验收。

（四）对农民工健康知识传播有序开展。2007年"世界结核病日"，市卫生局在长丰村举办"武汉市公共卫生服务农民工百千万活动"启动仪式，近千名农民工参加了活动。"4·25计划免疫宣传日"在武汉市顶益食品有限公司场区举办了"情系农民工、情暖农民工"、"武汉市万名农民工护肝行动"大型咨询、义诊活动。现场赠送《武汉市外来务工人员读本》，并为500名农民工免费注射乙肝疫苗。同一天，各区分别在辖区的建筑工地、大型酒店开展现场义诊咨询活动，免费为近万名农民工注射乙肝疫苗。

【爱国卫生运动55周年纪念活动有成效】 为纪念爱国卫生运动55周年，组织开展了一系列活动：

（一）组织参与省爱卫办组织的有奖征文活动。根据省爱卫办的征文要求，各区组织发动当地群众积极踊跃地参加有奖征文的投稿，提高群众的参与意识。二篇征文获二等奖，二篇征文获三等奖.

（二）开展巡展活动。各区结合实际，制作不同规格的展板，在本辖区内巡展宣传，同时在社区宣传栏内集中刊登纪念爱国卫生运动55周年的文章和照片，让广大市民知晓爱国卫生运动所取得的成果。

（三）在长江日报开辟专版宣传报道全市开展爱卫工作取得的成果。各区结合实际，组织本地新闻媒体进行采访报道，反映当地爱卫工作成果，突出爱卫工作的特点和亮点。

过去的一年，在全市爱卫战线同志们的共同努力下，全市爱国卫生工作取得了明显的成绩，但是也存在不少困难和问题，主要表现在各区爱国卫生工作的开展还不平衡，大部分街道爱卫机构与人员配备不能适应爱卫工作的需要，城乡"创卫"氛围不够浓厚，特别是创建省市级卫生村的范围不广、力度不够，市民文明卫生健康素质有待进一步提高等。

（武汉市爱国卫生运动委员会办公室）

（责任编辑：桂美煊）

各区卫生工作

江岸区

【概况】 2007年,该辖区有医疗卫生服务机构493个,其中:综合医院12个,专科医院8个,中医医院4个,社区卫生服务中心18个,社区卫生服务站52个,村卫生室14个,卫生所、医务室22个,专科防治院(所)2个,门诊部30个,个体诊所324个,妇幼保健院(所)2个,疾病预防控制中心3个,卫生监督机构2个。医疗机构共开设床位5 206张;全区共有卫生技术人员7 063人,其中:医院有卫生技术人员5 248人(执业医师1 791人,执业助理医师70人,注册护士2 297人,药师375人,技师365人,其他350人),其他医疗机构有卫生技术人员1 815人(医生788人,护士585人,药师81人,技师185人,其他176人),其他技术人员491人,管理人员394人,工勤人员852人。全区平均每千人口拥有医生4.07人,全区每千人口拥有病床8.55张。

2007年,全区医疗机构全年诊疗533.81万人次(其中门、急诊438.01万人次),中医诊疗76.86万人次,门、急诊人次占总治疗人次82.05%,观察室留观病例145 803例;住院14.23万人次,住院病人平均治愈率60.31%,好转率36.67%,病死率1.16%,病床使用率94.4%。全年进行健康检查16.19万人,开设家庭病床191张,家庭卫生服务1.60万人。全年出生人口4 534人(男:2 323人,女:2 211人),人口出生率6.88‰;人口死亡4 205人(男:2 293人、女:1 912人),人口死亡率6.38‰,人口自然增长率0.5‰。全区人口前六位死因顺位为:循环系统疾病、肿瘤、呼吸系统疾病、损伤和中毒、内分泌、营养和代谢疾病。按病种计死因顺位为:恶性肿瘤、脑血管病、心脏病、呼吸系统疾病、损伤和中毒、糖尿病、消化系统疾病。全区人口平均期望寿命达79.57岁。

【疾病控制】 *建立卫生应急机制* 2007年修订完善了《江岸区突发公共卫生事件应急预案》、《江岸区霍乱防控应急预案》以及非典型肺炎、人感染高致病性禽流感应急处理预案等各类预案11件,突发疫情处理机制、疫情信息报告系统进一步完善。实行24小时疫情值班,加强应急演练,突发公共卫生事件应急处理水平进一步得到提高。全年发生的8起突发疫情,均得到了及时有效的处理和控制。例如接到长江勘测设计院等单位回国人员第1例疟疾疫情后,及时对105名回国人员全部进行了隔离检查和治疗,避免了一次重大暴发疫情事件,根据温总理批示,卫生部在武汉召开了海关、商检、卫生等部门联席会议,研究如何防止疫情输入,并充分肯定该区的工作,称之为“武汉经验”。

合理调整全区计划免疫门诊布局 2007年,该区将免疫门诊统一设在各社区卫生服务中心,实行免疫接种单位准入制和人员认证制,并对35个接种门诊(点)、计256名接种人员进行了资质审核,免疫服务质量进一步提高。组织完成一类疫苗免费接种8万余人次,儿童“五苗”覆盖率98.09%,在此基础上,对家政服务员、建筑工地等农民工1 200余人实施免费接种乙肝疫苗。儿童免疫工作继续保持了高接种率和低发病率态势。免疫工作规范、严谨,在省卫生厅组织的检查中,给予了高度评价,并以整顿免疫工作为契机向全省推广。

结核病防治 2007年,该区结核病防治工作继续走在全市前列,通过不断完善结核病的发现、登记、管理运行机制,结核病发现率、治愈率均达到较高水平。进一步规范了结核病人社区督导化疗的管理机制,全面落实现代结核病控制策略。制定了《社区结核病预防控制规范》,积极落实结核病督导化疗进

社区措施,使结核病人发现和治疗的“关口”进一步前移。在社区督导管理治疗上取得重要突破,涌现出了何玉华、金波等一批优秀社区督导员,全年免费治疗活动性肺结核病人521人,治愈率95%。

艾滋病防治　2007年,该区采取主动监测、高危人群行为干预为主的综合预防控制措施,完成了3 350人的高危人群艾滋病主动监测,完成率74%,50家娱乐场所100%安全套工程全面开展。对3 300名农民工开展了艾滋病健康教育讲座,感染者、艾滋病病人、建档随访督导率100%,孕产妇艾滋病监测率达95.04%,对1例阳性病人实施药物阻断,全面落实艾滋病“四免一关怀”政策,有力地控制了艾滋病疫情传播。

血吸虫病防治　2007年,该区顺利通过了省血吸虫病防治升级达标考核验收工作,全区达到了国家血吸虫病传播控制标准。加强沿江河滩查螺灭螺,广泛开展以沿江社区、学校为重点的血防宣教和江滩巡查工作,对接触疫水人员扩大化疗,多次组织渔政、水上公安、水务等部门开展联合执法,加强对有螺江滩地域的管理,完成查螺13 819亩,实施药物灭螺4 861亩,查病5 000人,实现了无血吸虫病人、无晚血病人、无阳性钉螺和人群感染率、家禽感染率大幅下降的“三无两降”目标,切实防止了血吸虫病急性感染发生,全区血吸病疫情保持平稳。

【卫生监督】　2007年,该区进行餐饮业食品卫生监督8 785户次,监督覆盖率100%,其中,对有证医疗机构监督390户,监督覆盖率100%,社区卫生服务中心(站)监督覆盖率达100%,集体和学校食堂、大中型餐饮单位食品卫生监督量化分级评分率达100%,职业危害健康监护率100%。查办案件54起,其中简易程序1起,一般程序53起。行政复议案件1起,无行政强制、行政诉讼案件。全年未发生重大食物中毒事件。

认真开展“五小”行业卫生专项整治　该区以台北路、澳门路、香港路为重点,启动面积在100平米以下的小餐饮、小副食、小旅馆、小洗浴店、小美容美发店示范点工作,以点带面推动全区整治工作。出动监督员200余人次,监督车辆30余台次,完成了524户“五小”经营户的监督工作,配合有关部门坚决取缔142户无证“五小”经营户,改善了全区“五小”行业的卫生状况,“五小”行业的创建氛围日渐增强。

实施食品放心工程　开展公共餐(饮)业餐具集中消毒、建筑工地食品安全、学校食品卫生专项整治工作。查处取缔黑作坊1户,现场销毁80余件不合格成品消毒餐(饮)具,按处罚规定对不符合卫生标准餐(饮)具的4户餐饮单位给予了行政处罚;检查建筑施工单位27家,工地食堂37家,对不符合卫生条件的单位下达了卫生监督意见书,并责令其限期整改。

加强公共卫生保障机制建设　2007年,该区不断完善公共卫生保障方案。以达到既定保障目标,积累保障成功经验为目的,实施女足世界杯、六城会、八艺节、中高考等各类大型活动及重要节日的卫生安全保障工作31次,圆满完成了各项卫生安全保障任务。仅一会一节期间,下达卫生监督意见书138份,提出整改意见243条,审定食谱355次,抽检60余批次食品样品,市八医院、二七街社区卫生服务中心医护人员坚守岗位,及时提供医疗保障服务,辖区13家接待酒店入住的1 800余名领导、运动员、裁判员、演员、记者及工作人员,未发生一起突发公共卫生事件,受到了市、区组委会的好评。

严厉打击非法行医　2007年,该区对部分街道无证非法行医者进行了全面摸底调查,出动监督员774人次,车辆129台次,会同市卫生监督所、区药监局等部门对无证非法行医的小诊所采取了打击取缔行动,取缔非法无证诊所144户,收缴非法行医的医疗器械、药品174件,有效地遏制了无证非法行医,医疗市场秩序得到了明显好转。

【妇幼保健工作】　2007年,该区认真贯彻执行《中华人民共和国母婴保健法》,强化了社区卫生机构的妇幼保健服务功能,健全妇幼信息报告网络。全年全区孕产妇死亡率为0,婴儿死亡率为5.32‰,5岁以下儿童死亡率为6.09‰,孕产妇保健覆盖率为90.36%,高危孕产妇保健覆盖率100%,儿童保健覆盖率为94.46%。

该区多次组织市、区妇幼保健院(所)和医院的管理专家对全区的产科医院进行了质量检查,对现场发现的问题责令其限期整改,并跟踪检查,以提高辖区产科医院的工作质量,保证母婴安全;定期召开全区围产期保健协作组会议,对当年的孕产妇死亡和围产儿死亡情况及发展趋势进行评审,重视孕产妇心理健康问题,要求各级医疗保健人员关心孕产妇心理变化,加强心理沟通与疏导。组织对辖区12家接产医院的妇产科护士长和《出生医学证明》的管理人员进行培训,介绍国际、国内产科领域的新技术、新进展及发展方向和常见新生儿缺血、缺氧性脑病等内容,促进了保健质量的提高。加大了孕产妇围产期保健和儿童保健工作力度,孕妇围产期管理率及产科质量均有明显提高,儿童保健覆盖率、保健质量,妇幼卫生信息监测保持在全市前列水平。区妇幼保健所代表省、市在全国儿童保健知识大赛中获三等奖。

【医政管理】 加强医疗机构医疗质量监管工作,重点检查医疗机构贯彻落实《处方管理办法》和依法开展诊疗活动情况;完成医疗机构校验变更268个,护士首次注册643人,再次注册2 905人,新批注册诊所38个,注销诊所32个,完成医师变更110人。全年调解医疗纠纷28起,受理移交医疗事故鉴定16起,处理医疗投诉12起,受理尸检3起。完成市、区大型活动医疗保障7次(六城会、燃放烟花爆竹、中老年长跑、防空演习),共出动救护车60余台次,出动医护人员85人。完成高考学生体检7 000人,冬季征兵体检480人。建立了江岸区社区执业护士培训基地,组织区卫生系统参加"迎五一"护士技术能手大赛。加大了个体诊所的法规培训工作,组织了消毒灭菌、污物处理、《处方管理办法》、《医疗机构管理条例》、《执业医师法》培训学习,结合校验工作,强化了医疗质量管理。认真贯彻"三个转移、一个延伸"的献血工作方式,广泛开展血液科普和无偿献血无损健康的知识宣传,深入社区、企业单位发放资料,充分调动单位及社区居民参与献血活动的积极性。在取消献血计划目标后,各街办事处积极行动,公务员带头献血作出了表率。2007年组织31场次献血活动,完成献血1 293个单位,在全市各区名列第一位,为全市临床用血做出了积极贡献。

【社区卫生服务】 2007年,该区按照"巩固一批、调整一批、新建一批、淘汰一批"的要求,加大社区卫生服务机构创建力度,加快社区卫生服务发展步伐,落实创建群众满意的社区卫生服务各项工作。多渠道筹集资金,落实标准化建设工作,全区94.4%的社区卫生服务中心和92.5%的社区卫生服务站完成选址改造标准化建设,做到标识标牌统一,诊室布局合理,突出人性化服务理念,服务环境明显改善。组织全科医生、社区护士和公共卫生知识培训898人次,提高了医护人员业务素质,也促进了服务观念的转变。全面推行社区卫生服务机构一体化管理,取消个人承包。依法严格从业人员和技术项目的准入,健全慢性病管理等各项服务工作制度,通过实施责任医师团队服务制,进一步转变服务观念,全面开展"六上门"服务和"五个一"活动。全年社区卫生机构为普通人群服务70.7万人次,与上年同比门诊量大幅上升,是上年同期(27.48万人次)的2.5倍;减免费用300.1万元,实施贫困人员救助5 023人次,减免1.81万元。通过"医药分家"和"中心"配送药品等措施,使人均门诊费用由上年的78.4元降至50.2元。群众对社区卫生服务知晓率达87.22%,满意率达81.39%,新建家庭健康档案33 660户,累计完成家庭健康档案143 671户,建档率达63%。90%的社区卫生服务机构达标,上海街社区卫生服务中心成为市级中医特色示范中心,二七街社区卫生服务中心成为市级健康教育、高血压、糖尿病管理示范中心。

【爱国卫生运动】 *完善组织管理* 2007年,该区适时调整了区爱卫会委员,修订完善了委员单位爱卫工作职责,协调各街办事处及有关部门和单位落实爱卫工作人员,保障工作经费,履行工作职能。对183个社区的卫生主任以"爱国卫生、健康教育"等工作为内容进行了系统培训,构建了区、街、部门、社区三级爱卫工作网络,形成了条块结合,整体联动的良好局面。

积极开展"爱国卫生月活动"

紧紧围绕"营造优美环境,构建和谐家园"这个主题,将"爱国卫生月"与"四城同创"创建年相结合,及时落实了"爱卫月"及春季灭鼠工作。各街以"世界卫生日"宣传为重点,组织辖区医院和社区卫生服务中心开展卫生科普、《湖北省爱国卫生条例》宣传、健康咨询和义诊活动,共组织200余名医护人员参加宣传和咨询义诊活动,为1 185人进行了健康咨询义诊。挂横幅34条,宣传展板57块,收到较好的宣传效果。

整治与美化环境 2007年,组织开展大规模的周末义务劳动,发动机关干部、社区群众、军人、学生对辖区内外环境进行整治与美化。全年全区参加卫生大扫除活动共有2.18万人次,清理乱堆乱放地1 669处,清除卫生死角803处,清除垃圾631吨,清理楼道857个单元,清洗"牛皮癣"69 369张,清理乱牵乱挂1 872处,清扫雨阳棚2 965个,疏通沟道9 380米,城区环境面貌得到进一步改善。

狠抓除害灭病,控制"四害"密度 招标聘请专业除害公司对全区158个社区公共外环境进行除害工作承包,发动单位、社区、居民按片划分责任区域,以会代训,培训投药员千余人,组织专班送药,市、区两级财政投入近40万元,投放灭鼠毒饵21.5吨,对垃圾站、建筑工地、绿化带重点投药,达到较好效果。以

“除害防病、平安度夏”为主题，清除蚊蝇孳生地。清除卫生死角3 453处，清查蚊蝇孳生地3 000多个，消毒面积达1.5万平方米。通过全区上下共同努力，“四害”密度控制在国家标准以内。

【健康教育】 2007年，该区以区健康教育所、街社区卫生服务中心（站）为依托，完善健康教育机构三级网络，设专兼职工作人员近120人，并进行培训，提高了健康教育的实际效果。统一为各社区卫生服务机构配备健康教育资料取阅栏，建立固定健教专栏70个，通过办健康教育专栏，深入社区、娱乐场所及劳教所等特殊行业举办健康教育讲座、上街设点宣传等形式，大力普及健康教育知识，累计发放宣传资料1.08万份，办专栏370余期。适时组织开展春、冬季呼吸道传染病、夏、秋季肠道传染病防治知识的宣传普及工作；以开展控烟项目试点为契机，加大吸烟危害健康宣传教育，落实控烟措施，群众自我保健意识进一步增强。

【精神文明建设】 2007年，该区坚持以为民、利民、便民服务为重点，以创平安医疗机构及“平安度夏，健康社区行”活动为载体，在区卫生局机关及医疗卫生单位开展丰富多彩的卫生文明创建活动。

一是文明办公抓规范化，推进政务公开，制定并落实创节约型机关实施方案，倡导微笑服务、首问负责制，使局机关在创建中起到文明示范带头作用。

二是争先创优求实效，在新一轮的文明单位创建活动中，区疾病预防控制中心等5家单位获得区级最佳或区级文明、市级文明品牌单位称号。各医疗卫生单位投入资金，切实改善服务环境，改进医疗服务薄弱环节，优化服务流程，公示医疗服务信息，推进便民服务。台北街社区卫生服务中心制作免疫接种温馨提示卡，告知家长注意事项；一元街社区卫生服务中心坚持每周二对社区居民开展免费查血糖等义诊活动；市八医院开展大肠癌早期筛查，推进了和谐医患关系的建立。

三是贴近需求抓服务，在平安度夏、健康社区行活动中，各社区卫生服务机构积极行动，普遍开展了为纳凉点、居民小区送医送药活动，围绕防止高温中暑，防治肠道传染病，避免食物中毒等重点，开展夏季防病知识讲座，共出动医务人员200余人次，为群众服务1万余人次，免费送药及降温物品折合人民币4万余元，通过卫生服务，进一步密切了社区医务人员与居民群众的联系。

四是认真开展“文明过马路”活动，树立文明使者形象。在宣传学习的基础上，系统干部职工落实签名承诺，坚守“文明过马路”岗位，党政领导亲自参与，从小事做起，从我做起，形成了上下联动、整体推进的文明创建新局面。

【特色专科工作】 2007年，为进一步加强重点专科建设，市八医院肛肠外科和华中科技大学同济医学院公共卫生学院合作，正式挂牌成立了华中科技大学同济医学院公共卫生学院“大肠肿瘤防治基地”。通过新技术的开展和应用，在大肠肿瘤根治方面取得了较大幅度的进展，肛肠外科陈继贵主任的科研论文《直肠癌前切除术吻合口漏预防的临床研究》在《中华外科杂志》上发表。全年专科门诊量继续上升，住院人次再创新高，在中南地区影响进一步扩大。口腔正畸专科自主研究的科研课题《推磨牙向后平移导杆的研制及临床应用》经鉴定达到国内同类项目研究的领先水平。

【创建行业新风】 以“四城同创”创建平安医疗机构及健康社区行活动为载体，大力开展文明示范岗、文明单位创建活动。规范各类岗位人员文明用语，规范医务人员行为准则，职工挂牌上岗，大厅温馨导医，杜绝服务忌语。加强了与110联动，及时救助“三无”人员。在治理商业贿赂活动中，职工积极参与、自觉抵制医疗行业的不正之风，拒收“回扣”，拒收红包，拒绝吃请。区卫生局政务中心窗口热情服务，提高了工作效率，连续评为先进窗口。仅市八医院、区人民医院在2007年接受患者及家属赠送锦旗、表扬信195面（件），树立了卫生行业良好形象。

【卫生事业改革开放30年发展成就回顾】 江岸区卫生事业改革开放30年来，医疗专科发展颇具特色，社区卫生服务日益完善，疾病预防控制成绩显著，卫生监督管理服务到位，妇幼保健工作卓有成效。全区人民卫生健康水平有了很大程度提高，人均期望寿命由70年代末的71.63岁增至2007年的79.57岁。

计划免疫福荫千万家 多年来，脊髓灰质炎糖丸、麻疹疫苗、卡介苗、百白破疫苗的接种率（包括流动儿童在内）均达到90%以上，形成了巩固的免疫屏障，有效地预防了计划免疫相关疾病的发生。

疾病预防控制成绩斐然 至2007年底，全区疾病的监测报告已形成了较完整的网络，特别是战胜了逞凶一时的传染性非典型肺炎之后，全区很快建立了更加快速、便捷、科学的网络直报系统，彻底改变

了过去报告不及时、工作效率低的被动局面。各种应急机制也相继建立,一旦发生突发公共卫生事件即可按相关规定启动不同的预案,快速、有序、科学的处置措施将会使各类突发公共卫生事件得到有效控制和解决。各种传染病发病率逐年下降,由改革开放初期的1 638.2/10万,降至2007年底的400/10万以下。结核病防治工作中的传染性肺结核病病人的治愈率从改革初期的55%提高到98%。结核病、疑似结核病的报告、转诊率均达到98%以上。由于工作成绩突出,近几年区疾控中心结防所多次被省卫生厅授予"全省结防先进单位"和"全省卫生防疫先进单位"称号,2005年被卫生部授予"全国结核病防治先进集体"。

社区卫生服务整体推进　至2007年底,全区已建立社区卫生服务中心18个,社区卫生服务站52个,构筑了一个布局较为合理、功能较为健全、管理较为规范、有序的基层卫生服务网络。同时,加强了硬件标准化建设,改善了服务环境,提升了服务功能,全面实行"五免六减"优惠政策。深化社区卫生服务机构运行机制改革,实行"医药分开"、大医院托管举措,建立老医生进社区服务的长效机制及第三方评价机制,社区卫生服务工作质量逐年提高。

卫生监督执法服务到位　按照政事分开、依法行政的精神实施卫生监督体制改革,该区于2002年底成立了区卫生监督所,经过几年的运行,江岸区已形成体制通畅、结构合理、办事高效、运转协调、行为规范、程序明晰、执法有力的卫生监督新体制。

妇幼保健工作卓有成效　全区婴幼儿死亡已由改革初期的8.27‰降至2007年的5.23‰,孕产妇死亡率也由改革初期的48.55/10万降至近几年全区死亡0—1例的水平。

医疗专科建设硕果累累　作为唯一1所江岸区属的武汉市第八医院,改革开放30年来,在满足人民群众医疗需求的同时,抓住机遇,创新发展,注重专科建设,走出了一条具有专科特色的新路子。1987年该医院成为武汉市首批重点专科之一,挂牌"武汉市肛肠医院"。2000年获首批武汉市市级重点中西结合肛肠病专科医院建设单位,2004年被定为"全国早期大肠癌筛查及遗传性大肠癌基因检测武汉基地",2007年被定为"华中科技大学同济医学院大肠肿瘤防治基地"。30年的改革发展,使武汉市八医院成为湖北省唯一的肛肠专科医院,专科综合实力居中南地区第一,位于全国前三位,在省内外享有一定的盛誉。

2007年江岸区卫生局领导及科室负责人一览表

职　　务	姓　名	性别	籍　贯	年龄	文化程度	专业技术职称
党委书记	鲍顺勇	男	武汉	57	研究生	副主任医师
局长	罗述伦	男	武汉	52	本　科	医师
党委副书记兼纪委书记	赵义刚	男	武汉	48	研究生	主治医师
副局长	胡亚明	男	武汉	53	本　科	副主任医师
副局长	胡　慎	女	江苏	48	本　科	会计师
副局长	宋剑锋	男	河南	37	研究生	主管医师
党政办公室主任	杜洪喜	男	河北	53	大　专	助理政工师
党政办公室副主任	杨义平	女	湖北	37	本　科	公卫医师
医政科科长	过徐北	男	江苏	53	大　专	主治医师
医政科副科长	贺朝发	男	湖北	54	本　科	医师
疾病控制科科长	张清显	男	河南	59	大　专	主管医师
人事教育科副科长	刘国琴	女	湖北	52	大　专	会计师
卫生监督科科长	高文建	男	湖北	56	大　专	助理政工师
区爱卫办主任	陈德意	女	武汉	50	本　科	医师
局工会主席	胡道林	男	安徽	59	本　科	主治医师
局团委副书记	李　雄	男	湖北	40	本　科	

（杜洪喜、杨义平、刘怡荣）

江 汉 区

【概况】 截至2007年底，全区有各类医疗卫生机构279个，其中：医院17个(综合医院8个、中医医院1个、中西医结合医院1个、专科医院7个)、社区卫生服务中心14个、社区卫生服务站34个、门诊部10个、个体诊所188个、单位医务室11个、急救中心1个、妇幼保健所1个、疾病预防控制中心1个、卫生监督检验所2个；全区医疗卫生机构共有职工8 665人(其中卫生技术人员6 448人)，床位7 454张，每千人口平均拥有卫技人员13.76人，床位15.91张。

全年该区出生人口2 759人，人口出生率6.13‰；人口死亡3 185人，人口死亡率7.08‰。人口自然增长率-0.95‰。平均期望寿命77.85岁。全区人口死因顺位前十位死因是：恶性肿瘤(179.22/10万)、脑血管疾病(171.88/10万)、心脏病(94.06/10万)、呼吸系统疾病(61.59/10万)、损伤和中毒(43.80/10万)、内分泌、营养、代谢及免疫疾病(43.36/10万)、消化系疾病(22.68/10万)、精神病(16.23/10万)、传染病(9.42/10万)、泌尿和生殖系疾病(7.78/10万)。

2007年，全区法定传染病登记报告率99.84%，儿童计划免疫接种率92.43%，孕产妇死亡率0/10万，婴儿死亡率7.49‰；对消费领域食品卫生监督覆盖率达100%，医疗机构监督覆盖率达100%，社区医疗卫生服务网格覆盖率达100%；处理网格化投诉3 743件，处置回复率100%；全年共完成877人份的无偿献血任务。

【疾病预防与控制】 2007年，该区卫生局以重大传染病防制、突发公共卫生事件应急处置及社区预防工作为重点，全面加强疾病预防控制工作，积极开展慢性病的监测、防治和管理，大力开展健康教育和社区预防工作。

艾滋病监测 2007年共报告确诊艾滋病例41例，新增常住病例9例(2例已死亡)，加上原有病例8例，15名病例均在随访中。全年完成主动监测1 438人(其中吸毒人群监测509人)，查出HIV阳性并确诊4例；完成江汉看守所羁押人员检测839人，查出HIV阳性1人并已确诊；全区VCT门诊完成咨询420人，有5名吸毒者被查出HIV阳性并确诊；全区各类监测共查出HIV阳性10人，较上年同期增加了66.7%。在辖区480家娱乐场所开展100%安全套项目，发放各种宣传资料2.6万余份，宣传笔210只，对574人次进行了性病、艾滋病体检。对3个安全套监测点进行了监测，1至12月共计销售安全套54 971只；联合区计生委通过外展与各种活动免费发放安全套8 000只。

结核病防治 2007年，全区共登记初诊病人1 417例，确诊肺结核病人432人，其中痰菌阳性病人共登记205例；医疗机构病人报告率99.9%，转诊率94%，追踪到位率92.4%，病人系统管理率100%，涂阳病人密切接触者筛查率97%；15个社区督导服药点管理病人334人，社区督导率92%。耐多药防治项目正常开展，已有2例确诊并进行了治疗，治疗效果良好，痰菌已转阴。卡介苗接种人数为7 373人，监测人数5 161人，监测率67.3%。在3月24日“世界防治结核病日”，开展了主题为“心系农民工，关爱在江汉”的大型宣传活动；组织18名医护人员奔赴第八工程局的建筑工地，为189位农民工提供免费透视、量血压、检查乙肝的医疗服务，并开展了结核病防制知识的咨询和宣传，深受农民兄弟的欢迎。

计划免疫 2007年，该区全年完成常规免疫接种133 726针次(其中，基础免疫接种66 863针次，卡介苗9 072针次、糖丸接种17 578针次、百白破14 051针次、麻疹5 766针次、新生儿乙肝疫苗20 396针次)，加强免疫接种18 745针次(其中小儿麻痹症疫苗糖丸3 410人次、百白破3 610针次、麻疹8 820针次、白破二联2 905针次)；小儿麻痹症糖丸全程接种率93%，百白破全程接种率92%，乙肝疫苗全程接种率98%，卡介苗接种率100%，麻疹接种率98%。“五苗”全程接种率93.17%。4月，组织公共卫生专业人员深入辖区建筑工地、酒店、超市和服装厂等农民工聚集地，为农民工开展了免费接种乙肝疫苗活动，共完成1 800人份乙肝疫苗全程接种，发放健康知识手册1 000余份。

卫生检验 2007年共体检22 638人次，肠道检验22 638人次，检出沙门氏菌219例，阳性率0.97%；血清检验22 633人次，HBsAg阳性854例，阳性率3.77%；HBeAg阳性227例，阳性率1.00%；GPT阳性87例，阳性率0.38%；食品卫生检验381件、计1 099项次，环境卫生检验2 110件、计7 109项次，餐具消毒4 137件、计20 485项次，防疫卫生检验1 099件、计20 736项次，HIV抗体初筛检验主动监测2 052人份、VCT监测146人份，初筛阳性10例。

农产品质量安全检测 2007

年，该区依托区疾控中心实验室，组建了农产品质量安全检测中心，截至12月31日共完成蔬菜农药残留检测4 057件，完成畜产品中瘦肉精检测1 760件，在年终考核中受到市农检中心领导的表扬。

实验室质量管理　该区疾控中心作为湖北省卫生系统唯一实验室，于9月11日接受了国家认证认可监督委员会的飞行检查。检查组通过查看现场、人员提问、调阅相关资料等多种方式，对实验室组织结构、管理体系、仪器设备和环境、人员、检测报告、计量认证标识的使用、公正性地位和行为、反商业贿赂、日常管理等方面进行了全面细致的检查，对疾控中心实验室质量体系的运行情况、样品检测和质量管理工作给予了充分肯定和高度评价。在全部39项检查项目中，有37项被评为符合，2项被评为基本符合，一次性通过了监督检查。10月，市疾控中心在该区疾控中心召开了全市区级疾控中心质量管理现场会，将该区疾控中心质量管理经验在全市推广。

【卫生监督】　2007年受理各类卫生许可申请4 211件，发放新证1 363件，换发证2 274件，变更125件，体检16 250人次。落实下岗再就业优惠政策604人(户)/次，减免金额21.05万元。处理网格投诉1 875件，受理市民投诉及上级督办、转办案件145件，突发公共卫生事件报告及时率100%，投诉处理及时率100%。

推行餐饮业卫生监督公示制度　2007年根据卫生部办公厅《关于开展餐饮业卫生监督公示制度试点工作的通知》的文件精神，该区作为全国开展公示制度的10个试点城区之一，在全区范围内推行餐饮业卫生监督公示制度。该区把试点工作作为落实食品卫生安全监管职能，探索和完善餐饮业食品安全监督管理新模式，以此作为保障人民群众身体健康的着力点大力推进。

区政府常务会听取了餐饮业卫生监督公示制度试点工作汇报，研究了试点工作实施方案，成立了由分管区长任组长的试点工作领导小组，举办了试点工作启动仪式，还为试点工作划拨了6万元专项工作经费。

区卫生局成立了实施领导组、业务技术组等5个工作小组，并邀请省、市专家讨论制定了《江汉区餐饮业卫生监督公示评分细则》；还先后组织了4次大型专题试点工作培训会议，对辖区500多家餐饮企业、学校、托幼机构和集体食堂的负责人进行了集中培训，以提高各企业对试点工作的认识，增强其参加此项工作的积极性。在实施过程中，该区卫生局认真抓好限期整改、企业申报、现场评价、挂牌公示4个环节，通过培训、发动、企业主动对照标准积极整改，根据整改情况积极申报，并在规定时间内派监督员上门进行现场卫生监督评价。截至12月31日，已完成626家餐饮企业的挂牌公示工作，共评出121家“笑脸”、369家“平脸”、136家“苦脸”。

医疗市场监管　该区卫生局以网格管理为平台，掌握无证行医的动态信息，采取高压态势，防止反弹、巩固成果，全年共处理无证行医网格化投诉675件，没收药品及器械377件，捣毁无证行医招牌106块。区卫生局联合市卫生监督所、辖区街道、城管及公安等职能部门共同开展多次联合执法行动，共取缔无证行医23户次，没收药品及医疗器械10余件；同时该区卫生局还对马场后街、八古墩、高家台等无证行医重灾区开展联合执法行动，共取缔无证行医18户次，没收药品及器械17件，捣毁无证行医招牌13块，圆满完成了该区在全国打击非法行医专项检查前的迎检工作。

该区卫生局还依法对辖区内各级各类医疗机构进行监督检查，做到一户一档，监督覆盖率达到100%。对有证医疗机构进行严格监管，共查处各类违法案件13起，罚款7.05万元。

食品卫生监管　区卫生局以流通领域食品卫生工作为重点，强化餐饮单位的自身管理水平与自律意识，加强对车站、学校、建筑工地等窗口地段和重点单位的监管，严格《卫生许可证》的发放管理，严把“两节”期间食品安全关。全年共出动执法人员3 324人次，车辆569台次，监督检查食品经营户11 660户次，卫生监督覆盖率100%，查处各类违法案件480起。

联合区教育局多次召开全区学校食品安全工作暨培训工作会，指导全区中小学、托幼机构建立食品安全责任链和食物中毒及传染病疫情报告制度，完善突发公共卫生事件应急处理预案和食品卫生安全责任追究制度；还先后对辖区59所中、小学、托幼机构和学校周边的125家副食店、170家小餐饮店进行了摸底清查，对存在违规行为的经营点进行了重点打击，并给予了相应的行政处罚。

联合区建筑质量管理站召开了辖区建筑管理单位的项目经理负责人会议。宣传学习有关法律法规，解答有关卫生标准。同时组织监督员对全区35个在建工程项目、19个工地、16个食堂进行了一次全覆盖执法检查，责令部分工地食堂对照整治方案要求进行整改；“十一”期间，又再次组织工作专班对工地食堂卫生与安全进行了重点检查，消除食品安全隐患52处，使全区工地食堂卫生状况有较大改观，全年工地食堂无食品安全事故发生。

该区卫生局按照区政府取缔无证(照)经营的有关要求，对全区1 194户无证经营户进行了专项整治，同时对辖区内5条“四城同创”重点准备路段的76家小副食店、48家小餐饮店进行了严格的查处，下达责令《改正意见书》124份，对其中34家符合卫生要求的单位发放了《卫生许可证》。

该区卫生局承担了省卫生厅《关于卫生监督机构卫生标准应用能力与卫生标准体系建设》文件中3个项目课题的调查工作。在为期3个月的调查研究中，共出动调查人员135人次，对辖区24家食品加工、餐饮单位、糕点制作单位完成了调查表格75份，分析制作研究报告3份，受到了省卫生厅领导的肯定。

职业危害监护　2007年区卫生局以存在职业危害因素的小食品、小棉毡、小服装、小五金、小建材等269户“五小”企业为对象，进行了职业危害监护专项整治，出动卫生监督员328人次，下达《卫生监督意见书》133份，其中限期整改172户，取缔35户，转交相关部门处理62户。

公共场所监管　2007年，该区卫生局共承担国际油菜大会、世界植物园大会、全国500强企业高峰会、六城会、八艺节、机博会、汽博会、旅游节、及市(区)人大(政协)等国际(国内)、省(市、区)等各类重大会(节)活动的卫生保障工作达13次，按照“加强领导、明确责任、严格监管、确保安全”的原则，从与会代表的食品、住宿、二次供水的卫生保障工作以及活动现场周边的食品安全整治等各个方面全方位的进行了保障，从细节入手，完善突发公共卫生事件应急处理预案，建立规范化、程序化、制度化的工作机制，做好保障工作的“事前介入、现场评估、提出意见、落实措施、保障到位”。特别是在六城会、八艺节期间，该区克服人手少、任务重、各类检查交叉重叠等实际困难，抽调了11名卫生监督人员，进驻担负六城会和八艺节接待任务的宾馆酒店，提供24小时的监督、指导服务，深入接待单位食品加工第一线，严格落实重要原料采购、索证和留样制度，指导各单位做好食品卫生安全管理工作和突发公共卫生事件应急处置准备，确保不出现任何食品安全事故，圆满完成了系列活动的保障工作。

【妇幼保健】　2007年，该区妇幼保健所北迁移至马场角路50号，与区卫生局、区疾病预防控制中心、区卫生监督所合署办公，北迁后的区妇幼保健所完善了已有的保健服务项目，积极拓展新业务新技术，添置了B超，更新了红外线乳腺检测仪，增设了新生儿听力筛查和口腔保健业务项目，恢复了婴儿抚触、游泳等业务，全年共开展新生儿听力筛查7 452人次，口腔保健10 879人次，婴儿抚触(游泳)5 000人次。

妇女保健　该区完善了围产保健系统管理，切实降低了孕产妇和婴儿死亡率，建立了信息互通互报制度，网上交换工作信息，尤其是孕产妇建册信息的及时登录，使孕产妇系统管理得到加强，使建册率、系统管理率达到了较高水平。2007年共接生9 314人，住院分娩率达100%，孕产妇死亡率为0/10万，孕产妇保健覆盖率89.8%。

儿童保健　该区完善了以区妇幼保健所为网顶、社区卫生服务中心及卫生服务站为网底的儿童保健网格，组织专家定期到区托幼机构进行保健业务指导及监督检查，定期对集体儿童进行体格检查及缺点矫治。社区卫生服务中心重点进行儿童“421”体检，并建立了系统管理卡，全年建立儿童系统管理卡4 918人，建卡率达100%，0－7岁儿童体检15 755人，0－7岁儿童保健系统管理率98%，五岁以下儿童死亡率7.88‰，婴儿死亡率7.49‰。

【医政管理】　区卫生局以提高医疗服务质量为主题、以强化医政监督管理为手段、以着力解决人民群众关心的“看病贵，看病难”等突出问题为重点，全面推进医政管理的各项工作。

深化医疗卫生体制改革　该区卫生局根据“网格化布局、标准化建设、规范化管理、科学化考核”的思路，修改完善了《江汉区医疗机构设置规划》，调整了全区医疗资源布局和结构，还支持省新华医院建立了汉兴街第二社区卫生服务中心。

创建平安医院　该区卫生局在全区医疗卫生行业开展了“构建和谐医患关系，创建平安医院”活动，组织医疗单位“以病人为中心”，从解决人民群众就医最关心、最直接、最现实的利益问题入手，通过优化医疗服务细节、提高医疗服务质量、完善医患沟通渠道、建立投诉处理机制等环节，密切了医患关系，减少了医患矛盾，并形成了平安医院建设长效机制，为人民群众创造了安全有序的诊疗环境，有力地促进了卫生事业持续健康发展。

【社区卫生服务工作】

推进社区卫生服务体系建设综合试点　2007年，该区被省卫生厅授予“湖北省城市社区卫生服务体

系建设综合试点区”，根据《湖北省城市社区卫生服务体系建设综合试点工作方案》和《市人民政府关于深入推进社区卫生服务体系建设的意见》，区卫生局积极探索社区卫生服务可持续发展的运行机制和管理机制，加快建设以社区为基础、社区卫生服务机构与预防保健机构、医院合理分工、职责明确的新型卫生服务体系，积极探索建立以三级预防为核心的社区卫生服务模式，完善社区首诊和双向转诊制度，基本实现了居民“小病在社区，大病到医院、康复回社区”的服务格局。

评选首席社区医生 2007年，该区卫生局在全市率先开展了“首席社区医生”评选活动，通过评选活动激励和培养促进了一批优秀社区卫生人才成长，提升了社区卫生服务水平。

开展创建群众满意社区卫生服务活动 2007年，该区卫生局继续组织社区卫生服务机构开展创建活动，经过初审和考核，确定了10个社区卫生服务中心和10个社区卫生服务站为第二批创建单位。各创建单位按照社区卫生服务标准化建设的条件，进行标准化建设、自查和整改；各创建单位还采取多种形式密切与社区居民群众的关系，民意街社区卫生服务中心聘请了8名社区居委会主任为“社区卫生服务联络员”，成为居民与社区卫生服务机构之间的桥梁和纽带，创建单位全部通过了市卫生局的检查验收；该局还在社区卫生服务中心开展了第二批“标准化公共卫生科”创建活动，组织专业技术人员对参加创建的单位进行了全面的技术指导，全区“标准化公共卫生科”创建工作全部达标。

推进社区卫生服务信息化建设 该区卫生局依托城市网格化管理系统，以现代信息技术为手段，建立了电子化社区居民健康档案和以电子处方、电子病历为重点的社区卫生服务信息管理系统。至年底，该系统软件设计的基本框架与体系已经完成，已在前进街和常青街社区卫生服务中心试运行。

惠民利民 2007年，全区社区卫生服务机构共为64万人次实施了“五免”优惠服务，共免183万元；为96人次的城市低保人员和“三无”人员实施了“五免六减”的优惠，共减免1 114元。

【实行医药分家】 至2007年底，全区已有9个社区卫生服务中心实行了“医药分开”，基本根除了社区卫生服务机构“以药养医”的弊端，实现了“老百姓得实惠、医院得发展、药商以量获利”的“三赢”目标，得到了国务院、省、市、区各级领导的充分肯定和人民群众的认可，以该区“北湖模式”为主要内容的武汉“医药分开”工作经验在国务院纠风办召开的全国纠风工作会议上作了大会交流。

【人事制度改革】 区卫生局以优化卫生人才资源配置、提高卫生服务质量为核心，进一步完善了人事管理制度，逐步形成了“单位自主用人、人员自主择业、科学分类管理、配套措施完善”的管理新体制，基本实现了人员能进能出、职务能上能下、待遇能高能低的用人机制。

继续教育工作 全年完成继续教育培训129人次（其中全科医生和骨干培训28人次，护士20人次、公共卫生培训14人次，精神卫生知识培训32人次），另有228人次的医务人员参加了各种专业岗位培训，还选派了28名医务人员到大医院进修学习。

社区卫生服务工作人才资源建设 2007年3月，年初向社会公开招聘了一批全日制本科毕业生，在108名应聘者中最终录用了17名，全部充实到社区卫生服务工作第一线；同时还对2006年录用的22名退休老医生进行了回访和跟踪考评。

【爱国卫生运动】 2007年，该区卫生局积极开展“四城同创”工作，制定了创建工作方案，成立了由党政主要领导任组长的创建工作领导小组，组建了创建工作专班，认真完成了创建文明城区各项工作任务。启动了国家卫生城市创建工作，对照《国家卫生城市标准》的65项指标，认真分析了创卫工作的重点和难点，并将各项指标细化到各单位和个人；充分发挥卫生部门的组织、协调作用，在全区深入开展创卫工作的宣传发动。以“四城同创”为契机，在辖区开展了创建“省、市两级卫生先进单位（社区）”的活动。通过初审，全区已有省级卫生先进单位5个、省级卫生先进社区2个、市级卫生先进单位37个、市级卫生先进社区21个。

【健康教育】 2007年，该区共发放各类宣传资料1万余份，创作传播资料两种，印制2 002份，展出宣传牌40块，创作健康教育专栏564期；在全区13条街进行了健康知识知晓率问卷调查，发放调查问卷230份，居民健康知识知晓率达到80%以上。

在“4.25”计划免疫宣传日、“5.15”全国防治碘缺乏病日、“10.10”世界精神卫生日和卫生行业各项法律法规颁布日，区卫生局组织开展了各种健康教育宣传活动，以社区卫生服务中心为平台，建立街道“健康教育学校”，继续开展

"相约健康社区行"活动,与市中心医院联合举办健康知识讲座6场,有780名社区居民参加,发放资料800份;免费为居民提供裂隙镜、测血糖等5个项目的检测,深受社区居民欢迎。

【党的组织建设和思想建设】

2007年,区卫生局党委围绕深化医疗卫生体制改革,理顺工作思路,强化工作举措,加强党的思想建设、组织建设、作风建设,进一步提高了党员队伍、干部队伍思想政治素质,发挥了基层党组织的战斗堡垒作用。

思想建设 该局组织全局党员干部认真学习贯彻中共十七大文件精神,采取个人自学与集中学习相结合、专题辅导与座谈交流相结合、理论学习与实际工作相结合、单位学习与联组学习相结合的方式,做到分层次、形式多样、针对性强,进一步增强了全局干部、职工的政治素质和服务意识。

制度建设 该局结合卫生工作实际,进一步完善了党员学习制度、党内民主监督制度、党员自我教育和自我管理制度、考评激励制度;定期召开领导干部民主生活会,认真开展批评和自我批评;通过建立健全公开制度,进一步推进党务公开和政务公开。

组织建设 该局以基层党组织建设责任制为抓手,在全局党员干部中深入开展保持党员先进性教育长效机制"三个一"(即一次集中学习、一次专题讨论、一期学习专刊)的教育活动,进一步增强了党员干部的责任意识。大力推进党建"双基工程"建设,引导基层单位党组织建立"党员之家"的活动阵地和党员学习宣传园地,保障了党员学习教育活动的落实。认真贯彻《党政领导干部选拔任用工作条例》,严格干部选拔任用程序,完善了干部提拔管理的各项制度。

主题实践 该局与民族街万寿社区党总支开展了共建共助活动,签订了共建健康和谐社区协议,为社区党总支捐赠了2 000元党建活动经费,为社区特困的糖尿病患者免费赠送测糖仪,在门栋悬挂党员责任医师牌,开展送医送药上门、请大医院医生下社区开展为居民义诊、体检、健康咨询等活动,深受社区居民群众的欢迎。

党风廉政建设 该区卫生局以制度建设为重点,坚持"标本兼治、综合治理、惩防并举、注重预防"的工作方针,大力推进惩治和预防腐败体系建设。继续开展反商业贿赂专项治理工作,发挥宣传教育的基础性作用,引导干部、职工积极参加以"剖析商业贿赂行为在医务活动中的危害性"为主题的大讨论,进一步筑牢拒腐防变的思想防线。通过开展各项教育活动和自查自纠,提高了广大干部职工在医务活动中增强自觉抵御不正之风的能力,全年医务人员拒收"红包"金额达1 650元,上交"红包"金额达1.05万元。

民营机构党建工作 该区卫生局在抓党建工作中注重特色,指导武汉中盛医疗美容医院组建了全区第一家民营医疗机构的中共基层党支部,使民营党组织建设与医院健康发展相结合,在工作中发挥积极的作用;该局还在全市率先成立了"区卫生系统党外知识分子联谊会",并在全区卫生系统党外知识分子中开展了"建言献策、建功立业"的主题活动。

群团组织建设 区卫生局工会按照"组织起来,切实维权"的工作方针,全面履行工会四项基本职能,充分发挥了工会组织桥梁纽带作用,及时圆满的完成了区总工会下达的各种工作任务。举办了"天使之歌"大型文艺汇演、行业礼仪表演、迎"五一"职工卡拉OK比赛等活动,充分展示了白衣天使的风采。局工会全年共走访慰问困难职工30余户,发放慰问金1万余元,为局系统900余名职工办理职工重大疾病医疗互助,办理慰问赔付金3万元,为女职工办理了防癌保险,并为2名手术治疗的女职工送去2万元赔付金。

局团委坚持"党建带团建",推动团建理论和团建模式创新,推进新经济组织的团建工作,在武汉都市女子妇科医院建立了共青团组织,使民营医疗机构团员青年重归团组织;围绕共青团建团85周年,积极参与"青春骄傲——武汉青年形象展示"活动,推荐卫生系统形象青年2名,展现了该区卫生局系统青年的青春风采,树立新世纪武汉青年新形象。实施共青团干部素质提升工程,创新培训方式和内容。做好"双推"工作,有18名优秀青年加入党组织,1名青年走上领导岗位。

区卫生局妇联坚持"一手抓发展,一手抓维权"的方针,引导广大妇女职工继承和发扬中华民族的优良传统,积极参与文明城市、文明社区、文明单位和文明家庭等群众性创建活动,宣传倡导先进文化,崇尚科学的生活方式;举办各类学习培训班4期,参加者达60多人次,帮助妇女职工转变行业旧观念,提高自身素质;组织系统妇女参加"关爱单亲特困家庭"、"关爱流动人口育龄妇女"和"帮助单亲特困母亲家庭子女就学一帮一"活动,争做"义务妈妈",免费为特困母亲和流动人口育龄妇女健康检查380余人次。

【红十字会工作】 2007年,该区红十字会巩固创建"全国社区红十字服务示范区"成果,加强基层组织建设,成立了"街道红十字会工作委员会",加强对街道红十字会工作的指导;积极开展会务活动,举办了第一期街道红十字会干部"国际人道法培训班",有13条街道的常务副会长、秘书长参加了培训;组织232名红十字会志愿者开展了"百名红十字志愿者送温暖"活动,为辖区内116户孤寡老人、残疾人开展了打扫卫生、送医送药等服务活动;组织50多所中小学参加创建省级红十字模范学校活动,滑坡路小学被授予全区第一个省级红十字模范学校;选拔了10名红十字青少年前往黄陂区蔡店乡土家族小学,参加市红十字会组织的"心手相牵农村行"活动;在宾馆酒店等公共场所设立了48个募捐点,全年共募集善款12万余元和价值1万余元的救助物资,发放救助款2万余元。

2007年江汉区卫生局领导及科室负责人一览表

职　　务	姓　名	性别	籍贯	年龄	文化程度	专业技术职称
党委书记	蒋文辉	男	湖南	44	研究生	高级讲师
党委副书记、局长	张黎明	男	浙江	50	大专	经济师
党委副书记、局纪委书记	曾建初	男	湖南	54	本科	经济师
副局长	廖　峡	男	湖北	50	在职研究生	主治医师
副局长	项明杰	男	湖北	49	本科	政工师
副局长	辜果丹	男	湖北	34	大学	医师
副局长	张必伦	男	湖北	54	大学	主治医师
调研员	权　世	男	湖北	56	大专	主治医师
党政办主任	贾建华	女	湖北	51	本科	主治医师
组织宣传科科长	徐敏俐	女	湖北	51	本科	经济师
人事教育科科长	鲁永红	女	湖北	52	本科	主治医师
医政管理科科长	王广才	男	湖北	53	在职研究生	主治医师
疾病控制科科长	王战洪	男	湖北	53	本科	主管药师
法规监督科科长	龙光华	女	湖北	53	大专	主管护师
社区卫生科科长	胡惠清	女	四川	42	本科	护师
区红十字会秘书长	冯京铭	男	湖北	47	本科	主治医师
局联合工会主席	黄　红	女	湖北	42	本科	政工员
区爱卫办副主任	陈新学	男	湖北	50	本科	主治医师
局妇联副主任	王佑生	女	四川	49	本科	医师
局团委书记	汪　辉	女	湖北	30	在职研究生	护师

（冯京铭）

硚　口　区

【概况】 2007年,硚口区卫生工作认真贯彻落实科学发展观,以体制改革和机制创新为核心,全面实施药品集中招标采购管理,加强对医疗市场的监督,加大推行人事制度改革和专业技术培训,进一步创新社区卫生服务,扩大社区卫生服务的覆盖面,在全区相继推行一系列优质服务措施,卫生行风建设有了明显改善。加强公共卫生建设,建立卫生突发事件的应急处理机制,建立完善重大传染疫情报告网络建设,保护广大人民群众生命和卫生安全。开展爱国卫生运动,加强食品安全监管,维护社会秩序和稳定。

至2007年底,硚口区共有各类医疗机构431个,其中医院25个,有同济医院、省中山医院、市一医院、普爱医院等4家三级甲等综合医院;市精神病医院和市结核病医院等2家三级甲等专科医院,有社区卫生服务中心10个,社区卫生服务站50个;村卫生室13个、门诊部23个、诊所282个、企事业单位医务室21个、专科防治院(所)1个、妇幼保健机构1个、临检中心1个、血液中心1个、体检中心1个。全区人口为53.59万人,实际床位有5 782张,医生实际人数为2 472人,平均每千人拥有病床10.78张,平均每千人拥有医生4.61人。(见下表)

2007年硚口区人口死亡原因顺位前10位:脑血管病、恶性肿瘤、心脏病、呼吸系统疾病、损伤和中毒、内分泌营养代谢疾病、消化系统疾病、泌尿生殖系统疾病、精神障碍、传染病。

2007年硚口区人口平均期望寿命78.77岁(男76.04岁,女81.51岁)。

硚口区区属医疗卫生机构一览表(2007年底统计)

机构名称	地址	创办年月	床位数(张)	职工数	其中卫技人员数	占地面积(M^2)	年门诊人次	年住院人次	法人代表
硚口区妇幼保健院	中山大道188号	1953-3		45	39	2 280	49 586		陈文华
硚口区疾病控制中心	集贤路36号	2002		48	39	2 246			姜家驹
硚口区卫生监督所	集贤路36号	2002		44	38	847			肖定荣
易家墩社区卫生服务中心	古田二路68号	1974	90	116	98	4 500	60 456		曾红兵
韩家墩社区卫生服务中心	韩家墩112号	1956		67	51	1 460	35 776		周璟
汉水桥街社区卫生服务中心	皮子后街57号	1955	10	69	54	1 106	13 891		刘国平
荣华街社区卫生服务中心	中山大道7号	1953		80	66	2 700	26 284		刘群男
汉中街社区卫生服务中心	长寿桥29号	1955	46	48	33	1 100	17 433		徐慕丹
汉正街社区卫生服务中心	长堤街632号	1956		67	57	454	38 550		范玥
六角亭街社区卫生服务中心	中山大道496号	1956		67	51	600	6 932		马骊
长丰街社区卫生服务中心	长丰大道特1号	2007	20	38	32	2 000	30 000		李昌华
宝丰街社区卫生服务中心	解放大道586号	1949	20	39	31	1 700	36 352	90	李建强
宗关街社区卫生服务中心	下双墩75-76号	2004-12		56	56	1 200	122 000		闵坦

【疾病预防控制】 2007年,全区共处理各类突发重点疫情报告8起,其中学校腮腺炎疫情2起、流脑疫情2起、群体性肺炎1起、疑似不明原因肺炎2起、输入性霍乱带菌者疫情1起。

霍乱防治 2007年,8月12日,卫生局接到一例霍乱疑似报告,区疾控中心立即开展流调、消毒、隔离工作,迅速控制了疫情。同时,启动霍乱防治预案,加强主动监测和预警力度,作好处理疫情的物资储备和技术储备。

艾滋病防治 区卫生局认真贯彻执行国务院《艾滋病防治条例》,统筹监管全区艾滋病防治技术方案、组织实施、人员培训和技术指导工作。同时,加强疫情监测力度,全年共监测各类高危人群3 105人,检出HIV感染者9名;加强公共娱乐场所100%安全套项目实施,辖区194家娱乐场所防艾滋病宣传资料张贴或摆放率100%。进一步落实艾滋病母婴阻断措施,完善艾滋病母婴垂直传播的筛查网络,全区艾滋病免费筛查率达100%;落实国家"四免一关怀"政策,对辖区内管理的艾滋病感染者和病人每季度按时开展医学随访。

结核病防治 落实结核病归口管理工作,加强社区督导治疗和对综合医院结核病疫情报告工作。上半年,在长丰村开展了全市防治结核病大型宣传、咨询、义诊活动暨武汉市公共卫生服务农民工百千万活动启动仪式,在活动现场参与咨询和接受义诊的农民工达1 320余人次,发出宣传单4 300份,为600多名农民工进行了免费胸透。在4月23日"全国预防接种日"当天,为1 304名农民工免费接种了乙肝疫苗。完成《结核病防治信息管理系统》的研制开发工作,通过运用先进的计算机动态网络管理技术,以智能化方式进一步完善了网报疫情的追访调查,确保病人在社区督导员直接面视下督导服药,真正做到药品"看服到口"。2007年8月16~21日,武汉市卫生局、市疾病预防控制中心组织全市13个区疾病预防控制中心开展突发公共卫生事件(传染病疫情)的应急演练,硚口区疾控中心取得第一名。

【妇幼保健工作】 2007年,硚口区妇幼卫生保健工作创造了多个第一:即儿童保健工作在全市第一个开展婴幼儿智力检测、婴儿黄疸检测、婴幼儿筛查、婴幼儿沐浴;妇科检测率先应用阴道镜,孕妇高危筛查电子化,孕激素由定性转为定量检测等。在日常工作中,妇幼保健管理工作成绩突出。

①贯彻实施《母婴保健法》,依法开展监管工作。1~12月辖区各医疗保健机构共签发《出生医学证明》7 300份,无违规操作问题。

②加强孕产妇保健系统管理,降低孕产妇死亡率。区卫生局以社区和计生部门为两条主线,发放艾滋病免费筛查宣传单,督促孕妇进

行筛查。区妇幼保健院共对1 450例孕产妇进行了筛查，筛查率达90%，较上年同期有所上升。

③加强对托幼园所婴幼儿卫生保健的监督管理工作。全面落实托幼机构的饮食卫生和消毒隔离措施，保障儿童的身体健康。加大对无证托幼机构的监管，努力提高新生入园体检及在园儿童体检率。集体儿童体检人数达7 636人，新生入园人数达5 214人。

④积极探索社区妇幼工作新模式，构建妇幼卫生保健信息管理网络。督导全区卫生服务中心配备儿童体检、产后访视、产前检查系统管理软件。

⑤开展妇女病普查普治，提高妇女健康水平。“三八”妇女节期间，区妇幼保健院及辖区各社区卫生服务中心为580名农民工及贫困妇女开展了免费义诊和妇检活动，查出各类妇科疾病20余例，并为其进行了免费治疗。此外，取消强制性婚检，在全区实施免费婚检后，体检人数比上年同期大幅上升，大大降低了新生儿出生缺陷率，保证了母婴健康。

【爱国卫生运动】 2007年，区卫生局注重开展组织动员全区市民参与爱国卫生运动。

①抓创建卫生先进单位工作。4月，组织全区大型培训会，请市创卫专家对全区100余个申报省、市级卫生先进单位的领导进行了培训并逐一上门进行指导。9月18日～19日，市爱卫办组织检查组抽查了该区32个新申报省、市级卫生先进单位，对其创建工作进行检查验收。其结果是：硚口区是全市申报卫生先进单位最多的城区，参与创建面最广，质量最高，各创建单位领导重视，创建体现了“以人为本，共创和谐”的创建理念；创建工作的资料充分完整，分类清晰，且现场管理严格有序。

②广泛深入地开展“除四害”工作。区爱卫办根据“四害”孳生地产生的规律，采用群众运动与专业队伍相结合的办法，广泛深入地开展“除四害”工作。3月中旬对城区129个社区中的108个社区单位（占84%，其余为单位和物业管理或拆迁社区）的公共外环境除害工作通过招标方式，分别由优选的3家专业公司承担，并签定正式合同，明确了双方责任。同时，区爱卫办与区疾病预防控制中心成立除害项目督查组，对其进行督导，使全区除害工作扎实开展。7～8月全区又开展以灭蚊为主的“除害防病、平安度夏”活动，多次与区水务局、区园林局、区建设局、区房产局等共同协商，落实灭蚊工作，并积极组织机关干部职工、创卫生先进单位的干部职工、社区群众，积极开展治理蚊蝇孳生地的活动及药物喷杀活动。在全市灭蚊工作检查中，全区灭蚊工作的做法得到市领导的充分肯定，全市综合评分中硚口区获得全市第二名的好成绩。

【社区卫生服务工作】 2007年，区卫生局通过开展基本医疗保障和公共卫生服务进社区、“对口帮扶”、“千名医生下基层”，以及对社区卫生服务干部实行公开招聘等活动，使群众“看病难、看病贵”问题逐步得到缓解。

①对社区卫生服务中心主任实行公开招聘。区卫生局对全区7个社区卫生服务中心的主任、副主任进行公开招聘，建立起有效激励、严格监督、竞争择优的选拔任用机制。通过招聘，有21人走上主任、副主任岗位，年龄在40岁以下者有15人（其中35岁以下10人），提拔年青干部8人。

②开展创建群众满意的社区卫生服务机构，开展标准化社区卫生服务机构建设。2007年，完成全区5个社区卫生服务中心（含新建长丰街社区卫生服务中心）、34个社区卫生服务站的创建任务，合格率达到94%。同时，区卫生局采取向社会公开招标的办法，完成长丰街社区卫生服务中心的创建工作。

③实施“五免六减”，确保政府惠民政策落到实处。区卫生局制定《硚口区社区卫生服务机构“五免六减”管理规定》，使“五免六减”惠民政策得到了全面落实。2007年，全区实施“五免”71.41万人次，免费金额255.24万元；对贫困群众实施“六减”1 245人次，减免费用14.96万元，减免费用与上年同期对比，分别上升38.96%和48.3%。

④在全区通过上门入户建立健康档案活动，推进了慢性病管理和健康教育工作。区卫生局在汉水桥社区卫生服务中心开展慢性病干预试点，将辖区300余例高血压和糖尿病患者列入专档管理，定期上门随访指导，提高了公众对高血压病危害的认识，促进了群众健康膳食及良好生活习惯的形成，树立健康生活观。区卫生局分别在六角亭街社区卫生服务中心建立试点，在荣华街社区卫生服务中心建立心理咨询科，对社区患者进行上门访视和指导治疗；在宝丰街3506社区、汉中街延寿社区、易家墩街工农社区进行居民健康情况监测工作。通过对居民健康情况的调查及对当地居民全年疾病死因的分析，以了解城市居民健康状况，为制定卫生政策提供了依据。

⑤做好大医院对口帮扶社区卫生服务机构工作。2007年，全区所

有的社区卫生服务中心都安排有一所大医院实行对口帮扶,并派遣2~3名专家以团队的形式,在社区卫生服务中心上班,以保障群众到社区就诊安全、有效、价廉。区卫生局还充分利用省中山医院业务技术力量和经济实力,以荣华社区卫生服务中心为基础,组建荣华、崇仁街社区卫生服务中心,在其体制不变、隶属关系不变、职工身份不变、享受政府拨款政策不变的原则下,将管理权、决策权、人事调配权和工资待遇分配权交由省中山医院托管,提高了社区卫生服务能力,拓展了服务内涵。

【卫生监督执法】 2007年,区卫生局坚持严厉打击无证非法行医和长效管理并重的工作方针,收到良好效果。

①加强对医疗市场的监管。2007年,区政府将打击无证非法行医工作列为政府各职能部门绩效考核内容,进一步明确各职能部门工作职责,全面推进打击无证非法行医工作深入开展。注重结合辖区实际,突出重点,全面整治,重点加强城乡结合部等地区的监管,在长丰地区开展2次集中打击非法行医专项整治工作,监督覆盖率达100%,有力打击了当地无证非法行医。同时,对辖区有证医疗机构监督覆盖率达到100%,社区卫生服务机构监督覆盖率100%。全年各部门出动执法人员1 100余人次,取缔无证非法诊所587户次,处理各类投诉举报94起。区卫生局创新工作机制,坚持"严厉打击和长效管理并重"的工作方针,将打击非法行医列入绩效考核内容。对各职能部门及街道职责进行量化考核,形成"齐抓共管,全民参与"的工作格局。运用刑事手段打击非法行医工作取得阶段性成果。区卫生局积极运用刑事手段打击非法行医,联合区司法机关共审理结案4起,有10起涉嫌非法行医罪的案件正在立案查处中。

②加强食品卫生安全监管。2007年对区卫生局消费领域食品工作进行严格检查,要求各部门和单位以餐饮业单位、集体食堂、学校食堂、建筑工地食堂等为工作重点,以餐具消毒环节为重点环节,坚持"定人、定岗、定责"原则,将餐饮业食品安全监管工作"分解到岗,责任到人"。实施监督员分片责任制,召开贯彻落实《食品卫生法》暨餐具消毒专项整治工作培训会,签订《食品安全责任书》,组织餐饮单位负责人参观武汉元辰餐具消毒公司,全区多数学校食堂和中小型餐饮单位使用由餐具消毒公司统一配送的消毒餐具,确保了餐具消毒合格率。

【专业技术人才培训】 2007年,区卫生局注重人才队伍的培养,发挥专业技术人员的作用,促进全区卫生事业的发展。

加强人才队伍的培养 全年举办卫生知识培训班,共有364名卫生专业技术人员参加了培训;组织52名具有执业资格的临床医生参加市卫生局组织的2期全科医生培训,有55名社区护士参加了社区护士培训班;组织第一批30名全科医师在易家墩街社区卫生服务中心进行了社区临床培训工作;组织20名社区卫生服务中心公共卫生专业骨干参加了市卫生局举办的第二期社区卫生服务中心公共卫生人员培训班;组织11名疾控中心和各社区卫生服务中心人员参加了市卫生局举办的"突发性公共卫生事件应急机制"培训班;组织辖区社区卫生服务中心的8名社区医师参加了由省卫生厅举办的为期10个月《全省城市社区全科医师骨干理论培训班》。配合区残联举办区残疾人社区康复员业务培训工作,在省中山医院举办辖区62名专业技术人员参加的社区残疾人康复业务培训。

充分发挥聘请离退休医生的作用 2007年又聘请了第三批老医生14人到社区卫生服务机构工作。截至年底,共有27人在岗,其中,正高职称1人,副高职称15人,中级职称10人。

【公费医疗管理】 2007年,区卫生局实施新的公费医疗管理细则,制定公费医疗奖惩办法,加大对违规操作及乱收费的处罚力度,严格控制经费增长。全区所有医院门诊金额通过电脑或人工记帐方式进行严格控制,确保门诊金额控制在规定范围内。至2007年底,全区享受公费医疗人员共有433人(其中特困企业104人),比上年同期增加3人,经费支出988万余元,人平2.28万元,增加幅度为8.63%。全区主要代管医院总支出为720万元,其中门诊支出189万元,住院支出531万元。全年支付子女统筹医疗费112万余元。全区有机关事业单位153个,由区财政局全额拨款的工作人员有15 066人,全年为其在职、退休人员报销经费370万元,比上年同期增加110万元。

【红十字会工作】 2007年,区卫生局进一步完善基层红十字会组织,组织开展各项捐赠、慈善、赈灾活动,积极为全社会任务。全区共有红十字会团体会员单位83个,有个人会员30 487人(其中成人9 458人,青少年21 029人),并建立了红十字会网络体系。全年利用"5.8"世界红十字日开展宣传咨询服务活动。在辖区各街乡、学校设立宣传点，开展义诊，发放宣传资料3 000余份。积极组织开展捐赠活动。为云南省普洱受自然灾害地区开展捐款活动，募集资金3 000元；向湖北恩施来凤老区捐款5 000元。开展“同在蓝天下，同享一份爱”活动。区中山巷小学的老师和学生为该校患重病的范九英同学捐款2 000余元；区红十字会为东西湖区辛安渡小学捐赠书包及其他学习用品，向学生捐款2 000元。继续开展“红十字博爱送万家”活动。全年，区红十字会组织辖区10家社区卫生服务中心为贫困户、残疾家庭、低保对象共150户送去了慰问品，并组织社区卫生服务中心的医务人员为患有心血管疾病的居民上门送医送药。组织开展遗体捐献活动。2007年，全区有5人自愿办理遗体捐赠，登记手续全部办理到位。

【区医学会活动】 区医学会围绕中共硚口区委、区政府、区卫生局的中心工作，积极组织医学会活动，完成目标管理。

①制定了《硚口区卫生局创建“全国科普示范城区”工作方案》，成立科普工作领导小组，将区妇幼保健院建设为科普教育基地，以区健康教育馆作为健康教育进社区的指导中心，各社区卫生服务中心成立健康教育科（公共卫生科），落实健康教育进社区工作。

②积极开展创建科普示范城区，每个社区卫生服务机构都成立了社区健康教育组织，加快科普进社区的网络建设。建立科普志愿者队伍，完成建立一支有500余人的专业技术人员组成的科普志愿者队伍。

③在社区建立健康教育宣传专栏，大力宣传常见病、多发病、艾滋病、禽流感、结核病和乙型肝炎病的防治知识，定期为老年人举办高血压、冠心病、糖尿病及肿瘤等疾病的防治专题讲座。

④搞好科技周、科普日、艾滋病日、戒烟日活动，利用各种卫生纪念日开展各种义诊和咨询活动，不断地提高社区居民的自我保健意识。全年在社区开展上街宣传和义诊咨询30次，展示健康科普展板40块，义诊3 000人次，发放健康教育宣传资料2万余份，有效地提高了居民的基本卫生常识。为加强学术交流、撰写发表论文，编印《硚口区医学会医学论文汇编》。

【民营医疗机构协会】 2007年，区民营医疗机构协会积极开展行业管理、行业自律、创建群众满意诊所等活动，规范医疗行为，改善就医环境、降低药品价格，延长服务时间，切实为市民群众提供质优、价廉、安全的医疗服务。同时配合打击非法行医专项整治，促进了医疗市场净化。2007年，区卫生局组织民营医疗机构协会对辖区诊所进行校验现场审查，查对所有执业医师、护士的执业证书和大型设备人员的上岗证；检查特殊医疗技术执行法律法规以及卫生行政部门应审查的情况，对不符合校验要求的诊所，区卫生局下发整改意见书，督促诊所限期整改。此外，协会按照局医政科要求，对校验的176家诊所举办了法律法规培训，增强了民营诊所的法律意识。

2007年硚口区卫生局领导及科室负责人一览表

职　　务	姓　名	性别	籍　贯	出生年月	文化程度	专业技术职称
党委书记	王建军	男	湖南	1950.5	大专	高级工程师
局长	张经芳	女	湖北	1956.12	本科	副主任医师
副书记	饶浩然	男	武汉	1952.8	本科	小教高级
副局长	肖重九	男	湖北	1954.10	大专	主治医师
副局长	李　斌	男	武汉	1963.90	大学	副主任医师
副局长	柴厚杰	男	湖北	1965.3	研究生	主管医师
纪委书记	丁金山	男	孝感	1954.4	本科	政工师
调研员	毛　伟	男	咸宁	1950.12	大专	医师
副调研员	张　凡	男	山西	1948.8	大学	主治医师
党办主任	李　坚	女	山东	1966.7	本科	经济师
疾控科科长	仰光斌	男	安陆	1969.12	大学	主治医师
局办主任	刘胜裕	女	湖北	1955.1	本科	助会师
工会副主席	陈清美	男	随州	1956.10	本科	政工师
人事科科长	张　红	女	湖北	1968.1	本科	
区爱卫办主任	吴清平	女	孝感	1964.5	本科	检验师
卫生监督科科长	王　桢	女	河南	1965.1	本科	
区红十字会秘书长	王　红	女	山东	1953.7	大学	主治医师

（仰光斌）

汉　阳　区

【概况】 2007年，区卫生局认真贯彻中共党的十六届六中全会和十七大会议精神，全面树立和落实科学发展观，全区社区卫生服务建设得到进一步加强，医疗质量管理成效突出；疾病预防控制扎实推进，公共卫生服务能力明显增强；卫生监督执法力度继续加大，执法效能明显提高；“四城同创”工作强力推进，文明城区建设效果明显。圆满地完成了全年的卫生工作任务，被武汉市卫生局和中共汉阳区委、区政府评为“绩效目标管理先进单位”。

2007年，全区有卫生机构253个，病床1 727张。职工3 507人，其中卫技人员2 831人。

全区平均每千人拥有床位4.2张、拥有卫技人员6.8人。

全年区内门诊147.82万人次，急诊12.85万人次，观察室收治病人80 584人次，健康检查23.06万人次。住院3.19万人，治愈率60.96%，好转率35.10%，病死率1.78%。住院危重病人抢救成功率80.62%，病床使用率73.64%，出院者平均住院日12天。

全区法定传染病登记报告率99.9%，计划免疫接种率：卡介苗接种率99.48%，百白破99.47%，脊髓灰质炎糖丸99.53%，乙肝疫苗99.44%，麻疹疫苗99.44%。孕产妇死亡率0，婴儿死亡率2.62‰。

2007年，全区年出生人口2 811人，人口出生率6.97‰；人口死亡2 627人，人口死亡率6.51‰。人口自然增长率0.32‰。

2007年，该区人口前十位病伤死因顺位分别是：脑血管病(24.61%)、恶性肿瘤(23.32%)、心脏病(14.1%)、呼吸系统疾病(10.51%)、损伤和中毒(6.33%)、消化系统疾病(3.59%)、精神障碍(2.77%)、内分泌、营养和代谢疾病(2.89%)、泌尿生殖系统疾病(2.66%)、传染病(0.86%)。

2007年，全区人口平均期望寿命78.42岁，男性76.22岁，女性80.65岁。平均期望寿命比上年增加0.79岁，其中男性增加0.84岁，女性增加0.67岁。

【医疗卫生管理】 2007年，区卫生局积极开展“以病人为中心，提高服务质量”为主题的“医院管理年”活动，全区各医疗机构建立健全了医疗质量管理组织，制定和完善了“质量、安全、服务、费用、绩效”等工作制度，加强基础医疗、护理管理的内涵建设。全区各级医疗机构制定了医疗事故防范制度和医疗信息社会公示制度，建立和完善了医患沟通机制。各医疗机构安装电子显示屏或服务项目公示牌，公开药品、治疗费用价格，实行住院病人费用“一日清单”，及时将有关信息反馈患者，接受病人监督。

各医疗机构广泛开展“三基三严”(基础理论、基本知识、基本技能，严格要求、严肃态度、严密方法)训练，强化医疗质量、医疗安全意识，优化医疗服务细节，提高医疗服务质量，促进医疗服务水平的提高。通过继续开展争创“人民满意医院、人民满意医生、人民满意护士”的“三满意”活动，调动了广大医务工作者的积极性，涌现出了一批好人好事，赢得了社会各界、广大患者和社区居民的称赞。

【疾病预防控制】 2007年，区卫生局继续抓好各种重大传染病的预防控制工作，制定了应急处理预案，健全了疫情报告体系和疫情报告制度。在2007年自然灾害频繁发生的情况下，区卫生部门有效的防控了各种疫情和相关公共卫生事件，有力地维护了社会安定和谐的局面。

血吸虫病防治　年初，区卫生局召开全区血防工作会议，提出达国家血吸虫病传播阻断标准区目标。该局与相关部门签定责任书，组织力量对11.5公里江滩沿线的2 100亩荒地进行了钉螺普查，对21亩有螺地带进行了药物灭螺，并对100亩易感地带采取扩大灭螺措施，查病3 208人，其中查出血凝阳性20人，并全部进行了扩大化疗。市、区领导对达标工作十分重视，副

张建华等市卫生局领导参加社区卫生创建评估会

市长刘顺妮、市卫生局、市血防办领导以及区委书记李诗伟、副区长潘涛都亲临达标现场指导。通过努力，达标工作进展顺利，9月份顺利通过了省、市有关部门领导和专家的验收，使汉阳区成为国家新颁标准实施后全国的第一个达血吸虫病传播阻断标准区。

传染病防治 区疾病预防控制中心认真做好预防接种和传染病防治工作，强化儿童“五苗”接种，全年无甲类传染病报告病例，区疾控中心被市卫生局评为疾病预防控制目标任务完成先进单位。

艾滋病防治工作 全年完成对1 387人高危人群主动监测，对小型低档娱乐场所实施100%安全套艾滋病干预试点工作，开展防治艾滋病健康教育宣传活动，全区艾滋病防治工作继续走在全市前列。

区结防所隶属关系理顺 2007年3月15日，区结防所正式从市五医院一分院分离，隶属区卫生局管理，理顺了区结防所的职能关系。全年市卫生局下达该区结核病新发现目标任务数305例，完成396例，完成目标任务116.7%。全年结核病免费胸片检查1 390人次，免费痰检2 941人次，免费抗结核病药物治疗351人，社会效益明显。区结防所多年来第一次跨入全市结防工作目标管理先进单位行列。

【武汉市第五医院改善了医疗条件】 该医院新医技综合大楼于2007年5月8日启用后，启动了内科楼装饰工程，完成了体检中心大楼、门诊妇产科及腔镜中心的装修工程，层流净化无菌手术室正在安装调试中，新建了配电房，完成了2 000千伏安配电工程，新建了医院污水处理中心，中央空调机房，医院道路黑色化，医院整体就医环境得到了全面的改善。

【社区卫生服务工作】 2007年，该区政府将创建群众满意的社区卫生服务机构作为为民办的8件实事之一。区卫生局将此项创建工作作为当年全区卫生工作的重点，为保障创建工作的落实，在巩固2006年创建省级社区卫生服务示范区成果的基础上，区政府增拨64万元专项创建经费，用于创建群众满意的社区卫生服务机构，使全区的创建工作顺利开展，圆满达标。区卫生局按照武政发〔2007〕63号文件的精神要求，对部分社区卫生服务机构进行合理布局、优化配置，以步行30分钟服务半径为标准，对6个社区卫生服务站进行了重新布局调整，使全区的社区卫生服务站布局更加合理，老百姓看病更加方便。

随着国家、省、市、区四级财政加大对社区卫生服务的投入力度，汉阳区社区公共卫生服务经费全年总投入达840万元。探索建立了规范合理的资金拨付管理机制，采用“政府购买服务”，即：“养事不养人”的办法，每半年一次对全区社区卫生服务的工作数量、质量、群众满意度进行考核，与经费的拨付挂钩，既保障了经费的拨付到位又促进了社区卫生服务工作的良性发展。

2007年，全区的社区卫生服务工作做到“站有亮点，中心有特色，区里有典型，市里有示范”。该区翠微街、建桥街社区卫生服务中心创建了有中医特色的社区卫生服务机构；建桥街的流动检验车及时为辖区居民提供送检服务；月湖街具有特色的老年康复病房受到群众的好评。

至2007年底，该区有二桥街、洲头街、翠微街社区卫生服务中心被市卫生局评为健康教育示范中心；二桥街、洲头街社区卫生服务中心被市卫生局评为高血压病防治示范中心；洲头街社区卫生服务中心被评为糖尿病防治示范中心。

该区卫生局在中共汉阳区委、区政府的领导下，在武汉市率先探索全区社区卫生服务机构由政府整体打包、统一采购、统一直供，减少中间流通环节，降低药价的新举措。按照统一思想、积极稳妥、细心组织的工作思路，社区卫生服务中心与国有控股的新龙药业有限公司经过多轮谈判，签定了直供协议，使全区社区卫生服务机构药品价格整体下降20%，直接惠及广大人民群众。全区继续推行“五免六减”的惠民政策，全年共减免101.3万人次，减免金额达162.75万元。

【医保和保健医疗】 汉阳区保健医疗办公室担负全区153个行政事业单位的保健、优诊、离休人员、二等乙级伤残军人（警察）的医疗服务和管理工作，还负责全区女职工的生育报销、子女统筹医疗工作及公务员医疗补助的审核报销等工作。全年保健医疗实际支出1 015.1万元。保健、优诊、离休、企业离休人员及子女医疗、公务员报销等支出1 006.4万元，其中保健、离休、二等乙级伤残人员支出医疗费714.4万元，年人均医疗费2.04万元，比上年同期减少16.3%。全年区财政局拨入经费963万元。截至12月底，区保健医疗费共负债1 891万元。其中，欠市五医院1 806万元，欠省、市医院及其他欠费85万元。另外，对全区按规定享受公务员待遇的1 071人的医疗补助费进行了审核，审核总金额为174万余元；为老干部就医方便做了许多协调工作，解决了老干部的实际困难并报销急、转诊医疗费40余万元。

【妇幼保健工作】 2007年，为加强全区妇女儿童的保健工作，区卫生局依托区妇幼保健院，以"一法两纲"为依据，全面落实各项任务。进一步加强了围产期保健的管理，积极开展产前检查、高危孕妇筛查工作。孕妇878人接受了唐氏综合症的筛查；有2 226人免费接受了HIV筛查；1 758人接受了TORCH筛查；732人接受了RPR筛查；698名新生儿做了听力筛查，减少了出生缺陷，提高了出生人口质量；继续巩固市五医院、汉阳医院"爱婴医院"成果，加大了对爱婴医院的督导力度。加大了免费婚前医学检查力度。在区婚姻登记处发放了《给新婚夫妇一封信》，介绍了免费婚检的服务范围、检查项目、意义与目的，同时在院门诊大厅悬挂"免费婚检人文关怀"横幅，通过多渠道的宣传，增强了男女青年婚前医学检查意识，自愿接受婚检的男女青年愈来愈多，全区的婚前医学检查工作有了较大的进展。积极指导社区做好孕产妇系统管理，开展了孕早期建册、产后访视及新生儿访视工作，提供产后康复、家庭护理、母乳喂养、产后避孕等方面的服务。散居儿童的管理由单一的4、2、1体检模式转换为儿童心理、营养、卫生、健康教育于一体的管理模式。

【食品卫生监督】 2007年，该区卫生局坚持以食品安全、医疗市场监管为重点，围绕群众关心的食品医疗安全，强化餐饮和食堂的监管，净化医疗市场，加大执法检查力度，执法效能明显提高，切实维护了广大市民的健康权益。

开展专项整治，确保医疗食品市场安全。在区政府的统一领导下，由区卫生局牵头，全区6个部门20多名执法队员对全区医疗市场开展了近一个月的专项整治活动，对城乡结合部无证行医的重点部位联合执法，重拳出击，共取缔非法行医203户次，收缴药械2 650件，依法判处了一例长期无证行医的钉子户，对无证行医者形成了强大的震慑作用，净化了全区医疗市场。

2007年，区卫生局与全区208家餐饮单位、学校、建筑工地食堂，签订了"预防食物中毒责任书"，对辖区六家餐具消毒公司开展重点督查，对瘦肉、干货、水发产品、餐具等共计10种产品进行了抽样检查。全年共组织执法人员开展执法5 707人次，监督检查6 209户次，受理各类卫生许可1 703件，查处各类违法案件139起，罚款金额12.8万元，取得了良好的执法效果，全年无重大食品中毒事件发生，使全区食品安全得到了有效保障。

落实重大活动和重要节假日食品安全保障措施。在"女足杯"、"八艺节"、"六城会"期间，区卫生监督所选用精兵强将参加学习培训，购买专用器材、试剂，专人值守餐饮住宿场所，为重大活动卫生安全提供了更加规范，更加有力保障。在元旦、春节、"五一"、"十一"期间，为落实聚餐报告制度和24小时值班制度，出动人员330人次，车辆56台次，重点检查、指导大中型餐饮单位、旅游景点及周边311户次，共计督导餐饮酒席经营7 862桌、计78 620人员进餐，节日期间未发生食物中毒或投诉事件。

【爱国卫生运动】 2007年，全区爱国卫生运动按照"四城同创"的工作要求，将创建工作纳入全局重点工作，成立了创建工作领导小组，制定了工作目标，明确了责任领导和责任人，做到分工明确，责任到人，在全局上下形成一级抓一级，层层负责的创建机制，通过创建提升了卫生工作在社会上的整体形象。区卫生局"四城同创"工作被中共汉阳区委、区政府评为先进单位。结合"四城同创"工作，区爱卫办制定工作方案，落实工作措施，组织开展了纪念爱国卫生运动55周年和开展全国第19个"爱国卫生月"的宣传活动，发动全社会开展"三起来"活动。全年共组织春季灭鼠、夏季灭蚊蝇、秋季灭蟑螂、冬季灭鼠四次大型"除四害"活动，有效地降低了"四害"密度。

此外，还在全区组织开展了省、市卫生先进单位的创建活动，有38家符合验收条件的单位接受了省、市有关专家的检查考核后，跨入了省、市卫生先进单位的行列，为创建国家级卫生城市奠定了基础。

【红十字会工作】 2007年，该区红十字会以"人道、博爱、奉献"为宗旨，常年开展救助活动，帮助弱势群体改善生存状况。组织募捐活动为12名老年白内障患者实施复明手术，为青少年互助基金募捐10万元，为中学生治疗白血病募捐4万元，在"博爱送万家"活动中，为贫困群众送物资5万余元，开展"心手相联"活动，与蔡甸区对口支助学生15名，长期予以帮助。积极开展遗体捐献活动，全年有31名市民来区红十字会办理了遗体登记手续，使全区累计登记遗体捐献人数达318人，已实现捐献6人。全市第一个捐献者以及第一对夫妻捐献者均为该区居民，同时开展了大量的遗体捐献宣传活动,印制宣传品1万余份,发放到全区各社区进行宣传,知晓率达40%以上。钟家村小学青少年红十字会工作被评为省级先进单位为全区青少年红十字工作树立了榜样。

2007年汉阳区卫生局领导及科室负责人一览表

职　　务	姓　名	性别	籍贯	年龄	文化程度	专业技术职称	备　　注
党委书记	周顺德	男	湖北	57	大专	主治医师	
局长兼党委副书记	夏兴桥	男	湖北	52	本科	主治医师	
党委副书记	张圣阳	男	湖北	54	大专	政工师	
副局长	张河滢	女	湖北	48	研究生	副主任医师	(正处级)07年6月调出
副局长	张　蕾	女	贵州	47	研究生	副主任护师	
副局长	周秀华	女	湖北	48	本科	政工师	07年7月调入
调研员	刘永强	男	湖北	59	高中	政工师	
调研员	胡舢元	男	湖北	54	本科	政工师	
党办主任	李仁爱	男	湖北	52	大专	助理政工师	
行办主任	李年生	男	湖北	45	大专	技师	
组干人事科科长兼团委书记	罗　琳	女	湖北	34	本科		
组干人事科副科长	郝跃恒	男	湖南	48	大专	助理医师	(正科级)
医政科科长	王佩兰	女	湖北	53	大专	主管护师	
疾控科科长	庞胜贤	男	湖北	52	大专	技师	
监督科科长	彭坤才	男	湖北	54	大专	药师	
区红十字会秘书长	张华斌	男	湖北	46	大专	助理政工师	
区红十字会副秘书长	代艳平	女	湖北	49	本科		
区爱卫办主任	肖江桥	男	湖北	52	大专	药师	

(李年生、刘琳)

武　昌　区

【概况】 2007年,该区区辖土地面积81.22平方公里,下辖14个街道办事处,191个社区居委会。截至年底,全区常住人口117.8万人,其中户籍人口109.21万人。在户籍人口中,男性56.7万人,占51.92%;女性52.2万人,占48.07%。全区共有各级各类医疗卫生机构511个,其中医院27个(含三甲医院6个),社区卫生服务中心17个,社区卫生服务站62个,门诊部24个,卫生防疫机构3个,诊所、卫生所、医务室378个。全区医疗机构共有床位8 322张,卫生技术人员9 936人,其中医生3 787,护士3 928,医药技术人员2 221人,全区每千人口拥有医生3.27人、病床7.78张。区直属医疗、卫生单位有16个,职工有1 761人,其中,在职1 037人(其中,专业技术人员919人),退休724人。

2007年,全区落实卫生经费5 380万元,与上年同比增加2 314万元。其中,社区卫生专项经费3 252万元。区属卫生系统全年业务总收入7 611万元,总支出13 694万元,固定资产总值6 184万元。

全区出生人口6 511人,人口出生率6.03‰,死亡人口4 273人,人口死亡率3.95‰,人口自然增长率2.07‰,居民人均期望寿命为80.22岁(男77.80岁、女82.69岁)。人口前十位主要死因顺位为:恶性肿瘤、循环系统疾病、呼吸系统疾病、内分泌和营养代谢疾病、损伤和中毒、消化系统疾病、泌尿生殖系统疾病、神经系统疾病、精神障碍、传染病。

2007年,该区卫生局深入贯彻中共党的十六届六中全会和党的十七大会议精神,全面落实科学发展观,以建立基本医疗卫生制度为目标,围绕人民群众最关心、最直接、最现实的"看病难,就医贵"问题,深化卫生体制机制改革,加大公共卫生、社区卫生服务的工作力度,较好地完成了市、区下达的各项卫生工作目标和任务。区惠民医院办院经验在2007年卫生部举办的"中国医院院长高层论坛暨解决群众看病就医问题"座谈会上作了经验交流,《人民日报》、中央电视台等媒体多次予以报道;该区夏季灭蚊蝇工作在全市城区考核中名列第一;疾病预防控制工作被评为全市目标完成先进单位;妇幼保健工作荣获全市妇幼保健工作第一名;区红十字会被评为全市红十字会工作先进单位;区卫生局被评为全市卫生工作绩效管理先进单位。

【疾病预防与控制】

疫情管理 2007年,该区重点扎实做好传染病的行为干预、疫情监测、科学治疗和病人管理,进一步强化了儿童计划免疫工作的规范化建设,加大了防疫专职人员的培训力度,健全了卫生应急体制机制,辖区一级以上医疗机构全部实行了传染病和突发公共卫生事件网络直报,全区法定传染病登记报告率99.24%,计划免疫五苗接种率99.36%,全年未发生重大传染性疾病暴发流行事件。

艾滋病防治 2007年,该区主动监测辖区娱乐场所服务人员、吸毒人员、性病患者等高危人群2 155人次;建立艾滋病免费自愿咨询检测门诊(VCT)5个,全年共咨询、检测1 011人次;认真做好娱乐场所100%安全套项目;积极开展防治艾滋病知识宣传,全区副科级以上党政干部防艾滋病知识培训率达90%以上;为6 976名孕妇免费开展HIV筛查,未发现HIV阳性孕妇;落实"四免一关怀"政策,艾滋病感染者追踪随访率100%。

结核病防治 该区加大了对综合医院的归口管理力度,对辖区二级以上综合医院的相关人员进行培训和督导检查,共登记疑似和确诊的肺结核病人有789例,发现涂阳病人400例,疫情报告率及转诊率均100%,结核病人的治愈率达90%;为推进结核病病人督导管理进社区,在全区191个社区开展了督导服药,督导社区病人448人,督导率达81.1%。开展涂阳肺结核密切接触者筛查,共筛查678例,筛查率达85%。

血吸虫病防治 2007年,该区为巩固上年血防达标成果,严防疫情反弹,对武昌沿江2 836亩滩地进行了春季钉螺调查,及时消除隐患;对原1.33万平方米的有螺地带进行了药物灭螺;加强了沿江地区血防的巡视工作,劝阻群众不要下水游泳,并发放宣传教具5套、宣传资料8 000份,为街道社区送去血防宣传汗衫400件、塑料盆150个;全年共查病10 592人,其中询检10 592人,血检2 452人,未发现血吸虫病病人。

【妇幼保健工作】 2007年,该区为落实"母婴安全"项目,完成了辖区31个医疗机构《母婴保健技术服务执业许可证》的审核和校验证工作;对辖区13个具有助产技术服务资质医疗机构的142名医护人员开展了专业培训;武汉市第三和第七医院被确定为武昌区农民工孕产妇分娩定点医院,实行定点限价分娩;继续开展免费婚检,预防出生缺陷,全区孕产妇死亡率为0,婴儿死亡率为2.38‰。

【卫生监督执法工作】 2007年,该区为加强卫生监督体系建设,在全区18个社区卫生服务中心和独立站建立了18个卫生监督室,选聘了36名卫生监督协查员,卫生监督网络基本形成;在卫生监督员中开展"学习一组法律、练就一项技能、建立一套本底、制作一套文书、撰写一篇论文"的"五个一"工程建设,卫生监督员综合素质和整体执法能力进一步提高;扎实开展普法和行政执法责任制工作,加大了卫生法制宣传力度,细化、量化行政执法自由裁量权,卫生执法工作被评为全区依法行政先进单位。

探索食品卫生监管机制,该区强化了餐饮业、学校食堂和工地食堂卫生监管,食品安全监管工作分别在省、市卫生监督工作会议上作经验交流。

深入开展了打击无证行医、规范有证医疗机构执业行为的专项整治活动,无证行医查处率100%;认真履行公共卫生保障职能,圆满完成了中共湖北省第九次党代会、省两会、第六届城运会、八艺节和春节等重大会节的卫生保障工作。

2007年,全区共出动卫生监督执法人员10 528人次,检查各类食品经营单位8 600余户次,依法取缔无证经营474户次,受理、查处各级各类举报投诉338件,实施行政处罚400余起,案值30万元,全区无1例食物中毒和无证行医致人死亡事件发生。

【惠民医疗服务再举新措施】

2007年,该区采取"三扩大、一加强"措施,放大惠民医院品牌效应:扩大覆盖面,将辖区4 539名下岗职工及环卫人员纳入受惠范围;扩大宣传力度,在全区191个社区,为低保、残疾人等困难群众开展巡回医疗服务,印发《就医指南》5 000余份;扩大优诊率,全年该区惠民医院门诊量7.9万人次,其中优诊5.1万人次,减免金额421.4万元;加强惠民医院建设,区政府投入2 200万元,在首义路四巷建设新惠民医院大楼。副省长蒋大国、市委书记苗圩、市长阮成发、副市长刘顺妮等省、市领导多次到惠民医院视察,并作了重要指示。

【积极推进基本医疗保障进社区工作】 2007年,该区认真落实社区卫生服务的各项政策,在充实队伍、完善制度、健全网络、增强功能、提高公益性质上狠下功夫,推进了社区卫生服务事业的良性发展。

改革社区卫生服务管理体制　按照“巩固一批、调整一批、新建一批、淘汰一批”的工作思路，完成对辖区内的武汉市武昌医院、武汉市第七医院、武锅职工医院等3家二级以上综合医院承办的社区卫生服务中心及武汉紫荆医院、武汉市颐和医院承办的社区卫生站的“剥离”工作，实现社区卫生服务机构独立设置。对10个因房屋拆迁、业务用房面积不达标的社区卫生服务站实行了淘汰。

健全社区卫生服务网络　2007年，该区新建成积玉桥街社区卫生服务中心，完成区白沙洲医院房屋置换及房屋整体装修，新设置了长江紫都社区卫生服务站。至年底，全区共建立社区卫生服务机构79个，其中：社区卫生服务中心17个、社区卫生服务站62个，初步实现了“15分钟社区卫生服务圈”的建设目标。

增强社区卫生服务功能　2007年全区共组建“全科责任医生团队”43个，完成创建群众满意社区卫生服务机构和标准化公共卫生科建设任务。组织“社区健康教育大课堂”等专题讲座451场。创新高血压、糖尿病等慢性病社区防治模式。建立残疾人康复技术指导中心1个、残疾人康复中心(站)30个。

实施大医院对口帮扶工作辖区内武汉大学人民医院及中南医院，华中科技大学同济医学院附属梨园医院、武汉科技大学附属医院、广州军区武汉总医院、武警湖北总队医院、武汉市第三医院、武昌医院、市第七医院等9家医院下派47名医生到社区卫生服务中心(站)，开展常见病、多发病、慢性病和疑难病症的诊治服务工作。

加强社区卫生人才队伍建设　2007年，该区聘请83名大医院离退休老医生到社区“坐诊”。在全市率先公开招聘30名编外大学生，为其办理“五险”，给予与在职人员同等工资、福利待遇，鼓励其扎根社区。

完善社区卫生服务政策　2007年，该区继续实施“五免六减”普惠政策，减免金额近500万元。在水果湖街、珞珈山街和积玉桥街等3个社区卫生服务中心推行“医药分开”改革，药品降价35%。实施社区卫生服务机构业务用房政府补助政策。大力推进中医药服务进社区。2007年全区社区卫生服务机构的门诊总量达到118.44万人次，比上年同期增长15%以上。

【深化人事分配制度改革】　2007年，在区卫生系统公开选聘了9名卫生技术人员，担任社区卫生服务中心副主任。建立以岗位工资和绩效工资为主要内容的收入分配激励机制，初步实现了医务人员收入与其工作数量、工作质量和群众满意度挂钩。

【医学教育和科研工作】　2007年，武汉市第七医院完成慢性乙肝等疾病的生物免疫树突状细胞(DC)回输治疗、开展了电子阴道镜、腹腔镜手术、阴式子宫切除术、妇科LEEP手术、鼻负压置换治疗等6项新技术。全年，区属医疗卫生单位共在国内外各类医学期刊杂志上发表学术论文33篇。

加大对区卫生系统在职卫生人员的培训力度，继续教育860人次，继教培训率100%。区水果湖街社区卫生服务中心被省卫生厅确定为全省27个“全科医学社区培训基地”之一，接受了卫生部“全科医学示范社区教育基地”预评考察。邀请武汉大学hope护理学院和美国北卡大学护理学院院长玛莎博士为社区卫生服务机构开展学术交流和培训。

【医政管理】　2007年，该区深入开展医院管理年和“构建和谐医患关系，创建平安医院”活动，着力加强医院管理长效机制建设，进一步健全各项核心医疗制度，规范实施“医院信息公示”及“医疗机构校验管理”制度。加强院务公开、护理和院感工作，强化处方管理，严格控制医药费用。认真做好平安度夏“三进”、“三防”工作，为外来务工人员及社区居民“送医、送药、送清凉、送健康”，得到社区居民和农民工的广泛称赞。加强消防安全工作，市第七医院在全市消防部队执勤岗位练兵竞赛及全区消防运动会上分别获得第四名、第二名的好成绩。完善血液管理，全区自愿无偿献血比例达100%。

2007年，共受理医疗机构设置31个，注册33个，变更40个，校验224个，停业15个，注销24个。护士注册1 001人，医疗机构麻醉品及第一类精神药品购用审批22件，母婴保健技术服务执业许可4件。全年接待受理医疗纠纷40起，协商调解3次，移送或委托医疗事故技术鉴定10件。

【红十字会工作】　2007年，扎实推进区红十字会理事成员单位的指导培训工作，全区70余个红十字基层组织已全部理顺了管理体制，完善了内部运行机制，并安排了强有力的领导干部和精干的专(兼)职工作人员，积极发展红十字新会员1 239人，培训红十字救护员1 000多人次。武昌实验中学创建成为全国红十字青少年工作模范学校，该校还代表省、市红十字会成功接待了德国巴伐利亚州、澳门特别行政区的红十字青少年学生代表团。

2007年,区红十字会坚持“救死扶伤、扶危济困、敬老助残、助人为乐”的方针,积极开展扶贫帮困工作,共帮困260人次,发放救助帮困款物67.52万元,受益人数521人次,完成无偿献血1 823人次。在市红十字会举办的“博爱在江城——关爱贫困重病学生”活动中,区红十字会积极响应,进一步加大了对重疾贫困学生的资助力度,共筹集善款40余万元,成功地开展了为王赢、王晨等6位身患白血病学生和10余名重疾贫困学生的献爱心救助活动。

2007年1月29日,中国红十字会、湖北省红十字会2007年“红十字博爱送万家”活动的启动仪式在该区成功举行,中国红十字会副会长苏菊香,湖北省红十字会长、副省长蒋大国等省、市、区领导出席。

认真办好“红十字博爱超市”。2007年,社区红十字会向社区残疾人发放爱心超值卡1 000余元;接受国家、省、市、区、街红十会募捐款物15 875.8元,发动社区居民、红十字会会员、共建单位捐款5 060元,衣物百余件,所筹集到的款物全部用于救助社区困难群众;中共湖北省委常委、市委书记苗圩,市委常委、宣传部长朱毅等领导先后莅临超市指导工作,省红十字会毛会长多次微服私访东亭社区的“红十字博爱超市”,对东亭社区红十字会工作给予了高度评价。社区超市还接待了黑龙江省、宜昌市和十堰市等红十字会的观摩学习。

2007年爱卫月首义街宣传点

【爱国卫生运动】 按照市、区“四城同创”工作的统一部署,成立了全区创建国家卫生城市工作领导小组,制定了创建方案,明确了各街道和各有关部门的职责任务。2007年,在春季灭鼠和夏季灭蚊蝇期间,该区共发动2 800多个单位计8.58万人次参加了周末卫生义务劳动,悬挂宣传横幅699条,发放、张贴《告市民书》等宣传资料6.1万份,动员居民23.5万人次开展了室内和外环境卫生扫除,共清除卫生死角5 639处,清理楼道8 848个、阳台8 010个、屋顶1 153个,填平坑洼5 923处,翻盆倒罐33 697个,疏通沟道8 089处,投放灭蚊蝇药物2 207.2公斤,投放鼠药8.12吨,除害消杀面积累计21.8万平方米。水果湖街、中华路街接受了省级卫生街道验收,中南路街、南湖街创建为市级卫生街,全区共创建省、市级卫生先进单位和社区109个,区级卫生先进单位和社区100个。

【精神文明建设】 2007年,辖区各医疗卫生机构坚持以病人健康为中心,切实采取有力措施,将优化医疗服务细节、完善医患沟通渠道、提高医疗服务质量、密切医患关系、减少医患矛盾的工作目标落实到医疗服务的每个环节,医疗卫生服务水平有效提升。大力开展“双创”工作,中华路街社区卫生服务中心获市“创新示范岗”荣誉称号。

2007年,广泛开展医、技、护“十佳服务明星”活动,共评选出季度服务明星80名,年度服务明星20名,营造了忠于职守、爱岗敬业、文明行医的良好氛围。深入开展医药购销领域的商业贿赂治理工作,着力加强长效机制建设,有力促进了全区卫生行业作风明显好转。

【武昌区卫生事业改革开放三十年成就回顾】 1978年中共党的十一届三中全会以来,全区卫生系统广大干部职工在中共武昌区委、区政府的坚强领导下,在市卫生局的指导帮助下,始终将维护好、实现好、发展好人民群众的健康权益作为各项卫生工作的出发点和落脚点,真抓实干,奋发进取,不断深化卫生体制改革与机制创新,先后取得了抗击“非典”、人感染高致病性禽流感疫情的重大胜利,艾滋病、结核病、血吸虫病、乙型肝炎等重点传染病得到有效控制,2006年10月,提前两年达到《国家血吸虫病传播阻断标准》,成为全省第一个达到血吸虫病传播阻断标准的区,在全市率先推行免费婚检。2003年,启动疾病预防控制和卫生监督两项体制改革,正式成立区疾病预防控制中心和区卫生监督所两个机构。2007年,该区在18个社区卫生服务中心建立了卫生监督室,全区形成了以区卫生监督所为主导,各街社区卫生服务中心卫生监督室为网底的区、街两级卫生监督网络。随后将区疾病预防控制中心、区卫生监督所、区妇幼保健所等3个卫生机构的人员经费和基本业务经费纳入区财政预算安排,实行"收支两条线"管理。2000年,全面开展社区卫生服务工作,2004年,武昌区创建成为湖北省社区卫生服务示范区。2005年1月1日,在全省率先创立"惠民医院",开展为全区低保人员、三无人员、残疾人员等7.9万名困难群众提供了基本医疗优惠服务。2006年8月,在"湖北省城市社区卫生工作现场会"上,"武昌区惠民医院办院模式"向全省推广。中央电视台新闻联播、《人民日报》报道了该区惠民医疗工作的举措和成效,称赞"深受老百姓拥护,在缓解群众"看病难、看病贵"问题上迈出了可喜的一步",俞正声、蒋大国、苗圩、李宪生、刘顺妮等省、市领导多次到惠民医院调研,给予充分肯定。2007年6月,投资2 000余万元,在首义四巷新建5 200平方米的区惠民医院和区妇幼所大楼。

2007年,按照"竞争上岗、合同管理、绩效考核"的要求,区卫生局属16个医疗卫生单位进行了人事分配制度改革,区卫生局系统1 075名在职职工签定了《全员聘用合同书》。建立了卫生人员进入、分配激励、淘汰管理3项机制。坚持在全系统深化精神文明建设。

2007年,区卫生系统获中共武昌区委"1996—2006年吴天祥小组活动"优秀组织单位称号;区卫生局工会连续10年被武昌区总工会评为红旗工会;区卫生局连续10年被全市评为完成绩效目标管理先进单位,区属95%的医疗卫生单位进入市、区文明单位行列。

区红十字会工作蓬勃开展,中国红十字总会会长彭珮云两次视察该区红十字工作,并给予高度评价。2005年9月23日,东亭社区红十字服务站在全省率先创立"博爱超市"。2007年,武昌实验中学创建成为全国红十字青少年工作模范学校,该校还与美国、德国及香港、澳门等地红十字会组织建立友好关系。

近30年来,通过扎实有效的工作,全区卫生事业步入快速发展轨道。

历年武昌区医疗机构数量一览表

年　份	1995	2000	2003	2005	2007
医疗机构数量(个)	341	412	391	369	511

历年武昌区政府财政下拨卫生经费一览表

年　份	1986	1994	2000	2003	2006	2007
金额(万元)	132	258	361	1 104	3 299.73	5 256

历年武昌区主要年份人均期望寿命一览表

年　份	1986	1992	2000	2007
人均寿命(岁)	72.37	72.24	76.71	80.22

武昌区主要年份计划免疫全程接种率一览表

年　份	1992	2000	2007
计划免疫全程接种率(%)	98.01	96.19	99.36

武昌区主要年份孕产妇死亡率一览表

年　份	1980	1992	2000	2007
孕产妇死亡率(/十万)	22.02	18.75	18.96	0

武昌区主要年份婴儿死亡率一览表

年　份	1992	2000	2007
婴儿死亡率(‰)	15.16	6.46	2.38

武昌区人均拥有医疗服务保障程度一览表

年　份	1995	2002	2005	2006
每千人拥有医生(人)	6.37	3.34	3.30	3.12
每千人拥有病床(张)	9.31	6.97	8.77	7.76

2007年武昌区卫生局领导及科室负责人一览表

职　务	姓　名	性别	籍　贯	年龄	文化程度	专业技术职称
党委书记	付世超	男	武汉	44	大学	
党委副书记、局长	白莲升	女	大冶	51	大学	主任医师
党委副书记、纪委书记	周文隽	男	武汉	42	大学	
副局长	王新华	女	辽宁	52	大学	医师
副局长	熊旺萍	女	黄陂	48	大学	副主任医师
副局长	张国松	男	洪湖	38	研究生	主治医师
助理调研员	陈宗孝	男	贵州	57	大专	高级政工师
局党委办公室主任	熊如勤	男	武汉	51	大学	公卫医师
局行政办公室主任	陶维娟	女	武汉	54	大专	护师
局工会主席	龚汉珍	女	武汉	53	大专	医士
法监科科长	徐世振	男	武汉	52	大专	医师
医政科科长	于衍平	女	山东	52	大学	主治医师
疾病控制科科长	刘东汉	男	天津	48	大学	主管医师
人事保卫科科长	陈　杰	男	湖南	59	大专	主治医师
财务科科长	李　萍	女	湖南	48	大学	助理会计师
区爱卫会办公室主任	刘厥敌	男	江西	52	大专	执业中药师
区公费医疗办公室主任	张　莉	女	武汉	54	大专	统计师

（王　晋）

洪　山　区

【概况】　该区位于长江中下游南岸，是武汉市版图面积最大的城乡一体的中心城区。2007年全区版图面积有570平方公里，辖8街4乡2镇，115个居委会，113个行政村，全区城乡人口87万，其中城区居民70万，农业人口17万。有各级各类医疗机构548个，其中综合医院14个，专科医院4个，中医医院1个，社区卫生服务中心15个，社区卫生服务站41个，乡镇卫生院

6个,村卫生室115个,其它医疗机构352个;共有卫生技术人员6 585人、医院床位3 719张,平均每千人拥有医生7.6人;平均每千人口拥有医院床位4.3张。

2007年,全区出生人口5 001人,人口出生率10.28‰;人口死亡2 423人,人口死亡率4.98‰,人口自然增长率为5.3‰,前四位人口死因顺位为:循环系统疾病、肿瘤、呼吸系统疾病、意外损伤及中毒。全区人口平均期望寿命80.26岁。

2007年,该区卫生局在中共洪山区委、区政府的领导和市卫生局的指导下,坚持以"三个代表"重要思想为指导,认真贯彻中共党的十六届六中全会和中共党的十七大会议精神,紧紧围绕启动一个项目(市十二医院合并重组项目),确保一项达标(全区血防工作达国家疫情控制标准);搞好两个创建(创建国家卫生城市和创建全国中医药特色社区卫生服务示范区);突出三大卫生(农村卫生、社区卫生、公共卫生);四个标准化建设(社区卫生服务机构标准化建设、乡镇卫生院标准化建设、村卫生室标准化建设、公共卫生科标准化建设)的工作思路。努力落实各项目标任务,积极推动卫生改革与发展,促进了全区卫生事业协调、健康发展。

2007年,该区卫生局承担市、区卫生工作目标任务共56项,其中市卫生局目标45项,区政府目标11项。年初,该局就将各项目标任务进行逐级分解,责任到人,并将目标管理贯穿在全年工作的始终,使目标管理方式成为各部门、各单位把握工作进度的有效手段。该区卫生局在坚持每季度自查,在加强对目标完成情况进行分析和督办的基础上,结合各项中心工作,统筹兼顾、科学安排,圆满地完成了各项目标任务。

【农村卫生工作】 *新型农村合作医疗* 2007年全区参加农村新型合作医疗(简称:参合)人数为13.65万人,参合率为91.48%。全年对4 656人次住院及重症门诊给予了报销补偿,补偿金额为583.6万元;门诊补偿49 260人次,补偿金额71.48万元。参合农民人均补偿金额与上年度相比增加了20元,报销比例提高了2%。

区卫生局在新型农村合作医疗工作逐步满足农民基本医疗的同时,采取了以下措施:

一是加强对定点医疗机构的监管,坚持每季度对21家定点医疗机构的医疗服务质量、医疗费用执行情况进行检查,并对检查中发现的问题进行督促整改;

二是完成了全区13.6万名参合农民的数据录入工作,为直接补偿奠定了基础;

三是对全区8个合作医疗管理站及21个定点医院的管理操作人员进行了相关网络知识培训,加快了开展网上直报的工作进度。

2007年上半年,市、区审计局及区纪委、区监察局对全区近3年来新型农村合作医疗基金的使用情况进行了审计和监督检查,获得了"洪山区新型农村合作医疗基金收支帐目清楚,操作规范"的评价,并被授予全区纪检监察系统优秀执法(效能)监察项目称号。

标准化乡镇卫生院、村卫生室建设 2007年对4个乡镇(花山镇、左岭镇、青菱乡、建设乡)卫生院、24个村卫生室实行标准化建设,开展标准化乡镇卫生院、村卫生室建设是市、区政府提出的为民办实事项目之一。为了把实事办好、办实,该区卫生局采取了以下举措:

一是对4个乡镇卫生院、24个村卫生室的房屋、设备、人员等现状进行了摸底调查;

二是按照市卫生局的要求,结合本区实际制定《关于落实为民办实事推进农村卫生工作的实施意见》;

三是组织相关人员到外地学习考察乡镇卫生院及村卫生室标准化建设的经验;

四是严格执行领导分工负责制,区卫生局领导定期走访相关的乡镇、村指导,督促标准化建设工作。

9月14日,该区在青菱乡召开了全区乡镇卫生院、村卫生室标准化建设现场会,通过学习先进、统一认识,有力的推进了该项工作的全面开展。

2007年,市、区共投入400万元,按照"填平补齐为主,更新换代为辅"的原则,对4个标准化乡镇卫生院的设备进行了添置,对房屋进行了维修、改造或新建。市、区共投入130万元对23个村卫生室实行了标准化建设。经市卫生局的检查验收,何董村卫生室的考核得分位居全市第一,(花山镇土桥村由于家园办没有批准其规划,没有纳入验收范围)。通过开展标准化建设,新建业务用房3 000平方米,维修改造近4 000平方米,添置设备120余件套。农村卫生网底基础设施建设得到进一步加强。

农村初级卫生保健 2007年,该区加强了农村初级卫生保健和乡村卫生组织一体化管理工作力度。对全区履行公共卫生职能的村卫生室乡村医生每人每月按100元的标准给予补助。全区各乡镇卫生院按照《湖北省初级卫生保健实施方案》,并结合实际制定了细化考核

分配方案，由各乡镇卫生院对所辖村卫生室从人员的培训、医疗安全、目标任务、药品管理等方面进行考核后再兑现奖惩。

中共洪山区委、区政府十分重视农村卫生工作，在2006年改革农村卫生管理体制后，2007年又增加投入41.5万元，将乡镇卫生院离退休人员工资补助标准从70%提高到80%，这些举措对稳定农村卫生队伍起到了促进作用。

2007年全区乡镇卫生院门诊人数较上年度增长29.36%，住院人数较上年度增长48%。

【医政管理】 基本医疗进社区工作 该区卫生局按照“巩固一批、调整一批、新建一批、淘汰一批”的原则，对14个社区卫生服务中心、35个社区卫生服务站进行了巩固、完善和提高。至2007年底，全区共有15个社区卫生服务中心、41个社区卫生服务站，全区的社区卫生服务网络进一步完善。

在全区继续开展创建群众满意的社区卫生服务机构活动。2007年通过指导与督导，全区有9个中心、33个站创建工作接受了市卫生局的验收，认为创建成功。全区社区卫生服务机构组建的“家庭责任医生团队”，开展了“六上门”活动。经调查，社区居民对社区卫生服务机构的知晓率和满意率分别为85%和95%，两级指标比上一年度分别提高2.5%和1.5%。

区卫生局对全区社区卫生服务机构的公共卫生人员共100余人进行了专业培训，组织112名社区医生参加了全科医学培训，有109名护士参加了社区护理培训。在市卫生局的支持下，投入40万元对3个中心、10个站实施了标准化建设。按照市卫生局的工作部署，落实了42名医务人员到8个社区卫生服务机构开展“传、帮、带”工作。全年下派医务人员在受援单位共接诊病人8 068人次、开展手术65台次，康复治疗1 350人次。全区“千名医生下基层”工作取得了良好成效。

该区继续落实“五免六减”政策，全区各社区卫生服务机构共对119.8万人次进行了减免，累计减免费用347.8万元。

2007年，全区社区卫生服务机构的门诊量达到147.6万人次，比上年度上升10.01%，门诊平均费用为42.1元，比上年度下降11.7%。住院5 360人次，住院平均费用为1 295.85元，比上年度下降10.2%。

创建全国中医药特色社区卫生服务示范区 2007年，该区在上年成功创建“省级中医药特色社区卫生服务示范区”的基础上，在全市率先开展了创建“全国中医药特色社区卫生服务示范区”工作。

在年初的全区卫生工作会上，区卫生局就对创建工作进行了部署。3月初，召集区有关部门负责人参加了动员会，出台了创建实施方案，落实了各部门责任，全区形成齐抓共创格局。4月中旬，区卫生局先后组织创建专班及社区卫生服务机构负责人分别赴四川成都市青羊区、武汉市江汉区、长沙市岳麓区学习，做到了学其所长、唯我所用。省卫生厅、市卫生局领导以及相关部门负责人先后多次对创建工作进行了调研、指导，并积极协调解决创建中出现的问题。

2007年，该区采取“聘一批、引一批、带一批、推一批”等有效措施，加大了对社区中医药人才的引进和培养力度。

①积极支持社区卫生服务机构招聘了20余名中医药执业人员，充实社区专业人才队伍。

②充分调动大中型医疗卫生单位参与社区卫生服务工作的积极性，先后与省、市中医医院，市中西医结合医院等单位签订合作、双向转诊协议，引进20余名知名(老)中医到社区支持工作，实行资源共享，互惠互利。

③全区社区中医执业人员共有320余人次参加了省、市、区举办的中医类专业知识培训。

④在全区7个社区卫生服务机构共推选出12位名(老)中医，并授予“名(老)中医工作室”匾牌。

该区在社区卫生服务“六位一体”功能中注重突出中医药特色。开展了家庭护理、家庭出诊、家庭访视、家庭病床、家庭康复、家庭健康指导等“六上门”服务。向各社区卫生服务机构配发了68份中医挂图，300张中医养生光碟，并通过举办培训班、知识讲座等多种形式，使中医的针灸、理疗、推拿、拔火罐、刮痧、熏蒸等适宜中医技术在各社区卫生服务机构广泛运用。全区共开展了中医健康教育讲座450次，有2.5万名社区居民参加了讲座，发放中医健康教育资料12.9万份。全区各社区卫生服务机构中医门诊共接诊病人78.3万人次，比上年同期增长72.7%；建立中医药特色家庭病床461张，比上年同期增加34.2%。全区通过开展创建活动，社区门诊人均门诊费用为42.59元，比上年同期下降10.8%，全区社区居民中医药知识知晓率达到91.2%，对中医药服务满意率达88.7%。

12月6日，该区创建工作顺利通过省级专家评估，为接受国家级专家组评估奠定了基础。

医疗质量管理 2007年，区卫

生局医疗质量检查组对4个直属医疗卫生单位,6个乡镇卫生院,15个社区工作服务中心、5个民营医疗机构进行了4次以医护质量、医疗安全为主要内容的检查。该区直属医疗卫生单位未发生二级以上并负主要责任的医疗事故。全年共为352个医疗机构办理校验、变更、注册等手续。为528名护理人员办理了首次或再次注册手续。

无偿献血工作 2007年度全区完成公民无偿献血610人次,圆满完成献血目标任务。

【疾病预防控制】

计划免疫 2007年全区完成各种计划免疫接种6.9万人次。其中脊髓灰质炎疫苗接种27 272人次,百白破疫苗接种25 753人次,麻疹疫苗接种18 596人次,乙肝疫苗接种14 377人次。新生儿乙肝疫苗24小时及时接种3 917人次,24小时及时接种率为92.51%。全区儿童计划免疫接种率为96.2%。2007年全区重大传染病疫情报告率为100%,处理及时率为100%;全区法定传染病登记报告率为98.49%;计划免疫单苗接种率>95%。全区无计划免疫相关疾病流行事件发生。

艾滋病防治 2007年该区艾滋病自愿免费咨询检测点共接受396人次咨询检查,对3 034名高危人群进行了HIV主动监测。在辖区娱乐场所继续开展了安全套推广工程,发放安全套7 000余支。开展防艾滋病知识讲座20余场次,发放宣传资料近1万份,张贴宣传画近300张。对全区艾滋病感染者和病人每月进行一次随访,定期免费进行身体检查,对艾滋病患者的家庭实行救助,落实了“四免一关怀”政策。艾滋病感染者追踪随访率达100%。

结核病防治 2007年,该区继续开展结核病线索调查和登记工作,全年共发现和登记肺结核病人648人,其中涂阳327人,网络直报追访率为100%。肺结核病人发现率达95%。

血吸虫病防治 该区全年钉螺调查面积3.5万亩,查出有螺面积7 617亩,灭螺面积4 097亩,其中药物灭螺1 097亩,翻耕种植3 000亩。在春季查螺工作中,共调查钉螺1 996框,捕螺并解剖321只,未发现阳性钉螺。2007年9月,青菱乡有3例(流动人口)发生急感,疫情得到及时有效控制。

区卫生局按照血吸虫病国家疫情控制标准的要求,开展了资料的收集、整理工作。2007年11月5－7日,顺利通过了省卫生厅、省血防办组织的达国家血吸虫病疫情控制标准考核验收。

【卫生监督执法】 全年共举办了两期乡镇卫生监督员培训班,一期以案学法培训班。组织卫生监督员学习了《食品卫生法》、《行政处罚法》、《行政许可法》、《卫生行政处罚程序》等法律法规。

在“3·15”、“食品安全周”期间,区卫生局组织上街宣传、发放宣传资料5 000余份,提高了消费者、管理相对人的法律意识。

全年开展各类巡回监督20 254户次,有证户监督覆盖率100%;各类监测4 337件,合格率86.9%;从业人员健康体验23 845人次,查出“五病”171人次,全部调离了岗位。全年共办理各类《卫生许可证》4 506个,其中《食品卫生许可证》3 980个,占88.3%;《公共场所卫生许可证》428个,占9.5%,《生活饮用水卫生许可证》98个,占2.2%。全年受理、处理各类投诉105起,处理及时率100%。

2007年该局承担了六城会、八艺节、女足世界杯、第三届世界植物园大会、全国科协年会的部分食品卫生、医疗保障工作,圆满完成了上级下达的“无一例食物中毒事件,无一例传染病流行事件,无一例急救差错事件”的卫生保障任务,受到上级好评。

【妇幼卫生保健】 该区全年为4 046名孕妇开展了免费艾滋病筛查,免费为313对新人提供了自愿免费婚前体检。对20 156位妇女进行了妇女病普查,对9 082名儿童进行了健康体检。按照《武汉市孕产妇保健系统管理实施细则》的要求,对3 690位孕妇提供了上门建册服务,通过筛查发现高危孕妇831人。区妇幼保健所成为武汉市生育保险服务首次孕检的指定单位。全区婴儿死亡率为6.3‰,孕产妇死亡率为0。

【红十字会工作】 2007年,全区红十字会发展基层红十字组织3个。(关山街红十字会、中南财经政法大学红十字会、东升中学红十字会),新会员1 643人,收缴会费5 000余元。在“5·8”世界红十字日,区红十字会开展了送医药进农村活动,发放宣传资料1 000余份。5月11日,举行了“博爱在江城——关爱贫困重病学生”捐款活动,共募集资金7万元,共接受捐款7万元,由副区长万磊亲自将救助款发放到学生手中。

8月3日,区红十字会,联合区教育局,组织10名红十字青年赴汉南区邓南小学开展了“心手相牵”一对一帮扶活动。区红十字会向邓南小学捐赠了现金2 000元,每位城区学生向农村学生赠送现金200元,除此以外,还向农村学生赠送了书包、文具。

区红十字会全年共发放5万元的救助物资,为150余户贫困家庭开展了"扶贫送温暖活动"。

2007年9月,区红十字会根据市红十字会文件要求,认真组织已建立红十字会的中小学积极开展创建红十字青少年模范学校活动和申报工作。10月18日,省、市红十字会考评小组对武珞路小学红十字会工作进行了检查,并给予了高度评价。

【爱国卫生运动】 2007年,区卫生局按照市、区政府"四城同创"的要求,以创国家卫生城市的标准,制定了相应工作方案,先后召开了创建工作动员会,举办了培训班。在"爱卫月"活动中,组织开展周末卫生大扫除4次,共出动3万余人次,清理居民楼道阳台500个,整治乱堆乱放300余处,清理卫生死角300余处。疏通沟道2 800余米,清理"牛皮癣"7 000多处。同时加强了对"五小"的整治,广泛开展了卫生知识宣传和卫生达标活动。继珞南街创建达到省级卫生街标准之后,关山街被省爱卫会命名为省级卫生街,2007年新增省级卫生单位4个、省级卫生社区5个;红旗街被评为市级卫生街,全区新增市级卫生单位43个、市级卫生社区29个、市级卫生村2个、市级无吸烟单位3个、市级健康教育示范医院1个。创建国家卫生城市活动取得了阶段性的成果。

【办理加强区中心医院建设议案】

2007年市、区领导从提高洪山地区医疗救治水平和全市医疗卫生布局的战略高度,决定将市第十二医院(区中心医院)与市第三医院合并重组,11月,市编办发文批准两家医院合并,明确由市卫生局管理。区卫生局积极参与该项目的调研、沟通和协商工作。

【计划财务与基本建设】 2007年,该区直属医疗卫生单位总收入5 625万元,支出5 598万元。市十二医院、区中医院继续实施药品、器械和医用耗材集中招标采购,药品降价达10.6%,器械及医用耗材降价幅度达11.3%。辖区大中型医疗卫生机构稳步推进院务公开,加强社会监督。区卫生局直属医疗卫生单位严格执行上级卫生行政部门下发的卫生行业工作人员"十不准"规定。各单位继续开展"病人选医生"、"住院一日清"和门诊、住院费用查询制度。对辖区20余个医疗机构开展了医院管理年和创平安医院活动督查。通过此项活动的开展,医院内涵建设得到重视,基础管理得到加强,诊疗工作更加规范,医疗质量得到提高,促进了医患关系和谐。

【人事管理与科研】 2007年,区卫生局在区人事局、区编办的支持下,为直属医疗卫生单位招聘了13名医疗技术人员,局机关招聘了1名公务员。按照市卫生局的要求,继续积极宣传动员离退休医务人员到社区工作,全区有15名退休老医生被聘用到社区卫生服务机构工作。组织86人参加乡村中专学历培训,组织100人参加参加乡村医生培训。全年共举办了12期各类卫生专业技术教育培训班,共有1 000余名医务人员参加了培训。

继续实施"十、百、千"人才培养工程,加强对"学科带头人"的管理,坚持每季度对其进行一次考核,鼓励他们多出成果。全年共有4项科研新成果在临床上运用,在各级刊物上发表科研论文12篇。

【精神文明建设】 2007年,区卫生局十分重视党的建设和精神文明建设。一是通过严格认真的考核,对4个基层单位的领导班子进行了调整,使基层单位的班子活力和战斗力进一步增强。二是广泛开展"群众在心中,服务见行动"活动,进一步密切了党群、干群关系。三是积极开展党建对口联系点工作,组织医务人员、党员干部深入对口联系点花山镇山湖村和狮子山街武南社区,免费为农民、居民送医送药,开展健康体检、健康咨询服务,深入贫困户家中开展帮困扶贫活动,展示了卫生系统党员干部的良好风采。四是开展构建"和谐机关"和"和谐医患关系"活动,广大党员在活动中发挥带头作用,促进了机关作风建设。五是加强党风廉政建设和行风建设,实行教育、制度、监督并举,标本兼治,从源头上防止腐败和不正之风。六是通过宣传区卫生监督所副所长李勇的先进事迹,并以其荣获"武汉市卫生系统首届十杰青年"称号为契机,在卫生系统掀起了向先进模范人物学习的热潮。七是深入宣传学习贯彻中共党的十七大精神,广大党员干部思想觉悟普遍提高,工作热情进一步高涨。

全年共撰写了66期《洪山卫生》简报,上报政务信息80余条,在《湖北日报》、《长江日报》、《楚天都市报》、《武汉晚报》、《楚天金报》、《长江商报》上报道全区卫生系统的信息达20余次,有力地宣传和推动了全区的卫生工作。

2007 年洪山区卫生局领导及科室负责人一览表

职务	姓名	性别	籍贯	年龄	文化程度	专业技术职称
党委书记(2007 年 3 月离任)	童绥华	男	湖北	57	大专	高级政工师
党委书记(2007 年 3 月到任)	高进永	男	湖北	58	大专	高级政工师
局长	宋朝友	男	武汉	53	大专	主管医师
党委副书记、纪委书记	赵新红	女	河南	52	大专	副主任医师
副局长	刘江南	男	武汉	56	大专	医师
副局长	贺丹心	女	武汉	47	本科	副主任医师
副局长	方明华	男	湖南	47	本科	
调研员	杨万由	男	武汉	59	大专	高级政工师
医政科科长	曹海燕	女	湖南	53	大专	主治医师
疾控科负责人(2007 年 8 月)	徐丹丹	女	湖北	23	本科	医师
卫生监督科科长	唐建龙	男	湖北	54	大专	医师
办公室主任	赵汉江	男	河南	51	大专	主管医师
区红十字会秘书长人事教育老干科科长	林清秀	女	湖北	51	大专	护师
财务科负责人	涂　敏	女	武汉	41	大专	助理会计师
区爱卫办主任	王　力	女	江西	49	本科	医师
区保健办副主任	郑家海	男	湖南	57	中专	主治医师
区血防办副主任	吴耀伦	男	武汉	56	中专	主管医师
区合管办主任	李杏华	女	湖北	52	大专	副主任医师

（张　宾）

青　山　区

【概况】 该区是一个以工业为主体的城区，常住人口约 45 万，流动人口约 3 万。全区共有各级各类医疗机构 168 个，其中综合性医疗机构 7 个，含“三甲”医院 1 个，“三乙”医院 2 个，“二甲”医院 1 个，“二乙”医院 1 个，“一甲”医院 2 个，专科医院 2 个，社区卫生服务中心 14 个，社区卫生服务站 40 个，专科防治机构 1 个，妇幼保健院 2 个，有门诊部 10 个，卫生所 8 个，医务室 2 个，个体诊所 82 个。全区医疗机构共有床位 3 892 张，卫生技术人员 4 192 人，其中医生 1 562 人，护士 1 775 人，医药技人员 855 人。

2007 年全区人口出生 2 813 人，人口出生率 6.28‰；人口死亡率 5.59‰，人口自然增长率 0.69‰。全区人口死因顺位：恶性肿瘤、脑血管疾病、心脏病、呼吸系统疾病、损伤与中毒、内分泌营养代谢疾病、消化系统疾病、泌尿系统疾病、传染性疾病、精神障碍。人口平均期望寿命 78.18 岁（男，76.36 岁，女 80.18 岁）。

【医政管理】 继续深入开展“医院管理年”活动，探索长效管理机制

坚持“以病人为中心”，狠抓医疗质量管理，转变服务观念，从整体上提高医疗机构的管理水平。成立了“青山区基本医疗服务专家指导小组”，制定了较为完善的基本医疗质量考核标准，对辖区医疗单位及社区卫生服务机构开展的基本医疗

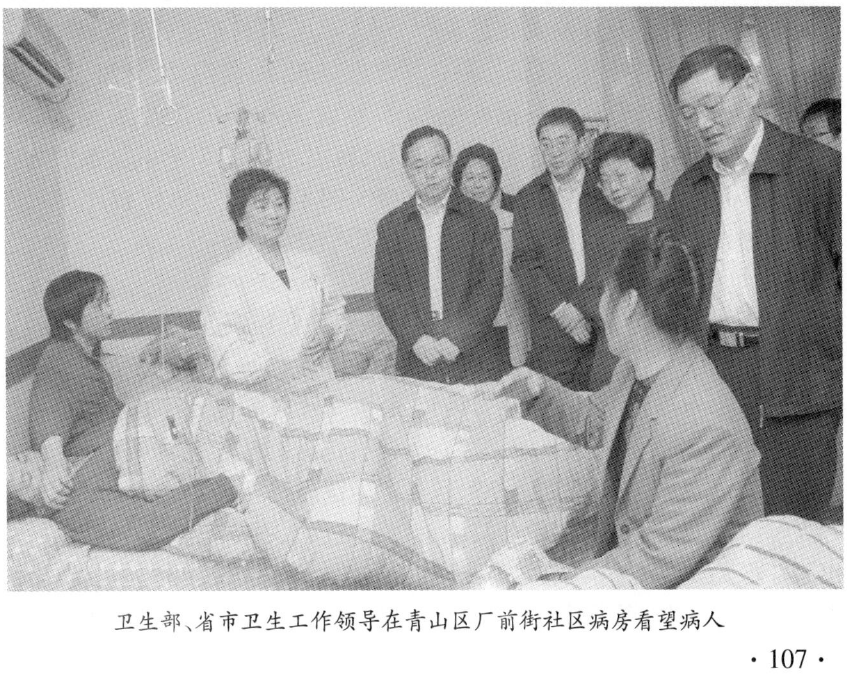

卫生部、省市卫生工作领导在青山区厂前街社区病房看望病人

工作进行巡回帮促指导，促进了医疗单位基本医疗服务水平的提高。在个体行医人员中开展了“加强医疗安全，防范医疗风险”的培训，从加强医疗机构和医务人员的准入管理入手，加强行业监管。组织医务人员学习和宣传《医疗机构管理条例》、《中华人民共和国执业医师法》、《护士管理办法》等法律法规，严把医疗机构、医护人员、诊疗科目的准入关，从源头上为医疗安全把好关口。开展学习培训与学术交流，组织举办形式多样、内容丰富、不同层次的专业培训和交流活动，不断提升全区医疗机构技术水平。

加强公立医院的管理与建设，着力打造区域医疗服务品牌特色

在中共青山区委、区政府的领导和扶持下，市九医院作为公立的区级中心医院，不断改善就医环境，加快卫生人才和先进技术的引进，购置先进医疗设备，着力打造区域品牌特色。其医疗技术水平，医疗管理和服务质量实现了历史性跨越，发展步入了快车道。近年来，市九医院引进高级学科带头人、研究生和中级职称医护人员10多名，以微创外科为重点，强化重点学科建设，自筹资金数百万元购置先进设备，逐步形成微创外科、泌尿外科、脑血管专科、妇产专科等一批特色专科。2007年，市九医院连创住院人数、手术台数、业务收入3项历史新高，医疗服务质量和信誉度不断提高。

健全完善应急医疗救治体系，维护社会稳定　组建了“青山区医疗救治专家指导组”，制定了《青山区突发事件应急医疗救治预案》，确保了全区在高考期间、重大节日和大型活动的医疗安全保障。共派出医疗保障车80余车次、医疗保障人员300余人次，现场救治伤员30余人次。在春节期间，全区医疗救治工作为保障烟花爆竹“禁改限”安全发挥了积极作用，受到区委、区政府的充分肯定。区卫生局还成立了青山区医疗事故调处专家委员会，妥善处理医疗纠纷。全年共受理各类医疗纠纷48起，均得到及时妥善处理，为社会稳定作出了积极贡献，全面完成了区委、区政府下达的各项维持稳定保障任务。

加强医德医风建设，构建和谐医患关系　强化对全区医疗卫生单位党风廉政、行业作风、行政效能建设和治理商业贿赂专项工作的组织和领导，认真落实领导班子“一岗双责”制度。全面推行以“九公开”（公开医疗服务综合住处、公开医疗机构基本情况、公开医疗服务价格、公开医疗服务的详细费用、公开医疗服务程序、公开医疗服务承诺、公开卫生惠民政策、公开医疗机构资源、公开药品招标采购）为主要内容的医务公开、政务公开，自觉接受社会监督。加强对行政审批和行政执法的规范管理，从抓内部管理和强化社会监督两方面强化对公共权力的制约。开展“构建和谐医患关系、创建平安医院”活动，将人文理念渗透到医务工作的细节之中，改进服务，加强沟通，化解矛盾，逐步形成了和谐的医患关系。2007年，区卫生局有2个单位被评为市级文明单位，8个单位被评为区级文明单位。

【疾病预防控制】

夯实公共卫生基层网底，提高公共卫生服务能力　以社区卫生服务机构标准化建设为契机，将公共卫生服务贯穿于社区卫生服务工作的全过程，不断完善公共卫生科运行机制、保障机制和激励机制，全面提高社区公共卫生服务水平。2007年，对全区社区卫生服务中心的公共卫生科统一配送了办公桌椅、资料柜、接种台、访视箱，在硬件设施上做到了统一规范，全部设置了社区精神卫生工作室。同时，成立了以区疾控中心、区妇幼保健院、区结防所、区卫生监督所等防保单位专业骨干参加的社区公共卫生专业指导组，拟定了《青山区社区卫生服务中心（站）公共卫生考核实施细则》，不断完善社区卫生服务中心（站）的二级公共卫生服务体系建设，社区公共卫生服务质量明显提高。全区14个社区卫生服务中心的公共卫生科标准化建设全部达标。

加强疫情直报管理，提高疾病防制能力　2007年，全区已建成医疗机构疫情直报网络，完善了疫情报告制度，定期通报疫情报告情况，对疫情报告人员进行直报工作培训，确保了疫情上报后2小时内及时审核。

完善预防接种管理，巩固儿童保健服务网络　2007年，对辖区免疫接种门诊按社区卫生服务范围进行了调整，保证了儿童预防接种网络与儿童保健服务网络的一致性，使儿童保健管理与免疫预防接种工作实现了有效衔接。2007年组织了主题为“情系农民工、情暖农民工”乙肝疫苗免费接种活动，共为1 200名农民工免费接种了乙肝疫苗。开展麻疹疫苗查漏补种和强化免疫工作，共补种儿童383人，补办接种证115个，儿童计划免疫接种率累计完成99.24%。

加强重大疾病防制工作，提高疾病预防控制能力　①加强了艾滋病防治工作。全年完成高危人群HIV主动监测1 762人份，检测出HIV抗体阳性7例，艾滋病感染者/病人每季度随访率100%；在130

个重点娱乐场所开展了外展和健康教育活动，调查从业人员179人，外展率100%。

②加强结核病防治工作。以结核病控制项目工作为抓手，认真贯彻落实"五率"（即医疗机构病人报告率、病人转诊率、病人系统管治率、结核病防治机构病人追踪率和病人家属筛查率）的技术方案，全面实施社区结核病督导工作，确保了"五率"工作目标的完成。

③有效处置突发疫情。为落实麻疹疫苗查漏补种及各项防控措施，全区共调查20 373户，应补种儿童442人，在全市督导评估中补种率达到了99%。2007年5月，针对1例手足口病疫情和14名学生发生水痘疫情，疾控部门反应迅速，措施得力，2起疫情均得到及时有效控制。

【公共卫生监督管理】 *开展整顿和规范医疗服务市场专项整治，保障群众就医安全* 为严厉打击非法行医，规范全区医疗市场秩序。该区重点整治医疗机构和从业人员依法执业，严查聘用非卫生技术人员、出租或承包科室、超出执业许可诊疗范围的违法行为。认真做好医疗投诉案件和上级督办案件及有关部门移送案件的查处工作，取缔无证行医38户次，监督覆盖率达100%，有效地净化了全区的医疗市场。

深入开展"食品放心工程"，保障群众食品卫生安全 ①加强餐饮业、食堂等食品消费环节的卫生监管工作。加大对餐饮业、食堂卫生许可的审查力度，严格准入制度，把好入口关。加强对餐饮业和食堂从业人员健康管理的监督检查，抓好学校和建筑工地食堂的食品卫生管理工作。②开展食品卫生专项整治工作。全面推进卫生监督量化分级管理制度，以城乡结合部为重点，抓好食品生产加工《卫生许可证》的发放及监管、经营和餐饮消费环节的食品卫生监管工作。全年共办理《卫生许可证》2 479户，对26所学校周边的162个饮食摊点及付食经营户进行监督检查，对30个有违法行为的餐饮单位、学校食堂等进行了行政处罚，确保了广大市民的食品卫生安全，成为全市唯一连续多年无食物中毒事故的城区。

加大宣传力度，提高群众食品安全意识 加强与行政管理相对人应的沟通互动，寓服务于监督之中，组织辖区食品生产、经营、销售行业的业主进行《食品卫生法》等相关法律、法规的学习培训，讲授食品卫生、食品安全专业知识和管理方法，明确业主是食品卫生"第一责任人"的义务；组织到全区各主要街道、集贸市场进行食品卫生安全宣传，开展了《食品卫生法》宣传周、食品安全宣传周、3·15消费者权益保护、安全生产宣传咨询等专题宣传活动。新制作宣传牌7块，购买宣传册1 500余份，上街宣传8次，发放宣传资料1万余份，接受咨询3万余人次。

【爱国卫生运动】 2007年，该区全面启动创建国家卫生城市工作，紧紧围绕《国家卫生城市标准》，深入贯彻实施《湖北省爱国卫生条例》，开展了除"四害"、爱国卫生月、夏季爱国卫生、创建卫生先进单位、食品卫生及"四小"整治等多项工作，取得了明显成效。

开展全方位春季灭鼠工作。共投放灭鼠毒饵4 640公斤，全区平均鼠密度由灭前5.00%下降到0.83%，全面完成市爱卫会下达的灭鼠任务。

以"爱卫月"活动为契机，组织开展周末卫生日活动。大力开展环境卫生综合整治，不断提高全区环境卫生整体水平和群众的生活质量。全区围绕"让阳台美起来、屋顶洁起来、楼道净起来"的活动主题，办健教专栏380余期，发放宣传资料6 000份。出动4.7万人次，出动车辆610台次，清运垃圾1 600余吨，清理阳台1.24万余个，清理屋顶7 300个，清理楼道1.48万余个，疏通沟道2.36万米，清除杂草1.8万平米，清理卫生死角980余处。2007年，全区共创建湖北省卫生先进单位5个，湖北省卫生先进社区1个；创建武汉市卫生先进单位31个，武汉市卫生先进社区17个，该区被省爱卫会授予"湖北省卫生城区"，还被省血防领导小组、省卫生厅授予血吸虫病传播阻断达标单位，提前完成了"十一五"期间血地病防治工作目标。

【妇幼卫生保健】 2007年，该区认真贯彻《母婴保健法》，加强孕产妇保健管理，有效降低了孕产妇和婴儿死亡率。将围产期保健服务前移到社区卫生服务中，在全市率先实行了免费产后访视工作，流动人口与常住人口同等待遇，产后访视率上升到71.94%。加大婚前检查的宣传工作，将婚检工作前移到婚姻登记中心，实行一站式服务，全面提高婚前检查率，降低了出生人口缺陷，提高了人口素质。2007年免费婚检率已上升到52.91%，为全市最高，继续保持全国领先水平。2007年3月，市委副书记涂勇亲临视察了青山区婚检工作情况，对青山区免费婚检工作给予了高度肯定。区妇幼保健院还代表全市区级妇幼保健机构接受了市人大《母婴保健法》贯彻执行情况的视察检查。

【红十字会工作】 2007年，区红十字会认真贯彻落实中共党的十七大会议精神，始终坚持以人为本，全面贯彻落实科学发展观，严格履行红十字会工作职责，遵循“人道、博爱、奉献”这一宗旨，坚持开展系列救助活动，关注弱势群体，为孤寡老人、特困、重病人员家庭送去党和政府的关爱和社会的温暖。共为特困人员送去爱心款27万余元。积极开展“心手相牵农村行”活动，选派出武汉市第四十九中学的10名红十字青少年与对口扶贫的新洲区开展结对帮扶活动，为新洲区的小朋友送去了书包及学习用具，还到社会福利院看望孤寡老人，并赠送了一台饮水机。积极开展遗体捐献登记注册工作，在全市率先开展了为遗体捐献志愿者免费体检活动，市九医院遗体捐献登记站的同志们还经常利用节假日休息时间上门服务，深受志愿者的好评。全年，共办理遗体捐献登记手续45人，实现遗体捐献6人。

【社区卫生服务工作】 *概况* 至2007年，青山区共建有14个社区卫生服务中心和40个社区卫生服务站。企业创办的与区属及社会力量创办的社区卫生机构服务覆盖人口比例基本相等。青山区社区卫生服务工作认真贯彻落实《国务院关于发展城市社区卫生服务的指导意见》和《省政府关于加快发展城市社区卫生服务的决定》的精神，紧紧围绕“构建和谐社会、打造健康青山”这一目标，坚持以人为本，全面落实科学发展观，强化社区卫生服务的预防、医疗、保健、康复、健康教育、计生指导“六位一体”功能，发挥政企共建优势，大胆探索，不断创新，全力推进社区卫生服务工作，有效地缓解了群众“看病难、看病贵”问题，全区社区卫生服务建设整体水平不断提高。

2007年3月，国家卫生部蒋作君副部长、社妇司杨青司长专程来青山区考察调研社区卫生服务工作。6月，在成都召开的国务院城镇社区卫生工作会议上，青山区“首诊”和“双向转诊”工作经验进行了书面交流，《健康报》重点作了推介。9月，卫生部主办的全国社区卫生服务研讨会在青山区成功召开。11月，中央新闻媒体采访团专程来青山区采访社区卫生服务工作。青山区还被审定为国务院社区卫生服务体系建设改革试点城市的重点城区，同时还被卫生部确定为全国社区卫生服务适宜技术推广试点城区之一。

社区卫生建设 2007年，青山区将进一步深化社区卫生服务工作，列为区政府“十件实事”之一，同时也被纳入区人大代表议案和政协委员提案之中。区卫生局以此为契机，夯实社区卫生服务工作基础，探索社区卫生服务新理念，新方法，新途径。全区社区卫生服务工作者进一步解放思想，更新观念，转变作风，以满足居民群众的需求为导向，下街道，进社区，入家庭，拓展服务范围，健全服务网络，强化社区卫生服务“六位一体”功能，打造服务品牌特色，全区社区卫生服务工作在优质服务中创新，在利民惠民中提高。2007年，全区社区卫生机构门诊量与上年同比平均增长25%－30%，年经济效益增长率平均达到20%以上，居民群众满意和基本满意率达到了90%以上。全区社区卫生服务机构“五免”“六减”普惠达121.97万人次，普惠金额达380.34万元，救助贫困居民6 250人次，救助金额达5.17万元。

①全面完成社区卫生机构标准化建设扩面达标工作。全区社区卫生服务机构标准化建设以“强化三率”、“落实四有”、全面实现“五统一”为抓手，召开了专题会议，布署了达标建设任务，要求各单位针对各自存在问题，制定具体措施，提出限时达标的要求，确保按期达标。区卫生局成立了预防接种、慢性病防治、健康教育、母婴保健、基本医疗、卫生监督、结核病防治等7个专业指导组，对社区卫生服务机构达标工作进行跟踪服务和督导。在全区社区卫生服务机构的共同努力和区各相关部门的支持协作下，截至8月，全区14个社区卫生服务中心和40个社区卫生服务站在全市率先完成了标准化建设达标任务。

②不断夯实社区卫生服务网络。进一步夯实基础，精心构筑基本医疗服务和公共卫生服务两个平台，构建起以满足居民需求，提高健康素质，提升管理水平的三大服务网络。一是按照“合理布局、便民利民”的原则，全区社区卫生服务机构在未驻社区卫生机构的54个社区，依托居委会建立了“社区卫生服务工作室”，确保群众步行15分钟内能够到达社区卫生服务机构，构建起了以“室—站—中心—医院”为构架的服务机构网络；二是成立了以区疾控中心、妇幼保健院、结防所等单位的专家组成的预防接种、慢性病防治、健康教育、母婴保健、卫生监督、结核病防治等专业指导组，深入社区卫生服务机构指导完善社区公共卫生科工作，形成了覆盖全区居民的健康防护网络；三是建立了以居民健康档案数据库、基本医疗电子病历、综合统计分析、社区卫生管理等于一体的社区信息网络平台，率先在全市实现社区卫生服务网络卫生信息的一体化管理。

③稳步推进社区首诊制和双向转诊制试点工作。从2006年起，积极推进社区卫生服务“首诊”和“双向转诊”试点工作，积极探索“小病放心进社区，大病顺利进医院，康复平安回社区”的社区卫生服务工作新模式，全区14个社区卫生服务中心和40个社区卫生服务站分别与市九医院、武钢总医院、普仁医院等3个定点转诊医疗单位签订了“双向转诊”服务合同，明确了上转医院和社区卫生服务机构之间的责任、义务。并建立了“双向转诊”绿色通道，制定了引导居民到社区首诊的相关优惠政策。2007年，进一步修改完善了“双向转诊”实施方案，推行“签约式服务”，双向转诊工作更加规范有序，全区“双向转诊”下转率已达到了32%。

④积极做好对贫困群众的医疗救助。加强对贫困人口医疗救助工作的领导，完善市九医院惠民病区建设，强化惠民病区的服务功能，不断提高服务质量，全力做好贫困群众的医疗救助工作。完成了惠民病区的改造工作，设置病床30张，合理配置了医护人员和医疗设备，为全区弱势群体开通医疗救助绿色通道。全区社区卫生机构推行了一系列减免和药品平进平出的惠民措施，大幅减免医疗检查费用，为特困人口提供安全、有效、方便、价廉的基本医疗服务。市九医院惠民病区针对不同病种实施减免优惠措施，平均减免幅度达50%以上，优惠幅度在全市处于较高水平。惠民病区全年收治住院救助对象50余人次，实施免费手术9人次，接受农民工免费分娩30人次，减免金额10万元以上，真正把党和政府关心民生的惠民医疗救助工作落到了实处。

⑤建立社区慢性病防治规范化管理体系，启动精神卫生进社区工作。在慢性病防治工作上突出以社区高血压病防治及规范管理为重点，积极探索以社区卫生服务为基础、以群体防治为着眼点、以个体化管理为主要手段的高血压防治模式，旨在建立覆盖全区的高血压防治体系。拟定了《关于加强高血压规范管理工作实施方案》，对专业人员进行了培训，各中心（站）基本摸清了所辖范围高血压病人的情况，形成了覆盖全区的高血压病防治体系。全区常住人口各类高血压患者管理率达84%，控制率达26.8%。全区14个社区卫生服务社区卫生服务中心均开展了重点高血压患者免费送降压药服务活动。同时，借助辖区武东精神病院的有利条件，在全区14个社区卫生服务中心设置了心理咨询室，全面启动了精神卫生进社区工作。

⑥创建特色品牌，开展优质服务。积极开展一中心一品牌、一站一特色的创建活动。通过一年来的努力，各社区卫生服务机构克服困难，逐步形成了适合该区实际的服务品牌，涌现出了以红钢城街社区卫生服务中心为代表的一批中医康复特色机构，以厂前街社区卫生服务中心为代表的残疾人康复特色，以新沟桥街社区卫生服务中心儿童专科为代表的专科特色，以武东街合作小区社区卫生站为示范的慢性病防制特色等。广泛开展形式多样的健康教育活动，如红钢城街社区卫生服务中心的健康教育大课堂，厂前街社区卫生服务中心的慢性病患者俱乐部等在居民中都留下了良好印象。

⑦强化对社区卫生服务机构人员的培训。着重抓好人才队伍建设的“五个一批”工作。一是“下来一批”：全区二级以上医院已选派107名专业技术人员，下到社区卫生服务中心为居民提供基本医疗服务，并对社区卫生服务人员进行“传、帮、带”；二是“招聘一批”：招聘了28名退休医疗专家到社区卫生服务机构当“社区首席医生”；三是“进来一批”：配合新的人事和用工制度改革，面向社会招考聘用了6名医学专业本科以上毕业生到社区工作；四是“培养一批”：重点是对现有社区卫生技术人员进行培训，已经对全区80%的社区卫生技术人员进行了规范化岗位培训；五是“淘汰一批”：对素质不高、水平较差和未取得岗位合格证书的社区卫生服务人员坚决予以淘汰。2007年，依托红钢城街社区卫生服务中心成立了全区社区卫生服务机构人才培训中心，广泛开展全科医师和社区护士的岗位培训，通过继续教育平台，请专家教授到社区卫生服务机构授课18场次。

⑧探索建立社区卫生服务的第三方监督机制。注重加强对社区卫生机构的监督管理，健全完善了服务质量考评监督机制，做到每月一讲评，每季度一评估，每半年一考核，严格将考核实际得分与社区补贴经费划拨挂钩。同时，积极探索建立以区人大、区政协及社会各界广泛参与的社会监督机制，探索街道办事处和社区居委会、居民群众广泛参与的社区卫生监督管理的新模式。将人大代表、政协委员、街道、社区、居民的满意度考评纳入绩效考核的重要内容，突出公益性特征，取消社区卫生服务机构经济指标的考核，确保为群众提供安全、优质、便捷、价廉的卫生服务。2007年上半年，区人大、区政协专题对社区卫生服务工作进行了视察指导，深入厂前街、钢花街、红钢城街等社区卫生服务机构进行调研，并提出了许多好的意见和建议，极大地促

进了全区社区卫生工作。

⑨积极做好社区卫生服务体系建设改革试点工作。根据全国城市社区卫生工作会议精神，以及《中共武汉市委、市政府关于加快社区卫生体系建设的意见》，青山区积极探索以社区卫生服务机构收支分离、人事分配机制及绩效管理考核机制等一系列改革措施为主要内容的试点工作。希望通过改革，在全区建立一套功能合理、责任明晰、运转高效、管理规范、监督完善、适应人民群众需要的社区卫生服务组织管理体系和运行体系，实现公共卫生服务和基本医疗服务的公平性和可及性，保障人民群众享受安全、有效、方便、价廉的医疗卫生服务。

2007 年青山区卫生局领导及科室负责人一览表

序号	职务	姓名	性别	籍贯	年龄	文化程度	专业技术职称
1	党委书记	王宇飞	男	湖北汉川	46	党校研究生	政工师
2	局长	晏　杰	男	湖北汉川	51	本科	医师
3	党委副书记副局长	段昌乐	男	湖北武汉	51	党校研究生	助理经济师
4	副局长	冯晓红	女	湖北武汉	37	党校研究生	主治医师
5	副调研员	高萍芳	女	湖北鄂城	45	党校研究生	护师
6	党办主任	程　明	男	湖北黄梅	40	本科	医师
7	局办主任	吕国平	男	山东沂水	51	大专	政工师
8	纪委副书记	袁声凤	女	湖北武汉	45	本科	护师
9	人事教育科科长	刘　群	男	湖北汉阳	50	党校研究生	主治医师
10	爱卫办主任	李　刚	男	山东肥城	50	本科	医师
11	法监科科长	石汉生	男	湖北武汉	43	党校研究生	医师
12	区红十字会副秘书长	余忠凤	女	湖北武汉	44	本科	护师
13	献血办主任	王建军	男	湖北黄冈	44	本科	
14	疾病控制科科长	王莉芳	女	湖北武汉	34	党校研究生	医士
15	财务科科长	叶永红	女	湖北武汉	35	党校研究生	会计师
16	局工会副主席	熊碧波	女	湖北武汉	50	大专	助理会计师
17	团委书记	杜　薇	女	湖北武汉	31	本科	助理会计师

（张　红）

东西湖区

【**概况**】 2007 年，东西湖区有各级各类医疗卫生机构 165 个，其中，一级以上医疗机构 19 个，综合性二级甲等医院 1 个，综合性一级医院 4 个，卫生院 11 个（中心卫生院 1 个、一般卫生院 10 个），妇幼保健院 1 个，民营中医医院和中西医结合医院各 1 个。其中，营利性医疗机构有 75 个（中西结合医院 1 个，中医医院 1 个，门诊部 11 个，西医内科诊所 45 个，中医诊所 10 个，妇科诊所 2 个，口腔科诊所 4 个，皮肤病科诊所 1 个）；非营利性医疗机构有 90 个，其中含非政府办非营利性医疗机构 8 个（红十字会门诊部，武汉工业学院恋湖校区卫生所、警官学院卫生所，武汉市第一看守所医务室、新沟铁路卫生所、武汉工业学院医院、东啤医院，燕岭医院），政府办非营利性医疗机构 82 个（二级综合医院 1 个及下设门诊部 1 个，专业防治站所 4 个，卫生院 13 个，村卫生室 52 个，社区卫生服务中心 1 个，社区卫生服务站 10 个）。

全区卫生机构共有床位数 1 050张，其中：政府办非营利性医疗机构床位为 930 张，非政府办非营利性医疗机构床位 80 张，营利性医疗机构床位 40 张，各类医疗机构从业人员共有 1 707 人（营利性医疗机构 329 人，非营利性医疗机构 1 378人），全区平均每千人口拥有床位数 4. 03 张。

【**医院管理**】 2007 年，区卫生局组织开展“以病人为中心，提高医疗质量为主体”的“医院管理年”和“千名医生下基层”活动。组织农村医疗卫生人员参加各级各类培训活动，使乡镇卫生院专业技术人员的知识不断得到更新、补充和拓宽，逐步完善知识结构，不断提高全区卫生专业技术人员的工作适应能力、创造能力和专业技术水平。

【卫生防疫】 健全疫情直报及监测管理机构，血吸虫病防治全面完成市卫生局下达的工作任务，达到国家级传播控制标准。加强计划免疫工作，全面规范免疫预防接种管理；加强行政执法监督，规范卫生许可程序；加强食品卫生监管，提高消费环节食品卫生安全水平；加强职业卫生监管职能和监督工作，加强公共场所卫生监督和饮用水卫生监督检查，饮用水水质合格率达100%。妇幼保健工作政府目标工作内容圆满完成，其中孕产妇死亡率为0，婴儿死亡率4.06‰。全面开展第十九个爱卫月活动、春秋季灭鼠活动、"除害防病平安度夏"夏季爱国卫生运动等工作，加大了卫生城区创建步伐，区容区貌焕然一新。

【无偿献血】 2007年1月、2月、7月组织全区各街、办事处进行公民无偿献血。在各街、办事处干部群众的积极配合下，在B型血、AB型血限采的严峻形式下，顺利完成了全年的献血任务。至此，该区共无偿献血210人次，超额完成了市献血办下达的2007年无偿献血目标任务。

【爱国卫生运动】 在区政府统一领导下，区爱卫办积极组织协调各单位开展创建省卫生城区活动，各单位组织建立机构，制订工作方案，认真实施，卫生系统加大公共卫生督查力度，区建设、房地、交通、园林等局加大了投入，改造道路、管网及周边房屋，城管局确保市容卫生整洁，新闻媒体、学校、社区、医院积极开展健康教育工作。全区市容环境、公共卫生及安全、社会风气得到明显改善，健康教育得到广泛深入开展。12月4日，经省政府创建省级卫生城区检查团验收考核，东西湖区达到省级卫生城区验收标准。

【东西湖区新型农村合作医疗列为省级试点】 2007年，该区正式列为新型农村合作医疗省级试点区，获得省级和中央财政对全区每个参合农民每年补助资金35元。该区(农场)卫生体制改革前期准备工作基本完成，改革工作拟于近期召开动员会后全面实施。开展乡镇卫生院标准化建设工作，有5个卫生院和28个村卫生室标准化建设达标，有7个卫生院标准化公共卫生科验收达标。2007年，全区新型农村合作医疗呈现"五高"新特点：

①参合农民保障高。全年全区门诊1.41万人次，补偿62.4万元；住院11 529人，报销金额1 526.81万元。

②农民参合热情高。登记人数为146 658人，参合率为90.7%。

③基金筹措标准高。参合农民个人年经费标准为115元，全年合作医疗基金为1 686.57万元，个人缴费265.99万元、街道补助303.07万元，省、市、区财政补助310.88万元已全部到位，中央财政补助资金目前正在审核拨付中。

④特殊人群补助高。全区4 878名农村低保户、五保户和残疾人及8 783名70周岁以上的农民由政府补贴，实行免费参合。

⑤费用结算效率高。全区建立健全了合作医疗信息网络系统，在全省已开展合作医疗的19个区县中，率先实现了网上转诊、网上审批及住院费用网上同步结算，极大地方便了参合农民群众。

【农场卫生体制改革】 2007年以来，全区农场卫生体制改革工作进展顺利，成立了以区长汪祥旺为组长的体制改革领导小组并召开了第一次全体会议，印发了《中共东西湖区委、区政府关于农场卫生管理体制改革工作的意见》和《东西湖区农场卫生管理体制改革工作方案》，明确了乡镇卫生院的机构设置、职能和人员配备，制订了卫生院领导及工作人员的聘用方案，前期准备工作基本完成，拟于近期召开动员会后全面实施。

【乡镇卫生院标准化建设】 2007年，区卫生局对照武汉市乡镇卫生院和村卫生室建设标准，对金银湖卫生院、慈惠卫生院、吴家山卫生院、走马岭中心卫生院和新沟镇卫生院等5所卫生院和28个村卫生室进行了标准化建设，卫生院的综合诊治水平明显提高。11月21日，全区卫生院及村卫生室建设经市卫生局专家组验收合格。按照创建社区卫生服务中心和乡镇卫生院标准化公共卫生科的有关文件精神，在常青卫生院、常青花园社区卫生服务中心、径河卫生院、柏泉卫生院、东山卫生院、辛安渡卫生院和吴家山卫生院创建了标准化公共卫生科。11月7日，市卫生局组织专家组对该区的公共卫生科创建情况进行了验收检查，各受检单位均已达到验收标准。

【医院管理年活动】 2007年，区卫生局成立了"医院管理年"活动领导小组并对此项工作进行了安排部署，各医疗机构认真组织开展医院管理年活动，全区各医疗机构基本实现"五有五无"。"五有"是：即有医疗质量管理领导小组，有岗位责任制及责任追究制，有健全的医疗质量和医疗安全核心制度并基本落实，有医疗质量督导检查制，有规范的医师考核制；"五无"是：无滥设"中心"及未经批准的诊疗机构和诊疗科目,无“承包科室”或“出租科室”,无违法聘用人员,无违法宣传、违法广告,无非法性病诊疗活动。各医疗机构在改善医疗服务,树立良好形象方面取得了突出成效。

【千名医生下基层】 2007年是实施“千名医师支援农村卫生”的第三年,支援该区乡镇卫生院的单位有省新华医院、省中山医院、长航总医院、东西湖区人民医院,各院分别成立了5人医疗小分队对口帮扶该区13家卫生院。支援单位选派了综合素质高的医务人员下派基层指导工作。下派的医务人员帮助基层卫生院培训医务人员,指导基层医务人员开展基本医疗、病历书写、护理管理、健康教育等工作,并帮助卫生院开展手术或与基层卫生院医务人员同台手术,有效地提升了乡镇卫生院医务人员的医疗服务能力。

【疫情直报工作】 2007年,区疾控中心在全区建立健全了17个网络直报单位,并对网络直报员进行了培训,各办事处卫生院均能实行24小时疫情值班制度,落实各项防病措施,作好突发事件的应急准备,保证疫情信息通畅。2007年6月和10月,为了提高突发公共卫生事件的防控应急能力,规范突发公共卫生事件防控的工作流程,根据卫生部有关要求,区疾控中心组织专业人员分别开展了人禽流感和霍乱防控的应急演练。2007年8月9日孝感地区发生1例霍乱疫情,区内可能接触者有5人,区疾控中心积极开展追踪流行病学调查,找出区内密切接触者13人,在规定时间内对所有密切接触者进行了肛拭采样,送实验室开展检测,并连续5天密切观察,虽然最后并无疫例发生,但该区面对可能发生的疫情,处置及时妥当,得到了省、市卫生部门的高度认可。

【艾滋病自愿检测】 2007年,该区采取多种形式开展促进艾滋病自愿检测的宣传工作。全年共接受艾滋病自愿咨询人员99人,按市艾滋病主动监测工作要求,加强了看守所、强戒所吸毒人群及娱乐场所涉性服务人员等高危人群的监测,共监测高危人群5 597人,查出26例HIV阳性携带者,超额完成了市疾控中心下达的4 700人的监测任务。同时加强娱乐场所100%安全套使用项目工作,对全区55家涉性场所进行了外展干预,培训同伴教育员47人,外展体检634人次,安放安全套自动售套机45台。

【结核病防治】 该区加强结核病防治宣传教育工作。重点开展流动人口、外来劳工的免费诊断和治疗,全年共计发现结核病人210人,其中排菌者108人,全部实行免费检查、免费治疗。2007年人口出生2 450人,卡介苗疫苗接种2 420人,接种率达98%,均超额完成市卫生局下达的接种目标任务。

【慢性病防治】 2007年,该区以卫生院公共卫生科创建为契机,请市慢性病防治所专家给全区慢性病防治工作人员进行了培训,对基层卫生院的慢性病防治工作进行技术指导,统一登记项目,规范操作流程。全区11个卫生院公共卫生科都正在开展高血压、糖尿病病人登记、跟踪服务工作。

【血吸虫病防治达到国家级标准】

2007年,该区血吸虫病防治完成了市卫生局下达的工作任务。对垸内的历史螺点、可疑环境及垸外现有螺点进行了全面的螺情普查,全区共计调查32 971亩,完成市计划任务的523.33%。查出有螺面积6处计11 031亩。其中,易感面积1 238亩。全区实际药物灭螺面积3 145亩,完成市计划任务的127.1%。对全区的64个流行村,进行了全区人群普查,共计普查27 954人,完成市计划任务的553.33%。查出病人58人,其中确诊病人11人,临床诊断47人。全区共计扩大化治疗人群773人,完成市计划任务的128.8%。全区没有发生急性血吸虫病感染病人,全区10例晚期血吸虫病人全部得到了免费救治,免费金额达6万元。同时积极开展健康教育及血防知识培训,在疫区村队发放血防知识宣传年画1.5万份,在疫区中小学校开展血防知识培训166班次,完成市计划任务的325%。11月22日省、市血防专家对东西湖区历史资料、历史螺点、现有螺点、血吸虫病病情、耕牛血防及血防健康教育等工作进行了为期三天的考核验收,通过考核、检查,各项指标均达到国家标准,经过全区血防人员50年的努力,该区达到国家级血吸虫病传播控制标准。

【妇幼保健】

妇女儿童保健 2007年,该区认真做好孕产妇和儿童系统管理工作。巩固三级保健网络建设,督促全区各级医疗卫生单位建立孕产妇系统保健卡,做好孕产妇系统化管理,降低孕产妇死亡率。全年共建孕产妇管理卡2 211人,孕产妇系统管理2 002人,系统管理率达90.55%。在做好儿童系统管理工作上,加强儿童生长发育的监测和疾病防治,全区0－7岁儿童有17 827人,进行保健管理16 093人,儿童保健管理率90.27%。

妇女病查治　开展妇女病查治工作，为已婚妇女进行年度查体，通过普查对妇女的常见病、多发病、“两癌”做到早发现、早治疗，全年总计检查已婚妇女54 170人次，妇女病普查率达73.9%，全年共举办孕妇学校20期，参加人数达1 000余人，培训孕妇孕期保健意识、注意事项以及产前保健等卫生保健知识，有效的提高了孕妇的自我保健水平。

【预防接种】　2007年，全区实施每周定点接种制度，脊髓灰质炎疫苗糖丸接种率100%、百白破三联接种率98.37%、麻疹疫苗接种率98.44%、新生儿免费乙肝疫苗接种率97.83%、卡介苗基础接种率99.32%，均达到市级免疫接种率标准。全区麻疹搜漏补种工作顺利完成，共计搜漏补种目标儿童1 062人。加强儿童预防接种信息管理，对辖区内的总人数、新生儿人口数、0－6岁常住儿童和流动儿童总数分别建册归档、备案。对全区34所小学、71所幼儿园开展入学入托前的查验证工作。对0－6岁儿童开展全面调查，共查出无证儿童157人，查漏和接种史不详的儿童198人。并在10月底之前全部进行了补证补种工作。开展了“东西湖区农民工护肝行动”，免费为280名农民工接种了全套乙肝疫苗。

【卫生执法】

卫生综合执法　2007年，加强医疗行业监管，整顿和规范医疗市场。规范合法医疗机构，开展医疗机构的专项检查，加强打击非法行医的专项行动，全年多次与区公安、工商、药监等部门开展联合执法，共取缔无证行医40户次，无证行医现象得到有效遏制。加强食品卫生监管，提高消费环节食品卫生安全水平，保障了全区人民的食品消费安全，全年无一例食物中毒事件发生。

依法对辖区内用人单位职业健康监护情况进行监督检查，全年对全区有职业病危害因素的25户生产企业进行检查，对接触职业病危害的570人进行职业性健康检查。

全区公共场所的经常性监督频率≥4次/户，坚持生活饮用水水质检测工作，全年进行二次供水、自备水源水、集中式供水进出厂水卫生监测4次，水质合格率达100%。

审批卫生行政许可证　2007年，全局实际办理食品卫生、公共场所《卫生许可证》1 214户，其中食品《卫生许可证》1 158户、公共场所《卫生许可证》56户。同时组织卫生监督稽查专班，向社会公示行为规范、审批程序、处罚程序，公示举报、投诉电话，主动接受社会的监督；加强行业作风建设，规范卫生监督员执法行为，认真受理举报投诉、群众来信来访，全年共受理举报投诉21件，及时处理率100%。

2007年东西湖区卫生局领导及科室负责人一览表

职　　务	姓　名	性别	籍　贯	年龄	文化程度	专业技术职称
局长、党委书记	洪汉望	男	湖南	48	研究生	主任医师
党委副书记、纪委书记	常建国	男	河南	50	大学	政工师
副局长	周子新	女	湖北	45	研究生	副主任医师
副局长(2007年8月任职)	李　平	男	湖北	35	大学	副主任医师
党政办公室主任(2007年9月任职)	周军干	男	湖北	36	大学	主治医师
规划财务科科长	陈立炳	男	湖北	50	大专	会计师
医政科科长	陈　苇	女	湖北	44	大专	主管护师
区血吸虫病、地方病防治办公室主任	余丙新	男	湖北	44	大专	医士
区爱卫办主任	钟解志	男	湖北	55	中专	医师
区红十字会秘书长	彭荣华	男	湖北	58	中专	医士

（周军干）

汉　南　区

【概况】　2007年，汉南区有4个街道办事处、4个国营农场、1个农科所、1个经济开发区和1个畜牧公司，共有58个村(大队)。全年生产总值28.9亿元，财政收入3.9亿元。全区总人口10.71万人，其中，男性5.49万人，女性5.22万人。2007年，全区人口出生率7.35‰，人口死亡率3.23‰，人口自然增长率4.12‰。全区死亡人口中因病死亡496人，占总死亡率89.5%。人口死因顺位前六位疾病分别是:循环系统疾病(占39.92%)、肿瘤(占24.8%)、呼吸系统疾病(占14.31%)、损伤和中毒(占10.48%)、消化系统疾病(占2.82%)、泌尿生殖系统疾病(占1.81%)。2007年人均期望寿命79.56岁(其中男78.13岁,女81.93岁)。全区医疗机构有70个、床位400张,平均每千人口拥有病床4张,病床使用率为37.5%。全区有卫生人员867人,其中医疗卫生机构有医务人员800人,公共卫生机构有卫生人员67人;有在职职工711人,退休职工156人;具有高级职称的人员有16人、中级职称人员170人、初级职称人员380人。

【卫生事业改革开放发展30年主要成就】 ①健全完善了区、乡、村三级医疗卫生服务体系,人民群众就医服务需求基本得到满足。

②全区初步构建了疾病控制与卫生监督工作新体制。按照政事分开、依法行政的原则,进一步明确了公共卫生监督所和疾病预防控制中心的职能,理顺二者工作关系,健全工作制度,逐步形成了各司其职、工作协调、管理规范的工作格局。

③全区基本完成了血防机构的改革工作。按照"管理上防治分离,工作中防治结合"的基本原则,分别组建了血防所和地方病医院,分工负责,各司其职。

④切实强化了公共卫生科建设。按照"养事不养人"的原则,每个街道卫生院固定4人专职从事疾病控制、卫生监督、妇幼保健、血吸虫病防治、爱国卫生、健康教育等公共卫生工作,实行工作质量与人员经费挂钩,初步形成了网络健全、责任明确、管理规范、应对有力的基层公共卫生体系。

⑤稳步推行了街道卫生院改革。根据全区街镇机构改革的实际,为了理顺管理关系,优化卫生资源配置,将原水洪卫生院和大嘴卫生院分别交由邓南卫生院和纱帽街卫生院托管,实行人、财、物的统一调配和管理,促进了基层医疗机构健康发展。

【疾病防治】 2007年,该区以预防和控制传染病流行为重点,全面落实各项防治措施,传染病总登记报告率为98%。加强计划免疫工作,以街为单位全程合格接种率在98%以上,完成了692名8月龄—6岁儿童的麻苗补种工作。加强了结核病防治工作,全区共发现活动性肺结核病人44例,全部实行了全程督导免费治疗。积极做好艾滋病防治工作,对636名高危人群人开展了主动监测,没有发现阳性报告;设立安全套监测点5个,安全套供应1 930只;开展同伴教育员培训1次,同伴教育覆盖场所10家,覆盖率达100%;对已有的2例艾滋病病人进行了常规的建档、随访、抗病毒治疗,已落实病人机会性感染药品的报销和家庭内防传播措施,无累计二代感染病人的出现。

【公共卫生】 2007年,该区全年共对709户进行了食品卫生监督检查,共制作现场笔录1 336份,卫生监督意见书466份。共对167户食品生产经营单位进行了卫生许可量化评分工作,其中评定A级1户,B级1户,C级165户。共对1 011名食品从业人员进行了健康体检,合格1 006人,查出五病患者5人,全部依法予以调离。共对797家食品生产违法经营户进行了卫生行政处罚,累计罚款19 624元,没收销毁不卫生食品350公斤,取缔非法经营活动者11户。

职业卫生:继续开展《中华人民共和国职业病防治法》宣传活动,制作宣传展板3块,发放宣传资料400余份。依法对全区7家有毒有害企业和9家放射诊疗单位开展了监督检查,制作监督文书26份。

【医疗市场整治】 2007年,该区严格贯彻执行《医疗机构管理条例》,坚决查处无证行医、游医、不规范行医的执业活动,净化医疗市场。加大对医疗市场的监督检查力度,全年共出动卫生监督执法人员200余人(次),执法车辆40台(次),共取缔无证行医9家,对13所医疗机构下达了《限期整改通知书》,没收无证行医药品、物品价值金额3 000余元,处罚金额6 000元。紧紧围绕保障"玉米节"、"高考"、"中考"和端午节、国庆节等重大节日和活动的食品卫生安全,加强对宾馆、超市、学校和工地食堂的卫生监督,严格要求卫生条件达标,严防病从口入,全年没有发生群体性食物中毒事故。

【血吸虫病防治工作】 *积极落实血防整区推进项目* 2007年,根据市政府的决定,该区作为血防整区推进、综合治理项目试点区,认真组织制定了整区推进、综合治理的总体方案,总投资3 600万元,整个项目将分3年完成。上年7月,此项目正式启动。已完成治疗和扩大化疗耕牛8 506头,新增小型农业机械725台,开挖鱼池400亩,兴建沼气池1 035口,改厕645户,维修沉螺池19座,全面完成了年度计划任务。

认真开展查灭螺工作 2007

年共调查钉螺面积26 762亩,查出有螺面积21 409亩,完成药物灭螺2 305亩。切实做好晚期血吸虫病人的免费救治工作,经市血防办确定的16例晚期血吸虫病人全部入院进行了治疗。全面做好预防急感工作,控制了大批血吸虫病急性感染的发生。组织10人(次)参加了省、市举办的血防技术培训,对全区65名中、小学校校长、健康教育教师进行了培训。完成了全区28所中、小学校学生的血防健康教育工作。发放血防年历2万张,举办大型宣传活动1次,发放宣传资料1 300余份。

圆满通过血吸虫病疫情控制国家标准达标验收　历时近10个月,整理和建立血吸虫病“查防治”资料700多卷,现场调查农民600人,耕牛200头。经过省、市专家组为期三天全面系统考核验收,该区血吸虫病人和耕牛感染率分别为1.49%和1.52%,低于国家5%的标准,得到了省、市专家组肯定。全区血吸虫病疫情控制达到国家标准,一举摘掉了汉南区血吸虫病重疫区的帽子,血防工作迈上一个新的台阶。

【爱国卫生运动】　2007年,该区紧紧围绕创建市级文明城区,在机关和企(事)业单位全面开展了卫生单位检查评比活动,创建省级卫生单位3个、市级卫生单位16个,市级卫生村(社区)4个,区级卫生单位26个,在纱帽地区组织开展了灭鼠、灭蚊、灭蟑等群众性爱国卫生运动,为该区荣获市级文明城区作出了贡献。

【妇幼卫生保健工作】　2007年,该区加强了孕产妇和儿童系统管理,全年无孕产妇死亡病例发生,婴儿死亡率在5‰以下,启动了免费婚检和新生儿听力筛查项目。

【医政工作】　2007年,该区根据卫生部关于“构建和谐医患关系,创建平安医院”的统一部署和省、市政府的要求,在全区医疗卫生单位积极开展了“构建和谐医患关系,创建平安医院”活动。从加强制度建设、开展系列活动入手,建立和完善了医患沟通机制,加强医患间的沟通与交流,及时改进工作。建立和完善了投诉处理机制,及时受理、处置医患矛盾,不断改进医疗服务工作,及时化解医患矛盾,促进和谐医患关系建设。深入开展“以病人为中心,以提高医疗质量为主题”的医院管理年活动。重点加强对医疗卫生机构医疗质量的监督检查,督促落实各项医疗核心制度,不断规范医疗行为,努力提高医疗质量,确保医疗安全。

开展《处方管理办法》业务培训工作。为认真贯彻落实新的《处方管理办法》,进一步规范处方管理和医务人员的诊疗行为,保证医疗质量和医疗安全,组织全区一级以上医疗卫生机构业务骨干和村级卫生室近90名从业人员开展了业务知识及技能培训。继续开展“千名医生下基层”活动,市、区两级医疗机构对口帮扶4个街道卫生院,帮助基层医疗卫生机构加快建设和发展。

【新型农村合作医疗】　2007年国家和省分别给予参加新型农村合作医疗(简称:参合。下同)农民补助20元和15元,全区新增合作医疗补助资金220万元。为此,区合管办及时调整了相关报销补偿政策。一是将分段报销比例普遍提高了10个百分点,封顶线由1.5万元提高到2万元;二是对独女户和双女户的报销提高3个百分点;三是对参合的孕妇实行定额补助,顺产补助150元,剖腹产补助300元。同时加强新型农村合作医疗网络建设,市、区投入近20万元建立了计算机数据中心,启动了网络直报和网上审批工作,提高了工作效率。特别是针对合作医疗经办机构管办不分的状况,组织实施了管办分离工作,加强了定点医疗机构的管理,为新型农村合作医疗制度的健康运转发挥了有力的保障作用。2007年全区共有11 278人(次)享受了门诊和住院补偿,共补偿合作医疗基金501万元,住院病人平均补偿率在30%以上。

【计划财务】　2007年全区医疗机构财政拨款为146.1万元,公共卫生机构的年财政拨款为112万元。2007年医疗机构年人均工资为1.23万元,公共卫生机构年人均工资为1.83万元。

【行风建设】　2007年,该区卫生局认真贯彻卫生部、省、市、区关于治理医药购销领域商业贿赂活动精神,按照综合治理、标本兼治的原则,研究制定了《区卫生局关于治理医药购销领域商业贿赂活动实施方案》。明确规定医务人员收入不能与医疗服务收费挂勾,坚决取缔科室承包、开单提成、小金库等违规行为。对执行医疗服务价格不力的医疗机构通报批评,直至追究单位领导责任。不定期对医疗机构进行明查暗访,对制度不健全、工作不落实等问题及时提出了整改意见。

2007 汉南区卫生局领导及科室负责人一览表

职　　务	姓　名	籍　贯	性别	年龄	文化程度	专业技术职称
党委书记	李金奎	河　北	男	52	本科	
局长	宰家全	湖北汉阳	男	45	研究生	
副局长	李　刚	湖北汉阳	男	47	本科	副主任医师
纪委书记	周　玲	湖北汉阳	女	47	本科	
党政办主任	王启卫	湖北汉阳	男	39	大专	技师
行财科科长	林　刚	湖北安陆	男	48	高中	政工员
医政科科长	王和柱	湖北汉阳	男	38	大专	政工员
血地病办主任	李绪读	湖北汉阳	男	56	中专	医师
主任科员	李　莉	湖北汉阳	女	37	本科	主管护师
防保科长	杨万刚	湖北汉阳	男	46	本科	副主任医师
合管办副主任	杨艳云	湖北汉阳	女	37	本科	主管护师
爱卫办副主任	许　莉	河　北	女	45	本科	主管技师

（王启卫）

蔡　甸　区

【概况】 2007 年，该区辖 11 个地方行政单位，其中有 6 个街道办事处，3 个镇，1 个乡，1 个管委会，全区有 281 个行政村，土地总面积 1 100平方公里，总人口 44.66 万人。全区共有医疗卫生机构 79 个、病床 924 张。区属卫生系统内有医疗卫生机构 17 个、设病床 924 张，卫生技术人员 1 692 人。全区每千人拥有病床 2.06 张、卫生技术人员 3.78 人、医护人员 2.41 人。全年区属医疗卫生机构共完成门（急）诊 45.84 万人次，住院 17 859 人次。诊断符合率 98%，治愈率 63.77%，好转率 30.29%，病死率 0.28%、病床使用率 52.75%。

2007 年，该区出生人口 3 584 人，人口出生率 8.03‰；人口死亡 1 541人，人口死亡率为 3.4‰。人口自然增长率为 7‰，孕产妇死亡率为零，婴儿死亡率为 7.55‰、计划免疫接种率为 97.14%、传染病发病率为 177.15/10 万。全区居民 10 种主要疾病死因顺位：脑血管疾病、心血管疾病、恶性肿瘤、呼吸系统疾病、损伤和中毒、消化系统疾病、传染病和寄生虫病、内分泌系统疾病、泌尿系统疾病、其他。

2007 年上级拨付卫生事业经费 3 628.6 万元，业务总收入 9 401 万元，其中医疗业务总收入 2 945 万元。

【卫生监督】 加强卫生监督执法体系效能建设　2007 年，该区建立和完善了监督执法长效机制，提高了监督执法效能。开展整顿和规范医疗服务市场的专项整治工作，打击非法行医、医疗机构聘用非卫生技术人员行医及出租、承包、转让科室等违法行为。

加强食品卫生监管　2007 年，该区对全区食品生产经营单位实施卫生监督，共办理《卫生许可证》1 549户，《健康证》4 930 个，平均监督频率 2.1 次/户，体检率 96.7%，培训率 100%，体检不合格人员已全部调离原食品生产经营工作岗位。食品采样监测 210 件，合格 162 件，合格率为 77.14%；消毒餐具取样 1 238 件，合格 1 011 件，合格率为 81.66%。通过严格准入，规范有证、疏堵结合取缔无证等措施，使饮食摊点的卫生状况不断改善。

【疾病控制】 疫情报告　2007 年，该区共发生乙类传染病 11 种，计 762 例，发病率为 55.16/10 万。其发病数居排序前 5 位的病种有：肺结核发病率为 90.00/10 万，与上年比下降 14.46%；病毒性肝炎发病率为 35.43/10 万，与上年比下降 17.91%；痢疾发病率为 15.27/10 万，与上年比上升了 5.29%；淋病发病率 6.54/10 万，与上年比上升 1.65%；麻疹发病率为 3.46/10 万，与上年比上升 1.63%。

免疫规划管理　2007 年，全区设预防接种门诊 11 个，医疗机构产科预防接种点 3 个，特殊人群预防接种点 5 个，狂犬疫苗预防接种门诊市级验收达标 2 个，卡介苗预防接种点 1 个。

“五苗”接种率：卡介苗为 99.83%，百白破疫苗为 99.23%，脊灰糖丸疫苗为 99.26%，麻疹疫苗为 99.17%，乙肝疫苗为 99.67%，五苗覆盖率为 99.43%。

肠道传染病防制　2007 年，该

区从5月1日－10月31日在全区开展夏季肠道传染病防制工作，实行了24小时疫情值班制度，举办专业技术人员培训班，配制碱性蛋白胨水送至各医疗机构，要求市第十三医院开展“逢泻必检”，各医疗单位共登记腹泻病人239人次，检索168人次，检索率为70.29%。疾病控制中心开展外环境监测，共采集水样、、水产品样、卤制品样等200件，NAG检出率为41.50%（83/200），采集牛、猪等动物粪便共50件，未检出0157：H7。

结核病防治　2007年，全区各级医疗机构累计接诊疑似病例437例，全部进行了登记管理。其中，发现新涂阳肺结核病人31例，涂阴206例，完成年度任务的100.6%（437/434）。2007年全区发现疑似结核病例553例，转诊553例，转诊率100%。

艾滋病防制　2007年，该区对应征入伍者、医院特殊患者、公安司法系统监管场所被监管对象、娱乐场所服务人员等特殊人群，普遍开展了艾滋病筛查。全区共主动监测各类高危人群517人，发现HIV阳性3例，完成孕妇筛查2 537人，公安系统监管人员1 389人，均未发现HIV阳性。免费发放安全套9 100只、发放宣传画220张、各种宣传资料8 500份。对符合治疗条件的AIDS病例实行了免费抗病毒治疗。

【妇幼保健工作】　2007年妇女病的防治工作定期进行了一年一次妇女病检查，检查37 849人，查出疾病人数4 497人，患病率11.88%。对查出疾病患者全部进行了治疗。举办孕妇学校，参加学习的孕产妇13 680人，孕产妇建册率100%，产前检查率100%，住院分娩率100%。积极开展早孕艾滋病抗体检测，全年应检人数3 208人，已检3 176人，受检率99%，未发现抗体阳性者。开展优生四项检测600余人，唐氏筛查201人，检测中发现阳性8人，并通过省级优生优育科复查后作了相应处理，减少了先天缺陷患儿的出生。

加强儿童保健管理，拓展儿童保健服务领域。一是加强散居儿童的管理，特别是3岁以下散居儿童的管理，做好儿童发育监测、听力筛查、心理保健、智力筛查、营养监测、婴儿沐浴抚触等。二是对托儿所、幼儿园依法进行监督和管理。对托幼机构卫生保健人员进行健康检查，杜绝传染病的发生。

2007年，该区圆满完成了全年的妇幼保健的绩效考核指标。孕产妇死亡率0/10万；孕产妇保健覆盖率100%；早孕建册率77.07%；产后访视率97.23%；住院分娩率100%；高危孕产妇管理率100%；新生儿疾病筛查率97.60%；艾滋病母婴阻断率100%；儿童保健覆盖率99.46%；婴儿死亡率7.49‰；五岁以下儿童死亡率8.17‰；出生缺陷发生率2.26%；听力筛查率25.84%；《出生证》办证合格率97.50%。由于妇幼保健工作成绩突出，2007年全市母婴安全现场会在该区召开。

【血防工作】　2007年，该区在全省血防工作“整区推进、综合治理”工作会议后，区血防办多次召集相关部门的专业人员对该区的血防工作方案进行了审定，及时召开会议启动，截至年底，主要血防工作项目进展情况如下：

①完成普查耕牛12 993头，占计划的108.3%；治疗及化疗耕牛12 850头，占计划的257%；

②新建沼气池3 208口，占计划的93.5%，同时建三格式无害化厕所3 014座；

③购置农机具301台套，完成“以机代牛”457头，占计划的109.3%。

④疫区已新建水厂2处，中心水厂管网延伸32处，解决了3.44万人的安全饮水问题，占总计划（07、08年度）的52.5%，占全年计划的101.1%。堤防整险加固完成了施工方案的编制，已报省批复；

⑤完成查病92 954人，占计划的172.1%；治疗及扩大化疗12 782人，占计划的100.3%；治疗晚期血吸虫病人111人，占任务的100%；

⑥完成钉螺普查面积8 741.19万平方米，占计划的179.8%；药物灭螺1 077.38万平方米，占计划的100%；

⑦在疫区中小学开展血防知识宣传，健康教育上课率100%；开展乡镇长培训1次，村长培训11次；发放宣传实用品1.34万个；

⑧完成了1个国家级监测点和2个省级监测点的监测任务。已建成抑螺防病林7 000亩，已100%完成。改造通村公路77.98公里。

按照《血防方案》要求，需要实施土地整理1 656.5公顷，至2007年底，规划设计及预算编制方案已通过投资评审，其前期准备工作已经完成，等待省政府批复后立即组织实施。通过多年的努力和全区人民的共同奋斗，全区已达到血吸虫病疫情控制标准，提前达到省政府的要求。

【医政管理】　落实政策承诺，积极开展卫生机构标准化建设　2007年，该区卫生局组建了工作专班，明确责任分工，将标准化建设工作列入全年卫生工作的重点，并纳入绩效考核管理,实行目标任务责任制。在充分调查摸底和科学的现场调研基础上,制定了详细、具体、可行、可操作性强的实施方案,拟定了工作日程表,实行了例会制,认真进行现场督查指导,边建边改,确保了蔡甸街等7个卫生院和玉贤镇农力村等68个卫生室标准化建设通过了市卫生局的检查验收。

探索长效管理机制,深入开展医院管理年活动　2007年,该区继续深入开展"以病人为中心,以提高医疗服务质量为主题"的医院管理年活动。按照"理念再深化,管理再加强,质量再提高,服务再创新"的总体要求,进一步完善了活动方案,充实了活动内涵。通过再学习、再发动、再整改创新了活动方式,提高了"医院管理年"活动水平,进一步加强了各医院内部的管理和内涵建设,强化了依法执业和医疗安全意识。

依法履行职责,认真实施准入管理　2007年,区卫生局认真贯彻《医疗机构管理条例》,严格遵守《行政许可法》、《卫生行政许可管理办法》及各项卫生管理的法律、法规的有关要求,严格医疗机构、从业人员、诊疗科目的准入管理。完成医疗机构许可证的校验265起,新增医疗机构5个,注销医疗机构1个,为50人办理了医师执业注册手续,办理变更注册的申请64人,护理人员首次注册298人,并实行了软件管理。

狠抓医疗质量,确保医疗安全

2007年,该区举办了全区医疗纠纷防范处理与医疗质量持续改进培训班和全区执业医师技能和护理技能竞赛。深入开展医疗事故处理条例的宣传教育,规范了医疗争议处理程序,耐心接待投诉对象,全年共接待投诉24人次,移送医学鉴定3起,全年未发生医疗事故。发挥千名医生下基层的作用,全年市、区两级卫生机构共下派了20名医务人员,通过到基层坐诊、带教、讲座、双向转诊帮助卫生院健全了各项管理制度、诊疗常规、操作规范,提高了管理水平和业务能力,推进了各医疗卫生单位的药事管理工作,保证了用药安全,加强了麻醉药品、第一类精神药品的监督管理,完成了辖区16个医疗机构麻醉药品和第一类精神药品采购计划的审批工作。

开展了医疗服务保障工作。该区在中考、高考、莲藕节、六城会期间,组织医护人员和救护车辆到现场值班,完成了医疗服务保障任务。

【新型农村合作医疗】　加强宣传,不断提高农民参合率　2007年,全区11个街乡镇共有25.34万人参加合作医疗,参合率为90.3%。

积极探索,不断完善补偿机制

①2007年该区下调了起付线,由原来的200元下调至100元;

②取消了住院统筹病种限制、基本用药目录,真正让农民得到实惠。

2007年元月至11月,全区共补偿参合农民医疗费1 116.1万元,总共补偿38 831人次,其中:门诊补偿金额112.7万元,共补偿29 882人次;住院补偿金额1 003.4万元,共补偿8 949人次。累计共有245人次获得年度最高6 000元的住院补偿(第一次住院补偿金)。

强化监管,不断规范服务行为

2007年,经区人民政府批准,该区区乡两级新农合经办机构建设于7月底顺利完成。

该区卫生局、区合管办针对发现的新农合住院病人费用偏高的问题,分别制发了《关于进一步加强医疗机构抗菌药品使用药品工作的通知》和《关于执行参合农民例均住院费用封顶控制标准的通知》。明确规定了抗菌药品的分级管理和应用原则,以及定点医疗机构例均住院费用封顶控制标准和奖惩办法,坚决遏制了抗菌药物的滥用和不合理医疗费用的过快增长。

建立网络,实行网上直报

2007年,该区新建的农合管理信息系统,已于6月底完成并正式启动。定点医疗机构已开始通过网络上传相关数据资料。市十三医院和奓山、侏儒、玉贤卫生院等4个单位已完成医院管理系统与新农合管理系统的信息对接,实现了住院参合农民相关数据资料的适时上传、网上直报、审核和补偿。

【红十字会工作】　2007年,该区坚持"人道、博爱、奉献"的红十字精神,体现"救死扶伤、扶危济困、敬老助残"的红十字宗旨,积极开展了各项活动。

①开展"博爱送万家,健康送万家"活动,元月区红十字会常务副会长吴大顺带领红十字小分队到永安街开展医疗咨询,看望慰问特困户家庭,为他们送去米、油、衣物、鞋、慰问金等;到区精神病院慰问精神病人,到麻风病院看望慰问麻风病人等特殊群体,为他们送去物资、慰问金、药品等,切实解决他们的实际困难。

②搭建人道平台,为弱势群体提供帮助。蔡甸一小厚权患新型隐球菌脑膜炎,区红十字会在区电视台、《蔡甸通讯》等媒体上进行呼吁,募集捐款7万余元;永安街柏木村徐家三姐弟3名大学生,因家境贫寒面临辍学,区红十字会及时送去2 000元慰问金以解燃眉之急。

【爱国卫生运动】 2007年,该区围绕创建武汉市卫生区,深入开展了各项卫生创建工作。成立了以分管副区长为组长的创建领导小组,区卫生、教育、城管、环卫、药监、质监、工商等部门对照标准分工合作,协调配合,全区上下齐动手,经过一年的共同努力,蔡甸区通过了市创建检查团的考核验收,被授予"武汉市卫生区"称号。

精心组织了第十九个"爱国卫月"活动。2007年,该区对蔡甸城关主(次)干道、背街小巷环境卫生进行了集中整治,共出动车辆182台次,参加人员8 000余人次、清扫路面3万余平方米,清除垃圾500余吨,清理卫生死角100余处。

【医德医风和行政效能建设】

①2007年,该区为了贯彻胡锦涛总书记在中纪委第七次会议上关于加强对领导干部作风建设讲话的重要精神,切实加强对作风建设的组织领导,促进干部作风转变。区卫生局分派3个督导检查组到各乡镇卫生院和局直属各医疗单位进行了督查,重点督查了班子成员和医务人员中午饮酒、劳动纪律、在岗状态、带彩娱乐等;"新农合"医疗费核报、村级公开等制度落实情况;根据上级主管部门统一部署,集中开展了打击商业贿赂专项行动,严厉打击给予和收受药品、器械回扣、开单提成等商业贿赂行为。不断提高卫生队伍政治素质、业务素质和执纪能力,以过硬的素质、优良的作风、奋发有为的精神状态履行好职责,树立良好的白衣天使新形象。

②为深化政务工作,坚持行政效能建设与全面推行政务公开,建立了公正、科学规范的政务公开机制,所有项目进窗口,本着全心全意为人民服务的原则,行为规范、运转协调、公正透明、廉洁高效,评分名列全区前列,多次受到区领导表扬。在工作中优化机关作风、完善工作机制、提高服务效能,紧密结合年度工作任务,强化思想教育,规范行政行为,严格考核奖惩,以达到增强干部工作能力,提高工作效率的目的。

【卫生事业改革开放三十年发展成就回顾】 1974年,汉阳县政府卫生科改为县卫生局,1993年该县行政区划归武汉市后,变更为该市的一个远郊城区,该局由汉阳县卫生局更名为武汉市蔡甸区卫生局。蔡甸区卫生局是蔡甸区人民政府主管卫生的行政职能机关。负责全区卫生行政、卫生监督执法、农村卫生、医政药政管理及医疗、预防、妇幼保健、计划生育指导;卫生机构的设置规划和布局;卫生人员技术培训及考核、晋升、晋级及科研、教学;卫生事业经费、医疗设备管理,以及区爱卫会、公费医疗、地区医学会、社会医疗机构、红十字会等的归口管理工作。

在改革开放初期的1979年,全区卫生系统职工有896人,有医(技)师初级职称的卫生职工只有52人,占专业人员总数的5.8%。1980年开始评定专业技术职称,专业技术职称结构及人员逐年增加。截至2007年底全区公办医疗卫生机构在职人员有2 150人,退休人员549人,在职卫生专业技术人员有1 930人,其中具有高级卫生技术职称者55人;中级卫生技术职称511人。执业医师512人,执业助理医师212人。(因军山街划归沌口武汉经济技术开发区托管,该街辖区的卫生人员数未统计入内)。

蔡甸区卫生局下属的医疗卫生单位由40个转变为下属市十三医院、区中医院、区卫生监督所、区疾病控制中心、区妇幼保健院、区血防所、区皮肤病防治所、区卫生学校、区新型农村合作医疗管理办公室、区消毒站等10个二级单位和11个街乡镇卫生院、5个分院、1个血防站。到2007年,全区共有医疗卫生机构287个,其中:公立医疗卫生机构25个,村卫生室217个,个体诊所40个,社会办医5个。

改革开放30年来,区政府在着力推进国民经济持续稳定迅速发展,经济实力不断增强的同时,坚持以农村为重点,动员全社会参与,为人民健康和社会主义现代化建设服务,大力推进医疗卫生事业发展,取得了巨大成就。

改革前,该区医疗用房条件差,门诊用房满足不了病人的需要,住院病房的设置、专业划分、病人分科收治等都受到限制,医疗业务管理很不规范。医疗设备很少,只有一般的小型诊疗设备,如心电图仪、X线放射机、A超、普通光学显微镜等,设备大多陈旧老化。全区仅有救护车2台、各种车辆共4台。1980年以后,医疗设备购置达到新水平,特别是近十年来,引进了一批先进的大型诊疗设备,如CT1台、CR2台、彩超4台、彩色电子胃镜2台、内窥镜、自动血凝仪、麻醉机、全自动血液检验分析仪、全自动尿分析仪、动态心电监护仪等,还拥有救护车6台、疾病控制车辆11台,各种车辆3台。基本形成了较完备的以区直属各医疗卫生机构为各种医疗卫生专业的技术龙头,以街乡镇卫生院为枢纽,村卫生室为基础网底的三级医疗、预防保健和卫生监督的网络体系。

改革前由于医疗环境、医疗设备、医疗技术落后,只能开展一般常见病的诊疗工作,疑难病症和较大手术需外请上级医院医生作技术指导。现在该区对各类专科的疑难重症疾病都能进行诊疗，对各种较复杂的大中型手术都能开展，医技科室对各项检查检验等均能满足病人的需求。

至2007年，我国居民的人均期望寿命达到了73岁，比30年前增长了7岁。据区疾控中心最新统计数据显示，该区人均期望寿命已达76.2岁，比30年前全国人均期望寿命增长了10.2岁。1978年全县婴儿死亡率为35.65‰，2008年为7.49‰，30年间下降了28.16‰。1978年全县孕产妇死亡率为103.20/10万，现在为0。重大传染病得到有效控制，儿童计划免疫覆盖率达到95%以上。建立了新型农村合作医疗制度，缓解了群众"看病难、看病贵"问题。30年来，该区保障人民健康的医疗体系日益完善。

2007年蔡甸区卫生局领导及科室负责人一览表

职务	姓名	性别	籍贯	年龄	文化程度	专业技术职称
局长	吴大顺	男	蔡甸	42	大本	副主任医师
党委书记	胡汉杰	男	蔡甸	47	大专	
调研员	吴强新	男	汉川	53	大专	高级政工师
副局长	姚忠勇	男	蔡甸	49	大本	政工师
副局长	谢文昌	男	蔡甸	44	大专	主治中医师
纪委书记	王彦清	男	蔡甸	54	高中	主治医师
副调研员	丁建国	男	蔡甸	53	大专	副主任医师
副调研员	李玉香	女	蔡甸	44	大专	
副调研员(医政科长)	刘位喜	男	蔡甸	50	大专	主治中医师
办公室主任	李　忠	男	黄陂	45	本科	主治中医师
人事科科长	易传凤	男	蔡甸	54	大专	医师
计财科科长	王立波	男	蔡甸	37	大专	助理会计师
卫生监督科科长	俞三江	男	蔡甸	43	大专	主管药师
防保科科长	田　波	男	蔡甸	50	中专	主治医师
中医药管理科科长	滕培金	男	蔡甸	54	初中	政工师
区红十字会办主任	章小才	男	汉川	45	大专	主治医师
区血防指导站站长	徐久泉	男	新洲	44	大专	主管医师
爱卫办副主任(正科级)	周志刚	男	蔡甸	33	本科	

（李　忠）

江　夏　区

【概况】 2007年，全区有6个街(五里界镇于11月19日撤镇建街)、4个镇、2个乡，318个行政村，总人口62.8万人(其中城镇人口22.64万人，农村人口40.16万人)，地域面积为2 009平方公里。

辖区内有医疗机构371个，其中：局属医疗卫生机构28个(区直8个，乡镇街卫生院12个、分院8个)，职工总人数2 960人，其中，在职职工2 380人，离退休580人。在职职工中有卫生技术人员2 066人，按职称分类，有高级职称37人(正高5人，副高32人)，中级职称755人，初级职称1 234人，按学历分类，有研究生3人，本科413人，专科779人，中专685人，高中以下231人。其他医疗机构有344个(村卫生室290个、个体医28个、厂矿医务室21个、学校医务室4个)，共有医务人员655人(其中：村医553人，个体医28人，厂矿医66人，校医8人)。全区医疗机构共设床位1 048张。

2007年，该区卫生局坚持科学发展观，积极推进公共卫生、农村卫生、社区卫生服务体系建设，努力提高疾病预防控制、公共卫生监督、突发公共卫生事件应急处置能力，认真做好创建市级文明城区、新型农村合作医疗和专科人才队伍建设等工作，促进了全区卫生事业持续健康发展。

全年圆满完成了上级下达的各项绩效管理指标，其中：全区无孕产妇死亡；儿童计划免疫接种率达标(卡介苗接种率99.76%、小儿麻痹症糖丸接种率99%、百白破疫苗接种率99.28%、麻疹疫苗接种率98.15%、乙肝疫苗接种率100%)；肺结核病人发现率80%；艾滋病感染者追踪随访率100%；全区无血吸虫急感病人发生；完成标准化村卫生室建设61个、社区卫生服务站建设4个、乡镇卫生院建设7个；农村合作医疗参合率91%；消费领域食品卫生监督覆盖率100%；开展慈善手术13台、设立救助病床10张。

2007年全区医疗卫生机构业务收入1.44亿元，比上年度增长16.7%，上级财政年度卫生事业费拨款4 166万元，全年卫生事业总支出1.8亿元。

全年区属卫生机构完成门诊量69.87万人次，住院2.26万人次。诊断符合率98%，治愈率56.5%，病死率0.54%，病床使用率52.3%。

全年该区出生人口5 282人，人口出生率为8.4‰；人口死亡1 472人，人口死亡率2.3‰，人口自然增长率为6.1‰。

2007年，全区人口平均期望寿命为77.61岁，其中男性75.53岁，女性78.83岁。

2007年，全区人口前十位死因顺位依次是：心脑血管疾病、癌症、交通事故、神经系统疾病、肺心病、慢性下呼吸道感染、肺疾病。

【医疗卫生事业】 *继续开展"医院管理年活动"，加强对医疗机构全面督查* 2007年，该区开展以"病人为中心，以提高医疗服务质量"为主题的医院管理年活动，第一季度召开了全区医疗机构院长、业务院长参加的医政工作会，认真总结2006年全区医院管理年活动工作经验，部署了2007年全区"医院管理年"活动，通报了全区2006年各医疗机构完成医疗服务质量情况，对该区2所二甲医院(区人民医院、区中医医院)的医院管理年活动进行了督导和检查。对全区乡镇街卫生院开展医院管理年活动进行了一次抽查督导。

加强医疗机构护理质量管理，确保医疗安全 请市医疗专家组对区人民医院和区中医医院的医疗护理质量及医院管理年活动进行了一次督查，将存在的问题及时反馈并督促其整改。进一步加强了对医疗机构护理质量及医政工作的监管。组织区级医疗护理及医政管理方面的专职人员对全区乡镇街卫生院医政管理、医疗、护理、院感、医技等科室进行了全面检查，并将存在的问题现场反馈给该卫生院并督促整改。

2007年底，该区进行了一次全面的医疗护理质量检查，落实上半年的整改情况。督促区人民医院、区中医医院开展医院等级评审工作，认真掌握评审标准，促进医院内部建设。积极开展了第二届乡镇街"十大名医"和"优秀乡村医生"评选活动，评出了艾家喜等10大名医和丁玉强等10位优秀乡村医生。

加强了护理队伍建设 组织全区护理部主任、护士长、护理骨干参加市卫生局组织的"护理质量管理培训班"学习；在"5·12"护士节，举办了"5·12"国际护士节表彰大会。会上，表彰了荣获省级优秀护士1人，市级优秀护士3人，区级优秀护士10人；组织全区护士开展岗位技能竞赛活动，选拔出区医院2名优秀护士参加市卫生局组织的"综合医院"护理技术能手选拔赛；选拔区中医医院2名优秀护士参加了市卫生局组织的中医医院"护士技术能手"选拔赛，该区4名护士均取得较好成绩。

依法行政，加强管理 按照相关法律法规的规定和要求，结合该区医疗机构设置现状，制定了《2007－2009年江夏区医疗机构设置规划》；对全区79名医生进行了执业注册初审，变更执业注册15人；对全区83名护士进行了首次注册，再次注册548人，变更注册10人；对1个中医个体诊所依法进行了注册，对6个申请设置医疗机构的单位和个人进行了回复；共处理患者及家属投诉13起、医疗纠纷7起，委托市医疗事故技术鉴定办公室进行医疗事故鉴定3起。根据国家《血液制品管理条例》、《输血技术规范》及卫生部《医疗机构临床用血管理办法(试行)》等规定，加强全区用血管理，委托区人民医院输血科向全区24个医疗机构提供了急救用血；对全区医疗机构负责人进行了一次培训，对全区医疗机构执行新的处方管理办法进行了一次督查；规范全区医疗机构广告管理；加强了对全区医疗机构的麻醉药品、精神药品和抗生素使用与管理。对291个村卫生室，41个个体诊所和校医务室进行了校验。

初级卫生保健工作 根据《2001－2010年农村初级保健发展纲要》和《湖北省农村初级保健实施方案(2001－2010年)》规定的目标和任务，对全区13个乡镇街卫生院及村卫生室的初保工作进行一体化管理工作。2007年11月，接受了省卫生厅对江夏区初保工作检查，并一举通过了达标检查验收。

开展"新技术、新业务" 2007年，区第一人民医院购进核磁共振，提高了对神经系统疾病的诊断符合率。组建神经内科，启动了脑卒中治疗单元。添置了脑循环治疗仪、心脏除颤器、心电监护仪等医疗设备。配置数字胃肠X线机、手术显微镜、多参数心电监护仪等设备，总价值约300万元。

2007年，区中医医院相继开展

颅脑外伤开颅术、经尿道前列腺电切术、经尿道膀胱碎石术、腹腔镜下输卵管手术、尿毒症血液透析治疗、结石症体外碎石治疗等新业务、新技术。该院新购了彩色B超、经颅多普勒、高频数字胃肠机、二十项全自动生化分析仪、血球计数仪、尿分析仪、500毫安X光机、多功能治疗床、麻醉机、血液透析机、碎石机等诊疗设备。

护理工作取得新进展 2007年区第一人民医院成立了支助中心,由护理部集中管理,将各科室护工统一造册,制定岗位职责、培训计划和考核方案,实行一站式服务,搀扶推送需要帮助的患者,为老弱病残患者挂号、取药,陪护急危重患者检查,负责手术病人的全程接送。全年共护送重症病人近1 000人次,为病人送标本222人次、陪护检查345人次,送急救用血和药品77次。

【党务和精神文明建设】 2007年,该区卫生局党委作为第一批参加党员先进性教育活动的单位,取得了丰硕的理论成果、制度成果和实践成果。局党委开展的“党员争先、岗位奉献”主题实践活动被《党员生活》杂志刊登;党委书记、局长彭兆安及党委副书记李善云的理论文章在全区“保持共产党员先进性教育活动与党的先进性建设”理论研讨会上获奖。全区卫生系统开展的“共产党员模范示范岗”争创活动和“共产党员奉献记分卡”制度,得到上级党组织的肯定和好评。“三大工程”(素质、环境和服务工程)的实施,提高了全区医疗服务的整体水平。通过“千名医生下基层”对口帮扶和全面实施新型农村合作医疗制度,在一定程度上缓解了广大群众“看病难、看病贵”的矛盾。

为巩固中共党员先进性教育成果,局党委从制度建设入手,建立先进性长效机制。

一是完善学习制度。依托区卫生学校成立了局党委业余党校,成立了江夏区卫生思想政治工作促进会,将局党委中心组学习成员扩大到机关科室负责人,每周均安排有学习任务,并通过征文、体会交流、报告会、演讲比赛、知识竞赛等形式,调动学习积极性,在全系统形成了理论联系实际,热爱学习的良好氛围。

二是完善组织制度。对以往制度执行情况进行总结,印发了《区卫生局党委议事规则(试行)》,完善了“三会一课”制度,落实了党员记分卡、健全了党务公开、党员交心谈心、评议党员制度,并通过实行基层党组织目标责任制,以确保党委的各项决策贯彻到基层和每个党员。

切实加强各级领导班子建设

局党委一班人十分重视各级领导班子自身建设。注重制度建设,各项工作做到有章可循;在执行纪律上,大家自觉遵守党的政治纪律、组织纪律、群众工作纪律,做执行纪律的模范;在学习上,各单位班子成员坚持党委(支部)中心组学习制度,自觉撰写学习笔记和心得体会,用科学的理论武装头脑;在工作上,班子成员团结协作,心往一处想,劲往一处使,大事一起商量,小事相互通气,不搞一言堂,保证了各项决策的贯彻执行;在党支部建设上,先后健全和完善了4个基层党(总)支部委员会,切实加强了基层党组织建设。2007年按照“坚持标准,保证质量,改善结构,慎重发展”的方针,“7.1”期间在工作一线发展新党员10人,全系统受区委表彰先进基层党组织1个,优秀党员2名、优秀党务工作者1名;受区直机关工委表彰先进基层党组织1个,优秀党务工作者10名、优秀党员16名;局党委表彰先进党支部4个,优秀党务工作者5名,优秀党员40名。

全面落实党风廉政建设责任制

局党委始终把党风廉政建设作为全年工作的重中之重列入议事日程。

一是抓制度建设。健全和完善了大事报告、收入申报、礼品登记、离任干部经济审计等制度,建立了区管干部廉政建设档案,从源头上预防腐败现象的发生。

二是抓责任落实。该局结合卫生部门实际,将各项党务和精神文明建设工作纳入卫生工作综合目标考核体系。年初,由局党委分管领导与各党支部书记签订责任书,实行目标管理,责任到人,百分制考核,形成了各负其责、齐抓共管、奖罚并举的党风廉政建设工作体系。

三是抓监督检查。局党委一方面通过加强日常工作检查,及时发现苗头,解决问题,防患于未然;另一方面积极受理群众来信来访,做到件件有答复,事事有回音,坚决查处各种违法乱纪的现象。全年受理群众来信来访12件,查处违纪案件3起。

大力促进卫生行业作风转变

一是加强医德医风建设,不断改善服务态度,提高服务质量。在全区卫生系统广泛开展了“微笑零距离”的服务活动,其特色是:①加强人员培训,改善服务形象。各医疗卫生单位的医务人员以现代礼仪教程为内容,对广大医务人员进行了一次微笑服务轮训,使广大医务人员的文明素质和仪容仪表又提升了一个新的档次。②优化服务环境,拓展服务领域。区一医院、区中医医院等单位从小处着手,设立支助中心、病友之家、添置微波炉、热水器、针线包等方便群众就医。③延伸服务内涵、扩大服务内容。区血防所党员群众立下军令状，不送“瘟神”誓不休；区皮防所干部职工主动联系麻风病人，让他们感受人间真情；区卫校教职员工开展帮助贫困生、“一对一”帮教差生、实行“订单式”教学活动，让每一个学生“安心学习，学有所成、学有所用”；区一医院门诊部党员职工为贫困患者一次性捐款3 000余元，这些延伸服务活动的开展，进一步提升了医务人员的职业道德和职业素质。

二是加强执法队伍建设，切实做到依法行政，公正执法。区卫生局从转变工作作风、提高执法水平入手，将各项卫生许可的法律依据、审查内容、办证程序、收费标准上墙公布，同时向社会公布了举报投诉电话，以增加依法行政的透明度。为提高工作效率，保证执法行为公平、公正、公开，认真推行了“首问负责制”、“过错追究制”，卫生监督队伍“执法为公、执法为民”的思想意识进一步增强，树立了卫生行政执法的良好社会形象。全年无一例有效投诉发生。

三是从群众反映强烈的问题入手，下大力气治理商业贿赂，纠正行业不正之风。①从制度上加强对医疗机构的监管。先后制定了医保、合作医疗定点医疗机构管理制度、药品价格公示制度、抗生素分级分类管理制度等制度和办法。并尝试推行了单病种限价，促进了医疗机构之间的有序竞争；②从行为上加强对医务人员的约束。明确规定医院对参保患者的甲类药品使用率不能低于药品总费用的70%，使用自费药品必须征得患者签字同意。同时制定了对高额费用和有患者投诉的医疗费用进行合理性评估的制度，以保护患者的合法权益，减轻患者的医疗负担；③加强监督检查，及时发现和解决问题。2007年，先后4次组织专班对医疗机构服务价格和项目进行了检查，未发现明显违反规定的单位，确保了广大患者利益不受损害。

认真抓好职工思想政治工作

针对卫生改革与发展中出现的各种困难和问题，该区卫生系统各级党组织始终坚持以人为本，切实加强了职工思想政治工作。特别是面对卫生事业发展的新形势，局党委班子成员积极开展调研，在医疗卫生单位广泛宣传卫生改革的形势和政策，不断强化干部职工的市场意识、竞争意识和服务意识。对一些困难大、问题多的单位，重点宣传党和政府对卫生工作的重视和关心，使他们树立信心、振奋精神，以积极务实的态度应对各种困难和挑战。特别是针对公卫体制改革中涉及的部分单位认真做好职工的思想政治工作，引导广大卫生职工树立正确的世界观、人生观、价值观，正确处理国家、集体、个人利益之间的关系，使其支持改革，参与竞争，为卫生改革与发展创造稳定的环境。

【构建基本医疗服务体系有新成效】 标准化乡镇卫生院建设达标

金口、湖泗、纸坊、五里界、郑店、安山、法泗7个乡镇卫生院标准化建设通过了市考核验收。7个标准化建设的卫生院都进行了布局调整，功能改造和房屋维修、改扩建，面积共13 557.1平方米(含公共卫生科)，其中维修面积10 352.4平方米、改扩建面积3 204.7平方米。7个标准化建设的乡镇卫生院都建立了医院信息系统，实现院内信息流通与共享，逐步实现了与新型农村合作医疗结算网络对接，全面实行电脑收费。全区7个按标准化建设的卫生院共需投入资金854.5万元，其中市应付140万元，已下达资金70万元，区政府配套70万元，缺口644.5万元由区卫生局和卫生院自筹或建筑商垫付。

标准化村卫生室建设达标

2007年，该区标准化村卫生室建设任务有61个，结合家园建设，按照实施方案，第一批5月30日完成区级验收2个村，第二批6月30日完成验收14个村，第三批7月30日完成验收18个村，第四批8月30日完成验收27个村。至此，标准化村卫生室建设达标任务已全部完成。

标准化公共卫生科建设达标

该区应建公共卫生科13个，2006年已建5个，2007年应建8个，上半年完成4个，剩余4个已全部完成。

【新型农村合作医疗有新进展】

该区是武汉市第二批新型农村合作医疗试点区，于2005年10月正式建立新型农村合作医疗制度。区委、区政府始终高度重视并全力推进这项工作，取得了一定成效。这项制度运行至今，各项工作进展顺利，基金运转正常，在一定程度上缓解了农民因病致贫、因病返贫的矛盾，受到广大农民的欢迎和拥护，农民群众的健康意识和就医能力增强，促进了全区农村卫生事业的发展。2007年全区统计农业人口43.65万人，参合人数为39.62万人，参合率为91%。

2007年，该区纳入国家试点，在资金总量增加的基础上，重点对新型农村合作医疗补偿方案进行了调整。调整内容包括：资金分配和补偿比例的调整、在原有重症门诊补偿的基础上增加了慢性病门诊补偿、调整了单次封顶线、重新修订了不予报销项目并扩大了报销范围。

通过政策调整,2007 年该区参合农业人口人均住院总补偿比例由 2006 年的 23% 提高到 40%,其中一级医院住院报销比例为 49.98%、二级医院住院报销比例为 39.40%、三级医院住院报销比例为 29%,平均住院补偿率为武汉市远城区之首。

为加强基金监管、提高工作效率,2007 年投入 25 万元建设江夏区合作医疗信息中心,建成了专用机房和 10 兆光纤增容、完成了全区 40 万参合农民的基本信息录入,实现了区二级医疗机构以及部分卫生院收费系统与合作医疗软件对接,于 2007 年 5 月正式实行网上审批,实现网上在线审核结算、实时监控和信息汇总,农民可随时查找,财政、审计等部门可对基金的管理和使用情况进行适时监督,整个过程实现了公开、透明。

【社区卫生服务试点有新突破】 2007 年,根据市卫生局统一安排,江夏区作为远城区社区卫生服务创建试点区,在纸坊街首先试点。纸坊街面积 17.5 平方公里,有 18 个居委会,4.3 万户家庭,社区居民达 17.8 万人,是一个人口较集中的小型城区。结合该区实际,区卫生局初步规划设立 1 个社区卫生服务中心,15 个社区卫生服务站。

按照社区卫生服务中心建设标准,遵循合理调整、优化配置的原则,筹资 40 多万元对现有业务用房进行维修,重新规划,合理分区。新设立全科诊室、中医诊室、康复理疗室、抢救室等。结合创建标准化公共卫生科的要求,设立了免疫预防室、妇女保健室、儿童保健室、健康教育室、传染病管理室、慢性病管理室、计划生育指导室等。根据社区卫生服务站的建设要求,按照 0.5 –1 万人和 10 – 15 分钟服务圈的要求,已投入 20 万元创建了 3 个部颁标准化的社区卫生服务站。计划再投入 20 万,在 2008 年底共建 6 个标准化的社区卫生服务站。为满足医疗服务需求,还投入了 15 万元购置了 12 台电脑及所需的医疗和健康教育设备,并配备了相应的管理软件,基本上建成了计算机信息化管理网络。

以人为本发展社区卫生服务

纸坊街社区卫生服务中心组织 100 多人利用居民晚上在家休息的空闲时间,进行入户调查。共建立了近万人的家庭健康档案,发放健康会员证数千份,还免费发放了价值 5 万余元的高血压治疗药品,为下一步给社区居民提供便捷的健康咨询、预约就诊,上门服务,心理保健等服务打下了良好的基础。加上社区卫生服务站实行了统一管理,药品降价也直接惠民,使居民真正“看得起病”,吸引和留住了病源。2007 年纸坊街社区卫生服务中心病人就诊人次比上年同期上升了 30%,居民满意度进一步提高。通过家庭健康档案的建立,实施社区健康诊断,前瞻性地分析居民的健康状况,为社区卫生建立家庭医生式的服务提供了信息基础。

【疾病预防控制工作】 *疫情与免疫接种* 1 – 11 月全区无甲类传染病报告,共报告乙类传染病 11 种 1 354 例。疫情登记报告率达标。开展了不明原因肺炎、肠道传染病、学校传染病、冬季传染病、慢性病、地方病、结核病、艾滋病等防治工作,完成了乙脑疫苗查漏补种、乙肝疫苗查漏补种、计划免疫工作任务。全区设立了 23 个免疫接种门诊,经统计:卡介苗接种率 99.76%(3 879/3 870)、小儿麻痹症糖丸接种率 99.71%(10 506/10 476)、百白破接种率 99.82%(10 519/10 500)、麻疹疫苗接种率 98.15%(3 136/3 078)、乙肝疫苗接种率 100%(10 722/10 722)。

血吸虫病防治工作 2007 年,该区积极实施以控制传染源为主的血吸虫病综合防治策略。全年查螺 7 007 亩、完成任务的 211%;药物灭螺 1 473 亩、完成任务 129.21%。垸内钉螺孳生地综合治理辅以药灭 312 亩。垸内钉螺孳生地综合治理工程灭螺 312 亩;走底火(此为灭螺方法,即每年初枯水季节,在孳生钉螺的江洲上枯黄的芦苇上淋洒柴油点火燃烧以达杀灭钉螺之目的,效果好。)灭螺 1 240 亩;结合江滩平整工程土埋灭螺 135 亩。

积极开展血吸虫病防护宣教工作,疫区中小学血防知识授课率达 100%,血防知识知晓率达 90% 以上,血防知识教育做到了“五有”:即有教师、有教材、有教具、有教案、有考试;积极组织学生开展“四个一”活动:即上一堂血防知识课、写一篇血防作文、举办一期血防专栏、参加一次血防知识的考试。完成了人畜同步查治病任务。10 月 13 日至 16 日,省市考核小组对全区血防工作升级达标工作进行了考核验收,认为达到国家血吸虫病控制标准,在全市血吸虫病流行区率先达到血吸虫病疫情控制标准。

皮肤病防治 2007 年,该区皮防所重视皮肝病防治人才培养,一方面积极培养所内人员,另一方面抓基层医务人员的培养。先后派 2 人分别到武汉市第一医院和市皮防所进修学习;所长陈光斌参加了重庆皮肤病防治学术会议。

该区以实行新型农村合作医疗

为契机,大力推进皮肤病防治工作。区皮防所积极争取在开展新型农村合作医疗服务中,广泛为广大皮肤病患者解除病痛。完成2例麻风病人的院外跟踪监测和9例联合化疗麻风病人的监测及家属的体检工作。

2007年元-10月,区皮防所业务收入28万元,比上年同期增加2万元。

【妇幼保健工作】 2007年,该区以基层和群体保健为重点,认真贯彻落实"一法两纲",以降低孕产妇和婴儿死亡率为目标,强化基层妇幼卫生服务功能,狠抓妇幼保健工作规范化管理。妇幼保健各项工作指标均达标或在市卫生局规定标准控制范围内,其中婴儿死亡率3‰、五岁以下儿童死亡率4.64‰、出生缺陷发生率1.9‰、孕产妇保健覆盖率98.2%、儿童保健覆盖率92.6%、住院分娩率100%、孕妇免费HIV筛查率98.48%,全区无孕产妇死亡。

【构建和谐医患关系有新举措】

2007年区卫生局开展了微笑在零距离的创建活动,进一步提升了医疗服务质量,构建了和谐医患关系。各医疗卫生单位以医务人员现代礼仪教程为蓝本,对广大医务人员进行一次微笑服务轮训,使大家的文明素质和仪容仪表又提升了一个新的档次。区妇幼保健院举办微笑服务培训班3期,每期3天,将微笑规范的服务纳入考核与奖金挂钩,促进了该院医务人员服务形象的提升。区一医院、区中医医院等单位从小处着手,设立阅报栏、茶水处、病友之家,添置了微波炉、热水器、针线包等以方便群众就医。区皮防所干部职工主动联系麻风病人,让他们感受人间真情;区卫校教职员工开展帮助贫困生、"一对一"帮教差生、实行"订单式"教学活动,让每一个学生"安心学习,学有所成、学有所用";区一医院门诊部党员职工为贫困患者一次性捐款3 000余元。

【依法行政,开展"五小"整治工作】

2007年,区卫生局以"五小"专项整治为工作重点和突破口,坚持依法行政,带动小型饮食业和卫生许可专项整治,促进卫生监督工作取得新成效。

"五小"专项整治　2007年对纸坊城区的"五小"行业进行了近两个月的专项整治,共检查食品卫生和公共场所经营户557户(小副食店187户、小饮食店189户、小浴池17户、小旅社38户、小美容美发店116户),查出无健康证上岗从业人员102人、卫生设施不全者75户,没收糜烂变质食品13类135公斤,责令改正75户,立案处罚23户。

中小型饮食店专项整治　针对中小型饮食店整治工作量大、持续时间长的实际,为使整治取得实效,该区在先期完成2条街道(复江道、熊廷弼街)试点的基础上,对辖区的中小型饭店逐条街、逐个门店进行整治。在整治过程中,针对各饭店不同的情况,积极帮助业主出主意、想办法,提出合理化意见,帮助其整改达标。对整改后仍达不到标准的饭店坚决予以关闭。此次专项整治共出动车辆24台次,卫生监督员120人次,检查食品经营户178户,查出无健康证上岗从业人员28人,封存无"三期"、无检验报告食品137.5公斤,没收各类超期、变质食品11类28公斤,责令改正22户,立案查处7户。

卫生许可专项整治　该区经营性公共场所涉及到行业多、范围广、发展快、业主更换频繁及从业人员流动性大、清洗、消毒等设施要求严等特点,给办理《卫生许可证》和从业人员《健康证》带来了很大的难度,导致了纸坊城区公共场所"两证"办证率不高,尤其是旅店业和小浴池还要办理公安部门的特种行业许可证,因此"两证"率低。对此该区攻坚克难,开展了一个月的卫生许可专项整治,主要措施是:反复送法上门宣传教育,宣传相关卫生法律、法规和政策,引导经营户诚信服务,守法经营;帮助指导经营户整改提高,完善各项卫生管理制度和卫生设施等;依法行政,对拒不接受卫生行政监督管理的经营户予以卫生行政处罚;加强与其他职能部门的协作进行联合执法。通过多项举措并举,达到了预期效果。

【构建和谐卫生文化新形象】

2007年,区卫生局在卫生系统组织开展了篮球赛、演讲比赛、文艺汇演、医护知识竞赛,12月份拟举办书画展。从系列卫生文化活动中衍生出的竞争力、凝聚力已成为引领江夏区卫生事业协调发展的重要驱动力。通过坚持不懈地开展卫生文化活动,将不同个性、不同岗位、不同年龄、不同知识层次的卫生工作者组织团结在一起,把江夏卫生精神、江夏卫生事业的发展目标转化为广大职工的奋斗目标,激发出卫生工作者献身事业、心系发展的强烈责任感和使命感,形成了同舟共济、协力奋进的集体价值观和认同感,从而做到思想统一、认识一致、行动合拍。广大职工也在卫生文化活动中转变了观念,增长了才干,磨练了意志,涌现出一大批优秀人才和作品。《社区卫生好服务千万家》、《超越梦想》等多个文艺节目在全区"百花奖"汇演中获得好名次。叶芸参加全区机关作风建设演讲比赛获得第一名;区卫生局组队参加区直机关工委、区委宣传部联合举办的创建文明城区、争创礼仪机关知识竞赛荣获第一名。卫生文化系列活动的开展,使许多优秀文艺节目被省、市、区的调演、巡演、会演,向社会有力地宣传了"让病人放心、让人民满意"的卫生行业新形象,广大卫生工作者展示了"团结、敬业、博爱、奉献"的江夏卫生精神。

【加强卫生服务行业的精神文明建设】 2007年,该区为适应文明创建工作的新要求、新形势,创建工作也要与时俱进,不断创新,适应形势发展的要求,满足患者的服务需求。

区妇幼保健院主要采取了四条措施:一是开展"医护之星"评选活动。6-9月份,由病人评选出6名服务质量"医护之星",将他们个人的像片在门诊大厅公示,并给予每人600元服务津贴奖励。二是开展"五制一满意"服务活动。从元月开始,实施满意度调查机制、病人投诉畅通机制、电话回访机制和院内监督考核机制,以达到病人满意之目的。6-10月,发放门诊服务态度满意调查表1 213份,满意率达到90%。该院将服务质量(40%)、业务管理(50%)、考勤纪律(10%)与奖金挂钩进行考核,最大差距达到一倍。三是推行医疗服务讲普通话。四是建立江夏妇幼网页,开辟健康教育专栏,开办网上医院,为全区广大妇女、儿童提供健康咨询及网上诊疗和建议服务。全年"网上医院"接受咨询服务339人次,此举适应了部分人的工作节拍和服务需求,受到服务对象好评。

丰富了创建方式和内容。2007年武汉市社区卫生服务向远城区扩展,江夏区先行在纸坊街试点。北华社区卫生服务站2007年7月正式建成,服务覆盖面积为1平方公里,共有居民4 000多户,计1.28万人。该站成立后,医护人员牺牲双休日和节假日,采取上门服务、家庭服务等方式,不计时间和环境,积极向社区居民宣传"预防、保健、医疗、康复、健康教育、计划生育"(六位一体)的健康服务,已建立家庭健康档案2 000多户、7 000多人,登记高血压患者60多人,免费发放降压药130多盒。由于宣传到位和服务热情,门诊就诊人数比上年同期翻了一翻。该社区83岁居民杨继炎(高血压患者),他与服务站医护人员建立了深厚的友谊,三天不到服务站人感觉不舒服,每次到服务站看到医护人员吃了自己带的馒头就很快乐。

区第一人民医院根据患者需求,成立支助中心,实行一站式服务,搀扶需要帮助的患者,为老弱病残患者挂号、取药,为住院患者接送做检查或负责手术病人的全程护送。区中医医院组织15名中层干部(其中12人是党员),在导医台轮流值班,为患者提供导医服务。6月,区卫生局在局机关各科室及职工中开展"创三优机关(优美环境、优良秩序、优质服务)做人民满意公仆"活动,制定了"创三优机关"的18项标准和做人民满意公仆的"4项标准"。5月,区卫生局、区爱卫办联合向全区医疗卫生单位发出倡议:开展机关干部率先垂范,积极争创无烟会场活动,并将其纳入卫生单位考核内容。为净化消费领域卫生环境,维护食品生产经营秩序和人民群众的合法权益,在熊廷弼街、文化路创建了2条"食品卫生示范街"。

【重视卫生队伍建设】 2007年,该区为贯彻落实中共中央关于加强农村卫生工作的精神,为切实推进全区标准化卫生院、村卫生室及城镇社区卫生服务中心(站)建设,面对城乡卫生发展不均衡,人才梯队结构不合理,必须重视人才培养,提高农村卫生服务水平。年初就拟定了农村卫生人才培养计划,以加强卫生人才队伍建设。

培养方式灵活 采取继续教育、跟师带徒培养、外出深造、学历教育等多种形式,培育卫生人才。2007年累计举办各类培训班21期,有3 300人次受训。参加国家、省、市统一组织的论文交流26人次,培训130人次,进修45人次。鼓励在职人员学历深造,已安排在职攻读博士1人、硕士8人、本科54人、专科86人。

按需求安排培训内容 根据江夏区卫生人才现状、群众需求,突出薄弱环节,2007年先后举办了卫生监督、政工人事、财务统计、女性保健、社区精神卫生防治、艾滋病防治政策、检验人员、高压消毒资格、产科人员、护理人员、乡医学历教育、岗位培训等各类培训班,受到职工欢迎。

加大培训经费投入 2007年,该区继续推进卫生人才培育"双百工程",已有173人在进修、学习,投入资金76万元,区卫生局要求各相关单位酌情核销双百工程人员的学费。已将全区卫生人才培养经费20万元列入卫生经费预算,并争取区政府支持,拟对全区79名高级卫生技术职称人才进行津贴补助。

【爱国卫生运动】 *精心组织爱卫活动,不断改善城乡卫生面貌* 以月促年,开展第十九个"爱卫月"活动。有52家区直属单位开展了让

"阳台美起来、楼道净起来、屋顶洁起来"活动。区爱卫办号召纸坊城区各单位开展了外环境整治和卫生责任区大扫除活动。发动区直各单位、各街镇乡及纸坊街17个社区居委会,开展背街小巷清扫及清除卫生死角活动。参加活动的有机关干部、学生、社区居民共200余人,清理楼道50处、阳台120处、清理卫生死角80处、清理垃圾2吨,投放鼠药500公斤。

围绕"除害防病,平安度夏"主题,开展夏季爱国卫生运动　一是纸坊街道办事处组织本社区居委会集中力量进行全面环境卫生治理。北华社区、郭岭社区于7月10日至8月30日分别4次组织区直机关和各社区居委会干部职工,分片包干对辖区的背街小巷进行沟渠疏通、铲除杂草、清除垃圾、清理污水和杂物,打扫地面卫生;

二是区水务局及时抽调了近10名人员组成专班、出动车辆对城区主要下水道进行全面卫生整治、清除垃圾、污物;区建设局按照《方案》要求,及时组织员工加大了对城区公园、绿化带及人行道的环境卫生整治和卫生保洁力度。

三是在环境卫生集中整治后,区爱卫办安排区疾控中心技术人员对社区公共外环境、公园、下水道进行灭前蚊蝇检测;

四是组织消杀队伍对社区公共外环境进行蚊蝇集中消杀。于7月10日、8月3日和17日对社区公共外环境、下水道、公园、建筑工地分3次集中进行了药物喷洒灭蚊灭蝇;

五是建立健全环境卫生管理和除四害工作机制。据统计,2007年,全区共出动6 000人次,车辆300台次,清运垃圾500余吨,填洼疏沟80处1.52万米,清除死角120处,用药368公斤,悬挂宣传横幅28条,设立宣传咨询点2处,宣传栏32个,发放《告市民书》2.5万余份。

狠抓除害防病,保障人民健康

除"四害"活动是爱国卫生的重要工作之一,春秋季是鼠传染病的多发季节,该区实行各乡镇街、办事处主要领导负责制,实行统一时间、统一行动,不漏村、不漏户,把灭鼠工作重点放在人群集中的学校、医院、部队、饭店、车站等场所,以及垃圾收集点、公共厕所等地点。区爱卫办主要领导还到各乡镇街、办事处进行巡查、督导、确保此项工作落实到位。2007年该区春秋两季共投放灭鼠毒饵4.77吨,灭后经测算全区外环境和居民(村民)户内鼠密度已经分别控制在3%和2%以下,有效地控制了鼠传播疾病的传染源。5-9月,全区开展了灭蚊蝇、灭蟑螂工作,仅纸坊城区就投入了4 000余盒蟑螂药;全区各大、中、小型餐饮业安装了灭蚊蝇灯或购置了苍蝇板。

不断深化爱国卫生运动,提升城区整体卫生形象　坚持整体联动,城乡互动,点面结合,横向到边,纵向到底,不断把全区创卫工作引向深入。

一是加大卫生先进单位创建工作力度。重点在区直属部门广泛开展卫生单位达标活动,实行战线评比,系统排名,增强各级各类部门的创卫意识,牢牢掌握工作主动权。

二是加大卫生街(镇)创建工作力度。2007年该区金口街在纸坊街、郑店街的带动下,积极提出申报创建市级卫生街,做好了各项创建工作任务,随时准备迎接市创卫专家的考核验收。

三是加强卫生社区和卫生村创建工作。以"三改三提高"为工作主线,即:一改陋习,二改居住环境,三改公共设施,提高卫生意识,提高健康水平,提高生活质量。在流芳街龙泉社区和纸坊街齐心村等25个有代表性的社区和村开展了卫生创建活动。2007年全区共有87个单位荣获卫生先进称号。其中,省级卫生先进单位4个、卫生社区1个、卫生村1个;市级卫生街1个、卫生先进单位29个、卫生社区3个、卫生村4个;区级卫生先进单位21个、卫生社区8个、卫生村15个。

【健康教育】 注重防艾滋病宣传,全面普及卫生知识　加大防艾工作宣教力度。2007年将防艾工作纳入机关年终考核内容,全区登记建档3 581人。

加强慢性病管理工作　重点抓健教宣传,对患者进行服药前、服药中、服药后指导,积极贯彻"预防为主,防治结合"的方针,让患者提高对疾病的认知度,自我调整心态。

做好"四城同创"的宣教工作

①学校健康教育:2007年江夏区中小学健康教育开课率达100%,学生健康知晓率为90%,健康行为形成率为78%。重点宣传了防艾知识和爱卫条例主要内容,在中小学生中发放防艾知识读本8 000册,防艾宣传画300张。

②医院健康教育:做到有健康教育专项计划,有固定卫生科普知识宣传阵地,有健康教育处方。区医院每个病区都设有小黑板,根据季节的变化及时向病人宣传卫生防病知识。妇幼保健院利用电教室对育龄夫妇和孕妇进行优生优育宣传培训,并根据妇幼保健院特别工作对象抓控烟工作,取得了良好的效果。

③社区和单位教育:至11月,共举办培训班5次,听课者达300人次,下发到社区和单位的各类宣

传资料2 000余份,居民们通过宣传栏及时了解卫生与健康新信息,不断了解卫生科普知识,提高自我保健意识。

④开展多种形式的健康教育活动:区电视台每周一次播放卫生科普知识,特别是防艾滋病知识和献血知识。在科学周活动中,深入到山坡、湖泗、金口、土地堂等地向农民宣传解释创建卫生城区的意义,散发艾滋病和结核病防治宣传单1万余份,健康小册子3 000余册,制作30块大型卫生科普展牌,并以"世界卫生日"、"5.31"无烟日为契机,在纸坊街复江道区政府门前开展了防病和健康保健知识宣传活动,积极普及卫生知识,增强全民卫生意识。

【红十字会工作】 2007年全区完成义务献血1.58万ml,77人参加无偿献血;与武昌区红十字青少年组织开展"心手相牵"农村行活动,该区有150名农村学生参加了活动;新发展红十字青少年组织两个(土地堂小学1 148人,段岭庙小学821人);积极开展救助特困学生募捐活动,募集资金6万元,有6名特困学生得到及时救助;积极参加"献爱心,人人有我,我有人人"捐款活动,捐款3 723.5万元;2007年春节大力开展救助贫困特困人群活动,慰问救助贫困家庭249户,慰问特困、重症病人及孤寡老人74人次,捐助生活物资和人民币共计15万余元;开展卫生救护技能培训活动,积极参加市红十字会培训12人次,组织辖区内大、中专学校学生培训学习210人次,组织30余名大中专学生开展社会调查2次。

【卫生职业教育】 2007年圆满完成中职护理专业招生任务。学校有学生780人,其中05级护理专业109人,06级护理专业145人,07级护理专业118人,武汉医学院校高自考护理专业60人,联合办学历教育长江大学临床专业大专班50人,乡医中专学历教育278人。全年中专毕业88人,大专毕业30人,推荐毕业生上岗90人。

该区医学继续教育培训独具特色。区卫校为圆满完成医学继续教育任务制定了"三分"、"三合"的医学教育管理模式(即分片集中辅导、分专题讲授、分技术职称等级授课考核);"三合"即:按医疗机构工作特点安排集合考试、按不同学科集合辅导专题、按培训人员工作地区集合,考核以灵活的模式逐步改革,办好在职医学继续教育。全年完成卫生系统卫生技术人员培训5 460人次,审批试卷5 400份,共投入培训资金16万元。全年乡医医学继续教育培训共举办3期,计培训680人次。为乡医补贴路费、伙食费、书本费共32万元。为提高革命老区乡医医疗水平,免费培训乡医98人,投入资金1.2万元。为转移江夏区农村富余劳动力、阳光工程培训护工230人。为帮助贫困生完成学业,申报国家助学金263人,革命老区学生补贴34人。全年为贫困(残疾)家庭子女减免学费2.7万元,共35人。

落实国家离退休人员政策。按政策要求,离退休人员工资全部到位,组织离退休职工在重阳节外出参观考察1次,节日慰问6次。教师节及法定节日按有关规定慰问全体在职在岗人员,教职工待遇比上年同期人均增加300元。

【卫生事业改革开放30年发展成就回顾】 改革开放30年来,江夏区政府在着力推进国民经济持续稳定迅速发展、经济实力不断增强的同时,大力推进医疗卫生事业向前发展,为保障人民身体健康,服务经济建设做出了积极贡献,取得巨大成就。

至2007年,全区有各类医疗网点371个,区直医疗机构比1978年增加4个;有3个二甲医院,12个乡镇卫生院均达到一级丙等以上医院标准,金口等7个乡镇卫生院、湖泗株山村等61个村卫生室、13个公共卫生科建设达到标准化建设标准,完成了纸坊城区6个标准化社区卫生服务站建设。

2007年,区卫生局属医疗单位共有医务人员2 960人,比1978年增加1 896人,具有高级职称37人(正高5人,副高32人)、中级职称755人;拥有大型医疗设备300多台(套),比1978年增长200%;区人民医院、区中医院能开展脑瘤、口腔、肝、胆、脾等高难度手术,乡镇卫生院也能诊治内科、妇产科等疑难病症和急危重症。

区人民医院、区中医院相继购置了核磁共振、血液透析机等大型医疗设备。全区医疗机构共设床位1 048张,比1978年增加一倍。

卫生保健扎实推进。截至2007年底,计划免疫单苗接种率达95%以上,"五苗"接种覆盖率达98%,传染病发病率控制在247.61/10万以内,地方病得到有效防治;全区孕产妇管理率达97%,儿童系统管理率达98%,婴儿死亡率为3.47‰;卫生监督与卫生监测覆盖率达100%。

2007年,全区人口为62.8万人,人口平均期望寿命为77.61岁,比30年前增长了7岁。

2005年10月、2007年底,该区分别推行了新型农村合作医疗与城镇居民医疗保险制度。参合与参保率分别达91%和90%，全区90%以上人口基本医疗有了保障。

爱国卫生运动成效明显。1983年开始农村改水，改水成绩曾获全省评比第二名。1995年推行卫生"门前三包"，2002年推行农村改厕试点，2003年全区开展创"百佳卫生单位、卫生社区、卫生村"活动。到2007年共建各种饮水、供水设施23 160处，受益人口占97%，改厕农户达80%以上，有87个单位(社区、村)获省、市、区级卫生先进称号。

2007年江夏区卫生局领导及科室负责人一览表

职务	姓名	性别	籍贯	年龄	文化程度	专业技术职称	备注
党委书记、局长	彭兆安	男	湖北	54	研究生	记者	
党委副书记	李善云	女	河南	51	大学	主管护师	
副局长	阮仕柏	男	湖北	54	大学	政工师	
副局长	朱华乔	男	湖北	42	研究生	副主任医师	
副局长	程德芳	女	湖北	53	大学	副主任医师	
副局长	刘新建	男	河北	45	大学	助理经济师人力资源管理师	兼区第一人民医院党委书记
副局长	吴昌兴	男	湖北	44	大学	医师	
纪委书记	冯兆先	男	湖北	50	大学	政工师	
调研员	韩定发	男	湖北	55	大学	助理会计师	
副调研员、办公室主任	全民生	男	河南	45	大专	助理经济师	
人事科科长	田光春	男	湖北	37	大学	助理馆员高级人力资源管理师	
防保科科长	刘会金	男	湖北	53	大学	主治医师	
红十字会秘书长、医政科科长	刘莉莎	女	湖北	51	中专	护师	
计财科副科长	柴尚玉	男	湖北	58	初中	助理会计师	主持计财工作
纪委副书记	方　斌	男	湖北	45	大学	技师	
工会主席	王先才	男	湖北	59	大专	医师	
副主任科员	王大良	男	湖北	55	初中	助理会计师	主持爱卫办工作
区合管办副主任	江淑雯	女	湖南	38	大学	主管护师	主持合管办工作
团委副书记	韩　彪	男	湖北	29	大学		主持卫生监督科工作

(刘爱华)

黄陂区

【概况】 2007年，该区辖17个街乡镇场、1个经济开发区和1个风景区管理处，总人口113.23万人；该区有国家办的医疗卫生机构35个，卫生技术人员3 454人。另有村卫生室564个，社会办医4个，个体行医56个。该区每千人口拥有床位1.8张、卫生技术人员3.45人；该区居民前十种主要疾病死因顺位是：脑血管疾病、心血管疾病、呼吸系统疾病、恶性肿瘤、损伤、内分泌系统疾病、中毒、消化系统疾病、泌尿生殖系统疾病和传染性疾病。人口平均期望寿命76.64岁。(男性75.85岁，女性77.43岁)

【卫生改革与规划】 公共卫生基础设施项目建设　2007年，该区投资近千万元，总建筑面积达到13.8万平方米，其中新建面积7 066平方米，改造完成横店、蔡店、姚集、木兰、长岭、李集、王家河、滠口等8个卫生院和126个村卫生室的的标准化建设达标，完成了12个公共卫生科建设达标，极大地改善了医疗卫生服务条件。

目标管理体制改革　进一步完善了《黄陂区卫生局卫生目标考核办法》；加强对目标完成进度的同步督查、整改、通报制度，组织专班分片督导，保证目标任务完成的进度和时效；强化各单位目标管理工作意识，召开目标工作碰头会4次，听取各单位完成目标任务进展，分析存在的问题，适时提出整改措施，保证年度市、区卫生目标任务顺利完成。

进一步完善卫生院长聘任制和院长任期目标任务责任制改革

该区各卫生院院长由区卫生局党委聘任，并严格按照签订的目标任务责任书，对其任期内业务总量、职工收入、安全稳定等各项工作进行考核，院长工资与考核结果挂钩，

农村卫生院建设后的新面貌

拉开工资档次,体现绩效原则,对考核不合格者予以解聘。

全面推进新型农村合作医疗工作。(见专章节介绍)

【医政管理】 该区全年完成门诊量146.94万人次,出院病人4.76万人次,门诊每人次费用46.65元,住院每日费用362.58元,与上年同比分别下降了1.8%和1.4%。

医疗机构和质量管理 2007年,该区进一步加快了以管理体制、运行机制为主的内涵建设,加强医疗机构管理,完善了区、乡镇、村三级医疗卫生服务网络体系建设。严把医疗服务质量关,将其纳入目标管理,实行医疗质量目标考核,定期对医疗机构(包括民营医院)的医疗服务质量进行考核和通报。认真贯彻《医疗事故处理条例》,规范公示医疗事故处理程序;加强护理工作管理,深入开展以病人为中心的整体护理工作。方便了人民群众就医。全年该区无医疗事故发生。

社区卫生服务中心和公共卫生科建设 2007年,该区按照《市卫生局关于创建社区卫生服务中心和街乡镇卫生院标准化公共卫生科的意见》,健全社区医疗指导中心,明确社区预防保健指导中心职责,落实社区卫生服务机构的预防保健任务,实施社区医疗卫生服务合同制;完善双向转诊制度,落实市级配套资金。实施公共卫生科建设,规范传染病管理、计划免疫接种、妇幼保健、卫生监督和健康教育与慢性病防治等五大专业科室的设置,明确工作职责、核定人员编制,实行人员竞争上岗、择优录用和超编人员的转岗分流工作。2007年全区有12个卫生院的公共卫生科建设通过市卫生局的检查验收达标。

卫生机构标准化建设 2007年,按照市卫生局、中共黄陂区委区政府文件精神和工作要求,在横店等8个卫生院和三夏村等104个村卫生室开展标准化建设工作,区财政配套资金400万。确定横店街中心卫生院和三夏村卫生室为卫生标准化建设试点,制定了《黄陂区标准化卫生院建设方案》,成立了领导小组和工作督导专班,实行例会和督查制度。横店卫生院总投资近300万元,兴建和维修3 450平方米的业务楼,更新和添置了医疗设备,规范了全院服务标识,绿化美化环境,开展制度建设和质量监控,在该区横店召开的全市卫生标准化建设现场会上受到市卫生局的高度肯定。实施卫生标准化建设,优化了卫生资源配置,改善了服务环境,增强了医疗卫生技术水平,提高了医疗服务质量,该区医疗卫生机构的整体服务功能和行业管理水平步上了新台阶。

【新型农村合作医疗工作】 2007年,该区纳入新型农村合作医疗国家补助范围。为适应新情况,解决新问题,该区对新型农村合作医疗实施方案进行了一系列的改革和规范化管理。共组织参合农民69.99万人,占农业人口的90%。其中低保户35 129人,五保户3 066人。截至12月31日止,新型农村合作医疗实筹基金合计为6 013.61万元,基金支出为4 394.36万元,其中:住院人次2.92万人次,补偿3 423.38万元;住院分娩3 541人次,补偿99.69万元;重症334人次,补偿35.44万元;大病补偿1 848人次,补偿597.55万元;门诊69 048人次,补偿238.30万元。住院补偿率达到32.7%,同比增长9.5%。农民的"看病难,看病贵"问题得到了有效缓解。9月底,在全省新型农村合作医疗工作会上,该区作为新型农村合作医疗工作先进单位受到通报表彰。

【疾病预防与控制】 2007年,该区共报告乙类传染病计13种计3 059例,传染病总报告率310.56/10万。

疫情报告率 99.61%，漏报率0.39%。

计划免疫工作　加强常规免疫和强化免疫工作，大力推行门诊接种制度，规范接种行为，完成五苗七病的接种任务，其中：乙肝疫苗接种率99.21%、卡介苗接种率99.56%、脊灰疫苗接种率98.28%、百白破疫苗接种率98.06%、麻疹疫苗接种率97.08%，确保了接种安全有效。

加强皮肤病防治　2007年，该区有存活麻风病人141人，住院病人39人，对2例现症病人进行了规范的联合化疗。监测病人47人，对他们的家属和周围人群进行了普查，普查人数达214人，均未发现可疑者。对畸残的麻风病人进行了康复治疗，共治疗4个病人，手术6例，改善了麻风病人的生存质量。

重点传染病防治工作　1. 艾滋病防治。开展HIV自愿免费检测和HIV母婴阻断工作，落实"四免一关怀"政策。推广100%安全套使用，区内大中型宾馆安装了自动售套机。全区累计有艾滋病7例。已死亡2例，在外服刑1例，2007年新发病1例，常住病人4例（其中感染者2例）。7例病人的病案建档率100%；对常住病人每3月进行一次随访及CD4检查，对感染者每半年进行一次随访及CD4检查，随访率100%；主动监测高危人群809人/次，完成率109.8%（809/750）。

2. 非典和禽流感防治工作。2007年，进一步落实《黄陂区防治传染性非典型肺炎工作预案》、《黄陂区人间禽流感防治工作预案》和《黄陂区突发公共卫生事件应急预案》，成立和调整了非典防治、禽流感防治及突发公共卫生事件处理领导小组和工作专班，采取主动监测与防治措施做好非典和人间禽流感的防范和处理突发公共卫生事件等工作。

3. 结核病防治。2007年，全区发现登记结核病人1 001例，发现率102.1%，全部进行免费治疗。涂阳490例，完成任务102%。

4. 血吸虫病防治。2007年，完成查血吸虫病45 658人，查螺1.27万亩，灭螺3 023亩，救治晚期血吸虫病人101人，无急性感染发生。10月中旬，经省政府组织验收，该区达到血吸虫疫情传播阻断标准。

【妇幼保健工作】

妇女保健　2007年，该区继续开展"母婴安全"工作，加强孕产妇和儿童两个系统管理，认真组织实施降低孕产妇死亡率、消除新生儿破伤风项目。依法加强母婴保健技术准入管理，加强该区助产技术、结扎终止妊娠手术技术服务机构的人员准入管理，打击无证从事母婴保健技术服务。落实贫困产妇减免政策，全年，该区孕产妇死亡率为零。

儿童保健　按照《母婴保健法》和《十一五期间儿童发展规划》要求，2007年该区对7 458名新生儿进行了疾病筛查，筛查率98.08%；听力筛查1 800例，筛查率为23.67%。开展了儿童"4.2.1"体检，儿童保健率为51.98%。五岁以下儿童死亡率5.47‰、婴儿死亡率4.35‰。推出了儿童智能发育测查、婴儿游泳、沐浴、抚触及高危儿童早期干预等儿童保健服务新项目。

【卫生监督工作】　2007年，该区按照"依法行政、政事分开、综合执法、权责统一"的原则加强全区卫生执法监督体系建设，建立健全各项规章制度，实行综合执法。

食品卫生监督执法　2007年，该区在加强食品卫生监督执法工作中，严厉打击无证非法经营户，对有证的3 190家食品生产经营户和471个公共场所开展监督检查12 770户次，年监督频率4次/户，监督覆盖率100%。根据国务院《食品药品放心工程实施方案》和卫生部《关于全面实施食品卫生监督量化分级管理制度的通知》精神，在全区635个食品卫生企业中推行食品卫生监督量化分级管理制度，其中A级2家，B级17家，C级616家，食品卫生企业推行率100%，重点在提高超市的散装食品及餐饮业、学校食堂的卫生管理水平。全年无食品安全恶性事件发生。

医政监督执法　2007年，该区以打击无证非法行医，整顿性病、医疗美容市场为重点，开展医疗市场专项整治活动，全年共查处违法违规医疗机构93个，全区医疗市场秩序明显好转。严格执行医疗器械消毒和一次性医疗器械的毁型工作，避免了污染，保护了患者的诊疗安全。

监督贯彻《职业病防治法》

2007年，该区对未申报职业病危害项目和未建立健全劳动者健康监护档案的单位依法进行处罚，要求建立档案，完成了全区企业职业病危害项目和放射防护单位职业病危害项目的申报工作。

【四城同创】　大力开展"四城同创"工作，构建和谐医院、打造礼仪机关。

平安医院创建活动　2007年，该区按照市卫生局《关于开展构建和谐医患关系，创建平安医院活动实施方案》和《黄陂区"四城同创"夏季联合战役行动方案》的工作要求，紧紧围绕"以人为本，优质服务，便民服务"的要求，严密部署、积极行动，从解决人民群众就医最关心、最直接、最现实的利益问题入手,全面启动“构建和谐医患关系,创建平安医院”活动,通过完善医患沟通渠道,建立投诉处理机制,优化医疗服务细节,提高医疗服务质量,减少了医患矛盾,密切了医患关系,促进了该区医疗卫生事业的持续、健康、协调发展。活动开展以来成效显著,9月24日,《长江日报》对此进行了专题报道。

创礼仪机关教育活动　11月27日,区卫生局召开“做文明公仆,创礼仪机关”动员会,在局机关和区直医疗卫生单位开展文明礼仪教育活动,全面推进文明素质教育,营造文明礼仪氛围,配合推进“四城同创”工作。

【红十字会工作】　2007年,该区有红十字会基层组织59个,有会员18 814人,举办红十字会秘书长培训班2期、中小学卫生救护培训班2期,共有1 786名在校学生参加了培训。

全年开展3次大型募捐活动,募集资金达8.47万元。

积极开展赈济工作,落实“生命、救援、爱心”工程,全年捐款2.97万元,捐赠生活物资价值12.3万元。

【精神文明建设与党风廉政建设】

2007年,该区开展市、区文明单位创建及“讲文明、树新风”等精神文明创建活动,使思想政治工作贴近机关干部、卫生单位职工和服务对象;坚持开展卫生精神文明建设和机关作风建设,坚持社会主义主旋律教育,树立机关和本系统典型,用身边的人和身边的事教育干部职工。区卫生局局机关连续四届荣获“市级文明单位”称号。

坚持“两手抓”方针,贯彻落实中共中央和省(市、区)委关于领导干部廉洁自律的规定,将党风廉政建设责任制纳入目标管理,和卫生业务工作一起布置、检查、考核。领导班子成员坚持收入申报、大事报告、礼品登记和工作考勤制度,在全区卫生系统领导干部中推行述职述廉工作。结合反腐倡廉,在全系统开展加强“救死扶伤、治病救人”的优良传统教育,医德医风不断好转;实行“三优一低工程”:即医德医风优、医疗水平优、服务质量优、医疗费用低;严格执行药品价格政策,实行单病种最高限价。严厉打击医疗和医药购销之中的不法行为,认真治理商业贿赂行为,有效制止了收受红包、开大处方和乱开检查等不正之风。

【信访与稳定工作】　2007年该区卫生局实行领导接待日制度,坚持有访必接,有信必答,全年累计接待群众来信来访1 100多人次,解决具体问题75个,做好政策宣传解释工作263人次,无赴京赴省市上访,保持了800多离退休人员和3 400名在职卫生职工队伍的稳定。

【卫生事业改革开放30年发展成就回顾】　至2007年,经过30年的改革开放,全区卫生事业得到了长足发展。政府投入、医疗水平、人员素质、人均期望寿命、医疗设备、疾病控制等方面都得到了明显的增加、发展和提高。(见下表)

黄陂区卫生事业改革开放30年发展成就基本情况对照表

基　本　情　况	1978年	2007年
政府资金投入	98万元	3 890万元
医疗机构数	30个	35个
主任、副主任医师	0人	107人
每千人拥有医生人数	1.20人	1.87人
每千人拥有护士人数	0.55人	1.11人
每千人拥有床位数	1.31张	2.31张
人均期望寿命	63.57岁	76.64岁
十万元以上大型诊疗设备	0	82台
门诊人次	30.8万	146.94万
住院人次	1.1万	4.76万
孕产妇死亡率	78.38/10万	0
婴儿死亡率	20.79‰	4.35‰
血吸虫病急感人数	35人	0
血吸虫病人群感染率	9.61%	0.01%
血吸虫病耕牛感染率	10.94%	0.84%
晚期血吸虫病病人	625人	101人

2007年黄陂区卫生局领导及科室负责人一览表

职　　务	姓　名	性别	籍贯	年龄	文化程度	专业技术职称
党委书记、局长	张水清	男	黄陂	51	大学	副主任医师
党委副书记、副局长	杨新民	男	黄陂	54	大专	主治医师
党委副书记、副局长	喻佑平	男	黄陂	45	本科	主治医师
副局长	魏益玲	女	黄陂	52	党校本科	会计师
副局长	曾子斌	男	黄陂	51	大学	主治医师
纪委书记	陆咏初	男	黄陂	52	大专	主治医师
办公室主任	乐义明	男	黄陂	44	党校研究生	主治医师
人事科科长	彭云怀	男	黄陂	44	党校本科	主管医师
血防办主任	张前亿	男	黄陂	54	党校本科	主治医师
工会主席	朱传英	女	黄陂	50	大专	主治医师
医政科科长	吴转运	男	黄陂	55	大专	副主任医师
防保科科长	孙夏龙	男	黄陂	43	党校本科	助理会计师
监察科科长	陈建权	男	黄陂	44	党校研究生	主治医师
财务科科长	龚旭初	男	黄陂	43	党校本科	助理会计师
法规科科长	肖斌华	男	黄陂	48	大专	主治医师
初保办主任	蔡才焱	男	黄陂	51	大专	副主任医师

（陈　鹏）

新　洲　区

【概况】 2007年，全区年末总人口98.57万人，其中农业人口76.44万人，非农业人口22.13万人。全区年生产总值109.9亿元，全区年财政收入12.25亿元，其中地方财政收入6.8亿元，城镇居民人均可支配收入8 558元，农民人均纯收入5 022元。全区共设置区、街(镇)医疗卫生机构27个，其中区属医疗卫生机构13个，街镇场卫生院14个；全区卫生系统共有职工4 645人，其中在职职工3 588人，离退休人员1 057人。在职卫生技术人员3 062人，其中，具有高级技术职称160人，占卫技人员的5.2%；中级技术职称996人，占32.5%；初级职称1 906人，占62.2%。

在卫生技术人员中，执业医师和执业助理医师1 973人，执业护士874人，药剂人员531人，医技人员249人。在职卫生技术人员按学历分，大学本科353人，大学专科1 272人，中专1 194人。全区平均每千人拥有卫技人员3.6人，其中拥有医生1.78人。全区共有村卫生室479个，乡村医生1 028人，平均每千农业人口拥有乡医1.2人。全区医疗机构开设病床1 458张，其中街镇卫生院开设病床318张。民营医院1个，个体诊所86个，其中西医40个、中医46个，从业人员158人。

全区卫生系统房屋建筑面积25.48万平方米，固定资产1.84亿元；有价值万元以上的医疗设备370台(套)，其中百万元以上的医疗设备10台(套)。

2007年，政府财政对卫生事业投入(决算)3 980万元，其中区级财政投入3 025.56万元，中央、省、市卫生项目经费945.27万元，区级卫生事业经费全区一般性财政支出比重为2.3%，比上年增加了0.3%。2007年，全区各医疗卫生机构诊疗101.48万人次，其中门急诊96.74万人次，收治住院4.57万人。医疗业务总收入为1.498亿元，比上年增长20%。

2007年全区出生人口8 538人，人口出生率8.60‰，人口死亡6 071人，人口死亡率6.16‰，人口自然增长率6.72‰。人口死亡原因顺位依次为：脑血管病、恶性肿瘤、心脏病、损伤和中毒、呼吸系统疾病、消化系统疾病、泌尿生殖系统疾病、内分泌疾病和代谢疾病、神经系统疾病、传染病。全区人口平均期望寿命73.7岁。

【卫生改革】 2007年，该区继续深化卫生改革，强力推进人事制度改革。共辞职辞退了22名职工，向社会公开招考招聘具有全日制大专以上学历的医学院校毕业生参加由市人事局组织的统一考试(笔试)。其中有60人通过笔试，然后按笔试成绩面试。2007年初，由区纪委、监察局、人事局、卫生局组成的面试考核专班，对笔试入围者进行面试，最后有20人通过面试。其中街镇卫生院招聘录用2人。区合管办按照区政府提出的“机构挂牌、人员招聘、合同管理、绩效考核、预算管理、差额定补”的原则要求，从卫生系统内部公开招考录用合管办工作人员。区合管办制订了《新洲区合作医疗经办机构工作人员公开招考方案》,经区政府批准后,2007 年 3 月从卫生系统公开招考,经过严格的笔试和面试,从 51 名符合条件的报考人员中录用了 25 名巡管员,经体检合格后进行为期一周的岗前培训,于 4 月 1 日正式派驻各医疗机构,开展合作医疗监管工作,实行了合作医疗经办机构"管办分离",机构、人员、经费"三落实"。

职称改革工作取得突破性进展,对各医疗卫生机构的专业技术人员的比例进行了全面的清理整顿,对超职数机构配备的专业技术人员一律不批,全年共晋升中级以上技术职称 71 人,其中副高技术职称 9 人。2007 年,专业技术人员一律停止办理内部退养手续。

【新型农村合作医疗工作】 2007 年,该区新型农村合作医疗试点工作进入全市先进行列。全区参合农民人数达到 67.95 万人,参合率为 90.65%,得到了市政府领导的充分肯定。2007 年,全区参合农民住院报费补偿率高居全省、全市榜首。全区参合农民因病就诊、住院共报销医药费 3 631.32 万元,住院报费平均补偿率为 39%(含二次补偿和大病救助),分别高出全省和全市平均补偿水平的 8% 和 7%。其中,参合农民因病住院 22 171 人(未含孕产妇住院分娩人数),累计报销补偿 2 738.20 万元,人均补偿 1 235 元;门诊和门诊慢性病及孕妇住院分娩补偿 667.64 万元。全区参合农民因病住院报费享受二次补偿有 724 人,补偿资金为 140.67 万元;大病救助 38 人,救助金额 24.19 万元;门诊慢性病补偿 954 人,补偿资金 78.8 万元。孕产妇住院分娩定补 3 363 人,补偿资金 91.56 万元。

2007 年,该区参合农民就医流向日趋合理,参合农民在乡镇卫生院(一级医院)住院 8 827 人,占 39.8%,实际发生医药费 1 091.57 万元,核定报费补偿 700.27 万元,人均报费补偿 793 元,报费补偿率为 64.15%,属全市最高;在区级医院住院 10 765 人,占 48.55%,实际发生医药费 3 012.53 万元,核定报费补偿 1 238.61 万元,人均报费补偿 1 150.6 元,报费补偿率为 40.71%;在区外转诊市级定点医院住院 2 579 人,占 11.63%,实际发生医药费 3 013.79 万元,核定报费补偿 634.47 万元,人均报费补偿 2 460 元,报费补偿率为 21.05%。新型农村合作医疗是给农民的实惠看得见,医院的发展摸得着,真正体现了"农民得实惠,医院得发展,政府得民心"的三赢战略。

加强了对合作医疗定点医疗机构的监管和经办机构能力建设。实现了"管办分离",改善了区合管办的办公条件,进一步规范和方便了农民报费。区审计部门加强了对合作医疗基金运行的审计工作,同时对 2005、2006 年合作医疗基金使用情况,进行了全方位审计,共抽查审计区内 24 家定点医疗机构,走访调查 6 个街镇 15 个村 69 户农民。审计结果表明:全区合作医疗基金整体运行正常,住院报费真实准确,农村合作医疗惠民政策落实到位。启动了全区街镇卫生院网络建设,进一步方便了参合农民就医和报费。

截至 2007 年 12 月底,全区参合农民人数突破 72 万人,参合率达 98.4%,位居全市第一,实现了全区农民应保尽保的目标。

【疾病预防控制】 传染病疫情报告 2007 年全区无甲类传染病发生,共报告乙类传染病 12 种 1 754 例,丙类传染病 4 种 63 例,乙类和丙类传染病共发病 1 817 例,发病率为 211.54/10 万。传染病死亡 11 例,死亡率为 1.33/10 万,病死率为 0.63%。乙类传染病与上年同期比,发病率下降 12.74%。发病上升的病种是:肝炎、淋病,增加艾滋病、出血热、流脑、猩红热 4 个病种,减少疟疾 1 个病种;发病下降的病种是:麻疹、痢疾、肺结核、伤寒、梅毒。丙类传染病流行性腮腺炎发病较高(47 例)。乙类传染病发病数居前 5 位的是:肺结核(815 例)、乙肝(705 例)、淋病(45 例)、未分型肝炎(41 例)、痢疾(39 例),占发病总数的 93.79%。

重大疾病防控 ①艾滋病防治:2007 年,全区已确诊艾滋病患者 9 人,其中当年新发 2 例,全区 9 例感染者中已死亡 3 人,4 人在外地打工,1 人在被管制,另 1 人查无地址。2007 年,主动监测 780 人,羁押监测 571 人,发现阳性 1 例,占完成任务数的 114.2%;孕妇检测 7 292 人,占任务数的 132.8%,未发现阳性病例;高危人群行为干预 220 人,发展同伴教育员 36 人,自愿检测 177 人。全区卡车司机和吸毒人员监测尚未破零。在全区安装安全套自动售套机布点 40 个(邾城 15、阳逻 16、道观 9),销售安全套 18 460 只。全年对娱乐场所服务人员 HIV 初筛检测 250 人,其中阴性人员 200 人,目标人群体检率 90.9%,发放《健康证》180 人。全年外展 50 家目标场所,覆盖率达 100%。

②结核病防治:全年共接诊并免费检查疑似肺结核病人 3 850 例,新发现并免费治疗活动肺结核 920 例,占省市下达目标任务的 100.5%,其中涂阳 481 例,涂阴

439例；督导管理920例，免费筛查涂阳病人密切接触者1 100余例，筛查率达80%。举办各种培训班5期，发放结防宣传单、画、册等2万余份，居民结防知识知晓率达75%以上。

③血吸虫病防治：该区境内血防成果进一步巩固。春秋两季查螺面积共50 598亩，灭螺2 398亩。区血防部门免费为疫区群众查病，覆盖全区83个历史流行疫区村，累计询检查病50 794人，询检阳性6 502人，血检阳性1 007人，血检阳性全部进行粪检，查出血吸虫病患者58人，疫区人群血吸虫病患病率为0.27%。晚期血吸虫病人免费救治21例，救治率100%。全区境内无血吸虫急性感染疫情发生，钉螺调查、药物灭螺和人群查治病均超额完成省、市政府下达的目标任务。

④地方病防治：主要是加强碘缺乏病防治工作，定期对居民用户的食用盐进行了含碘量抽样监测，完成居民用户碘盐监测288份，合格率97%。以5月15日"碘缺乏病防治宣传日"活动为契机，运用多种方式，开展了以碘缺乏病防治为主的地方病健康教育活动，同时对重点地区开展碘盐稽查，依法管理盐业市场，严厉打击非碘盐的销售，净化盐业市场，确保全民合格碘盐食用率达96%以上。

⑤麻风病防治：2007年未发现新病例、无复发病例。对全区存活的麻风病人进行了流行病学调查，查实年底存活麻风病人47人，对其中4例监测病例的家属进行了检查17人。对2003年现症死亡2例的家属进行检查6人，同时还对存活的具有传染性的病例家左邻右舍的10户进行线索调查53人，未发现疑似病人。区财政对麻风病人每人每月生活补贴由97元提高到2007年的每人每月158元，2007年共补贴25名住院麻风病人生活费4.74万元。

慢性病防治　2007年上半年启动高血压等慢性病监测工作，登记高血压病人1.2万余人，在三店、旧街、仓埠等街镇开展免费送药试点工作，管理高血压病4 800余人，免费发放"0号"降压药3个月并全部建立档案。开展了慢性病防治宣传，"5.31世界无烟日"，"5.17高血压病防治日"，"9.20全国爱牙日，""10月10日世界精神卫生日"，"11月14日世界糖尿病日"，共发放宣传资料2万份，以张贴宣传画、制作宣传栏、设立咨询台等形式大力开展慢性病防治知识宣传。对邾城街饶蔡村西湾居民肿瘤患者情况进行危险因素调查，结果显示，该村居民恶性肿瘤死亡率为127.2/10万，处于全区恶性肿瘤死亡率的平均水平。

职业病防治和防农药中毒及防高温中暑　2007年区疾病预防控制中心进行放射监测2次、48家医疗机构180人。2007年7月12日上午，双柳街矮林村一农户腌菜池产生致命硫化氢气体，4人中毒熏倒，造成3死1伤，经市职防院专家现场抽样检测，该腌菜池中有毒气体硫化氢含量超过了正常值200倍以上。开展了预防农药中毒宣传，参加了由区政府牵头组织的联合执法，对全区农药批发、零售市场进行了一次大检查，没收了一批违禁高毒农药；2007年，全区共发生农药中毒126例，其中非生产性中毒69例，死亡7例；生产性中毒57例，无死亡。2007年全区无高温中暑病例发生。

精神卫生　开展了精神病患者基线调查。区精神病院全年收治住院精神病人1 216人，争取市福利救助专项经费2.36万元，确定42名特困户精神病人为救助对象，其中门诊免费40名病人，住院免费2人。对已建立精神病档案的患者进行了跟踪随访，跟踪复查病人458人。

及时上报疫情个案流行病学调查　2007年对2例狂犬病、1例流脑和2例出血热病进行个案流行病学调查，个案流行病学调查率100%，调查结果及时上报市疾病控制中心。

计划免疫与预防接种　儿童基础免疫"五苗"接种69 059人次，接种率98.8%。其中糖丸实种18 995人次，接种率99.69%；百白破三联疫苗实种19 240人次，接种率99.07%；麻疹疫苗实种6 209人，接种率96.80%；卡介苗实种6 234人，接种率99.30%；乙肝疫苗实种18 207人次，接种率99.10%；加强免疫接种15 158人次，接种率99.70%。开展了入学入托前接种查验工作，对全区78所小学、125所托幼机构的5 124名儿童进行了预防接种查证验证，共补证98人，补种101人。

学校卫生　2007年秋季高中新生入学体检10 022人，查出乙肝表面抗原阳性645人，乙肝表面抗原阳性携带率6.44%；乙肝表面抗体阳性4 607人，阳性率45.97%；接种甲、乙肝疫苗1 315人次。对在校高中学生开展结核病普查，查出结核病7人均纳入了规范化治疗。

卫生监测与检验　2007年，消毒监测区街（镇）医疗机构物表共检测239份，合格155份，合格率64.9%；手术室内空气监测8份，合格7份，合格率87.50%；紫外灯管监测32份，合格27份，合格率

84.40%；压力蒸汽灭菌指示管监测42份，合格42份，合格率100%。村卫生室监测样品1 256件，合格539件，合格率42.9%；托幼机构监测共检样128件，合格106件，合格率82.8%；食品采样检测128份，合格121份，合格率95%；餐具检测856份，合格778份，合格率91%；水质检测851份，合格141份，合格率16.56%；放射从业人员体检120人，公共场所现场采样检测48份，合格43份，合格率90%。在暑期还进行了蚊蝇密度监测。以上监测检验合格率以该区的水质（16.56%合格）、村卫生室样品（42.9%合格）最令人堪忧，急需治理、改进和提高。

【卫生监督管理】 2007年，全区共有被监督单位3 868户，实施监督数3 868户，监督覆盖率100%。

食品卫生监督与管理　2007年全区共有食品生产经营单位2 921户，实施监督数2 921户，监督覆盖率100%。全区共有食品消费领域餐饮单位1 098户，监督检查1 098户，监督覆盖率100%，审发证率100%。全区共有学校食堂113户，集体食堂43户，大中型餐饮单位89户（100座以上），全部进行了量化分级管理，评出了A级单位2户、B级单位10户、C级单位146户，量化分级管理覆盖率100%。全年未发生食物中毒事故。强化节假日和重大活动食品卫生安全监督，保障了元旦、春节、五一、端午节、国庆节、中秋节等节假日、黄金周的食品卫生安全；保障了第五届旧街花朝文化旅游节、新洲区第二届蘑菇节、学生高、中考期间的食品卫生安全。与区工商、城管、质监、公安等部门联手对无证从事食品生产活动开展了专项整治，共查出无证食品生产经营单位344户，补办《卫生许可证》153户，提出整改意见174户，停业整顿5户，取缔12户。配合区食品安全委员会的成员单位，对全区13个街镇的食品卫生监督员、协管员、信息员（即三员）进行了食品卫生安全知识培训，使他们熟悉了解食品卫生安全的相关知识。农村婚丧嫁娶自办酒宴网络的申报管理制度在全区初步建立。

医疗市场监管力度不断加大

2007年，全区共有各级各类医疗机构592户，实施监督584户，监督覆盖率97%。及时处理群众举报、投诉案件和上级有关部门交办、督办、移送的案件。2007年3月至5月接到群众投诉举报无证行医3起，没收医疗器械、药品价值近5千余元，罚款金额5千余元；3月，接“区取缔无证（照）经营第6号转办函”：邾城地区27户无证行医，盲人按摩行医，配合“区取缔无证（照）”办成员单位给于全部取缔；对邾城有证的社会医疗机构和无证非法行医者采取专项整治行动，对有证的22家社会医疗机构存在执业行为不规范的问题下达了整改意见书，对17家无证社会医疗机构下达了行政处罚事先告知书，收缴了部分医疗器械、药品，并全部予以取缔；对全区一级以上的25家医疗机构进行了监督检查，对少数单位执业行为不规范，违反《传染病防治法》的行为发出了警告、责令改正的处理。

职业健康监护取得新进展

2007年，全区共有职业危害作业场所的企业64户，实施监督检查56户，监督覆盖率87.5%。对25家企业单位进行了重点监督检查，对6家企业责令限期整改，对阳逻开发区的中日合资皮鞋厂等3家严重违反《职业病防治法》的企业实施了行政处罚。及时查处举报案件，6月11日，接省卫生厅转来的群众举报：该区时佳宝石工艺有限公司的3名职工被市职防院初步诊断为疑似矽肺。区卫生监督所立即进驻该厂开展调查，并采取紧急措施。调查结果显示：3名疑似病人均为该厂初建时期入厂的工人。《职业病防治法》发布实施后，该厂的工作环境和防护设施有了很大改观，采用了抽风机和湿式作业，戴防尘口罩等防护措施，建立了职业病监护档案。存在的问题是：上岗前的新职工健康检查是在未取得资质的医疗机构进行体检的，也未组织在岗的老职工体检。2004年该厂搬迁后，未开展职业病防治预评价和控制效果评价。针对以上问题，根据省、市卫生监督部门的要求，采取了以下紧急措施：责令该厂在2个月内完成职业病控制效果评价和验收，组织在岗职工到具有资质的医疗机构体检；责令2家区属医疗机构立即停止职业健康检查。公共场所、饮水卫生监督得到有效落实。全区共有公共场所281家，供水单位22家，实施监督检查279家，监督覆盖率为99%。供水单位监督检查22家，监督覆盖率100%。

【妇幼保健】 2007年，全区妇幼保健工作以贯彻落实《母婴保健法》和《妇女儿童发展纲要》为主要内容，以“母婴安全”工作为重点，依法开展妇幼保健工作。区卫生局对开展母婴保健技术服务的机构和人员进行了年度校验、审核和换证工作，对全区10家法人变更、证件过期的机构进行了证件换发，对符合资格的329名从事母婴保健技术服务人员和结扎终止孕娠手术人员进行系统的清理，对个人证件过期、在外打工或离岗退岗者一律不予换证。换证率为78.3%。区人大常委会牵头组织对《母婴保健法》实施情况进行了执法检查,对无证开展产科执业的机构和人员予以取缔、严管重罚,坚决打击非法接生。开展了标准化卫生院产科建设,对产科人员和基层妇幼保健工作人员进行了产科"直通车"和妇幼保健适宜技术的培训。加强了孕产妇的管理,对高危孕妇实行系统管理,畅通了孕产妇急救"绿色通道",对贫困孕产妇住院分娩实行救助,提高了农村合作医疗孕妇住院分娩报销比例。全年孕妇免费艾滋病筛查7 292人次;提高了孕妇唐氏综合征筛查率,共对236名孕妇进行了优生监测TORCC筛查,共查出阳性病人5例,均及时采取措施进行了处理,有效地减低了缺陷儿的出生,提高了出生人口素质。2007年下半年启动了免费婚检,半年检查710对,查出指定传染病86人(男54人,女32人),避免了不健康新生儿的出生。开展新生儿听力筛查和疾病筛查,全年筛查新生儿听力850人,查出听力障碍16人,进行了追踪治疗;共有4 606名新生儿进行了以上2个项目的筛查,筛查率67.89%。2007年,全区首次实现孕产妇零死亡,婴儿死亡37例,其死亡率为6.23‰;5岁以下儿童死亡率8.25‰,儿童保健覆盖率达91%。

【医政管理】 强化医疗质量安全管理 2007年,该区继续开展"以病人为中心,提高医疗服务质量"为主题的医院管理年活动,在全区各医疗卫生单位开展了"构建和谐医患关系,创建平安医院"活动。8月,区人民政府颁发了《新洲区医疗纠纷突发事件应急预案》,区卫生局制定了《新洲区卫生局医疗纠纷报告及责任追究制度》和《新洲区医疗卫生单位医疗质量管理办法》,成立了新洲区医疗质量监督管理委员会,负责医疗纠纷责任和过错认定以及基层业务的指导工作。加大了医疗质量管理力度,每季度和节假日、重大活动开展医疗质量安全大检查,全年共开展了6次医疗质量安全大检查,对医疗质量管理实行医院质量保障金机制,制定了《新洲区医疗质量保障金管理使用办法》,调动了医务人员全员参与医疗质量管理的积极性,医护人员的法律意识、责任意识进一步增强,医疗纠纷明显减少。加强了街镇卫生院基础设施和标准化建设。到2007年底,已有仓埠、汪集、阳逻、李集、三店、双柳、凤凰等7个街镇卫生院完成了门诊综合楼和住院楼的改造和扩建,其他街镇卫生院均进行了房屋维修和更新。街镇卫生院改扩建和房屋维修建筑面积达1.13万平方米,投资889万元(不包括传染病门诊和公共卫生科建设)。其中,房屋建设664万元,设备购置225万元,完成了武汉市2007年下达给该区的标准化街镇卫生院建设任务目标。全年已建成标准化村卫生室100个,每个村卫生室房屋建设资金3.6万元,设备3 000元,建设资金由市、区两级政府筹集,按1:1比例配套。启动了邾城和阳逻两地的社区卫生服务机构建设工作。以邾城街和阳逻街卫生院为依托,组建了邾城和阳逻社区卫生服务中心。

医学科研取得新进展 区中医院的《追活丸治疗颈肩腰腿痛临床观察与实验研究》,区人民医院的《平律复方治疗病灶性心律失常临床与实验研究》,区骨伤专科医院的《加味桃红四物汤治疗四肢骨折临床疗效研究》等3项科研成果均通过市科技局组织的科研成果鉴定,认为达到国内领先水平。其中,区人民医院的科研成果荣获全市科技进步三等奖。在2007年初全区科技大会上,在区人民政府颁发的新洲区第二次科学技术进步奖的27个获奖项目中,区卫生系统获奖的项目有8项,其中,一、二等奖各2项,三等奖4项,获奖项目占全区奖项的29.6%。

教师体检和征兵体检 2007年,区人民医院、区中医院、区二医院和仓埠中心卫生院首次承担了全区中、小学教师健康体检工作,共体检中小学教师13 140多名,体检项目有11项,特殊项目有3项,查出疾病有24种。冬季征兵体检任务完成1 200人次,体检合格450人,合格率37.5%。

【中医药工作】 2007年,该区加强了中医专科建设,全区各医疗卫生机构共设置中医专科23个,有中医专科技术人员159人,专科设备总值达2 208万元。充分发挥区中医院的"龙头"作用。在全省率先启动了中医药师继承工作。元月,首批确定了10名中医药指导老师,带教12名学生,这项传承工作正在顺利实施,效果较好,得到了省卫生厅领导的充分肯定。充分发挥中医药在新型农村合作医疗中的作用,提高了中医药在新农合中的报费比例,传统中医药的"简、便、验、廉"的特色已得到充分凸现。加强了街镇卫生院和村卫生室的中医药工作,徐古中心卫生院、骆畈村、潘塘村、五云村、龙岩村、沙畈村被确定为市级标准化建设卫生机构和中医药工作特色的村卫生室建设单位;区中医院肛肠科和区骨伤专科医院已被确定为市级特色专科建设单位。加强了中药质量的督查。7月

31日至8月7日，由区卫生局牵头，对全区22家医疗机构的中药购进、使用情况进行了专项检查，针对检查中发现在购进和使用中药时存在的问题，加大了整改力度，由区中医院集中购药，统一炮制，直供各用药单位，确保了中药的使用安全、有效。

【爱国卫生运动】 2007年，该区积极开展了创建省、市文明卫生城市和第19个爱国卫生月活动。动员全社会扎实开展除“四害”活动，将灭鼠工作与月末卫生大扫除、清理“四害”孳生地结合起来，确保了鼠密度降到不足为害的程度。经市爱卫办组织考核验收，该区被评为全市除“四害”先进区。4月，召开了全区爱国卫生月活动动员大会，在郝城地区全方位地开展了春秋两季灭鼠活动；机关干部坚持参加月末卫生义务劳动。配合区文明办组织区属单位开展月末义务卫生大扫除活动。

强力推进卫生创建活动，全年已向省市爱卫会推荐了区气象局等4个单位为省级卫生先进单位，郝城街章南社区为省级卫生先进社区；向市爱卫会推荐了区委组织部等19个单位为市级卫生先进单位，郝城街南街社区等2个单位为市级卫生先进社区，同时推荐了若干个区级卫生先进单位，被推荐的先进单位在全力以赴的创造条件的前提下，按照卫生单位标准的要求准备，均通过了省市爱卫会的检查验收。

全方位地开展健康教育活动。由区爱卫办出资对所有医疗卫生单位添制了健康教育取阅栏，并印制了6种15万份健康教育处方，在医院大厅内存放，供就诊患者无偿取阅。同时，投资20万元，在全区所有的医疗卫生单位定制了不锈钢的健康教育宣传栏，定期更换内容，受到了患者的好评。

【健康教育工作】 2007年，该区狠抓机构队伍建设，以做好健康教育工作。全区有健康教育专（兼）职人员450余人，健康教育工作做到了“五落实”（即落实机构的分管领导、工作人员、工作计划、任务、检查督导）。启动了30万农民的健康教育行活动，在农村实施了“三个一”工程（即每个村、每个单位设立一个健康教育专栏，每一个农户有一份健康教育读本，每个街镇广播站每周播放一次健康教育宣传内容和信息）。抓教育传播，普及卫生科学知识。区爱卫办和区疾控中心共举办宣传栏12期、各种类型培训班9期，培训人员达4 800余人；交流讲座、咨询义诊10场次，受益人数达2 600余人，制发宣传资料2.5万余册（份），张贴宣传标语、横幅20余条。同时制作健康教育宣传展牌2块送市参展，荣获三等奖。抓重大疾病防控的健康教育工作。艾滋病防治健康教育宣传，召开全区100%安全套项目倡导宣传会议一次，先后举办项目工作人员培训班、娱乐场所老板业主培训班、同伴教育员培训班、劳动力转移培训班、全区教育系统干部艾滋病防治知识培训班，受教育人员达3 600人。组织大型咨询活动2次，设立咨询台4处，演讲2场次，面对面宣传200余人。

开展血吸虫病防治健康教育宣传。区血防部门在沿江有螺地区居民点发放血防健康教育年历3 000份，印发宣传资料1.2万份，书写血防标语47条，在有螺江滩竖立血防警示牌192块，疫区村乡医血防知识培训22人，疫区中、小学教师培训7次，举办血防知识黑板报6期，疫区中小学均开设血防健康教育课，6校18个班级共1 867名师生上了血防知识教育课，其中参加血防知识测试1 796人，疫区中小学生血防知识测试合格率达95%。

开展结核病防治健康教育。利用“3.24”世界防治结核病日，组织大型宣传活动，发放宣传资料2万余份，出动宣传车20余辆，设立咨询点18处，印制健康处方2 000张；5月，举办结核病“五率”技术培训班1期。

高血压病防治的健康教育。印制高血压病健康教育处方2万张，发放宣传折页1.5万份，举办《高血压病综合管理》培训班1期。加大了《母婴保健法》宣传力度，充分利用广播电视、宣传栏、标语、电子显示屏、培训班、义诊咨询等形式，宣传《母婴保健法》的主要精神和相关政策，把宣传教育寓于创建“爱婴医院”和“母婴安全”活动之中。全区各医疗机构均在门诊和病房开辟了卫生防病健康教育宣传栏，定期更换卫生防病内容，普及了卫生防病知识。

【工会工作】 2007年，区卫生局工会组织承办了“5.12”全区卫生系统大型文艺汇演，在新洲剧院演出，受到市、区领导和社会各界的广泛好评，并在新洲电视台全程播放，进一步扩大了社会影响。2007年9月至11月，区政府开展首届劳动技能大赛活动，区卫生系统广泛动员全体医护人员参加竞赛。通过各单位的比赛和选拔，共有30名护士和96名公共卫生人员，在10月30日参加了区政府统一组织、区卫生、劳动和社会保障三局共同承办的新洲区首届职工职业技能大赛暨卫生专业技能比赛活动，医学护理专业知识和公共卫生、计划免疫专业分获

一、二、三等奖，获奖人员近10名，受到区政府的通报表彰。

积极开展为困难职工子女助学、干部结对帮扶、职工法律援助、节日送温暖等形式的公益活动，切实解决特困职工的困难。区卫生局年终慰问特困职工126人，发放慰问金2.8万元，发放大米2 000公斤、食用油96桶。

【红十字会工作】 2007年，区红十字会本着人道主义的宗旨，积极开展社会救助活动，帮助那些困难而又急需要救助的人。如仓埠街身患白血病的学生吴燕、区一中身患肾病的的学生邱旭、邾城街钱寨村九组身患肝硬化腹水的村民刘家安等一批因病致贫的特困户，均给予了一定的救助，共用去救助款3万余元。7月，与青山区红十字会组织开展了第二届"心手相牵"农村行活动，得到了学生及学生家长的好评。积极响应市红十字会和市教育局的号召，为配合市"博爱在江城——关爱贫困重病学生"活动，在全区老师学生中募集善款18.31万元，并与区教育局一道对重病学生进行专项救助，获社会上的一致好评。在全区范围内，对已参加新型农村合作医疗的农民进行了一次免费体检，建立了健康档案并免费发放部分药品。此外，还积极参与组织公民无偿献血活动及防治艾滋病宣传工作，依法收缴红十字会会费，加大了会费的收缴力度。

【人事与教育培训工作】 2007年，区卫生局强力推进人事制度改革，规范人事制度管理。根据有关文件精神，加强了对各医疗卫生单位的人事管理，共辞职辞退了22名职工。在市人事局的统一领导下，对区政府新批准的20个人员编制全部进入武汉市人才市场公开招聘。区卫生局还制定了优惠的政策，对到街镇卫生院工作的大学生在5年内实行档案工资的全额发放。2007年，对各医疗卫生单位的专业技术人员的比例进行了全面的清理整顿，对超职数配备专业技术人员的单位一律不批，对没有超职数的单位实行各单位职称评聘领导小组进行严格评议，把德才兼备的专业技术人员选聘到高一级的技术职位上来，共晋升中级及以上专业技术职务71人(副高9人)。专业技术人员一律停止办理内部退养手续。

完成公务员培训工作，对局机关全体在职工作人员进行了培训，培训率100%，测试合格率100%。组织了全区卫生系统的专业技术人员初、中级职称晋升考试347人次，高级职称评审35人次。对全区乡村医生中专学历教育进行了督导，全区共有123名乡村医生参加了中专学历教育，分别在市二卫校、阳逻街、李集街、潘塘街设立了教学点，采取全国好医生网站远程教育和卫校教师上课辅导的方式进行教学。组织了为期15天全区街镇卫生院的管理人员培训，共15人次；组织了街镇中心卫生院公共卫生人员培训；组织了全区卫生系统的专业技术人员知识更新培训班，共培训200人次；组织开展全区乡村医生业务知识更新培训班，计培训547人次；组织开展了全区医疗卫生单位晋升技术职务人员的计算机、专业知识的培训和街镇卫生院临床检验人员培训班；组织街镇卫生院的内科、放射、检验人员在区属医院进修，共40人次。继续教育率达到了95%。

【加强党的基层组织建设】 2007年，该区卫生局在中共党员中广泛深入开展"党员亮身份、服务创示范"主题教育活动，制发了《关于深入开展"党员亮身份、服务创示范"主题活动的通知》，转发了《关于争创"十佳基层党组织"和争当"十大明星党员"活动的通知》等文件。各单位在文件精神指导下，迅速行动，召开了党总支、支部和党员大会，将全区的组织工作会议精神迅速传达到了每一个党员。

认真做好发展党员工作。全年共发展党员21人，转正22人。表彰了35名中共优秀党员。在新发展的中共党员中，35岁以下青年党员占75%；女党员达到30%。

深入开展了"先进基层党组织"创建活动。2007年"七一"区卫生局党委对市二卫校党总支、区中医院住院党支部、区骨伤科党支部、区红十字会医院临床党支部、区妇幼保健院党总支给予了通报表彰。认真落实《党政干部选拔任用条例》，积极把年富力强、思想素质高、业务能力强的党员骨干选拔到领导岗位上来。严格按照党章规定按时足额交纳党费，严格按照上级要求和程序召开党委领导班子民主生活会，开展批评与自我批评，查找并解决问题，指导好基层党组织的组织生活会。

【基本建设与财务管理】 *基础设施建设逐步完善* 2007年底，该区圆满完成了阳逻街卫生院、三店街卫生院、汪集街中心卫生院、双柳街卫生院、李集街卫生院、仓埠街中心卫生院、旧街街中心卫生院标准化卫生院建设任务，建设总面积12 640平方米，共投入资金198万元，资金来源为市财政安排140万元，其他自筹，较好地改善了以上卫生院的医疗服务环境，提高了服务功能。申报了上述7个卫生院标准化建设的设备采购计划，争取市级设备采购指标达140万元，申报了龙王咀涨渡湖农场卫生院标准化建设计划，争取省级房屋建设和设备采购指标各10万元。8月和11月经市卫生局的二次检查验收，被授予达标合格单位。

按照市发改委的统一部署，区发改委就该区街镇卫生院现状和发展规划上报省、市发改委、省发改委后。省财政厅安排该区街镇卫生院建设资金70万元，用于徐古镇、汪集街2个卫生院标准化建设。

加强国债资金项目建设和管理 区妇幼保健院国债项目建设总投入71万元，其中，国债投入50万元，改扩建面积1 500平方米。凤凰镇卫生院获得2006年国家50万元投入的国债项目，用于该卫生院的房屋建设改造，工程于2007年底前完工。为加快阳逻中心医院整体外迁建设，已完成区二医院整体外迁的相关准备工作，即征地90亩（预留用地30亩），立项、围垸等前期准备工作。

财务预算与决算 2007年区卫生系统年初预算为2 206.9万元，其中乡镇卫生院预算达591.8万元，区属单位预算1 203.3万元（不含市二卫校预算，局机关预算167.7万元，项目经费74万元），与上年预算（1 416万元）比较，增加790.9万元。2007年决算为3 980万元，达到了国家和省、市政府规定“每年卫生事业费要保持一定比例增长”的要求，落实了街镇卫生院退休人员退休金70%发放，逐步提高和确保了退休人员的待遇；2007年区卫生局机关和区属单位的预算全部按照国库集中支付要求拨付资金，90%以上预算资金采取国库直接支付办法拨付，严格按照部门预算的用途和范围使用资金，减少了资金的流动环节，国库集中支付工作顺利开展。2007年，区疾控中心和区卫生监督所按区编制人数由上年的财政差额预算改为财政全额预算，纳入区财政全额供给范畴。2007年政策性规定的项目经费投入与上年相比有较大的增长，全区卫生事业投入预算与区财政经常性支出保持了一定比例增长。

完成“收支两条线”工作 2007年5月15日前全额完成了卫生系统帮困资金、防汛经费30.9万元的征缴任务，占全年任务的100%；罚没收入入库7万元，入库率100%；行政事业性收费缴入专户115万元，占全年任务的112%，圆满完成区财政2007年财税任务；区卫生局、区疾控中心和区卫生监督所行政事业性收费和罚没收入项目、资金、帐户纳入区行政服务中心管理的范畴，各项工作步入良性发展阶段。

开展“三清”，加强人员、编制、津补贴管理 根据区政府的统一安排和部署，扎扎实实开展卫生系统人员、编制、津补贴“三清”工作，局机关将人员、编制、津补贴“三清”结果进行了公示，并将全系统“三清”汇总情况和总结分析材料报送区“三清办”；区“三清办”于2007年4月初对全系统进行了检查和验收，区卫生系统获得较好的评价。

加强国有资产管理 区红十字会医院新区分院、骨伤科医院、阳逻街卫生院高潮所及施岗所、区卫生局印刷厂土地房屋处置全部按区国资办的相关程序和要求办理，区卫生局严格把关。按照省、市、区的要求，该区卫生系统对国有资产进行了全面清理，结合资产分类管理要求，进行了系统分类和汇总，圆满完成了清产核资工作。

加强专项资金管理，确保专款专用 2007年市级专项经费下达437万元，区级项目经费74万元，为确保项目扎实实施，经费专款专用。积极落实政府采购制度。严格执行《武汉市新洲区2006年政府集中采购目录和标准》，所有项目采购均在区政府采购办办理。2007年医疗单位业务收入为14 988万元，其中医疗收入为7 466.4万元，药品收入6 394.4万元，其他收入1 127.2万元，与上年业务收入（12 492万元）比较，增加2 496万元，增长19.98%。其中，医疗收入增加17.4%，药品收入增加26.87%，其他收入增加3%；全区医疗单位药品收入占医药收入比重为46.13%。其中：区医院、区二医院药品收入占业务收入比重≤50%，符合市、区目标值规定范围。

2007年卫生单位事业收入为1 109.5万元，与上年比较，增加26.3万元，增幅为2.43%。区卫生局机关医保、住房公积金、合同制职工养老保险、个人所得税扣缴工作顺利开展，新工资和津补贴严格按照人事财政政策规定执行到位。医保工作步入良性运转态势，局机关每年医药费节约10万元左右，缓解了局机关经费紧张的压力；住房公积金、合同制职工养老保险的开展确保了职工的待遇。

加强内部审计工作 2007年，该区对阳逻街卫生院、区卫生监督所、三店街卫生院、道观卫生院和辛冲镇卫生院进行了法人离任经济责任审计，对区疾控中心和市二卫校进行了财务收支审计，全面清理了各单位资产、负债、所有者权益和经济收支情况，重点审计了“四项费用”（即招待费、移动通讯费、租车费、娱乐钓鱼费）执行情况。局内审领导小组将审计结果向局党委作

了专题汇报，并递交了审计报告，指出了各单位存在的问题，提出了整改建议，限期整改。

加强基建管理，严把审计关。阳逻街卫生院、三店街卫生院、汪集街中心卫生院标准化卫生院建设于上年完工后，配合区审计局对7个卫生院的标准化建设工程进行了基建专项审计。审计报告表明，立项、招投标等程序到位符合规定，专款专用，无截留挪用现象。通过审计，降低了工程建设造价和建设成本。

【党风廉政建设】 *加强党风廉政教育* 2007年，该区坚持把党风廉政教育与学习贯彻党章、树立社会主义荣辱观和坚持科学发展观结合起来。围绕"立党为公，执政为民，保持共产党员先进性"和"做党的卫士、反腐尖兵、为民楷模、清廉典范"的教育主题，组织党员干部认真学习胡锦涛总书记在中央纪委第七次全会上的重要讲话、《中国共产党纪律处分条例》和国务院五次廉政会议以及省、市、区反腐倡廉会议、《中国共产党党内监督条例（试行）》、《建立健全教育、制度、监督并重的惩治和预防腐败体系实施纲要》，副科级以上干部参加了《实施纲要、学习纲要》知识竞答，副处以上干部撰写了"读书思廉"体会文章3篇；卫生系统116名在职副科级以上干部和417名党员进行了党内法规知识测试；组织观看了省纪委拍摄的《警钟》、中纪委拍摄的《陈云与党风廉政建设》等电教片达4场；通过加强党风廉政教育，党员干部廉洁自律的意识进一步增强。各医疗卫生单位坚持先进典型示范教育与警示教育相结合，筑牢了卫生工作者廉洁行医的思想防线。

为推动医德医风教育，组织开展了"反腐倡廉警示教育月"活动，通过教育，党员干部和医务人员遵纪守法、廉洁行医的意识得进一步增强。坚持了领导班子民主生活会制度，重大事项均经局党委集体讨论决定，强化了制度的约束力。区卫生系统率先在全区落实了"大事报告、廉政档案管理、领导干部廉洁自律规定、民主生活会、礼品登记上交"等制度，得到了上级纪委的好评。

认真落实党内监督条例，重点加强了对领导干部特别是主要领导干部的监督。2007年局党委成员开展了述职述廉，落实了廉政谈话制度；区卫生局领导与下级党政领导班子成员谈话14人次，其中对2007年新提拔的10位二级单位的院长、副院长均实行了书面任前廉政谈话；对2名单位负责人进行了廉政责任谈话；对1名院领导实行了诫勉谈话。加大了对重点部门、重点岗位及重大事项的监督力度。

落实了党风廉政责任制 制定了卫生系统贯彻落实建立健全教育、制度、监督并重的惩治和预防腐败体系实施方案，对深入开展党风廉政建设和反腐败工作提出了明确任务和要求；与街镇卫生院、区直医疗卫生单位签定了廉政建设目标责任书，明确了分管领导、责任科室；党风廉政建设和反腐败工作有专人管理、专人落实。把党风廉政建设责任制工作列入各级领导班子与领导干部的硬指标、硬任务，明确规定党政一把手负总责，特别是行政"一把手"要落实"一岗双责"，并把党风廉政建设纳入年终综合目标工作考核，增强了主动抓党风廉政建设和行风建设的责任意识。

扎实开展治理商业贿赂专项工作 该区在全国卫生系统治理医药购销领域商业贿赂专项工作电视电话会议后，迅速行动，及时成立了治理商业贿赂专项工作领导小组，制定了实施方案，先后召开了动员、再动员等4次专题会议。区卫生局治理商业贿赂领导小组办公室全年分别组织了6轮走访座谈，共走访了26个单位120名重点岗位的院长、科主任、医务人员参加的座谈会，对医药购销领域不正当交易行为的表现形式及其特点、容易发生的主要环节和重点岗位，深入分析原因，在此基础上确定各单位的工作重点，并在政策、法律和工作三个主面研究提出治理的具体思路和对策，及时研究解决苗头性和倾向性问题，有针对性地采取治理措施，确保专项治理工作取得实效。2007年4月分三轮制发了《区卫生系统工作人员治理商业贿赂自查自纠登记表》共发放7 600余份，据统计行管人员中有4人拒收金额9 000元；后勤（基建、财务）人员中，拒贿4人次，金额不清（红包未拆，原封退回）；医务人员中，有21次拒收金额3 000元；上交"红包"16人次，金额1.3万元，均由其单位给患者结帐或原数退还，查处2人收受"红包"400元，并分别作出组织处理，退赔、罚款和单位通报批评。在具体实施过程中，坚持专项治理与纠风工作相结合，与开展医院管理年活动相结合，与建立健全防治商业贿赂的长效机制相结合，努力为群众办实事，解决实际困难，缓解人民群众"看病难、看病贵"问题。

【信访与稳定工作】 2007年，区卫生局机关实行领导信访接待日和科室负责人轮流值班的信访接待制度。全年共接待和受理群众来信来访65件次，其中上级交办的信访件25件，都一一进行了调查处理和回复。接待来访群众200余人次，特别是街镇卫生院退休老职工因退休工资偏低问题，多次到区政府和市政府集体上访。区卫生局党委对此十分重视，多次到有关部门协调，争取政策、争取领导重视，多次深入基层认真听取老同志的意见，变接访为下访，加强调研。至2007年底，在区政府的大力支持下，区财政增加街镇卫生院退休人员工资145万元，区卫生局向区财政借支80万元，全部用于街镇卫生院退休人员的工资发放，较好地解决了街镇卫生院退休人员的工资待遇问题，全区街镇卫生院退休人员人均工资达到1 000元左右。

【精神文明建设】 医疗卫生行业作为窗口行业，精神文明建设和医德医风建设是一个永恒的课题。2007年，该区结合卫生行业特点，在全区各级各类医疗机构深入开展了“医院管理年”活动，树立了“以病人为中心”的服务理念，加大了整治医药购销领域商业贿赂和医疗服务中损害群众利益不正之风的专题整治力度。把卫生行风建设与医德医风建设融为一体，结合开展创建文明品牌医院活动，以卫生文化和医院文化建设为载体，以精神文明建设为抓手，涌现出了一批优秀的医务人员和基层先进单位，受到了上级主管部门和政府表彰。区人民医院传染科主任医师张庆祥被中共武汉市委组织部授予全市“十大服务明星党员”称号，是全市卫生系统唯一获此殊荣的代表。区人民医院护理部主任张凤来被评为全省优秀护士，区二医院杜淑平、区中医院郑金凤、仓埠中心卫生院许慧被评为全市优秀护士。区卫生局、区人民医院、区红十字会医院被评为全市“千名医生下基层”先进单位；潘塘卫生院医生何玲辉被评为全市卫生系统“十佳青年”；区人民医院内科医生宋郁喜被评为全区“十大杰出青年”；汪集卫生院防保股长汪祥生、仓埠中心卫生院防保股长张伟被评为全市公共卫生先进个人；区疾控中心被评为全市结核病防治工作先进单位，全区有9名医务人员被评为优秀基层卫生工作者，有6名乡医被评为全市优秀乡村医生。在全区首届职业技能竞赛活动中，医学护理专业和计划免疫专业分获一、二、三等奖，获奖人员近10名。认真组织开展了中共党的十七大精神学习贯彻活动。

2007年10月15日，区卫生局党委组织局机关干部和各直属医疗卫生单位职工，分别集中收看中共第十七次全国代表大会开幕式电视实况直播。收看后，区卫生局党委立即组织局党政领导班子成员学习讨论胡锦涛同志报告，部署安排卫生系统学习贯彻十七大精神，局机关和区直属医疗卫生单位积极征订中共十七大学习资料，截至11月5日，区卫生局机关和郲城地区直属医疗卫生单位（不含区人民医院和市二卫校）共组织征订《中共十七大报告》等6种学习资料400本，党员的学习资料人均一册以上，学习十七大精神成为各单位党组织的首要政治任务。11月下旬，区卫生局机关处级干部和区卫生系统40多名科级干部分期分批参加了培训学习。12月中旬，局党委举办了卫生系统科级干部学习贯彻十七大精神培训班。由区卫生局党校常务副校长汪一江结合中共十七大报告对医疗卫生工作的要求，进行了通俗易懂、深入浅出的讲解，受到一致好评。与此同时，区卫生局农村小康工作队还承担了双柳街5个村民委员会学习贯彻十七大精神的宣讲任务。

【区人大（政协）议提案办理工作】

2007年，区卫生局共承办区人大、政协主办议提案8件，其中政协提案5件，人大代表建议案2件，区人大1号议案（续办案）1件。局党委高度重视这些议提案办理工作，将其纳入卫生工作的重要内容，按其性质划分责任领导、责任科室和责任人，进行具体分工。特别是在承办区人大1号建议案（即区二院外迁重建阳逻中心医院建议案）的过程中，局长李厚平多次深入阳逻开发区，在选址、立项、环评等工作方面，积极搭建信息桥，寻求理想的合作伙伴；副局长陈振喜和副调研员叶平主动到武汉市区有关部门协调，认真研究解决迁建前期相关准备工作存在的问题，及时做好联系沟通工作。采取电话联系、上门拜访、召开联席会、现场查看等方式，不断加强沟通联系，征求意见，确保办理质量，赢得了人大代表和政协委员的一致好评。局机关承办议提案办理的科室负责人，根据议提案办理情况写出书面回复文字材料，经分管局长审阅后交局经办人员按统一格式分类、核稿后，由分管局长签发。同时，局办公室将回复函及征求意见表一一送达区人大代表和区政协委员手中，得到人大代表和政协委员满意回复。2007年，区卫生局被评为全区议提案办理工作先进单位。

【社会治安综合治理和安全工作】

2007年，该区卫生局组建了日常工作专班，与区委、区政府签订了社会治安综合治理目标管理责任书以及防范和处理有关稳定问题的目标管理责任书。与所属各卫生单位主要负责人签订了社会治安综合治理目标管理责任书，明确了工作目标和责任，并将社会治安综合治理纳入年度一票否决的目标管理任务并形成文件予以下达。同时,各卫生单位也相应成立了领导工作小组,并明确专人负责工作。对卫生系统内相关人员进行了监管和帮教。及时调解处理医患纠纷。2007年发生医患纠纷20多起,在当地政府积极参与,公安部门的大力协助下,医患纠纷都能较好地得以解决,未发生重大群体性上访事件。

结合开展“安全生产月”和消防隐患专项整改活动,对各医疗机构门诊部、住院部、办公楼、食堂、宿舍区、锅炉房、配电房、电梯、高压氧舱、仓库、医院所管辖出租门面及“三合一体”的建筑和消防隐患进行了全方位安全大检查。对系统内各单位进行大排查后,下达了6份安全隐患整改通知书,除危房一时难以整改到位外,其他的隐患都得到及时整改。在全区卫生系统内广泛开展了安全知识答卷活动,以增强法人代表在抓医院安全生产管理过程中的责任感和使命感。

加强对危险化学物品及麻醉药品的管理和督导检查。加强了节假日和日常值班,对不具备保管危险化学品条件的单位,将按要求移送区疾控中心集中保管。4月27日,将闲置未用危险化学物品全部移交区环保部门进行集中销毁。10月下旬,区公安分局治安大队对卫生系统危险化学品的管理进行了专项检查,获得满意的评价。加强了系统内麻醉药品管理,每季度定期结合医疗质量安全检查一次,通过查进药台帐、开药品处方,加强管理,强化安全防范设施到位。

【2007年市区绩效考核指标完成情况】 2007年,区卫生局获得市卫生局绩效目标管理先进单位称号,食品安全、人大政协议提案办理、统战工作、劳动保障、小康工作队分别被评为先进单位,受到区委、区政府的通报表彰。

2007年全区孕产妇死亡率为零(目标值:19/10万);适龄儿童计划免疫接种率为97.7%,婴儿死亡率6.23‰(目标值:9‰);法定报告传染病报告登记率99%,发病数2 012例,总发病率为206/10万;艾滋病感染者跟踪率为100%;疫区居民血吸虫感染率为1.14%,血吸虫急性感染人数为零;肺结核病人发现率为80%,免费治疗肺结核病人920例;完成标准化卫生院建设7个,标准化村卫生室建设100个;新型农村合作医疗参合率为90.62%;医疗质量综合评分为95分;上报卫生政务信息37条;医学继续教育培训率为90%;消费领域食品卫生监督覆盖率为100%,全年杜绝了食物中毒事故的发生。设置救助病床5张。完成全年无偿献血工作任务。邾城和阳逻两地区的社区卫生服务试点工作任务如期完成。区二医院整体外迁建工程完成了前期准备工作。邾城街创省级卫生城镇通过了省级复查验收。

【新洲区卫生事业改革开放30年发展成就回顾】 改革开放30年来,新洲区卫生事业在改革中发展,取得了长足进步,为保障全区人民身体健康与幸福作出了应有的贡献。

重大疾病防控成效显著 自上世纪八十年代实施以预防接种计划免疫为主要的措施以来,特别是实行计划免疫接种冷链运转以后,提高了预防接种的工作质量,有效控制和降低了能用疫苗控制的传染病的发生,法定报告传染病的发病率大幅度下降。1978年,全区传染病发病率高达17 243/10万,至2007年,全区无甲类传染病发生,共报告乙类和丙类传染病发病总数为1 807例,发病率为211.54/10万。上世纪七十年代初(中)期,传染病在全区前十位人口死因顺位中排列第一,至2007年,退居为第十位;1978年,全区疟疾发病人数达7 518人,至2007年疟疾发病人数为零;1978年流脑发病1 919例,死亡75例,至2007年,全区流脑仅散在发生1例;1978年,全区痢疾发病1 039例,至2007年仅为39例。

以母婴安全为重点的妇幼保健工作进一步加强 1978年,全区孕产妇死亡率为59/10万,新生儿破伤风死亡率为2‰;1985年全区婴幼儿死亡率为31.65‰;至2007年,全区孕产妇死亡率为零(首次实现了孕产妇零死亡),新生儿破伤风发生率为零,新生儿死亡率为6.23‰,5岁以下儿童死亡率为8.25‰。

新型农村合作医疗进入全市先进行列,合作医疗报费补偿率高居全省全市榜首 合作医疗作为一种群众互助共济,政府扶持引导,为农民提供基本医疗卫生服务的医疗保障制度,在保护农村生产力和保障农民身体健康方面曾发挥过重要的作用。该区的合作医疗制度兴起于上个世纪五十年代,此后经历了几起几落。1959年,全县农村基本普及了合作医疗制度;1960－1962年三年困难时期,全县除复兴公社继续办合作医疗外,其他公社先后停办。1965年,全县有19个公社重新办起合作医疗。1974年,合作医疗已在全县普及。1980年以后,特别是实行“大包干的生产责任制”以后,全县绝大多数地方的合作医疗再次停办。到1985年,全县只有汪集区和仓埠区毕铺乡的莲花村继续坚持农村合作医疗制度。汪集镇

的合作医疗维持到1994年也终止。至此,合作医疗制度在全县范围内彻底解体。1997年汪集镇的复兴经管处作为全市农村合作医疗试点,仅试运行了6个月就解体了。

2007年,在中共新洲区委、区政府领导的重视下,该区被纳入全省新型农村合作医疗试点区,全区参合农民人数达到67.95万人,参合率为90.65%,超过了前两年试点的总和,覆盖全区90%以上农民,一举进入全市先进行列,得到了市政府领导的充分肯定。当年,该区参合农民获得中央和省财政补助资金达2 400万元,市财政和区财政补助资金达2 040万元,全区共有14.99万农民享受了合作医疗报费政策的优惠,累计报销补偿医药费3 631.32万元,其中有12.44万农民在门诊共报费补偿(含孕妇住院分娩补偿)667.64万元,有2.55万参合农民共获住院报费补偿金2 963.68万元,平均每位参合农民报费1 160.68元,另有724位农民因大病、重病住院除享受单次封顶6 000元外,还得到二次补偿金140万元,使全区参合农民住院报费平均补偿率达到39%,居全省和全市榜首,分别高出全省和全市平均补偿水平的8个和7个百分点。该区参合农民在乡镇卫生院(一级医院)住院报费补偿率达64.15%,属全市最高。2008年7月,区合医办对上年已执行报费手续的参合住院农民(3 612人)医疗费用在5 000元以上者,按15%的比例进行再次补偿,补偿总金额660万元,住院者人均补偿1 827元,连同上年已执行住院报费补偿金2 963.68万元,住院报费补偿总金额达3 623.68万元,补偿水平占住院资金总额(7 599.18万元)的47.68%,此次发放的补偿金金额占总补偿的8.68%,也就是说,2007年全区参合农民住院平均报费补偿水平(47.68%)已分别高出全省和全市平均补偿水平16个和15个百分点。新型农村合作医疗试点工作的顺利推进,为全区参合农民建立了基本医疗保障制度,对防止农民因病致贫、因病返贫现象发生,发挥了至关重要的作用。

地方财政不断加大对卫生事业的投入力度　1978年,地方财政对全区卫生事业投入经费只有100多万元,至2007年,达到3 980万元(不包括中央、省、市、区各级财政对新型农村合作医疗的补助经费,2007年,仅区财政对新型农村合作医疗的补助经费达1 000多万元)。

人均期望寿命　1978年,全区人均期望寿命为65.5岁,2007年为73.7岁。

附:新洲区卫生事业发展30年成就对比表

新洲区卫生事业改革开放30年发展成就对比表

年份			1978年	2007年
机构个数			112	504
人员数			1 908人	4 652人
床位数			1 121张	1 458张
财政投入			1 118 015元	39 808 588元
基建投入			1 644 300元	1 700 000元
预防接种	卡介苗		0人	6 275人
	乙脑疫苗		37 050人	28 500人
	小儿麻痹		43 092人	23 756人 (接种率99.69%)
	麻疹疫苗		24 137人	12 109人 (接种率96.80%)
	百白破三联疫苗		46 064人	19 240人 (接种率99.07%)
	乙肝疫苗		0人	18 207人次
	钩体菌苗		375 423人	
传染病管理	乙脑	患病数	21人	0
		死亡数	3人	0
	疟疾	患病数	7 518人	0
		死亡数	0	0
	痢疾	患病数	1 039人	39人
		死亡数	0	0
	伤寒	患病数	15人	0
		死亡数	0	0

续表

年份			1978 年	2007 年
传染病管理	流脑	患病数	1 919 人	1 人
		死亡数	75 人	0
	麻疹	患病数	947 人	0
		死亡数	1 人	0
血吸虫病防治	查出人数		1 090 人	58 人
	新发现数		349 人	0
	治疗人数		2 837 人	58 人次
妇女儿童保健	妇女保健	生产人数	13 467 人	8 538 人
		产妇死亡	8 人	0
		产妇死亡率	5.9/万	0
	儿童保健	出生人口数	13 467 人	8 538 人
		出生率	17.97‰	8.60‰
		死亡人口数	6 069 人	6 071 人
		死亡率	8.1‰	6.23‰
人口	总人口数		749 360 人	985 685 人
	人口增长率		9.87‰	6.72‰
	人均期望寿命		65.5 岁	73.7 岁

2007 年新洲区卫生局领导及科室负责人一览表

职务	姓名	性别	籍贯	年龄	文化程度	专业技术职称	备注
党委书记	朱高潮	男	蕲春	50	大学	高级政工师	
局长、党委副书记	李厚平	男	新洲	44	在职研究生	政工师	
党委副书记、副局长(正处级)	张毓康	男	新洲	52	大学	主任医师	
副局长(正处级)	陈振喜	男	新洲	53	大专	统计师	
副局长	沈建中	男	新洲	53	大专	主治医师	
纪委书记、局党委委员	潘金文	男	新洲	42	大学	副主任医师	2007 年 11 月 29 日调任区人口计生委纪检组长
	赵新卫	男	新洲	40	大学		2007 年 11 月 29 日任局纪委书记
局党委委员、工会主席、区合管办主任	周寿松	男	新洲	45	大专	副主任医师	
调研员	段大秀	女	新洲	55	大学	高级讲师	2007 年 7 月 30 日任局调研员,8 月 13 日退休
副调研员	叶　平	男	新洲	45	大专	助理工程师	
血防办主任、办公室副主任(副处级)	汪一江	男	新洲	50	大学	主治医师	
人事教育科科长	缪笑阳	男	新洲	38	大学	医师	
法监科科长	罗新林	男	新洲	49	大专	主治医师	
医政科科长	刘立泉	男	新洲	45	大学	主治医师	
中医科科长	陈仲武	男	新洲	53	大专	主治医师	
监察室主任	郭吉汉	男	新洲	50	中专	主治医师	
疾控科科长	项新明	男	新洲	55	大专	主治医师	
爱卫办主任	章势和	男	新洲	49	中专	主治医师	
计财科科长	童　斌	男	新洲	40	大学	档案管理员	
红十字会副秘书长	陶　文	女	新洲	40	大学	主治医师	
办公室副主任	车友成	男	新洲	42	大学	助理政工师	
局团委书记、医政科副主任科员	胡敏燕	女	新洲	33	大学	医师	

(执笔:汪一江　车友成　汪正清)

武汉经济技术开发区

【概况】 截至2007年底，开发区辖面积192.7平方公里，区内设有2个街道、18个社区居委会、21个行政村，有常住人口17.7万人，其中有户籍人口约13万人。

全区共有不同隶属关系的医疗机构101个，其中：社区卫生服务中心3个，乡镇卫生院1个，综合医院2个，个体诊所、医务室和门诊部95个。辖区医疗机构共有床位220张，卫生人员607人，平均每千人口拥有医师1.66名，拥有床位1.24张。

2007年，全区出生人口1 005人，人口出生率7.79‰。全区法定传染病登记报告率99.82%，基础免疫"五苗"接种率99.46%，孕产妇死亡率为零。2007年办理《卫生许可证》706户，办理《健康证》7 586人，职业禁忌调离168人，调离率100%，卫生监督覆盖率100%。

【高质量完成三项重大活动医疗卫生保障任务】 2007年"女足世界杯"、"六城会"、"八艺节"等三项重大活动相继在开发区举行，在人手少、任务重的情况下，区社发局周密部署、合理安排，圆满完成了三大活动的医疗卫生保障任务，确保了区管委会主要领导提出的"不发生食物中毒事件、不发生传染性疾病流行、不发生伤病员救治延误事故"目标的实现，受到上级及各项活动组委会的好评。

该区防病中心制定了《开发区大型活动卫生保障应急处理预案》，建立专业队伍、开展培训演练，并组织实施。活动期间，采取专项整治与重点保障相结合的方式，对辖区餐饮经营单位进行了拉网式检查，对承担接待任务的宾馆、饭店和体育中心场馆进行驻点监督。在女足世界杯比赛期间，协助市卫生局销毁了一批不符合卫生要求的4 000份盒饭，消除了造成重大食品安全事故的隐患。

经反复协商，以神龙医院急诊科为基础建立了开发区医疗急救站。三大活动期间，以神龙医院为主力的区内医疗单位承担了多项活动和赛事的医疗保障任务，共派出医务人员120人次进驻现场，实施医疗救护76人次。

由开发区完全承担的"六城会"体操预赛医疗卫生保障，因组织严密、措施到位、保障得力，被六城会组委会和刘顺妮副市长作为重大赛事医疗卫生保障模式，在各单项赛事中推广。

【积极推进标准化乡镇卫生院和公共卫生科达标建设】 2007年共投入49万元用于标准化乡镇卫生院和标准化公共卫生科达标建设。年初，严格按照工作方案和目标进度推进创建达标工作，经区级初评，市级考证，有3个社区卫生服务中心的公共卫生科通过验收，1个乡镇卫生院公共卫生科通过复评。有1个乡镇卫生院因达标建设立项和资金到位较晚而仍在建设中。

在完成标准化公共卫生科硬件建设的同时，切实加强内涵建设。规范专业设置和设备配置，对公共卫生科人员配置实行竞聘上岗，建立年度考核制度。全面加强基础管理，明确了公共卫生科职责，制订了年度工作计划，按规范要求开展了慢性病防治、传染病管理、免疫接种、妇幼保健、健康教育及卫生监督协管等业务工作，全区公共卫生管理与服务水平得到了较大提高。

【全面完成2007年目标工作任务】

1. 法定传染病登记报告率99.82%，计划免疫"五苗"接种率99.46%，加强免疫种率99.63%；

2. 婴儿死亡率4.96‰，孕产妇死亡率为零；

3. 公民无偿献血完成104%，达240人；

4. 加强对食品消费领域的卫生监督。全区有证食品经营单位744家，卫生监督覆盖率100%，全年无一例食物中毒事件发生；

5. 对101个有证医疗机构全面实行监管，监督覆盖率100%；积极开展医疗市场专项整治，取缔无证诊所28户(次)，暂扣、销毁非法行医工具、药品1.25吨，总标值约8.5万元。

6. 全面完成市级结核病、艾滋病和血吸虫病等重大疾病的防治目标任务。全年未发生血吸虫病急感病人，无新发晚期血吸虫病人；肺结核病人发现、登记、管理131例；艾滋病防治取得新的成绩。

7. 新型农村合作医疗提前2年完成市政府目标，2007年参合率达95.34%，并对有关政策及时进行了调整与完善。

8. 社区卫生服务中心和乡镇卫生院的标准化公共卫生科全部创建达标。

9. 爱国卫生工作稳步发展，"四城同创"迈上新台阶。

【疾病预防与控制】 急性传染病防治 (一)急性传染病监测与管理。

1. 传染病登记报告率：2007年，该区全年无甲类传染病，累计报告乙、丙类传染病10种，共559例，死亡2例，法定传染病总报告发病率为310.55/10万，死亡率1.11/10万。与上年同期相比，报告发病数上升了1.08%。乙、丙类传染病报告发病数居前5位的病种是:肺结核184例(菌阴114例、涂阳44例、未痰检26例)、病毒性肝炎155例(甲肝2例、乙肝112例、丙肝8例、戊肝10例、未分型肝炎23例)、菌痢126例、感染性腹泻29例、淋病20例,占发病总数的91.94%。

2007年全区法定传染病登记报告率99.82%,报告及时率95.16%,传染病报告卡审核及时性100%,均达到市卫生局下达的目标要求。

2. 疫情报告:对辖区医疗机构疫情报告及疾病监测开展工作督导4次,完成疫情信息管理督导检查情况通报4期;完成《疫情简报》12期。

2007年2月开始,该区疫情报告综合指数2.78下降到0,未及时报告率从11.11下降为0,同2006年比较有了很大的进步。

3. 传染病监测与处理:

(1)重点传染病个案调查:对13例麻疹患者开展流行病学个案调查,调查率100%。

(2)霍乱及0157:H7检索:以神龙医院为监测点医院,开展"逢泻必检"工作,全年登记666例,检索77例。其它非监测点医院按照"逢疑必检"开展监测。全年未检索出霍乱及0157:H7病人。

(3)不明原因肺炎病例:全年常规开展不明原因肺炎病例搜索,未发现不明原因肺炎病例、SARS预警病例或人禽流感病例。

(4)病毒性肝炎防制:全年共报告病毒性肝炎155例,其中甲肝2例(占1.29%),乙肝112例(占72.25%)、丙肝8例(占5.16%)、戊肝10例(占6.45%)、未分型肝炎23例(占14.83%)。

强化了病毒性肝炎分型诊断工作,疫情报告中未分型肝炎的报告比上年下降44.44%。

1岁组儿童甲肝疫苗接种率100%,各免疫门诊将接种情况逐月上报该区卫生防病中心。

4. 培训:全年举办疫情信息管理培训班3次,1月25日举办传染病防治信息管理规范培训班,培训19人次。

消毒及病媒防制 1. 医院消毒及院感控制:该区无社会办医院,对91个医疗机构进行消毒效果监测,采样534件,合格486件,合格率91%。全年无院感事故发生。

2. 托幼机构监测:辖区内有5家公办幼儿园,全部进行了消毒效果监测。按市CDC规定项目采样88件,合格79件,合格率89.77%。监测结果上报了市CDC。对28家私立幼儿园开展了消毒效果监测,监测16家,共采样98件,合格53件,合格率54.08%。

3. 消杀药械管理:该开发区卫生防病中心消杀药械有专人管理,有保管、使用登记记录。

4. 病媒防治:该开发区爱卫办与汉阳区消毒站于年初签定《消杀合同》,由汉阳消毒站承包开发区管委会办公大楼和14个社区的病媒防治工作。

武汉康卓科技开发有限公司与红金龙印务等6家企业签订了《2007年度病媒防治合同》。

免疫预防 1. 业务培训:2007年,该区举办2期免疫规划管理培训班。共培训70人,培训合格人员统一发放合格证。

2. 督导考核:该区每季度对7家免疫门诊督导一次,并做好督导记录。2007年4月1日~4月5日进行了一轮免疫预防工作考核,考核成绩将计入年终公共卫生考核指标。

3. 免疫门诊的重新认定与管理。开发区社会发展局于3月26日至28日对全区预防接种门诊进行重新认定,对符合标准的8个免疫门诊进行统一授牌,并严格按照责任区域、服务对象和接种范围开展预防接种服务。

4. 常规免疫接种完成情况:2007年基础免疫"五苗"接种率99.46%,加强免疫接种率99.63%。其中基础免疫接种8 558人份,卡介苗671人份,接种率100%;接种乙肝疫苗2 427针次,接种率99.95%,乙肝疫苗首针及时接种率100%;糖丸2 994人份,接种率99.40%;百白破3 118人份,接种率99.07%;麻疹疫苗966人份,接种率99.28%。

加强免疫麻疹972人份,接种率99.59%;糖丸324人份,接种率100%;百白破786人份,接种率99.61%。

5. 专项工作:(1)脊髓灰质炎查漏补种工作。开展了0-6岁儿童脊髓灰质炎查漏补种工作,查出漏种儿童272人,其中应接种272人,实际接种257人,接种率94.5%。

(2)麻疹疫苗查漏补种工作。2007年共开展了两轮8月龄~6岁儿童儿童的麻疹查漏补种工作:共调查目标儿童4 316人,其中应种248人,实种244人,接种率98.37%,由于个别儿童有接种禁忌症,接种人员随后全部予以补种。

(3)乙脑疫苗查漏补种。补种231人,实际补种231人,接种率100%。

(4)入托入学预防接种证查验工作。应查验儿童数2 879人,查验率100%,持儿童预防接种证2 660人,应补证219人,实际补证209人,补证率95.4%。应补种疫苗298人,实际补种277人,补种率93.0%。

6. 免疫相关疾病监测报告:

(1)AFP病例报告与监测。设置神龙医院为监测点医院,按照《全国急性弛缓性麻痹(AFP)病例监测方案》的要求,实行旬报和月报制度,全年未发现AFP病例。

(2)麻疹监测。2007年,该区共报告麻疹13例,疑似麻疹病例个案调查11例,采集标本血清11份,标本采集率84.61%。

(3)全年未发现新生儿破伤风、狂犬病等其它与计免相关疾病。

(4)2007年该区无预防接种副反应事件发生。

艾滋病防治　(一)宣传教育。该区坚持面向一般群众,重点放在农民工及流动人口群体,将经常性宣传教育与重点宣传教育相结合,广泛开展多种形式的艾滋病防治宣传教育活动。

(二)艾滋病感染者的管理。截至11月30日,开发区共管理艾滋病病人1列、HIV感染者1例。按照市艾防所的要求,完成了对病人的体检、随访、治疗任务。

(三)项目工作。(1)开展100%安全套使用项目。该区各项目单位供应安全套累计1 637只。4月中旬,开发区防病中心召开了娱乐场所业主会,邀请市项目办的专家讲课,向业主们介绍了外展的内容和要求。

(2)母婴阻断项目。该区有孕妇1 671人,截至年底,共完成孕妇HIV抗体自愿免费检测1 320人,检测率为78.99%。

(四)VCT工作。2007年,神龙医院VCT点共接受咨询2人次。

慢性病防治　(一)入户调查及档案管理。2006年,沌口街已完成入户调查及档案管理工作。2007年9月底至10月初,组织建立了军山街11个村的居民健康档案,共建档2 315份,发现高血压患者125人,全部登记管理。

2007年在防病中心的组织下,各社区卫生服务中心开展了35岁以上首诊病人测高血压的工作,并对2007年在门诊中发现的和以往社区调查中所发现的高血压患者的每季度随访资料进行建档管理。

(二)制定社区综合防治规划。2007年,该区根据摸底调查,两类主要慢病患者分别为心脑血管疾病患者(占调查总人口的7.55%)和糖尿病患者(占0.85%)。根据调查结果开展健康宣教工作,引导社区居民改变不良生活、饮食习惯,提高社区居民的健康水平。

健康教育　至2007年,该开发区卫生防病中心、各医疗机构都设置了健康教育专栏,定期更新宣传内容。在"3.24"结防日主要以"结核流行广泛,控制从我做起"为主题,张贴了300张结核病防治宣传画,义诊362人,对42例疑似病人进行了免费检查。5月22～23日在军山街的凉亭村、德胜村开展了一次肺结核病防治宣传及免费筛查活动。筛查371人,共查出疑似病人21人,确诊肺结核病人3人。7月17日在军山街组织开展了一次关于肺结核免费治疗的宣传活动,活动现场悬挂横幅一条,摆放宣传牌2块,发放宣传单2 000份,宣传折页300余份。共有800余人接受宣传教育,接受咨询100余人。

"4.25"开展免疫预防接种宣传,区防病中心组织各免疫预防服务单位开展了"让每个儿童都能按时接种疫苗是各级政府的责任"为主题宣传活动,在各免疫门诊扯横幅,并在人口密集地方如集贸市场、社区等设立临时宣传点,全区共设宣传点11个,悬挂横幅7条,发放宣传折页800余张,开展咨询服务1 200多人次。

全年对区内所有大型宾馆酒店娱乐场所进行了2次防艾滋病宣传画张贴、宣传折页摆放情况的监督检查,发放宣传画48张,宣传折页740份,并在开发区沌阳市场外制作了1块户外大型广告牌。通过以上工作,使公众进一步了解防制艾滋病的相关知识、传播途径,引导建立文明健康的生活方式,避免不必要的恐慌,并尽可能消除公众对艾滋病感染者及其家属的歧视。

2007年6月8日,由开发区7个疫情报告单位发放防治高温中暑、农药中毒的宣传材料500份。军山街在农村地区是宣传重点,发放宣传材料200份。6月11日至9月10日,该区开展职业卫生监督工作的过程中,向30余家存在高温作业的企业员工发放防高温中暑宣传材料600份。7月,开发区卫生防病中心委托开发区一家广告公司制作七套防治高温中暑和农药中毒宣传海报,张贴在各疫情报告单位宣传栏内。军山卫生院军山分院制做了一期题为"控制高温中暑、农药中毒,预防重于治疗"的板报。

【卫生监督】　2007年,开发区餐饮业食品卫生监督覆盖率100%,有证医疗机构监督覆盖率100%,社区卫生服务中心(站)监督覆盖率100%,集体和学校食堂、大中型餐饮单位食品卫生监督量化分级评分率100%,职业危害健康监护率84%,群众举报投诉处理、回复率100%,完成了工作目标任务。

打击非法行医与医疗机构监管　开发区共有各类医疗机构112个,其中取得《执业许可证》的101个,另有11个无证诊所。

2007年，开发区有证医疗机构和社区卫生服务中心（站）的监督覆盖率均达100%，群众举报投诉受理、回复率100%。

1. 医疗市场专项整治：全年共开展了5次打击非法行医和1次有证医疗机构全面督检查工作。先后出动卫生监督员150人次，出动监督车辆40台次，依法取缔无证诊所22户次，暂扣、销毁非法行医工具、药品总计约800公斤，总价值约5.5万元。

2. 医疗机构压力蒸汽灭菌人员培训：区卫生防病中心于2007年8月15日邀请市疾控专家来该区授课，参加培训的医务人员共92人，培训后现场进行考试，并对考试合格的医务人员统一发放了《压力蒸汽灭菌培训合格证》。

3. 消毒产品专项检查：6月中旬至7月底，区防病中心出动卫生监督员160余人次，出动监督车辆80余台次，对区内42个医疗机构、13家药店、8家宾馆饭店、24家超市进行了专项检查，共检查皮肤粘膜消毒剂、抗（抑）菌制剂41种。此次重点检查了个体医疗机构和小药店，对其使用和销售的皮肤粘膜消毒剂，从使用方法到证照、标识进行了严格检查，未发现违规使用及证照不全、标识违规等情况。

4. 处理投诉及督办事项：2007年，区防病中心共接到群众关于非法行医的投诉3起，接到上级部门关于查处非法行医行为的督办单4份。经卫生监督员调查核实，全部依法进行了处理，取缔了一批非法行医单位，并将处理结果及时进行了回复，投诉受理、回复率100%。

食品卫生监督　根据年初基本情况调查，开发区共有食品生产经营户744家，从业人员8 328人。办理了《卫生许可证》的706户（其中生产加工40户、饮食服务业209户、批发零售282户，集体食堂28户，食品摊贩142户，生活饮用水5户），办理《健康证》7 586人，职业禁忌调离168人，调离率100%。

开发区共有各类学校（含幼儿园）24所，其中大学2所、中学6所、小学10所、职业技术学校1所、幼儿园5所。共有学校食堂26所，其中三所食堂为食品卫生安全信誉度A级单位。

开发区餐饮业食品卫生监督覆盖率为100%，集体和学校食堂、大中型餐饮单位食品卫生量化分级评分率为100%，群众举报投诉受理、回复率100%，全年未发生一起食品安全事故。

1. 开展食品卫生专项整顿。

（1）餐饮业餐具消毒专项整治：2007年4月25日至26日，防病中心出动卫生监督员24人次，车辆12台次，重点对湘隆时代广场内的12家中小型餐饮单位的消毒情况进行了检查。对存在违规操作的单位提出整改意见，督促其增加设置有效消毒设备、设施，规范洗涤剂使用方法，督促各单位洗碗工在获得《健康证》后上岗。经过整改，基本达到要求。

（2）农村学校食堂专项整治：自军山街划归开发区托管以后，开发区内共有农村学校6所，其中有集体食堂的学校4所。2007年6月20日，区防病中心出动卫生监督员12人次，车辆4台次，对上述4所农村学校食堂进行了专项整治工作。其中存在较大问题的食堂1所，针对出现的问题对该食堂出具了监督意见书，提出了整改意见，该食堂在规定的时间内已整改完毕，情况有较大改善。

（3）大、中、小型餐饮专项整治：2007年7月到9月，区防病中心组织开展了大、中、小型餐饮的专项整治工作，重点检查是否存在使用不合格和来源不明的食用油、原料重复使用、不合理使用添加剂、不按要求索证等行为。此次行动先后出动卫生监督员84人次，车辆25台次，对42家餐饮业户进行了监督检查，除部分业户索证工作不到位外，未发现严重违规行为，该区对这些单位下达了卫生监督意见书，要求其在今后的工作中进一步完善索证工作。

（4）工地食堂专项整治工作：2007年7月15日至8月28日，区防病中心出动卫生监督员48人次，出动车辆24台次，对区内10个建筑工地的食堂和副食店进行了整治。检查中，针对工地食堂经营环境恶劣、卫生设施残缺等问题，按照《建筑施工工地临时食堂卫生管理规定（试行）》对相关负责人员提出了整改意见，敦促其配备和完善卫生设施，指定专人负责工地食堂的卫生工作，提高食品卫生意识。目前1家已办理《卫生许可证》，其余工地食堂仍在整改。

（5）校园及周边食品卫生专项整治：2007年2月底及9月初，区防病中心与开发区教育局体卫站联合，于春秋季开学前，对全区学校食堂、副食商店及学校周边食品经营户进行了两次专项整治。两次行动共出动卫生监督员300人次、车辆95台次，对25所学校食堂进行了反复监督检查，出具各类监督文书27份。没收了不符合卫生要求的小食品65公斤，对开发区二中食堂责令整改，经过多次监督指导，基本达到卫生要求。

（6）无证（照）经营专项整治：2007年7月3日至7月13日，区防病中心对164家单位未取得《卫生许可证》，正在从事食品生产经营、美容美发等活动的单位进行了查处。

根据专项整治办公室安排，区防病中心组织卫生监督员对这164家无证经营单位逐个进行了调查，并根据现场情况对该164家单位分别下达了卫生监督意见书，要求其办理《卫生许可证》后再开门经营。对于递交了卫生许可申请书的单位，卫生监督员及时上门对其现场进行审查，对于存在的问题提出整改意见。经多次上门指导与监督，其中86家已办理了《卫生许可证》，对于未办理《卫生许可证》，也未递交卫生许可申请书的78家单位，区防病中心联合工商部门对其进行了取缔。

2. 节日期间食品卫生监督。为进一步保障群众节日期间的身体健康，防病中心分别于“元旦”和“五一”、“十一”黄金周节日期间对区内宾馆、酒店、餐馆、饮食摊点进行了卫生监督，并建立了突发食品安全事故应急预案。

3. 重大活动食品安全保障。开发区承办的大型活动频繁，为此区防病中心制定了《开发区大型活动卫生突发事件应急处理预案》，以便随时应对可能发生的食品安全事故。

2007年，区防病中心为“台商周”、“六城会”体操预赛、田径大奖赛武汉站、2007年女足世界杯、科技部参观民营企业、女足世界杯抽签仪式暨全明星赛、中考、高考等八项重大活动，提供了食品安全保障，出动卫生监督人员近400人次，车辆180余台次，共监督中型宾馆酒店29户次，主干道及活动场所周边小型餐饮单位157户次。

凡开发区举办重大活动，卫生监督员重点对与会人员驻地及周边餐饮单位加强卫生监督检查，用“卫生小贴士”等方式提醒与会人员注意防范食品卫生安全事故，必要时派出卫生监督员入驻酒店强化食品安全保障工作。

特别是在女足世界杯期间，加强了对场馆内外76家食品生产经营单位进行监督检查，并协助市卫生局对进场盒饭进行检查，发现了一批不符合卫生要求的盒饭，区防病中心按照市卫生局要求销毁了该批不符合卫生要求的4 000份盒饭。

4. 专项检查与投诉处理。2007年先后开展了“查处不合格风味酸乳产品”、“查处仿冒药品生产经营食品违法行为”、“查处违法添加药物的5种保健食品”、“查处有关不合格乳饮料产品”等4项专项检查工作，共出动卫生监督员200余人次，车辆80余台次，4次检查行动中均未发现上述不合格食品。

2007年共接到食品方面的投诉3起，受理、回复率100%。对于群众举报投诉的情况，区防病中心卫生监督员均及时调查核实，进行处理，并对投诉人予以及时回复，投诉人对处理结果均表示无异议。

5. 食品卫生监测。2007年5月至9月，共对14家食品生产企业的21件食品样品进行了检测，合格17件，合格率81%；食品用产品抽检2件，合格2件，合格率100%；干货抽检5件，合格5件，合格率100%；对34家餐饮、集体食堂的餐具抽检358件，合格342件，合格率96%。

职业健康监护监管与放射卫生监督管理

1. 职业卫生监督。2007年配合市卫生监督所，对威斯卡特等6家职业危害相关单位进行了卫生监督，责令上述单位开展职业病防治工作。

当年7月下旬至8月下旬，区防病中心配合区劳工部门、街办开展了对“五小”单位（小旅店、小餐馆、小理发店、小作坊、小副食品店）的检查工作。检查中，共出动卫生监督人员28人次，出动监督车辆14台次，对区内14家“五小”单位进行了检查，检查中共涉及工人总数177人，其中从事有害作业的共37人。共查出违法单位2家，共37名从事有害作业的工人未进行职业健康检查，也未建立职业健康监护档案。当地街办已勒令此2家违法单位立即关闭。

2. 放射卫生监督。2007年，开发区开展放射诊断的单位有10家，全部办理了《放射诊疗许可证》，其中上年7家公立医疗机构全部办理完毕，2007年新办理的3家均为私人门诊部。在区防病中心的组织下，市疾控中心放射防护科分批对这10家单位进行了放射防护检测，检测结果完全合格。

传染病卫生监督　2007年，开发区防病中心每季度对辖区医疗机构进行1次传染病卫生监督。全年发现疫情漏报1例，在全区予以通报，法定传染病报告率99.82%。

各医疗机构按照《消毒管理办法》落实了消毒措施，检测医疗机构91户，抽检样品534件，合格486件，合格率91%。对21家幼儿园的餐具、玩具等进行了消毒效果监测，合格率70.97%，其中5家公立幼儿园采样88件，合格79件，合格率89.77%%，16家私立幼儿园采样98件，合格53件，合格率54.08%。对于检测不合格的单位，社会发展局已责令限期整改。

在区防病中心的组织与监督下，开发区各学校均建立了传染病防治小组，制定了传染病防治管理制度，指定了学校疫情报告人。

各娱乐场所积极配合区防病中心开展艾滋病防治工作，各医疗机构、学校均认真履行艾滋病、结核病防治工作职责。

在对工地的日常卫生监督工作中,发放艾滋病、结核病防治宣传材料2 000余份,要求各工地均指定了疫情报告人,落实了疫情报告电话。

公共场所卫生监督 2007年,开发区共有公共场所102户,从业人员298人,办理《卫生许可证》60户,《健康证》178个。对4个游泳池抽样检测8件,合格8件,合格率100%。

生活饮用水卫生监督 2007年对晨鸣水厂、汉阳造纸厂水厂、江大纯净水厂、中天饮用水厂各进行了4次监督检查,对4家水厂各进行了1次水质全分析,合格率为100%。

【妇幼卫生工作】 2007年目标任务完成情况 1. 2007年全区产妇人数为1 206人,全年无孕妇死亡,孕妇死亡率为0;

2. 活产新生婴儿数为1210人,婴儿死亡人数为6人,婴儿死亡率为4.934‰;

3. 全年孕妇数为1 206人,住院分娩人数为1 204人,孕妇住院分娩率为99.83%;

4. 高危产妇人数为334人,高危产妇住院分娩人数为334人,高危产妇住院分娩率为100%;

5. 沌阳医院和军山卫生院都开办了孕妇学校,乡镇卫生院孕妇学校开办率为100%。产科医务人员三基考核合格率100%。

依法加强妇幼保健机构准入管理 1. 对6家母婴保健技术服务机构进行了《执业许可证》年度校验;对通过了母婴保健技术服务考试的41名医务人员发放了《母婴保健技术服务考核合格证》。并将其相关资料上报市卫生局备案。

2. 根据《武汉经济技术开发区医疗机构设置规划(2007——2009)》,该区将在规划期内设置5个妇幼保健机构,其中4个为助产技术服务机构,取消了军山分院的助产技术服务资格。

3. 根据规定区卫生防病中心对4家已签发机构进行了督导检查,未发现违规出具《出生医学证明》的情况。

开展产科质量检查 2007年7月7日,社会发展局召开了产科质量检查工作会议,部署了产科质量检查任务。7月8日至7月15日,4家助产技术服务机构开展产科质量自查。8月14日-9月5日,区防病中心对4家助产技术服务机构进行了督导检查。9月7日市卫生局检查了该区的产科质量。严格按照市卫生局要求,沌阳医院、神龙医院、军山卫生院认真进行了整改。军山卫生院利用房屋改造机会对妇产科布局进行了重新规划,沌阳和军山卫生院制定了业务院长查房制度,针对病历书写不规范,存在漏项问题,及时纠正,建立定期病历质量考核制度。神龙医院针对新生儿疾病筛查率偏低的情况,加大宣传力度,增设了宣传栏。

落实孕产妇保健管理实施管理细则 区防病中心全年对辖区妇幼保健机构督导2次。在神龙医院设立了区级孕产妇抢救小组,并自行与同济医院妇产科、同济医院生殖中心协商,建立了高危孕产妇抢救会诊、转诊机制。

开发区分别在沌阳医院和军山卫生院开办了2所孕妇学校,乡镇卫生院孕妇学校开办率为100%。共开课次96次,接待学员1 920人次,发放《保健知识手册》1 920份。

产科医务人员三基考核合格率100%。2007年11月9日对辖区内神龙医院、沌阳社区卫生服务中心、沌口社区卫生服务中心、军山卫生院的41名产科医务人员进行三基考核。考核成绩均及格,考核合格率100%。

妇幼疾病筛查工作 1. 新生儿疾病筛查。2007年在开发区助产技术服务机构出生人口为946人。实际筛查数为679人。筛查率为71.77%。

2. 孕妇艾滋病筛查。应检测1 671人,实检测孕妇1 320人,检测率为78.99%,结果全部为阴性。

3. 全区已部署神龙医院开展听力筛查工作。

信息管理及宣传 1. 2007年全区编辑发行《妇幼工作简报》10期。

2. 在"三·八"妇女节前夕的3月4日各医疗机构在辖区开展了义诊宣传活动。并免费发放妇女保健宣传资料约300余份,为100名贫困妇女进行了免费妇女病普查,普查项目主要为妇检、乳透、宫颈刮片细胞学检查、白带常规等。

3. "六·一"儿童节前夕。各社区卫生服务中心及医疗机构张贴宣传画10余份,共发放宣传资料约400余份,接受家长咨询200人次,并对辖区400名儿童进行了免费体格检查活动。

妇幼保健机构管理 2007年,区防病中心为开发区各母婴保健机构提供技术指导,并协助社会发展局对各母婴保健机构进行管理。由于开发区特殊的行政管理体制,区防病中心不直接对居民提供母婴保健服务,机构职能与科室设置、业务工作范围都有其特殊性。

开发区防病中心按照《武汉市托幼机构卫生保健合格标准》注重基层保健管理。对辖区内的5家幼儿园进行管理。开发区托幼机构服务人员共122人,体检并办理健康证122人,体检办证率为100%。

除军山幼儿园外，其它各幼儿园均开展了入园体检。对5家幼儿园进行了消毒卫生监测，共采样70件。

【血防工作】

查螺灭螺 2007年，全区共调查钉螺面积11.66万㎡，完成市下达目标任务(9万㎡)的129.55%。其中垸内调查钉螺面积5万㎡，未查出有螺面积，垸外查钉螺面积6.66万㎡，查出有螺面积4万㎡，捕查螺4只，未发现阳性钉螺。

全区共药物灭螺面积7万㎡，完成市下达灭螺任务133.33%，其中垸外江滩灭螺面积4万㎡，垸内黄石畈虽然未查出钉螺，但为了巩固上年控制成果，对可疑孳生地带的沟渠坑塘实施药灭3万㎡。

查病治病 全区共查病1 925人(包括门诊检查人数286人)，占市下达人群查病任务(1 825人)的105.47%，查出血清单阳5例(门诊病人查出)，粪检5例全部为阴性，对查出的5例血清单阳病人进行了常规治疗，同时对开发区2例晚血病人统一免费治疗一次。

加强汛期血吸虫病急感预防

为了防止汛期急感的发生，制定了开发区汛期血吸虫病防治急感工作实施方案，成立了以社发局、街办事处、社区汛期防治工作领导小组、专业技术小组、抢治工作小组，自2007年6月20日到11月15日，在5.18公里的烂泥湖大堤和3.72公里的长江干堤上共设监督岗哨3所，采取"定人、定点、定时间"反复巡查，共出动巡查人员510人次，更新固定血防警示牌2个，重新喷刷血防警示牌25块，在汛期中未发现一例接触疫水人员，全区未发现一例急感病人。

积极开展血防宣传教育工作

2007年全区累计发放宣传手册210本，宣传单4 500份。张贴宣传告示230张，经抽样调查，居民血防知识知晓率达90%以上，宣传教育具体措施：

一是对疫区学校血吸虫病防治知识宣传教育不放松。到学校讲授血防知识课，听课师生2 130人，学生听课率达98%以上。

二是流动人员上门服务宣传到位不放松。对大批外来务工人口，集中举办现场咨询活动一次，发放宣传单180张，在每个施工点张贴宣传告示70张。

三是社区宣传咨询活动不放松。举办社区血防知识现场咨询活动一次，现场咨询人数650人次，发放宣传单1 000份。

四是专业人员、乡村医生、街干部培训学习不放松，全年该区专业人员参加省、市专业培训班10人次，区街干部8人集中培训1次，26名乡村干部、村医培训1次，使血防宣传教育工作不断加大力度、向深度、普及发展。

积极救治晚血病人 开发区现有晚血病人2人，一人于2005年经过免费手术治疗后，经过近三年的观察与治疗，已经确认治愈；另一人经过每年的免费治疗，病情基本好转。区、街财政拿出专项经费进行慰问和补贴。

【实施新型农村合作医疗】 该开发区经过近一年的调研，于2007年1月1日起正式实施新型农村合作医疗。

2007年参合情况 全区55个村(社区)计19 522户共有65 222人参加了合作医疗，参合率达到95.34%。

2007年补偿情况 全区共有8 376人次获得合作医疗补偿，补偿总金额为410.79万元；其中门诊5 499人次，补偿金额28万元；住院281人次，补偿金额372.36万元；重症门诊96人，补偿金额10.43万元。

开展监督检查 合管办和合管站深入医疗机构、社区(村)开展监督检查，及时发现问题，充分发挥监督、检查、调研、建议等职能，不断完善运行体系，健全合作医疗相关制度。

及时启动二次补偿和健康体检

首批共有1 833人次获得了61.60万元的补偿；为44 448名参合群众进行了健康体检，同时建立健康档案。

认真开展宣传培训 全年举办合作医疗政策、信息系统等各类培训班6期，参训人数达500余人次。编印宣传单、宣传册，在《武汉开发区报》上开辟专栏，宣传合作医疗政策。

2007年武汉经济技术开发区医疗卫生机构基本情况一览表

机构名称	地址	法人代表	床位数(张)	职工人数	卫技人数	建筑面积(平方米)	年门诊人次	年住院人次
神龙医院	神龙路149号	何宏生	98	225	186	17 874	135 109	3 287
沌口街沌口社区卫生服务中心	沌口正街9号	王进超	20	41	32	2 806	26 798	408
沌口街沌阳社区卫生服务中心	沌口街联成路79号	姚建华	20	52	46	4 973	67 806	520
沌口街薛峰社区卫生服务中心	薛峰社区内	周兴年	0	25	21	1 993	2 340	

续表

机构名称	地址	法人代表	床位数（张）	职工人数	卫技人数	建筑面积（平方米）	年门诊人次	年住院人次
军山街卫生院	军山街黄陵北后街38号	余爱学	50	133	116	8 094	41 601	817
武汉汉纸医院	沌口街东荆社区	周佑群	50	60	50	4 507	43 883	854
江汉大学医院	学府路8号	王祖畅	30	37	36	4 378	24 239	

2007年武汉经济技术开发区门诊部、诊所、卫生室一览表

机构名称	地址	法人	负责人	诊疗科目
勇毅门诊部	升官渡小区翰林苑1栋3单元102－106、2栋1单元101－102	印勇毅	印勇毅	内科/外科/儿科/康复医学科/医学检验科/医学影像科/X线诊断专业/超声诊断专业/心电诊断专业/中医科/
武汉春秋门诊部	金荷花园6栋4－6号门面	万春秋	吴月珍	内科/外科/妇科专业/耳鼻咽喉科/口腔科/皮肤科/医学检验科/医学影像科/中医科/
武汉泰和门诊部	江大路5号泰合百花公园二期中央街E－16－9号	杨守义	杨守义	内科/外科/儿科/医学检验科/医学影像科/中医科/
湖北省口腔医院沌口门诊部	天鹅湖假日山庄庄景湖园5号	边　专	张　飚	口腔科/医学影像科/
武汉康桥门诊部	沌口街奥林花园5－2号	丁　凡	李世杰	内科/外科/儿科/急诊医学科/医学检验科/医学影像科/中医科/
武汉春风门诊部	沌眼大道联城路2号沌阳街郭徐岭村	万春风	陈志刚	内科/外科/急诊医学科/医学检验科/医学影像科/中医科/
武汉南星综合门诊部	沌阳街联城路123号	张　杨	张均桂	内科/外科/儿科/医学检验科/医学影像科/
徐世刚西医内科诊所	滨湖社区3号门面	徐世刚	徐世刚	内科/
肖德早西医内科诊所	洪山村三区81号	肖德早	肖德早	内科/
朱大利西医内科诊所	新华社区2000号	朱大利	朱大利	内科/
谢峰康复诊所	湘隆广场10－4号	谢　峰	谢　峰	康复医学科/
张艳西医内科诊所	薛丰社区28栋一单元101房	张　艳	张　艳	内科/
周荣浩西医内科诊所	薛丰小区77栋3－101房	周荣浩	周荣浩	内科/
张国金西医内科诊所	薛丰社区18栋1－102房	张国金	张国金	内科/
吴爱民西医内科诊所	碧湖苑小区11号	吴爱民	吴爱民	内科/
谢先波西医内科诊所	薛峰社区64栋	谢先波	谢先波	内科/
孙家华西医内科诊所	沌口贸易3路64号	孙家华	孙家华	内科/
周玉芝西医妇科诊所	联城路118号	周玉芝	周玉芝	内科/妇科专业/
郑香德西医内科诊所	民营工业园管理3号楼1号	郑香德	郑香德	内科/
刘莲香西医内科诊所	薛峰社区50栋3－101室	刘莲香	刘莲香	内科/
陈仁刚西医内科诊所	薛峰集横街39号	陈仁刚	陈仁刚	内科/
方开泉西医内科诊所	沌口薛丰社区12栋2－101室	方开泉	方开泉	内科/
朱大忠西医内科诊所	沌口街永久社区124栋－2－101	朱大忠	朱大忠	内科/
黄秀平西医内科诊所	佳和馨居商业长廊12栋16号	黄秀平	黄秀平	内科/
湛汉玲西医内科诊所	绿岛花园11号	湛汉玲	湛汉玲	内科/
辛运昌西医内科诊所	碧湖新村45栋一单元102	辛运昌	辛运昌	内科/
曾金发西医内科诊所	新华村雷湾10号	曾金发	曾金发	内科/
胡萍西医内科诊所	沌口薛峰社区111栋3单元101室	胡　萍	胡　萍	内科/
华胜兰西医内科诊所	周公正街26号	华胜兰	华胜兰	内科/
李友忠西医内科诊所	万家湖社区7栋1－102房	李友忠	李友忠	内科/
龚晓德西医内科诊所	建华小区A区11栋1－101房	龚晓德	龚晓德	内科/
张小年西医内科诊所	碧湖小区3栋27号	张小年	张小年	内科/

续表1

机构名称	地址	法人	负责人	诊疗科目
林海子西医内科诊所	曹庄小区9号	林海子	林海子	内科/
刘代祥西医儿科诊所	奥林小区10号楼6号门面	刘代祥	刘代祥	儿科/
肖光美西医内科诊所	周公正街28号	肖光美	肖光美	内科/
李秀兰西医内科诊所	沌口街红升小区3区3号	李秀兰	李秀兰	内科/
顾红湖西医内科诊所	滨湖社区12栋2单元101室	顾红湖	顾红湖	内科/
周芝荣西医内科诊所	沌口薛丰社区横街32号	周芝荣	周芝荣	内科/
黄运华西医内科诊所	三元寺二区50号	黄运华	黄运华	内科/
张炎坤西医内科诊所	佳和馨居20号楼18号商铺	张炎坤	张炎坤	内科/
文正浩西医内科诊所	滨湖社区14栋102房	文正浩	文正浩	内科/
张菁梅西医内科诊所	普天集贤院门面2号房	张菁梅	张菁梅	内科/
万腊生西医外科诊所	福东路338号	万腊生	万腊生	普通外科专业/
林先涛西医内科诊所	郭蔡路121号	林先涛	林先涛	内科/
杨习枝西医内科诊所	天鹅湖小区翠湖园1栋11号	杨习枝	杨习枝	内科/
付怀修西医内科诊所	金色港湾罗马广场	付怀修	付怀修	内科/
黄文娟西医内科诊所	沌口街贸易三路67号	黄文娟	黄文娟	内科/
叶新堂西医内科诊所	沌口街汉纸西路402号	叶新堂	叶新堂	内科/
黄福海西医内科诊所	蔡家二区124号	黄福海	黄福海	内科/
雷勋平西医内科诊所	升官渡小区海联集团门面1号	雷勋平	雷勋平	内科/
李忠寿西医内科诊所	沌口街新华社区6－5三单元101	李忠寿	李忠寿	内科/
刘庆生西医内科诊所	沌口街新民社区145号	刘庆生	刘庆生	内科/
付国文西医内科诊所	武汉开发区水木清华1－46商铺	付国文	付国文	内科/
杨朗西医内科诊所	武汉市沌口开发区沌阳大街三元寺八区七号	杨　朗	杨　朗	内科/呼吸内科专业/消化内科专业/
戴文华西医内科诊所	新华社区6－1栋2单元101	戴文华	戴文华	内科/
王玲华西医内科诊所	贸易二路45号	王玲华	王玲华	内科/呼吸内科专业/消化内科专业/
李保林西医内科诊所	武汉经济开发区金荷花园c去二栋	李保林	李保林	内科/
王炳勤内科诊所	武汉经济开发区沌口蔡家四区71号	王炳勤	王炳勤	内科/
张军西医内科诊所	奥林花园1号楼2号商铺	张　军	张　军	内科/
苏炳炳西医内科诊所	碧湖新村72栋41号门面	苏炳炳	苏炳炳	内科/
钱燕玲中医诊所	碧湖小区11栋2单元102室	钱燕玲	钱燕玲	中医科/
余桂荣中医诊所	汉纸东路24号	余桂荣	余桂荣	内科专业/
潘国新中医诊所	红升二区62号	潘国新	潘国新	内科专业/
朱丽华中医诊所	贸易三路27号	朱丽华	朱丽华	中医科/
尹述平中医诊所	沌口街贸易路	尹述平	尹述平	中医科/
龚小红中医诊所	奥林苑四栋一单元101房	龚小红	龚小红	中医科/
张志新中医内科诊所	阳光丽景1－2－101	张志新	张志新	内科专业/
刘新明中医内科诊所	沌口街蔡家新区	刘新明	刘新明	内科专业/
杨树芳中医内科诊所	车城路16号	杨树芳	杨树芳	中医科/
孙旭国中医内科诊所	升官渡小区6栋3单元101室	孙旭国	孙旭国	中医内科/
陈国福中医内科诊所	沌阳街蔡家二区41号	陈国福	陈国福	内科专业/
杜天明中医内科诊所	周公正街6区48号	杜天明	杜天明	内科专业/
王志雯中医内科诊所	红外村二区3#	王志雯	王志雯	内科专业/
邱先佑中医内科诊所	滨湖社区59栋3－102室	邱先佑	邱先佑	内科专业/
刘清波中医内科诊所	军山街中山湖路295号	刘清波	刘清波	内科专业/
朱冬枝中医骨伤科诊所	协丰社区15栋1－1房	朱冬枝	朱冬枝	骨伤科专业/
曾昭生中医骨伤科诊所	沌阳街三元寺八区7号	曾昭生	曾昭生	骨伤科专业/
刘玉峰中医针灸诊所	佳和馨居12栋5号	刘玉峰	刘玉峰	针灸科专业/
易复元堂中西医结合诊所	联城路阳光丽景5号楼	易平绩	易平绩	中西医结合科/

续表2

机 构 名 称	地 址	法 人	负责人	诊 疗 科 目
胡品才中西医结合诊所	蔡家小区三区87号	胡品才	胡品才	中西医结合科/
军山街幸福桥村卫生室	军山街幸福桥村三组	范纯秀	范纯秀	预防保健科/内科/
军山街胜利村卫生室	军山街胜利村三组	王运保	王运保	预防保健科/内科/
军山街枫林村卫生室	军山街枫林村一组	王万国	王万国	预防保健科/内科/
军山街王家村卫生室	军山街王家村二组	周关志	周关志	预防保健科/内科/
军山街川江村卫生室	军山街川江村一组	段成海	段成海	预防保健科/内科/
军山街小军村卫生室	军山街小军村二组	肖群英	肖群英	预防保健科/内科/
军山街长山村卫生室	军山街长山村二组	高秋香	高秋香	预防保健科/内科/
军山街肖家村卫生室	军山街肖家村中心村	吴良成	吴良成	预防保健科/内科/
军山街龙湖村卫生室	军山街龙湖村五组	杨运香	杨运香	预防保健科/内科/
军山街洪海村卫生室	军山街洪海村	杨玉华	杨玉华	预防保健科/内科/
军山街黄石村卫生室	军山街黄石村三组	曾令维	曾令维	预防保健科/内科/
军山街得胜村卫生室	军山街得胜村八组	曾庆涛	曾庆涛	预防保健科/内科/
军山街群江村卫生室	军山街群江村三组	刘传贤	刘传贤	预防保健科/内科/
军山街新团村卫生室	军山街新团村三组	解斌厚	解斌厚	预防保健科/内科/
军山街张王庙村卫生室	军山街张王庙村六组	罗玉兰	罗玉兰	预防保健科/内科/
军山街硃山村卫生室	军山街硃山村二组	饶前银	饶前银	预防保健科/内科/
军山街大山村卫生室	军山街大山村一组	朱道国	朱道国	预防保健科/内科/
汉阳三中医务室	军山街汉阳三中教学楼内	余爱学	贾丽霞	预防保健科/内科/
名幸电子武汉有限公司医务室	神龙大道168号	盛松志	黄秀平	预防保健科/内科/
广州昭和汽车零部件有限公司武汉分公司医务室		揭慧茵	揭慧茵	预防保健科/
湖北省地球物理勘察技术研究院卫生所	联城路108号	陈国帅	丛 玲	预防保健科/内科/

（吴 吟）

武汉东湖高新技术开发区

【概况】 该区始建于1988年10月;1991年3月,被国务院首批批准为国家级高新技术产业开发区(简称:武汉东湖高新区);2001年被原国家计委和科技部批准为国家光电子信息产业基地,即“武汉·中国光谷”。

随着武汉东湖高新区社会经济的迅速发展,2005年7月高新区托管原江夏区流芳街的13村1委,一并托管这一区域相关的卫生工作行政管理职能。为进一步强化东湖高新区社会事务管理职能,2006年3月“武汉东湖新技术开发区教育文化局”增设卫生行政管理职能,正式更名为“武汉东湖新技术开发区教育文化卫生局”,主要行使武汉市卫生局委托的区级卫生行政部门职能,负责高新区范围内的区域卫生规划及卫生资源配置、疾病预防控制、卫生行政许可及卫生监督、医疗机构管理及相关的医疗卫生机构设置、卫生技术人员准入审批、妇幼卫生保健工作、爱国卫生、新型农村合作医疗工作等。2007年10月,高新区成建制托管原江夏区豹澥镇,卫生行政管理范围随之延伸到这一区域。

截至2007年底,该区管辖面积193平方公里,管辖一个镇、一个办事处,常住人口25万人。有各级各类医疗机构56个(不包含原洪山区关山街的4村1委所在区域),其中政府办非营利性医院3个,高校和企事业单位门诊部、医务室6个,村卫生室35个,个体诊所12个。

2006年5月东湖高新区疾病预防控制中心和东湖高新区卫生监督所正式挂牌成立,实行1套班子挂2块牌子,其职责主要是开展区域内公共卫生服务,加强高新区的疾病预防控制和卫生监督工作,预防和处置突发性公共卫生事件。

为了大力提升高新区医疗卫生服务水平,进一步优化高新区投资环境,2006年4月,高新区管委会出资1.7亿元,与华中科技大学共同建设华中科技大学光谷同济医院(目前正在筹建中)。2007年3月,高新区管委会在流芳地区无偿划拨250亩土地建设武汉大学人民医院东院(正在建设中)。

【卫生基础建设】 2006年，高新区财政投入200余万元，为流芳医院添置医疗设备，美化医院环境，偿还了新建住院部的借款；2007年，投入110万元装修1个社区卫生服务中心和4个社区卫生服务站。

2006年以来共投入20余万元为区卫生监督所和区疾控中心配备了必要的检测设备，添置了2台工作用车，完善了区卫生监督所工作人员和监督员资格认定，以确保卫生监督工作的有效性。

【新型农村合作医疗工作】 2007年高新区农村合作医疗工作主要委托江夏区合医办来开展，合作医疗费用报销及相关管理工作交由江夏合医办负责管理，高新区财政给区域内每位参合农民高于江夏区农民10元/人的标准，予以合作医疗基金补助，并对江夏区合医办给予必要的办公经费。2007年东湖高新区新型农村合作医疗制度在原流芳街13村1委的25 314位农民中全面展开，实际参合农民为22 990人，参合率达到90.8%。2007年高新区合作医疗共惠及442人次，报销金额达20.23万元。

【标准化乡镇卫生院和村卫生室建设】 2007年流芳医院按照武汉市卫生局标准化乡镇卫生院验收标准，投入资金50余万元从硬件建设上进行完善，改造医院门前环境，建立规范的预防接种门诊，加强公共卫生科布局建设，添置必要的医疗设备，按照要求完善医院标识标牌。在软件建设上，从医疗护理质量、药品管理、财务管理、后勤管理、人事分配制度的改革和管理等方面进行了规范化的建设和大力的尝试。

同年，高新区还投入近5万元完成了宗黄村卫生室标准化建设，为区域标准化村卫生室建设树立了样板。

2007年8月底，流芳医院和宗黄村卫生室顺利通过了市卫生局标准化建设考核小组的验收。

【城镇社区卫生服务工作】 随着东湖高新区经济社会建设的快速发展，城市化进程不断加快，一些大型社区已经或正在形成。按照“为民、利民、便民”的政策，2007年该区共投入110万元建设了1个社区卫生服务中心（流芳社区卫生服务中心）和4个社区卫生服务站（大邱、周店、万科、流芳新镇）。

2007年社区卫生服务工作主要是完善机构布局，强化社区卫生服务人员的培训，开展健康教育和慢性病防治工作，逐步完善居民健康档案建设。

积极创建标准化公共卫生科。流芳医院公共卫生科在房屋建设、设备配置、人员培训、资料完善等方面，通过市、区、医院三方的共同努力，各项工作得到了较好规范，并于10月底，一次性通过了市卫生局标准化公共卫生科建设领导小组的检查验收。

【医政工作】

深入开展“医院管理年活动”，提高医疗服务质量 2007年高新区教育文化卫生局制定出台了《东湖开发区医院绩效考核实施方案》及相关的评分标准，目的是加强医院管理，规范各种诊疗行为，提供优质医疗服务。在年底工作检查中，按照相关标准，区卫生局对流芳医院、豹澥医院进行了细致、全面的考核，考核表明医院各项工作基本能按照标准来完成，特别是在医疗安全方面，做到了严格检查，在规范医疗操作和提高医疗质量上进行了重点培训，医院综合管理水平有了较大提高。

加强医疗机构监管，积极开展医疗机构校验工作 为了贯彻落实《湖北省医疗机构校验管理办法》（2007年7月正式颁布实施），区卫生局制定了详细方案，组织专班，历时2个月对全区56个医疗机构，从房屋设置、设备配备、人员资质及业务开展情况等方面进行了全面、细致的审核，以确保医疗服务优质、高效、安全，保证了医疗市场有序、健康发展。

做好“六城会”医疗保障工作 六城会是武汉市建国以来承办的规模最大的全国综合性运动会，其中篮球、网球、射击三个项目的比赛场馆设在高新区辖区内。为了做好这三个比赛项目的医疗保障工作，区卫生局制订了与此相关的医疗保障方案，并在比赛期间出动医务人员210余人次，救护车34台次，在各比赛场馆和运动员、裁判员驻地认真做好医疗卫生保障工作，圆满完成了市卫生局及高新区管委会交办的有关医疗卫生保障任务。

【卫生监督】 2007年，该区卫生监督所全体工作人员坚持文明执法、依法行政，在食品卫生、医疗卫生、学校卫生、公共场所卫生及职业卫生等各方面都做出了突出的成绩，为构建“和谐光谷，平安光谷”作出了积极贡献。

食品卫生 2007年共监督检查副食销售行业141户、餐饮加工业272户、冷热饮加工业31户、糕点加工作坊14户、保健食品销售业14户、卤菜加工作坊9户、豆制品加工作坊15户，共计监督496户；办理《食品卫生许可证》471户，办证率为94.96%。2007年全区共有食品卫生从业人员1 650余人，从业人员健康体检和卫生知

识培训 1 568 人次，从业人员持证上岗率为 95.03%，其中因体检不合格调离食品卫生工作岗位者 21 人，调离率 100%。

制定并实施餐饮业户量化评分工作方案，对在多次量化评分工作取得良好成绩的华师一附中学生食堂授予了“食品卫生等级 A 级单位”称号。餐饮单位量化评分工作的开展有力地促进了高新区食品卫生监督工作再上新台阶。

强化平时和节假日期间的食品安全检查。2007 年 1—10 月，区卫生监督所联合工商、公安、食品药品监督局、安监局、质量技术监督局、社发局等单位和部门对学校周边、豆制品加工作坊、酒店、超市等重点区域、重点单位、重点行业进行了多次专项联合执法检查工作，取得了良好的成绩，特别是对关山两家“精武鸭脖”地下作坊的打击取缔行动，经过《楚天都市报》的宣传曝光后，在社会上引起了极大的反响，得到了广大人民群众的广泛赞誉。

积极完成辖区内大型活动的食品安全保障工作。2007 年主要完成了台湾青年教师交流会和第六届全国城运会有关比赛项目的食宿卫生安全保障工作。

医疗卫生　2007 年，该区为了规范医疗执业行为，整顿医疗市场秩序，保障医疗安全，区卫生监督所在上年打击非法行医的基础上，继续加强宣传，保持高压势态，对新发现的无证违法行医行为采取“露头就打”措施，全年共取缔无证行医 3 户，打击非法行医 22 户次，收缴并销毁器械药品 50 余件。在打击无证行医的同时，对辖区内有证医疗机构进行了规范，加强医疗卫生宣传教育，保障了辖区内医疗卫生工作的安全与医疗质量。

学校卫生　以学校食品卫生安全为中心，加大对食堂餐饮业卫生监督执法力度，对全区 24 所大、中、小学校食堂进行卫生法制宣传和相关卫生技术指导，规范生产加工过程，督促食堂工作人员健康体检，并对食堂的扩建、改建工程的设计进行卫生审查和卫生监督，全区学校食堂《卫生许可证》持证率 100%，学校食堂量化评分管理率 100%。

公共场所卫生　2007 年，该区在公共场所卫生监督工作中，主要以公共场所从业人员健康体检和公用设施器具消毒工作的规范管理为重点。辖区内共有服务美发行业 31 户，服务美容行业 10 户，服务浴室行业 4 户，共计监督 45 户，办理公共场所《卫生许可证》40 户，办证率为 88%；从业人员体检 87 人，体检率为 91%。

职业卫生　根据武汉市整治非法用工打击违法犯罪专项行动领导小组办公室《开展整治非法用工打击违法犯罪专项行动工作方案》和《湖北省卫生厅关于整治非法用工专项行动中认真查处违反职业健康监护有关规定行为的通知》精神，2007 年，区卫生监督所由东湖高新区劳动部门牵头，联合工商、安监、公安等部门对辖区内所有用人小企业和作坊进行了专项检查。共出动车辆 20 余台次，卫生监督员 40 人次，检查单位 40 个，涉及用工人数 463 人，其中从事有害作业人数 122 人。在检查过程中发现违反职业健康监护有关规定的单位有 35 个，限期整改单位 33 家，提请有关单位关闭“问题”企业 2 家。

积极开展放射卫生工作检查，对辖区内有放射许可资质的 3 家医疗机构进行了放射卫生工作监测，确保从业人员和周边人员的健康与安全。

【疾病控制】　2007 年，该区加强传染病疫情报告，积极开展计划免疫工作，努力推进慢性病管理和健康教育工作。2007 年全区共报告法定传染病 7 种 130 例，其中，乙型肝炎 21 例、疑似肺结核 65 例、腮腺炎 7 例、水痘 27 例、麻疹 1 例、风疹 5 例、菌痢 4 例。计划免疫接种率分别为：麻疹疫苗 99.7%，糖丸疫苗 97.3%，百白破疫苗 93%，乙肝疫苗 98.5%。流芳医院对辖区内 11 680 户家庭进行了健康摸底调查，进入系统管理 9 451 户，其中 35 岁以上人口 16 241 人；对高血压、慢阻肺、糖尿病、冠心病、精神病等慢性病病人进行登记造册，系统管理，定期探访，加强健康知识的宣传，提高居民自我保健意识；针对肺结核、艾滋病等传染性疾病，在居民小区、中小学及高校等人口密集地方，发放宣传资料 5 000 余份，组织专题讲座 3 次，积极预防有关传染病的发生。

【妇幼卫生】　2007 年，该区认真贯彻落实《母婴保健法》，努力做好孕产妇、儿童的标准化管理，加强《出生医学证明》的签发管理，保证妇幼工作的顺利开展。2007 年全区孕产妇保健覆盖率 97.83%，住院分娩率 100%，儿童保健覆盖率 90.83%，孕妇免费 HIV 筛查率 100%，新生儿疾病筛查率 90.15%，出生缺陷发生率 5.42‰，5 岁以下儿童中的重度营养不良患病率 1.21%。各项指标均达到国家要求。严格产科质量管理，严格母婴保健技术服务机构和人员准入。全年对流芳医院的产科建设进行了 2 次质量检查，对母婴保健技术人员开展了 11 人次的培训和考核工作，强化婴儿出生缺陷干预措施，保证了母婴安全。

（余建华）

（责任编辑：汪希龄）

大型企业卫生工作

武汉钢铁(集团)公司

【概述】 2007年,该公司卫生管理工作重点突出公共卫生管理,狠抓食品药品专项整治,规范和强化城镇职工基本医疗保险未覆盖对象医疗管理,督导职工健康体检计划的实施,积极推进所承接的武钢重点工作,各项工作全面取得较好成绩。2007年,无重大医疗事故、食物中毒事故及其它突发公共卫生事件发生。

【食品药品专项整治】 2007年7月,根据国务院和湖北省政府关于开展食品药品专项整治的要求,该公司制定了开展食品药品专项整治行动方案并发文实施,经过宣传发动、单位自查、检查验收与总结等阶段,专项整治按计划完成。2007年,武钢卫生处积极督导武钢防疫机构先后开展了春节、"五一"节和国庆节等节日食品卫生监督与监测工作,以确保职工节日食品安全。国庆节前,结合开展食品药品专项整治的情况,武钢卫生处组织开展了对武钢快餐食品饮料公司等部分重点食品从业单位的卫生监督检查,对查出存在食品安全隐患的单位责令停业整改,经验收合格后恢复营业,保障了职工的身体健康。武钢卫生处还组织了针对武钢食品从业人员的《武钢食品安全事故应急预案》培训班,强化武钢食品从业人员特别是管理人员的应急意识与应急知识。对于药品安全,武钢卫生处对所属各医院开展临床安全用药管理进行监督检查,各医院按照药品专项整治要求进行了自查并完成整改。

【公共卫生管理与疾病预防控制】 (1)将武钢公共卫生机构移交地方政府是武钢该年的一项重点工作,武钢卫生处会同有关职能部门多次商议落实并积极与青山区政府相关部门进行联系、推进。(2)4月,武钢卫生处组织并完成对武钢医疗机构夏季肠道传染病防治工作准备的检查与督导,确保了各肠道门诊于5月1日按时开诊。(3)会同武钢安环部等部门开展了放射源管理工作,参与《放射性同位素与射线装置安全和防护管理办法》的制定,参加了清理放射源工作并组织了对武钢医疗机构清理放射源工作的督导。(4)组织武钢有关医疗单位开展纪念《职业病防治法》颁布五周年的相关活动。

【医政管理】 (1)2007年6月,该公司组织召开了武钢卫生工作交流会,会议传达了湖北省、武汉市卫生工作会和医政工作会会议精神,对2007年武钢医疗卫生工作提出了要求。(2)在汉钢医院社区卫生服务中心召开社区卫生服务工作现场经验交流会,组织武钢总医院(分院)社区卫生服务机构相关人员参加交流。(3)强化对医疗机构的医疗安全监管,保障医疗安全,防范医疗事故与医疗纠纷。全年接待医疗纠纷信访30余人次,协调处理较大医疗投诉10余次。对湖北省卫生厅信访处批转的武钢职工上访信件所涉问题进行了认真调查并及时回复。(4)参加了武钢矿山地区医疗系统工作年会和医疗协作工作会,对矿山地区医疗卫生工作作了指导。(5)9月,协调武钢医疗机构参加了武钢组织的防火演练,增强了医疗机构在突发公共事件医疗救援中的应急反应速度与应急反应能力。(6)完成了武钢纪念"5.12"国际护士节暨表彰会的组织工作。

【"未覆盖对象"医疗管理】 (1)2007年年初,武钢卫生处开展了工伤医疗管理调研工作,起草了《工伤医疗费包干使用管理办法》,经武钢分管领导召集专题会进行讨论并修改完善后上报,以作决策参考。(2)加强了对未覆盖对象医疗管理,对武钢所属19个单位的32名违规频繁就医开药的工伤职工发出了预警通知单,对个别问题严重的还按规定予以相应处理。(3)完成对武钢未覆盖人员外诊医疗费报销审核和未覆盖人员医疗消费情况实时监控。协助武钢医疗保险中心解决公司改制单位部分工伤职工医疗费报销的遗留问题。(4)参加武钢有关部门牵头召集的会议,商议了离休人员医疗费包干标准的调整问题并就提高该标准达成一致。(5)参与完成武钢职工参加武汉市计划生育保险工作的部分前期基础工作。

【职工健康体检与医疗保健服务工作】 (1)2007年初,对武钢所属体检机构开展体检工作的准备情况进行了检查,并为体检机构增加了体检软件授权用户,改善了武钢所属体检机构的硬件条件。(2)在强化体检质量管理的同时,对该年度职工健康体检计划的实施跟踪推进,全年共完成职工健康体检3.5万余人次。到该年底,第二轮职工健康体检累计完成近10万人次,该轮职工健康体检工作按计划完成。(3)在总结分析第二轮职工健康体检工作的基础上,对开展第三轮职工健康体检工作开展了相关调研和前期准备。(4)启动了2007-2008年武钢女职工妇女病普查工作并督导推进。(5)完成了该年度职工休养团各期随队保健医师的派遣,共派遣21期,圆满完成全年随队医疗保健工作。(6)完成武钢大型会议和大型活动现场医疗保健服务及督导开展了相关卫生监督,确保了会议和活动的顺利进行。(7)完成了武钢集团直属机关工作人员乙肝疫苗接种的组织与实施。

【其它工作】 (1)组织职工无偿献血:该公司积极响应武汉市和青山区政府关于组织职工开展无偿献血活动的倡议,组织了为期2天的无偿献血活动,各个二级单位1 000余名职工踊跃报名参加献血,715人实际献血,共献血14.3万毫升,圆满完成市、区献血办下达的目标计划。(2)开展"送医送药"活动:夏季高温期间,先后9次分别对26个单位送去30多个品种的夏季常用药品,并组织武钢医院医疗专家在焦化公司等4个单位开展了义诊服务。 (王章纯)

中国第一冶金建设公司

【概况】 2007年,该公司机构进行了调整,成立行政事务部,卫生处隶属行政事务部,其职能为:负责计划生育、爱国卫生、无偿献血、红十字会及疾病防治的日常管理工作。根据国经贸企改〔2002〕859号及国办发〔2005〕4号等文件精神的要求,我公司下属武汉普仁医院、中江实业公司、一冶教育处及一冶房产公司"三小家"(武汉佳兴物业管理有限公司、武汉华大房地产代理有限公司、武汉怡野园林景观有限公司)已完成主辅分离工作,从我公司整体剥离,其计划生育工作移交青山区计生委。

【计划生育工作】 以邓小平理论和"三个代表"重要思想、党的十六大、十七大精神为指导,牢固树立科学发展观,认真贯彻中央、省、市委《关于全面加强人口和计划生育工作,统筹解决人口问题的决定》,坚持以人为本,落实基本国策不动摇,紧紧围绕控制人口过快增长,提高出生人口素质,优化人口结构这一主要任务,结合公司工作实际,狠抓基层促落实,狠抓计生工作不放松,进一步提高认识,加大工作力度,完善措施,优质服务,使人口和计生工作保持了持续、稳定、健康发展。当年出生人口46人(男婴27人,女婴19人),人口出生统计准确率100%;计划生育率100%,综合节育率为95%。独生子女办证率100%,宣传教育普及面达95%,群众参与率、知晓率、满意率均达90%。流动人口247人,(其中流入186人),流动人口中出生人口2人(男婴1人,女婴1人)。查验证率100%。流动人口当年出生长效节育率100%。基层人口计生工作网络和服务体系健全。公司及各二级单位均设立计生组织机构。计生经费落实到位。荣获青山区2007年度"人口和计划生育工作目标管理先进单位"称号。湖北省有线电视台对我公司的人口与计生工作进行了专题报道。

【流动人口管理服务工作得到深化】 该公司是具有国家一级总承包资质的中央在汉大型冶建施工企业,工作流动性大。随着海外市场份额的增大,施工人员国内流动和国外流动给计生工作的管理带来了空前的压力。

为做好流动人口计划生育工作,在实际工作中一是加强领导,落实流动人口目标管理责任制。公司法定代表人负总责,各单位和部门的一把手是第一责任人,并按照"谁用工,谁负责;谁受益,谁负责"的原则,层层签订人口与计划生育目标管理责任书,为搞好流动人口计生工作提供了组织保证;二是健全制度,夯实流动人口管理基础。制定了《一冶流动人口计划生育管理与服务办法》,将管理职能融入服务之中,坚持“四包四服务”,做到“五个一样”,把外地分公司、项目经理部的流动人口计生工作接受一冶检查考核与属地管理原则相结合,增加了工作力度;三是以人为本,深化流动人口计生工作内涵。结合施工人员流动的特点,公司各级计生委勇于创新工作模式,开展了“精美贺卡寄深情”、“农民工兄弟——关爱在你身边”等活动;开办农民工业余学校,对农民工进行人口与计生法律、法规及生殖健康知识培训,为四川汶川地震灾区农民工给予救灾补助,为农民工子女联系上学,安排家属探亲住宿,慰问节日坚守岗位的农民工等。这些管理和服务工作的开展,增强了流动人口对入住地和企业的认同感,营造了“同居一地,共创繁荣”的和谐氛围,使流动人口计划生育工作始终处于受控状态。在湖北省流动人口计划生育“一盘棋”工作会上,我公司作为全省唯一的企业代表在会上作了经验交流。

【爱国卫生工作】 该公司围绕市委、市政府提出的“四城同创”,构建和谐社会的工作中心,以“爱卫月”、“夏季爱国卫生运动”活动为契机,落实各项卫生制度,在全公司范围内广泛开展以除“四害”、环境卫生整治为中心的爱国卫生运动,减少危害健康因素。制定灭鼠方案,开展春冬两季灭鼠活动,投资3万余元购买鼠药,并统一安排投药时间,确保灭鼠工作落到实处。针对公司各单位工作特点,充分利用报刊、宣传栏、局域网、专题讲座等多种形式,在职工中广泛宣传“讲文明、改陋习、树新风”职业道德、社会公德等卫生科普知识,同时为在岗1 000余名女职工进行了妇科普查普治工作。在此基础上,我们以“清洁家园,健康奥运”、“清死角,除四害”为主题,结合爱卫月、世界卫生日、戒烟日、爱牙日、艾滋病日、爱眼日、食品卫生法、义务献血等多项内容开展有针对性的宣传工作,使全体职工受到了良好的教育,“大卫生”的观念得到了增强,使员工的生活质量健康水平和公司的整体卫生水平不断提高,全面完成上级下达的各项工作目标,被青山区授予2007年度“爱国卫生工作先进单位”称号。

【创建国家卫生城市工作】 2007年,武汉市正式启动创建国家卫生城市工作。我们按照省、市、区爱卫办的统一部署,对照《国家卫生城市标准》指标,结合一冶实际,制定了《一冶创建国家卫生城市工作方案》及《一冶创建国家卫生城市目标责任分解表》,成立了以公司董事长、党委书记为组长的创建工作领导小组,并严格按要求各司其责。公司董事长、党委书记与公司20个二级单位签订《一冶创建国家卫生城市工作责任书》,拨出2万元专款,用于创建工作。公司先后两次召开了创建复查工作专题会议,进一步明确了工作专班的人员组成和各委员单位的工作任务、职责。公司各单位也都先后制定了创建工作方案,成立了创建工作领导小组,做到层层发动,广泛动员,使职工参与意识提高。积极投入创建活动。

围绕创建国家卫生城市工作,公司各单位加大环境整治的投入力度,坚持日常的周末卫生日活动,在除“四害”工作中,各单位坚持“四个统一,一个保证”即:统一领导、统一标准、统一用药、统一提高;保证经费落实。先后制定了灭蚊、灭鼠、灭蟑螂活动方案,开展了蚊蝇孳生地的调查与治理,使厂容环境卫生水平得到了进一步提高。

创建工作中,公司及各单位开展全方位的宣传教育活动,充分利用电视、报纸、局域网、黑板报、标语等形式深入开展宣传教育活动,并在公共场所设立健康教育专栏、卫生标牌,张贴禁烟标志和开展劝阻吸烟活动。共拉创卫宣传横幅18条,办创卫及健康教育宣传橱窗60余块,创办健康教育流动宣传板报20块(禁烟宣传、爱滋病结核病防治,男性健康教育、常见病防治、如何预防亚健康等)。利用公司局域网及一冶电视台宣传创建卫生城区重要性及要求,使一冶员工人人了解创卫,人人参与创卫。

【健康教育工作】 该公司共有20个基层健康教育网络,70余名健康教育网管员。除建立日常的工作体系外,把国际通行管理标准体系与“三位一体”管理体系相结合,将健康教育工作融入日常施工生产经营活动中,确保了健康教育工作的顺利实施。卫生处、工会、党工部等部门密切配合,齐抓共管,充分发挥报纸、电视、局域网等新闻媒介的作用,开辟健康教育宣传园地,开设健康教育电视讲座专题栏目,在职工中广泛宣传艾滋病、传染病防治知识,努力提高职工的自我保护意识,使健康教育活动开展得丰富多彩,使创卫工作贴近实际、贴近员工、贴近社会、贴近生活。据不完全统计,公司全年共举办健康教育流动课堂20余场,投入资金5万余元,购买了4 000多份宣传画和宣传手册,制作了

20块健康教育宣传展板，购买了《新健康》、《人之初》、《饮食科学》、《现代健康报》等10多种图书和报刊，供员工工余时间学习和阅读，受到了广大员工的好评。

【无偿献血工作】 2007年度，该公司两次接到武汉市献血办因血库储量不足，临床用血短缺，请求公司支援的紧急通知。公司领导及参加献血单位的领导高度重视，组织严密，工作有效，宣传工作到位，职工献血热情高，在一冶献血办的组织下，广大职工2月18日、7月20日两次共计献血16 200毫升，圆满完成了市献血办交办的任务。

【疾病防治日常管理工作】 为贯彻落实国务院《艾滋病防治条例》和《国务院防治艾滋病工作委员会办公室关于动员企业广泛开展艾滋病防治工作的通知》及市、区政府有关文件要求，切实做好一冶艾滋病防治工作，调整了一冶艾滋病防治工作委员会，制定了《关于做好艾滋病防治工作的通知》、《一冶艾滋病防治工作考核标准》并下发到各单位，将艾滋病防治工作纳入年度考核之中，要求各单位加强领导、统筹协调。防治工作由各单位行政负责人负总责，分管领导具体抓落实，保证措施、经费、责任到位，切实履行企业的社会责任，积极参与省、市、区防艾办开展的各项活动，提高员工对防治艾滋病工作重要性的认识，提倡健康生活方式和行为准则，使防治艾滋病工作全方位推进，实现了预期目标。

（郭和平、涂智敏）

交通部长江航务管理局

【概况】 继续做好长航系统基层职工的查病、治病工作。2007年，以长江海事两监合并以后划转人员为重点，完成长江中游三个海事局基层职工查病工作，同时做好航道、通信、公安基层职工查病工作，共查病2 065人次，检出阳性42人。通过设置宣传台、悬挂横幅、布置展板、张贴宣传画、发放宣传单及现场咨询等方式，向长江航运从业人员和长航系统职工宣传国家防艾政策和防艾基本知识，取得了预期的效果。武汉电视台、《中国水运报》等媒体对长航局开展的预防艾滋病宣教活动进行了报道，产生了一定的社会影响。

【血防工作】 做好个体防护工作。以配备“血防药箱”的形式向基层单位职工提供防护用品，共为长航局系统基层单位以及航道建设工地提供血防药箱212个，保证了职工在接触疫水时或接触疫水后能够采取有效的防护，减少或避免了血吸虫病感染。

开展评比表彰。全面总结了近三年长航局血防工作成果，开展了评比表彰活动。编辑制作了长航局血防工作专题片《天职》，对长航局近三年血防工作情况进行了全面反映，展示了长航局血防工作成果。在长航局干部人事工作会议上表彰了9个血防工作先进集体和19名血防工作先进个人。参与长航局血防资金的审计工作，确保资金使用安全。

【防艾工作】 紧紧围绕“遏制艾滋，履行承诺”活动主题，进一步加大防治艾滋病宣传教育工作力度。局人事处认真制定防艾活动方案，召开由相关单位卫生管理部门负责人参加的预防艾滋病宣教活动布置会议，提出工作要求。12月1日世界艾滋病日前后，长航局认真组织开展了三个方面的工作：第一，充分利用各种媒体开展宣传。在长航局政府网上开辟防艾专栏，宣传有关防治艾滋病政策和知识；利用长江水上安全信息台向广大船员宣传预防艾滋病相关知识。第二，在重点部位针对重点人群开展宣传。向航道整治施工船舶施工人员、三峡库区船员进行艾滋病预防知识和国家防艾政策的宣传。同时在长江沿线的武汉港、万州港、南通港等港口通过播放宣传片、张贴宣传画、发放宣传单等多种方式，向过往旅客、港口职工展开宣传活动，组织医务人员到长航局所属武汉航道学校为1 000多名学生进行了艾滋病知识讲座，深入到长航公安局看守所为在押人员进行了防治艾滋病知识宣传教育。第三，面向本系统职工，开展防艾宣传教育。长航局属各单位利用本单位电子显示屏滚动播放防艾口号，在工作地点和公共活动场所张贴宣传画、悬挂横幅，营造共同参与预防艾滋病的氛围。

（办公室）

（责任编辑：吴厚冬）

医疗卫生机构选介

部省属医疗卫生机构

【华中科技大学同济医学院附属协和医院】

人员构成　2007 年，该院有职工 3 517 人，其中医生 771 人、护士 1 437 人；技术人员 495 人、行政人员 212 人、工人 219 人、合同制辅助人员 383 人；正高职称 122 人、副高职称 236 人、中级职称 914 人、初级职称 571 人；其他人员（含职员套改人员）1 674 人。

建筑面积　该院现有建筑面积 305 907.70 平方米，其中，医疗用房面积 277 445.25 平方米，教学用房面积 23 500 平方米，科研用房面积 5 564 平方米，行政用房面积 8 308.25平方米，后勤用房面积 7 738平方米。

机构设置　该院现有 7 个研究所，15 个研究室，18 个治疗中心和 43 个医技科室。2007 年该院核定床位数为 2 000 张，实际使用的病床数为 2 236 张。科研机构设置：湖北省生物靶向治疗研究实验室（湖北省干细胞中心），华中科技大学分子影像研究中心（湖北省分子影像重点实验室），冠名为华中科技大学同济医学院的心血管疾病研究所、血液病研究所、耳鼻喉科研究所、泌尿外科研究所、神经病学研究所、中西医结合研究所、呼吸系统疾病研究所，以及协和医院中心实验室。2007 年该院成立了协和医院市场部。

医疗业务指标完成情况　2007 年，该院门诊、急诊量达 197.0281 万人次，较去年增长了 8.5%。其中，平诊病人 185.0169 万人次，较去年增长了 9.3%；急诊人数 12.0112 人次，较上年减少 2.0%。单日最高门诊量达 5 213（不含义诊人数）人次。急诊 ICU 收治 79 019 人；抢救病人 3 089人，较上年减少 39.5%；跨省急救 400 余次；急危重症抢救成功率 92.2%，较上年增加 1.9%。

出诊范围包括湖北省内各市、县，外省如湖南、江西、浙江、广东、河南、安徽、河北、北京、上海等；最大急救半径达 1 500 余公里。

全年住院病人达 6.5491 万人次，较上年增长了 18.0%；出院病人 6.5197 万人次，较上年增加 18.1%；其中，治愈 2.4558 万人次，治愈率 18.0%；好转 3.4759 人次，好转率 19.2%；未愈 1 980 人次，未愈率 0.7%；死亡人数 649 人，占比 20.6%；该院肿瘤中心年收治病人达 3 189 人次，较上年增长 7.4%；单日最高住院量达 2 474（不含肿瘤中心住院人数）人；全年住院病人手术量达 3.2 万台次，较去年增长 44.4%；单日最高手术量达 251 台；病床周转次数 29.1，较上年下降 7.6%；病床

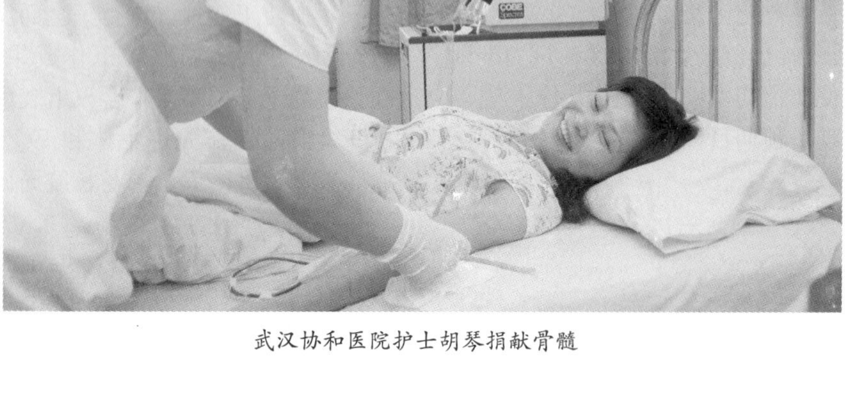

武汉协和医院护士胡琴捐献骨髓

利用率为108.3%；平均住院日为13.5天；出入院诊断符合率为99.4%；三日确诊率为96.3%。

全年超声检查15.2万项次，较上年增长12.4%；X线检查脏器数14.45万个，较上年增长8.4%；CT检查脏器数6.03万个，较上年增长26.3%；MRI检查部位数2.95万个，较上年增长37.6%；ECT检查0.7万人次，较上年增长16.7%；PET中心年检查病例数达970人次，较上年增加24.4%；病理检查2.55万例，较上年增长11.5%；检验检查913万件次，较上年增长18.4%。该院体检中心全年完成体检31.6549万人次，较上年增加2.6%。

外科日手术量之最　据该院大事记2007年10月1日记载，该院外科住院病人日手术量突破200台大关，达到220台，总手术量达251台次，创造了国内综合大医院外科日手术量之最。据称该消息被中央一套新闻联播等多家媒体报道。

健康服务　糖尿病日活动：该院内分泌科在“联合国糖尿病日”(2007年12月14日)，在门诊十二楼报告厅举行了糖尿病患者大型义诊、宣传、咨询座谈会。

问候日活动：“世界问候日”(2007年12月21日)，该院与长江日报集团《现代健康报》社等单位联办了“迎奥运、向世界说声你好”大型公益活动。中医科杨胜兰副教授作为青年志愿者，到武汉中山公园大型公益活动现场，与其他医院30余名志愿者一道开展健康义诊、咨询活动。

健康博览会义诊：2007年12月22～24日，“预防疾病，科学生活”健康博览会在武汉会展中心布展，该院神经内科、消化科、普外科、风湿科、妇产科、呼吸科、皮肤科、心内科、骨科、内分泌科、中医科的专家教授共20余人参加了义诊。

护理质量　该院护理质量合格率达99.76%，在湖北省护理操作技能大赛中获得总分和个人全能两项第一。护理文件书写合格率达99.59%；消毒隔离合格率达99.70%；病房管理合格率达99.75%。湖北省卫生厅授予乐革芬“湖北省优秀护理管理者”、授予钟少红“湖北省优秀护士”称号；武汉市卫生局授予吴丽芬“武汉市优秀护理管理者”、授予沈颖“武汉市优秀护士”称号。

考评护士长　2007年2月5日，该院护理部开展全院护士长述职考评工作汇报会，全院74名护士长对全年工作情况以多媒体形式进行了总结汇报。护理部还通过发放调查表给临床医生和护士，对74名护士长的工作进行了测评。

2007年5月21—23日，该院护理部举办了护士长学习班，学习有关病人安全研究现状及有关护理教育和管理，护理质量管理与持续改进，护理质量检查的理性思考等。课后，对全院护士长进行了管理相关知识的考核。

护理表彰　2007年5月10日，在省卫生厅召开的“5·12”国际护士节表彰大会上，该院神经外科护士长乐革芬被评为省优秀护理管理者，钟少红被作为优秀护士代表作大会发言。

护理科研课题　2007年，该院获资助课题7项，其中获湖北省科技攻关基金资助3项(刘义兰主持的“病人安全现状及安全管理模式研究”、方云主持的“血液肿瘤患者PICC术后出血相关危险因素研究”、鲁才红主持的“合同制护士管理体系研究”)，获湖北省卫生厅护理科研基金项目1项(田莳主持的“各级生物洁净手术间动态环境中细菌含量的研究”)，获同济医学院研究基金资助1项(刘义兰主持的“临床护理学PBL模式与评估体系的研究”)，获华中科技大学研究基金资助2项(喻姣花主持的“临床高级护理〈S0739〉”、田莳主持的“影像课件在手术室教学中的应用”)。

开展PET检查　2007年，该院PET(派特检查，最新影像检查手段，主要检查肿瘤细胞)中心在新组建的市场部运作下，年检查病例数达970人次，较上年增加24.4%；业务收入783.6万元，增长27.6%。肿瘤中心年收治病人数首破3 000大关，达3 189人次，较上年增长7.4%，业务收入达6 308.9万元，较上年增长16.4%，创历年新高。

用药咨询门诊　2007年4月24日，该院药剂科在门诊药房设立“用药咨询门诊”，5名承担用药咨询的药师专门向患者提供用药咨询和宣传安全用药知识，使患者对如何用药及各种用药禁忌有更多的了解，尽可能避免出现药物不良反应。

教学工作　2007年，该院完成了医学普通高等教育22个班级、医学成人高等教育5个班级、共计1 832人、5 856学时的本科生理论教学任务；本科生毕业232人，就业率达到88%。完成1 294名研究生、14名留学生的教学工作；毕业研究生356名，就业率达到95%；招收博士生148人，硕士生312人，招收任务完成率100%。完成280名护理实习生的带教工作。坚持大课预讲制和教学质量督导检查制，实施研究生教学奖学金、助学金制度，优化、改进研究生课程体系。

27个专科培训基地通过复审，2个内镜培训基地通过现场评审；举办继续教育培训班44个，培训学员近7 000人。建成国家级二类特色专业和省级实验教学示范中心各

1个，建成国家级双语教学示范课程1门（耳鼻喉），新增国家级精品课程1门，新增省级精品课程2门。该院实施了“医学专业国际认证”工作。

胡丽华获“全国宝钢教育基金优秀教师奖”，刘亚玲获“湖北省师德标兵”。9名研究生获公派留学资格。本科生教学水平评估以全优成绩通过教育部专家组的现场检查评估。教育部专家组对以博士生培养质量检查为主的研究生教育给予好评。

课题中标　2007年，该院中标各类课题达183项，获经费达3 000余万元。其中，国家自然基金项目40项，湖北省攻关项目26项，湖北省杰出自然基金项目（心内科黄恺负责课题“1型多聚ADP－核糖合成酶对大鼠心室重塑影响及机制研究”）和湖北省重点自然基金项目（血液内科胡豫负责的项目“心血管病和血液病的生物靶向治疗研究”）各1项，湖北省自然基金项目24项，“973”计划项目4项（放射科徐海波的“导向性纳米载药系统在脑肿瘤和脑梗塞治疗与诊断中的应用基础研究”，普外科王国斌的“血栓栓塞性疾病的纳米靶向干预”，心内科廖玉华的“心力衰竭的炎症和免疫机制及干预措施”，血液内科胡豫的“导向性纳米载药系统在脑肿瘤和脑梗塞治疗与诊断中的实验研究”），“863”计划项目4项（放射科徐海波的“老年性痴呆症早期诊断标准的建立”、郑传胜的“用于肝癌介入治疗的温敏纳米凝胶纳米材料与器件”，核医学科张永学的“分子影像对常见恶性肿瘤疗效的评估”，耳鼻喉科孔维佳的“眩晕机制及平衡功能检查与康复治疗设备研制”）等。

成果获奖　该院近三年来共有6项科技成果获得省级一等奖。2007年该院获各类成果奖15项，其中，教育部提名国家科技进步奖二等奖1项（张诗海等8人完成的《基因多态性在体外循环并发症中的作用》），中华医学科技进步奖二等奖1项（龚树声等10人完成的《内耳免疫及自身免疫性内耳病的基础与临床研究》），湖北省科技进步一等奖1项（由胡豫、洪梅完成的《组织因子在血栓及非血栓性疾病中的作用和靶向干预》）、二等奖5项，三等奖1项，获湖北省推广奖一等奖1项。获武汉市科技进步奖一、二、三等奖各1项。

2007年1月25日在北京召开的2006年中华医学科技奖大会上，该院廖玉华教授等完成的“高血压中免疫介导血管重塑的发病机理及其标记物研究”项目获中华医学科技二等奖，普外科王春友教授等的“重症急性胰腺炎综合治疗方案的系统化和细化研究”课题获中华医学科技三等奖。

成果鉴定　全年鉴定成果9项，其中4项成果由国家卫生部鉴定，成果的主要完成者有胡豫、张永学、曾甫清、涂亚庭等；5项成果由湖北省科技厅组织鉴定，主要完成者有刘莉、史河水、郑丽端、李慧玉、赵甲山等。全部鉴定成果均达国际先进水平。

该院还获得中国博士后基金二等奖1项。

专科新技术　心脏静脉平滑肌瘤同时切除：该院血管外科、心外科为一同时长有心脏及静脉腔内两条平滑肌瘤的患者成功手术切除，患者下腔静脉内的平滑肌瘤已蔓延到心脏外，有40厘米长；盆腔髂静脉内的平滑肌瘤正向上生长，有5厘米长。手术由心外科主任孙宗全教授和血管外科主任金毕教授联手主刀。

婴儿大动脉转位手术：该院心外科董念国、孙宗全教授等组成医疗组，成功为一出生14天患儿实施大动脉转位心脏手术。

下腔静脉内肿瘤切除：该院血管外科和肝胆外科合作，成功为一患者切除下腔静脉原发性肿瘤，这是该院心血管外科自成立以来和其他学科合作完成的第9例下腔静脉内肿瘤切除术。

巨大肿瘤切除：该院血管外科金毕教授等为一女患者顺利切除100cm×90cm×10cm巨大肿瘤，肿瘤自腰背部至会阴部直至大腿下段。

覆膜支架腔内隔绝主动脉夹层介入治疗：该院心研所（心血管疾病研究所）独立开展覆膜支架腔内隔绝主动脉夹层介入治疗，该院心内科曾秋棠教授、王祥副教授在心外科协助下，行股动脉切开术，为一主动脉夹层患者成功实施支架介入治疗，使夹层破口完全封闭。

重度阻塞性通气功能障碍排除：该院胸外科为一气管下段肿瘤患者手术，使患者“重度阻塞性通气功能障碍”症状显著改善，通气功能恢复。主刀医师为王建军主任和李劲松教授。

骨科计算机手术导航系统：该院骨科引进了国际先进计算机手术导航系统，并用于实施脊柱外科手术、人工关节置换等骨科高难度手术之中。脊柱外科手术导航系统经过计算机数据化处理，形成多维手术图像，引导医师准确运用手术器械和植入物，避开神经到达所需部位，克服脊柱手术的高风险。在三维导航下该院骨科已开展人工膝、髋关节置换手术，导航系统的高分辨率可使手术截骨面精确到0.1毫米，术后关节承重面和力线矫正可与正常生理状态保持一致。

棘突间动态稳定系统治疗腰椎退变：该院骨科对腰椎间盘突出患者实施腰椎间盘髓核摘除+棘突间动态稳定系统 Wallis 植入手术获得成功。他们利用非刚性力学原理恢复腰椎力学稳定性，防止邻近节段退变加速，可避免术后复发及邻近节段继续退变，引起并发症。棘突间动态稳定系统是目前世界上治疗腰椎退变最先进的方法之一，在欧美已经过长期的临床验证，是慢性腰腿痛治疗的发展趋势。

单纯前路矫形治疗脊柱侧凸：该院骨科采用胸腰椎侧小切口单纯前路矫形术，治疗脊柱侧凸，避免传统前后路联合入路创伤大问题，术后对呼吸等脏器影响小。该院骨科对高龄股骨颈骨折患者实行人工关节置换术治疗，并成功摸索出一套围手术期处理措施，可使患者术后早期下床，减少卧床并发症。已实施多例手术无一失败。

一次完成泌尿重创手术：该院泌尿外科对严重泌尿创伤患者实施多项手术一次完成，包多器官粘连组织分离修复，骨盆重建，膀胱重建，尿道重建，取阴道结石，重建阴道等，使患者因外伤所造成的骨盆骨折畸形，尿道和阴道大部缺失并完全闭锁、受损膀胱和残余阴道变成了共同尿囊并形成大量阴道结石的状况得以改变。

微创治疗斜颈：该院小儿外科采用微创方法治疗斜颈减小疤痕，即在颈部肌肉处钻一个直径为0.2厘米的孔，提起胸锁乳头肌肉，在斜颈侧面腋窝处打个直径0.5厘米左右的小孔，伸进腔镜，切断肌肉根部。传统的手术方法是在挛缩肌肉上横切一刀，松紧肌肉。

CISH 方法检测 Her-2 基因：该院病理科开展 CISH 方法检测 Her-2 基因状态（乳腺癌重要预后及预测因子），比较用 IHC 方法（石蜡切片免疫组织化学方法），检测结果更可靠，以便有效选择临床化疗方案（如靶向性治疗）。

保留自体主动脉瓣的主动脉根部替换手术：该院心外科张凯伦、蒋雄刚教授和孙图成博士为患马凡综合征（遗传性全身病）的女患者成功实施主动脉根部替换手术，手术用人工血管替换扩张的主动脉窦部，再将主动脉根部巧妙地修剪吻合，保留患者自体的主动脉瓣，手术避免了主动脉继续扩张形成动脉瘤，又减少了换瓣的并发症。

实验平台建设　建设两个省级重点实验室，设立了开放基金，投入50万元面向社会招标科研项目。提高中心实验室设备的使用效率。药物临床试验19个专业和一期临床研究室通过国家论证，全年参与临床研究44项，到账金额344万元。

中华杂志工作站入驻　2007年12月7日，中华医学会骨科学术期刊《中华创伤骨科杂志》工作站落户该院骨科，《中华创伤骨科杂志》总编辑裴国献教授、该院副院长孔维佳、该院骨科主任杨述华教授一起为《中华创伤骨科杂志》湖北工作站揭牌。

执业资格　基因扩增检验：2007年2月12日，该院检验科获得了由省卫生厅颁发的《临床基因扩增检验实验室技术评审合格证书》，准许开展临床基因扩增检验项目。合格证书有效期三年。

卫生消毒：2007年2月20日，武汉市卫生局在"2006年度武汉市医疗卫生机构消毒工作总结表彰"大会上，授予该院"医疗卫生消毒合格单位"。

消化科内镜诊疗技术培训：2007年3月7日，经国家卫生部主管部门审批同意，该院成为全国首批筹建示范——消化科内镜诊疗技术培训基地单位。

非血缘造血干细胞移植：湖北省卫生厅鄂卫函〔2007〕284号批复，该院血研所可开展非血缘造血干细胞移植、采集技术项目工作。

腹腔镜外科内镜技术培训：2007年10月20日，经国家卫生部和中国医师协会内镜医师分会评审，同意该院成为国内首批组建"腹腔镜外科内镜诊疗技术培训基地"的医疗机构，允许该院面向全国及港、澳、台地区招收学员培训。

试行人类生殖辅助技术：2007年11月18日，卫生部正式下文，批复该院生殖医学中心可开展"人类辅助生殖技术"试运行1年。

系列管理办法实施　2007年8月16日，该院《关于离、退职、退休医务人员执业地变更的管理规定（暂行）》（协和行字〔2007〕39号）、《协和医院临床人工关节技术应用管理规定（试行）》（协和行字〔2007〕41号）、《协和医院临床介入技术应用管理规定（试行）》（协和行字〔2007〕42号）、《协和医院开展医师定期考核工作实施办法（暂行）》（协和行字〔2007〕43号）等系列文件印发并开始实施。2007年11月7日，该院《协和医院高层次专业技术人才引进规定》（协和行字〔2007〕55号）颁布并实施。2007年11月19日，《协和医院临床专科医师培训管理办法》（协和行字〔2007〕60号）颁布并实施。

技术培训　TCI 麻醉技术培训班：该院麻醉科将 TCI 静脉给药输注技术应用于临床引起国内同仁关注。为推广这一新技术，该院于2007年5月23日举办了一期培训班，来自四川大学华西医院、山西医大第一附院、内蒙古医学院第一附院等医院麻醉科同仁参加了培训。TCI新技术是一种全新的持续全凭静脉麻醉给药方法,由微机控制,利用智能化药物输注设备,可快速达到设定的目标药物浓度,并根据临床需要方便调节。操作简便、易于控制麻醉深度、可显示血药浓度、能自动补偿中断的药物输注。该院麻醉科主任姚尚龙、副主任王华荣、张诗海等专家教授进行了相关专题讲座,并进行了实地手术演示。

临床药师培训:2007年4月20日,该院临床药师培训试点基地正式开学,面向全国招收的4名学员4名学员将接受为期1年的全脱产培养。4名学员中,两名为心血管内科专科临床药师,两名为肾内科专科临床药师。

美容技术培训:2007年5月10—14日,该院整形科开办湖北省继续教育项目"美容失败手术的预防和处理对策学习班",100多位来自全省各地的同仁参加学习,学员们还观摩了整形美容手术操作。

感染岗前培训:2007年8月2日,该院感染科对全院新职工医院感染岗前培训,来自医、护、技共141人参加了培训,课后进行了理论考试。

护理管理培训班:2007年8月8日,湖北省护理管理干部培训班在该院举行,来自各市州卫生局医政科长(或护理专干)以及全省三级医院的护理部主任、副主任(或科护士长)共150多人参加了培训。培训班讲授了医院管理、医疗纠纷和护理人力资源管理、护理科研及专科护士培养等方面的知识。

呼吸机相关性肺炎的治疗与护理培训:2007年8月17~20日,该院ICU医生杨霞申办的"湖北省呼吸机相关性肺炎治疗进展及护理对策"培训班在该院举办,来自全省各级医院的感染科、护理部的主任、ICU医生及护士长(或护理骨干)共70人参加了培训。

糖尿病护理培训:2007年11月15日,该院内分泌科举办了"糖尿病护理新进展"学习班,来自全省内分泌专科护理人员40余名代表参加了为期2天的学习。

急救知识培训:2007年11月21~24日,湖北省急救知识第二期培训班在该院举行,来自省内各市州医疗紧急救援中心主任、三级医院从事急诊、危重症专业的业务骨干近200余人参加。国内急诊医学的10余名专家教授就心肺复苏、急诊医学的新技术、新业务等知识开展讲座,学员们参加了模拟人心肺复苏高级急救技术技能的训练。

论文成绩　2007年,该院发表论文1 584篇,其中,国外发表85篇,国内发表1 499篇。提交会议论文783篇,其中,提交国际会议24篇,国内会议759篇。SCI收录60余篇。全国最新论文排名该院论文总数蝉联第4位,SCI收录论文数连续两年居全国前10位,MEDLINE收录论文数跃居全国第3位,论文引用次数升至第13位。获国家自然科学基金资助论文146篇。

在中国科学技术协会七届二次全委会开幕式上,该院核医学科曹卫、张永学、安锐发表的论文获得"第四届中国科协期刊"优秀学术论文奖。该论文是《中华核医学杂志》编辑部从2001~2005年期间发表的全部论文中挑选参评论文之一。核医学高再荣教授的论文获得了第十一届湖北省科学技术协会自然科学优秀论文一等奖。2007年8月,该院心内科卢永昕教授主持完成的国防科工委863课题,获得了国防科工委颁发的科技论文二等奖。

学术会议　2007年,该院依托外科大楼学术报告厅,承办了10余场国际性全国性学术会议,包括:中国科协青年科学家论坛、中欧骨科学会学术会议、欧亚"尿失禁防治"项目会议、全国麻醉医师协会年会、全国内镜操作演示会等。承办了各级医学会组织的学术交流会10余场。该院派出140余人次赴欧、美等20个国家和地区考察、交流。

武汉市口腔医学年会:2007年1月12日,武汉市口腔医学会学术年会在该院外科楼学术报告厅举行,该院口腔科主任张汉东教授主持会议,湖北省、武汉市口腔医学会的负责人、武汉市各医院口腔科主任及全市200余名口腔医学界的会员代表参加了本次学术年会。

药事管理交流会:2007年5月25日,中国医院协会——区域医院药事管理交流会在该院外科楼二楼报告厅举行。来自华北地区三甲医院的120余名药剂科主任参加了会议,代表们参观了该院院史陈列展厅,中西药房、临床实验室等。

"尿失禁防治"项目会议:2007年6月26日,欧亚"尿失禁防治"项目会议在该院外科大楼二楼三会议室召开。来自中国、意大利、斯洛文尼亚、印度等国家的14位医学、计算机、心理学方面的专家就"尿失禁防治"规范诊疗教材、病人教育、医生培养等工作开展讨论并初步确定了实施方案。

第八届脊柱脊髓损伤学术会议:2007年9月14~16日,该院骨科承办了第八届脊柱脊髓损伤学术会议。一些国际知名的骨科专家进行专题演讲和手术演示。该院骨科主任杨述华教授在大会介绍了一种治疗复杂颈椎骨折的方法,该方法为目前世界上治疗高位颈椎创伤的先进方法之一。

全国内分泌学术年会:2007年

10月12～14日，该院承办了“2007年全国内分泌学学术年会”。全国内分泌学会常务委员、湖北省内分泌学会主任委员、院内分泌科主任陈璐璐教授担任大会执行主席，全国内分泌学会青年委员会副主任委员、该院内分泌科袁莉教授担任大会组委会秘书。此次大会是湖北省时隔20多年再次承办的全国内分泌学会的会议，来自全国各地的同仁大约2 000人参加了此次学术会议。

眼科新进展学术讲座：2007年11月3日，在该院眼科专家魏厚仁教授80岁寿辰之际，由该院眼科和武汉市眼科学会联合主办了“眼科新进展学术讲座”。多位长江学者特聘教授、全国眼科学会学组组长作学术发言，来自湖北省各地、市、州和武汉市的眼科界同道近300人参会。

中国科协第140资助青年科学家论坛：2007年11月10日，该院承办了中国科协第140资助青年科学家论坛，北京大学人民医院血液病研究所所长黄晓军教授、国家973计划项目首席科学家、上海交通大学瑞金医院刘廷析教授、第二军医大学长征医院血液科主任侯健教授、山东大学齐鲁医院血液科主任侯明教授、该院廖玉华、胡豫教授等，围绕生物靶向治疗这一主题展开学术讲座。近400名青年医师参加论坛。

技术专利　该院2007年获技术专利1项（范颖发明的“医用治疗车”）。张飞彩发明的“医用注射针头防护罩”于2006年获得专利，闻曲发明的“一次性医疗废物处置车”于2008年获得专利。

专著成绩　2007年，该院出版专著40本，其中，医学专著12本，译著1本，教材18本，参考书3本。陈璐璐主编《内分泌代谢病询证治疗学》由武汉大学出版社出版，张劲农主编《呼吸疾病循证治疗学》由武汉大学出版社出版，揭盛华主编《新发感染病及其临床对策》由人民卫生出版社出版，熊莉娟主编《脂肪肝》由江苏科技出版社出版。鲁玉来、孙永华主编《最新腰腿痛诊断治疗学》由人民军医出版社出版，杨祥良主编《组织工程相关纳米生物材料》由清华大学出版社出版，杨述华主编《骨科微创手术学》由人民卫生出版社出版，姜发纲主编《青光眼专家问答166问》由解放军军医出版社出版。

医学继续教育　2007年，该院举办了13次国家级继续教育学术会议（“手把手超声内镜学习班”、“第三届颞骨解剖及耳显微手术学习班”、“第二届耳科学及神经耳科学武汉论坛”、“首界湖北省脊柱肿瘤规范化治疗新进展学习班”、“湖北省第一届关节镜与运动医学学术会议暨关节镜新技术新进展及推广应用学习班”、“第八届脊柱脊髓会议”、“CT和MR标准化学习班”、“肿瘤/血液病诊断技术进展及临床应用学习班”、“第九届全国白血病淋巴瘤学术会议”、“基层皮肤科医生诊疗技术跟进学习班”等），7次省级继续教育会议（“湖北省微创小儿外科新技术”、“湖北省第二届肾脏病临床病理学习班”、“常见内分泌代谢性疾病的早期发现和干预”、“糖尿病护理新进展”、“眼科新进展”、“老年心血管疾病防治”等），2次全国性学术会议（代谢综合征与亚临床内分泌代谢疾病研讨会、第三届临床泌尿外科杂志国际学术会议），2次学术讲座，1次专题研讨会等。

医院感染相关医疗纠纷处理高级培训班：2007年5月27～31日，该院举办国家级继续教育项目“医院感染相关医疗纠纷处理高级培训班”，卫生部、省卫生厅、省医院协会专家及该院门诊办（公室）、医务处、呼吸科、感染科负责人就当前医院感染与医疗纠纷防范处理、医院感染病历书写与举证、医院感染控制中的难点及热点、抗菌药物损害和控制等作了专题学术报告。来自全国各地各级医院的临床医、护、技及从事医院医疗管理和医院感染管理工作的干部和专职人员共200余人参加了培训。

全国第四届胰腺外科高峰论坛：2007年6月7日，该院与湖北省医学会联合承办“全国第四届胰腺外科高峰论坛”，来自全国400余人知名专家参加了会议，30余名国内知名专家发表精彩演说。这是该院胰腺外科连续主办的第四届全国性胰腺外科学术交流会议，为国家级继续教育项目。会议由中华医学会外科学分会胰腺外科学组、中国抗癌协会胰腺癌专业委员会组织。

内分泌代谢性疾病早期发现和干预：2007年8月14日，该院内分泌举办了省级继续教育项目《常见内分泌代谢性疾病的早期发现和干预——全科医师的作用》学习班，共有来自于从事初级卫生保健工作的社区医院和三级医院内科、综合科和其他相关学科的70多名学员参加了培训。

脊柱肿瘤规范化治疗新进展：2007年9月21日，该院骨科举办了2007年国家级继续医学教育项目“脊柱肿瘤规范化治疗新进展”学习班。本次学习班由骨科副主任邵增务教授主持，会议邀请了大批国内外知名专家教授出席指导，来自北京、上海、广州、浙江、甘肃等20余省市三级医院以上医生150多人参加了学习。

临床药学新理念及应用：2007

年12月6～9日，该院药学教研室主办了国家级继续医学教育项目“临床药学的新理念及其应用进展”学习班，邀请了复旦大学、武汉地区部分大专院校及医院药剂科多名教授进行授课，各地学员202人参训。

知识技能竞赛　感染知识比赛：2007年6月21日，在上海举办的“2007年第三届医院感染知识”大奖赛中，该院感染科邹俊宁获得一等奖。

静脉留置针输液法比赛：该院首次举办静脉留置针输液法比赛，经三个月角逐，据7月比赛结果，吴茜摘得桂冠，蔡丹、杨艳、白芳、程口、林婉婷分别获得二、三等奖，龙彦、余文静、涂嫡、万佳获得优秀奖。

护士岗位技能：为贯彻落实卫生部办公厅《关于在全国卫生系统开展护士岗位技能训练和竞赛活动的通知》精神，省卫生厅于2007年9月7～8日举行了全省三级综合（专科）医院护士岗位技能竞赛，全省52家三级综合（专科）医院参加了比赛。该院获得总成绩一等奖，总分第一名的好成绩；综合科李凌获得总分第一名。李凌和外科李素云获得“护理操作技术能手”称号，外科丁洪琼获得“优秀选手”奖。

医疗下乡　捐赠医疗物质：为响应中央开展文化、科技、卫生“三下乡”活动的号召，该院筹集了手术床、无影灯、仪器推车、病床、家具、彩电等价值约100万元的医疗物资，分别捐赠给鹤丰县人民医院、老河口市人民医院、长阳县卫生局、仙桃市妇幼保健院、浠水县竹瓦镇卫生院和武汉市万松园社区卫生院等。

仙桃义诊：2007年1月18日，该院4人医疗小组（医务处副主任柯传尊带队，沈凌汛、马建华、李小艳参与）参加由湖北省卫生厅组织的“2007年文化、科技、卫生三下乡”集中示范活动，到仙桃义诊，并捐赠了价值约5 000余元的医疗设备。2007年3月12日，该院派出急诊内科徐丽、呼吸内科向菲两同志参加湖北省卫生厅组织的第七批艾滋病预防医疗队，启程到英山县开展工作。

革命老区义诊：2007年4月27日，该院陶晓南教授、揭盛华副教授、陈万新副主任技师参加由华中科技大学组织的侨界专家义诊团，义诊团由22人组成，由华中科大党委副书记刘建凡带队，赴革命老区黄石市刘仁八镇、金柯村义诊捐药。

嘉鱼县防艾滋病；2007年10月19日，该院防艾滋病第八批医疗队启程去嘉鱼县，费世洪、冯军被选派，费世洪任队长。

利川县鹤峰县医疗队：2007年9月26日，该院医务处副处长孙晖带队，王萍、常婷、陈小春、朱良如、闵洁、马建华、程翔、傅德皓等组成医疗小组赴湖北利川、鹤峰支援医疗工作。

医疗下社区　对口挂牌服务：为响应湖北省及武汉市委、市政府“千名医师下基层”的号召，该院对口支援汉口万松社区和常青社区卫生服务中心，并挂牌明示，由柯传尊副主任担任中心副主任，开展医疗、宣教、预防、保健等服务工作。

与电视台联办活动：2007年4月14日，该院与湖北卫视《今晚6点》节目组联合举办“医疗社区行”活动，到江岸区为群社区进行义诊，该院内科、外科、儿科、皮肤科、康复科的五位专家参加了义诊，义诊进行了3个半小时，共接待咨询群众约400人。2007年10月27日，该院消化科刘诗教授等3名医护人员参加了武汉电视台举办的“健康直通车”大型社区义诊活动，在硚口区支鹤社区接受50多名内科、消化系疾病患者的现场咨询，并为60多人免费测量血压。

乳腺甲状腺病义诊：2007年5月20日，该院乳腺甲状腺外科副教授程波、护士长代艺等4名医护人员参加了武汉电视台举办的“健康直通车”大型社区义诊活动，在汉阳区琴断口街七里社区义诊，接受了30多位乳腺、甲状腺患者的咨询，并为200多人免费测量血压。

党员教授义诊：2007年6月29日，该院“党员教授社区义诊团队”与对口扶持的江汉区常青街社区卫生服务中心的医务人员一起，在社区开展义诊活动。姚尚龙副院长参加了该院与该社区医疗合作项目的启动和揭牌仪式。

“五一”节手术创纪录　2007年五一国际劳动节当天，该院300多名医务人员坚守在手术台前，在46个手术台上完成了179台外科手术。

人事分配创新　制定人事管理制度，如《合同制职工薪酬管理规定》、《临床博士毕业生选留管理办法》、《专科医师规范化培训实施细则》及《引进高层次人才暂行规定》等。制定分配管理制度，如《核心人力资源考核奖励方案》。调整分配方案，如根据技术含量和风险对临床、医技科室的劳务分配方案进行了局部调整。2007年，全院专业技术人员和工人月增加工资68.3万元；离退休人员月增加退休费25.8万元；聘用职员183人，月增加工资10.3万元；全院工资、奖金等人员支出3.2亿元，较去年增长34.1%；该院提高了个人住房公积金缴纳标准，全年此项支出较去年同比增长52.2%。

人才培养　大师级人才建设取得历史性突破，引进的邹伟平教授成功当选“长江学者支持计划”客座教授。1人增选国家新世纪百千万人才工程。2007年11月19日，教育部公布了“新世纪优秀人才支持计划”2007年度入选人员名单，该院普外科陈立波副教授入选。2007年5月28—29日，在中国侨联主办的“第二届归侨侨眷创业成果交流会”上，该院王国斌、邹萍、廖玉华、肖传国4位教授荣获“科技创新人才奖”。王国斌、廖玉华、王春友3人获湖北省侨联授予的“省侨联梁亮胜科技奖二等奖”。7人获国家留学基金资助出国。

新增博士生导师7名、硕士生导师34名；新增正高职称人员11人，副高29人。全年选派26人赴美国、德国等国家进修、学习，安排留学归国人员22人，选留本院2007届毕业博士、硕士等毕业生114人。

2007年，该院有徐可树等12人晋升为教授主任医师，王家顺等2人晋升为教授，蒋雄刚等8人晋升为主任医师，张玉晋升为主任药师，赵光红晋升为主任护师。

重点学科建设　增补国家重点学科：2007年8月下旬，华中科技大学由该院牵头申报的血液科、泌尿外科、麻醉科通过国务院学位办组织的增补评审，成为新的国家级重点学科。

重评国家重点学科：在此前的国家重点学科第一轮的重新评估中，2000年由该院牵头申报的心血管内科再次成为国家级重点学科。

国家重点培育学科：影像医学、中西医结合科、传染科成为国家重点培育学科。

国家重点学科表彰会：2007年9月18日，该院举行2007年国家重点学科建设表彰会，经院党委研究，决定对心内科、普外科、血液科、泌尿外科、妇产科、呼吸科、麻醉科七个学科给予总计42万元的奖励，并自2008年起每年滚动投入2 000万元，五年内投入1亿元，用于现有的7个国家重点学科的人才培养、科学研究和设备购置。

学科宣传　2007年6月29日，该院举行学科宣传信息交流会，会前，该院宣传部组织了80多个选题，涉及30多个临床一线学科。来自健康报、大众医学杂志社、家庭医生报以及长江日报、湖北日报等媒体的14位编辑、记者们参会。这是该院自2000年以来连续举办的第七次较大规模的学科宣传组稿会。

外事往来　新西兰专家来访：2007年8月5日，新西兰坎特博格大学常务副校长、呼吸疾病专家Prof-Town一行来我院参观访问。该院院长王国斌教授、副院长孔维佳副教授等同来宾座谈，来宾们参观了该院外科大楼、ICU病房和手术室。

邀请德国专家参会：2007年10月12日，该院综合科邀请德国莱比锡心脏中心主任Grhard Schuler教授来该院参加学术会议。省老年病学会秘书长沈凯教授，副院长姚尚龙教授和综合科主任成蓓教授一起共同主持了本次学术会议，来自武汉市各大医院从事老年心血管专业的人员80余人参会。

美国心血管教授来访：2007年11月6日，国际著名心血管疾病专家、美国Duke大学医学中心心血管教授Augustus O Grant应邀来该院参观访问。美国教授参观了该院心内科、心外科病房、心内科基础研究室等。

巴黎大学校长来访：2007年11月13日，法国巴黎第十一大学校长Anita Bersellini、医学院院长Brigitte DEBVIRE等一行三人到该院参观访问。宾主双方就医疗、教育协作等话题进行了座谈，来宾还参观了该院心外科、CCU、干细胞中心，并与相关人员进行了交流。

美国医生到协和医院学习“肖氏手术”2008年3月11日，来自美国密西根州博蒙特医院的本杰明医生专程到武汉协和医院，开展一个月左右的学习“肖氏手术”取经活动。美国密西根州博蒙特医院是美国第二大综合性医院，拥有美国尿失禁研究中心，年手术量达7万台。“肖氏手术”由协和医院泌尿外科教授肖传国于是1995年发明，肖传国现兼任美国纽约大学医学院副教授，他发明的手术能使脊髓损伤或脊柱裂而导致尿失禁患者获得自我控制排尿功能，丢掉“尿袋子”；该手术已治疗患者近千例，成功率超过80%；2004年肖传国应邀到美国为两名因车祸截瘫的美国患者做了该手术，疗效很好。

新技术新业务　该院投入20万元，设立新技术、新业务奖励基金，以支持临床应用型新技术、新业务的开展。全年共开展新技术新业务80多项，包括心室颤动射频消融治疗技术；实施肾脏移植39例，其中，亲属肾脏移植24例；肝脏移植5例；开展造血干细胞移植60例。

学术兼职　核医学会：2007年6月17日，在宜昌召开的湖北省医学会核医学分会学术交流会上，该院安锐教授当选为新一届委员会主任委员，高再荣教授当选为副主任委员兼秘书长，兰晓莉副教授担任工作秘书。

杂志编委：该院皮肤科冯爱平副教授被《保健医苑》杂志选聘为编委。

科协：在武汉市科协七届一次全委会议上，该院王国斌教授再次当选为武汉市科协副主席。

消化病学会:2007 年 7 月 18 日,中华医学会第七次全国消化病学术会议在山东济南召开,该院侯晓华教授当选为中华医学会消化病学会分会胃肠动力学组组长。

麻醉学重点实验室:2007 年 7 月 23～24 日日,江苏省麻醉学重点实验室第三届学术委员会会议暨 2007 年中美麻醉学高级论坛在江办省徐州医学院召开,该院姚尚龙教授被聘为江苏省麻醉学重点实验室学术委员。

医院感染管理:2007 年 9 月 28 日,在第四届全国医院感染管理专业委员会换届选举中,该院邓敏教授当选为中国医院协会医院感染管理专业委员会常务委员。

医疗用房建设　2006 年该院外科病房大楼正式交付使用。2007 年该院投入 3 500 多万元,完成了住院部二区和住院部一病区的翻新改造工程,使内科大楼、外科大楼、医疗综合大楼各自独立,互为一体。为获技术准入,该院投入 80 余万元按有关要求完成了生殖中心迁移改造。新门诊楼项目(规划面积约 4.4 万平方米)获得卫生部批准。

医疗设备　2007 年设备购置总金额达 6 567 万元,较上年增长 95.5%。完成了锅炉房改造项目(总投资近 800 万元),可保证病区供暖、FISH 实验公用平台项目的设备采购、外科大楼运行验收及手术室小循环系统的改造任务、设备维修、保养 2 467 件次。

2007 年协和医院购置 10 万元以上医疗设备一览表

设　备　名　称	数量	型　　号	厂　　家	购置日期	使用单位
彩色超声诊断仪	1	HDI4000	飞利浦公司(美国)	2007.01.10	妇科 B 超
彩色超声诊断仪	1	LOGIQ7 全身	GE 公司	2007.03.10	超声科
彩色超声诊断仪	1	VIVID7 心脏	通用电气横河医疗系	2007.03.10	超声科
成人儿童呼吸机	2	EVITA4		2007.03.10	心外科 ICU
成人儿童呼吸机		EVITA4		2007.03.10	麻醉 ICU
成人儿童呼吸机	1	EVITA4		2007.03.10	麻醉 ICU
成人呼吸机	1	SARINA111	德国 DRAEGR	2007.03.10	急诊科
成人呼吸机	2	SARINA111	德国 DRAEGR	2007.03.10	器材科库存
成人呼吸机	2	SARINA111	德国 DRAEGR	2007.03.10	麻醉 ICU
成人呼吸机	1	SARINA111	德国 DRAEGR	2007.03.10	神经外科病房
成人呼吸机	1	SARINA111	德国 DRAEGR	2007.03.10	心内科 N16
成人呼吸机	1	SARINA111	德国 DRAEGR	2007.03.10	呼吸病房
成人呼吸机	3	SERVO－I	德国 MAQUET 公司	2007.03.10	心外科 ICU
多用途单探头 ECT	1	MPR－SPECT	美国通用	2007.03.10	ECT
高档电动偏心支柱	6	AXLS500	瑞士 Schaerer	2007.03.10	手术室
高档电动手术床	4	1132	MAQUET/德国	2007.03.10	手术室
核心光纤交换机	1	S8505	深圳华为 3COM 通信技术	2007.03.10	计算机网络中心
机械液压手术床	14	1118	MAQUET/德国	2007.03.10	手术室
机械液压手术床		1118	MAQUET/德国	2007.03.10	心外科 ICU
麻醉机	17	FABINSTIYO	德国 DRAGER 公司	2007.03.10	麻醉科
麻醉机工作站	3	PRIMUS－DEL	德国 DRAAEGER	2007.03.10	麻醉科
人工心肺机	3	S3	德国 STOCKERT 公司	2007.03.10	心外科 10 楼
数字化乳腺机	1	IMAGE MD	意大利 GIOTTO 公司	2007.03.10	住院放射科
双路输出高频电刀	2	ECC350M	ERBE/德国	2007.03.10	手术室
胎儿监护系统	1	M1383D＋FM2	飞利浦公司(德国)	2007.03.10	产科病房 11 楼
微创手术室转播	1		美国史赛克公司	2007.03.10	手术室
中央监护系统	1	N3150B＋MP6	飞利浦公司(德国)	2007.03.10	心外科 ICU
中央监护系统	1	N3150B＋MP6	飞利浦公司	2007.03.10	麻醉 ICU
超声刀	1	ENO6003	强生(中国)医疗器	2007.04.10	腹腔镜病房
全自动超声喷淋清	1	MU－503DD/2		2007.04.10	手术室
HIS 系统服务器	5	DL740	HP 美国公司	2007.06.10	计算机网络中心
超声诊断仪	1	M2540A/彩色	飞利浦医疗设备系统	2007.06.10	妇科 B 超

续表

设备名称	数量	型号	厂家	购置日期	使用单位
超声诊断仪	1	M2540A/彩色	飞利浦医疗设备系统	2007.06.10	生殖室
系统陈列柜	1	EVA4000	美国 APC 公司	2007.06.10	计算机网络中心
系统陈列柜	1	EVA4000	HP 美国公司	2007.06.10	计算机网络中心
麻醉机	1	北美 GS	德国 DRAEGER	2007.08.31	麻醉科
麻醉机/gedatex -	1	ACSTIVA/57	美国 OHMEDA 公司	2007.09.18	麻醉科
电子内窥镜	1	CV - 260B	日本 OLYMPUS 公司	2007.09.20	消化病房
腹腔镜	1	1088I	美国史赛克公司	2007.09.20	妇科病房 14 楼
人体模型	2		美国史赛克公司	2007.09.20	教办
电子鼻咽喉镜	1	ENF - 240	奥林巴斯株式会社	2007.10.10	耳鼻喉科门诊
手术头架	1	DORO	德国	2007.10.10	神经外科
床边 X 光机	1	MULT MBIL1	西门子电器公司	2007.10.10	住院放射科
纤维支气管镜	1	BF - P60	奥林巴斯株式会社	2007.10.11	呼吸实验室
移动心电远程监护	1	STD - 88MI	中国	2007.10.11	五区 11 楼
头动眼震图仪	1		英国捷锐士公司	2007.10.19	前庭功能室
摄像系统	3	单晶片	德国	2007.10.19	膀胱镜室
呼吸机	3	HT 50	美国纽邦公司	2007.11.01	急救中心
动态姿态分析仪	1		美国 NeuroCom 公司	2007.11.02	耳鼻喉科 30 楼
显微操纵仪	1	RI INTEGRA	英国	2007.11.02	生殖室
激光破膜系统	1	RI SATURNA	英国	2007.11.02	生殖室
倒置显微镜	1	NIKON TE20	日本 NIKON 公司	2007.11.02	生殖室
神经电生理系统	1	ENDEAVOR	美国尼高力公司	2007.11.22	泌外实验室
电子内窥镜(肠道)	1	EC - 450WM5	日本富士能公司	2007.11.22	腹腔镜病房
电子内窥镜(胆道)	1	EO - 270F	日本富士能公司	2007.11.22	腹腔镜病房
全自动生化分析仪	1	AV400	日本 OLYMPUS 公司	2007.12.24	肿瘤 1 病区

信息化建设　该院建立了手术麻醉管理系统、试运行了门诊医生网站,该院网站点击量达 270 万次。建立了医疗区停车场出入口智能收费系统。门诊部挂号、划价、收费等工作均实现了计算机联网操作。

慈善活动　文化赠品:该院职工响应省委省政府"向贫困农村捐赠书刊音像制品,实行智力扶平"、捐赠书刊 2 707 册,录像带 180 盘(盒)、光碟 314 盒,VCD 放映机 1 台,学习复读机 1 部。

捐款捐物:为响应"向灾区和贫困地区群众送温暖献爱心"的号召,该院职工捐过冬衣被 512 件,捐款 34 107 元;向该院一患白血病女职工捐款 77 976 元。

平安医院建设　平安方案:2007 年 5 月 22 日该院印发并开始实施《协和医院创建平安医院实施方案》,成立院、科、病区三层专项活动领导小组。

治安协议:该院与新华街派出所签定治安协议,共同防范、打击门诊偷窃行为。全年出警 2 279 人次,调解各类纠纷 158 起,破获现行案件 26 起,(其中刑事案件 3 起,治安案件 23 起)。

公开服务信息:利用电子屏、网络等公开就医流程、项目、价格等信息。2007 年 6 月 6 日,该院印发并开始实施《协和医院关于全面推行院务公开工作的实施方案》。

督查服务质量:每月到各临床、行政、后勤单位检查医患沟通、病人满意度情况,检查结果与当月目标考核挂钩。

投诉处理:协调处理病人投诉,每月开意见箱,全年收到病人建议意见 12 封,有效投诉 3 起,处理投诉 8 起,处罚 3 起,对突出问题进行曝光批评。

换位体验:2007 年 8 月 3 日,该院党办、人事处组织 50 名新职工(留院医生)进行角色转换,到本院、同济医院、武汉市一医院、武汉市中心医院等 6 家医院进行了一个单元的就医体验活动。

专题讲座:2007 年 7 月 26 日,该院邀请武汉市公安局指挥中心彭磊主任到该院作"医患纠纷突发事件现场处置"等专题讲座,以提高处理医患纠纷突发事件的能力。

2007 年,该院收到病人赠送的

锦旗188面、感谢信133封、匾额21块,134人次拒收红包,计金额13.95万元。

自办病区副食店　该院自主经营的病区副食店运行情况良好,已创利80余万元,为患者及家属提供了方便。

财务管理　2007年,该院总收入较去年增长28%。2008年财政资助专项计划已获批资金1 200万元。完成大型设备等招标25次49项,投标总额3 858.77万元,节约455.12万元。完成修缮工程审计项目155项,审减近百万元,占送审金额的12.8%。同社会审计共同完成外科病房大楼的主体及配套的工程审计25项,审减3 516.49万元。完成了内科楼改造后床位费的测算、申报,制定了统一的科、处室核算编码,以利成本控制。实现了资产联网管理。

召开党代会　2007年10月25－26日,该院召开了第七次党代会(时隔16年),表决产生了新一届党委和纪委班子。2007年该院发展新党员129人,预备党员转正157人,全院在册党员数达到1 768人。

治理商业贿赂　为治理商业贿赂,该院设立了举报箱,公布了举报电话,全年收到投诉54件次,举报信6封。2007年组织招标25次49项,涉及金额近4 000万元,节约资金400多万元。

小儿血液科"爱心学校"　创办五年,来自全国各地3 000余人次血液病患儿到"爱心学校"边学习边治疗,武汉各高校志愿者前来服务,成为有吸引力的爱心病房医院,CCTV－1新闻联播等媒体对此进行了报道。

文明建设成果　湖北省最佳文明单位:2007年5月15日,在湖北省委、省政府召开的"迎节会、讲文明、树新风"暨文明单位(行业)命名表彰电视大会上,该院获得"最佳文明单位"称号。

医院人文管理荣誉奖:2007年12月9日,的"第三届走向人文管理高层论坛暨人文医学荣誉奖、医院人文管理荣誉颁奖大会"在北京举行。该院获中华医学会伦理学分会颁发的"医院人文管理荣誉奖"该院党委副书记冯正文到会领奖。

全国青年文明号:该院心外科获卫生部、共青团中央授予的"全国青年文明号"(2007年11月30日获悉,这是该院获得的第一个国家级"青年文明号"荣誉称号。)。

全国医德标兵:2007年12月25日,该院王国斌教授在北京召开的全国医德标兵颁奖大会上,获首届"全国医德标兵"荣誉称号。

"高致病性禽流感防治"先进工作者:邓敏被武汉市卫生局授予"高致病性禽流感防治"先进工作者。

全年共收到感谢信142封,锦旗195面,匾额43块;141人次拒收红包计15.6万元。该院被新华社、中央电视台、《健康报》等国家级媒体用稿23篇(条);长江日报《大医之道》推出该院名医3位。

临床科室主任　消化内科:侯晓华;内分泌科:陈璐璐;肾病内科:刘建设;血液内科:邹萍;风湿病科:沈凌汛;心内科:廖玉华;心外科:孙宗全;泌尿外科:肖传国;手外科:王发斌;骨外科:杨述华;整形外科:孙家明;脑外科:赵洪洋;胸外科:王建军;普外科:王春友;胃肠外科:王国斌(兼);肝胆外科:郑启昌;胰腺外科:王春友(兼);甲状腺乳腺科:黄韬;腹腔镜中心:王国斌(兼);血管外科:金毕;妇科;王泽华(兼);产科:邹丽(兼);小儿内科:郑孝清(兼);计划生育科:李红发(兼);综合治疗科:成蓓;综合外科:陈道达;物理康复科:周淑华;针灸科;蔡国伟;急诊科:韩继媛;核医学科:张永学;介入放射科:梁惠民;体检中心:王志鹏;干细胞应用与研究中心:黄士昂;伽玛刀治疗研究中心:赵洪祥(兼);肿瘤中心:冯敢生(兼)。

领导班子成员　党委书记、院长:王国斌;党委副书记:冯正文、曾甫清;常务副院长:冯敢生;副院长:姚尚龙、安锐、孔维佳、胡豫;院长助理:张玉、张强;院总会计师:刘忠德。　(姜桂社)

协和医院改革开放30年资料链接

【1949－2007年主要指标增长情况】　改革开放30年在协和医院142年历史发展中成绩显著。

1949年,武汉协和医院在华中地区堪称大医院,仅占地71.8亩,拥有床位249张,职工169人,固定资产476万元,年门诊量5万人。

解放后,该院被收归国有。1954年正式成为中南同济医学院的直属教学医院。到1978年,医院开放床位626张,年门诊量68万人次,年住院量1.1万人次,各项医疗指标居当时全省第一。改革开放以后,该院被评为国家首批三级甲等医院、全国百佳医院。

1978年后,该院新建医疗用房7幢,使医疗用房面积达20.2万平方米,比30年前的2.9万平方米增加了近7倍;固定资产由1978年的约0.12亿元到2007年13.16亿元;10万元以上大型设备达755台,总金额4.55亿元;成为国内规模最大的三级甲等医院之一,综合实力位居全国前列。

2000年,同济医科大学融入新组建的华中科技大学,该院成为华中科技大学同济医学院第一临床学院,设有亚洲紧急救援中心、湖北省急救中心。

该院自1953年以来共接诊门诊病人4 369万人次,接收住院病人105.6万人次。自1995年以来共完成手术人数22.3万人次。2007年,该院实际开放病床2 377张,门诊量197万人次,住院量6.5万人次,手术量3.2万台次,居全国前列,并创造了单日手术量251台的全国最高纪录。

【学科发展】 在学科建设方面,经新一轮国家重点学科遴选,该院有8个学科被评为国家级重点学科,其中由该院牵头的学科有4个(心内科、血液内科、泌尿外科、麻醉科);影像医学科被评为"国家重点培育学科",形成8个重点学科、3个重点培育学科的优势学科群。

【中西医结合技术成果】 从1988到2005年,该院有一批技术获奖,其中获国家卫生部科技进步奖1项(何世银主编的《中西医结合护理学》于1997年获三等奖);湖北省科技进步奖10项(获二等奖:杨家玉等3人完成的"一盘珠汤治疗急性软组织损伤临床与实验研究"于1988年获奖,沈霖等3人完成的"川芎注射液防治屈指肌腱粘连研究"于1994年获奖,沈霖等3人完成的"补肾法防治原发性骨质疏松症的细胞、分子作用机理研究及临床观察"于2002年获奖;获三等奖:李同生等3人完成的"紫金汤治疗挫伤疗效机理研究"于1989年获奖,杜靖远等3人完成的"中西医结合治疗慢性化脓性骨髓炎"于1991年获奖,杜靖远等3人完成的"补肾密骨液防治骨质疏松症临床与实验研究"于1996年获奖,杨述华等3人完成的"自制大腿外固定圈骨外固定治疗股骨粗隆间骨折的临床及生物力学研究"于2001年获奖,汤耿民等3人完成的"补肾活血法促进骨折愈合的机理研究"于2002年获奖,沈迪沈霖等完成的"中医药治疗未明原因的多部位出血理论研究及临床观察"于2003年获奖);获武汉市科技进步奖5项,(其中,获二等奖1项,获三等奖4项);湖北省卫生厅科技进步奖4项(其中,二等奖3项,三等奖1项);广州市科技进步奖二等奖1项;广东省科技进步奖三等奖1项;中华中医药学会科技成果奖三等奖1项;获首届中国金榜技术及产品博览会金奖项、94中国专利技术博览会银奖共1项等。

【科研工作】 改革开放使"科学办院、科教兴院、科技强院"的观念在该院早已深入人心。1979年以来,共中标各级科研课题2 119项,科研鉴定成果313项;在304项科研成果中,38项达国际先进水平,266项达国内领先水平。获奖成果285项,有253项(次)获得国家、部省级以上奖励,一大批成果将该院的医疗技术推进到一个新高度。

上世纪的70年代,一种怪病在华中地区10余个省的棉产区肆虐,患者出现肢体无力或瘫痪,严重的出现呼吸麻痹甚至死亡,在某些地区该病死亡率高达10%,人民群众身体健康受到严重威胁。紧急关头,协和医院临危受命,以童萼塘教授为主要负责人的课题研究组迅速开展工作,他们扎根乡村,在极其艰苦的条件下开展科研,很快取得了突破性进展,他们得出结论这种怪病就是低血钾软病,并很快制订了治疗方案,病魔制伏了,1985年《低血钾软病的研究》获得国家科技进步二等奖。

此后,该院肖传国教授等的《人工体神经内脏神经反射弧恢复截瘫后膀胱功能》、王新房教授等的《三维超声成像的方法学和临床应用研究》等2项成果再次获得国家科技进步二等奖;沈迪教授等的《一组新型血小板聚集功能缺陷的研究》获得国家教委科技进步一等奖,这种疾病被学术界命名为"沈迪氏病"。此外王新房教授等的《双氧水心脏声学造影的研究》获国家科技进步三等奖。

目前,该院正承担着一批国家863计划、973计划、国家自然科学基金重点课题的研究工作。相继建成了分子靶向实验室、分子影像实验室两个省级重点实验室。2001至2008年,该院共中标各类科研课题600项,科研总经费达1.36亿元。医院已拥有400多平方米的公用科研实验平台,另建有中心实验室一个、专科实验室二十多个,为该院创新研究成果创造了有利条件。

由该院专家担任主编的学术专著屡获国家级大奖。刘俊杰教授等主编的《现代麻醉学》获全国优秀科技著作一等奖,王新房教授主编的《彩色多普勒诊断学》获国家教委科技进步二等奖,黄选兆教授主编的《耳鼻咽喉科学》获卫生部科技进步二等奖。该院主办或主编的《中华超声影像杂志》、《亚洲核医学杂志》、《临床耳鼻咽喉科杂志》、《临床心血管病杂志》、《临床泌尿外科杂志》等10本学术期刊,在全国有广泛的影响。其中《临床耳鼻咽喉科杂志》获得国家期刊奖提名奖,是湖北省唯一获奖的医学期刊。

自2001年以来,该院发表统计源期刊论文6 516篇,其中,SCI收录的论文192篇。近年来在国内外核心期刊发表论文及被SCI收录论文居国内同类医院前列,并有论文在世界权威杂志《自然》、《柳叶刀》上发表。2007和2008年该院中标国家自然基金项目分别为40项和50项,年度科研总经费突破3 000万元,创历史新高。论文总数排名蝉联全国医疗机构第4位,Medline论文排名全国第3位,SCI收录论文数连续两年进入全国前10名。在2008年9月8日举行的湖北省2007年度科技奖励大会上,该院有两项成果获得一等奖,在近三年中,该院已有6项科技成果获得省级一等奖,还获得3项国家科技进步二等奖。

【改善就医环境】 18 000平方米的现代化综合干部病房大楼,总面积80 000平方米亚洲规模最大的单体外科大楼相继投入使用,一流的肿瘤中心、干细胞中心、PET中心相继建成。规划面积8.6万平方米的新门诊楼即将开工建设。该院建成了国内一流的百级手术室、心外重症监护室。先后引进了具有国际先进水平的多层螺旋CT、PET-CT、伽玛刀、超导型磁共振、ECT、高压氧舱、调强放疗机等一大批现代化诊疗仪器。最近,又投资5 000万元配置了3.0MRI、双源和128排螺旋CT各一台、数字平板血管造影机等世界顶尖设备。

【技术力量】 一大批医学专家如著名皮肤病学专家、国家一级教授于光元,著名心血管专家管汉屏、著名眼科专家吉民生、著名骨科专家朱通伯、著名传染病专家王心禾、著名泌尿外科专家熊旭林,以及高浴、魏能润、李幼安、朱师墨、张锦坤、沈迪、刘俊杰、魏厚仁、毛焕元等专家老树新花,为协和医院新时期发展再立新贡献;一大批骨干专家如蓝鸿钧、叶怀英、张寿熙、童萼塘、王新房、朱贤立、罗端德、杜靖远、鲁功成、杨辰垣、孙永玉、胡椿枝、曾邦雄、宋善俊、洪光祥、孙宗全等活跃在临床、教学、科研一线。

改革开放30年来,该院已拥有一支老中青相结合的专家教授队伍,现有高级职称医务人员300多人,其中享受国务院特殊津贴的专家92人,在职博士生导师128人,硕士生导师245人;担任国家级学会副主任委员以上的专家8人,担任国家级学会常委、委员的专家30人,担任省市级专业学会主任委员和副主任委员的专家60多人。

【教学工作】 2001年,高22层总面积26 000平方米的现代化新教学大楼竣工投入使用,大楼拥有先进的手术学视频点播直播系统和同声翻译系统;2005年又投资800万元建成了配备先进的临床技能实验中心。新教学大楼极大地改善了协和医院的教学条件。本科教育积极推行教学质量综合目标管理,研究生教育积极推行导学的师生关系优化目标管理制度、严格的师生入出关考核体系,推行以培养临床研究生创新精神和实践能力、创造能力和创业精神为目标的综合能力培养方案,使教学质量大幅提高。现已拥有耳鼻咽喉科学、内科学、外科学三个国家级精品课程,医学影像学、妇产科学两个省级精品课程。目前,全院95%以上的理论课讲授采用了多媒体教学,2004年开始逐步推行双语或全外语教学。

2001年以来,协和医院共获湖北省优秀教学成果奖7项,其中一等奖2项,省级优秀博士论文9篇,中标省级教学研究项目23项,国家级继续教育项目96项,卫生部视听教材56项,CAI课件12项。已获国家级专科医师培训基地27个,全国内镜培训基地2个。孔维佳教授、张永学教授、胡丽华教授分别担任全国"八年制"、"七年制"、"五年制"统编教材《耳鼻咽喉科学》、《核医学》、《临床输血检验》、《临床输血与检验实验指导》主编。

2007年,经教育部专家组的现场检查、评估,该院本科生教学工作获"优秀"等级,研究生教育质量也获高度评价。耳鼻咽喉科学建成国家级双语教学示范课程,建成国家级二类特色专业(长学制临床医学)和省级实验教学示范中心(临床技能培训中心)各1个,省级重点学科13个,省级重点实验室2个,7个研究所,25个一级、二级学科博士点,5个博士后流动站。作为教学医院,培养了15 000多名高级医学人才。

【新技术新业务】 自1979年以来该院共开展新业务、新技术和取得重大医疗成果1 780余项。近5年来,该院新技术新业务层出不穷,平均每年开展的新业务新技术100余项,大部分为省内首创或达到国内领先水平,部分为国际国内首创。

该院心血管疾病治疗研究所是华中地区最大的心脏病治疗中心,有著名心血管专家廖玉华、孙宗全、董念国等教授带领工作。国家级重点学科心内科在心血管病免疫学、分子心脏病学、心脏电生理学等方面居国内领先水平,其扩张型心肌病早期干预研究、难治性高血压病的诊断治疗在国内有广泛的影响。心外科在复杂性先心病和严重风湿性心脏病外科治疗、冠状动脉搭桥术等方面居国内先进水平;心脏外科年手术量连续6年超过1 000台,接受心脏外科手术的患者,最小的出生才3天,最长的87岁;2002年9月心外科成功为15岁的患者刘盛完成心脏移植手术,术后他平安地生活了4年,创造了中南地区心脏移植生存的新记录;2003年6月,心外科又成功地为患者李博完成心肺联合移植手术,术后患者体征稳定,生存了一年零八个月,创造了当时国内心肺移植手术后存活时间最长、生存质量最好的纪录。

该院国家级重点学科普外科将学科优势进行优化组合,相继建立起肝胆外科、胃肠外科、胰腺外科、腹腔镜外科、小儿外科、乳腺甲状腺外科、血管外科等7个各具特色的专科。在王国斌、王春友、郑启昌、黄韬等教授的努力下,在重症胰腺炎外科治疗、肝移植、复杂肝胆手术等方面都有较大进展,腹腔镜下小儿巨结肠切除、肝门部胆管切除重建肝动脉等手术国内领先。开展的巨大肝肿瘤切除术、恶性胸肿瘤根治性切除、肠出血症、乳腺甲状腺特色手术、联体婴儿分离手术、肠道肿瘤手术及腹腔镜替代剖腹探查手术等新技术均取得了良好疗效。

2005年7月13日,协和医院多位外科专家联手成功分离了一对连体女婴,这也是国内第7例、湖北首例连体婴儿成功分离的手术,2008年4月4日,女婴度过了她们的三周岁生日。

血液病研究所白血病治疗研究在宋善俊、邹萍、胡豫教授等带领下,在造血干细胞移植、血栓与止血、血液免疫、白血病等领域取得了丰硕的成果。成功开展了中南地区首例同种异体骨髓移植。研究所与中华骨髓库、台湾慈济骨髓捐赠中心建立了良好的合作关系,为血液病治疗创造了良好的条件,迄今已完成骨髓移植200多例,其中绝大部分为异基因骨髓移植。血液病研究所也成为华中骨髓库的定点造血干细胞采集单位。

泌尿外科研究所首创的"体外神经代替中枢神经截瘫患者膀胱功能重建术"具有重大临床应用价值。由国家973计划项目首席科学家肖传国教授主持的"反射弧的基础研究和多学科临床应用研究",对于解决我国目前200万截瘫患者大小便失控难题具有重大意义。肖传国教授的理论被称为"肖氏反射弧",这项创新性成果远播海外,2006年以来,先后有来自美国、韩国、菲律宾等国的20多名有国际影响的泌尿外科专家专程来到该院学习这项技术。

近十年来,在肖传国、曾甫清教授带领下开展了肾脏移植、膀胱癌根治、女性压力性尿失禁微创手术等,并积累了雄厚的技术优势,仅2003年以来就开展肾移植200多例,其中开展亲属肾移植78例,肾移植术后存活率接近100%,10年生存率达到国内一流水平。

耳鼻咽喉科研究所的内窥镜手术、鼾症综合治疗、喉显微激光手术成为新的优势技术。孔维佳教授在省内率先开展的多导人工耳蜗植入也已成为治疗极重度耳聋的常规治疗手段,并在国内率先开展双侧多导人工耳蜗植入,帮助大批耳聋患者进入有声世界。在省内率先开展经鼻内窥镜蝶窦进路垂体瘤切除术,使不开颅就切除垂体瘤成为现实。

超声影像科成为我国第一个超声专业博士点及最早审批通过的博士后流动站之一,王新房教授担任中华医学会超声影像学会名誉主任委员。在王新房教授的主持下,立足于国际前沿,率先在国内开展了静态和动态三维心脏超声的研究,对心血管、腹部脏器等多个器官疾病的三维超声成像的临床价值进行了系统研究,这项研究成果获得2005年度国家科技进步二等奖,对获得更准确与更清晰的动态三维图像从而大幅提高超声诊断的准确率具有重要意义。

介入放射科冯敢生教授首创的“双介入疗法”攻克了世界公认的一大顽症——“肝硬化肝门脉高压合并脾功能亢进”,“双介入治疗门脉高压症”具有重要的应用价值,还开展了动脉插管化疗法及栓塞治疗中晚期肿瘤等多项国内领先的新技术。

骨科瞄准国际骨科界的最新动态,杨述华教授等先后开展了“椎间盘镜治腰椎病”、“微创外科手术治疗椎间盘突出”、“人工腰椎间盘置换”、“双侧人工髋关节置换”、“人工全膝关节置换”、“脊柱侧弯矫正”等国内省内领先新技术。杜靖远教授开展了儿麻矫治。

神经内科以卒中单元为依托,神经康复治疗在湖北省处于龙头地位。孙圣刚教授等开展老年神经系统疾病研究一直是该科的重点发展方向,以帕金森病为代表的研究已在全国处于领先水平。

干细胞中心由干细胞专家黄士昂教授领衔,在中南地区首家获得细胞治疗准入,开展了国际先进的自体免疫细胞回输疗法治疗肿瘤和病毒性疾病,成为清除残留肿瘤细胞,防止肿瘤复发和转移的新手段。

PET研究与应用中心由张永学教授主持,在华中地区首家拥有国际顶尖水平的PET-CT和回旋加速器,能提供病灶详尽的功能与代谢等分子信息,一次显像可获得全身各方位的断层图像,达到早期发现病灶和诊断疾病的目的。

神经外科在国内第一个将所有颅内疾病均行显微手术治疗,赵洪洋教授等在开展鞍区肿瘤显微手术方面,如颅咽骨瘤、垂体腺瘤、鞍结节脑膜瘤,始终走在国内前列。伽玛刀手术总有效率达90%以上,在世界伽玛刀协会获好评。

眼科在玻璃体视网膜疾病、青光眼、角膜病、白内障、眼外伤、泪道疾病、干眼症、眼底病、斜视与弱视、眼科病理、准分子激光手术等领域的临床及科研处于省内领先水平,部分专业组进入国内先进行列。

协和医院肿瘤诊疗研究中心新建成即拥有全省最先进的放射治疗中心及高压氧治疗中心,在中南地区首次进行了恶性肿瘤的调强适形放疗,开展的全身各系统肿瘤的常规放疗、立体定向放疗、三维适形放疗等技术大大提高了疗效。

麻醉科是中南地区唯一的麻醉学新技术培训中心,姚尚龙教授等开展的神经刺激仪引导下神经阻滞及分娩镇痛在国内处于领先地位。

消化内科的超声内镜、胶囊内镜等新型内镜技术;内分泌科的糖尿病等内分泌及代谢性疾病综合新疗法;妇产科的宫颈癌、卵巢癌根治术、腔镜手术、新式剖宫产以及医学助孕技术;皮肤性病科的皮肤真菌、皮肤性病和血管瘤等疑难病治疗;手外科率先在国内开展的断指再植、断肢再植、游离足趾移植再造手指等多种高难度的显微外科手术等均在国内有较大影响。

【人文医疗服务】 该院儿科血液中心病房,2002年开设了中国内地首家“爱心病房学校”,供治疗周期较长的白血病患儿学习,这所特殊学校的100余名老师是从3 000余名志愿者中精选出来的,他们长年给患儿授课,使白血病患儿在充满爱心的氛围中成长。新组建的检验科24小时服务中心,可为患者提供“全天候”快检服务,大大缩短就医时间。近年来,协和医院的平均住院日一直稳定在13天左右,居于省内领先水平。

2008年,四川汶川大地震发生后,该院先后派出四批共23人的医疗队,携带30多万元的药品、器械等,以最快的速度奔赴什邡、绵竹等重震灾区;全院短时间内共捐款100万元,已全部汇达灾区;全院共产党员共交纳特殊党费33万元。

该院先后被授予湖北省最佳文明单位、全国五一劳动奖状、卫生部全国医院管理年活动先进单位、全国医院人文管理荣誉奖、教育部抗震救灾先进集体、全国“抗震救灾重建家园‘工人先锋号’”红旗。多次荣获“全国城市医院思想政治工作先进集体”、“全国卫生系统医院文化建设先进单位”、“湖北省创建文明行业活动示范点”、“湖北省卫生系统示范单位”、“武汉市文明品牌医院”、“武汉市诚信医院”、“武汉市价格计量信得过单位”等殊荣。

【实施“国际化”战略】 2004年春,经过周密论证,医院党委书记、院长王国斌教授代表院领导班子提出,医院正式启动“学科、人才、品牌、国际化”四大发展战略,构建协和新世纪向国际一流的知名高水平医院发展的宏伟蓝图。

该院根据“区分层次、分步发展、突出重点、整体推进”的原则,巩固和发展已有的优势学科,通过重点扶持和重点建设,创建一批国内领先、国际先进的、具有显著特色和优势的重点学科,以特色带动综合,以综合强化特色,建设一批具有国际水平、国内一流的学科群。据此,协和分别对8个国家级、13个省级重点学科以及一批校院级重点学科逐一进行分析,制定发展目标,对造血干细胞移植、胰腺疾病诊疗、听觉医学、神经泌尿外科、移植医学、微创医学、心血管免疫、生物材料等重点医疗研究项目分别制定了达到国内领先、国际一流水平的目标。以造血干细胞移植、肾脏移植、心脏移植、心肺联合移植为龙头,推进肝脏移植、肝肾联合移植等移植学科的大规模临床应用及基础研究,从而为首批获得国家级移植领域市场准入增加重量级的砝码。对微创医学、干细胞应用、基因组学、蛋白组学、移植医学、组织工程、神经修复等21世纪的新兴学科,该院制定特殊政策,全方位扶持。

该院一大批中青年新秀脱颖而出成为学科骨干，已有多名专家入选“国家百千万人才工程”等高层次人才培养计划。医院的领导者们更是礼贤下士，千方百计多渠道招贤纳才。汇聚该院的国际国内知名中青年专家有泌尿外科专家肖传国教授，干细胞专家黄士昂教授，电生理专家雷鸣教授，基因专家蔡士杰教授，胸外科专家王建军教授，肿瘤放疗专家伍钢教授……，在协和医院的中青年专家中，目前已拥有国家项目首席科学家1名，国家杰出青年基金获得者4名，入选国家百千万人才工程2名，入选教育部新世纪优秀人才支持计划专家4名。

该院已与德、美、英、日等医学发达国家的100多所医疗机构建立了良好的合作或交流关系，努力建设具有国际一流水平的学科群。

【1988～2005年协和医院中西医结合专业科研成果获奖情况】 从1988到2005年，该院有一批技术获奖，其中获国家卫生部科技进步奖1项、湖北省科技进步奖10项，还有获武汉市科技进步奖项，湖北省卫生厅科技进步奖项，广州市科技进步奖项，广东省科技进步奖项，中华中医药学会科技成果奖项、首届中国金榜技术及产品博览会奖项，94中国专利技术博览会奖项等，具体情况如下表：

项　目　名　称	项目完成人	获奖或鉴定时间	获奖名称、等级或鉴定单位
一盘珠汤治疗急性软组织损伤临床与实验研究	杨家玉 沈　霖 李同生等	1988年	湖北省科技进步二等奖
紫金汤治疗挫伤疗效机理研究	李同生 杨家玉 沈霖等	1989年	湖北省科技进步三等奖
中西医结合治疗慢性化脓性骨髓炎	杜靖远 沈　霖 杨家玉等	1991年	湖北省科技进步三等奖及武汉市科技进步三等奖
肾虚证与骨矿含量关系的研究	李仁康 丁桂芝	1992年	武汉市科技进步二等奖
骨折复位机	杜靖远	1994年	首届中国金榜技术及产品博览会金奖、94中国专利技术博览会银奖
单侧可调式骨外固定器	郑启新 杜靖远	1994年	首届中国金榜技术及产品博览会金奖
川芎注射液防治屈指肌腱粘连研究	沈　霖 杜靖远 杨家玉等	1994年	湖北省科技进步二等奖
通督活血汤治疗腰椎管狭窄症的临床和实验研究	李同生 沈　霖 杨家玉等	1994年	湖北省卫生厅科技进步二等奖
补肾健骨汤治疗骨关节病的临床与实验研究	李同生 沈　霖 杨家玉等	1995年	湖北省卫生厅科技进步二等奖
补肾密骨液防治骨质疏松症临床与实验研究研究省科技进步3等奖及武汉市科技进步3等奖	杜靖远 沈　霖 杨家玉等	1996年	湖北省科技进步三等奖及武汉市科技进步三等奖
《中西医结合护理学》	何世银	1997年	鉴定为国内领先水平获卫生部科技进步奖三等奖
小儿喜食冲剂	代春林	1998年	湖北省卫生厅科技进步三等奖
中医辨证治疗新型血小板聚集缺陷症的研究	沈　迪 沈　霖 王爱莲等	2000年	湖北省卫生厅科技进步二等奖
加味四逆散放治肝损伤的实验研究	彭汉光	2001年	武汉科技进步三等奖
自制大腿外固定圈骨外固定治疗股骨粗隆间骨折的临床及生物力学研究	杨述华 杜靖远等	2001年	湖北省科技进步三等奖
高能震波促进骨折愈合的实验和临床研究	杜靖远	2001年	广州市科技进步二等奖、广东省科技进步三等奖
教学质量评估	彭汉光	2002年	华中科技大学教学质量奖二等奖

续表

项　目　名　称	项目完成人	获奖或鉴定时间	获奖名称、等级或鉴定单位
补肾法防治原发性骨质疏松症的细胞、分子作用机理研究及临床观察	沈　霖 杨艳萍 谢晶等	2002 年	湖北省科技进步二等奖
补肾法防治骨质疏松症的细胞、分子机理研究	沈　霖 杨艳萍 谢　晶等	2003 年	中华中医药学会科技成果 3 等奖
补肾活血法促进骨折愈合的机理研究	汤耿民 沈　霖 肖明英等	2002 年	湖北省科技进步三等奖
中医药治疗未明原因的多部位出血理论研究及临床观察	沈　迪 沈霖等	2003 年	湖北省科技进步二等奖
湖北人群双能 X 线骨密度测定和骨质疏松及其骨折的发生率调查	沈　霖 杨艳萍 谢　晶等	2004 年	湖北省科技进步三等奖
肺与大肠表里关系的客观化探讨及相关临床研究	杨胜兰 李道本 沈　霖等	2005 年	武汉市科技进步三等奖

（姜桂牡）

【华中科技大学同济医学院附属同济医院】

2007 年，该院实施院建“十一五”规划和创建国际一流医院，提高医疗质量，加强成本控制，强化执行能力，促医疗、科研、教学等良性运行，努力打造“手术治疗基地”和“疑难危重症救治基地”。

主要指标完成情况　2007 年该院门急诊量达 2 214 594 人次（2006 年门急诊病人数达 208 万人次，刷新荆楚医疗史），增长 6.3%；出院病人数 74 433 人次，增长 14.5%；住院手术量 31 457 台次，增长 7.1%；开展移植手术 112 例（肾移植 96 例、肝移植 10 例，胰肾联合移植 3 例，肝肾联合移植 2 例，肺移植 1 例）；抢救成功率达 98.19%，治愈好转率 98.82%；病床使用率 123.47%，床位周转次数 35.55 次；静脉输液 1 263 890 人次，肌内注射 291 935 人次；一级护理 870 282 人次，一级护理合格率 98.04%，基础护理合格率 97.77%，消毒隔离合格率 98.34%，住院病人对护士满意度 99.58%；完成各类病理活检 34 127 例（增长 10.2%），切片数 137 230（增长 25.3%），完成超声检查 159 141 人次（增长 17%），拍片 180 126 人次（增长 70.74%）；输血 65 113u；完成检验 1 648 万项次，比上年增长 13.81%；完成病案管理 73 235 份。全年完成执业医师注册 40 余人次。组织医院职工无偿献血 80 人次。

暑期高峰就诊情况　2007 年 8 月 3 日武汉晚报提供资料显示，“本周一”该院门诊病人达到 7 272 人，周二达 6 036 人。增长最快的是急诊病人，周一急诊病人 670 人，周二达到 936 人；急诊中 80－90% 的病人是发烧感冒病人。

医疗保障外派活动　2006 年该院外派医务人员 33 人，诊治病人 4 万余人次，为对口社区居民免费体检 500 余人次，培训基层医务人员 900 余人次，提供各种咨询 6 000 余人次。组织专家 40 余人次参加省、市各类评审、督导检查和培训工作。派出专家 41 人次，参加处理“107 国道危险化学品泄漏事故”、“8.25 东西湖区特大交通事故”等工作。派出多名专家参加“2007 年中国科协年会”、“第六届全国城市运动会”、“第八节中国艺术节”等重大活动的医疗保障工作。

科室医技创新　该院将科研能力和技术创新列为医务人员考核重要内容，实行末位淘汰。设立创新基金，鼓励医生开展新技术、新业务研究。2007 年，该院投入科研经费达 4 000 多万元。近几年该院每年应用于临床的先进医疗技术达 100 多项。

肝脏外科陈孝平教授突破肝脏手术的“五个禁区”，新技术在国内 60 多家地市级以上医院推广。

2007 年，该院小儿外科冯杰雄等医生为出生 4 天女婴成功实施分离食管气管粘连（食管被封闭）。

泌尿外科张旭教授（该院泌尿外科中心副主任）建立完善 20 余种腹腔镜手术方法，患者术后无痛苦，一周后普遍能够恢复正常工作（传统开放手术，患者恢复时间短则两周，长则数月）。张旭教授用一个半小时成功完成一例腹腔镜肾部分切除手术,病人出血量50余毫升。该科腹腔镜手术技术已涵盖包括肾上腺、肾切除、输尿管等16类手术中,已完成2 230例泌尿外科腹腔镜手术。

该院心胸外科与意大利STEFANO BENUSSI医师合作,实行"改良迷宫手术"治疗房颤的新技术,即采用最新一代双极射频系统制定房颤手术方案,据传该技术在国外被誉为外科治疗房颤的"金标准"。该院心胸外科治疗心脏二尖瓣关闭不全,采用手术缝针新技术直接修复病变瓣膜,可避免用常规治疗方法所需终身服药。常规治疗方法是用人工材料制成的瓣膜替换病变瓣膜,术后需终身服用抗血栓药物。该院胸外科实施胸腹主动脉转换术已成功完成功3例同类手术,即用人造血管置换病变的胸腹主动脉,此项高难度手术据称目前国内仅在北京、上海和武汉开展。该院心胸外科采用支架治疗心脏"主动脉夹层动脉瘤",从手或腿部切口置入薄膜友架封堵心脏主动脉裂口,避免手术开胸。2007年12月16日,该院为两名"主动脉夹层动脉瘤"患者成功手术。

该院骨外科自上世纪90年代中后期始,运用"三维脊柱矫正"技术治疗脊柱侧弯,技术发展成熟。2007年暑假期间,该院收治脊柱侧弯患儿30多个;8月用置入金属棒行由神经纤维瘤病造成的左侧弯手术成功。

该院整形外科采用国际新型保乳术——移植背廓肌组织保乳技术,为一患乳腺癌妇女同时施行乳腺肿瘤切除与乳房整形同步手术,此技术新在切除乳腺肿瘤的同时,把患者背廓肌组织移植填充到乳腺,完成乳腺整形。此项技术为满足乳腺癌患者保乳需求提供了新的选择。该院因此对外宣布,此手术成功为国内首例。

医学研究机构 该院现有实验室3个,包括器官移植(教育部和卫生部重点实验室)、呼吸系统疾病(卫生部重点实验室)、肿瘤侵袭与转移实验室(湖北省重点实验室)。3个研究所,包括器官移植、中西医结合、肝病研究所。7个研究中心,包括康复医学、临床神经医学、分子医学、肝脏外科、生殖医学、实验设备、腔镜外科中心。

招募矮个儿童免费治疗 经国家食品药品监督管理局批准,该院对外招募20名矮个儿童,免费帮他们长高。该院儿科开展长效生长激素的第三期临床试验,凡3岁以上、15岁以下,绝对身高显著低于同龄人的矮个儿童,均可报名参加。符合条件的可6个月的免费增高治疗和检查,据称每周注射一针长效生长激素,可望每年增高12厘米。

主持全国放射学术会议 2007年8月2－6日,第七届全国放射学术会议在青海省西宁市召开,会议由、该院放射科主任漆剑频(《放射学实践》杂志副主编)和青海省人民医院副院长唐桂波(青海省省放射学会主任委员)共同主持。该院放射科教授王承缘、漆剑频、胡道予、夏黎明等参会(武汉协和医院放射科教授郑传胜、徐海波也参会)。全国众多知名影像专家和学者应邀出席了会议。此次会议交流和探讨了当前影像医学新知识和新技术(如胰腺少罕见病变的影像学诊断、64层螺旋CT在心血管疾病诊断中的应用等),展示了该院在全国重要的学术地位。

器官移植麻醉新进展研讨班 2007年12月14日至16日,该院举办了器官移植麻醉新进展研讨班。研讨班邀请了上海中山医院薛张纲教授、四川华西医院刘进教授、上海瑞金医院于布为教授、上海第一人民医院李士通教授、广州中山医院黄文起教授、上海市胸外科医院徐美英教授、武汉协和医院姚尚龙教授、武汉同济医院麻醉科田玉科教授、罗爱林教授、武汉同济医院器官移植研究所陈知水教授等专家授课。专家们对活体肝移植的麻醉处理、肝移植中容量管理、肺移植手术麻醉、肝移植围术期肺保护策略与进展、肝移植手术技术及相关问题、血液保护、器官移植相关管理、肝移植节约用血及麻醉学科建设等专题,通过讲座进行交流。

教学工作成绩 2007年,该院共承担1 845名不同专业、不同层次学生5 365学时的理论教学任务和30 118人周学时的实习教学任务。招收研究生464人,授予各类学位660人(其中博士195人,硕士465人)。新增博士导师10人,硕士导师27人。"外科学教学团队"被评为国家级教学团队;《外科学》被评为国家级双语示范课程;在2007年申报各级精品课程中,该院牵头申报的《儿科学》获国家级精品课程,《康复医学》获省级精品课程。"中德医学人才培养模式创新实验区"被评为国家级创新实验区,临床技能实验中心被评为湖北省实验教学示范中心,临床医学专业通过国家"第二类特色专业建设点"遴选。该院教师李震获第七届全国多媒体课件大赛高教理科组三等奖,黎培员、许东、邢铭友、吴明富获优秀奖。该院医学生在全国大学生英语竞赛中获特等奖1项,获三等奖1项。4名研究生获得华中科技大学创新基金5.48万元;1人获全国优秀博士论文"提名奖"。

医学生临床技能大赛 2007

年12月10日,该院首次组织同济医学院第二临床学院学生开展临床技能大赛,在传统的诊断学和动物手术学比赛内容的基础上,首次将模拟教学设备和标准化病人引入大赛,增加了心肺听诊、三大穿刺、标准化病人问诊、急救操作等四项内容。以两头活小猪作为手术对象,将3名医学生编一组共同完成一个完整手术过程,包括切开、止血、缝合、打结、伤口换药等。此举鉴于目前实习医生动手操作机会越来越少(患者拒绝进修医生和实习医生临床操作),而有意提供更接近真实的实践机会。

医学科研的“同济现象” 2007年获悉,该院2006年国内、国际科技论文总数1 842篇,其中SCI收录72篇,连续3年在全国医疗机构中排名第二。

2007年该院获自然科学基金项目46项(近5年来获国家自然科学基金项目共210项),连续3年在国内医院中排名第一;获纵向科研经费5 665万元(为历年之最),获横向课题50项,经费782万元。其中,由该院专家担任首席科学家的国家973计划项目有2项(2007年新增首席科学家为宁琴教授),在湖北医学界位居第一;2人获杰出青年基金;863计划5项,“十一五”科技支撑计划项目2项,获教育部创新团队1项。13人获教育部新教师基金,每人3.6万元。

成果鉴定8项,其中达国际先进水平5项,国内领先水平2项,国内先进水平1项。

成果获奖18项,其中国家科学技术进步奖二等奖(合作)1项(已获国家级科技进步二等奖4项),何梁何利基金科学与技术创新奖1项,中华医学科技奖一等奖1项,高等学校科技奖一等奖2项(其中合作1项);获中华护理学会成果二等奖1项。

该院申请专利10项(已获得国家专利58项)。出版医学专著8本。

获奖项目 《脑出血后脑损伤机制的研究与临床治疗新策略的应用》获国家科技进步二等奖,该项目由河北医科大学第二医院等五所医院共同合作完成,由张祥建等10人主要完成,该院为参与合作单位。该院陈孝平获“何梁何利基金科学与技术创新奖”。《妇科肿瘤耐药机制研究及靶向逆转》获中华医学科技奖,该项目由马丁等15人主要完成。《人类辅助生殖技术的临床和基础系列研究》获中华医学科技三等奖,该项目由朱桂金等8人完成。《恶性肿瘤耐药机制研究及其靶向逆转》(由该院马丁等15人完成)、《一氧化氮在低氧性肺动脉高压发病与治疗中的作用研究》(该项目为广州医学院与华中科技大学合作完成,由冉丕鑫等12人主要完成,该院为合作完成者单位)获高等学校科学技术奖一等奖。《新型医用扩肛器的研制与临床扩肛治疗的应用效率》(该院郭先娥完成)获中华护理学会第八届全国护理科技进步奖二等奖。《卵巢癌多药耐药分子机制的研究》(该院马丁等5人主要完成)获湖北省科技奖自然科学奖二等奖;《人类辅助生殖技术的临床和基础系列研究》(该院朱桂金等10人主要完成)获湖北省科技奖科技进步奖二等奖;《改良胰液空肠引流式胰、肾同期联合移植的临床研究》(该院明长生等6人主要完成)、《5-氨基乙酰丙酸诱导荧光光动力学早期诊断膀胱癌的研究》(该院宋晓东等7人主要完成)、《鼻咽癌放射治疗的基础及临床研究》(该院胡国清等7人主要完成)、《不同方式义眼台植入血管化过程及相关研究》(该院张虹等7人主要完成)、《尖锐湿疣患者T细胞免疫功能状况及免疫调节剂(BCG-PSN)对其作用机制的研究》(该院刘冬先等7人主要完成)、《小剂量TACE与常规TACE治疗肝癌的对照研究》(该院胡道予等7人主要完成)、《肿瘤特异性标志物CML28在恶性血液病HSCT中的临床研究》(该院张东华等7人主要完成)7个项目获湖北省科技奖科技进步奖三等奖。

专利技术 该院普外科(美容)江燕发明的“胃管氧管双固定器”、放射科高云发明的“导丝扭控器”、眼科张虹发明的“体外细胞开放式压力程控培养装置”、耳鼻喉科王志斌发明的“茎突切除器”获新型专利;耳鼻喉科周良强发明的“体视显微镜侧面照射式照明方法”、超声科陈云超发明的“共聚物促进超声介导基因转染的方法”、中西医结合研究所徐丽君发明的“小柴碱衍生物及其制备方法和其药物组合物与用途”、“小柴碱衍生物的制备方法”获发明专利。

年度考核 2007年该院参加年度考核3 646人,其中,正式职工2 136人,培训选留制116,博士后6人,经考核获优秀者212人;合同制职工1 289人,经考核获优秀者39人。后勤170余人经考核后重新定岗;组织末位淘汰专业考试1 500余人次。

接待国外境外来访 2007年该院共接待来自31个国家和地区的48批182人次人员来访,包括接待贝宁、多哥、津巴布韦、尼日利亚等17个非洲国家卫生部司局长一行29人来访。组织讲学39场次,听众约3 750人。来访国有美国、德国、法国、英国、澳大利亚、瑞典、加拿大、日本、俄罗斯、意大利、比利时、贝宁、多哥、坦桑尼亚、马达加斯加、几内亚、利比亚、赛拉里昂、吉布提、津巴布韦、纳米比亚、埃塞俄比亚、塞舌尔、塞内加尔、肯尼亚、利比里亚、尼日尔、喀麦隆等,来访地区有香港、澳门、台湾,来访国涉及北美洲、欧洲、大洋州、亚洲、非洲。来访该院的外宾中,有国外著名大学的专家教授,有政府官员以及驻华使领馆官员等。国外来访人员多数通过学术讲座、介绍其所在医学领域新信息新技术,参与手术、病例讨论,进行科研合作等形式与该院各科室进行交流与合作。除了与国外已有合作协议的医疗机构和个人保持关系外,还与德国汉诺威大学医学院建立了新的合作关系,与德国汉堡巴姆贝克医院、德国德尔门霍斯特市医院、台湾中山医学大学进行了联系。全年共翻译、书写外文信件、电子邮件达230余封,寄往世界各地的圣诞及节日贺卡达150封。德国德尔门霍斯特市医院Dr. Martin Teschner教授来访,已与该院建立了长期的合作关系,2007年接受了该院3名人员的访问与短期学习交流。德国汉诺威医科大学哈勒教授来访,也与该院签订了长期合作协议并接受了该院人员的学术交流。意大利罗马La Sapienza大学的Tripodi教授来访,与该院签订了人员互访、学术交流的合作协议。有多家外资、合资机构外籍专家以及高层管理人员来该院了解就医情况,拟将该院作为外籍员工在武汉就诊的首选医院。经与省、市外事办公室联系沟通,多方联络,争取与俄罗斯达成一定的合作意向。加拿大多伦多大学Gary A. Levy教授应该院感染科邀请,于2007年4月22日至2007年4月26日来该访问。Gary A. Levy教授作了题为"fg12 and Regulatory T Cells and their Role in Viral Hepatiti"的学术讲座,参观了感染科病房和研究室。Gary A. Levy教授在该院副院长汪培华陪同下与感染科全体医生举行了座谈。

参与湖北省第六批医疗援助莱索托 2007年,该院选派8人参与湖北省第六批援助莱索托医疗队,医疗队有9名队员,另一人由武汉市选派。9名队员经过出国前的外语和涉外知识培训,于7月到达莱索托执行援外医疗任务。湖北省始派医疗队赴莱索托自1997年。1998年至2007年,该院有12人次援助莱索托。

收治境外病人 据不完全统计,2007年共收治来自美国、意大利、德国、刚果、日本、埃及、越南、韩国、加拿大、柬埔寨、菲律宾、巴基斯坦、苏丹、塞内加尔、印尼、赞比亚、也门、中国香港以及中国台湾地区共19个不同国家和地区43人次的住院治疗和23人次的门诊。

入选卫生部首批人类辅助生殖技术和人类精子库技术培训基地 经卫生部公布,该院入选第一批人类辅助生殖技术的人类精子库技术培训基地。按卫生部要求,凡申请开展人类辅助生殖技术和设置人类精子库的机构,在提出申请前,其临床、实验室负责人及主要技术人员须到培训基地接受相应培训,并获得培训合格证书,否则省级以上卫生行政部门将不受理申请。第一批人类辅助生殖技术和人类精子库技术培训基地有12家,另11家是:北京大学第三医院、江苏省人民医院、重庆市妇产科医院、兰州大学第一医院、中山大学附属第一医院南方医科大学南方医院、郑州大学第一附属医院、浙江大学医学院附属妇产科医院、中信湘雅生殖与遗传专科医院、广东计划生育专科医院人类精子库、浙江计划生育科学技术研究所人类精子库。

同济医院病理研究所成立 2007年5月28日下午,该院举行病理研究所成立揭幕仪式,来自全省的病理学专家、学者及该院临床科室主任、护士长到会祝贺,该院院长陈安民宣读了该院成立病理研究所的决定,华中科技大学党委书记朱玉泉、院士裘法祖教授、华中科技大学常务副书记冯友梅为研究所揭牌。

开设护理门诊 该院所设免费护理门诊,每周两次开诊,由29个专科护士轮流坐诊,通过解答患者提问,对症开护理处方,对患者进行专业、系统的护理指导;通过为患者建立健康教育档案,跟踪服务,设立咨询电话,方便患者看护理门诊。该院于2006年11月成立护理健康教育中心,并开设免费护理门诊。通过开设护理门诊,弥补出院后家庭护理不足,有利患者康复。

招募患者参加新药临床观察 该院心内科从2007年7月1日起招募10名21岁以上持续性心房颤动患者,参加国家Ⅰ类新药"无碘胺碘酮"治疗持续性心房颤动临床药物观察,研究治疗期持续时间6个月,所提供的药物是抗心律失常药物"胺碘酮"的改良制剂,治疗目标是使心房颤动的患者维持正常的窦性心律。研究期间受试患者可以接受免费的研究药物治疗,并由心血管内科教授提供免费的咨询、监测和指导。

名医上街提供防病咨询 2007年10月1日,该院8个国家重点学科的58位名医,在中科院资深院士裘法祖教授率领下走上街头,在硚口体育广场教市民如何掌握科学的预防和保健知识,实践一些院士提出的"不治已病治未病"的防病理念。病理科摆放了病理标本。有从宜昌、钟祥赶来咨询的。

受理客座教授申请　自2006年7月该院开始客座教授的申请受理和管理,2007年共受理了2位客座教授的申请,1位名誉教授的申请,为2位客座教授举行了授聘仪式。2008年以后在有效期内的客座教授共15人,名誉教授1人。

裘法祖院士入选荆楚百年英杰　2007年,著名医学专家裘法祖院士选入《荆楚百年英杰》。裘法祖1946年从德国学医回国,为我国器官移植的创建和发展做出了重要贡献。他1979年获卫生部科技成果甲等奖,1993年当选中国科学院院士,2000年获中国医学科学院中国医学科学奖,2001年获得中国医学基金会医德风范终身奖,2004年湖北省政府授予他"人民医学家"称号。

获中华医学会护理成果二等奖　在2007年11月26日在北京召开的中华护理学会第25届全国会员代表大会暨第8届护理科技进步奖颁奖会上,该院郭先娥的成果"新型医用扩肛器的研制与临床扩肛治疗的应用效率"获得二等奖。

获"数字化试点示范医院"称号　2007年12月12日在北京召开的卫生部数字化试点示范医院结果及工作研讨会上,全国有20家医院获得首批"数字化试点示范医院"称号,该院名列其中,成为湖北省唯一一家获此荣誉的医院。

"科技创新人才奖"获得者　5月28日至29日,由中国侨联主办的"第二届归侨侨眷创业成果交流会"在北京举行,会议颁发了"科技创新人才奖"、"自主创新成果奖"、"优秀组织工作奖"等奖项。该院3名留学归国人员荣获"科技创新人才奖,他们是(排序不分先后):外科主任、器官移植研究所所长陈孝平教授,妇产科主任马丁教授,肿瘤研究所所长、胃肠外科中心主任龚建平教授。

中药板蓝根药理研究　2007年11月25日,同济医院与广州白云山和记黄埔中药有限公司联合举行新闻发布会,宣布首次发现板蓝根的清热解毒原理。"板蓝根抗病毒研究"是国家级课题,由钟南山院士领衔、该院药学部方建国教授主持、药剂科花近20年时间研究,发现板蓝根不仅能抗病毒,还能抗内毒素。该院利用现代药学方法研究板蓝根的化学成分及作用机制,具有创新意义。若抗感染用抗生素,配合用板蓝根,既能治疗感染,又能避免内毒素血症的发生,大大降低不良反应与毒副作用。该院正在研制板蓝根静脉针剂。该项研究成果可为板蓝根制剂提供科学评价标准,有利于板蓝根制剂的质量控制,也为其它中药标准化研究具有借鉴作用。该项研究始于1988年,获得过多项国家自然科学基金课题资助,已发表论文60多篇,获得中华中医药学会科技进步奖二等奖。

出版专著　8本专著中,人民军医出版社出版2本(方汉萍等主编的《外科新技术护理必读》,叶天惠主编的《现代儿童保健指南》);中国医药科技出版社出版1本(申正义等主编的《医院感染病学》);湖北科技出版社出版2本(陈忠华等主编的《脑死亡临床判定指南》,郭小梅等主编的《临床新药手册》);华中科技大学出版社出版1本(陈元等主编的《肿瘤放射治疗学》);中国协和医科大学出版社出版1本(于世英主编的《恶性肿瘤骨转移及骨相关疾病》)。

获准从事器官移植　2007年6月26日,湖北省卫生厅公布,经国家卫生部审批,该院获准器官移植(从事人体肝、肾、心、肺移植)。同时获准器官移植的省内另两家医院是协和医院(从事肾移植),广州军区武汉总医院(从事肾移植)。湖北省卫生厅强调,没有获准的医院和医师不得开展人体器官移植,否则将追究医院责任,并吊销相关医生的执业资格。资料链接:依据区域卫生需要和医疗卫生布局,经卫生部同意,湖北省拟定5家医院开展器官移植试行:协和医院(肝、心移植)、武汉大学人民医院(肾移植)、十堰东风公司总医院(肾移植)、广州军区武汉总医院(肝移植)、解放军161医院(肾移植)。以上5家医院试行1年半后,报卫生部审核。

肾移植成绩　该院首例肾移植手术在1990年8月5日完成,到目前一共成功完成230例,属全国第一,其中1992年手术的第二例肾移植患者是目前湖北肾移植手术中存活时间最长的,达15年;40余例夫妻间肾移植,其中只有1例是丈夫捐给妻子;大多数是父母给子女,或发生在兄弟姐妹之间。2007年11月24日,该院举办首届亲属捐献肾移植病友联谊会,几十名接受亲属捐肾的肾移植患者和捐献家属在该院接受体检,绝大多数供肾者和接受者恢复健康。从2007年召开的"中国器官捐献移植与合作项目第五届学术研讨会"获悉,我国亲属间活体器官捐献不到2%,该院2006年达到40%。该院2006年做了184例肾脏移植,其中72例是亲属间的活体肾,女性捐献者占70%,兄弟姐妹之间捐献者占60%以上。

申报国外引智项目　2007年该院组织各临床科室向华中科技大学、教育部申报聘请外国文教专家普通项目、重点项目、世界著名学者来鄂讲学计划项目等共计23项,以期为该院开展国际交流活动争取一定的资金帮助。为适应创建国际一流医院所必须的对外交流活动,该院利用知名教授的国际影响力，争取与国外多家学校、团体、医院建立稳定、互惠的合作关系。

受理职工因公短期出国出境　根据该院党政联席会议纪要，决定2007年3月开始承担职工因公出国（境）进行短期学术交流（三个月以内）的申请受理和管理工作，全年有257名职工出国（境）参加国际会议及活动。

外派学习培训　2007年该院办理短期出国219人次，长期出国61人次；派往香港参观学习23人次。留学回国人员16人，接收应届毕业生102人，博士后进站3人，出站6人。对临床住院医师实施规范化培训71人次，国内进修125人次，参加院外外语培训17人次，院内临床外语培训59人次。

吸引留学归国人员　该院为吸引留学归国人员前来效力，与留学归国人员保持思想沟通，帮助解决实际困难，如为本人及其家属办理专家证、长期居留证以及申报中国绿卡等。现有2名加拿大国籍、1名美国籍、1名英国籍职工在该院工作。

学科建设　2007年9月从国家教育部获悉，该院有8个学科被评为国家重点学科，原有4个：普通外科学、妇产科学、心血管病学、呼吸内科学；新增4个：麻醉科学、泌尿外科学、血液病学、病理科学。另有3个学科（传染病学、中西结合、影像医学与核医学）被评为国家重点培育学科（准重点学科）。27个专科医师培训基地（包括14个普通专科基地和13个亚专科基地）全部通过卫生部复审。

院办期刊　该院现有主办期刊有《中德临床肿瘤学杂志》、《放射学实践》、《内科急危重症》、《中华物理医学与康复杂志》、《中国康复》、《护理学杂志》、《临床口腔医学杂志》、《医药导报》、《华中医学》、《神经损伤与功能重建》等。

主持"973"计划又一重大项目　2007年9月26日，国家科技部"973"重大项目"乙型肝炎重症化临床监测及防治的基础研究"正式启动，此项目涉及科研经费2 000万，由8所高等院校合作承担，由该院感染科主任宁琴教授主持，任首席科学家。"973"计划是继"863"计划之后，面向国家重大战略需求的基础研究而设立的项目计划，于1997年6月启动实施。

青年医师政治素质教育学习班　2007年4月14－15日，该院举办青年医师政治素质教育学习班第十、十一期，近100名青年医师参加了培训，包括主治医师和2005、2006年晋升副高职称人员。该院院长作了《强化核心管理，提高执行能力，追求卓越品质》的报告，中科院院士裘法祖、江岸区检察院检察长张政国、该院纪委书记马先松来学习班讲课。自2000年起，该院已分期分批举办过9期不同类型的职工政治素质培训班。

人事任免　12月11日，该院党字〔2007〕31号文决定，杨运鸿等17位同志分别担任相关科室的科长，免去李辉等9位同志兼任担任的相关职务。12月14日，该院院字〔2007〕89号文决定，聘魏世超同志任试剂管理办公室主任；聘蔡红晖同志任新兴综合发展公司经理。

2007年，该院文件校人字〔2008〕5号通知，该院聘任高级专业技术职务名单有，：陈志强、明长生、赵秋、赵西平任教授、主任医师；孙自镛、黄道中、吕永曼任教授；张志伟、郭凤劲、章汉旺、袁响林任主任医师；杜光任主任药师。

"妇科肿瘤实验室"工作进展　该实验室由"973"首席科学家马丁教授主持。目前已经发表SCI论文150余篇，申请自然科学基金课题与经费都由较快增长，2006年马丁教授领衔的科研团队获得教育部创新团队称号。

征集病人免费赠药　因参与英国牛津大学组织的国际大规模临床研究，2007年3月下旬起，该院向武汉市及邻近区县，征集年龄在50—80岁之间，100名心肌梗死或糖尿病合并心绞痛患者，该院为百名冠心病人免费赠药4年。

陈安民兼任同济医院党委书记　2007年5月30日下午，该院召开干部会，中共湖北省委组织部企事业干部处处长陈邦强宣读中共湖北省委组织部任命书，同意华中科技大学党委的人事提名，决定任命陈安民同志兼任华中科技大学同济医学院附属同济医院党委书记，任期从2007年5月19日算起。近年来，华中科技大学在医院系统中进行党委书记与院长由一人兼任的尝试。

新住院部大楼奠基　2007年12月19日9时19分，该院举行新住院部大楼奠基仪式。新住院大楼由德国专家设计，高26层，建筑面积98 000平方米，设1 200张病床；一至五楼为手术室及医技科室，六楼以上为内、外科对称布局的双子楼病房。该院近几年先后启用了新门诊大楼、新内科大楼、外科2号楼。

设备采购　2007年该院医用器材采购额11 913万元，被服、办公、日杂等采购334万元，柴油采购1 254万元，设备采购5 918万元（1 510台件）。全年院内设备招议标243台件，投标金额3 800万元，谈成金额2 202万元，节约金额1 600万元，下降42%。监护仪、输液泵采取全院集中招标采购计53台，金额231万元，比单独采购节约10%。

会计业务　2007年该院办理

会计业务约6万笔(不包括产业公司等独立核算单元),审核原始凭证25万余张,编制会计凭证2.52万余张(会计分录14.5万条),审核各项支出总计168 172万元,并通过调整付款方式、付款期限等合理手段为医院创下利息收入542万元。办理医疗收费、结算665万笔,较去年增长18%;办理新增固定资产入库信息核实2 630多台件,价值3 980多万元。

消防工作　2007年该院对消防投入60余万元,维修消防系统设施300余处,综合大楼安装“消防远程监控系统”,新配灭火器材300余具,灭火器年度换药3 800余具。

图书资料　2007年该院购置图书513册,中文403册,外文110册;购置期刊745种,中文515种,外文230种。截至2007年底,馆藏图书已达53 368册。文书档案整理归档918件,科技档案立卷2 306卷,归档人事档案资料1 200多卷次,计3 000多份,整理照片档案6 000张,录像带100盘。

人才实力　该院拥有2位“973”项目首席科学家(妇产科主任马丁教授、传染科主任宁琴教授),6位国家新世纪优秀人才(王伟、胡俊波、周剑锋、陈刚、黄志勇、徐钢),国家杰出青年6位(马丁、龚建平、罗小平、宁琴、王伟、张旭)。2007年,该院长期出国深造45人,赴香港参观学习23人次,留学回国人员16人。

专家逝世　该院急诊科主任、博士生导师郑智教授于2007年2月17日清晨,开车回沙市过年途中遭遇车祸不幸逝世。该院儿科副主任、博士生导师王宏伟教授于3月27日深夜在解放大道过斑马线时,被违章车辆撞倒,经抢救无效,不幸逝世。

工作荣誉　2007年该院新增2名(武汉)市政协委员、2名(硚口)区政协委员。该院被卫生部评为“数字化试点示范医院”(全国首批被评定医院有20家,湖北省仅该院一家);被硚口区评为“计划生育先进单位”。青年医师魏翔被卫生部、团中央授予全国卫生系统青年岗位能手称号;宁琴教授被评为“武汉市十大杰出青年”。该院已连续3次荣获“湖北省最佳文明单位”称号,2005年被评为“全国文明单位”,2006年荣获“全国五一劳动奖状”,该院还获得“全国卫生系统先进集体”称号,获得国家十部委联合授予的“全国职业道德建设十佳单位”称号(医疗卫生系统唯一代表)。

成本控制　该院对44个临床医技科室19个指标实行综合绩效考核及排名,包括成本控制指标,完善了科室绩效评价体系。2007年,该院成本控制实行非医用材料消耗成本控制,水电费消耗同比下降2.06%,办公用品采购成本同比下降8.2%,日用品、印刷品采购成本同比下降9.22%。其它成本控制如燃料采购成本同比下降6.67%,低值易耗品采购成本同比下降35.65%,设备维修同比下降6.45%,专用设备购置同比下降41.52%。采购价格审计839项,审减金额716万元(不包括主材审价部分的金额)。在实行成本控制同时提高科室劳务分配比例,以提高职工待遇,调和劳务分配上的差距。

JCI国际医院认证初次评估　2007年3月5日至14日,美国医疗卫生机构评审联合委员会国际部(JCI)三位专家对该院进行了为期约二周的JCI国际医院认证初次评估工作。三位美国专家是医院管理专家Yvonne Burdick、外科医生Bill Kragness和注册护士Judy Moonjian。他们依据《JCI国际医院认证标准》的368条标准及1 033个衡量要素的要求,重点从以下几个方面进行了考核:病人获得医疗服务的途径与连续性、病人权益维护;病人评估、诊疗计划、疼痛评估与治疗、药物使用、营养治疗、手术、介入治疗、康复、医院感染等,以及健康教育、质量管理与改进;设施管理与安全使用、员工资格和持续教育、领导监管督导与信息管理等。评估采用了目前国际上最新推荐使用的追踪调查法(Tracer Methodology)。考核结果表明,该院已具备向JCI国际医院认证冲刺的潜力与基础,但在建立病人安全目标、医院感染控制、病人权利保障等方面,以及一些具体工作落实方面还不尽人意。专家给该院留下98页评估报告。前来评估的还有法国驻华大使馆社会事务参赞Jean－Louis Durand Dronhin先生、法国驻武汉领事馆文化科技合作专员达保罗先生。

进入医保市场　2007年该院接待医保人员就医约3.8万人次;出访省内50个县、市及河南省7个县、市医保就医情况,以便深入医保市场。该院被湖北省保险业医务管理委员会授予“2007年度医保合作先进单位”。

开展“公益营销”对外宣传　建立新闻发言人制度,充分利用报刊、电视、网络等多种新闻媒体,形成立体对外的宣传格局,全年发稿近500篇,其中在央视及人民日报等全国性媒体发稿30余篇。编辑《同济周刊》51期。更新同济网站新闻220余篇,回复求医问药电子邮件3 000余封。在509台往返于湖北、湖南、河南、安徽、江西等地的客运汽车上做了品牌宣传,在付家坡长途汽车客运站入站口树立三面广告牌。在湖北电视台、武汉电视台继续宣传医院形象。将“公益营销”概念引入市场策划，策划了“让妈妈更美”的整形美容活动和“亲情让生命延续”的亲属肾移植联谊会等大型主题活动。

治理商业贿赂专项活动 该院先后印发了《党风廉政建设“一岗双责”责任制实施细则》、《同济医院关于党风廉政建设和纠风工作任务分工的通知》、《关于建立健全防控商业贿赂长效机制建设的实施意见》，对违纪违规的职工进行了严肃处理。全年拒收“红包”166人次，拒收金额36.84万元，收到感谢信75封，锦旗、匾额40件。举办了2期青年医师政治素质教育学习班，邀请裘法祖教授、院党政领导、检察院领导向近200多名青年医师讲人生观、价值观、职业观、相关法律知识等。

同济医院改革开放30年资料链接：

【同济医院改革开放30年阶段性数据比较】

同济医院改革开放30年阶段性数据对照表

年　份	1978	1988	1998	2007
门诊量(万人次)	69	92	119	221
床位(张)	800	906	1 300	2 500
科研经费(万元)			146	6 347
年收入(亿元)		0.34	4.35	17.17
固定资产(亿元)		0.44	3.98	16.67
毕业生(人)	113	231	369	856

【同济医院30年管理改革创新】

以“科主任负责制”为核心的医院管理体制创新：

该院将管理重心下移，由各科室的主任负责管理本科室的医疗、教学、科研等方面的工作；本科室各项工作的成效与科主任的综合考核挂钩；科主任责、权、利界定明确。激发了中层干部的管理积极性，简化了行政环节，提高了工作效率。

以全成本核算为核心的医院经济管理创新：

该院将全院临床、医技科室划分为100多个核算单元，颁发了《同济医院科室核算管理制度》等经济管理条例，通过经济成本调控、医疗质量指标、药品管理效果等系数和指标对科室收支进行核算，确定科室劳务收入。近几年来，该院还实施核心人力资源绩效考核，将医疗、教学、科研等主要工作，量化成可操作的指标，由专门科室负责考核，按分值多少给予绩效考核。

该院全成本核算与绩效考核两项经济改革，均在全国产生广泛影响，其中全成本核算经济管理经验由中央领导批示，在全国推广。

学科建设机制创新：该院建立了重点学科资助制度，先后下发了《关于重点学科建设基金管理条例》、《关于引进人才的实施办法》等一系列文件；较早实行主治医师目标管理，制定了《临床主治医师医疗技术目标管理条例》，根据卫生部的有关要求，对住院医师加强了规范化培训。到2007年，心血管内科、妇产科、呼吸内科、普外(普外和器官移植)、血液内科、泌尿外科、麻醉科、病理科等8个学科被评为国家级重点学科。

实施人才培养五大工程，包括“院士”工程(重点培养2–3名院士候选人，优胜劣汰，择优资助)；“人才基金”工程(每年投入350万元，分30万、10万和5万三个层次，资助38名人才，现正进行第二批资助，第一批中已有34人获得国家级课题)；“新名医”工程(每年投入200万元培养60名医疗新秀，连续资助三年，滚动培养，现已实施第二批)；“人才引进”工程(设立1～20万元不等的专门对外申请课题的启动基金，奖励住房，吸引留学归国人员，并在国内外公开招聘学科带头人及骨干)；“基础人才培养”工程(在国内首创主治医师的目标管理，对已获主治医师资格人员及相当人员进行专科全面培训，使其达到卫生部《卫生技术人员职务试行条例》所规定的副主任医师水平)。

人事管理体制改革：在临床一线实施末位淘汰制；在新进人员中逐步实行培训选留制度，以三年为期，经综合考核，淘汰三分之一。

【1949－1978 年同济医院医疗新业务技术】

1950～1978 年同济医院医疗新业务一览表

科　　室	名　　　　称	初建年代	首创或引进	初　建　者
心血管科	心电图	1949	引进	赵华月　顾文荣
内科	锑剂三日疗法	1950	首创	邵丙扬
消化科	硬管胃镜	1957	引进	王兆　过晋源
儿科	开展对血吸虫病的锑剂短程疗法治疗	1957		
儿科	汉防已甲素治疗高血压	1958	首创	赵华月
消化科	腹腔镜	1959	引进	王兆椿　余开森
儿科	心电图二级梯运动试验	1959	引进	胡昭明　顾文荣　陶桓乐
儿科	开展小儿肝穿刺活体组织检查。	1960		
血液科	溶血凝血全套检查	1960	引进	唐锦治　邵丙扬
血液科	白陶土部分凝血活酶试验	1961	引进	唐锦治　邵丙扬
儿科	右心导管	1961	引进	冯克燕　余　枢
儿科	心音图	1963	引进	封增凯　顾文荣
眼科	泪道插管(纯金管)治疗泪道阻塞	1966		
儿科	电转复	1968	引进	余　枢　赵华月　卓上智
眼科	冷冻摘除白内障,冷冻治疗结、角膜病,针麻技术应用于白内障针拔术和青光眼虹膜嵌顿术	1970－1975		
儿科	开展对肾小球病人进行乙型肝炎表面抗原(HbsAg)的常规检查;对小儿乙型肝炎病毒、甲型肝炎病毒、丁型肝炎病毒、巨细胞病毒、EB 病毒、呼吸道合胞病毒等进行检测	1973		
眼科	青光眼小梁切除术	1973		
儿科	开展白细胞形态学检测	1974		
眼科	小梁切除联合白内障摘除术	1974		
儿科	纤维胃镜	1975	引进	尹朝礼
眼科	红宝石激光封闭黄斑裂孔	1975		
儿科	纤维结肠镜	1976	引进	尹朝礼
眼科	红宝石激光虹膜打孔	1977		
儿科	胰胆管造影	1978	引进	王　家　马　龙
眼科	角膜移植术	1978		
儿科	人参三七治疗冠心病	1970	中药新用	冯克燕
儿科	心电向量图	1972	引进	王兆椿　顾文荣
儿科	临时心脏起搏、体外永久起搏	1974	引进	余　枢　卓上智
呼吸科	肺功能测定	1978	引进	牛汝楫　方颖康

1979 同济医院医疗新业务

科　　室	项　目　名　称
护理部	矫形外科护理了一例巨大型先天性淋巴水肿的病人;内科开展了心电监护护理;护理技术操作逐步开始了股动脉穿刺、血气标本采集、颈外静脉穿刺、静脉留置导管、呼吸机应用、吸宫术及胎儿监护产程图、紫外线照射、冲氧自血回输新技术。
儿　科	开展小儿肾脏穿刺活体组织检查
呼吸科	肺阻抗图(段生福牛汝楫引进)

1980 年同济医院医疗新业务

科　室	项　目　名　称
消化科	纤维腹腔镜(梁扩寰王家马龙引进)
呼吸科	间断心电监测(余枢 顾文荣引进);体内永久起搏(余枢 卓上智引进);颈动脉搏动图(封增凯 杨汉荣何培根引进);心阻抗血流图(封增凯 杨汉荣引进);超声心动图心功能测定(胡昭明 杨汉荣引进);

1981 年同济医院医疗新业务

科　室	项　目　名　称
内分泌科	放免分析(金之欣 吴恒慧引进)
眼　科	开展以 Jeu－1 型 YAG 激光光纤手术器作手术;开展中路取出球内异物手术;X 光电视下取出眶内异物;电眼压描记;球型视野计测定;静态视野计测定;静态视野计测定;眼科疾病超声切面显像检查
呼吸科	体外反搏(余枢 吴爱芝引进);溶栓疗法(赵华月引进)

1982 年同济医院医疗新业务

科　室	项　目　名　称
消化科	肝癌血清同功酶(王家马龙 袁顺玉引进)
呼吸科	食道心房调搏(刘基高 朱同心引进)

1983 年同济医院医疗新业务

科　室	项　目　名　称
儿　科	开展新生儿甲状腺功能低下症的筛查
肾病科	腹膜透析(肖会文 孙世澜引进);肾穿刺(肖会文 孙世澜周朝阳引进)
呼吸科	体内程控起搏(陆再英 汪培华引进)

1984 年同济医院医疗新业务

肺动脉高压的导管测定

肺阻抗血流图自动化诊断肺心病

染料稀释后,热稀释后心排血量测定

漂浮导管后心功能监测

选择性腹腔动脉造影在消化道肿瘤及疑难出血的诊断原发性肝癌肝动脉化疗与栓塞治疗的应用

心得安及派噻嗪预防门脉高压出血

新的肝功能试验(ADA、GLDH、Antipyrin、铜兰蛋白)等的临床应用

持续非卧床膀胱透析治疗尿毒症

“连续三周化疗”方案治疗急性白血病

开展 AT－Ⅲ、FDP、Ⅷ、CO 测定监测 DIC 及高凝状态

开展血小板抗体检查诊断免疫性

选择性肾上腺动脉造影成功

胰腺移植

带血管肾上腺移植

甲状旁腺移植

血液滤过的临床应用

大动脉炎使用尿激酶治疗的观察

小肠导管后,双重对比检查

危重病人应用 Swan－Ganz 血流导向导管监测左心功能

新镇静药乙味酯临床应用

孕早期产前诊断新法(绒毛团直接制备染色体对胎狗遗传性染色体病的早期诊断)

胀腔镜在妇产科的应用

眼底照相

(眼科)隐形眼镜配戴技术和亲水软性美容镜的研制,电脑验光。

非接触性眼压测定

乳癌仅疗一天疗法

单纤维肌电图的实际应用

巨纤维肌电图的应用

肝炎病人肝活检组织中 6 因子的检测

乙型肝炎引起肝癌中 HBsAg HBcAg 及∝－FP 的监测

微机在临床各科的应用：

微机在心导管及心阻机图中的应用

微机在心电反量图中的自动分析诊断应用

微机在妇产科恶性卵巢肿瘤的诊断，处理预后的应用

微机在妇产科妊娠出血在综合处理上的应用

微机在麻醉科对心功能监护的自动分析处理系统

微机在病案管理中的应用（如疾病分数编目，储存和检索）

护理部实行责任制护理

神经科动多用床

新生儿淋浴床

儿科开展小儿血小板减少性紫癜的治疗及相关抗体检测

化疗病人，危重病人口腔 PH 值监测及综合治疗

免疫病人用胰岛素加生理盐水湿敷方法治疗

钩体脑动脉炎脑脊柱细胞的电镜观察和应用

呼吸科张珍祥引进支纤镜

1985 年同济医院医疗新业务

科　室	项　目　名　称
护理部	产科建立高危病室；儿科建立新生儿专科护理；外科开展体外循环，血液透析疗法、骨髓移植、冠脉搭桥、前列腺电切术、脑组织移植、泌尿道体外碎石等护理；内科开展腹膜透析疗法，血浆置换、肝动脉栓塞等护理。
心血管	冠脉造影（初建者：余枢 陆再英）；染料稀释法测心排血量（初建者：邓普珍 汪培华杨汉荣 陆再英）；心电图踏车试验（初建者：郑智 吕文清）；心电图平板试验（初建者：陆再英）；长程心电图（初建者：陆再英 顾文荣）；蝙蝠葛碱治疗心律失常（初建者：冯克燕）
儿　科	开展小儿遗传病的染色体检查
血液科	血栓弹力图（唐锦治 徐惠珍引进）；
肾病科	肾病诊断学检查（肖会文 邵菊芳引进）
消化科	食管静脉曲张硬化剂治疗（尹朝礼引进）；食道静脉出血之酚妥拉明治疗（李绍白引进）；肝癌栓塞疗法（梁扩寰 王思元引进）

1986 年同济医院医疗新业务

科　室	项　目　名　称
心血管	程序心脏调搏（初建者：陆再英 朱同新）；漂浮导管肺楔压测定（陆再英 余枢）；心电问量图微机自动诊断系统（王兆椿 吴杰 顾文荣 郭小梅首创）
儿　科	开展新生儿败血症早期诊断；急相蛋白检查法；血清磷酸肌酸、脑型同功酶测定诊断新生儿脑损伤
血液科	血小板功能检查（唐锦治 徐惠珍引进）；染色体检查（陈东丰 路武引进）
肾病科	血液过滤（肖会文 刘晓城引进）
眼　科	视网膜脱离硅条带环扎术；荧光素眼底血管造影；眼底摄相

1987 年同济医院医疗新业务

科　室	项　目　名　称
心血管	8 导电生理记录仪心功能测定（陆再英 余枢 顾文荣引进）
血液科	血粘度测定；免疫荧光检查；血浆置换疗法（袁惠玲 张影萍引进）
儿　科	开展氨基酸、有机酸代谢缺陷的诊断工作
消化科	幽门弯曲菌检查（王家马龙引进）
眼　科	Goldman 压平眼压计测量；眼张力电描图；非接触性眼压计测眼压

1988 年同济医院医疗新业务

科　室	项　目　名　称
神经外科	胎脑移植

续表

科　室	项　目　名　称
心胸外科	冠脉搭桥
内　科	心内膜心肌活组织检查;(血液组)血液置换;(血液组、肿瘤科、器官移植)骨髓移植(自体);(消化组)幽门弯曲菌检测
妇产科	CO^2 激光气化外阴、阴道部尖锐湿疣、乳头瘤;羊膜镜;二穿刺点腹腔镜
儿骨科	先天性马蹄内翻畸形行广泛软组织松解
放射科	食管狭窄带囊导管扩张;脾A栓塞治疗脾亢及血液疾患;CT导引下肝穿活检;胃肠清洁糖浆
耳鼻喉科	冷冻和激光联合应用治疗头、颈部良、恶性肿瘤;应用YAG行扁桃体摘除术
儿外科	儿童自体肾移植
儿　科	儿童营养监测;胎儿超声心动图检查;简易母婴血型不合换血疗法;开展早产婴儿脂肪强化奶喂养
神经科	胚肝移植治疗神经科免疫性疾病;应用胚肝、胚胎胸腺移植之治疗神经免疫缺陷疾病;CT立体定向胎脑移植治疗大脑基底节病变疾病
眼　科	人工晶体值入术;玻璃体切除术;对黄斑裂孔行玻璃体腔注入空气术;使用同视机及开展弱视训练
心血管	心内膜心肌活检(米世馨引进)
血液科	自体骨髓移植(唐锦治 张锦玲引进)
消化科	肝癌生物导向治疗(过晋源引进)

1989 年同济医院医疗新业务

科　室	项　目　名　称
放射科	脑血管疾病介入放射学(即AVM、动脉瘤、脑膜瘤等富血管性肿瘤的栓塞化治疗)
皮肤科	倒模和面模
泌尿外科	抗入膀胱癌单克隆抗体的临床示踪定位
麻醉科、妇产科	分娩镇痛
中西医结合研究所	糖化血红蛋白的测定;胆石成份定性、定量分析
神经科	CT立体定向引导激光治疗神经科疾病
血库、科技部	血液充氧紫外线照射
内科	经皮穿刺冠状动脉成形术(PTCA);(胃镜室)电子胃镜的临床应用
神经外科	脑胶质瘤的高温综合治疗
儿科	开展对2岁以下小儿血液透析疗法
血液科	灵芝抗血小板聚集实验和临床疗效观察(冯克燕首创);血浆置换加淋巴细胞清除治疗难治性SLE(刘文励 杨忠心首创)
内分泌科	降钙素测定(金之欣 张建华引进)
眼科	11月开始人工晶体植入术;11月开始玻璃体切除术

1990 年同济医院医疗新业务

科　室	项　目　名　称
护理部	心血管科开展心脏电复律术护理(包括电除颤)。
神经科	紫外线照射充氧自血回输
中西医结合研究所	推按运仪治疗胆系疾病
康复科	低中频超声治疗;作业疗法——各种矫形器及其支具制作;作业疗法——治疗、训练项目;多功能理疗仪
普外科	冷光源乳房检查仪;多普勒听诊仪
内科四楼四病房	AMI时冠脉内溶栓治疗
肿瘤科	电脑仿生治疗仪、WD——I型电子痔疮治疗机
中医科	检测血清及组织中脂质过氧化物;超氧化物;歧化谷胱甘肽、过氧化酶水平
放射科	子宫输卵;复制X线胶片;经皮腰椎间盘穿刺切割髓核术;电视监视下漆关节造影;阴茎海绵体造影

续表

科　　室	项　　目　　名　　称
神经外科	三叉神经半月节甘油疗治术
小儿外科	膀胱、尿道及肾盂测压
综合科	心肺急救复苏装置；微量血糖计；无创血压、心电监护器
耳鼻喉科	耳鼻咽喉封闭疗法；喉部按摩法；鼻显微内窥镜手术；中耳置管术
内科	(呼吸病室)酶联法测 IGE 含量；血清血管紧张素 I 转换酶测定(紫外线)。(内分泌专业)糖尿病穴位治疗仪穴位治疗糖尿病、给糖尿病人讲课、糖尿病穴位治疗仪穴位治疗糖尿病、给糖尿病人讲课
检验科	CELL – DYN1500 SPECIMEN IREPORT CELL – DYN1500 血细胞自动分析仪
儿科心血管实验室	放免法测定血浆 TXB26 – KE50 – PGF12
血液科	晚电位测定(吴杰 余枢引进)；骨髓活检(唐锦治 孟力路武引进)；
呼吸科	电阻抗法诊断膈肌疲劳(牛汝楫首创)；参麦注射液治疗膈肌疲劳(牛汝楫首创)；膈肌起搏(牛汝楫 鲁昌珍引进)；酶标法测 IgE(胡道桢 张希彤引进)；血清血管紧张素 I 转换酶测定(紫外线)
内分泌科	尿羟脯氨酸测定(金之欣 张建华引进)；糖尿病穴位治疗仪穴位治疗糖尿病；给糖尿病人讲课
消化科	电子胃镜(王家马龙引进)

1991 年同济医院医疗新业务

科　　室	项　　目　　名　　称
眼科	Nd – YAG 激光虹膜切开术，后发障切开术；小梁移植术，小梁切开术
内科	胃电图仪检查
中医科	推按运经仪
中医科	电子按摩器
儿科	CPA – 2 心血管泵功能检测仪检查小儿心功能
激光医用研究室	铜蒸气脉冲激光治疗呼吸道内肿瘤
护理部	急诊科开展有创监测；急诊科开展床边血气检查、床边血糖检查
心血管科	经皮二尖瓣球囊成形术(马业新 郭小梅引进)；ICD(王 琳 陆再英 张存泰引进)
内分泌代谢	胰岛素抗体测定法；降钙素放免测定法；放免法测定胰岛素；生长激素；皮质醇激素

1992 年同济医院医疗新业务

科　　室	项　　目　　名　　称
外科	激光在神经外科的应用
耳鼻喉科	电视录相内窥镜诊疗技术
外科(肝胆)	经皮肝静脉穿刺静脉栓塞后肝切除治疗中晚期肝癌
骨科	小针刀临床应用
泌尿外科	抗人膀胱癌单克隆抗体载抗癌药治疗膀胱癌的临床研究
骨科	密集银针疗法
外科	细胞核仁组成区相关蛋白
妇产科	免疫复合物(IC)含量测定，自然杀伤(NK)细胞活性测定，肿瘤坏死因子(TNF)测定
肿瘤科	深部 X 线治疗机治疗肿瘤
呼吸科	肺阻抗诊断；脉动脉高压(段生福 张珍祥 徐永健首创)
风湿科	自射抗体测定(何培根 袁顺玉艾莉引进)
内分泌代谢	NIDDM 绝经期妇女性激素变化测定及骨代谢测定；放免法测定胰岛素生长激素、皮质醇激素
儿科	动态十二指肠引流鉴别婴儿肝与胆道闭锁
护理部	肿瘤科的唐中英完成了净化箱的研制
眼科	RK 屈光手术，后巩膜加固术；眼科 B 超检查

1993 年同济医院医疗新业务

科　　室	项　　目　　名　　称
内科	心律失常射频消融手术
内科	糖尿病病人的糖尿病教育
麻醉科	EKF 复合全身静脉麻醉法
内科	用 GX 型光量子血疗仪照射自血回输
耳鼻喉科	超声雾化器临床应用
神经科	经颅超声多普勒
眼科	视神经管切开减压术;放射状角膜切开术;视 N 管开放术
内科心血管内科	无创伤性血氧饱和度测定
神经外科	癫痫手术中的脑皮质电图检查
骨科	生物膜临床应用
骨科	活性钙临床应用
骨科	LY－II 型多功能治疗机临床应用
药剂科	开发临床新制剂－正气扬口服液
普外、放射科	经颈静脉肝内门腔分流术
神经外科	脑胶质瘤加热治疗
心血管科	射频消融治疗心律失常(陆再英 王 琳李仁立 张存泰引进)
儿科	开展 CTX 冲击治疗难治性肾病

1994 年同济医院医疗新业务

科　　室	项　　目　　名　　称
妇产科	波姆光治疗仪应用
妇产科	超声多普勒脐动脉、子宫动脉血流分析仪
神经科	低能量 He－Ne 激光血管内照射治疗脑血管病及其它神经系统疾病
检验科	PCR 检测技术
肾病科	肾组织光镜检查、肾组织免疫荧光检查(初建者:吕永曼 邵菊芳)
护理部	妇产科的蒋芙蓉完成了袖珍胎心音监护仪研究、朱树香完成了孕妇采取综合性卧位改变子宫血流量对预防妊高症发病的研究。
肾病科	肾组织光镜检查、肾组织免疫荧光检查(吕永曼 邵菊芳引进)
儿　科	使用呼吸机人工通气治疗早产婴呼衰
眼　科	粘弹剂在眼科手术中的应用

1995 年同济医院医疗新业务

科　　室	项　　目　　名　　称
妇产科	波姆光治疗仪应用
妇产科	超声多普勒脐动脉、子宫动脉血流分析仪
神经科	低能量 He－Ne 激光血管内照射治疗脑血管病及其它神经系统疾病
检验科	PCR 检测技术
护理部	心血管科开展右心导管术护理;儿科的李静完成了日光治疗新生儿高胆红素血症研究;手术室的屠秀兰完成了行进中医用输液固定装置研究
呼吸科	睡眠呼吸生理检测(张珍祥 徐永健引进)
心血管科	心房内电复律(王 琳 陆再英张存泰引进)
儿　科	免疫球蛋白冲击治疗川畸病
眼　科	PRK 屈光手术;角膜地形图检查;彩色 Dopple 眼血流检查;参编“医学英语词汇”眼科部分

1996－1998年同济医院医疗新业务

科　室	项　目　名　称	主要负责人
普外科	腔镜外科技术的临床应用(初建者:周声泉、钱家勤、丁志强等);消化道恶性肿瘤腹腔置管化疗(初建者:杨传永、张志伟等);胃肠术后早期肠内营养(初建者:胡元龙、杨传永等);计算机软件《外科学题库》(初建者:胡元龙、易继林、房启元);计算机软件《病区工作系统》(初建者:胡元龙)。	
骨科	椎体截骨椎弓根固定治疗脊柱驼背畸形(初建者:陈安民、夏仁云、郭风劲、吴华等);环锯法带肌骨瓣移植治疗股骨头缺血坏死(初建者:夏仁云、陈安民、李锋、王体沛);CD器械系统脊柱侧弯矫形术(初建者:陈安民、郭风劲、李锋、吴华)。	
肝外中心	化疗泵在肝脏外科治疗中的应用(初建者:陈孝平、张志伟等);原位肝切除术(初建者:陈孝平、张志伟等)。	
胸外科	漏式胸矫治术(初建者:陈启福、汤应雄、付向林等);胸腔镜临床应用(初建者:汤应雄、陈启福、张良华);主动脉弓部重隆术(初建者:赵金平、潘友民);Fontan手术(初建者:赵金平、潘友民)。	
神经外科	带蒂延长颞肌瓣修补脑脊液鼻漏动物试验及临床应用	朱元昌、郭东生、张平、王玉平等
小儿外科	保留尿道板、外嵌带地岛状皮瓣一期尿道成形术(初建者:袁继炎、周学锋、杨晓进、魏明发等);小儿无肛前后括约肌功能比较研究(初建者:魏明发、袁继炎、杨晓进、周学风等);经尾路修补尿道、直肠(或阴道)瘘(初建者:周学锋、袁继炎、魏明发、翁一珍等);利用阑尾修复胆总长安街囊肿切除后的胆道缺失(初建者:魏明发、袁继炎、王果等)。	
泌尿外科	保留尿道的前列腺摘除术(初建者:叶章群、张旭、杜光辉、李家贵等);可控性尿道扩张器的临床应用(初建者:叶章群、张旭、杨为明等)。	
呼吸内科	气道激发实验(初建者:徐永健、张珍祥、倪望等);纤维支气管镜代替胸腔镜检查(初建者:熊盛道、张珍祥、刘瑾);睡眠呼吸暂停综合征的诊治(初建者:赵建平、刘辉国、张珍祥、徐永健);经鼻低压气囊气管内插管(初建者:刘瑾、熊盛道、张珍祥、徐永健)。	
心内科	冠状动脉斑块旋磨术(初建者:马业新、曾和松、郭晓梅);经桡动脉PTCA术(初建者:马业新、郭晓梅、曾和松);冠状动脉内支架植入术(初建者:马业新、郭晓梅、曾和松);双心房起搏器防治病窦综合征合并房颤(初建者:李仁立、张存泰、姚济华、王晨);射频消融治疗心房扑动(初建者:张存泰、王琳、王晨、吴杰)。	
消化内科	内镜下食道、喷门狭窄球囊扩张术(初建者:刘南植、王思远、刘淑惠、罗焕运);内镜下食管静脉曲张皮圈结扎术(初建者:刘南植、尹朝礼、刘淑惠、罗焕运)。	
血液内科	外周学干细胞移植与异基因骨髓移植	张东华、黄丽红、邓金华、李守新等
内科肾病	肾穿刺术(初建者:刘晓成、吕永曼、周朝阳、徐刚等);腹膜透析置管术(初建者:刘晓成、姚颖、徐刚);肾脏病理学检查(初建者:绍菊芳、吕永曼、刘晓成)。	
风湿内科	风湿性疾病自身抗体检查	何培根、胡绍先、张胜桃
妇产科	综合治疗提高卵巢恶性肿瘤疗效(初建者:顾美姣、漆秀梅、成文彩、马丁等);新式剖腹产(初建者:曾万江、闻良珍、乔福元、冯玲);腹腔镜下配子输卵管移植术(初建者:罗丽兰、朱桂金、靳雷、章汉望等);试管婴儿(初建者:朱桂金、李玉峰、靳雷、刘婧等);病人自控分娩镇痛(初建者:刘锦芝、袁永群、皮国春、李新华);肿瘤标志物ELISA法联合检测的临床应用(初建者:卢运萍、王世宣、李钢、漆秀梅等);超声引导下穿刺脐静脉血检测人巨细胞病毒晚期mRNA(初建者:陈素华、闻良珍、凌霞珍、冯玲等)。	

续表1

科　室	项　目　名　称	主要负责人
感染科	临床常见菌耐药性监测	申正义、孙自镛、王洪波、徐勉忠等
小儿科	抚触促进早产儿生长发育的研究，1996年开展促红素治疗早产婴贫血(初建者：刘皖君、王莉燕、徐三清、刘玉芬)；应用十二指肠液检查鉴别婴儿肝炎与胆道闭锁(初建者：黄志华、董永绥等)；应用RT－PCR法诊断肠道病毒感染(初建者：方峰、董永绥、李革等)；红细胞内锌卟啉测定(初建者：郭艺杰、刘双又、胡群、彭光洁)；HLA－Ⅱ类等位基因与桥本甲状腺炎关联的研究(初建者：张琴、王慕逖、魏红、熊平等)；1997年儿科开展国产R－hGH治疗身材矮小症，GnRHa治疗性早熟。1998年儿科开展TTV筛查，干扰素治疗乙肝肾炎。	
护理部	1998年护理部陈英在内科完成了纤维结肠镜检运用针灸止痛研究；护理部的刘美玲完成了PMLC评估护理系统替代分级护理的研究。	
神经内科	TCD的钩体脑动脉炎、脑死亡等疾病中的动态监测(初建者：姜亚平、施琪嘉、高琼、胡晓晴)；血液凝血纤溶动态系统及血尿渗透压监测(初建者：王伟、周清明、刘洋、张苏明)；脑脊液感染性疾病的特异性诊断(初建者：王伟、周清明、刘洋、张苏明)；幼儿遗传性营养不良的基因诊断(初建者：王伟、周清明、刘洋)；小脑电刺激治疗缺血性脑血管病(初建者：王伟、周清明、刘洋、张苏明)。	
肿瘤科	颅内肿瘤的X刀治疗(初建者：于世英、陈元、黄河、胡国清)；肺癌的X线立体定向放射治疗(初建者：胡国清、陈元、于世英、胡长耀)。	
口腔科	舌巨大淋巴血管瘤切除术(初建者：朱声荣、曹颖光、胡立桉)；带蒂胸大肌肌皮瓣舌再造术(初建者：陶学金、陈卫民)；颌骨正畸手术(初建者：朱声荣、曹颖光、胡立桉)；陈旧性颌骨骨折 颧骨骨折 颧弓骨折冠状切口切开复位固定术(初建者：朱声荣、曹颖光、胡立桉)；人工种植牙修复(初建者：曹颖光、王华均、武华)。	
变态反应科	CAP变态原检测系统	刘光辉、彭慧、陈欢
输血科	凝聚胺试验(初建者：黄荣福、王洪源等)；回收式自身输血(初建者：魏晴、黄荣福、杨忠心、胡诗学)。	
放射科	经股动脉灌注药物治疗股骨头缺血性坏死(初建者：周义成、王仁发、何敬东)；经皮摘除颈椎间盘加溶髓核治疗颈椎间盘突出症(初建者：周义成、杜中立、刘贤富、何敬东)；急性期缺血性脑梗塞的动脉内溶栓治疗(初建者：漆剑频、陈在中)；脑动脉瘤栓塞介入治疗(初建者：漆剑频、陈在中)；经骨浅动脉入路介入法药盒植入术治疗胸腹部恶性肿瘤(初建者：胡国栋、胡道予、刘鹏程等)。	
超声科	普通超声探头引导下的肾穿刺活检术(初建者：李开燕等)；超声引导下酒精注射治疗肝癌(初建者：李开燕等)；高频探头在下肢静脉疾病的应用(初建者：汪元芳、李开燕、黄道中等)；超声多普勒组织成像对冠心病的研究(初建者：黎春雷、高淑英、张友耿等)；多普勒组织成像(初建者：张友耿、黎春雷、王琳)。	
麻醉科	I－STAT便携式血液分析仪用于病人术中的监测(初建者：李世忠、汤红、张传汉)；病人自控分娩镇病术(初建者：张世忠、李新华、张成伟)；颈丛神经阻滞用于颈椎前路手术(初建者：申树先、张志平)；吗啡合用局麻药硬膜外腔阻滞用于手术及术后镇痛(初建者：申树先、魏微)；胸腔镜手术麻醉(初建者：张传汉、喻江辉、周碧云、刘成)；紧闭循环全凭静脉麻醉用于小儿颅脑手术(初建者：王凤杰、张涛、王鹏、晏世琴)；病人自控镇痛技术的临床应用(初建者：张咸伟、向桂芳、陈映红、张毅)。	
皮肤科	尖锐湿疣患者的CO^2激光包皮环切术的研究(初建者：许程蓉、李文刚、陈兴平、周礼义等)；性病实验室检查(初建者：万沐芬、陈兴平、周礼义、曾秀英等)。	
临床免疫	TTV感染的分子生物学诊断	赵西平、张俊等

续表2

科　　室	项　目　名　称	主 要 负 责 人
眼科	准分子激光原位角膜磨镶术(初建者:刘磊)。1996年,眼科开展LASIK屈光手术;采用真空环钻作板层及穿透性角膜移植术;开展垂直斜视及眼球震颤手术;全自动视野计检查;抗代谢药(5-Fu,MMc,干扰素a-2b等)在难治青光眼中的应用及房水引流物置入手术的开展。1997年眼科白内障超声乳化;折叠型人工晶体植入;视网膜厚度测量。1998年眼科编写《眼疾病诊疗指南》一书;开展现代复杂性网脱手术及玻璃体手术。	
康复科	言语-语言障碍的评定及训练研究(初建者:陆敏、陈武雄、夏芝兰);心理治疗 心理咨询(初建者:蓝青、徐金枝、施琪嘉、李涛);矫形器的研制技术及临床应用(初建者:赵正金)。	
药学部	乳酸环丙沙星注射液的研究与临床应用(初建者:方建国、方淑贤、范亚兵、冯康等);自制自动数片机(初建者:胡传章);替硝唑的研究与临床应用(初建者:乐玉娥、丁玉峰、黄名生、放慕初)等;替硝唑葡萄糖注射液的研制与临床应用(初建者:范亚兵、丁玉峰、贺国芳、冯康等);狄克颗粒的研制与临床应用(初建者:方建国、方淑贤、范亚兵、周朝阳等);同济饮用纯净水的研制(初建者:方淑贤、方建国、冯康、丁玉峰等);输液联运生产线改造(提速)(初建者:胡传章、范亚兵、冯康);自制上料装填机(初建者:胡传康);复方阿昔洛韦乳膏研制及应用(初建者:刘云海等)。	
手术室	多功能固定架在小儿手术中的应用(初建者:刘益平、夏俊);B-D穿刺针的临床应用(初建者:祝红梅、丁肃琴、罗艳霞、陈萍)。	
器官移植	全营养混合液的配制与临床应用(初建者:刘敦贵、沙波、王虹、夏穗生);WS生物频谱仪促进伤口愈合的临床与实验研究(初建者:文志向、曾凡军、宫念樵、夏穗生)。	
骨科	可吸收螺钉、螺栓等用于各类骨折内固定	吴华、夏仁云、陈安民、郭风劲
综合外科	再次肝移植(初建者;叶启发、曾凡军、陈实、刘敦贵等);急诊跨血型肝移植(初建者:叶启发、曾凡军、沙波、文志向等);背驼式肝移植(初建者:叶启发、林正斌、曾凡军、陈实等);背驼式减体肝移植(初建者:叶启发、曾凡军、陈实、文志向等)。	
护理部	1996年,血液内科开展骨髓移植、造血干细胞移植、脐血移植等相关护理。1997年,儿科开展新生儿光疗。1998年,中医科开展中药热奄包治疗;急诊科开展低潮气量机械通气。	
肾病科	肾组织免疫组化检查血、尿中分子物质测定(姚颖 邵菊芳1998年引进);腹膜透析置管术(徐刚 姚颖1997引进);1997年,肾病科腹膜透析置管术(初建者:徐刚 姚颖),血管造瘘术(初建者;王进京),食道狭窄球囊扩张术(初建者;刘南植 王思元)。1998年肾病科开展肾组织免疫组化检查血、尿中分子物质测定(初建者:姚颖 邵菊芳)。	
心血管科	经皮冠脉球囊扩张术(余枢 马业新1998引进);经皮粥样斑块旋磨术(马业新 郭小梅1998引进);经皮冠脉内支架安置术(马业新 郭小1996引进梅);AT-VT消融(王琳 张存泰陆再英1998引进);AF消融(王琳 张存泰1997引进);经皮冠脉内支架安置术(1996年马业新 郭小梅初建);1997年,心血管科开展AF消融(初建者:王琳 张存泰)。1998年心血管科开展AT-VT消融(初建者:王琳 张存泰 陆再英);经皮冠脉球囊扩张术(初建者:余枢 马业新);经皮粥样斑块旋磨术(初建者:马业新 郭小梅)。	
耳鼻喉科	1997年,耳鼻喉科开展耳声发射诊断噪音性耳聋;耳声发射对听神经瘤早期诊断价值;微波治疗鼻腔病变(良性肿瘤如纤维血管瘤等); 内窥镜下修复脑脊液鼻漏(原未开展项目); 侧颅底肿瘤的手术治疗、听神经瘤的迕路途径手术等; 法玛西亚公司CAP系统检测变态反应性疾病; 严重梅尼尔氏病的手术治疗; 手术加激光治疗鼾症; Hummer鼻切割刀治疗复发性鼻息肉	

续表3

科　室	项　目　名　称	主要负责人
呼吸科	经鼻插管机械通气(徐永健 刘瑾1996年引进); 气道激发试验(张珍祥 徐永健倪 望引进);1997年,呼吸科一氧化氮治疗COPD(初建者:徐永健 张珍祥),肺动脉高压(初建者:徐永健 张珍祥)	
消化科	食道静脉曲张套扎术治疗(刘南植1996引进);一氧化氮治疗COPD肺动脉高压(徐永健 张珍祥1997引进);食道狭窄球囊扩张术(刘南植 王思元1997引进)	
血液科	异基因骨髓移植(张东华 黄丽红1996引进);外周血干细胞移植;彩色图文分析系统(徐慧珍 路 武1997引进);1997年,血液科外周血干细胞移植(初建者:张东华 杨忠心),彩色图文分析系统(初建者:徐慧珍 路 武)	

1999年同济医院医疗新业务

科　室	项目(技术)名称
心血管科	SNR-1(初建者:王琳 刘启功)
护理部	心血管科开展周围静脉压测定、中心静脉压测定;外科的杨志纯完成了领导生命周期理论在护理管理中的应用研究;内科的何克芝完成了降低白血病院内感染的护理研究。1999-2001年,外科的杨志纯把领导生命周期理论应用于护士长的管理;器官移植中心的肖春梅研制成一次性针头、注射器毁形器。
儿　科	肠道病毒膜炎的PCR诊断,微小残留白血病诊断
眼　科	开展激光治疗泪道阻塞;开展眼底病及网膜裂孔激光治疗

2000年同济医院医疗新业务

科　室	项目(技术)名称
心血管科	CCS-2(初建者:王 琳 马业新 陆再英 汪培华);超声内镜小探头检查术(初建者:王思元 王南下)
消化科	超声内镜小探头检查术()
护理部	2000年,泌尿外科的何玮研制成多功能治疗车;手术室的夏俊完成了系列音像教学在现代手术室护理管理中的应用;外科的彭凤梅完成吸氧深度与患者意识状态关系的研究;综合科张慧荣完成鼻腔冲洗器的制作及临床家庭应用。心血管科起搏器植入术护理、心包穿刺术护理、二尖瓣球囊成形术护理;儿科开展新生儿抚触、儿童高压氧治疗2000-2003年,外科的刘存利完成一次性膀胱冲洗装置的研制。
眼　科	开展荧光素吲哚青绿视网膜;脉络膜血管造影术;非穿透小梁切除术;经巩膜睫状体光凝术

【1999年同济医院对新技术新业务评奖情况】

1999年同济医院评比新技术新业务一等奖

科　室	项目主要负责人	项　目　名　称
肿瘤科	王峻峰等	头颈部肿瘤CT定位框架在放射治疗中的使用
器官移植	刘敦贵等	国内首例辅助减体肝小肠联合移植
妇产科	马丁等	计算机人工智能化子宫颈癌快速筛查诊断
小儿外科	翁一珍等	新生儿巨结肠根治术

1999年同济医院评比新技术新业务二等奖

科　室	项目主要负责人	项　目　名　称
肝外中心	陈孝平等	门静脉切开取癌栓术
康复医学	赵正全	“加强腰带”的研制

续表

科　室	项目主要负责人	项　目　名　称
胸外科	潘友民等	不输库血的体外循环心内直视手术
泌尿外科	叶章群等	改良法巨大嗜铬细胞瘤摘除术
妇产科	李豫峰等	代孕
口腔科	陶学金等	三维电脑模拟手术在颌面骨肿瘤方面的应用
放射科	冯定义等	心脏单层多相 MR 动态成像技术
小儿科	常立文等	人类促红细胞生成素
耳鼻喉科	崔永华等	生物陶瓷中耳通气引流管的制备及临床应用研究
神经外科	雷霆等	改良经蝶入路显微切除垂体腺瘤
眼科	杜蜀华等	视网膜厚度分析在青光眼早期诊断中的应用

1999 年同济医院评比新技术新业务三等奖

科　室	项目主要负责人	项　目　名　称
妇产科	濮得敏等	1. 子宫牵引器 2. 开腹子宫切除术
肿瘤科	陈元等	头颈部肿瘤放疗中 固定面膜的临床应用
小儿科	周建华等	Temno 快速肾活检术的临床应用
设备中心	李方和等	系列实用电泳技术的建立和推广
骨科	罗永湘等	皮神经营养血管皮瓣的临床应用
泌尿外科	杨为民等	脉安治疗阴茎硬结症的临床研究
临床免疫	喻植群等	HBV 前 C 区突变株检测方法的建立及其应用
放射科	朱文珍等	三维快速梯度回波增强磁共振血流成像(MRA)在血管性疾病的应用
骨科	李锋等	改良的颈椎管扩大成形术
耳鼻喉科	刘立思等	颅面联合进路切除颅前底肿瘤
口腔科	毛靖等	肌激动器矫治安氏 II 类错合
超声影像	邓又斌等	血管内皮功能的超声检测
神经内科	施琪嘉	精神分析治疗(心理动力学治疗)
眼科	张虹等	脑循环治疗仪治疗眼底缺血性病变
心内科	郭小梅等	TJ－VI 型心向量图微机自动分析系统
小儿科	匡裕久等	尿微量蛋白分析在小儿肾病中的应用
神经内科	张苏明等	急性缺血性脑血管病超早期急救治疗
中医科	张传芳等	热旋磁加穴位敷贴治疗缺乳、泌乳障碍、急性乳腺炎

1999 年同济医院评比新技术新业务鼓励奖

科　室	项目主要负责人	项　目　名　称
普外科	邹声泉等	胰腺缺血再灌注及微球栓塞加胰腺缺血治疗晚期胰腺癌
骨科	夏仁云等	脱钙人牙基质骨(DDM)与库骨复合治疗骨缺损
泌尿外科	张旭等	保留勃起神经根治性膀胱全切、乙状结肠球形膀胱
泌尿外科	马扬之等	研制一次性膀胱镜包及在临床上的应用
神经外科	杨正明等	术中面神经功能监测的临床应用研究
器官移植	王莺等	Bamtt 病理诊断标准在器官移植中的应用
器官移植	肖春梅等	一次性注射器和针头毁形器
手术室	何汉珍	截石位手术下肢保护架
手术室	屠秀兰等	自制一种手术用的支臂架
输血科	魏晴	博唯优长在直接抗人球蛋白试验中的应用

续表

科　室	项目主要负责人	项　目　名　称
肾内科	周朝阳等	中药狄克氏治疗慢性肾功衰
神经内科	王金祥等	24 小时动态长程录相监测脑电图
小儿科	刘双又等	儿童急性淋巴细胞白血病微量残留病(MRD)的检测
放射科	王仁发等	MRDSA 诊断肌肉骨骼疾患临床应用
放射科	胡道予等	血液透析旁路 MR 血管成像
超声影像	黎春雷等	经食管超声心动图
妇产科	钱小虎等	人类染色体核型计算机自动识别分析临床应用
妇产科	朱桂金等	激素替代和赠卵治疗卵巢早衰不孕症
妇产科	汪芯等	会阴伤口皮内缝合术
耳鼻喉科	高启学等	鼻窦内窥镜下微波手术治疗鼻咽血管纤维瘤
口腔科	朱声荣等	颈阔肌皮瓣同期修复颊癌切除术后颊部组织缺损
眼科	张晓农	泪道阻塞探通联合 MMC 和自制硅管填置术
眼科	刘恒明等	激光泪道探通术
检验科	夏风生等	胶乳法 FDP 和 D 一二聚体的临床应用
检验科	张敬等	用流氏细胞术检测网织红细胞的临床应用
检验科	赵硕生等	AFU 和 GPDA 联合检测在肝癌早期诊断中的应用
检验科	张明富等	乙肝病毒前 S1 抗原的测定

【同济医院各个年代最具影响的外科医疗技术】

40 年代(在上海时期)最具影响的医疗技术:

胆总管十二指肠吻合术

局麻下甲状腺大部切除术

50 年代最具影响的医疗技术:

门脉高压症的各种分流手术,如门腔分流术、脾肾分流术等。其中脾肾静脉分流术尤具特色,其术式的独创性,在国内影响较大,已载入医学史。

耻骨后前列腺摘除术(1954 年)

人工关节的研制并临床应用(1957 年)

肝叶切除术(1957 年)

60 年代最具影响的医疗技术:

胰岛细胞瘤的外科治疗

Modelski 手术(直肠膀胱、乙状结肠直肠吻合术,1961 年)

低温体外循环下修补房、室间隔缺损(1963 ~ 1964 年)

人工肾抢救急性肾功能衰竭(1964 年)

70 年代最具影响的医疗技术:

显微外科手术逐渐开展,断肢断指再植术,下肢断肢移位再植术

应用显微外科技术切除脑深部肿瘤(1975 年)

1977 年 10 月施行首例同种异体肾移植

1977 年 12 月施行首例临床原位肝移植

胃底横断术及贲门周围血管离断术(1977 年)

吻合血管的同种异体膝关节移植(1977 年)

脑血管搭桥术(1979 年)

首例小儿肾移植治疗肾胚胎瘤成功(1979 年)

中西医结合治疗小儿先天性巨结肠症(1972 年)

80 年代最具影响的医疗技术:

YAG 激光光纤手术器应用于临床肝叶切除术

纯刚玉 - 金属复合人工关节的研制和应用

前壁背侧皮瓣的临床应用

前列腺电切除术及腔内泌尿外科手术

体外震波碎石机的应用

深低温停体外循环处理心内畸形

先天性巨结肠诊断新方法的系列研究和临床应用

小儿脾次全切除治疗脾脏疾患

三叉神经微血管减压术

经鼻入路垂体肿瘤切除术

幽门再造式胃大部分切除术

脾保留性手术(部分修补,不规则部分切除)

1998 年我们组织外科各专科编写同济医院出版的"外科诊疗常规指南"丛书,外科部分共计 8 个分册,达 600 万字。

90 年代增加新技术新业务项目:

邹声泉:腔镜外科技术的临床应用(1996 - 1998 年)

杨传永:消化道恶性肿腹腔镜置管化疗(1996 - 1998 年)

胡元龙:胃肠术后早期肠内营养(1996 - 1998 年)

胡元龙:计算机软件(病区工作系统)(1996 - 1998 年)

陈安民:椎体截骨椎弓根固定治疗脊柱驼背畸(1996 - 1998 年)

夏仁云:环锯法带肌骨办移植治疗股骨头缺血性坏死(1996 - 1998 年)

陈安民:器械系统脊柱侧弯矫形术(1996 - 1998 年)

陈孝平:化疗泵在肝癌外科治疗中的应用(1996 - 1998 年)

陈孝平:原位肝切除术(1996 - 1998 年)

陈启福:漏式胸矫治术(1996 - 1998 年)

汤应雄:胸腔镜临床应用(1996 - 1998 年)

赵金平:主动脉弓部重建术(1996-1998年)

潘友民:保留全部二尖瓣结构的二尖瓣置换术(1996-1998年)

赵金平:Tontan手术(1996-1998年)

朱炎昌:带蒂延长颞肌瓣修补脑脊液鼻漏动物实验及临床应用(1996-1998年)

袁继炎:保留尿道板,外嵌带蒂岛状皮瓣一期尿道成形术(1996-1998年)

魏明发:小儿无肛手术前后括约肌功能比较研究(1996-1998年)

周学锋:经尾路修补尿道,直肠(或阴道)瘘(1996-1998年)

魏明发:利用阑尾修复胆总管囊肿切除后的胆道缺失(1996-1998年)

叶章群:保留尿道的前列腺摘除术

叶章群:可控性尿道扩张器的临床应用

吴 华:可吸收螺钉、螺栓等用于各类骨折内固定

薛德林、覃修福:WD-I型电子痔疮治疗机(1990年)

普外内分泌组:冷光源乳房检查仪(1990年)

朱炎昌等:三叉神经半月节甘油疗法术(1991年)

吴段秀:细胞核仁组成区相关蛋白嗜银染色(1992年)

王太仪:密集银针疗法(1992年)

章咏棠:抗人膀胱癌单克隆抗体载抗癌药治疗膀胱癌的临床研究(1992年)

夏仁云:小针刀临床应用(1992年)

吴毅平等:经肝静脉穿刺,门脉栓塞后肝切除治疗(1992年)

神经外科:激光在神经外科的应用(1992年)

罗永湘:LY-II型多功能治疗机临床应用(1993年)

罗永湘:活性钙临床应用(1993年)

罗永湘:生物膜临床应用(1993年)

鲍文公:癫痫手术中的脑皮质电图检查(1993年)

吴段秀等:细胞免疫化学(角蛋白、波形蛋白核仁组成区嗜银蛋白染色)(1996年)

【同济医院妇产科各年代开展的主要业务技术】

五十年代业务技术:

开展子宫颈脱落细胞学涂片检查,成立湖北省最早的阴道细胞检查室

与麻醉科配合开展新生儿气管插管

宫颈癌根治术

外阴癌根治术

六十年代业务技术:

小剂量性激素注射治疗继发性闭经

奴佛卡因静脉滴注加强子宫收缩

七十年代业务技术:

穴位注射催产素中期妊娠引产

羊膜腔内注射花粉素中期妊娠引产

羊膜腔内注射利凡诺中期妊娠引产

临床应用带铜T型节育器

冷冻、激光治疗宫颈和外阴疾病

应用针麻行腹式输卵管结扎术、单间卵巢囊肿切除术、腹式全宫切除术、剖宫产术、会阴侧切及缝合术、曼氏手术、宫颈锥形切除术、阴道壁囊肿切除术、阴道横膈切除术

腹膜外剖宫产术

半腹膜外子宫切除及半腹膜外剖宫产术

可逆性绝育术(卵巢包埋)

淋巴造影

八十年代业务技术:

外周血培养、羊水细胞培养、早孕绒毛活检用于产前诊断

应用宫腔镜、腹腔镜诊断和治疗妇科疾病

国内首创卵巢恶性肿瘤评分法用于临床指导化疗

开展髂内动脉灌注化疗+明胶海绵人工栓塞治疗晚期卵巢癌

腹式横切口腹膜外剖宫产术

阴道镜用于诊断宫颈疾病

开展新生儿两次断脐法

经皮髂内动脉造影诊断及经导管栓塞治疗妇产科领域中的出血

B超直视下清宫、子宫内膜异位症穿刺治疗

撕拉法盆腔淋巴结清扫术

化疗药物保守治疗宫外孕

输卵管梗阻插管治疗

羊膜镜进行产前诊断

九十年代业务技术:

改良式剖宫产术

B超监测下脐带穿术

改良式子宫切除术

经阴道子宫切除术(用于非子宫脱垂患者)

阴道成形及乙状结肠代阴道术

生殖器官整形手术

超选择动脉栓塞化疗、腹腔及腹腔和静脉双途径化疗、缓释药膜局部治疗

大剂量化疗+脐血干细胞支持治疗

建立计算机人工智能化子宫颈癌快速筛查诊断系统

大型远红外诊断仪辅助诊断妇科恶性肿瘤

建立计算机染色体核型分析系统

宫腔内人工授精术(IUI)

显微镜下输卵管吻合术

配子输卵管内移植术(GIFT)

试管婴儿

赠卵和代母亲

多胎妊娠减胎术

卵母细胞内单精子注射术(ICSI)

囊胚培养

睾丸穿取精+卵母细胞内单精子注射术(Tesa)

【70年代以来同济医院传染科临床与研究】

医疗上除接受门诊入院的消化道隔离病人外,还系统地发展一些常见疾病集中收治,且结合临床进行教学、科研工作。

医疗业务发展

1. 血吸虫病:开院后,该院集中收治急性血吸虫病,使用酒石酸锑钾20日疗法及邵丙扬教授首创的三日锑剂疗法,对比不同疗法的近期及远期疗效。

郝连杰对一批晚期血吸虫病肝硬化腹水病人,开展中西医结合,调整营养,用大剂量利尿剂(有些病人配合应用肾上腺皮质激素)治疗,取得了较好疗效。

七十年代,该院在湖北省率先使用硝硫氰胺(7505)治疗血吸虫病,并用此药配合支持疗法抢救一例危重急性血吸虫病患者获得成功。

2. 流行性出血热:六十年代,在东西湖移民中发现一批发热及出诊的病人,首先被确诊为斑疹伤寒。

七十年代，该院收治流行性出血热病人集中医护力量，细致观察病情，抢救了不少危重病人，首创巴豆导泻疗法以后发展为用大黄、芒硝、番泻叶等药物导泻，并推广到全国各地。

八十年代以来，对转入该院的重型及危重型顽固无尿的流行性出血热病人尽早进行腹膜透析疗法或血液透析疗法取得了较满意的疗效。

3. **病毒性肝炎**：占收治病人的比重最大，重症型肝炎病人多，40 多年来不断更新治疗方法，抢救重症型病人 1 000 多例，存活率不断提高，由 20% 逐步提高到现在的 60% 左右。

1987 年在湖北省首创胎肝细胞悬液治疗重症肝炎 10 例并取得满意的疗效。1997 年开始与该院血液净化中心合作，在湖北地区首先应用人工肝支持系统治疗重症肝炎，2000 年建立了独立的人工肝治疗室，对重症肝炎及高黄疸病人进行人工肝治疗，可明显缩短病人的住院时间、提高病人成活率。1999 年与器官移植中心合作，对 2 例慢重肝患者进行肝及肝、肾联合移植获得成功。

4. **伤寒**：1986 年，仙桃市发生耐氯霉素伤寒流行，病死率高，该院教研室多次深入疫区，率先在省内应用第三代“喹诺酮类新药——氟哌酸”取得满意疗效。

5. **感染性疾病**：1989 年 10 月迁入新病房后，在中南地区首家开设感染病房。10 余年来收治大量败血症、感染性休克等感染性疾病及发热待查病人。1997 年开设感染性疾病专家门诊，3 年共接诊感染性疾病及发热待查患者 1 500 余例。

6. **霍乱病**：七十年代以来，每年 6 ~ 10 月开设 24 小时门诊检测霍乱病，逢泻必检，为肠道传染病的防治起到重要作用。

治疗研究进展

1. **血吸虫病治疗研究**：1985 年以前，结合临床实践进行科研工作，主要内容有：

(1)酒石酸锑钾三日疗法与七日疗法近期疗效，远期疗效及副作用的比较。

(2)口服锑剂片的疗效及副作用的统计报道。

(3)晚期血吸虫肝硬化腹水治疗措施研究。

(4)在东西湖设点观察血防 846 加敌百虫(包括灌肠给药)的疗效及副作用。

(5)首创大剂量硝硫氰胺治疗急性血吸虫病获成功。

1993 年魏镜龙教授“蒿甲醚治疗兔日本血吸虫病实验研究”获湖北省血吸虫病研究委员会资助。

1997 年杨道锋课题“IL－2、IFN－γ、PGE1 抗血吸虫虫卵肉芽肿和肝纤维化的实验研究”获同济医院中青年课题经费资助。

1999 年石淑仙教授牵头课题“改善微循环治疗血吸虫病肝硬化”获湖北省血防办资助。

2000 年田德英教授获湖北省科委课题：中西医结合治疗血吸虫肝硬化实验研究。

2. **病毒性肝炎治疗研究**：

肝穿刺：1981 年以来，首先恢复在“文化大革命”中停止的肝穿刺活检，共作肝穿刺 1 000 余例，为病人的诊断提供了可靠依据，并为科研工作提供了重要素材。

1987 年开始自行制作胎肝细胞悬液，静脉输注治疗重症型肝炎已治疗 10 例，并小结成文发表，于 1990 年参加全国胎肝治疗病毒性肝炎研讨会大会交流。

1989 年病毒性肝炎治疗组向湖南医科大学购进肝细胞刺激因子用于临床。

1990 年张东绅教授获同济医院中青年基金课题：病毒性肝炎与心钠素。

1992 年宋佩辉教授、石淑仙教授等参与的“武汉地区献血员 HBV 携带调查及输血后乙肝防治新措施”获市科技三等奖。

1995 年田德英教授获卫生部和国家科委课题：丙型肝炎发病机理的研究。

1998 年与厦门大学协作，宋佩辉教授负责承担国家 95 攻关和 863 课题的子课题：湖北地区庚型肝炎的流行病学调查。

3. **流行性出血热治疗研究**：

(1) 1972—1977 年，每年流行高峰期，流行性出血热的病人集中收治，工作结束后进行全面总结，探索诊断及治疗中的经验教训，并写成论文，在学报及其它杂志上发表。

(2)流行性出血热少尿期的导泻疗法为我院首创，为出血热病人度过少尿难关开辟了新途径，此种疗法逐渐推广至各地应用。

4. **登革热治疗研究**：

1988 年，与同济医科大学中心实验室免疫室、海南省人民医院协作，石淑仙教授牵头申报《登革热单克隆抗体及登革热发病机理的研究》，已批准为国家自然科学基金课题。该课题研究成果 1997 年获湖北省卫生厅一等奖。

5. **感染性疾病治疗研究**：

1994 年宋建新医师获同济医院中青年基金课题：绿脓杆菌耐药质粒图谱分析及分子克隆。

1996 年高美英教授获国家自然科学基金课题：绿脓杆菌耐 β－内酰胺类抗生素的机制及治疗对策的研究。

1996 年黄家权医师获同济医院中青年基金课题：耐甲氧西林金黄色葡萄球菌耐药机制研究。

1997 年齐俊英获同济医院中青年基金课题：四种革兰阴性杆菌对喹诺酮类药物耐药机制初探。

1998 年石淑仙教授(第二名)参与国家自然科学基金课题：板兰根抗内毒素活性物质研究。

1998 年由田德英教授、宋佩辉教授(第二名)负责参与并圆满完成由医院感染科申正义教授主持的卫生部国际交流中心课题：武汉地区大中型医院临床分离菌耐药性监测。

1999 年齐俊英获国家自然科学基金课题：EGS 技术体内逆转耐药菌对抗生素抗药性的研究。

1999 年宋建新医师参与武汉市科委晨光计划课题：山莨菪碱抗凝血作用的分子机制。

【60—90 年代同济医院耳鼻喉科新业务】

六十年代开展的新技术新业务：

1. Impletol 配制成功，并应用于临床治疗内耳血循环障碍引起的耳鸣、眩晕并作病灶型扁桃体炎的阻。

2. 扁桃体无血挤切刀研制成功，并在临床推广应用。

3. 鼓室成形术。

4. 内耳开窗术、镫骨撼动术、人工镫

骨术成功。

七十年代开展的新技术新业务：

1. 在国内首先将激光应用于耳鼻咽喉科治疗。

2. 在湖北地区首先开展喉癌喉全切除喉功能重建术。

3. 各种术式的喉部分切除术。

4. 支撑喉镜研制成功，并用于喉部检查和喉部手术。

5. 大胆开展了以全麻为主代替以无麻为主的支气管镜下取异物术。

6. 冷冻技术用于临床，特别用于鼻咽纤维血管瘤摘除术，获得满意效果。

7. 泛影葡胺静脉推注治疗眩晕及突发性耳聋。

8. 颈廓清术（功能性及根治性）。

9. 粘膜下注射液态硅胶治疗声带麻痹。

10. 在湖北地区最早开展喉显微手术。

11. 鼻部手术新经路研究：颅面联合进路切除广泛侵犯颅底的鼻、鼻窦肿瘤手术。

八十年代开展的新技术新业务：

1. 进一步开展中耳各种成型术。

2. 经鼻脑垂体瘤摘除术。

3. 经乙状窦后径路行微血管减压术治疗面肌痉挛。

4. 面神经减压术、吻合术和移植术。

5. 激光治疗耳鼻咽喉良、恶性肿瘤。

6. 较普遍开展耳、鼻、咽喉显微手术。

7. 选择性血管栓塞法治疗严重鼻出血、鼻咽纤维血管瘤、鼻腔、鼻咽部血管瘤。

8. 应用YAG激光行扁桃体摘除术。

9. 耳鼻喉部疾病潜窥镜检查及照相术。

10. 舌下——喉返神经吻合术。

11. 喉神经肌蒂移植术。

12. 纤维喉镜下声带息肉、小结摘除术。

13. 经梨状孔进路摘除鼻腔、鼻窦、鼻咽肿瘤术。

14. 侧颅底手术：复发性颈静脉球体瘤摘除术。

15. 声带麻痹外展术。

16. 利多卡因离子导入治疗耳鸣。

17. 舌骨综合征诊出率提高、手术治疗进一步开展，并在全国推广应用。

18. 在院内首先开展大剂量综合化疗治疗晚期耳鼻咽喉恶性肿瘤。

九十年代开展的新技术新业务：

1. 功能性鼻窦内窥镜外科手术治疗各型鼻窦炎

2. 鼻内窥镜外科治疗鼻咽纤维血管瘤。

3. 应用鼻内窥镜外科技术手术治疗后鼻孔狭窄，鼻中隔偏曲

4. 人工生物陶瓷中耳通气管的研制并临床治疗顽固性渗出性中耳炎。

5. 高选择性血管栓塞诊断和治疗血管搏动性耳鸣。

6. 频闪喉镜技术早期诊断声门癌。

【1980－2000年同济医院成果获奖情况】

1980—2000年获奖成果一览表

获奖成果名称	专　科	获奖人员	奖励名称	等级	获奖时间
肺血流图对慢性肺源性心脏病诊断的研究	超声影像科	张青萍	湖北省科学技术奖科学技术进步奖	三等	1980
钩端螺旋体脑动脉炎的病因及其与烟雾病的关系	神经科	刘锡民	卫生部医药卫生科学技术进步奖	甲等	1980
同种肾移植临床研究和供肾保存期延长的实验研究（合作课题）	器官移植研究所	熊旭林、章咏裳、夏穗生	湖北省科学技术奖科学技术进步奖	三等	1980
同种异体原位肝移植研究	器官移植研究所	裘法祖	卫生部医药卫生科学技术进步奖	甲等	1980
先天性巨结肠症的中西医结合治疗和组织化学诊断的研究	小儿外科	童尔昌、王果、艾民康、茹立强	湖北省科学技术奖科学技术进步奖	二等	1980
血清蛋白对宫颈癌病人预后判断的研究	肿瘤科	张炼	湖北省科学技术奖科学技术进步奖	三等	1980
抗淋巴细胞球蛋白试制研究	器官移植研究所	夏穗生、吴在德	湖北省科学技术奖科学技术进步奖	一等	1981
慢性肺心病超声心动图诊断研究	超声影像科	张青萍	湖北省科学技术奖科学技术进步奖	二等	1981
先天性巨结肠症的中西医结合治疗和组织化学	小儿外科	童尔昌、王果、艾民康、茹立强	卫生部医药卫生科学技术进步奖	乙等	1981
套管式洗胃牙垫的革新及在临床应用的研究	护理部	连学玲	卫生部医药卫生科学技术进步奖	乙等	1982
贲门周围血管断流术治疗食管胃底曲张静脉破裂大出血的研究	普外科	戴植本、裘法祖、刘飞龙、梅铭惠、宣正荣	湖北省科学技术奖科学技术进步奖	二等	1983
磁处理水防治尿石的实验基础研究	泌尿外科	章咏裳、吴恒旺	湖北省科学技术奖科学技术进步奖	三等	1983

续表1

获奖成果名称	专　科	获奖人员	奖励名称	等级	获奖时间
卵巢恶性肿瘤者免疫抑制因子测定的临床应用研究	妇肿	蔡桂茹、漆秀梅、顾美皎、李英勇、肖林生	湖北省科学技术奖科学技术进步奖	三等	1983
脑脊液外引流在急性颅脑损伤中的应用研究	脑外科	胡文安、蒋先惠	湖北省科学技术奖科学技术进步奖	三等	1983
硝酸甘油注射液制备及在麻醉上的应用	麻醉科	高崇荣、金士翱	湖北省科学技术奖科学技术进步奖	三等	1983
心电向量磁带记录器的研制及临床应用	心血管内科	王兆椿、江庚和	湖北省科学技术奖科学技术进步奖	三等	1983
子宫颈癌病理分型及宿主反应对预后判断的研究	肿瘤科	陈耿生、张烁	湖北省科学技术奖科学技术进步奖	二等	1983
EG682—Ⅲ型神经外科手术头架	脑外科	李龄、蒋先惠	湖北省科学技术奖科学技术进步奖	二等	1984
超声在生物组织内传播特性《圆球体后方回声》的研究	超声影像科	张青萍、胡绍绪、蒋危平、赵福生、覃正苗	湖北省科学技术奖科学技术进步奖	二等	1984
纯刚玉—金属复合型人工股骨头的临床应用(合作课题)	骨外科	李世普、王泰仪	国家技术发明奖	三等	1984
纯刚玉—金属复合型人工股骨头的临床应用(合作课题)	骨外科	李世普、王泰仪	湖北省科学技术奖科学技术进步奖	一等	1984
胆囊胆固醇结石形成的流体力学因素的研究	普外科	于昌松、蔡红娇、夏穗生	卫生部医药卫生科学技术进步奖	甲等	1984
胆囊胆固醇结石形成的流体力学因素研究	普外科	于昌松、蔡红娇、夏穗生	湖北省科学技术奖科学技术进步奖	一等	1984
肺阻抗血流图应用于早期诊断肺心病及肺血流动力学关系的研究	呼吸内科	段生福、牛汝楫、钟献年、王迪浔、方颖康	湖北省科学技术奖科学技术进步奖	三等	1984
针刺麻醉拔牙的临床研究	口腔科	辜祖谦	湖北省科学技术奖科学技术进步奖	三等	1984
蝙蝠葛碱抗心律失常药理作用及临床应用(合作课题)	心血管内科	胡崇家、关雄泰、冯克燕、代宗顺、李贵荣、周际安	湖北省科学技术奖科学技术进步奖	二等	1986
狗同种异体辅助性部份肝移植实验研究	器官移植研究所	陈孝平、裘法祖、夏穗生	湖北省科学技术奖科学技术进步奖	三等	1986
辣根过氧化物酶—抗辣根过氧化物酶(PAP)复合物的制备及其在检查肝组织内HBV标志的应用	临床免疫研究室	郝连杰、张永源、李方和	湖北省科学技术奖科学技术进步奖	三等	1986
尿石成份和结构分析的研究	泌尿外科	章咏裳、胡仁昭、董德欣、孙西钊、叶章群	湖北省科学技术奖科学技术进步奖	三等	1986
农民肺综合研究(合作课题)	呼吸内科	车东媛、刘绍春、朱景玉、张声扬、牛汝楫	湖北省科学技术奖科学技术进步奖	三等	1986
庆大霉素—聚甲基丙烯酸甲酯的实验研究与临床应用	骨外科	王泰仪、陈安民	湖北省科学技术奖科学技术进步奖	三等	1986
听神经瘤的手术治疗	脑外科	李龄、蒋先惠	湖北省科学技术奖科学技术进步奖	三等	1986
胰腺移植实验研究与临床应用	器官移植研究所	夏穗生、陈实、唐锦治、朱文慧	湖北省科学技术奖科学技术进步奖	二等	1986
乙肝病人自发性抑制性T细胞功能及其T细胞亚群的关系	临床免疫研究室	郝连杰、宋佩辉、刘枫	湖北省科学技术奖科学技术进步奖	三等	1986
自体脾移植与保留性脾部份切除术实验研究与临床应用	器官移植研究所	刘乐欣、夏穗生、高炎明	湖北省科学技术奖科学技术进步奖	二等	1986

续表2

获奖成果名称	专　科	获奖人员	奖励名称	等级	获奖时间
大鼠器官移植系列手术及其研究	器官移植研究所	夏穗生、陈忠华、陈金枝	卫生部医药卫生科学技术进步奖	三等	1987
肌电反馈发声训练仪(合作课题)	康复科、耳鼻喉科	沈舜韶、南登昆、谭慎徽、郑啟心、刘秋润、赵正全	文化部科技成果奖	三等	1987
先天性甲低的筛查	儿科	王慕逖、刘皖君、施绪宝	国家计生委科技进步奖	三等	1987
HLA血清筛选,群体调查、器官移植配型与亲子鉴定的研究	器官移植研究所	夏穗生、程敦秀、楼桂芳、姜汉英、刘恭植	湖北省科学技术奖科学技术进步奖	三等	1988
川芎嗪防治肺动脉高压的研究(合作课题)	呼吸内科	王迪浔、段生福、邹爱平、彭伟、杨光田	湖北省科学技术奖科学技术进步奖	三等	1988
川芎嗪防治肺动脉高压的研究(合作课题)	呼吸内科	王迪浔、段生福、邹爱平、杨光田、彭伟	卫生部医药卫生科学技术进步奖	三等	1988
肝动脉灌注和栓塞治疗原发性肝癌	放射科、消化内科	黄志程、梁扩寰、郭俊渊、王思元、刘鹏程	湖北省科学技术奖科学技术进步奖	三等	1988
肝脏微血管调节机制与门脉高压的实验研究	消化内科	过晋元、李绍白、杨大国、梁扩寰	国家教委科技进步奖	二等	1988
肝脏微血管调节机制与门脉高压的实验研究	消化内科	过晋元、李绍白、杨大国、梁扩寰	湖北省科学技术奖科学技术进步奖	二等	1988
肝脏微血管调节机制与门脉高压的实验研究	消化内科	过晋元、李绍白、杨大国、梁扩寰	卫生部医药卫生科学技术进步奖	三等	1988
四味流产中药的发掘和单味流产中天花粉素的研究(合作课题)	妇科	吴熙瑞、梅振翼、王崇云	国家计生委科技进步奖	三等	1988
心电向量图微机自动分析诊断系统	心血管内科	王兆椿、吴杰、朱家琪	湖北省科学技术奖科学技术进步奖	二等	1988
EG686—Ⅲ型脑软轴牵开器	脑外科	李龄、蒋先惠、付德明、张明文、卞建国	湖北省科学技术奖科学技术进步奖	三等	1989
国产单克隆抗体防治排斥反应延长同种移植物存活期的实验研究和临床研究	器官移植研究所	周晓霞、夏穗生、姜汉英	湖北省科学技术奖科学技术进步奖	二等	1989
国产单克隆抗体防治排斥反应延长同种移植物存活期的实验研究和临床研究	器官移植研究所	周晓霞、夏穗生、姜汉英	卫生部医药卫生科学技术进步奖	三等	1989
慢性肝炎免疫病理研究	临床免疫研究室	郝连杰、张永源、胡克勤、李方和	国家教委科技进步奖	二等	1989
同种脾移植实验与临床研究	器官移植研究所	夏穗生、刘乐欣、唐锦治、覃修福、汪素兰	湖北省科学技术奖科学技术进步奖	一等	1989
我国慢性乙型肝炎患者合并丁型肝炎病毒感染的研究	临床免疫研究室	郝连杰、张永源、胡克勤、李淋、汪由坤	湖北省科学技术奖科学技术进步奖	三等	1989
乙肝病毒前S蛋白的研究	临床免疫研究室	胡克勤、喻植群、张永源、李方和、郝连杰	湖北省科学技术奖科学技术进步奖	三等	1989
幽门再造式胃大部切除术实验研究临床应用	器官移植研究所	胡元龙、覃修福、夏穗生、汪素兰	湖北省科学技术奖科学技术进步奖	三等	1989
胆道流体动力学与胆结石成因的实验研究	普外科	邹声泉、裘法祖、于昌松	国家教委科技进步奖	三等	1990
脾切除后对机体免疫功能影响的进一步研究	器官移植研究所	姜洪池、夏穗生、钱家勤、汪素兰、马绪娴	国家教委科技进步奖	二等	1990
脾切除后对机体免疫功能影响的研究	器官移植研究所	姜洪池、夏穗生、钱家勤、汪素兰、马绪娴	卫生部医药卫生科学技术进步奖	三等	1990

续表3

获奖成果名称	专　科	获奖人员	奖励名称	等级	获奖时间
神经氨酸与急性肾炎发病关系的研究	儿科	王韵琴、程贤俊	湖北省科学技术奖科学技术进步奖	三等	1990
先天性巨结肠症新的诊断方法	小儿外科	童尔昌、刘明、刘能银、齐宝权、王果	湖北省科学技术奖科学技术进步奖	三等	1990
先天性巨结肠症新的诊断方法	小儿外科	童尔昌、刘明、刘能银、齐宝权、王果	卫生部医药卫生科学技术进步奖	三等	1990
新型CT脑立体定向装置	放射科	王承缘、柳学国、朱炎昌、郭俊渊	湖北省科学技术奖科学技术进步奖	三等	1990
血管活性物质与门脉高压的实验研究	消化内科	李绍白、但自力、赵秋、郭冰、过晋元	湖北省科学技术奖科学技术进步奖	二等	1990
乙型肝炎患者肝内单个核细胞和HLA抗原的研究	临床免疫研究室	郝连杰、江圣勇、张永源、汪由坤、胡克勤	国家教委科技进步奖	三等	1990
中医清热解毒法实质的部分研究—"热毒清"抗内毒素和保护溶酶体、线粒体的实验研究	中西医结合研究所	李鸣真、叶望云、皇甫永穆、邓益明、陆付耳	国家教委科技进步奖	二等	1990
酚妥拉明及当归治疗乙型重度黄疸型慢性活动性肝炎的研究	消化内科	李绍白、虞涤霞、韩月英、但自力、郭冰	湖北省科学技术奖科学技术进步奖	三等	1991
胚胎胸腺移植治疗晚期肝癌的研究	器官移植研究所	刘敦贵、夏穗生、程敦秀、陈知水	湖北省科学技术奖科学技术进步奖	三等	1991
前列腺素对子宫胎盘血循环的调节及对胎儿发育等方面的影响(合作课题)	产科	吴熙瑞、马庭元、李郁、闻良珍、杨大森	卫生部医药卫生科学技术进步奖	二等	1991
乙型肝炎慢性化机理的研究(合作课题)	临床免疫研究室	郝连杰等	卫生部医药卫生科学技术进步奖	二等	1991
载抗癌药的骨水泥治疗恶性骨肿瘤的实验研究及临床应用	骨外科	王泰仪、吴洋管、陈安民、李振凡、张锡元、李贵林、王体沛	湖北省科学技术奖科学技术进步奖	二等	1991
自制器官保存液WMO－1号的实验研究与应用	器官移植研究所	顾湘君、夏穗生、刘敦贵	湖北省科学技术奖科学技术进步奖	二等	1991
PAP制备及其在临床免疫病理中的应用	临床免疫研究室	郝连杰、李方和、张永源、李淋、杨东亮	卫生部医药卫生科学技术进步奖	三等	1992
RFP—陶瓷人工骨核治疗骨结核的研究	骨外科	陈安民、王泰仪、孙淑珍、李贵林、李振凡	湖北省科学技术奖科学技术进步奖	二等	1992
骨水泥不锈钢丝网行颅骨修补术的临床研究	脑外科	薛德麟、陈坚、蒋先惠、张平、王德华	湖北省科学技术奖科学技术进步奖	三等	1992
经皮穿刺切割椎间盘治疗腰椎间盘脱出症	放射科	周义成、王承缘、陈锦华、周韵清、夏仁云	湖北省科学技术奖科学技术进步奖	三等	1992
流行性出血热病毒多肽抗原分析及其临床意义的 研究	临床免疫研究室	郝连杰、杨东亮、陈龙邦、李方和、喻植群、宋佩辉	国家教委科技进步奖	二等	1992
农民肺综合研究(合作课题)	呼吸内科	牛汝楫等	卫生部医药卫生科学技术进步奖	一等	1992
农民肺综合研究(之二)(合作课题)	呼吸内科	牛汝楫等	湖北省科学技术奖科学技术进步奖	二等	1992
同种脾移植实验与临床研究	器官移植研究所	夏穗生、刘乐欣、唐锦治、覃修福、汪素兰	国家科学技术进步奖	三等	1992
白血病患者并发口腔溃疡的护理——调整唾液PH值的观察	护理部	侯利华	全国首届护理科技进步奖	三等	1993

续表4

获奖成果名称	专　科	获奖人员	奖励名称	等级	获奖时间
激光疏通周围血管实验研究和临床应用	心血管内科	黄厚珍、邓建林、赖传善、曾敏烈、王化敏、张良华	湖北省科学技术奖科学技术进步奖	三等	1993
经导管栓塞治疗危及生命的盆腔大出血	放射科	胡国栋、郭俊渊、黄志程、周义成、陈锦华	湖北省科学技术奖科学技术进步奖	三等	1993
去淋巴细胞—血浆疗法治疗活动性系统性红斑狼疮	血液内科	刘文励、唐锦治、杨忠心、孙汉英、胡诗学	湖北省科学技术奖科学技术进步奖	二等	1993
胎脑移植治疗低能儿童	脑外科	薛德麟、蒋先惠、胡文安、吴克兰、万轩金	湖北省科学技术奖科学技术进步奖	三等	1993
非标记抗体技术及其在临床免疫研究中的应用	临床免疫研究室	李方和、杨东亮、李琳、汪由坤、郝连杰	湖北省科学技术奖科学技术进步奖	三等	1994
肝细胞癌转铁蛋白受体表达及受体单抗 WuT9 生物导向实验与临床研究	消化内科	林菊生、李绍白、史良如、李建化	国家教委科技进步奖	三等	1994
经皮穿刺切割椎间盘治疗腰椎间盘脱出症	放射科	周义成、王承缘、周韵清、陈锦华、胡国栋	卫生部医药卫生科学技术进步奖(推广应用项目)	三等	1994
流行性出血热特异性免疫复合物形成及致病性研究	临床免疫研究室	杨东亮、郝连杰、陈悦、喻植群、李淋、汪由坤、李方和	国家教委科技进步奖	三等	1994
同种异体胰、肾移植血液流变学的实验与临床研究	器官移植研究所	汪晓阳、夏穗生、唐锦治、陈实	湖北省科学技术奖科学技术进步奖	二等	1994
血吸虫病肝脏微循环障碍与门脉高压症的关系	普外科	杨镇、刘仁哲、杨榕光、裘法祖	卫生部医药卫生科学技术进步奖	三等	1994
益气养阴方对温热病气阴两伤的实验研究(合作课题)	中西医结合研究所	马必生、李鸣真、李顺成、王光瑞、李乃民	国家中医药管理局中医药科技进步奖	三等	1994
中草药 APN 抗血栓形成及临床应用的研究	血液内科	张瑶珍、唐锦治、赵华月、刘云海、魏世超	湖北省科学技术奖科学技术进步奖	三等	1994
自制器官保存液 WMO－1 号的实验研究及应用	器官移植研究所	顾湘君、夏穗生、姜汉英、沙波、刘敦贵	卫生部医药卫生科学技术进步奖(推广应用项目)	三等	1994
API0134 防治急性心肌梗塞、溶栓后再闭塞和再灌注损伤的作用及机理研究	心血管内科	赵华月、傅良武、马宝暇、唐锦治、郭志凌	湖北省科学技术奖科学技术进步奖	三等	1995
病毒性心肌炎和扩张型心肌病自身免疫发病机理的研究	心血管内科	余枢、李武、陈秀珠、汪道文、周汝麟	湖北省科学技术奖科学技术进步奖	二等	1995
病毒性心肌炎和扩张型心肌病自身免疫发病机理的研究	心血管内科	余枢、李武、陈秀珠、汪道文、周汝麟	卫生部医药卫生科学技术进步奖	三等	1995
流行性出血热病毒抗原及其免疫复合物在发病机理中的作用	临床免疫研究室	杨东亮、喻植群、汪由坤、李方和、陈悦	卫生部医药卫生科学技术进步奖	三等	1995
门静脉系统 a－受体及其亚型与配体识别的实验研究	消化内科	李绍白、铙益平、杨大国、王毅、刘南植	卫生部医药卫生科学技术进步奖	三等	1995
牛精浆中纯化的神经生长因子对周围神经再生的影响	骨外科	罗永湘、方煌、庞清江、刘海雄、林娜	湖北省科学技术奖科学技术进步奖	三等	1995
同种脾细胞移植治疗血友病甲的研究	器官移植研究所	夏穗生、刘慎微、王滔、马绪姻、姜汉英	湖北省科学技术奖科学技术进步奖	二等	1995
《黄家驷外科学》(合作课题)	普外科	吴阶平、裘法祖	卫生部医药卫生科学技术进步奖(著作)	一等	1996
《康复医学》	康复科	南登昆、缪鸿石、刘燧、谭濉溢、吴宗耀	卫生部医药卫生科学技术进步奖(著作)	三等	1996
《外科学》	普外科	裘法祖、孟承伟、叶舜宾、冯卓荣、吴祖尧、史玉泉、谢荣	卫生部医药卫生科学技术进步奖(著作)	二等	1996

续表5

获奖成果名称	专　　科	获奖人员	奖励名称	等级	获奖时间
丙型肝炎病毒感染的分子和临床流行病学研究	临床免疫研究室	郝连杰、郭林生、张永源、杨东亮、李方和、李淋、赵西平、唐振亚、汪由坤、喻植群	卫生部医药卫生科学技术进步奖	一等	1996
慢阻肺患者运动前后肺血流动力学改变及其与血浆心钠素等体液因子关系的研究	呼吸内科	张珍祥、徐永健、曾广斌、王铁生、郑凌	湖北省科学技术奖科学技术进步奖	二等	1996
慢阻肺患者运动前后肺血流动力学改变及其与血浆心钠素等体液因子关系的研究	呼吸内科	张珍祥、徐永健、曾广斌、王铁生、郑凌	卫生部医药卫生科学技术进步奖	三等	1996
门脉造影与彩色多普勒在门脉血流动力学中的对照性研究	普外科	彭志海、戴植本、覃修福、章世华、薛新波	湖北省科学技术奖科学技术进步奖	二等	1996
内毒素诱发家兔弥散性血管内凝血复制温病营血分证模型	中西医结合研究所	叶望云、李鸣真、汪先恩、陆付耳、张艳萍	湖北省科学技术奖科学技术进步奖	三等	1996
《肝脏病学》	消化内科	梁扩寰、李绍白	卫生部医药卫生科学技术进步奖(著作)	三等	1997
《泌尿男生殖外科术图谱》	泌尿外科	章咏裳、鲁功成、梅骅、武又文	湖北省科学技术奖科技进步奖(著作)	三等	1997
《器官移植学》	器官移植研究所	夏穗生	湖北省科学技术奖科学技术进步奖(著作)	一等	1997
《器官移植学》	器官移植研究所	夏穗生	卫生部医药卫生科学技术进步奖(著作)	三等	1997
腹腔镜配子输卵管内移植的研究	计划生育	罗丽兰、朱桂金、靳镭、陈汉平、章汉旺、刘文青	湖北省科学技术奖科学技术进步奖	二等	1997
化学发光酶免疫测定性激素依耐性肿瘤雌、孕激素受体的对照研究	妇肿	顾美皎、周宜开、郑文、殷铁军、胡伟	卫生部医药卫生科学技术进步奖	三等	1997
巨细胞病毒对婴儿肝脏损害的临床、病理和免疫研究	儿科	董永绥、方峰、张明、龚四堂、李革、吴兰芬、魏晴	湖北省科学技术奖科学技术进步奖	二等	1997
慢性肺心病并膈肌疲劳的诊断和应用参麦饮治疗及机理研究	呼吸内科	牛汝楫、赵建平、王为、李增煌、刘卫敏、陶清国	湖北省科学技术奖科学技术进步奖	二等	1997
牛精浆中纯化的神经生长因子对周围神经再生的影响	骨外科	罗永湘、方煌、庞清江、刘海雄、林娜	卫生部医药卫生科学技术进步奖	三等	1997
热毒清注射液抗内毒素有关机理的研究	中西医结合研究所	李鸣真、叶望云、陆付耳、涂胜豪、王开富、侯安继、邓泽明	湖北省科学技术奖科学技术进步奖	二等	1997
我国丙型肝炎与戊型肝炎分子生物学和流行病学的研究(合作课题)	临床免疫研究室	郝连杰等	国家科学技术进步奖	三等	1997
无水乙醇碘油乳剂经肝动脉栓塞治疗肝癌临床应用研究	放射科	胡国栋、李小明、曹满瑞、陈孝平、吴人亮	湖北省科学技术奖科学技术进步奖	三等	1997
	普外科	陈孝平	首届吴孟超肝胆外科医学奖	三等	1997
《神经科急症诊断治疗学》	神经科	杨明山、方思羽、阮旭中、何传盛、孙世澜、于步润、周义成	湖北省科学技术奖科技进步奖(著作)	二等	1998
API0134防治急性心肌梗塞、溶栓后再闭塞和再灌注损伤的作用及机理研究	心血管内科	赵华月、付良武、马宝瑕、唐锦治、郭志凌	国家中医药管理局中医药基础研究奖	三等	1998

续表6

获奖成果名称	专　科	获奖人员	奖励名称	等级	获奖时间
超声多普勒检测正常及高危妊娠子宫胎盘血循变化规律	产科	闻良珍、吴熙瑞、许建平、马庭元、张友耿	湖北省科学技术奖科学技术进步奖	三等	1998
碘、铁缺乏及补充对婴儿、儿童脑功能及智力影响的研究(合作课题)	神经科	朱清华、史庭慧、孙秀发、黄连珍、方思羽、雷德生、万应平	湖北省科学技术奖科学技术进步奖	二等	1998
腹部多器官联合移植及其外科技术的研究	器官移植研究所	周平、夏穗生、刘敦贵、曾凡军、刘慎徽、林正斌	湖北省科学技术奖科学技术进步奖	二等	1998
卵巢癌细胞内ATP、ATP酶及Ca2+含量与化疗敏感及耐药的相关研究	妇肿	顾美皎、周宜开、施维、娄高峰、梁连铸、黄瑾、曾桂兰	湖北省科学技术奖科学技术进步奖	二等	1998
《肾上腺疾病》	泌尿外科	叶章群、欧阳金芝、苏元华、王齐襄、简新明	卫生部医药卫生科学技术进步奖(著作)	三等	1999
肝缺血再灌注细胞损伤机理及预防的研究(合作课题)	普外科	卢绮萍、吴在德、陈孝平、李德忠、易继林、田磊、张磊	湖北省科学技术奖科学技术进步奖	二等	1999
宫内感染的诊断及对胎儿发育的影响	产科	闻良珍、吕绳敏、吴圣楣、马庭元、刘兰青、敖黎明、王志新、张会真、袁曾荣	湖北省科学技术奖科学技术进步奖	一等	1999
宫内感染的诊断及对胎儿发育的影响	产科	闻良珍、吕绳敏、吴圣楣、马庭元、刘兰青、敖黎明、王志新、张会真、袁曾荣、邓东锐	卫生部医药卫生科学技术进步奖	一等	1999
湖北"921113"放射事故的处理与治疗研究(合作课题)	血液内科	晏小萍、陈克玲、李美颖、候祖洪、张瑶珍、卢锡海、李名洋	湖北省科学技术奖科学技术进步奖	二等	1999
抗细胞因子治疗系统性红斑狼疮实验研究	血液内科	孙汉英、刘文励、邵静芳、沈关心、徐慧珍	湖北省科学技术奖科学技术进步奖	三等	1999
胆总管囊肿切除后阑尾间置代胆道的研究	小儿外科	魏明发、王果、袁继炎、周学锋、翁一珍、杨小进、夏谷良	湖北省科学技术奖科学技术进步奖	三等	2000
动态持续十二指肠液检查鉴别婴儿肝炎综合症与胆道闭锁	儿科	黄志华、董永绥、方峰、王果、熊正明、龚四堂、袁继炎	湖北省科学技术奖科学技术进步奖	三等	2000
动态持续十二指肠液检查鉴别婴儿肝炎综合症与胆道闭锁	儿科	黄志华、董永绥、方峰、王果、熊正明、龚四堂、袁继炎	中国高校科学技术奖	二等	2000
活血化瘀中药对放射损伤小鼠骨髓造血功能的防治作用研究	血液内科	刘文励、孙汉英、徐慧珍、肖侃艳、沈安华、周剑锋、何美冬	湖北省科学技术奖科学技术进步奖	三等	2000
抗HCV ELISA临床检测质量控制的研究	医学设备中心	李方和、张延秋、徐志学、吴健民、王贤惠、杨东亮、郝连杰	湖北省科学技术奖科学技术进步奖	三等	2000
一氧化氮在缺氧性肺动脉高压发生和治疗中的作用	呼吸内科	张珍祥、戴爱国、徐永健、牛汝楫、倪望、刘晓晴、刘谨	湖北省科学技术奖科学技术进步奖	二等	2000
	普外科	裘法祖	第四届中国医学科学奖	二等	2000

(曾正航)

【华中科技大学同济医学院附属梨园医院】

黄畦，男，1966年5月生，汉族，中共党员，教授，主任医师，医学博士，硕士生导师。同济医科大学临床医学专业本科、同济医科大学胸心外科专业硕士研究生毕业，1993年在同济医院胸心外科工作。1999年获德国临床医学博士学位，1998－2000年获德国萨尔大学洪堡医学院心胸外科全职医师职位。擅长胸部肿瘤、心血管病手术治疗。2000年5月任华中科技大学同济医学院副院长，2006年6月以后任华中科技大学同济医学院附属梨园医院院长。

概况　2007年，该院有在职职工719人，其中，卫生技术人员521人（医生系列190人，护士系列255人，医技系列76人）。2007年，该院完成门诊量114 756人次，出院人数6 034人次，手术台次1 195台（次），病床使用率78.20%。该院设有湖北省老年医药学研究所。

医疗从业准入　该院用相关卫生法规精神，如《医疗机构管理条例》、《中华人民共和国执业医师法》、《护士管理法》、《传染病防治法》以及《医疗事故处理条例》等，对相关业务科室进行了彻底的整改。严格医疗从业人员的资格准入。组织并完成了2005年度新医师（13人）及今年调入医师的执业注册、变更、核准及2006年新医师（23人）执业资格考试的报名、考试工作，并派出16名有经验的医师担任省级考官。

医疗服务信息公示　根据湖北省卫生厅关于"医疗服务信息公示"的要求，该院搜集详细信息，核准相关数据，及时完成了医疗机构管理信息的网上直报和向社会公示医疗信息的工作；组织医务人员学习《湖北省突发性公共卫生事件处理预案》以及新的《传染病防治法》，掌握新发传染病的防治知识，2007年共发现并转诊结核病人29人。

服务质量重点管理　该院对病危、病重患者加强了医疗服务质量管理，对重点服务对象（住院的老红军、副省级以上老干部）加强医疗保健工作。组织院外专家会诊190多人次。全面提高医疗主要指标，其中：三日确诊率为99.8%，入院诊断符合率为99.6%，治疗有效率为97.3%。

医疗技术培训　该院为了提高医护人员的业务技术水平和素质，采取院外进修，院内培训等办法，对在职医务人员的业务继续再教育，包括选派11名医师、技师到武汉同济医院、协和医院等进修深造，组织医护人员参加省卫生厅举办的师资培训班，组织院内专家举办学术讲座，对全体执业医师进行讲课培训等学习医疗新知识新技能，受训医师人数达340多人次，全年组织讲课、培训40余次，该院针对新参加工作的医生进行专业知识培训6次。

基础医疗质量管理　广泛开展了"三基、三严"训练，强化全员的质量意识，努力实现"基础理论、基本知识、基本技能"人人达标。设置专项奖励基金，用于奖励在各项"三基、三严"考评中的优秀者，以提高年轻医师对专业技术知识学习的积极性和主动性。对住院医师进行规范化培训，培训完成后要求提交论文，并组织各科专家进行现场答辩评分以及安排新医师到各相关科室轮转等方式，促使年轻医师拓宽专业知识范围。

外聘教授　该院为加强抗衰老学科技术研究，聘请院客座教授2人（世界抗衰老医学会主席罗伯特·高德曼博士、日本国御殿场高原医院院长清水允熙教授），特聘教授4人（王建枝，同济医学院基础医学院副院长、病理生理学系主任；卢祖洵，同济医学院公共卫生学院社会医学研究所所长；施琪嘉，同济医学院心理卫生研究中心副主任；朱忠华，协和医院肾内科副主任），招收硕士毕业生12人。

临床实验室专科评审　2007年，该院通过了湖北省临床实验室专科评审，专家组对该院的相关工作评定为优秀，该院临床检验工作因此登上一个新高度。

指令性医疗工作　2007年该院派出支援贫困地区医疗队二批，共6名医护人员；派出支援郊区医院医疗队的医护人员共5名。先后4次外派医疗护理专家，参加对来汉中央领导、外省党政代表考察团、中国科协年会、第六届城运会的医疗保健任务。如期完成上级安排的"万名医生支援农村卫生工程"活动，参与武汉市第三批"千名医生下基层"的社区医疗卫生服务工作。安排各相关学科专家30多人次，完成了武汉市社区全科医师培训授课任务。

提高医疗风险防范意识　为了加强医院医务人员的风险防范意识，提高诊疗水平和服务质量，降低医疗纠纷的发生率，该院除组织有关医务人员学习《医疗事故处理条例》中的各项条款外，还组织相关科室的医务人员到法院的庭审现场，参加医疗纠纷案例的审理，提高了医务人员在医疗服务工作中必须尊敬患者及对患者知情权、选择权的认识。

护理管理制度 该院有针对性地落实各项护理管理制度，完善护理常规、护理质量检查考核体系，调整各质量检查小组人员，改季查为月查；对不足之处，及时提出整改措施，督促改进，定期复查；对复查仍不合格者按《护理质量奖惩条例》进行了扣罚。

坚持了护理部主任每月抽查制度、科护士长每周抽查制度、每日夜值班查房制度、护理部每周、护士长每日夜值班查房制度；加强了重点及薄弱环节护理质量的监控；加强了基础护理，特、一级护理的落实，修定、完善了压疮评估内容及申报条件。全年督查危重病人 527 人，带入压疮 68 例，治愈 25 例，好转 4 例。基础护理质量多次得到管理年检查专家的肯定。

护理病历四级把关制度 开展护理质量展评活动，重点加强了各环节的质量控制，对病历实行 4 级（护理部 - 护士长 - 质控护士 - 责任护士）把关制度，促进护理人员提高书写护理病历的书写质量。

护理培训 重视提高老护士的带教水平。加强对低年资护士的管理、培训及考核，定期进行讲课、教学查房和轮转考核，组织护理业务大讲课 12 次，845 人次参加；护理业务大查房 7 次，536 人次参加；举行操作演练 12 次，1 300 人次参加；进行护理质量检查 12 次，基础护理合格率、特一级护理合格率、护理表格书写合格率、病房管理合格率、安全管理合格率、综合科室检查合格率均为 100%。

开展了护理技能竞赛。对全院护士长、护士分别进行了静脉留置针穿刺技术操作考试，对不合格者予以培训、再补考、直至达标，参考面和合格率均达 100%；住院病人满意度平均达 98.15%；基础护理合格率达 100%。

护理优胜评选 “5.12”护士节评选出院优秀护士 18 名、优秀护士长 5 名、病人满意护士奖 11 名；评选出专科护理优秀小组（静脉输液小组），湖北省优秀护理管理者 1 名，华中科技大学十佳青年教工 1 名，湖北省优秀护士 1 名，武汉市优秀护士 1 名。

院感管理 组织院感专职、兼职人员进行院感知识培训，内容包括《彻底清洗在预防医院感染中的作用》、《压力蒸汽灭菌技术》以及新职工院感知识培训等。以口腔科、手术室、新生儿病房、产房、感染性疾病科、内窥镜、导管室、临床检验科、中心供应室等科室为重点，开展了消毒灭菌效果监测、环境卫生学监测、医院感染病例监测、目标性监测及细菌耐药监测。每季度在全院开展医院感染管理工作大检查，并召集会议反馈检查结果。2007 年，该院接受省卫生厅组织的医院管理年活动督导检查 2 次，接受省卫生监督局检查 1 次，接受市 CDC 来院进行消毒工作大检查 2 次，获得了消毒合格单位证书。

开拓医疗市场 医保定点：该院加强了与武汉市医疗保险、与洪山区农村合作医疗的合作力度，被武汉市医保中心确定为工伤、生育保险定点医疗机构。该院北病房大楼装修后对床位价格新标准进行申报；根据武汉市医保中心部署，完成了医保三大目录对应工作。2007 年，该院增加签协约单位 7 家，医疗协约单位达到 152 家。

医疗公益活动 义诊活动：组织社区义诊 15 次，讲座 9 次，参加义诊的专家 147 人次；多次组织院内专家到院校、企业、研究机构义诊；门诊部在节假日（元旦、春节、五一、）进行大型义诊1200 余人次。参加由省卫生厅、省科协举办的“湖北省 2007 年科技活动周”活动，承担了东亭小区义诊的工作任务。院外坐诊：院外专家坐诊 17 人次，门诊量为 5 000 余人次。免费体检：免费体检 800 多人次。参加由中华医学会、省卫生厅、省疾控中心等联合举办的全国第二届“健康博览会”，并被授予“优秀组织奖”。

申请研究项目 组织申报 2007 年度国家自然科学基金项目 1 项，并获得资助金 元，这是继 2006 年连续两年获得该基金项目。申报卫生部临床重点学科项目 3 项，并通过了项目初审进入终审。获纵向项目 6 项，计资助经费 24 万元。获国家自然科学基金项目 1 项，资助经费 16 万元。获湖北省科技厅资助课题 2 项，资助经费 5.0 万元。获湖北省卫生厅资助项目 3 项，资助经费 3.0 万元。对我院承担的 5 项课题按湖北省卫生厅要求进行了验收检查。对湖北省科技厅的科技项目及华中科技大学的医工医理交叉项目进行了组织工作。

研究生教学 该院组织 2007 级研究生（免试生、统招生）的复试录取工作，招收了 12 名硕士研究生。完成 2007 届老年医学硕士研究生毕业论文答辩工作，有 2 名学生顺利通过论文答辩，获硕士学位并已顺利就业。组织历届研究生课程进修班部分学员参加同等学力申请硕士学位全国英语、综合考试工作。开办黄冈研究生课程进修班，招收学员 50 余人。

论文与专著 2007 年，该院各级人员在国家科技统计源期刊上发表论文 58 篇，其中，在全国性杂志发表论文 23 篇；护理论文 22 篇，较去年增长 25 篇。参加学术交流 72

人次，其中，护理人员参加35人次，国家级学术会议16次。在国际性会议交流论文5篇、全国性会议交流13篇。在省内外学术刊物上还发表了政研论文20余篇。2007年该院刘汴生编辑出版了《远离动脉硬化》等4本专著，均由江苏科技出版社出版。

出版杂志　该院出版发行了4期《中国老年病杂志》(季刊，2004年3月创刊，刘汴生任主编)，按时完成了杂志的征稿、审稿、编辑、校对、印刷和发行任务，此刊向全国发行。

医学生教学　该院承担的医学生教学任务包括：老年医学后期转化班14名学生、2007级临床专升本业余班32名学生、2007级护理自考班58名学生的教学工作。按照大学的要求，制定了《教师教学管理制度(试行)》，完成了本科课程设置、教学计划、新教师上岗培训及试讲等工作。完成了2003级临床医学大专班教学任务，已毕业102人；完成2004级(夏季)临床医学专升本班的教学计划，已毕业126人；完成临床医学后期老年医学转化工作，已毕业15人；完成2004级临床医学专升本班(秋季班)的教学任务，126名学生下半年进入实习阶段；继续进行2004级临床医学大专班临床教学；招收护理自考助学班2个班次共计62人。

实习进修人员带教　该院接收了20家单位实习、进修人员共248人，涉及护理学、临床医学、康复医学、影像学、检验学、运动医学、口腔医学、心理学、药剂学等专业。

规划评审　2007年8月7日，该院在东湖宾馆召开了高规格的医院总体建设发展规划专家评审会，现已进入批复阶段。

机构改革　该院机构改革从3月1日正式启动，于4月30日完成，在干部年青化、知识化方面迈出一大步。制定病区专业和学科的调整、重组方案，调整增设了妇女保健科、小儿外科等医疗项目，该院的诊疗科目由23项增至25项。

分配改革　推行全成本核算以科室为经济核算单位，分配向临床一线倾斜，向科技人员倾斜，向高效益科室倾斜。明确了科主任的责、权、利，根据经济指标的完成情况进行奖惩。职工的工作业绩和工资收入挂钩，以体现职工的劳动价值。

三级承诺责任分解　组织签定医院对社会、科室对医院、职工对科室的三级承诺书，按部、省医院管理督导方案分解到新到任的各职能部门及责任人。在规范执业行为、堵塞违法漏洞、改善就医环境、加强内涵建设、提高社会效益等方面，按《湖北省医院管理评审实施细则》的要求，将各管理年活动逐步转入常态管理。

人才工作　2007年，该院选留及聘用了56名应届毕业生充实到医院的临床等岗位，对2007年新进重点学科人员进行跟踪服务。安排了17名医、技、护、管理人员进修；选送教师参加大学组织的暑期英语口语培训。

信息网络服务　该院实行全天候信息网络(his)和医保网络(hos)服务，制定了一系列的技术文档和相关制度，包括数据库/服务器维护、用户权限管理、数据备份与灾难恢复措施、操作规范要求等，以保证整个网络系统每天24小时畅通运行。

该院在住院部大厅更换了触摸屏和液晶大屏幕，在门诊部和住院部开放了触摸屏查询台，病人可以随时查询到最新的药品信息、收费价格以及自己的住院费用明细。该院还对外设立咨询专线电话，并实行总值班制度，使信息传递准确、及时。

预决算审计　按照省卫生厅卫规财发188号文件精神，该院对2007年预算情况进行自查自纠；对33项维修工程进行了决算审计，审计金额431 090.42元，审减金额124 390.56元，审减率28.85%。

病房改造　2007年该院基本完成了北病房的内装修工程和对体检中心、污水处理、戒毒所健康门诊部的改造工程。

治理商业贿赂"回头看"　该院在开展治理商业贿赂"回头看"活动中，邀请杨叔子院士、省直工委汪连天等知名人士作相关报告6场；对干部进行集体廉政谈话二次，有45人参加谈话；新任干部签订"干部廉政承诺书"47份。

廉洁行医工作　该院对门诊病人和住院病人进行医疗服务满意度调查，开病友座谈会，该院党委书记、副书记到会听取意见，对所反映的问题涉及的工作环节和部门进行了督导整治。开展自查自纠，全院干部、职工主动上交"回扣"，购物卡(标值)，退还患者"红包"，该院廉政账户收到回交的人民币2.284万元(已全部上交卫生厅廉政账户)。

干部工作 2007年该院对101名党、政、后勤、临床中层干部进行了考核。举办了第七期中层干部培训班，有40位新(提)任的中层干部接受了培训。

荣誉获评　2006年，该院杨荣时主任医生被第二届全国健康博览会评为"最受信赖的健康咨询专家"；心血管内科被省卫生厅命名为"巾帼示范岗"；神经内科被授予"湖北省青年文明号"。

民主党派和侨联　该院组织策划了华中科技大学侨联成立50周年庆典活动，华中科技大学侨联全委会、农工民主党咨询委员会会议等会议都在该院召开。

对外宣传　湖北广电城市电视与该院合作,在门诊及住院部免费安装3台大型液晶电视,用于播放专题片,宣传该院特色专科及卫生科普知识。楚天都市报连续8天在健康版以半版或整版对该院开展的"为武汉市百岁老人免费上门体检活动"给予免费追踪报道,荆楚网、新浪网、湖北政府网等都对这项活动进行了转载报道。重阳期间该院与湖北省老龄委、《楚天都市报》、《楚天金报》、湖北经视等部门、媒体共同开展了"敬老月"大型公益活动。

《关照》杂志有4版面介绍该院专家,《今古传奇》杂志有5版面介绍该院专家及专科特色,《武汉晨报》"武汉市三甲医院特色专科巡礼"栏目4次介绍该院创疡骨病科,该院还与《楚天都市报》、《楚天金报》、《武汉晚报》等媒体的相关栏目合作推出专家热线。2007年该院对外发稿200余篇,网络发贴300余篇,办宣传橱窗5期15版。

医师选介　黄畦,男,1966年5月生,汉族,中共党员,教授,主任医师,医学博士。1984年考入同济医科大学德语医学班(六年制),从事临床医学专业学习;1990年6月加入中国共产党;同年推荐保送免试攻读同济医科大学胸心外科专业硕士研究生,1993年7月获医学硕士学位,并留在同济医科大学附属同济医院胸心外科工作。1997年5月,公派赴德国留学,1999年8月获德国临床医学博士学位,1998年至2000年获德国萨尔大学洪堡医学院心胸外科全职医师工作职位;在德期间参加冠脉搭桥术、主动脉置换术、瓣膜病变手术治疗、各种复杂先心矫治术、肺减容术,以及心、肺移植等大手术共计1 200余例。2003年10－12月赴德与德国美茵兹大学医学院合作,从事三个月心血管疾病方面研究。擅长胸部肿瘤的手术治疗、心血管疾病手术治疗,包括儿童复杂先心病KONO手术,严重肺气肿行肺减容手术,晚期肺癌、食管癌的手术治疗、胸部疾患胸腔镜微创手术等。在国内外发表学术论文40余篇。2000年5月,任华中科技大学同济医学院副院长,2006年6月至今,任华中科技大学同济医学院附属梨园医院院长。目前还担任全国青年联合会委员、湖北省青年联合会常委、武汉市青年联合会常委;湖北省医师协会理事、湖北省中德医学协会副理事长;湖北省慈善协会理事等工作。

张蕲,男,1963年4月生,汉族,教授,神经病学博士,博士生导师。1981年考入第四军医大学。1991年～1994年在同济医科大学攻读神经病学研究生,1995年～1998年在同济医科大学攻读神经病学博士研究生,2003年～2005年在华中科技大学同济医学院病理生理系博士后流动站工作。现任华中科技大学同济医学院附属梨园医院副院长,华中科技大学教授、博士生导师。发表中英文学术论文20余篇,其中被SCI、EI收录近10篇;主编、主审的教材分别在高等教育出版社、人民卫生出版社、科学出版社出版。现任湖北省病理生理学会理事,湖北省神经系统专业委员会副主委;《时珍国医国药杂志》副主编,《中国病理生理杂志》编委。专业方向:脑血管病研究、阿尔茨海默氏症防治研究。获湖北省有突出贡献中青年专家。

院级领导班子成员　2007年,该院院长:黄畦(2006年6月任职);党委书记:胡华成(2007年3月任职);党委副书记:李善玲(兼纪委书记);副院长:文秀英、张力华、张蕲(2007年1月任职)、院长助理:汪志宏(2007年3月任职)。

(魏　震)

【华中科技大学同济医学院生殖医学中心】

简介　2007年,该中心迁汉口三阳路两年了。该中心是国家临床药品实验机构,是同济医学院生殖医学专业的临床教学基地,初步成为以妇科、男科常见疾病及不孕不育症诊疗为基础,以辅助生殖中心为龙头,集医疗、教学、科研于一体的生殖医学专科医院,2007年,该中心正式成为非营利性医院。

工作指标完成情况　新迁三阳路以来,该中心门诊量达23 852人次,其中辅助生殖中心共接诊病人5 067人次。全院月收入最高达120余万元;处方总量达22 801张,处方合格率稳定在95%以上;收治住院、留观病人642人次,做各类大中小手术358例;开展AID手术693台(约350个周期),AIH手术126台次。

行医资格　2007年2月,该中心通过国家卫生部对供精人工授精技术审查,成为湖北省惟一合法开展供精人工授精的医疗机构,也是湖北省合法开展夫精人工授精的医疗机构之一。

医疗质量　对医疗质量的管理监控,经省、市、区级卫生主管部门的检查,均符合各项法规要求。参加2007年全省临床室间质评取得了优秀成绩。

业务信息体系　在医院管理信息系统中初步建立起了业务分析统计的体系,能及时、准确地提供门诊及住院各方面业务的数据,为管理决策提供参考依据。

引进先进的医疗设备　腹腔镜、妇科臭氧治疗仪,男科前列腺治疗仪。

先进医疗设备一览表

名　　称	名　　称
麻醉机	自动煎药包装机
上球管用诊断X射线机	半自动血凝仪
微波治疗仪	微生物鉴定分析系统
数字多参数监护仪	血液分析仪配套微机
座式压力蒸汽灭菌器	荧光定量PCR检测系统
PCR分析仪配套微机	迈瑞全数字B超D-8800
CO^2 检测仪	脉动真空灭菌器
便携式除颤仪	红外乳透仪
多功能高频电刀	呼吸器
腹腔镜	彩色精子质量检测仪
内镜配套冲洗器	光纤喉镜
除颤仪	彩色精子质量检测仪
迈瑞DC-6彩超	超净工作台
三用电热恒温水箱	高速低温台式离心机
台式多管低速离心机	CO^2 培养箱
液氮罐	全自动生化分析仪
多功能治疗仪	全自动萤光定量PCR分析仪
宫腔镜	电解质分析仪
台式多管低速离心机	尿十项分析仪
液氮罐	红外光治疗仪
CO^2 培养箱	CO^2 激光机
五孔手术无影灯	液氮罐
三用电热恒温水箱	三导心电图机
台式多管自动平衡离心机	数字多参数监护仪
台式多管低速离心机	超低温冰箱
多参数生命体征监护仪	CO^2 培养箱
电解质分析仪	自动血液分析仪
手术显微镜	涡旋振荡器

开展新技术新业务　宫腹腔镜联合手术；男科微创输精管吻合手术；遗传诊断技术全国领先开展Y染色体缺失16个位点的检查；临床检验率先开展基因扩增技术，微量元素测定，性激素及免疫不孕检查。

药事委员会　药事委员会成立及所做工作包括，组织临床药训工作、开展新药指导及不良药品检测工作、定期举办药事委员会、为临床合理用药提供及时的信息支持。

课题研究　支持各项国家级的相关课题研究及生殖医学药品临床实验工作，如国家十一五重点课题，高知识、高收入人群的避孕选择等。

教学工作　完成生殖医学专业本科生及研究生的临床教学任务，共接受实习生3批，共56人。

学术会议　多次举办全省范围的生殖领域学术交流会议；第三届、第四届湖北省生殖医学论坛；湖北省人口与计划生育委员会高级以上职称培训会。

业务进修　与不同层级单位开展进修业务，如恩施中心医院、咸宁妇幼保健院，安陆市计划生育服务站等。

医院网站建设　创办特色网络节目，如专家在线咨询等，点击率稳步上升，网站总访问量突破120万大关。

技术力量　生殖医学中心现有专业技术人员71名，其中教授（主任医生）、副教授（副主任医生）共12名，中级专业技术职称（讲师、主治医生、主管技师、主管护士）的工作人员19名。科研、教学、临床三者结合的复合性该中心专业技术人员的基本要求。

精子项目准备情况　已纳入湖北省辅助生殖技术规划，并按卫生部规定人员已送出进修，准备2008年接受卫生部专家组评审。

中心领导班子成员　院长：熊承良；副院长：朱长虹。

通讯资料　该中心地址：武汉市江岸区三阳路128号；邮编：430013；电话：4008851112、82742288/99/00/；网址：http://www.tjmc-repro.com/。　（徐丽娜）

【武汉大学人民医院·湖北省人民医院】

历史沿革　该院创立于1923

年,时名为湖北省立医科大学实习医院,1926年10月并入武昌中山大学。1928年武昌中山大学更名为武汉大学时,医科独立扩充更名为湖北省立医院。1949年11月,湖北省人民政府主席李先念签署命令,将省立医院、湖北医学院附设医院、省立传染病院、省立结核病院、武昌妇孺医院等合并成立湖北省人民医院,且为湖北医学院附属医院。1956年改为湖北医学院附属第一医院,1987年恢复为湖北省人民医院。2000年8月湖北医科大学与武汉大学等4校合并后,更名为武汉大学人民医院、武汉大学第一临床学院,且续用湖北省人民医院。

专科设置　该院设临床医技科室59个,实际开放床位1 630张。医疗设备包括64排128层容积CT投入使用,还有螺旋CT、核磁共振成像仪、ECT、PET、直线加速器及系列放疗设备为医疗服务。

人员结构　该院现有在职职工2 100人;高级专业技术人员508人,其中,获得各类正高职称人员有主任医师(教授)175人,主任护师2人,主任技师6人,主任药师12人,研究员4人,编审1人,研究馆员1人。聘请13位诺贝尔奖获得者和中国工程院院士为该院客座教授和兼职教授。

医疗指标完成情况　2007年,该院各项医疗指标完成情况为,完成门急诊量1 033 890人次,较上年增长8.8%;出院40 195人次,较上年增长10.8%;床位周转次数为29.7,床位使用率达107.2%,较上年增加10.5%;平均住院日为12.8天;完成手术24 685台,较上年增长15.2%。治愈率达52.6%。

学科建设　学科创优:该院心血管内科学被教育部批准为国家重点(培育)学科,国家211工程重点建设学科;内科学、外科学等学科为湖北省重点学科;心血管内科、消化内科、肾病内科、心外科、胸外科、泌尿外科、神经外科、乳腺甲状腺外科、整形外科、眼科、耳鼻咽喉-头颈外科、肿瘤科等为该院的特色优势学科。

学科研究部门;该院创建的卫生部心律学重点实验室通过评审,湖北省心血管疾病临床医学研究中心获批。设有国家中医药管理局中药药剂学重点实验室、国家药品临床研究基地、湖北省神经精神研究所、湖北省儿科研究所和武汉大学心血管病研究所、消化与肝病研究所、泌尿系病研究所、眼科研究所、耳鼻喉-头颈外科研究所,以及生物医学工程、临床药学、妇科、康复与运动研究室。

学科管理;该院举办了第一届"科主任管理论坛"。

科研资料链接　近十年来,该院承担了国家及省部级科研项目1 000余项,包括国家973项目、国家攻关项目、国家自然科学基金项目、卫生部基金项目及省级攻关项目。鉴定科研成果148项,其中90多项获奖,包括国家科技发明二等奖1项(阴茎延长重建功能的研究,2000年),国家科技进步奖2项(房室结折反性心动过速的发病基础及射频消融,2001年;心房颤动的基础与临床研究,2004年),国家科技进步三等奖1项,湖北省科技进步一等奖5项。主编医学专著400多部。发表论文10 000余篇;据国家科技信息中心公告,2006年在统计源期刊上,发表论文篇数居全国大型医疗机构第11位;SCI论文数排在国内医疗机构第13位。

职业资质　卫生部心律学介入诊疗培训基地获得批准。

申报基金项目　2007年,该院中标国家自然科学基金项目13项。

创建平安医院　该院对出院病人进行信函随访工作,共发出回访信函6 014封。病人对该院医护人员综合满意度达96.6%。在职工中开展责任意识教育,营造"多履责、少指责"氛围,以提高岗位工作质量。

"达标创优"工作　制发《关于开展"达标"、"创优"活动的考核管理办法(试行)》,结合各类岗位职责,将考核指标分解落实到人。成立院级达标创优考核领导小组,负责全院达标创优考核工作;成立管理专家委员会,负责对活动全过程实行督导检查。该院管理专家委员会督查了18个行政职能部门的岗位责任制的落实和年度工作目标的执行情况,督查了40个临床医技科室的医疗质量管理,包括病历质量、核心制度、服务态度、"三基三严"、岗位责任、医德医风等;对薄弱环节进行督促整改,定期举办"达标创优"点评会。各学科和部门利用"达标创优"活动健全制度,规范诊疗常规。

人事工作　2007年该院有102人各级各类专业技术人员晋升职称,有97人获得岗位竞聘,831人获得教学职称分级聘任。在引进学科发展急需人才中,对1 106名求职应聘人员进行了资格审查、笔试和面试,录用了95人。完成了50名2007年入院职工的岗前培训,完成了25名2006年入院职工和25名三年期满合同制护士的转正考试。为引进人才,该院设立专项资金,制定专门政策,成立工作专班,面向国内外公开招聘学科带头人。肿瘤科引进人才后,学科发展效益凸显。

个人职业生涯设计　为建立科学合理的学术梯队,该院首次开展了中青年专业技术人员个人职业生涯设计,32个临床医技学科282名中青年专业技术人员结合“达标创优”活动要求,制定了个人发展计划。

外事往来　2007年,该院出国学习、访问和出席国际会议共计133人次,其中,由6名青年骨干组团赴意大利为期一月的交流学习。举办了青年骨干管理培训班,有86名学员参加;

设备采购维修　该院对重大项目、重大经济活动制定必要执行程序,实行集体决策。对大型设备采购实行购前论证和报废论证,对20万元以上设备进行效益分析,将评估结果纳入经管,以杜绝重复建设和设备闲置。2007年,该院召开招标会议30余次,完成了2 603万元的计划内设备申请项目和1 930万元计划外采购项目,办理了12项免税项目,为医院节约开支约460万元,完成了6 357万元的医用耗材采购任务。

建立精密贵重设备登记制度,对大型设备定期维护保养,对共用设备集中管理、统一调配、统一维护,提高设备使用率,降低故障发生率。全年维修设备4 126台件,保养维护723台件。

对物资领取实行以旧换新,物资保管实行记帐下帐。保管室推行办公用品集中定点购买,规范了采购程序及价格,保证了供货质量。

节能工作　该院对水、电、煤、油的管理,在价格不断上涨的情况下节余178万元,用水比去年下降22万吨,用电下降62万度。对水、电实行监控与检测月报制,堵塞大小地下漏点30余处,更换维修管线5 000余米,处理偷电、盗电10余起,新增无名房磁卡电表36块,收回水电费210余万元。实行先修后买、以修为主的原则,各班组完成维修任务过万次,节省经费100余万元。

财务审计　完善财务制度,全年审计金额1.39亿元,审减金额709万元,保证了医院经济活动规范进行。包括财务收支预算制度,严格控制预算外开支;建立了收费与退费管理制度、财务会计内部控制制度;理顺了全院医疗收费系统,对医疗收费项目执行情况进行督导检查。

制度管理　为落实卫生部“以病人为中心、以提高医疗服务质量为主题”的医院管理年活动,该院制发了《2007－2008年医院管理年活动实施方案》《关于做好迎接医院管理年活动督导检查工作的通知》和《迎接医院管理评审工作方案》,对包括三级医师查房制度、会诊制度、危重病人抢救制度在内的16个医疗管理核心制度进行了修订与补充。

医疗质量控制　考核细则:该院根据《临床医疗质量考核细则》,各科室成立了质控组织,制订了质控方案。

病历书写:病历书写要求病史采集真实、全面,使患者知情同意。

医师查房:印发了《三级医师查房制度实施细则》,对三级医师查房的内容、形式、时间进行了具体规定,对各级医师在查房过程中的责任与义务提出了明确要求。

护理分级管理:实行科护士长、病区护士长、护士三级负责制。

药品管理;在实施《处方管理办法》、《抗菌药物临床应用指导原则》过程中,对不规范用药实行“大会点评制”。印发了《加强药品管理专项工作的方案》,对抗菌药物合理使用、麻醉药品和第一类精神药品管理,加强了抗菌素耐药监测和药物不良反应监测等都做了具体规定。

信息反馈:每季度编辑一期《医务专刊》,反馈医疗质量信息,通报医疗缺陷,落实相关奖惩制度。

基础训练　“三基三严”训练:对住院医师和主治医师进行了病历书写、病情分析、医学影像和心电图的阅片等基本功的训练;全院160名中青年医师进行了基础理论和相关法律法规知识考试。

护理训练:组织全院护士学习4次,护理管理骨干培训61人次,基护操作考核596人次,三基理论知识考试741人次;响应卫生部关于开展全国护士临床实践技能训练和竞赛活动的通知,参加省级护理竞赛,取得了湖北省三级医院护士岗位技能竞赛团体一等奖,操作技能竞赛第一名,三位参赛选手均获湖北省卫生厅授予的“操作能手奖”。

普遍培训:面向全院医护人员开办“处方管理培训班”、“临床输血培训班”、以及4期“心肺复苏”培训班,全院职工均参加了徒手心肺复苏操作培训与考核。

学科调整　2007年,该院调整了有关学科的结构和规模,增设了肿瘤科二病区、神经外科二病区、乳甲外科二病区,骨外科按照专业下设骨一科和骨二科,神经内科分为神经Ⅰ科和神经Ⅱ科,合并了中医科和皮肤科病房。调整了学科床位,病床数扩充到1 612张,肿瘤科病床数由45张扩充到120张,神经外科病床数由53张扩充到100张,眼科病床数由56张扩充到75张。通过整合内部资源,改善了病人的就医环境、满足了就医需求,相关学科的实力显著增强。

新技术新业务　2007年,该院心内科江洪负责开展了“经桡动脉PCI治疗”技术,可减少并发症;消化内科罗和生负责开展了“经鼻胃镜检查术”,可减少对咽喉的刺激;肾内科丁国华负责开展了“枸橼酸体外抗凝在CRRT中的应用”技术，可改善病人的凝血状况，减少出血危险；心外科王志维、邓宏平负责开展的“人工血管搭桥治疗布—加综合症”技术，可根治布—加综合症；整形外科龙道畴、余墨生负责开展的“脱细胞真皮移植阴茎加粗术”，在采用组织工程技术方面达到国际先进水平；肿瘤科宋启斌负责开展的“大分割放疗技术的临床应用”业务，可在短时间内完成小体积肿瘤的放射治疗；耳鼻喉－头颈外科罗志宏负责开展的“舌根等离子刀射频消融术和REPOS舌骨悬吊术治疗OSAHS”技术，疗效好，副作用少。

媒体宣传　2007年，该院在纸质媒体上发表稿件738篇，其中国家级媒体上发表28篇；地方电视台对该院作正面报道110余次，中央电视台来该院拍摄专题片4部。

医疗集团活动　2007年11月，在黄石市举办了湖北省人民医院医疗集团活动，举行了大型义诊和科普讲座，开展了20余例免费手术；以“和谐与责任”为主题召开集团医院领导人峰会，探讨构建和谐医患关系。

干部保健　2007年，该院完成省部级干部住院81人次，厅局级干部住院745人次；院士体检16人次，省直保健对象年度体检915人次；完成特殊保健任务20次；为保健对象组织全院会诊60人次，院外会诊16人次。

教学工作　创课堂优质教学：组织了29场中青年教师试讲，共102名中青年教师参加。

加强临床实习：强化实习生病历书写和临床技能考核，组织医疗教学查房19次。

教学指导；组织教学指导委员会老专家深入24个学科督导考核，参加了26场试讲，对中青年教师试讲进行教学指导，并对17次医疗教学查房进行了点评。

教学工作量；2007年，该院完成了四个年级60门本科教学课程，共计3 648学时；完成了2003级五年制学生38周临床实习及中期考核、2002级七年制学生17周临床学习、完成2002级五年制学生12周专科选科实习和毕业考试及OSCE考试；完成了印度班留学生126学时理论授课；毕业生一次性就业率达到92.55%，考研录取率达55.32%。

实验培训；中标国家大学生创新性实验项目2项，武汉大学重点项目2项。制订了临床技能培训中心建设方案（草案），完成了相关准备工作。

研究生教育：通过2008年博士生导师任职资格审核和硕士生导师遴选，32名博导、116名硕导取得2008年任职资格。录取博士62人、硕士152人、高师班学员28人。7名博士生获国家公派留学基金。完成165名硕士、50名博士、19名在职人员、72名高师班人员答辩和学位授予工作，总就业率达96.65%。建有国家人事部批准的临床医学博士后流动站；被国务院学位委员会评定为博士学位授予点的学科有5个（内科学、外科学、耳鼻咽喉－头颈外科学、检验医学和肿瘤学），各临床学科均为硕士学位授予点，承担着武汉大学医学院、药学院2 600多名本科生和800多名博士、硕士研究生及留学生的临床教学任务，600名进修医师的培训任务。

项目申报与中标　组织不同级别（类型）的项目申报231项，中标项目63项，其中国家自然科学基金项目13项。截至2007年12月31日，年度项目到帐总经费820万元，其中纵向经费610万元。

科研工作　据2007年科技部中国科学技术信息研究所统计，2006年该院SCI论文发表51篇（全国医疗机构排序第15位），总论文发表777篇（全国医疗机构排序第19位），出版专著12部。2007年，该院发表论文865篇，其中，国外发表（含SCI收录）86篇，全国性杂志发表473篇，地方性杂志发表306篇。发表科普文章158篇；科研成果获高等学校科技进步二等奖1项，获中华医学会三等奖1项，获湖北省科技进步一等奖1项、二等奖3项、三等奖2项，获武汉市科技进步一等奖1项、二等奖1项；出版专著8本；科研成果经湖北省科技厅鉴定，有1项达国际先进水平、有5项达到国际领先水平；办学术期刊有4种，其中由中国生物医学工程学会、武汉大学人民医院合办1刊，该院主办3刊。

申请专利　2007年，该院申请专利20项，获批14项。

重点学科建设　该院组织了国家级重点学科申报，内科学（心血管病）被教育部批准为国家重点（培育）学科，实现国家级重点学科零的突破。聘请客座（兼职）教授3人，总计达28人，以促进学科建设发展。

科研平台建设　该院科研平台建设有新进展，卫生部心律学重点实验室通过评审；湖北省心血管疾病临床医学研究中心获得批准。该院实验室筹建工作已基本完毕。在研药物临床试验10项，完成6项；在研医疗器械临床试验6项，完成4项。

学术活动　该院以传播前沿科学知识和讲授方法论为主要内容，定期举办前沿知识讲座和大师论坛，举办学术会议92场，受众达

14 000多人次。

学会任职　黄从新:中华医学会心电生理与起搏分会副主委、中国生物医学工程学会心律分会副主委、中华医学会心血管病分会常委、湖北省医学会副会长、湖北省医学会心血管病学分会主委、湖北省生物医学工程学会理事长。唐其柱:中国保健科技学会心力衰竭分会副主委、湖北省生物医学工程学会副理事长。江洪:湖北省医学会心电生理与起搏分会副主委、中华医学会武汉分会心血管专业委员会副主委。杨波:中国心力衰竭学会心电信息分会副主委。罗和生:湖北省医学会副会长、湖北省医学会消化系病分会主委、湖北省医学会内科学分会副主委。邓涛:湖北省医学会消化内镜分会副主委。谭诗云:中华医学会武汉分会消化专业委员会副主委。于红刚:武汉医学会消化内镜分会副主委。陈国忠:湖北省医学会呼吸病分会副主委。曹作炎:湖北省中西医结合学会呼吸系统疾病专业委员会主委。胡克:湖北省医学会重症医学分会副主委。丁国华:湖北省医学会肾病学分会主委、湖北省生物医学工程学会透析分会副主委。贾汝汉:湖北省中西医结合学会肾病分会主委、湖北省生物医学工程学会透析分会副主委、武汉医学会肾病分会副主委。石明:武汉中西医结合学会肾病专业委员会副主委。李竞:湖北省医学会糖尿病学分会副主委、中华医学会武汉分会内分泌暨糖尿病专业委员会副主委。高清平:湖北省医学会血液病分会副主委、中华医学会武汉分会血液病专业委员会副主委。张永珍:湖北省医学会老年医学分会副主委。龚作炯:湖北省医学会肝病分会副主委、湖北省医学会传染病与寄生虫病学分会副主委、中华医学会武汉分会感染科专业委员会主委、中国中西医结合学会传染病专业委员会常委。毛志福:中华医学会武汉分会胸心外科专业委员会副主委。王志维:湖北省医学会胸心外科学分会副主委。张遵严:湖北省暨武汉生物医学工程学会体外循环专业委员会副主委。刘修恒:湖北省医学会泌尿外科学分会副主委。张孝斌:湖北省医学会男科学分会副主委。杨嗣星;中华医学会武汉分会泌尿外科专业委员会副主委。刘世清:湖北省医学会骨科学分会副主委、湖北省医学会创伤学分会副主委、湖北省医学会骨质疏松分会副主委、湖北省中西医结合学会颈肩腰腿痛专业委员会副主委、湖北省中西医结合学会骨伤专业委员会副主委。彭昊:武汉市医学会骨科分会副主委。龙道畴:中国康复医学会湖北省修复重建外科分会副主委。陕声国:湖北省医学会医学美学与美容学分会副主委、中华医学会武汉分会烧伤外科专业委员会副主委。何宜新:中华医学会武汉分会整形外科分会副主委。罗定安:湖北省医学会整形外科学分会主委。陈谦学:湖北省医学会神经外科分会副主委、湖北省及武汉市病理生理学会神经疾病专业委员会副主委。黄书岚:中华医学会武汉分会神经外科分会副主委。张训臣:湖北省医学会普通外科学分会副主委。王卫星:湖北省医学会腹腔镜外科分会副主委、湖北省医学会胰腺病分会副主委、武汉中西医结合学会外科专业委员会副主委。沈世强:中华医学会武汉分会普外科专业委员会副主委。童鹤翔:中华医学会武汉分会小儿外科专业委员会副主委、湖北省医学会小儿外科分会副主委。刘先义:湖北省医学会麻醉学分会副主委、中华医学会武汉分会麻醉学专业委员会副主委。洛若愚:湖北省医学会妇产科学分会副主委。许学先:中华医学会武汉分会妇产科专业委员会副主委。江钟炎:湖北省微循环学会副会长。黄星原:湖北省医学会儿科学分会副主委、湖北省医学会围产医学分会副主委、中华医学会武汉分会第六届儿科专业委员会副主委、湖北省预防医学会儿童保健专业委员会副主委。李承晏:中国病理生理学会微循环专业委员会常务理事、湖北省医学会神经病学分会主委。曾庆杏:湖北省预防医学会健康教育分会副主委。张兆辉;湖北省康复医学会神经康复学分会副主委、中华医学会武汉分会神经内科专业委员会副主委。卢祖能:武汉中西医结合学会神经内科专业委员会副主委。毛善平:中华医学会武汉分会疼痛专业委员会副主委、湖北省中西医结合学会第二届神经科专业委员会副主委。程自立:湖北省医学会精神医学分会主委。王高华:中华医学会精神病学分会常委、中华医学会心身医学分会常委、湖北省法医学会法医精神病专业委员会主委、湖北省医学会精神医学分会副主委。王晓萍:中华医学会武汉分会精神医学专业委员会副主委。吴展元:湖北省声学会听力学及言语声学专业委员会主委。陶泽璋:中华医学会变态反应分会常委、湖北省医学会变态反应分会主委、湖北省医学会耳鼻咽喉科分会副主委。华清泉:中华医学会武汉分会耳鼻咽喉科专业委员会副主委。黄治物:湖北省声学会听力学、言语声学专业委员会副主委、湖北省声学学会副秘书长。邢怡桥:湖北省医学会眼科学分会主委、中华医学会眼科学分会常委。艾明;中华医学会武汉分会第十三届眼科专业委员会副主委。丁俊清:武汉口腔医学会副会长。郭瑞强:湖北省医学会超声医学分会副主委、中华医学会武汉分会超声专业委员会副主委。李艳:中华医学会检验分会第六届委员会(2007－)青年委员会副主委、湖北省医学会检验学分会副主委、湖北省微生物与免疫学会副主委、武汉微循环学会副理事长、中华医学会武汉分会检验专业委员会主委。彭少华:湖北省微生物学会分析微生物专业委员会主委。谢忠明:湖北省微循环学会副理事长、武汉市微循环学会副秘书长。徐世正;中华医学会皮肤性病学分会副主委。方春红;中华医学会武汉分会皮肤科专业委员会副主委。雷铁池:湖北省医学会皮肤科分会副主委。魏捷:中华医学会武汉分会急诊专业委员会副主委、湖北省医学会急诊医学分会副主委。褚爱春:湖北省医学会风湿病学分会副主委。陈辉霖:湖北省医学会核医学分会副主委、中华医学会武汉分会核医学专业委员会副主委。成于珈:湖北省医院管理学会病案质量监控专业委员会副主委。魏爱华:中华预防医学会武汉分会医院感染控制专业委员会副主委。宋启斌:中华医学会武汉分会第十六届肿瘤专业委员会副主委、中华医学会武汉分会放射肿瘤专业委员会副主委。戈伟:湖北省生物医学工程学会肿瘤靶向治疗专业委员会主委。李茂进;湖北省医学会放射学分会副主委、中华医学会武汉分会放射专业委员会副主委。潘鄂武:湖北省医学会放射技术分会副主委。朱珊珊:湖北省康复医学会副秘书长、湖北省医学会物理医学与康复学分会副主委、武汉市物理医学与康复学会副主委、湖北省预防医学会足部健康专业委员会主委。汪军民:中国康复医学会颈椎病专业委员会常委。喻传兵:湖北省预防医学会足部健康专业委员会秘书长。唐世琪:湖北省医学会健康管理分会主委。骆汉生;武汉市医学会医疗器械专业委员会主委。蔡鸿生:武汉市药学会生物制剂、抗生素专业委员会副主委。宋金春:湖北省药学会中药天然药专业委员会主委、湖北省药学会副秘书长、中国中医药学会武汉分会副会长、中国药学会武汉分会副理事长、武汉药学会天然药物与中药专业委员会主委。周本宏:湖北省药学会中药天然药专业委员会副主委。张洪;湖北省中西医结合学会药学专业委员会副主委。周延安;湖北省药学会医院药学专业委员会副主委、武汉药学会医院药学专业委员会副主委。于星:武汉药学会药物流行病专业委员会副主委。范湘鸿:湖北省护理学会副理事长、湖北省护理学会编辑工作委员会主委、中华护理学会武汉分会副主委、中华护理学会武汉分会护理行政专业委员会副主委。何小俊:湖北省护理学会护理管理专业委员会副主委、湖北省护理学会继续教育工作委员会主委。陈芳:湖北省护理学会护理教育专业委员会副主委。吴建红:中华护理学会武汉分会心理护理专业委员会副主委、湖北省护理学会精神、心理护理专业委员会主委。段金连:湖北省护理学会精神、心理护理专业委员会副主委。施美君;中华护理学会武汉分会科普专业委员会副主委。何青:中华护理学会武汉分会外科护理专业委员会副主委、湖北省护理学会手术室护理专业委员会副主委。袁洁:中华护理学会武汉分会妇产科专业委员会副主委、湖北省护理学会妇产科护理专业委员会主委。柳玲:中华护理学会武汉分会五官科专业委员会主委。宋琴:中华护理学会武汉分会供应室专业委员会副主委。丁琼:湖北省护理学会儿科护理专业委员会副主委。马红梅:湖北省护理学会卫生保健专业委员会副主委、中华护理学会武汉分会护理教育专业委员会副主委。李祝密:中华护理学会武汉分会急诊科护理专业委员会副主委。鲜于云艳:湖北省护理学会内科护理专业委员会副主委、中华护理学会武汉分会内科护理专业委员会副主委。姚莉萍:湖北省护理学会传染病护理专业委员会副主委。王雪芬:湖北省护理学会静脉治疗专业委员会副主委。万永慧:湖北省护理学会肿瘤护理专业委员会副主委。张慧珍:湖北省护理学会中医护理专业委员会副主委。潘丽华:湖北省护理学会外科护理专业委员会副主委。胡汉珍:湖北省护理学会口腔护理专业委员会副主委。王华静:湖北省护理学会急诊护理专业委员会副主委。刘敏:湖北省护理学会消毒供应专业委员会副主委。刘春英:湖北省护理学会健康教育专业委员会副主委。尚武:中国图书馆学会医院图书馆委员会副主委、湖北省医学会医学信息分会主委、湖北省图书馆学会医院图书馆委员会主委。

学科发展 心血管内科:2007年,病床使用率达108.9%,出院人数增长14%,介入手术达1 622台。获准为国家重点(培育)学科,设卫生部心律学重点实验室、卫生部心律学介入诊疗培训基地和湖北省心血管疾病临床医学研究中心。获国家自然科学基金项目4项,发表SCI论文23篇;其成果获高等学校科技进步二等奖1项,省、市科技进步一等奖各1项。

神经外科:病床数由53张扩充到100张,病床使用率达124.3%,出院人数增长26.9%,住院手术台次增长15.3%;开展新业务、新技术3项;获国家自然科学基金项目1项、省科技攻关项目1项。

肿瘤科:开设有两个病区,病床数由45张扩大为120张,病床使用率达114.1%,出院人数增长51.5%;获省科技攻关项目1项。建立了肿瘤放射治疗网络管理系统和病案管理系统,放射治疗实行数据管理。

眼科:病床数由56张扩充到75张,病床使用率达115.3%,出院人数增长17.6%,住院手术台次增长28.8%;开展新业务、新技术2项;其成果获省科技进步二等奖1项。

神经内科:病床使用率达113.2%,出院人数增长10.6%。参与863项目2项、"十一五"国家科技支撑项目分项目4项。Ⅰ科病床使用率达106.3%,开展新业务、新技术2项。Ⅱ科病床使用率达125.7%,成果获武汉市科技进步二等奖和湖北省科技进步三等奖各1项。

生殖医学中心:人类辅助生殖技术获得卫生部批准正式运行。门诊人次增长25%,病床使用率达133.6%,出院人数增长23.9%,住院手术台次增长16.7%。开展新业务、新 技术2项。

心血管外科:完成手术415台次,同比增长40.7%;出院人数增长29.8%,病床使用率达111%,门诊人次增长13.4%。开展新业务、新技术4项。成果获省科技进步二等奖1项。胸外科完成手术524台次,病床使用率达112.7%,门诊人次增长8.5%;开展新业务、新技术1项,填补国内空白。

消化内科;门诊人次增长12.3%,出院人数增长14.8%。开展新业务、新技术3项。获国家自然科学基金项目1项、专利2项;发表SCI论文16篇。

麻醉科:麻醉手术台次同比增长14.2%。开展新业务、新技术4项。获国家自然科学基金项目2项。

胃肠外科:病床使用率达101.4%;开展微创胃肠手术等新业务、新技术4项。

肝胆腔镜外科:手术台次增长22.2%,开展新业务、新技术4项,获省部级项目3项,发表SCI论文4篇。

乳甲外科:病床使用率达122.6%,出院人数增长41.4%,住院手术台次增长27.7%;开展新业务、新技术3项。

超声影像科:检查人次增加17.5%;开展新业务、新技术2项。

检验科:开展新业务、新技术9项。

病理科:完成临床病理报告10 297例,细胞学诊断病例1 828例;开展了肿瘤免疫组织化学标记的新业务、新技术;发表SCI论文2篇。

妇产科:病床使用率达114.1%,出院人数增长12%,住院手术台次增长24.3%,开展新业务、新技术5项;其成果获省科技进步三等奖1项;该科曹来英教授当选首届"荆楚十大健康卫士"。

耳鼻咽喉-头颈外科:病床使用率达121.4%;开展新业务、新技术4项;获国家自然科学基金项目2项;发表SCI论文4篇;其成果获省科技进步三等奖1项。

肾病内科:病床使用率达121.2%,门诊人次增长27.7%;开展新业务、新技术3项;发表SCI论文4篇。

骨外科:门诊人次增长9.5%,病床使用率达118.9%;开展新业务、新技术3项;获国家自然科学基金项目1项。

泌尿外科:住院手术台次增长33.3%;开展肾移植手术21例,其中亲属活体肾移植3例;开展新业务、新技术2项;开展经皮肾镜碎石术52例、绿激光前列腺汽化术35例。

精神科:门诊人次增长17.7%,完成法医精神病鉴定185例;发表SCI论文5篇;首次成为《精神病学》统编教材副主编单位。

儿科:病床使用率增长25%,出院人数增长14%,门诊人次增长12.4%;发表SCI论文2篇。

呼吸内科:病床使用率增长14.7%,门诊人次增长23.5%;开展新业务、新技术3项;发表SCI论文3篇。

内分泌科:门诊人次增长24.5%;开展新业务、新技术1项。

血液内科:出院人数增长13.6%,门诊人次增长37%;开展新业务、新技术1项。

感染科:开展新业务、新技术2项;发表SCI论文2篇。2007年,该科龚作炯教授随国家主席胡锦涛访问非洲,帮助疟疾防治。

老年病科:病床使用率达103.8%;开展新业务、新技术2项。

整形外科;门诊人次增长97.2%;开展新业务、新技术5项。

皮肤性病科:开展新业务、新技术2项;获国家自然科学基金项目1项。

放射科:完成双排CT和64排128层CT的安装及应用开发;开展新业务、新技术3项。

药学部:获国家自然科学基金1项。

康复科:出院人数增长25.2%;开展新业务、新技术2项。

口腔科:开展新业务、新技术3项。

核医学科:开展新业务、新技术3项。

中医科:门诊人次增长

42.4%；开展新业务、新技术3项。

基建工程　外科综合楼建设：该院外科综合楼于2007年12月18日完成前楼九楼封顶，主体26层土建封顶即将完成；手术室吊塔、无影灯、物流系统、医用气体工程等招标完成。外科综合楼获全国新技术示范工程，被检察院纳入“无缝预防”范围的重点工程。

东院建设工程：该院东院建设工程于2007年11月18日在东湖新技术开发区流芳新镇正式奠基开工。东院占地面积250亩，总体建筑面积25万平方米，分3期建设，计划于2010年全部完工。

其它工程：永康楼完成拆除，车道基坑开始施工。病房改造完成5 659.5平方米，临时活动用房搭建完成610平方米。

学术交流　国内专家开讲座：2007年，该院共举办国内专家学术讲座94场次，主讲人387人，入座听讲14 889人。其中：院外学术讲座21场次，主讲人72人，入座听讲2 868人。院内学术讲座73场次，主讲人315人，参会人员12 021人；其中大师讲坛12场次，主讲人14人，入座听讲2 083人。

国外专家开讲座：主讲人10人次，分别来自美国、法国、意大利、瑞典、新加坡、日本、德国等。

到国外交流：2007年，该院赴国外考察、访问，开展学术交流90余人次；到国外进修3个月以上共13人次。

聘请客座（兼职）教授　授聘请客座（兼职）教授中包括王正国（72岁，男，院士，中国籍，博士，第三军医大学第三附属医院职工，2007年4月25日授聘，在该院急诊科兼职），汤钊猷（77岁，男，院士，中国籍，博士，复旦大学肝癌研究所职工，2007年4月25日授聘，在该院普外科兼职），Sunny po（46岁，男，美国籍，博士，来自美国Oklahoma大学，2007年8月授聘，是该院心内科客座教授）。

职称晋升　2007年，该院晋升正高职称人员有24人，所涉及的科室包括：心内科、消化内科、麻醉科、皮肤科、眼科、消化内科、中医科、肝胆外科、保健科、泌外科、超声影像科、心内科、感染科、病理科、耳鼻咽喉科、胃肠外科、药学部、检验科、老年病科、图书馆。

医疗援助　该院开展一年以上医疗援助的工作有：医疗支边：包括刘谦到西藏，马书进到新疆。

医疗支农：2007年，该院有9人次（即程晖、徐汉、谭来勋、吴旭、胡云飞、张茨、匡军秀、毕会民）到恩施市咸丰县人民医院开展医疗援助工作；3人次到黄冈市团风县参加艾滋病防治。

医疗进社区：2007年，该院有10人次（即李晓燕、匡军秀、张茨、贺磊、黄兴汉、王琼玉、刘俊、郭卫春、夏育民、陈小蓓）到武汉社区进行防病治病、健康教育等，服务时间为一年。其中，程晖、刘俊、陈晓培、郭卫春、夏育民、王琼玉到武昌中华路社区，李晓艳、贺磊、匡军秀、张茨、黄中汉到武昌首义路社区，到社区服务的人员均为该院副主任医师（副教授）。

人才培养　2007年，该院参加国内外业务进修达半年以上的有24人次；在职攻读博士研究生的有46人。

临床科室主任　该院各临床科室主任（主持工作副主任）如下：老年病科主任：朱刚艳；心血管内科主任：江洪；内科主任（兼消化内科主任、武汉大学医学院消化与肝病研究所所长、内科教研室主任）：罗和生；呼吸内科主任：陈国忠；内分泌科主任：文重远；肾病内科主任（兼武大医学院泌尿系病研究所所长）：丁国华；血液内科主任：高清平；超声内科主任：郭瑞强；骨Ⅰ科主任：陈家禄；骨科主任（兼骨科Ⅱ主任）：彭昊；外科主任（兼泌尿外科主任）：刘修恒；胸心外科主任：毛志福；胸外科主任：黄杰；心血管外科主任：王志维；神经外科主任：陈谦学；肝胆腔镜外科主任：丁佑铭；普外科主任：沈世强；胃肠外科主任：童仕伦；乳腺甲状腺外科主任：孙圣荣；整形外科主任：余墨声；麻醉科主任：夏中元；麻醉学研究室主任：刘先义；妇产科主任（兼妇科研究室主任）：洛若愚；生殖中心主任（兼生殖医学研究室主任）：杨菁；儿科主任（兼省儿科研究所所长、儿科学教研室主任）：黄星原；感染科主任；龚作炯；皮肤性病科主任（兼皮肤性病研究室主任）：雷铁池；神经内科Ⅰ主任：张兆辉；神经内科Ⅱ主任（兼省神经精神研究所神经内科研究室主任）：卢祖能；精神科主任：王晓萍；眼科主任（兼武大医学院眼科研究所所长）：邢怡桥；耳鼻咽喉－头颈外科主任；华清泉；鼾症中心主任：罗志宏；口腔科主任：雷志敏；肿瘤诊疗中心主任（兼肿瘤科主任）：宋启斌；中医科主任：宋恩峰；针灸科主任：陈锋；药学部主任（兼药学部中药科主任）：宋金春；检验科主任：李艳；感染办主任：魏爱华；放射科主任：查云飞；营养部主任；谢桂兰；康复科主任（兼康复与运动研究室主任）：朱珊珊；急诊科主任：魏捷；预防保健科主任：褚爱春；病理科主任：王则胜；核医学科主任：陈辉霖；生物医学工程研究室副主任：江迅。

技术协作　该院签约技术协作医院47家，统一挂牌医疗服务28

家。为技术协作医院举办讲座34场,免费培训科主任16人次,培训护理骨干37人次,免费进修医务人员51人次,实施手术台次37台。签署医疗协议定点单位231家,新增医保定点单位4家,农村合作医疗定点11家。2007年,该院获"湖北省医保合作先进集体"称号。

院领导班子成员　该院院长(武汉大学副校长):黄从新;院党委书记:唐其柱;院党委副书记:王卫星;副院长:陶泽璋、余世斌、王高华、朱嘉龙、董卫国、黄书岚;纪委书记:李志华。

通讯资料　该院地址:武汉市武昌区解放路238号或武汉市武昌区紫阳路99号;邮政编码:430060;医院总机:027-88041911;咨询电话:027-88076808 88079808;急诊(救)电话:027-88066234 88041911-5542;传真:027-88042292;网址:www.rmhospital.com。

(向吉刚)

【武汉大学中南医院】

主要医疗指标完成情况　2007年,该院总收入同比增长21.8%,其中:医疗收入增长22.1%,药品收入增长21.4%。药品收入占业务收入比例下降至44.6%,同比下降0.2个百分点。门诊量70万人次,比上年增加15.4%;入院人数2.6万人次,较上年增加12.7%;手术台数1.6万台;出院人数增加13.1%,病床周转率25.1%,病床使用率提高18.7个百分点;平均住院日14.6天,治愈率77.5%,病死率1.61%。药品收入的占比44.6%。

占地与床位　经过52年的建设,该院建筑面积达21万平方米。现开放病床1200张。

人员构成　该院有在职职工1468名,其中高级职称专业人员400人,博士研究生导师26人,硕士研究生导师86人;20余人获国务院政府特殊津贴。

学科设置　该院现有46个临床医技科室,20个教研室;有2 500平方米医学科学研究中心,包括湖北省艾滋病临床指导培训中心、湖北省血栓与止血中心和基因诊断中心、武汉大学医学部肿瘤研究所、显微外科研究所、泌尿外科男科学研究中心、艾滋病防治研究中心、消化系统疾病研究中心、脑血管病研究中心、肛肠疾病研究中心、临床基因诊断中心、老年病研究所;武汉大学中法肝胆疾病研究院、武汉大学肿瘤防治研究中心、武汉大学艾滋病中心等挂靠在该院。

重点学科　该院肿瘤学、内科学、外科学、检验学是湖北省重点学科;骨科、神经内科、妇产科、普外科、泌尿外科、消化内科、检验科、麻醉科、急救中心、感染科是医院临床重点专科。以肿瘤外科、肿瘤妇科、肿瘤放化疗科组成的肿瘤学科是该院的学科优势之一。

诊疗设备　该院拥有多排螺旋CT、超导型核磁共振(MRI)、数字血管减影机(DSA)、双板DR、数字胃肠机、新型高能带多叶光栅医用直线加速器、发射型计算机断层(ECT)、体外冲击波碎石机、彩色多普勒超声诊断仪、多种内窥镜、各种全自动生化分析检查测定仪等。该院重症监护治疗中心(ICU)按目前国内外最高标准配置,层流手术室也配备了国内一流设备。

调整作息时间　为了方便患者就医,该院从2007年4月1日起实行新的作息时间,中午不休息。

温总理邀请桂教授　在2007年11月30日,第20个世界艾滋病日来临之际,国务院总理温家宝再邀该院桂希恩教授重访河南文楼村,并认真听取了桂教授关于艾滋病防治工作进展情况的汇报。桂希恩教授是著名的艾滋病防治专家,因在艾滋病防治领域所做的突出贡献,获得2007年湖北省十佳道德楷模。曾获得2003年度贝利——马丁奖,还获得首届全国十大医德楷模、全国五一劳动奖章、白求恩奖章。温总理于2004年6月曾专程登门看望了过桂教授,对桂教授说:"你是一个好医生"。

外事往来链接　2005年12月莱索托王国首相莫西西利到该院看望医疗援助莱索托的六位医生,称赞中国医生是中莱两国的健康使者。

肿瘤学科特色　肿瘤放化疗科:创立于1963年,现为湖北省重点学科。较早开展全脑全脊髓放疗、全淋巴结照射、全身电子线照射、盆腔"野中野"照射、乳腺癌保乳手术术后放射治疗等新技术。利用新一代多叶光栅的直线加速器和CT模拟定位系统,开展三维适形和三维调强放射治疗技术研究,在不增加放射治疗并发症的前提下提高了肿瘤的局控率。

肿瘤外科:可开展除颅内肿瘤及脊柱肿瘤外身体其它各部位肿瘤手术为主的综合治疗,其中"麦默通乳腺微创旋切治疗系统",可进行隐匿性病灶的活检及良性病灶的微创手术;"乳腺癌前哨淋巴结活检",可选择性地切除最有可能发生肿瘤转移的淋巴结;"乳腺癌术后乳房再造",能修复双乳的不对称性,恢复女性完整形体美;可应用双吻合器对原需要改道的"低位直肠癌患者实施保肛手术";可开展"腹腔镜下胃癌及结、直肠癌根治手术";"晚期肿瘤患者采用腹腔热化疗"能有效延长生命。

肿瘤妇科:为湖北省及中南地区妇科肿瘤临床诊疗示范基地,拥有电子阴道镜,阴道脱落细胞液基薄层分析仪,宫腔镜,LEEP 刀治疗仪等先进设备,较早开展晚期卵巢癌缩瘤术;可将盆腔腹膜外逆行性子宫切除术较好应用于晚期卵巢癌的治疗;开展了宫颈癌广泛性子宫切除术 + 盆腔淋巴结清除术 + 腹主动脉旁淋巴结切除术;为年轻宫颈癌患者保留性功能进行手术改良;对晚期、复发宫颈癌进行全盆(前盆或后盆)脏器切除术;对外阴癌实施根治术等恶性肿瘤根治术,达到了较高治疗水平。出版了《现代妇科肿瘤学》等医学专著 16 部。

显微骨移植技术　在脊柱方面所开展的高难手术包括脊柱侧弯及后凸畸形的矫形、脊柱肿瘤的切除及重建、脊柱结核、全骶骨切除及重建、人工椎间盘置换、复杂脊柱退行性变的外科治疗等。在关节方面开展了包括人工髋关节、人工膝关节、人工肩关节、人工肘关节等的关节置换术和关节翻修术,同时还开展了关节镜下的膝、肩髋、踝等手术。对骨科创伤的早期抢救及晚期处理、骨缺损、骨不连、骨坏死、骨肿瘤、断指(肢)再植、臂丛神经与其他周围神经损伤的修复与功能重建,对淋巴水肿的显微外科治疗及各种组织缺损的显微修复与重建,以及显微骨移植技术水平较高。

泌尿外科首创技术　该院泌尿外科所开展的胃代膀胱术、肾低温保护下取石术、改良的前列腺手术(耻骨上可拆除的荷包缝合法),其技术具有创新意义,在国内 20 多个省市推广应用。该院研制出治疗勃起功能障碍(ED)的血管活性药物复方罂粟碱合剂,较早应用血管重建搭桥术和低位髂内静脉结扎术治疗勃起功能障碍。该院还较早开展了经尿道前列腺电汽化、经尿道等离子切割、软输尿管镜、钬激光碎石等微创外科手术。

临床检验技术的发展状况　该院检验科设有 5 个临床检验实验室(临床生化检验、临床基础检验、临床免疫检验、临床微生物检验、急诊检验)和 2 个检验中心(基因诊断中心、湖北省血栓与止血中心)。临床基因诊断中心可进行遗传病和外源性微生物的基因诊断、亲子鉴定和个体识别等项目,获有 9 项国家专利。

外科术式选介　该院普外科较早开展了胆胰管子母镜技术(包括碎石、放支架、活检),运用静脉内激光治疗术(EVLT 术)治疗下肢静脉曲张症。用结肠次全切除逆蠕动盲直吻合术治疗慢传输型便秘,降低术后频繁腹泻等并发症的发生;保留盆腔自主神经的直肠癌根治术,对术后排尿及性功能有明显改善;行腹腔镜下结直肠癌根治术,有利于胃肠功能恢复;在胰十二指肠切除过程中应用袖套捆绑式胰肠吻合术明显降低胰漏的发生;中西医结合治疗重症急性胰腺炎,可大大缩短重症胰腺炎的病程,降低并发症。

该院还开展了经肝动脉化疗栓塞联合经皮肝穿射频消融或无水乙醇注射治疗不能切除的肝癌;应用皮下埋置式胆道内支撑管治疗晚期胆道肿瘤;B 超引导 PTCD 治疗胆道梗阻;PPH 术治疗痔病;全结肠、直肠切除 + 回肠"J"贮袋肛管吻合术治疗家族性息肉病;腔镜下甲状腺手术;髂股动脉搭桥术治疗下肢动脉硬化闭塞症等。

脑血管病技术　该院神经内科设有武汉大学脑血管病研究中心、卒中单元、心理与认知功能研究室、经颅多普勒超声室、神经肌电生理室、脑电生理室等。肉毒毒素治疗各种肌张力障碍和痉挛性瘫痪临床经验比较成熟,在心理治疗和心理评估等领域的研究水平比较先进。已开展的业务有脑中风超早期溶栓治疗、缺血性脑中风血管内支架成形术、颅脑内静脉血栓的溶栓治疗、颅内血肿微创吸引术等。设立了智力与记忆门诊,为痴呆或记忆力减退患者提供治疗方案。

母婴传播阻断技术　该院妇产科:妇科开展羊水分析、亲子鉴定、胎儿染色体检查、三维彩超畸形诊断、胎儿四大监护等业务,其中 HIV、HBV 母婴传播阻断技术先进。对妊娠合并症及并发症的诊治水平比较先进。

传染性疾病诊治　该院感染科在病毒性肝炎、非酒精性脂肪性肝炎、组织胞浆菌病、血吸虫病、艾滋病等诊治技术比较先进。人工肝支持系统为国内最新一代产品,对一些中早期重性肝炎患者,"人工肝"可代偿其自体肝功能。实验室开展抗 - HIV、乙肝全套、抗 - HAV、抗 - HCV、抗 - HEV、血吸虫的快速检测,每天上午和下午各发一次报告。

脑血管病诊疗技术　该院神经外科较早开展了小骨窗开颅治疗高血压脑出血,具创伤小、血肿清除彻底、病人恢复快等优点,被国内同行广泛采用。成功开展了颅底及脑深部肿瘤的微创显微手术,术后恢复快、功能保留完好。帕金森病的立体定向治疗采用国际著名立体定向专家大江千广教授(日本)创造的定位方法,安全性好。

新技术新业务　该院开展了一系列新技术新业务,包括:耳鸣综合诊断治疗;宫颈液基细胞学 + DNA 信体分析;角膜移植;下腔静脉平滑肌瘤剥脱术;外伤性多发肋骨骨折新型固定技术;体外循环下肺动脉瓣狭窄切开成行术;房缺合并永存左上腔静脉外科治疗;经食道心脏超声波检查；经闭孔阴道无张力尿道中段悬吊术阴道前后壁网片修补；皮下动态葡萄糖监测；联合瓣膜置换；MR定位立体定向丘脑毁损术治疗帕金森病；13C呼气实验；内镜辅助下颅脑疾病手术治疗；异基因造血干细胞移植；宫腔镜检查和治疗；下肢动脉硬化闭塞症骨髓干细胞移植；颈动脉瘤切除术；颈前神经鞘膜瘤切除术。

医疗质量管理　修订了12项医疗工作核心制度，组织专题知识讲座；请老专家、科主任参与、医务处、护理部、药学部协同，对临床医药护技工作实行督查；重新修订各临床专业诊疗常规，建立科室自我反馈的工作机制；对在职医务人员实行全员“三基三严”培训，对新参加工作的医技人员实行轮转培训，并将培训制度化、培训内容纳入医师岗位考核、职称晋升要求；开展青年医师病历展评活动；对危重、疑难、大手术等实行专项管理，降低医疗风险；发挥数据中临床医师的考核和晋升工作中的作用。

医疗安全管理　该院实行“预防为重、积极应对、惩防结合、分析总结”医疗安全工作的方针，医务处每月对相关科室医疗纠纷处理情况总结报告进行一次汇总，在周会上对典型纠纷事件进行通报，以求杜绝发生同类医疗纠纷。

医疗对口支农　该院组织“万名医师下农村”活动，按照武汉市卫生局文件要求，2006年、2007年共安排5个专业10名医师对口支援利川市人民医院。

援藏工作　该院援助西藏工作人员5人，包括妇产科的李家福（2005年），肿瘤科的程伏林（2006年），胸外科的王乐（2007年），儿科的付学东（2008年），综合医疗科的卢金萍（2008年）。

医疗下基层　在开展“千名医师下基层”活动中，该院安排4个专业医师分别轮流到水果湖社区卫生中心，杨园街社区卫生中心进行培训和指导工作。

医疗协作　为拓展医疗市场，两年来该院分别在黄梅、黄冈等地与当地医疗机构建立医疗协作关系，举行了“医疗协作医院”挂牌仪式，组织专家到枣阳、荆门、黄梅、黄冈等地进行大型义诊20余次，前来应诊者达6 200余人次；培训卫技人员3 000余人；协作单位卫技人员来该院接受进修学习者约有350人。

艾滋病协防　该院常年设置3人小组的医疗小分队分赴宜陵、江陵、广水等地进行预防艾滋病演讲及防治工作。两年来共联系对院内院外危重症患者的会诊达1 500余人次。

院感管理　2006年、2007年，该院感染发病率监测共计病例数39 644份，医院感染率3.0%；医院感染控制的消毒灭菌、环境卫生学监测，采集微生物标本1 042份，合格率达到96.5%；在医院感染的目标性监测方面，共监测ICU住院病人数1 800人次，追踪调查约500人次；在对医务人员职业暴露监测方面，共监测医务人员针刺伤约1 000人次。

近年来，针对院感重点部门，重点科室建立了感染控制制度共36项，建立各级各类院感管理工作职责15项并装订成册。每年开展各级各类医务人员感染管理在职培训，如：新上岗医师、药师、检验师培训，新上岗护士培训，院感兼职监控员培训，院感控制专业科室培训，医务人员职业暴露防护培训等。共举办培训班16次，下发培训资料600多份，收集考试卷242份，现场考核医务人员50多人次。制定各科“医院感染质量管理检查评分标准”共80多条，对全院56个科室及单元的感染控制工作进行评估，并收集、整理质量检查评分表224份，下发质量检查反馈表241份，收回整改意见208份。每年奖励优秀科室20－22个。

护理人员构成　截止2007年12月，该院有护理人员626人。其中主任护师1人，副主任护师71人，主管护师331人，护师89人，护士134人；护理人员中拥有硕士学位10人，博士在读1人，本科254人，大专236人，中专128人，大专以上学历占80%。

护士负责制　该院实行管床护士负责制，突出以病人为中心：取消以项目分工的各种班次，采用三班和二班工作制，每天根据病人数量和病人病情轻重弹性排班，由护士分管一定数量的病人，并负责所分管病人的一切治疗、护理、健康教育等；建立质控流程，改变过去以项目为单位的质控方法，代之以人为单位的质控方法，体现整体护理的管理思想。

护理管理体系　该院实行护理部、科护士长、护士长三级护理管理体系，实行目标管理责任制；建立护理效绩考核评价体系，实行量化考核；对护士长实行年中和年终考核，将考核结果排序，纳入医该院综合考核体系。

护理质量管理　建立护理质量管理委员会，包括护理质量控制组，护理综合管理质控组，室管理质控组，行为规范培训组，基础技能培训组，护理科研组，非正常护理效果鉴定小组。各质控组成员按该院评审标准，落实每月的综合质量检查，对发现的问题执行追踪反馈机制；坚持每两周护士长例会，规范并落实护理紧急风险预案；坚持每周督导

和夜查房制度,对护理缺陷及时上报,并执行奖惩制度。对不满意病人规定调查处理程序,实行责任追究处理制度,发现有发生医疗纠纷倾向及时采取预防措施,以求病人满意度达到百分之百。

专业护理　该院护理部自2003年以来,先后成立了6个临床护理专业小组,包括静脉治疗、伤口护理、健康教育、呼吸道管理、糖尿病护理、疼痛评估等护理专科领域,培养了一批临床护理专家及专科护士。对急救中心-监护室护理人员的进行专科技能培训,护理人员实行持证上岗。对全院护士定期进行基本技能培训和基础理论考试,考核面100%,使"三基三严"技能水平达标。该院于2008年3月底代表湖北省卫生厅参加了卫生部在北京举办的全国41家医院护士岗位技能决赛活动,操作单项获全国总分第一。

创优秀护理团队　2007年3月,该院护理部开展"创新特色服务—创优秀护理团队"活动。各病区结合其专科特点,制定出"创新特色服务"实施项目,护理部根据各病区护理工作综合成绩,评选出"优质服务品牌科室"和"优秀护士",并在5.12护士节那天给予了表彰。

护理教研　该院承担武汉大学护理学院研究生、本科生、实习生、进修生等多层次的教学任务,重视护士科研意识的培养。护理部近年来获省卫生厅、省教育厅及武汉大学等中标课题5项,每年在统计源期刊发表论文近百篇。主编和参编教材和著作30余本,其中主编10本,参编20余本。

科研工作　2007年,该院经申报获得各类纵向课题61项,其中,国家自然科学基金项目7项,全年到帐项目经费616余万元。有4项研究成果通过鉴定,其中3项达国际先进水平,1项达国内领先水平。有7项成果获奖,其中获湖北省科技进步一等奖1项,二等奖3项,三等奖2项;获武汉市科技进步三等奖1项。发表统计源期刊论文约345篇,其中SCI收录36篇。主编并正式出版学术专著3部。

专业学会工作　新增省学会主委1名,该院李建国新增为湖北省重症医学分会主委。

发明专利　2007年该院获发明专利1项(方世平的"一种中药凝胶剂及其制备方法"),实用新型专利1项(武连生的"包皮环切保护罩")。

学术会议　2007年,该院共有345人次参加国内学术会议并进行学术交流。

包括亚太地区妇科内镜协会主办的第15届国际宫腹腔镜学术研讨会、中华护理学会主办的中华护理学会第11届全国手术室交流大会、中华医学会手术外科学分会主办的第10届中华医学会手术科分会全国学术会议、中华医学会神经病学分会主办的第10届全国神经病学术年会、中华医学会男科学分会第8次全国学术会议、中国生物医学工程学会主办的体外循环分会第7届亚洲体外循环会议、中华医学会主办的第11届亚太生化大会、中华医学会外科学家分会主办的第16届亚洲外科会议等。

业务进修　2007年该院根据各专业发展需要,选派青年骨干共计22人次外出进修相关业务。肿瘤科派员到第二军医大学东方肝胆外科医院进修,妇产科派员到兰州大学第一附属医院生殖中心、郑州大学第一附属医学院生殖医学中心进修,病理科派员到四川大学华西医院进修病理诊断专业,皮肤科派员到北京大学第一医院进修,普外科派员到长海医院进修,耳鼻喉科派员到首都医科大学附属北京同仁医院进修。

药物器械临床试验　2007年该院共接受药物/医疗器械临床试验23项,其中药物临床试验18项,医疗器械临床试验5项。

肿瘤医学研究中心　湖北省科技厅、湖北省卫生厅批准以该院肿瘤学科为牵头单位组建"湖北省肿瘤医学临床研究中心"。

中法肝病研究所成立　由法国健康医学研究院、武汉大学、中科院武汉分院合作建立的中法肝病研究所,于2007年3月11日正式签署协议,法国健康医学研究院布修院长、中国科学院副院长陈竺院士、武汉大学校长刘经南院士在协议上签字;副省长蒋大国、法国驻武汉总领事馆总领事费勇出席签字仪式。研究院设在中南医院。该研究所实行基础与临床相结合,"以学科交叉为引导,临床应用为目标",致力于肝脏病毒感染与免疫、肝病诊断与防治、肝脏移植等3个方面。由中法双方专家共同参与,其高级研究人员,研究所所长将在全球公开招聘。该研究所计划于2008年正式运转。此前,中南医院曾与法国肝脏疾病中心合作创建了"中法肝胆疾病研究院",法国总统2006年访华时曾为此研究院奠基。

"自体周血造血干细胞移植"首获成功　该院血液科张克俭副教授等专家尝试对患硬化性骨髓瘤病人实施自体周血造血干细胞移植,使治疗取得突破性进展。一病人除患硬化性骨髓瘤,还合并患多化性神经病变、脏器肿大、内分泌改变、皮肤改变等多种疾病。专家们先通过化疗和细胞生长因子将患者的干细胞从骨髓动员到外周血,用特殊

在2007年12月25日举行的全国医德标兵表彰大会上，武汉大学中南医院桂希恩教授被授予中国首届十大医德楷模，还被中华全国总工会授予全国五一劳动奖章。同年9月，桂希恩教授荣获由中央文明办、全国总工会、共青团中央、全国妇联联合举办的“全国道德模范提名奖”，并获湖北省道德楷模，还以最高得票当选武汉大学“十佳教师”。

仪器提取造血干细胞，在对患者进行大剂量化疗后，将提取的造血干细胞回输到患者体内。10天后，中性细胞粒植活；11天后，血小板植活；之后，患者四肢麻木、活动障碍等症状逐渐消失。

人物殊荣　2007年12月25日，在全国医德标兵表彰会上，该院主任医师桂希恩教授被授予首届全国医德楷模称号。此次评选活动是中国科教文卫体工会组织举办。桂希恩是我国艾滋病高危区最早发现者，曾以传染病专家的良知和勇气揭开了其真相。他已获得国际防艾基金会颁发的“贝利—马丁奖”，当选2004年感动中国人物。桂希恩教授现任湖北省艾滋病培训中心主任。

2008年1月7日在全国卫生工作会议上，桂希恩被授予“白求恩奖章”。“白求恩奖章”旨在表彰作出突出贡献的医疗卫生工作者，是医疗卫生界最高荣誉，由卫生部设立；从1994年起，包括钟南山、华益慰等在内31人获此殊荣；此次全国共有6名医生获得，桂希恩是武汉地区第一人。2004年桂希恩因在艾滋病防治领域的贡献入选感动中国十大人物。中南医院决定授予桂希恩“终身教授”待遇。

动物实验资格　该院医学动物实验中心重新通过验收，获得了湖北省科技厅颁发的“实验动物使用许可证”。

教学工作　该院设教研室21个，承担武汉大学临床医学、医学检验、预防医学、口腔医学等专业本科生、七年制（含中－法班）以及20多个国家和港、澳、台地区留学生的临床课程教学，同时承担博士、硕士研究生的教育任务。有内科学、外科学、肿瘤学、临床检验诊断学、耳鼻喉科学5个博士学位授权点，23个硕士学位授权点，拥有博士研究生导师26人，硕士研究生导师86人。

2007年，在该院就读的博士研究生有168名，硕士研究生249名；毕业博士研究生29名，硕士研究生129名；全年承担研究生理论课756学时。在校的五年制本科生有282人，七年制学生247人；参加临床实习的五年制学生168人，七年制学生175人，本科毕业生86人；全年承担理论课4 407学时，实验课1 171学时。全年接受进修医师88人。

教学经费　2007年，该院用于教学的经费为900万元；该院于年初制定的卓越工程实施方案确定，今后3年计划每年用200－300万元支持本科教学，以确保学院医学人才培养的要求及专业发展。

教学尝试　2006年该院修订了医学类专业培养方案，集中体现了培养宽口径，厚基础，强能力，高素质，有创新性精英人才的办学指导思想。该院大胆尝试长学制早期接触临床、临床课程和临床实习同步进行的培养模式。考试改革在临床技能考核方面实现了OSCE（客观结构化临床考核）。

国际学术交往　截至2007年底，该院共派出约80人次出国（境）参加国际学术会议或进行各类学术科研培训等交流活动，接待国外（境外）专家来院讲学40人次。

校际交往：该院依靠武汉大学的品牌优势与法国31所大学或机构开展合作。截至2007年10月，法国南锡亨利庞卡莱大学为该院培养了9名高学历人才；该院每年有8－15名七年制学生赴法实习，有5－8名法国南锡亨利庞卡莱大学的教授来该院授课；双方联合中标国际合作课题4项，联合发表科研论文18篇。同年10月，该院承办了武汉大学医学部与法国南锡亨利庞卡莱大学合作十周年庆典活动。

肝病领域合作：2007年3月，武汉大学、中科院武汉分院和法国健康研究院在该院签署了三方合作协议书，共同组建了“中法肝病研究所”，并挂靠武汉大学中南医院负责经营。同年8月举办了中法肝病研讨会暨中法肝病研究所第一次工作会议，研讨会邀请国内外肝病领域专家围绕肝病研究所三个主要方向进行为期两天的专题讲座。

临床科室主任　消化内科：夏冰；呼吸内科：杨炯；内分泌科（副主任）：孙家忠；综合医疗科（副主任）：王桦；中西医结合科：张莹雯；皮肤科（副主任）：吴剑波；普外科：钱群；泌尿外科：杨志伟；骨科：蔡林；ICU：李建国；普通肿瘤科：熊斌；放化疗科：谢从华；眼科：蔡小军；病理科：杨桂芳；康复科（副主任）：田峻；医学美容中心（副主任）：武连生；检验科：涂建成；药学部：刘萍；心血管内科（副主任）：巢升平；血液内科：张克俭；肾病内科；吴晓燕；神经内科（副主任）：刘煜敏；感染科（副主任）：戴永安；儿科：赵东赤；胸外科：胡学宁；神经外科：江普查；麻醉科：王焱林；妇产科：周春；妇科肿瘤科：蔡红兵；口腔科：陈建钢；耳鼻喉科：周绪红；核医学科（副主任）：文兵；急救中心：赵剡；放射科：田志雄；输血科：夏琳。

医疗设备　2007年该院购置价值50万元以上医疗设备一览表

设备名称	设备型号	数量(台)	设备名称	设备型号	数量(台)
静脉曲张激光治疗系统		1	SPECT		1
电子十二指肠镜		2	血液生化自动分析仪		2
显微镜	AO	1	电子血球计数器		1
钬激光	WAVELIGHT	1	微生物鉴定/药敏分析		1
病人监护仪		1	全自动DNA序列分析仪		1
全自动血液净化系统	Plasauto IQ21	1	微量法胆红素测量仪		1
乳腺活检系统	麦默通	1	全自动尿沉渣分析仪		1
三维水箱	MP3－S	1	血球分析仪	CD37OOSL	1
TPS升级	AO	1	全自动生化分析仪	AEROSET	1
直线加速器	PRIMUS	1	彩色多普勒超声诊断系统	LOGIQ5P	1
麻醉工作站	Taema FELIX	1	彩色多普勒超声诊断系统	LOGIQ500	1
监护仪	飞利浦多参数	1	医用X线影像直接数字化系统	菲特FIF	1
电子内窥镜系统	LUCERA 奥林巴斯	1	钴60设备		1
X线诊断机	AO	4	模拟定位机		1
纤维腹腔镜		1	直线加速器	AO	1
腹腔镜系统	三晶片(STORZ)	1	腔道治疗机	ASO1	1
超声波扇形扫描系统		2	碎石机		1
彩色多普勒超声诊断系统	飞利浦	1	全自动流式细胞分析系统	CYOMICS	1
彩色多普勒超声诊断系统	VOLUSON	1			
纤维胃镜		2			
数子血液造影系统		1			
双板平板探测器摄影系统	AO	1			
数字化诊断机	AO	1			
核磁共振		1			
CT		1			

院领导班子成员　院长：周云峰；党委书记：张元珍；党委副书记兼纪委书记：詹毅；党委副书记：李虹；副院长：刘志苏、胡传忠、张军建、谢伟；院长助理：赵剡。

通讯资料　该院地址：武昌东湖路169号；邮编：430071；电话：(027)67813052；传真：(027)67812892；电子邮箱：webmaster@znhospital.cn；网址：www.znhospital.cn。

（罗华松）

【武汉大学口腔医院·湖北省口腔医院】

职工构成　2007年，该院职工总人数746人，其中离退休156人。

主要医疗指标完成情况　2007年，病人就诊达398 247人次，与2006年相比增长5.8%。就诊人中，医院本部就诊240 356人次，增长5.6%；分门诊就诊157 891人次，增长6.0%。病房入院人数2 335，出院人数2 322，手术台数2 150，治愈率91.6%。

机构更名　根据湖北省医疗督查组的意见，该院将“综合科”和“急诊科”更名为“口腔综合科”和“口腔急诊科”，并安排本院医师负责夜班的诊疗工作。

资格审核　该院本部及八个分门诊部的执业许可证按时进行校验，对全院医护人员的医师资格证书和执业证书进行了核查和存档。

医疗文书管理　该院制定了住院病历评分细则，增聘了专职病案管理人员，对门诊和住院病历进行定期抽查并进行公示。邀请院外专家对医疗文书进行检查并邀请其对相应专题举行讲座，使病案质量得到了显著的提高。在处方规范化管理方面，要求药师严格按照操作规程调剂处方药品，保证处方用药的合理性，使调剂处方做到“四查十对”（按国家处方管理办法规定，查处方——对性别、姓名、年龄；查药品——对药名、规格、数量、标签；查配伍禁忌——对药品症状、用法用量；查用药合理性——对临床诊断）。

投诉管理　该院为和谐医患关系，设立专人负责接待患者投诉，并详细登记处理意见。对有纠纷的疑难病例积极组织专家会诊，并做好记录，切实维护医患双方的权益。对患者投诉的医疗质量、医疗服务态度问题，经调查属实的在院联席会上进行通报。

新业务新技术　该院对新业务、新技术实行评审，并将获奖资料整理成册。

高新技术诊室开展了 C 形根管系统的识别和治疗新技术。

正畸科开展了自锁托槽的临床应用、固定舌侧保持器的应用、双循环渐进法治疗锁骨颅骨发育不全综合征（CCD）牙颌畸形初探、双（单）侧后牙锁牙合的矫治。

牙体牙髓科开展了镍钛根管预备器械 K3 的实验研究及临床应用；显微超声根管外科手术的临床应用。

一外科开展了应用哑铃形折叠游离前臂皮瓣即刻修复口角及颊部全层缺损；改良的上颌前部截骨术矫正上颌前突畸形。

修复科开展了种植体支持的全瓷冠修复。

种植科开展了基于双导板设计与指导的微创牙种植。

儿童牙病科开展了 MTA 用于年轻恒牙根尖封闭的疗效观察。

二外科开展了隐蒂 Abbe 瓣的设计与应用。

口腔颌面外科开展了关节杂音辅助诊断可复性颞下颌关节前移位的临床应用。

宜昌门诊开展了纤维桩树脂核全瓷冠修复癌症患者牙体缺损的临床观察研究。

放射科开展了颌骨横断体层技术的临床应用。

成立护理教育管理组　该院成立了护理教育管理组，每月对全院护士进行专业知识培训，每季度按护理流程及质量考核标准进行质量检查，做到检查、反馈、落实。坚持新护士岗前培训及考核合格上岗制度。选派了护士到外院进修四手操作技术。组织全院护士进行各项调拌技能的培训，规范了操作流程和技术要求，并进行了“护理调拌技能比赛”。该院对医护管理核心制度、各级人员职责、各班职责等制度组织学习和考核，对《护士长工作手册》进行修改、完善。继续实行门诊电话回访，2007 年共回访了 22108 位病人。

学会工作　2007 年，湖北省护理学会进行了换届选举，该院为口腔专业委员会主任委员单位，有七名护士长入选为各专业委员会委员。

医疗卫生消毒合格　该院利用全院护士长会议，组织对《医疗废物管理条例》和《医疗卫生机构医疗废物管理办法》进行了学习。在全院开展对临床兼职监控员和新上岗的职工进行院感知识培训，明确了监控员工作职责范围和制度措施，对全院护士及护士长进行了自我防护知识的培训，对诊疗器械进行清洗、维护、保养、消毒灭菌等程序化管理。

2007 年该院接受了武汉市疾控中心、省卫生厅监督局、省卫生厅组织的全省院感控制工作的检查，并被武汉市卫生局授予“医疗卫生消毒合格单位”称号。

PBL 教学　随着 PBL 教学不断深入和发展，2007 年，该院举办了 PBL 教学培训班，有 11 名教师受训；举行了 3 次 PBL 教学研讨会，来自国内外十几位医学教育专家参会，对医学教育的现状、问题和发展趋势进行了研讨。

教学成绩　该院口腔内科教学团队获批校级教学团队和国家级教学团队；口腔医学专业分别获批省级品牌专业及高等学校第二类特色专业；《预防口腔医学》获批湖北省级精品课程。赵怡芳教授当选为“十佳教师”。

项目申报　2007 年，在武汉大学生科学研究项目和创新性实验项目申报中，该院申报项目 15 项，获批国家级重点项目 4 项、校级重点项目 1 项、面上项目 8 项；本科生创新学分申报共 12 人次共计 73 学分。2007 年，该院申报了 5 项教学改革研究项目，获批省级项目 2 项。2007 年，该院获批国家级、省部级科研项目 37 项。其中国家科技支撑计划 1 项（樊明文主持），973 前期研究专项基金 1 项（边专主持），

省口腔医院对院外人士进行儿童口腔健康教育

国家自然科学基金 9 项，省部级项目 22 项。

科研工作　2007 年，该院发表论文 186 篇，包括国外发表 60 篇（SCI 论文），其中 SCI 论文第一作者通讯作者第一作者单位均为该院的共 53 篇；国内全国性杂志发表 11 篇，地方性杂志发表 115 篇。出版专著 3 本；获批专利 5 项。边专教授指导的博士生叶晓茜的一篇论文获 2007 年全国优秀博士论文。

资料链接　2005 年，该院人员任主编专著 2 本，任副主编 2 本，参编 2 本。樊明文主编的《牙体牙髓病学》、边专任副主编的《口腔生物学》和李春芳任副主编的《口腔解剖生理学》均由人民卫生出版社出版；赵怡芳任主编的《头颈部血管瘤与脉管畸形》由世界图书出版公司出版。

学术会议　2007 年，该院承办了全国第五次口腔颌面创伤学术研讨会、全国第八次口腔正畸学学术研讨会，协助湖北省口腔医学会举办第三次会员代表大会。

国际交往　2007 年，该院接待外国和港澳台地区到访人员 20 余名；派出 20 余人次出国参加国际会议。利用教育部直属高校聘请外籍教师重点项目，邀请阿拉巴马大学牙学院 Huw Thomas 教授来该院访问讲学。举办“荷兰日”活动，纪念该院与荷兰奈梅京大学牙学院友好交往 16 周年。

宣传工作　2007 年，该院在各大平面媒体上发表新闻及科普文章近 205 篇；电视台播出新闻和专题节目 30 余次；出版院报 9 期、发表文章共计 179 篇，院报在湖北省卫生政研会宣传学会第十届年会院报院刊好版面评选中被评为优秀版面奖；在武汉大学报、武汉大学周报、珞珈新闻网、湖北卫生信息等共发稿 11 篇。编印并口腔保健知识手册向患者发放。参与卫生部组织、湖北省卫生厅主办的全国大型健康科普巡展健康博览会并举办了健康咨询讲座和开展义诊活动。

重点实验室　该院设口腔生物医学工程实验室，系教育部重点实验室，工作人员 63 人，包括高级专业技术职称人员 47 人，中级 14 人，初级 2 人，实验室工作由边专负责。

鉴定成果　由李祖兵负责完成的课题“关节盘复位在创伤性颞下颌关节强直治疗中的基础与应用研究”，经省卫生厅组织鉴定，达国际先进水平。

主办期刊　该院现有主办公开发行期刊《口腔医学研究》，从 1985 年 6 月创刊，主编为樊明文。该刊曾获第 6 届湖北省优秀期刊奖。

领导班子成员　法定代表人：边专（2001 年 10 月任职）；党委书记：雷成家（2006 年 4 月任职）；党委副书记（2006 年 4 月任职）、纪委书记（2007 年 7 月任职）、工会主席（2006 年 6 月任职）：台保军；副院长：赵怡芳（1997 年 9 月任职）、陈智（1996 年 4 月任职）、付宏宇（1996 年 4 月任职）。

通讯资料　该院地址：武汉市洪山区珞瑜路 237 号；邮编：430079；电话：党政办公室 027－87863585（TEL）、027－87873260（FAX），医务处 027－87877870；电子邮件：dzbgs@whuss.com。

（南东旭）

【湖北省中医院】

工作目标完成情况　该院在年初与临床各科主任签定了目标责任书。2007 年目标值完成情况如下：

花园山院区——总收入为 2.267 亿，比上年增长了 20.5%；总支出为 2.375 亿，比上年增长了 17.57%；业务收入 2.038 亿，比上年增长了 22.05%，业务支出 2.329 亿，比上年增长了 17.45%。医疗收入占业务收入比例 34.85%，药品收入占业务收入比例为 63.75%。开放床位 588 张，病床使用率为 87.7%。出院病人为 13 830 人次，比上年增 29%；门诊量为 532 829 人次，比上年增 8%。

光谷院区——业务收入 2 700 万元，比上年增长 35%。门诊 87 066人次，比上年增长 20.74%；

住院人数为1 232人次,比上年增长36.43%;体检23 065人次,比上年增长30.18%。

医疗质量安全管理　该院坚持巡查督导和院领导查房制度、首诊负责制、三级医师查房制、疑难病症讨论制等核心制度。建立了三级护理质检组织,实行连续的、动态的护理质量监控。质检办、门办等管理部门把关病历书写质量,病历书写甲级率达95%以上,无丙级病历。在医院管理评审活动中,该院畅通就诊渠道,简化就诊程序,采取便民措施,受到了社会群众的欢迎。

重点专学科建设　2007年,该院遴选出肾病、针灸、脑病等申报国家局重点专科获得成功,连同已获得国家重点专科的中医内科,该院国家重点专科达到4个。

该院肾病科是国家中医药管理局重点建设学科,2007年年底,国家中医药管理局组织专家组来院检查验收,对该院肾病学科建设取得的成绩给予了好评。

2007年,该院对国家重点学科—中医内科加强计划督查;还对内、外、妇、儿、五官、骨伤和中西医临床共7个二级学科进行了带头人遴选;推荐中医内科参加省教育厅特色学科评选。

该院重点专科、学科在临床工作中的业务工作量和业务收入都居于该院前列。

开展中医“治未病”项目　(中医“治未病”的学术思想起源于中医理论的奠基之作《黄帝内经》,中医“治未病”包括未病先防、既病防变和病后防复三个方面。)开展科病夏治:该院对每到冬天气候寒冷季节发作或加重的疾病,在夏天缓解期进行治疗。主要开展了“三伏”敷贴治疗哮喘、过敏性鼻炎、风湿病、冻疮、肾病等,2007年就诊患者已达9 000余人次。

开展亚健康防治:该院对尚未进入疾病状态,而人体阴阳平衡已经出现偏差的亚健康人群也实行治疗,所开展的“膏方节”普遍受欢迎。该院“康复医疗部”开展了中药保健药膳、中药药茶、中药药蒸、全息足疗、保健推拿等一系列亚健康康复疗法。

开展其他疾病防治:该院用“治未病”方法、对防治青少年近视、脾胃病、失眠症、复发性口腔溃疡等进行中医药治疗探索。

该院已被国家中医药管理局确定为“治未病”试点单位。

教学评估　国家教育部对中医学院的教学评估工作是该院教学工作的一件大事。二年来,该院自查自纠,改进工作,包括整理出相关教学规章制度;按教研室整理材料并装盒等。各部门、教研室支撑学院在教学评估中赢得了“优秀”评价。

申报国家中医临床研究基地　国家中医药管理局在“十一五”期间开展“中医临床研究基地”申报创建工作,对该院创建是一次机遇。2007年8月,蒋大国副省长率省直相关部门和该院负责人到国家发改委、国家中医药管理局汇报工作,恳请支持,省卫生厅领导人多次到该院指导申报创建工作。该院整理、遴选出优势病种,初步整理出申报文字材料,并进行相关配套项目建设,争取在2008年申创成功。

承办国际学术会议　该院于2007年5月16～20日与中西医结合肝病杂志在武汉承办了世界肝病联合会第二届学术会议。会议得到国家中医药管理局、世界中医药学会联合会、湖北省政府、湖北省卫生厅等领导的大力支持,湖北省副省长蒋大国、国家中医药管理局医政司司长许志仁、湖北省卫生厅厅长朱忠华、世界中医药学会联合会副秘书长姜再增、湖北省中医院院长赵映前、北京中医药大学附属东直门医院副院长庞鹤、首都医科大学附属北京友谊医院名誉院长王宝恩等到会;来自国内外肝病研究领域的240余名临床工作者、科研人员参加了会议。

肾病重点学科验收　2007年12月,国家中医药管理局组织专家评估组通过听取汇报、现场咨询和实地考察,对该院国家中医药管理局重点学科——中医肾病学科进行了评估。专家组认为,该院中医肾病学科研究方向特色鲜明、优势突出,管理运行体制健全,建设成效显著,符合国家中医药管理局中医药重点学科建设要求,达到了该重点学科建设规划书的建设目标,建议通过验收。

该院肾病学科有5项国家级科研项目、26项省部级科研项目和5项省部级成果支撑;建立了中医肾病诊疗规范和文献数据库,并推广应用;提出了“肾病冬治”的新观点和方法;编写出了《中医肾病学基础》专著。学科带头人任本学科博士导师,主持的省部级以上科研项目11项。

第二轮“治贿”专项活动　2007年,该院按省卫生厅关于认真开展治理医药购销领域商业贿赂活动第二轮督导工作的要求,重点检查长效机制建立和落实情况。该院对药品和医疗器械签定了购销双方反商业贿赂协定,规范购销渠道,加强人员监管,确保了药品安全质量和设备质量。对基建工作进一步严格程序管理,严格项目工程招投标每个环节步骤,完善合同条款,做好项目的内审和决算。

对重点部门、重点环节、重点岗位人员加强了监管,进行诫勉谈话,确立了工作责任制。

学生和教学量　2007年，该院承担中医学院课堂授课18 156学时，工作总量较上年增加9% 。到该院学习的研究生333人。在该院临床培养的研究生人数约占湖北中医学院招生量的32%。中医、中药、骨伤、针推、口腔、护理、检验、医疗等专业，接受学生334人次；接受国内进修生46人。接收来自韩国、日本、德国、澳大利亚、新加坡及中国香港、台湾地区海外学生55人。争取中医学院支持，改善了临床示教室的办公条件。

教学制度管理　2007年，该院建立了教学工作提醒制度，落实了新教师试讲制度、教学查房管理制度和出科考核制度。为探索实习生教学培养新方法，实行了实习生跟师学习制度。有效遏制实习生、进修生的违规情况。

研修与培训　该院开展了第三批师承工作；成功申报"全省全科医学培训基地"。按时完成了"全国优秀中医人才"在该院的研修计划，顺利通过国家中医药管理局组织专家考核，被授予"全国优秀中医人才"称号。该院获得国家中医药管理局授予优秀中医人才研修项目先进集体称号。组织取得正高资格的约50名中年骨干参加"四大经典"培训，为优秀人才选拔做好准备。

科研工作　课题申报与立项：2007年，该院申报国家自然科学基金课题7项、科技部"十一五"支撑计划课题4项、国家973中医理论专项课题2项、卫生部科技专项课题1项、国家中医药管理局课题20项，以及省、市科研课题23项。2007年，该院立项课题包括科技部"十一五"支撑计划课题1项、国家自然科学基金课题1项，以及省、市科研课题17项。参加科技部"十一五"支撑计划项目1项。科研成果：该院护理科研课题《继续护理学教育学分信息管理系统的研究与应用》获中华护理学会第八届全国护理科技进步三等奖。

课题管理　2007年，该院组织4项科技成果申报湖北省科技进步奖，1项科技成果申报中华护理学会科技奖励；组织13项科研课题进行科技成果鉴定；7项基础研究课题完成项目结题工作；对6项国家中医药管理局课题进行验收。获中华护理学会第八届全国护理科技进步三等奖1项。

基建项目建设　光谷院区住院楼装饰改造项目已完成工程立项、工程设计等工作，现已进入施工单位选定程序，工作将于2008年元月正式动工。职工集资建房工作正按计划进行。

花园山院区"临床研究中心"大楼改造项目通过了公开招投标，工程于2007年12月份开工，预计2008年4月完工。该院西区环境改造项目经多次与昙华林历史街区建设指挥部沟通，项目工程已启动。扩建、装修了"国医堂"，并于2007年11月投入使用，使该院的医疗资源和人才优势得以有效利用。

设备管理　2007年，该院维修设备890余台次，使设备得以正常使用。花园山院区购入800元以上设备187台套，包括DR、DSA及全自动生化仪等，提升了设备的档次。

义诊宣传　开展"冬病夏治"大型义诊、"治未病"大型名中医咨询会、"膏方节"等活动，以扩大该院的社会影响。2006年6月，该院举行主题为"服务基层 共创和谐"的大型义诊宣传活动，16个科室、20多名专家到江夏区中医院参加活动。

医保管理　制定内部管理制度，及时处理违规人员，使患者满意度不断提高，2007年医保病人住院量、门诊量、医保收入显著增加。

职称评定　2007年，该院晋升正高级职称人员有17人。

反腐倡廉工作　组织党员干部学习了新的《刑法修正案》等文件；2007年，有2位中层干部退"礼金"7 000元，医务人员退"红包"4 500元。审计部门审计基建维修资金3 437万元，审减资金221.5万元，审减率6%。

后勤管理　2007年，修复了损毁电缆，改善了病房电视信号质量，动迁改造了电话室、花房、网络中心，改造更新锅炉设备等，水、电、气正常供应。

临床科主任　皮肤科：皮先明；肝一科：罗欣拉；肝二科：盛国光；二内科王小琴；急诊科：程业刚；外一科：廖恒祥；外三科：高文喜；中医外科：刘行稳；妇产科：周忠民；儿科：向希雄；骨科：白书臣；耳鼻喉科：林友平；眼科：李杜军；口腔科：王汉明；推拿康复科：赵 焰；麻醉科：程水勤；检验科：叶德立；病理科：李卫星；超声波室：熊 屏；同位素室：张振鄂；放射科：陶福典；精神心理科：周晓宁；保健科：刘娟娟；药事部；谈道彬；健康体检中心：李 昊；社区服务中心；熊小友；外二科：森来庆；肿瘤科：罗秀丽；医学美容科：胡霜红。

领导班子成员　院长兼党委书记：赵映前；副书记：吴献群；副院长：张方建、巴元明、文建华。

通讯资料　该院花园山院区地址：武汉市武昌区胭脂路花园山4号；邮编：430061；电话：88844689（院办公室）。光谷院区地址：武昌珞瑜路856号；邮编：430079；电话87172179（院办）。　（李　冰）

【武汉科技大学附属医院】

人员结构　截至2007年末，该

院有在册职工1 028人,其中卫生技术人员825人;高级职称人员104人,中级职称301人,初级职称420人。

主要指标完成情况　该院开设床位565张,下设3个门诊部。2007年完成门诊总诊次20.7万人次,比上年增加27%;入院9 476人次,比上年增加25.8%;医院业务收入8.51千万元,较上年增长22.4%。三日确诊率为99.6%,治疗有效率95.9%,抢救成功率97.7%。

医疗质量管理　在开展医院管理年活动中,该院建立规章制度54项。成立了ICU病房,以推进医疗的规范管理,保证医疗安全。实行院、科两级负责制及住院总医师制,医护人员持证上岗。坚持专家门诊、无假日门诊,方便病人就医。

院感管理　该院感染管理科调整临床科室医院感染管理小组;制定了"传达院感法律、法规工作流程"、"输液反应处理流程"、"突发公共卫生事件处理流程"、"病历质量监测工作流程"、"院感月质量控制工作流程"。

病例监测数据:感染发病率:2007年1—11月份监测病例7547份,发生医院感染85人,医院感染发病率1.13%,死亡143人,与医院感染无直接关系。9月份医院感染漏报1人,医院感染漏报率为1.18%。

抗菌药物使用情况:2007年1—11月份调查病例7547份,抗菌药物使用率64.54%,预防用药占用药比例33.24%,治疗用药占用药比例66.76%。

手术病例监测:2007年1—11月份共开展手术1 855人。

手术切口分类(%)	手术人数	切口感染人数	切口感染发病率
Ⅰ	1013	0	0
Ⅱ	691	5	0.72%
Ⅲ	152	0	0

病原微生物标本送检:2007年1—11月份,感染病人微生物送检率87.88%,住院病人病原微生物标本送检率为97.46%。

消毒灭菌及环境卫生学监测数据:2007年1—11月份共采集各类标本1217份,其中灭菌物品123份,合格率达100%。氧气湿化系统、呼吸机管道、血透管路、使用中灭菌保存液、使用中的消毒剂、高危科室空气、医务人员手、外排污水等共1094份,合格1 086份,合格率为99.27%。对全院的紫外线灯管照射强度分别于6月份和12月份进行监测,共监测紫外线灯管137根,合格103根,合格率为75.18%。对不合格的灯管全部进行了更换。

目标性监测:留置导尿医院感染控制方面,自2006年1—2007年4月份,留置导尿627人,发生医院感染14人,医院感染发病率2.2%;留置导尿病人的感染发生率由去年4.95%下降至2.2%,感染发生率下降了2.75%。

培训考核:主办院感知识培训班10次,参加人员576人次;创办、发行《院感通讯》2期;11月2日对全院的医护人员进行院感基础知识的考试,共考核医护人员170名,合格人员164名,合格率96.5%。

学科建设　该院引进学科带头人、高学历人才,并给予优厚待遇。2007年,引进学科带头人、博士5名,硕士22名。对临床科主任、技术骨干每月给予专项补贴。对重点专科加大投入,放射科被评为湖北省临床重点专科,检验科通过湖北省医院评审单项检查,被评为湖北省优秀临床实验室。美容科、消化内科、心血管内科、普外科、神经内科等科室都受力发展。

科研工作　2007年,该院获得省级科研立项3项、卫生部科研立项1项,获经费78.5万元。申报省科技厅成果鉴定2项,达到国内领先水平;1项科研成果获湖北省科技厅颁发的省科技进步三等奖;发表论文120篇,其中核心期刊31篇;出版医学专著3本。

医疗服务市场　该院被确定为武汉铁路局定点医院、武汉市医保定点医院、武汉市商业保险定点医院、江夏区农村新型合作医疗定点医院、城镇职工基本医疗转诊医院。该院在武昌小东门等三个社区服务站通过市卫生局《群众满意社区服务站》达标验收。2007年,该院加强与周边单位联系,建立医疗协作单位62个、建立合作单位40余个,联系地区1个;实行门诊免挂号费;策划各种宣传营销活动,以拓展医疗市场。

购置设备　2007年,该院购置10万元以上设备如下表:

设备名称	型号
全自动五分类血液分析仪	贝克曼－HMX
实时荧光定量 PCR	Prism－7300
STAR 立体定向放射治疗	STAR－2000
电子结肠镜	CF－240I
	脉动真空灭菌器
XG1.0	全自动尿沉渣分析仪
LX－3000II	动态心电图
Morara	
全数子黑白超生诊断仪	CHISON8800
纤维胆道镜	CHF－P20
	麻醉监护仪
MP20 呼末	
电磁波碎石机	ZH－VD
除颤监护仪	M3535A

基建投资　2007 年，该院投资 450 万元，用于购置、更新临床急需医疗设备 137 件。基建项目 43 项，包括投资 200 万元建造美容科大楼（已于 2007 年 8 月投入使用），投资 1 500 万元改扩建门诊部大楼（预计 2008 年 5 月投入使用），投资 200 万元建设 HIS 系统（预计 2008 年 5 月完工）。

职工培训　2007 年，该院邀请中国工程院院士钟士镇教授、973 首席学科带头人马丁教授来院进行讲学；对全体中级职称以下人员（包括中级职称）实行“三基三严”训练，并按要求完成培训任务；开展岗位练兵，对年轻职工实行传、帮、带，促其成长；对新分配到院的住院医师实行 2－3 年转科轮岗锻炼制度；开展各种形式的业务讲座，承办市级大型学术会议 2 场次。2007 年 5 月 17 日，该院邀请美国华盛顿大学护理学院（Washburn University，School Of Nursing）校长 Dr. Cynthia Hornberger，教授 Dr. Nora Clark 来该院进行学术讲座（18 学时），并商谈了联合办学事宜。

职称晋升　2007 年该院晋升为正高级技术职称人员 13 人，所涉及有科室有：心血管内科、血液、肿瘤内科、感染性疾病科、病理科、药剂科、整形美容科、整形美容科、神经内科、消化内科、门诊部、检验科等。

医疗费用控制　该院实施了 20 个单病种费用控制；实行住院病人“费用日日清”；制定《关于实行药品用量双十制管理的通知》，每月公布医院抗菌素用量、医生处方量前十位排行榜。2007 年，该院住院患者人均费用为 5 363 元，门诊患者人均费用 164 元，健康报和长江日报对此作了专题报道，湖北省卫生厅厅长朱忠华为此加编者按，对该院控费成绩作了较高评价。

项目立项　2007 年该院新技术新业务立项项目简要情况如下表：

编号	科室	项目名称	主持人	技术要点	临床效果
1	药剂科	新型抗癌药亚甲蓝体内药物浓度分析	周密妹	药物浓度的分析	指导剂量能降低不良反应发生率
2	病理科	持笔式持续负压细针穿刺技术的临床应用	曾桃英	改进传统的细针穿刺方法	较传统穿刺法先进、便捷、易操作、适宜体表细胞检诊
3	妇产科	臭氧治疗阴道炎临床效果观察分析	刘凤勤	臭氧治疗仪的使用	具有清洗、杀菌双重效应
4	内分泌消化科	内镜下卢戈液染色对早期食管癌的诊断价值	张金华	卢戈液染色	为食道癌的早期发现提供了指导
5	内分泌消化科	内镜下治疗胃肠巨大息肉	龙　辉	内镜操作	能降低常规手术并发症
6	整形美容科	经眉周切口微创矫治眉间皱	钟文慧	小切口除皱器械的操作	创伤少，效果明显
7	神经内科	汉语失语患者句子语义加工研究	姜　丹	以国外研究为主，汉语与西方拼音语系存在差异	研究其病理机制，指导康复治疗

续表 1

编号	科 室	项 目 名 称	主持人	技 术 要 点	临 床 效 果
8	磁共振	中场强磁共振腹主动脉快速投影成像方法的研究	程若勤	扫描时间的掌握	缩短扫描时间,提高显像质量和诊断符合率
9	麻醉科	无痛胃镜检查	雷 志	采取适宜麻醉法减轻胃镜操作刺激性	临床可消除或最大程度减轻胃镜操作的不良反应
10	麻醉科	腰布轻对血流动力学影响的对比性观察	李昌美	血流动力的对比性观察	对老年手术病人特别是脐以下下肢手术病人适宜
11	麻醉科	神经刺激仪引导下坐骨神经+腰丛神经阻滞	雷 志	神经刺激仪引导下操作	减轻了神经阻滞对呼吸循环的影响
12	麻醉科	舒芬太尼硬膜外腔注射用于阑尾牵引反应的临床观察	雷 志	硬膜外腔注射剂量	对呼吸循环影响轻
13	麻醉科	腰硬联合麻醉在全子宫切除术中的应用	雷 志	2 种麻醉方式的联合	充分发挥各自优点,克服不足
14	麻醉科	小剂量氯胺酮异丙酚联合持续输注抑制阑尾切除术牵拉反射的临床观察	刘 芳	运用药物药理的互补和协同性	静脉持续输注可控性强
15	神经内科	建立神经内科重症监护病房	鲁文果	监护仪器的购置、病区独立设置	便于监护和观察病情变化、有利于提高患者预后
16	内分泌消化科	密集套扎术治疗食管静脉曲张	龙 辉	内镜下的密集套扎	缩短手术周期、减轻患者痛苦
17	骨外科	颈椎病前路减压加植骨钢板内固定术	程子林	手术操作	缓解症状,减轻痛苦
18	骨外科	骨盆骨折钢板内固定术	程子林	钢板的选购	出血少,便于操作
19	整形美容科	微创上睑松弛矫治术	勾庆芳	先行眼轮匝肌筋膜折叠悬吊,保证术后的基本无痕	微创、术后基本无痕,疗效持久
20	呼吸肾病科	纳络酮治疗 COPD 并 2 型呼衰的疗效观察	王以炳	病例选取、药物剂量的控制	效果良好
21	呼吸肾病科	纤支镜介入治疗	杨玉梅	纤支镜应用	微创、局部治疗,效果明显
22	呼吸肾病科	联花清瘟胶囊治疗呼吸道感染的安全性与有效性研究	王以炳	掌握中药的抗感冒成分	无过多经费支持,便于临床研究
23	呼吸肾病科	高剂量左氧氟沙星治疗下呼吸道感染	王以炳	同类药物的对比研究	经费少,适宜临床观察
24	呼吸肾病科	肾穿刺、肾脏病理检查	陈幼发	穿刺操作的熟练度	能合理指导临床
25	耳鼻喉科	大环内酯类抗生素治疗慢性鼻窦炎、鼻息肉临床观察	何 坚	疗效对比、探讨药物潜在的免疫调节作用	方法简单可行、易于患者接受
26	血液肿瘤科	骨髓厚涂片与骨髓活检在血液病对照的临床观察	胡东霞	骨髓厚涂片与骨髓活检	具有诊断意义
27	血液肿瘤科	经外周插管中心静脉导管置管术	尹艳红	适宜病例的选择、操作要点的掌握、并发症的处理	很大程度减少了肝癌患者长期化疗所致的静脉炎
28	血液肿瘤科	血清若干肿瘤标志物在非小细胞肺癌的临床应用价值	陈应利	化疗前后血清若干肿瘤标志物的检测	为监测预后评价提供了良好指标
29	普外科	腹腔镜胃肠穿孔修补术	吴瑞乔	腔镜使用	创伤小,安全性高
30	普外科	痔上粘膜钉合术	张泽平	耗材的选用	疗效显著、痛苦少
31	妇产科	腹腔镜辅助阴式子宫全切术	刘凤勤	腹腔镜的操作	缩短手术时间、减轻患者负担
32	妇产科	宫腹腔镜联合诊治不孕症的研究	刘凤勤	宫腹腔镜操作	便于全面观察治疗、判断预后
33	妇产科	宫颈病变的三阶梯诊治不孕症的研究	刘凤勤	宫颈脱落细胞学、阴道镜、活检三步诊断	早发现、早治疗,规范诊断
34	妇产科	孕产知识培训系统	刘凤勤	培训体系的建立	知识宣教,有效减少母婴并发症

续表 2

编号	科　室	项　目　名　称	主持人	技　术　要　点	临　床　效　果
35	中医科	复方紫草酊治疗冻疮的临床研究	高小刚	紫草酊的全程规范治疗	效果较为明显
36	中医科	针灸减肥	古　青	针灸部位的选择	有一定的临床效果
37	口腔科	固定修复临时冠修复	张　艽	临时冠桥树脂材料的选取	成本低、美观、毒副少
38	口腔科	根管测量仪临床应用	张　艽	根管填充	对治疗提供了质量保证
39	耳鼻喉科	完壁式乳突切除加鼓室成型术	陈　佳	手术操作	能避免或降低术后复发率

献爱心活动　该院有 23 名职工参与献血活动；全体职工为该院周边社区困难职工捐款 2 万余元；为 400 名铁路职工提供免费检查血吸虫病；院工会向本院困难职工送慰问金 2.3 万元。

医院管理　该院实行中层干部竞争上岗、职能科长任期聘用，重要岗位定期轮岗等制度。实行全成本核算、绩效工资考核方案，分配向技术骨干倾斜。结合卫生部的“质量管理年”和医院的基础管理年活动，重新制定、修订了一些规定和办法，进一步明确相关岗位职责以及工作流程等。

教学工作　2007 年，该院组建学院教学督导组，成立学生教学反馈小组；明确临床科室主任为临床教学直接责任人。按评估要求，完成学生临床技能强化训练；教授、副教授任课率达 100%。获省级教学立项 1 项、校级教学立项 1 项、院级教学立项 12 项。

科室主任　该院洪山分院负责人：季芳；武南分院负责人：范德义；体检中心负责人；邱昕光。临床科室、医技科室主任及分院负责人如下表：

临　床　科　室				医　技　科　室	
呼吸、肾病内科	王以炳	眼科	袁　铸	药剂科	陈　佳
内分泌、消化内科	龙　辉	耳鼻喉科	何　坚	检验科	董明国
心血管内科	韩红彦	口腔科	张　艽	放射科	谭　伟
神经内科	姜　丹(兼)	感染科	刘　黎	磁共振室	王化敏
血液肿瘤科	马玉芳	皮肤病过敏反应科	张　鹏(副)	超声影像科	李小晶
干一病区	鲁广肃	ICU 病区	高友有	病理科	曾桃英
干二病区	肖　莉	介入放射科	谭　伟		
泌尿、胸外科	陈　越	急诊科	尚桂莲		
普外科	沈新明	整形美容科	李　芸		
骨外科	程子林	中医理疗科	古　青		
神经外科	周　游				
麻醉科	雷　志				
妇产科	刘凤勤				
儿科	易文龙				

院领导班子成员　该院院长（法人代表）：吴清明；党委书记：肖金成（2007 年 12 月 19 日调离医院，任武科大洪山校区综合办公室直属党支部书记）；何光俊（2007 年 12 月 19 日起 任武科大附属医院党委书记）；党委副书记、纪委书记：王和东；副院长：万远太、李彦树、戚筠、胡冰。

通讯资料　该院地址：武汉市武昌区涂家岭 9 号；邮编：430064；电话：51126557；电邮：tyyyyb@yahoo.cn。　（何秀芳　汪谢丹）

【湖北省新华医院】

医院沿革　该院座落在汉口菱角湖畔，占地面积 4 万 3 千多平方米，建筑面积 6 万 7 千多平方米；医院定编床位 500 张，开放床位 465 张。设临床一级医疗科室 23 个。始建于 1953 年，1985 年更名为湖北省财贸医院，1987 年扩建搬迁北湖现址，2001 年 7 月医院被正式定名为“湖北省新华医院”，其隶属关系由原湖北省供销合作社划归湖北省卫生厅直管，现为国家三级乙等综合性医院，成为武汉大学医学院、华中科技大学同济医学院教学医院。

主要工作指标　2007年，该院实现门诊量35.08万人次，出院1.18万人次，手术2 776例次，病床使用率86.15%，病床周转次数25.15次，平均住院日12.48天。实现总收入1.4亿元，比上年增长16.52%。其中业务收入1.25亿元，比上年增长12.61%；药品收入占业务收入的46.61%；经营性节余1 501万，收支节余297.51万。链接：该院年门诊量2002年为7.8万人次、出院人数为4 598人次、床位使用率为37%、业务收入为3 432万元。2003年门诊量8.99万人次，出院人数4 316人次，病床使用率34.9%，业务收入3 460万元。

人员结构　该院有在职员工880人，其中，高级专业技术职称人员388人，正副主任医师126人，有博士15人，硕士及在读141人。

设施设备　2003年该院曾斥资4 000多万元对北湖本部和三个分院的门诊及住院病区进行整体改造，投资2 000多万元全面更新基础医疗设备。近几年，先后从国内外引进Philips10排螺旋CT、GE1.5T磁共振、西门子大型C臂血管造影机、12人仓高压氧仓、飞利浦彩超、东芝X光机、费森尤斯血透机、欧美达全能麻醉机、国内最先进的腔镜系列等先进医疗设备。

导入企业识别系统　该院全案导入企业识别系统（CIS），对医院整体形象进行塑造。2003年底，7个清华大学、北京大学的MBA进驻该院，用四个半月的时间对该院市场进行重新定位，对医院现有组织结构及战略进行梳理，完成了医院战略、流程设计、员工职业生涯规划、组织结构、薪酬体系设计、绩效考核、品牌营销等九大管理模块再造。通过这些管理模块的设计，以及后期的优化、完善、推广，医院的管理绩效明显提高。该院将原有行政后勤职能部门由24个精简到12个；干部实行竞聘上岗，调整面达到93.6%；全员实行聘用制，通过"五定"（定编、定岗、定责、定薪、定员）进行人力资源整合。

制度管理链接　2002年底，完成全省公开招聘院长工作，并组建了新一届院领导班子。2003年底，将现代管理理念导入医疗卫生系统，完成了医院战略、流程设计、员工职业生涯规划、组织结构、薪酬体系设计、绩效考核、品牌营销等九大管理模块再造。2004年，实行全成本核算，优化员工分配体系，提高医院运行效益。2005年4月，推行新"制定考核标准、进行过程控制、实行考核评分、促进绩效改进"的绩效考核模式，提高工作效率；推行薪酬绩效考核，激励员工工作积极性。2006年7月，将系列规章制度，梳理成《新华院规》。

病友健康俱乐部　该院成立了新华病友健康俱乐部，举办糖尿病、高血压病健康讲座41次，开展各种义诊40余次，发放宣传资料及健教处方79 386份，为6 000余人次提供了健康咨询。为部分弱势患者折免医疗费用一百余万元。

医院管理　满意度指标试行了月考与季考相结合；推行了院务督办工作制度，完善了督办流程；先后建立了医疗质量控制体系、护理质量管理体系、医疗质量评价体系等。

专科建设　该院实行"大专科、小综合"的兴院方略，将神经内外科、神经康复科和血栓科整合为脑科中心，即"湖北省脑科中心"，综合开展脑病的诊治和研究。业务科室普遍开展"五专"建设：培育专家、发展专科、引进专技、探索专方、治疗专病。外科以微创为突破口，施行一批现行专科技术，如普外科的"腹腔镜胆囊切除术"、骨外科的"经皮腰椎射频消融髓核成型术"、泌尿外科"经尿道前列腺切除术"等。内科施行以"糖尿病"、"高血压"、"肿瘤的姑息治疗"等为方向的专病专方。该院神经外科被省卫生厅确认为2007－2010年省级临床重点专科建设单位。检验部也在湖北省临床重点实验室评审中被评为省级临床优秀实验室。实现该院在省级重点专科建设历史性突破。

培训资格　该院加入了卫生部《全国高血压患者健康行动》疾病控制项目协作组，正式成为湖北省全科医师临床培训基地。

新技术新业务　开展新业务新技术31项。

学术活动　发表学术论文94篇；承办了第十七届全国职业病学术年会；专家院内讲学20次，1 050人次参加学术活动。

实习进修　接受实习生860人；外出进修22人次。

医学继续教育　该院完成国家级和省级继续医学教育项目4个，发放继续医学教育学分证650份。

基础建设　该院脑科中心大楼立项获得省卫生厅和省发改委正式批准；化学中毒救治基地综合楼即将投入使用。

医疗设备　该院投入2260万元购置多排螺旋CT、1.5T核磁共振、大生化、高压氧舱等大型设备以及临床必需设备。

信息平台建设　该院作为医保结算系统升级试点单位，按武汉市医保局对信息平台建设的要求，对HIS系统进行了技术层面的整合，并完成了HIS系统升级。

市场开拓　该院确立了以社区医疗和新型农村合作医疗为主的目

标市场,将所属民航分院改制成社区卫生服务中心。2007年8月22日,该院成为了河南省信阳市新型农村合作医疗在汉农民工定点医院,对信阳在汉农民工实行“当地参合、异地就诊、异地报销”。

员工福利　2007年初,该院为在职、离退休及临时聘用人员1 100多人进行了健康体检;为职工子女报销医药费、托幼费、学费10多万元;为200余人办理了职工补充医疗保险;基本完成第一批成本价售房,北湖宿舍区环境改造即将完成;员工年工资福利人均增幅达18.9%,超过了医院经济的增长;绩效工资人均增幅达31.7%。

分配机制调整　该院从2003年开始实施了准成本核算管理,对分配机制进行了调整,使劳务分配向临床一线倾斜。为施行科主任负责制,配套出台了年度经营奖励办法;2004年底,该院试行薪酬绩效考核体系,把综合目标、各项制度、优化后的流程、员工行为规范和岗位工作职责作为考核依据,并针对不同部门设立不同的个性化绩效考核指标,将考核的结果与工资奖金发放、员工晋升、岗位调整等结合起来,以激励员工积极性和创新性不断提升。

服务品牌　“海虹服务中心”,已成为该院的服务品牌,先后被省卫生厅授予“巾帼文明示范岗”称号、省总工会授予“女职工建功立业示范岗”称号,被卫生部和全国妇联授予“巾帼文明示范岗“称号、中国总工会授予“女职工建功立业标兵岗”称号。三年多来,该院接待了来自全国各地前来参观考察的医院达150余批次。

诚信服务　该院实施“啄木鸟”工程,使之成为诚信服务品牌。2004年3月,面向社会有偿诚聘5名监督员;4月,成立了“出院病人费用审计处”,对各病区患者的费用清单进行复核,对病人质疑的费用进行审计、答疑;6月,实行值班院领导到病房访视病人制度,现场了解并办理病人的事情;从2005年起,设立了“价格诚信奖”,对执行物价收费政策无三乱、无投诉的科室给予奖励,以加强对处方金额和医保患者医疗费用管理,同时在全院推行药品比、大处方通报奖惩措施。2005年8月,在湖北省内各大新闻媒体报道的医院价格公示的八项病种费用中,该院三项费用最低;在省卫生厅2005、2006年医疗卫生信息公示中,该院先后有3个单病种费用位列部省属医院最低,获省价格协会2005—2006年度“价格诚信单位”。

工作荣誉　2007年该院职工海虹获湖北省卫生厅授予的首届“荆楚十大健康卫士”提名奖、省城镇妇女“巾帼建功”活动领导小组授予的省巾帼建功标兵等称号;陈苏获中国医师协会授予的第四届“中国医师奖”;该院获武汉市卫生局授予的千名医生下基层和对口支援工作先进单位;获省直机关工委授予的省级文明单位称号;获省卫生厅授予的全省卫生系统文明行业竞赛“八比八看”活动优胜单位称号等。资料链接:2005年8月,该院被省委、省政府授予“省级文明单位”称号;2006年3月,被省价格协会授予“价格诚信单位”。2006年,涂远超院长被省总工会授予“湖北省五一劳动奖章”并当选为武汉市第十二届人大代表。

(熊慧琴)

【湖北省中山医院】

医疗指标完成情况　2007年,该院门诊量为327 207人次,比上年同期的289 880人次,增加37 327人次,增长幅度12.9%;全年平均日门诊量为1 159.1人次,比上年同期的1 056.5人次,增加102.6人次,增长幅度为9.7%;全年体查14 288人次,比上年同期的15 632人次减少1 344人次。

收住院病人数为12 663人次,比上年同期的11 214人次增加1 449人次;出院病人12 708人次,比上年同期的11 090人次增加1 618人次;治愈好转率94.6%,比上年同期上升0.6%;病死率3.2%,比上年同期上升6.7%;病床周转次数25.2次,比上年同期的22次,增加3.2次;病床利用率83.1%,比上年同期上升21%。入出院诊断符合率99.8%,比上年同期上升0.2%。

医院感染例次率为3.6%,较上年同期上升0.3%;漏报率为11.1%,较上年同期上升5.4%;住院病人抗生素使用率为66%,较上年同期上升0.8%;消毒灭菌效果和环境卫生学监测合格率为99.7%,其中医院感染管理科监测合格率为92.8%。

经济指标完成情况　2007年,该院实现总收入15 342万元,完成年计划13 670万元的112.23%,比上年度同期的12 116万元增长26.63%,增收3 226万元;其中:业务收入14 526万元,比上年度增长3 131万元,增长率27.48%。

床位　2007年,该院开放床位505张。2007年2月12日,《湖北省卫生厅关于同意湖北省中山医院床位扩编的批复》(鄂卫函〔2007〕36号),同意该院将原来的505张床位扩增至680张。

职工构成　2007年,该院有正式职工660人,离退休职工118人(退休89人、离休29人)。在职职工中,医护人员416人,卫技人员

68人,行政后勤人员156人,其它系列人员20人;有专业技术职称的人员595人,其中:正高职称人员32人,副高68人,中级266人,初级229人;有中专以上学历的人员572人,其中:博士研究生4人,硕士研究生45人,本科生274人,大专生144人,中专生110人。

医疗设备　2007年,该院购置医疗设备280台(件),投入设备资金1 027.6万元,其中50万元以上设备如下表:

设　备　名　称	设　备　型　号	价　格/万　元
DSA	AXIOM Artis FA	440
血球计数仪	XT－2000i	67.6
高频热疗机	W2102	90
关节镜	988i	58.5
手术显微镜	OPMI	52.5
彩超	IE33	210
彩超	M2540A	50

成立热疗中心　为提高对各种肿瘤、损伤、疼痛、慢性炎症的治疗效果,该院3月5日下发《关于成立热疗中心的通知》(鄂中山医院字〔2007〕11号)。该中心隶属肿瘤血液科,由肿瘤血液科主任兼热疗中心主任,全面主持热疗中心的业务工作,另聘副主任1名,负责热疗中心的日常工作。

打造"中山文化"　医院理念教育:该院以党支部为单位成立中山文化理论研讨小组,挖掘中山精神内涵,展开理论研讨活动。共撰写论文9篇。开展医院理念教育,先后4次邀请CI专业人员来院做医院理念教育专题讲课,使职工认同和拥护中山文化,充分发扬博爱精神,更好地为病人服务。

搭建自我展示平台:该院编撰的《今日中山》一书于2007年7月27日正式出刊,集中刊登了近几年在媒体上的新闻报道(2007年,该院在全国省市电台、电视台、报社登载播出医务人员典型事迹和科普稿件达600篇),分别介绍了60余名正副主任医师、科主任的医技医德。该书发放到医院周边社区和合作单位,被湖北省政研会医院宣传学会评为2007年度优秀著作一等奖。

辟"病案分析"专栏:该院编了《中山人》报,在报上开辟了"病案分析"专栏。聘请神经内科副主任葛林通作为"病案分析"专栏主持人,每期登一个病例,让广大医务人员积极参与病案讨论分析,促进了该院的医疗服务。

举办院歌小品比赛:"七一"前夕,该院举行了一次"纪念建党86周年暨院歌、小品文艺汇演"活动,全院干部职工238人参加了院歌《再创明天的辉煌》和《祖国,慈祥的母亲》等歌曲的演唱。

"结对子"服务　2007年,该院机关后勤25位中层干部分别与临床医技25个科室开展了"结对子"活动。干部们深入临床科室,了解医疗、护理等方面的情况,有针对性地解决问题103个,提合理化建议98条,受到临床科室的欢迎。

捐款活动　2007年6月,该院职工参加"慈善一日捐"活动,向湖北省慈善总会上交捐款20 730元;9月,该院509位职工为病重职工万水珍同志捐款14 070元。年初该院接受省直机关工委文明单位的检查,获得省直机关工委授予的"文明单位"称号。

群众工作制度　思想工作制度:该院实行"十必谈",即党员考核基本合格必谈;党员交纳党费不及时并对党费金额斤斤计较必谈;党员参加各项政治活动(捐款、捐物等)不积极,说"消极话"必谈;党员在工作中模范先进性不够必谈;入党转正、党委正式批准之日必谈;党员不服从组织分配必谈;要求入党的积极分子必谈(每季度不少于一次);职工出现思想问题、有思想矛盾、与科内同志不团结或争吵必谈;职工在个人利益和集体利益发生冲突时必谈;新职工上岗(新党员)必谈。

访问制度:该院实行"三必访",即职工有了特殊困难必访;职工得了重病住院或亲人丧亡必访;职工做出过激行为造成不良影响必访。

党员考核　该院党委制定了《省中山医院党员考核方案》,每半年一次考核,考核从"政治学习、组织生活、工作质量、群众评议"四个方面入手,实行百分制,并建立党员考核档案。2007年,全院217名党员参加了考核,考核优秀率为84.8%,合格率14.7%,基本合格0.5%。党小组、支部书记、总支书记分别对考核为基本合格的党员要进行诫勉谈话。

医患关系　2007 年，该院共收到病人感谢信 65 封、锦旗 42 面，门诊、临床病员综合满意度分别达 85% 以上。

治理医药领域商业贿赂　制定党风廉政建设责任制：该院先后制定和完善了《领导干部个人重大事项报告制度》、信访工作制度、行风监察举报处理制度、医德医风建设奖惩制度等。

随访抽查制度　1—9 月，该院随访抽查了 1 153 位出院病人，共奖励 36 人次、处罚 56 人次。

拒收"红包"规定　该院规定任何科室和工作人员在医疗活动中不准以任何理由，收受或索取"红包"。如遇到病人赠送"红包"，应立即拒绝或退还患者；因故未能拒绝或退还的"红包"，要求在一个工作日内报告科室负责人或党支部书记，由党支部书记退还患者或缴入患者的医疗费用账户，并在两个工作日内上报监察科登记。截止 2007 年底，该院医务人员拒收"红包"80 人次，共计 3.84 万元，退还礼金 2 万元。

检、院监督建楼　该院与武汉市人民检察院共同成立住院医技楼专项工程监督委员会，邀请市人民检察院工作人员担任副主任委员，参与该院住院医技楼工程建设项目投标单位实地考察和招标、议标等全过程监督，同时签订"共建"协议，明确了双方的职责，确保工程价廉质优，干部廉洁。监察科参与监督医院所有招标、采购全过程，并负责与工程承包、施工监理、勘测、深基坑支护等单位签订"廉政责任状"，共同打造"阳光工程"。该院撰写的"检、院联手共筑预防职务犯罪'防火墙'"一文在 2008 年全省卫生系统纪检监察纠风暨整理商业贿赂工作会议上交流。

院、商协防贿赂　该院在医用设备、医用耗材、药品采购方面，制定下发了《湖北省中山医院关于规范经济合同（协议）审定的程序及有关规定的通知》、《湖北省中山医院设备物资采购管理办法》和《进一步规范内部招标管理程序及合同资料的通知》，规定凡与医院有经济往来的单位，在签订合同前必须先签订《经济活动廉政责任书》，特别强调该院工作人员若向乙方索贿或变相索贿，经乙方检举核实后，乙方有权从该院获得被索贿的 1－3 倍的款额作为奖励（此款由当事人承担），由此产生的一切办案费用由当事人承担。今年，已与 43 个采购项目 98 家投标公司签订了《经济活动廉政责任书》，并与合同一起归档备案，实现医院与供应商共同携手预防和治理商业贿赂。

经济活动检查安排　该院 10 月 26 日下发《关于开展医院经济活动情况检查的通知》（鄂中山医院字〔2007〕46 号），召开动员大会，全面开展经济活动专项检查工作。经济活动检查领导小组成员包括组长宋发彬（党委书记、院长），副组长陈运高（纪委书记）、王乔（财务总鉴），组员刘薇、王小红、赵纪征。检查范围包括，医院的所有设备、物资、耗材及药品的采购 、保管、领用过程中各环节的管理控制情况；各种医疗收费环节的流程及制度落实情况；各类合同管理情况；各项成本的管理及分摊情况；增收节支情况及其它涉及经济管理方面的各种情况进行检查。为规范基建、设备、物资的申请、论证、审批、购置、登记，该院下发《湖北省中山医院关于成立基建、采购、维修领导小组的通知》、《湖北省中山医院关于进一步规范内部招标管理程序及合同资料的通知》等文件。

医院现金管理　对住院病人自愿选择使用的自费物品，由原配送部门收费上缴财务科改为由医院财务部门——门诊收费室收取上缴。停车费、轮椅租借费按规定收费统一上缴财务科。

库房物资管理　该院制发《湖北省中山医院设备物资采购管理办法》，规定按月计划进行物资采购，减少物资库存积压；科室实行专人领物；每月盘存对帐，保证帐物相符；临床、医技科室指定物资管理员，负责科室物资领用，建立物资材料登记账表，领入、发出有签字，杜绝科室浪费；高值耗材在省市统一招标的基础上，进行二次邀标，在省市招标价基础上再降 5%－10%。

挂职轮岗制度　该院推行临床科室副主任到医务部挂职轮岗制度，要求各临床科室副主任到医务部挂职轮岗三个月，每轮两人（手术科室、非手术科室各 1 人）。轮岗期间兼任医务部副主任，除完成本科室的业务工作外，还要协助医务部主任做好各项管理工作，如科室检查；急危病人的抢救、会诊；病案讨论和教学查房；检查岗位职责等，该制度的出台和实施，有目的的转换了管理干部思维的切入点，促进临床科室业务干部熟悉行政管理。

医疗机构校验　2007 年，该院对医院的科室设置、专业技术岗位执业人员准入资格等进行了认真清查和规范。顺利通过湖北省卫生厅组织的实验室单项检查评审和 PCR 室验收工作，并获得"优秀"等次。

创造学术氛围　该院医务部组织医务人员参加湖北省卫生厅、武汉市卫生局举办的各种各类专业知识培训，对"三基"知识和技能进行培训、考核（根据考核成绩进行奖优罚劣）；邀请多家省部属医院（同济医院、省人民、协和、梨园、新华、妇幼、肿瘤、武科大）业务骨干来院讲课，为全院医务人员营造好学习氛围。3月31日—4月3日，在“北京大学中法疼痛治疗中心第十三届疼痛研讨学习班”期间，该院邀请北京天坛医院、北京301医院、深圳南山医院、江西医学院附属一院及西安交大医学院附属二院疼痛学科的知名教授，在该院多媒体教室为来自全国11个省市的“疼痛学科带头人”共计69人讲授了慢性疼痛诊疗新进展等专题。

医疗质量检查内容　对合理用药的专项检查；对病例讨论、会诊制度检查；对三级医生查房专项检查；对应急、抢救演练的专项检查；对手术分级管理制度、手术前讨论制度的专项检查；对终末病案质量进行了检查；收治病人规定和病人出院规定的专项检查；业务学习情况和各级医师职责的落实情况的检查；对值班、交接班制度、内、外科二线班工作制度的专项检查；对各种医疗质量记录本的检查。

使用抗生素规定　联合使用抗生素及更改抗生素均无上级医生签名；调换抗生素病程记录无说明；个别科室存在单种抗生素连续使用超过10天以上；无药敏试验；预防性使用、依据不足使用等违规情况；使用抗生素的病原送检率应大于50%；联合应用抗生素或使用三档抗生素，应在病程记录中说明理由，并有上级医生审核签名。

流程管理　该院针对急诊手术输血流程中存在的问题，再次规范《输血流程》，要求急诊手术输血时输血流程在半小时内完成，并把职责具体到科室及个人。该院以流程图的形式下发《会诊流程》，对临床各级医师的值班职责和执业范围进行有关规定。

执业资格　2007年该院被湖北省疾控中心批准为全国克—雅氏病监测点（在全省仅有同济医院和该院两家）。

重点专科建设　该院参照《省级重点专科评审标准》，先后制定下发《重点专科评审办法》、《重点专科建设管理办法》等文件，并据此组织院内学术委员会评出心血管内科、神经内科、普外科、骨外科、妇产科为该院甲类重点专科；评出疼痛科、肝病科、儿童脑病康复中心为该院乙类重点专科（特色专科）。

外派医疗任务　2007年，该院外派医护人员27人次，完成了援外（阿尔及利亚）、援（新）疆、援（西）藏、卫生支农（恩施市、武汉市东西湖区）、防艾（滋病）等医疗卫生工作任务及中央来汉领导和六届城运会的保健任务。

护理人员状况　截至2007年底，该院有护理人员351人；其中合同制/聘用制护士158人；本科学历者43人，大专学历178人，中专学历126人，其它学历4人；副主任护师7人，主管护师129人，护师44人，护士171人。

护理指标完成情况　全年基础护理合格率98%；专科护理合格率97%；病区管理合格率100%；护士仪表合格率100%；药、物品管理合格率99%；特、一级护理合格率100%；八室质量检查合格率100%。

调整管理结构　护理部按照“医院管理年”要求，在原有基础上增设了大科护士长，实行了护理部、科护士长、病区护士长三级管理制度，使管理结构更加合理。2007年该院共招收新护士49名，床、护比基本达到1∶0.4标准。

主题护理服务　该院在心内科、普外科打造“3H式阳光病房”基础上，各专科开展护理服务主题活动，如：新生儿科的“起点关爱服务”、ICU的“放心护理服务”、骨科的“亲情服务”等，使护理工作满意度达到98%。

医患沟通　2007年，该院医患沟通督导组的两名工作人员与每位出院病人沟通外，也与新入院病人沟通，重视病人的感受，多方协调，尽可能消除病人的不满。

护理操作带教　2007年对各科室推荐选拔的护理操作总带教进行了为期三个月的培训，考核合格后，发放科室护理操作总带教资格证，成为操作带教骨干。护理部每月按计划组织护士进行“三基三严”训练、考试。对新护士实行1年的半轮岗培训，轮岗培训由科室护士长安排专人进行带教。8月份，该院推荐3名护士参加全省护士岗位技能大赛，获得团体第三名、其中2名护士（雷丹、詹凡）获“全省护理技术能手”称号，1名护士（韩文玲）获“护理操作优秀选手”称号。

国外学习考察　2007年7月5日~27日，宋发彬院长随湖北省卫生厅“院长考察团”赴美国考察、学习。

护理管理　实行病房小时巡视制度；每月召开护理安全会议。

护理荣誉　2007年4月23日武汉市卫生局发文（武卫〔2007〕70号），该院周宇光、夏丽娅被评为“武汉市2007年度优秀护士”。4月26日，湖北省卫生厅发文（鄂卫发〔2007〕31号），该院李智英被评为“优秀护士”、代风泉被评为“优秀护理管理者”。2007年“5.12国际护士节”期间，该院下文表彰肖红著等5名优秀护理管理工作者，张媛媛等20名优秀护士。

科研工作　2007年，该院常耀武完成的一项课题获武汉市人民政府科技进步奖三等奖；主编医学（科普）专著3部；发表论文87篇，其中被国外 SCI 收录 1 篇、核心杂志 13 篇、统计源杂志 10 篇、省级期刊 63 篇。另在省市报纸上发表科普文章 600 篇。2007 年 12 月,病理科章诗伟的《乌头碱改变培养新生大鼠心室肌细胞 connexin43 蛋白磷酸化状态及其 ca2 + 浓度振荡模式》一文被 SCI 收录,且影响因子≥2(2.046)。该院石晓兵撰写的 1 篇论文获湖北省自然科学第十一届优秀论文二等奖。

课题立项 4 项课题获科研立项,即周颖负责的课题《人巨细胞病毒(HCMV)核酸疫苗的构建和免疫实验研究》获湖北省科技厅攻关项目立项,周颖负责的课题《微循环检测对宫颈癌前病变快速诊断的研究》、石晓兵负责的《封闭式持续自动加压钢板的研制及临床实验研究》、孙建海负责的《过继单一 pMHC 特异性同种 CTL 治疗原发肝癌》共 3 项获湖北省卫生厅一般项目立项,宋发彬负责的《社会转型中医务人员法律地位研究》获武汉市科技局软科技项目立项。

项目完成与协作 2007 年,该院杨敬群完成了 1 项省卫生厅指导性项目《益灵霜治疗肾病的临床研究》。有 2 人分别参与项目协作,即胡小红参与了国家"十一五"科研项目《中药灯盏生脉胶囊干预缺血中风二级预防的前瞻性同期队列临床试验"》,彭小祥参与北京宣武医院科研项目《急性脑梗死动脉溶栓联合区域性低温灌注研究》。

发明专利 2007 年,该院张福荣获职务发明专利 1 项,即"输液器具避光外套"(专利号:ZL200620096990.4)获国家知识产权局颁发的实用新型专利证书。

新业务新技术 2007 年,该院开展新业务、新技术 62 项。经院内有关专家评审出一等奖 1 项,二等奖 3 项,三等奖 6 项。获一等奖的是神经内科"急性缺血性脑血管病颅内支架置入血管成型术";获二等奖的是疼痛科"腰椎间盘突出臭氧注射、等离子减压术"、消化内科"消化道出血内镜治疗(钛夹止血术)"、骨科"伽玛钉内固定治疗股骨转子间骨折";获三等奖的是病理科"免疫组化技术在临床病理诊断中的应用"、妇产科"阴道微环境治疗术"、超声科"复合探头对颈动脉狭窄病变的检测价值"、呼吸内科"支气管肺泡灌洗技术在肺癌早期诊断中的应用"、儿科"发声诱导法与靳三针结合治疗小儿语言障碍"、肝病科"腹水超滤浓缩腹腔回输治疗顽固性腹水"。

外出参会 2007 年,该院外出参加学术会议 95 人次,国内学习班 23 人次,国际(韩国)学习班 1 人次。

联合培养研究生 该院与武汉大学中南医院联合承担培养神经内科、骨科、肝病科、妇产科、肿瘤科硕士研究生教学任务,该院彭小祥(神经内科)、石晓兵(骨科)、张建军(肝病科)、任野(妇产科)、孙建海(肿瘤科)被武汉大学聘为硕士生导师。

主办培训班 2007 年,该院主办全国疼痛新进展学习班及省级"儿童脑病康复技术"专题讲座学习班各 1 期。院内举办 14 个专题的培训班 32 次,其中,对优质服务理念的培训举办 23 次(巡回下科室培训 21 次、请外院专家授课 2 次);"三基"培训举行技能考试 4 次,理论考试 5 次。

实习进修 2007 年,该院接收来院实习生 138 人次(医师 52 人次、技师 5 人次、药师 10 人次、护士 71 人次);接收来院进修生 20 人次(医师 19 人次、技师 1 人次)。该院外派到北京天坛医院、北京宣武医院、武汉协和医院、武汉同济医院等 7 家大型医院进修学习人员 26 人次(医生 19 人次、护士 6 人次、药师 1 人次)。

职称晋升 2007 年,该院有 4 人晋升正高职称。

住院部医技楼奠基 2007 年 3 月 30 日 9 时 28 分,该院"住院部医技楼奠基暨开工典礼"在行政楼前举行,典礼由该院副院长张雅芳主持。湖北省政协副主席胡永继、省卫生厅厅长朱忠华及省发改委、省财政厅、省建设厅、省建设银行等相

中山医院 2007 年获"新业务、新技项目奖"的代表合影

关部门领导参加仪式并发表讲话。

湖北省疼痛治疗中心挂牌　继2006年4月28日北京大学中法疼痛治疗中心武汉临床部在该院成立以后,2007年3月,湖北省卫生厅又授予该院“湖北省疼痛治疗中心”匾牌。3月31日,该院在东大门召开“北京大学中法疼痛治疗中心第十三届疼痛研讨班开班暨湖北省疼痛中心挂牌仪式”,湖北省卫生厅副厅长黄利鸣、中华医学会疼痛学分会秘书长康姝娟、省卫生厅医政处长阮小明、市卫生局副局长丁顺清、华中科技大学附属协和医院副院长、市疼痛学分会主任委员姚尚龙教授等参加授牌仪式。

机构设置　2007年5月11日,该院发文成立感染管理科、医疗争议协调办公室和心血管介入中心。规定医疗争议协调办公室隶属医务部管理(副科级部门)设主任1名,医院感染管理科设科长1名,心血管介入中心设主任1名、副主任2名。

荣誉称号　2007年5月28日,中共湖北省委省直机关工作委员会发文,该院获“2005—2006年度省直机关文明单位”称号。

欧洲考察　2007年6月11～24日,胡仁祟副院长率8位临床科室主任(胡小红、林俐、杨水生、罗金波、任野、王云霞、张建军、岑千红)赴欧洲考察。

院外取经　2007年6月12日,该院邀请武汉市第一医院院长张介眉来院传授医院管理经验。

医疗协作　河南省商城卫生局7月16日下文(商卫〔2007〕36号)批准余集镇中心卫生院与湖北省中山医院建立协作医院,并于12月在河南商城余集镇中心卫生院增挂“湖北省中山医院协作医院”匾牌。

机构资格认定　7月18日,武汉市劳动和社会保障局发文(武劳社〔2007〕82号)确认工伤保险定点服务机构资格,该院通过资格审查。

医疗援疆　2007年7月23日,该院儿科副主任医师肖明赴新疆博州市人民医院开始为期一年的援疆工作。

享受政府专项津贴　8月9日,湖北省人事厅发文(鄂人函〔2007〕93号)公布批准2006年度享受政府专项津贴人员名单,该院肝病科主任张建军名列其中。

医疗帮扶　2007年8月22日,该院派出医疗队对口帮扶医院——恩施市中心医院,进行医疗技术援助;援助期为1年;医疗队队长为邓小蓉,另有6名队员,他们是:黄艳芳、华开罗、钱苏林、宗文霞、何静、王明甫。

后勤工作社会化进展　2007年8月23日,该院与武汉净业专业洗涤有限责任公司签订“布草洗涤合同”,该院洗衣房工作从此社会化。

学术任职　2007年9月21日,湖北省卫生厅下发《关于成立湖北省护理质量控制中心专家委员会的通知》(鄂卫函〔2007〕434号)。该院护理部主任肖红著当选该委员会的委员。

定点医疗　2007年12月12日,武汉市开发区合作医疗领导小组下发《关于确定2008年新农合第一批定点医疗机构的通知》(武经开合管办〔2007〕9号),确定该院为2008年度武汉经济技术开发区新型农村合作第一批医疗定点机构,并颁发证书。

院领导班子成员　该院院长、党委书记:宋发彬;副院长、党委委员:胡仁崇、张雅芳;纪委书记、党委委员:陈运高;工会主席、党委委员:周颖 。

通讯资料　该院地址:武汉市中山大道26号;邮编:430033;电话:83743091;

传真号:83743092;Email:Yzb@hbzsyy.com;(方先萍　李　熙)

【湖北省肿瘤医院】

主要指标完成情况　2007年,该院突破了现有床位的限制,门诊人数49 465人次,增长4.12%;住院

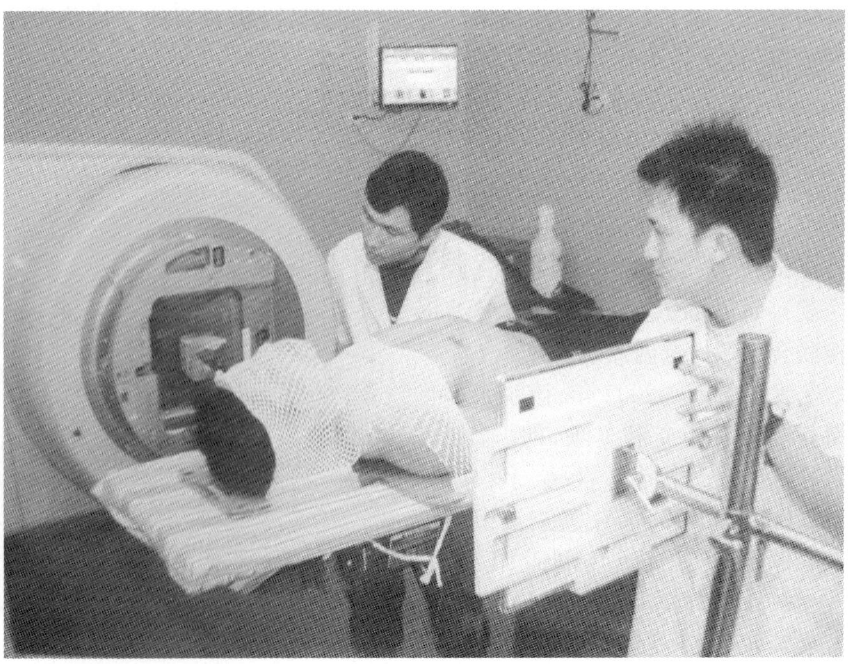

新直线设备诊断

人数达到13 648人次,较上年增长9.08%;出院人数13 681人次,增长6.7%;手术台数3 387人次,增长19%。业务总收入2.1亿元,增长10%。该院坚持低收费,勤周转,平均住院日17.9天,床位利用率达到了128%。固定资产3.4亿元。

职工构成　截至年底,该院在职职工880人(含合同工),其中专业技术人员占86%,行政后勤工作人员占14%;各级各类专业技术人员650人,其中正高职称人员70人、副高级职称180人、中级职称320人,初级职称80人;医学博士生8人、在职硕士生62人,引进硕士生32名,留学回国人员21人,硕、博士生占该院专业技术人员18.9%;目前享受国家政府津贴专家4人,省政府津贴专家7人。

医疗质量管理　该院在完善执行"行政大查房制"、"多学科联合查房制"、"医护三级负责制"等核心制度的基础上,又制订实施"院领导定期研究医疗质量和医疗安全工作制度"、"医师定期考核制度"、"管床医师上下午查房制度"、"病历借阅制度"、"检验科的意见反馈制度"。成立了护理质量管理委员会和护理缺陷管理组,以加强各项医疗质量管理。开展了"我如何应对化疗"、"我听病人诉心声"、"我为病人做实事"等主题活动。

医疗安全　2007年,该院甲级病历达到93%,出院诊断符合率达到98%,急救物品完好率达到100%,基础合格率99.6%,处方合格率93%,院感率<10%,无菌手术感染率为0.01%,促进了医疗安全。

培训工作　在医院管理年活动中,该院对副主任以下医师、护士长、护士进行"三基三严"的培训与考核约20次,技能合格率达到95.5%。选派5名护士参加省卫生厅组织的技能操作比赛,获得省直组第七名和专科组第一名。

改进服务　该院方便就诊的措施有:在门诊部增加了四个收费窗口,有效解决"三长一短"的现象;在门诊各诊室增设了移动屏风,以保护患者私密;在门诊检验科和中医科门口增设了候诊厅,并配置了空调、电视、饮水机等,以帮助调适病人候诊情绪;改用中药饮片独立小包装,有效解决传统方法存在的"称不准、分不匀、浪费大、卫生差"等问题;不定期举行"医患沟通会"、"我听病人诉心声"、"健康热线"等活动,在医患之间搭建联系平台。2007年,该院病人满意度达到96%,收到病人送来的锦旗和感谢信76面/封。

基础建设　该院新住院大楼工程建设已进入各分包工程收尾阶段。

治理商业贿赂"回头看"　2007年,该院132名医务人员上交回扣款共计25.94万元;药品和医用耗材集中招标采购按照"一品两规"的规定和同品种同规格低价优先的原则,对已中标的药品进行勾标;制定了《控制药占比的暂行规定》,规范医务人员开方、用药行为,以控制"药占比",药占比降低了10%;通过信息窗、公示牌、投诉电话、意见箱、价格一览表、电子显示屏、电脑触摸屏等形式,公开院务,接受社会、患者和职工的监督。

学科建设规划　该院现有学科设置17个。据该院2005－2010年学科建设规划:该院选送人员到国外培养3－5名博士,引进8－10名博士、30名硕士,内部培养30－40名硕士,使各临床医技科室硕、博士比例达到50%以上。全面施行单病种管理,实现以首席专家领导的专家组制。

临床科室主任　病理科:夏和顺;检验科:雷旦生;超声科:黄建国;内镜室:陈清波;麻醉科:余鸣;胸体、软组织外科:徐海洋;妇瘤科:熊世禄;肝胆胰科:夏晓勤、尹涛;胃肠、泌尿外科:张克亮、魏少忠、张建新;头颈、脑肿瘤外科:胡少南;乳腺科:马彪、龚益平;肿瘤内科:于丁、臧爱化、余伟江;放射治疗科:皮正超、王兆华、郭友权、周晓艺;二住院部:陈卫东;放射科:陈宪;中西医结合科:甘宁。

技术创新　2007年,该院各科室、各部门实行了技术创新举措,包括放疗调强治疗;内镜下的介入治疗;肝脏肿瘤的微创治疗;巨大纵膈肿瘤切除术;肺癌患者血管成形术、支气管成形术;乳腺癌手术的乳房再造;直肠癌手术的全系膜切除、高难度胃癌根治术;喉癌根治术后的发音重建、舌癌全舌切除后的功能重建;TP－ELLSA、EB病毒定量检测;乳腺肿块超声引导下植入导丝定位;浅表淋巴结超声引导下的穿刺活检;CT引导下肺肿瘤穿刺活检等,提升了该院诊疗水平。

医疗合作　该院与武汉大学合作,建立武汉大学研究生联合培养基地,受聘研究生导师11名;与宜都、枝江、英山、岳阳等县市级医院建立了肿瘤技术协作关系,以扩大资源利用效益。

学术团体任职　陈焕朝:中华肿瘤学会委员,中国抗癌协会常务理事,湖北省抗癌协会理事长,中国癌症研究基金会委员,湖北省抗癌协会中西医结合专业委员会主委,湖北省医学会肿瘤学分会主任委员,《肿瘤防治研究》主编。原俊:中国抗癌协会乳腺专业委员会常委,湖北省抗癌协会乳腺癌专业委员会主任委员。张克亮:湖北省抗癌协会胃肠肿瘤专业委员会副主任委员,湖北省医学会胃肠外科学会副主任委员。李广灿:湖北省抗癌协会常务理事、秘书长。于丁:中国抗癌协会肿瘤临床协作中心副主委,湖北省抗癌协会化疗专业委员会主任委员。蒋晖:湖北省抗癌协会淋巴瘤专业委员会副主任委员。刘力:湖北省抗癌协会妇科肿瘤专业委员会副主任委员。邓万凯:湖北省抗癌协会肉瘤专业委员会副主任委员。朱又华:湖北省抗癌协会头颈肿瘤专业委员会副主任委员。皮正超:湖北省抗癌协会鼻咽癌专业委员会副主任委员。胡德胜:湖北省抗癌协会靶向治疗专业委员会副主任委员。臧爱华:湖北省抗癌协会癌症康复和姑息治疗专业委员会主任委员。甘宁:湖北省抗癌协会中西医结合专业委员会副主任委员兼秘书。陈宪:湖北医学会放射学会副主任委员。夏和顺:湖北省抗癌协会病理专业委员会主任委员,武汉医学会病理学会副主任委员。

科研成绩　2007年,该院获省科技厅攻关项目4项、省卫生厅延续项目6项、市科技局延续项目3项、卫生部延续项目1项。鉴定科研成果1项;发表学术论文120篇,其中国家核心期刊文章50篇。

宣传工作　围绕第十三届全国肿瘤防治宣传周活动,该院与《现代健康报》联合举办第二届抗癌博士评选活动,与《长江商报》联合推出"说出你的戒烟故事"的科普征文活动等专题活动。对外投稿300余篇,在各大电台开展健康讲座12次,组织大型义诊8次。

院领导班子成员　2007年,该院领导班子作了相应调整。院长:陈焕朝;党委书记:杨敏;常务副院长兼党委副书记:原俊;副院长:魏少忠;纪委书记兼工会主席:赵桂林;院长助理(兼腹泌外科主任):张克亮。

通讯资料　地址:武汉市洪山区卓刀泉南路116号;邮编:430079;电话:87670068(院办);网址:www.hbch.com.cn。

(姜艳辉　徐　伟)

【湖北省妇幼保健院】

简介　该院即湖北省妇女儿童医院、湖北省生殖保健中心,是省属的三级甲等妇幼保健机构。创建于1977年,占地5.4万平方米,建筑面积6.2万平方米,现位于武汉市洪山区武珞路745号。建院初期,根据1981年统计数据,有正式职工286人,开放床位60张,门诊人数48 070人次,住院人数2 966人次。到1997年,开放床位600张。该院承担着全省妇女儿童的医疗保健、计划生育技术指导、健康教育、培训、妇幼卫生信息、科研等六大任务;是湖北省妇幼保健业务指导中心、省级生殖保健中心、华中科大同济医学院教学医院、卫生部指定的"全国新生儿专业医师培训基地",也是联合国儿童基金会、人口基金、世界卫生组织等妇幼保健国际项目的合作单位。该院30年的发展,始终坚持"以保健为中心,保健与临床相结合,面向基层,面向群体"的办院方向,以"母亲安全,儿童优先"为服务宗旨。1993年被评为国家级爱婴医院,1997年3月被卫生部第一批授予"三级甲等妇幼保健院",2001年经省卫生厅批准增挂了"湖北省妇女儿童医院"和"湖北省生殖保健中心"两块牌子。

工作目标完成情况　2007年,该院完成门诊量937 492人次,比上年(829 267)增长13.1%;入院人数26 410人,比上年(23 823人)增长10.9%;出院人数26 340人,比上年(23 804人)增长10.7%。按开放床位600张计算,病床平均工作日317.9天,病床平均周转次43.3次,病床使用率达到87.1%。实现总收入26 687.7万元,其中业务收入25 293.6万元,较上年同期增收4 595.9万元,同比增长23.2%;医疗收入17 678.6万元,比上年增收3 562.6万元,同比增长25.2%;药品收入7 615万元,药品收入占业务收入的比重为30.1%,较上年下降1.7%。门诊患者平均费用160.06元,住院患者人均费用3 905.93元,出院患者平均住院日7.2天。

技术人员构成　该院现有正式职工653人,其中卫生技术人员559人,副高以上职称153人,中级职称199人。

科室设置　该院设置一级临床保健科室17个,医技科室7个,实验室4个,中心6个(遗传中心、产前诊断中心、生殖保健中心、新生儿疾病筛查中心、更年期保健中心、新生儿急救转运中心);二级专科近70个。行政职能部门14个。主要业务科室有:妇科、产科、新生儿科、儿内科、综合外科、儿童保健科、妇女保健科、口腔科、耳鼻喉科、眼科、小儿脑瘫康复科、成人内科、中医科、理疗科、皮肤性病科、肠道门诊、心理咨询、医学美容、省医学遗传中心、省生殖保健中心、社区家庭保健部等。

主要设备　主要医疗设备有三维彩色多谱勒超声诊断仪、双排螺旋CT、多功能800mAX光机。该院百万元以上设备有:生化分析仪(2005-7-2启用);酶免分析仪(2008-3-31启用);彩色B超(X-300,2008-6-30启用);X光机(1 000MA多功能,2007-8-7启用)；彩色B超(ANTARES爱星，2008-1-26启用)；彩超诊断仪(ACUSON128XP/10型，1993-5-1启用)；彩色多普勒超声诊断仪(含12月购升级探头，2004-1-1启用)；彩色B超(阿克松〈acuson〉，2006-10-31启用)；彩色多普勒超声诊断仪(SEQUOIA 512美国，2005-7-1启用)；彩色电脑声像仪(SEQUOIA 512型，1999-9-1启用)；X光机(800MA，1996-3-1启用)；CT(美国通用，2002-12-1启用)。

特色医疗 该院一些医疗项目已形成特色，如：妇科开展的腹腔镜手术、子宫肌瘤介入疗法；产科开展的“一对一”全程伴陪分娩服务；新生儿急救与Rh溶血患儿同步换血术；小儿神经康复中心对小儿脑瘫的治疗；儿童保健科开展的儿童早期教育、智力测试、心理咨询、行为干预、体质测试一系列业务已将儿童保健、医疗、心理、教育融为一体；还有妇婴超声诊断、妇婴手术麻醉等都已形成特色。

三大领域拓展 2007年，该院在医疗、保健、生殖健康三大领域得到拓展。生殖中心于2月份通过卫生部人类辅助生殖技术准入评审；2007年试管婴儿新鲜周期数达到265例，较2006年增长140.9%；冷冻胚胎移植、人工受精周期数在上年基础上有了大幅度提高；产科全年分娩量达到6 384人，连续4年保持全省第一的地位；妇科成为全国首批妇科内镜诊疗技术培训基地；新生儿科被省卫生厅批准设立“湖北省新生儿急救转运中心”，转运单位由2006年的70家发展到108家，全年转运重症新生儿1 022人，较2006年(930人)增长9.8%；新生儿疾病筛查中心共筛查25 632人，比2006年(7 867人)增加226%；儿童保健科儿童早期发展训练中心初具规模，工作量较2006年增长150%。

医疗质量 2007年，该院出院患者治愈率达到78.9%，同比增长8.5%；入院诊断符合率达到95.8%，三日确诊率达到99.6%，危重患者抢救成功率达到98.3%，较2006年度有了明显的提高；产科、新生儿科两个医疗风险较大的专业在业务快速发展的同时，全年无重大医疗纠纷，无负主要责任的医疗事故，无较大额度的医疗赔偿，无较大的诉讼案件。全年受理医疗纠纷53件，应对医疗诉讼15件，纠纷与诉讼数量较2006年有所减少，程度上也明显降低。全年协商补偿12.8万元。收到患者赠送的锦旗30余面，感谢信100余封。

妇幼项目指导管理 该院承担着全省“降低孕产妇死亡率、消灭新生儿破伤风项目”、儿童疾病综合管理、儿童早期综合发展、生殖健康/计划生育、婴幼儿喂养、新生儿疾病筛查等国家级妇幼卫生项目的技术指导及监督管理任务。制定了一系列工作考核细则与督导评估方案；2007年，共派出20余人次，对项目实施地区进行督导，下发督导通报5份；派出项目蹲点专家赴阳新县、松滋市等项目地区进行技术指导。

为发挥省级妇幼保健技术业务指导中心的作用，2007年，该院相继举办了全省新生儿危重症新进展培训班、小儿外科新理论新技术学习班、乳腺治疗及新进展学习班、妇科微创技术及生殖内分泌学习班、妇幼系统护理管理培训班。

治理医药购销领域商业贿赂 按照卫生部和省卫生厅的部署，2007年，该院查处可能涉及红包、回扣问题2起，约见个人谈话和集体警示教育5次，共32人。医院廉政帐户收到上缴金16 700元，医务人员主动拒收患者红包267人次，共计63 500元。

医院管理年活动 根据省卫生厅《关于继续开展医院管理年活动的通知》精神，结合上一轮医院管理年活动评审结果，该院制定了《湖北省妇幼保健院关于2007年继续深入开展“以病人为中心，以提高医疗服务质量为主题”的医院管理年活动实施方案的通知》。为了更好地将各项管理制度落到实处，编印了《医院管理年活动指南》、《处方管理办法》、《麻醉药品、精神药品临床应用指导原则》，临床医务人员人手一册。2007年11月，该院通过了省卫生厅组织的管理年中期评审，并获得较好成绩。

改善医患关系 该院建立了患者满意度调查制度和调查信息反馈制度，将患者提出的意见和建议每个月以反馈表的形式，反馈到一线科室；在门诊部、住院部大厅分别摆放了“意见信箱”，开通并公布了“电子意见箱”，及时收集患者的意见和建议，要求科室调查核实并认真处理，力求做到“患者的合法利益必须保护，患者的正当需求必须满足，患者的合理化建议必须采纳”。

依法执业 2007年1月，该院下发了《依法执业管理规定》，按照“有资格、资历者准入，无资格、资历者不入”的原则，严把用人准入关，严审处方权，保障医疗工作的合法性。同时出台了《医师资格考试暂行办法》，规定该院工作人员必须在院内办理手续，统一在省直考点参加考试，以保证新进人员的质量。

医疗质量管理 该院医务部、护理部每月组织院内感染预防控制

办公室、病案室质控人员，对临床、医技科室进行医疗护理质量检查，并以通报的形式反馈至各科室。通过对几起医疗意外事件的处理，防微杜渐，遏制了医疗事故发生的苗头。各业务科室结合专业特点，探索相应的质量控制办法，如产科实施病区分组、三级医生联合负责，助产责任到人，全年分娩6 000多例，母子平安；新生儿科实行科主任领导下的医疗小组负责制，定期对疑难、死亡病例进行讨论，要求人人发言，言之有物；妇科细化专业分组，明确各级医师职责，开展各专业组间综合评比等，相互促进。护理部全面修订完善护理管理规章制度，并制定了一系列配套管理措施。针对上一年度医院管理年督导工作中提出的问题与不足，重新修订了《护理质量管理标准及执行指南》，使质控人员人手一册，推动护理质量管理向内涵建设发展。

人才培养　2007年，该院引进硕士以上研究生22名，引进学科带头人、专家4名，评选该院特聘专家15名，选聘外院特聘专家6名。使该院硕士、博士人员达130人，占职工总数的19.85%；卫生技术人员561人，占职工总数的85.65 %。2007年，该院人员培训经费达到150万元，共有557人次参加各种学习、培训，其中参加短训班182人次，学术交流375人次，派出进修9人次(赴澳大利亚2人，赴瑞士2人)。

科研工作　2007年，该院共拿出30万元作为科研基金，对于完成科研课题并通过鉴定以及获奖课题，医院都予以奖励。全年科研课题立项21项，其中，3个项目获得了省卫生厅科研基金，3个项目获省科技厅科技攻关项目，4项科研成果分别通过了省科技厅和省卫生厅组织的鉴定获国内先进水平，2项课题获2007年度省科学技术进步三等奖全年共发表学术论文194篇。

国外专家讲学　2007年，该院新生儿科、儿童保健科、妇科、儿内科和小儿外科等科室，分别邀请美国宾夕法尼亚大学、美国波士顿儿童医院、德国维尔茨堡儿童医院、美国圣犹大儿童研究医院、澳大利亚皇家内科医师学会等机构著名专家、学者来该院讲学，使医务人员有机会了解各个领域的国际最新进展和信息。

医疗带教　2007年，该院接受实习生217人次，接收进修生201人次。

技术创新　2007年，该院政策支持新业务、新技术开展。如产科开展了产后按摩、盆底肌肉康复、子宫动脉结扎术；妇科开展阴式手术的扩展和拓宽腔镜手术范围，探索微创手术，热球治疗功能失调性子宫出血、子宫腺肌症等；B超室将超声对比造影剂在妇科应用，用超声与MRI联合诊断胎儿畸形、诊断胎儿超声心动图复杂先心病；新生儿科开展呼吸支持技术，应用高频、一氧化氮吸入疗法、外周血管同步换血；外科开展巨型脐膨出分期修补术、先天性腹裂修补术、先天性膈疝修补术；儿童保健科开设儿童早期综合发展和儿童喂养困难专科等。

制定全省规范性文件　为贯彻实施国家《母婴保健法》，规范湖北省母婴保健服务，该院专家参与省卫生厅组织的法规起草工作，制定了《湖北省孕产妇系统管理规范》、《湖北省儿童保健管理规范》，出台了《湖北省出生医学证明管理办法》、《湖北省降消项目监督指导方案》、《湖北省妇幼保健机构管理评审实施细则》、《湖北省新生儿疾病筛查工作考核细则》等规范性文件，并对规范执行情况进行督导，以提高全省妇幼保健工作的规范性服务能力。

妇幼卫生信息管理　该院作为全省妇幼保健信息管理中心，负责全省妇幼保健常规报表的收集、汇总、上报、质量控制工作，承担全省孕产妇死亡、5岁以下儿童死亡、出生缺陷监测，预防艾滋病母婴传播、新生儿疾病筛查、“降消”项目等信息管理工作。该院为此制定了相关的信息管理制度以及考核标准，并建立了定期督导、质量控制工作机制，以保证信息的及时性、准确性，为政府决策提供信息支持。

改善医疗环境　改造门诊楼：为扩大门诊业务用房面积，该院对临街门面三楼进行了改造装修，将在门诊部办公的职能部门搬迁至门面三楼集中办公，腾出的房间给一线临床科室，业务用房面积扩大了700平方米。按照市规划局的要求，拆除了临街二层门面房，改建成停车位，改变了医院大门口拥堵状态。

产科大楼等工程：产科大楼选址已获规划部门同意，设计招标已完成，立项等手续正在办理中。老住院部改扩建于12月份启动，春节前已完成地下基础浇灌工程。

月嫂基地　湖北省妇女联合会于2007年1月1日，授予该院“湖北省木兰花”月嫂基地。

国外进修　2007年1月22日，受澳大利亚皇家妇女儿童医院新生儿科主任Dr. R. Neil D. Rey邀请，该院新生儿科副主任医师刘勇、护士长胡永群前往，进行为期三个月专业进修。

执业资格　2007年2月13日，卫生部批准该院正式运行常规体外受精胚胎移植、卵胞浆内单精子里显微注射技术。11月20日，省卫生厅批复该院成立"湖北省新生儿急救转运中心"。

妇幼卫生管理　2007年3月10日，根据省卫生厅文件精神，成立"妇幼卫生项目管理办公室(简称项目办)，办公室设在该院，李向东任项目办主任(兼)，徐育松任项目办副主任(兼)，成员有杨勤、代国红同志。

医疗援助　该院高晗参加2006－2007年度湖北卫生援博活动，被博尔塔拉蒙古自治州卫生局评选为"自治州卫生系统优秀湖北援博医生"。

公开业务培训　5月28日－30日，该院举办了2007年"湖北省新生儿危重症新进展研讨班"，近百名儿科专业医务人员参加学习。举办"全省妇幼系统护理管理及新技术新业务学习班"，前来参加学习人员达80余人次。2007年9月15日—19日，该院举办了(第九期)"全国超声监测出生缺陷提高班"，90余家单位百余名超声诊断医师参加学习。聘请了香港大学玛丽医院梁国贤顾问医师、陈敏博士、梁永昌顾问医师，中南大学附属湘雅医院周启昌教授到学习班讲课。2007年9月21日至9月24日，该院举办"小儿外科新理论、新技术学习班"，聘请美国波士顿儿童医院新生儿外科的Russell Jenning教授、武汉同济医院小儿外科王果教授和小儿泌尿外科袁继炎教授、协和医院小儿外科阮庆兰教授等知名教授授课。在Jenning教授的指导下，该院小儿外科杨星海主任与其手术团队完成了几例具有开拓性的小儿外科手术演示。2007年11月2日至4日，该院举办"湖北省乳腺疾病诊治及新进展学习班"，前来学习的有50余人次。武大人民医院甲乳外科主任孙圣荣教授、同济医院甲乳外科主任吴亚群教授和张林副教授为学员授课。该院妇科和生殖中心于2007年11月30日至12月2日举办"2007年湖北省妇科微创技术及生殖内分泌研讨班"，前来学习的有50余人次。广州中山医科大学姚书忠教授应邀授课，演示了腹腔镜手术，并向学员推介了该院的辅助生殖业务和妇科腔镜业务。

承办会议　2007年2月9日，该院承办了"湖北省预防医学会妇幼卫生管理专业委员会2006年学术年会暨首届全省优秀院长表彰会"。该院协助武汉市儿科学会、武汉市超声学会组织全市儿科、新生儿科及超声学术会议各1次，全市各医院前来学习的人员达200余人次。

超声产前培训基地　该院作为全国超声产前诊断培训基地之一(全国仅有2个培训基地)，2006年受卫生部妇幼保健与社区卫生司委托举办过第一、第二期全国超声产前诊断培训学习班，2007年再次受委托举办两期培训学习班，一期是在2007年6月15日至9月15日举行，全国12家医疗单位的12名学员参加学习；另一期在9月15日至12月15日举行，有9名来自全国各地的学员参加此次培训学习。学员们白天在带教老师的指导下上机实践，积累临床经验，晚上上课提高理论水平，达到了卫生部对于此项目的要求，全部通过考核，获得结业证书。

获批科技攻关项目　2007年，该院申报湖北省科学技术厅攻关项目，有3个项目获批"优生优育关键技术研究"子项目，课题是：孙军主任负责的"PIK3Ca、PTEN蛋白表达和HPV16/18DNA亚型原位杂交检测在宫颈癌早期筛查液基薄层细胞学涂片中的价值"；彭巧英主任医师负责的"新生儿胎粪吸入综合征与儿童哮喘的相关性研究"；金志春主任医师负责的"补肾活血法对卵巢早衰小鼠FSH受体mRNA转录及其表达影响的研究"。

申报湖北省卫生厅科研基金项目，有3项课题获批，课题是：刘京华主任医师负责的"湖北省0－6岁儿童脑性瘫痪障碍病因、影响因素、神经生理及综合干预研究"；王维鹏副主任医师负责的"人巨细胞病毒UL144、gB基因多态性与新生儿黄疸相关性研究"；孙军主任医师负责的"PIK3Ca、PTEN蛋白表达和HPV16/18DNA亚型原位杂交检测在宫颈癌早期筛查液基薄层细胞学涂片中的价值"。

省科技进步奖项　2007年，该院两项课题《药物流产作用机制及药流安防治药物流产后阴道出血异常的作用及其作用机制研究》、《婴幼儿骨密度正常值范围的建立及影响因素研究》获湖北省科技进步三等奖。

课题鉴定　2007年，该院金志春主任医师负责的科研课题"抗溶保胎合剂防治母儿血型不合的临床研究"通过省卫生厅组织的鉴定，达国内领先水平；夏世文主任负责的科研课题"还原型谷胱甘肽(阿拓莫兰)在早产儿、窒息新生儿中的临床应用研究"通过省卫生厅组织的鉴定，达国内领先水平；冷福建主治医师负责的科研课题"硬膜外单次注入舒芬太尼在产科会阴侧切术后镇痛的研究"通过省卫生厅组织的鉴定，达国内先进水平；许慧副主任医师负责的科研课题"龙牡壮骨冲剂对胃肠动力的影响"通过省科技厅组织的鉴定，达国内领先水平。

临床科室主任(主持工作)　手

术室:余凌;B 超室:陈欣林;妇科:王燕;急诊科:陈苓;产科:肖梅;药剂科(副主任):黄国军;外科:杨星海;检验科:王维鹏;乳腺外科:薛明兴;放谢科:杨文忠;新生儿科:夏世文;成人内科:陈晓红;儿科:周晓勤;美容科:陈敏;小儿康复科:刘京华;中医科:张迎春;儿保科:徐海青;口腔科:杨莉;妇保科(副主任):易念华;耳鼻喉科:段传星;生殖中心(副主任):郑洁;病理科:孙军。

新业务新技术　2007 年该院临床医技科室开展了一系列新业务新技术。

检验科开展了孕妇及儿童贫血筛查;白带超高倍显微镜检查;微生物室开展了微生物二氧化碳培养和支原体快速培养。

放射科配合生殖中心和中医不孕专科开展了输卵管再通术;将介入治疗逐步扩展到儿科领域,在皮肤科和外科的大力支持下,开展小儿血管瘤的介入治疗,取得良好的临床疗效;使用 CR 系统,进一步提高了影像的清晰度和诊断的准确性。

超声科在妇产科临床应用超声对比造影剂,其对超声照影在孕鼠胎盘安全性的研究,在第三届世界母胎会议上获二等奖;开展超声与 MRI 联合诊断胎儿畸形,其胎儿神经系统与胸腔疾病的诊断均被国际妇产科超声大会录为大会发言;开展胎儿超声心动图诊断复杂先心病。

产科开展产妇产后康复按摩、产后盆底康复,良好的社会效益及经济效益;针对产后出血的严重产科并发症,采取子宫动脉结扎、B - lynch 缝扎、卵圆钳钳夹宫颈等综合方式,取得明显疗效。

妇科开展热球治疗功能失调性子宫出血、子宫腺肌症。

小儿神经康复科开展视觉诱发电位检测,为早发现、早诊断患儿视觉通路问题提供了科学依据。

新生儿科购置了相应的设备,增加护理人员,开展外周中心静脉置管术(PICC),有效保证了超低出生体重儿的治疗效果;开展新生儿脐动脉插管(uAC)。

中医科采用中药外敷与灌肠及中药离子导入治疗妇女盆腔炎与盆腔包块;穴位埋线法促进排卵治疗月经不调及不孕症;中药治疗先兆流产与宫外孕;消喘膏治疗小儿急性支气管炎;止泻膏治疗小儿腹泻;中药药浴治疗小儿感冒;消淤膏治疗急性乳腺炎及甲沟炎;通气汤治疗小儿肠梗阻;中药治疗小儿性早熟;中药治疗妊娠 ABO 血型不合及妊娠胆汁淤积症;中药外敷及内服治疗黄褐斑及痤疮等等。

外科开展了数例先天性膈疝修补术、巨大脐膨出分期修补术、腹裂修补术、食道闭锁吻合修补术、气管瘘修补术、经腹腔镜精索静脉曲张高位结扎、经胸腔镜漏斗胸矫正术、经肛门巨结肠根治术的 Soven 手术。

文明创建荣誉　该院在落实省文明委关于深入开展"创文明行业,促进荆楚和谐"的活动中,获得了一些荣誉。2007 年 4 月,省委、省政府授予该院省级文明单位称号,该院连续 4 年获此荣誉;8 月 31 日,该院获"湖北省维护妇女儿童权益贡献奖";4 月 29 日,该院被洪山区委、区政府授予"文明单位"称号。12 月 20 日,省卫生厅和团省委继续认定该院新生儿科、临产室为全省卫生系统青年文明号。

12 月 30 日,胡祖斌院长当选为湖北省第十一届人大代表。产科主任肖梅获得全省巾帼建功先进个人和首届荆楚十大健康卫士提名奖,儿童保健科主任徐海青被省直机关工委评为全省"四学四比两创"先进个人、金志春获国家中医药管理局"全国优秀中医临床人才"称号并获优秀奖励。11 月 16 日,该院李倬珍医师荣获中国医师协会第四届中国医师奖。

通讯资料　该院地址:武昌武珞路 745 号;电话:027 - 87884730;传真电话:027 - 87882324;网址:http://www.hbfy.com;电子邮箱:87884730@163.com。

(阎　炯　徐　斌)

【湖北出入境检验检疫局】

航空口岸检疫查验　2007 年,该局监测查验出入境人员 132 372 人,比上年增长 29.67%;出入境飞机 1 608 架次,比上年增长 32.89%;旅客携带物、邮寄物 16 369件,截留销毁处理旅客携带物 237 批次,分别比上年增长 12.66%、40.23%。

水运口岸货物和交通运输工具检疫监测　2007 年,检疫查验进出境集装箱 119 144 标箱,其中进境 43 385 标箱,出境 75 759 标箱,入境 4 412 标箱;检疫查验进出境船舶 10 艘次,其中进境 6 艘次,出境 4 艘次;检疫检验废旧物品 506 批次,货值 2 040 万美元;其中检出不符合卫生标准 21 批次,货值 120 万美元;审批进出境特殊物品 135 批次,其中进境 126 批次,出境 9 批次;签发尸体/棺柩出境许可证 2 份;对口岸进出境集装箱、货物储存场地进行卫生许可复审 10 家,对 2 家口岸食品生产厂进行了卫生许可年审,换发新证。

口岸医学媒介生物调查　2007 年,该局进行口岸医学媒介生物本底监测调查 36 次,其中,鼠类调查数据:布夹数 1 698(个夹数)、阳性夹139;布粉块数650(块)、阳性381;布鼠笼数82(笼次)、阳性27;捕获鼠34只、其中笼捕获5只。蚊类调查数据:布诱蚊灯60(盏)、捕获各类蚊4 985只。蝇类调查数据:布诱蝇笼120(个)、捕获各类蝇4 131只。蜚蠊类调查数据:布粘胶纸958(张)、阳性粘胶纸64张、捕获各类蜚蠊63只。

口岸卫生监督　2007年,采集各类样品144份,进行微生物指标检测,其中食品检验合格率88.75%,消毒检验合格率100%,饮用水检验合格率83.95%,机供食品检验合格率87.5%;每月定期对武汉天河机场食品生产企业、国际到达出发厅的空气质量及微小气候进行布点监测,其中温度、湿度、风速、噪音、照度、二氧化碳、一氧化碳、甲醛含量、可吸入性颗粒、空气细菌总数等10个项目的检验合格率达97.3%以上;对航空口岸出入境人员进行体温初筛查验102 299人次。对328名航空口岸食品饮用水从业人员、航空公司机组人员进行了健康检查,对健康合格者签发了健康合格证,对2名患者进行了工作岗位调换。

传染病监测体检和免疫接种　截至2007年12月底止,该局对出入境人员进行传染病监测体检21 309人次,签发健康证明书19 247份;共检出各类传染病3 144例,其中艾滋病2例、性病139例、肺结核26例、肝炎1 851例,澳抗阳性1 073例、其他传染病93例,检出非传染病5 342例;预防接种29 919人次,其中黄热疫苗3 565人次,霍乱疫苗1 650人次,乙肝疫苗371人次,麻风腮疫苗726人次,流脑疫苗2 501人次,白百破疫苗759人次,乙脑疫苗278人次,水痘疫苗309人次,甲肝疫苗2 697人次,其他各类疫苗3 167人次。

卫生检疫质量检查　该局卫检处每季度到保健中心抽查体检单证一次,每次抽查单证、原始记录单不少于30份;检查内容主要是体检项目有无缺项、体检原始记录是否完整、健康证书与体检结果是否相符等。到卫生处理单位检查药品仓储、使用是否安全,卫生处理是否有效。检查航空食品饮用水的安全卫生。对进出境集装箱的检疫查验,严防有毒有害物质出入境。

创建武汉国际卫生机场　2007年初,国家质检总局与湖北省政府共同签署了《合作备忘录》,总局支持湖北省政府创建武汉国际卫生机场是重要内容。该局成立了"创建武汉国际卫生机场小组",由局领导谭和熙同志负责。一年来,该局先后4次与湖北机场公司对创建工作进行了座谈、协商与研究,提出了创建方案,为2008年的创建工作打下了基础。

口岸重大疫情的应对处置　2007年,湖北省先后两次在回国劳务人员中发生2例登革热病人、36例疟疾病人的疫情。该局立即召开有口岸相关部门参加的疫情通报及应对工作会,采取措施予以应对:在武汉航空口岸加强对入境旅客的查验和体温监测;保健中心采购、储存防治登革热、疟疾的试剂和药品,严防疫情进一步发展;加强与省市卫生主管部门的联系,配合疾控部门做好回国劳务人员中个案的医学调查和防治工作。

仪器设备　2007年,该局进口了3台主要设备,即自自动尿液分析仪、化学发光免疫分析系统、全自动微生物鉴定仪。

实验室建设　为提高传染病监测体检工作的保障能力,该局投资200多万元引进了先进的体检仪器和设备,并实行规范化管理,严格实验室操作规程。保健中心实验室于2007年2月通过了国家实验室认可委员会组织的第一次评审,并取得了湖北省临床体检中心和卫生部组织的实验室质量评审优秀成绩。经国家质检总局批准,该局于2007年3月开始筹建艾滋病确证实验室,并于9月试运行,力争2008年一次性通过总局和卫生部的联合考核验收。

进出境集装箱的检疫查验　加强进出境集装箱储存场地的管理,严格卫生许可制度;落实进出境集装箱卫生处理,严防有毒有害物质或媒介生物经集装箱传入或传出。

艾滋病防治宣传　在贯彻《艾滋病防治条例》、质检总局颁发的《口岸预防与控制艾滋病管理规定》和湖北省政府有关艾滋病防治工作的管理规定的过程中,该局常年在武汉航空口岸和保健中心向出入境人员及体检人员进行艾滋病防治宣传,并提供医学咨询,咨询人数达3 100多人,向出入境人员提供艾滋病防治宣传册3 600余份。

武汉航空口岸食品卫生监管　对食品饮用水生产、经营单位坚持卫生许可标准;购买了食品快速检测仪,加强日常检测;定期与不定期对食品饮用水进行随机抽样检测,发现问题及时整改;加强日常监管,确保武汉航空口岸食品饮用水的卫生安全。

卫生检疫专业培训　2007年,该局举办了口岸食品从业人员卫生知识培训班3期,约153人参加培训;举办卫生检疫专业技术、卫生处理培训班1期,有35人参训;举办特殊物品有关法律法规培训班1期,23人参训。派员参加质检总局举办的口岸应对突发公共卫生事件卫生处理知识和技术操作竞赛。该局派员参加微小气候空气质量快速检测知识竞赛获三等奖。

卫生检疫部门负责人　2007年，该局卫生检疫处处长：王丽；副处长（调研员）：项金学。

通讯资料　该局地址：汉口万松园路3号；邮编：430022；电话：027－85791590（传真）；检疫部门电话：027－85724537（传真）。

（陈方才）

（责任编辑：柳德生）

军队医疗卫生机构

【广州军区武汉总医院】

概况　广州军区武汉总医院是一所集医疗、教学、科研、预防、保健、急救为一体的大型综合性医院，具有61年的光荣历史，先后被评为三级甲等医院、全国"百佳医院"、"爱婴医院"。年收治住院病人2万余人次，完成手术9 000余台次。医院设有46个医疗科室、74个专业，拥有4个全军专科技术中心，即神经外科中心、骨科中心、眼科中心、心胸外科中心和全军临床药理基地及解放军武汉血站，拥有麻醉与复苏、口腔诊疗、妇产科、放射影像、心血管内科等7个军区医学专科中心．医院拥有数十名专家享受政府特殊津贴，百余名专家在国家和省市级学术团体任职。医院设有多个硕士、博士生培养点，承担武汉大学、华中科技大学、中南大学、南方医科大学等5所院校的临床及研究生教学任务，年接收研究生、进修生、实习生教学任务300余人次。医院拥有齐全配套的大型高档医疗设备，包括超高档螺旋CT机、核磁共振成像仪、数字减影机、ECT、全自动生化分析仪、心电生理、直线加速器、功能性立体定向细胞刀、各类电子内窥镜、心腹部彩超、高压氧舱及ICU、CCU病房监护系统等。医院在颅脑疾病及创伤救治、颅内血管性疾病的研究及血管内治疗技术的应用方面，取得了突破性进展。体外循环心内直视手术，冠状动脉搭桥术，头、体部肿瘤X刀治疗，眼曲光不正准分子激光治疗，超声乳化白内障治疗，眼底视网膜疾病综合治疗，后节玻璃体切割术，血液透析，肾移植术，腹腔镜手术，全身

各系统良、恶性肿瘤的血管内治疗及泌尿系统结石的碎石等均为该医院特色技术。近五年来，该医院共获科技成果奖600项，其中国家和省、部级科技进步二等奖以上奖项30余项。医院曾两次获全军白求恩杯服务优胜奖。

医疗工作　2007年6月，该院组织参加了全军中医药技术大比武广州军区选拔赛。中西医结合科陈利锋入选，代表军区参加全军比赛，获得第三名。2007年5月，该院护理专业在全军范围的评比中荣获岗位技术练兵先进单位。

2007年9月，该院成立了临床支助中心，全面承担临床科室用物传送、标本收送、患者陪检等工作。护理部先后组织设计订制了床头防跌倒、防压疮提示信息牌、治疗中各种出入管道标识、安全治疗用背心、军队伤病员制式病号服等护理标识1 500余件，实现了全面标识化管理。

科研工作　该院开展了"寰枢椎后路改良经关节螺钉内固定术治疗寰枢椎不稳定基础与临床研究"。该研究首先确立了寰枢椎后路改良经关节螺钉内固定术进钉点，即以颈2下关节突下缘中点为进钉点，具有骨性解剖标志明显、临床定位容易、准确的优点。其次，测量了后路改良经寰枢关节螺钉内固定术相关解剖学数据（钉道上倾角47.52±4.57°、钉道内倾角13.09±11.38°、螺钉长度36.42±2.83 mm），通过与后路Magerl螺钉内固定的生物力学对照研究，证实了后路改良经寰枢关节螺钉内固定术提供的稳定性较Magerl螺钉更强。该项研究能有效指导临床手术操作，降低手术创伤发生率，提高了手术安全性，同时缩短了手术时间。通过对20名病人的临床应用，全部病人均获得骨性融合，疗效满意。

开展了"生物可降解长效注射微球的研究"。生物可降解注射微球制剂是以生物可降解聚合物为载体材料制备的，粒径在微米级，可肌肉注射给药的一种新剂型。该项目以两种水溶性差异较大的药物（石杉碱甲和盐酸恩丹西酮）作为模型药物，对微球的制备工艺、释药机制以及体内药动和药效学性质进行了深入的研究。

该研究通过采用激光共聚焦技术来考察药物在微球中的分布状态，结合微球的形态学研究结果，阐述了微球的释药机理，提出了聚合物与药物的相容性差是导致微球包封率低和出现突释的重要原因，证明了制备工艺可以在一定程度上改善聚合物与药物相容性，提高微球的包封率并降低突释。

该研究以生物可降解注射微球递送石杉碱甲和盐酸恩丹西酮取得令人满意的效果。其研究成果在山东大学药学院等6家单位推广应用，获得了良好的社会效益。

进行了"泌尿系结石微创治疗的实验与临床研究"。该项目对体外冲击波碎石（ESWL）治疗肾结石产生肾损伤的机理及治疗，膀胱结

石、输尿管结石、肾结石的微创治疗四个方面进行了实验及临床应用研究。

与当前国内外同类研究比较，该研究形成了一整套泌尿系结石微创治疗技术，显示了微创技术的明显优势：微创切口、创伤小、出血少，手术时间短、术后恢复快、并发症少、手术更为安全，复发率低等优点。主要创新包括：第一，首次对体外冲击波碎石（ESWL）前后肾损伤生化指标的变化及其意义进行了研究，揭示ESWL肾损伤除了物理作用，还有氧自由基的作用；第二，首次对自由基清除剂（古拉定）对ES-WL肾损伤的保护作用进行了动物实验研究和临床观察，表明自由基清除剂可有效减轻肾损伤；第三，首次提出气压弹道经耻骨上膀胱造瘘途径治疗膀胱结石，为膀胱结石的微创治疗提供了新的手术入路；第四，首次实施和提出自体肾移植结合腔道碎石技术治疗复杂性肾铸形结石，为这种结石的治疗提供了新的选择；第五，为双"J"管继发输尿管多节段结石、输尿管结石、输尿管中下段结石，及复杂性肾结石开放术后残石提出了新的联合应用方法。

该研究在近10年来成功地开展了近5 000余例泌尿系结石的微创治疗，使98%以上的患者免除了开放性手术的痛苦，取得了良好的社会和经济效益。

开展了"免疫球蛋白异常症综合实验诊断的研究"。该研究建立的醋纤膜原位免疫固定电泳技术，能有效鉴定出单克隆丙种球蛋白病患者血及尿中是否存在单克隆丙种球蛋白病成分，并对其进行免疫学分析；应用亲和免疫印迹技术检测出一般方法难以检测的单克隆免疫球蛋白及其碎片的特征，该项技术对于恶性淋巴瘤的正确诊断有着十分重要的意义。20年来，采用该研究建立的方法为华中科技大学附属同济医院、协和医院、湖北省人民医院、郑州大学附属第一医院及广州珠江医院等中南地区数10所大医院鉴定各类免疫球蛋白异常症及多发性骨髓瘤4600余例，实验室诊断与临床符合率达100%。取得了良好的社会经济效益。

学术活动　该院积极开展医学科研工作，2007年，医院多项成果获奖。其中，该院开展的"生物可降解长效注射微球的研究"，"泌尿系结石微创治疗的实验与临床研究"，"寰枢椎后路改良经关节螺钉内固定术治疗寰枢椎不稳定基础与临床研究"获湖北省科技进步二等奖；"免疫球蛋白异常症综合实验诊断的研究"获军队医疗成果二等奖。

2007年该院已发表学术论文447篇；首次获得武汉市科技计划项目晨光计划1项，攻关计划1项；组织申报了国家自然科学基金9项，获省级课题基金资助11项；组织申报了湖北省科技成果奖8项，获省科技进步二等奖3项，三等奖1项；申报了军队科技进步二等奖1项，三等奖7项，医疗成果二等奖1项，三等奖10项。经全军成果评审会专家评审，获得军队医疗成果二等奖1项，军队科技进步三等奖3项、医疗成果三等奖7项。

2007年该院护理专业共获批湖北省卫生厅科研基金指导性项目2项，全军继续教育项目2项，广州军区继续教育项目1项，军队科技进步三等奖1项，用于压疮预防的30度翻身枕拟申报发明专利。全军录用科技论文227篇，刊登85篇，其中统计源期刊59篇。

（洪求兵）

【解放军第161医院】

刘双喜，男，1963年2月出生，1979年12月入伍，汉族，河南省平舆县人，中共党员，硕士研究生，上校军衔，曾任总后武汉后方基地卫生处处长，现任第161医院院长，全军卫勤专业委员会委员。

概况　该院是第三军医大学、南方医科大学、武汉大学、华中科技大学等多所军地医学院校的临床实习和教学医院，是集医疗、教学、科研、预防、保健和康复于一体的三级甲等医院。现设有31个临床和医技科室，开展39个医疗，技术专业，拥有各类专业技术人才600余人，其中高、中级专业技术人才200余名，博士、硕士研究生100余名，担任国家、军队、省市学科委员会职务的医学专家60余名。拥有螺旋CT、核磁共振、高档彩色超生诊断仪、腹腔镜、全自动生化分析仪、数字减影、免疫吸附治疗系统、电子胃肠镜、血液透析机、CRRT连续性血液净化装置、体外震波碎石机、绿激光、Leep刀、全套肿瘤放疗设备等医疗仪器设备1 000多台（件），总价值达13亿元。

医疗工作　为了进一步落实医疗制度，规范医疗行为，提高医疗质量，根据《执业医师法》、《医疗机构管理条例》及《病历书写基本规范（试行）》的要求，结合医院工作实际，制订下发了《于进一步加强医疗质量管理的通知》，对科主任查房、三级检诊、新入病人上级医师及科主任查房、危重疑难病人抢救会

诊等提出明确要求,并对医师查房时间及次数、病历书写内容及各级医师审签做出严格规定,再次重申了所有手术及有创操作必须签署手术同意书或知情同意书,认真书写手术(操作)记录,严格落实重大手术前报告审批制度。组织老专家对在院病人辅助检查和临床用药是否规范合理进行内外科对检活动。为了进一步加强医疗质量监控,保证质量管理全面实施,实现单一终末质量控制到实时环节质控+终末质控的转变,建立健全医院医疗质量管理委员会、医疗质量监控中心、科室质量管理小组的三级质量管理制度,逐步形成全程的质量控制管理体系,从制度上保证全面质量管理的实施。为保障急诊急救"绿色通道"畅通,弘扬救死扶伤的人道主义精神,加强和完善医院医疗救助专项资金的管理,制订下发了《第一六一医院医疗救助专项资金管理办法》,对救助范围、原则、标准及使用申请程序进行了规定。为规范处方管理和医师执业行为,提高处方质量和医师素质,加强对麻醉药品和精神药品临床应用的管理,促进合理安全用药,保障医疗质量和医疗安全,认真组织各科学习新《处方管理办法》、《医师定期考核管理办法》及《麻醉药品和精神药品临床应用指导原则》。医院组织进行医务人员医疗法律法规、英语及业等考核,所有应考人员均参加了考核,合格率 100%,优秀率 51%。医院全年门诊 212 846 人次,住院病人稳步上升,达到了 15 756人次,手术病人 4 831 例,各项质量指标均达总部标准。全年住院病人发生医院感染 194 人(次),感染发生率 1.5%。传染病疫情实行网络直报,报告及时、准确,实报疫情 1 979 例。进一步加强药品监督管理,严格落实药品盘点清查制度,确保账物相符,做到药品无失效、变质,无人为耗损。规范设备操作程序,提高医疗设备的传用率、完好率,规范设备器材采购、供应管理。根据年度上级批准的大型设备申购计划,在上级纪委和卫生机关的监督指导下,全年组织设备招标采购 41 台(件),价值 500 余万元。加强对大型医疗设备的"三证"管理,组织 10 名医技人员进行大型医用设备操作人员上岗培训考试。大力开展为兵服务工作,根据总部对体检工作的指示和要求,统筹安排各体系单位的体检工作。医院筹备资金 200 余万元购置医疗体检设备,装修病房,成立体检中心,形成规范体检的流程,采取来院体检及上门服务相结合的方式,分批次对 42 个体系单位进行了体检,为离退休老干部体检 2 700 余人次。组织人员为干休所离退休老干部进行《心血管系统常见病的预防及治疗》讲座,受到干休所领导及老干部的好评。加强与交警、地方医保、武汉市军休办及地方干休所的医疗协作,积极做好交通事故和 120 的急救协调工作,保证绿色通道救治畅通。加强与武汉市郊县基层医疗卫生机构的联系,与新洲、黄陂、大悟、麻城、嘉鱼、京山、红安、洪湖等农村合作医疗签订了定点合作医疗协议,邀请数十家基层卫生院来医院进行联谊活动,并到各农村合作医疗办进行走访,了解农村患者在该院看病就诊的情况,广泛征求意见及建议,进一步加深沟通,更好地为广大农村患者服务。与二七社区卫生服务中心、谌家矶社区卫生服务中心、王家河、李集、滠口、横店卫生院等六家单位签订帮扶协议,选派专业工作能力强、具有高度责任心的专家和医生进驻社区医院进行技术帮带,安排授课及健康咨询,接受医务人员进修学习,并提供资金 18 万元帮助备医疗基层单位购买医疗设备及改善医疗服务环境。"八一"节前夕组织老专家到红安县七里坪镇举行义诊活动,受到了当地居民的一致好评。积极响应国家西部大开发战略,派出专家医疗队对口支援四川省岳池县人民医院,连一步加深了与岳池县人民医院的深厚感情。

专科建设　紧密结合医院发展和技术建设的需要,积极等集资金购置 CRRT 连续性血液净化装置、彩色多普勒诊断仪、基因分析仪、呼吸机、麻醉机、尿动力学检测仪、体外震波碎石机等先进医疗设备,改善诊疗条件,加快医疗技术发展。各科室积极开展新业务新技术,交叉互换活体供肾肾移植、连续性血液净化治疗、心脑血管造影及血管支架植入、等离子消融治疗耳鼻喉疾病、肿瘤介入放疗、重度创伤救治、腔镜外科等新技术的应用,不断提高医疗救治水平。心血管内科完成经桡动脉管炎穿刺冠状动脉造影及支架植入术 5 例,神经内科完成选择性全脑血管造影及颈动脉支架成形术 19 例,YL-1型微创穿制针行颅内血肿抽吸引流术 11 例,肾内科完成连续性血液净化治疗多脏器功能衰竭 7 例,肿瘤科完成亚砷酸注射液治疗原发性肝癌 15 例,感染科完成结肠途径治疗仪治疗肠道疾病 136 例,放疗中心完成多叶片光栅治疗脑胶质瘤 9 例,普通外科完成腹腔镜下直结肠癌根治术 5 例,心胸外科完成心脏破裂的抢救与治疗 38 例,骨科完成关节镜下交叉韧带重建术 4 例,泌尿外科完成肾脏移植手术 12 例,其中活体供肾 7 例,交叉互换活体供肾 1 对,微创经皮肾取石术 40 例,神经外科完成脑动脉瘤夹闭手术5例，脑出血微创手术治疗35例，五官科完成微笑列车唇腭裂手术治疗6例，等离子消融治疗耳鼻喉疾病199例，妇产科完成宫颈环行切除术（LEEP）151例，检验科完成特种蛋白鉴定128例，自身免疫性肝病监测12例，放射科完成布卡氏综合征的介入治疗2例，大大提升了医院的医疗水平和社会声誉。

科研训练　在科研管理上，组织科委会专家召开了医院医学科学技术委员会年会，评选出年度医院医护成绩一等奖3项、二等奖12项、三等奖23项；评出著作奖2项；优秀论文一等奖4篇，二等奖25篇，三等奖32篇。不断健全科研管理制度，进一步完善科研激励机制，对科研课题经费使用、参加学术活动审批、科研奖励实施等各项管理工作严格按照规范执行。

按照全军科技进步、医疗成果奖报奖要求，规范项目查新、专家函审、资料整理和材料上报工作，上报3项军队科技进步三等奖项目均全部获奖：《骨折端微钻孔对骨折愈合过程影响的实验研究》一谭春华；《周围神经端侧吻合及FK506对端侧吻合作用的研究》-杨家辉；“负电荷脂类超声造影剂的制备方法学研究》一杨莉。在学科建设上，先后组织召开了科委会和科主任座谈会，研究探索学科戈展方向，并对医院学科目前现状、发展方向、重点目标、主要任务、实现目标的时间进度与主要措施等问题进行深入分析讨论，进一步加深了对学科技术建设必要性和重要性的认识，对于促进科室发挥应有潜力、推进学科技术戈展起到了很好的促进作用。认真抓了全军血液净化专科中心的各项准备工作，积极协调落实远程医学中心站点建设。举办“医院年度学术报告会”，展示了各临床和医技科室年度开展填补医院技术空白的新业务、新技术，如冠状动脉造影及支架植入术、全脑血管造影及支架植入术、心脏不停跳体外循环心内直视手术、器官移植基因配型、肿瘤综合治疗等为特色的22项多媒体报告号题。全年共安排医务人员参加学术活动82人次，选送710名技术骨干外出进修学习，承办省市学术会议26次，邀请院外专家讲座5次，组织全院学术活动和全军远程教学听课30场次，参加《解放军医学杂志》病历讨论3次，在统计源期刊上发表学术论文145篇。在临床教学上，制定下发了《第一六一医院临床教学要求及实施计划》，下发了教学活动登记本，督促各科室对教学查房、讲课、病例讨论制度的落实，加强对进修生、实习生的带教和管理，定期抽查教学落实情况。定期组织进修生、实习生开展教学讲课活动，邀请同济医学院专家来院进行示范性查房5次，还将科室教学落实情况纳入每周的医疗行政大查房内容之一，有效地促进了医院教学工作的开展，教学水平稳步提升。全年共接受8所军地院校临床、口腔、针灸推拿、检验、卫生管理5个专业实习生102人次，进修生43人次。

医德医风建设　医德医风是医院服务态度、服务作风、服务水平的集中体现。该院加强组织领导，成立了由政委任组长、业务副院长任副组长、机关各部门领导为组员的医德医风建设领导小组，在政治处没了办公室，负责医德医风的日常工作。建立了院党委、总支书记和各科室党支部书记三级负责制，层层签订医德医风责任书，做到谁主管谁负责，对口管理。分工明确，责任到人，一级包一级，一级抓一级，一级对一级负责，形成了主官亲自抓、机关合力抓、支部书记具体抓的齐抓共管良好局面。深入开展医德医风教育，认真学习实践“三个代表”重要思想，在工作中自觉维护患者的根本利益。深入开展了党性、人品、职业道德、白求恩精神教育，引导大家牢固树立正确的世界观、人生观、价值观，在实践中正人品、立医德、树形象。在保持共产党员先进性教育活动中。引导他们积极投身到“优质服等创佳绩，勇攀高峰谋打赢”主题实践活动中。在荣辱观教育活动中，制作了“八荣八耻”助记卡，举办了“学习贯彻社会主义荣辱观，做明荣知耻诚实守信医务工作者”签名活动和“行业新风、从我做起”演讲比赛，充分发挥身边典型的榜样和示范作用，利用局域网、“医院简讯》、宣传橱窗等广泛宣传反映医院医德医风建设的新人新事，引导他们争做医德好医风正的模范。制定行之有效措施，先后制定了《关于进一步加强医德医风建设的措施》、《关于对违反医德医风问题的奖惩办法》、“医德规范》、《医务人员文明用语和服务忌语》等文件规定，使医德医风建设做到有法可依、有章可循。政治处每月组织一次医德医风调查问卷，并在“医院简讯》上通报调查问卷情况。修订完善了《医德医风奖惩办法》，加大奖惩力度，把医德医风作为各单位年终评功评奖，个人调配使用、晋职晋级、立功受奖的硬杠杠，实行一票否决。采取明察暗访、调查问卷、检查督导、建立医德医风个人档案、设立举报箱、公布举报电话、聘请院内外医德医风监督员、定期召开体系部队联席会议等途径和办法，加强了医德医风监督管理。针对临床工作中开高价药、药品使用比例过大的现象，医院从抓医德医风教育入手，深入开展了向华益慰、苏肇秀等先进典型学习活动，组织全院科室主任、护士长逐级签订了医德医风责任书，制订了《关于调整病人药费控制比例的通知》，降低药品成本，对过度治疗、滥用药等情况加大惩处力度，促进了行业风气的好转。全年共收到表扬信300多封，锦旗、牌匾100多面（块）。

领导班子成员　院长、党委副书记：刘双喜，2008年1月任职；党委书记：欧阳学东，2006年2月；纪委副书记：张文勇，2006年2月任职；副院长：闫利忠，2002年12月任职，邢世强，2004年6月任职，谭春华，2006年1月任职。

（高新云、卢　伟）

【解放军第457医院】

概况　该院成立于1950年，是一所集医疗、教学、科研、保健为一体的综合性部队医院，1992年被评定为三级甲等医院，医院先后被总后评为"全军医院建设工作先进单位"，被国家医疗质量监督委员会评为"医疗质量信得过单位"。现设有24个临床和医技科室，拥有各类专业技术人才300余人。拥有螺旋CT、彩色超声、血液透析机、体外碎石机、肿瘤热疗仪、准分子激光等先进医疗仪器设备。

2007年门诊病人72 967人次，其中地方病人60 194人次；收治住院病人5 673人，其中地方病人4 633人；完成体检1 984人次；共护理危重病人2 395人次，特护66人，共326天。地方病人全院收入3 970万元，供部队消耗449万元。圆满的完成了医疗保障任务。

医疗工作　按照国家卫生部《医院管理评审标准》和总后勤部《关于军队医院参加国家卫生部、中医药管理局开展的"医院管理年"活动的通知》精神，在医院开展了"医疗质量管理年"活动，成立了医疗质量管理年领导小组，制定下发了《四五七医院医疗质量管理评审标准》和《科室建设与质量管理考评细则》，对全院医疗质量实行1 000分制的考核制度，全面抓好医疗质量管理工作的落实，确保了医疗安全。

根据总后卫生部和武汉市卫生局的要求，认真进行了特殊药品、医用放射源清查整治工作，并认真做好了麻醉药品和精神药品临床使用与管理的培训工作，综合进行了16学时的培训工作，对部分临床医师麻醉药品和精神药品临床使用知识进行了考核，合格率为97%。在总后卫生部对医院自制制剂的质量抽查中，抽查的22个品种全部合格。

根据武汉市医药服务价格调整政策的要求，医院进行了价目表项目与诊疗项目的录入工作，录入价表项目2 716条，诊疗项目2 554条；完成了价表与诊疗项目的对应工作，共完成价表项目与诊疗项目、价表项目与医保项目的对应4 010条；成功进行网上数据的更新与切换，确保了3月20日新的医疗收费价格的正常启用。投资8万余元，在门诊部建立了电子显示牌和电子触摸屏，认真落实了价格公示制度，迎接了武汉市物价部门的检查验收，并得到了好评。

护理工作　一是加强理论学习，提高护士业务水平，组织岗位练兵活动，提高技术操作水平。2007年，根据总部文件要求，进行了全员护理人员岗位练兵活动，先后有1名同志被评为全军专业岗位练兵"先进个人"，5名"护理技术能手"，整体技术水平有了很大程度提高。

二是以"患者"为中心，确保护理质量与安全。求真务实，规范护理服务行为。组织编写并下发了供临床护士使用的《护理技术规范与应急预案》一书，建立了服务规范与标准，为临床提供了切实可行的操作依据。按照"四专五定"的要求，规范了抢救室的管理，下发了《抢救室内必备用物》，对抢救器材与药品进行适当调整、归类与统一，对抢救预案进行了修订和完善。针对检验项目的逐渐增多，将特殊血液标本的采集方法、量以及注意事项等等进行汇集，下发了"使用真空采血管采集血液标本须知"，避免采集错误，杜绝差错与事故的发生，落实了检验标本采集的登记制度，规范护理行为。

三是加强基础护理工作的落实，提供优质服务。跟踪检查，落实各项等级护理工作制度。对重点科室进行跟班蹲点，检查落实各项护理工作制度。每周参加科室晨交班并参与科室晨间护理工作，实行班有检查，周有记录，月有考勤，季有评定，按等级护理工作制度严格要求。

为兵服务　年初，组成专家组到体系部队进行巡回医疗，坚持为基层送医送药，做好训练伤防护和卫生保健知识的宣传教育，到基础诊治病人1 700余人次，送药价值6万余元。并注重在进行医疗巡诊的同时，广泛听取了基层部队对该院医疗服务的意见和建议，收集基层部队提出的对医改和医院建设方面的合理化建议20余条。为进一步提高服务质量，改进工作作风提供了可靠的保证。并积极配合上级部门进行了老干部体检工作，得到广大部队官兵的好评。

医院建设　该院投资120余万

元,对该院空勤科进行了装修改造。更换了住院部电梯,对院内环境进行了集中整治,改善了病人的就诊环境,为提高了医院服务质量创造了条件。并积极筹备医院住院大楼的改造工作。

卫训工作　该院承担着为部队培训卫生学兵的工作,2007 年已经担负了 3 期的培训任务,为做好教学培训工作,医院成立了以戴先前副院长任组长的教学领导小组,并在总结过去培训经验的基础上,修订了教学方案,投资 3 余万元,购买了教学用品和教学模具,进一步改善了培训学兵的生活和学习条件,通过精心准备,在时间紧,任务重的情况下,高标准地完成了 2007 年度卫生学兵的培训工作。

科研教学　2007 年,该院李菊成院长组织完成的《空降医疗队卫勤能力生成模式及综合保障效能研究》课题获得军队科技进步二等奖,得到了军内专家的一致好评。全年选送 8 名医务人员到外院进修学习,接收培训军队专业技术干部 23 名,地方实习进修人员 42 人,为医院的医疗技术建设注入了新的血液。

传染病防控　2007 年,上报传染病报告卡 417 张,肿瘤病人报告卡 108 张,院感监测各类物品 1 683 件;总合格率为 97%。狠抓了发热和肠道专科门诊的建设,先后迎接了武汉市疾病控制中心、武汉市人口与计划生育委员会等单位对该院的检查,各项检查均受到了好评,保证了医院各项医疗工作的正常高效运转。

对外协作　一年来,医疗工作在确保做好卫生战备和为兵服务的基础上,为拓宽对外有偿医疗服务渠道,建立广泛的医疗协作关系,院领导亲自带队,先后多次到大悟、新洲、黄冈等地为老区人民进行义诊、送医送药活动,通过业务指导、技术帮带、定点培训、合作医疗、医疗保险等多种形式,促进广泛合作。年初与黄冈林山河地区建立长期合作,于每月 28 日到该地区进行义诊和技术帮代,取得了良好社会反响。

(明平静)

【湖北武警总队医院】

概况　该院始建于 1954 年,是集医疗、教学、科研、预防、保健为一体的三级甲等医院。设有 43 个临床医技科室,创建了武警部队计划生育优生优育技术中心、武警部队泌尿外科中心,设置有先进的血液净化中心、伽玛刀治疗研究中心、内镜中心、创伤急救中心等。有正副主任医师 70 名,博士、硕士研究生 88 人。高级技术职务人员中有 8 名被聘为武警医学院正副教授,12 名被聘为地方医学院正副教授,有 1 名博士生导师、3 名硕士生导师;有 70 人次在全国、全军和武警部队各专业学术组织及医学期刊任职。配置有全身超级伽马刀、螺旋 CT、彩超、腹腔镜、宫腔镜、碎石机、十二指肠镜、全自动生化分析仪、高效液相色谱仪、核磁共振、DSA、数字 X 线摄影系统、C 臂等一大批国内外先进医疗仪器设备,总值近 1.5 亿元。医院开展的冠脉搭桥、冠状动脉造影及支架置入、断指(趾)再植、关节置换、逆行胆管造影取石、伽玛刀治疗肿瘤等已成为技术亮点。是武警医学院、武汉科技大学医学院、江汉大学医学院的定点教学医院。近年来先后被省、市、区人民政府分别授予“全省卫生系统先进单位”、“最佳文明单位”、“武汉市文明品牌医院”、“武汉市医疗保障工作先进单位”。

医疗工作　2007 年,该院 27.50 万人次,收住院 1.47 万人次,手术总量 5 987 台次。

该始终把医疗服务质量作为医院的生命线,加强医院全面建设,制定《全面质量管理考评标准》,每月进行考核,各项医疗质量评价指标达到三级甲等医院水平。制定《医疗纠纷防范预案与处理预案》,组织全院人员学习,增强法律意识,防范医疗纠纷。开展为期 5 个月的护理岗位大练兵活动,提高了护理人员的操作技能。

该院派出专家组到新洲、红安、黄冈团风县等地区进行义诊,深受当地群众欢迎。组织专家为武昌区城管局进行健康讲座,讲授老年性疾病、肝胆疾病、颈椎病防治等专题。根据市卫生局文件要求,对江夏的四个卫生院进行帮扶,捐赠设备。派出医疗队参加第六届城市运动会的医疗保障工作,为六城会顺利圆满结束做出贡献。组织召开湖北省性学会第三届三次常务理事会议,来自全省性学专业的资深专家学者参加了此次会议。

为兵服务　加强训练伤治疗、预防的研究,探索出了一些有效的方法,用以对部队的防病治病工作进行有效指导。选派出医疗队为基层官兵查体治病,健康咨询,全年派出巡诊保健 14 批 151 人次。高度重视战备工作,根据编制调整,从实战需要出发,把“拉得出,上得去,展得开,救得下”作为检验标准,卫勤分队的日常和应急保障水平全面提升。

医学教育与科研　该院担负着武警医学院、武汉科技大学医学院等 6 所院校的教学任务。每年承担着 50 余名外院医师进修任务。同时医院也注意对自身整体素质的提高,每年派出 30 余人到外院进修和学习。医院鼓励全院医务人员积极申报科研课题，设立了科研基金，支持科研项目的开发。全年获武警部队医疗成果三等奖3项，科技进步奖3项；发表学术论文80余篇。

医德医风及文体活动　进行“增强事业心责任感，有效履行职能使命”教育，忠诚卫士教育、职业道德教育、理想信念教育、法纪教育以及科学发展观、十七大精神的学习，把经常性思想工作贯穿到医院工作的全过程。坚持把主题教育与工作实际结合起来，增强了大家的责任感、使命感和自我管控能力。建立医德医风监督机制，完善医务人员医德医风档案，公布监督举报电话。坚持每月一次医德医风调查，每半年一次总结和评比表彰，评选出服务明星。扎实开展群众性系列文体活动，充分发挥医院自身优势，在对外宣传、文艺节目等方面均取得较好成绩。7月份医院官兵自编自演的文艺节目在总队文艺调演中获得三等奖。有近300篇稿件在《解放军报》、《人民武警报》、《武汉晚报》、《楚天都市报》等报刊和电台、电视台播发。

专科建设　该院发展迅速，为了促进医院建设不断向前发展，经过充分论证，在原有基础上单独成立了脊柱外科、消化内科、胃肠外科、肾内科、综合科6个科室，使专业设置更加合理，进一步提升了收治病人的能力。一些难度较大的前沿技术相继成功开展并不断走向成熟，目前医院开展的腔镜手术、介入治疗、支架植入术、ERCP技术、关节置换、义齿种植、血液透析、伽玛刀治疗肿瘤等已成为技术亮点。普外科，开展经腹腔镜行直肠癌根治术；三镜联合（腹腔镜、胆道镜、肝胆十二指肠镜）治疗胆道结石及梗阻性黄疸；拔T管后胆漏经鼻胆管引流术（获武警总部医疗成果三等奖）。骨科，骨巨细胞瘤行瘤骨切除＋人工膝关节假体置换术；动脉瘤切除＋血管游离移植修复术。麻醉科，开展了轻比重罗哌卡因在低位硬膜外可行走手术中的临床研究。泌尿外科，开展了原位低温肾切开取石术；后腹腔镜肾上腺巨大肿瘤切除术。耳鼻喉科，喉癌喉全切并双侧颈淋巴结清扫术；穿孔区脂肪块填压片修补鼓膜穿孔；成立睡眠呼吸监测室。妇产科，宫腹腔镜联合治疗节育环异位膀胱。口腔科，开展纤维桩、钛钉修复牙体技术、纯钛铸造基托活动义齿修复技术、异体骨植骨种植牙技术、自锁托槽矫治技术。消化内科，肠道恶性狭窄支架放置术；开展电子十二指肠镜逆行胰胆管造影（ERCP），全面开展食管、胃、肠、肝胆胰疾病的内镜下介入微创治疗。肾病内科，连续性血液净化治疗重症胰腺炎。神经内科，脑血管病介入治疗、射频消融治疗三叉神经痛。心血管内科，开展冠脉造影、PICA＋支架植入手术、外周动脉溶栓手术以及人工心脏起搏器植入手术。特检科，ERCP超声引导；经皮肾镜钬激光超声引导。放射科，开展口服法螺旋CT胆管造影。　　（骞鹏飞）

（责任编辑：胡培光）

大型企业医疗卫生机构

【武钢总医院】

概况　2007年，根据卫生部继续深入开展以“病人为中心，以提高医疗服务质量为主题”的医院管理年活动的精神，该院坚持把维护群众利益，构建和谐医患关系放在首位，不断探索建立医院科学管理的长效机制，促进医疗服务质量不断提高。认真落实预算管理和项目管理措施，克服了运行成本增加、工作任务重等困难，全院职工团结一致，积极挖潜创效，完成了公司下达的各项工作目标。全年出院人数21 789人，病床使用率106.8%，平均住院天数13.9天，手术5 036例，门诊量808 058人次。

着力学科建设，提升核心竞争力

专科建设　根据湖北省卫生厅重点专科建设标准，结合医院实际，按照“院有重点，科有特色，人有专长”的重点专科建设指导思想，按照有条件、有能力、有市场的原则，把学科带头人的培养使用作为重点专科建设的关键，把特色技术作为重点专科建设的基石。制定实施临床重点专科建设管理制度。本着整体规划、分步实施、择优汰劣、公平竞争的办法推进重点专科建设，在整体推进临床医技科室建设的基础上，加快重点专科建设步伐，在原有神经外科、肝胆外科、心血管内科、呼吸内科四个院级重点专业的基础上，新增院级4个重点专业。

医疗技术准入管理　重点抓了新项目报批制度落实，对重大疑难手术、尤其新业务、新技术的开展等，组织专家组对该项目开展的理由、利弊风险的告之、技术条件等进行审核把关并交战线院长审批。对开展后的成效、安全性进行追踪，保证医疗质量及医疗安全。全年开展新技术、新业务100项，住院手术例数比去年同期增长超过20%，门诊手术例数比去年增长1 000余例。其中有34项获得公司科技进步奖。完成科研课题2项，均通过省卫生厅鉴定达到国家领先水平。

人才队伍建设　今年该院实行

院内科技三种人的评选制度，把各专业的学科建设指标细化到个人，定期考核“三种人”的业绩，每年评选一次，优胜劣汰。鼓励专业技术人员立足岗位钻研技术。评选出席公司“三种人”18 名，院内三种人 46 名。今年引进研究生 23 名和 1 名博士，返聘专家 12 名，外聘专家 1 名。外派 35 人次到国内知名医院进修。

重点专科建设 2007 年 5 月 15 日，该院接受了市卫生局对重点学科评审。神经外科顺利通过市重点学科评审，实现了医院的阶段目标。2009 年 9 月份，我院检验科以优异的成绩通过三级医院检验科专业复评。

提高医疗质量，保障医疗安全

严格贯彻执行医疗卫生管理法律、法规、规章和诊疗护理规范、常规，依法规范执业行为。

宣传学习法律法规 组织医务人员认真学习《执业医师法》、《传染病防治法》、《献血法》、《医疗机构管理条例》、《医疗事故处理条例》、《护士管理办法》、《医师外出会诊的规定》等法律规则，提高依法执业意识。为了使全体医务人员认真掌握并自觉遵守法律法规、规章制度，医教处编写了《医生手册》下发到全体医生手中，其内容涵盖了《医疗事故处理条例》、《执业医师法》等法律法规，《病历书写基本规范》及《总医院医疗规章制度》。其中，对 9 项医疗核心制度按照卫生部、省、市卫生厅新的管理要求在原有的基础上进行了增补或重新修订，对临床工作及医务人员起到了良好的指导作用。

保障医疗安全 医疗质量的提高，规章制度的落实是医疗安全的保证。医院通过一系列举措，保障医疗安全。

1. 加强了对手术科室的管理。监督手术科室严格执行手术分级管理制度。严禁跨科室、跨专业手术。外科对创外手术范围还制定了具体细则予以限定。对重大疑难手术、新业务新技术的开展，进行了严格把关，扭转了医疗工作中存在的不规范行为。

2. 加强教育，从严考核。对医院发生医疗纠纷，该院制定了规范的处理流程。一是组织专家及各科室主任进行认真讨论，分析事件的原因、引起的后果、承担的责任、整改的措施；二是要求科主任组织全科医务人员进行认真讨论，吸取教训；三是医院对当事科室负责人、病区负责人、当事人进行全院通报处理。

3. 重新制定了医疗纠纷、医疗事故防范处理预案。制定了重大突发事件的应急预案，制定了急、危重病人、大型工伤病人的抢救预案，保证医疗质量，保障医疗安全。

4. 加强医患沟通，改进服务态度。通过纠纷案例分析，教育广大职工服务态度是引发纠纷的导火线，要求广大医务人员吸取教训，提高服务意识，改进医疗作风。通过教育，医患沟通逐步加强。

5. 加强了对年轻医生的“三基”、“三严”培训。从今年三月份开始，通过技术竞赛的形式，组织对全院 45 岁以下医务人员（医、技、药）进行了法律、法规及三基知识、专业知识的理论培训考试及心肺复苏、气管插管、上呼吸机等的操作培训考试。

6. 根据卫生部新的《医院感染管理规范（试行）》的要求及本院的具体情况，制定了《武钢总医院感染管理职责与制度》，使该院感染控制工作进一步法制化、科学化、规范化，加强对 ICU、口腔科、输血科、手术室、血液透析病房的院感重点单位的监测，指导医生严格遵守无菌操作原则，院感办随时督查。通过监测、分析危险因素，从而降低医院感染的发生率。

7. 为了协调和指导全院计划用药、合理用药，对医院药事各项重要问题做出专门决策，并使药品在各个环节上加强科学管理，医院调整了“武钢职工总医院药事管理委员会”，同时成立“武钢职工总医院药事监察管理委员会”。2007 年药事管理委员会分阶段对药事管理职能工作、药学服务工作情况以及药品不良反应监测工作情况进行了总结，对该院西药用药、抗感染药物应用调查及细菌耐药性进行了分析，重点解决滥用抗生素的问题，促进该院合理用药。

提高服务质量，优化医疗环境

该院以建立全新服务质量保证体系作为今年工作的重点，院领导一把手亲自抓，成立工作小组，从思想上强化意识，从制度上加强考核，用最优的服务为患者打造一个舒心、放心的就医环境。

成立服务质量管理委员会 该院成立了服务质量管理委员会。服务质量管理委员会主任由院领导担任，设立办公室、考核组、教育培训组、宣传报道组、督导组，全面负责制订医院服务工作目标、计划、培训、检查、考核、服务质量分析讲评和督促整改。为保障服务保障体系各项工作落到实处，医院对各职能管理部门所承担的任务进行了明确分工。

规范服务投诉处理流程 患者投诉 → 受理登记，记录投诉者姓名、电话、地址和投诉请求、事实和理由并安抚投诉者→ 分析投诉，确立责任单位，下承办单做好投诉分办，转办→ 督促责任单位调查、核实,提出处理意见和整改措施,并回复病人→回收承办单,根据医院制度提出处理意见→提交每月服务质量管理委员会讨论考核→服务办回访病人是否满意→承办资料归档。

规范服务考核 该院颁布服务质量考核办法,内容包括服务质量、服务工作和环境质量,并规定相应奖罚。如规定,看病高峰期,各门诊及科室所有窗口必须开放,否则将受到处罚。想患者所想、甚至想到患者之前,事无巨细,大到收费、用药,小到卫生间的渍水,全都细化到最细微处。形成每月例会,院长、班组长及副主任医师以上的近200多人参加,不但将奖惩透明化,还在会上将每个投诉进行分析,并研究制定整改措施。

创建星级服务病区和星级窗口:将全院分成20个病区和9个窗口,制订星级病区考核标准和星级窗口考核标准,其标准分为医疗工作质量标准和服务质量两大类,每一类都有具体细则和考核分数,每月考核分数累计,每季度汇总评比,并与年终评选职称聘任挂钩。该院每周四固定组织服务督导雷打不动,每日通过巡视、检查及时处理排长队等各类问题,每季度组织一项测评;积极推进"星级服务病区(窗口)"及评比"优质服务明星"活动,从去年下半年开始,共有3个病区科室、共4次获得"星级服务病区(窗口)"称号。

全年住院病人和门诊病人平均满意度分别达96.9%和91.7%,比去年同期分别上升了5.7和4个百分点,通过电话回访出院病人,满意率达94.8%。

加强文化建设,增强医院凝聚力 创建"四好班子" 该院党委以创建"四好班子"为契机,抓院科两级班子的作风建设,修订了"三重一大"的议事制度,坚持民主集中制原则不放松,进一步强化领导班子整体功能。医院党委把坚持民主集中制原则作为有效加强领导班子凝聚力和战斗力的重要途径。严格实行党委集体领导和班子成员分工负责相结合的制度,在推进中层干部人事制度改革、全院经济责任制考核等重大问题的决策出台过程中,严格做到集体领导、个别酝酿、会议决定的工作程序,确保了决策民主化、科学化。领导班子成员按照各自工作职责开展工作的过程中,自觉坚持请示汇报和事前事中事后的碰头通气制度,保持经常性的通气商量、协调解决工作中出现的问题,确保了班子成员工作和谐,步调统一。

工会积极作用 充分发挥工会组织桥梁纽带作用,广泛调动员工积极性。不断规范运作方式,完善民主管理的工作机制,加强民主管理和民主监督,坚持抓好民主评议干部和院务公开、值班院长工作。认真组织员工参与重大问题决策和重要制度出台的审议,广泛听取员工的意见和建议,把员工的知情权、参与权和监督权落到实处。采取积极有效措施,抓好相关制度的落实,保障员工的劳动安全和健康,关心和维护女员工的合法权益和特殊利益,切实做好"送温暖"工程。开展劳动竞赛。围绕医疗中心工作,积极开展劳动竞赛活动。结合"抓管理、抓服务",认真组织开展了三八红旗手、优质服务明星、医德医风奖的评比和宣传工作。并实行动态管理。就地就近,开展以"快乐医院"为主线的小型多样化的文娱活动,丰富员工的业余文化生活。

发挥共青团作用 充分发挥共青团员的助手作用,大力开展"青年文明号"、"青年岗位练兵"等活动,不断强化团员青年的岗位技能和责任意识;积极推进"推优入党"工作,为团员青年建功立业创造条件、营造好的环境。增强医务人员个人荣誉感,增强医院的凝聚力。

该院党政领导班子带领全院1 700名职工,坚持"以病人为中心"的办院方针,按照共同描绘的建设武汉市一流医院的远景,一步一个脚印,不断自我完善、自我改进,努力工作,取得了良好的业绩。全院职工对医院未来的发展充满信心,对明年年度工作目标的完成充满信心。总医院正在扬帆起航,已经显现出青山地区医疗中心的发展后劲。

2007年院领导班子成员:党委书记何汉武;院长:张新光;副院长:韩锦昭、潘玉强;工会主席:吴满惠。

(张 琦)

【武钢第二职工医院】

概况 2007年,该院按照卫生部和国家中医药管理局《2007年"以病人为中心,以提高医疗质量为主题"的医院管理年活动方案》要求,在医疗、护理、科研、服务等方面取得实际成效。全年实现了医疗事故、重大医疗差错、设备事故、人身伤亡事故、火灾事故为零的目标;医院感染、预防保健、疫情控制、爱国卫生、计划生育等管理均达标。该年,该院门诊总量31.57万人次、出院病人1.2万人次、开展手术1 440台次,完成各类医技检查15.25万人次,治疗有效率88.21%,病床利用率86.54%,病床周转次数16.4次,平均住院日17.4天。2007年,该院加强学科建设,其肿瘤科通过武汉市卫生局评审,被确立为武汉市重点学科,使该院重点学科建设实现了"零"的突破。检验科PCR实验室获湖北省

合格实验室称号。2007年,该院加强药学管理,落实《处方管理条例》,制定和落实相应管理办法、规范处方书写和药品名称使用;在推进临床药学工作中,开展卡马西平等药物浓度监测,填补了医院技术空白。该年,医院增强职工服务意识,规范服务行为,完善服务设施,提供便民服务,开通了患者接送免费直通车,方便患者就医;在总医院和红钢城门诊部开设了特色专科门诊,保证了职眷的医疗需求;推进医疗收费规范化工作,维护患者利益。

医疗护理 2007年,该院按照医院管理年活动要求,对各项制度进行清理和修订,并新增读书报告会制度、医疗安全警示制度、重大医疗过失及医疗事故的上报制度、武钢第二职工医院抗生素管理办法等20余项制度,对医疗质量管理委员会、病案管理委员会、输血管理委员会重新制定各委员会的职责和制度,全面修订三级质控体系,将责任落实到个人。该年,该院提高医疗质量、病历书写质量,并严格规范医疗行为,停开了设置在结防所的专家门诊,取消了钢洲门诊的产科执业资格。教育医务人员依法执业,认真履行医务人员在医疗行为中的告知义务。护理部围绕"医院管理年"开展工作,重新制定了护理质量检查与考核细则。坚持危重病人日报日查制度,实行压疮高危报告制度。坚持每月对护理质控情况进行统计分析,每季度评选出先进护理单位和一名最佳护士。该年,护理部从规范护理文书书写、加强安全检查、提高护理人员业务水平等方面保障护理质量,各项护理指标比2006年平均增长5%以上,其中基础护理合格率100%,护理操作合格率100%,一级护理合格率100%,健康教育合格率100%,住院病人完全满意率100%。2007年,该院加强院感培训、监测、督导工作。5~10月,每天安排专人完成院内室内环境的日常消杀工作,使用消毒药物203瓶。该年共发放灭蚊药物1500余瓶,片剂2 200余盒,投放鼠药400余kg,发粘鼠胶板250余块。院内感染率控制在2.9%,漏报率0.4%,分别比2006年降低1.4%和2.3%。2007年,组织职工参加武汉市第十五届职工技能大赛,该院中医师贺存玲获技术能手称号。

教学科研 2007年,该院制定并修改了科教工作实施计划及科教工作实施管理办法,制定了重点专科(专业)建设的规划、制度及评分标准。该年科研和新技术立项132项,其中武钢重点科研项目16项。《原发性肝癌的三维适形放射治疗》被批准为湖北省自然科学基金指导性项目,《CT、彩色多普勒检查预测肝癌手术切除安全性的价值》获武汉市卫生局医学优秀科研成果评选三等奖,《等温扩增检测耐药基因mecA方法的建立及其临床应用》获中国金属学会冶金医学三等奖及武钢科技进步二等奖。另有11项新技术获2006年度公司科技进步五等奖。2007年,该院参加武钢科协举办的科技周活动,组织完成科技展板的制作,并参加武钢巡展,获"科技周活动先进集体"称号;参加了武钢科技大会,有5名职工被评为武钢年度"优秀科技工作者"。全年该院职工撰写论文70余篇,参加学术交流及院外培训学习80余人次。

医德医风 2007年,该院调整了精神文明建设指导委员会成员,强化服务意识。该院对因服务态度较差、违反医德规范及制度被病人投诉者,将予以通报批评和经济责任制考核。每月进行各类工作满意度调查,将病人的综合满意度列为各部门经济责任制考核的内容,努力改变"脸难看"、"惜话如金"的现象。要求医生向病人作出不受礼、不吃请、不收红包的社会承诺,自觉抵制不正之风的影响,为病人提供优质、高效、安全、便捷和经济的医疗服务。至年底,该院组织医德医风查房16次,进行文明用语抽查120人次,下厂区走访1次,进行电话回访60人次,到门诊等窗口部位巡查200余次,下发各种问卷调查表1 000余份,提出整改意见100余条。共收到感谢信94封、锦旗30面;拒收病人礼物90人次(折合人民币12 350元)、拒收病人现金106人次,合计24 500元;请吃不到323人次;为病人做好事415件;评选"白求恩医德奖"季度先进集体6个、先进个人18人、委屈奖2个、优质服务岗位明星10个。

(雷伟夫)

【武钢卫生防疫站】

概况 2007年,总医院卫生防疫站继续认真开展疾病控制和卫生监督监测工作。武钢辖区内全年法定报告传染病发病数是667例,比2006年发病数上升了22.61%。未发生集体性食物中毒事故,未发生1例传染性非典型肺炎和人间禽流感疑似病例。发病率居于前3位的是肺结核、细菌性痢疾、急性病毒性肝炎,发病数分别为266例、242例和131例。

传染病防制 肠道传染病的预防5~10月,以霍乱防治工作为重点,加强对肠道传染病的预防,防疫站实行24小时疫情值班和重大疫情"零报告"制度。这期间防疫站开展外环境水样监测120件,检出不凝集弧菌74件,检出率

61.67%,未检出霍乱弧菌。各肠道门诊落实"逢泻必检"和就诊登记,共检索1 919例,检出不凝集弧菌167例,检出率8.70%,未检出霍乱弧菌。

新生儿乙肝预防　为了阻断病毒性肝炎在母婴间的垂直传播,总医院、分医院对乙肝表面抗体阳性孕妇及新生儿进行乙肝免疫球蛋白接种,计230人。新生儿乙肝疫苗接种3 939人次。

血吸虫病预防　该年春季,武钢卫生防疫站与青山区血防办联合对长江沿线27.6公里江滩、内河和北湖农场内垸组织了1次大规模的查灭螺工作,查螺面积5 000亩,药物灭螺50亩。全年武钢辖区内未发生1例血吸虫急性感染病例。配合青山区卫生局开展血防进社区工作,对北湖农场随机抽样900名居民建立了血防本底资料。

恶性肿瘤监测　武钢各医院共报告恶性肿瘤567例,患病排在前四位的分别为肺癌(185例,占32.6%),乳腺癌(64例,占11.3%),肝癌(61例,占10.8%),肠癌(49例,占8.6%)。

计划免疫的预防接种　全年计划免疫常规接种脊髓灰质炎糖丸接种4 199人次,麻疹疫苗接种1 017人次,麻腮风疫苗接种840人,百白破疫苗接种3 710人次,乙肝疫苗接种3 939人次,甲肝疫苗接种1 205人,流脑疫苗接种3 191人次,乙脑疫苗接种2 187人,安尔宝疫苗接种1 015人。加强免疫:脊髓灰质炎糖丸接种707人次,百白破疫苗(白破疫苗)接种1 119人次,麻疹疫苗接种1 248人次。"五苗"(卡介苗、麻疹疫苗、脊髓灰质炎糖丸、百白破疫苗、乙肝疫苗)接种覆盖率达100.0%,合格率达100.0%。AFP监测继续加强零病例报告及主动搜索报告,未发现脊髓灰质炎野毒株引起的疑似临床病例和AFP漏报现象。

卫生监督监测　食品生产经营单位的监督 执行食品卫生量化分级管理,全年对全部207户食品生产经营单位进行经常性卫生监督836户次,平均监督频次为4.0次/户,监督覆盖率100%。各类食品卫生监测40件,合格37件,合格率92.5%。餐具消毒效果监测188件,合格172件,合格率91.5%。

生活饮用水常规检测　每月对生活饮用水出厂水、末梢水进行常规检测,5-9月末梢水每月增加监测一次,每半年对出厂水、水源水进行一次全分析,全年生活饮用水监测采样260件1 344项次,其中出厂水36件448项次,末梢水160件640项次,二次生活水64件256项次,全部合格,全年生活饮用水水质监测综合合格率100%。辖区供水单位全部完成年度卫生许可审查。对部分社区的二次供水情况进行了综合检查一次,处理水质卫生投诉事件2起。

卫生对应监督　对应监督的15户公共场所从业单位开展卫生监督68次,监督覆盖率100%,监督频率4.5次/户,换发许可证12户。公共场所从业人员体检256人,检出HBsAg阳性9人,全部调离岗位。夏季游泳池开放期间每周监测1次,共采样监测36件,全部合格。

医疗机构消毒监测　对武钢总医院、分院及各门诊、妇幼所进行了五项消毒监测,监测数量112件,合格率100%。,覆盖率100%。

托幼机构消毒监测　对辖区内19所幼儿园进行了消毒监测,监测数量625件,合格率100%,覆盖率100%;其中餐具消毒监测150件,合格率100%,物体表面消毒监测260件,合格率100%,手消毒监测200件,合格率100%,空气消毒监测15件,合格率100%。

污水水质监测　每月对总医院、分院6个排污站进行污水水质监测,保证医院污水标排放,共采样198件,合格率100%。

综合执法　3月、9月对幼儿园进行综合执法2次,3月对原武钢中小学校进行综合执法1次,5月对快餐食品公司、8月对实业公司各进行综合执法1次,"五一"、"十一"对公司各用餐单位进行了综合执法。对公司医疗机构进行专项整治2次,处理1起分院二门诊医生从业资质投诉事件。

健康体检及培训　从业人员预防性健康体检共体检3 392人,体检合格人数是3 354人,合格率是98.9%,检出HBsAg阳性60人,复查阴性15人,45名阳性从业人员中有非食品岗位人员7人,其余38人已调离岗位;检出沙门氏菌阳性26人,复查全部转阴。从业人员培训3 312人,培训率达98.7%。

办理卫生许可证　在卫生许可和办证工作中,从严掌握卫生许可标准,按程序操作,严格把关。207户从业单位按期通过复审并办理了《卫生许可证》,公共场所从业单位换发许可证12户,供水单位换发许可证3户。办理从业人员个人《健康证》3 354份。

质量控制工作　贯彻执行国家认监委新发布的《实验室资质认定评审准则》,进行了宣贯,转版工作基本完成。原国家质量技术监督局发布的《产品质量检验机构计量认证/审查认可(验收)评审准则》(试行)废止。

卫生检测竞技获奖　在2007年12月武汉市疾病预防控制中心

举办的卫生检测工作岗位练兵与技术比武活动中，赵小平同志获得铜测定比武第一名，黄耀军同志获得铜测定比武第四名及四项综合比武第八名，万彦晖同志获得细菌检测项目比武第六名。

健康教育及科研培训　向基层门诊、学校、幼教系统等单位发放《现代健康报》等宣传资料 800 余份。参加武钢科技宣传周卫生防病宣传活动 2 次。在《武钢工人报》、武钢电视台上进行防病宣传报道 22 篇。更换站内大厅科普橱窗内容 4 次，做好来站流动人员的卫生知识普及工作。

举办 2 期计划免疫培训班，培训武钢社区卫生服务中心(站)计划免疫医务人员及武钢防疫站疾病预防控制人员 20 人次。举办学校消毒培训班 1 期，培训校医 30 人次。"三大卫生"从业人员培训 3 312人，培训率达 98.7%。

接受市疾病预防控制中心蚊虫监测及抗性试验项目。设立 6 个蚊虫生物学监测点，开展监测 120 次；设立 4 个蚊密度监测点，开展监测 40 次；完成敌敌畏、氯菊酯、丙烯菊酯、高效氯菊酯、三氯杀虫酯 5 种药品抗性 30 次试验工作，建立了该 5 种药品抗性的本底资料，填补了市疾病预防控制领域在这方面工作的空白。　(靳生阳)

【长江航运总医院·武汉脑科医院】

概况　截至 2007 年底，该院有在职职工 776 人，卫生专业人员 593 人，其中高级职称 74 人，中级职称 259 人，初级职称 260 人。行管工勤人员 183 人。病床设置为 552 张，设 17 个临床科室，42 个医疗专业、14 个医技科室；下设卫生所 4 个，社区医疗站及医务室 7 个，开设专家门诊 28 个。新增主要医疗设备有：1.5T 磁共振(MR)、介入数字血管造影机(DSA)、螺旋 CT、彩超、腹腔镜、肾透析机、动脉硬化诊疗仪、数字 X 光机(DR)、前列腺电切设备、碎石机、高压氧设备等一系列现代化的医疗设备及设施。医院占地面积 3 万余平方米，建筑面积 4 万多平方米。

2007 年门诊工作量为 185 558 人次，住院病人收治量近 4 600 人次。医疗工作质量：甲级病案率为 90.70%，处方合格率为 97.7%。医疗事业收入保持了大于 5% 的增长，医疗服务范围开发工作取得了新成绩。

2007 年顺利完成事业单位职工收入分配制度改革的工资套改和工资补发工作，这是 20 余年来医院涉及资金总量最大的一次工改和工资调整，共 800 余万元。

增挂武汉脑科医院院牌　2006 年 10 月经武汉市卫生局申报，湖北省卫生厅批准同意该院增挂"武汉脑科医院"院牌，于 2007 年 6 月 8 日举行隆重的揭牌仪式中国医院协会曹荣桂会长和湖北省卫生厅、长航局领导、天坛医院王忠诚院士和院领导，省市各大医院领导参加脑科医院揭牌仪式，同时，标志着该院专科建设发展迈入新的里程碑。2007 年，神经内、外科病人收治率均有增加，神经外科在专家的指导下，开展手术 150 余例，同比增长 25%，成功开展了微创手术切除椎管内外哑铃型肿瘤及颈前入路人工颈椎间盘置换术，手术技术达到国内先进水平。神经内科有 12 位专家来院参加疑难病门诊、教学查房及院内会诊达 500 多人次；开展了脑血管病的高同型半胱氨酸血症的监测及干预，脑梗塞的二级预防之三联疗法等多项新业务。

2007 年，神经内、外专科还先后选派了 10 名技术骨干外出学习培训。对重点专科建设发展、设施设备的购进，以及组建神经介入科和神经康复科、ICU 病房等作了进一步的规划。

技术创新　该院根据"以专科带动综合"的办院方向，全院各科室开展了适合本专科实际的创新活动，如神经外科在创新方面力度很大，通过引进先进的医疗技术，反复实践，攻克技术难关，一次次冲破手术禁区，取得了可喜的成绩。神经外科开展的手术，肿瘤手术占 85% 以上，肿瘤全切率 90% 以上，手术致残率低于 1%，提高了患者的生存质量，使许多以往无法实施的手术禁区的肿瘤得到了治疗。2007 年成功开展了微创手术切除椎管内外哑铃型肿瘤及颈前入路人工颈椎间盘置换术新技术项目，达到国内先进水平。神经内科开展了同型半胱氨酸血症的筛选和干预、DWI 诊断急性缺血性脑血管病的探讨。骨外科开展了前路颈椎体、颈椎融合术。放射科开展了冠状动脉 CTA 的影像研究、头颈部血管 CTA 的影像研究等新技术，提高了疾病诊断的阳性率。这些新技术项目均是目前国内、省内比较先进的技术。

2007 年，该院各科室共申报、开展新技术、新项目 45 项(有 5 项是 2006 年继续开展的)，内科开展了血液透析治疗，骨科开展了关节镜检查和手术治疗，泌尿外科开展了输尿管镜弹道碎石取石等技术，妇产科开展了 TCT 检查等 4 项新业务；非临床部开展了彩色多普勒超声在四肢血管的应用，开展了冠状动脉成型术(CTA)等 4 项新业务；医院办公室、保健科合作课题"武汉市居民健康状况评估的相关研究"获武汉市科技局立项。

技术创新工作是医院生存发展的需要，是发展医疗卫生事业的需要。在开展技术创新工作中，一是要把创新工作的重点放在提高医疗质量上，注重医疗技术成果创新、医疗服务功能创新和管理模式的创新；二是完善制度，进一步规范创新工作的申报和确认办法；以科室为单位制定创新方案，避免随意性，保证服务安全，使创新工作做到有计划、有目标、有成果。三是进一步明确创新的范围，就是尚未在该院开展的医疗技术均视为创新，比如新业务、新技术、新理念和新手段，促进创新的广泛性。四是做到"四结合"，即创新与岗位结合，创新与专业结合，创新与职能结合，创新与责任结合，使创新工作更具有立足本职的责任感。通过开展技术创新工作，培养了职工爱院敬业精神，医务人员素质得到了提高，医疗服务质量得到了提升。学业务、学技术的风气越来越浓，越来越多的青年医师成为业务骨干和技术能手。

医疗与护理管理　2007年该院根据卫生部及省市厅局关于开展"医院管理年"活动的要求，进一步完善了医院长效管理机制，重新制订了管理年活动实施方案，重点强调依法执业、依法管理，规范了执业行为，禁止未取得执业资格的医、药、护、技人员独立从事医疗活动；加强了首诊制度、三级医师查房制度、分级护理制度等12项核心制度的落实；加大了医疗文书的检查力度，改变院长查房模式，形成常规"自查－督察－整改"，将管理年的要求和规定逐步转入常规管理之中。

建立了药品使用情况月通报制度，对药品采购、使用等管理环节严格把关，2007年在武汉市药监局及相关部门14次发出的伪劣药品通报中，该院均未涉及。

医疗服务水平得到提升。以病人为中心，强调病人第一，为了方便病人就医，病房大楼改造维修，对大部分临床科室进行了调整，同时，也对各项服务设施也作了调整，如：电子显示屏、公示栏、橱窗、服务手册等内容。坚持提供住院"一日清单"。开展了"服务质量管理月"活动，实行服务质量情况"日报制"，每周进行一次分析、讲评，月底集中通报，热情服务、主动服务、规范服务、安全服务得到体现，全年受到病人表扬49次，病人投诉明显减少。

建立健全了护理三级质控网，形成护理质量持续改进的管理机制。基础护理合格率95%，专科护理合格率96%，全院护理单元消毒隔离合格率100%，急救药械完好率100%，健康教育覆盖率100%，病人对护士工作满意率≥95%，护理文书书写评分≥95分，护理操作合格率100%，"三基"理论考核合格率100%。

加强护理"三基三严"训练，对全院护理人员进行"三基"操作培训考核，并且通过开展全院护士长培训工作，使护理人员业务素质明显提高。2007年该院参加省、市"5.12"优秀护士的评选活动，李力、李敏被评为"武汉市百名优秀护士"，陈宾获"湖北省优秀护士"称号，向双琼获"湖北省三级医院护士岗位技能竞赛优秀选手奖"。

人才培养与临床教学　该院坚持院内培养与院外培训相结合的方针，加强了对各专业技术骨干和重点专科技术梯队人员的培养。2007年成功举办了省级继续教育项目暨神经内科、外科学术活动，举办了各级各类学术活动26次。选送技术骨干外出进修学习13人次，接受实习生、见习生1 500余人次；加强对初中级医务人员基本功训练，完成医、药、护、技人员"三基"技能考核；开展了岗位技术练兵和6项技能竞赛活动，重点解决基本功不扎实、服务不规范、作风不严谨三个方面的问题。

社会公益活动取得新成绩　为长江水系广大职工做好医疗卫生服务，是该院的重要职能之一。2007年在服务长江工作中，首先制订了长江干线突发公共卫生事件应急预案，参加了交通部举办的三峡库区水上联合搜救演习的医疗救护工作；组织医疗队深入到长江中下游战枯水工地，为航道、海事、公安部门2 000余名一线职工送医送药，并且完成1 500余人次的体检工作。配合长航局工会赴汉阳、黄石为农民工体检149人次；完成长航系统职工血吸虫病检查2 060人次，检查44名阳性患者，均得到及时治疗；为疫区的基层单位配发血防药箱22个；种植血防植被7 500平方米，开展易感地带预防性灭螺12 600平方米，完成部分血吸虫病调查电子档案，减少或避免了长航系统职工感染血吸虫病，全线无血吸虫病"急感"发生，有利地保证了职工身体健康。

经常深入航道工地、车船码头向施工人员和过往旅客开展艾兹病免费咨询、宣传工作。参加湖北省疾控中心组织的HIV－抗体初筛实验室质量考核，取得优异成绩；2007年对辖区重点人群免费开展艾滋病抗体初筛检测182人次。完成狂犬病、乙肝等疾病疫苗接种1 123人次。对系统内有关单位进行消毒灭害达36 000平方米。

认真做好春运、黄金周、汛期、两会等重点时段的卫生监督保障工作，受到湖北省、武汉市主管部门好评。完成所辖58个单位的卫生监督288次，并发放卫生许可证。完成或部分完成长江航道整治以及天兴洲输油管道等8项工程的环境监测评价工作，二项环评已通过省级环保部门的评审验收。

病房大楼改造 交通部投资3 000多万元病房大楼改造工程，于2007年4月下旬正式开工。为保证病房改造工程顺利实施，医院进行了充分准备，完成建院50多年来最大范围的维修和科室布局调整、维修改造工作。将病房大楼于2007年3月底全部腾空，临床科室均有调整，病床适当压缩，外科、手术室、麻醉科都迁至门诊楼，病人也都得到妥善安置，确保了医疗工作正常进行。利用有限空间腾出最大的医疗区域。

安全生产与管理 2007年，该院以"安全生产"、"隐患排查专项治理"等活动为契机，加强了对医疗活动的监督检查，加强了全体医护人员的"自我保护意识"教育，并且加强了安全保卫力量，定期进行综合治理检查。开展了消防知识讲座，严格落实"一法三卡"制度；加强了对高压、易燃、易爆品的管理，促进了医院安定和谐的发展，全院无医疗事故发生，无因"三违"造成的意外事故和人员伤亡。

医院文化建设 2007年，围绕医疗中心工作，开展了"构建和谐医患关系、创建平安医院"和武汉市"创建全国文明城市"、"四城同创"（文明、卫生、环保、生态）等各种文明创建工作。一是加强宣传，组织职工学习四城同创有关知识，在全院职工中开展了四城同创知识竞赛；二是组织开展了"文明城市"宣传活动；三是组织开展义诊咨询服务。

2007年9月份在全院开展"服务质量管理月"活动。一是制订活动方案成立活动领导小组，加强对活动的组织领导。二是在全院职工中多次进行动员，增强职工危机意识和责任意识，增强职工提高服务质量的自觉性。三是各总支、支部开展自查，查找各自服务中存在的问题和不足，并提出整改措施进行整改。四是各职能部门进行服务巡查，主动发现问题。五是根据活动中查找出来的问题，完善制度建设，形成提高服务质量的长效机制。

认真开展行业文明创建，加强医院精神文明建设，开展了"构建和谐医患关系，创建平安医院"及"创建全国文明城市"活动。一是完善机制建设，建立和完善医患沟通机制及投诉处理机制。二是开展职工教育培训，以社会主义荣辱观、医务人员行为规范、医患沟通技巧等为主要内容，组织职工进行学习。三是开展细节服务活动，围绕患者在就医过程中的各项细节，找出存在的不足，优化细节服务、人性化服务。

紧密结合"医院管理年"的活动要求，开展了"创建学习型班组、争当知识型职工"、"创新工程示范岗"、"女职工文明示范岗"、"安康杯"和"安全班组"等群众性经济技术创新竞赛活动；把经济技术创新活动与医院管理年活动结合起来，在全院职工中开展了以提高职业技能为主题的劳动竞赛活动，强调立足岗位、立足本职。医院还积极开展职工喜闻乐见的文体活动，丰富职工的业余文化生活，增强医院的凝聚力。

2007年医院被评为长航系统"安康杯"竞赛先进单位，骨外科、综合科被评为长航系统安全班组。内科、疾控中心党支部被评为长航局五好党组织，胡飞被评为长航"十大杰出青年"。

学术活动 5月13日，该院举办了"北京天坛医院领导专家学术报告会"，邀请首都医科大学附属北京天坛医院副院长王拥军、副院长张力伟及护理部王主任就"学科战略管理和学科带头人的素质、医院文化建设带来的思考、护理安全管理与神经科护士要求"作专题演讲。

为农民免费体检 10月9日医院派出15名医务人员到新洲区李集镇免费为3 000多名参加新型农村合作医疗的农民体检，为期22天，受到老百姓的好评。

机构调整 2007年10月，该院对部分机构进行了调整，撤销原非临床部，成立医学影像科和药检科。医学影像科包括影像科、超声诊断科，心电图室，负责人杜柏林。药检科包括药学科、检验科、病理科、供应室，负责人倪剑红。各科室原所承担的工作任务不变。

（王春兰、董浩平）

【武汉铁路局武汉疾病预防控制所】

概况 该所位于武汉市江汉区常青街银河里49号，成立于2006年元月，由武汉铁路中心卫生防疫站和襄樊铁路卫生防疫站合并组建而成，实行一个机构，两块牌子，即武汉铁路卫生监督所，对外称武汉铁路疾病预防控制中心。2007年8月，按铁路局要求，我所更名为武汉铁路疾病预防控制所，同时称武汉铁路卫生监督所。1998年被评为甲级一等卫生防疫站，2006年又通过复评审取得了计量认证证书。现在为一所三地的格局（即武汉、襄樊、信阳）。担负着武汉铁路局管辖范围内疾病预防控制、环境保护、劳动卫生、食品卫生、公共场所卫生、饮水卫生的监督监测；负责管内

客运车站、旅客列车、过境旅客列车的卫生监察和管内旅客列车的灭鼠灭蟑工作。是局内唯一的一个卫生单位,设有职能部门4个:综合办公室、劳动人事科、财务科、业务科;业务科室5个:综合卫生监督科、疾病控制(环境监测)科、消毒科、检验科、预防门诊部;分所2个:襄樊分所、信阳分所。截止2007年年底,在职职工总数215人,其中男职工102人,女职工113人;干部200人,工人15人;大学本科学历37人,大专83人,中专高中及以下95人;高级职称8人、中级职称76人、初级职称99人。在职中共党员89人。总固定资产总值1 366万元,净值565万元。

2007年全所工作稳步推进,各项目标全面实现。传染病发病率、传染病处理率、健康体检率、健康证审发率、卫生许可证审发率、检验报告及时率均达到百分之百,客车灭鼠蟑、有害作业点监测、各专业卫生监督全部达标。进一步加强和完善各项管理,各项改革取得初步成效。财务管理完成成本总量控制和工资双控任务。

卫生监督监测 注重培养监督员队伍 该所既加大卫生执法力度,提升监督检查水平,加强监督服务意识,深入体现监督管理的人性化,把指导帮助监管对象整改和提高放在前面,树立卫生监督执法新形象,共同确保管内卫生质量和卫生安全。

开展卫生监督检查 管内站车卫生网络大检查及黄金周、春运、暑运、动车组等重点时期的站车卫生监督工作,开展了京九武九线湖北段白色垃圾的调查工作,按照既定频次对管内图定列车车体进行了鼠蟑密度监测,参与了武汉市第六届城市运动会等省市重大活动的联合检查工作以及产品质量和食品安全专项整治行动。完成了对地面食品、公共场所、饮用水等单位的卫生监督工作,完成旅客列车蟑螂密度监测936个车底,鼠密度监测156个车底;检查旅客列车1 050个班组,餐车1 051个班组,检查车站卫生114次;完成了地面食品、公共场所单位监督330次、采样监测1 130件;检查饮水单位72个,采样监测208件;对提出卫生许可申请的被监督单位,依照法定程序对其进行了监督和审核,发放卫生许可证2 372个。

健康教育 一是充分利用咨询台、横幅、展版、车站电子显示屏、宣传栏、宣传手册等各种宣传媒介,积极开展艾滋病防治、职业病防治主题宣传活动,同时加强对一线站段现场单位季节传染病防治知识的宣传。二是按照铁道部要求对铁路施工运输作业场所农民工开展预防艾滋病宣传教育活动,引起多家媒体的关注,人民铁道报、武汉铁道网刊登了专题文章介绍本次活动。三是积极建设所内宣传平台,对所办公楼一楼大厅卫生健康知识宣传栏每季更换内容,制作了四期宣传展版;举办了一次心理健康知识讲座。全年共发放宣传手册1 500份、宣传单5 000余份、宣传扑克200副、张贴画80张、安全套500个,接待旅客咨询100多人次,在二等以上车站新建艾滋病防治公益宣传栏十块。

突发事件处理 对应急预案进行了修订和完善,增加了《突发公共卫生事件应急处理预案》应急响应、奖励处罚、保险补偿等方面的内容,界定了《鼠疫疫情应急处理预案》的工作范围,明确了铁路疾控与地方疾控之间的移交程序,细化了流调、采样、卫生处理等操作规程,使应急预案更全面、更具指导性、更便于实施。并圆满完成路局两次演练任务。

疾病防控 一是主动加强与地方疾控部门的沟通和联系收集资料,及时了解掌握疫情动态和传染病发病状况;二是参与制定各种突发应急事件处理预案,配合其它科室做好流行病学调查;三是加强与基层站段的联系,了解其卫生防疫需求,根据不同季节传染病流行特点做好疾病预防知识的宣传及预防接种工作,实现了防病安全年。今年共为铁路职工接种甲肝、乙肝、流感疫苗6 914人。在职业病防治方面我们完善职工个人健康档案和基础资料,加强有毒有害作业场所的监测,按年度计划完成有毒有害工种作业人员的定期体检工作,保障了职工身体健康。

体检发证 全年共完成食品、公共场所、饮水从业人员体检21 604人,办理健康证21 550个;完成了路局招聘动车组司机88人的体检任务;完成了女职工身体检查6 018人,职业健康检查8 904人,职工健康体检2 797人。

灭鼠灭蟑 我们对车辆定期消毒和全方位灭鼠灭蟑,并根据需要加大频次和改变作业方式,基本控制住鼠蟑密度在部颁标准以内,杜绝了车上疫情传播,保证了旅客列车卫生安全。修订了《旅客列车消毒杀虫灭鼠管理办法》,在“双灭”效果检查考核上,把日常监督、专项考核、检查通报结合起来,形成有效的内控和激励机制,修订后的《管理办法》实施以来,基本控制住鼠蟑密度在部颁标准以内,杜绝了车上疫情传播,保证了旅客列车卫生安全。全年共对旅客列车消毒、杀虫、灭鼠41 384辆次,对客车库、襄铁大酒店等地面单位消毒、杀虫、灭

鼠59 521平方米。

环境监测检验　全年完成9个单位20个污染源的废水监测，采样297件，监测1 782项次；完成11个单位16个污染源的噪声监测，采样51件，监测51项次；完成15个单位30个污染源的锅炉废气监测，采样61件，监测385项次；完成9个单位88个点的职业危害作业点监测，采样223件，监测223项次。全年共完成2 249项次理化检验和354 036项次微生物检验以及专列应急水样、动车组食品、西藏冰川矿泉水等检测工作。此外还参与了铁道部列车超员空气现场测试科研项目并提供了准确可靠的监测数据。

制度建设　在建立和完善制度方面，对建所以来制定的各项规章制度进行了汇编。在执行和落实制度方面，通过责任分解，突出"四个负责制"，即领导负责制、分管负责制、逐级负责制和分工负责制，使责任落实横向到边、纵向到底、责任到人，确保一级抓一级、层层抓落实。

在确保制度落实效果方面，实行一季度一考核，即每季末由副所长带队，会同劳人科、综合办（党群办）及业务室负责人对各业务科室季度工作进行全面考核，同时组织各业务科室负责人、职工代表对劳人科、财务科、综合办（党群办）等机关职能部门的效能作风建设按照测评标准进行测评打分，把考核结果、测评分数同季度奖、各类评先挂起钩来，做到制度面前人人平等，使每名干部职工都体会到制度带来的压力和动力。业务科室同职能部门相互监督、共同促进的做法，提高了业务工作效率，改进了机关作风建设，较好地保证了各项规章制度的落实。

经营管理　该所把为运输生产一线提供卫生安全保障作为立足之本，把提升服务质量、打造服务品牌作为发展之源，主动宣传服务项目，深入了解和满足服务单位的卫生需求，多方拓展经营渠道。

宣传推广　通过宣传栏、宣传单、报纸、电视新闻、电话及上门服务等各种方式，向管内服务单位宣传卫生防病知识，宣传该所的工作性质和单位特点，积极推广自己，使他们熟悉了解卫生防疫工作的重要性，懂得算卫生安全帐和经济帐。

联系沟通　一方面，多次到路局有关部门汇报工作，争取政策，使得局领导不断加深对该所的了解，不断加大对该所的支持力度，把妇科体检、职业病体检等任务交给了该所，为开展卫生服务提供了市场保证；另一方面，积极开发社会资源，不断加强同各站段单位的接触往来，保持并发展了彼此之间良好的工作关系，为做好服务工作搭建了坚固平台。

党风廉政建设　一是认真学习贯彻"四项纪律八项要求"、"五个不许"，完善各项廉政制度。二是认真贯彻执行《党内监督条例》、《国有企业领导人廉洁从业若干规定（试行）》等有关廉政规定，开展"阳光工程"工作。三是认真坚持民主集中制原则。按照局党委的民主议事规则，坚持"三重一大"政策，坚持每月召开一次领导班子会议，坚持按时过好党内组织生活，坚持民主评议领导干部、科室负责人、支部委员等。

2007年，武汉铁路局武汉疾病预防控制所领导班子成员：党委书记：秦兴平；院长：蔡新卫；副所长：钱俊雄、赵建强；工会主席：汪继生。

（万爱玲）

【长江水利委员会长江医院】

概况　该院（长江水利委员会血吸虫病防治监测中心）系公立性事业单位，隶属于水利部长江水利委员会。上世纪50年代初建院，现新院院址在江岸区黄孝河路特1号，建筑面积10 400平方米，于2005年3月投入运行。医院设有管理部门7个，门诊部科室24个，住院部病区4个、定编99张病床。下辖江岸区花桥街第二社区卫生服务中心及6个医务室、卫生站。年末在册职工199人，正高级职务4人，副高级职务40人，发表学术论文24篇，8位具有高级技术职称同志为中国水电医学会和中华航海医学会江河分会专业委员会成员，有3名同志担任了有关杂志编委会委员。

医疗大楼拥有中央空调、专用电梯、中心供氧、中心吸引、防火自动报警系统等多个全新的设备、设施，为患者提供舒适、便捷的就医环境。医院在心脑血管病、呼吸疾病、糖尿病、骨伤病、微创手术、妇科疾病、消化道疾病等诊疗方面具有专长，能开展腹腔镜微创手术、腰椎间盘突出髓核摘除、股骨头置换及普外妇科癌症根治术等。院内设有健康体检中心。同时也是长江流域水利职工慢性血吸虫病的检查、治疗基地。医疗设备拥有CT、彩色B超、电子胃镜、数字胃肠机、日立7080型全自动生化分析仪、全自动血球分析仪、血凝仪、尿液分析仪器、1 000mAX射线机、北京万东高频50kw专用摄影系统和F108－V遥控透视X射线机、长程心电图仪、多功能监护仪器等万元以上诊疗设备50余台套。

医疗服务整体运营情况　2007年该院将医疗服务工作重点放在两个方面：一是抓好质量管理，促进医疗业务发展；二是改进激励机制，实行新的目标考核体系。根据医院管理年要求，健全了医院三级医疗质量控制体系，督促各科室建立了医疗质量管理制度，严格了十二项医疗核心制度的执行和落实，坚持每月定期质控检查和不定期抽查相结合，使我院医疗质量得到了明显提高，在2007年武汉市卫生局职管会的医疗质量检查中得到了专家们的一致认可。为促进长江医院可持续发展，该院在年初与门诊、医技、临床等科室签定了2007年综合目标考核责任书，考核书内容涉及医疗质量、医德医风、业务学习、内部管理以及经济指标等内容，针对医疗安全，考核书还设定了否决指标。新的考核机制在一定程度上激发了职工的积极性和创造性，规范了科室的医疗行为，给科室的全面健康发展指明了方向，促进了医院科室的内涵建设。

2007年，该院门诊人次117 685人次，住院病人1 058人次，出入院符合率98%，入院三日确诊率98%，住院抢救成功率92.2%，急诊抢救成功率98%，治愈好转率94.9%，院感控制率为2.7%，全年无医疗事故发生。完成健康体检人数1 001人，血防体检3 046人，收治血吸虫病患者76人次。完成计划免疫注射22 203人次。实现医疗收入1 836万元，其中药品收入60%。全年共完成设备购置8类105台(件)。

新社区中心　按照武汉市卫生局的要求，完成了花桥街第二社区卫生服务中心发展大道的迁址工作，2个社区卫生服务站的扩建。新的社区服务中心在2007年7月1日运营后，成为江岸区卫生局社区医疗卫生服务的一股新力量。

花桥街第二社区卫生服务中心积极开展社区健康调查，制定社区诊断报告，已对4 855余户居民逐户进行了随访，体检建档13 964户，建档率在85%以上。对社区慢病规范化管理和对高危人群监测，对社区慢病登记管理人数1 456人，其中对高血压病771人，糖尿病180人分别进行了每季度一次的随访管理。建立了完整的传染病管理规范及结核病管理规范，传染病报卡409例，无漏报情况。社区卫生服务中心积极开展健康教育及健康促进工作，举办社区健康教育讲座9次，健康宣传活动5次，发放宣传资料2 400份，健教知识答题2 031份，社区居民的健康知识知晓率达90%以上。儿童免疫预防及妇幼保健工作情况良好，免疫接种人数为13 101人，儿童预防接种建证率≥95%，全年儿童体检1 839人。产后访视300人。

对输入性传染疾病监测与治疗　随着社会的发展，技术输出、劳工输出的人数增加，输入性传染病日益引起了卫生部门重视。2007年8月，一些援外单位回国人员来院体检，发现部分人员诊断感染了疟疾，此事引起了医院的高度重视，专门成立了疟疾防治领导小组，并相继出台了《疟疾防治方案》、《出国人员体检流程》、《回国人员住院、门诊流程》等，截止到11月底共检查出国人员274人次，家属49人次，收治疟疾患者65人次，其中恶性疟2人，均痊愈出院。这次输入性疟疾防治工作检验了该院的应急能力，为监测、治疗、预防输入性传染疾病提供了宝贵经验。

业务培训与继续教育　加强医学临床技能培训，不断提高医务人员的素质是该院2007年一项很重要的工作。上半年，围绕医学临床"三基"知识，该院举行了一系列知识竞赛，100余名医务人员参与了竞赛活动，在全院掀起了学"三基"的热潮。2007年，该院还选派到三级医院进修学习2人，参加各类业务培训班近30人，组织全院业务学习15次，各科室根据实际需要，坚持每月四次业务学习，在全院营造出了浓厚的业务学习氛围。

精神文明建设　在深入开展"迎奥运、讲文明、树新风"的活动中，该院积极响应，举办了"和谐杯"乒乓球比赛；参加了"四城同创"知识竞赛；开展了"12·4"全国法制宣传日活动；开展了自愿向贫困村捐赠书刊、音像制品活动。这些活动的举行，充分展示了该院人良好的精神风貌。在宣传工作上，充分利用电视台、网络的宣传优势，把医院的新业务、新技术、新设备及好人好事以多种形式对外宣传，扩大了该院的影响力。此外，还通过开展形式多样的文体活动，增强医院的凝聚力，极大的丰富了职工的业余生活。医院后勤服务工作也有所提高，服务意识明显增强，病区整洁明朗、医疗设备安全运转，没有发生火灾和机动车辆行车安全事故。

(唐　敏、刘庆元)

【中建三局武汉中心医院】　2007年，该院全体职工紧密团结、克服困难、开拓进取，以持续深入开展"医院管理年"活动为主线，内强管理抓医疗服务质量，打造优美的就医环境，外抓开拓，巩固和拓展服务市场，各项工作得以平稳推进，医院的发展又展露出新的气息。

各项工作指标稳中有新突破

全年门诊量73 139人次，较去年同期增加6.6%；入院1 954人次，较去年同期增加8.9%；该院通过武汉市卫生局执业许可校验，并取得了14个一级科目15年期限的新医疗机构执业许可证；继2002年该院取得武汉市首批医疗保险定点医疗机构资格以后，2007年，该院又获得武汉市生育保险定点服务机构资格；该院荣获武汉市药品监督管理局洪山分局药品不良反应监测先进单位；由该院选送的黄露、梅艳红两名护士在洪山区卫生局举办的护理技能操作大赛中双双荣获三等奖；妇产科在洪山区卫生局举办的产科质量考核中取得了第二名的好成绩，仅次于省妇幼保健院；计免科取得洪山区预防接种门诊资格并挂牌；检验科参加武汉市临床检验中心的室间质评免疫检验、尿液检验、血液、生化检验及临床实验室单项检查中均取得优秀成绩；药剂科努力保证为临床提供货真价实的药品，2007年药监局和药检所多次来院抽查，药品和制剂抽检合格率为100%。

加强医院管理，提高医疗质量

该院始终将医疗质量和医疗安全放在各项工作之首。一是通过加强业务培训提高医疗技术。采取外请专家来院授课和院内骨干授课相结合的培训方法，实行院内继续教育培训学分制，保证了周周安排有学习、月月有培训。同时还选送骨干医务人员到大教学医院进修深造，努力提高医疗技术水平；二是通过举行业务知识考试、比赛活动，促进技术提高。如2007年举办了全院医务人员心肺复苏和“三基三严”理论和操作考试，举办了医疗护理文书书写评比、技能操作大赛。三是通过经常性地进行医疗质量检查，监督医疗操作规程和诊疗常规制度的落实情况，督促医疗质量的提高。医院制订下发了《医疗服务价格公示制度》、《药品使用管理专项工作方案》，开展了“安全生产月”活动。该院全面质量管理委员会每月对医疗工作、病历质量、感染控制指标、服务质量等进行考评，每月以《医院管理年活动月小结暨质量简报》形式通报考核情况，并做到奖罚分明，确保了医疗质量和医疗安全。护理部下发了亲情护理工作手册，积极推行“亲情护理工作模式”。院内感染控制工作也进一步加强和规范。各科有院感监控人员，及时上报疫情，院感发生率≦4.6%，漏报率≦16.4%，均符合二级医院质量考核标准的要求。2007年该院未发生一起重大医疗事故和纠纷。

积极开展新业务新技术 2007年内科针对目前老年病人较多的实际情况，着重加强老年病知识的学习培训，先后选派两名医务人员到教学医院进修学习糖尿病、肾病血液透析知识，在开展“糖尿病”、“肾病”、“心血管疾病”方面有一定进展，还开展了胸腔内化疗。

骨科2007年开展了“腓肠神经营养血管逆行岛状皮瓣修复胫前皮肤缺损”和“颈椎神经鞘膜痛切除术”。

妇产科开展了妇科病防治和终止妊娠等业务，新添置了电子阴道镜、LEEP刀和母婴监护仪等设备，开展了电子阴道镜检查和宫颈电环切除术。

外科除开展常见外科手术和体外碎石业务项目外，2007年新开展了痔疮PPH手术及肾盂结石腔内气压弹道碎石术。

急诊科在现有的管理模式上，着力提高门诊各诊室的技术服务质量。胃镜治疗又有新突破，开展了无痛胃镜和胃镜下胃息肉切除治疗。

提高服务水平，构建和谐医院

该院始终将“全心全意为病人服务”作为服务宗旨，积极开展“以病人为中心”的优质服务活动。将服务从单纯的医院内治疗，转向院前的义诊、体检、健康指导、咨询，院中的治疗和出院后的电话回访、登门访视、跟踪服务等全方位、立体化的服务模式。医院举办了吴天祥和张应天先进事迹报告会，出台了《中建三局武汉中心医院员工服务规范》，引导员工从加强职业道德入手，进一步规范业务技能、服务用语、行为举止等，使全院职工整体素质不断提高，服务质量进一步改善，受到群众好评。2007年外科一个晚期癌症病人家属还主动联系《楚天都市报》的记者来院采访并报道了该院医务人员视病人如亲人，给予病友及家属无微不至关怀的先进事迹。

就医环境和医疗条件有较大改善 近几年，该院利用有限的资金，认真规划，分批逐步改善和美化就医环境，使医院的外貌和内环境有了较大的改观。2007年一是医院医疗大楼外墙进行了粉刷，更换了新的标识，树立了良好的外部形象；二是医院内部重点对各住院病区进行了装修改造，墙面粉刷一新，安装了统一的传呼系统和设备带，地面全部铺设了既防滑又美观的卷材，病房改造后添置了新床及床上用品、更换了床头柜，病区还增加了小病房，小病房内卫生和淋浴设施一应齐全，满足了不同层次病友的需要；三是添置更新了医疗设备，如通过招议标添置了彩超、全自动生化仪、LEEP刀、母婴监护仪、胰岛素泵、高频电刀、多参数心电监护仪等基础医疗设备，医疗条件得到了较大改善。

对外服务工作打开新局面

在2007年领导班子调整后，该院明确了由一名副院长具体负责市场经营开拓、形象设计、外宣策划，并配备了专职人员组成市场服务部。市场服务部努力为中建三局大院内居民和医院周边各社区、院校做好医疗咨询、宣传和保健服务。如为中建三局大院内离退休老同志开展了上门服务、健康讲座、办理了优待证、建立了健康档案等。以此拓宽了服务方式，增进了理解与沟通，和谐了医患关系。　（陈亚妮）

（责任编辑：吴厚冬）

市属医疗卫生机构

【武汉市第一医院·武汉市中西医结合医院】

概况　截至2007年底，该院有职工1 631人，其中医疗卫生技术人员1 404人，主任医师（含相当职称）40人，副主任医师（含相当职称）111人，中级职称（含相当职称）360人，初级职称893人，行政、工勤等人员227人。

设有临床、医技科室42个，开展专科、专病169个，设病床1 600张；有行政科室15个，党群科室6个。

全年门诊量164.3万人次，入院病人40 844人次，出院病人40 455人次，治愈、好转率94.3%，病死率2.4%，病床周转次数29.6次/年，病床使用率104.2%，平均住院天数12.8天，手术总台次11 761台。

医疗工作　2007年是全国重点中西医结合医院建设单位创建验收年，该院为此成立了中西医结合优势病种研究办公室和专家委员会，确定90个重点中西医结合专病发展规划。还结合国家中医药“十一五”规划，成立了“武汉市中医药临床研究基地”，将中药研究列为该院主攻方向。在各科室申报基础上，经院外专家评议，立项了20个研究项目，并投入500万元作为建设、启动和研究资金。同时还制定了相关配套措施，以保证项目顺利开展，得到国家中医药管理局和省、市卫生行政主管领导的肯定与支持。

该院以“大病”战略为主导，进行人才和技术资源整合，多专业开展“高位嫁接”，使“大病”接诊患者人数明显上升，医技人员处理“大病”的能力明显提高。医院甲类手术比上年度增长了12%。

本年度，皮肤科在湖北地区率先开展了ML手术，建立了专业实验室，神经内科充分利用“卒中单元”学术优势及品牌效应，建立以“脑卒中”为主攻方向的中西医结合小组，使动脉造影和支架手术的数、质量都有了突破；心内科冠状动脉造影和支架技能也明显的提高；微创中心普外统一，以“一线穿珠”地模式，扩大了专业平台；胃肠腔镜手术质量大大提高，手术范围从几年前以胆道微创手术为主发展到目前的多脏器、多腔镜联合手术广泛开展，全年手术突破3 000例次；消化内科建立了省内最大的内镜中心，充分发挥良好的内镜技术。

打造“三名”科室即名医、名科、名专病，促使重点专科专病建设向纵深发展。继肾病科、皮肤科先后成为国家中医药管理局重点专科后，2007年针灸科、神经内科、消化内科成功通过评审，成为国家中医药管理局“十一五”重点专科建设单位。该院2007年还成功创建两个省级重点临床重点专科（西医类）——肾病内科、消化内科；6个市级重点专科——内分泌科、风湿科、骨科、微创外科、妇产科、放射科。

实施“大急诊”战略。2007年，该院进一步完善了院前、院内急救链，建立了内、外科急救流程，确定了专家组与负责人；修订并完善了心肺复苏、急性左心衰、缺血性脑中风等7种疾病的诊断、抢救流程；加强了院前急救人员的培训与考核，对全院医、药、技人员进行了急救讲座和模拟演练，杜绝急诊抢救死角。在2007年市内发生的几次大型车祸救治过程中，该院综合急救能力得到检验。

2007年6月，该院重点专科大楼建成启用，使其重点专科规模处于武汉市市属医疗单位领先水平。该院皮肤科是中华医药学会皮肤科分会主委单位，建有湖北省感染性皮肤病医学临床研究中心，全年门诊量接近60万人次，中西医结合治疗水平处于国内领先地位。肾病科占据重点学科大楼四层楼，有两个病区和80余台透析机，“血透”和“腹透”规模处国内领先水平。扩建后的神经内科拥有四个病区，114张病床，其中NICU病区设备精良，2007年该科成功举办了“世界神经内科高峰论坛”，其系统的卒中单元治疗模式，获得500余名与会专家的肯定。针灸科在“穴典”研究成果获武汉市科技进步一等奖的基础上，积极参与国家“973”、“863”攻关项目研究，力争依托科技桥梁促进学术整体发展。

本年度，该院推出70余项新业务新技术，其中“卒中单元”脑梗塞动脉融栓的开展，填补了该院此项技术空白。腹腔镜胃、右半结肠、乙状结肠、直肠肿瘤切除术、甲状腺瘤切除术等的开展，显示该院微创外科技术取得较快进步。此外，该院妇科宫腔镜的运用，拓展了妇科疾病治疗的途径。

专科建设考核　该院制定了专科建设考核细则，列表如下：

武汉市第一医院·武汉市中西医结合医院专科建设考核细则

项目	内容	要求	分值	评分标准
月度考核内容				
教学	教学查房	每周不少于1次(参加人数至少达80%)	15	每缺一次扣3.75分
	专科讲座	每年不少于6次(参加人数至少达80%)	15	未组织不得分
	专科疑难病例讨论	每月不少于4次(参加人数至少达80%)	15	每缺一次扣3.75分
	专科读书报告会	每年不少于6次(参加人数至少达80%)	15	未组织不得分
	参加院内业务学习	按规定参加科教科组织的各类学习	15	以当月实际组织的业务学习情况评分
	住院医(技)师规范化培训	按医院住院医(技师)规范化培训方案及培训细则对住院医(技)师实施培训	25	违犯医院住院医(技)师规范化培训方案的有关条例,1次扣5分,扣完为止

注:1. 有病房的临床科室依据本细则进行考核,无病房的临床科室,临床业务工作部分参考本标准执行,病床使用率、专科病人的占有率、专科治疗有效率等不作为考核指标,根据实际得分折算最后得分。

2. 专科建设年度考核总成绩由年度考核成绩(占70%)与月考核平均成绩(占30%)相加计算,并作为年度综合评价的指标之一。

3. 月考核内容纳入各临床、医技科室质量考核标准中,由科教处进行考核。

护理工作　2007年,该院护理部组织护士参加本院"医院文化节"暨"大练兵"、"大比武"活动;完成市卫生局二级医院护理技能大赛考场的布置准备;年内建立了各科护士长与护理部信息网络。制订了各类安全护理措施如:甘醇输注流程、皮肤压疮护理流程、预防坠床摔伤护理流程、入院介绍及陪伴注意事项等。还进一步完善了护理安全制度如:危重病人报告制度、差错纠纷报告制度、护士长五查房制度、危重病人护理会诊制度和手术病人护理交接班制度等。全年杜绝了重大护理安全事故发生。

三季度开展了护理安全管理月活动,由护理部组织人员实施这项工作,九月份进行了优劣讲评,促使全院护士重视护理安全。在作好日常护理工作的同时,要求各病区开展对病人进行健康宣传教育,同时强调病人健康常识的知晓率,每月由护理部抽查落实情况。结果表明,普及率达100%。此外,护理部每月一次专病护理查房,召开一次专业小组会议,对临床常见护理问题进行分析并提出改进意见,1－10月,共进行了7次护理会诊。为了提高全院护士的业务技能,每月安排1次护士业务学习,对工作5年以下的护士进行培训。对新入院的护士操作和理论考试全年共3次。全年对所有新老护士应掌握的50项技能进行分批培训,还对40岁以下的36名护士长常规护理操作与相关理论进行了培训和考试。

本年度,该院护理部接受外来单位的护士实习、进修;完成了对武汉卫校分校学生的授课;全年发表论文36篇。"5·12"护士节,评出院级优秀护士43名。经过层层选拨比赛,消化内科护士长张江春荣获湖北省优秀护士;田佩琼、易燕荣获武汉市优秀护士。由护理部辛玲芳副主任带队参加的省、市护士技能比赛,荣获武汉市团体第一名和湖北省第3名的佳绩,该院获市技能大赛优秀组织奖。

教学科研　在教学方面,该院皮肤科、心内科、肾病科、神经内科、消化内科、针灸科等科室接受外来进修人员106人。作为市内几所医疗院校的附属医院,该院带教来自湖北中医学院、同济医学院、江汉大学、湖北中医药高等专科学校、咸宁医学院、湖北郧阳医学院、武汉科技大学等院校的本科生共269人。还带教湖北中医学院硕士、博士研究生61人。

本年度,该院举办了中医、中西医结合皮肤病诊疗新进展高级研修班,头针治疗中风病临床培训班,消化道内镜技术及诊疗进展培训班,腹腔镜透析高级进修班,腹腔镜直肠癌根治术培训班,十二指肠镜培训班等10多期学习(培训)班。学员来自省内外医疗系统。11月28日,该院迎来国家教育部本科教学评估的领导及专家,抽查了中医病房和针灸门诊本科学生实习情况,还对学生的临床技能和病历书写进行了考核。

在科研工作方面:1. 申报各级各类科研课题106项,共有67项获得立项资助。其中,获国家自然科学基金项目创新1项,国家科技部中医药支撑计划1项、卫生部专项经费项目3项,国家中医药管理局专项经费项目1项,湖北省自然基金6项,湖北省科技攻关项目5项,湖北省中医、中西医结合卫生科研基金8项,武汉市人事局创新项目1项,武汉市晨光计划项目1项,武汉市科技攻关一般项目3项。

2. 完成科研成果鉴定22项。获湖北省科技进步奖三等奖2项、获武汉市科技进步一等奖1项、二等奖3项、三等奖9项。

3. 在中西医结合心脑血管实验室筹备申报国家中医药管理局三

级实验室之际,医院克服重重困难,举全院之力建设了"卫生部腔镜培训基础"、"国家中医药管理局中西医结合临床运用方法学研究室"、"湖北省感染性皮肤病临床研究中心"、"武汉市中西医结合临床研究基地"使该院的医学科研跻身于先进行列。此外,该院全年发表医、药、护理论文共计326篇,其中全国性杂志300篇,SCI杂志26篇;会议交流论文174篇,其中全国性会议交流80篇,国际性会议交流28篇,地方性会议交流60篇。

精神文明建设及其他 该院多次举办学习党的十七大精神专题辅导报告会,请市委党校老师辅导讲课,在党员干部中开展学十七大文件征文竞赛,组织观看《公仆》电影等,开展"立足岗位,做时代先锋"党员先进性践行活动。为促进医院和各科室的内部管理,加强廉政建设、院纪委、审计处反复研究,制定了《武汉市第一医院内部审计规程》;在治理商业贿赂活动中,制定了《临床医技科室反商业贿赂实施意见》、《关于接受学术赞助的有关规定》等制度。机关党务部门、护理部工作人员经常下到临床医技科室及门诊收集和征求病人意见,并汇总在每周一次的周会上进行讲评曝光,限期整改,使医院形象得到提升。由于措施得力,使病人投诉降低,医疗费用降低,服务质量上升。1-11月,全院共有80余人次拒收病人的"红包"和"吃请";此外,该院多次在本院和到社区举办义诊,方便群众看病和咨询健康。还按照上级 要求,与易家墩街等社区卫生中心建立起"大带小"医疗联合体,为发展社区医疗做贡献。2007年,该院成功举办"大医精诚杯"系列竞赛暨病历书写、医古文、外语、医疗法规等竞赛活动。在武汉市第15届职业技能大赛执业医师技能竞赛中,该院青年医师代表队取得16人参赛13人获奖的佳绩,其中1人获中医状元,5人获市政府表彰,7人荣获市卫生局表彰。青年护士代表队在全省三级医院护士岗位技能竞赛中,荣获武汉市团体第一名、湖北省团体三等奖的佳绩。在2007年"三级优秀中西医结合"评审中,该院以965分的优良成绩再次名列此项活动的第一名。本年度内,该院时逢建院80周年,经过精心准备,举办了80年医院回顾展览,全院职工穿着量身定制的"观奇"西服,隆重举行了院庆庆典。展现了市一医院人爱岗敬业,百折不挠,永争第一的精神风貌。2007年,该院被评为武汉市卫生系统先进党委。

院领导班子成员:院长(法定代表人)张介眉(任职时间1998年8月);党委书记武小军(任职时间2007年7月);党委副书记张红星(任职时间2007年4月);纪委书记万何琴(任职时间2007年4月);工会主席康军(任职时间2004年12月)。 (黄家润)

【武汉市中心医院】

概况 截至2007年底,该院职工人数1 241人,其中医师422人、护理人员517人、医技人员114人、行政57人、后勤131人。正高24人、副高110人、中级330人。

全年门急诊量582 250人次,比上年增长15.1%;出院人数28 482人次,同比增长19.8%;病床使用率119.4%,同比增长8.1%;病床周转次数29.6次,同比增加周转3.5次,平均住院日从15.7天下降为14.9天,药品比例为41.1%;医院总收入3.74亿元,业务收入3.47亿元,同比增长30%,总增幅在市卫生系统名列前茅。尤其是2007年9-12月,医院各项业务指标连续刷新历史新记录。职工人均收入较上年增长27.1%,人员经费投入较上年增长46.2%。

党组织建设 2007年8月,市委组织部、局党委对医院领导班子进行了调整。新一届领导班子成立。党支部由原有的8个党支部调整为13个党支部,选拔了一批年轻党员充实到各支部之中。颁发了《党支部工作目标管理考核标准》,定期对支部工作进行督查、考核。

选拔了2名院长助理,对11个职能部门和临床科室中层管理干部进行了调整,新增了科教科、经济管理办公室。

发展战略 该院成立了院质量管理办公室,建立健全了质量管理组织体系,每月召开一次质量分析会。医院多次被推荐接受卫生部、省卫生厅考核检查,严格的医疗质量控制,受到检查组充分肯定。

严格执行"科主任负责制",强化科主任职责,明确科主任为科室质量管理第一责任人;严格执行"三级医生查房制度",废除了"责任医师负责制",明确各级医生的岗位职责,强化三级医生查房的落实。强化医疗核心制度的落实,加强基础质量、环节质量和终末质量的管理,保障了医疗安全。

对北院区药房、南院区中药房、眼科配镜中心的管理模式进行了调整,实施了统一规范的管理;进一步落实医务人员的准入制,严格执行技术准入制,血液科干细胞移植技术通过了省卫生厅技术准入评审,成为全省第三家,市属医院唯一一家获准开展干细胞移植技术的医疗机构。全年未发生医疗责任事故和重大医疗纠纷。

在总结和巩固医院管理年活动

成果的基础上，该院启动了三级医院评审即创建“三级优秀医院”准备工作。成立了“创三优”办公室，制定了“创三优”活动方案。

针对住院床位紧张的状况，医院打破传统，调整增加病床，加快周转，努力缓解病人住院难；

该院聘请回了一批退休知名老专家充实专家门诊，满足病人不同需求，受到社会一致好评。

该院将武汉市中心医院附属新华医院正式更名为武汉市中心医院北院，并得到了省卫生厅的批准。开设了24小时急诊和各科普通门诊、专家门诊；增加了两个病区，开设了手术室，为将北院区打造成汉口北部区域最大的现代化的三级甲等医院奠定良好基础。北院区开诊以来，门诊量、住院率逐步上升，呈现出良好的发展势头。

经过论证，南院区科技楼将建设成为环境设施服务一流的干部医疗大楼。原临时门诊将建成较大规模的现代化血液净化中心和体检中心。

医院数字化建设步伐加快，已完成医学影像存储及报告管理系统、检验管理系统建设和电子病历临床系统试点。

医院改革　该院对经济核算体系和奖金分配机制进行了改革。新的奖金分配方案充分体现“多劳多得”、“效率优先，兼顾公平”的分配原则，公开、透明，尽量客观量化，科学合理。新的奖金分配方案极大地调动了职工的工作热情，医院效益逐月增长，职工收入也有了较大提高，让职工共享改革发展成果。

对医院管理三大核心要素的考核标准和考核方法进行了调整。“质量管理”根据省卫生厅颁布的三级医院评审标准进行质量评价；“效率管理”运用成本核算方法，对科室效益进行核算；“水平管理”按照重点专科评审标准，对应管理，使医院“质量、效率、水平管理体系”更趋科学完善。

人才培养和重点专科建设　制定了《人才培养计划》，《医师外出进修管理办法》，建立了“院专家库”，评审出了首批享受院级津贴的专家，开展了院优秀青年人才的评审选拔，形成了合理的人才梯队。

成立了“院重点专科管理委员会”，重新制定了《院重点专科发展规划》，开展了院级重点专科的评审，对重点专科给予政策倾斜，着力打造各级重点专学科。经专家评审，血液科被评为省级重点专科；放射科被评为市重点专科建设单位；内分泌科、心血管内科、肝胆胰外科成为首批院级重点专科。

该院成立了科教科，加强科研、教学等工作。举办了全省神经内科学术会等多项有影响的学术交流活动。制定了《科研工作管理规定》、《科技进步奖励条例》，运用政策杠杆，鼓励科技进步。优秀论文不仅可以报销论文发表版面费，而且还给予表彰和奖励，对被SCI收录的论文给予重奖。全院共完成科研成果鉴定7项，由血液科赵湜主任主持的“干细胞移植治疗糖尿病足”科研课题获武汉市科技进步一等奖，其他2项科研成果获得武汉市科技进步三等奖，13项科研课题获得立项，发表学术论文156篇。

精神文明建设

创新服务：各科结合自身特点，从改进服务细节入手，从满足病人需求入手，开展服务创新活动。如手术科室推出了“无缝服务”，减轻手术病人恐惧心理；ICU护士通过手语、提示牌等独特交流方式，帮助患者顺利度过术后危险期；妇产科实施了住院病人路径服务，让住院病人享受到全程温馨的服务；各病区尊重病人，改进催缴欠费方式，走近床边与病人轻声耳语，注重保护患者隐私；消化科为不幸去世的病人献上一盆雏菊，为悲哀的家属送去真挚的问候等，让病人感受到真诚和关爱。

行风建设：医院成立了专项治理商业贿赂工作领导小组，制定了专项治理工作方案，对全院干部职工进行了医德医风警示教育，宣讲了刑法修正案，剖析了典型案例。认真落实卫生部、省卫生厅及市卫生局关于“开展医药购销领域不正当交易行为自查自纠工作的指导意见”，在全体医务人员中认真开展了自查自纠。

加强制度建设，从源头上防止腐败行为发生。完善了“医疗设备采购管理规定”、“耗材招标管理规定”，建立了“药品使用情况监控制度”，发现异常情况及时纠正。对2种异常使用的药品坚决果断停药，对药商进行警告，对医务人员发出警示，教育了职工，维护了病人利益。

探索建立行风建设长效工作机制，将行风建设各项要求纳入到医院质量管理体系之中，进行督查评价。评价结果与奖金分配、职称晋升、年度考核等挂钩，使反腐倡廉工作规范化、制度化。

扩大宣传：与媒体联手策划了10多次有影响的宣传活动，在各大媒体刊载新闻稿件449篇，科普稿件328篇，使该院长年做到报纸上有字、广播里有声、电视里有像，医院知名度进一步扩大，为医院发展提供了良好的舆论支持；举办了40余期市民健康课堂，走进社区举办了健康教育讲座7期，吸引了来自武汉三镇的近万名市民听课，受到群众欢迎。

医疗救助:选派第二批医疗队支援新洲仓埠卫生院和英山县人民医院。与江汉区民意、北湖和江岸区一元社区卫生服务中心签订合作协议,把优质的医疗服务送到了群众家门口。

该院与江岸区教育局联合开展尊师活动,发放尊师医疗优惠卡12 000张;在开办"工会会员医疗优惠服务基地"、"老年医疗优惠服务基地"的基础上又启动了"农民工医疗优惠服务基地"活动,全年优惠金额达70 000余元。

医院率先开展了"日间手术",努力缓解病人住院难、手术难,为患者节省医疗费用20% -30%。与社区卫生服务中心联手,探索双向转诊服务模式。全年共有110名患者接受了日间手术。

护理30年成就 该院高度重视护理工作。1997年,在神经内科、普外科、血液内分泌科三个病区率先实行整体护理,至1998年,这一全新的护理模式在全院得以广泛推行,使护理模式由"以疾病为中心"向"以病人为中心"转变。推行"责任护士负责制",建立了护理工作"公示制" 、护理"首询负责制"。加强"三基""三严"训练和基础护理的落实,做好晨间、午后生活护理及"每周病人清洁日"的"三短九洁"工作,并定期督查、排序。充分体现以人为本,设立便民箱、温馨提示、赠送生日贺卡、进行外科手术"无缝服务"等。加强全院护理人员礼仪培训、考核,并进行情景模拟表演。

注重护理质量管理,充分发挥三级护理管理网的作用,"督查、跟踪、反馈,质量持续改进",每月一次安全隐患自查,每季一次护理质量安全分析及疑难病案讨论,实行"每周医疗安全回顾日"制度。对监护室、ICU、急诊、分娩室等专科护士进行培训,发放培训合格证书,要求持证上岗。在2006年、2007年卫生部及湖北省卫生厅医院管理年检查,和武汉市卫生局护理质量管理检查中,均位居武汉市护理质量管理前列。

1980年,该院护理人员241人,大多数为中专学历;2008年护理人员620人,本科160人,大专381人,中专79人;30年来,共有护理小发明、小革新7项,完成护理科研6项,其中1项获武汉市政府科技进步三等奖,1项获中华护理学会科研三等奖,2006 -2007年两年发表护理论文208篇。

领导班子成员:法定代表人孔庆志(任职时间2007年8月);党委书记孙昌林(任职时间2007年8月);党委副书记董申民(任职时间2007年10月);纪委书记万重建(2004年12月);工会主席鲁桂鸣(任职时间2000年9月)。

(关爱民、杨英莉)

【武汉市第三医院】

概况 该院是一所集医疗、教学、科研为一体的综合性三级甲等医院。始建于1875年,其前身是美国基督教圣公会创办的"武昌圣公会医院",辛亥革命后更名为"武昌同仁医院",1958年易名为"武汉市第三医院"。截止2007年底,该院有职工1 127人,其中卫生技术人员877人,工勤、行管人员250人,高级职称人员142人,中级职称人员327人,初级职称人员346人,目前有2位专家享受国务院津贴,4位专家享受市政府专项津贴。设有病床570张,病床使用率96.2%。年门诊量260 306人次,出院人数12 324人次,手术病例4 864人次,治愈率72.0%,好转率22.8%,病死率2.1%。孕产妇死亡率为0。该院设有24个临床专业学科,7个医技科室,3个试验室和1个烧伤研究所,设3个党群工作部门和13个行政部门。烧伤科、整形科为省、市重点专学科。

为改善医疗环境,该院于2005年10月破土动工修建新综合病房大楼,2007年底竣工,2008年初正式投入使用。

医院管理 该院按照"医院管理年"活动要求,明确办院方向,以病人为中心,不断提高医疗服务质量,增强服务意识,注重医院社会效益,采取切实有效措施,制定规章制度,杜绝过度医疗及过度检查,让老百姓得到实惠,充分体现公立医院的性质。科室考核及奖金核算模式突出病床使用率、病人平均医疗费用及药品收入比例等社会效益指标,不与业务收入直接挂钩,着重考核服务质量,切实有效的减轻了老百姓的医疗负担。

加强管理,提升医院管理效益,树立医院良好社会形象,为进一步提高管理水平,加大管理力度,该院制定文件《关于加大部分质量问题否决力度的通知》,举办中层干部管理培训班,加强制度管理,明确职能部门管理人员职责分工,加强和提高管理队伍服务临床的意识和能力,保证医疗活动正常有序的进行,确保为老百姓提供高质、有效的医疗服务。

规范收费行为。根据卫生部、国家中医药管理局文件精神。医院建立以质量评价为主体,以社会效率考核为重点,加强合理检查、合理用药、合理治疗管理机制,举办了《合理用药及处方管理》培训班,并成立了合理用药领导小组和工作督导组,由分管领导亲自督导,定期督查用药情况,定期点评处方,对违规者按医院相关规定予以处罚，有效控制医疗成本，降低医疗费用，让利广大患者。同时杜绝开单提成，严格执行政府规定的医疗收费标准，提供一日清单，让患者明明白白消费。严格执行价格公示制度、投诉处理制度，并与科室考核挂钩，责任到人。

医疗质量管理　2007年是卫生部开展“医院管理年”活动第一阶段的第3年，在省卫生厅、市卫生局的统一部署和指导下，按照省卫生厅“三项制度”、“三个专项”工作的要求，院领导班子带领全院职工树立“以病人为中心”的理念，在明确办院方向、规范医疗行为、改善服务态度、提高服务质量、降低医疗费用等方面积极努力、脚踏实地的开展工作，取得了良好的成效。注重社会效益，减轻病人负担。2007年门诊病人人均费用比上年下降了1.53%，一定程度上缓解了病人“看病难，看病贵”的问题。

严格执行技术和人员准入制度，规范执业行为。加强对全院职工医疗法规和医疗规范的培训、考核，邀请资深律师作“医疗服务规范”知识讲座，定期分批开展《执业医师法》、《医疗事故处理条例》、《处方管理办法》等法律法规的培训，不断提高医务人员的法制意识，杜绝不规范行为。

针对上一年度“医院管理年”活动督导检查中存在的问题，总结经验和教训，制定整改措施，逐一落实。严格按院科两级医疗质量考核体系，定期和不定期督查，将存在的问题汇总，每月通过院办公会、质量考评会进行考核，将考核结果与科室和个人考评挂钩，加大了考核力度，确保医疗质量管理落到实处。在进一步加强医院内部管理的同时注重医院内涵建设，严格医疗核心制度的落实，加强医疗环节管理，进一步完善“三基三严”培训考核制度。将学习考核的情况纳入医护人员个人继续教育档案，并与外出进修学习、职称晋升、年终考核结合起来，促进了医护人员立足岗位、学技术、学技能的积极性和主动性。

护理工作　该院护理部根据“医院管理年”活动要求，制定了护理工作应急预案与程序，强化护理人员“三基、三严”培训，组织护理人员学法守法，开展了护理岗位技能培训和竞赛活动，全年举办护士业务学习班12期，培训率达100%，提高了理论水平，增强了服务意识；护理质量考核全面达标。基础护理合格率97.6%，特级、一级护理合格率98%，护理病历书写合格率98%，护理操作合格率97.5%，急救物品合格率100%，患者满意度98.79%，压疮发生率为0。

对口支援工作　认真落实省卫生厅、市卫生局关于“万名医生下基层”和“千名医生下基层”及“援疆”的工作，连续三年派出15名卫生技术人员分赴湖北省罗田县人民医院、江夏区、汉阳区、武昌区等7个医疗点进行对口帮扶工作。按要求对当地医务人员进行培训、指导，提高其医疗技术水平，解决了当地“看病难”的问题。为响应省卫生厅援疆号召，2007年7月选派妇产科技术骨干黄桓同志，前往新疆博尔塔拉蒙古自治洲博洲蒙医院开展工作，受到当地政府和医务人员的好评。

重点专科建设　该院在重点专科建设方面卓有成效，烧伤科、整形科为省、市重点专业学科，已成为该院学科建设的亮点。为扶持重点学科建设，该院于2007年出台了《重点专业学科建设实施管理办法》，旨在进一步推动医院的学科建设，以形成医院的核心竞争力。并对该院已确立的四个院级重点专科进行了复核评审，严格按照省级标准，考核打分。其中心内科、肾内科通过了院级重点专科的评审，对未通过评审的两个科室责令其限期整改，有力促进了该院重点专业学科建设的健康发展。该院不仅仅注重重点学科的建设和发展，也兼顾其它学科，以重点学科为龙头，其它学科协调发展，齐头并进，提高医院整体实力，医院综合实力走上新台阶。

2007年，该院烧伤科成功救治一名罕见大面积化学烧伤合并严重骨折的孕妇，经过烧伤科、骨科、妇产科等多个科室的通力合作，不仅治愈该例严重复合烧伤患者，还成功地保护胎儿安全降生，突破了严重烧伤孕妇难以保全胎儿的医学禁区。这一国内外罕见病例救治成功被全国各地媒体广泛报道，其中中央电视台－10频道《走进科学》栏目，将该病例以专题节目向全国进行了报道。

烧伤科学科建设不断发展，临床治疗水平达到国内外领先，影响不断扩大，国内外互访日益增加。2007年先后有新西兰、泰国、荷兰等地医学界人士慕名前来该院烧伤科进行学术交流，扩大了国际影响。

人才培养　2007年选送3名优秀人才到武汉大学人民医院攻读临床在职博士学位，烧伤科1名留德博士已学成回国，外出进修人员18名。在市卫生局开展的“武汉市医学杰出人才”等活动中，谢卫国荣获“武汉市医学杰出人才”称号，任军荣获“优秀学科带头人”称号，方向明荣获“医学新秀”称号。

科研成绩　2007年，该院申报卫生部科教司卫生行业科研专项经费1项，市科技局学科带头人计划1项，市人事局2007年度创新人才开发资金1项。申报市卫生局课题13项,其中有2项科研课题通过市科技局鉴定:儿科刘丹娅主持的“抗感利咽喷雾剂治疗小儿急性咽炎实验及临床研究”及外科刘礼秀主持的“早期床上布带圈操用于腹部手术后患者恢复的临床研究”,均达到国内领先水平。2007年,该院共在中华杂志发表文章13篇,SCI 1篇,各级各类核心期刊杂志发表文章89篇,科普文章325篇。

国际交流合作　2007年10月29日,该院邀请到荷兰乌特勒支大学医学博士菲力斯·梅雨森、肖艳玲夫妇,来院参观了烧伤研究所,并就共建皮肤组织库做了专项研讨,召开了学术交流会。此次会议主要就合作共建武汉市皮肤组织库工作进行了协商,并达成一定合作意向,拟由设在荷兰的欧洲皮库与该院合作建立皮肤组织库。此项工作如能顺利开展,将解决武汉乃至湖北地区皮源紧张的问题,为广大烧伤患者带来福音,对促进武汉市烧伤医疗卫生工作的发展起到积极作用。

加强廉政建设　为防止商业贿赂行为,医院建立治理商业贿赂和廉洁自律长效机制,院领导高度重视,开展治理商业贿赂自查自纠工作,并成立督导小组,通过巡视、暗访、谈话和检查等多种形式;先后多次召开院领导、人事、财务、基建、后勤、药剂、设备、检验等重点岗位负责人会议,由于院党政一把手亲自抓,从关心爱护干部角度出发,学习文件,廉政谈话,再次通气打招呼,召开五次支部书记会议,进一步强调自查自纠廉政自律工作,无违规违纪事件发生。

改善医疗环境　2007年是该院发展史上关键之年,多年来,患者就医环境不能得到有效改善,一直是医院发展的困境,为满足病人对就医环境的要求,该院于2005年10月破土动工修建新综合病房大楼,2007年底竣工,在很大程度上解决了该院就医环境差的问题。新大楼建筑面积达26 900平方米,环境优雅,设施先进。该院建立了先进的层流洁净手术系统,ICU、CCU引进先进设备,以病人为出发点,改善医疗环境,增添新设备,一切为病人考虑,为病人提供更好的就医环境和更先进的诊疗手段,更好的为老百姓提供优质医疗服务。

安全稳定工作　该院在抓好医疗质量、医疗服务的同时,狠抓安全稳定工作的落实,加强沟通,统一思想,确保医院可持续发展,安全稳定是保障。2007年度,根据市卫生局社会治安综合治理目标管理要求,医院制定并实施了一系列防火、防盗等防范措施,组织了消防知识培训2次,进行四次地毯式安全检查,整改消防隐患6处;为配合临床加强病区秩序管理,定期下科室巡视,整改安全隐患13处,同时加强了夜间巡查;配合医务处做好医疗纠纷协调工作,全年未发生一起刑事案件、火灾和责任事故。

院领导班子成员:院长陈杰;党委书记乔子虹;副院长周希江、陆华新、谢卫国。通讯资料地址:武汉市武昌区彭刘杨路241号;邮编:430060;联系电话:027－88850381;电子邮箱:wh3yy@126.com。

(罗才奎)

【武汉市普爱医院】

概况　截至2007年底,普爱医院开放床位910张,其中骨科263张。共有职工1 360人,其中卫生技术人员1 126人,高级职称人员121人,中级职称421人,初级职称584人。该院荣获湖北省文明单位、武汉市卫生系统目标管理先进单位、武汉市卫生系统先进党委的光荣称号。

医疗工作　完成指标:2007年该院门诊量549 355人次,住院人数25 396人次,手术6 926人次,急危重病人抢救成功率87.7%,病床使用率达114.3%,平均住院日13.4天。

医疗质量管理:该院进一步完善了医疗服务质量管理制度体系,严格落实三级医生查房制度和门、急诊首诊医生负责制,加强对口收治病人管理,实行危重病人24小时监控,专人管理,加强病历书写质量和处方书写规范,对病人从入院到出院进行全程跟踪管理。全年未发生医疗责任事故和大的医疗纠纷。

护理工作　医院分设的7个质量控制小组,每月对各护理单元进行全面检查,并对检查结果进行综合量化排序,共检查84次。全年开展护理业务大讲课12次,共1 251人次参加;该院每月进行了护理人员基础理论考核和专科护理理论考核,全院合格率达100%。提出“温馨服务”理念,把病人满意度作为考核病区护士长工作的一项重要指标。该院儿科护士长罗丹被评为省级优秀护士,梁金玉、段小红被评为市级优秀护士。急诊室护士长陈敏获得全省三级医院护士岗位技能竞赛优秀选手奖。

药品直供　该院作为全国三级甲等医院第一家药品直供改革的试点单位,经过一年多的努力,实现了让利于民、减轻病人药费负担的阶段性目标:门诊每人次药费下降24.13%,住院病人每日药费下降39.53%,医药比例由直供前的43.67%下降至31.87%,来医院就诊的患者减少药费支出4 720万元,取得了良好的社会效益,药品直供试点改革取得了阶段性成效。

科研工作　2007年该院神经内科的“帕金森炳&—突触核蛋白异常聚集诱发内质网应激机制的研究”通过鉴定,达国内先进水平,部分研究达到国内领先水平。骨科的“中空加压螺纹钉治疗股骨颈骨折的回顾性研究”及心内科的“氯吡格雷在急性冠脉综合症及家兔粥样硬化血管壁中抗炎作用的研究”。两项科研项目分获湖北省科技进步三等奖、武汉市科技进步二等奖。在国内外医学核心杂志发表学术论文162篇,其中中华系列期刊3篇,核心期刊发表学术论文95篇,统计期刊及其它期刊发表学术论文64篇,有16项科研课题入选省市攻关计划、晨光计划和市卫生局科技项目。开展新技术、新项目10项,包括:“CT引导下椎体肿瘤穿刺活检术”、“冠状动脉左主干病变介入术”、“三氧化二砷联合FOLFOX4方案治疗肝癌”、“肝素超声雾化吸入平喘解痉的新技术研究”、“苦参联合易善复治疗酒精性肝病”、“妇科LEEP刀”、“留置针穿刺采血(新生儿)”、“CT导向下臭氧联合胶原酶治疗椎间盘突出症并辅以中草药口服辅助治疗”、“实时荧光定量PCR技术”、“一次性去白细胞过滤输血器使用”。

重点学科建设　2007年该院有省、市级重点专(学)科三个:骨科、心血管内科、肿瘤科。

骨科:该院骨科是湖北省重点学科。1996年,经武汉市卫生局批准成立“武汉市创伤骨科研究所”;1999年,经湖北省卫生厅批准增挂“武汉市骨科医院”院牌;2000年,成立“北京大学骨关节病研究所武汉诊疗研究中心”。医院设有创伤骨科、矫形骨科、肿瘤骨科、小儿骨科、骨关节及关节镜科、脊柱外科、手外科等专科,能施行关于胸椎肿瘤、腰椎结核、股骨头坏死、强直性髋关节炎、膝关节畸形、踝关节置换、陈旧性髋臼骨折、骨盆不稳定性骨折、各种平面的断肢再植、皮瓣修复、足-足趾移植再造、手部先天性畸形等各种紧急、复杂、危重创伤疾病的修复重建手术,临床上已取得了满意的疗效。在全国、省、市及周边地区具有广泛的影响,赢得了广大病员的信任和赞誉。使其成为中华慈善总会“威高爱心工程”骨科救治脊柱侧弯患者项目湖北地区唯一合作医院。

心血管内科:该院心血管内科作为重点特色专科,目前开设病床100张,拥有2间介入导管室、CCU及各种先进设备。技术力量雄厚,现有主任医师、教授3名、副主任医师5名,主治医师10名,多名主治医师赴国外学习进修归来,为心血管疾病患者带来先进的诊疗技术。2002年经专家论证,被授予市级重点专(学)科。2004年8月,该院与国际先进水平接轨,旅德心血管专家来该院工作和讲学,成立“德国心血管病专家武汉医疗中心”。自八十年代安装第一台永久人工心脏起搏器以来,心血管内科率先在市内开展多项心血管介入诊疗技术(冠状动脉造影术、冠状内球囊扩张+支架植入术、起搏器植入术、射频消融术、经皮穿刺二尖瓣球囊扩张术、主动脉带膜支架植入术、外周血管介入治疗等),两项手术为省内首例,介入心脏技术达到国内先进水平,已为数千例冠心病、风湿性心脏病、先天性心脏病、心肌病、多种心律失常、主动脉夹层瘤、下肢血管疾病患者解除病痛,课题《缺氧对培养心肌细胞细胞因子表达与细胞凋亡及黄芪干预得研究》达国际先进水平,并获武汉市科技进步奖。心血管内科还荣获武汉市总工会授予的“武汉市职业道德十佳示范岗”和武汉市卫生局颁发的“优质服务岗”称号。

肿瘤科:该院肿瘤科是武汉市重点专(学)科单位,有主任、副主任医师3人,博士、硕士研究生5人,现有床位80张,具有一流的层流洁净室,是湖北中医学院肿瘤专业硕士研究生招收点。目前科室可开展各种实体瘤的化疗(并可行门诊化疗),肿瘤内分泌治疗,电化学治疗,三阶梯镇痛法治疗癌痛,晚期癌症双途径治疗,多源循经肿瘤治疗,癌症中西医结合治疗,肝动脉、肺动脉的介入治疗及头颈部肿瘤的介入治疗,晚期肿瘤内腔支架治疗和B超直视下的心包腔化疗,微波刀,肿瘤射频透热治疗,经皮穿刺肝癌、肺癌的射频多弹头导向治疗,经肘静脉中心静脉置管术(PICC),经颈静脉、股静脉中心静脉置管术等。由于技艺精湛、服务优良,肿瘤科荣获卫生部及共青团中央授予的“全国青年文明号”称号,是武汉市卫生局授予的优质服务示范岗、市总工会授予的职业道德先进岗。

疼痛科:随着医学科学的进步,慢性疼痛作为一种身心疾病得到越来越多的关注,2007年医院根据患者的需求,新增成立了疼痛科,设置病床30张。疼痛治疗是现代医学发展史中的新型学科,疼痛病房日均住院人数45人次,病床使用率达150%以上。臭氧治疗等新技术的应用,临床疗效好,为数以千计的患者解除了病痛的折磨,使该院疼痛科在武汉乃至湖北地区颇有名气。疼痛科主任李荣春同志被授予武汉市“五一劳动奖章”光荣称号。

基本建设　基建后勤工作初见成效。2007年9月8号武汉市普爱医院创伤治疗中心综合大楼工程在西院区顺利破土动工,目前已进入主体建设阶段。常青分院完成了病房扩建和整体装修,东院区完成了行政楼装修、压缩行政办公用房、新增两个病区86张病床的基建任务。为广大患者营造舒适、优美的就医环境;为职工提供优雅、温馨的工作环境。医院将餐饮、洗涤、保安、保洁、电梯等实行了社会化服务,使医院后勤服务更加规范化、科学化,促进了医院整体管理水平的提升。

社区工作　该院接受政府“万名医师支援农村卫生工作”和“千名医生下基层”任务,派出15名医疗骨干赴新疆、西藏、麻城市人民医院、蔡甸区永安医院进行对口支援、帮扶工作,被省卫生厅授予万名医师支援农村卫生工程先进单位,并在总结会上进行经验交流。医院与16家职工医院、卫生所、社区卫生服务中心签订了双向转诊协议;2007年组织各科技术骨干到社区开展义诊、讲课及健康咨询活动42次。为广大人民群众的健康提供了有力的保障,对缓解人民群众“看病难”、“看病贵”问题进行了有益尝试。

行风建设　该院积极开展专项治理医药销领域的商业贿赂工作,为了防止“红包”开单提成、回扣等现象的发生,院长与各业务科室主任及药剂科、设备部,基建房管部、总务部,财务部主任签定责任状。医生签定承诺书400份。医院每月对医用耗材的招标采购情况进行检查,每季度对业务科室的廉洁行医的情况进行考评。2007年5月和11月,医院开展警示教育,组织党员、干部、入党积极分子400人观看警示电影《暖秋》。组织开展全员行风教育培训,收看警示教育片《阳光下的阴影》。医院还聘请了16名行风监督员,定期召开座谈会,主动接受社会监督。

医德医风　该院坚持医德医风查房制度,向门诊和住院病人发放调查表,广泛征求意见,医院综合满意度达到98.7%。全年共收到病人感谢(表扬信)73封,锦旗(匾)110面。各科主任作为纠风工作责任人,医院醒目地点张贴举报电话及拒收红包承诺书,该院全年共拒收红包65人次共23 800元。该院还建立了职工医德医风电子档案,对职工的廉洁行医,服务质量、服务态度进行评价。将职工受到表彰处罚的情况进行登记,以此作为年终考核、职称晋升、聘用的重要依据。

(刘惠敏)

【武汉市第六医院】

概况　截至2007年底,该院有在岗职工631人,其中卫技人员515人,占职工总人数81.6%;有副高及以上专业技术职称人员75人、中级职称专业技术人员217人。医院占地面积30 000平方米,建筑面积52 630平方米,其中医疗业务用房30 800平方米,开设病床510张,固定资产15 773.8万元,医疗设备总值3 778.3万元。

2007年实现经济收入13 075万元,比上年同期增加2 639万元,增长25.29%,其中业务收入11 321万元,比上年增加1 823万元,增长19.19%;业务收入中医疗收入6 223万元,比上年增加1 073万元,增长20.83%;药品收入5 031万元,比上年增加766万元,增长幅度为18.24%;业务支出11 781万元,业务支出的增长幅度低于同期业务收入的增长幅度;药品收入占业务收入的比例为44.4%,比上年下降0.8个百分点;完成门诊工作量329 402人次,比上年增加5 241人次,增长1.61%;住院病人9 832人次,比上年增加10 024人次,增长幅度为11.35%;病床使用率91.01%,比上年增加11个百分点;手术2 756台次,比上年增加256台次,增长幅度为10.24%。投资约400万元购置口腔成像系统、彩色B超、12导动态心电图分析系统等万元以上医疗设备43台(套)。

2007年,该院张应天教授光荣当选湖北省第九届党代表出席省九届党代会、被评为“湖北省第三届优秀科技工作者”;邵永胜、朱岭被评为武汉市医学新秀,李荣推选为武汉市卫生系统第二批“5·1·1”优秀青年学科带头人培养对象;方晓平被评为湖北省优秀护士,石峰被评为武汉市优秀护士;祝新武同志当选为2007年度“感动江大”十大新闻人物,肖才文同志获2007年度“感动江大”新闻人物提名奖。

“管理年”活动　该院制定了院内活动方案和督导检查方案,持续改进医院服务各项工作。加强院内的督导检查,分管理、医疗、财务物价三组对照湖北省医院管理年活动督导检查评分标准,采取查看现场、检查资料、抽考医务人员、询问病员等形式进行了三次全院自查;举办中层干部研讨班,认真总结开展“医院管理年”活动三年来的经验、教训、体会,为下一阶段医院管理评审打好基础;针对2006年省卫生厅对该院管理年活动督导检查提出的问题,认真研究,逐一整改到位;积极推行院务公开,执行医疗服务信息公示制度,规范医务、政务行为;积极进行医院管理评审前期准备工作,成立了创建领导小组,召开了创建动员会,制定了创建活动方案,组织相关部门到已通过评审的医院学习取经,组织学习考核标准,增强创优意识;等等,被省卫生厅评为“医院管理年活动先进单位”。

医院服务　认真履行公立医院公益性服务职能，积极开展医疗救助活动。4月21日在患者未缴纳一分钱的情况下，该院普外科、妇产科联合手术，成功救治特困弱智女患者陈某，切除陈某腹部45.3公斤巨大肿瘤。在该患者的救治过程，医院发起“奉献一份爱心，挽救一个家庭”捐赠活动，全院职工表现出了高度的人文精神和爱心，捐款达12 588元，在医院的感召下，社会各界捐款11 640元。患者家属及所在村负责人、村民怀着感激的心情向医院赠送锦旗，盛赞该院“医德高尚，医术高超”“妙手回春，救死扶伤”；中央、省、市各新闻媒体进行了多次报道宣传，产生了良好的社会影响。

干部保健工作取得成效。三个干部病房住院病人不断增加，病床使用率持续保持在100%以上，高峰时达140%。2007年5月份在全院各科室共同努力下，成功救治了91岁高龄、重症肺炎、呼吸衰竭的市委老领导，得到市领导、市老干部局、市卫生局的高度赞扬。

完成千名医生下基层工作任务。开展多形式、多层面的义诊活动，设立了专科专病周末义诊日，开展周末义诊49次，参加义诊的医务人员达139人次，义诊病人3 000人次，接受咨询约3 500人次，免普通门诊挂号费、诊疗费17 325元、免专家门诊挂号费、诊疗费13 650余元。接诊“110联动”病人254人次，其中住院10人次；圆满完成“女足世界杯”“第六届城市运动会”“八艺节”等大型医疗保健任务，派出医务人员88人次。

为新型农村合作医疗病人提供安全、有效、方便、价廉的医疗服务，2007年接诊新农合转诊病人216人次，减免医疗费用16 910余元。

医疗管理　重视医疗质量管理，完善了急危重患者抢救应急预案、医务人员违法违规公示制度等，规范了科室医疗质量月度检查登记本、科室医疗安全检查登记本，组织编写了《临床基本技能操作常规》；成立了7个护理质量督查小组，定期督查基础护理质量，并建立了科室医疗质量、医疗安全管理与持续改进报告制度登记。继续开展“经典病案”评选活动，促进学科之间的相互交流、学习。

重视“三基三严”培训考试，不定期举办“三基”训练讲座，精心组织“第十五届职业技能大赛执业医师比赛”活动，妇产科张伟医师获得武汉市第十五届职业技能大赛“技术能手”称号。在2007年省卫生厅组织的全省三级医院护士岗位技能训练及竞赛活动中，该院护理部获得武汉市赛区第四名、省团体三等奖，护士严文静获得了“护理操作技术能手”称号，郭莉、肖圣桃获得“护理操作优秀选手奖”的好成绩。

认真贯彻执行新的《处方管理办法》，医院提前二个月组织医务人员学习新《处方管理办法》和临床合理用药知识；编辑了院内基本用药目录，将临床常用的609种药品通用名、商品名、规格、剂型分别罗列，便于医生查询正确书写；及时修改调整信息系统，提前一周进行试运行等，由于准备充分，在国家规定的5月1日顺利实施。开展处方点评工作，建立了处方点评制度，医院成立了由临床科主任组成的处方点评小组，每次随机抽取专家5－6人，每月进行处方点评，点评的范围包括门诊处方、住院处方、麻醉处方，点评结果通过《医务简讯》公示。每月进行医疗质量、医保管理、公费医疗管理、物价管理联合查房，发现问题及时与科室沟通，并严格奖惩。

科教工作　完成科研课题鉴定3项，其中1项达国际先进水平，获市政府科技进步三等奖课题1项；在公开刊物上发表论文46篇，其中在核心期刊上发表论文7篇。

精心组织教学工作。2007年是江汉大学临床医学专业实施2.5＋2.5分段式教学模式的第一年，作为教学医院，该院非常重视教学工作，在仅一个月的筹办时间内，完成了教学计划和内容的修改，完成了多媒体教室和学生宿舍的建设，落实了教材，保证了新模式按时实施。注重教学质量，严格教研室管理，完成教学授课4 160学时。

职工教育　该院十分注重职工教育，抓反腐倡廉工作，层层签订党风廉政建设责任书，落实党风廉政责任制；开展“透视腐败，将反腐败斗争进行到底”党课教育，提高认识；组织党员、干部收看“忏悔录”“暖秋”等，进行警示教育；请江岸区检察院检察官给全院职工做“治理商业贿赂，预防职务犯罪”法律知识辅导报告会，组织全院职工参观“反腐倡廉治理商业贿赂”图片展，提高职工自觉抵抗商业贿赂的能力；对全院职工进行治理商业贿赂自查自纠问卷调查，教育了全院职工。

医院党政领导班子　党委书记：郭洪；院长：彭开勤；党委副书记、纪委书记、工会主席：高艳梅；副院长：杨军、何彭孙、朱岭、胡远贵。

代表性人物　湖北省第九届党代会代表、湖北省第三届优秀科技工作者：张应天；武汉市医学新秀：邵永胜、朱岭；湖北省优秀护士：方晓平；“感动江大”十大新闻人物：祝新武。（高艳梅、陈　莉）

【武汉市妇女儿童医疗保健中心】

概况　2007年，中心现有职工1 397人，其中，正式职工1 003人，代理制职工233人，临时用工161人；卫生技术人员占81.2%。2007年中心新招录卫生专业技术人员49人，其中医疗类20人，助理护士29人。全年完成门（急）诊量1 632 066人次，出院人数57 563人次，病床使用率130.65%。大、中手术16 311例，完成总收入37 550万元，药品比例37.38%。中心被湖北省委、省政府授予“省最佳文明单位”光荣称号，被国家卫生部、国家中医药管理局、总后勤部卫生部授予“全国综合医院中医药工作示范单位”荣誉称号，大内科主任、神经内科博士刘智胜被授予第四届“中国医师奖”、“省五一劳动奖章”，中西医结合科主任鄢素琪荣获市“三八红旗手”荣誉称号。

医院管理　对照湖北省医院管理评审标准，充实完善内部管理制度。健全突发、危重疾病的报告、救治方案。建立了临床检验“危急值”报告制度，使临床医生能及时得到异常检验信息，及时采取有效措施。逐步完善质量监督和培训体系。面向各级各类专业技术人员，针对性举办了“妇产科医生急诊处理能力培训班”、“处方管理办法培训班”等，提高临床专业技能；对新上岗的医师和药师均须通过培训和考试后授予相应处方书写和审核资格；加强医务人员的应急技能及全科医学知识的培训，积极开展应急演练，提高应急救治能力。在全市第十五届职工技能比赛中，有2名临床医生分获全市中、西医专业第二名。增设了预诊岗位和输液观察医师岗位，保障了门诊病人的就医安全。

专科建设　2007年中心以学科建设作为中心发展的龙头，夯实队伍建设，在学科间引入良性竞争，带动中心专科的整体发展。经过评审，小儿神经内科、小儿普外科、小儿耳鼻咽喉科成为武汉市第二批市级重点专（学）科，小儿神经内科还被评为武汉市公共事业优势专（学）科。新生儿科、检验科被列为武汉市第三轮重点专科建设单位。小儿神经内科及小儿心血管专科通过了省卫生厅组织的专家评审，被确立为湖北省2007～2010年度临床重点专科。

医疗工作　2007年，该中心小儿心血管外科成功地为2例出生仅9天的先天性大动脉转位患儿实施根治手术，刷新了湖北省先心病手术年龄最小的记录。小儿神经内科开展小儿脑循环治疗新技术。小儿普外科拓展腹腔镜应用范围，开展腹腔镜肠粘连松解术。肾脏内科与心血管外科协作开展腹膜透析在婴幼儿体外循环手术中的应用。中西医结合科探讨了多种疾病的中西医联合治疗方案。矫形外科首次应用人工椎体手术治疗儿童脊柱肿瘤。口腔科开展了年轻恒牙的活髓切断术和错颌畸形的早期阻断治疗。康复科开展发育迟缓儿童和缺血缺氧性脑病患儿的早期干预治疗。检验部开展白血病免疫分型，建立了各种淋巴细胞内细胞因子的定量检测方法。放射科与泌尿外科协作开展输尿管逆行插管肾盂输尿管连接部狭窄球囊扩张术。血液内科、急救科护理组开展了经外周穿刺置入中心静脉导管（PICC）技术，促进了该项技术的推广应用。此外，中心在设备购置上投入2 800余万元，引进了血管造影机、1.5T核磁共振、急诊生化仪、全自动生化仪、彩色多谱勒等大型设备，为临床疾病的诊断和治疗提供了更先进的手段。

护理工作　1. 进一步完善护理管理组织体系，落实质控措施。建立精简统一的护理标志管理体系，将安全管理寓于质量管理中，注重护理工作各环节中的标志管理，统一了各类药品标识、消毒液标识等。规范了急救药物及急救物品管理，统一了急救药品种类及放置规范及药品及物品交接班登记。

2. 不断完善质量标准、管理规定及操作流程，修订补充了“妇产科护理文件书写标准”，拟定“妇产科操作技术暂行规定”、“产妇相关信息收集表”、“正常分娩助产流程”、“新生儿、婴儿沐浴流程”，“妇产科住院病人转往手术室操作流程及要求”、“救助中心助理护士妇产科岗位工作流程及要求”、“新生儿科护理工作要求”。关注重点科室的护理流程改造。

3. 规范中心护理人力资源管理，达到护理人员效力最大化。加强新入科护士培训及考核，落实“低年资护士规范化培训”，重点干预1－3年护士静脉穿刺技术，提高护理人员专业技术应用周期。2007年护理人力资源管理重点干预项目为“规范护理人员中夜班设置及实施效果评价”，针对不同年龄段提出了相应要求，每月护理部对各科室护理人员中夜班管理落实情况进行考核。

4. 继续加强中心静脉小组（IV－team）的学习及管理，树立中心静脉治疗的良好品牌。2007年中心静脉治疗小组开展了输液过程中的职业防护、如何提高套管针的留置质量、套管针材质与新生儿静脉炎症发生的关系、小儿静脉输液渗漏的防治等专题学习，以及临床留置针使用中的问题讨论等，提高了临床套管针使用的正确性及安全性。积极促进多科（急救科、血液内科）

掌握、应用经外周中心静脉置管(PICC)技术,2007年在新生儿科成熟开展的基础上,急救科在中心静脉小组的帮助下成功完成2例危重患儿的PICC穿刺、留置及维护。该中心静脉小组成员被江西省儿童医院邀请去指导PICC的临床技术应用,并在2007年2月"湘、鄂、赣"三地儿童医院的静脉学术交流活动中做了PICC专题讲座。

5. 加强学术交流,积极进行临床护理科研。2007年10月选派47名护理人员参加17项国家、省市级学术交流及继续教育项目,其中参加国家级学术会议或国家继续教育项目12人,省级17人,市级18人。外出进修6人,其中1人前往德国杜伊斯堡心脏病中心进修3个月。2007年申报武汉市卫生局重点专科科研项目3项(护理类),8月完成"小儿静脉输液渗漏护理干预模式的应用研究"的课题达"国内领先水平"。

科研工作　2007年共组织申报科研项目41项,获得资助立项21项。其中获得湖北省自然科学基金立项资助3项、湖北省攻关计划重点项目立项资助1项、湖北省卫生厅立项资助3项、武汉市科技局晨光计划项目立项资助1项、武汉市攻关计划立项资助1项,武汉市卫生局科研计划12项。获得省、市科技进步奖4项。其中课题《儿童腺样体肥大及其相关疾病的临床影像学研究》获得武汉市科技进步二等奖、湖北省科技进步三等奖,课题《核因子NF-kappa B信号通道在川崎病冠状动脉损害中的作用及机制研究》、《罗格列酮(BRL-49653)致胰岛素敏感作用与脂联素的关系的研究》获得武汉市科技进步三等奖。科研成果鉴定7项,其中1项达到国际先进水平,6项达到国内领先水平。在各级学术期刊上发表学术论文197篇,其中在中华系列杂志上发表论文11篇,在SCI收录的期刊发表论文1篇。

学术交流　加强与国内外同行的学习交流。先后与德国杜伊斯堡心脏病中心、美国俄亥俄哥伦布儿童医院、澳大利亚中国培训项目管理中心以及上海儿童医学中心进行了学术互访、人员培训以及科研合作。选送38名医务人员赴国内外进行专业进修,其中赴美国、德国4人,心血管内外科、麻醉、放射、B超、CT等专业从主任到一线医、护、技人员赴上海儿童医学中心研修29人;安排外出参加专业短期学习班及专业学术活动221人次。承办市级学术会议2次。1人完成博士后工作站研究工作通过答辩,顺利出站。

市场宣传　全年在各类媒体发布新闻、科普稿件1108篇,其中中央电视台、新华社采用稿件2篇,国家级报纸采用新闻科普稿21篇。中心《妇儿之声》自2007年元月创刊已出版四期,为职工思想、学术交流搭建了平台。组织湖北省儿科、妇产科新知识、新疗法学习班,全省及周边省市共有近70个单位的79名学员参加了学习。随着中心对外宣传不断加强,中心网站日浏览量达900人次,最高达1 500人次。

妇幼保健工作　全市儿童保健覆盖率80.25%,孕产妇保健覆盖率93.89%,婴儿死亡率4.86‰,5岁以下儿童死亡率6.1‰,孕产妇死亡率12.2/10万,孕妇HIV筛查率91.89%。

1. 2007年中心紧紧围绕妇幼卫生工作目标和任务,贯彻"一法两纲"。继续开展母婴安全项目,严把助产技术服务机构和人员准入关,结合"千名医生下基层"活动,选派省市属医院产科副主任医师驻点督导,降低孕产妇及婴儿死亡率。按照《武汉市助产服务机构产科质量标准》,开展了2007年全市产科质量检查,通过督导检查、专题授课,提高民营医院、二级及以下医院助产人员的孕产妇综合管理水平和抢救能力。针对不同对象举办了"妇幼保健信息管理培训班"、"保育员国家职业资格培训班"等17期培训班,2 296名基层妇幼保健人员参加了培训,推广了妇幼保健适宜技术,提高基层人员服务水平。创建具有武汉特色的孕妇信息联动制度,加强了流动人口孕产妇的系统管理。

2. 开展妇幼疾病监测,提高出生人口素质。全市开展孕妇艾滋病筛查66 813人,唐氏综合征筛查8 707名。新生儿疾病筛查重点加强了标本递送程序、质控监督工作,覆盖面达87.66%,比上年同期增长31.68%。确诊先天性甲低患儿64例,苯丙酮尿症3例。

3. 全市妇幼保健网络中心数据库更新了上网技术,建立了信息通报制度。中心作为全国妇幼保健信息化建设首批示范点,接受了卫生部专家的督导,被评为"中国妇幼保健信息系统标准体系研究项目先进单位"。

4. 中心还被确定为全市农民工孕产妇分娩定点医院,严格执行限价标准,为农民工孕妇提供了质优价廉的服务,让农民工切实享受到政府的关爱,促进农民工孕产妇健康分娩。充分发挥中心在儿科上的专科优势,促进临床与保健工作的紧密结合,初显预防保健、临床诊治与康复的链接优势,中心被确定为全市新生儿听力筛查诊断中心。

廉政建设　中心坚持药品、器

械、基建、医用耗材、试剂等公开招标制度,坚持中心内部项目审计制度,坚持对临床用药异动情况的监测。2007年中心公开招标的药品870种、器械设备175台,招标金额达1.38亿元;审计设备购置、基建维修143项,审定金额达943万元,审减金额67万元。全年医务人员拒收病人礼金28 550元,收到感谢信、锦旗、匾牌128封(件)。

医院文化建设　根据武汉市卫生局关于开展"构建和谐医患关系,创建平安医院"活动要求,中心开展了"构建和谐平安医院,争当服务明星团队"活动,通过进行全员培训、医疗安全竞赛等丰富有效的活动方式,从解决患者最关心、最直接、最现实的问题入手,优化服务细节,密切医患关系,培育团队精神。实施开门评院,每月召开病属座谈会,每天向病人发放调查表,直接听取病人的意见,客观地了解医疗服务中存在的问题,有力地促进了医院服务管理的改进与提高。全年医疗服务满意度96.6%,比上年提高了0.9个百分点。关注社会弱势群体,2007年中心设救助病床数20张,收治110联动患儿30人,取得了良好的社会效益。

职工教育　中心制定《职工职业道德培训管理意见》,举办两期职业道德培训班,共有2 500人次参加。通过召开中青年医务人员座谈会和各级各类人员工作思路恳谈会,广泛听取职工们对中心发展的意见和建议,及时采纳合理化建议。举办职工运动会、集体舞比赛、联谊会、健康休养等活动,丰富了职工的业余文化生活,增强了医院的凝聚力。

院领导班子成员及办公室负责人　2007年,该中心主任兼党委书记:金建年;常务副主任:涂忆桥(2007年5月调至市疾控中心任党委书记)、王卫民;中心党委副书记:陈丽萍;纪委书记兼中心副主任:吴燕祥;中心副主任:张斌、李洪萍、王祥勇;中心办公室主任:周华;党办主任:周爱芬。　（周　华）

【武汉市中医医院】

概况　职工构成:截至2007年底,该院有职工738人,各级技术人员616名。技术人员中,高级技术职称120人占19.5%,中级技术人员185名,占30%,医院人才梯队日趋合理.

科室设置:该院核定病床460张,实际开设病床增加到560张,开设临床科室27个,各种特色专病专科78个。

机构调整:为充分发挥中医"上工治未病"理念在预防保健中的作用,2007年7月,该院成立了"治未病"中心。其主要职责为:对全院治未病工作进行总体组织、协调、指导;针对不同人群对中医预防、保健、康复、养生的需求,充分利用中医养生保健资源,开展健康教育、科普宣传,组织各种病友会活动;组织开展冬季进补、冬病夏治、四时养生等中医医疗服务项目;开展常规体检及体质辨识;推进中医传统疗法在临床的运用;开发中医保健养生产品;收集、整理治未病资料,开展中医治未病科研工作。

11月,为进一步加强中医药学事业的发展,经市卫生局批准,医院成立武汉市中医药学基地。药学基地占地2 500平方米,总建筑面积9 300多平方米,下设四个中心:中药制剂中心、中药炮制中心、培训中心、信息情报中心。11月8日,药学基地全面启用,为医院特色和优势注入了新的内容,得到国家、省、市各级领导高度肯定。

综合目标完成情况:与上年相比,全年门诊挂号人次上升了2%;住院病人10 166人次,增长21.5%;按521张床位统计,病床使用率达到115.6%,增长14.3个百分点;全年经济收入1.56亿元,增长23%;药品收入占医疗业务收入比例继续下降,为52%。医院病人人均费用继续保持全市三级甲等医院中的最低水平。2007年,医院门诊病人人均费用为114.10元,住院病人每日平均费用为318.50元。医院优质、价廉的服务得到了越来越多患者的认可,病人满意率高达98%。

国家级中医急诊临床基地建设　2007年4月,国家中医药管理局将该院急诊科列入全国23家中医、中西医结合急诊临床基地建设项目之一。该院十分重视急诊基地的创建工作,进一步整合医院资源,从内、儿、妇、外、骨伤等科全方位调整人员,充实年轻、骨干力量到急诊科,并成功与市急救中心相互合作,开展了122、120医疗联动,建立了武汉市第一个中医急救站,开通了传统中医药优势与现代科学技术相结合的中医急救绿色通道。

重点专科建设　国家级重点专学科建设:2007年该院加大了对重点专学科的科学化、规范化、标准化的建设。以病人为中心,以质量为主导,突出中医特色,强化重点专学科规模、人才梯队、学科水平、技术能力、组织管理等方面建设。骨伤科、脑病科已被列为国家"十一五"重点专科建设项目。

省市级重点专学科建设:心内科、风湿科、糖尿病专病及外科疮疡瘰疠专病被列为武汉市中医、中西医结合重点专科(专病)建设单位。医院重点专学科的建设取得了丰硕成果。

特色品牌建设：2007年，该院成立了“治未病中心”，全面加强中医治未病工作，该院中医专家讲师团共开展“五进”讲座35场，从武汉的高校、社区扩展到武汉周边各地区，走进黄陂，走进来凤，打响了医院“治未病”的品牌战；医院“冬病夏治”病人总数较上年增长23.5%；“冬季进补”膏方人数较上年增长89%。同时，开展中医“治未病”科研和养生精品以及健康体检。该院“治未病”工作得到国家中医药管理局充分肯定，被确认为全国治未病工作试点医院之一。该院制剂能力建设：由于医院率先在湖北地区推广使用中药饮片小包装工作，得到群众的广泛青睐，2007年该院中药饮片小包装工作被列入全国试点，扩大了该院的行业影响力。

制度改革　人事制度改革：该院根据床位数及人员配备比例，在全院实行定员定编定职数管理的工作模式，制定《医院人员及职数定编方案》，进一步整合医院人力资源，推动人才结构的合理化。为加快重点专学科建设的进程，该院确定了10个重点专科的学科带头人及人才梯队。

分配制度改革：制定《医院绩效工资责任方案（试行）》，按照医、药、护、技、行政、后勤各岗位工作性质，严格岗位标准及标准考核，真正做到岗位明确，职责明确，考核标准明确，分级下达考核标准，分级考核、落实分级分配的原则，真正做到考核与工作岗位、工作业绩、专业职称等挂钩，最大限度调动了全院职工的积极性，医疗业务稳步上升。

人才培养　大力开展各种学术活动，全年共开展学术讲座45次，顺利完成了首次由该院承办的国家级继续教育培训项目——《中西医结合治疗股骨头坏死》学习班；多次成功举办湖北省风湿学会、湖北省针灸学会等省、市学术年会；圆满完成第三批师承培训工作，被国家中医药管理局评为师承管理先进单位，章真如老专家被评为国家级师承先进导师。制定了《低年资医师培训制度》、《职工外出进修学习的补充管理规定》，加强医院青年人才的培养，陈选宁、李娜两人入选第二批511人才，张汉庆同志荣获第一批511人才“医学新秀”。

管理工作　医疗管理：重点以医院质量管理年督导标准和湖北省中医医院管理等级评审标准为指南，全面加强医院各项管理。完善医疗制度，规范医疗行为，确保医疗安全。重新修订了临床各科室的诊疗常规；先后制定了《各级医生考核标准》、《实习生管理》等一系列制度；加大对落实各项医疗制度的督察，发现问题及时反馈，定期进行不规范处方展示，督促各临床科室自查自纠，并限期整改；将近两年来的医疗纠纷汇总并进行分析，总结经验教训，举办医疗纠纷防范与对策培训班2期，提高全体医务人员的医疗风险意识，确保医疗安全。

积极引入新的诊疗方法，提高医技科室诊断水平。根据临床需求，加大了对检验、心超、放射等科室设备投入，重点加强质量动态监管，使三大医技科室诊断报告数据准确性提高，为临床提供了高质量的诊断报告。

护理管理：该院实行星级护理考核，将环节质量控制、终末质量控制作为护理质量管理的首要目标，注意抓好重点科室、重点环节、重点时间、重点病人、重点人员“五个重点”的管理，减少护理差错的发生；加强年轻护士“三基”、“三严”训练；举办中医理论学习班，加强中医护理内涵建设，不断提高护士辨证施护能力。该院整体护理工作水平进一步提高，医院护理部被中华医药学会授予“全国首届中医护理先进集体”称号。

药事管理：进一步理顺药学部内部管理，使医院药学管理更好服务于病人。实行收费、划价、取药“一站式”服务，成立“大煎药班组”，方便了患者。定期开展了药事查房，指导临床和病人合理用药。顺利实施药学人员的“岗位轮转”，充分发挥人员业务所长，调动了药学部职工的积极性；坚持药品月度盘存，每月“盘准、盘清”家底，并作对比分析，不断完善环节管理，药品帐物符合率日益提高。

科研工作　该院加大科研工作的投入和管理，成功申报卫生部面向农村和城市社区推广医药卫生适宜技术十年百项计划1项、湖北省中医药中西医结合科研课题5项、武汉市卫生局科研课题20余项、武汉市科技局专项支助课题1项；申报武汉市科技局晨光计划课题4项，完成国家级课题“章真如学术思想及临证经验研究”，并顺利通过结题验收；完成并通过鉴定科研成果6项，全部达国内领先水平；有3项科研课题获武汉市科技进步奖三等奖。

财务后勤　该院进一步完善财产管理制度，对固定资产进行盘查，完善了全院各科的财产账本，做到账物相符；对设备、后勤物资、医用耗材实行招标采购，实行医院物资统一配送，有效地节约了费用；进一步加强后勤管理体制，使医院在业务量和收入增加的前提下医院水费下降31.74%；柴油耗油量下降15.39%；加强审计工作，全年共审计基建项目8项。审减金额4万余元。由于后勤保障工作防范到位，院内未发生大的安全事故和隐患，医院被授予江岸区综合治理先进单位和环保先进单位。

分院及社区工作　合理调整二桥分院业务用房，重点加强病房工作，投入医疗设备，改善就医环境，进一步增强了二桥分院服务功能；进一步强化台北分院专家门诊管理，扩大专家夜诊规模，延长夜诊时间，形成假日专家医疗服务特色，台北分院各项业务指标再创新高；上海街社区服务中心以争创“群众满意的社区卫生服务机构”为重点，加强中心基础建设，突出中医特色，为辖区居民提供公共卫生、基础医疗服务，并与武汉老年公寓形成固定的帮扶模式。成为该院服务于居民的重要窗口。

基层医疗与援外工作　按照市卫生局的安排，完成了对汉阳区翠微街社区卫生服务中心的对口帮扶工作；完成了卫生部万名医师支援农村工程对红安县中医医院对口支援的第二批3人的总结及第三批工作人员3人的选派工作；组织5名专家赴来凤县民族医院开展应诊、讲座，扩大了医院影响；选派出一名医师赴南非进行援外工作。

宣传工作　在《中国中医药报》、《长江日报》、《武汉晚报》等各类报刊上发表文章414篇，与报社、电台组织专家热线33次，专家讲座21次，制作专题片6个。院内编辑《中医人》29期，组织安排医院病友会活动34次，院内组织专家讲座11次，大力宣传了医院的新业务新技术，普及了中医文化。

党风廉政建设　该院党委在党风廉政建设中，认真开展医药购销领域不正当交易的专项治理活动，从抓责任制入手，层层签定责任书，并严格实行责任追究制。进一步完善医患沟通机制和投诉反馈机制，积极构建和谐、平安医院。医院被市卫生局授予综合目标管理先进单位称号。

医院领导班子成员及办公室负责人　院长（法定代表人）：张荒生（任职时间2000年至今），党委书记：陈华（任职时间2000年至今）；党委副书记、纪委书记：向诗余（任职时间2000年至今）；工会主席：时军果（任职时间2000年至今）；副院长：崔金涛（任职时间2000年至今）、郑云（任职时间2003年至2007年5月）、李智杰（任职时间2003年至今）、周方放（任职时间2003年至今）；党办主任：陈建华；院办主任童林燕。（邓　倩）

【武汉市武东医院】

概况　截至2007年底，该院有职工310人，其中卫生技术人员210人。卫技人员中，高级职称23人，中级职称62人，初级人员140人，医生73人，护士125人。开放病床350张，床位使用率121%，年门诊量124 245人次，入院病人数4 720人次，出院病人数4 859人次，治愈率98.%。药品收入所占业务收入32%。2007年，该院完成业务收入2 000万元，较上年增加25.8%，职工人均收入增加28.6%，2007年该院被市卫生局评为先进党委、绩效管理先进单位。

医疗质量管理　该院持续开展“以病人为中心，以提高医疗服务质量”为主题的医院管理年活动，成立领导专班，制定医院管理年活动实施方案，强化责任制的落实，将社会效益、经济效益、医疗质量和医疗安全纳入质量考核体系。建立了奖惩考核细则，每月实行目标管理考核，公布考核结果，强化科主任和护士长的责任意识，重点加强医疗核心制度和首诊医生负责制的落实。规范病历文书书写，每月组织专人抽查病历，甲级病案率98.5%，处方合格率98%。对三级医生查房制度检查落实，实行了危重病人报告制度，做到了及时发现问题及时解决，从根本上杜绝医疗隐患，全年未发生一例医疗事故。

护理工作　该院坚持护士基本理论和基本技术培训，每月安排护理知识讲座和护理技术操作考核，坚持护士长夜查房和例会制度。注重提高护士服务意识，转变护理模式，做到多与病人沟通交流，了解病人的生理、心理需求，重视病人的生活护理。充分发挥三级护理质控网络的作用，以护理标准为依据，以质量为核心，每月进行护理质量检查，全年一级护理合格率98.5%，基础护理合格率99%，专科护理合格率99%，病人对护理工作满意度98%。2007年，王彩荣评为“武汉市百名优秀护士”，邓望琴、黄晓评为“青山区优秀护士”。

人才培养和引进　该院医疗业务持续发展，人才的培养和引进坚持：一是“请进来、送出去”专业培训，全年有计划地选派6名业务骨干进修学习；二是在网上，人才市场和到医学院校招聘优秀毕业生，全年共录用了21名急需专业人员；三是重点培养学科带头人和后备人员，创造机会早日出成绩。

医院还注重职工的继续教育工作，培养良好的学术氛围，先后开展了各种形式的学习和技能竞赛。如定期开展学术讲座，请医疗专业律师来院开展“法律知识讲座”、参加武汉市总工会组织的“市第十五届职业技能大赛”；该院护理部组织护士操作技能竞赛等等，建立个人继续教育档案，与晋职、晋级、年度考核挂钩，还鼓励专业人员参加院内、外学术报告和撰写论文，全年在市级以上杂志发表论文30余篇。全年继续教育和岗前培训率98%。

特色专科　该院坚持“院有重点、科有特色、人有专长”的学科方针。1. 自愿戒毒所 该院自愿戒毒所坚持发挥自身技术和管理优势，不断探索科学治疗、康复治疗新方式，注重科研及新技术、新业务的开展。手术皮下埋植纳曲酮长效缓释剂脱毒治疗，成功地做了180余例。已被列入武汉市重点专科建设科室，连续8年获得湖北省“甲级戒毒所”称号。2. 心身疾病科 该院心身疾病科作为治疗精神病的特色专科，是地质大学研究生的临床实习基地，科室坚持主动与各大院校联系，定期上门服务，义务进行心理卫生知识宣传讲座，深受师生好评，开通心理热线电话，住院病人实行半开放的管理模式，以舒适的住院环境满足不同层次病员的需求积极探索病员后期康复新途径，该科对困难病人实行医疗救助，为一名贫困大学生资助学费，直到大学毕业。

社区服务　该院积极落实精神卫生防治工作进社区工作，制定方案，成立专班，落实社区卫生服务中心(站)医务人员培训指导计划，承担了青山区、武昌区、洪山区三个辖区46个社区卫生服务中心和157个社区卫生服务站的精神卫生防治指导工作，举办各类培训班8次。定期开展心理健康咨询、义诊等公益活动，促进精神卫生事业发展。

“110”病人救治工作　该院自2004年以来共收治“110”送来的精神病人及智残病人200余名。2007年共收治80余名，截止12月仍有50余名患者滞留在该院，尤其是其它医院无法收治和转诊的躯体疾病合并精神病的“110”病人，该院发挥其医疗优势。全力予以救治。该院机关、各病区职工多次为其病人募捐衣物、生活用品等。针对收治“110”病人中存在的诸多困难，如占用正常病人床位、欠费问题、出口不畅、病人死亡的处理及病区管理等，该院积极多渠道呼吁，希望能得到政府妥善解决。

行风建设　该院制订了《接待处理病人投诉规定》。进一步明确了接待病人投诉部门，投诉处理流程图，强化了工作职责和要求，落实患者回访制度，对减少医疗纠纷。维护患者合法权益，构建和谐医患关系起到积极作用。

建立职工医德医风档案及考核制度，由各党支部具体落实，每年考核一次，其结果与年度评优、绩效、专业职称评定等挂钩。

积极开展医药购销中的不正之风的专项治理工作，严格执行药品、耗材招标采购、大型设备采购组织专家充分论证。坚持执行“院务公开”制度，加大对管权、财、物等部门的监管力度，从制度上为干部健康成长创造条件，紧紧抓住教育、制度、监督三个主要环节，从源头上加大了预防腐败问题的力度。

全年拒收红包金额3 500元；收到病人感谢信及锦旗40余封(面)。坚持每月满意度调查，病人及家属满意率达95%以上。

医院注重院内文化建设，参加青山区第十三届“春之声”活动，市卫生系统第三届“健康杯”乒乓球赛，获团体三等奖。医院举办了第三届冬季运动会和“迎国庆”排球赛，参加人员达80%。　（喻立新）

【武汉市东湖医院·武汉市老年病医院】

概况　该院是湖北省卫生厅批准的一所集老年医疗、保健、科研、看护于一体的以老年病为专科特色的二级医院，武汉市首批医保定点医疗单位。医院本部位于国家级著名的武汉市东湖风景区内，占地面积375亩，光谷分院位于东湖高新技术开发区内，是一所具有较强技术服务能力的综合二级分院，全院拥有床位400张，职工323人，医务人员占75%，中级职称以上人员128人。重点科室设有干部保健中心、中风偏瘫治疗中心、康复中心、体检接待中心及光谷分院；形成内、外、妇、儿、皮肤、口腔、耳鼻喉、眼科等功能完备，结构合理，设备先进的老年疾病诊疗体系。尤其对脑卒中预防、中风偏瘫康复、骨质疏松预防与诊治、老年心血管病预防与诊治及以骨外、普外为特色的各类外科疾病治疗有新的突破，以精湛的技术，优质的服务赢得社会各界及病人赞誉。

特色专科建设　干部保健中心：开设床位150张，常年承担着武汉市老干部的医疗保健工作任务。病房配置有电视、通讯、卫生间及中心空调等设施。在治疗老年高血压、各类心脏病及血管疾病方面积累了丰富临床实践经验，针对患者的不同情况，采用中西医结合疗法，配合药物、运动康复、心理等综合治疗手段，在临床实践中收到较好的效果，深受患者的亲睐。

中风偏瘫治疗中心：开设床位64张，常年接诊中风后遗症的病患者的治疗康复，成功研制了《克瘫灵》并结合针炙、推拿、按摩、血氧治疗、体疗及心理治疗等手段，对中风偏瘫病人治疗有独到的理论研究和临床疗效，使200余名偏瘫病人在这里重新站起来。

康复科：以针炙、按摩、体疗、理疗、高压氧仓、体外反搏等治疗手段，对偏瘫病人的功能训练、治疗恢复有着明显的效果。

光谷分院，位于洪山区民院路

555号,是医院对外服务的重要窗口,开设床位30张。科室健全,设备先进,技术力量雄厚,,特聘多名省市大医院心、脑血管、皮肤、肾病、妇科、外科等知名专家支撑,予强大的技术支持,可开展各类常见病多发病诊断与治疗。

体检中心:设有床位122张,其中四栋别墅配有电视、空调、卫生间及卡拉OK等娱乐设施。常年承担着社会各界人士的健康体检、休闲、度假、会议接待等任务。并以精湛技术、先进设备、优质服务赢得社会各界的高度赞誉。

截止2007年底,该院拥有X光机、彩超、动态心电图、纤维胃镜、心脑血管治疗仪、动态血压监测、中风预测仪、体外反博、高压氧舱等大型诊疗设备及熏蒸、牵引等康复设备近百台。

医疗工作 为主动适应医疗改革的新形势,该院从抓内涵建设入手,强化医务人员的质量意识,加大医疗质量考核力度,进一步加强医疗质量的监督检查与管理,按照医院管理年活动的统一部署,重新修订完善了《医护质量控制标准》、《医务人员行为规范实施细则》,医院医疗质量控制委员会定期对各科室的医疗质量进行检查、考核打分,并作为科室月考核和年度评比的主要依据,为提高病历质量,在认真落实三级医师查房和床头交接班制度的同时,进一步强化病历及医疗文书的书写规范。每季度召开一次医疗质量分析会,组织一次医技科室与临床科室诊断符合率信息反馈会,通过严格质量管理使医疗质量和整体服务水平登上一个新台阶;为加强药品管理,降低药品价格,彻底杜绝药品购销活动中的不正之风,该院对药品、检验试剂、卫生材料、医用氧等进行全方位招标采购。

护理工作 该院重点在丰富整体护理工作的内涵方面狠下功夫,坚持"一切为了病人,一切方便病人,一切有利于病人"的服务宗旨,制定和完善《护理服务规范》,要求护理人员牢固树立全心全意为病人服务的思想,增强主动服务意识,倡导文明优质服务和无私奉献精神,改变不方便病人的流程,提供方便病人的服务措施,确立病人至上的服务理念,认真抓好各项护理措施的检查与落实。对护理工作实行全方位、全流程工作的环节管理及量化考核,从而增强了广大护理人员的工作责任心和使命感。同时,严格执行护理三级管理制度和"三查七对"责任制,每月进行一次护理质量的考核与评估,定期组织业务学习与交流,通过严格的管理与考核,增强了护理人员的责任心,进一步提高了护理服务质量。

面临医疗市场的激烈竞争,该院将继续按照老年病医院的功能定位,始终坚持"院有目标,科有特色,人有专长"的发展思路,突出老年病治疗特色,坚持以干部保健工作为主体,重点发展康复偏瘫专科,进一步加强光谷分院建设,不断拓展老年康复、疗养新业务。力争使医院各项工作再上一个新台阶。

通讯资料 该院地址:湖北省武汉市洪山区东湖东路17号

电　　话:(027)87511483

传　　真:(027)87511179

邮　　编:430074

乘车路线:402、413、515路

(周林清)

【武汉市优抚医院】

概况 该院核定床位300张,实际开设病床350张。设立临床科室10个,医院拟申报重点特色专科2个。截至2007年底,该院有职工306人,专业技术人员240人,高级职称15人,享受市政府津贴的专家1人,中级职称50人,初级职称72人。全年收治住院病人2 100人次,门诊病人41 120人次,治愈好转率达95%,床位利用率100 %。2007年,该院荣获江汉区最佳文明单位、市职工医院管理委员会目标管理先进单位,被授予武汉市巾帼文明示范岗光荣称号。

规范医疗服务 2007年,该院完成了医疗机构执业校验工作,办理了新的医疗机构执业许可证,在诊疗科目中增补了医学检验科及医学影像科。医护人员执证上岗,按时注册,对聘用专业人员在法定时限内及时办理变更,对试用期和没有取得职业资格的专业技术人员由专人带教。成立了医院临床输血管理委员会,加强了医院临床输血管理。

医疗工作 严格执行医疗质量规章制度和技术操作规范,认真落实首诊医师负责制、三级查房制、疑难病人会诊、危重病人及术前术后讨论等制度。制定了动态的医疗质量评比量化标准,建立了医疗质量分级管理、监督、考核体系,对病人入院、治疗、出院、随防等进行全程质量跟踪,并采取定期与不定期地考核与评比。坚决执行药品集中招标采购制度,保证了药品的质量和安全性。强化医疗安全意识和事故防范意识,定期组织医护人员学习《执业医师法》、《医疗事故处理条例》、《病历书写基本规范》等法律法规,经常性地举办以"防范医疗风险"为主要内容的专题讲座。全年书写医学论文42篇,其中19篇在全国及省、市医学杂志上交流发表。

护理工作 2007年护理部狠抓护理质量管理,以定期检查和不

定期检查、常规检查和交叉检查等形式对全院各部门护理质量进行适时监控。加强了对一次性医疗用品的使用管理,按要求消毒、毁形、焚烧处理,把院内感染控制在最低限度。每季度组织1次全院护理业务查房或紧急护理会诊,针对临床出现的护理新问题、难点问题展开学习和讨论。该院一级护理、基础护理和专科护理的合格率均达到90%以上;护理文件书写符合湖北省《病历书写规范》,合格率≥95%;护理技术操作规范(合格标准≥80分)合格率100%;常规器械消毒灭菌合格率达100%。护士皮峻峰被评为2007年度武汉市"百名优秀护士"称号,有4人获江汉区优秀护士。

专科建设　精神科系该院重点扶持的特色科室,在不断丰富工、教、娱、药、心理"五位一体"的综合治疗体系的基础上,引进了美国进口的醒脉通治疗仪,配以先进的麻醉机、多参数心电监护仪、吸痰器等设备组成的MECT(无抽搐电休克治疗)治疗系统。MECT对精神疾病不稳定者、难治性精神病,尤其是针对有严重的抑郁症状的患者以及存在幻觉、妄想、冲动伤人、毁物、拒绝进食等严重行为异常者来讲是目前最快的治疗方法,本年度共完成180余例治疗,收到良好的治疗效果。2007年该院充分发挥康复在治疗中的作用,成立精神科康复治疗中心,配备了一系列康复设备和运动器材。

心理科成立于2003年,是该院又一特色科室。设有病床30张,配备专业技术人员21人。科室负责人霍云翔从事精神卫生临床工作十余年,为武汉大学、华中科技大学同济医学院心理咨询师班特邀讲师。2007年发表科普文章40余篇,刊登于武汉市各大报刊杂志,编著了《与失眠共舞》一书,并由华东师范大学出版社出版。科室配备有脑波治疗仪、生物反馈治疗仪等一系列先进的治疗仪器,设有发泄室、发泄假人和部分运动器械。诊疗形式以心理、药物、行为、认知和家庭治疗为主。

医疗服务网络　2007年该院积极构建医疗合作体系,与汉兴街卫生社区服务中心签订了《社区精神病患者服务协议》,与新华医院签订了医疗业务合作协议。与硚口区、江汉区民政局合作,成为两区贫困群众重大精神疾病救助确诊医院。开辟远城区的医疗渠道,积极与各区县各农合办联系,先后与7个县市农合办签订了就医协议,印制合作医疗证13万份。与赤壁、安陆等周边县市医保局达成协议,成为该市城镇职工医疗保险市外转诊定点医院。积极开展社区精神康复帮扶活动,2007年4月与江汉区卫生局联合举办了可授予市级继续教育学分的社区卫生工作者精神卫生知识培训班。广泛深入社区、厂矿、农村,先后在富豪社区、华苑社区及常青三苑开展了义诊、送医、送健康知识活动,向精神残疾患者发放免费救助药物5 000余元,受益患者百余人。

设备投资　2007年该院共投资100万元添置医疗设备和康复设施,投资2万元改善病人被服洗涤、着装和膳食条件,投资20万元购置了救护车,并办理了《警报灯使用证》,为能更及时地接送病员提供了保证,为提高医院的综合水平奠定了基础。

科研工作　该院参加全国民政科研课题《索乐治疗精神分裂症的临床研究》,已完成50余例临床实验。由美国斯坦福基金会提供资金,与武大人民医院合作的科研课题《中药辅助治疗精神分裂症阴性症状双盲对照研究》已进入经验总结阶段。

人力资源管理　2007年该院根据人员结构情况,积极整合人力资源,按照医院岗位的实际需求和人员结构比例,合理设置,合理调整,引进卫生专业技术人员11名。在人员聘用、职务晋升、职称评聘方面推行优胜劣汰的动态管理办法,完成了2名人员的副高级职称申报,聘用了1名正高和4名中级职称的专业技术职务人员。在人才培养方面坚持科学的选人、用人机制,严守公开、平等、竞争、择优的用人原则,有3名年轻干部通过群众选举、民主评议走上中层干部的岗位。在业务培训方面加强继续再教育管理力度,通过请外院专家来院授课与院内技术骨干授课相结合,努力提升医护人员专业理论水平,共举办大型讲课69次,小型讲课60次。选派3名技术骨干外出进修、学习,促进他们快速成长。

制度建设　2007年该院修订了《市优抚医院职责与制度》及《专业人员各岗位职责及医疗卫生法律法规汇编》,明确了各类人员的技术责任、岗位责任、质量责任和管理责任制标准。修改了《公款接待用餐有关规定》,使公款接待用餐更加规范化,做到有章可循。制定了《市优抚医院计算机管理暂行规定》,指派专人管理、维护,将与电脑有关的各类资源进行优化、整合,使医院管理走了规范化道路。

文化建设　积极开展职工喜闻乐见,形式多样的文娱活动,如春节联欢会、元宵舞会、呼啦圈比赛、拔河比赛、工会知识竞赛、主题演讲会等。由该院团总支、办公室主办的《优抚青年报》全年共发行6期,制作各类橱窗、版报50余期。投资近10万余元订阅各类报纸、期刊杂志，积极引导职工提高自身素质，加强文化修养，营造浓厚的学习氛围。

精神文明建设 2007年该院在积极开展各类文明创建活动的同时，继续做好"双创"竞赛活动和"岗位明星"评选活动。2007年4月，在该院召开的江汉区文明单位"四城同创"现场会及经验交流会，得到了与会单位和各级领导的高度评价。2007年7月，全院有62名团员青年参加了江汉区组织的"文明过马路"路口协管志愿者活动，并成为江汉区最佳文明单位，医院精神文明建设再上一个台阶。

（李汉文、唐 璇）

【武汉市传染病医院】

概况 2007年，该院有在职在岗职工318人，副高级以上职称41人，中级职称119人，博士3人，硕士9人，开放床位261张。全年诊疗总人次46 085人次，较上年增加了10 253人次，增幅28.6%，门诊量39 807人次，增加8 354人次，增幅26.7%。全年业务收入2 883.48万元。

该院全面贯彻全市卫生工作会议精神。以市卫生局绩效考核为目标，结合开展医院管理年活动及创建平安医院活动，在"平稳过渡，谋求发展"的战略思想指导下，狠抓学科队伍建设，发展特色专科，采取调整专业结构，调整门诊布局，发展建设项目，引进高层次专业人才及学科带头人，聘请院外专家等措施，走品牌战略路子，提高医院核心竞争力，使医院业务发展、医疗收治、业务收入创下近年来新高，较好地完成市卫生局下达的绩效考核任务。

传染病网络建设 2007年3月7日，湖北省卫生厅朱忠华厅长、黄利鸣副厅长一行在医疗救治中心视察工作时，对加强省传染病医疗救治网络建设与发展，成立湖北省医院协会传染病医院管理专业委员会的建议给予了充分肯定，并表示省卫生厅将积极支持传染病医院管理专业委员会的组建工作，在黄利鸣副厅长亲自主持下召集湖北省医院协会研究组建成立分会。经湖北省医院协会研究后确定：由武汉市医疗救治中心牵头，筹建成立湖北省医院管理协会传染病医院管理专业委员会，充分发挥行业指导、自律、协调、监督作用，推动传染病医疗机构改革和建设的持续健康发展，进一步加强和完善湖北省传染病医疗救治网络体系建设，在突发公共卫生事件医疗救治中充分发挥出各地传染病医院主力军的作用。

湖北省医院协会传染病医院管理专业委员会筹备组第一次工作会议于2007年8月30日上午在武汉召开。此次会议确立了委员会的名称为湖北省医院协会传染病医院管理专业委员会，并确定了委员会的成员组成以及委员的工作任务，并拟定在武汉召开的湖北省医院协会学术会议上同时召开湖北省医院协会传染病医院管理专业委员会成立大会。

传染病防治工作 该院履行公共卫生救治职能，制订了《院突发公共卫生事件应急预案》、《突发人禽流感防治应急预案》、《院应急工作预案》、《医疗意外事件应急预案》、《院感染突发事件应急预案》、《重大医院感染预警机制和应急预案》。开展了重点传染病的培训与演练，预留一个病区作为突发公共卫生事件的备用病区，并储备相关的设备与防护用品。

做好全市中心城区艾滋病患者机会性感染的医疗救治工作及对远城区机会性感染治疗的技术指导。对全市艾滋病患者提供免费抗病毒治疗前筛查（CD4细胞计数的检测等）。加强抗病毒治疗患者病历档案管理，与市CDC一道进一步规范了全市AIDS抗病毒免费检测接诊程序。全年共收治艾滋病和机会性感染者17例，接诊艾滋病抗病毒治疗前筛查、治疗后实验室检查190例，VCT门诊免费检测筛查982例。

承担全市血吸虫鉴定和收治工作，常年派出二位专家参加全市晚血病的筛查，共对远城区晚血筛查484例次。

全年开设医疗求助病床9张，共接诊"110"、"120"转入该院的医疗救助病人16例，共减免费用45 000余元。

医疗工作 该院继续深入开展医院管理年活动，构建和谐医患关系，创平安医院。将医院管理年活动与创建平安医院活动有机结合起来，从落实"三项制度"、"三个专项"，医疗安全责任制着手，进一步完善各项规章制度，狠抓医疗质量，强化医疗安全，改善服务态度，努力降低病人费用，建立医疗纠纷预警机制，开展职工道德教育、法律法规教育，实行目标责任制和责任追究制。成立了投诉处理办公室，健全了投诉处理机制，实现患者投诉无障碍。每月召开医患沟通座谈会，征求患者对医疗服务、细节服务、信息公开等方面的意见和建议。坚持"六公开、二公示"制度，做到让患者明白消费，维护患者的知情权。开展了全员医患沟通技巧、服务理念、服务礼仪、医德医风、业务技能培训与比武。组织11名医生到市中心医院各科室体验就医，组织12名护士到亚心医院感受服务流程。全年出院病人人平费用下降

9.5%,人平日均费用下降3.4% 。

该院在该年度充分发挥院务管理委员会、医疗质量管理委员会、药事委员会等七个专业委员会作用,坚持每月从医疗、护理、医德医风、医保、院感、物价等方面对临床科室进行考核评估,召开质量分析会,加大奖惩力度,持续改进。

全年门诊病历书写合格率99.2%,门诊处方书写合格率98.9%,急危重症抢救成功率90.1%,甲级病历合格率98.5 %,入出院诊断符合率95.3%,基础护理合格率98.2%,危重症患者护理合格率98.7 %,法定传染病报告率100%,患者对医院服务满意率达99.4%,患者致医院感谢信38封,送锦旗19面。严格执行卫生部"八不准"规定,违纪率为零,无重大医疗事故和严重缺陷发生。

学科建设与医院改革　为在肝病诊疗领域形成特色与权威,该院整体规划,统筹安排,合理配置,充分发挥专家优势,启动了抗肝纤、抗病毒、脂肪肝、血吸虫肝病等五个专病建设项目,形成"院有专科,科有特色,人有专长"的科学发展格局。确定了项目学科带头人,设计了任务计划书,确立了主攻方向,设计了科研课题,下拨了项目建设专项经费。组建了以专家为龙头,以学科带头人为中坚,以中青年业务骨干为基础的业务团队。合理配置人力、物力和财力,实现资源共享,五个专病组已步入实施阶段。各专病组制订了专病诊疗常规及护理规范,确立了三个协定处方,申报了科研项目9项,发表论文6篇,开展了全市学习讲座,参加全国专业学术交流13人次,专病建设项目正稳步快速向前推进。

该院业务发展战略坚持走大专科、小综合之路,主治肝病、艾滋病及其他传染病,拓展诊治相关综合性疾病,为此,调整了门诊结构与布局。开设了中医门诊、内科门诊,中西医结合肝病门诊,独立开设传染病门诊和性病艾滋病门诊。

为了拓展医疗服务,提高技术含量,医院成立了消化内科,开展了胃、肠镜检查及活检、镜下止血治疗、息肉切除术、注射硬化剂治疗术、静脉套扎术、血吸虫肠粘膜片等业务项目,检测、治疗病例200例,取得了较好的治疗效果。

为扩大服务项目,方便病人检测,医院分别与市一医院、协和医院康圣分子物检中心及兰丁医学检测中心合作,开展了四大类15项该院实验室不能开展的项目,免费外送病人做CT、核磁共振等,为患者提供了极大的便利。

人才培养　该院结合医院实际,采取了人才培养与人才引进相结合,重点培养与普通培养相结合,在职培训与脱产培养相结合的方法,努力培养关键人才,引进急需人才,用好在岗人才。为快速提高院内医师的综合诊疗水平,2007年医院与同济医科大学联合,对主治医师及以下医师轮流进行了为期三个月的全科医师培训。1名医师到同济医院进修病理;2名医护人员到武警医院、市一医院进修血液透析;5名医师参加市临检中心POCT培训;1名检验人员参加省临检中心PCR培训;组织全院学术讲座20次;青年医师读书报告会6次;举办医护人员三基培训班4期;完成武汉市继续教育项目1项。

2007年引进传染病专业博士1名、介入治疗专家1名,2名专业技术人员入选市局"511"人才培养项目,举行了硕士生公开招聘面试会,录取临床及检验专业硕士各1名。

科研教学工作　该院于年中成立了科教科,该科2007年组织协调全院开展科研、申报科研课题、提供信息咨询,实行专病与科研项目管理,组织学术讲座,为全院学科建设提供了较好的服务平台。全年申报省卫生厅科研基金指导性项目1项;国家人事部留学人员科技活动项目1项;市科技局学科带头计划项目1项;市卫生局科研项目5项。组织完成了市级继续教育项目"艾滋病知识培训"。与中西医结合肝病杂志正式签约,成为协办单位。与湖北中医学院合作,联合培养硕士研究生。

重点专科建设　该院中西医结合肝病重点专科立足高起点,瞄准高水平,大力推进重点学科建设。在人员配置、规模设置、经费投入上给予政策倾斜。引进一名博士作为学科带头人,组建了精干的技术队伍,新的重点专科病区—六病区于3月1日正式开诊。该专科申报了2项晨光计划、3项卫生局课题、发表论文二篇,同时与"长江日报"、"楚天都市报"、"武汉晚报"等媒体合作,开展肝病科普知识讲座,社会影响度逐步扩大,医疗收治名列全院各科室前列。通过学科建设,推动了该院医疗服务、医疗技术和科研水平的不断发展。

医疗救治中心建设　武汉市医疗救治中心为武汉市应对突发公共卫生事业而建立的一所集临床、科研、教学为一体的现代化专科医院。该中心位于武汉市东西湖金银潭地区,占地面积277.4亩,总建设面积48 000平方米,共设门急诊部、医技科室、住院部、后勤保障系统、行政管理五大功能区,总投资3亿元。2007年12月5日刘顺妮副市长在医疗救治中心现场协调会上的指示精神,确立2008年1月6日救治中心门诊部投入试运行,春节后两院实行整体搬迁。院领导高度重视，12月7日，医院成立搬迁工作领导小组，严格按照科学设置、严谨测算，精心组织、安全有序，把握重要时间截点，坚持以病人为中心的工作目标，在短短的三天内制订《医院搬迁工作实施方案》，通过20个子方案将搬迁工作全面细化，责任到人，分步实施。此方案经市卫生局领导、各相关处室负责人、专家审定后，四易其稿，《医院搬迁实施方案（报批稿）》已通过市卫生局审核，呈报刘顺妮副市长。今后的搬迁工作将按照此方案，采取确保医院业务正常运行与投入力量实施搬迁计划的双轨运行方法贯彻实施。

（李　洁）

【武汉市结核病防治所】

概况　该所成立于1950年，是武汉市卫生局直属结核病防治专业单位和肺部疾病诊疗专业医疗机构，是武汉市集预防、治疗和科研培训为一体的结核病防治中心，是以呼吸系统疾病诊治为特色的专科医院。担负武汉市结核病防治技术指导、结核病诊疗及肺部疾病诊疗任务，同时担负武汉市周边地区结核病及肺部疾病的诊疗任务。是武汉市城镇职工医保、商保、武汉市新型农村合作医疗、武汉市居民医保定点医院，湖北省保险业定点合作医院。经过50余年的积累，在全市结核病预防控制和肺部疾病诊疗方面形成了雄厚的技术实力和设备优势，结核病防治工作处于全国领先水平。在做好结核病预防控制、鉴别诊断、疑难重症救治工作的基础上，该所将进一步拓展对呼吸系统其它疾病的诊断与治疗。

该所现有卫生技术人员210人，正副主任医师、教授、硕导25名、主治医师97人，博（硕）士10余名。拥有10多名国内外知名肺部疾病、呼吸系疾病及结核病临床专家和重点学科带头人，具有丰富临床处理疑难杂症经验。常年聘请国内外知名医院的呼吸系统疾病知名专家进行技术指导及病例讨论与会诊。

设有结核病预防部、肺科门诊、结核门诊、结核和呼吸病区及纤支镜室、介入治疗室、肺功能室、B超室、心电图室、病理科、CT室、P2实验室等功能齐全的医技科室。开放病床214张。

拥有GE－NXI双排螺旋CT、高分辨率遥控电透机、高清晰度霍夫曼拍片机、GE彩色和黑白B超机、Olympus型纤维支气管内窥镜系统、杜邦RXL、日立7600－020全自动生化分析仪、血气分析仪、结核杆菌快速培养仪、肺功能测定仪、激光治疗仪等先进完备的诊疗设备。

主要专业特色是：结核病的预防控制、肺结核的鉴别诊断、疑难重症肺结核的救治、肺结核合并症的诊疗及急性支气管炎、支气管哮喘、支气管扩张、慢阻肺、浆膜腔积液、间质性肺病、肺栓塞及其它呼吸系统疑难杂症的诊疗。

该所的医疗技术在中南地区处于指导地位，“经皮肺穿刺在呼吸病诊治中的应用”、“纤支镜对肺部疾病的诊断与治疗”、“经纤支镜介入治疗”、“结核菌快速培养技术”、“肺部疾病疫苗的预防接种”、“菌阴肺结核的鉴别诊断”、“支气管扩张的诊治”、“浆膜腔积液的诊疗”、“慢性阻塞性肺疾病的诊治”等特色技术和专科，处于国内省内先进水平。尤其在复治、难治、重症结核病和耐多药结核病治疗方面有丰富经验。

2007年门诊量38 980人次；收入住院病人4 316人次，同比增加8.3%；出院4 329人次，同比增加9.5%；病床使用率101.3%，同比增长2.8%。平均住院天数18.4天，同比减少0.9天。医保病人门诊7 290人次，住院1 689人次。

机构变更　2007年10月22日，接武汉市卫生局通知精神，武汉市结核病防治所与武汉市结核病医院、武汉铁路结核病防治院分开管理，独立设置。

领导任职　2007年10月22日，中共武汉市卫生局委员会任命陈华为中共武汉市结核病防治所委员会书记、所长，冯桂菊为中共武汉市结核病防治所委员会副书记，吴积清、王卫华为中共武汉市结核病防治所委员会委员、副所长，符志军为武汉市结核病防治所副所长。2007年11月5日，中共武汉市卫生局委员会任命周志华为武汉市结核病防治所所长、中共武汉市结核病防治所委员会委员，冯桂菊兼任中共武汉市结核病防治所纪律检查委员会委员、书记。

结核病预防　负责全市结核病防治规划制订实施、技术指导、疫情监测、防痨宣教、科研培训工作。以“武汉市结核病控制项目”和“全球基金第五轮耐多药结核病项目”两大项目为平台，进一步提高结核病人发现登记率和结核病人治愈率，积极探索农村、外来人口、学校、监狱、HIV感染者等重点人群的结核病控制机制，逐渐形成具有武汉特色的结核病控制模式。

1. 肺结核病例发现登记和治疗管理效果。2007年武汉市发现肺结核病人7 060例，其中涂阳肺结核病人3 632例（新发涂阳肺结核病人3 238例），涂阴肺结核病人3 428例。分别完成省年度目标任务的108.6%、103.8%和114.2%。肺结核病人治愈率为93.0%，其中初治涂阳治愈率94.4%,复治涂阳治愈率为85.9%,初治涂阴治愈率为92.4%。均达到目标要求。

2. 执行"五率"技术方案。2007年全市综合医院登记肺结核和疑似肺结核病人11 593例,网络报告11 487例,报告率为99.1%(90%);转诊11 112例,转诊率为95.8%(85%);转诊到位率29.5%。结防机构对辖区内医疗机构网报的疑似和肺结核病人追踪到位人数4 167例,追踪到位率为74.4%;病人系统管理率为93.2%,涂阳病人家属筛查率为85.7%。均完成省、市2007年目标要求。

3. 2007年全市共登记疑似肺结核病人22 210例,拍片检查18 711人,其中免费胸片检查16 005人(85.5%);查痰11 844人,免费痰涂片检查11 243人(94.9%)。

4. 市结控项目办加强对各区工作的过程指导,共对所辖14个区督导79次。区级开展工作督导共1 995次,督导乡镇数171个。武汉市组织开发了《武汉市肺结核治疗管理信息系统》。

5. 四轮全球基金项目全市共举办培训班47期,培训医疗机构和结防人员共计2 111人次;其中市级举办PPM - DOTS培训班2期,培训220人次;区级45期,1 891人次。完成项目培训任务的100.1%。召开二期项目启动会。

五轮全球基金项目筛查耐多药疑似病人276例,其中160例送省CDC做药敏,发现耐多药31例。耐多药率占19.4%。经专家小组诊断后给予耐多药方案治疗者17例。

6. 坚持制度化、标准化、规范化的卡介苗接种,提高接种率和接种质量。2007年全市各产院新生儿卡介苗接种72 047人,接种率97.90%。补种3 650人。共卡介苗接种后监测26 989人,阳转率97.98%;卡痕率99.13%;合格卡痕率96.71%。

临床医疗　全年完成市卫生局下达的各项绩效考核指标。该所进一步加大专科建设力度,拓宽肺科诊疗范围,医疗、护理和院感质量进一步提高。未发生一例二级以上并负主要责任的医疗事故。

按照《医疗机构管理条例》、《执业医师法》依法行医。该所健全完善医疗管理规定,重点对《住院病历评分标准》和《住院病历评分奖惩办法》进行了修订,制定《武汉市结防所住院病历评分标准》和《结防所住院病历评分奖惩办法》等制度,出台了《麻醉药品、精神药品分类管理的规定》、《抗生素分级管理规定》等多项规定。坚持巡查病区、夜查房、医疗联系会制度,以保证医疗工作有序高效地运转。认真落实三级医生查房、死亡病例讨论、疑难病例讨论等重要制度,提高医疗文件书写质量。严抓医疗质量管理,健全和完善医疗质量考核制度,落实院科两级医疗质量检查。加强医疗安全教育,提高医务人员的医疗纠纷防范意识,杜绝了各种医疗事故发生。

护理工作　该所注重护理质量的持续改进与提高,加强护理质量控制。坚持每日巡查病房,了解病人及护理人员的需求,针对存在的问题,及时提出整改措施,协助解决问题。"以病人为中心"的服务理念,始终贯穿于整个护理活动中,从入院介绍到出院指导,落实首诊负责制,做好病人健康教育及基础护理工作。一级护理合格率及基础护理合格率大于97%,专科护理合格率大于95%,护理技术操作合格率100%,健康教育覆盖率100%,消毒隔离合格率100%,急救物品完好率100%。参加市卫生局举办的护理技术操作比赛,其中一名选手获得优秀操作个人能手奖第三名的好成绩。

院内感染工作　根据卫生部《医院感染管理办法》、《消毒技术规范》等相关文件,制定了《临床科室医院感染管理质量检查评分标准》,进一步完善院感工作制度,加强院感监测,医院感染率0.7%,无感染暴发发生。

专科拓展　该所在继续搞好结核病专科诊疗的基础上,拓展肺内科领域,12月肺科门诊开设,开始实施向肺科疾病诊疗的转变。

科研及学术工作　2007年该所撰写论文共22篇,其中发表8篇,核心期刊发表6篇;申报市科委科研课题4项,其中通过市卫生局、市科技局立项3项,并获得支助资金和人才培养经费数万元;通过成果鉴定1项,完成协作课题1项;促成与所外科研单位与大专院校建立协作科研课题2个。编辑出版《国外结核病》1期。特邀著名专家、教授来所讲座和组织所内专家讲学4次。组织社区公共卫生人员培训班老师讲课3期。特别是第一次操作了美国杨伯翰大学1名学生来该所进修结核病流行病学和与美国一科研机构进行科研合作。

文明创建工作　进一步加强医院卫生文化建设。继续开展规范化服务达标竞赛活动。继续开展评议行风活动,坚持每月的医德医风考核和每季一次的满意度测评,满意率达到95%。加强对基本建设、药品购销、器械采购工作的监督,依照有关法律法规,规范操作程序,完善运作机制。实施药品集中招标采购,严格控制药品收入比例。

综合治理　建立健全综合治理机构实行治安保卫责任制,认真执行治安保卫工作条例。加强重点要害部位、紧急情况下的“四防预案”,安装电子监视系统。把防火工作作为重中之重常抓不懈,加强易燃易爆物品管理,加强严格执行内保条例,加强安全生产的管理。全年无火灾事故、无重大责任安全事故发生。

后勤保障　加强水、电、汽、衣物、汽车和通讯等后勤设备供应和维修管理。建立加强病人和职工食堂食品卫生和安全管理。进一步改善病人就诊环境和工作条件,积极抓好爱国卫生工作。实施“绿、洁、亮、美”工程。购置400千瓦发电机组,解决了停电时抢救病人燃眉之急。

加强基建管理力度,规范基建维修管理和运作。　（项征国）

【武汉市精神卫生中心】

概况　截至2007年底,该中心有职工548人,高级32人、中级68人、初级315人。该院作为精神卫生机构,其服务范围除涉及精神卫生各个领域外,还履行着公共卫生社会职责和任务,2007年该院正式更名“武汉市精神卫生中心”(保留“武汉市精神病医院”牌子),与分院武汉市心理医院(2006年10月开业)共同承担起了武汉地区乃至周边地区精神疾病和心理障碍的预防、治疗、教学和科研任务。

该中心设置床位610张,其中本院设置床位530张,主要收治重性精神病患者、老年精神障碍患者及各类成瘾行为治疗患者等;市心理医院(开明路44号)设置床位80张,主要收治各类神经症、抑郁症、边缘性人格障碍等各类心理疾病患者,并为各类人群的心理困扰提供全方位的心理咨询和心理治疗服务。

2007年,该中心荣获本年度卫生工作绩效管理先进单位;全年业务收入5 175万元,较上年增幅28%;药品收入占业务收入比例38%。门急诊近10万人次,收治入院病人5千余人,全年精神科床位使用率达98%以上。

起草精神卫生条例　精神卫生事业发展离不开法律保障。为加快武汉市精神卫生立法步伐,该中心通过各种途径、不失时机宣传精神卫生立法的必要性及紧迫性;2007年年初武汉市已将精神卫生立法工作纳入了市人大立法计划库;6月22日由市人大常务委员会副主任刘家栋带队,组织了人大科教文卫组代表一行20余人来中心进行了立法专题调研活动,代表们深刻认识到“精神卫生立法是社会文明进步的标志,是构建和谐社会的重要保障”,并一致认为要加快武汉市精神卫生立法进程;9月31日市人大召开专题会议听取立法准备工作汇报,并确定将《武汉市精神卫生条例》提交2008年7月市人大常委会审议。该中心作为《武汉市精神卫生条例》主要起草单位,成立了立法工作专班,委托专人专职负责立法工作。

心理卫生促进　随着社会经济的快速发展,心理卫生问题日显突出,主要表现在:①心理疾病发病率迅速提高,出现了学生、妇女、干警和公务员等心理疾病高发人群;②心理疾病谱正在发生改变,新出现一些严重损害市民身心健康的心理疾病,如抑郁症、摄食障碍、创伤后应激障碍、边缘性人格障碍等;③心理卫生机构以及从业人员紧缺,一旦市民患有心理疾病,就医难、盲目就医的现象普遍存在等。为了缓解这个突出矛盾,该中心于2006年10月组建了武汉市心理医院。该院集医疗、教学、科研、培训功能于一身,虽然规模不大,但办院理念先进而不脱离实际,尤其采用了目前国际通行的各种专业心理治疗方法,收效明显。该院运行1年多来,不仅培养和留住了一批国内顶尖人才,还为1.3万余名患者提供门诊心理咨询或治疗服务,并为近300名病情较严重的患者提供开放式住院治疗。同时也为市民作了近30场大型心理卫生保健知识讲座。医院总业务量较搬迁扩建前翻了6倍,其中心理医生的培训量已在国内培训机构中排名第二。作为全国首家与国际接轨的专业性心理医院,武汉市心理医院的定位和发展思路得到了卫生部和业界的广泛认可。

为更好满足人民群众日益增长的心理卫生需求,市卫生局结合市心理医院在建设和运营的前期经验,提出了立项建设武汉市心理医院搬迁扩建工程“武汉市心理卫生保健中心”,其定位是一所集保健、医疗、教学、科研、培训于一体的“三级甲等”区域性心理卫生专科医疗机构。“武汉市心理卫生保健中心”立项及选址工作得到了各级领导大力支持,市委苗圩书记、市政府李宪生市长、阮成发市长、刘顺妮副市长等均作重要批示,目前此项工作进展较为顺利。

社区精神卫生工作　近几年来武汉市重性精神病发病率呈上升趋势,很多病人因缺乏监管以至肇事肇祸事件频发的社会问题突出。为配合市委市政府加快“和谐武汉”建设,解决精神病人“看病难、看病贵”问题,让绝大多数病人及时得到治疗、康复,重新返回社会,该中心通过多渠道呼吁,从卫生部、湖北省以及武汉市积极争取各项政策,于2006年11月在中西部地区率先启动了精神卫生进社区工作,以加强对重性精神病人的有效监管,并建立起社区监管与康复模式;此项目得到了各级领导大力支持,武汉市精神卫生工作正式纳入了公共卫生服务体系,并有公共卫生经费保障(初步按全市人口1.0－1.3元/人划拨)。

武汉市在创建全国文明城市中已将“开展精神疾病社区管理工作,社区重症精神疾病监管治疗率达60%以上”作为考核硬性指标。该中心作为全市社区精神卫生工作的业务指导和技术支持部门,积极响应,市卫生局提出的精神卫生进社区工作要求:(1)制订了武汉市社区精神卫生防治工作实施方案,拟定近期工作目标、工作任务及实施计划、实施步骤等。(2)协助拟定了各级精防机构包括武汉精神卫生中心、区疾控中心、社区卫生服务中心和乡镇卫生院的部门职责;并制订了社区精神卫生工作考评标准;(3)编写了武汉市社区公共卫生人员培训教材“武汉市精神疾病社区防治”章节;并对社区卫生服务中心公共卫生科工作人员进行了精神卫生相关知识的培训,取得了良好的效果;(4)参与了4个示范社区(江岸区百步亭社区、江汉区民意社区、硚口区六角社区、汉阳区建桥社区)的摸底调查及建档立卡工作,基本达到登记率4‰。(5)在百步亭挂牌心理卫生技术指导基地,并以此为试点,做好精神卫生社区推进工作。(6)继续承担卫生部重症病人监管治疗项目(686项目)。

新技术、新业务　1.“武汉市心理危机干预救助中心”挂牌服务。该中心为了加强武汉市处理包括自杀、自然灾害、交通事故、火灾、重大刑事案件在内的各种紧急状况的处理能力,减少致死、致残率,缓解各种心灵创伤,作为卫生部指定的区域性(中南地区)心理危机干预中心—“武汉市心理危机干预救助中心”在该中心的积极筹备下现已开展24小时服务咨询、干预及指导工作。

2. 开展了新型毒品脱瘾治疗工作。据国外有关资料显示:吸食“新型毒品”导致精神障碍的发生率约为10%,其中需要住院治疗的患者约为3－5%,庞大数量的患者严重威胁着人民生命财产安全,也给社会和家庭造成巨大伤害,该中心2007年4月成立了首家成瘾咨询门诊,接待此类患者及家属100余人次;7月开办了全国首家“新型毒品”专业治疗病区,收治因吸食新型毒品导致精神障碍的患者近200人。在此基础上,该中心正筹备成立“成瘾行为治疗中心”,以进一步开展成瘾治疗研究工作,不断满足社会医疗需求。

3. 发展美沙酮维持治疗门诊工作。武汉市第一健康门诊自2006年3月开诊以来得到了上级领导的肯定和支持,目前进入维持治疗病人700余人,维持治疗率达95%以上,其中近半数人重返社会正常工作;其规范管理模式成为省内观摩学习基地。为进一步满足社会需求,该中心于12月在武汉市硚口区古田四路开设了第二健康门诊。该中心美沙酮维持治疗门诊工作通过药物及心理、行为治疗,有效帮助了吸毒人员戒除海洛因心瘾并帮助他们成功回归社会与家庭,取得了显著社会效益。

4. 整合医院现有卫生资源,不断扩大服务范围。该中心原老年科迁入了综合楼并挂牌“老年心身科”,在改善病人住院环境及硬件条件的同时,规范了该科病人收治范围,加大了业务及人才建设,为创“市级重点专科”打好基础。

此外,中心整合卫生资源,增开了综合科病房,缓解了其它精神科床位紧张及病人“住院难”问题。

5. 开展了无抽搐电休克治疗业务。为改变精神疾病单一药物治疗模式,该中心引进购置了无抽搐电休克治疗仪(24万元),并培训了专业医技人员,11月正式开展了无抽搐电休克治疗工作。该治疗具有起效快、安全性高、无痛苦、疗效肯定的特点,已广泛应用于抑郁症、分裂症、躁狂症神经症(强迫、焦虑)、物质滥用等患者的治疗。

6. 逐步完善精神康复治疗工作。精神康复治疗是精神病人恢复期重要治疗手段之一,是帮助病人恢复并重塑良好行为能力、回归社会的重要过程。该中心在上年投资50余万元改扩建康复科并配齐相应康复设备的基础上,2007年充实了康复专业力量并加大了培训力度,分批将专业人员送到北京、上海等地进修;目前该中心各项康复治疗项目(除传统项目如音乐治疗、药物处置模式、社交礼仪训练等项目外,还有厨艺、手工、绘画、陶艺、园艺栽培、体疗等康复项目);住院病人每天参加康复训练人数达80余人次。

与此同时,该中心开办了“日间医院”,收治出院病人接受日间康复治疗,病人通过专业的康复指导训练,逐步完善了家庭及社会功能,为其成功回归社会创造了条件。

科研教学工作　该中心科研工作重点集中在老年医学(重点攻克神经干细胞的分化与移植技术障碍)、心理学(以动力性心理治疗、认知行为与催眠治疗、家庭治疗、人格障碍、摄食障碍以及青少年心理发育障碍等为主要研究方向）、成瘾行为（以毒品成瘾与复发的生物学基础为主要的研究方向）及普通精神病学（主要研究精神分裂症和抑郁症的发生机制及治疗手段）等方面。目前该中心在科研项目（经费超过300万元）包括：4项国际协作项目；国家高技术研究发展计划（863计划）子课题1项；参与国家重点研究发展计划（973计划）2项；参与国家自然科学基金课题2项；人事部留学归国人员科研启动项目1项；获市科技攻关计划多项（包括晨光计划1项）。2007年该中心成功申请到国家自然科学基金项目（陈红辉博士《内源性CNTF对成体神经干细胞自发性分化的作用及其机制》），并获国家自然科学基金委资助经费28万元。

2007年该中心当选为“中国医师协会精神科医师分会青年医师联盟”首任主席单位，并成为卫生部统编教材《精神病学》的编委单位。该中心刘安求教授荣获中国“杰出精神科医师”提名奖。在武汉市卫生局开展的“武汉市医学杰出人才”和“武汉市医学优秀科研成果和论文”的评选活动中，该中心童俊主任获“优秀学科带头人”荣誉称号，4名同志分别获“优秀成果论文”一、二、三等奖。中心全年发表论文41篇，其中SCI收录1篇（影响因子1.9分），核心期刊24篇，出版著作1本，参编著作若干部。

该中心作为华中科技大学同济医学院附属精神卫生中心，设立了精神病学教研室，并完成了同济医学院、江汉大学等多所大专院校各项教学任务。

医德医风建设　（一）全院开展了“构建和谐医患关系、创建平安医院”活动

1. 进一步完善了医患沟通机制和投诉处理机制。

2. 院内开展了“假如我是一个病人”大讨论，采取换位思考的方式，探讨提高服务质量新途径。

3. 开展细节服务建议活动，收集人性化服务“金点子”，形成制度、全院推广。

4. 开展了以“为民、便民、爱民”为主题的服务活动。结合“群众在心中、服务见行动”教育活动，2007年4月组织了专家为六角亭辖区病人义诊、赠药活动；同时医院坚持开展“家属俱乐部”活动，做好患者及家属健康教育工作。

5. 开展了争创“优质服务科室”、“优质服务明星”活动，各窗口科室完善了各项服务措施及细节，为构建和谐医患关系奠定了良好基础。

（二）加强廉政建设，继续深入开展治理商业贿赂工作

1. 建立了有效防控商业贿赂和监督体系。根据上级精神，该中心成立了治理商业贿赂专项领导小组，制定了治理商业贿赂专项实施方案，并多次召开反商业贿赂专题会议，把治理商业贿赂作为全年廉政工作重点抓紧、抓实，有效遏制了商业贿赂现象发生。

2. 加大宣传教育力度，除利用《精院简报》宣传政策及典型事迹外，还定期组织收看专题片、知识答题等活动。

3. 加大采购管理力度，从源头抵制商业贿赂。医院药品、设备、耗材等购进严格实行招标或定点采购，规范采购行为，杜绝一切不正之风。

4. 加强对基建工作管理，严格按“公开、公平、公正”原则招标选拔施工队伍；坚持万元以上施工维修项目先签合同后进场施工的原则落实项目负责制；严格加强施工现场管理的审计事前、事中、事后全程跟踪管理。

5. 加强对药商、器械商管理，规范其推介行为；规范院内医务人员参与由药商资助的学术活动，并完善事前审批、登记制度。

（陈丽华）

【武汉市皮肤病防治研究所】

概况　该所主要承担武汉地区麻风病防治、性病监测、性病和艾滋病预防控制、麻风病、性病、艾滋病专业技术培训等社会性工作，也面向社会开展配套的皮肤病性病临床诊疗服务。现有职工130人，其中高级职称9人，博士研究生2人，硕士研究生（含在读）12人。

2000年，该所武胜路门诊被中国性病控制中心评为全国规范化性病门诊，2002年，该所性学科被评为武汉市重点专（学）科

该所先后承担世界卫生组织、全球基金、欧盟基金、比尔－盖茨基金等多个国际及武汉市科技局、武汉市卫生局等国际国内科研项目10余项，获得科技成果和科技进步奖多项。特别是该所参与开展的“娱乐场所100%安全套使用项目对降低艾滋病性病的作用及其可行性研究”项目取得巨大成功，为我国全面启动和实施“娱乐场所100%安全套使用项目”提供了良好的模版，被吴仪总理称之为“武汉模式”。

2007年，该所被湖北省爱卫办评为爱国卫生运动先进单位，被武汉市卫生局评为卫生工作目标绩效管理考核先进单位、社会治安综合治理先进单位、千名医生下基层先进单位，1名同志同时获得武汉市五一劳动模范和武汉市岗位立功女明星荣誉称号，1名同志被评为武

汉市优秀护士。

医疗服务　该所在洪山区花山镇、汉口武胜路设立住院部一个、门诊部两个。门诊做到了一医一患一诊室,实行保密性医疗。中心实验室达到国家级区域参比实验室标准,设置有临检室、微生物室、真菌室、生化室、放免室、分子生物学室、HIV初筛实验室病理室多个实验室,为临床确诊提供了有力保障。制剂室通过市药监局验收,首批获得省GPS认证。

该所积极走中西医结合之路,经过数十年研究和开发,研制出30余种皮肤科外用和内服制剂,获得省药监部门的生产认证。独立开展的微针信息治疗、光动力治疗、光化学治疗、微波治疗、激光治疗等技术,对部分皮肤顽症,特别是特殊部位的尖锐湿疣、面部痤疮、湿疹、银屑病、白癜风等具有独特疗效。麻风畸残康复外科手术为麻风患者解除了病痛,恢复了一定的生活自理能力。医学美容专业技术日臻精湛,能独立开展整形美容、物理美容、护理美容等数十项医学美容项目,成功地完成了数万例整形美容手术。

麻风病防治　该所承担湖北省和武汉地区麻风病普查、确诊、麻风病流行病学调查、病人跟踪随访;麻风病现症病人联合化疗和治愈留院病人的管理与康复医疗服务等工作。此外,还承担湖北省和全市麻风防治人员的专业培训教学工作。2007年对现症病人的联合化疗覆盖率为100%,规则治疗率达100%,积极为行动不便的病人开展送医送药上门服务。协助举办了全省麻风病临床培训。协助湖北省疾控中心完成了麻风病“特别行动”验收检查工作。外派专家到湖北省十堰市、恩施州等地进行医疗援助。

1. 麻风防治监测情况。2007年武汉市新发麻风病人2例(MB)。1－11月底武汉市现有现症病人12例(多菌型11例,少菌型1例),判愈人数7例(多菌型4例,少菌型3例);患病率0.0014‰。

2. 麻风门诊工作。2007年门诊就诊95人,确诊8人(2人为代管常住流动病人),排除麻风病6人,为治愈病人送药14次。

3. 联合化疗情况。2007年武汉市有现症病人12例,疗程内联合化疗病人4例,完成联合化疗病人3例。联合化疗覆盖率为100%,规则治疗率达100%。

4. 流行病学调查。城区:对完成联合化疗病人进行监测,对其家属进行家检,监测27人,查菌5人,家检50人;

5. 麻风培训与督导。该所积极指导各郊区皮防所做好麻风病治疗和监测工作,同时培训医务人员。2007年6月,在湖北省举办的麻风临床知识培训班上,该所派出4名专家参与授课,讲授麻风病临床基础和畸残矫形手术知识,45名学员参加了此次培训,通过理论课与实验课的学习,学员们均取得较好成绩。

协助湖北省疾控中心完成麻风病“特别行动”验收检查工作。2007年8月至9月,该所派麻风病专业技术人员1名奔赴十堰市、恩施州现场检查病人,这次调研共检查现症病人3例,到乡村卫生院查看麻防资料,抽查病历6份,检查麻风防治宣传工作,并整理调研资料。

2007年5月,在全国麻风防治工作研讨会上,该所刘道忠副所长宣读了武汉市麻风病防治工作情况,介绍了该市在麻风病诊断、治疗和监测方面的经验和做法,并与各省市麻防专家一起探讨麻风防治工作新进展、新举措。2007年,根据《国家发展和改革委办公厅、卫生部办公厅关于请编报麻风病院村建设项目投资计划的通知》和《省发展和改革委、省卫生厅关于编报麻风病院(村)建设方案的通知》有关文件精神,依据卫生部《麻风病院村建设规划》的要求,该所积极配合市发展改革委和市卫生局,组织专班对全市麻风病情况进行了认真的调查研究,2007年9月编制了武汉市麻风病院(村)建设方案(草案),初步完成了武汉市麻风病院(村)建设方案的资料申报和前期准备工作。

顺利完成了武汉市麻风病防治中心和武汉市麻风病培训中心两个建设项目的申报工作。新的麻风病院建设后,将实现资源的优化配置,大大改善麻风病人的医疗康复和生活居住条件,提高麻风病人的生存质量,促进社会和谐发展。

性病艾滋病防制　近年来,武汉市HIV流行形势日趋严峻,经性途径传播HIV已占据主导地位。为遏止艾滋病经性途径传播,控制艾滋病蔓延,武汉市皮防所在全市性病疫情监测和分析、艾滋病防治项目管理、性病艾滋病防治技能培训、男男同性恋和女性性工作者行为干预、性病艾滋病防治社会宣传等方面,开展了大量卓有成效的工作。

1. 哨点医院性病疫情监测:

为了提高工作效率,该所将14家哨点医院扩大到24家,用电子表格方式统计性病疫情并通过邮件上报全国疾控中心,保证哨点医院性病疫情及时性准确性。每年年底组织开展哨点医院性病漏报调查。

2. 高危人群监测:

根据国家性病控制中心要求,2007年以来,该所开始联合各区疾病预防控制中心，在卖淫人群、献血人员、产前妇女、青年学生、男男同性恋等人群中开展性病监测工作，每一类人群的监测规模约300人。通过该项工作，可以及时掌握该市性病流行的人群特征，使防治工作更有针对性，提高了工作效率。2007年到武汉市血液中心收集献血员标本351例、江岸区妇幼保健院共监测产前妇女252人，未发现阳性标本血清。有效地遏制了性病、艾滋病的传染、传播和蔓延。

3. 性病耐药监测：

2007年以来，为监测武汉地区性病病原微生物耐药情况，根据中国性病控制中心要求，该所成为国家级淋球菌耐药监测点。每年在全市各性病监测医院收集200株以上的淋球菌菌株，在中心实验室开展耐药监测和药敏分析，中心实验室被中国疾病预防控制中心评为全国性病实验室室间质量评价合格单位。

4. 娱乐场所100%安全套项目：

该所承担全市娱乐场所100%安全套项目管理工作以来，每年定期到各区开展项目督导和技术指导。建立市级性病艾滋病防控示范场所等。共对同伴教育员培训61次，有575人次接受培训，对同伴教育联络宣传员培训136次，有926人次接受培训；全市开展项目相关大众宣传共计343次，获得宣传资料的场所累计3 639家，累计发放宣传画25 841张，宣传单/折页86 436份，宣传册38 862册。所有场所均已张贴艾滋病防治宣传画，对所有从业人员，每半年开展一次的性病艾滋病体检。全市设立安全套销售监测点共55个，各监测点累计供应安全套383 392只，累计免费发放安全套62 925只。

5. 艾滋病自愿咨询检测(VCT)项目：

受市卫生局委托，该所开始承担全市VCT项目管理工作。目前该市VCT服务网络已逐步完善，全市共建立VCT门诊50个(标准VCT门诊15个)，使该市VCT门诊设置密度达到3.6个/区，超过了省防艾办制定的标准。VCT网络布局合理，覆盖面广，大大提高了群众对VCT服务的可及性。

市皮防所定期对各区VCT点进行技术指导与督导评估。2004年以来，该市通过VCT发现的HIV感染者数逐年上升，通过VCT发现感染者效率不断提高，VCT工作的意义日益凸现。2007年1月—12月，武汉市52家VCT门诊共为8 245人提供了免费VCT服务，武汉市通过VCT工作发现HIV感染者的效率在提高。

6. 高危人群干预：

自该所承担全市性病艾滋病防治项目管理工作以来，针对男男同性恋和女性性工作者的行为干预工作一直是该所的工作重点之一。为使该项工作取得成效，该所积极加强与多个国际国内组织的合作，以取得技术和经费支持。

在欧盟性病艾滋病防治基金支持下，该所启动了性病艾滋病社区干预项目，该项目通过在社区卫生服务中心开展宣教、咨询和性病转介服务，旨在提高女性性工作者防病意识，改变求医行为，减少性病艾滋病传播。该项目在2007年的终期评估中，得到了中国－欧盟项目专家组的高度评价。

针对同性恋人群中性病发病率高的现状，2007年，在中国疾病预防控制中心支持下，该所启动了男男同性恋人群全国综合试点干预项目，该项目由市皮防所与市CDC共同完成，采用同伴推动抽样方法对456名男男同性恋者进行流行病学调查和HIV、梅毒、丙肝血清学筛查。武汉市皮防所专门开设了同性恋门诊，此外，还建立和开通了同性恋网站，为同性恋群体的行为干预和医患交流提供了一个良好的平台。

7. 艾滋病防治策略研究探索：

在湖北省全球基金资助下，该所启动了艾滋病防治实践研究项目——“在高危人群和桥梁人群中开展可持续性VCT服务模式推介”。该项目以湖北省大冶市和蕲春县为试点，结合武汉市的成功经验，指导试点市县重建VCT服务体系，在实践中开展VCT工作策略的研究。项目实施一年周期内，该所专业骨干定期到试点市县，积极指导当地开展VCT需求评估、网络建设、政策倡导、社会宣传、咨询员、乡医和VCT项目管理人员培训等工作，结合实际工作中出现的问题，指导当地不断进行VCT工作策略的调整和优化。项目实施一年后，经全球基金专家组评估，该项目取得巨大成功，在湖北省全球基金支持下，项目取得的成功经验已在全省13个项目县进行推广。

2007年，在第三轮中国全球基金资助下，该所启动了艾滋病防治理论研究项目——“艾滋病传播重点人群对VCT服务的可及性和需求分析”。研究工作在湖北、安徽、河北三省的9个地市展开，取得3 094份针对5类重点人群的调查问卷，同时对30名艾滋病项目管理人员、60名咨询员进行问卷调查、访谈和测试，对43个VCT门诊进行了现场考察和评估。通过该项大规模研究，对该国VCT服务现状进行了全面探讨，深入分析了影响该国VCT工作高效开展的各种因素，客观评价了艾滋病传播重点人群对VCT服务的可及性和需求状况。该项目通过了武汉市科技局成果鉴定,鉴定成果为国内领先。该项成果已在该市VCT项目工作中得到积极应用。

为提高艾滋病防治工作人员服务技能,受市卫生局委托,该所共举办全市VCT咨询员培训3期,协助各区举办娱乐场所同伴教育员培训32期,100%安全套推广项目外展干预工作人员培训4期。2007年8月,举办了武汉市第三轮VCT咨询员培训班,全市64名VCT门诊咨询员接受了培训。

8. 性病艾滋病防治社会宣传:

在男性健康日、世界艾滋病日和省卫生厅组织的健康博览会上,该所均组织医务人员走上街头,通过摆放展版、专家咨询、有奖问答等形式,开展性病艾滋病防治知识宣传。共有13 500人来到活动现场了解国家性病艾滋病防治有关政策和相关知识。在世界艾滋病日,该所领导和医务人员20余人上街发放宣传资料4 200多份和安全套500盒,展出性与艾滋病的图片20幅,义诊70余人。

管理　年初,该所领导与中层干部签订了《市皮防所2007年卫生工作目标管理责任书》,进一步健全和完善了干部考核评价和激励体系。狠抓医疗质量管理,成立了以所党政领导为组长、各科室负责人为成员的医疗质量管理小组,每月到各科室进行现场考核。

继续完善定员、定岗、定编的"三定"工作,调整全所人员结构,合理调配人力资源,因事设岗、因岗定编。

进一步加强医院感染控制工作。进一步完善和加强该所医院感染和消毒隔离工作,全面制定院感检查方案,每月进行督导检查和监测工作,确保医疗安全,保障了全年无医疗差错和投诉事故发生。

制定了《武汉市皮肤病防治研究所医疗服务指南》,要求医务人员按照"八个主动"为患者提供优质服务,即:主动迎送患者;主动交待就医程序;主动向患者或家属交待病情及治疗措施;主动说明费用情况;主动与患者谈心;主动了解患者的需求;主动为患者做好事;主动征求患者意见。

重视消防和社会治安综合治理工作,将此项工作与创建平安医院工作相结合,该所领导与各科室负责人签订了《社会治安综合治理责任书》,制订下发了《市皮防所火灾隐患整治工作方案》,成立了火灾整治工作领导小组。

重视爱国卫生工作。根据市、区爱卫工作要求,狠抓环境卫生、院感、污水污物处理等工作。被省爱卫办评为湖北省卫生先进单位。

加强党风廉政教育。年初,所领导与中层干部签订《反腐倡廉和党风廉政建设责任书》,形成主管领导亲自抓,科室主任具体抓、支部书记共同抓的齐抓共管局面。组织全所职工学习医务人员十不准、治理商业贿赂的重要文件,在全体医务人员和中层干部中开展了反商业贿赂知识专题讲座。

深入开展自查自纠活动。制定依法合规、诚实守信、公平竞争、优质服务的反商业贿赂承诺书,对社会进行了公开承诺,通过设立拒收"红包"、反商业贿赂意见箱、网站上公布举报电话等形式接受社会监督。

继续推行医疗服务公开和投诉接待制度。以提高医疗服务质量、减轻群众负担为目的,开展了"一清查、二点评、三承诺、四考核、五奖罚"的五项措施,由物价科、医政科组成专班每月清查处方、收费项目,发现问题及时通报并改正。采取以上措施以来,收费准确率较过去提高了3倍,物价投诉极少,受理费用咨询仅1例。患者对医疗服务满意率达98%。

该所领导班子成员　法定代表人:李刚,2005年7月任职;党委书记:陈建华,2005年7月任职;党委副书记、纪委书记、工会主席:张培利,2005年7月任职;副所长:刘道忠,2005年7月任职;党委办公室主任,郭涛;所办公室主任:陈福亭。

（胡春华）

【武汉市职业病防治院】

概况　该院位于青山区厂前街黄家大湾72号,是一所集职业病预防、职业健康监护、职业病诊断治疗、科研教学和职业健康教育为一体的职业卫生技术服务机构,隶属武汉市卫生局。2007年,该院领导班子成员:院长李乐、书记李明伦(2007年5月止)、书记李松汉(2007年6月起)、副院长李松汉(2007年6月止)、副院长易桂林(2007年6月起)、纪委书记兼工会主席孟庆荣。截至2007年底,该院有在职职工145人,专业技术人员125人,其中副高以上职称22人,中级职称42人,初级职称61人。

职业卫生技术服务　2007年,该院职业卫生监测企业数140家,检测率25.78%(目标值25%),其中:日常检测企业数122厂次,预评价检测8家,完成省哨点监测10家;全年完成体检人数33 296人,其中职业健康监护数23 615人,应监护总数80 000人,监护率29.5%(目标值10%);全年新诊断职业病例10例,其中急性中毒4例,慢性中毒1例,其它职业病5例。

该院2007年开展了环已烷检测新方法。

该院与武钢工业卫生研究所配合对武钢集团下属硅钢厂等9个厂近8 000名劳动者进行职业健康体检;与武汉市一医院协作,完成了对公交司机体检分包项目3 919例尿铅的体检检测。通过与兄弟单位的配合与协作,参与大型体检业务,锻炼了职业病防治队伍,提高了该院的内部协调能力和整体服务能力。

应急处理工作　1. 该院应武汉航空仪表有限公司邀请,为该公司进行了硫酸泄漏现场应急救援示范演练。

2. 7月12日,该院参与处理了新洲区双柳街矮林村陶家墩湾发生的一起菜窖硫化氢中毒事故,对事故现场进行了职业危害因素识别及检测,对消防部门现场处置提出了专业指导,鉴于该村家庭作坊式腌制腌菜的作业特点,该院在村现场会上对村民进行了预防硫化氢中毒知识的宣传培训,受到村民及新洲区卫生局的好评。

3. 7月23日,因凤凰网上曝光的"三黑"企业中,有本市红卫新兴毛毡厂,该事件引起了市、区相关部门重视,为了弄清事件的真实情况,受市卫生局委托,该院对该厂免费进行了现场职业卫生学调查及检测,为卫生行政部门作出正确结论,提供了及时准确的职业卫生技术服务支撑。

4. 9月4日,受市安监局委托,参与了对武汉重工铸锻有限责任公司修复工人意外死亡的现场职业卫生学调查,为市安监局确定事故性质,提供了科学依据;通过对工作流程的调查,为该厂完善安全操作规程,提供了有效参考意见。

高温中暑、农药中毒防治

2007年纳入全市高温中暑、农药中毒报告的卫生机构有159家;全市农药中毒开始实行网络直报。

2007年全市共发生高温中暑118例,其中生产性中暑77例,非生产性中暑41例。与上年度对比,高温中暑性别比处于正常年度波动范围内,未发现明显性别分布改变;高温中暑时间分布在10时到18时较上年有所减少,提示通过卫生宣传教育,用人单位、广大劳动者和市民提高了安全生产及个人防护意识,使高温中暑高发时段,中暑的发生得到一定控制。

2007年全市共发生农药中毒900例,其中生产性农药中毒622例;非生产性农药中毒278例(死亡29例)。农药中毒的性别分布为:生产性农药中毒男性占70%;非生产性农药中毒女性占67%,较上年下降4%,其中29例非生产性农药中毒死亡病例中,女性17例,男性12例。导致中毒的农药类别分布:导致中毒的农药类别占前3位的依次为杀虫剂占66%、混合制剂占22%、其他制剂7%,其中杀虫剂以有机磷、杀虫脒及菊酯类为主,占杀虫剂的87%。

医疗工作　该院完成了院职业健康监护及职业病诊断两项资质复评审工作;完成院《质量管理手册》的增版工作,制定了《医疗纠纷应急预案》以及《医疗纠纷的处理》,全年入院人数133人,病床使用率32.58%;入院与出院诊断符合率100%,治愈率50%,无死亡。

护理工作　该院完成全院护士执业证书延续注册工作;对全院护士进行职业健康监护知识培训、开展电测听技能、心电监护等考核;护理部定期下科室进行医疗服务质量查房,每月对护理工作进行质量考核(抽查护理文书、护理技能),实行危重病情告知制度,组织护理人员30人参加职业病诊断、护理心理、护理急救、职业卫生评价培训和学术活动,一名护士获武汉市百名优秀护士称号。

卫生宣传与健康教育　在《职业病防治法》颁布实施五周年之际,该院于3月初组织了全市80余家大中型企业职业安全部门管理者,召开了"企业的社会责任与企业的生存和可持续发展"为主题的经验交流会,武昌造船厂、华能武汉发电有限公司作了大会发言。同时,该院积极关注农民工职业健康,参加了由武汉市卫生局、武汉市安全生产监督管理局联合举办的"百千万"工程活动,4月17－19日,分别到位于蔡甸区的奓山、黄陂区的石门、江夏区的乌龙泉三地采石场,免费为500名农民工进行巡回义诊、免费体检咨询活动,举办了三期职业卫生知识培训班,发放防尘肺病和职业病防治法宣传单500余份。3月24日,在硚口区工业园的长丰乡为农民工咨询义诊50余人次,体检近百人次,并派发宣传《职业病防治法》农民工专题折页,职业病防治健康教育处方宣传单1 000余份。在4月24日职业病防治法宣传周期间,派出专家到长城润滑油武汉分公司、汉口火车站广场以及沌口民营科技工业园、白沙洲工作园、江岸提角工业园等地对农民工进行义诊、咨询,开展职业病专题健康教育讲座。

人才培养与科研工作　该院重新修订了《关于加强人才培养管理规定》,为优秀人才脱颖而出提供更宽松、更优惠的条件,体现了重点加强对优秀中青年专业技术人员的培养及使用的宗旨,为医院形成良好的学习风气起到了促进作用。2007年,该院《接触职业有害人群心理健康因素调查及护理研究》、

《锰对男子精子及雌激素水平影响的研究》两项选题被市卫生局批准科研立项；二名专业技术人员入选武汉市卫生局第二批百名优秀青年学科带头人培养名单；2 名高级技术人员的论文《生产场所矽尘环境时浓度与时间加权平均浓度关系的研究》、《非稳态噪声性耳聋数学模型研究》获武汉市卫生局医学优秀论文评选三等奖。

精神文明建设　该院积极开展市卫生局倡导的"构建和谐医患关系，创建平安医院"活动，并以此为契机，完善和强化服务机制，提升医院人员职业道德素养，密切医患关系，畅通投诉渠道，还将创建活动与创建品牌医院、文明科室、青年文明号、巾帼建功、"群众在心中，服务见行动"党员主题活动结合起来，从不同的层面，多角度地对全院职工进行教育培训，使广大职工思想上受教育，素质上有提高，行为上更规范。

该院被市政府授予 2007 年度安全生产先进单位；该院党委被市卫生局、市卫生局委员会评为 2007 年度先进党委。

该院注重组织职工日常文体活动，组织了足球队和乒乓球队，积极参加市卫生局组织的比赛，足球比赛获精神文明奖；乒乓球比赛获女双亚军。　　（廖　媛、王　瑛）

【武汉市汉口医院】

概况　武汉市汉口医院是武汉市卫生局直属医院、武汉市医保定点医院、武汉铁路局医保定点医院、武汉铁路局江北急救中心、武汉市交通事故伤员急救医院、新型农村合作医疗定点医院、武汉市工会会员优惠服务基地、农民工孕产妇分娩定点医院，是一所集医疗、急救、保健、教学、科研为一体的综合性医院。

该院位于解放大道 2273 号，新院区位于江岸区赵家条 172 号，总建筑面积 39 000 余平方米，开放床位 499 张，设有内科、外科、妇产科、儿科、眼科、耳鼻咽喉科、皮肤科、口腔科、传染科、肿瘤科、中医科、麻醉科、手术室、微创外科、急诊科等 19 个临床科室，37 个学科专业组，6 个医技科室，2 个门诊部，后湖金桥社区卫生服务中心及卫生所（站）11 个，职能部门 17 个。

2007 年该院在册职工 692 人，行管人员 66 人，医生 196 人，护士 253 人，医技人员 94 人，工勤人员 83 人，男职工 219 人，女职工 473 人。大学专科以上学历 313 人，中专及以下学历 379 人。高级职称 27 人，中级职称 187 人，初级职称 329 人。

2007 年该院购置了血液透析机、电子胃、肠镜、呼吸机、中央监护仪、台车式超声波诊断仪等先进诊疗设备 28 台（件），投入资金 454 万元。2007 年医院新增固定资产共计 482 万元，截止 2007 年底，共计固定资产 6 058 万元，其中医院专业设备 2 997 万元，通用设备 108 万元，电器设备 199 万元，电子设备及通信产品 360 万元。

医疗工作　2007 年该院完成总诊次 239 917 人次，出院人数 7 229人次，住院人数 7 506 人次，门诊、出院诊断符合率 99.55%，入出院诊断符合率 99.91%，治愈有效率 94.95%，手术 1 536 例，手术前后诊断符合率 100%，平均住院日 13.13 天，疫情报告率 100%，院内感染控制在 2.43%，医疗事故为零。主要工作是：

1. 完善各项制度。加强法律法规培训，严格依法执业，该院对院内各项规章制度进行了梳理，重新完善和修订了各项规章制度及管理办法共 114 个，使医院各项管理有章可循。定期组织开展医疗相关法律法规培训，全院参加培训人数达 110 余人次，医务人员学法普及率达 96%，全院医生、护士持证上岗率达到 100%

2. 加强"三基三严"培训。2007 年该院对 134 人进行了急救理论培训，组织院内感染培训 4 次，参加人数 610 人。医务科组织全院性业务学习 10 次 1 010 余人次参加；护理部组织全院性业务学习 9 次 800 人次参加。进行了护士岗位技能训练及竞赛，获武汉市护士岗位技能竞赛团体第三名，护士汤文娇荣获"护士操作技术能手"称号。医院选出 8 名选手参加武汉市第十五届职能技能大赛执业医师比赛共有 4 名选手入选参加复赛。

3. 加大医疗查房、查岗力度和病历质量管理。该院组织科室查房 50 次，三级查房考核 50 次，组织病案讨论 28 次，协调院内会诊 32 次，重新修订下发了《病历书写规定》，实行科间病历书写质量互查，共抽查的 1 200 份住院病历中，甲级病历 1 176 份，甲级率为 98.5%；

专科建设　2007 年，该院共选派外出进修人员 11 人，制定了《汉口铁路医院科技进步奖励的管理办法》，鼓励临床科室开展新技术。全院有 9 个临床科室开展 18 项新技术新业务，其中外二科"经皮穿钢丝内固定治疗髌骨骨折"、手术室"亚甲蓝神经阻滞治疗带状疱疹"、口腔科"烤瓷牙崩瓷后和临床修复应用"、护理科"人事代理制护士工作压力与社会心理状况调查研究"，项目查新结果显示为国内外未开展，现已按计划上报市卫生局争取立项。全年医护人员共撰写论文 110 篇，被各级各类刊物登载 29

篇，为学术进步搭建信息平台。

2007年引进外院教授进行查房、手术、讲学及开设专家门诊，促进了泌外，肾内等科室的医疗质量的提升，同时扩大了医院的影响力。另外根据市卫生局性病门诊的评审要求，医务科与皮肤科、门诊部、检验科、院感、药剂等积极筹备，并取得性病门诊的执业资格。

对外协作　该院定期组织专家团到所辖社区开展健康讲座和义诊，市场部采取多种渠道拓展服务范围，先后与丹水池社区卫生服务中心、武湖农场医院、大潭原种场卫生院、三里桥卫生院四家对口支援单位签订了《帮扶协议书》，派出医疗专家18人次，开展手术10台，健教宣传和业务技术讲座10次，并与新洲、黄陂等19家基层卫生院开展医疗合作，接收了近110名基层转诊病人，较好的体现了双向转诊的便捷优势。医院以优良的创伤急救技术优势，成为武汉市110联动医疗救助单位、江岸区交通事故急救合作试点单位。

医院建设　该院按照"优化结构，理顺职能，提高效率，促进发展"的要求，分别对院内职能部门、临床医技科室等中层管理岗位以竞聘和轮岗的方式，进行了全面的竞选和调整。完成了19名护士长和19名临床医技科主任的竞聘工作。对23名职能部门的中层干部进行了重新聘任或轮岗，轮岗率达60%。并设立了病员服务中心和市场部，使医院组织结构更为完善。以建院110周年为契机，医院重塑了自己的文化理念，统一全院标识，建立了专科宣传栏、健教宣传栏、先进人物事迹宣传栏、文化墙、院报等浓厚了宣传氛围。在新院大楼建设中，新门诊、住院综合楼经过一年多的筹备已正式开工，新院建成后，将为武汉东北地区特别是后湖新城人民群众提供可靠、便捷的健康保障。2007年，该院还完成了供应室改造，新建了骨外科工作用房，老年病区护士站改造、汉阳卫生所维修等基建项目。添置分体双制空调153台，门诊电子显示屏1部，购置X光机、CR等大型设备9台（件），小型检查及治疗设备11台（件），维修各类专用医疗设备260台（件），共投入资金近500万元。

医疗救助　该院积极参与"千名医生下基层"工作，分别与武湖农场、按计划下派医疗专家18人次新洲区中心卫生院、丹水池卫生服务中心签订了对口帮扶协议书，实行双向转诊、免费培训，为基层医院开展手术12余台 讲课15余次上级部门下派临时医疗任务20批60余人次

该院实行绿色通道，救治110联动病人85人，其中门诊64人，住院21人，总费用为87 208.34元，较好地完成了市卫生局下达的救助任务。同时积极做好城运会、中考、高考等活动的医疗保障工作。2007年，该院外派医疗救护队20批60余人次，较好地完成了武汉市卫生局、江岸区卫生局下派的各项医疗任务。

行风建设　该院从管理机制入手，先后制定了《汉口医院控制药比暂行规定》、《汉口医院接受赞助的规定》、《汉口医院廉洁自律自查自纠制度》和《汉口医院物资采购及基建工程项目招标、议标工作暂行规定》。医院与各部门负责人签订了《汉口医院党风廉政建设责任书》，与37家供货商签订了《购销廉洁责任书》，与3家工程单位签订了《承包工程廉洁协议书》。在医疗药品采购中，严格按照市卫生局集中招标采购。在医疗设备、医用耗材采购中，全权委托武汉市具有招标代理资质并由市财政指定的招标代理机构招标。医院医疗设备采购的谈判、合同签订和基建工程项目的公司考察、合同谈判、合同签订，院纪检监察、审计部门全程参与监督。为了做好新医疗大楼建设，该院从减少失误、控制投入成本、确保工程质量、杜绝违规违纪行为，成立了新医疗大楼基建工作组、监督组，聘请了建设工程专项律师，委托了审计机构全程审计，这在全市医疗系统工程建设中为首创，也是该院在监督约束机制上的一次尝试。

医院管理　该院党委结合"文明品牌医院"创建、"构建和谐医患关系，创建平安医院"、"做文明市民，创礼仪武汉"等活动的开展，制定了创建"全国文明城市"、"构建和谐医患关系、创建平安医院"暨"做文明市民、创礼仪武汉活动"方案，重新修订了《汉口铁路医院创建文明品牌医院工作管理考核办法》，组织科主任、护士长及各科骨干分别到市内各大医院学习参观；邀请服务礼仪专家对全院职工分岗位进行了服务礼仪培训。开设了咨询导医台，减化了服务流程。"3.15"期间，开展"医院也有'3.15'诚信服务月"活动，聘请医德医风社会监督员，提高服务质量。医院还认真履行社会承诺；继续完成了对二七大罢工烈士、老工人后代和公众人物宋先伟老人每年一次的免费健康体检工作。医院收到表扬信21封，锦旗8面，满意度94.5%。

院领导班子成员　院长（法定代表）：张野（2005年6月任职）；党委书记：李菊芬（2006年1月任职）；纪委书记：吴茂芳（2006年10月任职）；工会主席：王晓世（1997年12月任职）。（李　京）

【武汉市武昌医院】

概况　该院在编职工 511 人，从业人员 684 人，各类专业技术人员 558 人（其中高级 43 人、中级 212 人、初级 303 人）；卫生技术人员 528 人（其中高级 43 人、中级 199 人、初级 286 人；医生 194 人、护士 232 人）。

2007 年，该院完成业务收入 6 659.54万元，较上年增长 28.7%，其中本部完成业务收入 5 153.39 万元、武东分院 1 102.52 万元、徐东门诊 403.63 万元，分别较上年增长 29.68%、28.50%、17.51%；完成门诊诊次 19.98 万人次，较上年增长 12%；收治住院病人 9 274 人次，较上年同期增长 16.79%；实施手术 1 889 台次，较上年同期增长 19.26%；危重病人抢救 1 589 人次、危重病人抢救成功率 90 .90%；床位使用率 83.80%（不含武东分院为 71.36%）；平均住院日 21.70 天（不含武东分院为 12.18 天）药品收入占业务收入 40.78%；完成 42 个单位体检共计 9 685 人；职工收入较上年同期增长 27.50%。该院被市卫生局评为“先进党委”、“绩效管理先进单位”、“对口支援工作先进单位”、“武汉市先进职工之家”、“武汉市卫生先进单位”、“武昌区最佳文明单位”、湖北省“甲级戒毒所”、湖北省“戒毒先进单位”等称号；医院在参加武汉市第十五届职业技能比赛和武昌区卫生系统第十五届职业技能选拔赛等大赛中取得骄人成绩，医院荣获“优胜单位”，一名选手荣获武汉市“五一”劳动奖章和“岗位能手”光荣称号；治安综合治理和计划生育管理全面达标。

医疗工作　2007 年，医院公开招聘专科技术人员 9 人，其中硕士研究生 3 人，外聘专家 8 人，请回了本院退休在地域享有较高影响力的妇产科、泌尿科主任。医院在实施人才引进的同时，根据医院的业务发展规划，采取外培内训的方式，医院制订了“在职人员读研读博的管理规定”和“医务人员外出进修的管理办法”，鼓励在职专业技术人员参加高等学历教育，外出进修学习、短期培训和院内在岗学习。2007 年送院外进修 8 人次，参加院外专业培训、学术年会、学术交流 50 人次；全科医师培训 7 人；参加在职读研读博 12 人；医院举办法规知识、专业知识、管理知识、职责制度、职工服务守则、礼仪服务和岗位练兵等各类培训班 60 余场次，参训人员达 3 989 人次。2007 年开展科研 3 项，其中一项列为武汉市科研项目，已完成鉴定，达国内领先水平；引进和吸收新业务、新技术 20 项，撰写论文 47 篇。

护理管理　为了真正实现护理质量持续改进，切实提高护理人员理论及技能水平，该院护理部十分重视护理工作质量的检查、考核、分析以及护理“三基”的培训，做到年有计划，月有安排。为了切实落实培训计划又不影响正常的工作且达到培训效果，医院广大护理人员常常利用休息时间进行培训，培训中人人都是老师，每人每月必须完成一次教学任务，使广大护理人员既得到了锻炼又促进了基础知识、基本技能的提高。同时，坚持护理质量月度检查和每月护士长查房制度，每月对照计划逐科抽查，抽考当班护士对规章制度，护理常规，在院病人病情的了解程度和护理“三基”培训计划的落实情况，随机抽考护士学习效果，从严管理，不徇私，不护短，发现护理工作中的缺陷及时指出，查找原因，及时整改。在护理人员短缺的情况下实施弹性排班，打破连续 8 小时工作的常规，将人员安排在工作量大，人员少的重点时段，如 9am – 1pm，6pm – 10pm 或需特护时，从而大大提高了护理人员工作效率和效益。

技能训练　2007 年，该院在参加武汉市第十五届职业技能比赛和武昌区卫生系统第十五届职业技能选拔赛等大赛中取得骄人成绩，荣获了武汉市第十五届技能大赛“优胜单位”，在全市 40 多个单位 400 名参赛选手中，该院 7 名选手脱颖而出，其成绩均居前 41 名，李莉同志获执业医师（临床）专业第一名的好成绩，荣获“技术状元”、武汉市“五一”劳动奖章和“武汉市杰出青年岗位能手”称号；饶玲璋获得“卫生系统技术能手”、“优秀青年学科带头人”；护理专业在参加武昌卫生系统技能选拔赛中，该院 15 名参赛选手有 8 人揽括 2 –9 名，在参加武汉市二级医院技能比赛中获护理操作个人第一名，被授予“护理操作技术能手”称号，余文惠被市卫生局授予“市医学新秀”。这些成绩的取得，是医院坚持重视抓基础、抓内涵建设、抓全员练兵的结果；是全院医护人员勤苦练、发奋努力的结果，凸显了武昌医院全体职工一种拼搏向上、克难攻坚、不屈不挠的精神风貌。

经营管理　该院在学习、创新、建设和发展中逐步建立起一套适应现代化医院管理较为合理的管理组织构架，科学和完善的质量管理、行为规范、成本核算、预算管理等运行机制；在新的管理理念及职能调整下，重新修订和完善全院各项规章制度、岗位职责等管理规定，逐步形成系列、规范、科学的医院制度体系；狠抓增收节支和节能降耗，在成本和物耗控制上取得显著成效；坚持并规范基建工程、设备、药品、试剂、物资购买招投标管理,加大资金的有效运作和节约。

社区卫生　继续推进基本医疗保障进社区工作的实施,按照上级社区卫生服务中心从医院外迁的要求,该院在武昌区和平大道980号,馨都雅园租房1 000平方米作为杨园街第一社区卫生服务中心驻地,并于12月6日举行迁址开诊庆典仪式,武昌区副区长李记泽,市卫生局党委书记张建华莅临现场并作了重要讲话。为了更好地体现和完善社区服务基本功能、建立定期巡回义诊制度以及提高社区基本医疗服务能力的力度,通过健康教育带动和渗透社区卫生服务,以慢性病管理为主线,在为社区人群提供基本医疗服务上做出特色。一年来,开展大型科普宣传、健康咨询和专家义诊活动8次、健康讲座6场,指导健康咨询3 680人次、发放健康宣传资料1 920份、举办宣传栏5期;开展计划免疫9 129人次、儿童体检1 730人次、产后访视359人次、结核督导57人次、慢病访视1 514人次;在开展社区卫生服务活动中,发现生活极度贫困的居民,社区服务中心和医务人员积极组织捐物,并向他们宣传国家贫困救助政策,指导他们享受"五免"、"六减"优惠政策,2007年"五免"、"六减"诊次13 233人次,减免.97万元。

认真组织和落实千名医生下基层的实事工程,医院选派了5名专业技术骨干分别到江夏区大桥卫生机构积极开展帮扶、指导与共建。

设备设施　该院通过科学论证和职代会联席会民主决策,采取委托贷款、融资租凭等形式筹集资金,2007年共投资1 200余万元。购置腔镜系列、全自动生化分析仪、手术C臂、心电工作站、运动平板心电图、24小时长程心电图、体检专用车、商务车等大型设备;建立检验科LIS系统;完成洁净手术室、住院门诊输液室、急诊科、检验科、内科病区以及社区卫生服务中心的外迁等房屋改造;妇产科、干部病区改造工程正在实施中,医院就医环境和就医流程逐步得到改善。

文化建设　该院紧紧围绕"用细节感动患者,用服务创造品牌"的工作思路,着力开展感动服务活动,结合市卫生局开展"构建和谐医患关系、创建平安医院"活动的要求,以优质服务为主线,感动服务为抓手,广泛开展"细节"教育和个性化服务。2007年医院党委给全院职工推荐并组织学习《细节决定成败》一书,并以此为主题进行了小品比赛和"我为医院发展献一计"评选活动;在团员青年中开展"书香伴我行"读书活动。

完善服务机制,提升医院形象。为使医院的服务不断满足就医人群的需求,医院在强化和完善各服务机制和流程的基础上,坚持定期发放满意度调查表,并不断改进满意度调查的形式和方法,有效提高了住院病人满意度调查的真实性和全面性,病人满意度始终保持在98%,因服务不良的医疗纠纷明显减少。2007年在患者评选的基础上,有6位医务工作者被武昌区评为"十佳服务明星",有58名职工被评为医院"感动服务明星",同时,医院在《武医信息》上设立廉政(洁)榜,大力宣传先进典型,刊登感谢信、锦旗获得者和医务人员拒收"红包"名单。据不完全统计,2007年医务人员共拒收红包28人次、金额11 200元、表扬信11封、锦旗23面。在强化服务创优的同时,注重医疗市场的拓展和宣传,加大了医院的形象宣传和市场营销力度,逐步建立和理顺了与街道、居委会以及周边企事业单位和城中村的医疗合约关系,2007年医院与周边17个单位签订协约合同。

构建文化体系,丰富职工文化生活。该院着眼于长远发展,把秉承优良传统,打造新型文化摆在突出地位,提出了未来五年医院文化建设的任务和目标。将"为民众健康竭尽全力,做社会信赖的医院"作为医院愿景;将"上善若水,润泽生命",作为医院的院训,形成具有鲜明特征的医院精神,营造具有鲜明特点的医院文化氛围。医院更名后按CI制定的视觉系统,逐步更换了院内、外标志牌和医院内部环境的改造。以丰富多彩的文化生活为载体,不断增强员工的团队精神与凝聚力,开展了健康向上、形式多样、寓教于乐的职工文化生活。在春节举办了迎春联欢会,职工自编自演了丰富多彩的文艺节目;工会每季度举办形式多样的职工健身活动,组织参加市卫生局小品比赛、乒乓球赛、摄影比赛等都取得了较好成绩;投资9.4万元建成并开放职工电子阅览室,营造良好的学习和学术氛围。

领导班子成员　党委书记:余素琴(主任医师、女、50岁11月12日任命);院长:彭郑超(副主任医师、男、51岁);纪委书记兼工会主席:陈庆权(男、53岁);行政副院长:王志鑫(主任医师、男、56岁);业务副院长:李伟华(副主任医师、女、48岁);原党委书记:周志华(男、42岁,11月12日免去党委书记职务,另行安排工作);原工会主席:张绪洲;原副院长:周志俊;原院长助理:邓理明(退居二线)。

(梅　红)

【武汉市颐和医院】

概况　该院为武汉市卫生局直

属单位,历经50余年发展,现为一所集医疗、预防、科研于一体的国家二级综合性医院,是武汉市城镇基本医疗保险定点医院。

医院占地20.66亩,建筑面积9 000余平方。编制内职工72人,招聘返聘员工112人。其中卫技人员154人,行政人员、工勤人员30人,卫技人员占83.70%。高级职称15人,中级职称48人,初级职称75人。

2007年实现年收入1 810万元,比上年同期增长3.72%。

门诊就诊　5万余人次,体检5 500余人次,各项检查15万人次,计划免疫100%。出院病人2 296人次,病床使用率87.61%,治愈好转率96.52%;完成各种手术260例;分娩婴儿166人,各项节育手术255例。全年未发生一起医疗事故。

2007年,该院党委书记兼纪委书记、工会主席赵光,院长王先广(法人),业务副院长朱琥,行政副院长张武昌。

科室设置　现床位设置110张,其中内科75张,妇外科35张。下设急诊科、内科、外科、妇产科、口腔科、五官科、中医科、修复科、预防保健科、医学检验科、医学影像科、麻醉科及药剂科等,特色专科有心脑血管专科、内分泌专科、便秘专科、中医康复理疗特色门诊和体检部等。开设5个专(家)科门诊。

医疗设备和基础设施　2007年设备投资170万元,购置了CR、彩超、电子胃镜、脑电图等大中型设备。目前拥有层流手术室、核磁共振诊断设备、美国柯达计算机X线摄影系统、美国GE高分辨率彩超、日本奥林巴斯全自动生化仪和电子胃肠镜、美国24小时长程心电图监护仪、运动平板、动态血压检测仪、激光治疗仪、放免仪、经颅脑彩色多普勒诊断仪(TCD)、液基细胞刷片(TCT)、电子阴道镜及烤瓷机等大中型基本医疗设备。

2007年,医院自筹资金291.9万元投入医院的基础建设。工期从2007年6月至2008年9月,对医院妇产科、内科住院部1－2楼、外科、小会议室、医政科、护理部等改造和装修,医院外立面装饰,医院内园林绿化及食堂改造工程,医院社区卫生站装修改造工程。

2007年6月响应政府环保号召,拆除两座燃煤锅炉(锅炉型号DZL－1.27),同年11月完成了医院煤改电供暖改造工程。

医院管理　2007年,该院领导班子始终坚持把发展作为医院的第一要务,明确了医院愿景"立足武汉、辐射湖北,成为湖北及周边地区颇具影响力的健康管理型医疗机构"。医院经营理念是"以顾客满意为导向,以专科建设为核心,以品牌塑造为目标,不断为顾客提供更好的技术和超值的服务"。

机构更名　根据武编〔2007〕46号《市机构编制委员会关于同意武汉铁路分局汉口医院等机构更名的批复》的精神,铁道部第四勘察设计院职工医院正式更名为"武汉市颐和医院"。

工作调整　1. 杨园建设社区卫生服务站外迁及规范化建设。2007年6月响应武汉市卫生局关于院站分离指示,将杨园建设社区卫生服务站外迁至杨园建设140号。2. 部分门诊外迁至和平大道749号。为了实现争创市文明品牌医院的战略构想,在2007年四届三次职代会上,全体员工一致要求加快医院建设步伐。但是因地理位置的限制明显制约了该院对周边患者的医疗服务。班子经过慎重论证,积极调研,职代会团组长会议审议通过认为将部分门诊部外迁至龙凯大厦的条件已经成熟,方案切实可行。报请武汉市卫生局,办理执业范围变更,实现了医院走出去战略。3. 重组了颐和体检部,为该院创建体检品牌奠定了基础,2007年的体检满意度明显提高。4. 外科、妇产科和手术室的分离顺利完成。2003年1月该院因医护人员缺编,产科病房不达标,将外科、妇产科和手术室整合为妇外科,医师专业独立,护理共一套班子。2006年12月手术室搬迁,2007年3月原手术室装修改造为妇产科病房,妇外分家水到渠成。同年7月妇外科分离,外科30张病床,妇产科15张病床。

医疗质量　强化基础建设,提高技术水平。落实基本制度:开展了医疗管理核心制度的学习、培训和考核,重点强化落实交接班制度、术前讨论制度、三级医师查房制度、疑难危重病例讨论及会诊制度等。执行基本医疗规范:严格执行《病历书写规范》、《抗菌药物临床运用指导原则》、《医院感染管理规范》等基本规范。加强三基训练,规范使用抗感染药物。护理工作年有计划,月有安排,周有落实,护士岗位技能训练和竞赛活动搞得有声有色。黎艳同志参加武昌区第十五届职业技能大赛执业医师(中、西医)比赛中荣获第七名并特授予武昌区第十五届职业技能大赛技术能手称号,陈博同志参加武昌区第十五届职业技能大赛执业护士比赛中荣获第一名并授予武汉市第十五届职业技能大赛技术能手称号。加强医疗安全责任追究,使全体医务人员更加警醒,更加注重规范。

队伍建设　该院对中层干部采取了外出参观学习、组织管理知识讲座、激励自学等措施,使得他们的责任意识,大局意识和服务意识有所加强,执行力和办事效率有所提高。在业务技术人才的培养上,制定了《关于职工培训费用的若干暂行规定》,鼓励医务人员攻读在职硕士学位(7人),护理人员攻读本科(9人)。参加全国、省和市各级专业培训达162人次。设立专项经费支持开展科技创新,开展了《基于临床路径的医疗质量目标管理的研究》等课题。向市卫生局推荐优秀青年学科带头人熊瑛同志。在核心期刊上发表论文3篇,会议交流4篇。

成本控制　该院一贯坚持院务公开,民主管理。“三重一大”事情全部提交党委议决,并按程序提交职代会或团组长会议通过。严格财务预决算制度,严格资金运营管理,严格物价收费政策。强化成本控制意识,年终分配与成本挂钩。2007年是医院进入全面整改的关键年,尽管资金压力很大,但由于较好地控制了资金使用的节奏,本着量入为出的基本原则,避免了经营风险。全年职工福利得到了保证,收入仍然保持在一定的高位水平。坚持药品、耗材及基建招标,审计付款制度。X光机、CR、彩超、电子胃镜等大中型设备和基建维修项目全部进行公开招标,实现了成本节约。

“精诚计划”品牌视觉形象

为了配合“精诚计划”实施,2007年3月19日院第四届三次职工代表大会审议通过《铁四院医院关于内外环境改造方案》,对建筑外观改造、内部装修、医院环境等品牌视觉形象系统改造,体现医院适应于保养延年、修身养性的良好环境。

医院文化　根据该院现状诊断和文化重塑目标,院党委制定了《医院文化建设规划及2007年文化建设实施方案》将该院文化建设进行阶段性规划:

导入期(2007年3月~2007年6月)主要工作为建立相关组织机构,明确其职责,进行医院文化的宣传和导入,启动和建立医院文化传播网络,在形成医院文化建设基本框架的基础上,开展重点的医院文化推广活动,全面、完整地导入医院文化理念,形成医院文化建设的广泛的群众基础和良好氛围。

深化期(2007年7月~2008年6月)在对医院文化的理念和体系进行全面导入后,要使这些理念变成员工内心所信奉的准则和信念,变成员工工作和生活的内在指导,形成“潜意识”,就必须持续不断地、坚持不懈地进行“布道”,形成全体员工的“内在价值观”。要做到这一点,除了深化管理和运作各种医院文化传播网络,继续在理论和观念方面进行正向推广外,进行学习型组织的深化建设,推进医院制度更加完善,将各种文化理念在学习中得以认识和理解,在制度中充分反映出来,使医院文化真正落实,将“理念文化”变为“实体文化”,进而形成“行为文化”。

推广期(2008年7月以后)在文化建设取得比较深入的成果以后,根据医院的经营情况,可以在进行内部文化建设的同时,加大医院形象推广活动,通过医院形象的推广,在业内和外部开展全面的”形象提升工程”。

2007年根据该院文化建设方案院党委工作的重点是建立学习型组织,主题是“学习年”。通过大力开展培训、沟通及团队协作等活动,达到转变全员观念,进一步提高全体员工的思想道德素质、科学文化素质、专业技术素质、岗位职业技能和创新能力,培育整个医院的学习氛围的目的。

共青团工作　2007年3月14日召开了共青团武汉市颐和医院第一次团员大会,根据《团章》有关规定,大会通过差额选举办法选举产生了共青团武汉市颐和医院第一届委员会。正式成立了武汉市颐和医院共青团团委。

专科建设　中医科 该门诊位于和平大道749号龙凯大厦三楼。本着“服务社会”,以全新的医疗服务意识,完善的医疗保健体系,强调纠正人体的“亚健康状态”。在环境设施上力求完美,大小病房12间,床位30张,让患者在温馨舒适的环境下心情愉悦的接受治疗。在专业技术上以扎实的中医理论为基础,坚定不移的走专业化的道路,以推拿,按摩,药浴,蒸疗,足疗等中医传统手法,辅以牵引,神灯等多种器械,以精湛技艺获得广大宾客或病友的认同,为特殊医疗需求患者提供医疗服务。

便秘专科:采用微创手术治疗顽固性便秘,同时采用中西医结合,治疗各种内、外、混合痔、肛裂,各种类型复杂性肛瘘,肛周脓肿,肛乳头肥大,对Ⅲ、Ⅳ期混合痔、花圈痔、脱肛等采用目前国际上最新微创技术PPH方法(痔上粘膜环切术),大大减轻了病人的术后痛苦,缩短了住院时间,减少了住院费用。

体检部:一站式健检流程,全程导检服务,全流程电子化控制,健检结果封闭直递,免费供应营养早餐。齐全的医疗设备和先进的客户关系管理系统,新型的健康管理理念,为顾客提供了“专业、科学、安全、便捷、温馨”的健康体检服务。

预防保健:2007年完成了3 752人的体检;对铁四院生产处实行保健医制度,定期巡诊,送医送药,会议保健,全年巡诊96次,就诊

2 863 人次。

建立了0－7岁儿童保健体检项目,并在每周五上午设立了儿科计免日,对管辖范围的散居儿童结合预防接种进行"4、2、1"健康体检,建立了儿童贫血、佝偻病、体弱儿童专案管理。预防了儿童各种疾病的发生,提高了婴幼儿保健水平。计划免疫建册率100%。单项接种率95%。卡介苗、麻疹疫苗以及百喉、百日咳、破伤风疫苗的接种覆盖率也达到95%以上,管辖区内未发生计划免疫性传染性病。

社区卫生服务站　武昌杨园建设社区卫生服务站原设在该院院内,由急诊科承担社区的基本医疗,防保科承担公卫服务。由于站院不分,社区服务站的功能没有体现出来。2007年4月选址杨园建设140号,投资30万元装修改造,实现卫生服务站与医院剥离。社区医疗以糖尿病和心脑血管疾病等老年慢性病的防治为主攻方向,形成预防—体检—诊治—康复,一对一专家健康咨询全程服务,一对一随访诊后服务的服务模式,作为社区服务特色的发展重点;开展形式多样的活动来促进医患互动如糖尿病病友会、心血管科普讲座、骨质疏松讲座;加大全科医生和社区护士培训力度,努力提高社区卫生服务水平。

医疗拓展　面对医疗市场竞争的生存挑战,增强市场开拓意识,树立杨园地区经营的龙头地位。根据医院实际和长远发展需要,聘请三甲医院专家坐诊,讲座等,与周边企业、政府部门联营,实现多业务协调发展。青年团员主动为杨园长寿托老院老人义诊,医院开展了"您为城市健康做贡献,我为您的健康服好务"活动,为杨园地区190名环卫工人免费体检。开展了"责任与技术孰重孰轻?"辩论会,使大家明白了对于基层医疗机构而言,技术重要,责任更重要的道理。

便民服务　加强医德医风教育,每季度在患者中发放调查问卷,了解患者的需求,把病人方便不方便、满意不满意、赞成不赞成作为医院工作的出发点及归宿,采取了一系列便民新举措"手术最高限价"、"住院费用清单制",降低了千余种药品价格,全年,收到感谢信(匾、锦旗)共12件,患者的满意度高达90%以上。

科研工作　医院坚持"人才兴院、科技强院、素质立院"的办院思想,开展了《基于临床路径管理的医疗质量目标的研究》局级科研项目,标志着该院的科研工作迈上了一个新台阶。　　　(余　晴)

【武汉市疾病预防控制中心】

概况　2007年,该中心通过抓基础、抓服务、抓培训,加强疾病预防控制工作规范性建设,认真开展重点地区、重点人群、重点疾病的监测与防治,有效预防、及时控制各类传染病疫情和突发公共卫生事件的发生与流行。同时,全面推进疾控工作进社区深化社区卫生服务,不断完善公共卫生信息网络建设,提高突发公共卫生事件的预警、预测和应急处置能力,认真履行了政府疾病预防控制和公共卫生技术管理职能,圆满完成市政府和市卫生局下达的各项目标任务。

该中心现有职工244人,其中专业技术人员217人,具有高级职称的48人,中级职称76人,初级职称81人;有博士3人,硕士40人,本科91人。

疫情信息管理　2007年全市甲、乙类传染病登记报告率98.97%(8 152/8 237),报告及时率99.74%,各区CDC审核卡片及时性99.92%,全市共报告甲乙类传染病15种(按发病日期统计),29 088例,死亡94例,全年报告发病率为369.10/10万,报告死亡率1.19/10万,病死率0.32%。甲乙类传染病报告发病数居前5位的病种为乙肝(8 901例)、肺结核(7 765例)、痢疾(6 088例)、丙肝(1 342例)、未分型肝炎(1 213例),占发病总数的87.01%。

传染病监测与管理　2007年继续加大对重点传染病的主动监测力度,坚持对霍乱、O157:H7、病毒性肝炎、不明原因肺炎、学校常见传染病、自然疫源及虫媒传染病等进行监测,重点开展了流感监测,全市监测点监测流感样病例共134 505人次,占门急诊病例比例在7.48－20.04%波动;2007年共采集流感样病例咽拭样449份,分离出流感病毒株152株,分离率33.85%。呈现明显的冬季(1－2月)和夏季峰(8－9月)。开展了诺如病毒、菌痢、流脑、钩体等专项调查。2007年该中心组织和参与演练2次,针对突发公共卫生事件开展培训1次。武汉市2007年共发生突发疫情21起,其中7起符合"国家突发公共卫生事件相关信息报告管理工作规范"要求,开展了网络直报。其中的13起(65%)是呼吸道疾病引起,与季节、气候有密切关系。

计划免疫　根据2007年常规免疫接种报告数据,全市开展"五苗"基础免疫共报告接种计划免疫各类疫苗1 002 186人份(比上年增加9.61%),其中基础免疫761 526人份(比上年增加9.00%),卡介苗68 403人份(接种率99.68%)、乙肝疫苗201 328人次(接种率99.68%、及时接种率92.74%)、口服脊灰糖丸215 874人份(接种率99.21%)、百白破疫苗203 497人份(接种率99.09%)、麻疹疫苗72 424人份(接种率98.95%);加强免疫240 660人份(比上年增加11.61%),口服脊灰糖丸47 358人份(接种率99.69%)、百白破疫苗51 043人份(接种率98.22%)、麻疹疫苗102 061人份(接种率99.00%)、白破二联40 198人份(接种率99.89%)。

消毒与病媒 2007年该中心完成市直管医疗机构24家的消毒效果监测,全年共抽样629件,平均合格率99.52%;其中Ⅱ类环境空气为94.97(18/19)、压力蒸汽灭菌器为98.20%(56/57)、消毒后医院污水为95.83%(23/24),消毒级内镜、物体表面、医护人员手、紫外线灯、使用中消毒液和无菌物品均为100.0%。开展12所市直管托幼机构预防性消毒效果监测,共抽样299件,合格299件,总合格率100.00%。其中:物表抽样180件,合格率100.00%;手抽样70件,合格率100.00%;空气抽样11件,合格率100.00%;使用中消毒剂抽样27件,合格率100.00%;紫外线灯抽样5件,合格率100.00%;压力蒸汽灭菌器抽样6件,合格率100.00%。对12所市直管托幼机构开展了两年一度的"消毒卫生合格单位"考评工作,经按《武汉市托幼机构"消毒卫生合格单位"评分标准(试行)》考评,12所市直管托幼机构均被武汉市卫生局授予《武汉市托幼机构消毒卫生合格单位》称号。全年1~12月完成病媒生物监测任务,并按国家及省疾控中心的要求,均每月及时进行了汇总和上报,为该市创建卫生城市、防病提供了科学数据。

艾滋病防治 2007年武汉市艾滋病防治工作规范有序的开展,根据各项工作方案完成了对各区疾控中心艾滋病防治工作进行督导考评。2007年全市共报告217例HIV/AIDS,较上年增长13.61%(1988年至2007年12月31日武汉市共累计报告914例)。其中,武汉市常住居民共报告67例HIV/AIDS,较上年下降1.47%。1994年至2007年12月31日武汉市常住居民共报告268例,累计死亡49例。武汉市常住居民艾滋病病毒感染途径依次为:性接触传播、静脉注射吸毒传播、供血或输血传播、母婴传播。2007年全市共完成高危人群检测19 439例,其中HIV阳性率31例;对公安司法系统的监管场所16 813名被监管羁押人员进行了艾滋病筛查,发现阳性40例;新增加19名抗病毒治疗的病人,至此武汉市共累计参与治疗人数为78人;对84 139名孕妇进行了艾滋病筛查,检测阳性孕妇4名;全市52家VCT门诊共咨询检测8 245人次(其中咨询8 245人次,咨询检测7 040人次,发现阳性39人;男男性接触人群行为干预工作进展顺利。目前,全市共有美沙酮维持治疗门诊16家(2007年新增12家)。自武汉市美沙酮维持治疗门诊开诊以来,全市累计入组治疗3 168人,累计退出人数657人。开诊后累计检测HIV抗体2 622例,检出HIV阳性26例,累计检测HCV抗体2 528人,HCV抗体阳性2 119人,累计尿吗啡9 727人次,尿吗啡阳性2 471人次。大力开展全省100%安全套使用项目工作培训、督导,加强信息交流,全省工作按照方案有序进行。

血吸虫、地方病防治 2007年血防工作按照"流域防范、区域治理、突出重点、整市推进"的工作方针,以血防"整区推进、综合治理"为重点,以控制传染源为主要防治措施,全面实施血防"综合治理、升级达标"项目,全市血防工作取得新进展。2007年全市14个区(含武汉经济技术开发区)中有12个区、79个街(乡、镇)、593个行政村为血吸虫病流行区,总人口675.92万人,受血吸虫病威胁人口90.74万人。2007年人群查病464 205人,其中血检176 438人,粪检15 589人。共查出血吸虫病人2 638人,病例主要分布在蔡甸、黄陂、江夏、汉南4个远城区。全年共报告急性血吸虫病确诊病例6例,其中蔡甸区2例、汉南区1例、洪山区3例,无暴发疫情。全市流行区共检查耕牛39 276头,查出血吸虫病牛253头,主要分布在蔡甸、黄陂、汉南、东西湖4个区;593个流行村中,查出有螺村157个,占26.48%。调查面积21 607.06hm2,查出有螺面积13 393.12hm2,其中垸内163.62hm2,垸外13 229.52 hm2。2007年,经省卫生厅组织考核验收,汉阳区达到血吸虫病传播阻断标准,江岸区、东西湖区达到血吸虫病控制标准,蔡甸区、汉南区、黄陂区、洪山区、江夏区达到血吸虫病疫情控制标准。全市提前1年达到了国家提出的"到2008年疫区达到血吸虫病疫情控制标准"的目标。汉阳区是国家《血吸虫病控制和消灭标准》(GB 15976－2006)新标准颁布以后,全国首个达血吸虫病传播阻断的疫区。

该中心继续对6个碘缺乏病监测点开展监测工作。共检查8－10岁学生240名,触诊法查出甲状腺肿大率为0.83%;采集尿样72份,尿碘中位数353.1μg/L;采集盐样240份,其中不合格盐样7份,合格率为97.08%。根据《武汉市碘盐监测实施细则》,全市共检测居民户盐样1 152份,其中合格1 101份,不合格

49份，非碘盐2份，碘盐覆盖率97.19%、碘盐合格率95.06%、合格碘盐覆盖率94.86%。

2007年疟疾防治工作，实施以控制传染源为主的综合性防治措施，严格控制和降低发病，做好回国人员输入型疟疾疫情控制。全年发生4起输入性疟疾疫情，通过对现症病人进行正规治疗和对其它回国人员进行血检，预防性服药，防止了疫情扩散，未出现第二代病例。

慢性病防治　慢性病已经成为影响武汉市居民健康的主要卫生问题之一，2007年完成了全市慢性病流行病学调查，出版了《武汉市成人慢性非传染性疾病调查报告》(〔2007〕鄂省图内字第052号)。本次调查结果显示，威胁社区居民健康的主要慢性病为：高血压(28.8%)、颈椎病(6.99%)、高脂血症(5.89%)、胃炎(5.88%)、关节炎(4.84%)、腰椎病(4.40%)、胃十二指肠溃疡(3.83%)、糖尿病(3.54%)慢性支气管炎(3.52%)；武汉市居民主要行为危险因素分析结果：18岁以上成人超重率为23.6%，吸烟率为25.6%，饮酒率为18.7%；城市居民主要以轻体力劳动为主(79.2%)，每周参加3次以上运动的居民只有30.9%；农村居民以中重体力劳动为主(64.1%)。

2007年武汉市设立了两家戒烟咨询门诊，分别在硚口区汉水桥街社区卫生服务中心和常青社区卫生服务中心(市四医院分院)，为社区居民提供戒烟咨询服务。制定了《武汉市社区卫生服务机构高血压病防治工作规范》和《武汉市社区卫生服务机构糖尿病防治工作规范》，并在29个社区卫生服务中心试点，并在全市开展以"高血压规律服药"为主题的送健康进社区活动，使武汉市高血压、糖尿病防治工作迈上了以社区为平台，规范化管理的轨道，推动了慢性病防治进社区的进程。

2007年武汉市前十位死因分别是：恶性肿瘤、脑血管病、心血管病、呼吸系统疾病、损伤与中毒、内营代病、消化系统疾病、泌尿生殖疾病、精神障碍、神经系统疾病。2007年通过网络直报统计，武汉市前三位恶性肿瘤发病构成及顺位情况依次为：肺癌(19.3%)、肠癌(11.5%)和肝癌(10.0%)；男性情况为：肺癌(25.5%)、肝癌(14.0%)和肠癌(11.0%)；女性情况为：乳腺癌(20.3%)、肠癌(12.1%)和肺癌(11.7%)。居民的期望寿命为77.89岁，其中：男性为75.53岁，女性为80.40岁。60岁以上人口构成为12.19%，按世界通用标准，60岁以上人口构成超过10%，即进入老龄化阶段，这表明武汉市已进入老龄化社会。

卫生监测检验　2007年完成国家卫生部下达的全市42种食品、46个化学指标、125件样品、1 678项次的食品化学污染物监测计划；全市超市及集贸市场12类共143件食品样品的食源性致病菌监测，项目为单增李斯特菌、沙门氏菌、副溶血性弧菌、出血性大肠杆菌O157H7、空肠弯曲菌、阪崎肠杆菌、金黄色葡萄球菌。完成各级政府下达的米粉、猪肉、面粉、水产品、腐竹、奶粉、绿豆糕、餐具、蔬菜、月饼、皮蛋、鸡蛋、熟肉制品、非碳饮料、煎炸油、膨化食品、蜜饯、裱花蛋糕和食用油等19类重点食品，共1 522件样品抽检任务，合格件数为1 289件，合格率84.7%，比2006年提高5.1个百分点。全年对宗关、琴断口、白鹤嘴、白沙洲、余家头、沌口经济开发区、平湖门、堤角8个市政水厂水源水、出厂水进行了两次水质全分析检测(枯水期、丰水期)，检测项目34项，检测样品32件、计1 072实验项次；完成全市15个点管网末梢水质卫生检测1次/月(5－9月2次/月)，检测项目12项；全年检测样品255件，共计2 160实验项次。检测结果为：武汉市市政水厂水源水均符合生活饮用水水源水水质卫生要求，出厂水和管网末梢水合格率均达100%，符合《生活饮用水卫生标准》GB5749－2006要求。开展了全市农村居民饮用地下水水质卫生状况调查项目，场调查共覆盖各相关区共1 986个行政村、收集现场数据计42 161个，并在1 556个饮用地下水的行政村采集水样1 945个；实验室检测按照国家2007年7月实施的《生活饮用水卫生标准》(GB5749－2006)要求设定15个检测指标，共完成1 945个样本29 175个实验数据检测和报告任务。全年共完成放射防护职业病危害预评价和控制效果评价134次；对全市的射线装置进行常规的工作场所及周围环境辐射水平监测，共完成246家、336台仪器设备的现场检测；对全市放射工作人员开展个人剂量监测，共完成1 700人次；完成放化实验64件样品，128项次。全年共受理放射工作人员体检1 030人，涉及单位193个。

健康教育　2007年根据《全国健康教育与健康促进工作规划纲要(2005—2010年)》和《湖北省健康教育与健康促进工作规划纲要(2006—2010年)》的要求，结合武汉市具体特点开展健康教育工作，先后到七个中心城区20多家社区卫生服务中心和七个远城区的10多家乡镇卫生院调查健康教育的基本情况，并督导社区、医院及行业健康教育工作，在全市开展"健康教育示范社区"创建活动。中心承担了6期社区卫生服务中心及乡镇卫生院公共卫生医师的培训任务，组织有关专家编写了《武汉市外来务工人员读本》，并与相关部门共同策划、起草"'情系农民工、情暖农民工'——武汉市万民农民工护肝行动实施方案"。先后多次与武汉市顶益食品等企业合作，为农民工进行了护肝健康知识讲座及咨询，并为500名农民工免费注射乙肝疫苗。2007年，该中心与武汉市吸烟与健康协会在汉口火车站联合举办了"创建无烟环境，构建和谐社会"大型控烟活动。组织了车站职工及过往旅客参加"5.31"控烟万人签名活动，并向现场参加签名人员发放了控烟宣传资料。

预防门诊工作　中心预防性健康体检部门以管理为核心，促进规范建设，放射工作人员体检工作2007年8月顺利通过湖北省卫生厅、《湖北省职业健康检查机构》资质认定。运用全自动网络化健康体检办证系统，全年共完成从业人员体检6万余人，放射体检1 000余人；抗体检测3 800人；狂犬病初诊病人1.7万余人；其它预防接种5 000人次；为广大市民筑好公共卫生屏障，取得了良好社会效益。

科研工作　该中心充分发挥业务建设学委会作用，加强对慢性病防制、分子流行病学重点学科和消毒与病媒生物防制、公共卫生监测等重点学科的建设与管理。

2007年共申报项目26项，其中国际自然科学基金2项、武汉市科技晨光计划1项、武汉市攻关计划1项、卫生部行业专项项目1项、市卫生局项目20项。"娱乐场所100%安全套使用项目对降低艾滋病性病传播的作用及其可行性研究"项目获得湖北省和武汉市政府颁发的科技成果三等奖；"武汉市综合治理湖区垸内钉螺孳生地控制血吸虫病流行的效果及效益研究"经过武汉市科技局鉴定为国际先进水平；"化学分类法快速鉴定肠道致病菌的研究"，经过武汉市科技局鉴定为国际先进水平。2007年中心共推荐论文60篇，在各种期刊上发表的论文有47篇，其中SCI收录3篇、核心期刊10篇、统计源及权威期刊34篇。向各个专业学会推荐主任委员、委员20人次。

加强纵向与横向的联系，提供优惠的政策，鼓励中心科技人员申报项目，并发展与国内、国外的科研机构的合作项目。全年，共承担项目33项，其中承接省CDC项目2项，武汉市人事局人才工程项目1项，市卫生局下达项目13项，国际合作6项，国内合作项目11项，经费支持79万元。

中心对国际交流合作十分重视，全年共有来自美国、日本、德国、香港等国家和地区科研机构的15余人次专家学者来中心进行科研交流及讲学活动，中心还派出11位专业技术人员赴美国、日本、香港、瑞士等地进行学术交流。

重点学科建设　四个重点学科都成功完成了年初各自制订的工作计划。

慢性病预防控制学科：项目申报5项，完成新技术5项，承接国内合作4项；培训与督导覆盖率≧90%；人才培养方面，该学科有2名成员攻读博士学位，2名成员攻读硕士学位并已完成学业，1名成员赴国外参加国际学术交流；发表论文4篇；1项成果获得科技进步三等奖。

分子流行病学科：项目申报4项，完成新技术8项，承接国际合作3项，国内合作1项，市级项目4项；培训与督导覆盖率≧90%；人才培养方面，该学科有1名成员攻读博士学位，3名成员攻读硕士学位并已完成学业，4名成员赴国外参加国际学术交流；发表论文12篇其中SCI收录2篇；1项成果经鉴定获得国际先进水平。

消毒与病媒生物防制学科：项目申报2项，完成新技术1项，承接市级项目1项；培训与督导覆盖率≧90%；人才培养方面，该学科有1名成员攻读硕士学位，1名成员赴国外参加国际学术交流；发表论文2篇；1项成果经鉴定获得国际先进水平。

卫生监测检验学科：项目申报5项，完成新技术2项，承接市级项目2项；培训与督导覆盖率≧90%；人才培养方面，该学科有3名成员攻读硕士学位，1名成员赴国外参加国际学术交流；发表论文6篇。（谢年华）

【武汉市卫生监督所】

概况　2007年，武汉市卫生监督所在武汉市卫生局的领导下，始终坚持以邓小平理论和"三个代表"重要思想为指导，深入学习党的十七大精神，牢固树立科学发展观，认真贯彻落实卫生部及省、市卫生工作会议精神，为保障全市人民健康，促进社会和经济发展做出了努力。

医疗市场监督管理　2007年，该所加强对武汉市医疗市场的监督管理，继续深入开展打击无证非法行医的专项整治行动，规范医疗市场秩序，为广大患者创造一个安全、优良的就医环境。

该所高度重视医疗、传染病防治的监督执法工作，不断探索和开展对医疗市场监督管理的新领域和新方法。先后开展了对全市体检中心、医疗广告单位、医学美容服务机构、二级以上医疗机构、社区卫生服务中心等的专项整治及专项检查工作。全年行政处罚立案514件，结案487件；取缔无证行医91户，没收药品器械64件，监测医疗广告282条次，对违规发布医疗广告的机构给予了责令整改和相应的行政处罚。

由于对医疗市场的监督执法力度不断增强，使武汉市医疗市场秩序有了进一步好转，取得了良好的社会效果。

餐饮单位、食品生产经营企业监督管理　根据国务院、中编办关于食品卫生的分段监管原则，该所以餐饮业、集体食堂的卫生监管为龙头，在全市范围内全面深入地推行食品卫生监督量化分级管理制度，积极开展餐饮具清洗消毒、保健食品、糕点、熟肉制品、婴幼儿配方食品、食品添加剂、食用植物油、食品包装材料等食品卫生专项整治工作，提高全市食品卫生安全水平，预防食物中毒的发生，保障了重大节日、重大活动期间的卫生安全。

1. 积极落实市委书记苗圩批示，结合“群众在心中、服务见行动”主题实践活动，于四月初开始，号召全市卫生监督系统开展了全市餐饮具清洗消毒专项整治工作，并以此为切入点，解决好群众最关心的食品、饮水、职业卫生、就医安全等问题，为百姓营造了安全卫生的消费环境，保障了广大市民的身体健康。

2. 以创食品卫生信誉度A级餐饮单位为目标，以实施《餐饮业和集体用餐配送单位卫生规范》为契机，不断强化对全市餐饮单位食品卫生监督检查和指导的力度，大力推动全市餐饮单位量化分级管理工作的开展。

该所共出动监督员1 959人次，对全市餐饮单位，学校、集体食堂及市直管企业进行监督检查627户次，对存在问题较多、性质较严重的147家单位进行了立案调查，对其中违法事实清楚、证据确凿的单位给予了责令改正、警告、罚款等相应的行政处罚，罚没金额650 806.06元。这些工作有力地促进了武汉市餐饮单位卫生水平的提高，推动全市餐饮单位量化分级管理工作的开展，增强了餐饮单位自律管理和守法经营的自觉性。目前市直管75家餐饮及食品生产单位已全部实施了量化分级管理，其中食品卫生信誉度A级单位60家（含已报A级单位3家），其余均已报批B级单位。

3. 加强学校食堂、副食店卫生监督，整顿学校周边食品加工经营环境，切实保障广大师生饮食卫生安全，该所先后出动监督员319人次，对58家学校食堂和30家企业食堂加工场所的卫生状况、原料采购管理、卫生许可证及从业人员个人健康状况等进行了监督检查，要求各单位按量化分级管理的要求进一步完善食堂经营管理，加强学校卫生工作责任落实，强化责任追究。

4. 全力投入会议保障，在重大节日、重大活动期间，加大对全市宾馆、酒楼、学生食堂等餐饮行业的监督检查，派出监督员进行“驻会保点”，以保障食品、供水、公共场所的卫生安全，预防食物中毒、水污染事故的发生，确保了省市人大、政协会议、全国科技年会、世界杯女足、第六届城市运动会、第八届艺术节等二十余个大型会议的顺利召开，确保了重大节假日、春运、中高考期间的食品卫生安全。

5. 预防食物中毒。2007年该所加强餐饮业、学校食堂的监督检查，以“强监督、严查处、保安全”为目标，重点抓源头治理；同时对高风险食品开展专项治理，以保障食品卫生安全，预防食物中毒事故的发生。2007年全市尚未发生重大食物中毒等安全事故，食物中毒数量也较上年有所下降。

公共场所、化妆品、消毒产品、生活饮用水、放射卫生、职业病防治监督管理　该所先后开展了对全市游泳场所、市政自来水厂、“四小”公共场所、中央空调系统、化妆品、消毒产品、美容美发工具、“黑心棉”的专项检查和抽样检测工作，进一步加强对公共场所、职业卫生的监督执法力度，行政处罚案件均取得了零的突破，有力地打击了该领域的违法行为。同时还不断开拓创新，积极推行公共场所量化分级管理，规范市直管单位经营。

队伍建设　（一）开展学习贯彻胡锦涛社会主义荣辱观教育活动，积极倡导八个方面良好风气，进一步增强三种意识。

该所先后在所中心小组、党支部、所工会、职工中组织开展了学习贯彻胡锦涛社会主义荣辱观教育活动，将贯彻胡锦涛社会主义荣辱观教育与倡导勤奋好学、学以致用；心系群众、服务人民；真抓实干、务实高效；艰苦奋斗、勤俭节约；顾全大局、令行禁止；发扬民主、团结共事；秉公用权、廉洁从政；生活正派、情趣健康八个方面的良好风气结合起来，与增强忧患意识、公仆意识、节俭意识结合起来，发动党员、职工查找身边的典型事例和不良现象，明确了“以‘依法行政’为荣、以‘滥用自由’为耻”、“以‘执政为民’为荣、以‘以权谋私’为耻”、“以‘秉公办案’为荣、以‘吃拿卡要’为耻”、“以‘优质服务’为荣、以‘作风懒散’为耻”。同时制作了宣传展牌，下发学习材料，积极广泛地开展各种形式的宣传、教育活动，摆正观点，明辨是非，提高职工的思想认识。

（二）积极探索新的卫生监管模式，充分发挥市级单位的组织协调作用，通过层级管理、统一标准、联合执法等方式，形成全市监督的“一体化”，提高全市卫生监督执法工作的整体水平。

加强对区级卫生监督部门的培训和指导工作。结合全市卫生监督执法工作的重点，该所有针对性地举办5期全市卫生监督员的培训班，同时全所各相关科室也结合自身特点，加强对区级卫生监督部门相关科室、人员进行培训、指导，以达到统一标准、做法，提高区级卫生监督部门业务能力。

结合行政执法机构性质特点，4月3日，该所举办了“武汉市卫生监督系统《中华人民共和国公务员法》培训班”，邀请市委组织部综合干部管理处马君瑞处长主讲《公务员法》；5月10日，该所在武汉市青少年宫音乐厅成功举办了“武汉市卫生监督系统公共管理知识培训班”，邀请武汉市实施公务员法领导小组办公室成员、武汉市人事局公务员管理处处长张增祥作公共管理知识专题辅导讲座，对全市580余名卫生监督员进行了系统培训。针对培训内容，该所还将于6月21日举行全市卫生监督员考试。通过学习活动，促进全市卫生监督员队伍不断转变思想观念，增强行政意识，树立了服务与监管并重理念，执法能力进一步得到提高。

为了提高管理者和监督员的行政管理水平和公文处理能力，促进行政效能的提高，确保行政行为的权威性和有效性，10月11日，该所在市循礼门饭店举办“武汉市卫生监督系统公文写作知识培训班”，各区卫生监督机构中层以上干部和市卫生监督所全体人员共计240人参加了此次培训。

通过层级管理，加强对区级卫生监督部门的监督、检查，来保证各项监督执法工作的落实，同时积极开展联合执法，通过联合执法办案，互通了信息，统一思想，形成全市监督执法、扶优打假工作的合力，提高全市卫生监督执法工作的整体水平和工作质量。

行风建设 该所作为受市卫生局委托执法的单位，十分注重规范监督执法过程中监督员的行为，注重在行政处罚过程中自由裁量权的使用和审核把关（四级审核把关制）充分发挥卫生稽查的作用，加强对监督执法过程行为的稽查，防止出现不作为、乱作为的现象。

该所以树立“廉政、勤政、高效、务实”的卫生监督形象为目标，落实行风评议，严格管理，依法行政。2007年2月份，进行了卫生监督稽查社会回访调查，向自管企业发放征求意见书120余份，跟踪走访调研80余家巡回监督单位，统计结果显示满意率达到97.5%以上。3至4月份，该所分别对6个监督执法科室中16个专业执法组进行了卫生监督现场跟踪稽查，进一步规范卫生行政执法行为，强化依法行政意识，由于所领导率先垂范，各部门齐抓共管，无一例违纪案件发生，监督员拒绝相关单位宴请150人次，拒收现金、礼物11次，价值5 700元。同时，该所注意整肃内部风纪，塑统一、规范、整洁的执法形象，专门制定并实施《卫生监督员着装规定》，每月定期抽查科室执行情况，并与个人奖惩责任挂钩，较好树立了对外执法的社会形象。

精神文明创建 2007年，武汉市卫生监督所先后被中共武汉市卫生局委员会、武汉市卫生局授予“2007年武汉市绩效管理工作先进单位”；江岸区人民政府西门街办事处授予“2007年度社会治安综合治理优胜单位”；中共武汉市江岸区委、江岸区人民政府授予“2007年度最佳文明单位”；国家人事部、卫生部、国家中医药管理局授予该所“全国卫生系统先进集体”的荣誉称号。

该所结合行业特点和全市“四城同创”工作实际，先后制定《武汉市卫生监督所开展“四城同创”工作实施方案》、《武汉市卫生监督所创建全国文明城市工作方案》等，齐心协力、真抓实干，把文明创建活动落到实处。

同时，该所重视“双拥”工作，如“八一”期间开展拥军优属活动等，充分体现了军民之间的鱼水深情。

“七一”期间，该所党委被市卫生局评为先进党委，第二党支部被评为先进党支部，五位同志被评为优秀党员。

领导班子成员 所长（法定代表人）党委副书记：范良旭（2001年7月任职）；党委副书记：罗敬（2004年12月任职）；纪委书记、副所长：鞠琳（2002年5月任职）；工会主席：王富强（2004年12月任职）；副所长：刘建安（2002年5月任职）、陈永乐（2005年7月任职）。

（邓志宏、芦智刚）

【武汉血液中心】

概况 该中心位于汉口宝丰一路8号，占地8 637.6平方米，始建于1952年，目前定编172人。该中心为全额拨款非营利性公益卫生事业单位，是湖北省规模最大的采供血专业机构，承担湖北省血液中心的职能，负责向武汉市辖区内的

160余家医疗机构提供临床用血，并负责本地区突发事件急救用血及向全省和邻省提供稀有血型血液的任务。

该中心为中国红十字总会认可的25家造血干细胞基因分型实验室之一，为湖北省司法厅认可的司法鉴定机构。

2007年中心领导班子成员由范惠萍、张庆武、王平、殷庆友、余俊平和张清组成，余俊平仍借调世界卫生组织西太区办事处工作。该中心设有办公室、党办、人事教育、财务、审计、后勤、保卫等七个职能科室，设有输血研究室、质量管理科、检验科、成分制备科、献血服务科、献血招募科和供血科等七个业务科室，卫技人员占职工总数的72.3%。

该中心2007年新增签订进校协议的高校4所，使签订协议的校区达54个。设有采血点武汉广场、佳丽广场、万达捐血屋、徐东销品茂、中南广场、群光广场、鲁巷广场、汉阳家乐福8个，其中采血屋2个，流动采血车6台，在武昌武警医院内设发血点一个，共有送血车5台。

2007年，该中心有职工212人，其中专业技术人员178人（高级职称10人，中级职称34人，初级职称189人），工勤人员34人。2007年该中心组织招聘8次，引进人事代理制职工4名，其中硕士2名，本科生2名，引进合同制职工17名；全年共有12名职工辞职。

2007年，该中心新增输血医疗诉讼11例，其中因感染HCV诉讼9例，因感染HIV诉讼2例，均未结案。2007年，该中心内部退养职工待遇滞后问题开始显现并成为困扰事业发展的难题，部分内部退养职工因待遇问题向中心要求取消内退并给予补偿。

2007年该中心年总收入5 371.8万元，总支出4 594.7万元，固定资产4 091.8万元。

目标完成情况 2007年，该中心共接受献血者126 006人次，同比增长约5.9%；献血量达183 600单位，同比增长约7.4%。全年采集全血121 202人次，同比增长6%，献血量174 761单位，同比增长6.7%；采集血液成分5 804人次，同比增长约4.6%，采集血液成分8 839人份，同比增长约23.7%。无偿献血占临床用血的比例达100%，自愿无偿献血率100%，400毫升献血比例约占45.1%，同比提高0.6个百分点。

临床供血保障有力，冬夏“淡季”平稳渡过，暑期供血保障能力显著提升。全年供应各类血液产品总量达374 765单位，同比增长15.1%。其中，供应红细胞类产品180 216单位，同比增长15.8%；血液成分供应率达99.6%。从外地调剂血液11 469单位，占总供血量的3.2%，支援外地血液1 210单位，同比下降54.3%，净调入10 259单位，同比增长169.3%。

2007年该中心共分离红细胞16万单位，血浆18.7万单位，冷沉淀1.6万单位，制备手工血小板748单位。

血液检测 2007年共检测血液标本约13.9万人份，其中实行集中化检测，完成鄂州血液标本4 638人份，血液检测符合率100%，确认HIV阳性4例。

参加三次卫生部临检中心室间质评，第一次和第三次各项目符合率100%，第二次抗－HIV万泰试剂有一份结果为假阳性，符合率为80%。全年完成新生儿溶血病检查等各种特殊检验5 200例，完成中国红十字总会造血干细胞库捐献者HLA基因分型6 932例（同比增长约75%）、亲子鉴定75例（同比增长约26.4%），配型成功12例，确认Rh阴性血型669例（同比增长15.2%）。

无偿献血宣传招募 该中心拓展宣传新渠道，加大献血者招募力度，深化与媒体的交流与合作，增加了与武汉电视台《百姓连线》和《长江网》两家宣传媒体长期的合作，无偿献血宣传工作取得了良好成效。全年共在各类媒体播发新闻稿件419篇次，发布免费电子信息、广告42天，免费刊登报纸公益广告25期，免费发布各类短信280万条，累计经济价值数十万元。该中心与武汉晚报联合举办以“因爱结缘”为主题的第四个世界献血者日庆祝活动，作为中国的世界献血者日活动代表入选了世界献血者日官方网站。

通过街头拦截宣传、现场招募等多种招募方法和策略，在街头献血点持续开展有针对性的血型招募，有效地缓解了暑期A、O血型血液库存偏型状况，提升了暑期临床用血保障能力。该中心还深入社区和高校开展形式多样的无偿献血宣传活动，开展高校宣传讲座11次，大型户外宣传活动8次，接待市民参观38批、近千人次。

该中心与省红十字会建立了紧密联系，利用湖北省红十字会志愿服务队的平台，积极开展献血宣传、招募和献血者服务工作，提升了服务水平。该中心在已有的800被叫付费服务热线的基础上，增设了400服务热线。通过手机、固话、小灵通均可拨打400热线，拓宽了中心与献血者的沟通渠道（400电话为400－8809453）。2007年完成献血者及其亲属用血返还617人次，金额30.2万。

该中心通过邮寄信函、电话沟通、网上互动、集体联谊等多种方式,增强稀有血型互助会成员的奉献意识和归属感,缓解了由于用量大幅增加造成的稀有血型血液供应短缺的局面,保障了武汉市稀有血型血液临床需求。

该中心坚持开展对医院用血满意情况调查,发布供血信息月报,督促医院节约、合理用血。

教育培训　重视人员培训,通过培训提高人员素质,增强安全意识、法律意识和责任意识,邀请法律顾问对全员开展了相关法律知识的专题培训,提高全体员工的法制观念。加强人员继续教育,组织《质量管理规范》、《信息化管理》、新员工培训等40余次。

履行省级血液中心职能,推动全省无偿献血事业发展。受卫生厅委托先后举办了两次全省血站质量管理培训班,邀请到了世界卫生组织专业顾问、香港红十字输血服务中心质量经理郑卓权先生对《血站质量管理规范》和《血站实验室质量管理规范》作了详细讲解,重点培养了血站相关人员的质量审核能力。为了帮助省内兄弟血站提高人员水平,该中心还为兄弟血站提供进修学习的平台。2007年,该中心与荆门市中心血站建立了科研对口协助关系。

学术交流　为了提升科技创新水平、研发能力以及科技应用水平,扩大对外交流,鼓励学术研究和应用,该中心加强了科研管理,设立科研管理专岗,负责科研的协调、联络及管理工作。2007年,该中心获武汉市卫生局科技项目立项2项,科研项目结题2项,完成项目鉴定1项(该中心副主任张清主持、与中山大学合作完成的科研项目“武汉市无偿献血目标群体细分研究”,通过了武汉市科技局、武汉市卫生局及有关专家鉴定,认为该研究项目立题新颖,融合了多学科理论,研究成果达国内领先水平),全年出版专著一部(《社会营销:献血者招募新方略》,张清、周延风、高东英编著),发表科研论文16篇,其中核心期刊6篇。

2007年该中心成为AABB(美国血库学会)会员,从中获取更多的输血医学领域信息。

2007年7月,来自澳门的14名青少年学生参观了武汉血液中心,这是澳门红十字会为了加快志愿者服务的两地交流,专门组织的青少年交流学习活动,武汉血液中心是此行的第一站。

质量管理　2007年该中心继续将质量管理作为优化内部资源、提高血液质量安全的首要手段。根据《血站管理办法》、《血站质量管理规范》和《血站实验室质量管理规范》要求,针对血液安全的薄弱环节和存在的有关问题,对质量管理体系作了逐条修订,修改和发布文件共73份,更新记录表单120份,并于8月发布了第四版《质量手册》。9月该中心接受卫生部质量督导检查,取得了《血站质量管理规范》符合率94.5%,《血站实验室质量管理规范》符合率93.4%的成绩。

中心继续贯彻执行ISO 9001:2000质量管理体系,加强了体系的监控和实时持续改进,定期检查、收集并反馈质量信息,于2007年2月通过了ISO9001:2000换证审核。

基本建设　2007年该中心在基础建设方面组织完成了诸如安防改造、园林绿化、消防系统升级、消防通道建设、业务楼维修等历史遗留问题,并组织实施了科普馆建设、自行车棚建设、门面回收改造、科室房屋调整改造、实验室改造、亮化工程、职工之家建设、六楼会议室改造、第三电源等项目的建设工作。

文明创建　该中心坚持非营利性、公益性宗旨,积极参与全市四城同创和全国文明城市创建工作,开展社会教育和社会公益活动,关爱弱势群体,2007年该中心干部员工共向社会捐款13.68万元。

5月25日该中心血液科普馆正式开馆,该馆面向公众宣传血液与健康及无偿献血知识,向市民倡导健康、科学的生活方式,充分发挥科普教育基地宣教的新颖性、互动性、参与性。10月19日,硚口区委授牌该中心为硚口区爱国主义教育基地。

该中心佳丽献血点通过了市语言委、市文明办的联合考评,被评为“武汉市文明用语示范岗”。该中心合唱队参加武汉市市直机关“在党的旗帜下前进”合唱比赛,获得三等奖。该中心职工王丹同志作为武汉市卫生行业唯一代表,参加了武汉市委宣传部主办的“健康最美,微笑武汉”活动,进入十强并荣获微笑大使奖。(王晓华、杨家宏)

【武汉市急救中心】

概况　该中心是市卫生局直属的非营利性医疗机构,既担负全市日常院前急救服务,又担负全市突发灾害事故紧急医疗救援和大型社会活动医疗保障及急救培训任务,在抢救急、危、重症病人生命、突发灾害事故的紧急救援、大型社会活动的保障工作及组织承担急救医学知识的宣传与普及中发挥着极为重要的作用,对发挥城市功能,树立政府形象,保障群众健康,促进社会发展等都具有极为重要的意义。该急救中心现有急救站点21个,在岗职工172人。其中卫生技术人员103

人,主任医师2人,副主任医师4人,急救医生30人,急救护士15人,急救驾驶员35人。全年急救出车5万余人次(中心城区),完成110社会联动医疗救援1.1万人次,完成突发事故救援及重大社会活动保障275次。

指挥系统　该中心现建有国内先进的120急救指挥系统。可实行全程计算机调度、同步实时录音、急救车辆GPS(全球卫星定位系统)、无线集群系统、视频监控、派车信息LED显示等功能,实现了急救信息的全程动态管理。

网络建设体系　目前,该中心在武汉地区已形成1个现代化的紧急救援中心指挥体系,武昌、汉口2个急救分中心的基地特色、21个覆盖中心城区的急救站点、6个远城区急救站、52家网络医院的一体化格局,与110、119、122等部门建立联动机制。构建了可调用直升机2架、急救快艇6艘,拥有50余辆急救车,急救设备精良、功能齐全的水陆空立体急救网络,打造了一支指挥高效、反应灵敏、救治有力的专业急救队伍。

国际救援合作交流　该中心与国际SOS签订了中国院前急救体系的首个合作协议,主要通过对医疗资源、信息网络、人员整合,实现资源优势互补,建立一套完整的医疗救援服务体系,打造了中部第一医疗救援平台,提高了湖北乃至中南地区的医疗救援实力,为外向型经济的发展提供更加强大的保障能力。

启动"1+8"城市圈急救网络建设　为了加强"1+8"城市圈城际间急救网络建设,该中心探索建立覆盖城乡和城际间的急救网络体系,充分发挥武汉市急救中心龙头作用,率先与孝感市紧急救援中心启动"1+8"城市圈院前急救网络化建设,在急救领域建立了人员熟悉、资源共享、信息互通、友好往来、制度化合作的武汉城市圈院前急救网络化建设协作。并进一步探讨与城市圈8个城市的急救中心成立急救网络建设协作组织,建立以武汉为中心,辐射8个城市的急救网络体系。

重点学科建设　该急救中心是市级院前急救重点学科,由中心主任熊悦安主持的《中国武汉利用民用直升机实施医疗救护的研究》、《中国武汉"120"数字化信息指挥系统在急救医疗中的应用研究》经武汉市科技局鉴定为武汉市科技成果。急救业务骨干梯队建设初具成效,2007年该中心有3人取得在职硕士学位。

学术活动　2007年3月,该中心组织承办了《中国医院协会急救中心(站)管理分会急救医疗装备专业委员会暨中国装备协会急救医学专业委员会院前急救装备专业组成立会议》。北京、上海、重庆等各大地区选派的委员候选人、代表等30余人参加了会议。急救中心熊悦安主任当选为中国医院协会急救中心(站)管理分会急救医疗装备专业委员会主任委员和中国装备协会急救医学专业委员会院前急救装备专业组副组长。

7月,举行了湖北省医院协会急救中心(站)管理专业委员会一届五次全委会扩大会,全省17个地市州16个急救中心委员、主要负责人等参加了会议,并开展学术及管理项目交流,对院前急救网络管理模式、队伍建设等多方面进行深入的探讨和研究,为武汉市在全省院前急救行业奠定了龙头地位。

培训工作　该中心充分利用急救培训中心平台,多渠道拓展急救培训职能。2007年先后举办了11期455人的暑期"千人免费学急救"培训班、9期285名各医院急诊科人员参加的专业急救培训班、3期酒店、企事业单位等81人的初级急救员培训班等,各类培训共计达3 000余人次。申报省级继续教育培训项目1项,申请市级继续教育培训项目2项,充分发挥和拓展了市急救中心工作职能和社会影响,得到社会各界好评。

6月,在武汉急救培训中心承办了由中华人民共和国第六届城市运动会执行委员会医疗卫生部、武汉市卫生局主办的"中华人民共和国第六届城市运动会《医疗急救培训班》、法国SAMU《灾难医学与突发事件管理》研修班"。特邀法国巴黎SAMU及武汉地区急救专家授课,全市有关职能部门和70余家医疗单位共计146人参加了培训。培训班通过借鉴和学习国际先进紧急医疗救援方法与措施,对确保六城会在汉顺利召开,保障参会人员和公众的健康与安全起到重要作用。

该中心先后荣获"市级文明单位";"物价(收费)信得过单位""先进基层党组织";"全国卫生系统先进集体";"武汉市安全生产先进单位";"国防动员先进单位","文明品牌医院","武汉市五一劳动奖状"等荣誉称号。　(张　欣)

【武汉市卫生局党校】

概况　截至2007年底,市卫生局党校实有在职职工15人,其中高级讲师4人,讲师3人。其他专业技术人员8人。

教学工作　2007年该校共举办各类轮训班11期(批),培训轮训各类人员967人次。其中,举办了3期市卫生局系统处级领导干部全员培训班在中共武汉市委党校举行,170 名来自市卫生局机关,市直属医疗单位及市部分区卫生局副处以上干部,参加了学习;举办了两期入党积极分子班,局系统 108 名学员参加了学习培训。举办了第七期中青年干部培训班,局系统 30 名青年干部参加为期 1 个月的学习培训;

举办了 3 期武汉市急救中心职工继续教育培训,122 名市急救中心职工参加了为期 3 天的全封闭式的培训学习;还对全市卫生系统的工人技术人员开展了工人技术等级岗位考核评审工作,市卫生系统有 348 名技工人员参加了考核评审,武汉市卫生局党委与武汉市委党校联合该校举办 2 期市卫生局。学习党的十七大精神轮训班在市委党校举行。局属单位领导班子成员和党办主任以及市卫生局机关副处级以下干部共 189 人参加了学习培训。

抓学习,把党校职工的思想统一到党中央的路线、方针和政策上来,统一到党校改革和做好本职工作上来。认真学习胡锦涛同志在中央党校的重要讲话精神和党的十七大会议精神,认真学习省九次党代会精神和俞正声同志在省委九届一次全会上的讲话。开展了"群众在心中,服务见行动"主题实践活动。组织职工观看了故事片《暖秋》。开展了 2007 年度党员领导干部民主生活会,并填写了自查登记表。

抓发展和稳定安全工作,促进党校事业发展把抓好稳定工作与精神文明创建以及安全工作紧密结合起来。该校认识到要维护稳定局面,最重要的就是单位必须发展,要靠事业来维护。为此,结合开展"四城同创","全国卫生城市评比"等活动,从改善工作环境入手,把学员活动区和党校办公区改造装修一新,添置了办公设备,并将校训上墙。为活跃学员和党校职工的文化体育活动,装配了一个乒乓球室,一个健身房,一个棋牌室。党校在局工会组织的乒乓球比赛中,吴厚冬副校长还荣获大赛个人单项奖。在全市总工会组织开展的第二期职工重大疾病医疗互助活动中,党校积极响应,此项活动开展得十分顺利。组织职工学习《中华人民共和国消防法》,《国务院关于特大安全事故行政责任追究的规定》(国务院令第 302 号)等法律法规,职工充分认识到火灾隐患排查工作的极端重要性;牢固树立"隐患险于明火,防范胜于救灾,责任重于泰山"的思想观念,还邀请了消防专业人士来校讲解和演示消防安全专业知识;为了保证党校的安全,对党校办公区内的电路进行了重新分布和更换,同时,添置和更换了消防器材。

抓服务,做好《武汉卫生年鉴》的编印发行和局机关工作人员就餐工作。随着《武汉卫生年鉴》与全球最大的中文网《中国知识资源总库》(中国年鉴全文数据库 CAFD)和中国年鉴网络中开展的业务合作,《武汉卫生年鉴》已全文在这两个网上登载,使它不仅成为领导和医务人员案头上的工具书,而且还成为展示武汉地区医疗卫生工作的窗口,日益发挥着越来越重要的作用。为此,该校创新《武汉卫生年鉴》编纂质量,争取开发电子版年鉴,促进年鉴上档次。同时,努力做好 2006 年年鉴的出版发行和 2007 年年鉴的组稿编辑发行工作。

抓食堂,一年来为市卫生局机关工作人员就餐服务,实践证明,该校后勤队伍得到了锻炼,后勤保障能力也得到了加强。6 月起还开始提供了早餐,该校的饭菜得到了学员和局机关大多数同志的认可。

(梁 琳)

【武汉市卫生局幼儿园】

概况　截至 2007 年底,该园有教职工 27 人,(专业技术人员 27 人)其中,高级教师 4 人,中级医生 1 人,幼教双佳 1 人,幼教新秀 2 人,一级教师 13 人。具有学前大专以上学历者 98%。全园共有 8 个班(大班 1 个、中班 3 个、小班 4 个)全年收托幼儿 285 人,其中毕业 62 人,招收新生 85 人。

人才培养　该园始终坚持人才强园的办园思路,加大人才定向培养。为此,该园采取择优招聘与培养相结合的原则,努力造就高素质的专业队伍。2007 年 5 月,该园请幼教专家,对招聘的试用的 5 名教师进行了综合考核,择优将 2 名优秀教师转聘为代理制教师;6 月份,该园选派了 4 名骨干教师,参加武汉市幼儿教师骨干班的培训;7 月份,请幼教专家对全园教师进行了专业技能的综合考核;该园还利用暑假组织教师外出参观,进行全员培训;10 月份派业务园长和教研组长,参加了市课程改革专修班的学习。所有这些举措,不仅培养了人才,留住了人才,而且充分调动了全园教职员工的积极性。

对外宣传　一是该园坚持开门办园,走进社区,多次与社区联手共同创建精神文明,受到了社区居民的好评。二是通过多种媒体宣传幼儿园。2007 年庆"六一"幼儿文艺节目分别在武汉一台、武汉三台、武汉七台等进行了滚动式播放;"六一"的图片在"家长报"刊登发表;教师自编的幼儿舞蹈《我是小海军》,作为幼儿优秀节目,在江岸地区多次进行了巡回演出,得到了社会的好评。所有这些展示了武汉市卫生局幼儿园的整体形象，提升了武汉市卫生局幼儿园的社会知名度。因此很多家长慕名舍近求远将孩子送到该园。

其次，为了适应市场需求，为家长提供快捷便利的交流的平台，该园在武汉地区率先建立了武汉市卫生局幼儿园网站，受到了广大家长的欢迎。

园级管理　该园领导班子不断转变观念，创新管理方法，努力从管理的监督者、检查者、转变为支持者、合作者和引导者。一是将监督转化支持。对职工坚持正面激励，为职工创造良好、愉快、向上的人际关系氛围，让职工和管理者在不设防地自然状态中投入工作和相互交往，使管理者及时了解职工的思想状态，做到因人施导；使职工对幼儿园的制度管理给予理解与支持，做到由他律为自律。二是优化环境激励教师的自主创新，营造“幼儿园为我创发展，我为幼儿园求发展”的个人成长环境，让更多的教师参与到管理中来，如在“我为幼儿园献一计”活动中，教师们为幼儿园的队伍建设、评价机制、分配方案等提出了很多合理化的建议。这样不仅激发教职工参与管理的热情，而且为创新幼儿园管理，实现管理的互动迈出了可喜的第一步。三是坚持服务于幼儿，服务于家长，服务于社会的“三服务”理念，结合岗职要求，细化服务内容，量化责任到人，做到事事有人做，事事有人管。努力将园文化建设融于幼儿园管理，实现办园理念的提升和发展。

安全工作　在安全管理工作的过程中，该园注重抓薄弱环节，抓责任到人，强化全园职工的安全意识。建立奖惩机制，将安全工作与各岗人员绩效考评、评优评先等结合起来，实行安全工作“一票否决制”。因而推动了安全管理由“被动”转向“互动”，形成了人人重视、人人有责的安全工作管理格局。为此，该园结合幼教工作的特殊性，不断加大对教职工安全教育和安全技能培训的力度，以增强教职工安全意识，提高安全防范能力；同时该园还结合教学工作实际，将安全教育寓于日常的教育教学活动中，不断提高幼儿的自我保护能力。受到了上级领导的好评。

为确保幼儿服药安全，该园制定了《幼儿寄托药品统一管理制度》，规定了各相关人员的责任：要求需要寄托药品的家长认真填表，说明幼儿的班级、姓名、病因、药物名称、提示孩子服药的时间等，并签上姓名；保健医按时指导幼儿服药外，还注意观察服药幼儿的身体健康状况，发现问题，及时反馈或应急处理，以保证幼儿在园健康成长。深受家长的好评。

取得成绩　2007年该园被评为武汉市卫生先进单位；被评为武汉市卫生局先进党总支；教师自编自演的小品《妙手回春》，荣获卫生系统二等奖；教师自编幼儿舞蹈《我是小海军》，被评为江岸区庆“六一”幼儿文艺节目一等奖；有3位教师分别获江岸区教师论文一、二等奖；有一位教师被光荣的评为江岸区“优秀教师”。　（罗兰珍）

（责任编辑：洪　毅）

区属医疗卫生机构

【武汉市第五医院】

概况　该院是汉阳地区唯一集医疗、教学、科研和预防保健为一体的综合性三级医院。下设琴断口街、二桥街和翠微街社区卫生服务中心，共建卫生服务站19个。该医院占地面积2.11万平方米，建筑面积6.03万平方米，其中医疗业务用房为4.29万平方米，绿化面积约8 000平方米。2005年9月正式成为江汉大学第二附属医院。

截至2007年12月，该院有在职职工840人。其中，医生291人，护士325人；正高职称16人，副高职称50人，中级职称197人；享受国务院特殊津贴及市、区政府特殊津贴者共有10人；硕士研究生40人。设有20个一级科室，60余个二级专业科室。开放床位550张。年门诊量41余万人次，住院病人13 661人次，病床使用率为95%以上，全年经济收入1.64亿元。2007年医院被湖北省卫生厅授予“三级优秀医院”，是全省首批武汉市唯一的一所“三级优秀医院”；2007年6月，该院口腔科被评为市级重点学科；2007年12月，该院荣获“武汉市第五届职工职业道德建设“十佳”单位”称号，并获得武汉市“五一”劳动奖状。

医疗质量管理　2007年，该院突出“以病人为本”，以不断提高医疗质量为重点，持续深入开展医院管理年活动。

1. 狠抓制度规范落实。

①按照《湖北省医院管理评审标准》和“医院管理年”活动督导工作要求，不断健全和完善医院各项规章制度和人员岗位职责，强化质量意识，严格落实三级医师查房制度，急、危、重症病例会诊讨论等医疗质量管理核心制度。

②强化院长是医疗质量第一责任人、重点抓各项制度的落实。

③制发实施《临床诊疗指南》和《临床操作指南》，建立健全技术操作规范，使全院医疗护理工作真正做到有法可依，有章可循。

④深入开展“抓三基，促三严”活动，通过“三基三严”培训，促使医务人员人人知晓，个个掌握，进一步规范了医疗护理管理行为。一年来，组织医学专业“三基”考试2次，计有246名医师参加；护理三基考试2次，计有340名护士参加，参加护理操作大练兵325人次。

2. 狠抓医疗质量管理。积极建立符合医院实际的质量管理体系，成立了院质控办，制定切实有效措施，注重发挥院科两级医疗质量组织的作用，按各自的职责，定期对医疗、医技、护理质量进行检查、监督、评估，对存在的问题提出改进意见，做好督导工作，确保质量管理体系得到坚决贯彻落实。在全院形成了主要领导亲自抓，分管领导具体抓，职能科室配合抓，临床医、技、护人员时时抓的医护质量安全管理格局。保障患者的知情权，进一步完善了各项告知制度，积极履行告知义务，狠抓医疗文件质量控制，严把质量关，全面提升病历书写内涵质量。严格执行卫生部《麻醉药品使用管理规范》、《医院感染管理》、《消毒管理办法》，加强一次性医疗用品的使用管理，努力把院内感染控制在最低程度。全年入（出）院诊断符合率98%，危重病人抢救成功率90%，治疗有效率93%，甲级病案率≥95%，院内感染率2.5%，Ⅰ类手术切口感染率0.28%，漏报率2.7%，常规医疗器械消毒灭菌合格率100%。全年无一例重大医疗安全事故发生。

3. 狠抓服务流程的改进。始终坚持“一切以病人满意为中心”的服务理念和办院宗旨。在优化服务流程，方便病人就医上狠下功夫，实施多项便民措施：

①加强门诊导诊工作，增设急诊收费窗口及候诊室，以方便患者；

②坚持做到“五．一”、“十．一”法定长假照常开诊，实行弹性排班制，加班加点，满足病人的就医需求；

③进一步规范全院的服务标识及标牌，大力改善门诊就医环境和就诊条件；

④缩短门诊放射、CT等检查科室的发报告时间，减少病人候诊时间；

⑤为病案室配备了复印机，为病人复印病历提供方便。一切围绕“急病人之所急，帮病人之所需”，不断将星级化服务工作向纵深推进。

4. 狠抓信息公开工作。医院着力解决患者“看病难、看病贵”的问题，按照政府物价部门的文件精神调整了医疗服务收费标准，严格执行药品价格政策和医疗服务收费标准，自觉规范收费行为，认真落实医疗价格公示制度，逐步增加医疗信息公开的内容。完善了住院费用清单制等医疗费用查询制度，在门诊设立电脑触摸屏、电子显示屏，以方便患者查询。坚持合理检查，合理用药，因病施治，切实落实《抗菌药物临床应用指导原则》和《处方管理办法》，实行处方点评制度，逐步推行临床药师制。使合理检查、合理用药、合理治疗、合理收费逐步得到落实。

护理工作　1. 护理队伍。2007年，全院共有护士325人，其中主任护师1人，副主任护师5人，主管护师94人，护师72人；护理人员中有本科毕业生21人，大专毕业162人，合同制护士146人。

2. 护理管理。加强新型服务理念的培训与提高，从思想意识上更新护士的服务理念，采用尊重、引导、激励、授权的方式，帮助护士掌握及实现服务理念，提高护理服务质量，进一步更新管理模式，在现有的三级护理管理的基础上，充分发挥科护士长及护理质控组的作用，加大督导监管。充分发挥各科室质控小组的作用，对每项护理工作都严格按照护理质量标准自查自控，严把科内护理质量关，护理部每月组织一次护理部质控组互查互控，共同严格把好医院护理质量关。将各项护理质量管理措施落实到位，形成强有力的院控、科控、自控、互控、质控网络体系，将每次质量控制检查结果集中分析、评价，并在护士长例会上讲评反馈，各科室将整改措施上交护理部，由护理部追踪评价整改情况，落实奖惩措施。

3. 护理培训。制定“三基三严”培训计划，按能级管理方式，对不同职称或不同层次的护士实行分级培训。

①对工作5年内的合同制护士，每季举办培训班一期，主要加强基础护理理论知识的学习与基本操作技能及沟通能力的训练并考核，成绩进入个人技术档案。

②对护士长的培训：组织对医院护理管理工作的探讨，分析护理质量，集思广益。每季组织护士长培训班一次，更新护理管理方面的知识。

③对全院护士每月举办护理新知识大讲课1次（全年12次），按学分制度管理，并列入当年汉阳区继续教育课程。

④组织医院护理紧急预案的演练，每季一次；组织护理急救组及人力资源组成员的培训及演练，每半年一次。

⑤全年选派专科护士10人到省内、外各知名大医院参加进修学习。

⑥组织与鼓励护士撰写护理论文，积极选派护士外出参加各学术

专业委员会的学术活动。

4. 加强合同制护士管理。合同制护士已逐渐成为该院临床一线的主力军，为充分地调动其积极性和创造性，稳定合同制护士队伍，提高综合素质，减少人员流失，节约人力资源成本。采取以下措施：

①树立以人为本的管理理念，坚持把对人的管理放在首位。

②建立健全规范化、制度化、科学化的合同制护士管理制度，进一步完善招聘录用制度、岗前培训制度、执业准入制度、全面考核制度、奖惩制度、同工同酬制度，使聘用人员有章可循，各尽其职。

③创造平等与尊重的环境，建立有效的激励机制。

④加强合同制护士的基础管理，严把进人录用关、岗前培训关、执业准入关、聘后考核关。

⑤加强教育，全面培养，提高综合素质。

5. 护理荣誉。在省卫生厅举办的护理操作技能大赛中，该院护士李媛获得全省优秀奖。张卉、江静被评为2007年度“武汉市优秀护士”。

新技术、新业务　2007年，开展新技术、新业务是该院学科建设的核心工作，医院重点扶持，各科主任高度重视。全年开展了肩关节置换术、腹腔肿瘤热化疗技术、抗T淋巴细胞免疫球蛋白治疗难治性ITP（特发性血小板减少性紫癜）、髋内动脉造影栓塞术、主动脉夹层破裂支架术等32项新技术、新业务，完成心脏介入手术130余例。

注重人才培养　2007年，该院全面实施人才战略。

①把好进人关，按照高起点、高素质，实用型的选人标准，全年共招聘硕士研究生20人，博士研究生3人，肿瘤、妇产科等专业学科带头人4人。

②鼓励在职医务人员学习，提高学历层次。

③重视自身人员的培训，大力倡导人才的自身培养，积极选派中青年医疗骨干到国内知名大医院进修学习，2007年有计划地安排临床、医技、护理专业的中青年医疗骨干到国内知名大医院进修学习26人；科主任13人到北京、上海、湖南等国内知名医院进修学习，跟踪国内学科前沿。通过努力，更好更快的形成了人才梯队，使人才结构更加合理化，为医院的发展加快了前进的步伐。

学术活动　2007年6月，该院成功举办了全国口腔正畸新技术、新理念学习班，加强与兄弟医院的沟通与交流。7月12日，武汉市医疗管理学会在该院举办了医院评审与医疗质量管理研讨会。全市二级甲等以上的30余所医院，共约300余人来医院参加了研讨会。

科研教学　2007年，该院组织申报科研课题17项，其中5项在市卫生局立项，发表科研论文45篇，其中中华系列论文18篇。承担江汉大学医学院在校本科临床医学及护理专业教学任务，接收同济医学院、武汉科技大学、湖北中医学院等10余所医学院校临床实习学生近300人次。

基本建设　2007年，该院新建的医技综合大楼于5月8日启用后，启动了内科楼装饰工程，完成了体检中心大楼、门诊妇产科及腔镜中心的装修工程，层流净化无菌手术室正在安装调试中，新建了配电房，完成了2 000千伏安配电工程，新建了污水处理中心，中央空调机房，医院道路黑色化，医院整体就医环境得到了全面的改善。

医疗设备　2007年，该院投入约人民币2 700余万元，陆续购置了直线加速器、1 200测试样生化仪、彩色B超、十二指肠镜、腹腔镜等大型设备14台（套），为医院学科建设进一步夯实了基础。

开拓医疗市场　2007年，该院加强与多方面的沟通协调，深入社区拓展医疗市场。与医院有协议往来的单位已达200余个。为协议单位提供医疗技术指导、医疗培训等。继续开通免费接诊专车，定车、定人、定时、定点接送伤病员，全年共接送病人3 136人次，出车近1 200次。继续下派医生到指定社区坐诊，组织社区医生专业知识讲座13次，有366人次参加学习和培训；举办社区护理操作技术大赛，由各社区选派11人参加比赛，从中选拔5人参加市卫生局举办的社区护理操作技术大赛。开展义诊活动10次，定期组织病友开展健康教育知识讲座，与《长江商报》联合举办“九九重阳，健康久久”老年朋友健康大讲座。全年完成4期《五医广慈报》编辑发行工作，扩大了医院对外影响力。积极参加完成政府指定性任务及社会公益活动，圆满完成了“六城会”、“八艺节”等大型活动的医疗保障工作。在2007年底抗击雪灾中，除完成本院医疗工作外，还承担了汉阳区紧急医疗救援工作，保障了全区人民群众的生命安全，全年完成政府指令性任务及市、区下达的医疗保障工作160人次，受到了社会多方面的赞誉，取得了良好的社会效益。

社区医疗服务　三级医院举办社区卫生服务中心是解决人民群众“看病难、看病贵”的重要举措，以三级医院为龙头引领社区卫生事业发展，以社区服务为医院发展的基础，建立三级网络资源共享，支持社区卫生工作，转变医学模式，贴近健康要求，创新社区卫生服务，深化社区卫生服务内涵。

①以社区卫生服务为医院发展的基础，构建医疗服务网络体系。至2007年12月底共建中心站19个，投入专项资金共达100余万元，改善了社区卫生服务中心的基建、医疗护理设备等硬件设施条件，为社区居民提供舒适、温馨、方便、安全的就医环境。

②以转变医学模式为社区工作之根本，全面推进健康教育工作。将原"以治疗为主"的医学模式改变为"以预防为主"的医学模式，各中心共组建43支"家庭责任医生团队"，以健康教育为平台，每周到社区开展健康教育讲座、健康体检等，建立家庭健康档案。由医院企划部落实举办糖尿病、高血压疾病等大型专题健康知识讲座；与汉阳区科协共同举办了"预防冠心病专题健康知识科普讲座"；与《长江商报》联合举办"九九重阳，健康久久"老年朋友健康大讲座，共有1 000余名社区居民参加了活动。

③以提高医疗技术为社区医疗工作的核心，真正实现资源共享。利用医院诊疗技术实力强，水平高，人员结构完整，诊疗设备齐全，服务水平较高，急救能力强等优势，全方位为社区居民提供更安全、更优质的卫生服务。

④以卫生专业技术人员培训作为社区医疗发展的有力保障基础，确保社区医疗卫生服务质量和医疗安全。医院定期组织各中心管理人员参加管理干部培训班学习；选派优秀的管理人员到外省进修学习，有计划的组织医生、护士参加全科医学培训和社区护理培训学习，同时还组织各中心医务人员来本院进修学习，选派各中心10余名医生、护士到省人民医院、同济医院进修学习，使各中心医务人员的整体诊疗技术能力得到了全面的提高，能更好的服务于广大辖区居民。

⑤以满足社区居民的基本医疗需求为目标，深化社区卫生服务内涵。继续对社区医疗就诊病人实行"五免六减"政策，每年减免金额达100余万元。深入推进以预防、医疗、保健、康复、健康教育和计划生育技术服务"六位一体"的工作。同时，注重发挥各社区卫生服务中心的各自特色，开展以中医针灸为主的康复理疗技术，深入社区为辖区老年人、残疾人、中风偏瘫病人提供康复指导、治疗；把心灵驿站和老年公寓工作进一步落到实处，真正为社区群众排忧解难。

⑥以构建和谐社区卫生服务为抓手，推进社区卫生服务可持续发展。坚持做好贫困人员医疗救助工作，2007年该院门诊救助患者达1 600余人次，住院救助90余人次，全免金额2万余元，取得了良好的社会效益。开展客户服务工作，企划部积极与出院病人及其家属进行沟通，认真听取病人及家属的意见和建议，针对存在的问题，该医院星级服务办公室定期召开与临床科主任、护士长的信息反馈会，及时沟通整改，使医院各项工作全面提高。通过共同努力，该区琴断口街、二桥街和翠微街社区卫生服务中心被评为省级示范社区达标单位，卫生部副部长蒋作君、国务院社区卫生服务监督组、市委书记苗圩、市长李宪生、市人大代表等各级领导先后到二桥街社区卫生服务中心开展视察和调研。全国多个省、市代表团到各社区服务中心参观学习。其中，西安市卫生局还专门请二桥街社区卫生服务中心主任樊福成到西安市进行了经验交流。樊福成同志被评为2007年武汉市优秀基层工作者。

干部人事制度改革 2007年，该院实行机构精简，开展了新一轮干部竞争竞聘上岗工作。有200多名职工参与中层干部竞岗，任命了162名，其中有53名专业技术人员通过竞岗走向中层领导岗位，为全院员工提供了一个公开、公平、公正的发展平台，使干部职务能上能下，能进能出，便于优秀人才脱颖而出。

职工工资及福利 2007年完成了全院在职及离退休职工事业单位岗位及薪级工资套改工作。完善了激励机制，按岗发放了绩效津贴。关心职工身体健康，组织全院职工体检，对全院职工进行了高温慰问、离退休职工春节慰问。全年职工住院慰问97人次，对临时困难职工补助7人次，大大提高了职工的凝聚力和向心力。2007年职工工资增长26.56%，奖金增长40.28%。

行风建设 2007年，该院根据中共中央《关于严格禁止利用职务上的便利谋取不正当利益的若干规定》和《建立健全教育、制度、监督并重的惩治和预防腐败体系实施纲要》要求，扎实深入地开展了医药购销和医疗服务中收受"红包"、药品回扣、乱收费等不正之风的专项治理工作。成立了医院治理商业贿赂领导小组。为确保纠风专项治理工作不流于形式，落到实处，医院采取多种渠道加强对职工的教育，将医院组织编印的《反商业贿赂相关政策法规汇编》发给全院职工，人手一册。采用电化教学、集体讨论等形式开展警示教育，组织大家观看《忏悔录》、《阳光下的阴影》等反腐教育专题片，通过对反面典型的分析和讨论，使大家充分认识商业贿赂的危害和恶果，做到警钟长鸣，真正从思想上筑牢反商业贿赂的防线。医院严格执行招标采购制度，进一步加强药品、耗材、设备等物资的购置管理，坚持5 000元以上物品招标、5 000 元以下物品议标；超过50万元的经济项目列为重大经济项目，由相关部门向分管院长提交项目申请报告，超过100万的大型设备采购，必须先期进行可行性研究，由院设备管理委员会进行可性行论证，提交院长办公会讨论通过、职代会审议后，方可进入招标流程，从源头上杜绝了商业贿赂行为的发生。“严生威，廉生明”，全年共收到患者送来的锦旗59面，感谢信、表扬信40封，得到了社会的广泛认同和患者的一致好评。

（吴　荣）

【武汉市第七医院】 2007年，该院占地面积4.7万㎡，有行政和业务用房1.76万㎡，其中病区用房6 400㎡，环境幽雅，交通便利，是一所由政府办的非营利性的二级甲等综合医院。历经50余年的发展壮大，现已成为集临床、科研、教学、体检和社区卫生服务为一体的综合性医院。先后被命名为：全国爱婴医院、全国百姓放心示范医院、湖北省健康教育示范医院、武汉市旅游定点医院、武汉市基本医疗救助定点医院、武汉市城镇职工基本医疗保险定点医院和居民医保定点医院、武汉市110、120急救联动医院。同时，还是省、市多家医学、护理院校学生的实习基地。

2007年，医院有在职职工450余人，有各级各类专业技术人员387人，其中，高级职称70人，中级职称150人。医院开放床位305张，设有肝病科、内科、外科、骨外科、妇产科、儿科、中西医结合科以及急诊科等19个临床科室以及放射科、CT室、检验科、特检科等11个医技科室，另外还设有1个肝病实验室，1个综合制剂室。医院配备了进口全身CT机、直接数字化X线摄影机（DR）、X光—C臂数字减影机、500毫安X光机、全身彩色B超、经颅多普勒超声仪、电子胃镜、胃肠机、全自动生化分析仪、血气分析仪、人工肝支持系统、腹腔镜、Leep刀、全自动麻醉机等一批先进仪器设备。

2007年医院共计门诊1.58万人次，收治入院3 654人次，全年经济收入4 915万元，其中，业务收入4 378万余元。2007年综合医疗质量在全市中心城区二级医院中位居前列，年度被评为武昌区最佳文明单位，武昌区卫生绩效目标考核A级单位，获区委区政府以上表彰的综合或单项工作共24项，获奖个人共14人，其中，肝病科主任医师、科主任李长春获武汉市“五一”劳动奖章。

2007年，在开展医院管理年活动中，按照医院管理年评审要求全面落实各项规定，建立健全规章制度，如《法律法规汇编》、《诊疗常规汇编》、《护理指南》、《院感基本知识》等。加强制度，特别是医疗核心制度的落实。成立了医疗质量监督检查小组，通过强化医疗质量三级保障网络的建设，建立长效机制，促进全院医疗质量的持续改进改进，医疗质量检查综合评分为95分。确保绿色通道的畅通，急危重病人抢救成功率为91%。医疗事故为零，群众对医疗服务满意度达到95%。全院在各级期刊杂志发表专业学术论文42篇，其中，中华系列期刊发表论文11篇。

2007年，该院承办的武昌区中南路街第一社区卫生服务中心，按上级主管部门的要求完成了中心与医院的剥离工作，新址设在武昌区民主路428号。完成了创建“群众满意的社区卫生服务中心（站）”和“标准化公共卫生科”工作。通过市卫生局组织的考核验收，创建“全国残疾人社区康复示范区”工作达标。

医院根据《武汉市卫生局转发卫生部关于二级以上综合医院感染性疾病科建设等相关文件的通知》的精神，在中共武昌区委、区政府的大力支持下，于2007年10月完成了8 578㎡感染性疾病大楼的土建工程。

该院肝病科是重点专科，是武汉市卫生局评定的重点专（学）科建设单位、湖北省肝病学会和传染病学会委员单位。现有医务人员32人，其中主任医师1人，副主任医师6人，副主任技师3人，主治医师3人，主管技师3人，主管护师3人，博士1人，硕士3人。肝病科有床位60张（占全院床位总数9.7%），设有肝病实验室、人工肝治疗室等，集医疗、科研、教学、预防于一体，是中西医结合、内外科结合的综合肝病防治科室。

2007年，该院肝病科门诊17 776人次，收治住院患者633人，床位使用率61.1%。该科开展的《虎眼万年青防治急性肝损伤的实验研究》科研项目在市卫生局立项，科研进展顺利。

2007年，该院在继续深入开展“以病人为中心，以提高医疗服务质量为主题的医院管理年”活动后，全面规范了医院管理，提高了医疗质量，完善了服务措施。加强了医院中层干部队伍建设，选拔了3名年轻的科主任；加强了专业技术队伍建设，选拔了9名青年学科带头人；加强了绩效目标管理，建立了中层干部绩效目标考核制度；加强了医德医风建设，开展“十佳服务明星”评选活动，有12位职工被评为武昌区卫生局服务明星；加强医院文化建设，形成“仁爱、敬业、和谐、创新”的医院文化核心,创建了武汉市第七医院网站(www. hospital 7. com)。在巩固和发展肝病特色的同时,始终坚持“大专科、小综合”原则,促进了医院的发展,满足了广大人民群众基本医疗服务需要。（廖泽文）

【武汉市第八医院(市肛肠医院)】

概况　至2007年,医院占地面积近10 000平方米,总建筑面积30 170平方米,有形资产总额达5 000多万元,肛肠治疗技术无形资产评估价值达2 600万元。

2007年,医院有在职职工526人,在职专业技术人员429人,其中高级职称37人,占8.6%;中级职称173人,占40.4%;初级职称219人,占51.0%。离退休职工268人。

医院设有9个住院病区,设病床350张,其中肛肠科病床250张,设有31个临床医技科室,12个行政后勤科室,专科设置齐全,拥有一批先进的医疗仪器设备。

医疗与服务　2007年,该院门诊收治病人10.2万人次,收治住院病人8 291人次。全年医疗收入7 019万元,比上年增长22.8%,再创医院历史最好水平。在经济收入取得突破性进展的同时,医院精神文明建设亦取得丰硕的成果,进一步促进了医院的全面发展。

2007年,通过政府招标,医院购置更新CT、CR等大型医疗设备,改变了医院的设备陈旧落后局面,提高了医院的诊断、治疗水平。同时,针对性的对供应室进行了科学设计和全面改造,使之成为武汉市验收合格的标准供应室。

该院通过认真分析就医人群的变化、需求和发展趋势,重新调整了科室设置,规范了科室病房收治范围,使专科住院量达到前所未有的高峰。同时,强调以科技进步带动医院业务技术、医疗服务水平的整体提高,鼓励各科开展新技术、新项目,进一步提高了医院专科的市场竞争能力和社会知名度。

在大肠肿瘤根治方面取得了较大幅度的进展。2007年专科门诊量继续上升,住院人次再创历史新高,全年累计开展大肠肿瘤手术576例,其中,癌前期病变手术135例。利用腹腔镜,独立开展的大肠肿瘤微创手术和泌尿科微创手术,跨入武汉市领先水平;肛肠科门诊量上升,住院量再创历史新高;继续开展了大肠癌“三早”荆楚行公益活动,进行了广泛的宣传和筛查活动,有效地促进了大肠肿瘤患者的“早发现、早诊断和早治疗”,进一步提高了我省大肠癌的防治水平,挽救了许多患者的生命,以实际行动造福了社会。

2007年,为了满足武汉市周边地区农民对肛肠专科的医疗需求,医院先后与黄陂、江夏、新洲等地区签订了新型农村合作医疗定点转诊医疗机构协议书,有效地解决了新农合患者就医后的医疗费用结算问题。

人才与科研　2007年,该院牢固树立人才资源是第一资源的观念,采取了“稳定、培养、吸引”相结合的积极人才战略。医院积极引进人才,引进研究生10人。并选送一批同志到上级医院进修,鼓励医务人员自费读研究生。医院在职硕士生人数已增至14人,各科的人才梯队建设也已初具规模,建立了合理的学科梯队结构和人才培养机制。

2007年,该院肛肠外科和华中科技大学同济医学院公共卫生学院合作,正式挂牌成立了“华中科技大学同济医学院公共卫生学院大肠肿瘤防治基地”,同时医院还得到了市科技局的大力支持,成为该院在大肠肿瘤防治学术科研的技术后盾。2007年,继续加强新技术的开展和应用,使医院的科研力度与水平得到进一步提高。肛肠外科陈继贵主任的科研论文《直肠癌前切除术吻合口漏预防的临床研究》也于2007年发表在《中华外科杂志》核心期刊上。

2007年,该院的市级重点专科——口腔正畸科的专科规模的建设不断扩大,影响力进一步增强。科室自主研究的科研课题——《推磨牙向后平移导杆的研制及临床应用》项目,于2007年通过了由武汉市科技局委托武汉市卫生局科技外事处组织的科研鉴定,认为该成果的各项技术指标达到国内同类项目研究的领先水平。

社区卫生与保健服务　2007年,由医院开办的武汉市江岸区四唯街社区卫生服务中心完成了迁址工作,新址的面积达到1 500m^2,设施齐全,该中心的发展已初具规模,能够独立承担社区预防保健、医疗护理、伤残康复、健康教育等卫生服务。

同时,该院体检中心在开发亚健康人群和健康人群的医疗保健市场,充分利用本院的设备和技术优势,扩大市场资源,以辖区单位为基础,以健康促进为目标,向辖区单位人群提供了一条龙的健康体检服务。先后已经成功接待了中共江岸区委机关干部和企业职工等大型团体体检项目,获得了一致好评,体检中心的工作正逐渐走向成熟。

改革与探索　2007年,该院进一步完善了医院药品、器械集中招标采购工作,根据上级有关部门的统一布置,医院中(西)药,医疗器械物资的购进,参加网上统一招标采购,网上招标采购没有的项目参加政府统一采购。切实降低药价,还利于民，杜绝了药品采购过程中的不正之风。并按照性能价格比购买所需物品。按照“计划采购，定额定量供应”的原则，购入的物资、药品登记入库、定期盘点、做到了帐帐相符、帐卡相符、帐实相符、杜绝了采购活动中的不正之风。

在后勤改革过程中，开展了以降低消耗，减少浪费为主的各种形式目标管理责任制，为了发挥总务后勤部门的主观能动性和积极性，实行了严格的岗位责任制和划片包干制，把任务落实到个人，谁受益谁分摊到人的原则，增强了职工主动为临床服务的意识，提高了工作效率，降低了物资消耗和人力成本，改善了后勤服务质量。

形象与宣传　2007年，医院积极利用电视、电台广播、报刊杂志、宣传专栏等媒体向社会广泛宣传医院，让更多群众了解医院的专科特色，使社会对医院的工作给予关心和支持。据统计，2007年医院各项工作被省、市多家媒体宣传报道350余次，收到患者及家属赠送的锦旗、表扬信180面(件)。医院健康持续发展，声誉进一步提高，树立了良好的社会形象，进一步扩大了医院重点专科的社会影响力和知名度。　（金　谷）

【武汉市第九医院】　概况　该院位于青山区红卫路吉林街20号。始建于1960年，医院占地面积2.6万㎡。是一所现代化综合性国家二级甲等医院。至2007年，全院有职工326人，其中高级职称40人，中级职称176人，初级职称90人。开设住院病床300张，拥有引进的CR激光数码成像系统、C臂X光机、腔镜系列，如：腹腔镜、输尿管肾镜、纤维胆道镜、尿道膀胱镜、汽化电切镜、阴道镜、电子胃镜、纤维支气管镜等，以及气压弹道碎石机、彩色B超机、全自动生化分析仪、麻醉机、经颅多普勒检测仪、多参数监护仪、呼吸机、体外振波碎石仪、十二导联心电图机、耳鼻喉诊治综合工作台等先进的诊疗设备。

医院设有脑血管科、内科、惠民病区、外科、妇产科、小儿科、中西医结合的综合科、麻醉科、急诊科、眼科、口腔科、耳鼻喉科、皮肤科、针灸科、推拿按摩科、痔瘘科、ICU病房等17个临床科室，设有CT室、放射科、特检科、检验科、病理科、中西药房、窥镜室等11个医技科室。

该院被评为湖北省百强医院、市物价信得过单位及爱婴医院、市城镇医疗保险及农村合作医疗先进单位、青山区文明单位，是武汉市城镇职工医疗保险、新农材合作医疗定点医院、市工会会员优惠服务基地、青山区民政救助与低保人群优惠定点医院，承担着青山区政府举办医院的医疗卫生职能及“110”、“120”、“122”的急救工作。

特色专科　①该院内镜室拥有先进的OLYMPUS－GIFV70L电子胃镜及OLYMPUS－CFV701电子结肠镜及纤维支气管镜。能对各种胃、肠道疾病提供准确的诊断，并能在镜下开展包括取异物、止血、切除息肉等特殊治疗。

②外科微创技术是现代外科的主要发展方向，被誉为外科发展史上的里程碑。该院将提供技术一流的微创手术能治疗胆囊结石、胆总管结石、阑尾炎、肝囊肿、肾囊肿、前列腺增生、膀胱肿瘤、腺性膀胱炎、输尿管结石、尿道结石、子宫肌瘤、卵巢囊肿、宫外孕、自发性气胸、肺大疱等疾患。微创手术具有创伤小、恢复快、并发症少、住院时间短、经济等优点，被患者广泛采用。该泌尿外科率先在青山地区开展输尿管镜汽压弹道碎石术，治疗输尿管结石，成功率在99%以上。

③脑血管科也是该院重点特色专科，经过多年的运作与发展，现已形成由脑血管内科、颅脑外科、急诊科、康复科等四科合一的联合体。能够开展脑梗塞急性期的静脉溶栓、高血压脑出血的脑室引流术、血肿清除术、蛛网膜下腔出血脑积液置换术及脑出血的微创术等方法治疗各种类型脑血管病，注重脑血管患者的整套康复护理办法，大大提高了成活率，降低致残率，在青山地区享有较高声誉。

④该院内科与同济医科大学开展了心血管用药的临床观察研究等合作项目，与湖北省人民医院内分泌科开展了糖尿病Ⅱ期临床观察的科研。骨外科骨折固定器研究，用于治疗复杂四肢损伤，疗效好，获湖北省外科技术重大成果奖。妇产科的微创手术安全、治疗效果好，为病人减轻了痛苦。中医科在全国名老中医万文谟主任医师带领下形成了肝病专科品牌，在市级医院中名列前茅。

医院改革开放三十年面貌焕然一新　至二十世纪70年代末，该院门诊大楼破旧不堪，病人住院使用的是公共卫生间。给患者印象是医院环境脏、乱、差。自改革开放近三十年来，在中共青山区委、区政府、区卫生局的领导和支持下，医院逐步发展，新建四层综合大楼1栋(1985年)，5 000㎡新门诊大楼1栋，改建了住院病房，实行一房一卫，方便了病人，新建温馨病房，ICU病房等，新增近千万元先进医疗设备，建立了医院中心花坛，规范了停车场。现在的该医院环境美观，设备齐全，就医舒适，各项工作在全市二级医院中名列前茅。

（易新生）

【武汉市第十一医院】

张必伦，男，1953年1月出生，湖北钟祥人，中共党员，本科学历，主任医师。现任武汉市第十一医院院长、党委副书记兼江汉区卫生局副局长。自2000年4月任武汉市第十一医院院长以来，第十一医院总收入及固定资产总值快速增长，在职职工收入平均每年递增22%。先后两次被江汉区委、江汉区人民政府授予“双目标管理先进个人”和“优秀共产党员”称号，中共武汉市委、市政府给他记了“武汉市防治非典三等功”，现在享受武汉市政府专项津贴。

概况　该院是一所综合性医院，是武汉市首批基本医疗救助定点医院、武汉市城镇职工基本医疗保险定点医院、东西湖区城镇职工基本医疗保险定点医院、黄陂区和新洲区农村合作医疗定点医院、省健康教育示范医院、武汉市“工会会员优惠服务基地”、武汉市交通事故定点医院、江汉区子女互助合作医疗定点医院、江汉区社区医疗服务技术指导中心。2007年被指定为武汉市农民工孕产妇分娩定点医院。

2007年，医院设病床405张，全院有职工969人，其中在岗职工579人(含人事代理制及合同制职工156人)，离退休职工308人，其他人员82人。在岗职工中，卫技人员487人，其中高级职称37人，中级职称181人，初级职称269人。医院年门诊量27.72万人次，与上年相比，增长13.8%；收治病人数1.03万人次，同比增长17.60%；病床周转次数30.1次，同比增长1.1次/年；危重病人抢救成功率81.7%，同比增长4.6个百分点；手术人数3 366人次，同比增长3.10%。全年无重大安全责任事故，职工收入人均增幅23.21%，净资产增加809.01万元，固定资产增加16.9%。医院拥有进口CT、DR、三维彩超、腹腔镜、膀胱镜、结肠镜、电切镜、电子胃镜、纤支镜、乳导管内窥镜、经颅多普勒、12导心电图机、24小时心电图、动态血压监测仪、多功能参数监护仪、大型(罗氏)生化分析仪、彩色图像病理分析系统等先进诊疗设备。乳腺外科、胸外科、骨伤科为该院特色专科。有市级“青年文明号”3个，区“女职工建功立业示范岗”1个。

医院管理　新一轮医院管理评审活动中，医院率先在全市申报二级优秀医院评审，将管理评审工作与“医院管理年”活动紧密结合，以评审促进深化管理年活动，以管理年活动推动创建工作顺利进行。召开动员大会，广泛宣传，精心组织，周密部署。成立领导小组和工作专班，制定实施方案，实行责任分解，并与各部门、各科室签定评审达标责任书，做到管理工作的思路、目标、内容、责任“四明确”，努力构建全员参与、各部门紧密配合、上下齐抓共管的创等达标工作机制。组织全院职工以落实评审细则为重点，熟悉并掌握标准，按标准内容落实各项工作。在整体分工基础上，细分各项目标落实期限，定期对科室检查、指导，分步骤、按阶段完成医院管理评审达标工作任务。除每月开展医疗、服务、效益等质量常规性的督导检查外，医院管理评审达标工作领导小组还先后四次对医院各科室进行全面系统督查、评估。针对查找出的问题，认真疏理，分层次、分阶段逐条加以整改。至2007年底，医院一次性通过武汉市卫生局医院管理评审委员会专家评审。

建立健全了院科两级管理责任制，明确了院长是医院管理第一责任人，科主任是科室管理第一责任人。在原有《制度汇编》的基础上，进一步健全了各项规章制度、岗位责任制、诊疗规范及操作流程，完善了院内、科内各级管理制度。建立健全了风险预警机制，完善《重大突发事件应急处理预案》，制定《医疗纠纷应急处理预案》，开展突发公共卫生事件和火警模拟演练，全面提升医院规避和抵御风险的能力。进一步修订完善综合目标管理制度，把管理评审达标工作中的具体要求列入科室考核，实行以质量、服务、经济、效益等四项指标为主要考核内容的绩效管理办法。加强人力资源管理，做好人员定编定岗、职称聘任及岗位聘任双聘工作，继续对医院技术人员职称实行评聘分开，实施合同护士按工作实绩享受同工同酬，落实专业技术人员梯队建设制度，引进高级人才4人和临床医学硕士生8人。建立大型设备管理档案，落实设备采购、保养、维修与更新制度，保障设备处于完好状态，满足临床需求。

医疗质量　2007年，制定了全面系统的医疗质量管理和持续改进计划，实施全程医疗质量控制与持续改进，重点抓好病案管理、核心制度落实、“三基三严”考核等薄弱环节的管理与改进。增强急诊力量，做到专业设置合理，人员相对固定，绿色通道畅通，切实提高救治功能和急危重症患者抢救成功率。适时召开全院医生、护士大会，对医疗质量进行总结分析，查找差距，并多次组织有关人员到已达标的医院学习取经，借鉴外院的先进经验，改进自身工作，提高管理水平和服务质量。将内科按病种划分为五个病区，严格按疾病类别收治病人，减少安全隐患，促进医疗质量提高。同时顺应医疗市场发展规律，将骨科扩充为二个病区，力促骨科做大做强，并逐步探索中西医结合治疗骨病的新模式。

医学教育　2007年组织院内各种培训35次，职工参学率达95%；组织考试85次，参考率达99%，考试合格率98%；选送院外进修、培训共计51人次。加强岗位练兵，积极参加市区岗位技能大赛，荣获全市医院护士岗位技能竞赛团体三等奖，荣获江汉区临床西医师技能标兵4人。在各类刊物发表论文30篇。接受华中科技大学同济医学院附设卫生学校护理专业实习学生16人，圆满完成临床实习带教任务。

基本设施与就医环境建设　至2007年，总投资5 060万元，建筑面积为10 810平方米，占地面积600平方米的16层新住院大楼于春节后正式投入使用。该大楼规划科学、设计新颖、布局合理、体现人性化。统一了导向系统，建立了清晰便捷的就诊线路，配有整体性绿化建设和先进医疗设备及相关设施。同时，医院对旧楼进行整体改造，改造总面积约5 000平方米。投资数百万元建设了现代化净化手术室；引进数字化X射线摄影系统（DR），按照设备的技术要求对放射科进行了全面改造；扩建了产妇分娩室，增设了婴儿沐浴室，区分了产婴区与住院区；新建改建了ICU病房、检验科、供应室和内镜清洁消洗中心，其布局、设施和工作流程既符合医院感染预防和控制的要求，又满足了临床工作需要；扩大了急诊诊疗区域，划分抢救室和输液室为各自独立的空间。重建职工食堂，开设营养食堂，配备营养师，根据患者不同疾病开出合理的营养处方，保证患者住院期间的治疗膳食。

行风建设　2007年，该院再次出台《关于深入治理商业贿赂，加强行风建设的实施意见》和《关于医务活动中收受"回扣"、"红包"等违规行为的处理意见》，进一步健全了医院内部财务管理和内部稽核、控制制度，规范了经济活动决策机制和程序，实行了重大基建项目和经济活动审计制。推进医院信息化管理，及时了解和分析临床诊疗信息，包括临床用药、医疗收费等情况，有效防范和及时纠正医疗服务中存在的问题。

在设备与药品购置方面，实行万元以上设备100%招标采购。2007年设备购置金额为746万元。严格实行药品集中招标采购，采购药品总额3 141万元，其中招标采购药品达95.6%。在药品比例控制上，根据病种和病情需要，分别制定各科药品比例，采取药品比例网络监控。定期通报药品比例控制情况，对超标的个人及科室，按医院规定予以处理。全年药品比控制在41.47%。

以深化党务公开为平台，进一步推进院务和医务公开。开展党员示范岗和服务承诺活动，健全行风承诺制及医德医风巡查、考核、评价、奖惩制度。聘请院内和社会行风监督员，动态监督医院行风。定期开展行风满意度调查，听取群众意见和建议，主动接受社会监督。2007年医院共收到感谢信23封，锦旗11面，有30人次退红包共计12 550元，1人上交红包600元。

医院文化建设　2007年，该院以庆祝建院九十周年为契机，传承医院文化，彰显医院精神。出台了建院九十周年系列庆祝活动方案，并通过网站向社会宣传，展示医院悠久历史和特有的文化底蕴；收集整理职工在各级各类刊物上发表的论文，汇编成《武汉市第十一医院论文集》，浓缩医院技术精粹，总结医院成功经验；举办"加强医患沟通，构建平安医院"论文演讲比赛及亲情回访活动，搭建和谐发展平台，促进和谐医院建设；查找各类资料、档案，编印医院九十年历程的纪念画册、纪录片和举办宣传展版，展现几代医务人员"救死扶伤，实行革命人道主义"的博爱胸怀；创立医院文化墙，传承医院文化，弘扬"团结、拼搏、创新、发展"的医院精神；举行院庆九十周年庆典大会，组织新老职工同台文艺演出，在共享九十年发展成果的韵律中，增强职工爱院、爱岗、敬业意识；开展医疗服务优惠月活动，坚持让利于民，以实际行动向社会回报；引导职工参与比学争优活动，形成"团结友爱、积极向上"的文化氛围。2007年，有1人被评为首届"武汉市卫生杰出青年"，2人被评为"武汉市百名优秀护士"，1人被评为武汉市优秀共青团员，1人被评为江汉区优秀共青团干部，1人被评为江汉区安全生产先进工作者，1人被评为江汉区"十佳"巾帼标兵。

人文关怀　2007年，该院为全院在职职工免费体检，建立职工健康档案；按国家政策标准发放并补发了全院职工工改工资及晋薪工资；上调在职人员养老保险、医疗保险金、失业保险缴费基数和退休人员医疗保险缴费基数，提高了职工福利待遇，改善职工生活环境。为关爱离退休职工，在重阳节组织老职工畅游汉阳江滩，享受老有所乐；

针对退休党员年老体弱、身居异地、缴纳党费不便等情况,集中民智,从2007年开始实行退休党员党费工资代缴管理。

惠民工程　2007年3月,该院被市卫生局批准为农民工孕产妇分娩定点医院后,采取"深入社区农民工家庭宣传政策、定期举办农民工孕产妇健康课堂、病区设立农民工孕产妇室"等多项措施,保障农民工孕产妇分娩优惠政策得到落实。一年共有50余人农民工孕产妇享受到政策优惠。打破了中心城区与远城区医疗保险的地域界限,率先在全市实行与东西湖区医保联网,解决了东西湖区医保病人不能在中心城区刷卡看病的难题。建立并巩固新型农村合作医疗关系,完善相关规章制度,维护参合农民的利益。全年收治新农合病人358人次。

该院对区内社区卫生服务机构加大扶持力度,为社区卫生服务中心免费提供病床100张,免费接收社区医师来院进修。将阳光分院改制为唐家墩街社区卫生服务中心,按要求实行"医药分开"招标工作及中心人员配置准备工作,为切实做好"六位一体"的基层医疗卫生服务奠定了基础。

此外,还大力支持配合全市开展"四城同创"工作,积极为六城运会提供医疗救治服务,常年免费向社会提供医疗救助病床8张,为弱势群体提供畅通的救治通道,用高效、优质、便捷的的服务为政府分忧解难。据统计,一年来医院共接诊"110"患者652人。

医院改革开放三十年变化

①基本情况对比。1978年,医院位于江汉区沿河大道7号,是一所综合性医院,名称与现名同。1980年医院恢复原名"武汉市红十字会医院"。1995年医院又重新启用"武汉市第十一医院"院名,并保留院名至今,也是武汉市卫生学校教学基地。医院建有三层楼的门诊部和住院部各一栋,医疗用房面积约1.11万平方米。医院为党支部级,时任领导7人。据不完全统计,全院职工223人,设床位200张,年门诊量23.46万人次,收治病人数4 080人次,病床利用率77.2%。有X线拍片机、X线透视机、单导心电图机、乳腺液晶热图像、显微镜、581型光电比色机、高压灭菌消毒锅、牙科治疗椅2台,手术床2张等设备。

2002年5月,该院迁至江汉区香港路392号(原东风卫生院旧址)现址。至2007年,该院经过30年的改革开放与建设发展,已成为武汉市首批基本医疗救助定点医院、武汉市中心城区和东西湖区城镇职工基本医疗保险定点医院及黄陂区和新洲区农村合作医疗定点医院、省健康教育示范医院、武汉市"工会会员优惠服务基地"、武汉市交通事故定点医院、武汉市农民工孕产妇分娩定点医院,江汉区子女互助合作医疗定点医院、江汉区社区医疗服务技术指导中心。

2007年,医院建有16层和8层楼2栋综合性医疗大楼,集门诊、住院、病房、医疗、科研、教学、行政于一体,其中医疗用房面积是2.27万平方米。建立了信息化管理内部局域网,覆盖医院内各科室,重点部门还安装了国际互联网。医院设病床405张,全院有职工969人,其中离退休职工308人。在岗的661名职工中,有卫技人员487人,其中高级职称37人,中级职称181人,初级职称269人。医院全年经济收入8 700万元,年门诊量27.72万人次,收治病人10 272人次,病床利用率82.4%,手术3 366人次,有固定资产1亿元,是1986年的42倍。医院引进一大批先进诊疗仪器,拥有进口CT、DR、三维彩色B超、腹腔镜、膀胱镜、结肠镜、电切镜、电子胃镜、纤支镜、乳导管内窥镜、乳腺三算子及血氧成像检查仪、经颅多普勒、12导心电图机、24小时心电图、动态血压监测仪、多功能参数监护仪、大型(罗氏)生化分析仪、彩色图像病理分析系统等先进诊疗设备和中心供氧系统、中心供应室、现代化净化手术室(共8间)、净化输液配置室、ICU病房、婴儿沐浴室、隔离分娩室及待产室等先进医疗设施。住院病房配置有独立卫生间、淋浴房、衣柜、电视、电话、冰箱、微波炉等。设有乳腺外科、胸外科、骨伤科等特色专科。

②诊疗技术进展。至2007年,该院成立了大内科和大外科系统。按病种分类,内科、外科系统各设有5个病区。除常规的诊疗技术手段外,心血管内科开展了溶栓治疗;消化内科开展了结肠镜检查治疗;神经内科开展了经颅多普勒检查;乳腺外科开展了乳腺导管镜检查治疗、三算子检查;骨外科开展了脊柱手术(含椎间盘手术)、全髋置换手术;普外科开展了腹腔镜手术、吻合器痔上直肠粘膜环切术(PPH手术);妇产科开展了leep's刀手术、腔镜手术;胸泌外科开展了心血管外伤救治业务、膀胱镜检查治疗、膀胱镜电切手术;B超室开展了心脏B超检查及阴式B超检查;放射科开展了CT和DR检查;检验科开展了血气分析和大型全自动生化检查;眼科开展了视网膜电生理检查、眼B超检查及眼科显微镜手术;口腔科开展了数字减影牙片摄片检查(CR检查)。

③护理技术进展。该院护理工作由以疾病为中心发展为"以患者

为中心”的整体护理和到“以人的健康为中心”的护理。成立了护理服务中心,提供24小时全程服务。

在急救护理技术方面,开展了760有创人工呼吸器(人工呼吸机)操作技术、多功能(参数)监护仪操作技术、全自动洗胃机操作技术、萨勃机械心肺复苏机使用技术、双向除颤监护仪使用技术。护理操作技术方面,开展了输液泵、微量注射泵应用技术、有氧雾化吸入法、压缩雾化吸入法、留置气囊导管导尿应用技术、胰岛素泵应用技术、转运病员软担架应用技术、静脉留置针应用技术。

在专科护理技术方面,心血管内科开展了心肌梗塞溶栓治疗及观察护理;普外科开展了胆破裂修补术后护理、胆管癌术后护理、肝脏破裂修补术后护理;妇产科实行了母婴同室,母乳喂养,开展了会阴侧切伤口包埋法、新生儿抚触、新生儿游泳、多普勒胎心仪、纳米光催化空气消毒仪、电脑胎心监护仪(母婴型)、远红外多功能加温器等护理技术;胸外科开展了纤维支气管镜检查前后护理、胸腔灌注、膀胱灌注、心脏破裂修补术后护理;骨外科开展了髋关节置换术后护理、颈椎间盘切除加钢板内固定加植骨融合术后护理、空心钉治疗股骨颈骨折术后护理、腰椎间盘髓核切除术后护理、脊柱骨折AF/GSS内固定术后护理、颅骨牵引术后护理、皮瓣移植术后护理、一次性医疗看护垫在术后病人的运用、婴儿枕在颈椎牵引病人中的护理、中医熏洗治疗床使用技术;乳腺科开展了乳腺增生健康教育处方宣传、乳腺导管镜检查护理、光电子乳腺治疗仪应用;肿瘤科开展了静脉导管PICC后期维护、白细胞增生仪穴位治疗护理;手术室开展了高频电刀使用技术、无菌抗炎一次性敷贴应用、腹腔镜手术配合操作常规、对接手术转运床等护理。

在护理设施方面,增添了微波、神灯理疗、多功能关节康复治疗仪、输液天轨、床边隔帘、床边及卫生间呼叫装置、多功能带轮病床(有护栏架、桌面板)、急诊多功能转运床、电动牵引床、气垫床、预真空压力灭菌器、全自动医用清洗机、超声清洗机等护理设施。　(张　洁)

【武汉市第十二医院】

概况　2007年,医院准确把握院情,找准发展定位,抢抓机遇,保证医院平稳发展,在深化医院管理年活动的同时,以加强质量和人员队伍建设为基础,以改革和完善医院运行机制为重点,全面提升服务功能,不断提高医疗服务水平,较好地完成了上级下达和各项工作目标。

2007年,全院职工有323人,其中医生106人,护士119人,完成门诊13.75万人次,住院3 542人次,业务收入1 978万元。

医院管理　2007年,该院继续深化医院管理年活动,强化各级各类人员的责任意识,坚持公立医院的公益性质,坚持“以病人为中心”,坚持依法执业,规范医疗行为,改善服务态度,提高医疗质量,降低医疗经费用,提高医院管理水平。医院切实履行该院各医疗管理委员会的有关职能,严格执行国家有关医疗卫生管理的法律法规、诊疗护理规范、常规,加强医疗质量的监管。医院坚持手术分级管理办法,进一步规范病人术前检查和患者代理人代签知情同意书的授权委托书,健全医院规章制度和人员岗位责任制度,执行13个单病种结算管理办法,推行科室成本核算,以降低医疗费用;简化服务流程,以缩短病人候诊时间;继续实行15项便民利民措施,开展导医导诊服务。2007年度该院张仕雄、汪涛、朱争艳3人分获武汉市第十五届执业技能大赛医师技能比赛第四、第九名,并获武汉市技术能手称号。

医德医风　2007年,该院坚持“病人至上,服务为本”的宗旨,大力开展治理医药购销领域商业贿赂工作,在全院开展反腐倡廉教育、“八荣八耻”教育及医疗卫生工作人员“十不准”规定的学习,倡导良好的医德医风。在各个病区及工作区域醒目处设置警示牌,公布举报电话,向社会公开医疗服务项目及收费标准,接受监督。进一步完善医德医风档案,认真落实医德医风考核、评价、奖惩制度。对医院重点部门、重点岗位的人员进行预防职务犯罪的培训,继续与药品、耗材、设备、基建工程等经营企业签定廉政合同书。2007年集中招标药品占医院用药总量的98.6%,集中招标耗材占所用耗材量的88.2%。推行药品用量动态监测、超常预警、医生不当处方公示点评和医德医风档案制度,严格执行国家有关药品加成的规定,严禁提高加成比例。

科研工作　2007年,医务人员发表论文11篇,交流1篇。骨科成功开展了人工髋关节置换术,麻醉科、功能科合作开展无痛胃镜检查。

社区卫生服务　2007年,该院创办的关山街第一社区卫生服务中心,以提高社区卫生服务质量为核心,以加强社区卫生服务内涵建设和队伍建设为重点,做好创群众满意社区卫生服务机构、创标准化公共卫生科、创区残疾人康复指导中心、创省级计免门诊,创全国中医药特色服务示范区工作。社区瞄准新目标,进一步转变服务理念,挖掘市场潜力,提高服务质量,积极为社区居民提供形式多样、人性化的社区卫生服务,组织医务人员分组、分片包干进社区进行健康调查,免费为社区居民建立健康档案,共建立和完善家庭健康档案 51 833 份,社区门诊 57 658 人次,业务收入 130 万元,双向转诊 236 人次,对 7.7 万人次实行"五免六减速"政策,共减免 38.3 万元,社区妇女儿童保健覆盖率达 90%,群众对社区卫生服务知晓率达 90%,满意率达 88%。

医院建设　洪山区十二届人大四次会议将《关于加强洪山区中心医院建设的议案》列为大会 3 号方案以来,有力地推进了医院建设步伐。一年来,医院异地建设取得实质性进展,中共武汉市委、市政府从优化医疗资源出发,同意通过医院资源重组的形式盘活了卫生资源存量,将武汉市第三医院、第十二医院合并,进行优势互补、资源共享,以完善关山地区卫生配套设施,满足群众对卫生服务的需求和地域规划的要求,更好地履行市、区两级政府医疗卫生职能,为广大老百姓提供优质、高效、便捷的医疗卫生服务,促进武汉市医疗卫生事业可持续性发展,实现医院发展的突破。

领导名录　党委书记:卢君生;纪委书记:陈甫义;院长:江旺祥;副院长:陈甫义(兼)、鲁新耀;

(熊元芳、朱艳萍)

【武汉市第十三医院】

概况　至 2007 年 12 月,该院有职工 417 人,其中专业技术人员 377 人(高级职称 25 人,中级职称 166 人,初级职称 164 人,未定职称人员 22 人),行政管理人员 3 人,后勤服务人员 37 人。设有 1 个门诊部(含专家门诊、专病门诊)和 9 个住院病区,设 14 个临床科室及检验、药剂、放射、功能科等 4 个医技科室。

医疗工作　至 2007 年 12 月,该院全年门诊量 8.52 万人次,出院 7 225人次,病床使用率 59.6%,住院手术人次 1 327 人,诊断符合率 95%,治疗有效率 91.0%,医技检查 74 239 人。基础护理和专科护理合格率≥90%,特、一级护理合格率≥90%,护理技术操作合格率≥95%,护理文件书写合格率≥95%。年褥疮发生率为 0。坚持以病人为中心,巩固医院管理年活动取得成果,持续改进医疗质量,主要工作举措:

一、重视专科建设与管理。2007 年,该院加大了对重点专科建设的投入,对心血管内科、内分泌专科、神经内科进行重点扶持。在心血管疾病治疗方面,配备了 24 小时动态心电图仪、血压监测仪。神经内科积极培训人才,成功地开展了颅内血肿微创清除手术。同时投资 50 万元购置了放射影像设备 CR,提高了放射检测水平。

二、着力抓好药品使用管理。调整了医院药事管理委员会领导小组,建立了专业小组。开展了处方点评,严格按药品通用名开处方。不定期开展临床药物使用督导检查,规范和促进对抗菌素、麻醉药品、精神药品的合理应用和管理,增强了医务人员和社会人群的合理用药意识。

三、严格规范依法执业。组织医务人员学习《执业医师法》等法律法规。严格执行医务人员准入制度,坚持执业人员按相应资质执业。对执业变更的人员及时办理变更手续,无证医师、护士一律不准单独上岗执业值班。新员工上岗前均必需进行医疗卫生法律法规培训。完成了全院机构效验和有关执业项目的变更,对门诊各科不符合诊疗科目规定的挂牌进行了更换。

四、强化医务人员"三基"培训。年初制定了全院"三基三严"培训实施方案,明确了"三基三严"培训考试及奖惩办法,每月组织两次全院性学习。各科结合专业组织培训,效果明显。对院内抗感染人员培训 6 次、护理人员专业培训 4 次。购置新一代徒手心肺复苏人体模型一具,为训练护理人员徒手心肺复苏技能创造了条件。

五、着力抓好护理质量与安全。认真落实各项护理制度,严格实施各项护理环节监控。一是护理人员的环节监控,做到重点交待、重点跟班、重点查房;二是病人的环节监控,即做好新入院、急危重、大手术后病人的重点检查与监控;三是时间的环节监控,节假日、双休日、繁忙时段、交接班时段均搞好监控;四是护理操作的环节监控,对输液、输血、各种过敏试验及手术前准备等环节随时监控。

医院管理与成效　2007 年,该院管理着眼于强化医德医风建设,完善优化医疗服务,提高整体服务功能。

一是进一步实施专项治理,重点开展了三项工作。

①组织开展党员干部严禁利用职务之便,谋取不正当利益的自查活动;

②组织医务人员就"有无收受病人红包、收受商家回扣,有无克扣病人药品,有无向外院介绍病人"等现象进行自查活动;

③对骨科器材实行统一购置,确定 3 家供货单位竞价供货,改变原来由临床医生手术前联系供货单位送器械的不良现象,杜绝了医生与商家的不正当往来。

二是创建和谐平安医院。

①建立了医患沟通制度,明确

了医患沟通的内容要求；

②建立了病人投诉处理制度，畅通了病人投诉渠道，对医务人员违纪违规行为及时查处。

三是进一步改进医疗服务薄弱环节。按照便民利民原则，减化优化服务流程。

①淘汰煤锅炉，将锅炉房改造为洗衣房，改造装修面积260平米，改善了洗衣房工作条件；

②CT室加层兴建500平方米，对医技楼科室予以调整，将门诊检查科室集中到医技楼，使病人检查进一步集中、方便和快捷；

③临床住院科室配备便民箱，解决了住院病人一时生活上的短缺和不便，不断做到亲民便民利民。

四是不断加强财务管理，坚持"统一领导、集中管理"的原则，财务收支纳入财务部门统一管理，严禁设立账外账和"小金库"。加大了成本核算力度，实施了按岗、按工作量、按服务质量与工作绩效取酬的分配机制，杜绝了将医务人员收入分配与医疗服务收入挂钩的做法。

医学教研　2007年，重视医学教育、科研与培训，组织全院性三基三严培训13次，外出参加学术讲座100人次，选送4人到三级医院进修深造，接待乡镇医院医生进修5人，接受院校实习生15人。全院医务人员在市级以上医学杂志上发表论文22篇。

新型农村合作医疗　2007年，全院接收参合住院病人2 316人，比上年增加949人，占全院住院病人的32%，总费用733.76万元，补偿金额为238.77万元，平均补偿率达到32.5%。

精神文明建设工作　一是组织共产党员进行教育和学习，加强了基层中共党支部建设，请区党校理论教员辅导学习，进行中共党的十七大精神宣讲；组织全院干部职工观看《武汉市治理商业贿赂警示教育图片展》；加强6个基层党支部建设，调整充实了各党支部组成人员。

二是加大对外宣传力度。向《蔡甸通讯》投稿并发表5篇，《鲜花送给出院病人》(图片)在《湖北日报》发表，《换位体验看病难》在《楚天都市报》发表，节能减排、污水处理等环保工作，在湖北卫视公共频道《湖北环保风云》栏目播出。开展了社区义诊、下乡义诊、党员义诊等送医送药送温暖活动共计29次，金额达万元。

三是工会、共青团积极开展活动，在5月份组织60余名医务人员分两批到江西婺源参观学习，并到当地开展了就医体验活动。年底开展了全院迎春歌咏比赛晚会，展示了白衣天使的精神风貌和医院文化建设取得的成果。

四是全院集体和职工个人获多项荣誉称号。2007年，医院获武汉市统计工作先进单位称号；院中共党总支被评为全区卫生系统先进基层党组织。殷玲获武汉市"五一"劳动奖章、蔡甸区优秀人才奖。唐茵获区巾帼建功先进个人、三八红旗手称号。　　（袁幼明）

【东西湖区人民医院】

柯贤军，男，1968年12月出生，中共党员，生物化学和工商管理专业硕士研究生，副主任医师。从事神经内科临床及科研工作17年。在脑卒中、癫痫、痴呆等疾病的研究中取得了成功的临床治疗经验。主持了湖北省卒中单元模式运作和实施效果研究、癫痫病人脑、脑脊液及血液中COR2及其表达产物检测的研究，参与了耐药性癫痫病人脑组织内载脂蛋白E等位基因多态性研究。撰写论文10篇，分别在《中华医学杂志》(英文版)等核心刊物上发表。现任武汉市东西湖区人民医院院长，武汉市医院管理学会理事，武汉医学会神经内科专业常委。

概况　该院是一所集医疗、急救、预防、保健、康复、教学、科研为一体的二级甲等综合性医院，位于武汉市东西湖吴家山台商投资开发区中心，占地面积5.8万平方米，建筑面积近3.82万平方米，其中业务用房面积1.72平方米。1995年被联合国儿童基金会、世界卫生组织和国家卫生部联合授予"爱婴医院"称号。2007年，该医院有职工438人，其中，卫生技术人员320人(占职工总数73.06%)，包括主任医师8人，副主任医师34人，主治医师139人，医师142人，行政管理人员24人，工勤人员60人。开放病床360张，设有25个临床医技科室和17个职能科室，是医保、伤保、生育保险、合管医疗、新型农村合作医疗的定点医院。

医院坚持以人为本，走科技兴院之路，注重加强人才队伍建设，崇尚学术，遵循"医德精业，求实创新"原则，全面实施"人文医疗、人文服务、人文环境"。

2007年与1987年相比：医院实际开放床位数为360张，比1987年(350张)增加2.9%；医院病床使用率为112.9%，比1987年的66.8%增长了46.1%；医院入院人数是12 736人，比1987年(7 154人)增长78%；出院人数12 712人，比1987年(7133人)增长78.2%；

实际开放床日数是131 400(天),比1987年(127 750天)增长2.9%;实际占用总床日数126 240(天),比1987年(101 056天)增长了24.9%;2007年出院占用总床日数126 890(天),比1987年(93 762天)增长35.3%。

加大投入,引进新设备,促进新业务新技术的发展　该院随着临床新业务和诊疗新技术的不断开展,在拥有比较先进诊疗设备的基础上,不断加大新医疗设施建设的投入力度,2007年又投资700余万元购置了一批新设备:更新1台美国GE多排CT,添置了电子腹腔镜、电子胃肠镜、高频胃肠X光机等先进医疗设备,至此,该院共有万元以上设备150台,为医院可持续发展和社会服务提供了强有力的硬件支撑,也为临床各科室开展新业务、新技术创造了条件。外科系统腹腔镜业务范围不断扩展,技术更加成熟;内科系统在急危重及疑难病人诊治方面积累了一定的经验,开展肿瘤化疗取得了较好的临床效果,其它专业学科也都有不同程度的发展。

人才培养和学科建设是创新医院的主题　不断提高医疗服务质量是该院的中心目标,继续教育是提高医护服务质量的重要途径。2007年,该院邀请外院专家来院讲学5次,参加者1 500人次,本院举办医学学术讨论和相关法律法规培训班26次,参加者平均180人/次。同时,该院成功举办了武汉市外科学习交流会。为加快人才培养和稳步推进职工队伍整体素质的提高,始终鼓励和支持医院职工参加学历教育,提倡终身教育,2007年共派10人到外院进修学习,有18人为研究生在读,36人本科在读,还积极鼓励和支持学历教育在读的职工顺利完成学业。医院在加强人才的培养上还制定了培训计划,针对管理和各科专业特点,从高管层开始分批次外出学习,使人人都有紧迫感、责任感。走科技兴院之路,向技术要效益。

2007年,该院职工在国内医学学术刊物上发表论文76篇,参加学术会议交流论文60篇(全国40篇、地方20篇),荣获东西湖区第七届优秀论文评比一等奖4人,二等奖6人,三等6人。同时,有2个科研项目被东西湖区征集列入2008年度科技项目立项,1个科研项目正在积极向省科协申报。

狠抓医疗质量,加大考核力度

2007年,该院通过狠抓医疗质量管理,医疗质量稳中有升,医疗、护理、院感等各项指标均控制在正常范围内。门诊诊断符合率为98.6%,3日诊断率为95.7%,住院危重病人抢救成功率为90.1%,住院病历甲级率为95.2%,处方合格率95.5%,门诊病历合格率为95.8%,基础护理合格率96.96%,专科护理合格率为96.88%,特、一级护理合格率96%,护理技术操作合格率97.95%,护理病历书写合格率95%,整体护理开展率100%,健康教育开展率100%,院内感染发病率为1.32%,病人满意率在95%以上。

实施人文环境建设,打造患者温馨家园　医院在积极努力创建人文环境,实施人文服务的同时,得到中共东西湖区委、区人大、区政府、区政协的热情关怀和大力支持,医院新住院部综合大楼已于2007年8月18日正式破土动工,预计2008年度交付使用,新住院部综合大楼的修建可满足东西湖地区不同层次住院病人的需要,设计布局合理、功能齐全、具有信息化、智能化功能,这将成为该院发展史上又一个新的里程碑。医院院容院貌实现了园林化,院内绿树成阴,环境优美,芳草茵茵、鲜花盛开,处处充满着蓬勃生机。

强化内部管理,关心职工生活

为积极配合区委组织做好全省公开招聘院长工作,通过竞聘考核,新院长于2007年6月28日正式上任到位。新一届领导班子坚持以求实创新,开拓进取,追求高技术、高质量、高效益为己任,坚持把弘扬主人翁精神作为政治建设的重点,不断增加全院职工凝聚力,医院党、政、工、团经常开展以“赛思想、赛学习、赛教育、赛干劲、赛技术、赛服务、赛作风、赛纪律、赛效益”为主要内容的争先创优活动。2007年完成了院党支部的换届选举,开展了“党员示范岗”评比活动,加强了党风廉政建设和医德医风教育。同时,医院注重文化建设,建立了东西湖区人民医院网站,加大了医院特色专科、先进技术、知名专家、先进事迹、模范人物、重大举措的宣传报道,将院长的手机号码以温馨提示的方式在门诊楼和各病区醒目处公布,接受患者的投诉和监督,病人满意度达96%。

在加快发展的同时,医院十分注重发挥院职代会、工会和妇委会职能作用,维护职工合法权益,为职工办实事、办好事。2007年该院为586名职工办理了重大疾病医疗互助,为400多名女职工办理了第二批妇女重大疾病平安保险。医院在资金紧张,没有拨款的情况下,克服困难,自筹资金,按照区政府公务员标准全额兑现了离退休和在编在职员工资津(补)贴,为全院及全区的稳定工作作出了贡献。

医院每年坚持举办趣味运动会、冬季长跑比赛、职工外出休养、春节联欢晚会、演讲及有奖征文活动，这些活动形式已成为自身独特的医院文化。

医院以科学的发展观为指导，对创新管理思维和模式进行了改革，特别对医疗、护理、规章制度、用人制度、薪酬体制、人才培养等方面进行了一系列改革探索，同时强化财务科室参与控制、服务、协调职能，完成了"管理核算型"到"经营理财型"的财务管理模式的转变，后勤管理运行模式也在渐进改革，修订、整理了《管理制度汇编》，全院职工明确了责任，加强了约束，规范了行为，从而保障了医院的高速发展。

认真做好"对口帮扶"和"千名医生下基层"工作　为贯彻落实中共党的十七大会议精神，进一步加强基层卫生服务网络建设，提高了基层医疗卫生服务机构的服务水平，为人民群众提供安全、经济、快捷、有效的基本医疗卫生服务。

从2007年开始，该院出色地完成了市卫生局下达的"千名医生下基层"和"对口帮扶"任务，下派的医务人员将闲置多年的病房、手术室重新建立和利用起来，真正用业绩实现了帮扶价值，使老百姓得到实惠，医院提高了社会形象。

拓展医疗服务市场，建立完善社区卫生服务体系　自医院成立社区服务中心以来，该院始终坚持把病人的需求和满意作为医院服务工作的准则和努力方向，按照构建和谐社会的要求，以完善社区卫生服务网络为途径，树立为社区群众开展卫生服务的意识，建立社区卫生服务体系，规范了社区卫生服务管理，制定和完善了《社区卫生服务机构管理实施细则》，加强了社区卫生服务机构内涵建设，实行"五个统一"管理，使社区卫生服务工作规范有序地发展。

创立医院精神，狠抓医德医风

2007年，该医院十分注重医德医风建设，把医院内部评价和社会监督相结合，对内坚持医德医风考核制度，对外设立意见箱，公布举报电话，采取出院病人电话回访制和每月的病人满意度调查，做好开门评医、开门办医，把医德医风建设纳入全院综合目标管理的考核内容，建立了医德医风个人档案，设立了举报箱和举报电话。加大了正面教育的力度，每年都举办知识竞赛、演讲会、听党课、收看先模人物录像片、参观图片展等活动，在职工中牢固树立"一切以病人为中心"的服务理念。2007年医院共收到群众感谢信16封、锦旗8面，拒收红包7 800元。同时，聘请了9名院外监督员以接受社会和群众的监督。加大对不正之风源头的治理力度，医院积极参加药品、耗材、大型诊疗设备的公开或网上集中招标采购，规范透明药品、耗材、诊疗设备采购流程和采购制度，真正使老百姓得到实惠。2007年有1人被评为湖北省优秀护士、1人被评为武汉市优秀护士、4人被评为区优秀护士。在市卫生局组织的全市护士岗位技能大赛活动中，医院荣获团体二等奖，1人荣获"护理技术操作能手"称号(位居前五名)。在武汉市第十五届职业技能大赛的执业医师比赛中，有1人荣获卫生系统技术能手称号。2007年度，该医院被评为湖北省卫生先进单位，武汉市"创争"活动领导小组授予"第二届创争先进单位"、武汉市文明单位、武汉市"千名医生下基层"先进单位、东西湖区卫生目标管理先进单位、东西湖区新农合工作先进单位、东西湖区计划生育工作先进单位等荣誉称号。　(段　威)

【汉南区人民医院】

概况　2007年，该院占地面积1.8万平方米，建筑面积1.5万平方米，设有内、外、妇、儿、感染、中医、五官、放射、检验等36个临床、医技科室，开放床位220张，有在岗职工325人，其中专业技术人员280人，其中具有中高级技术职称者142人。该院拥有从国外进口的全身CT、全自动系列生化分析仪、B超、胃镜、膀胱镜、麻醉呼吸机、经颅多普勒检测仪、24小时动态血压监测仪、心电监护仪、血球计数仪、尿液分析仪和大型肠胃机等先进设备，建立了ICU、CCU监护系统。该院自备急救车2台，是汉南区急救中心。心血管、消化、呼吸、神经内科；骨外、泌外、普外、创外、妇科、产科、小儿科、中医内外科等专科各具特色。创伤外科和消化内科为该院的两个重点专科。中医外科治疗皮肤顽固性溃疡等疑难杂症独特的方法在省内外有一定知名度。

主要工作目标任务完成情况

2007年，实现总收入2 465万元，其中医疗业务收入2 363万元，业务收入比上年增长18.6%；药品和一次性医用耗材招标采购落实了市政府有关文件和精神，基本达到规定的要求，药品招标金额占药品支出的85%，药品收入占业务收入比例为62.95%；建立了常用的医疗服务和药品价格公示制度，加强了行业作风建设，病人满意率为98.5%；法定传染病和重大疫情报告及时准确规范；开展新技术4项；医务人员施行了持证上岗制度，持证上岗率为100%；危重病人抢救成功率为92.5%；规范财务管理综合得分98.5分；党风廉政建设、计划生育和社会治安综合治理工作均完成了目标任务，全面落实完成了2007年全院医疗卫生工作的奋斗目标。

医院管理年及医疗护理工作

持续改进医疗质量，支持学科创新发展，综合实力日益增强。规范医疗行为，保障医疗安全。规章制度是实现医院管理制度化、规范化、标准化、科学化的基本条件。2007年，该院印发了《医疗质量和医疗安全的核心制度》，把相关的医疗操作规程及法律、法规汇集成册，下发到各科室，并定期组织医务人员学习、培训与考核，规范了医务人员的医疗与管理行为，加大了治本力度，对提高医疗质量，保障医疗安全起到了有效的促进作用。严格基础质量，强化"三基三严"，提高安全意识。以院长行政查房和院领导及职能科室负责人下科室联系工作等形式，组织各学科带头人及"医院管理年"活动领导小组成员深入到科室检查医护人员对"三基"知识的掌握情况。针对存在的问题，医院组织专家对全院医护人员进行"三基三严"方面的培训与考核。"医院管理年"活动专家小组还逐条按照《武汉市医院管理年活动督导检查方案》及《湖北省二级医院评审标准》，对该院临床各科室遵守执行医疗规章制度和病历书写情况进行了检查和督导。对不规范的书写病历在全院周会上通报批评，以强化对医疗关键环节的质量控制。为提高医务人员"依法执业、规范行医"的意识。为了强化该院新职工、进修生、实习生对医疗纠纷防范意识的培养，专门举办了相关法律法规知识讲座；并进一步完善院、科两级《医疗事故防范、处理预案》，做到有措施、有检查、有分析，较好地杜绝了医疗事故的发生。在开展整体护理的基础上，开展整体护理知识培训，做好病人入院的宣教工作，满足病人的合理要求，制定了疾病康复教育计划，为了使整体护理工作真正落实到"以病人为中心，以质量为核心"的指导思想和行动上，推进整体护理深入开展的科学管理方法，有效地保证了系统化整体护理的实施。2007年组织护理人员参加省市级学习班9人次，组织全院护理人员业务学习4次计317人次，4次对全院132名护士进行了考核。5月，组织4名青年医生参加了全市第十五届职工技能大赛，一名青年医生取得第七名；8月，组织护理人员参加了全区卫生系统护理知识选拔赛，该院有6名护士代表全区卫生系统参加了全市护理知识与技能大赛并取得第二名的好成绩。

加强督导，做到合理用药。修订了临床用药管理规定，特别是抗生素的使用管理。加大对临床合理应用抗菌药物分级管理力度，严格落实《抗菌药物临床应用指导原则》。制定建立临床用药督导制度，组织专家小组依据有关规定，对抗菌药物临床应用情况进行督导和调查。检查组在每个病区随机抽查病历，对使用量大的前50位西药和前10位中成药进行合理用药分析；密切监控使用金额较大的品种，并由科领导在中层干部会议上对用药合理性进行公开解答；定期下发《药事简报》，通报药物不良反应，提醒临床合理、安全用药。

完善了该院急诊"绿色通道"，以提高急危重患者抢救成功率。加强急诊值班，完备急救物品，合理配备人员。要求院内急诊会诊10分钟内到位。开辟畅通急诊科、入院、手术"绿色通道"，对危重病人实行"先抢救，后收费"。实行院前抢救，院内门诊部急诊急救、重症监护三位一体无缝隙医疗护理服务，切实提高急危重患者抢救成功率。

完善医院感染管理体系，提高全院医务人员的院内感染控制意识。由医院感染管理委员会、医院感染管理科、各科医院感染管理监控小组组成的医院感染三级管理体系保持有效工作；对院内感染进行规范化、标准化管理；每月把规范消毒、灭菌、隔离与医疗废物管理纳入全院感染管理质量检查工作中，提高了医务人员对院内感染的控制意识，促进了全院对感染病例的监测工作。同时为加强对院内感染管理的培训工作，该院先后组织各类人员进行专题培训6次。对医疗废物的分类、收集、运送及暂存进行规范管理，规范了全院的医疗废物处理流程，对一些重要环节进行了整改，如对输血袋的统一回收管理，改变了过去各科自行保存的混乱现象。

重点专科建设　加强重点学科管理，稳步提高科研管理水平。加大了与美国南加洲大学合作开展的中风康复研究，取得了良好的社会和经济效益。对骨外、脑外、消化内科、检验科（区临检中心）加大投入及人才培养力度，全面提升了技术水平和服务能力，形成了核心竞争力。2007年，根据社会需求该院组建了肿瘤专科，经过近一年的诊疗实践，该院对肿瘤病人的治疗手段进行了探索，医护人员的诊疗服务水平得到提高，病人的医疗费用大幅下降，得到了社会的一致认同。

医德医风及精神文明建设　治理医药购销领域商业贿赂专项工作取得进展。2006年以来，该院治理医药购销领域商业贿赂专项工作在市（区）卫生局的领导下工作有条不紊地开展。

一是领导重视，健全机构，精心部署。全市召开治理医药购销领域商业贿赂专项工作动员大会后，该院及时成立了由院党政一把手任组长、副职领导和班子成员为成员的商业贿赂领导小组；成立了院党政办公室和纪检监察室主任为主任，相关职能科室负责人为成员的工作专班，制定了《专班职责》，具体负责治理医药购销领域商业贿赂的各项日常工作。层层健全相关机构，全院形成了分级管理、条块结合、职权明晰的工作网络。

加强领导，为扎实开展专项治理工作提供有力保障。领导小组和工作专班多次召开专题会议，领会上级文件精神，统一思想，根据《湖北省治理医药购销领域商业贿赂专项工作实施方案》、武汉市卫生局《关于开展治理医药购销领域商业贿赂专项工作实施方案》及汉南区卫生局《关于开展治理医药购销领域商业贿赂专项工作实施方案》文件精神，结合本院实际和医疗行业特点，制发了《汉南区人民医院开展治理医药购销领域商业贿赂专项工作实施方案》，明确各阶段工作目标和任务，力求做到早计划、早部署、早行动。

二是动员教育，提高认识，营造氛围。医院以及业务科室对治理医药购销领域商业贿赂专项工作进行了广泛深入动员。认真组织广大医务工作者学习中央《关于治理商业贿赂专项工作的意见》、省、市、区卫生厅(局)《关于开展治理医药购销领域商业贿赂专项工作实施方案》和《反不正当竞争法》、《公民道德建设实施纲要》、《中华人民共和国医务人员道德规范》以及医疗行业纪律规定等文件，开展以"为什么要开展治理医药购销领域商业贿赂专项工作?"的大讨论、举办了"拒绝商业贿赂，远离红包回扣"等为主题医务人员签名活动，科室对医院、个人对科室层层签定了《承诺书》，进一步明确专项治理工作的意义、目标任务、工作举措以及相应政策规定。同时，通过悬挂横幅、制作墙报、印发《简报》、举办服务承诺签字仪式等多种形式，加大治理商业贿赂的宣传力度，阐明政策，晓以利害，正确引导，广泛宣传中央关于治理商业贿赂的部署要求和有关法律法规，强化职业道德教育、法制教育和警示教育，使广大人员认清了商业贿赂的严重性和危害性。

此外，在全院10个意见箱上公布医院治理商业贿赂举报电话。专项治理工作宣传发动面不留死角，全院广大医务人员人人皆知，提高了积极参与专项治理工作的自觉性和主动性，在全院营造了良好的氛围。

三是调查摸底，真抓实干，确保实效。医院主要领导及相关科室负责人从2006年4月底开始深入科室，扎实、细致、全面地进行调查摸底，摸清医药购销领域不正当交易行为的表现形式及其特点、容易发生的主要环节和重点岗位，深入分析原因，在此基础上确定本单位的工作重点，并在政策、法律和工作三方面研究提出治理的具体思路和对策，及时研究解决苗头性和倾向性问题，有针对性地采取治理措施，确保专项治理工作取得实效。在实施过程中，该院把专项治理工作与纠风工作，与正在开展的医院管理年工作相结合，与建立健全防治医药购销商业贿赂的长效机制相结合，努力为群众办实事，解决实际困难，缓解人民群众"看病难、看病贵"的问题。重点规范药品、器械、医用耗材集中招标采购工作，继续完善住院一日清单制度，落实大型医疗设备购买论证报告制度，严肃查处接受回扣、红包等违规违纪问题，让群众看到专项治理工作边整边改的成效。

四是建立制度，落实责任，通力合作。在专项治理工作中，建立党政一把手总负责、一级抓一级、层层抓落实的工作责任制。建立健全各项内部管理和内控制度。如该院的《药品器械耗材采购制度》、《药事管理委员会工作制度》、《新特药审批制度》、《抗生素分级管理制度》、《诊疗规范》、《财务内控制度》等。建立了严格的报告制度，定期向区卫生局上报专项治理工作进展情况，并主动与上级纪检监察、工商、审计等部门加强沟通协调，建立信息通报、情况交流等工作机制，形成工作合力。同时，严肃工作纪律，对各科室的专项治理工作加强指导和督查，掌握工作进展和实际效果，及时总结经验，对进展滞后的科室进行重点帮助，限期整改，明确规定对于治理不严、措施不到位、工作不力、敷衍塞责、搞本位保护的，将按照有关规定，追究有关领导的责任. 从医院深入开展治理医药购销领域商业贿赂专项工作以来，医院不断涌现出拒收红包，为病人排忧解难用精湛技术服务病人的好人好事，通过自查自纠，已无私设小金库等情况。

为了规范药品进院渠道、增加新药引进透明度，推进药品、设备、高价值医用耗材、基建、维修工程集中招标采购工作，做到公平、透明、高效。该院的医用耗材管理：在采购上，严格执行采购目录中的采购品种，通过网络执行采购产品的上报计划；在价格上，严格执行采购耗材的零售加价率，建立了网络采购平台。从2007年10月8日起，开始执行网络采购。在认真审核配送商的合法授权后，与配送商签订购销合同。在耗材招标工作中，通过自查，没有发现临床、器械等各科室违规使用非中标品种，使用的产品均为已上报的计划采购量。

加强医德医风教育培训，提高全心全意为人民服务的意识。通过多种渠道加强对职工进行职业道德、组织纪律等方面的教育。一是结合保持共产党员先进性教育活动组织全院职工学习先进；二是对新职工、进修生和实习生进行岗前医德医风培训；三是通过中层干部会、党支部书记会、院周会、职工大会等形式传达行风建设的相关文件精神，通报违纪违规案例；四是利用典型案例对职工进行警示教育，利用典型案例组织全院职工学习讨论6次。

构建和谐医患关系工作　认真落实医患沟通制度，教育和引导全院医务人员牢固树立“以病人为中心”的服务理念。7月，该院制发了《关于开展构建和谐医患关系，创建平安医院活动实施方案》，以建立医患之间诚实互信关系，充分尊重患者的知情权、同意权和选择权，详细告知患者疾病诊断、治疗、用药、风险、费用等事项，努力提高医疗服务质量和服务水平，努力营造良好的医疗环境，切实维护患者的健康权益。按照区卫生局的工作部署，该院深入开展了“平安医院”创建活动，对重要的放射科、检验科、供应室、配电室、消防通道等进行了安全大检查，规范了相关物品的存放，保证了消防通道的畅通，为诊疗活动提供了安全保障的外部环境。为方便病人就诊，该院采取了增加服务窗口和门诊收费人员及电脑设备，增加门诊医师等措施，以缩短病人的候诊时间；同时，安装空调、电视机、自动饮水机等人性化措施来改善候诊环境；加强分诊人员的素质培训；科室标识、规范指示牌，做到了清楚、醒目。6月，筹资30余万元对门诊业务用房进行了装修，彻底改善了门诊病人的就医环境。为指导病人明明白白就医。该院将医疗服务收费价目表、挂号收费标准、化验结果领取须知、就诊流程等张贴在明显位置，在门诊新设了电子显示屏，就医信息实行滚动更新，方便了病人就医，保证了门诊诊疗服务质量。规范门诊窗口的服务，对门诊病人的意见积极协调处理，及时化解矛盾；医技科室进一步树立了为病人服务的意识，改善了服务流程，缩短了设备检查预约、报告时间，如超声、CT等大型设备检查，除需特殊准备的病人外，取消了预约，当日完成检查、当日出报告（X线检查在查后1小时报告），各项常规、生化检验项目、随送随检，当即发报告。为了尊重患者的知情权和选择权，根据国家有关法律法规，结合医院的具体条件，要求各临床医生规范使用各种知情同意书（如：《手术同意书》、《麻醉同意书》、《输血同意书》等）。同时，医院还制定了《知情同意制度》。

进一步建立健全了医院内部的投诉处理机制，制定了《病人投诉处理制度》，成立了投诉处理专班，规定了接待投诉处理工作程序和工作职责，极大地方便了病人，获得了社会的好评。在开展医院管理年以来，每一起投诉均做到有接待、有调查、有回复、有处理、有整改，并责任落实到人。医院定期进行病人问卷调查活动，为加强医患沟通、发现问题与及时整改提供了一个平台。对违背职业道德、利用职务之便谋取私利行为，给予通报批评、缓聘、低聘、解聘，取消评优、评职称、晋级资格等处分。

医疗安全与防范医疗纠纷工作　加强医疗安全教育。2007年，多次举行了全院性安全教育会议，由特聘人员和院分管领导向职工讲授安全知识，通过院周会强调安全制度，不断强化了职工的安全意识。9月，在全院分片召开了以“提高服务质量，规避医疗风险”为主题的动员大会，院长江华在主持召开的门诊工作人员大会上就门诊各方面工作提出了36条要求，增强了职工的安全医疗意识。院科签定了《医疗安全责任书》，责任落实到人。做到谁主管谁负责，谁主办谁负责，谁批准谁负责，谁检查谁负责。

进一步完善医疗查房制度。每月召开护士长例会，每季召开科主任例会，探讨管理模式，交流管理经验，要求加强责任心，严防差错事故。每季分次召开一次内、外科系统临床医师会议。通报全院医疗质量状况，针对存在的问题，及时整改。医务科每次会议对每一医疗纠纷进行分析，提出了防范措施。加强对重点科室和重点人群的监控，综合分析院内感染原因，加强院内感染控制。认真贯彻《传染病防治法》，加强对传染病的归口管理，落实传染病网络直报和登记工作。加强院内治安综合治理工作。2007年做到了全年无刑事责任案件发生，加强防盗工作，积极排除不安全隐患，加强了对压力容器、电源线路和生产的管理与检查，分管领导和保卫科切实履行职责，做到警钟长鸣，检查仔细，整改措施得力。举办了“消防安全知识培训班”和演习。消防器材完好率达到100%。

积极开展健康教育。院保健科和各临床科室利用墙报、板报等形式积极开展健康教育宣传活动，全年出宣传板报96期，上街宣传6次，发放健康保健资料900余份，开展健康大课堂10次。巩固了“健康教育示范医院的成果。

为保障医疗服务质量，努力防

范医疗纠纷。以保障正常的医院运转秩序,发挥医院的整体服务功能,维护患者的合法权益和医院的良好形象,该院遵照卫生部颁布的新的《处方管理办法》,整章建制,狠抓各级各类人员的岗位责任制和技术操作规程,严格执行值班与交接班制度、手术分级管理制度、“三查七对”制度、三级查房制度、急危重病人抢救制度、病例讨论制度、麻醉前谈活制度和知情谈话签字制度,规范医务人员的执业行为,落实医患纠纷追究责任制,对病人的投诉做到件件落实、处理与反馈;针对未取得执业执照以及跨专业执业人员进行了严格的带教安排,依法执业、持证上岗率为100%,以新的《处方管理办法》为主要学习内容举办了学习班,加强了医务人员的自身保护意识,树立医院的良好形象,杜绝了各类医疗纠纷与事故的发生。

医院管理体制改革　2007年,该院按照“公正公平,竞争择优,群众公认,注重实绩,德才兼备,任人唯贤”的原则,经过基层民主推荐,领导考评,组织考核及任前公示,选拔出了2位年轻人进入中层领导岗位。新提拔的中层干部政治素质和业务素质好、敬业精神强、群众认可程度高、精力充沛,为医院的领导干部队伍增添了新的活力。人事制度改革取得新进展。近年来,该院围绕“科技兴院”战略,积极推行人事制度改革,通过逐步建立健全适合该院特点的人事管理制度,形成了有利于优秀人才成长及发挥作用的用人机制,促进了医院的建设和发展。

新型农村合作医疗工作和城镇职工医疗保险工作　规范医疗行为,控制目录外用药。2007年1－10月,在新型农村合作医疗方面累计为807人补偿门诊费用4.55万元;为1 345人补偿住院费用147.87万元,平均报销比例为33.26%,较上年上升10%;1－10月,为454名医保住院患者支付统筹资金152.73万元。完善相关政策,合理分流病人。结合本地实际,严格执行了区外转诊制度,引导住院病人合理分流,基本做到“大病不出区,疑难重症才到大医院”。努力提高医疗服务水平,改善服务态度,简化报销手续,加大投入,改善医院基础设施和服务条件,为推进新型合作医疗试点工作健康发展,保障广大农民的身体健康作出了贡献。

“四城同创”工作　从抓好医务人员文明礼仪规范服务,端正医德医风,强化医院规范服务达标工作入手,引导医务人员讲文明,全面提高医疗卫生行业职工的文明素质。8月,该院编印了《职业道德手册》人手一份。积极参加“窗口”行业文明优质服务竞赛活动。以“优质服务、优美环境、优良秩序”为重点,加强“窗口”从业人员职业道德教育,制定了文明优质服务工作制度,规范服务流程,切实把文明优质服务打造成该院文明创建的品牌。

医院异地新建工作　坚持科学的发展观,适度扩大医院规模,拓宽了医院发展的空间。根据2007年8月13日汉南区区长办公会确定的汉南区人民医院整体搬迁项目的有关精神,新建的汉南区人民医院建设规模为建筑占地48亩,新建医院设置床位350张,总建筑面积2.1万平方米,项目总投资约7 000万元。新建医院主要是一栋3 500平方米门诊楼、一栋8 400平方米住院楼以及9 100平方米的配套房屋,是以门诊楼和住院楼为主楼的建筑群。该院异地新建工程是为满足汉南地区居民和危急重症患者就诊的需要,是建立与区级医疗中心品牌相匹配规模的需要,也是有效减少医疗隐患杜绝医疗事故发生的需要,是不断适应医疗卫生体制改革和有效应对突发公共卫生事件的需要。该院在区政府和区卫生局的领导下,已成立相应的医院整体搬迁工作专班。目前,正在进行规划用地内居民的拆迁工作,新址医院的建设工作有望在2008年7月正式破土动工。　(陈家林)

【江夏区第一人民医院】

概况　至2007年底,该医院有职工851人,其中离退休职工179人,在职职工中有卫生技术人员572人,行政、后勤服务人员82人。在卫生技术人员中,有高级技术职称者38人,中级职称者253人,初级职称者203人。全院有开放病床428张,病床利用率75%;全年门诊量14余万人次,年住院病人数1.2万人次,治愈率56%;全年业务总收入约6 400万元。

医疗工作　①开展新技术、新业务:

1)应用电子显微镜,开展颅内肿瘤手术。

2)购进核磁共振,提高对神经系统疾病的诊断率。

3)独立开设神经内科,启动脑卒中治疗单元。

②人才引进、教学、培训、科研论文:

1)邀请上级医院教授、专家讲课7次,开展院内大讲课22次。

2)选送30名医务人员外出进修学习。

3)参加各类学术会议32人次。

4)发表科研论文15篇。

开展卫生下乡、扶贫助困及送

医送药工作　开展乡镇卫生院对口支援工作，派遣4名医师分赴龙泉卫生院、金水农场卫生院进行技术支援，开展手术100余台，受到乡镇卫生院的一致赞誉。开展下乡义诊活动共4次，送药品价值6 000余元。

特色专科建设　2007年，组建神经内科专科，科内划分为重症监护区、治疗区、功能康复区；添置了脑循环治疗仪、除颤器、心电监护仪等医疗设备，聘请省人民医院神经内科知名教授担当客座教授，全力争创市级重点专科；检验科在全市医院中首家启动贯彻落实《便携式血糖仪血液葡萄糖测定指南》标准，促进血糖测定结果准确，提高了诊断水平，促进血糖测定合法化，标准化、规范化。

护理工作新进展　2007年，该院成立支助中心，各科室护工由护理部统一造册，集中管理，制定岗位职责、培训计划和考核方案，实行一站式服务，搀扶推送那些需要帮助的患者，为老弱病残患者挂号、取药，陪送急危重患者检查，负责手术病人的全程接送。共计护送重症病人近1 000人次，为病人送标本222人次，陪送病人检查345人次，送急救用血、药品77次。

添置医疗设备　2007年，该院购进数字胃肠X线机、手术显微镜、多参数心电监护仪等医疗设备，总价值约300万元。

行风建设　充分发挥纪检监察部门的监督检查职能，认真完善投诉机制，制定并下发《医德医风及劳动纪律管理规定》、《投诉处理管理规定》等文件，安排专人负责医患关系协调处理和接待患者投诉，通过向患者发放公开信，公布投诉电话、设立举报信箱，实行举报有奖制度等一系列长效措施，主动接受社会监督，及时处理医患矛盾；认真开展治理商业贿赂专项工作，深入动员、广泛宣传，使全院干部职工认清医药购销领域商业贿赂的严重性和危害性，提高治理商业贿赂的自觉性和主动性。采取有力措施，切实做好自查自纠工作，坚决纠正医药购销和医疗服务中不正之风，有力促进了行风建设。

精神文明和党的建设　2007年，该院药学科创建“放心药房”，确保药品质量优良、价格准确，真正让患者放心满意；职能科室启动创建院内“文明科室”活动，每季度由临床科室综合评比产生，设一面流动红旗颁发给文明科室；内3科、B超室继续深化和完善市级“青年文明号”创建工作，兑现服务承诺。神经内科在省级“青年文明号”的基础上不断创新、完善，积极创造条件，争创“共产党员示范岗”活动，并准备申报国家级“青年文明号”；医院在原创“市级文明单位”的基础上，积极申报争创省级文明单位；在卫生系列文化活动竞赛中，该院职工奋勇拼搏，团结协作，荣获篮球比赛冠军和象棋比赛第一名，百花奖一等奖。

由于院领导分工的变动，对门诊、内儿、妇外科党支部书记进行了调整，使党支部工作建设更加完善；实行党员奉献记分卡制度，开展党员服务满意度调查。

基本建设

2007年，该院投入约100万元改造放射科透视室，增设门诊二楼收费室，改造新北街社区卫生服务站，为社区居民就诊提供了温馨、舒适的环境；维修了门诊和病区水电等基础设施，规范车辆管理，修建治安岗亭、摩托车和自行车停车棚，确保车辆有序停放，环境整洁美观。

（韩　军）

【黄陂区人民医院】

概况　2007年，该院有职工718人，其中卫生技术人员626人，占职工总数的89.5%。包括正高职称21人，副高66人，中级职称256人，初级职称281人。年门诊量22万人次，开放病床360张，出院病人1.9万人次，病床使用率104.3%，平均住院日7.2天，治疗有效率97%，危重病人抢救成功率85.6%，病死率0.93%，入院、出院诊断符合率98.9%。

2007年，该院围绕创建“二级优秀医院”工作主线，抓住医院整体迁建为展契机，开拓进取，改革创新，推进医院各项工作科学化、制度化和标准化建设，深入开展“医院管理年”活动，积极争创“平安医院”、“文明品牌医院”、“百姓放心医院”，促进了医院又好又快地全面发展。特别是改革开放以来，医院加速了发展步伐，诊疗技术、护理服务、医院管理成绩明显，成为一所拥有一定数量优秀人才和技术实力的现代化医院，其综合实力在全区排行首位。至2007年底，该院有固定资产3 002万元，流动资金1 087万元，其中有万元以上设备223台件。全年总收入8 489万元，总支出8 170万元。病人满意度达97%以上，收到感谢信、锦旗、匾牌80余件。该院被省卫生厅授予2005－2007年度湖北省医院管理年活动“先进单位”。该院检验科被评为全省优秀临床实验室，临床基因扩增检验室被授予合格PCR实验室。该院被中共黄陂区委、区政府授予创建2005－2007年度全市文明城区“立功单位”，内二科被区妇女联合会授予“三八红旗集体”荣誉称号，被区卫生局授予2007年度卫生工作绩效管理“先进单位”，院感染科主任胡启江在第十五届职业技能大赛(执业医师组)中被武汉市人民政府授予"技术能手"的光荣称号。

诊疗业务培训和考核　2007年医务科组织专题讲课12次,接受培训者累计2 000人次,组织考核2次,抽考多次;护理部组织专题讲课20次,组织考试考核22次;院感科举办全院医务人员院感知识及传染病防治基础知识培训2次,培训率达90%。医院还引进了3名硕士研究生,13名普通高校本科毕业生。4月下旬,成功举办了全区外科学术交流会。9月上旬,成功举办了远城区医院院长联谊会暨心脑血管病诊疗经验交流会。医院顺利完成二级优秀医院评审,受到上级医院的高度评价。该院还在院内公开选聘医务科副主任、门诊部副主任各1名,医务科、护理部全年共接纳实习生94人,进修医生22人。

引进新设备、新技术　2007年,该院投资500多万元引进了1台双排螺旋CT,增加3台血液透析机、10余台监护仪,除颤仪、心脏电生理刺激仪、神经康复诊疗系统,经皮给药治疗机,电子数控止血带;外科添置了纤维胆道镜1套;骨科运用臭氧治疗机治疗椎间盘突出症;妇科LEEP电波刀、子宫旋切器;增购了结肠镜、三维彩色B超,内镜图文工作站、五官科鼻内镜等;眼科独立开展的角膜缘干细胞移植手术获得成功。这些诊疗设备的添置,为临床新业务的开展提供了有力的保证。

医疗质量管理　2007年,是医院二级优秀医院评审年。年初,医院制定了医护质量管理目标,建立健全了科室质管组织,制定了《质控人员工作职责》,形成了以科主任、护士长、各质控人员组成的科室质控组织,确定科主任为科室质量管理第一人,做到科内质量各项管理工作均有专人负责,实现了各科管理记录本、登记本格式统一,内容齐全。医疗文书质量不断提高,医务科全年抽查住院病历576份,甲级率达99%以上,并对3份丙级病历责任人进行了全院通报批评,相关责任人被罚款300元。医院始终把医疗质量放在第一位。医务科、护理部坚持每天下到临床一线开展业务查房,狠抓环节质量,发现问题,及时整改。重视医疗文书书写质量,发现有不合格的医疗文书一律按规定予以处罚并责令改正。三级查房制度、急(危)重病人抢救讨论制度、会诊制度、手术分级管理制度等得到进一步落实。2007年,未发生重大医疗差错事故和重大医疗纠纷。

医疗服务网络建设　2007年,该院社区服务科继续开展医疗网络工作,全年80余次下到各卫生院、医疗站,网络病人2 600余人,对基层转诊病人实行优惠减免20余万元。2007年医院还设立了120、122联动办公室,负责车祸伤员的收治与管理工作,全年共收治车祸伤员1 244人次,住院总费用达800余万元。新建体检科为体检人员提供一条龙服务,全年完成各种体检1万余人次,其中承担高考学生体检3 840人次,征兵体检1 400人次,还为劳动模范、福利院老人、残疾人员、低保人员免费体检约2 000余人次,获得良好的社会效益。保健科还开展了健康教育社区行活动,开展健康教育大课堂12次。医保办严格执行医保农合政策,医院全年收治医保住院病人2 409人次,比上年度增加140%,住院总金额达1 150万元;全年收治农合病人(即参加新型农村合作医疗患者)6 150人次,住院总费用2 151万元,报销金额达806万元,为参合病人减免1 880人次,费用21.06万元,实行贫困救助1.58万元。

坚持以病人为中心,服务人民群众　2007年,医院深入开展了"群众在心中,服务见行动"的主题实践活动,开展"做文明市民,创礼仪医院"教育活动,积极参加"四城同创"、"创建平安医院"活动:

①到蔡店乡、王家河、姚集等义诊,并承诺为蔡店籍来该院就诊的患者优惠10% 诊疗费。

②选派15名医师参加千名医生下基层活动,分别到天河、祁家湾、前川支援当地卫生院业务建设。

③在全院开展"五个一"活动(一个微笑、一声问候、一次热情介绍、一张征求意见表、一次电话回访),各临床科室评选"月护理之星",提高了护理服务质量,得到患者好评。

④积极为群众解危济困。7月底,突降大暴雨使医院严重渍水,该院租来一条铁船,职能科室的同志站在齐腰深的渍水中运送群众近千人次,没有1名患者因院内渍水而影响救治。全院职工还为"橡皮腿"(丝虫病)患者捐款2万余元,积极救治在7·27风灾中受伤的群众等。该院还坚持多年来在高温酷署天气为患者免费送绿豆汤活动。

医院文化建设　2007年,该院组织制作了院歌MTV《为人类健康奉献》,形成以院歌、院徽、院训为代表的医院主题文化,医院还组织丰富多彩的文体活动,成功举办以《春天的畅想》为主题的文艺晚会,区电视台播放了实况录像,参加《木兰山组歌》排演,举办了第二届"激情五月"大型趣味运动会,第十届象棋、第十五届围棋比赛。为了促进广大青年职工不断提高业务技能,开展了第二届"十佳"青年评选活动。全年共编发《医院简讯》64期,信息刊4期,及时报道了医院的中心工作,《医院简讯》已成为黄陂区领导了解医院工作的一个窗口,区委袁书记,徐区长均在该院《简讯》上做过重要指示,充分肯定了医院的工作。通过网络和新闻媒体加强了对医院的宣传,医院网站已成为社会了解医院,群众寻医问药的窗口,网站的建设不断完善,内容不断丰富,为了给广大职工提供一个好的学习平台,医院还建设了电子阅览网络,医院人员可用科内电脑查阅资料和学习。2007年在《武汉晚报》、《长江日报》、《学习》、《人民医师》等多种重要报刊上正面宣传刊发了医院工作进展的信息,如为困难群众捐款、渍水中运送病人的报道等。（段瑞华）

【黄陂区中医医院】

概况　该院名称武汉市黄陂区中医医院,又称黄陂区中西医结合医院,是目前武汉地区唯一一所"全国示范中医医院"、全国中医质量定点监测单位、黄陂区首家达标的"二级甲等中医医院"、湖北省文明单位、湖北省卫生系统"百强医院"、武汉市优质服务示范医院。黄陂区城镇职工医疗保险、农村合作医疗定点单位、武汉市"122"交通事故警医联动定点单位、黄陂区交通事故急救中心、北京301医院、中国中医药研究院广安门医院肿瘤协作单位、武汉协和医院技术协作医院、湖北省中医学院教学基地。

2007年,该院全年业务收入3 200万元。全院具有高级技术职称47人,中级技术职称175人,拥有万元以上医疗设备百余台。设有病床200张,分设有内儿、外、妇产、骨伤4个病区、1个重症病房、24个临床科室、8个医技科室和功能齐全的分院。

医院管理　①2007年,出台了《黄陂区中医院突发事件应急预案》、《黄陂区中医院医疗工作制度和人员职责》等制度及《医院工作手册》。制定了《黄陂区中医医院创二级优秀医院实施方案》。

②上报《医院卫生信息》10期,刊登了5期。在全国类期刊杂志发表医学科研论文2篇,省级刊物发表科研论文4篇,市级刊物发表科研论文8篇。

③病历管理措施:出台了《黄陂区中医医院住院病历评分表细则》,对每月住院病历评分情况及病历质量进行分析与改进。

④在加强心脑血管病、糖尿病等重点专科建设的同时,2007年重点建设了肿瘤专科。

⑤中医护理:通过培训提高中医护理人员的"三基"水平及业务素质,并以此为基础,组织开展全院中医护理知识竞赛。

对乡镇卫生院进行支援　加大对8所乡镇卫生院进行对口支援。选派内、外、妇、骨等科室共6名专家到对口卫生院进行技术指导和业务培训讲课。帮助建立健全和完善中医诊疗规章制度。

医学教育与交流　①2007年度医院先后派5名技术水平高、素质好的医技人员到上级医院学习进修。

②承担20多名大中专毕业生来院的教学和实习任务,其中接收大学本科实习生3人。同时,接受了5所乡镇卫生院医务人员来院的进修学习任务。

③每半月举办一次全院学术讲座,全年共举办24期。先后邀请了北京301医院肿瘤专科孔海云教授、武汉协和医院神经内科主任博士生导师梅元武教授、急诊科主任韩继媛教授和心内科医学博士魏宇淼副教授等重点学科的知名专家和湖北省新华医院涂远超院长来院进行专题讲座和学术交流。

（金志宏）

【新洲区人民医院】

概况　至2007年底,该院有在职职工584人,有卫生专业人员522人,其中正高职称9人、副高职称53人、中级职称260人、初级职称200人。另有离退休职工138人。法人代表为张建中。

全年共完成业务收入7 650万元,其中,医疗业务收入3 759万元,药品收入3 891万元。

全年共完成门诊21.5万人次,急诊8 899人次,健康检查16 890人次,其中,接待城镇职工基本医疗保险门诊病人8 959人次。

全年出院14 363人次,其中接待城镇职工医疗保险住院病人1 438人次,接待新型农村合作医疗病人6 740人次。完成手术8 917例。病床使用率70%,三日确诊率99.7%,出入院诊断符合率99%,治疗有效率达93.8%,危重病人抢救成功率94%,基础护理合格率90%。

医学教育与科研　全年接受来自武大、武科大以及咸宁医学院、市第二卫校等地的高中等医学院校实习生120人,各卫生院进修人员35人;举办继续教育培训班20期,共培训4 000人次;全年在国家级杂志上发表医学论文60余篇。有1项市级重大科技成果获武汉市科技进步三等奖,另一科研项目正在进行实验和临床研究中。

医院管理　2007年,该院积极参与医院管理年、创建"二级优秀"医院和"文明单位"活动。通过全院干部职工的努力,医疗技术水平全面提升,医疗服务质量明显提高,精神文明建设再创佳绩。2007年底,该院接受了武汉市卫生局组织的"二级优秀"医院管理评审专家组的检查,初评结果较好。该院为了加强医院管理,经过考察研究,决定引进ISO9001——2000质量体系认证,该项工作启动后进行了培训、按照标准进行了文件编号和文件发布,目前正在进行试运行,不久将进行内审和接受评审。加大了人才培养力度,专科进修11人,专业培训(三个月)33人,学后见成见效的有9个科室。

设备引进　2007年,该院全年购进仪器设备260台,其中万元以上仪器设备35台,10万元以上仪器设备9台。

开展新技术新业务　2007年,该院开展与引进新业务、新技术多项。内一科开展了长托宁治疗有机磷农药中毒;内二科和内三科开展了心包积液置管引流术;外二科开展了复杂肩胛骨骨折开放复位内固定;妇产科开展了腹腔镜治疗、无痛人流、无痛分娩、扩大手术治疗妇癌等;麻醉科开展了联合腰麻硬膜外麻醉、中心静脉穿刺(动静脉直接)测压术、围手术期心理控制、围手术期镇吐、泵控全凭静脉麻醉;康复科开展了药物薰蒸治疗风湿、腰腿痛等疾病,皮肤科开展了激光治疗睑黄疣、粘液腺囊肿等。

环境创新　2007年,该院投入巨资对急诊科、门诊部、病房进行维修改造。一是调整布局,将原行政办公楼改建为检验科、将急诊科迁至门诊部一楼、原急诊科改建为康复科、原医保(合医)办迁至医院门房等,这些维修改建和调整极大地方便了广大病人,为其提供了良好的就医环境。二是缩短了就医时间。三是增加了配套设施,对供电系统进行了改造升级,中心供氧系统已建成使用,更换了门诊、住院办公设备,配齐了患者住院设施,医务人员的办公条件和病人的住院环境明显改善。院内道路全部硬化,增加了花卉种植培养,扩大了绿化面积。

行风建设　2007年,该院加大了医德医风建设的力度,继续开展"反商业贿赂"等专项行动,召开了专题会议,重申了五不准的规定,制定了活动方案,公布了举报电话和服务承诺,签订了三级承诺书,并与医药供应商签订了廉洁协议,制定了抗生素和专科用药的管理规定。加大了实施院务公开的力度,公开接受职工的监督,严格执行了药品、医疗设备及配套用品、大型物资供应、基建维修集中招标采购制度,增加了透明度。行业作风明显好转。

(熊佑林)

【新洲区中医医院】

概况　2007年,该院有在职职工237人,其中有卫生专业技术人员211名(占全院职工总数89.03%),含高级专业技术职称19人,中级职称87人。离退休职工33名。2007年,全年完成门急诊9万人次、住院1 091人次,业务收入740万元。

医疗工作　2007年,医院对照《湖北省中医医院管理评审实施细则》开展了申报"二级优秀中医医院"评审的各项准备工作。为2008年迎接省卫生厅组织的评审验收打下了基础。

切实规范、落实、加强了医疗核心制度。建立健全了药品管理制度。定期开展了护理技能操作基础训练。认真开展中医药适宜技术的推广工作,并将其纳入新型农村合作医疗费用的补偿范围,为中医药适宜技术的应用、推广、普及创造了良好的环境和条件。

承担全区部分学校教师的健康体检工作,共体检教师5 144人,圆满完成了该项工作任务,得到广大教师的一致好评和区政府及上级主管部门的充分肯定。

医学教育与科研　2007年,新洲区第一批中医师的学术传承工作进展顺利。

全年共组织大型业务学习30次,培训人员156人,职工人均继续教育达到5学时;接受进修、实习人员10人,派往上级医院进修2人。医务人员在各级各类医学杂志上发表专业科研学术论文13篇。

该院开展的"痔疮2号治疗痔疮的临床与实验研究"被区科技局立项。

医院管理　2007年,该院持续深入开展"以病人为中心,以提高医疗质量"为主题的医院管理年活动。

加强了执业准入管理,各科专业技术人员均取得《执业资格证书》。对全体医护人员进行了"三基"知识培训,严厉打击非法行医行为,及时公示医疗服务价格、服务承诺、举报电话,接受社会群众监督。

本着"按劳分配、多劳多得"的社会主义分配原则和兼顾公平,绩效优先的经济报酬分配办法,逐步改善职工的经济待遇,全院职工人均工资及福利较上年度增长了40%。并为全体职工办理了城镇职工医疗保险,成为全区卫生系统中首批参保的医疗单位。

党建工作　该院深入开展了"党员亮身份,服务创示范"的主题实践活动。医院领导班子将其与加强领导干部的作风建设结合起来,以服务临床,服务社会,服务广大人民群众为己任,狠抓党的思想建设、组织建设、作风建设、制度建设和反腐倡廉创新风建设。成立了2个党员义诊医疗队，多次赴辛冲、徐古敬老院进行义诊，送医送药上门。完善了党总支学习制度、党风廉政建设制度和党的“三会一课”制度。在全院实行了党务、政务公开。党的基层组织建设进一步加强。

行风建设　2007年，该院认真开展了医药购销领域商业贿赂专项治理工作。药品和医用耗材网上集中招标采购率达100%。认真规范执行新型农村合作医疗及医保的相关政策。自单病种限价工作启动以来，该院的医疗服务价格在同级医院中始终保持最低水平，部分手术费均低于标准价格的30%以上（有的达到50%），真正使老百姓感觉到了实惠。

全院杜绝了开单提成、收受红包、回扣等不正之风。为改善患者的就医环境，配备了专用救护车免费护送出院患者回家。

组织开展了多种健康文明、积极向上的文体活动，积极开展了精神文明创建和学习宣传张应天、桂希恩等行业先进典型人物的活动，广大医务人员增强了白衣天使责任心和使命感，树立了文明行医、廉洁行医的新风尚。（林荔红）

【武汉经济技术开发区神龙医院】

概况　2007年，该院开展”管理达标年”活动，不断提升医院管理水平，提高医疗服务质量、加快学科建设步伐、强化经营财务管理、重视开拓医疗市场，完善医院的“管理、质量、安全、服务、费用、绩效”等管理，促进了医疗服务质量的持续改进和医疗服务水平的不断提高，各项工作呈现协调发展的良好势头，取得了医院建设发展史上的丰收年。

截至2007年底，医院共有员工206人，其中医生66人，护士93人，医技人员21人。有主任医师5人，副主任医师25人。全年共完成门诊量18.6万人次，同比增长10.83%；住院3 209人次，同经增长了43%；体检15 394人次，同比增长了22.56%；完成手术1 250台次，同比增长19.73%。

专业学科建设　2007年，该院重视引进卫生专业技术人才，培育与建立医院各科的专家队伍，优化医院人力资源的配置，使医院医师队伍结构中的高级技术职称者在医生中占4.5%（38人），中级职称者占27%，人才优势逐步显现。2007年，请专家教授讲课27次，在省级以上专业杂志发表医学科研论文23篇，各科开展双新项目33项，推动了全院各专业学科的建设发展。

医疗质量　2007年，为确保医疗服务质量，医院健全和完善了医疗事故、差错、缺陷上报和调查统计制度，认真做好医疗技术准入管理工作，建立健全了医院、科室、个人三级质量控制网络，制定了《医疗急救应急预案》和《医疗事故防范预案》。2007年，该院的重大医患纠纷事件为零，病人投诉及各类差错事件发生率明显降低。同时，加强了临床护理服务，引导加强护理内涵管理和护理风险管理。全年开展医疗护理质量讲座28次，重点加强各科病历书写质量管理与护理技术操作能力训练。充实了临床一线医护人员，以保障患者的诊疗安全和医护服务质量。树立“感动服务”理念，推行“135”服务举措，全院基础护理合格率达96.5%，一级护理合格率达97%，“三基”考试合格率达95%，护理满意度达96%以上。院感发生率1.7%，传染病上报率100%。

行风建设　该医院坚持一切服务“以患者满意”为标准，引入社会监督机制，对医院实行多渠道、多形式、全方位的监督，规范医务人员的医疗行为。针对群众提出的热点难点问题，认真加以形容和解决，主动改进工作，使医院在服务、环境、收费和医疗技术及设备更新上得到持续改善。2007年医院参加了省、市药品、医用耗材集中招标采购。定期开展医德医风教育和讲评，开展“医德医风宣传教育月”活动，有效地促进了全院医务人员服务观念的转变更新和服务意识的改善，全年医院共收到群众感谢信68封，锦旗牌匾12面，退收红包36个，金额达1.6万元，病人满意率达到96%。

党建工作　该院为建立永葆党员先进性教育的长效机制，重视加强党员干部的学习教育工作，全年组织党员学习达到120余人次。开展“党员先锋模范”模范党建活动，以党员的先进性带动了全院职工群众主动性和积极性的发挥。促进了各科室医疗服务品质再上新台阶。2007年党委通过了东风公司“四好班子”达标升级的验收检查，该医院成功升级为四星级“四好班子”。

医院文化建设　深入开展医院文化研究，实施《神龙医院文化建设实施纲要》，加强医院卫生服务文化的培育和推进。贯彻落实反腐倡廉工作，签订党风廉政责任状，创建“文明单位”，树立了医院良好的社会形象，全年出版《工作简报》12期。2007年，该医院被武汉经济技术开发区授予“文明单位”、“行风建设十佳单位”以及“社会消防先进单位”荣誉称号。

市场开拓　2007年，紧扣加速医院建设发展，加强了医院形象宣传，交流服务信息，推广诊疗技术成果，展示名医风采、弘扬医院精神文化。加强和完善了各类医保管理工作；借助该医院已成为开发区新型

农村合作医疗定点医院之机，积极采取多种形式，促进医疗服务市场份额增加；完善了体检科设置，优化业务流程，建立了符合市场竞争态势需要的运行机制，扩大了亚健康保健及体检工作；重视涉外服务；加快了实施社区卫生服务。

社会服务　2007 年，该医院积极承担武汉市和开发区的各项公共卫生服务职能，扩大了医院的社会影响，提升了医院的知名度和美誉度。承担了汉阳片近 2 000 名学生的高考体检工作和武汉市举办的“两会一节”的医疗保障任务，同时承担了开发区员工的伤残鉴定工作。受到武汉市卫生局和“两会一节”组委会以及开发区政府的一致称赞。8 月，设在该院的开发区医疗急救站已纳入武汉市“120”医疗急救中心统一管理，为开发区的中外企业员工开辟了更加及时、快捷、有效的医疗急救绿色通道，进一步促进了开发区的医疗急救保障能力和整体卫生服务能力的提高。

职能管理　健全医院各职能部门，加强各职能科室管理，在职能科室管理工作中强调主动性、计划性、前瞻性和总结性，管理效能明显提高。优化干部团队的思想和组织建设，引入竞争机制，实行竞聘上岗，组建新的干部管理团队。2007 年，重新修订了《医疗质量管理文件汇编》，对医院所有的管理制度进行修订和完善，使各项管理工作做到有章可循、有据可依。（陈　庆）

（责任编辑：汪希龄）

社会办医疗机构

【武汉亚洲心脏病医院】

概况　2007 年，该院开放床位 658 张。拥有员工 1367 名；医生 229 名、医技人员 68 名、护士 566 名。

全年门诊 113 078 人次、住院 16 607 人次；诊断符合率 96.85%、治疗有效率 98.28 %；药品收入占业务收入的 15%。主要设备 152 台套（20 万以上）、07 年设备增添 594 件；大型设备有效利用率 90%；2006 年完成 3 572 例心脏外科手术，9 452 例介入检查和治疗手术；心脏病治疗有效率达 98% 以上，心外科手术量进入全国前三位。

医疗专家简介　朱晓东，名誉院长，中国工程院院士。1956 年毕业于哈尔滨医科大学。曾担任北京阜外医院院长、主任医师、博士生导师、外科主任、阜外医院心血管研究所所长。现任武汉亚洲心脏病医院董事、名誉院长，武汉亚洲心脏病医院心血管病研究所所长，亚洲医学中心主任。

他从事临床和研究工作 40 余年，这期间在协和医科大学心血管外科读研究生；曾两度到英国和澳大利亚进修心外科，在心外科的几个方面都有很深造诣。尤其在心血管外科解剖学和心脏瓣膜外科更是成果卓著。并到马尼拉、瑞士、伊朗、阿塞拜疆、美国、澳大利亚等多国进行学术交流。受到国外同行重视，1988 年被接受为世界外科学会会员，1988 年中央人事部授予他有突出贡献的中青年医学技术专家称号，1995 年当选为中国工程院院士。

他在国内首先研制并成功用生物瓣膜（心包瓣）进行心脏瓣膜替换手术，并且率先开展了心脏外科方面的一些新技术。迄今他大约做了 4 000 多例心脏手术，包括复杂的换瓣术、冠心病搭桥术、婴幼儿先天性心脏病根治术，并广泛深入研究了先天性心脏病、风湿性心脏病、冠心病等心外科的几个领域。

朱国英，院长，心内科教授、主任医师、博士生导师。1965 年毕业于北京医科大学医疗系。长期从事心血管疾病的诊断和治疗，专长冠心病介入治疗的临床应用研究以及血管成形术后再狭窄机理和防治的临床和基础研究。现任武汉亚洲心脏病医院院长兼介入中心主任、北京大学教授、博士生导师及北京大学第一医院心血管研究中心名誉主任。

担任中华医学会中华心血管病学会全国委员会常务委员，中国介入心脏病学组副组长，亚太地区介入心脏病学会理事，中华医院管理学会民营医院管理分会常务委员，国家出国留学基金委评审专家委员会成员，国家医师资格考试命题专家委员会成员。

曾三次赴法国学习冠心病介入诊断和治疗技术以及各种左、右心导管技术。学成回国后积极在国内普及和推广该项技术，为国内近百所医院和医科大学培养了介入治疗专业技术骨干，为中国介入心脏病学发展作出杰出贡献。所主持研究项目先后获国家科委科技进步奖、国家教委科技进步奖、卫生部科技进步奖、光华科技基金奖。个人荣获全国有突出贡献中青年专家等多项荣誉称号，自 92 年起享受国务院政府特殊津贴。主持国家九五“863”重大科研项目和卫生部“八五”、“九五”攻关项目，并承担多项国家部委级基金研究课题。发表论文百余篇，参加著书 8 部。已培养博士生、硕士生 30 名。

陶凉，心外科主任，主任医师，湖北省心胸外科学会委员。毕业于北京医科大学，从事心脏外科临床工作 18 年。曾任北京医科大学第一医院病房副主任，在新加坡中央医院心脏外科训练进修学习3年。曾作为访问学者多次到欧、美等国访问交流。先后主持并参与近4 000多例常规及复杂先心病根治手术、ROSS手术和部分姑息手术;瓣膜置换、Bentall手术、部分弓置换、全弓置换、降主动脉置换;心脏冠脉搭桥、心脏移植术等手术。其多项手术技术达到国内一流水平,是目前国内享有盛名的心外科专家。曾发表《Coronary Artery Bypass Grafting in patients aged 75 and above》等多篇论文。每年参加两次国际会议,掌握最新动态,站在心脏外科领域的前沿。领导心脏外科工作以来,坚持与国际接轨的管理与运行模式,保证了医疗质量,提高了工作效率,节约了成本,降低了病人费用,使我院手术量每年以40%的速度增长。

苏晞,心内科主任,主任医师。从事心脏内科临床工作20年,有丰富的心血管临床经验,曾赴德国、法国等地进行学术交流。独立领导管理心内科300张床位和心脏监护室24张床位,擅长心脏电生理、心律失常、冠心病介入治疗。主持参与心脏冠脉造影、冠脉内支架植入术、射频消融术、起搏器安装、电生理检查等介入检查及治疗5 000余例。发表《ICD在室性心律失常治疗中的应用》、《心率变异的临床应用研究》等论文。

程远植,康复中心主任,主任医师。从事心脏内科临床工作20余年,擅长心衰、高血压、心律失常、风心瓣膜置换术后抗凝治疗等。对心血管病有深入的研究和理解,是一位医疗技术全面的心脏病专家。对冠脉搭桥,支架术后危险因素有较深的研究,对高脂血症的治疗、糖尿病规范治疗和高血压的治疗具有丰富的临床床经验。理论基础扎实,临床经验丰富,处理危重疑难病的能力强。特别是对高血压病的防治有较深的造诣,近年来发表十余篇学术论著,取得多项成果:与美国新奥而良Tulane大学、北京阜外医院合作进行的"大豆蛋白对血压的影响"研究,有很高的学术价值;对左旋氨氯地平治疗高血压的临床研究,证实手性药物的理论及其优点;伊贝沙坦治疗治疗轻中度高血压的临床研究有较高的学术水平;中国高血压防治指南知晓情况的调查报告,为我国今后对临床医生的培训和提高提供参考。

还曾在国家、省部级刊物发表过《心电图、冠脉造影与心脏ECT的对比研究》、《无症状高血压的治疗》、《换瓣术后特殊情况治疗的研究》、《慢性心衰的现代治疗的研究》、《慢性心衰的现代治疗新观念》等多篇论文。

陈绪发,心外科副主任,主任医师,硕士学位。毕业于广州中山医科大学,从事心脏外科临床工作近20年,是一位全面掌握心脏外科手术技术的专科医生。1997年赴日本进修心脏血管外科,参加各种复杂心脏大血管外科手术200余例,如主动脉升弓部置换、降主动脉置换、主动脉根部置换等,由于虚心学习,刻苦钻研,得到了国外同行的好评及肯定,并破例允许从事主刀的工作。现已完成各类心脏手术近2 000例,擅长瓣膜置换术、复杂先心病、冠脉搭桥等高难手术,并自创手术技术"常温体外循环下心脏不停跳行动脉导管未闭直视修补",此技术应用明显降低了该类手术的并发症发生率,提高了治疗效果。

曾在各类国家级刊物上发表《干下型室缺手术修补特点》、《自体心包条加固三尖瓣环成形术》、《39例保留全瓣二尖瓣置换术的体会》、《常温体外循环下动脉导管未闭直视闭合术》等多篇论文。

马小静,超声中心主任,主任医师,硕士学位。从事心脏超声临床工作近20年,曾赴澳洲等地交流。具有丰富的临床经验,在心脏超声诊断方面有较深的造诣。带领超声中心完成了近9万例冠心、瓣膜、复杂先心、心外科手术术中超声,为各种复杂心脏手术的成功提供了保障,在全省心脏超声界处于领先地位。曾发表过《多普勒组织成像技术在缺血性心脏病中的应用》、《右室双出口的超声、心导管造影及手术结果分析》等多篇论文。

戴阳阳,门、急诊主任,副主任医师,硕士学位。从事心脏儿科心血管专业20余年。擅长小儿心血管疾病及先心、风心、冠心术前及术后的诊疗,是一位全面掌握心脏病治疗的专科医生。曾发表过《静脉使用胺碘酮治疗心脏术后快速性心律失常的疗效观察与临床分析》、《严重心脏恶液质的瓣膜病患者手术疗效分析》、《心理因素对先心病术后康复的对照研究》、《抗心律失常药物对幼年和成年家兔心肌特性的影响》等多篇论文。

胡大清,外科病房主任,主任医师。从事心血管内科专业20余年,具有丰富的临床经验。是心脏病术前、术后疑难重症治疗的专家。曾在《武汉医学》、《中国临床医药》、《中国药师》、《药物流行病学》、《临床肾脏》等杂志、《国外医学药学》(分册)等发表论文、译文共40余篇,主编及编著《实用中医心血管病学》、《现代内科应用手册》、《临床医师诊疗技巧》等书籍共七本。是心脏病术前、术后的疑难重症治疗专家

张真路,检验中心主任,主任医师。毕业于湖北医学院医疗系、武

汉大学医学院硕士研究生，现为《中华检验医学杂志》编审专家。从事临床检验、病理诊断19年。有较丰富的临床检验技术及病理诊断经验。曾多次参加临床科研项目研究，其主持的科研项目获省科技进步三等奖。具有丰富的实验室管理经验，所领导的检验中心成为的检验中心成为湖北省首批合格检验科，并在国家卫生部、省实验室间质量控制评审中，连续多年获得优秀成绩。

医疗安全 2007年，该院全面引进JCI医院管理系统。JCI医院管理系统是国际一流的，得到世界卫生组织普遍认可的医院管理系统，JCI管理系统的引进预示着我院的医疗管理水平，患者安全都达到了全新的高度。我院这一举措得到省卫生厅的高度赞赏，并在省医疗安全管理年会上进行推广。

对传染病疫情上报实行奖惩制度及自查制度。根据《武汉市医疗机构突发公共卫生事件与传染病疫情报告管理检查考核标准（试行）》的内容及江汉区卫生局的要求，并结合我院专科性质的实际情况，特制定《传染病疫情管理制度》。

对病案质量实行控制管理。病案首页书写错误提示；传染病报卡的填写要求。

组织各类管理委员会。包括药事管理委员会、病案管理委员会、检验输血管理委员会、医院感染委员会。

对死亡，疑难病例组织讨论。医务办组织、参加12次讨论。

完善院内会诊制度。在医生工作站中制作了院内会诊申请表单（《内科医生会诊申请单》和《外科医生会诊申请单》）。方便了科室间的相互沟通，及时地对院内会诊进行医生调配，避免耽误患者的病情，也方便了对会诊结果的查询。

完善会诊制度。为了方便临床医生的工作，将ISO中《会诊制度》中，部分非必要的内容作了修改，让医生从繁锁、累赘的工作中得到释放。

制订了门诊患者行临床检查相关规定。为提高患者在门诊就诊的安全性，特制订了门诊患者行临床检查的规定及流程。

对重症病人诊治制度的相关规定。为了确保病人安全有效的救治，减少意外的发生，对重症病人诊治的相关规定。

手持式无线网络心电图检查操作流程。为能充分发挥网络心电的优势，达到全院资源共享，制定相关操作流程。

实行分级护理制度。对不同病情的病人，实施相应的护理和照顾的制度。

患者再次就诊进行相关提示。为了使病房医师与门诊医师之间建立起良好的沟通平台，确保患者出院后门诊医师能在短时间内了解患者需特别关注之处。

急救车管理有应急措施。对急救车及设备进行了检修，并制定出一套切实可行的管理办法，在急救工作上进一步加强。

让更多的心脏病患者看得起病 医院严格控制医疗成本、降低利润空间，让更多的老百姓能够看得起病。心脏病住院患者中40%来自农村，医院率先将手术费降到全国最低。其高新技术的保障、科学医疗流程的设定和严格的企业化管理使患者住院药费支出只占总费用的15%左右；采取病种分类核算，通过医疗环节进行成本控制；规范诊疗制度，减少围术期并发症；缩短住院天数，提高效率、减低费用。与“爱佑华夏”基金会合作，长期持续赞助贫困先天性儿童家庭，2007年先后为232名贫困家庭的患儿施行了减免费用的手术。

让更多基层的老百姓得到及时诊断 免费组织湖北及周边地区医生参加了近百期心血管病培训班，使他们更新知识，提高诊断和治疗水平，更好地为患者服务。先后在100多家基层医院进行查房、义诊，方便当地病人就诊。这些工作的不断开展，使基层心血管疾病诊断与治疗有了很大进步，使更多心脏病人得到了早诊断、早治疗。

让更多的老百姓得到心脏科普知识 心血管疾病已成为人类头号杀手，可患者往往都是到了万不得已时才接受手术，这给手术风险、费用及术后恢复等带来不利。印度医院每年冠心病介入治疗达2万例，在2000年以前，中国十年才2万例，这在相当大的程度上是对医疗技术认识的缺乏。如何治疗，如何保健，医院为此做了大量心脏病知识普及工作；与报纸、电视节目开创的“亚心大夫讲心脏”，“我谈我病”等栏目，使很多患者开始认识心脏病；电视直播“心脏手术”，消除老百姓对手术的恐惧；组织近百期心脏病防治大型科普讲座，近万名百姓开始接触心脏病有关知识；“三九健康网”上开设“专家在线”，每天有专门医生为网友答疑。已成为“三九健康网”上点击率最高的论坛。

送医下乡、培训基层医生 2007年，该院免费举办了四期心血管疾病研讨班，参加人员来自湖北以及湖北周边地区心血管医生。提高了他们的诊断、治疗水平，使之更好地为心脏病患者服务。该院还先后在湖北、湖南、安徽、河南、江西多个市县开展了近30次义诊、讲课及查房活动。既方便了当地病人就诊，又对当地医生进行了培训。这些工作的开展不仅使湖北省内心脏病患者留在武汉，减少病人流失；还吸引了周边省市心脏病患者到武汉，扩大了整个湖北省医疗市场。

护理工作　护理中心与先进理念接轨，成立7个专业委员会：论文委员会、文件书写委员会、压疮委员会、差错委员会、专科护士发展委员会、服务品质委员会、院感委员会。建立护理管理个性化发展的精彩舞台。

细分个性化护理，满足患者个性化和更细致的服务，更好的为患者服务。

新开展项目　心外科：VSD微创外科封堵；复杂畸形手术：Switch、Nikaidoh、Rev、改良Fontan Senning、双心室矫治、永存动脉干矫治；

ICU新技术：机械通气肺复张及无创通气技术——治疗术后急性肺损伤导致的低氧血症；血液净化广泛和成熟的临床应用——术后急性肾功能损害、严重乳酸性酸中毒、严重电解质紊乱、严重炎症反应综合症、脓毒血症。

新科研项目　心外科：中国冠脉旁路移植手术登记研究；提高肺动脉高压诊治水平的研究；提高老龄和极危重心血管疾病外科治疗疗效研究；肺血减少型先心病肺内血管床评估及手术指征优化的临床研究。

心内科：2007年心内科、介入中心共参与国际、国内科研合作项目共12项，所有科研项目共涉及临床病例近3 000例。其中：国际合作项目1项、国家"十一五"课题项目4项。

检验中心：参加完成（已鉴定）科研项目3项。

发表论文：共发表心血管疾病论文百余篇，包括一篇国际级论文：外科 曾祥军 Pertrial Closure of Atrial Septal Defects Without Cardiopulmonary Bypass 发表于《ASIAN CARDIOVASCULAR & THORACIC ANNALS》

编书　心外科：ICU成人《亚心ICU诊疗手册》，2007年12月印刷4万字，陈绪发、许卫江、刘彬主编；ICU小儿《呼吸机治疗手册》，2008年3月出版，10万字，华正东主编；

检验科：参加编辑书籍2部。

外出学术交流　心外科：17次国际、国内会议；

心内科：30次国际、国内会议。

获荣誉人士　2007年获得市级以上荣誉称号人员："湖北省优秀护理管理者"获得者何琼；"湖北省优秀护士"获得者宋娅琴；"武汉市优秀护士"获得者金凡；"武汉市劳动模范"获得者苏晞；"武汉市优秀医生"获得者陶凉。

工作成绩　该院被湖北省统计局评选为2007全省分行业内十强企业；检验中心被卫生部12项质量检查优秀，获省卫生厅5项检查优秀。

机构领导班子成员　董事、总经理：谢俊明；院长：朱国英；执行总经理：叶红。

通讯资料　该院地址：湖北省武汉市汉口京汉大道753号；电话：027—85412677；传真：027—85854036；网址：www.wahh.com.cn。

（王　洪）

【武汉市普仁医院】

概况　该院是武汉科技大学第三临床学院，其前身是武汉市一冶医院，医院创建于1955年12月。2004年12月，该院成功改制，提出了"服务在先，质量为本，发展医院，改善个人，有益社会"的办院宗旨，以创建武汉市一流的综合医院为目标，向社会敞开了大门。

该院占地面积33 100m²，现建筑面积34 256m²，编制床位520张，设有23个一级诊疗科目，45个二级诊疗科目。神经内科、消化内科、肾病内科、骨科 创伤外科、神经外科、肝胆外科、胸外科、肛肠外科、妇产科、五官科、新生儿科等，在青山地区享有较高声誉和知名度。

截至2007年底，该院在职职工近700人，其中高级职称76人，中级职称192人。拥有直线加速器、德国西门子16排螺旋CT、CR、大型X光机、GE－730四维彩超、腹腔镜、宫腔镜、阴道镜、关节镜、鼻内窥镜、体外碎石机、经尿道输尿管镜气压弹道碎石机、电子胃镜、电子肠镜、动态心电图、运动平板、全自动生化分析仪、化学发光仪、血透机、热疗机等大、中型设备200余台（套）。

该院是武汉市职工和居民医保定点医院、工伤和生育保险定点医院，同时也是医保门诊重症和慢性病鉴定医疗机构、青山区122交通事故抢救治疗中心和武汉市120急救中心青山分点、青山地区创伤急救和交通事故抢救的指定医院，是中保人寿、太保、生命人寿等商业保险定点医院。

该院下辖有工人村、厂前、红钢城、122街、58街、38街、44街等多个社区医疗服务站，为广大社区居民提供快速便捷的医疗、预防、保健服务，深得社区居民的好评。

经营管理　2007年，该院以管理年活动为契机，成立领导小组和工作专班，完善业务管理制度，严格依法执业，狠抓医疗服务质量，落实14项医疗核心制度，坚持并完善医疗综合质量督察制度，加强三基三严培训，始终坚持医疗质量的持续改进，确保医疗安全，努力提高医疗服务质量，备战医院管理评审。

该院成功改制后，为进一步更新经营理念，聘请资深企业管理咨询专家协助制定了医院机制改革方案，实行了在董事会领导下的总监责任制，建立了医疗管理、行政管理、产品管理、质量监察、后勤保障、技术研发和市场拓展七大系统，完善了薪酬管理制度和绩效考核制度，为医院的快速发展提供了有力的组织保障。

在机制改革过程中，该院对质量管理组织机构进行了调整，设立了涵盖医、药、护、技的质量监察系统，完善了医疗质量检查标准以及医疗质量监察管理方案，设计了《麻醉、一类精神药品门诊专用病历》；坚持了每周例行的医疗质量专项督查、护士长夜查房和护理单元综合质量检查工作；编制了《普仁医院药品通用名、商品名对应目录》和《普仁医院麻醉药品、第一类精神药品的协定量》；建立了药品动态监测和合理用药检查通报制度。每月对全院药品用量进行监测。

建立低成本运行机制。严格控制各类不必要开支，重大经济活动进行成本－效益分析，重视投入产出率。严格执行招标采购工作制度，降低采购成本，实行"比质比价，同质低价优先"的原则。探索进行了设备、床位、人力资源的"一体化管理"。加强信息化建设，完成了医院办公自动化系统的建设工作。利用报纸、电视、广播、互联网、多媒体等多种形式，把医院的新业务、新技术、新设备以及特色疗法和好人好事对内对外进行宣传，一定程度上提升了医院的社会知名度。

医疗工作　2007 年，该院年门诊量 254 619 人次，较上年增长 5.3%；住院 14 769 人次，较上年增长 7%；平均住院日 11.9 天，较上年增加 0.3 天；病床使用率 95.8%，较上年提高 12%；出院病人人均费用 4 545 元，较上年人均增加 223 元。

该院继续保证在医疗设备和硬件上的较大投入，全年购置了全套腔镜系列设备和关节镜、超声刀、冰冻切片机、血透机、复用机、体外碎石机、病理室 TCT 系统、直线加速器及模拟定位机等先进仪器设备。购置了 38 街社区卫生服务站的医疗用房，实施了 117 社区卫生服务站的扩建改造，按要求对社区门面进行标准化的标识配置，并为各社区卫生服务站配备了计算机，使之与武汉市社区卫生服务管理机构联网，实现了医疗信息共享。

护理工作　根据医院评审的需要，该院对护理服务流程、质量标准和岗位职责进行了重新修订，并要求各科对各班职责进行修订。

加大护理人员的"三基""三严"培训与考核的力度，全年抽考护士达 376 人次，培训面 100%，基础护理合格率 97.5%，专科护理合格率 95%，病房管理合格率 96%，消毒隔离合格率 95%，急救物品完好率 100%，护理文件书写合格率 99%，护理病历甲级率 95%，三基理论考试合格率 95%，护理技术操作合格率 97%，健康教育合格率 96%，全年无重大护理差错发生。全年在省以上学术交流、发表论文 7 篇。

加强了护理人员的培训和考核，召开了代理护士大会，评选出了护理服务创新示范岗、带教先进病区、护理先进集体，并在"5.12"护士节举行了隆重的表彰大会，起到了表彰先进、激励全体的作用。在湖北省卫生厅组织的"护士岗位技能竞赛"活动中，我院名列第九名，我院护士黄杰取得了个人总成绩第七名的好成绩。8 位护士长被推举为湖北省护理学会第十四届各专业委员会委员。

医保工作　2007 年该院共诊治门诊医保病人约 110 000 人次，收治住院医保病人约 6 500 人次。该院根据医疗服务信用 AAA 等级评审要求和医院的实际情况，成立了医保管理工作专业小组，为患者提供了看病从入院到出院的"一站式"配套服务。在医保工作中，认真贯彻《医疗机构医疗服务信用等级实施方案》，严格执行医保政策。为进一步加强医疗服务质量管理，先后制定和完善了《武汉市普仁医院创建医疗服务信用 AAA 等级工作方案》、《医保门诊处方管理办法》、《预防分解医保病人住院管理办法》等制度，保证了医保工作的正常运行。

科研教学　该院每季度举办一次核心制度和医疗安全的全院培训，每半年组织对全院专业技术人员进行多层次的培训和考核；举办员工素质培训 5 期(10 场次)，参加人次为 1 729 人次，全院参训率为 68%。选派专业技术人员外出参加学术会议、学习和短期培训。在武汉市第十五届职业技能大赛中，该院的刘丽华医生在 400 名参赛选手中取得了西医专业第 10 名的好成绩，被市政府授予"武汉市第十五届职业技能大赛技术能手"荣誉称号。

各科室竞相开展医疗新业务，以腔镜手术为代表的微创手术蓬勃发展，在提高医院医疗水平的同时，拓展了医疗市场。外科完成了以神经系统肿瘤和肝叶切除为代表的 30 余项复杂的大型手术；妇产科的腔镜手术业务范围显著扩大，利用腔镜可完成恶性肿瘤外的所有妇科开腹手术和大部分良性肿瘤的手术;肝胆、胃肠和泌尿外科开展了腹腔镜下胆总管探查术、腹腔镜下胆囊切除术加阑尾切除术、后腹腔镜下肾盂输尿管成形术、输尿管镜气压弹道碎石取石术,胸腔镜肺叶切除、胸腔镜肺大泡减容术和微创肛肠手术。骨科完成了多例70岁以上患者的髋关节置换术、脊椎滑脱复位内固定加植骨术和多椎体骨折并截瘫手术;呼吸内科开展了机械、电子排痰新业务;消化内科在外科、放射科协助下,开展了十二指肠乳头肌切开及电镜下肠道息肉切除术;妇产科开展了TCT检查新业务;检验科开展了铁蛋白、转铁蛋白、甲状旁腺激素的测定以及乙肝五项定量等十余项新业务;五官科开展了双侧声带麻痹,喉梗阻,声带外展手术、眼睑大范围包块切除术加手臂皮肤移植术,成功救治了一例喉气管断裂伤患者;感染科开展了丙型肝炎的抗病毒疗法,取得了良好效果。具有普仁特色的冬病夏治和针灸减肥疗法受到了广大患者的热捧,取得了显著的社会和经济效益。

医德医风建设　紧紧围绕“以病人为中心,以提高医疗质量为主题”的医院管理年活动,认真开展了社会主义荣辱观教育和治理医药购销领域商业贿赂专项工作。认真学习中央有关精神,向全院医务人员发出“依法行医、规范行医、廉洁行医、文明行医”的倡议,倡导廉洁行医,拒绝“回扣”、“红包”。全院医务人员抵制商业贿赂的自觉性和廉洁从医的意识显著提高,全年共拒收红包48 113元,收到感谢信32封、锦旗20面。

履行社会责任　该院多次组织无偿献血活动。组织青年志愿者到交通要道开展“争做好市民,文明过马路”的活动;组织职工参加了武汉市重大疾病医疗互助活动;组织安排了16批288名员工的疗养。

（易　碧）

【武汉艾格眼科医院】

概况　该院重建于2008年8月8日,是一所三级眼科专科医院,武汉市医保定点医院。设有综合眼病、眼整形美容、眼眶病及眼肿瘤、角膜病、泪器病、白内联、青光眼、眼底病、小儿眼病、弱视训练治疗、激光治疗近视眼、医学验配12个科室;住院部、手术室、医技科室、小小少年视力保护基地和艾格眼库。该院还被武汉市残联指定为武汉唯一的“白内障、低视力康复基地”拥有眼科专业医护人员200余名,10多位中外眼科界知名专家网络资源。该院让来就诊的患者享受优质环境及专业化的服务,并通过预约、会诊、手术、随访反馈机制提高本院医疗技术和服务水平。坚持“专业的才是最好”的服务及管理理念。建院初期即在湖北省率先推出医药分家的举措。积极参与社会公益事业,被评为武汉市公益慈善之星,武汉市卫生文明品牌医院先进单位,武汉市五一劳动奖状等荣誉称号。

专家选介　该院现有来自国内外眼科专家库数十人:

王光璐:北京同仁医院眼科主任医师、教授。擅长眼底疾病即视网膜玻璃体疾病的诊断和治疗,享受国务院专家待遇。

刘保松:武汉艾格眼科医院董事长、首席白内障专家,北京同仁医院首位眼科临床研究生,可以3分钟左右完成一例白内障超声乳化+人工晶体植入术,至今,已开展了3万例手术,是国内率先开展ICL治疗高度近视眼的专家之一。

王明旭:美国哈佛大学医学院眼科及视光学双博士、美国FDA视光学专家组成员及评委、准分子手术创始人之一。

范先群:上海第二医科大学眼科硕士和整形外科博士,擅长上睑下垂矫正、活动义眼台植入、眼窝狭窄成形、内眦畸形复位、泪道阻塞再通和眼表修复重建等整形手术。

韩　岩:现为第四军医大学第一附属医院整形外科副主任、教授、主任医师。擅长各类整形美容手术以及显微外科。

吴　夕:北京大学人民医院眼科主任医师、专攻小儿斜、弱视诊治。

肖利华:武警总医院眼科主任医师、专攻眼眶肿瘤、眼眶整形和眼科影像诊断。

段安丽:北京同仁医院眼科眼底组副主任医师、副教授,眼科临床医学博士。已从事眼科临床工作16年,专业特长:眼底病,视网膜脱离。

赵明威:北京大学人民医院眼科主任医师、眼底病专家医学博士、教授、硕士生导师。从事眼科临床工作20余年,熟练掌握眼科常见疾病的诊治,擅长眼底疾患的荧光血管造影诊断与激光治疗。

刘铁成:解放军总医院眼科副主任、擅长复杂眼外伤、增殖性糖尿病视网膜病变和复杂视网膜脱离的手术治疗。

王乐今:北京大学第三医院、北京大学眼科中心专家、教授、主任医师。在斜视及弱视专业方面有丰富的临床经验。

褚仁远:眼科教授、博士生导师。现担任复旦大学医学院眼科学系系主任、眼科研究所所长。卫生部近视眼重点实验室主任、上海市眼科学会主任委员、上海眼科质量控制中心主任,中华眼科杂志副主编。擅长近视眼的诊断与治疗、眼科激光治疗、眼遗传病诊治,曾获卫生部有突了贡献的中青年医学专家称号。

周行涛:眼耳鼻喉科眼科主任医师,医学博士,全国眼遗传组委中兼秘书长。擅长近视眼(手术治疗)、屈光眼肌病、小儿眼科、眼遗传的诊治。

医疗设备　该院诊疗设备先进,拥有美国威视(VISX)S4手术系统,湖北首台第三代"飞秒激光"(femot osecendlaser aser)飞秒激光仪手术系统,角膜内皮计数仪,ZEISS眼科专业手术显微镜,蔡司IOLMaster光学生物测量仪和省内独家引进的拥有OZIL技术的INFINITI白内障超声乳化仪,裂隙灯眼前节成像系统,同视机,Goldman全自动电视野,全自动三维电脑磨片机,532眼底激光治疗机,TTT眼底激光治疗机,活体全景超声全景显微镜(UBM),Nd-Yag激光,光学相干断层扫描仪,眼底荧光造影系统等一大批国际最新尖端设备。

诊疗专科　综合眼病专科:眼球摘除+Medipor义眼座植入术、眼球摘除术+羟基磷灰石义眼座植入术、翼状胬切除术+羊膜移植术、眼睑成形术、泪小管断裂吻合术、鼻腔内囊粘膜吻合术、角膜移植术、角膜穿通伤清创缝合术、眼球破裂伤清创缝合术、球内异物取出术、其它眼科小手术、眼眶病及眼肿瘤病、单纯翼状胬肉切除术+干细胞移植术、眼球摘除术、眼球内容物刎除术、泪道插管术/激光术、泪点切开术、经鼻腔的泪囊鼻腔吻合术、经鼻腔泪囊鼻腔逍遥法外造孔术。

青光眼专科:周边虹膜激光打孔、小梁切除术、虹膜周切术、先天性青光眼的手术治疗(房角切开+小梁切除)、绝对期青光眼的光凝治疗、有白内障的闭角型青光眼或有恶心青光眼趋向者的治疗。

白内障专科:超声乳化+人工晶体植入术、后发白内障的治疗(YAG激光后囊切开、后囊撕开)、先天性白内障的手术治疗(晶体摘除+后囊撕开+前段玻璃体切除)。

小儿眼病专科:小儿沙眼、结膜炎、麦芽肿、霰粒肿、内翻倒睫、上睑下垂、儿童眼外伤、先天性眼球震颤、先天性白内障、先天性青光眼、角膜炎、葡萄膜炎、泪道疾病、眼底病等。

小儿斜、弱视专科:弱视训练(家庭训练、医院训练)、屈光不正(近视、远视、散光)、各种斜视手术矫正。

眼底疾病专科:各种原因引起的眼底玻璃体积血、中央静脉阻塞行放射状视盘切开术、分支静脉阻塞、各种类型的视网膜脱离、玻璃体混浊、糖尿病性视网膜病变、增殖性玻璃体视网膜病变、黄斑水肿、复杂的眼外伤、眼内异物摘除、脉络膜、视网膜肿瘤、老年黄斑变性、视网膜变性、动静脉鞘膜切开、视网膜病变。

眼整形美容专科:义眼植入术、内(外)翻倒睫矫正术、上睑下垂矫正术、重睑术、眼睑整形及美容术、眼眶骨折的修复整形术、眉提升术、结膜囊成形术。

院内服务　该院不设药房、由湖北九州通药业有限公司在医院开设零售药房,患者看病后到"九州通"拿药。缴纳了预约金的病人一旦决定不实施手术,医院将无条件为其退款,且签院、盖章等一系手续均由服务人员代劳。

飞跃眼库　该院接受晚期肺癌患者——巴东县中医院女护师王飞越的委托,向社会征集角膜接受者,并为王飞越捐赠的角膜接受者减免一半的手术费用和住院费用。中国第一家民营医院的眼库——艾格·飞越眼库正式成立。三名角膜接受者重见光明,王飞越的"光明之约"震憾全国。为表达对王飞越捐献眼角膜义举的敬意,该院向巴东县捐赠20名免费白内障手术名额。

助困复明活动　2005年5月9日,由湖北省电视经济频道《经视直播》、市残联、艾格眼科医院共同举办的"白内障助困复明工程"启动,共接受到有效报名表152份,咨询电话数以千计。最终选定30例特困白内障手术患者,于6月6日爱眼日当天在武汉艾格眼科医院接受由该院院长、首席白内障专家刘保松博士亲自实施的免费白内障复明手术。《经视直播》以卫星直播的形式进行了全程直播。

此后每年,该院都拿出100-150名免费白内障手术名额,为贫困的视力障碍患者重见光明,同时还以每年500台的数量承接了残联助残复明手术活动,为更多的视力残疾人带来光明。

西藏光明行　"光明行——走进西藏"拉萨行2005年7月19日正式启动,由该院院长刘保松亲自带领的武汉医疗小组在拉萨、阿里地区共为19名藏族同胞送去光明,并创下了手术速度与复明率双第一。

关注青少年视力健康　2006年6月6日,由共青团武汉市委、武汉市少工委、武汉艾格眼科医院联合举办的"爱眼护眼·珍视光明"主题教育活动在武汉艾格眼科医院正式启动。活动内容是普及少年儿童眼部健康教育,传播爱眼护眼知识,预防和减少少年儿童眼部疾病的发生,引导他们健康成长。

携手社区光明行　2007年11月,为响应国家关于医疗改革的号召，该院联合武汉市96家社区卫生服务中心，开展了“携手社区光明行”活动，通过义诊、讲座、科普宣教等活动深入社区，让社区居民足不出户就能享受到专家的诊疗；医院还定期为社区卫生服务中心的医生进行眼科知识培训，同时还拿出150例免费白内障手术，为一部分贫困的社区居民带来光明。

（孟凡英）

【武汉爱尔眼科医院】

概况 该院以爱心致力于人类的眼健康事业，本着责任、协作、创新、奉献的精神，与眼科同行、合作伙伴一道，不断提高医疗技术水平、创新医疗服务模式，持续开发和满足患者的需求，提高人类的视觉质量。使所有的人，无论贫富贵贱，都能够享受到眼健康的权利；也使自身在医疗技术、经营管理、服务患者、回报社会等方面成为眼科行业的典范。

2006年7月，为了积极响应政府蛇山南坡显山透绿工程，支持建设美丽新武汉，同时也为广大患者提供更舒适的就医环境，该院已正式迁入武昌大东门（原黄鹤大厦）。

新“武汉爱尔”具有相当规模，总面积达两万余平米。拥有八间国际标准现代化手术室，可同时进行20余台手术；设有住院病床200张，病房宽敞明亮，均配备独立的卫生间，同时每层病区都设有特需病房，内设会客室、卫生间及齐全的家电设备；此外，医院还设置了咖啡吧、休闲室、以及大型地下停车场等，为不同层次患者提供更为舒适的疗养环境。

医疗团队及诊疗系统 该院是集医疗、教学、科研和防盲为一体的智能化眼科医院，拥有一支由硕士生导师、博士所组成的高水平医疗技术团队。配置了大批国际一流水准的高精尖诊疗、科研设备，许多医疗设备填补了国内眼科临床与科研的空白。

该院全面开展了青光眼、眼底病、屈光不正、白内障、斜弱视、角膜病、眼外伤、眼整形及眶肿瘤、医学验光配镜等诊疗项目，并设立了“眼屈光手术中心”“白内障诊疗中心”“眼视光学中心”“糖尿病眼病激光治疗中心”、“眼底病激光治疗中心”等专业技术中心。其中，“眼屈光治疗中心”拥有国内最顶尖的两套激光手术系统，并配备最先进的波前相差检查系统及各种高端的科研设备。力图为每一位患者提供科学、全面、经济、人性化的高质量治疗服务。许多以前在湖北不能得到确诊和治疗的疑难眼病，今天在武汉爱尔眼科医院均能得到解决。

特色服务 实行3个专家看1个患者：鉴于武汉地区眼科水平在全国处于中游水平，爱尔眼科对一些久治不愈的复杂眼病进行疑难病会诊。每周定一个主题，至少三个专家同时看一个病人，最后一个最著名的权威专家作出诊断结论和治疗方案。

值班主任服务制度：该院为了提高工作效率，更加了解患者的需求而推出这种酒店式服务。每日一位中层主管巡视、督察各营业区、各病区，解答就医过程中的患者疑问，受理患者的投诉，并在48小时内做出回复，有效协调医患关系，避免医疗纠纷。

亲情服务：把患者当亲人，从患者利益出发，极大限度的帮助他们，让充满爱心的服务倾情为病人减轻痛苦。

陪同服务：对每一位进入该院的患者，都会做到全程陪同服务，让他们更加方便、快捷的得到所需要的治疗。

异地服务：每一位患者在医院接受准分子激光手术后，去外地工作或学习，凡持有爱尔眼科的复诊卡，均可在当地爱尔眼科医院接受复查、复诊。特别对于个别的疑难病症，还可集合全集团的顶级专家进行联合会诊，这是任何一个单体医院都无法具备的优势。

历程回顾 2003年8月2日，该总投入8 000万元兴建的全国连锁专业眼科医院，正式入驻江城，其投资规模超过湖北省现有任何一家综合医院眼科的规模。

2003年9月，武汉爱尔眼科喻长泰院长宣布：我们将改变眼部肿瘤患者南下“中山”，北上“同仁”的现状，为患者带来高水准、高质量的医技诊疗服务。

2003年11月，该院先后送培20名医生至各地医院进修学习，壮大医院医疗技术力量，并制定“学习型医院”为主要发展模式。

2004年2月，该院被中华名医协会评为“全国十佳眼科专业医院”。

2004年3月，鉴于武汉地区眼科水平在全国处于中游水平，该院设立疑难眼病专科。对一些久治不愈的复杂眼病进行疑难病会诊。每周定一个主题，至少三个专家同时看一个病人，以做出正确的诊断和制定科学的治疗方案。

2004年10月，该院门诊量累计突破十万大关，日均门诊量达到350人次。

2004年11月13日，成功完成第10 000例眼科手术，实现万例手术无一例医疗事故及纠纷，真正做到高水准、高质量服务。

2005年3月，该院被湖北省眼镜协会评为“副会长单位”，以及配镜质量达标单位。

2005年5月，引进博士伦217z个体化激光设备，先行拥有双手术系统。

2005年5月，引进中国首台最先进准分子激光手术设备——IntraLase（飞秒激光角膜板层刀）。真正实现了准分子手术的无刀全激光手术。有力地扩大了准分子激光手术的适宜范围，并改善术后视觉质量。

2005年7月，该院正式成为武汉市城镇职工基本医疗保险定点单位。

2005年7月，第一本爱尔眼科系列丛书《临床眼科手术学》正式出版。

2005年11月，该院被武汉慈善总会评为"武汉首届十大爱心企业"。

2005年11月，该院向武昌慈善总会捐赠120万"爱尔爱心基金"用于资助湖北省内贫困的（包括低保户、下岗职工、孤寡老人、残疾人、贫困学生、贫困军烈属等）眼疾患者。截至2007年4月，已资助患者金额达30万。

2006年，引进国际上最先进的湖北省内首台角膜共聚焦显微镜，为武汉眼科界增加了新的检查手段。因其可对人的活体组织进行细胞水平观察，大大提高检查效率和确诊率，对患者病情可以起到更早发现更早治疗的效果。

2006年12月29日，经武昌区首义路街党工委批准，该院党支部正式成立。

2007年，开展大型防盲治盲公益活动，为全省1 000名左右的贫困患者免费实施白内障手术。其中，3月与国际奥比斯飞行眼科医院的合作中，为175名患者全免手术费，让贫困人群享受到了重见光明的喜悦。开启了防盲治盲荆楚光明行公益活动，对红安、罗田等地的贫困眼疾患者免费实施白内障手术。

2007年9月，在院长喻长泰的带领下，该院将"爱心光明行"的活动送到罗田，为患有白内障的贫困百姓免费手术，送去了光明，受到当地百姓热情的欢迎和拥戴。

2007年，该院"爱心送光明"、"奥比斯飞机医院"、"红安罗田义诊手术"、"武汉市社区义诊"等慈善活动，共资助了433人，资助金额达54万元人民币。

"爱尔眼科现象"异军突起　从最初的起家，到目前拥有全国十余家连锁医院。该院在几年内异军突起。

爱尔眼科医院集团之所以能在同行业内异军突起，依靠的是先进的理念、优秀的医疗专家、领先的医疗技术和一流的医疗设备。该院设立的人才机制吸引了大批眼科带头人，拥有眼眶疾病专家喻长泰教授、眼肌病专家龚淑贤教授、青光眼专家管志华教授等几百位国内知名眼科专家，还吸收了一大批深具潜力的眼科人才加入，由此形成了一支过硬的医疗队伍。该院还致力于对眼科其它相关领域探索与开发，在近视治疗领域率先开展了BSL（双面切削）、MFL（多焦切削）等国际高科技项目，以求更好地为患者服务。

医疗成果　2004年9月，第九届全国眼科学术会议爱尔眼科集团应邀参会130多人，是3 000多代表中人数最多的，共投稿论文53篇，其中用于大会讨论的论文1篇，展板交流18篇，列题7篇。9月11日上午，作为中国最大的连锁医院集团，大会组委会组织了爱尔眼科专题会。

科研工作　爱尔成立了自己的"爱尔眼科研究所"，集中了来自国外的专家、留学美国、日本、德国等发达国家的博士，本土成长的专家，他们可以发挥各自的专业优势，集中集体智慧，实现科研突破，同时，形成的专业成果也可以在集团内迅速推广，全国眼病患者都可以从中获益。该院还拥有完整的"零缺陷Lasik质量管理体系"，从咨询、检查、手术到复查复诊，以及环境、设备、器械、药品、医护人员等所有方面入手，实现治疗过程的完美控制和系统优化，对整个过程中118个环节实全面控制和综合检测，有利于清除患者为手术安全的担忧。集团高层经常应国际医疗机构邀请出国访问，签定各种国际合作协议。

科研成果　2007年，医学科研成果："儿童白内障手术及术后视功能康复的系统研究"，主要完成者：陈茂盛、龚淑贤。由湖北省科技厅鉴定，达到国际先进水平。在全国性杂志发表学术论文26篇，地方性杂志发表学术论文8篇；送学术论文参加国际性会议交流1篇，全国性会议交流74篇，地方性会议交流6篇，出版医学专著《临床眼整形与重建手术学》、主编：喻长泰、涂惠芳，由湖北科技出版社出版。《医家金鉴眼科学卷》，参编喻长泰，由军事医学科学出版社出版。

（李爱明、徐　静）

【湖北夏小中医院】

概况　该院（原武汉夏小中医院）是一家以中医为主导、以骨病风湿病专科为特色的综合性医院，是武汉市医疗保险定点医院，现有规模为湖北夏小中医院本院、湖北夏小中医院京山分院、湖北夏小中医院制剂室。该院设有骨病科、风湿病科、骨伤科、内科、外科、妇科、皮肤科、针灸理疗科、康复科、耳鼻喉科、肛肠科、口腔科、医学影像科、医学检验科等科室。配备有进口B超机、血球计数仪、500mA双床双管X光机、全自动生化分析仪、尿液分析仪、全自动电解质分析仪、血沉仪、多功能三维牵引床、多功能薰蒸床、自动煎药包装机等国内外先进仪器和设备。

医院管理　该院积极引进现代管理理念,结合医院实际,建立和完善各项规章制度,定期组织检查考核,对违规行为进行警告或处罚。在医疗活动中,该院推行亲情化服务,努力拆解医患矛盾,在实践中,该院围绕“六心”为患者提供亲情化服务,进行了一些探索。“六心”就是:一,诊断上求细心,要求医务人员发扬“严、谨、细”精神,用心做严每个细节的诊断工作,为正确施治打下坚实基础,努力实现医学事实与医学价值、医学知识和人性目的的和谐统一。二、解答上求耐心。针对患者提问,耐心解答,答疑解难至患者明白为止。三、治疗上求精心,对病人实施治疗过程中的检查、开药处方、输液打针、发放药品等工作,不允许有半点失误,确保医疗质量。四、服务上求热心,提倡医务人员和管理人员善用“您”、“请”、“谢谢”、“对不起”等充满敬意、饱含友情的话语。五、生活中求关心。要求全院医务人员面对病人时,要善于换位思考,把病人的事当自己的事来办,根据病人所想、所急、所需,尽其心、倾其力、多行善举,多做好事。六、环境上求舒心,在推行亲情化服务中,努力为患者创造家庭般方便、安全、舒适的医疗环境。医院实行“六心”亲情化服务,使医患双方均视对方为亲人,医患矛盾在亲情中得到化解,医患纠纷在亲情中顺利消除,医患友谊在亲情中增进凝结。

医疗工作和精神文明建设

2007年,该院门诊人次、住院人次、手术人次稳步增长,患者综合费用支出呈下降趋势。该院积极参加社会健康宣传和义诊活动,其中参加了武汉医师协会民营医疗机构中医师分会义诊,参加武汉医师协会民营医疗机构中医师分会和现代健康报社、武汉图书馆举办“全国科普宣传日－武汉科普年会”健康宣传大型活动;参加民建湖北省委组织医药专家赴大悟县黄站镇苏区义诊,夏小中院长亲率10余名专家参加了义诊,捐赠药品近十万元。该院获市、区先进文明单位光荣称号,获国家中医药管理局“全国优秀民营中医医院”光荣称号,夏小中院长获“全国优秀民营中医医院院长”殊荣。　(院办公室)

(责任编辑:吴厚冬)

社区卫生服务与新型农村合作医疗

【2007年武汉市社区卫生服务工作】 2007年，武汉市社区卫生服务工作以全国城市社区卫生工作会议精神为指导，认真贯彻落实市政府关于进一步推进基本医疗保障进社区的工作要求，紧紧围绕“完善、深化、创新、提高”的工作思路，以提高社区卫生服务能力为核心，以完善社区卫生服务网络建设、内涵建设和队伍建设为重点，继续开展创建群众满意社区卫生服务机构活动，努力为居民提供安全、有效、便捷、经济的公共卫生和基本医疗服务。

调整布局，推进社区卫生服务机构标准化建设　加快社区卫生服务机构标准化建设，在全市开展了“四个一批”工作，即：巩固一批、调整一批、新建一批、淘汰一批社区卫生服务机构。初步实现“15分钟社区卫生服务圈”的建设目标。2007年，全市共建设巩固中心77个、站233个，调整中心11个、站41个，新建中心2个、站8个，淘汰中心1个、站25个；截至12月底，全市（包括远城区）共有中心103个（中心城区96个）、站388个（中心城区356个），其中，有91个中心、332个站完成了房屋维修改造、统一标识标牌等标准化建设任务。

提高水平，加强社区卫生人才队伍建设　一是“下来一批”。2007年，全市共有51家大医院与96个社区卫生服务中心建立了对口帮扶关系，共有245名大医院的专业技术人员，深入到社区坐诊，并对社区卫生工作人员进行“传、帮、带”。二是“招聘一批”。截至12月底，由市政府出资，共招聘了192名大医院退休的老医生到社区卫生服务机构当“社区首席医生”。三是“进来一批”。各区政府积极出台各项优惠政策，招聘医学专业本科以上毕业生到社区工作，截至12月底，共招聘了305名大学生进社区卫生服务机构工作。四是“培养一批”。2007年，全市共有507名医生参加全科医学培训、共有457名护士参加了社区护理培训、共有4 688人次医务人员参加各种专业岗位培训，共选派了235名医务人员到大医院进修学习；五是“淘汰一批”。对素质不高、水平较差和未取得岗位培训合格证书的社区卫生服务人员，予以辞退和淘汰。2007年，全市辞退和淘汰社区卫生服务工作人员36名。

全国社区卫生服务研讨班在武汉召开

完善功能，推进社区卫生服务内涵建设　一是将规范管理向前推进。制订完善公共卫生、医疗、护理等各项工作规范，开展高血压、糖尿病防治和健康教育、护理培训等规范化服务活动，通过示范机构的创建,以点带面,全面推进社区卫生服务内涵建设。2007 年,全市社区共新增管理高血压病人 45 375 人,高血压病人累计管理数达 48.4 万人;新增糖尿病管理人数 8 872 人,累计管理数达 11.5 万人。二是主动服务、上门服务受到欢迎。2007 年,全市社区卫生服务机构共组建"家庭责任医生团队"800 余个,制作设置门栋牌 20 115 个;全市共新建居民健康档案 84.4 万人份。截至 12 月底,全市共建居民健康档案 260 万人份。截至 2007 年底,共开展"六上门"服务 68 万人次。三是公共卫生工作得到加强。2007 年,全市有近 48 万余人次接受了社区高血压管理服务,11 万余人次接受了社区糖尿病管理服务,接受管理的人数较 2006 年增幅均在 50% 以上,接受管理的高血压、糖尿病人数约占全市高血压、糖尿病病人的 30%;1.3 万人次接受了肺结核跟踪治疗服务,3.6 万人次残疾人接受了随访。2 万余人次接受精神病人随访服务。上述三项较上年同期都增长了 95% 以上。传染病报告率稳定在 99% 以上,免疫接种较上年增长 29%;产后访视较上年增加 123%;421 儿童体检较 2006 年增加 32.3%;参加健康教育人次较上年增加 188%,城市居民基本健康知识知晓率达 62%。四是社区卫生服务功能不断拓展。利用政府搭建的社区卫生服务公益性平台,结合社区的工作重点,积极开展各项公益保健活动。7 月,配合"清凉度夏"主题,开展"平安度夏健康社区行活动",主动为辖区居民开展防暑防病健康教育讲座,张贴宣传画报,免费送医送药到社区纳凉点;10 月,在社区开展"光明社区行"活动,宣传眼保健知识,为 150 名贫困居民免费开展白内障手术;11 月,结合文明城市创建工作,开展"我为创建全国文明城市加一分"活动,提高服务意识,改善服务态度,增进医患沟通,提高服务质量,为居民提供温馨、细心、爱心、耐心的服务,拉近了社区卫生服务机构和居民的关系,取得了良好的社会影响。

五是切实落实"五免六减"普惠政策。2007 年,全市社区卫生服务机构共实施"五免六减"788 万人(项)次,免收医疗服务费用 2 355 万元,使居民切实感受到了政策带来的实惠。2007 年,武汉市卫生局系统中心城区创建群众满意社区卫生服务机构合格率完成 87%。

完善考核,加强对社区卫生服务的监管 一是强化社区卫生服务机构监管。2007 年,各中心城区卫生局共组织 31 次社区卫生服务机构依法执业专项检查,严肃查处非法行医活动。对不符合资质和规定要求的机构,限期整改,坚决淘汰。

二是继续开展创建群众满意社区卫生服务机构活动。今年,市卫生局通过第三方评价,对全市创建的 52 个社区卫生服务中心和 195 个社区卫生服务站进行了群众满意度考核,同时对去年被评为群众满意社区卫生服务机构进行了满意度复查,达标率达到 87%。

探索创新,促进社区卫生事业不断发展

一是认真开展调研,积极争取政策。2007 年通过深入调研,提出了深入推进武汉市社区卫生服务体系建设的建议,促使市政府专门出台了《市人民政府关于深入推进社区卫生服务体系建设的意见》(武政〔2007〕63 号文),使社区公共卫生经费投入翻番(从人均 10 元到人均 20 元),从政策上为社区解决了业务用房等问题。

二是积极争取到武汉市成为 28 个国家社区卫生服务体系建设重点联系城市之一,青山区成为 10 个全国社区卫生服务适宜技术试点区之一,有力地促进了武汉市社区卫生服务体系建设和内涵建设。

三是深入推广社区卫生服务中心医药分开改革工作。进一步规范了社区卫生服务机构用药,加强了对社区"医药分开"常用药品价格的监管,减轻患者药费负担。截至 12 月底,全市共有 24 个社区卫生服务中心实行了"医药分开"改革。

四是积极探索社区卫生服务运行机制改革。江汉区深入推进社区卫生服务中心"医药分开"改革,得到了国务院纠风办的高度关注;硚口区大胆探索大医院托管社区卫生服务中心改革取得了显著成效,受到了卫生部领导的充分肯定;江岸区积极落实社区卫生服务站房屋政策,将购买社区卫生服务机构房屋经费纳入财政预算;汉阳区积极探索社区卫生服务机构药品直供新途径;洪山区积极开展创建国家中医特色社区卫生服务示范区活动,有力推进了中医药进社区工作;青山区在全面推进社区卫生服务体系建设方面进行了大胆的探索,受到了卫生部领导和专家们的高度好评;武昌区、江汉区创新改革,被湖北省卫生厅确定为社区卫生服务体系建设综合改革试点区。

2007 年,全市社区卫生服务机构的门诊量为 610 万人次,住院量为 3.85 万人次,分别比去年同期增长 36 % 和 15 %,门诊量占中心城区医疗机构总门诊量的 31%。每门诊病人平均费用为 50 元,每住院病人平均费用为 1 258 元,分别比去年同期下降 14.6% 和 8%,进一步缓解了群众"看病难、看病贵"问题。各项公共卫生工作指标比 2006 年同期都有大幅度的增长。

2007 年 2 月，卫生部副部长蒋作君、妇社司司长杨青来武汉视察社区卫生工作，对武汉市社区卫生服务工作取得的成绩给予了高度肯定。6 月，在国务院召开的全国社区卫生工作会议上武汉市社区卫生工作经验在大会上作了书面交流。8 月 30 日，全国社区卫生服务体系建设重点联系城市工作会议在北京召开，刘顺妮副市长代表武汉市人民政府作了大会发言。9 月 4 日至 5 日，全国社区卫生服务研讨会在武汉市举行，来自全国 28 个省市的 350 余名代表参加了研讨会。

【2007 年武汉市农村卫生服务概况】 2007 年武汉市农村合作医疗服务 2007 年，武汉市参合农民人数达 244 万人，参合率达 92.4%；6 个远城区都已纳入国家和省级财政补助范围，人均筹资水平达到 85 元以上；全市有 41.7 万人次获得门诊和住院补偿达 11 862 万元，平均住院补偿比例达 33%，比上年同期增长 7%。在加强基金管理中，公开招聘了 127 名乡镇合作医疗管理员，完成了乡镇经办机构“管办分离”工作，制定了《武汉市新型农村合作医疗制度建设管理工作规范》和《定点医疗机构管理办法》，建立了市、区两级合作医疗数据中心，实现了网上补偿费用公示、报表统计分析等信息化管理。黄陂区被评为湖北省新型农村合作医疗工作先进区。

2007 年武汉市农村卫生服务体系建设　2007 年，武汉市财政共投入资金 4 252 万元，完成了 40 所乡镇卫生院、463 个村卫生室的标准化建设计划，武汉市卫生局系统乡镇卫生院、村卫生室标准化建设完成 139.9%。并加强区级医疗机构建设，完善农村卫生三级网络。为改善农村医疗服务条件，市、区两级共投入资金 5 026 万元支持硬件建设，新建业务用房 19 678 平方米，维修改造 57 352.4 平方米，招标采购乡镇卫生院设备 1 412 件，村卫生室设备 8 类 463 套。市财政投入资金约 1 200 万元，首次启动了政府购买农村公共卫生服务项目，制定并实施 8 大类 28 小项公共卫生服务项目考核。为提高农村医疗服务水平，实施了农村卫生人才培养和水平提升计划，建立健全了岗位培训和进修制度，开展了乡镇卫生院专业技术人员全科医学知识和技能培训，启动了 1 800 名乡村医生岗位培训，举办了乡镇卫生院院长和管理干部 139 人的培训和 899 名乡村医生为期 2 年的中专学历教育，开展了大中型医院对口帮扶和千名医生下基层工作。为规范农村卫生服务体系管理，对乡镇卫生院实行“区办区管”，出台了《进一步强化乡村卫生服务一体化》文件，乡镇卫生院对村卫生所一体化管理取得进展。（根据武汉市卫生局资料编稿）

【大医院支农和下社区】 协和医院 2007 年派出 10 名医务人员到恩施地区鹤峰和利川两县参加为期一月的卫生部支援湖北西部农村工作。省人民医院有 12 人次到县级人民医院支援工作，有 10 人次到城市社区开展为期一年的医疗卫生服务。武大中南医院 2006 年、2007 年共安排 5 个专业 10 名医师对口支援县市医院工作，有 4 个专业医师分别轮流到城市社区卫生服务机构支援工作。武科大附属医院派员到老区红安县人民医院、武昌区紫阳路等社区开展医疗帮扶工作；到湖北阳新县、武汉市内社区开展各种义诊 18 次；与电台、电视台和报社协作，举办健康讲座 20 余次。省中山医院开展的“青年卫生服务社区行”活动以“走进社区、服务于民”为主题，青年医务人员利用休息时间为医院周边 9 个社区居民进行慢性病普查，建立健康档案。共走访了 1 984 户人家，接受咨询 2 750人次，建立健康档案 2 043 份；对 38 位高血压病人进行了随访；吸引了 40 余人来该院就诊。

【捐赠医疗物资】 2007 年，协和医院在医疗“三下乡”活动中，筹集了 100 万元医疗物资，捐赠给了农村医疗机构。武汉市第十一医院为区内社区卫生服务中心免费提供 100 张病床。

【优惠农民工】 武汉市第十一医院 2007 年深入社区农民工家庭服务，举办农民工孕产妇健康课堂，设农民工孕产妇室，保证对农民工孕产妇优惠政策得到落实，有 50 多名农民工孕产妇得到政策优惠。

【托管社区卫生服务中心】 省中山医院探索三级医院与社区卫生服务中心建立双向转诊机制有效途径有收获。2007 年 8 月 22 日，湖北省卫生厅下发“关于同意湖北省中山医院整合托管硚口区荣华、崇仁两街社区卫生服务中心的批复”（鄂卫函〔2007〕379 号）。硚口区荣华街社区卫生服务中心和崇仁街社区卫生服务中心实行整合，成立荣华、崇仁街社区卫生服务中心并全面托管。2007 年 8 月 29 日，“荣华、崇仁街社区卫生服务中心揭牌仪式”在硚口医院门前举行。

中心“六不变”：即：社区卫生服务中心体制不变；享受财政拨款和各项财税减免政策不变；非盈利性医疗机构性质不变；公共卫生和

基本医疗服务职能不变;职工隶属关系及性质不变),属独立的法人单位。实行依法经营,独立核算,自负盈亏的管理办法,财务核算纳入硚口区财政管理。该院请国有资产管理局分别对荣华、崇仁社区卫生服务中心进行了资产清理、核算,明确了责任、权利和利益分配问题。

参与中心工作:该院选派一名院长助理出任中心主任兼党支部书记,另增派一名中心副主任(均由硚口区卫生局下文任命)。该院派12人到中心协助管理和业务技术支撑;年工资差额补助20余万元,日常流动资金给予调剂性支持。原崇仁中心的财政拨款全部纳入新中心管理使用。每天有一名副高以上专家到中心坐诊;免费接收社区医生进修学习;定期对社区医生和公共卫生科工作人员进行慢性病知识讲座;与中心实行临床会诊制度和医疗纠纷处理制度;成立了双向转诊办公室,对于上转病人专门接待服务,简化就医流程,设立诊疗绿色通道;对少数社区中心暂缺的检查诊疗项目直接与该院相应科室对口接轨等;该院先后9次组织青年医务人员共288人(次),定期到社区,以多种形式支持社区工作。

托管效果:托管以来,中心计划免疫五苗接种率≥98%,特别是二类疫苗接种工作量成倍增长,传染病登记报告率达100%;中心公共卫生科在去年底市级检查中获取99.6分(全区第一);新建辖区居民健康档案2 500余份;慢病随访近2 000人次;举办大型专题健康讲座7次;组织义诊19次;免费发放抗高血压药1 800余盒;药品招标直供达100%;"五减"、"六免"工作达98%以上;日门诊量128人次,比上年同期增长31%;月平均业务收入17万,比上年同期增长28%;职工月平均收入1 380元,比上年同期增长40%。托管期间,该院接收中心上转病人231人次,其中门诊病人156人,住院病人75人。

(柳德生)

(责任编辑:柳德生)

医疗救助与社会公益

【缓解"看病贵、看病难"工作措施】 2007年,武汉市中心医院开展日间手术试点97例,病人医疗费用平均降低20%,这项措施在全市大中型医疗机构逐步推广;市普爱医院开展药品直供试点,门诊人均费用降幅达17%,住院人均费用降幅达33%,试点以来,到市普爱医院就诊的患者总计减少药品费用支出逾5 000余万元;开展"百千万"活动,为外来务工人员办实事;全市设立救助病床200张,为特困人群提供医疗救助,全年共减免金额102.6万元;开展武昌惠民医院试点工作,共为特困群众减免费用近400万元;实施药品、器械及医用耗材集中招标,网上采购,药品降价达26.8%,器械及医用耗材降幅达13.9%;推行医疗检查"一单通"、单病种限价收费等措施。武汉亚洲心脏病医院采取病种分类核算、医疗环节成本控制、减少围术期并发症、缩短住院天数等措施,使病人住院药费支出与总费用的占比降到15%左右。武汉市普爱医院为降低药费首试药品直供取得阶段性效果,医药比由直供前的43.67%降至31.87%,门诊人次费用下降24.13%,住院人次日费用下降39.53%,看病药费用减少4 720万元。

【义务医疗服务】 2007年,同济医院按照卫生部、省卫生厅、市卫生局等各级卫生行政部门的要求,共派出医务人员33名,参加"防治艾滋病"、"援藏"等活动,为对口社区居民进行免费体检约500人次,为基层培训医务人员约900人次。2007年,省人民医院开展"故乡情"及社区义诊活动20余场次,义诊人数15 377余人次,包括到技术协作医院开展"故乡情"义诊活动15次,义诊人数3 377人,手术台次37台。湖北夏小中医院参加民建湖北省委组织的赴苏区义诊活动中,院长夏小中带领10名专家到大悟县黄站镇苏区义诊,并捐赠近10元的药品。

【减免医疗费用】 武汉亚洲心脏病医院与"爱佑华夏"基金会合作,2007年先后为名先天性心脏病贫困家庭患儿施行了减免费用的手术。武汉艾格眼科医院为湖北省巴东县20个白内障病人免费手术,以表达对该县中医院女护师(患晚期肺癌)捐献眼角膜义举,对接受捐赠者的手术费和住院费减半;该院还在武汉市96家社区卫生服务中心开展"携手社区光明行"活动,为社区贫困患者免费做了150例白内障手术。武汉爱尔眼科医院通过"爱心光明行"、"国际奥比斯飞行医院"、"红安罗田义诊"等慈善活

青山区红卫路街社区卫生服务中心和平社区卫生服务站

动,为1 000名左右的贫困患者免实施白内障手术。

【技术会诊】 2007年省人民医院针对疑难重症开展会诊活动,包括院内大型会诊170余人次,院外会诊820余人次。

【重大突发事件医疗救援】 2007年同济医院有41人次专家参加省、市卫生行政部门组织对重大突发事件的医疗救援工作,如:“107国道危险化学品泄漏事故”、“汉宜高速枝江段交通事故”、“巴东野山关隧道突水突泥事故”、“8.25东西湖区特大交通事故”等。

【重大活动医疗保障】 2007年,同济医院参加了“2007年中国科协年会”、“第六届全国城市运动会”、“第八节中国艺术节”等重大活动的医疗保障工作;有40余人次参加省卫生厅、市卫生局组织的各类评审、督查和培训等活动;还派出3名医师参加硚口区2007年新兵体检。

【为残疾人做实事】 同济医院2007年为残疾人做白内障手术329例,协助区残联办理残疾证明585份。

组织医院职工无偿献血80人次。

【大型公益活动义诊】 协和医院在“世界问候日”(2007年12月21日),与长江日报集团《现代健康报》社等单位联合主办了“迎奥运、向世界说声你好”大型公益活动。中医科杨胜兰副教授作为青年志愿者,到武汉中山公园大型公益活动现场,与其他医院30余名志愿者一道开展健康义诊、咨询活动;2007年12月22~24日,“预防疾病,科学生活”健康博览会在武汉会展中心布展期间,协和医院神经内科、消化科、普外科、风湿科、妇产科、呼吸科、皮肤科、心内科、骨科、内分泌科、中医科的专家教授共20余人参加了义诊。

【医疗机构与传媒合作开展活动】 2007年,武科大附属医院与电台、电视台和报社协作,举办健康讲座20余次;2007年4月14日,协和医院与湖北卫视《今晚6点》节目组联合举办“医疗社区行”活动,该院消化科、乳腺甲状腺外科等医护人员参加了武汉电视台举办的“健康直通车”大型社区义诊活动;国庆节期间梨园医院与《楚天都市报》联合开展了“为武汉市百岁老人免费上门体检活动”。武汉亚洲心脏病医院在报纸、电台开“亚心大夫讲心脏”,在“三九健康网”上开“专家在线”,电视直播心脏手术等,普及心脏病知识。武汉艾格眼科医院与湖北电视“经视新闻”节目组、武汉市残联共同举办“白内障助困复明工程”,自2005年以来,每年都为100—150名白内障患者免费手术。

【无偿献血】 2007年,武汉市卫生局系统无偿献血率达100%。武汉血液中心与武汉晚报联合举办主题为“因爱结缘”第四个世界献血者日活动,并入选了世界献血者官方网站;该中心已设被叫付费800电话,又增设被叫付费400电话,拓宽了与献血者的联系渠道,2007年向617人次献血者及其家属返还用血。

【免费健康促进服务】 武汉亚洲心脏病医院2007年为湖北及周边地区心血管医生免费举办了4期心血管病研讨班,意在提高其诊疗水平。长江航运总医院到新洲区李集镇开展为期22天免费体检活动,3 000名参加新型农村合作医疗的农民接受了体检。 (柳德生)

(责任编辑:柳德生)

医 学 教 育

【华中科技大学同济医学院】 百年院庆 2007年5月20日是该院百年院庆日，学校领导对此高度重视，多次召开专门会议研究院庆活动方案，该院则不断丰富活动细则，积极落实，力求通过“院庆搭台，校友唱戏”的形式，进一步加强与海内外校友、兄弟院校及协作单位的联系和交往。

2007年年初，该院以院系成就展、该院百年成就图片展和同济百年老照片展等活动拉开了院庆序幕。该院还派出了以冯友梅院长为首的医学院代表团出访德国，与多家院校及科研院所达成合作协议，宣传百年院庆。5月20日，该院在武汉体育馆隆重举行“同济医学院百年华诞庆典大会”，全国政协副主席张怀西，中共中央政治局委员、湖北省委书记俞正声，湖北省省长罗清泉，教育部副部长章新胜，德国卫生部副部长施罗德，湖北省委常委、武汉市委书记苗圩，武汉市市长李宪生等各级领导和来自全国各地以及德国、英国、澳大利亚、日本等8个国家的数千名校友、兄弟单位领导、外宾等2 000多人出席了庆典大会，与该院师生共同庆祝医学院百岁生日。德国总统霍斯特?克勒、教育部部长周济、卫生部部长高强等发来贺信贺电，对该院一百周年院庆致以良好的祝愿；院庆期间，庄辉、陈君石、刘以训等院士以及来自美国、德国等国的专家学者纷纷登台，为师生送上十五场精彩的学术大餐；该院院史馆正式开馆，该院百年院志编撰首发，总结和展示了该院的百年奋斗历程；同济医学院百年华诞专场文艺演出、德国汉堡医师交响乐团“贺同济医学院百年华诞专场音乐会”等，为院庆盛典带来了美的享受。医学院各院系、各医科办公室和三所附属医院也分别以院庆为契机开展了一系列庆祝及学术活动。

通过百年院庆，充分展现了百年同济风貌，进一步凝聚了人心，鼓舞了士气，激发了该院教职员工的工作热情，扩大了学校的社会影响力，该院的整体工作也得到了全面有力的推进。

医科发展规划 2007年下半年，该院深入开展完善医科发展规划研讨系列活动，先后组织了“完善医科发展规划研讨动员会”、参观学习、院系研讨和“研讨成果汇报会”等活动，要求医科各院系进一步深化学校的教育思想大讨论成果，以各自拟定的“十一五”发展规划为蓝本，对自身的发展规划进行再研讨、再修改、再补充、再完善，通过对发展规划的讨论和完善，引导大家来积极思考——医科的发展需要转变哪些观念，怎样去开放开拓，采取什么样的行动和具体措施来促进医科更好更快发展。该院上下将研讨深入到各个院系的每一个教研室、每一名教职员工，要求大家深入思考，明确定位，总结优势，分析不足；鼓励大家立足实际，着眼将来，集思广益，开拓创新，将个人的发展、院系的发展与医学院的发展、学校的发展紧密联系起来。通过研讨，该院师生分析了形势，看到了问题，统一了思想，提高了认识，更新了观念和发展思路，对各自规划进行了修订和完善，为医学院“十一五计划”的顺利实施奠定了良好的基础。

本科教学 2007年4月，学校迎接教育部本科教学工作水平评估，该院提前部署，认真准备，完成《华中科技大学本科教学工作水平评估医学教育自评报告》、《院长评估报告》及相关支撑材料，做好专家接待等工作、组织医科的评估汇报会，协调各院系评估的各项工作。医科的办学成绩和特色获得了评审专家的充分肯定和好评，评估获得圆满成功。评估结束后，该院认真整理和深入研究了专家组的意见和建议，结合学校开展的教育思想大讨论，在各院系开展了学习讨论，进一步明确了今后努力改进的目标和方向。目前，该院正紧锣密鼓地进行医学专业认证支撑资料的收集和整理工作，为明年迎接国内外专家对我校医学专业的认证工作做准备。该院2007年共获评国家精品课程2门、省级精品课程5门、校级精品课程4门。基础医学实验教学示范中心成为国家级实验教学示范中心。2007年华中科技大学"教学质量工程"精品教材第一批立项项目总数为95种，其中医科为29本。在2007年的本科生毕业设计（论文）评估中，该院获得一等奖5篇、二等奖9篇、三等奖28篇；医药卫生管理学院被评为2007届本科生毕业设计（论文）工作优秀院（系）。在2007年全国大学生英语竞赛中，医学院2人获特等奖，1人获一等奖。

培养研究生 该院着眼于研究生课程体系建设和改革，成立教学质量督导组，狠抓课程教学、考试、论文研究和学位授予各环节，严把研究生培养质量关。2007年，该院共招收硕士研究生924人，博士研究生438人。开办校外研究生课程班4个，招收硕士、博士课程进修学员550余人。选聘博士生导师22名，硕士生导师93名，进一步加强了研究生导师队伍建设。

2007年研究生科技创新基金首次面向医学校区展开项目征集工作，开展了包括邀请教育部"春晖计划"博士团来该院学术交流等多种形式的高水平学术活动，努力将"科学精神与实践"讲座办成与我校人文讲座相媲美的品牌，形成科技创新的优良环境和浓厚氛围。医学院通过实施研究生教育创新计划，积极探索与国内外的访学及研究生联合培养新模式，分别成功举办"charite－同济－复旦国际卫生学研究生暑期学校"和"同济－乌尔姆分子医学研究生暑期学校"。在国际联合办学模式中积累了一定经验，还因此接受了国外院校有关领导和专家的来访、学习和交流。

师资队伍建设 高层次人才遴选和申报工作取得新突破。王建枝教授荣获全国教学名师。医科有2名教师（王伟、张旭）获得国家杰出青年科学基金项目，6名教师（同济、协和、公卫各1名，基础3名）入选教育部"新世纪优秀人才支持计划"，3名教授（陈建国、邹伟平、蔡立慧）有望入选长江学者。劳动卫生与环境卫生学等4个学科入选"楚天学者计划"2007年度楚天学者设岗学科名单。吴继洲教授、陈实教授获华中科技大学"伯乐奖"，另有11人获2007年"三育人"奖，23人获"三育人积极分子"称号。各院系高度重视青年教师培养，不断加大教师博士化力度，积极输送青年教师出国深造，医科全年有13人获国家留学基金委资助项目出国，实现了师资队伍的可持续发展。另外，各院系通过认真细致的工作，基本完成了专业技术十三级岗位聘任工作。

国家重点学科申报 2007年教育部开展了国家重点学科评估工作，对全国各高校国家重点学科进行重新评审。该院高度重视此项工作，多次召开各相关重点学科、申报学科所在学院负责人和学科带头人会议，落实教育部相关文件精神，组织和部署考核评估/新增申报工作。通过精心准备和认真申报，国家级重点学科申报取得了历史性突破。在第一阶段的考核中，该院原有5个国家重点学科全部顺利通过评估考核；在第二阶段的增补考核中，该院的病理学与病理生理学、内科学（血液病）、外科学（泌尿外）、麻醉学四个学科获得通过（尤其是病理学与病理生理学的获批，结束了该院基础医学领域没有国家重点学科的局面，意义重大）。此次国家重点学科考核申报的成功，使该院的国家重点学科数增加为9个，显示了该院的整体实力和学术水平。

此外，该院"985工程"二期建设和援疆学科建设、对口支援工作进展顺利，并取得了一定成效。

科研创新 2007年该院科研工作再创新辉煌。该院到帐科研经费11 781.4万元，较2006年增长67.7%。其中纵向科研经费8 771.8万元，横向科研经费3 009.6万元。全年共有427个纵向科研项目获得资助，受资助总经费为9 908.39万元。获国家自然科学基金资助项目128个，（其中国家杰出青年科学基金项目2个，海外青年学者合作研究基金项目2个，面上项目118项，中港联合资助项目1个，国际合作项目2个，重点项目1个，主任基金2个），受资助经费共3 503万元。以宁琴教授为首席科学家的"973"计划项目1项获资助，总经费2 000万元；王建枝教授牵头的"神经退行性疾病"项目组获批为教育部创新团队称号。该院2006年被SCI收录论文数221篇。2006年该院共在国外学术期刊上发表论文214篇，在国内学术期刊上发表论文4524篇。同济医院参与的《脑出血后脑损伤机制的研究与临床治疗新策略的应用》课题组，荣获国家科学技术进步二等奖，成为2007年度医学领域获得的最高奖项之一。协和医院麻醉科刘东等在《重症监护医学》上发表的论文获得首届"中国百篇最具影响优秀国际学术论文"奖。

此外，"环境与健康国家重点实验室（筹）"正在积极建设，"神经系统重大疾病实验室"通过教育部重点实验室评审，药学院"湖北省天然药物化学与资源评价重点实验室”通过湖北省教育厅评审。

医院建设　协和医院:全年中标国家自然基金 40 项,创历史新高;获各类课题资助总经费 2 800 万元;论文总数排名蝉联全国第 4 位,SCI 收录论文数连续两年进入全国前 10;引进的邹伟平教授有望当选“长江学者支持计划”客座教授;1 人增选教育部新世纪优秀人才支持计划,1 人获“宝钢教育基金”优秀教师奖,4 人获“中国侨联归侨侨眷科技创新人才奖”;协和医院全年共承办了以中国青年科学家论坛、中欧骨科学会学术会议、欧亚“尿失禁防治”项目会议等为代表的国际及全国性学术会议 10 余场。

同济医院:2006 年国内、国际科技论文总数 1 842 篇,连续 3 年在全国医疗机构中排名第二;2007 年再获国家自然科学基金项目 45 项,连续 3 年在国内医院中排名第一;13 名青年医生喜获教育部新教师基金项目资助,全校第一;国家重点学科数稳居全省首位,在全国位列三甲;院内 400 多户职工整体搬迁至同馨花园,迁居工程顺利完成;新住院部大楼奠基;同时,光谷同济医院筹备工作正按计划有序进行;隆重举办第一届中德医院管理论坛,接待非洲 17 个国家卫生部司局长访问等外事交流频繁,医院国际影响日益扩大。

截止 12 月,附属协和、同济医院门、急诊人次达 418 万,住院人数 13.9 万,住院手术 6.2 万台次,各项医疗指标创下历年新高。

梨园医院:在保证医疗工作质量稳中有升的同时,主抓三件“大事”,促进医院管理模式的转变,开创了医院可持续发展的新局面:启动机构改革,在精简机构、干部年青化、知识化方面迈出成功的一大步,打破了多年制约医院发挥的瓶颈,增强了医院的活力;全面推行全成本核算,启动分配制度改革,使职工的工作业绩和工资收入有机结合,充分体现了职工的价值,调动了积极性和主观能动性;全力争取医院总体建设发展规划的批复,全院上下明确了办院方向和目标。

学工、共青团工作　学工处和共青团紧紧围绕百年院庆系列活动认真抓好学生日常思想政治教育、管理和服务,锐意进取,稳中求新,开展了一系列富有成效的学生和共青团工作。院庆前后,圆满完成了百年华诞庆典。通过举办庆百年华诞“青春飞扬”文艺晚会、“同济杯”足球赛、百年院史报告、征文大赛以及各院系年度学生晚会等活动,500 余名志愿者和文艺演出人员在学生中营造出热烈的院庆氛围。2007 年医学院共有毕业生 2 059人,其中博士生 345 人,硕士生 884 人,本科生 830 人,就业指导中心采取了各种措施积极指导学生就业。通过开展日常心理咨询、举办专家教授讲座、心理健康宣传月、开设选修课等活动,使该院大学生心理健康教育做到了形式活泼、效果显著。此外,博士团“三下乡”社会实践、大学生艺术团越剧队对外交流、医学生临床知识技能竞赛等特色活动的成功开展也充分体现了医学生的特色,展现了医学生独特的风采和魅力,在全院营造出了良好的文化和学习氛围。“辅导员沙龙”活动的举办,促进了辅导员老师间的工作交流,提高了其对职业的认同感,为辅导员队伍建设开辟了新的思路。

2007 年华中科技大学同济医学院及各所室行政负责人　院长:冯友梅;副院长:冯敢生;教育部器官移植重点实验室主任:陈忠华教授;教育部环境与健康重点实验室主任:周宜开教授;卫生部器官移植重点实验室主任:陈忠华教授;卫生部呼吸系疾病重点实验室主任:徐永健教授;国家环保总局环境保护与健康重点实验室主任 周宜开教授;肿瘤侵袭转移湖北省重点实验室主任:马丁教授;生物靶向治疗湖北省重点实验室主任:黄士昂教授;神经系统重大疾病湖北省重点实验室主任:王建枝教授;分子影像湖北省重点实验室主任:张永学教授;天然药物化学与资源湖北省重点实验室主任:吴继洲教授;心血管疾病研究所所长 孙宗全教授;器官移植研究所所 长:陈孝平教授;计划生育研究所所长:熊承良研究员;血液病研究所所长:宋善俊教授;肝病研究所所长:林菊生教授;中西医结合研究所所长:黄光英教授;老年医学研究所所长:薛存宽主任医师;呼吸系疾病研究所所长:徐永健教授;神经科学研究所所长:朱长庚教授;耳鼻咽喉科学研究所所长:孔维佳教授;泌尿外科研究所所长:肖传国教授;基础医学研究所所长:龚非力教授;免疫学研究所所长:龚非力教授;环境医学研究所所长:周宜开教授;社会医学研究所所长:卢祖洵教授;职业医学研究所所长:邬堂春教授;高等医学教育研究所所长:冯友梅教授;医学情报研究所副所长:李道苹副研究馆员;医学人文学研究所所长:胡继春教授　　　　（韩仁峰、关云鹏）

【武汉大学医学部】　“卓越工程”建设　2007 年,武汉大学接受本科生教学工作评估后的第一年,也是武汉大学本科教育“卓越工程”建设年。该部和各学院在积极整改的基础上,进一步明确和落实了本科教学的中心地位,努力践行“三创”教育理念。

在大学领导和有关部门的支持下，该部获国家财政部修购计划500万元，支持临床技能培训中心建设。第一和第二临床学院按1∶1经费配套。该项目正在建设之中。药学院完成整体搬迁，学院用房由原来的千余平米增加到五千六百余平米，师生的学习、工作环境大为改善。医学部策划组织了二十一世纪医学教育改革骨干教师培训班两次，我部将选择具有代表现代医学教育发展方向的国内外高校的教学改革管理人员和教师，为我部集中培训一批医学教育改革的队伍，并通过他们逐步推进我部医学教育的发展。进行了临床阶段的考试改革，在诊断学、内科学、外科学、儿科学和妇产科学开展了多级站和客观结构(OSCE)考试。各学院接受了武汉大学本科教学工作状态评估，提高了教学管理和质量监控水平。

2007年医学教学取得丰硕的成果。口腔内科教学团队获批国家级教学团队，口腔医学专业获批教育部第二类特色专业，免疫学双语教学国家级双语教学示范课程。注重学生科学研究能力的培养，获国家级大学生科研项目39项。叶晓茜博士学位论文《一个新的遗传性牙龈纤维瘤病基因座的定位和关键区域分析》(指导教师：边专教授)被评为"全国优秀博士学位论文"。医学部28名研究生进入了国家"07年国家建设高水平大学公派研究生项目"留学人员名单，本科生张本坚同学发表SCI源论文1篇。

该部承办了武汉大学、湖北中医学院医药、生物技术类校园供需见面会，参展用人单位80余个，发布需求岗位1 600余个，有5 000毕业生参加应聘。

学科研究 2007年，该部科学研究又迎丰收年。医学部中标863项目3项(基础医学院2项，药学院1项)，国家自然科学基金重点项目1项(基础医学院)、国家自然科学基金杰出青年基金B类1项(公共卫生学院)、973前期专项和十一五科技攻关重大专项各一项(口腔医学院)。国家自然科学基金项目48项，其中，基础医学院16项，人民医院13项，中南医院7项，口腔医院9项，药学院1项，公共卫生学院2项。07年科研到帐经费为3 375万元，年增长37%。06年被SCI收录论文160篇，并连续三年在全国医学院校中排第8名。2006年度医疗机构SCI收录论文数排名中武汉大学附属人民医院列第15位，武汉大学附属口腔医院列第20位。

该部科学研究获奖21项，其中，人民医院的《心房结构与房性心律失常关系的基础与临床研究》、中南医院的《线粒体糖尿病基因突变筛查芯片的临床应用研究》获湖北省科技进步一等奖

中国科学院、武汉大学、法国健康医学研究院合作共建的"中法肝病研究所"落户武汉大学中南医院。各方将进一步实现优势互补、资源共享、合作共赢，使其成为一流的国际合作研究机构。

A3实验室获得卫生部颁发的《高致病性病原微生物实验室资格证书》，是教育部目前唯一获得实验活动资格的生物安全三级实验室。2007年，动物实验中心承担校内外相关课题的动物实验87项，其中校内79项。A3实验室承担的国家十五科技攻关课题《三级生物安全实验室管理体系与认可技术研究》结题验收，专家组评价为"填补了国内相关领域的空白"。

师资队伍 2007年，该部有博士生导师101人，比去年增加12人。中南医院桂希恩教授获得全国卫生系统模范个人的最高行政奖励"白求恩奖章"和首届"全国十大医德楷模"。樊明文教授当选IADR泛亚太地区联盟现任主席。第二临床学院的桂希恩教授、基础医学院的张端莲教授、口腔医学院的赵怡芳教授获得了武汉大学"我最喜爱的十佳教师的称号"。

2007年，武汉大学内科学心血管病被国家教育部批准为国家重点培育学科。人民医院以内科学心血管病学科为核心组建的卫生部心律学重点实验室，于2007年底通过卫生部科教司组织的专家论证。口腔基础医学再次获批为国家重点学科，口腔基础医学省部共建国家重点实验室培育基地获得批准。中南医院获批成立"湖北省肿瘤医学临床研究中心"。

硬件建设 人民医院东院在武汉市东湖新技术开发区流芳新镇正式奠基开工。人民医院外科综合楼成功封顶。中南医院的内科大楼正在建设中。

各附属医院医疗服务质量得到社会的高度肯定。受卫生部派遣，人民医院感染科龚作炯教授作为医疗专家，随同胡锦涛主席访问非洲，重点考察了当地疟疾疫情，并为筹建中非疟疾防治中心提供科学依据。中南医院桂希恩教授应邀陪同温家宝总理重访河南艾滋病村。桂希恩、曹来英获湖北省首届"荆楚十大健康卫士"，李金荣教授获得中国医师协会口腔医师分会"杰出口腔医师奖"。

国际交流与合作 武汉大学国际交流部国际交流与合作工作坚持以教学和科研工作为中心，以合作办学为重点，通过内联外引，以点带面，整体提升办学水平，在2006年工作基础上，再接再励，将该部国际交流与合作工作推上了一个新台

阶。截止12月底,该部共接待来自法国、美国、日本、英国、挪威、德国、澳大利亚、中国台湾、香港等国家及地区代表团56个,共计234人次;派出国、出境进行长、短期学习30人;聘请长期外教4名;召开国际会议1次;举办培训班7期;部长出访2次;续签国际合作协议1项;签订合作协议3个。

武汉大学HOP护理学院 2007年,该部与世界健康基金会于2002年合办“武汉大学HOPE护理学院”,2003年8月,世健会出资聘请美国护理教育专家玛莎·柏翠妮博士(Dr. Marcia Petrini)为项目负责人,同时武汉大学任命其为HOOPE护理学院院长。2003年9月护理学院正式将5年制改为4年制,面向全国招收本科生,并取得了护理学硕士点授予权。2004年4月19日,“武汉大学HOPE护理学院”举行了开幕庆典仪式。

该护理学院本科、硕士及博士课程体系已经建成,首届本科、第二届硕士已毕业。2007年本科课程体系改革理论体系已完成,研究生及博士生培养计划体系已经建立。健康评估和护理计划与实施、护理管理与评估等专业课程进入实践阶段,学生每周有三天在临床医院学习。Marcia院长通过世界健康基金会聘请美国哈佛大学马省总医院副教授、美国著名灾难救助专家Dr. Susan Briggs一行,美国凯斯西储大学护理学院Laura Nosek,美国北卡大学护理学院胡洁教授来为学生授课,让老师观摩他们的授课方法和技巧。Marcia院长和其他国外专家将“批判性思维”、“以问题为中心的教学法”、“创造性思维方式”、“理论与临床紧密结合”、“临床老师参与教案及病例的编写”“护理管理”“重症护理”等新的理念和教学方法带给了护理学院的学生和老师。

2004年学院开始面向全国招收硕士学生,专业方向有护理管理、急救护理和精神护理。在师资缺乏的情况下,护理硕士课程大部分由世界健康基金会聘请的护理顾问及客座教授承担。2007年4月初—5月底,原美国乔治亚医学院护理学院院长Dr. LAMBERT夫妇再次来汉教授硕士课程(护理管理、精神护理)。2007年,护理学院第二批的10名硕士生完成论文答辩、顺利毕业。第一批28名本科毕业生顺利毕业,拿到学位,其中3名学生直接报读护理学院硕士。

自2006年起,武汉大学批准Marcia院长招收了第一个博士,2007年招收3名博士,其中两名分别来自澳大利亚和索马里。该学院通过护理学院与美国马省总医院Dr. Susan Briggs签订合作协议,将安排就读相关方向的博士在第二学年赴美学习一年。此举使HOPE护理学院成为中国可招护理博士为数不多的两所院校之一。学院将拥有完整的与国际接轨的本、硕、博护理高等教育体系。

2007年,MARCIA院长及世界健康基金会聘请的专家就改革后的新教育体系举办了2期针对护理学院的师资培训班,该培训班在短时间内极大提升了HOPE护理学院教师的授课水平及理念,更新了临床代教老师的教学理念和教学方法。

2007年2月,世健会资助10名护理老师赴美国哈佛大学和凯斯西储大学进行了为期2周的学习考察,了解美国护理教育尤其是临床护理教育模式,实际进行了临床操作技能的培训,使教师能更好地适应正在进行的教学改革。

世界健康基金会自与武汉大学签定协议以来,为HOPE护理学院合作项目给予了极大的支持,聘请了Marcia院长及其它护理顾问、客座教授,赠送教学设备、图书,举办各类培训班。2006年3月世界健康基金会董事会代表团一行访问护理学院,对护理学院留下了深刻印象,并向医学院领导表示世界健康基金会将继续支持该项目5年。世健会董事会主席Dr. Sanders个人为护理学院项目捐赠了5 000美金。Marcia院长已向世界健康基金会总部提交了HOPE护理学院5年中长期规划。

2007年保持了与原有的与芬兰、香港地区、挪威、美国哈佛大学、美国凯斯西储大学的合作上,新增加了美国北卡大学等国际知名学校的合作。Marcia院长访问了芬兰的Telemark大学并签署了合作协议。双方就教师及学生交流、科研合作及研究等方面达成了合作意向。

HOPE护理学院是华中地区唯一一所招收护理博士的院校,刘经南校长提出了将HOPE护理学院“建成我国一流的与国际接轨的护理学院”的战略目标。

七年制中法医学班 该部于1997年与南锡大学医学院开始进行合作与交流。2001年共同举办“七年制中法医学班”。10年来,合作项目开展顺利,尤其是医学部改组后,周云峰部长和杨炯副部长及其他领导对七年制中法医学班项目十分重视,专门开会研究。2007年,该项目在双方医学部的领导和老师的努力下成效显著。2007年10月,医学部举行了中法合作十周年庆典活动,庆祝武汉大学医学部与法国南锡大学合作十周年。法国南锡大学校长代表团一行来汉参加庆典活动,湖北省副省长蒋大国同志为在双方合作交流作出突出贡献的法国南锡大学教授 JF. Stoltz 颁发了湖北省编钟奖。法国驻华大使苏和先生也专程出席了庆典仪式。2008 年,第一批中法七年制医学生将毕业。犹记法国前总统希拉克 2006 年来访中南医院时高度赞扬了我部与南锡大学医学院包括法语班的合作。

2007 年,双方在教学方面已经达成一致,学生对法方老师授课接受能力增强。根据中国医学教育体系为基础课程和临床分开的具体实际,法方给予了充分考虑,并结合得非常紧密。因此学生们不仅可以学到中国课本上没有的知识,了解本学科的国际发展动态,而且可以学习到与临床结合更紧密的知识。来汉授课的法方老师除参加教学外,部分教师还与我部教研室和临床科室建立了联系,并在共同感兴趣的领域开展研究。

第三批学生于 2007 年 9 月至 2008 年 1 月赴法学习,其中 2001 级 10 人,2003 级 6 人。学生已顺利从法国返回。由于此次 2001 级中法班学生为第二次赴法学习,南锡大学医学院对此次赴法学生项目给予了高度重视,对学生实习科室及实习安排进行了周密的计划。2007 年 12,医学部周云峰部长一行赴南锡访问,会见了在法国学习的 16 名学生,还与法方授课老师进行了会谈,总结上阶段中法班的教学情况,了解了存在的问题,并商讨了下阶段的工作计划。从目前南锡医学院的反馈情况来看,第三批赴南锡学习 16 名学生绝大部分学习、生活情况良好,能够在老师的指导下完成学习任务。

自 2001 年起,共有 15 名南锡大学医学院生物医学工程系和医疗系学生到汉实习

自 1997 年起,该部与南锡大学开始了博士生联合培养,实践证明,这批联合培养的博士已成为教学和科学研究的青年骨干。

此外,南锡大学为了帮助武汉大学培养青年教师,筹措经费,动员南锡大学医学院的优势专业接受我方派出的中青年骨干,10 年来共培训了 19 名各学科科骨干。

周云峰部长率团访问法国期间,还访问了巴黎 11 大、里尔二大等学校,与到访学校洽谈了法语班学生实习,后期学习的意向,上述学校均表示愿意接受我校法语班学生学习,并提供部分住院医师培训名额。此举将大大促进医学法语班的后期培养和医学法语班的总体成效。进一步的合作正在商谈中。

2007 年,经过十年的不懈努力,该项目成效显著,得到了法国总统希拉克的高度赞扬。周云峰部长因其对法国交流的卓越贡献于 2007 年 12 月在法国南锡大学访问期间,获"南锡政府荣誉奖章",这不仅是对周云峰部长本人在对法交流的高度赞扬,也是对我部与法国尤其是与南锡大学合作的充分肯定。

"中法医学班"是法国在中国继上海之后的第二个"中法医学班",洛林大区、南锡大学及法国驻华使馆、驻武汉总领事馆、湖北省外办、湖北省其他各级领导、武汉大学国际交流部均对此项目给予了大力的支持。该项目促进了该校与法国在医学领域的合作与交流,为学生创造多元文化教育氛围提供了良好的环境,具有深远的影响。

"艾滋病"防治与国际合作　该部和中南医院与世界健康基金会于 2004 年起联合开展了"湖北省艾滋病医护人员培训项目"。桂希恩教授为该项目学术委员会中方主席,世界健康基金会艾滋病专家 Dr. Renslow Sherer 为美方主席。由于湖北的艾滋病人主要集中在农村,病人一般都在家进行服药治疗,出现了其它症状才会到医院就诊,针对这种现行模式,2007 年在前三年的工作基础上,开始开展了在县级、乡镇级等基层艾滋病家庭护理培训,教员除世界健康基金会、省艾滋病临床指导培训中心专家外,主要来自前 3 年培训的其它骨干教员。这些培训建立"艾滋病家庭护理模式",学员反映非常好。

教师出国进修　该部与武汉大学合并后师资力量相对薄弱,该部一直致力与广泛开辟渠道,积极选派教师出国进修,以提高教师的教学水平和科研能力。2007 年通过院级交流项目先后派出中南医院妇产科刘文秀、基础医学熊雯,人民医院呼吸内科胡苏萍赴日本福岛医科大学学习进修。

联合培养博士生　武汉大学提倡向研究型大学转变,研究型大学的关键是为研究生提供良好的科研环境和条件,而与国外大学联合培养博士生则是一条捷径。经过四年的积极努力,该部建立与法国南锡大学医学院及美国乔治亚医学院开展联合培养博士生的稳定关系。2007 向美国乔治亚医学院一次性挑选了 10 名联合培养博士生赴美学习。乔治亚大学医学院的项目负责人 DYNAN 教授及学生导师对我们推荐的学生非常满意。目前该项目进展顺利,已毕业 6 人,尚有 19 名乔治亚医学院在读。在这些联合培养博士生大部分为职工或教师或者将作为师资留校的优秀博士生。这些师资力量回国将会为医学部带来新的科研、教学力量。

新的国际合作项目　与北京大学、复旦等校医学部相比,该部的国际合作与交流工作在与国外著名大

学的合作项目还不多。2007 年医学部在巩固已有的国际合作项目上，抓住各种机遇，开展新的国际合作项目，除继续着重抓与耶鲁大学医学院的合作之外，医学部领导组团访问了美国俄亥俄州立大学、美国芝加哥大学及乔治亚医学院。此次访问旨在寻找新的合作项目，并拓展现有合作。作为医学教育学校，医学部一直致力于培养优秀的医生及医疗工作人员，因此针对我国现有的医学教育体系所存在的问题，该部领导希望美国的优秀院校能帮助该部进行医学教育体系改革。就此合作，该部初步与美国芝加哥大学达成协议，对方将于 2008 年 3 月来访商讨合作事宜。

重要事件回眸

医学部：1. 桂希恩教授被授予中国医生最高荣誉——“白求恩奖章”和中国首届“十大医德楷模”，第 20 个世界艾滋病日到来之际，国务院总理温家宝特别邀请桂希恩教授，一同前往河南省，看望、慰问艾滋病患者和艾滋病致孤儿童。

2. 刘经南校长主持两次医学发展战略专题调研会。刘校长提出“建设一流医学院”的发展目标和“超前思维，异军突起，绕开常规，先行一步”的发展思路 。

3. 口腔基础医学再次获批为国家重点学科。武汉大学内科学心血管病学被国家教育部批准为国家重点培育学科。

4. 口腔内科学教学团队获批为国家级教学团队，口腔医学专业成为教育部第二类特色专业，免疫学成为国家级双语教学示范课程。

5. 叶晓茜的学位论文被评为“全国优秀博士学位论文”。本科生张本坚同学发表 SCI 论文一篇，实现医学在校本科生发表 SCI 论文零的突破。医学部有 28 名研究生入选“07 年国家建设高水平大学公派研究生项目”。

6. 医学部中标“863”项目 3 项。

国家自然科学基金项目 48 项，其中重点项目 1 项，杰出青年基金 B 类 1 项。

“973”前期专项和“十一五”科技攻关重大专项各一项。

2007 年科研到帐经费 3 375 万元，较 06 年增长 37% 。

7. 人民医院东院在流芳新镇正式开工。中南医院内科大楼、中山医院医技楼正在建设中。

同仁医院成功保全严重烧伤孕妇和胎儿，突破了医学禁区，被央视《走进科学》栏目专题报道。

人民医院龚作炯教授作为医疗专家随胡锦涛主席访问非洲。

8. 谭锦泉、杨占秋、章晓联、黄从新、江洪、桂希恩、周新、边专、樊明文、黄泽波、王有为、毕勇毅获 2007 年度医学突出贡献奖 。

9. 2007 年 10 月，武汉大学和法国亨利．庞卡莱大学纪念医学合作十周年庆典大会在医学部召开，蒋大国副省长、法国驻华大使苏和及法国驻汉总领事费勇等出席大会。

10. 医学部法籍专家让·弗兰西斯·斯托尔兹教授获 2007 年度湖北省政府“编钟奖”。

医学部周云峰部长被法国南锡市长授予法国南锡特殊贡献金牌奖。

基础医学院：1. 讨论通过了“基础医学院十一五发展规划” 。

2. 基础医学院成功召开第二次党代会和首次教代会，确定“质量立院、人才兴院、科技强院、服务富院、和谐建院 ”的工作方针。

3. 以“迎接、学习、贯彻十七大精神”作为主线，开展“争创一流业绩、争做一流人才、以实际行动向十七大献礼”系列活动。

4. 成功中标 863 两项，国家自然基金项目达到 16 项，其中重点 1 项。科研经费到账突破 1 000 万，基础医学院超额完成科研任务。

5. “湖北省过敏及免疫相关疾病重点实验室”顺利通过评估，获得优秀，为申报教育部重点实验室奠定了良好的基础。

6. 学术活动空前活跃，组织大型学术报告会 30 余场。

7. 实施教育部“高等学校本科教学质量与教学改革工程”和武汉大学“卓越工程”。

8. 为培养“三创”复合型人才，我院学生 9 项课题获“国家大学生创新训练计划”项目资助，面上项目获 53 项，在学校各学院中名列前茅。

9. 按照科学设岗，优化结构的原则，完成了全院岗位设置工作。

10. 国际交流合作再谱新章，成功组织召开了“国际生物医学前沿研讨会”。

药学院：1. 药学院从文理学部顺利搬迁到医学部，解决了学院教学、试验及办公用房长期不足的难题。

2. 主编、出版国家级“十一．五”规划教材一部，参编出版两部。

3. 2007 届本科毕业论文获湖北省优秀学士学位论文比率达 12.5% ，居全校第三；

4. 获 863 探索类课题、省国际科技合作重点项目、省攻关重点项目各 1 项；发表 SCI 论文共计 12 篇；科研项目“湖北省地道药材 GAP 研究及示范基地建设”获湖北省科技进步一等奖。

5. 校本科教学工作状态评估获优秀等级。

公共卫生学院：1. 公卫学院毕

勇毅教授与美国得克萨斯大学唐定国教授合作申报的国家自然科学基金杰出青年海外青年合作的研究基金项目《造血干细胞永生化恶性转化与苯中毒白血病机理研究》获得资助，是生命科学部预防医学一级学科仅获的两项之一，是2007年武汉大学获得的该类唯一资助，也是武大医学部在杰青项目上的首次突破。

2. 我院社会医学与卫生事业管理学系与政治与公共管理学院合作申报的"社会医学与卫生事业管理学"二级学科博士点获大学批准通过。

3. 由我院创导的本科生和研究生培养的"双导师"制，在大学组织的教学检查评估中获专家好评。

科研经费超额完成大学下达的指标任务(126%)，1/3 教师发表 SCI 源期刊英文研究论文(共 10 篇)。

HOP 护理学院：1. 被美国护理联盟和美国挪度公司选定为"护理模拟教学改革与创新"国际研究项目中国高等院校唯一参与的成员

2. 成功举办"湖北－挪威周"健康研讨会

3. 与世界健康基金会续签五年合作协议

4. 新增硕士生导师2人(分别来自美国和日本)

5. 新增网络教育学习中心1个(昆明)

6. 护理博士生人数大幅增加(增加60%)

A3 实验室/动物实验中心：1. 2007年3月，A3 实验室又获得卫生部颁发的《高致病性病原微生物实验室资格证书》，为教育部目前唯一获得实验活动资格的生物安全三级实验室。

2. A3 实验室承担的国家十五科技攻关课题《三级生物安全实验室管理体系与认可技术研究》经过两年多的研究，于2007年11月结题验收，专家组评价为"填补了国内相关领域的空白"。

3. 2007年1—12月动物实验中心承担校内外相关课题的动物实验87项，其中校内79项，占90.8%。

4. 已与美国、日本、韩国、新加坡等国的科研机构和科学家建立了长期的合作。"国际的公共技术服务平台"初现。

职业技术学院：1. 一张文凭多种资格证书的培养模式，积极组织学生参加全国英语、计算机等级考试。371人通过国家英语三级，其中优秀等级278人，超过省内同类学校的平均水平。近400名学生参加《全国医疗卫生信息技术培训与认证》的培训。

2. 2007年，高职毕业生一次性就业率为：护理专业78%；口腔专业94%；药学专业100%。

3. 加强师资队伍建设。根据教学工作需要，今年引进7名新教师(6名硕士研究生，1名博士生)。

4. 重视毕业就业指导工作。充分利用校内外资源，努力扩展就业信息渠道，为毕业生搭建多方参与的就业服务平台和岗位，学生一次性就业率：高护专业达95%；口腔专业达92%；其它专业达80%。

5. 重视贫困生的资助工作。资助中专生557人，资助面70%；高职生资助461人，资助面32%。

武汉大学医学部领导班子成员 医学部部长：周云峰；医学部副部长：邓兰英、杨炯、胡光明；部长助理：余保平。　　(付良慧、黄爱荣)

【湖北中医学院】 概况　该校校本部现有教职工1 097人，其中专任教师585人，正、副教授261人，博士生导师42人。学校现设有中医基础理论学科、针灸推拿学科、中医临床基础、中药学4个"楚天学者"特聘教授岗位；有11名全国名老中医专家学术继承工作指导老师，25人享受国务院政府津贴，9人享受湖北省政府特殊津贴，20位湖北省有突出贡献的中青年专家；先后有5人次获得"全国劳动模范"、"全国优秀教师"等荣誉称号。现有各类在校生17 280人，其中普通高校全日制本专科生12 622人、研究生952人、港澳台生及留学生456人，成教生3 250余人。

学科设置　该校拥有七年制中医专业(本硕连读)，中医学、中西医临床医学、针灸推拿学、护理学、医学检验学、中药学、药学、制药工程、药物制剂、中药资源与开发、医学生物技术、市场营销、公共事业管理、信息管理与信息系统、英语、信息工程、应用心理学17个本科专业。专业涵盖医科、理科、工科、管理学科及文科五个主要学科门类。学校中医学、中药学、针灸推拿学、中西医临床医学4个中医药主干专业均为省级品牌专业；中药学获国家教育部特色专业建设立项。2007年获准教育部、财政部2007年度人才培养模式创新实验区建设项目，获得建设经费50万元；中药专业被教育部批准为特色专业。

该校是全国首批招收中医专业研究生的高等院校之一，1981年成为硕士学位的学位授权单位，是全国首批临床医学硕士专业学位试点单位之一，具有对在职人员以同等学力授予硕士学位的资格；1993年获的得博士学位授予权，是湖北省最早获得博士学位授予权的省属院校之一。设有中医学湖北省唯一一个省属高校一级学科博士学位授权点,涵盖12个二级学科博士点;有22个硕士点,覆盖中医、中药、药学、中西医结合一级学科,还包括医学检验二级学科。学院加强重点学科的建设,积极推行学科创新工程,现拥有中医内科肾病学1个国家局级重点学科,中医学1个省级重点一级学科,14个省级重点二级学科。

国际交流与合作　该校十分重视中医药教育的国际交流与合作,大力发展留学生教育,扩大办学规模。先后为韩国、日本、美国、英国、加拿大、法国、瑞典、意大利等国家培养了本科生、进修生1 000余人,在校港澳台生及留学生居湖北省高校前列。2007年,学校共派出34人次,赴国外及港澳台地区考察、讲学、参观访问、学术研讨及洽谈;共接待来访港台及境外客人70余人。代表我省省属高校随政府代表团出访俄罗斯,与萨拉托夫州国立医科大学签订了联合办学协议。进一步加强中外合作办学,与法国克莱蒙费朗第一大学、美国温斯顿塞伦州立大学、英国朴茨茅斯大学签订中外合作办学项目协议。2007年,学校被省教育厅评为"留学生管理工作先进单位"。

科研工作与科研成果　该校重视科研工作和实验室建设。2007年,学校组织申报中医学一级学科博士后科研流动站,获国家人事部批准,成为我省首批设立博士后科研流动站的省属高校;组织申报中药资源与中药复方省部共建国家教育部重点实验室,获准立项建设。现拥有1个省部共建教育部重点实验室、1个省级重点实验室、2个省级工程研究中心、2个国家中医药科研Ⅲ级实验室,8个国家中医药科研Ⅱ级实验室等省级以上科学研究和科技开发平台,为学校实施"科技创新工程"提供了良好的基础和条件。本年度,学校获省级以上课题64项,有51项科研成果结题,其中8项通过专家鉴定;组织多项科研成果报奖,获省级科技进步奖5项,其中一等奖1项、三等奖4项。组织申报国家专利8项,受理7项,获发明专利1项。

馆藏图书与信息　该校图书馆是中国中医药文献检索中心湖北分中心,现有各类馆藏图书100万册。积极推动数字化校园建设,投入1 000多万元建设校园网,覆盖了学校新老校区,现为中国教育和科研计算机网网络中心授权的"二级节点"单位,全省高校中仅有华中科技大学和我校具有该资质,被省信息产业厅批准为"湖北省重点开放实验室",为学校建设数字化校园奠定了良好基础。

新校区建设　该校在武汉市洪山区黄家湖地区征地1 410亩,建设新校区。2004年初,启动新校区工程,经过近4年的紧张建设,到2007年秋季,新校区30万平方米的主体建设工程全部竣工并交付使用,还完成了大部分主干道路、部分绿化景点、水电排污设施等的建设,实现10 000学生入驻。一座融中国传统文化和现代建筑艺术于一体的新校区已展现武汉南大门。新校区的启用,彻底解决了长期困扰学校发展的办学资源不足的问题。

2007年领导班子成员　党委书记:汪华教授;院长:博士生导师王华教授;党委副书记兼纪委书记:黄光焕;副院长:胡永年、周安方、张良玉、王平;办公室主任:陈长虹。

(汪海洋、江　燕)

【武汉大学医学院职业技术学院·附属卫生学校】　概况　该校在校党委校行政一班人带领下,全校师生坚持以邓小平理论为指导,认真学习和积极实践"三个代表"的重要思想及党的"十六大"精神,充分发挥共产党员的先锋模范作用,坚持"两促进、两不误、出实效",广大教职工齐心协力、勤奋工作,较好地完成了全年工作任务,取得了可喜的成绩。

2007年招生509人,其中高职专科228人,中专281人。在校生2 315人(其中高职学生1 318人,中专学生997人)。2007年毕业生726人,其中专科537人,中专189人。高职护理专业毕业生一次性就业率90.6%,口腔专业94%,高职药学专业100%。中级护理专业毕业生一次性就率75%。

专业设置　高职专科护理、口腔医学、药学、康复医学;中专普通护理、口腔工艺技术。其中护理、口腔工艺技术及生活设施完善,师资力量雄厚(具有高级职称的教职工占总人数的58.1%),教学及学生管理严谨。一年来,学校坚持以提高教学质量为重心,加强教学基本建设,增加投入,为每个教室安装投影仪及空调,为教师开展多媒体教学创造条件,促进教学方法、教学手段的改革。

办学优势　该校充分发挥依托武汉大学医学院的办学优势。各专业实习医院均为三级甲等医院(其中包括武汉大学人民医院、武汉大学中南医院、武汉大学口腔医院、华中科技大学同济医院、华中科技大学协和医院等)共计20余所。

学校继续坚持一张文凭多张证书的培养模式,培养高素质技能型人才。积极组织学生参加全国英语、计算机等级考试。371人通过家英语三级,其中优秀等级278人,超过省内同类学校的平均水平。300余人获得全国计算机二级水平证书。近400名学生参加《全国医疗卫生信息技术培训与认证》的培训。

认真组织"全国护士执照考试"考前辅导班,69%的考生一次性通过四门课程的考试,获得职业资格证书。

教职工队伍 学校在职职工105人,其中专任教师47。5名教师参加了普通高等教育"十一五"国家级高职高专规划教材、中等职业教育国家规划教材编写工作,其中1人任主编,1人任副主编,3人任编委。3名教师分别担任中华护理学会武汉分会理事、委员和心理委员会委员。

科研成果 2007年,全校职工公开发表学术论文24篇。发表医学专著《护理技术》、《生理学》,由高等教育出版社出版;医学科研成果《抗衰老中药药物及其制备方法》由中华人民共和国国家知识产权局鉴定。

2007年该校领导班子成员:校长周森林;副校长刘潮临、何作发;书记刘帮武,副书记(兼纪委书记)徐文化,工会主席陈瑛。(简利亚)

【江汉大学卫生职业技术学院】

招生与就业 2007年,该院共录取大专生200人、中专生770人。从2007年用人单位的情况看,该院护理专业毕业生供不应求,而口腔医学、医学影像专业就业竞争十分激烈。面对今年的就业形势,院领导十分重视,在学校领导的大力支持及各系部负责人的鼎力相助下,该院毕业生工作在就业率、推荐等方面取得了一定成绩,专科就业率达到84.51%。

教学改革 该院根据教育部、卫生部贯彻中职新《教学大纲》及《教学计划》改革的精神,召开专题研讨会,对新的教学模式进行探索,迎接了省教育厅专家组对该院远程教育的年检。进一步加强教学规范化管理,大力提高教学质量。

国际护理试点班 完成国际护理试点班200507《母婴护理》的双语教学任务,启动国际护理200711班的教学工作,通过政府采购的形式,配备了两个多媒体教室,改善了多媒体教学的需要,继续加强国际护理试点班的教学和研究。

师资队伍建设 2007年组织专业技术人员参加了由江大《走进WTO》、《信息化教程》、《创造性思维》、《计算机应用》公共课的学习,完成了部分高校教师资格认定的申报及证书发放工作,做好了教师水平能力测试的各项工作,并通过面试、试讲、考核等一系列的程序,引进硕士研究生。

联合办学 2007年成立了江汉大学卫生技术学院亚洲心脏病医院护理分院,首届学生共45人本学期已进入分院学习。同时与美冠义齿公司签订协议,使其作为口腔专业学生的实习基地,实行定单式教育,有利于学生的就业。为海南农垦卫校、潮州卫校培养英语护理和口腔医学技士人才,本学年在校海南班2个(口腔专业、英语专业各1个)、潮州班2个(口腔专业1个、英护专业1个)。

科研工作 该院已完成武汉市教育科学规划领导小组"武汉市十五规划滚动课题:周风生等《护理专业(涉外方向)课程体系建设》和李勇等《护士礼仪规范课程教育研究与推广》课题的结题。两项课题获武汉市科技进步三等奖,中国职教学会卫生分会二等奖、三等奖。今年科研立项4项:省级2项,市级2项。

2007年公开发表论文84篇,其中核心刊物6篇。全国高职高专教材主编1人,副主编2人,参编6人。

学生助学工作 2007年圆满完成国家对贫困学生资助工作。接受肉蛋补贴1 474人(14元/人)。农村中专生每年补贴1500元/每人,涉及人数998人,生源地贷款人数41人。国家奖学金1人(8 000/年),国家励志奖学金32人(5 000/人),国家助学金228人,分一、二、三等(3 000元、2 000元、1 000元/年)。全院大、中专奖学金获得者559人,占学生总数的23.78%,总金额9万9仟元。(游如堃)

【武汉市第二卫生学校】

概况 2007年,该校以党的十七大精神和"三个代表"重要思想为指导,紧紧围绕"建名校、创新业"及把学校做大做强的工作目标,坚持科学发展观,全面贯彻党的教育方针,自加压力,勇于创新,抢抓机遇,谋求发展,开创了学校各项工作新局面。

2007年,该校有教职工68人,其中高级职称23人,中级职称15人,初级职称19人,在校学生1 225人,(中专生1 074人,大专及本科生456人),招收新生498人,其中中专430人,大专32人,本科48人。当年向社会输送大中专毕业生216人,毕业生一次性就业率达95%。

拓展办学领域 该校开设有护理、高级护理、临床医疗及中医等专业。在办好普通中专的同时,该校继续与武汉大学医学院、湖北中医学院联合开办各类高等医学教育大专班和本科班,与长江大学联合开办临床医疗、护理专业本科班。作为武汉市卫生系统继续教育培训基地,精心组织开展了乡村医生培训、专业技术人员职称晋升计算机培

训、卫生系统专业技术人员继续教育培训、全市公共卫生人员培训及全市检验人员培训，共培训人次1 460人，社会反响良好。

基础设施建设　2007年3月，市委常委、常务副市长袁善腊率市相关部门就学校发展来该校调研，提出了“以市卫生局主管，市区共建、以市为主”及把该校打造成武汉市卫生职教品牌的指示精神。学校新一届领导班子以学校发展为己任，借袁市长来该校调研的东风，在上级组织的大力支持下，讨论制定了2007－2012年发展规划。根据发展规划，学校拟新建一幢医学培训中心，经过多方奔走，反复讨论、协调，目前此项目的前期论证工作已结束，并将获得市教育局及市卫生局等约500万的资金支持。

工作业绩　该校先后获湖北省省级重点中等职业学校，新洲区职教先进学校，新洲区社会治安综合治理先进单位，新洲区卫生系统先进基层党组织，在5月份举行的武汉市中学生田径运动会上，该校获团体总分第五名的好成绩，6月，在武汉市教育局举办的全市中小学校第三届合唱比赛中，该校荣获三等奖及优秀组织奖，在武汉市教育局组织的“心绣未来”职业风采大赛上，该校参赛节目获“三等奖”。

领导班子成员　党委书记：周寿松；党委副书记：周殿生；纪委书记、工会主席：孟林；副校长：周殿生、金法明、钟瑜文、管作儒。

（池　晨）

【江夏区卫生学校】　概况　该校占地面积6.41亩。教学用房：1 230 ㎡，总建筑面积1 3481 ㎡。专职教师（含聘用）48人，总人数53人。在校生总人数879人。固定资产820万元，教学仪器设备280万元。

学科设置　中专护理专业120人（首次招收2名男护）。这是该校自一九七二年再办以来零的突破，改变一般人认为只有女性护理人员的观念。在医疗卫生部门、公安法医部门等工作急需男护的情况下亟待进一步改善。

中专卫生保健专业277人。江夏区首次按省卫生厅、省教育厅有关文件要求鼓励在职在岗的农村乡村医生到校接受中专学历教育，取得中专学历后，参加助理医师资格考试，结束江夏区农村乡医“无学历、无资格证”的历史，为提高农村人口生命质量打下基础。据有关统计资料表明，江夏区乡医中专学历教育参与率占乡医总人数85%，据全市新城区乡医中专学历教育参与率首位。

继续医学教育　全区卫生技术人员5 400人次，全区卫生技术人员培训率95%，另各级各类专业技术人员培训13期（公路局、工商局、药监局、公安局等）

2007年该校各项工作目标任务圆满完成。工作业绩显著，被江夏区卫生局授予卫生工作业绩目标管理红旗单位。

该校领导班子成员　校长、党支部书记：王俊；副校长：汤运高、胡象洪、陈春玲；工会主席：彭菊香。

（穆世华）

（责任编辑：吴厚冬）

医 学 科 研

科 研 机 构

【湖北省预防医学科学院·湖北省疾病预防控制中心】

概况 2007年,湖北省预防医学科学院、湖北省疾病预防控制中心(以下简称院/中心)有在职职工441人,其中高级职称152人,中级职称129人,初级职称103人。在省卫生厅的领导下,院/中心按照全省疾病预防控制、血吸虫病防治、爱国卫生等相关工作要点的部署和要求,坚持以科学发展观统领发展全局,紧密结合"十一五"发展规划及全省疾病预防控制工作实际,以重大疾病防控和突发公共卫生事件应急处置为重点,加强疾病控制能力建设,忠实履行政府职能,有效地促进了全省疾病控制事业的全面发展。先后荣获全国公共卫生系统政研会授予的"先进思想政治工作研究会"称号,湖北省委、省政府授予的"2005~2006年度省级最佳文明单位"称号,湖北省思想政治工作研究会和湖北省企业文化研究会授予的"2004~2006年度湖北省思想政治工作研究会建设'突出贡献奖'"称号,湖北省直属机关工会工作委员会授予的"模范职工之家"称号,湖北省城镇妇女巾帼建功活动领导小组授予的"湖北省'巾帼示范标兵岗'"称号;院/中心卫检所樊柏林被中共湖北省委组织部、省人事厅、团省委、省青年联合会授予"湖北青年五四奖章"称号,传染病所霍细香被省卫生厅授予首届"荆楚十大健康卫士"称号等。

法定传染病报告情况 2007年1月1日零时至12月31日24时,根据直报网络报告的疫情资料(按审核日期)统计,全省报告甲类传染病1种即霍乱15例,报告乙类传染病218 819例,死亡432例,甲乙类传染病报告发病率为328.91/10万,报告死亡率0.75/10万,传染病流行强度控制在前3年平均水平。

紧急疫情与突发公共卫生事件应急处置工作 一是卫生应急规范和应急机制建设逐步完善、快速反应能力增强。根据国家卫生应急防控工作的整体部署,逐步建立和完善了院/中心各类突发公共卫生事件的"一案三制"(应急预案、应急法制、应急体制、应急机制),并成立了院/中心应急办公室,建立了省市(武汉市)疾控中心联动机制,实现了资源的有效整合,被誉为省市联合的典范,使全省卫生应急快速反应能力得到了极大地提升。二是公共卫生信息的平台作用进一步凸现。全省利用疫情直报网络监测等各种途径监测到异常情况173起,经调查核实最终确定突发公共卫生事件138起,通过对监测信息的及时汇总分析,为卫生应急处置及政府决策提供了及时、可靠的信息支持,有效地发挥了公共卫生信息的平台作用。三是应急演练工作有序开展、实战能力明显提高。院/中心有针对性地组织了霍乱、血吸虫病及食物中毒等突发事件应急演练,现场练兵,使各级卫生应急实战能力明显提高,现场处置时间明显提前,反应速度更快,影响力更强。全年全省共报告各类突发公共卫生事件119起,省级直接参与处理的突发急性传染病疫情43起,没有出现第二代病例,未发生疫情的扩散和蔓延;血吸虫急感5起,均得到及时、有效的处置。

血吸虫病防治工作 血吸虫病防治工作以"整县推进,综合治理"项目为龙头,以疫情控制为重点,着力做好全省病人普查、疫情监测、应急处置、技术培训、健康教育、晚血核查、卫生学评价和技术指导。参与了汉川市国务院血防联系点的健康教育督导检查工作及洪湖市对国务院血防春查组反馈意见的整改、江陵县耕牛查病调研、农业部门"一建三改"等工作。完成了卫生部血吸虫病专家咨询委员会组织专家对汉川和潜江市家畜圈养、以机

代牛、洲滩禁牧工作情况的调研及全省血吸虫病普查工作，获得最新病人数，准确掌握疫情动态；疫情达标考核与预评估工作顺利实施，晚血救治核查工作质量不断提高，晚血临床治愈655例，年度治愈率为12.94%，治疗前后死亡345例，病死率6.81%。

艾滋病预防与控制工作　一是召开全省艾滋病防治工作会议，部署艾滋病防治工作任务。制订全省试剂、器材、药品等采购计划，并完成相关采购物资的管理与分发，确保了全省监测、检测和治疗等工作的顺利进行。二是开展疫情监测与羁押场所重点人群监测。完成全省26个哨点/综合监测点血清学监测9 484人，发现HIV阳性12例；完成梅毒检测7 440人，发现梅毒阳性52例；组织开展主动监测和羁押场所重点人群筛查，全年共完成主动监测153 751人，发现HIV阳性164人，完成羁押场所重点人群筛查49 528人，发现HIV阳性45人。三是完成艾滋病人抗病毒治疗督导工作。抗病毒治疗二线药物试点、耐药监测工作顺利实施。四是开展美沙酮社区药物维持治疗工作。全省已经开诊13家门诊，累计收治5 165名海洛因成瘾者，在治4 115人，平均门诊在治317人，粗维持率达到80%。艾滋病人累计治疗数、在治人数和维持率等指标及艾滋病项目工作均在全国位居前列。

结核病预防与控制工作　结核病防治结合TB/HIV双重感染防治项目，组织举办结核“五率”培训班，培训各级业务技术人员共计851人，提高了基层结核病和麻风病防治规划、项目执行能力；国家规划和全球基金项目专项督导检查工作获得国家级好评；天门市、随州市、麻城市和浠水县等4个全国耐药基线调查顺利通过卫生部组织的现场验收；疫情统计监测工作有序开展；1～11月，全省共发现活动性肺结核病人50 811例，占年度任务数49 285例的103.1%。新涂阳23 839例、涂阴病人22 261例，均超出年度计划。

免疫规划预防接种工作　一是加强常规免疫管理。每2个月以县为单位开展一次常规免疫接种率监测，按计划做好全省计划免疫常规运转的疫苗分发运送工作，全年全省免疫规划疫苗共使用7 492 755人份，其中卡介苗1 250 637人份，脊髓灰质炎疫苗2 430 030人份，麻疹疫苗1 692 273人份，百白破疫苗1 446 661人份，白破二联疫苗673 154人份。二是加强脊灰监测，继续保持无脊灰状态。截止12月中旬，全省共报告AFP病例194例，15岁以下儿童非脊灰AFP病例报告发病率1.42/10万，各项监测指标均达到并超过WHO和国家的标准和要求，全省继续保持无脊灰状态。三是加强乙肝疫苗纳入儿童计划免疫和GAVI项目管理工作。全年继续强化疫苗的管理工作，将疫苗/自毁型注射器的管理，作为每次督导、检查的重点内容之一，全省的乙肝疫苗和注射器的管理日趋完善。四是加强麻疹监测和控制管理工作。2007年是继2005年后，全省间隔2年出现的麻疹高发年，截止12月16日，全省报告麻疹发病3 374例，报告发病率为5.91/10万，报告死亡数3例。完成国家麻疹实验室对湖北省麻疹实验室的质量控制考核，盲样标本考核及血清符合认证均为100分。五是积极实施中央财政乙肝和狂犬病防治项目工作。全省完成了1 243名新发乙肝病例的监测工作任务；选择了全省近5年狂犬病高发的8个市级和17个县级设立狂犬病监测点，加强狂犬病人间疫情监测、技术培训及宣传教育活动。六是加强计划免疫管理的信息化建设。截止12月20日，全省有9个市40个县（市、区）735个接种机构通过了国家终审，501个单位接种数据实现了向国家平台的快速传输。

人禽流感预防与控制工作

全年共完成哨点医院流感病毒检测470份，监测标本的流感病毒分离和鉴定结果均与国家流感中心鉴定复核结果一致；完成了流感流行前抗体检测和正常人群流感抗体水平检测及中国疾病预防控制中心禽流感病毒（H5N1）核酸检测等多项考核任务；省实验室检测能力评定，湖北省4个方法列入全国优秀等级、1个为合格等级。

寄生虫病预防与控制工作　一是完成疟疾疫情监测。1－11月，全省疟疾疫情共报告1 770例，其中临床诊断1 414例（包括输入性恶性疟9例），血检诊断313例，疑似疟疾43例，发病率为0.31/万，比上年同期（1693例）上升4.55%。二是开展国家级、省级疟疾监测点的病原及媒介监测。5个国家级监测点，1－11月共报告疟疾发病79例，发病率为2.80/万，比上年同期92例下降14.13%。8个省级监测点，1－8月，共报告疟疾发病7例，发病率为0.17/万，比上年同期8例下降12.5%。三是开展低疟区部分地县市的督导。在低疟区督导检查8个县市，发热病人血检10 640例，疟原虫阳性2例，阳性率0.019%。复查阴性血片符合率100%，制片合格率80%，染色合格率76.67%。四是完成湖北省消除淋巴丝虫病审评资料和统计。五是开展了土源性线虫监测。完成了在全省12个点的土源性线虫病原学监测,共检查居民 7 294 人,感染阳性 618 人,阳性率8.47%。

病媒防制及消杀工作　结合三峡库区清理工作,深入开展三峡水库蓄水后库区病媒生物及相关疾病监测,根据监测结果,制定相应的防制措施,取得了良好的防制效果;以中国疾病预防控制中心组织的全国医院消毒和感染控制监测网为依托,完成了4 市、县 3 个季度的医院消毒和感染控制监测与调查,检测样品 300 余份,促进了医院感染控制与消毒工作的发展;完成了对宜昌 11 个市县的除四害达标指导和调研、考核及复查工作;开展消毒产品市场抽检工作,准确地发出了报告,为卫生监督执法提供了依据。

卫生监测检验工作　卫生监测服务工作稳步推进,全年受理监测检验样品 1 091 份,共出具检测报告 1 261 份;完成国家健康相关产品卫生抽检共 6 批(大类)、213 份样品、1 800 个检测参数;完成了 12 个项目职业病危害预评价或控制效果评价及 2 家单位工作场所职业病危害因素检测与评价;全年检测放射治疗设备 40 余台次,放射工作单位 25 家,CT 机 50 余台(合格率达 95%以上);对 26 家建设项目放射防护设施开展了卫生学预评价或防护效果评价;出具化妆品企业监测、家装环境监测数据 2 650 个;完成洁净场所监测评价 21 家;完成农村饮水卫生监测工作;参加水厂建设项目评审工作 3 次;全省 35 个企业在省动物实验中心进行了 1 500 多个样品(项目)的各种动物实验。

职业病防治　加强职业病诊断、鉴定及职业病病人治疗和健康体检,全年完成职业病诊断 84 例,确诊 1 例;收治职业病病人 10 人;接待来信来访 200 余人次。全年共开展放射工作人员个人剂量监测 2 200余人次,放射工作人员健康体检 819 人,职业性健康检查 6 000 余人次。

慢性病与地方病防治工作

以突出抓好慢性病社区综合防治试点和全省人群死因监测工作为重点,全面促进慢性非传染性疾病防治工作。慢性病社区综合防治试点工作根据年初的安排部署稳步推进;全人群死因监测在 10 个监测点实施,监测人口达 600 万,约占全省总人口的 10%;伤害监测工作按卫生部要求持续开展,前三季度共完成 5 200 例伤害病例的数据收集工作,报告数及报告及时率较上年同期有较大增长;世界卫生组织全球老龄化与成人健康研究(SAGE)项目进展顺利;湖北成人行为危险因素监测按期完成;全国死因登记报告及质量专题调查工作按照中国疾病预防控制中心项目工作任务委托书的要求进行,工作进展顺利;肿瘤高发调查及中国胃肠肿瘤病人管理项目持续进行。

地方病防治工作则以全省碘盐监测、消除碘缺乏病自查评估、国家地方性氟中毒和克山病防治项目、砷中毒病区的确定和流行病学调查为重点,兼顾其他地方病的防治。全省碘盐监测工作提前完成,其中,完成第一层次(碘盐生产、分装、批发企业),共检测盐样 496 批,合格 484 批,批质量合格率为 97.58%;第二层次(居民户)共检测盐样 21 900份,合格 20 886 份,合格率为 95.37%。监测结果表明全省以食盐加碘为主的碘缺乏病防治措施得到了较好的落实。根据国家地方性氟中毒防治项目安排,对 128 个村改水降氟进行了监测,协助省卫生厅完成了 3.5 万户改炉降氟任务,并按照《湖北省地方性氟中毒防治监测方案》的要求,在全省 14 个县(市)设立了两型三级(饮水型、燃煤型,国家级、省级、市级)地方性氟中毒防治效果监测点。积极推进国家克山病防治项目的实施,在利川市克山病病区监测 863 人,发现潜在型克山病病人 11 例,检出率为 1.27%,未发现急性、亚急性克山病病例,克山病病情稳定;完成了 1.9 万口水井高砷水的筛查工作,对水砷大于 0.03 毫克/升的样品在实验室进行定量检测。共发现 333 口水井的水砷含量大于 0.05 毫克/升,分布于 11 个县(市),在已发现高砷水的县(市)开展了砷中毒病人搜索工作,除仙桃市 4 例原发病例外,其余县(市)未发现典型砷中毒病人;组织全省 43 个实验室参加国家碘缺乏病参照实验室盐碘、尿碘外质控考核,全部合格。

实验室管理工作　根据省卫生厅和省质量技术监督局的安排,完成资质认定评审准则的培训和管理体系的转版工作,根据疾病预防控制系统的特点,编制了 15.9 万字的《湖北省疾病预防控制机构实验室资质认定评审准则培训资料》,印制了 1 000 册下发全省各疾控机构;制定培训工作实施方案,完成了在武汉市、鄂州市、恩施州、十堰市举办的 4 期实验室资质认定评审准则培训班;抓计量认证,促进全省疾控机构的检测和管理工作规范化,完成了随州市、武汉市和荆州市 3 个疾病预防控制中心的现场评审。院/中心除了加强定期监督评审外,积极开展能力验证活动,评审组每年根据工作的重点选定相关的重点项目进行能力验证,考核各单位的检测工作能力,评审组与省艾性中心对全省已取得资质认定证书的 214 个单位进行了艾滋病检测项目的能力验证。为提高疾病预防控制机构实验室检测能力和技术水平，安排全省相关单位的生物检测骨干近30人分15期参加了卫生部疾病预防控制局委托四川大学公共卫生学院举办的实验室检验技术培训班。全年共对包括省疾病预防控制中心在内的214家符合条件的单位重新核发了艾滋病检测实验室资质证书；对56件涉及生物安全的进出口科研特殊物品进行了审查。

医学信息服务与预防医学期刊编辑工作　全年共受理查新检索课题247项，其中完成立项课题76项，成果鉴定课题140项，成果报奖课题22项，药品不良反应报告3项，检索证明4项，新药申报2项。完成SCI和中文引文检索18项。与科研实力较强的医学院校及医疗机构建立长期服务意向。组织召开了省预防医学会第三届理事会第五次常务理事会、省预防医学会工作联席会等多项学会重要会议，积极举办各类学术交流和研讨会，成立农村改水改厕专业委员会，与中华预防医学会、华中科技大学同济医学院联合承办2007中国科协年会大型主题“健康安全”系列科普活动。与中华预防医学会、湖北省卫生厅及武汉市预防医学会共同承办“预防疾病 科学生活”健康博览会巡展活动，得到社会好评。全年编辑出版《公共卫生与预防医学》杂志6期，收到稿件739篇，刊用398篇，稿件刊用率53.86%，其中刊登国家重点科研基金论文27篇，占刊用稿件的6.78%；刊登大专院校的论文56篇，占刊用稿件的14.07%；刊登外省稿件53篇，占用稿件的13.32%；杂志发行量达3 000册。

健康教育工作　结合各项健康教育项目工作，大力开展人禽流感、艾滋病、血吸虫病、慢性病、地方病等疾病防治知识宣传和健康教育活动，继续做好“亿万农民健康促进行动”的实施和督导及各级健康教育机构能力建设；与省妇联联合创建湖北省未成年人安全自护教育基地；协助省爱卫办组织开展湖北省爱国卫生运动55周年纪念活动，召开新闻通气会，组织新闻媒体现场集中采访，举办“迎奥运、讲文明、树新风”有奖征文等一系列活动；积极推动血防改厕项目的开展，保证中央补助地方农村改厕项目实施效果；举办受艾滋病影响儿童夏令营活动；进一步开展农民工宣传教育工作；继续开展党政干部艾滋病防治教育，在未开展党政干部防艾政策和知识宣讲的地级市及省直机关单位继续组织专家进行宣讲；全省艾滋病人针具交换项目、中央补助地方健康教育与烟草控制项目、中国疾病预防控制中心与美国合作的‘迈向无烟中国’项目以及公共场所被动吸烟干预项目等工作进展顺利。

科学研究工作　组织完成省卫生厅、院/中心2005～2007年立项科研课题的完成进度与水平评价工作；组织院/中心科研基金项目招标，中标10项；组织申报3项科技成果报奖，其中唐利军等完成的“人兽共患病”获湖北省科技进步科技进步二等奖、张险峰等完成的“加强综合医院与结防机构之间的合作，探索提高肺结核病人发现率的研究”获湖北省科技进步三等奖。徐兴建等完成的“生态环境变化对血吸虫病流行态势的影响及干预措施研究”先后获得中华预防医学会科学技术二等奖和中华医学会科学技术三等奖；3项科研课题分别通过湖北省卫生厅、省科技厅鉴定，一项达国际先进水平，一项达国内领先水平。全年共有155篇医学科技论文在杂志、会议中发表交流其中在杂志上发表132篇，在会议上交流23篇。有8篇优秀论文获奖，其中4篇获全国优秀论文奖，4篇获湖北省优秀论文奖。有10部专著出版发行。

人才建设　院/中心通过实施创新人才引进机制，调整自学政策，鼓励岗位培训等一系列人才队伍建设举措，使院/中心人才队伍结构进一步改善，人员学历及职称结构更加优化，现有本科以上学历225人，占在职人员51.03%，其中，博士（含在读）14人，硕士58人；高级职称150余人。公开招聘和引进人才8人，其中博士生1人，硕士生6人，本科生1人，并组织新进人员进行岗前培训；根据工作需要调入正高级专业技术人员1人。

干部队伍建设　院/中心党委把党的思想建设放在工作首位，大力弘扬理论联系实际的学风，采取多种学习形式，创新多种实践载体，在学习中做到：“五落实”，即学习计划、内容、时间、人员、中心发言人的落实；“三结合”，即学习与培训相结合，学习与调研相结合，学习与专题研讨相结合；“三着眼”，即着眼于转变思想、更新观念，着眼于提升领导干部的整体素质，着眼于提高解决实际问题的能力。通过思想理论学习，特别是对党的十七大精神的学习，干部职工的政治思想素质不断提高。同时，院/中心进一步深化干部人事制度改革，完善干部选拔任用制度，严格按照“换届动员、公开报名、资格审查、民主推荐、民主评议、组织考察、党委决定、党组审批、提任公示、离任审计”等工作程序，实施中层干部和科级干部竞争上岗，按照德才兼备、注重实绩、群众公认、择优录取的原则，选拔了30名处级干部和65名科级干部，创新了院/中心干部选拔任用机制。认真贯彻标本兼治，综合治理，惩防并举，注重预防的反腐倡廉战略方针，抓住重点部位和重点环节，建立健全和落实相关制约机制，体现民主决策。

精神文明建设　院/中心党委以丰富的创建载体，激活文明创建细胞，为疾病预防控制工作提供了精神动力。一是以群众性文明创建活动为载体，创文明单位，建文明处室，做文明职工活动深入人心，职工之家、文明楼栋、文明家庭创建和文化体育活动覆盖了院/中心。开展青年文明号手创建活动，在女职工中开展“创建巾帼示范岗，争当职业女标兵”活动，2007 年召开推进大会，创岗活动扎实开展。二是以疾控文化建设为载体，弘扬先进文化、展示职工才华、构建和谐单位为目标，大力加强疾控文化建设。开展“征集、创作院歌、院训”和征集歌颂党、歌颂祖国、歌颂疾控工作中的新人、新事、新风尚为主题的诗歌散文作品活动，征集到自创的诗歌 80 多首，编辑了《疾控卫士之歌》诗歌集；开展了“迎庆党的十七大 疾控卫士展风采”系列活动；举办了“迎盛会，赞成就，展风采”职工诗歌朗诵会和“颂歌献给党，青春献疾控”卡拉 OK 大赛等活动。三是以开展思想政治工作研究会活动为载体，组织全省疾控系统撰写思想政治研究论文。在全省疾控机构系统政研年会上，收集论文 41 篇；在全省卫生系统思想政治工作会议暨省政研会五届二次会议上，有 25 篇论文获奖；完成了《荆州和黄石两市疾控中心思想政治和精神文明创建工作调研情况报告。四是以疾控宣传网络创新为载体，利用主流媒体、门户网站、单位宣传橱窗、内部局域网、青年志愿者记者团等多种阵地，不断开拓宣传工作新局面。

（王江玲）

【武汉市医学科学研究所】

2007 年底该所有职工 51 人，其中专业技术人员 34 人（高级职称人员 13 人，中级职称人员 9 人，初级职称人员 11 人）。设有：医学信息中心研究中心、中医药研究发展中心、对外培训部、《中国医学文摘？护理学》编辑部 5 个业务科室和综合办公室、财务科、行政科 3 个行政科室。

医学科研工作　课题“武汉市新型农村合作医疗管理信息系统（WH - NCMIS ）”达到国内领先水平。入选武汉市青年科技晨光计划“抗炎新策略 - TACE/PCs 前肽靶向导入重组蛋白的研制及应用”已完成 TACE 前肽与 Tat 序列及 TACE 特异结合肽的融合表达及鉴定工作。国家自然科学基金资助项目（编号 30471963）“一个新的 ATCE Mrna 剪接变异体的发现及其生物学意义研究”和市卫生局 2007 年度临床医学科研项目“封闭 APPβ 位点阻断 BACE 水解作用防治 AD 的研究”正在研究中。申报各级各类科研课题 7 项，其中《武汉市社区卫生服务信息系统》课题已列入 2008 年武汉市科技攻关计划。共有 4 篇医学论文在国家级医学核心刊物上发表。

信息化建设　围绕武汉市卫生局新农村合作医疗和社区卫生中心信息化建设做了大量的工作，专门成立了两个工作小组。9 月份新农村合作医疗市级数据中心建成，各远程区网络运行指导、人员培训以及网络的维护、监管，报表的规范化等工作正在同步推进。《武汉市社区卫生服务信息网络系统项目可行性研究报告》通过了专家论证。完成了市、区卫生局政务网站的维护工作，保证了市、区卫生局公众信息网、局域网和公文传递系统的正常运行。

一年来，信息中心完成查新检索 308 项，其中鉴定课题 46 项，立项查新 253 项，查询 9 项。

考培服务　完成 8 期 3 000 模块的专业技术人员计算机应用能力考培任务。取得了市人事局“公共课培训基地”资格。协同市卫生局继续教育培训中心开展了《信息化教程》公共课培训。配合市卫生局进行了 300 余人次的湖北省高级职称人机对话以及“511”人才工程、社区公共卫生、农村合作医疗等多期培训，协助市财政局组织了 1 300 余人次的初级会计电算化考试。

杂志编辑　《中国医学文摘·护理学》杂志较往年同期覆盖面更广，时效性更高，并一直积极地争取由二次文献改为一次文献。

行政工作　2007 年该所通过了江岸区区级文明单位复核；评为江岸区社会治安综合治理先进单位；完成了固定资产清产核资的审计、2004 - 2006 年度财务报表审计、2006 年度领导离任财务报表审计等工作。

（黄玉敏）

【2007 年同济医院 8 个学科被评为“国家重点学科”】　经国家学位办组织的评审，2007 年 9 月，同济医院 8 个学科被评为“国家重点学科”：普外科、妇产科、呼吸内科、麻醉学科、心血管内科、泌尿外科、血液内科、病理科。学科带头人分别是：普外科陈孝平、妇产科马丁、呼吸内科徐永建、麻醉学科田玉科、心血管内科汪道文、血液内科周剑锋、泌尿外科叶章群和张旭、病理科王国平。重点学科数跻身全国医院前三名。该院专科首席科学家的国家“973”计划项目有两项，在湖北医学界居第一。

【2007年协和医院7个学科被评为“国家重点学科”】 经国家学位办组织的评审,协和医院泌尿外科、心血管内科、血液内科、麻醉科、普外科、妇产科、呼吸内科等7个学科,评为国家重点学科。泌尿外科研究所肖传国教授成为国家“973”项目首席科学家。

【2007年同济医学院国家重点学科申报取得历史性突破】

2007年教育部开展了国家重点学科评估工作,对全国各高校国家重点学科进行重新评审。该院高度重视这项工作,多次召开各相关重点学科、申报学科所在学院负责人和学科带头人会议,落实教育部相关文件精神,组织和部署考核评估新增申报工作。通过精心准备和认真申报,国家级重点学科申报取得了历史性突破。在第一阶段的考核中,该院的病理学与病理生理学、内科学(血液病)、外科学(泌尿外)、麻醉学4个学科获得通过。尤其是病理学与病理生理学的获得批准,结束了该院基础医学领域没有国家级重点学科的局面。此次国家级重点考核申报的成功,使该院的国家重点学科数增加为9个,充分显示了该院的整体实力和学术水平,这是该 院跨越式发展的一个重要标志。此外,“环境与健康国家重点实验室(筹)”正在积极建设,“神经系统重大疾病实验室”通过教育部重点实验室评审,药学院“湖北省天然药物化学与资源评价重点实验室”通过湖北省教育厅评审。

2007年武汉地区医学科研机构统计表

单位	研究院	重点实验室	研究所	研究中心	研究基地	研究室	实验室	合计
华中科技大学同济医学院		10	20	30	0	66	36	162
武汉大学医学院		2	11	9	1	18		41
部队医院			2	13	1	4	1	21
湖北中医学院		13	10	6		11		40
湖北省属单位	1		4	2	0	4	1	12
武汉市属单位			14	9		26		49
企业医院				1	0	16		17
民营医院			2					2
总计	1	25	63	70	2	145	38	344

改革开放30年资料链接:

【改革开放30年武汉地区医学科研机构发展情况】 1977年底,武汉地区医学科研机构有15个。其中研究院1个、研究所5年、研究室9个。1978年全国科学大会后,科研机构建设发展迅速,到1985年,相继建立了221个(2个研究院、17个研究所、76个研究室、126个实验室)。为1977年的14.7倍。到2007年,有医学科研机构344个(研究院1个,重点实验室25个,研究所63个,研究中心70个,研究基地2个,研究室145个,实验室38个),为1985的1.57倍。为1977年的23倍。

在344个医学科研机构中,华中科技大学同济医学院162个(重点实验室10个,研究所20个,研究中心30个,研究室66个,实验室36个)。部队医院21个(研究所2个,研究中心13个,研究基地1个,研究室4个实验室1个)。武汉大学医学院41个(重点实验室2个,研究所11个,研究中心9个,研究基地1个,研究室18个)。湖北中医学院40个(重点实验室13个,研究所10个,研究中心6个,研究室11个)。湖北省属单位(不含武汉大学医学院、湖北中医学院)12个(研究院1个,研究所4个,研究中心2个,研究室4个,实验室1个)。武汉市属单位49个(研究所14个,研究中心9个,研究室26个)。中央在汉企业医学研究机构17个(研究中心1个,实验室16个)。民营医院研究所2个。

在344个医学科研机构中,有中医科研机构40个,西医科研机构298个,中西医结合机构5个;基础医学科研机构14个,预防医学科研机构21个,临床医学科研机构249年,药学科研机构31个,社会(人文)医学科研机构18个。30年医学科研机构的发展,在武汉地区形成了一个门类齐全的医学科学研究体系,为医学科技人员提供了医学科学研究的重要平台和组织保证。

【附:武汉地区医学科研机构所属单位及名录】

华中科技大学同济医学院

教育部器官移植重点实验室

教育部环境与健康重点实验室

卫生部器官移植重点实验室

卫生部呼吸系统疾病重点实验室

国家环保总局环境保护与健康重点实验室

肿瘤侵袭转移湖北省重点实验室

生物靶向治疗湖北省重点实验室

神经系统重大疾病湖北沂重点实验室

分子影像湖北省重点实验室

天然药物化学与资源湖北省重点实验室

心血管疾病研究所

器官移植研究所

计划生育研究所

血液病研究所

肝病研究所

中西医结合研究所

老年医学研究所

呼吸系统疾病研究所

神经科学研究所

耳鼻咽喉科学研究所

泌尿外科研究所

基础医学研究所

免疫学研究所

环境医学研究所

社会医学研究所

职业医学研究所

高等医学教育研究所

医学情报研究所

医学人文学研究所

药学研究所

协和医院

肿瘤诊疗中心

伽玛刀治疗研究中心

准分子激光中心

分子影像研究中心

干细胞研究中心

腹腔镜外科中心

胰腺外科中心

生殖医学中心

皮肤激光治疗中心

性病治疗中心

口腔医疗中心

协和——比利时杨森国际胃肠动力研究中心

湖北省急救中心

亚洲紧急求援中心

湖北省儿麻矫治技术指导中心

远程急救会诊中心

体检中心

干细胞中心

中美协和尿结石研究中心

胃镜研究中心

同济医院

世界卫生组织(WHO)康复培训与研究中心

康复医学中心

临床神经医学研究中心

临床功能检测研究中心

急诊医学(急救)研究中心

实验仪器设备中心

分子医学研究中心

肝脏外科研究中心

生殖医学中心

腔镜外科治疗研究中心

医学期刊中心

武汉大学医学院

过敏与免疫相关疾病湖北省重点实验室

武汉大学医学院心血管疾病研究所

武汉大学医学院消化与肝病研究所

武汉大学医学院泌尿系病研究所

武汉大学医学院眼科研究所

武汉大学医学院耳鼻咽喉——头颈外科研究所

武汉大学医学院儿科研究所

武汉大学医学院神经精神研究所

国家药品临床研究基地

武汉大学医学院肿瘤研究所

武汉大学医学院显微外科研究所

武汉大学医学院老年病研究所

武汉大学医学院脑血管疾病研究所中心

武汉大学医学院泌尿外科男性研究中心

武汉大学医学院肛肠疾病研究中心

湖北省艾滋病指导检测中心

中南医院艾滋病防治研究中心

中南医院临床基因诊断中心

中南医院消化系病研究中心

武汉大学药学院本科生药学实验中心

武汉大学医学生物学结构研究中心

武汉大学口腔医学研究所

武汉大学口腔生物医学工程教育部重点实验室

湖北中医学院

全国中医药文献检索中心湖北分中心

全国针灸临床治疗中心湖北分中心

全国中医肝病临床医疗研究中心

全国中医医院信息管理中心

湖北中医学院实验研究中心

湖北中药标准化工程技术研究中心

中药资源与中药化学实验室

老年医学研究所

中药研究所

针灸研究所

经方应用研究所

高等教育研究所

脏象肝病研究所

中西医结合研究所

实验外科研究所

中医工程研究所

中医急症研究所

解剖组胚实验室

显液形态及病原生物学实验室

机能实验室

生物化学与分子生物学实验室

制药实验室

基础化学实验室

药物化学(含有机)实验室

药理学实验室

生药学实验室

检定实验室

针灸推拿学实验室

护理实验室

中药资源与中药化学实验室

(注:以上实验室为国家级中医药科研Ⅲ、Ⅱ级实验室)

湖北省在汉医学研究机构

湖北省预防医学科学院

湖北省肿瘤防治研究所

湖北省肿瘤防治研究中心

广州军区武汉总医院

全军神经外科中心

全军眼科中心

全军临床药理基地

全军计划生育优生优育技术中心

全军骨创伤中心

全军心胸外科疾病诊疗中心

广州军区放射影像中心

广州军区心血管内科中心

广州军区消化内科中心

广州军区呼吸内科中心

广州军区肿瘤治疗中心

广州军区麻醉复苏中心

广州军区口腔治疗中心

广州军区妇产科中心

广州军区心胸外科研究所

广州军区骨科研究所

武汉市医学科研机构

武汉市医学科学研究所

武汉市中西医结合研究所

武汉市中医药研究所

武汉市放射防护研究所

武汉市血吸虫病防治研究所

武汉市烧伤研究所

武汉市创伤骨科研究所

武汉市临床药学研究所

武汉市血液病研究所

武汉市儿童疾病研究所

武汉市职业病防治研究所

武汉市皮肤病防治研究所

武汉市临床检验研究中心

湖北省 AID 病 HIV 筛检实验研究中心

全国中西医结合肾病治疗中心

烧伤疤痕治疗及功能康复中心

湖北省小儿心血管疾病治疗中心

儿童肾病治疗中心

儿童支气管异物诊疗中心

腹股沟斜疝治疗中心

哮喘诊疗中心

江汉大学肿瘤研究所

江汉大学中药研究所

民营医学研究机构

武汉爱尔眼科研究所

武汉家波风湿骨病研究所

【改革开放30年武汉医疗机构重点学科、重点实验室创建情况】 30年来,在医学科技人员的努力下,创建了149个各级各类重点学(专)科和重点实验室。其中国家级重点学(专)科和实验室48个,省级重点学(专)科和实验室48个。市级重点学(专)科和实验室20个。校级重点学科和实验室33个。

国家级重点学(专)科和实验室 同济医学院18个,其中重点学科有内科学(心血管)、内科学(呼吸系统)、内科学(血液病)、外科学(普外科、器官移植)、外科学(泌尿外)、麻醉学、妇产科、劳动卫生与环境卫生学、病理学与病理生理学;重点实验室有教育部授予:器官移植研究所、呼吸系疾病研究所、神经系统重大疾病实验室。卫生部授予:普外科、呼吸系疾病研究所、器官移植研究所。国家环保总局授予:环境保护与健康实验室;还有卫生部临床药学基地,卫生部功能食品检测中心。

武汉大学医学院5个,其中重点学科有教育部授予的微生物学;重点实验室有教育部授予的口腔实验室。国家中医药管理局授予的药理学、病理生理学、药学实验室。

湖北中医学院12个,其中重点学科有国家中医药管理局授予的中医内科肾病学、中医肝病学;重点实验室有国家中医药管理局授予的中药药理实验室、由国家药品监督局授予的临床药理基地。8个国家中医药科研Ⅱ级实验室。

广州军区武汉总医院17个。其中,全军重点学科有神经外科、眼科、药理、计划生育与优生优育技术指导中心和血站、骨创伤、心胸外科等7个。军区级重点学科有10个。

武汉第一医院2个,由国家中医药管理局授予的皮肤科、肾病科。

解放军457医院4个,由空军授予的眼科、口腔科、烧伤科、骨科。

省级重点学科和重点实验室 同济医学院15个:心血管内科、血液内科、耳鼻咽喉科、影像医学、妇产科、核医学、药理、病理生理、免疫学、医学寄生虫学、湖北省天然药物化学与资源评价重点实验室、分子影像湖北省重点实验室、神经系统重大疾病湖北省重点实验室、生物靶向治疗湖北省重点实验室、肿瘤侵袭转移湖北省重点实验室。

武大医学院4个:人体解剖学实验室、胸心外科、心血管内科、肿瘤科。

湖北中医学院9个:中医内科、中医骨伤科、中西医结合临床、中药学、内经(中医基础理论)、伤寒论(中医临床基础)、针灸推拿学和中药资源与中药化学两个实验室。

湖北省中医医院5个:中医急症、针灸、骨伤、中医内科、中医肝病。

武汉市第一医院3个:中医肾病、针灸、脑血管疾病。

武汉市第三医院2个:烧伤、整形。

武汉市中医医院1个:肝胆专科。

武汉市第六医院1个:普外科。

市级重点学(专)科和重点实验室 江汉大学医学与生命科学学院4个:病理学、病理生理学、病理学实验室、病理生理学实验室。武汉市第一医院皮肤科,武汉市中心医院神经内科,武汉市第三医院烧伤科,武汉市普爱医院骨科和心血管内科,武汉市中医医院肝胆科,武汉市第六医院普外科,武汉市武东医院戒毒科,武汉市儿童医院心血管疾病专科,武汉市传染病医院肝病科,武汉市疾病预防控制中心慢性病防治专科和分子流行病学专科,武汉市妇幼保健院生殖健康专科,武汉市皮肤病防治所性学科,武汉市第八医院肛肠科。

校级重点学科 同济医学院15个,武汉大学医学院10个,湖北中医学院3个,江汉大学医学与生命学院5个。

科研成果

【2007年获奖成果】 2007年底,武汉地区医学科技成果获各级科技奖150项。其中获国家级科技进步奖二等奖1项;获教育部提名国家科学技术奖5项(一等奖2项、二等奖3项);获中华医学会、中华护理学会、中华预防医学会、冶金医学会科学技术奖9项(一等奖1项、二等奖4项、三等奖4项);获何梁何利基金科学与技术创新奖1项;获湖北省科技进步、自然科学、科技推广奖59项(一等奖9项、二等奖18项、三等奖32项);获武汉市科技进步奖44项(一等奖4项、二等奖14项、三等奖26项);获军队科技进步(成果)奖24项(一等奖1项、二等奖4项、三等奖19项);获区级科技进步奖5项(一等奖2项、二等奖2项、三等奖1项);获武汉钢铁集

团公司科技进步奖二、三等奖各1项。

在148项获奖成果中：华中科技大学同济医学院40项。其中获国家级科技进步奖二等奖1项，教育部提名国家级科技进步奖5项（一等奖2项、二等奖3项）；中华医学会、中华护理学会科技奖4项（一等奖1项、二等奖2项、三等奖1项）；湖北省科技进步、自然科学、科技推广奖23项（一等奖5项、二等奖8项、三等奖10项）；武汉市科技进步奖6项（一等奖1项、二等奖4项、三等奖1项）。华中科技大学同济医学院院本部7项：教育部科技进步奖二等奖1项；湖北省科技进步、自然科学奖6项（一等奖3项、二等奖1项、三等奖2项）。协和医院14项：教育部提名国家科技进步奖二等奖2项；中华医学会科技奖二等奖1项；湖北省科技进步、推广奖8项（一等奖2项、二等奖奖5项、三等奖1项）；武汉市科技进步奖3项（一等奖1项、二等奖1项、三等奖1项）。同济医院获19项：获国家级科技进步奖二等奖1项；获教育部提名国家科技进步奖一等奖2项；中华医学会、中华护理学会科技奖3项（一等奖1项二等奖1项、三等奖1项）；何梁何利基金科学与技术创新奖1项；湖北省科技进步、自然科学奖9项（二等奖2项、三等奖7项）；武汉市科技进步奖三等奖3项。

武汉大学医学院20项。其中获湖北省科技进步、自然科学奖15项（一等奖3项、二等奖6项、三等奖6项）；获武汉市科技进步奖5项（一等奖1项、二等奖2项、三等奖2项）。医学院本部获湖北省科技进步奖三等奖1项。武汉大学人民医院9项：湖北省科技进步奖6项（一等奖1项、二等奖3项、三等奖2项）；武汉市科技进步奖一、二、三等奖各1项。武汉大学中南医院10项：湖北省科技进步奖8项（一等奖2项、二等奖奖3项、三等奖奖3项）；武汉市科技进步奖二、三等奖各1项。

湖北中医学院获湖北省科技进步奖5项（一等奖1项、三等奖4项）。

湖北省中医医院获全国护理学会科技进步奖三等奖1项。

湖北省预防医学科学院·湖北省疾病预防控制中心5项：中华医学会、中华预防医学会科学技术奖二、三等奖各1项；湖北省科技进步奖3项（二等奖1项、三等奖2项）。

湖北省妇幼保健院获湖北省科技进步奖三等奖2项。

湖北省中山医院获武汉市科技进步奖三等奖1项。

武汉科技大学附属医院获湖北省科技进步奖1项。

广州军区武汉总医院18项：湖北省科技进步4项（二等奖3项、三等奖1项）；总后卫生部军队医疗成果、军队科技进步奖和广州军区武汉总医院科技创新奖14项（一等奖1项、二等奖3项、三等奖10项）。

解放军161医院获总后卫生部军队科技进步奖三等奖3项。

空军457医院获总后卫生部军队科技进步奖二等奖1项。

武警湖北总队医院获武警部队军事医疗成果、军队科技进步奖三等奖6项。

武汉市（区）属医院43项。其中获湖北省科技进步三等奖6项；武汉市科技进步奖32项（一等奖2项、二等奖6项、三等奖24项）；新洲区卫生局所属单位获区科技进步奖5项（一等奖2项、二等奖2项、三等奖1项）。其中：

武汉市第一医院16项。其中获湖北省科技进步奖三等奖2项；获武汉市科技进步奖14项（一等奖1项、二等奖3项、三等奖10项）。

武汉市普爱医院5项。其中获湖北省科技进步奖三等奖2项；获武汉市科技进步奖3项（二等奖1项、三等奖2项）。

武汉市妇女儿童医疗保健中心4项。其中获湖北省科技进步奖三等奖1项；获武汉市科技进步奖3项（二等奖1项、三等奖2项）。

武汉市疾病预防控制中心2项。其中获湖北省科技进步奖三等奖1项；获武汉市科技进步奖三等奖1项。

武汉市中心医院获武汉市科技进步奖3项（一等奖1项、三等奖2项）。

武汉市中医医院获武汉市科技进步奖三等奖3项。

武汉市第六医院获武汉市科技进步奖二、三等奖奖各1项。

新洲区人民医院获武汉市科技进步奖三等奖1项；获新洲区科技进步奖5项（一等奖2项、二等奖2项、三等奖1项）。

武汉市第八医院获武汉市科技进步奖三等奖1项。

东西湖区妇幼保健院获武汉市科技进步三等奖1项。

武汉钢铁集团公司总医院4项。其中获冶金医学会科技进步奖二、三等奖各1项；获武钢科技进步奖二、三等奖各1项。

2007 年度武汉地区医学科研获奖成果一览表

成果名称	单位、主要完成者	获奖等级
脑出血后脑损伤机制的研究与临床治疗新策略的应用	河北医科大学第二医院、华中科技大学同济医院等单位张祥建、张苏明、贾保祥	国家科技进步奖二等奖
一氧化氮的低氧性肺动脉高压发病与治疗中的作用研究	广州医学院、华中科技大学同济医院张珍祥等	高等学校科学技术奖一等奖
恶性肿瘤耐药机制研究及其靶向逆转	同济医院马丁、邢辉、王世宣、周剑峰等	高等学校科学技术奖一等奖 中华医学科技奖一等奖 湖北省自然科学奖二等奖
人类辅助生殖技术的临床和基础系列研究	同济医院朱桂金、靳镭、章汉旺等	中华医学科技奖三等奖 湖北省科技进步奖二等奖 武汉市科技进步奖二等奖
新型医用扩肛器的研制与临床应用效率	同济医院郭先娥	中华护理学会科技进步奖二等奖
食管癌早期预警生物标志物研究	协和医院徐顺清	教育部自然科学奖二等奖
基因多态性在体外循环并发症中的作用	协和医院张诗海、姚尚龙、王寿昌等	教育部提名国家科技进步奖二等奖 湖北省科技进步奖二等奖
内耳免疫及自身免疫性内耳病的基础与临床研究	协和医院龚树生、肖红俊、于栋桢等	中华医学科技奖二等奖 湖北省科技进步奖二等奖 武汉市科技进步奖三等奖
生态环境变化对血吸虫病流行态势的影响及干预措施研究	湖北省预防医学科学院·湖北省疾病预防控制中心徐兴建、魏凤华等	中华预防医学会科学技术奖二等奖 中华医学会科学技术奖三等奖
生存素反义基因治疗胃癌的实验研究	武钢总医院付广	冶金医学会科技进步奖二等奖
痔上粘膜环切术钉合术手术效果的相关因素研究	武钢总医院司徒光伟	冶金医学会科技进步奖三等奖
何梁何利基金科学与技术创新奖	同济医院陈孝平	何梁何利基金创新奖
脑皮层功能高分辨光学成像理论与方法研究	华科技大学同济医学院生命学院曾绍群、刘谦、陈尚宾、骆清铭、李鹏程	湖北省自然科学奖一等奖
矽尘接触工人健康危害的队列研究	华中科技大学医学院公卫学院陈卫红、陈镜琼、杨磊	湖北省科技进步奖一等奖 教育部科技进步奖二等奖
环境污染导致人体健康损害的生物标志检测及预警研究	华中科技大学同济医学院公卫学院徐顺清、李媛媛、周宜开	湖北省自然科学奖二等奖
我国乡(镇)卫生院功能定位和运作机制研究	华中科技大学同济医学院医管学院方鹏骞、崔颖、魏善波	湖北省科技进步奖三等奖
应用基因工程菌发酵生产S－腺苷蛋氨酸	华中科技大学同济医学院生命学院何光源	湖北省科技进步奖三等奖
湖北省地道药材规范化种植研究及示范基地建设	华中科技大学同济医学院药学院吴继洲	湖北省科技进步奖一等奖
组织因子在血栓及非血栓性疾病中的作用和靶向干预	协和医院胡豫等	湖北省科技进步奖一等奖 武汉市科技进步奖一等奖
冠心病外科治疗实验研究和临床应用	协和医院孙宗全等	湖北省科技进步奖二等奖 武汉市科技进步二等奖
伽玛刀对紧贴或压迫视神经垂体腺瘤治疗及视神经耐受剂量研究	协和医院赵洪洋等	湖北省科技进步奖二等奖
中西药干预骨重建的细胞分子机制研究及相关临床观察	协和医院陈璐璐等	湖北省科技进步二等奖
结缔组织生长因子在肾小管间质纤维化中的作用机制研究	协和医院张春等	湖北省科技进步奖三等奖

续表1

成　果　名　称	单位、主要完成者	获　奖　等　级
三维超声临床应用与推广	协和医院王新房等	湖北省科技成果推广奖一等奖
改良胰液空肠行流式胰肾周期联合移植的临床研究	同济医院明长生等	湖北省科技进步奖三等奖 武汉市科技进步奖二等奖
S－氨基乙酰丙酸诱导荧光光动力学早期诊断膀胱癌的研究	同济医院宋晓东等	湖北省科技进步奖三等奖
鼻咽癌放射治疗的基础及临床研究	同济医院胡国清等	湖北省科技进步奖三等奖 武汉市科技进步二等奖
不同方式义眼台植入血管化过程及相关研究	同济医院张虹等	湖北省科技进步奖三等奖
尖锐湿疣患者T细胞免疫功能状况及免疫调节剂(BCG－PSN)对其作用机制研究	同济医院刘冬予等	湖北省科技进步三等奖
小剂量TACE与常规TACE治疗肝癌对照研究	同济医院胡道予	湖北省科技进步奖三等奖
肿瘤特异性标志物CML28在恶性血液病HCT中的临床研究	同济医院张东华	湖北省科技进步三等奖
寰枢椎后路改良经关节螺钉内固定术治疗寰枢椎不稳定基础与临床研究	广州军区武汉总医院陈庄洪、蔡贤华、黄继锋	湖北省科技进步奖二等奖
生物可降解长效注射微球的研究	广州军区武汉总医院符旭东、高永良、汤韧	湖北省科技进步奖二等奖
泌尿系结石微创治疗的实验与临床研究	广州军区武汉总医院潘铁军、文瀚东、刘志敏	湖北省科技进步奖二等奖
椎基底动脉系统缺血性脑血管疾病的影像学及临床研究	广州军区武汉总医院陈文军、黎红华、林琅	湖北省科技进步奖三等奖
免疫球蛋白异常症综合实验诊断的研究	广州军区武汉总医院阎有功	总后卫生部军队医疗成果二等奖
原发性心脏肿瘤的救治经验	广州军区武汉总医院胡建才	总后卫生部军队医疗成果奖三等奖 广东军区医学科技创新奖一等奖
微创治疗老年股骨粗隆间骨折的临床研究	广州军区武汉总医院唐运章	总后卫生部军队医疗成果三等奖 广州军区医学科技创新奖二等奖
原发性肾小球病变TDF－β1检测的实验及临床研究	广州军区武汉总医院邹敏书	总后卫生部军队医疗成果三等奖 广州军区医学科技创新奖二等奖
舌骨悬吊术合并UPPP手术治疗重度OSAHS的临床研究	广州军区武汉总医院姚行齐	总后卫生部军队医疗成果三等奖 总后勤部军队科技进步奖三等奖
神经导航下颅底的解剖研究及临床应用	广州军区武汉总医院龚杰	总后卫生部军队医疗成果三等奖 总后勤部军队科技进步奖三等奖
玻璃体切除术治疗复杂性视网膜脱离的临床研究	广州军区武汉总医院陈晓	总后卫生部军队医疗成果奖三等奖 总后勤部军队科技进步奖三等奖
颈前路钢板加植骨术治疗创伤性枢椎滑脱的临床研究	广州军区武汉总医院徐峰	总后卫生部军队医疗成果奖三等奖 总后勤部军队科技进步奖二等奖
战时动员中医疗仪器的建模与仿真研究	广州军区武汉总医院赵育新	总后卫生部科技进步奖三等奖 湖北省自然科学奖三等奖
地甘口服液对辐射和化学损伤保护作用的实验和临床研究	广州军区武汉总医院何东初	湖北省科技进步奖一等奖 武汉市科技进步奖一等奖 总后卫生部军队科技进步三等奖
平战时防治急性肺栓塞继发心肌损伤的基础与临床研究	广州军区武汉总医院殷桂林	总后卫生部军队科技进步奖三等奖 湖北省科技进步奖二等奖

续表2

成　果　名　称	单位、主要完成者	获　奖　等　级
去甲斑蝥素壳聚糖纳米粒体外相关性质及肝靶向性研究	广州军区武汉总医院匡长春	广州军区医学科技创新奖一等奖 湖北省科技进步奖二等奖
兼容型气管套管的应用研究	广州军区武汉总医院徐亷	广州军区医学科技创新奖二等奖 湖北省科技进步奖三等奖
控制性低血压麻醉在临床的应用	广州军区武汉总医院黎笔熙	广州军区医学科技创新二等奖 湖北省科技进步奖三等奖
骨折端微钻孔对骨折愈合过程影响的实验研究	解放军第161医院谭春华	总后勤部军队科技进步奖三等奖 武汉市科技进步奖三等奖
周围神经端侧吻合及FK506对端侧吻合作用的研究	解放军第161医院杨家辉	湖北省科技进步奖二等奖 武汉市科技进步奖二等奖 总后勤部军队科技进步奖三等奖
负电荷脂类超声造影剂的制备方法学研究	解放军第161医院杨莉	总后勤部队科技进步奖三等奖 湖北省科技进步奖一等奖
空降医疗队卫勤能力生成模式及综合保障效能研究	解放军457医院李菊成	湖北省科技进步奖二等奖 武汉市科技进步奖二等奖 总后勤部军队科技进步奖三等奖
宫颈癌相关危险因素及人工神经网络风险判别模型研究	武汉大学医学院伍欣星	湖北省自然科学奖三等奖
心房结构与房性心律失常关系的基础与临床研究	武汉大学人民医院黄从新、江洪、杨波	湖北省科技进步奖一等奖 武汉市科技进步奖一等奖
微创冠脉搭桥术临床研究与应用	武汉大学人民医院王志维、高尚志、陶卫平	湖北省科技进步奖二等奖
曲安奈德在玻璃体视网膜疾病中应用研究	武汉大学人民医院邢怡桥、陈长征、艾明	湖北省科技进步奖二等奖
妊娠期肝内胆汁淤积症基础及中西医结合治疗的临床研究	武汉大学人民医院洛若愚、魏敏、张蔚	湖北省科技进步奖三等奖
阻塞性睡眠呼吸暂停低通气综合征的相关疾病和外科干预研究	武汉大学人民医院罗志宏、曹永茂、胡亮	湖北省科技进步奖三等奖
甲氧沙林脂质体凝胶的研制及其临床研究	武汉大学人民医院何文、罗顺德	武汉市科技进步奖三等奖
神经电生理技术在神经肌肉疾病的应用	武汉大学人民医院卢祖能、黄红娟、初红	湖北省科技进步奖二等奖 武汉市科技进步奖二等奖
线粒体糖尿病基因突变的筛查芯片的临床应用研究	武汉大学中南医院周新	湖北省科技进步奖一等奖
炎症性肠病易感基因与危险因素的筛选及治疗药物的实验研究	武汉大学中南医院夏冰	湖北省科技进步奖二等奖 武汉市科技进步奖二等奖
《人兽共患病》	武汉大学中南医院陈为民	湖北省科技进步奖二等奖
ⅠB、ⅡA期子宫颈癌手术方式及手术技巧的研究与临床应用	武汉大学中南医院陈惠祯	湖北省科技进步奖二等奖
抗幽门螺杆菌技术治疗肝内胆管结石的作用	武汉大学中南医院孙权	湖北省科技进步奖三等奖
种植冠周骨缺损修复的基础临床研究	武汉大学中南医院陈建钢	湖北省科技进步奖三等奖
缺氧诱导因子－1α在大肠腺Ca发病机制中的作用及意义	武汉大学中南医院刘志苏	武汉市科技进步奖三等奖
果蔬汁(番匣汁、葡萄汁)中植物化学物对人前列腺癌细胞生长抑制的研究	武汉大学中南医院罗琼	湖北省科技进步奖三等奖
湖北省地道药材规范化种植研究及示范基地建设	武汉大学中南医院王有为	湖北省科技进步奖一等奖

续表 3

成果名称	单位、主要完成者	获奖等级
《人兽共患病》	湖北省预防医学科学院·湖北省疾病预防控制中心唐利军、徐国景、戴裕海、余焱明	湖北省科技进步奖二等奖
加强综合医院与结防机构之间的合作,探索提高肺结核病人发现率的研究	湖北省预防医学科学院·湖北省疾病预防控制中心张险峰、叶建君、熊昌富、周丽平	湖北省科技进步奖三等奖
植物提取液——防蚴灵预防日本血吸虫病的应用研究	湖北省疾病预防控制中心、武警湖北省总队卫生处戴裕海、刘建兵、杨光斌	湖北省科技进步奖三等奖
湖北省地道药材规范化种植研究及示范基地建设	湖北中医学院、武汉大学中南医院、华中科技大学同济医学院詹亚华、王有为、吴继洲	湖北省科技进步奖一等奖
电针对高血压脑出血大鼠海马信号传导机制的影响	湖北中医学院孙国杰、周爽、方邦江	湖北省科技进步奖三等奖
苍术、乌梅饮片炮制工艺及质量标准规范化研究	湖北中医学院许腊英、高铁祥、刘艳菊	湖北省科技进步奖三等奖
电针对家兔缺血心肌细胞动作电位影响的中枢通路研究	湖北中医学院王华、吴绪平、陈泽斌	湖北省科技进步奖三等奖
中药绞股蓝提取物质量标准研究	湖北中医学卢金清、苏明武、王平	湖北省科技进步奖三等奖
药物流产的作用机制及副作用防治研究	湖北省妇幼保健院金志春、黄光英、张敦兰	湖北省科技进步奖三等奖
婴幼儿骨密度正常值范围的建立及影响因素研究	湖北省妇幼保健院徐海涛、徐育松、周爱琴	湖北省科技进步奖三等奖
经纤支镜治疗多型支气管内膜结核的疗效观察	武汉科技大学附属医院刘黎	湖北省科技进步奖三等奖
《中华人民共和国针灸穴典》专项研究——电针丰隆治疗高脂血症的临床研究	武汉市第一医院张唐法等	湖北省科技进步奖三等奖 武汉市科技进步奖一等奖
PCNA 的 SHRNA 的真核表达载体的构建机制对子宫颈癌细胞的干预性研究	武汉市第一医院黄浩等	湖北省科技进步奖三等奖
夹脊穴临床应用与实验研究	武汉市第一医院张红星等	武汉市科技进步奖二等奖
继续护理学教育学分信息管理系统的研究与应用	湖北省中医医院付云霞等	第八届全国护理科技进步奖三等奖
短程心理干预对维持性血透病人社会心理状态及免疫功能影响	湖北省中山医院常耀武	武汉市科技进步奖三等奖
《中西医结合卒中单元》	武汉市第一医院张介眉等	武汉市科技进步奖二等奖
促愈汤对胃溃疡愈合质量的临床和实验研究	武汉市第一医院时昭红等	武汉市科技进步奖二等奖
黄芪对腹腔镜气腹所致红细胞免疫功能损伤的保护作用	武汉市第一医院龚昭等	武汉市科技进步奖三等奖
运用 PDCA 管理系统论证专病护士对患者康复过程的促进作用	武汉市第一医院荆萍等	武汉市科技进步奖三等奖
灵丹片提取工艺及质量评价体系研究	武汉市第一医院余南才等	武汉市科技进步奖三等奖
剖宫产硬膜外复合氯胺酮、可乐定镇痛的临床研究	武汉市第一医院丰新民等	武汉市科技进步奖三等奖
定喘液雾化吸入治疗支气管哮喘临床研究	武汉市第一医院杨惠琴等	武汉市科技进步奖三等奖
中药糖脉宁对糖尿病大鼠血管病变的保护作用	武汉市第一医院胡雅君、郑承红等	武汉市科技进步奖三等奖

续表 4

成　果　名　称	单位、主要完成者	获　奖　等　级
中药更年乐佳液治疗绝经期综合症的临床与实验研究	武汉市第一医院 胡雅君等	武汉市科技进步奖三等奖
PCR 反向线点杂交技术快速检测 B 族溶血性链球菌 9 个耐药菌和相关基因	武汉市第一医院曾宪玉等	武汉市科技进步奖三等奖
射干麻黄汤对哮喘豚鼠气道 EOS 凋亡 IL－5mRNA 及 IL－10mRNA 表达的影响	武汉市第一医院孙洁民等	武汉市科技进步奖三等奖
气传花粉与变应性鼻炎关系研究	武汉市第一医院苏虹等	武汉市科技进步奖三等奖
消食口服液改善小儿厌食的作用研究	武汉市中医医院张压西等	武汉市科技进步奖三等奖
茯苓生脉饮对体外培养的大鼠海马神经元的保护作用	武汉市中医医院陈红等	武汉市科技进步奖三等奖
渲导泻肺饮治疗慢性心力衰竭的临床及实验研究	武汉市中医医院杨祥坤等	武汉市科技进步奖三等奖
PCR 阻断联合 Taqman 探针检测 HBVG1896A 变异株的研究	武汉市普爱医院刘晓明、徐志学等	武汉市科技进步奖二等奖
中空加压螺纹钉治疗股骨颈骨折的回顾性研究	武汉市普爱医院勘武生等	湖北省科技进步奖三等奖 武汉市科技进步奖三等奖
氯吡格雷在急性冠脉综合征及家兔粥样硬化血管壁中抗炎作用的研究	武汉市普爱医院余素琴等	湖北省科技进步奖三等奖 武汉市科技进步奖三等奖
内皮祖细胞在糖尿病周围血管病变发病机制及治疗中的实验与临床研究	武汉市中心医院赵湜等	武汉市科技进步奖一等奖
Tenascin 及 Ki－67 在鼻腔鳞癌组织中的表达及意义	武汉市中心医院彭华等	武汉市科技进步奖三等奖
脑活素对豚鼠庆大霉素耳毒性拮抗作用及机理的实验研究	武汉市中心医院张帆	武汉市科技进步奖三等奖
预测肾癌预后的分子遗传学研究——预测胃癌淋巴结转移与预后的分子标志物研究	武汉市第六医院刘丽江、邓昊、周红艳、张应天	武汉市科技进步奖二等奖
血管紧张素Ⅱ－2 型受体对糖尿病心肌病大鼠心肌细胞凋亡的影响	武汉市第六医院张苏川等	武汉市科技进步奖三等奖
儿童腺样体肥大及其相关疾病的临床影像研究	武汉市儿童医院邵剑波等	武汉市科技进步奖二等奖 湖北省科技进步奖三等奖
罗格列酮(BRL－49653)致胰岛素敏感作用与酯联系的关系研究	武汉市儿童医院姚辉等	武汉市科技进步奖三等奖
核因子 NF Kappa B 信号通道在川崎病冠状动脉损害中的作用及机理研究	武汉市儿童医院尹薇等	武汉市科技进步奖三等奖
娱乐场所 100% 安全套使用项目对降低艾滋病性病的作用及其可行性研究	武汉市疾病预防控制中心、武汉市皮肤病防治研究所魏善波等	武汉市科技进步奖三等奖 湖北省科技进步三等奖
平律复方治疗病灶性心律失常临床与实验研究	新洲区人民医院张建中等	武汉市科技进步奖三等奖
推磨牙向后平移引导杆的研制及临床应用	武汉市人民医院武广增	武汉市科技进步奖三等奖
东西湖区学龄前儿童生长发育变化及相关因素研究	东西湖区妇幼保健院王万平、朱爱华、王建荣、许道琳	武汉市科技进步奖三等奖
涨渡湖控沟闸实施“阻螺灌江纳苗工程”方案研究	新洲区卫生局汪一江、李厚平	新洲区科技进步奖一等奖

续表 5

成　果　名　称	单位、主要完成者	获　奖　等　级
潜在性结核病预防性化疗的实施研究	新洲区卫生局胡永峰、陶红兵	新洲区科技进步奖一等奖
左心室肥厚与窦性心律失常临床研究	新洲区卫生局张建中、汪俊军	新洲区科技进步奖二等奖
中风1号治疗缺血性中风(气虚血淤)的临床与实验研究	新洲区卫生局姜楚涛、张南方	新洲区科技进步奖二等奖
加味桃红四物汤治疗四肢骨折临床疗效研究	新洲区卫生局缪金怀、许建国	新洲区科技进步奖三等奖
生存素反义基因治疗胃癌的实验研究	武钢总医院付广	武钢科技进步奖二等奖
痔上贴膜环切术、钉合术手术效果的相关因素研究	武钢总医院司徒光伟	武钢科技进步奖三等奖

【2007 年鉴定成果】 2007 年度，武汉地区有 34 个医疗机构 116 项科研成果通过各级科研管理机构组织的专家鉴定。其中国际先进水平 30 项，国内领先水平 72 项，国内先进水平 14 项。

在 116 项鉴定成果中：

华中科技大学同济医学院附属协和医院 9 项达国际先进水平。

华中科技大学同济医学院附属同济医院 8 项。其中 5 项达国际先进水平、2 项达国内领先水平、1 项达国内先进水平。

武汉大学人民医院 6 项。其中 1 项达国际先进水平、5 项达国内领先水平。

武汉大学中南医院 6 项。其中 4 项达国际先进水平、2 项达国内领先水平。

武汉大学口腔医院 2 项达国际先进水平。

武汉大学医学院本部 1 项达国际先进水平。

解放军 161 医院 5 项达国内先进水平。

湖北省预防医学科学院·湖北省疾病预防控制中心 3 项。其中 1 项达国际先进水平、2 项达国内领先水平。

湖北中医学院 5 项达国内领先水平。

武汉市第一医院 22 项。其中 20 项达国内领先水平，2 项达国内先进水平。

武汉市中心医院 7 项。其中 2 项达国际先进水平，5 项达国内领先水平。

武汉市第三医院 2 项达国内领先水平。

武汉市普爱医院 1 项达国内领先水平。

武汉市第六医院 4 项。其中 1 项达国际先进水平、3 项达国内领先水平。

武汉市儿童医院 7 项。其中 1 项达国际先进水平、6 项达国内领先水平。

武汉市中医医院 6 项达国内领先水平。

武汉市疾病预防控制中心 2 项达国际先进水平。

武汉市传染病医院 1 项达国内先进水平。

武汉市急救中心 1 项达国内先进水平。

武汉市血液中心 1 项达国内领先水平。

武汉市医学科学研究所 1 项达国内领先水平。

武汉市结核病防治院 1 项达国内先进水平。

武汉市皮肤病防治研究所 2 项达国内领先水平。

武汉市武东医院 1 项达国内领先水平。

武汉市第五医院 1 项达国内领先水平。

江岸区卫生局 1 项达国内领先水平。

武昌区武昌医院 2 项。其中 1 项达国内领先水平、1 项达国内先进水平。

江汉区常青社区卫生服务中心 1 项达国内先进水平。

东西湖区妇幼保健院 1 基达国内领先水平。

新洲区中心医院 1 项达国内领先水平。

新洲区骨伤专科医院 1 项达国内领先水平。

武汉爱尔眼科医院 1 项达国际先进水平。

武汉家波风湿骨病研究所 1 项达国内领先水平。

2007 年度武汉地区医学科研鉴定成果一览表

成 果 名 称	单位、主要完成者	鉴定部门	达到水平
组织因子在血栓及非血栓性疾病中的作用和靶向干预	协和医院胡豫	卫生部	国际先进
肿瘤分子影像诊断的实验与临床研究	协和医院张永学	卫生部	国际先进
膀胱癌靶向化疗的研究	协和医院曾甫清	卫生部	国际先进
肿瘤环境 CD4 + CD25high 调节 T 细胞效应 T 细胞平衡实验与临床研究	协和医院刘莉	湖北省科技厅	国际先进
16 层螺旋 CT 的冠状动脉检查与临床应用	协和医院史河水	湖北省科技厅	国际先进
恶性黑素瘤增殖侵袭和转移的分子机制及其靶向逆转和中药治疗的实验和临床研究	协和医院涂亚庭	卫生部	国际先进
胃癌化疗增敏的研究	协和医院郑丽端	湖北省科技厅	国际先进
白血病相关基因表达普及意义	协和医院李慧玉	湖北省科技厅	国际先进
弥漫性颅脑损伤继发性脑损伤机制和硫酸镁脑保护作用研究	协和医院赵甲山	湖北省科技厅	国际先进
细胞周期调控对中枢神经损伤后胶质疤痕形成和神经元损伤影响的研究	同济医院王伟	湖北省科技厅	国际先进
准分子激光原位角膜磨镶术系列研究	同济医院刘磊	湖北省科技厅	国际先进
解剖性后腹腔镜肾上腺切除术的技术和临床应用研究	同济医院张旭	湖北省科技厅	国际先进
脑功能开发及脑相关疾病的磁共振功能成像研究	同济医院漆剑频	湖北省科技厅	国际先进
尖锐湿疣患者T细胞免疫功能状况及免疫调节剂(BDG - PSN)对其作用机制的研究	同济医院刘冬先	湖北省科技厅	国际先进水平
大蒜新素抗巨细胞病毒活性及其机制研究	同济医院方峰	湖北省科技厅	国内领先
鼻咽癌放射治疗的基础及临床研究	同济医院胡国清	湖北省科技厅	国内领先
膀胱移行细胞癌抑癌基因的遗传易感性和表像修饰研究	同济医院张旭	湖北省科技厅	国内先进
急性心肌梗死缺血预适应与心律失常关系的临床研究	解放军第 161 医院王志权	总后卫生部	国内先进
β - 受体阻断剂治疗心功能不全的临床研究及微循环观察	解放军第 161 医院丁宇慧	总后卫生部	国内先进
Ⅱ型糖尿病患者的心理调查和行为干预的护理研究	解放军第 161 医院武婷	总后卫生部	国内先进
关于儿童肱骨上骨折治疗及其并发症防治措施的研究	解放军第 161 医院郭振河	总后卫生部	国内先进
小儿经肌间沟臂丛神经阻滞运动反应终点研究	解放军第 161 医院陈开文	总后卫生部	国内先进
抗结核转移因子灭活工艺	武汉大学医学院刘君炎	武汉市科技局	国际先进
心房结构与房性心律关系的基础与临床研究	武汉大学人民医院黄从新、江洪、杨波	湖北省科技厅	国际先进
微创冠状动脉搭桥术临床研究与应用	武汉大学人民医院王志维、高尚志、陶卫平	湖北省科技厅	国内领先
曲安奈德在玻璃体视网膜疾病中应用的研究	武汉大学人民医院邢怡桥、陈长征、艾明	湖北省科技厅	国内领先
妊娠期肝内胆汁淤积症基础及中西医结合治疗的临床研究	武汉大学人民医院洛若愚、魏敏、张蔚	湖北省科技厅	国内领先
阻塞性睡眠呼吸暂停低通气综合征的相关疾病和外科干预研究	武汉大学人民医院罗志宏、曹永茂、胡亮	湖北省科技厅	国内领先

续表1

成　果　名　称	单位、主要完成者	鉴定部门	达到水平
神经电生理技术在神经肌肉内疾病的应用	武汉大学人民医院卢祖能、黄红娟、初红	湖北省科技厅	国内领先
炎症性肠病易感基因与危险因素的筛选及治疗药物的实验研究	武汉大学中南医院夏冰	湖北省科技厅	国际先进
缺氧诱导因子－1α在大肠腺Ca发病机制中的作用及意义	武汉大学中南医院刘志苏	湖北省科技厅	国际先进
幽门螺杆菌胃Ca作用机制的研究	武汉大学中南医院杨桂芳	湖北省科技厅	国际先进
ⅠB、ⅡA期子宫颈癌手术方式及手术技巧的研究	武汉大学中南医院陈惠祯	湖北省科技厅	国内领先
果蔬汁(番茄汁、葡萄汁)中植物化学物对人前列腺癌细胞生长抑制的研究	武汉大学中南医院罗琼	湖北省科技厅	国际先进
茯苓多糖及其衍生物用于药用辅料和研究与开发	武汉大学中南医院胡先明	湖北省科技厅	国内领先
口腔癌辅助诊断及癌前病变恶变监测试剂盒	武汉大学口腔医院李成章	武汉市科技厅	国际先进
关节盘复位在创伤性颞下颌关节强直治疗中的基础与应用研究	武汉大学口腔医院李祖兵	湖北省科技厅	国际先进
Wistar大鼠自发性乳腺肿瘤细胞系的建立及其生物学特性研究	湖北省预防医学科学院·湖北省疾病预防控制中心唐利军、杨文辉、赵磊、张金明、孙凡中、易平、吴芳洁	湖北省科技厅	国际先进
中小城市外来人员传染病防治模式研究	湖北省医预防医学科学院·湖北省疾病预防控制中心张瑜、张险峰、程均福、严立、詹发先、戴本南	湖北省卫生厅	国内领先
长江三峡水库坝区重点人畜共患病监测与控制措施研究	湖北省预防医学科学院·湖北省疾病预防控制中心程均福、詹发先、岳木生、张令要、柳东如、官旭华	湖北省卫生厅	国内领先
清热祛湿三法对温病湿热证模型作用及其机理的对比研究	湖北中医学院吕文亮、高清华、周燕萍	湖北省教育厅	国内领先
复方甲亢片的研制	湖北中医学院郑国华、陈如泉、乔明	武汉市科技局	国内领先
酸枣仁汤养血安神物质基础的研究	湖北中医学院刘焱文、王平、陈树和	湖北省教育厅	国内领先
"四联手术"技术治疗腰椎滑脱症的研究	湖北中医学院邹季、刘许峰、朱凌	武汉市科技局	国内领先
湖北省地道药材规范化种植研究及示范基地建设	湖北中医学院詹亚华、王有为、吴继洲	湖北省科技厅	国内先进
罗格列酮防治肝纤维化的实验研究	武汉市第五医院吕小红	武汉市卫生局	国内领先
黄角颗粒在不同时点逆转缺血缺氧PC12细胞调亡的分子机制	武汉市第一医院陈国华	武汉市科技局	国内领先
雄激素受体基因(CAG)n多态性与痤疮男性型秃发的相关性研究	武汉市第一医院曾宪玉	武汉市科技局	国内领先

续表 2

成　果　名　称	单位、主要完成者	鉴定部门	达到水平
降糖通脉方对糖尿病大鼠血管病影响的实验研究	武汉市第一医院郑承红	武汉市科技局	国内领先
黄蓝颗粒治疗妇女巨细胞病毒、风疹病毒感染的临床和实验研究	武汉市第一医院贺漪	武汉市科技局	国内领先
辨证施护对腹膜透析贫血患者干预的临床研究	武汉市第一医院商燕畦	武汉市科技局	国内领先
血压平防治自发性高血压大鼠血管重塑及微量元素相关性实验研究	武汉市第一医院柯于鹤	武汉市科技局	国内领先
肾衰合剂对维持性腹腔透析患者残余肾功能的影响	武汉市第一医院熊飞	武汉市科技局	国内领先
藏药浴治疗类风湿性关节炎在中原地区护理特点的研究	武汉市第一医院荆萍	武汉市科技局	国内领先
射心通胶囊对心肌纤维化的干预作用及其机制的研究	武汉市第一医院郑琼莉	湖北省科技厅	国内领先
PDH 手术并肛门外括约肌松弛术治疗出口梗阻型便秘的临床研究	武汉市第一医院胡良胜	武汉市科技局	国内领先
镇肝熄风汤对自发性高血压大鼠影响及其作用机制研究	武汉市第一医院吴燕霞	武汉市科技局	国内先进
中医护理联合中药对腹腔镜胆囊切除术后恶心呕吐的临床研究	武汉市第一医院辛玲芳	武汉市科技局	国内领先
中药“和中饮”拮抗腹腔胆囊切除术后恶心呕吐的临床研究	武汉市第一医院龚昭	武汉市科技局	国内领先
c－myc 靶向 siRNA 抑制人结直肠癌 Col0320 细胞增殖及调节端粒机制研究	武汉市第一医院黄浩	武汉市科技局	国内领先
耳贴配合针刺治疗化疗性呕吐临床观察	武汉市第一医院曹新建	武汉市科技局	国内领先
电针家兔心肌缺血再灌注损伤的机制研究	武汉市第一医院张红星	武汉市科技局	国际先进
“上病下治”fa2 法治疗急性脑梗 死融会贯通的临床研究	武汉市第一医院张介眉	湖北省科技厅	国内领先
青藤碱关节腔注射治疗骨性关节炎的实验研究	武汉市第一医院杨慧琴	武汉市科技局	国内领先
微米大黄炭治疗消化性溃疡并出血的临床和实验研究	武汉市第一医院时昭红	湖北省科技厅	国内领先
开胃消食糖浆治疗小儿厌食症临床及实验研究	武汉市第一医院徐辉辅	武汉市科技局	国内领先
名老中医张唐法学术思想继承工作的研究	武汉市第一医院毛红蓉	武汉市科技局	国内领先
银杏叶干预前后激活素 A 对实验性肝纤维化的作用研究	武汉市中医医院时昭红	湖北省卫生厅	国内领先
祛斑养颜霜治疗黄褐斑临床及实验研究	武汉市中医医院冯小菁	武汉市科技局	国内先进
疏肝健脾颗粒治疗肝郁脾虚型胃脘痛的实验及临床研究	武汉市中医医院胡锡元	武汉市科技局	国内领先
微创撬拨复位加人工骨植入治疗跟骨骨折的临床研究	武汉市中医医院董晓俊	湖北省卫生厅	国内领先
痛风颗粒治疗痛风性关节炎的实验及临床研究	武汉市中医医院张荒生	武汉市科技局	国内领先

续表3

成 果 名 称	单位、主要完成者	鉴定部门	达到水平
肤疾康喷雾剂的研制及临床试验研究	武汉市中医医院金德珍	武汉市科技局	国内领先
章真如学术思想及临证经验研究	武汉市中医医院郑翔	武汉市科技局	国内领先
武汉无偿献血目标群体细分研究	武汉血液中心	武汉市科技局	国内领先
武汉市新型农村合作医疗管理信息系统(WH-NCMIS)市级、区级网络平台建设及应用研究	武汉市医学科学研究所梁刚、周永康	武汉市科技局	国内领先
帕金森炳α-突触核蛋白异常聚集诱发内质网应激机制的研究	武汉市普爱医院	武汉市科技局	国内先进,部分达国内领先
抗感利咽喷雾剂治疗小儿急性咽炎实验及临床研究	武汉市第三医院刘丹娅	武汉市科技局	国内领先
早期床上布带圈操用于腹部手术后患者恢复的临床研究	武汉市第三医院刘礼秀	武汉市科技局	国内领先
Tenascin及Ki-67在鼻腔鳞癌细胞中的表达及意义	武汉市中心医院彭华	武汉市科技局	国内领先
血液病化疗利多卡因加硫酸镁湿敷预防静脉炎的临床研究	武汉市中心医院尹红	武汉市科技局	国内领先
人类豚鼠相关蛋白基因多态性与肥胖的研究	武汉市中心医院旃培艳	武汉市科技局	国内领先
参附注射液对单侧输尿管梗阻大鼠肾脏肝细胞生长因子及骨形态发生蛋白-7T的表达影响	武汉市中心医院陈文莉	武汉市科技局	国内领先
二烯丙基二硫诱导胃癌MGC803细胞凋亡及细胞周期阻滞的研究	武汉市中心医院袁静萍	武汉市科技局	国际先进
64排CT冠心病诊断风险预测及疗效评价的应用研究	武汉市中心医院王翔	武汉市科技局	国际先进
宫颈帽宫颈上药治疗宫颈糜烂的临床研究	武汉市中心医院李亚男	武汉市科技局	国内领先
银杏磷酯胶囊的制备与治疗冠心病心绞痛临床疗效观察研究	武汉市第六医院罗瑛	武汉市科技局	国内领先
高渗盐水和羟乙基淀粉对腹部大手术后液体正平衡影响的研究	武汉市第六医院赵建国	湖北省卫生厅	国际先进
结直肠癌局部淋巴结CEA含量判断淋巴结对转移的价值	武汉市第六医院刘文	湖北省科技厅	国内领先
预测胃癌预后的分子遗传学研究、预测胃癌淋巴结转移与预后的分子标志物研究	武汉市第六医院刘丽江	武汉市科技局	国内领先
胰岛素样生长因子系统与新生大鼠肺发育及肺损伤关系研究	武汉市儿童医院刘汉楚	武汉市科技局	国内领先
热性惊厥患儿的细胞粘附分子ICAM-1/LFA-1表达研究	武汉市儿童医院刘智胜	武汉市科技局	国内领先
经脐双孔法腹腔镜诊治小儿腹股沟疝的研究	武汉市儿童医院周欣	武汉市科技局	国内领先
瘦体合剂治疗肥胖儿童的临床及实验研究	武汉市儿童医院陈寿康	武汉市科技局	国内领先
婴肝合剂联合西药治疗婴儿肝炎综合征的临床研究	武汉市儿童医院邓玉萍	武汉市科技局	国内领先
灰阶及彩色多普勒超声在筛查新生儿甲状腺功能低下症中的应用价值	武汉市儿童医院赵亚平	武汉市科技局	国际先进

续表 4

成果名称	单位、主要完成者	鉴定部门	达到水平
预防小儿静脉输液渗漏护理干预模式的研究及应用	武汉市儿童医院刘晓文	武汉市科技局	国内领先
化学分类法在肠道致病菌中的快速鉴定	武汉市疾病预防控制中心郭爱玲	武汉市科技局	国际先进
综合治理湖区坑内钉螺孳生地控制血吸虫病流行的效果及效益研究	武汉市疾病预防控制中心周敦金	武汉市科技局	国际先进
中国武汉 120 数字化通信高度指挥系统的应用研究	武汉市急救中心	武汉市科技局	国内先进
耐多药肺结核病社会危险因素及患者生命质量研究	武汉市结核医院	武汉市科技局	国内先进
生殖器 HPV 感染分子流行病学研究	武汉市皮肤病防治研究所赵敏	武汉市科技局	国内领先
在艾滋病传播重点人群中开展可持续性 VCT 服务的研究	武汉市皮肤病防治研究所张万宏	武汉市科技局	国内领先
脑卒中患者及其家属生活质量研究	武汉市武东医院戢秋明	武汉市卫生局	国内领先
肝络瘀阻证及剔毒通络法的临床及实验研究	武汉传染病医院	武汉市科技局	国内先进
不同检查方法对恶性阻塞性黄疸的评估及诊断价值	武钢总医院付广	湖北省卫生厅	国内领先
重工业区中小学教师颈椎病发病状况及病因研究	武钢总医院孙承军	湖北省卫生厅	国内先进
推磨牙向后平移引导杆的研制及临床应用	武汉市第八医院武广增	武汉市科技局	国内领先
3 种树脂材料遮盖齿科合金用于全瓷冠修复的颜色效果	武昌医院罗文平	武汉市科技局	国内先进
Zn、Cu、TNF－a 及细胞凋亡指数在胎膜早破中的变化	武昌医院张玲玲	武汉市科技局	国内领先
外用舒络油治疗急性软组织损伤的临床研究	江汉区常青社区卫生服务中心、东西湖区人民医院刘景科	武汉市科技局	国内先进
东西湖区学龄儿童生长发育变化及相关因素研究	东西湖区妇幼保健院王万平	武汉市科技局	国内领先
六类中药新药风湿壮骨胶囊治疗痹病的临床研究	武汉家波风湿骨病研究所李家波	武汉市科技局	国内领先
追风丸治疗颈椎病、腰椎间盘突症的临床与实验研究	新洲区中医医院姜楚涛	武汉市科技局	国内领先
加味桃红四物汤治疗四肢骨折的临床研究	新洲区骨伤专科医院缪金杯	武汉市科技局	国内领先
儿童白内障手术及术后视功能康复的系列研究	武汉爱尔眼科医院陈茂盛、龚淑贤	湖北省科技厅	国际先进

改革开放 30 年资料链接：

【1978－2006 年武汉医疗科技成果获奖情况】 1978 年到 2006 年，武汉地区有 70 个医疗机构荣获各级各类科技成果奖，共计3 517项次。为 1949 年到 1978 年间获奖成果 278 项次的 12.65 倍。

在 3 517 项获奖成果中：中医药成果 272 项，占 7.73%；西医药成果 3 184 项，点 90.53%；中西医结合成果 61 项，占 1.74%。

在 3 517 项成果中：（一）获国家级科技发明（进步）奖 50 项，占 1.42%（科技发明奖二等奖 4 项、科技发明奖三等奖 4 项、科技发明奖四等奖 1 项、科技进步奖二等奖 20 项、科技进步奖三等奖 19 项、科技创新奖 2 项）；（二）获中央各部委办级科技进步奖 347 项，占 9.87%（一等奖 53 项、二等奖 114 项、三等奖 143 项、其它 37 项）；（三）获军队科技进步奖 1 017

项,占 28.92%(特等奖 1 项、一等奖 18 项、二等奖 61 项、三等奖 445 项、四等奖 339 项、五等奖 153 项);(四)获湖北省科技进步、自然科学、科技推广等奖励 1 391 项占 39.55%(一等奖 155 项、二等奖 604 项、三等奖 615 项、其它 17 项);(五)获武汉市科技进步、发明奖 712 项,点 20.25%(一等奖 44 项、二等奖 206 项、三等奖 407 项、其它 55 项)。

在 3 517 项获奖成果中:(一)中央部属医疗机构有 1 093 项成果获奖,占 31.08%,其中获国家级科技发明、进步奖 20 项(科技发明奖二等奖 2 项、科技发明奖三等奖 1 项、科技进步奖二等奖 11 项、科技进步奖三等奖 6 项);获中央部级科技进步奖 222 项(一等奖 31 项、二等奖 62 项、三等奖 100 项、其它 29 项);获湖北省科技进步、自然科学、推广等奖 627 项(一等奖 92 项、二等奖 305 项、三等奖 219 项、其它 11 项);获武汉市科技进步、发明奖 224 项(一等奖 22 项、二等奖 93 项、三等奖 101 项、其它 8 项)。(二)驻汉部队医疗机构有 1 080 项成果获奖,点 30.71%。其中获国家级科技进步、发明奖 5 项(科技发明三等奖 1 项、科技进步奖二等奖 2 项、科技进步奖三等奖 2 项);获军队科技进步、成果奖 1 017 项(特等奖 1 项、一等奖 18 、二等奖 61 项、三等奖 445 项、四等奖 339 项、五等奖 153 项);获湖北省科技进步奖 52 项(一等奖 6 项、二等奖 18 项、三等奖 26 项、其它 2 项);获武汉市科技进步奖 5 项(二等奖 2 项、三等奖 1 项、其它 2 项)。(三)省属医疗机构有 688 项成果获奖,占 19.56%。其中获国家级科技发明、进步奖 18 项(发明二等奖 2 项、科技进步奖二等奖 7 项、科技进步奖三等奖 8 项、其它 1 项);获中央部级科技进步奖 82 项(一等奖 19 项、二等奖 34 项、三等奖 24 项、其它 5 项);获湖北省科技进步、自然科学、推广等奖 534 项(一等奖 46 项、二等奖 216 项、三等奖 270 项、其它 2 项);获武汉市科技进步奖 54 项(一等奖 9 项、二等奖 14 项、三等奖 30 项、其它 1 项)。(四)武汉市属医疗机构有 550 项成果获奖,占 15.64%。其中获国家级科技发明、进步奖 5 项(科技发明奖三等奖 2 项、科技进步奖三等奖 3 项);获中央部级奖 17 项(一等奖 2 项、二等奖 5 项、三等奖 8 项、其它 2 项);获湖北省科技进步奖 145 项(一等奖 8 项、二等奖 56 项、三等奖 81 项);获武汉市科技进步、发明奖 383 项(一等奖 13 项、二等奖 88 项、三等奖 242 项、其它 40 项)。(五)武汉市各区医疗机构有 49 项成果获奖,占 1.39%。其中获中央部级科技进步奖二等奖 3 项;获湖北省科技进步奖 11 项(一等奖 3 项、二等奖 3 项、三等奖 5 项);获武汉市科技进步奖 35 项(二等奖 8 项、三等奖 23 项、其它 4 项)。(六)中央在汉企业医疗机构有 57 项成果获奖,占 1.62%。其中获国家级科技奖 2 项(发明奖四等奖 1 项、其它 1 项);获中央部级科技进步奖 22 项(一等奖 1 项、二等奖 9 项、三等奖 11 项、其它 1 项);获湖北省科技进步奖 22 项(二等奖 6 项,三等奖 14 项、其它 2 项);获武汉市科技进步奖 11 项(二等奖奖 1 项、三等奖 10 项)。(见附表)

30 年来,武汉地区医疗机构共获得科技成果奖 3 517 项。其中获奖最多的前 10 位是:①广州军区武汉总医院 743 项;②同济医院 417 项;③协和医院 352 项;④同济医学院本部 224 项;⑤武汉大学人民医院 149 项;⑥湖北省预防医学科学院·湖北省疾病预防控制中心 129 项;⑦解放军 161 中心医院 121 项;⑧解放军 457 医院 116 项;⑨武汉大学中南医院 110 项;⑩湖北中医学院 109 项。前 10 位共获 2 470 项奖,占武汉地区医疗机构 3 517 项获奖成果的 70.23%。在武汉市属医疗机构中,获 50 项成果奖以上的单位有:武汉市第一医院 90 项;武汉市儿童医院 69 项;武汉市普爱医院 66 项;武汉市疾病预防控制中心 63 项;武汉市中心医院 59 项;武汉市第三医院 50 项。6 个单位共获 397 项奖,占市属医疗机构 550 项获奖成果的 72.18%。

国家级科技进步(发明)奖中:协和医院 9 项、同济医院 8 项、湖北省预防医学科学院·湖北省疾病预防控制中心 8 项、广州军区武汉总医院 5 项、武汉大学人民医院 4 项、同济医学院校本部 3 项、武汉市疾病预防控制中心 3 项、武汉大学中南医院 2 项、湖北省中医药研究院 2 项、湖北省妇幼保健院 2 项、武钢总医院 2 项、武汉市第一医院 1 项、武汉市职工医学院 1 项。

六五时期(1980－1985 年)计 520 项获奖成果,占 15.18%;七五时期(1986－1990 年)计 796 项获奖成果,占 23.24%;八五时期(1991－1995 年)计 634 项获奖成果,占 18.51%;九五时期(1996－2000 年)计 852 项获奖成果,占 24.88%;十五时期(2001－2005 年)计 623 项获奖成果,占 18.19%。

【1978－2006 年武汉医学科研成果鉴定情况】 30 年来,武汉地区共有 4 092 项成果通过了国家、部、省、市各级科技管理部门组织的专家鉴定。其中达到国际领先水平 139 项,国际先进水平 290 项,国际水平 40 项,国内领先水平 1 381 项,国内先进水平 1 179 项,国内水平 586 项,省内先进水平 477 项。其中达国际水平以上者占 11.46%,达国内水平以上者占 88.34%,省内先进水平者占 11.66%。

1980－2006 年武汉地区医学科研成果鉴定水平统计表

时　期	合　计	国际领先	国际先进	国际水平	国内领先	国内先进	国内水平	省内先进	百分比
1980－1985	690	1	4	36	12	262	294	81	16.86
1986－1990	970	53	5	2	307	272	140	191	23.71
1991－1995	974	53	6	2	308	273	141	191	23.80
1996－2000	680	24	108		305	229		14	16.62
2001－2007	778	8	167		449	143	11		19.01
合　计	4 092	139	290	40	1 381	1 179	586	477	
百分比		3.40	7.09	0.98	33.75	28.81	14.32	11.65	

1978－2006年武汉地区医学科技成果获奖情况统计表（总表）

	国家级奖							中央部级奖					军队科技进步奖							省级（含省卫生厅）奖					市级（含市卫生局）奖					合计	%
	科技发明二等奖	科技发明三等奖	科技发明四等奖	科技进步二等奖	科技进步三等奖	科技创新奖	合计	一等奖	二等奖	三等奖	其他	合计	特等奖	一等奖	二等奖	三等奖	四等奖	五等奖	合计	一等奖	二等奖	三等奖	其他	合计	一等奖	二等奖	三等奖	其他	合计		
总计	4	4	1	20	19	2	50	53	114	143	37	347	1	18	61	445	339	153	1017	155	604	615	17	1391	44	206	407	55	712	3517	100
部属医疗机构	2	1		11	6		20	31	62	100	29	222								92	305	219	11	627	22	93	101	8	224	1093	31.08
驻汉部队医疗机构		1		2	2		5		1			1	1	18	61	445	339	153	1017	6	18	26	2	52		2	1	2	5	1080	30.71
省属医疗机构	2			7	8	1	18	19	34	24	5	82								46	216	270	2	534	9	14	30	1	54	688	19.56
市属医疗机构		2			3		5	2	5	8	2	17								8	56	81		145	13	88	242	40	383	550	15.64
企业医疗机构			1			1	2	1	9	11	1	22									6	14	2	22		1	10		11	57	1.62
区属医疗机构									3			3								3	3	5		11		8	23	4	35	49	1.39

1978 – 2006 年武汉地区医学科技成果获奖情况统计表（部属医疗机构）

单位	国家级奖					中央部级奖					省级（含厅）奖					市级（含局）奖					总计
	科技发明二等奖	科技发明三等奖	科技进步二等奖	科技进步三等奖	合计	一等奖	二等奖	三等奖	其他	合计	一等奖	二等奖	三等奖	其他	合计	一等奖	二等奖	三等奖	其他	合计	
（一）部属医疗机构合计	2	1	11	6	20	31	62	100	29	222	92	305	219	11	627	22	93	101	8	224	1093
一、华中科技大学同济医学院	2	1	11	6	20	27	60	92	23	202	86	288	214	10	598	19	90	95	8	212	1032
①院本部			3		3	7	28	32	7	74	10	60	42		112	1	15	17	2	35	224
②协和医院			6	3	9	7	15	22	3	47	36	108	79		223	8	31	33	1	73	352
③同济医院	2	1	2	3	8	13	17	38	8	76	39	109	82		230	10	43	45	5	103	417
④梨园医院									5	5	1	11	11	10	33		1			1	39
二、卫生部武汉生物制品所						4	2	8	6	20	6	17	5	1	29	3	3	6		12	61

1978－2006年武汉地区医学科技成果获奖情况统计表（驻汉部队医疗机构）

单位	国家级奖				中央部级奖		军队科技进步奖							省级奖					市级奖				总计
	科技发明三等奖	科技进步二等奖	科技进步三等奖	合计	二等奖	合计	特等奖	一等奖	二等奖	三等奖	四等奖	五等奖	合计	一等奖	二等奖	三等奖	其他	合计	二等奖	三等奖	其他	合计	
（二）驻汉部队医疗机构合计	1	2	2	5	1	1	1	18	61	445	339	153	1071	6	18	26	2	52	2	1	2	5	1080
广州军区武汉总医院	1	2	2	5				15	43	303	270	60	691	6	18	23		47					743
解放军161中心医院							1	2	10	71	7	30	121										121
解放军457医院									2	41	30	42	115			1		1					116
武汉军区医学科学研究所					1	1		1	3	10	18	19	51			2	2	4	1		1	2	58
广州军区东湖疗养院											2	2	4						1		1	2	6
武警湖北省总队医院									2	15	10		27										27
二炮指挥部医院																				1		1	1
海军工程学院门诊部									1				1										1
空军东湖疗养院										5	2		7										7

1978 – 2006 年武汉地区医学科技成果获奖情况统计表（省属医疗机构）

单位	国家级奖					中央部级奖					省级（含厅）奖					市级（含局）奖					总计
	科技发明二等奖	科技进步二等奖	科技进步三等奖	创新奖	合计	一等奖	二等奖	三等奖	其他	合计	一等奖	二等奖	三等奖	其他	合计	一等奖	二等奖	三等奖	其他	合计	
（三）省属医疗机构合计	2	7	8	1	18	19	34	24	5	82	46	216	270	2	534	9	14	30	1	54	688
一、武汉大学医学院	2	1	3		6	5	14	6	1	26	24	129	148		301	6	13	24		43	376
①院本部						3	4	1		8	2	24	31		57	2	6	2		10	75
②人民医院	2	1	1		4	1	6			7	10	55	60		125	4	5	4		13	149
③中南医院			2		2		2	2		4	6	37	42		85		2	17		19	110
④口腔医院						1	2	3	1	7	6	13	15		34			1		1	42
二、湖北中医学院						3	2	10	1	16	12	35	41		88	1		3	1	5	109
三、湖北省预防医学科学院·湖北疾病预防控制中心		3	4	1	8	7	13	8	3	31	9	28	48	2	87	2	1			3	129
四、湖北省中医药研究院		1	1		2	3	1			4	1	5	6		12						18
五、湖北省妇幼保健院		2			2		3			3		9	14		23						28
六、湖北省药品检验所						1	1			2		5	2		7						9
七、湖北省肿瘤医院												1	8		9			1		1	10
八、湖北省中医医院												4	3		7			2		2	9

1978 – 2006 年武汉地区医学科技成果获奖情况统计表（市属医疗机构）

单位	国家级奖			中央部级奖					省级（含厅）奖				市级（含局）奖					总计
	科技发明三等奖	科技进步三等奖	合计	一等奖	二等奖	三等奖	其他	合计	一等奖	二等奖	三等奖	合计	一等奖	二等奖	三等奖	其他	合计	
（四）市属医疗机构合计	2	3	5	2	5	8	2	17	8	56	81	145	13	88	242	40	383	550
武汉市第一医院	1		1		1	3		4	2	7	9	18	3	16	47	1	67	90
武汉市中心医院						1		1		14	5	19	3	7	25	4	39	59
武汉市第三医院									1	4	9	14	1	8	24	3	36	50
武汉市普爱医院							1	1	2	6	8	16	1	14	31	3	49	66
武汉市第六医院	1		1							3	4	7	2	7	12	7	28	36
武汉军工总医院										4	2	6		2	1	3	6	12
武汉市药品检验所						1	1	2			1	1			1	2	3	6
武汉市精神病医院										1		1			1	1	2	3
武汉市妇幼保健院						1		1			3	3			4		4	8
武汉市儿童医院										5	11	16	1	14	35	3	53	69
武汉市传染病医院										1	3	4		2	5		7	11
武汉市中心血站														1	2	1	4	4
武汉市职防院															1		1	1
武汉市疾病预防控制中心		3	3	2	4	2		8		5	16	21	1	8	20	2	31	63
武汉市医学科学研究所									3	4	1	8		4	8		12	20
武汉市东湖医院														1			1	1
武汉市中医医院										1	3	4	1	4	17	2	24	28
武汉市结核病防治院										1	1	2			2		2	4
武汉市结核病防治所											1	1						1
武汉市皮肤病防治所															1		1	1
江汉大学卫生职业技术学院											2	2				4	4	6
江汉大学医学与生命科学院											2	2			5	4	9	11

1978－2006年武汉地区医学科技成果获奖情况统计表（企业医疗机构）

	国家级					中央部级奖					省级（含厅）奖					市级（含局）奖					总计
	科技发明二等奖	科技发明四等奖	科技进步二等奖	其他	合计	一等奖	二等奖	三等奖	其他	合计	一等奖	二等奖	三等奖	其他	合计	一等奖	二等奖	三等奖	其他	合计	
（五）企业医疗机构合计		1		1	2	1	9	11	1	22		6	14	2	22		1	10		11	57
武钢总医院		1		1	2		3	3		6		4	6		10		1	7		8	26
武钢第二职工医院							1	3		4			2		2						6
武钢结核病防治院							1	2		3											3
一冶医院							1	1		2			4		4						6
长航总医院							2			2		1	1		2						4
武汉铁路中心医院							1		1	2		1		2	3						5
汉口铁路医院																		1		1	1
武昌铁路医院						1		2		3											3
汉阳铁路中心医院													1		1			1		1	2
武汉市轮渡公司卫生所																		1		1	1

1980－2006 年武汉地区医学科技成果获奖情况统计表(区属单位)

	中央部级奖				省级(含厅)奖				市级(含局)奖					总计
	一等	二等	三等	合计	一等	二等	三等	合计	一等	二等	三等	其他	合计	
(六)区属医疗机构合计		3		3	3	3	5	11		8	23	4	35	49
武汉市第五医院						2	3	5		2	5		7	12
武汉市第七医院					3	1	1	5		5	6	1	12	17
武汉市第八医院							1	1		1	1	1	3	4
武汉市第十一医院											1	1	2	2
东西湖区血防站											2		2	2
硚口区防疫站		1		1										1
江岸区防疫站		1		1							2		2	3
武昌区防疫站		1		1										1
蔡甸区中医院											1		1	1
黄陂区中医院											2		2	2
江汉区民权医院											1		1	1
江汉区交通医院												1	1	1
新洲区中医院											2		2	2

科研成果选介

【组织因子在血栓及非血栓性疾病中的作用和靶向干预】 该课题属国家自然基金科研项目，由华中科技大学同济医学院附属协和医院血液科胡豫、洪梅、王华芳、方峻、魏文宁、宋善俊等研究完成。2007 年1月29日由卫生部组织专家鉴定，达国际先进水平。

该项目围绕组织因子(Tissue factor,TF)在血栓性和非血栓性疾病中的作用，从现象到本质、从基础到临床、从蛋白水平到分子机制、从表达水平的调控到基因靶向干预，对TF进行了全面而系统的研究。主要内容包括：1. TF在血栓性疾病中的作用；2. TF靶向干预血栓形成；3. TF在非血栓性疾病中的作用；4. TF的相关检测及临床应用四个方面的内容。

课题组在血栓性疾病中的研究显示，血管内皮细胞损伤导致的TF高表达是脑血栓形成的关键环节，证实了内膜损伤暴露TF导致凝血启动和血栓形成的观点，TF与血栓形成导致的病变程度和预后密切相关。核因子-κB(Nuclear factor-κB,NF-κB)是启动TF转录的关键因子，NF-κB Decoy能从基因水平抑制TF表达。课题组以TF作为干预脑血栓形成的重要靶点，将纳米技术与Decoy基因治疗策略相结合，利用纳米粒的亲组织特性，研制出具有脑血管内皮细胞靶向性的聚乳酸纳米粒(已申请专利)，并包裹TGF表达的调控点——NF-κB的Decoy寡核苷酸片段，成功导入脑微血管内皮细胞，使TF表达水平明显减低，并抑制脑血栓形成，为早期靶向干预血栓形成探索出安全有效的新途径。

同时，在冠心病血栓形成中的进一步研究表明，未发生斑块破裂的情况下也存在TF的活化和释放，TF导致凝血激活的作用贯穿于动脉粥样硬化(Atherosclerosis,AS)的始终，深化了TF在血栓性疾病发病机制中作用的认识。

课题组的研究证实，TF在非血栓疾病中同样发挥重要作用。肿瘤患者中，肿瘤组织和血浆TF的高表达与肿瘤的病理特征、病情进展和预后密切相关；揭示了TF/FVIIa通过上调尿激酶型纤溶酶原激活物受体(urokinase-Plasminogen activator receptor,u-PAR)、增加纤溶活性促进肿瘤细胞侵袭和转移的机制。冠心病患者增高的炎症因子通过诱导TF的表达促进内皮损伤，导致血栓形成。移植患者细胞TF表达和活性增高，并伴随内皮损伤和高凝状态指标的升高，显示了TF在移植血管病变发病机制中的重要作用。

此外，课题组的研究证实血小板微颗粒(Platelet microparticle,PMPs)、凝血因子VII(Factor VII,FVII)、纤维蛋白单体聚合功能(fibrin monomer polymerization velocity,FMPV)纤维蛋白溶解动力学检测与TF表达活化及血栓形成有关，建立了TF相关的系统检测方法，经临床检测应用，显示出有简便、快捷、实用的优点，具有广泛的临床应用价值。

因此，该项研究深化了TF在血栓和非血栓性疾病发病机制中作用的认识；并以TF为重要靶点，探索了聚乳酸纳米粒包裹NF-κB Decoy导入的基因治疗策略；建立了TF相关的系统检测方法，为深入研究和临床应用奠定了基础。

【肿瘤分子影像诊断的实验与临床研究】 该课题属于国家自然基金科研项目，由华中科技大学同济医学院附属协和医院核医学科张永学、安锐、高再荣等研究完成。2007年9月12日由卫生部组织专家鉴定，达国际先进水平。

恶性肿瘤是严重威胁人类健康的常见病，早期准确诊断，对提高患者生存率十分重要。该课题组应用分子影像方法，针对恶性肿瘤早期发生、发展过程中的基因、受体、代谢、氧含量、血流的变化，应用核素反义显像、受体显像、乏氧显像、亲肿瘤阳性显像以及代谢显像等分子核医学显像方法，对肿瘤早期、特异性诊断、指导治疗和疗效评估进行了完整而深入的基础与临床研究。

在实验研究中，应用核素标记成功制备了一系列针对基因、受体变化的新型特异性分子显像剂和针对血流、氧含量变化的非特异性分子显像剂。在对肿瘤细胞进行摄取动力学研究的基础上，对肿瘤动物模型进行相应核素显像，结果发现上述显像方法可以早期、灵敏、特异、准确地探测肿瘤，提示相应显像剂和显像方法将在临床中有良好的应用前景。

临床实践中，研究开发的肿瘤分子核素显像剂可以用于多种肿瘤的判断，得到灵敏度、特异性、准确率较高的诊断，在某些恶性肿瘤的诊断和转移灶的探测方面优于常用的影像学检查方法，并可准确探测癌肿局部侵袭和全身转移病灶，为指导治疗提供依据。同时研究发现这些分子水平的核素显像方法还可以对某些恶性肿瘤放疗或化疗的疗效进行准确的判断。

该项目工作系统深入，内容丰富。项目不仅在理论上有一定突破，更重要的是改变了目前常用的以形态学改变为基础的恶性肿瘤的诊断模式，将分子显像理论和实践应用在动物模型和临床实践中，为早期、甚至超早期，灵敏和特异地诊断恶性肿瘤提供了重要的实验和临床基础。

【膀胱癌靶向化疗的研究】 该课题由国家自然基金下达，由协和医院泌尿外科曾甫清、童强松、汪良等研究完成。2007 年 9 月 10 日由卫生部组织专家鉴定，达国际先进水平。

目的：研究膀胱癌靶向化疗的策略及实现途径。

方法：采用交联因化、免疫组织学、原位杂交、细胞培养、分子生物学和动物模型等技术和方法，在化疗药物释放、抗肿瘤前体药物设计、抑制增殖、促进凋亡等方面引入靶向调节策略，探讨其调控膀胱癌细胞生物学行为，建立了从靶向分子、细胞、组织、动物水平研究的平台。研究内容涉及化疗药物靶向控释、前体药物靶向合成、转基因靶向药物增敏。

结果：1. 制备出三氧化二砷免疫蛋白纳米微球（As2o3 - BSA - NS）并证实三氧化二砷蛋白微球释药速度明显慢于单纯的三氧化二砷。2. 制备出单抗 BDI - 1 导向的三氧化二砷免疫蛋白微球〔As2o3 -（BSA - NS）- BDI - 1〕，初步实现了 As2o3 既有效的杀伤和抑制膀胱癌细胞又不引起明显全身毒性反应的效果。3. 建立了简单、实用的原位膀胱癌动物模型。4. 完成 Uroplakin Ⅱ基因在膀胱移行细胞癌中的表达及相关性研究。5. 建立了高表达 UPⅡ基因的膀胱癌细胞株，并筛选出 Uroplakin Ⅱ基因最佳的反义核酸探针。6. 确定了 Survivin cDNA 最佳反义核酸序列。7. 完成以 D - 缬氨酸与马来酸酐为主要载体的前体药物制备。8. 完成姜黄素前体药物、催化剂咪唑与导向性核酸片段的连接。9. 证实姜黄素前体药物/咪唑系统能特异性杀伤膀胱癌细胞，并且呈时间、浓度依赖性诱导膀胱癌细胞的凋亡，而对人二倍体细胞无明显的杀伤作用。10. 证明姜黄素前体药物/咪唑系统能在体内有效抑制膀胱癌细胞的生长，并进行了药物体系的安全性评估。11. 明确了膀胱癌细胞中 Smac 促凋亡机制是通过对下游 IAPs 的抑制而解除了对 caspases 的抑制从而促进凋亡。12. 研究证实 Smac 在正常膀胱粘膜强表达，在膀胱癌中随分级分期的增加表达依次显著减少。13. 证明尿液脱落细胞中 Survivin 的检测可用于临床膀胱肿瘤的诊断。14. 成功克隆与鉴定了中国人 Uroplakin Ib 启动子片断。15. 成功构建成新质粒 pcDNA3 - UpIb promoter - Smac。16. 证实 UpIb 启动子启动 Smac 表达具有膀胱癌特异性及相当启动活性。17. 体外培养的膀胱细胞转染 pcDNA3 - UpIb promoter - Smac 后，能够通过提高 Smac 的表达而有效促进丝裂霉素 C 诱导的膀胱癌细胞凋亡。18. 膀胱癌裸鼠移植瘤模型瘤体直接注射脂质体包裹的 pcDNA3 - UpIb promoter - Smac 后，Smac 的表达明显增强，在丝裂霉素 C 诱导下的凋亡率显著提高，肿瘤生长减慢。

结论：靶向化疗药物控释、前体药物靶向合成和靶向化疗药物增敏为膀胱癌的靶向化疗开辟了新的思路与实现途径，具有明显的应用前景和巨大的社会、经济效益。

【肿瘤环境 CD4 + CD25high 调节 T 细胞/效应 T 细胞平衡实验与临床研究】 该课题由协和医院肿瘤中心刘莉、黄士昂、伍钢等研究完成。2007 年 8 月 29 日由湖北省科技厅组织专家鉴定，达国际先进水平。

虽然肿瘤细胞表面具有肿瘤相关抗原，但是，免疫耐受机制抑制了有效的抗肿瘤免疫，致使肿瘤发生，发展，成为当前困扰肿瘤治疗的难题。近年来发现的调节性 T 细胞（regulatory T cells，Treg）能以免疫负调节的方式抑制自身反应性 T 细胞的作用，维持自身免疫耐受，减少自身免疫性疾病和过敏性疾病的发生，而且在肿瘤免疫逃逸中发挥极其重要的作用。

既往的肿瘤免疫治疗，如 DC 疫苗，目的在于提高肿瘤相关抗原的免疫原性，为什么临床疗效欠佳呢？越来越多的事实证明肿瘤免疫逃逸发挥了重要作用。近年研究显示 Treg 介导的免疫抑制是肿瘤免疫逃逸的最重要机制之一，也是肿瘤免疫治疗的主要障碍。近年来有报道证实在人类仅仅 CD4 + CD25high 调节 T 细胞发挥强大的免疫调节功能。所以去除 CD4 + CD25high Treg 细胞诱导肿瘤免疫成为肿瘤治疗新策略，但是由于不管是清除 CD4 + CD25high 细胞还是抑制它们的功能都是非常特异的。在清除或抑制识别肿瘤特异性抗原 Treg 细胞的同时，识别抗原的那部分 CD4 + CD25high Treg 细胞也被抑制或清除了，所以随之发生严重的自身免疫性疾病。如何恰当调控 CD4 + CD25high Treg 细胞及其功能，达到既能诱导出强烈抗肿瘤免疫同时又不会引发明显自身免疫反应，成为肿瘤治疗中一个急待解决的难题。Treg 细胞和抗肿瘤效应 T 细胞（effect T cell，即 Thl，CD4 + CD25 -）共存于相同的肿瘤微环境中，二者的平衡状态决定了获得性抗肿瘤免疫的结果，Treg/Teff 的失衡是产生肿瘤免疫耐受的重要因素。该项目围绕恶性肿瘤环境 CD4 + CD25high 调节 T 细胞/效应 T 细胞平衡状况，进行了深入的研究和探索，主要研究内容包括：(1)肿瘤环境 CD4 + CD25high 调节 T 细胞/效应 T 细胞平衡变化；(2)反映免疫功能状态的新指标实验与临床研究；(3)提示预后的外周血免疫标志物实验与临床研究；(4) CD4 + CD25high 调节 T 细胞在鉴别良性恶性胸腔积液中价值的探讨。

实验与临床研究主要发现：

1. 恶性肿瘤外周血和恶性胸水中 CD4 + CD25high Treg 细胞所占 CD4 + 淋巴细胞的比例明显高于健康对照组。CD4 + CD25high Treg 细胞增殖加速，并可抑制 CD4 + CD25 - 效应 T 细胞的增殖，使 Treg/Teff 比值失衡。同时，CD4 + CD25high Treg 细胞可抑制 CD4 + CD25 - 效应 T 细胞的功能，即使后者产生 IL - 2，INF - γ 下降。

2. B 细胞非霍奇金氏淋巴瘤(B - NHL)化疗后组患者 CD3 +、CD4 + T 细胞及 CD4/CD8 比值低于化疗前组和正常对照组($P < 0.05$)，但其 CD4 + CD25high Treg 细胞占 CD4 + T 淋巴细胞比例明显高于化疗前组和正常对照组($P < 0.01$)，而且与临床病期发展一致。观察鼻咽癌放疗后外周血 CD4 + CD25high Treg 细胞占 CD4 + T 淋巴细胞比例变化，发现放疗前鼻咽癌患者 CD3 +、CD4 +，CD8 + T 细胞比例及 CD4/CD8 比值接近正常对照组($P > 0.05$)；而 CD4 + CD25high Treg 细胞比例明显高于正常对照组〔分别为 $(2.76 \pm 1.06)\%$，$(2.04 \pm 1.03)\%$ $P < 0.05$〕；放疗结束时，与放疗前比较，外周血 CD4 + T 细胞比例减低、但差异无显著意义($P > 0.05$)；CD4 +/CD8 + 比值减低($P < 0.05$)，而 CD4 + CD25high Treg 细胞比例明显升高，差异有显著意义($P < 0.05$)。因此，CD4 + CD25high Treg 细胞占 CD4 + T 淋巴细胞比例比 CD4/CD8 比值更能敏感反映免疫功能状态的新的实验室指标。

3. 外周血 CD4 + CD25high Treg 细胞比例的增加与肿瘤的临床分期相关，Ⅲ、Ⅳ期恶性肿瘤患者普遍外周血 CD4 + CD25high Treg 细胞水平高于 Ⅰ + Ⅱ 期患者；而且进展期(Ⅳ期)恶性肿瘤其外周血 CD4 + CD25high Treg 细胞水平明显升高，NSCLC 生存曲线分析，外周血 CD4 + CD25high Treg 细胞占 CD4 + T 淋巴细胞比例高者其生存期明显短于外周血 CD4 + CD25high Treg 细胞比例低者。显示外周血 CD4 + CD25high Treg 细胞比例可提示恶性肿瘤患者的预后，可为提示预后的外周血免疫标志物。

4. 肺癌并恶性胸腔积液中 CD4 + CD25 + 调节性 T 细胞占淋巴细胞的比例以及 sIL - 2R、TGF - β1 含量显著高于结核性胸腔积液($P < 0.05$)；因此，胸腔积液中 CD4 + CD25 + 调节 T 细胞、sIL - 2R、TGF - β1 含量测定有助于结核性胸腔积液和恶性胸腔积液的鉴别诊断。

【16 层螺旋 CT 的冠状动脉检查与临床应用】 该课题由协和医院放射科史河水、韩萍、孔祥泉 冯敢生等研究完成。2007 年 8 月 21 日由湖北省科技厅组织专家鉴定，达国际先进水平探讨 16 层螺旋 CT 在无创性检查和诊断冠状动脉病变及评价冠状动脉桥血管通畅性方面的临床应用价值。

将 MSCT 冠状动脉检查患者根据检查时心率的不同分为不同组，评价心率及时相对图像质量的影响。以传统的心导管造影为“金标准”评价 16 层螺旋 CT 在诊断冠状动脉狭窄、冠状动脉先天变异以及冠状动脉搭桥术后随访观察等方面的价值。研究结果表明心率与图像质量呈正相关，心率小于 75 次/分能取得较好的图像质量，在心脏舒张期冠状动脉能取得较好的图像质量，三支(前降支、回旋支和右冠)冠状动脉取得最好图像质量的时相不同，因此应采用多时相重建来提高冠状动脉的成像质量。在心率适宜的情况下，16 层螺旋 CT 在诊断冠状动脉中度以上狭窄程度方面的价值较高，其敏感度、特异度、阳性预测值、阴性预测值分别达到 95%、98%、87%、99%，并且能显示冠状动脉管壁的情况，如钙化斑块、软斑块，这是传统的心导管造影所不能显示的。在显示先天性冠状动脉变异方面，16 层螺旋 CT 明显优于传统的冠状动脉造影。在检测冠状动脉搭桥术后桥血管通畅性方面，16 层螺旋 CT 诊断桥血管闭塞与狭窄的敏感性、特异性分别达 100% 和 97%，准确率分别为 97.5% 和 97.1%，可作为一种无创性的术后随访检查时的首选项目。

总之，该组研究表明，应用 16 层螺旋 CT 进行无创性冠状动脉和桥血管的检查，可获得良好的满足诊断要求的图像质量，并对冠状动脉先天性变异、冠脉狭窄程度、粥样硬化斑块和桥血管的通畅性作出准确的评价。

【mtr 系统在淋球菌耐药机制中的作用及其干预研究】 该课题由国家自然基金下达，由协和医院皮肤科涂亚庭 林能兴 黄长征 刘厚君 陈宏翔等研究完成。2007 年 9 月 26 日由卫生部组织专家鉴定，达国际先进水平。

目的:探讨 mtrR 基因点突变和启动子 IR 区突变与淋球菌流行株多重耐药性的关系。制备 mtrC 的单克隆抗体及检测 mtrC 蛋白。

方法:PCR 扩增 mtrR 及 IR 区基因。扩增 mtrC 基因片段。酶切后插入 pET－28 a(＋),构建重组表达质粒 pET－mtrC。通过质粒双酶切和 DNA 测序证实该重组质粒的构建。重组质粒转化入大肠杆菌 DE3 中,经 IPTG 诱导表达蛋白。用重组 mtrC 免疫小鼠,按常规淋巴细胞杂交瘤技术制备单克隆抗体。应用间接 ELISA 法和 Western 印迹法分别测定单抗亚类及其特异性。

结果:多重耐药株占 76.36%(42/55)。10 株多重耐药株均有 mtrR 基因点突变,多重耐药株有 mtrR 与 mtrC 基因之间启动子 IR 区一段 13bp 的回文序列中最后 T/A 缺失。SDS－PAGE 可检测到约 48.5kDa 大小的融合蛋白,与预测分子量相同。建立了 2 株小鼠抗 mtrC 单克隆抗体杂交瘤细胞 2B3 和 4F7。

结论 淋球菌 mtrR 基因第 45、第 51 位密码子突变、IR 区突变与重耐药密切相关。mtrC 原核表达质粒构建及表达成功。获得单抗在检测淋球菌 MtrC 蛋白时有高度特异性和敏感性。

【胃癌化疗增敏的研究】 该课题由协和医院病理科郑丽端、陶凯雄、童强松等研究完成。2007 年 5 月 28 日由湖北省科技厅组织专家鉴定,达国际先进水平。

目的:寻找和发现提高胃癌化疗疗效的新策略。

方法:采用细胞培养、免疫组织化学、RT－PCR、Western blot、流式细胞术、MTT 比色分析、透射电镜、吖啶橙－溴化乙啶荧光染色、末端 TdT 酶标记技术、分子克隆、引物延伸、放射自显影、细胞转染和动物实验等方法探讨调控 Smac－IAPs 线粒体凋亡通路对胃癌细胞化疗敏感性的影响;研制载化疗药物的磁性蛋白微球,通过动物实验和临床试验,评估对胃癌的靶向化疗效应。

结果:1. 随胃癌恶性程度的增加,XIAP 表达增高,而 Smac 和 Caspase－3 表达降低,是评估胃癌预后的潜在指标。2. 瞬时转染外源性 Smac 基因,能增强顺铂、丝裂霉素和姜黄素对胃癌细胞株 MKN－45 的诱导凋亡效应。3. 稳定高表达 Smac 基因后,胃癌 MKN－45 细胞中 Caspase－3 的表达和活性均显著增高,提高对丝裂霉素的敏感性。4. 姜黄素可显著诱导胃癌 MKN－45 细胞凋亡,通过上调 Smac、下调 Survivin 和 XIAP 基因表达,进而活化 Caspase－3 是其作用机制之一。5. 运用随机寡核苷酸文库/RNase H 酶切割与计算机分析相结合的方法,共筛选出 4 个针对 Survivin 基因、具有显著茎环结构的反义结合位点,其互补性反义寡核苷酸能使胃癌细胞株 MKN－45 的 Survivin mRNA 和蛋白水平均有显著的下降,诱导细胞凋亡,提高化疗敏感性。6. 构建了 XIAP 基因反义真核表达载体,基因转染后能增强顺铂、丝裂霉素对胃癌细胞株 MKN－45 的诱导凋亡作用。7. 研制出阿霉素磁性蛋白微球,与游离的阿霉素对胃癌细胞的体外生长抑制率相似,联合外磁场后其抑制作用明显增强,磁性蛋白微球组对种植瘤的抑制率增高,荷瘤动物生存时间明显延长。8. 制备 Walker－256 瘤细胞种植性鼠胃肿瘤模型,与空白对照组比较,阿霉素磁液联合外磁场作用后动物体内胃癌生长明显缓慢,瘤重及瘤体积抑制率增高,动物生存时间明显延长,并出现明显病理组织学改变。9. 化疗药物磁性微球对进展期胃癌进行术前治疗使 75% 患者的临床症状得到改善,治疗前后血常规、心、肝、肾功能均无明显变化,手术切除率增高。10. 化疗药物磁性微球对胃癌及伴有淋巴结转移患者疗效显著,术后短期生存率有所提高。

结论:调控 Smac－IAPs 线粒体凋亡通路、研制化疗药物磁性蛋白微球体系,能显著提高胃癌化疗疗效。该成果值得推广、应用,社会效益和经济效益显著。

【白血病相关基因表达谱及意义】 该课题由协和医院干细胞中心李慧玉、邹国林、黄士昂等研究完成。2007 年 11 月 20 日由湖北省科技厅组织专家鉴定,达国际先进水平。

白血病是一种累及造血干/祖细胞的恶性肿瘤。在我国,其发病率与死亡率均较高,尤其在儿童及 35 岁以下的人群中占第一位。白血病的发病机制比较复杂,到目前尚未完全明了,因而是生物医学领域的研究热点。白血病干细胞处于相对静止状态,具有自我复制的功能并切很难被清除。白血病干细胞似乎与正常造血干细胞不同,因而白血病干细胞可以作为药物治疗的靶点。因此,比较白血病、白血病干细胞与正常造血细胞、干细胞表达谱也就成为人们研究的基础课题。

(1)该研究以临床初发慢性粒细胞白血病慢性期(chronic myeloid leukemia chronic phase,CML－CP)及正常人外周血标本为研究对象,采用含 1024 条人类基因组的 cDNA 表达谱芯片,筛选与 CML 发生相关基因。对慢性粒细胞白血病及正常对照细胞进行总 RNA 抽提,纯化后的 mRNA 进行逆转录制备杂交探针,应用 Biostar 1024 条人类全长基因 cDNA 芯片筛选与 CML 相关的基因。杂交信用用 ScanArray 5000 扫描仪扫描,用 ImaGene 3.0 软件分析,结果显示,在 CML 有差异表达的基因 388 条,2 例均有差异表达基因分别为 74,76,与 91 条,3 例均有差异表达基因 45 条。其中表达上调的有 19 条,表达下调的有 26 条,分别涉及到免疫相关基因、信号传导相关基因、代谢相关基因、原癌基因、抑癌基因、过氧化物酶相关基因、与转录相关基因、线粒体相关基因、细胞骨架蛋白的基因、DNA 修复相关基因与其他基因。结果表明:CML 发生是多基因改变的结果。同时表明运用基因表达谱芯片对 CML 的基因表达谱进行分析,能够快速高通量,高灵敏度筛选 CML 发生相关的基因。

(2)运用表达谱芯片技术对慢性粒细胞白血病相关的癌基因、抑癌基因表达谱进行研究。发现有 9 个癌基因、4 个抑癌基因同时在慢性粒细胞白血病异常表达。分析这些异常基因表达谱,对进一步全面了解发病机制提供科学依据。

(3)运用表达谱芯片技术对慢性粒细胞白血病相关的信号通路基因表达谱进行研究。发现 Phosphoinositide 3 - kinases (PI3K), Ras - MAPK (mitogen - activated protein kinase)和其它与信号通路相关的基因同时表达异常。这些基因大多都表达上调,提示在白血病时,信号通路活性增高。进一步分析这些异常表达的信号通路基因,对进一步全面了解发病机制和新的治疗靶点提供科学依据。

(4)该研究运用 RT - PCR、MTT、流式细胞分析等技术对编码 K + 通道基因的 herg (Human ether - a - go - go - related gene ,herg)基因在 CD34 +/CD38 - ,CD123 + 白血病干细胞、正常循环血中 CD34 + 细胞、各种原代白血病细胞及白血病细胞系中的表达情况,并且分析了 HERG1 B K + 通道在白血病细胞中作用。发现(1) K + 通道 herg 基因在 CD34 +/CD38 - ,CD123 + 表达,而在正常外周血中 CD34 + 细胞不表达;K + 通道 herg 基因在几种白血病细胞中均有表达而其在外周血单个核细胞中不表达;这提示了 herg 基因在白血病发病机制中的重要作用,herg 基因可能是一个潜在的癌基因,可能是白血病诊断的一种标志物,2) K + 通道 HERG 在白血病细胞增殖起重要作用;K + 通道 HERG 特异性抑制剂能阻滞白血病细胞于 G1/S 期。K + 通道 HERG 可能通过作用于白血病细胞的细胞周期,影响白血病的细胞增殖但对白血病细胞的凋亡不起作用。因此,K + 通道 HERG1B 是治疗白血病的潜在靶点。

(5)运用巢式 RT - PCR 研究 28 例急性淋巴细胞白血病(acute lymphoblatic leukemia, ALL)患者 bcr/abl 基因,同时用单克隆抗体通过流式细胞仪检测其表面抗原,发现有 9 例 ALL(31.25%)bcr/abl 阳性,其中 7 例为 B - ALL,1 例为 T - ALL,1 例 B - ALL 中同时还有粒系抗原,成人 bcr/abl(-)ALL 在性别、血红蛋白及脾肿大方面则无显著差异,但是诱导失败率高,复发早,预后不良。

【弥漫性颅脑损伤继发性脑损害机制和硫酸镁脑保护作用研究】 该课题由协和医院脑外科赵甲山、陈登、靳峰等研究完成。2007 年 11 月 12 日由湖北省科技厅组织专家鉴定,达国际先进水平。

利用制作成功的改良型 Marmarous's 大鼠弥漫性颅脑损伤模型,对弥漫性颅脑损伤所致的继发性脑损害机制和硫酸镁的脑保护作用进行了系列研究探讨,不仅在基础理论上有一定突破,而且还率先提出了弥漫性脑损伤后补充镁剂的治疗时间窗,并在临床应用硫酸镁方面进行了初步研究,取得了阶段性成果。

实验研究中,利用干湿重法对脑组织含水量进行测定,观察脑水肿与继发性脑损害的病理学变化,并连续 2 周检测血清中镁离子的含量。结果表明,弥漫性颅脑损伤后脑水肿对镁离子有影响,二者的变化趋势与继发性颅脑损伤的病理学变化规律一致。弥漫性颅脑损伤后补充镁剂应从 6 小时开始,补充时间不低于 2 周。

实验研究中,利用实时荧光定量的 RT - PCR 技术,对弥漫性颅脑损伤大鼠脑组织中 ET - 1、iNOS 、Bcl - 2、Bax mRNA 进行检测,同时,通过流式细胞仪检测细胞凋亡率。结果表明,弥漫性颅脑损伤后 ET - 1 和 iNOS mRNA 早期高表达,可能导致了脑组织含水量升高;Bax mRNA 表达逐渐增高,Bcl - 2 mRNA 表达逐渐降低,二者协同作用,使细胞凋亡率逐渐升高,72 小时达到最高点。

应用硫酸镁静脉微泵注射治疗弥漫性颅脑损伤的大鼠,以未注射硫酸镁大鼠作对照,检测脑组织 ET - 1、iNOS、Bax、Bcl - 2 mRNA 的表达量和脑组织含水量。研究表明,应用微泵静脉注射硫酸镁后,早期 ET - 1mRNA, iNOS mRNA 的表达量较对照减少,脑组织含水量降低,从而减轻脑水肿,提示了二者参与了二次脑损害过程;硫酸镁对 Bcl

-2 mRNA 表达有促进作用,对 Bax mRNA 表达有抑制作用,二者协同抑制神经细胞凋亡,说明硫酸镁对脑组织具有保护作用。同时,应用大剂量硫酸镁对重型颅脑损伤患者进行治疗,并采用临床随机双盲对照研究方法进行比较。研究表明,早期及时大剂量补充镁离子能促进重型颅脑损伤患者神经功能恢复,近期疗效显著,并具有相当可靠的安全性。

【细胞周期调控对中枢神经损伤后胶质疤痕形成和神经元损伤影响的研究】 该课题由华中科技大学同济医学院附属同济医院王伟、卜碧涛、张旻等研究完成。2007 年通过湖北省科技厅鉴定,达国际先进水平。

细胞增殖分裂是细胞基本的生理活动,细胞周期的调控与个体发育、分化、生长、再生、衰老以及癌变密切相关。神经元为终末成熟期细胞,而胶质细胞具有再分裂能力,胶质细胞细胞周期失控的超常快速运行,将可能导致胶质细胞快速增殖、胶质疤痕和胶质瘤形成,而神经元一旦进入异常的细胞周期,则会迅速走向凋亡。本研究提出神经元与胶质细胞在细胞周期上存在的差异可能成为高选择性神经保护治疗的切入点。

基于以上设想,课题组围绕神经元和胶质细胞细胞周期特性以及细胞周期活化的分子调控机制展开了深入研究。研究发现:1. 胶质细胞与神经元具有各自的细胞周期特征,星形胶质细胞在损伤或受到刺激后可通过细胞周期过度增殖而形成胶质疤痕,神经元由于细胞周期受到阻滞,在损伤刺激下走向凋亡或坏死。星形胶质细胞和神经元的凋亡可以发生在细胞周期的各个时相,但凋亡大多数发生在 G0/G1 期。2. 进一步明确了缺血后海马迟发性神经元损伤(DND)的机制,提出缺血后 GDNF 受体缺失、扩散性抑制的传播、胶质细胞过度增殖压榨毛细血管所致的微循环障碍是海马 DND 的主要原因,为临床脑梗死脑保护治疗时间窗的界定提供了理论基础;此外发现慢性癫痫反复发作也存在海马的 DND,提出临床上对于慢性癫痫反复发作的患者在抗痫治疗的同时应给予相应的神经保护措施,特别是发育和学龄期儿童患者,以避免或减轻患者的海马损伤以及认知功能损害。3. 研究发现脑缺血、脊髓损伤、神经变性疾病以及癫痫发作后 CNS 局部存在胶质细胞活化、过度增殖与神经元损伤,调控细胞周期可抑制胶质细胞的有丝分裂以及神经元的凋亡,部分抑制了胶质细胞反应及胶质疤痕的形成,有利于中枢神经系统损伤后的修复及神经元轴突的再生;初步证实了调控细胞周期可达到抑制胶质细胞过度增殖以及神经元死亡的双重目的,提出细胞周期调控是未来神经损伤的有效治疗手段。

该项目大部分研究工作在国内完成,目前已在 Glia、Journal of Neuroscience、American Journal of Pathology、Neurobiology of Disease、Current Opinion Neurology、Neuroscience、Journal of Cerebral Blood Flow and Metabolism, Stroke, Nature cell biology, Journal of Neuroscience Research, Brain Research, Journal of Pharmaceutical and Biomedical Analysis 等国内外核心期刊上发表研究论文 81 篇,SCI 收录文章 25 篇,其中包括三篇封面文章,总影响因子 104.65,并得到 Neuron、PNAS、Journal of Neuroscience 等国内外权威期刊引用 226 次,部分研究结果已被编入国家七年制医学生教材。

【准分子激光原位角膜磨镶术系列研究】 该课题由华中科技大学同济医学院附属同济医院刘磊、李新宇雷澄、刘洪婷、袁菁等研究完成。2007 年通过湖北省科技厅组织的专家鉴定,达国际先进水平。

目的:此项研究是为了全面评价准分子激光原位角膜磨镶术(laser in situ Keratomileusis, LASIK)治疗近视的安全性、有效性,对近视患者 LASIK 术后并发症进行评估并提出处理意见,制定标准化 LASIK 的操作规范,探索个性化准分子激光治疗方法,提高患者术后视觉质量,以便更好地开展手术,减少手术并发症,使患者获得更为理想的术后视力,为准分子激光近视治疗技术健康快速发展提供技术支持。

方法:回顾性分析本中心 2 480 眼准分子激光原位角膜磨镶术后裸眼视力、屈光度、并发症。对手术患者进行了社会医学及心理学分析;统计分析利用 LASIK 矫正放射状角膜切开术及准分子激光角膜切削术后欠矫的效果;分析 LASIK 术后眼底出血、欠矫、干眼症等并发症的发生概率并提出处理意见。

结果:发现准分子激光角膜原位磨镶术(LASIK)是治疗不同程度近视安全有效的方法。患者的合作的手术技巧和激光设备及程序的改进有助于提高手术的预测性、准确性和安全性。LASIK 技术矫正 RK 及 PRK 术后欠矫可以获得更好的术后视力,可以作为 RK 及 PRK 术后欠矫的首选。LASIK 手术后 Orbscan-II 测量角膜厚度值低于超声角膜测厚仪值,对术后欠矫病例再次手术时,应参照两种测量方法值。对术前检查发现角膜偏薄的患者,早期动态观察其 ACD 及 Diff 值的变化可以早期诊断园锥角膜。LASIK 术后角膜后表面变凸与角膜厚度、眼压及切削度数有关。制定并严格执行 LASIK 标准操作规范可以极大减少术中及术后并发症的发生。个性化的准分子激光治疗可以提高患者的对比敏感度及暗视力,是未来屈光手术的发展方向。

结论:准分子激光原位角膜磨镶术系列研究对术前病例的筛选及术中术后并发症进行了客观评价并提出处理意见,具有重要的临床价值。提出制定并严格执行 LASIK 标准操作规范可以极大减少术中及术后并发症的发生。个性化的准分子激光治疗是未来屈光手术的发展方向。

【解剖性后腹腔镜肾上腺切除术的技术和临床应用研究】

该课题由华中科技大学同济医学院附属同济医院张旭、欧阳金芝、傅斌等研究完成。2007 年通过湖北省科技厅组织的专家鉴定,达国际先进水平。

腹腔镜肾上腺切除术是肾上腺肿瘤的首选治疗方法。但肾上腺位于腹膜后、位置深在,与肝、脾、胰等重要脏器以及下腔静脉、肾脏血管等大血管紧密毗邻,解剖关系复杂。腹腔镜肾上腺手术为显露肾上腺,必须游离上述血管和脏器,手术步骤烦琐,易发生致命的大血管和重要脏器损伤,手术难度大、风险高、并发症多。

针对上述难题,为降低手术难度,使之更容易被青年医师掌握,课题组以尸体解剖和临床研究为基础,发现肾上腺周围存在 3 个潜在的无血管解剖层面:肾脏内上方的肾周脂肪囊与前层肾周筋膜之间(第 1 解剖层面),肾脏外上方的肾周脂肪囊与后层肾周筋膜之间(第 2 解剖层面),以及位于肾上腺底部脂肪囊与肾上极实质表面之间(第 3 解剖层面)。以此为基础,提出解剖性后腹腔镜肾上腺切除术。该术式有序地在此 3 个解剖层面解剖肾上腺,可避开重要脏器和大血管,成功地解决了肾上腺显露和肾上腺血管处理的难题,缩短了手术时间,明显降低了手术难度和手术并发症。

从 2002 年 2 月至 2007 年 1 月,该课题组共开展此手术 1 000 例,取得了满意的临床效果,相关论著已在 The Journal of Urology、Urology 和 Journal of Endourology 等专业期刊上发表,并获 18 届世界视频泌尿外科年会最佳大会论文奖。

【脑功能开发及脑相关疾病的磁共振功能成像研究】 该课题由华中科技大学同济医学院附属同济医院漆剑频、朱文珍、王苇等专家研究完成。2007 年通过湖北省科技厅组织的专家鉴定,达国际先进水平。

功能性磁共振成像(fMRI)可以无创性反映人脑受到特定刺激时神经元的功能活动,为脑功能的解码提供了光明的前景。广义的磁共振功能成像包括扩散加权成像(DWI)及扩散张量成像(DTI)、灌注加权成像(PWI)及磁共振波谱(MRS),这些技术的联合应用能够从功能、代谢等微观水平研究疾病的进程,为脑相关疾病提供了新的研究方法和思路。

该课题的研究目的及内容包括:(1)fMRI 对正常人脑运动皮层的功能定位、运动皮层在运动准备及执行阶段的功能活动特点;肿瘤累及运动皮层的 fMRI 表现;正常儿童与学习障碍(learning disorders LD)儿童额顶叶工作记忆功能激活的 fMRI 差异及其与额顶叶白质纤维束成熟度的相关性;以及 fMRI 在针刺机制及应用价值方面的研究。(2)磁共振功能成像技术在脑缺血性疾病的研究:DWI 及 MRS 在新生儿缺血缺氧性脑病(HIE)的早期诊断及预后评估方面的应用研究;利用 DWI、PWI 及 MRS 对超急性脑梗死缺血半暗带的界定并评价其转归;实验性血管性痴呆海马损害的 MRS 表现与病理的关系研究,以资与 Alzheimer 病鉴别。(3)磁共振功能成像技术在脑出血的研究:联合利用 DWI、PWI 及 MRS 探讨脑出血继发性神经损伤的机制。(4)DTI 及白质纤维束成像在脑疾病的鉴别以及评价肿瘤与白质纤维束的关系,指导临床手术计划。(5)磁共振功能成像技术在遗传代谢性疾病的应用研究。

该课题使用 GE 1.5 Tesla 超导型 MRI 设备,其广义功能成像方法包括血氧水平依赖法实时动态 fMRI、b 值为 1000 的扩散加权成像(DWI)、b 值为 1000 弥散敏感梯度方向为 25 的扩散张量成像(DTI)、首过法灌注加权成像(PWI)以及点分辨法二维化学位移氢质子波谱技术(MRS),研究结果分为以下几个部分:

(1)fMRI 在脑功能的研究开发:①fMRI 能准确显示对指运动时的运动皮层功能激活区,包括对侧躯体感觉/运动区(SMC)、辅助运动区(SMA)及少许同侧 SMC 区。与运动准备的功能活动主要集中在双侧 SMC 前部、运动前区 PMC 的大部分及双侧后顶叶 PPC 的后部,与运动执行有关的功能活动主要集中在对侧 M1 区、双侧 SMA 后部,PMC 的后部及双侧 PPC 前部;②fMRI 能显示脑肿瘤对运动功能区的受侵及移位等改变。③ fMRI 显示学习障碍儿童组双侧额顶叶几乎所有激活区域较正常儿童组弱;DTI 显示左额顶间白质、左顶叶白质及左额叶白质的 FA 值在正常儿童组均低于成人组，而学习障碍儿童组低于正常儿童组，说明学习障碍儿童额顶叶局部成熟度较低可能是其发病机理。④通过针刺"足三里"和"阳陵泉"穴与手指运动的fMRI对比研究，说明这组穴位有良好的运动相关性，证明了采用此组穴位针刺治疗中风后偏瘫的科学性，进而可采用fMRI的方法探索针刺的机制。

(2)磁共振功能成像技术在脑缺血性疾病的研究：①MRI、DWI及MRS的联合应用可发现新生儿缺血缺氧性脑病(HIE)的早期脑损害及其严重程度，MRS显示基底节区GLx－α/Cr及Lac/Cr比值在中、重度HIE组明显高于轻度组及对照组，且与临床分度有显著正相关性；等级相关分析证明GLx－α/Cr比值与HIE预后有显著性负相关关系，可作为评估HIE预后的有效指标。本项目并通过逻辑回归模型建立了基底节区GLx－α/Cr比值大小与HIE不良预后的概率关系公式。首次提出HIE患儿基底节区GLx－α/Cr比值升高提示预后不良，并能根据GLx－α/Cr比值的大小进行预后评估。②DWI、PWI及MRS的联合应用可发现超急性脑梗死缺血半暗带并预测其转归，从而指导临床溶栓治疗。③实验性血管性痴呆大鼠在MCAO模型建立后6W，MRS显示海马的NAA/Cr下降，mI/Cr升高，反映了海马的迟发性神经元死亡及伴随的反应性星形胶质细胞增生，但NAA下降的程度与病理上NAA的丢失并不对应，提示NAA的不对应性降低与胶质细胞的增殖有关。

(3)磁共振功能成像技术在脑出血的应用研究：DWI、PWI及MRS的联合应用显示脑出血后血肿周围组织的缺血及血管源性水肿参与继发性神经损伤的发病机制，同时MRS及DTI能显示血肿周围的神经网络的迟发性损害，与治疗后运动功能的恢复密切相关。

(4)DTI能够显示白质纤维束的走行、方向性及完整性，鉴别脑脓肿与脑肿瘤，明确白质纤维束与肿瘤的关系，在FA图上可表现为受压移位或者浸润破坏，从而指导临床手术方案的制定；同时测量ADC值有助于区分高级别星形细胞瘤的肿瘤实体、水肿及正常脑白质；并有助于胶质瘤与脑膜瘤的分级。

(5)肝豆状核变性患者基底节区ADC值升高，NAA峰降低和Cho峰升高，与病理上铜沉积后局部结构疏松、海绵状变性、神经细胞死亡和星形胶质细胞增生的改变相对应。对于肾上腺脑白质营养不良患者，功能成像能够动态观察营养不良的脑白质的空间－时间演变顺序。

总之，该课题的研究结果显示fMRI、DWI、DTI、PWI及MRS等磁共振功能成像的新技术在脑功能开发、脑缺血性疾病、脑出血、脑肿瘤及遗传代谢性疾病的应用有着广阔的前景，不仅能从形态、结构早期诊断疾病，而且能从功能、代谢等微观水平研究疾病的进程以及相关的病理生理机制，值得广泛推广应用。

【尖锐湿疣患者T细胞免疫功能状况及免疫调节剂(BCG－PSN)对其作用机制的研究】 该课题由华中科技大学同济医学院附属同济医院刘冬先、江文、李文刚等研究完成。2007年通过湖北省科技厅组织的专家鉴定，达国际先进水平。

该项研究首次采用体外淋巴细胞母细胞样细胞株(Lymphoblastoid cell Line，LCL)在脂多糖(LPS)刺激下分泌肿瘤坏死因子(tumor necrosis factor，TNF)的技术，检测CA患者的TNF分泌能力(一种常染色体控制的遗传性状)，结果显示：CA复发组的TNF分泌能力明显低于CA未复发组；CA未复发组的TNF分泌能力则与对照组无明显差异；提示CA复发存在着遗传因素的影响。首次采用流式细胞术(FCM)检测CA患者外周血单个核细胞(PBMC)上CD40、CD40L表达水平，结果显示：CA患者PBMC中CD40、CD40L阳性细胞明显低于对照组，提示CA患者共刺激信号存在缺陷。采用FCM和细胞因子染色技术(ICCS)在单个T细胞上对CA患者外周血CD4＋、CD8＋T细胞细胞因子IL－2、－4、－12、IFN－γ进行了检测，结果显示：CA患者外周血Th1/Th2、Tc1/Tc2显著低于正常；同时发现CA患者TCRγδT细胞显著低于对照组；提示CA患者存在Th1/Tth2、Tc1/Tc2失衡，TCRγδ＋T缺陷，这些可能在CA的发生、发展及病情演变中发挥重要的作用。

针对CA患者上述的T细胞功能紊乱情况，本研究采用在局部损伤性治疗的基础上加用卡介菌多糖核酸(BCG－PSN)免疫调节剂的治疗方法，并利用FCM和ICCS技术在单个T细胞水平上研究了BCG－PSN对CA患者上述T细胞免疫紊乱的调节机制。结果显示：BCG－PSN能够提高CA患者PBMC上CD40、CD40L的表达；能够使失衡的Th1/Th2、Tc1/Tc2恢复正常；能够提高CA患者的TCRγδ＋T细胞百分率。临床观察证实BCG－PSN能够显著提高CA临床治愈率，降低CA的复发率。

该项研究较为系统地探讨了CA患者的T细胞免疫功能改变及BCG－PSN治疗作用的机制，为制定有效控制CA复发的手段提供新的理论依据;并证实了在局部损伤性治疗的基础上加用BCG-PSN免疫调节剂的治疗方法能有效地控制CA复发,值得推广应用。

【大蒜新素抗巨细胞病毒活性及其机制研究】 该课题由华中科技大学同济医学院附属同济医院方峰、甄宏、刘志峰等专家研究完成。2007年通过湖北省科技厅组织的专家鉴定,达国内领先水平。

人巨细胞病毒(Human cytomegalovirus, HCMV)感染在世界范围内普遍存在。近年来随着艾滋病人和器官移植病人的剧增,HCMV感染的危害更加显现。一直以来,对HCMV感染的治疗研究进展缓慢,如更昔洛韦(ganciclovir, GCV)等药物毒性较大,并且容易出现耐药性,大大限制其临床应用。国内学者发挥中药优势,发现大蒜素提取物在体外能有效抑制HCMV,为该项研究提供线索。

该课题以从整体和细胞水平、从病毒和宿主细胞两个方面来研究大蒜新素抗巨细胞病毒活性和探讨其机制为其特色,通过体内外研究证实大蒜新素具有中效抗CMV作用和改善脏器功能和组织病变的治疗效应。在细胞水平首次明确大蒜新素抑制CMV增殖的作用靶点在于抑制病毒ie基因转录和表达;并发现大蒜新素通过抑制HCMV诱导的细胞E2F1表达和其转录活性上调,进而拮抗其下游基因转录和表达,从而逆转病毒诱导的细胞内微环境改变而阻遏病毒增殖。首次提出大蒜新素主要通过抑制病毒IE蛋白及其细胞效应器E2F1表达来干预病毒对细胞内微环境的影响。基于HCMV IE蛋白在病毒增殖和致病机制中的重要作用,大蒜新素显著抑制ie基因表达的药学特性充分显示其在抗HCMV新药研制中具有重要地位和开发前景,尤其是可作为核苷类似物耐药毒株感染或对核苷类似物不能耐受患者的替代用药。

【鼻咽癌放射治疗的基础及临床研究】 该课题由华中科技大学同济医学院附属同济医院胡国清、袁响林、邱红等研究完成。2007年通过湖北省科技厅组织的专家鉴定,达国内领先水平。

鼻咽癌是我国最常见的头颈部恶性肿瘤,放射治疗是其首选且唯一的根治方法。肿瘤细胞放射敏感性的预测及提高、放射治疗靶区的精确界定及治疗体位的精确固定、放射治疗并发症的防治是影响鼻咽癌放射治疗效果的三个关键因素,而目前尚缺乏较好预测鼻咽癌放射敏感性的分子生物学指标。目前采用的放疗增敏剂顺铂、紫杉醇疗效有限且存在一定的副作用;而靶区的界定主要采用参照MRI片在CT-SIM上勾画的方法,存在人为误差;CT-PET融合的靶区又存在边界不清晰且价格昂贵的缺点;且目前尚无精确界定鼻咽癌亚临床病灶的显像方法;现有的各种类型头颈部体位固定器不能根据患者需要进行多方位调节,有待改进;放射性口腔炎是鼻咽癌放射治疗的常见并发症,严重影响患者的生活质量及放射治疗的顺利进行,尚缺乏有效的治疗方法。

该课题组旨在探讨研究提高鼻咽癌放射敏感性、精确界定放疗靶区、改进体位固定方法和降低放射并发症的方法,以期提高鼻咽癌放射治疗效果。

该项研究寻找的鼻咽癌放射敏感性预测分子标记ki-67、cox-2、DNA倍体、Survivin蛋白可作为鼻咽癌放射敏感性的预测指标及独立的预后因素;证实复方活血汤和安替可胶囊可提高鼻咽癌的放射敏感性,可作为鼻咽癌放射治疗的增敏剂;设计的CT-MRI图像融合软件可广泛用于放射治疗时靶区的精确界定;设计的二维连续调节体位固定器可广泛用于头颈各种肿瘤放射治疗时的体位固定;"必可酮加思密达"的治疗方法可广泛应用于临床减轻头颈放射治疗时放射性口腔炎的发生;提出的以MRI为鼻咽癌分期新标准的观点将促进鼻咽癌分期新标准的研究;以LMP1标记的MRI分子显像对鼻咽癌亚临床病灶的界定的研究将提高鼻咽癌亚临床病灶的精确界定的研究。以上这些将对鼻咽癌的诊断、治疗及预后产生深远影响。

【膀胱移行细胞癌抑癌基因的遗传易感性和表遗传修饰研究】

该课题由华中科技大学同济医学院附属同济医院张旭、马鑫、徐华、史涛坪、居正华等专家研究完成。2007年通过湖北省科技厅组织的专家鉴定,达国内先进水平。

该项研究从抑癌基因入手探讨基因组水平上的遗传和表遗传改变与膀胱移行细胞癌(Transitional Cell Carcinoma of Bladder, TCCB)易感性之间的关系,探讨多种分子标志物对早期诊断水平和预后的判断的价值,并对膀胱癌表遗传水平的药物治疗进行了初步探索。

该项研究证实上皮钙粘连素基因启动子近侧序列-160处A等位基因单核苷酸多态性(SNP, single nucleotide polymorphysm)发生率与膀胱移行细胞癌的发生及其侵袭能力密切相关,同时发现在CDH1基因第一外显子234位点存在一个长度为13个碱基的插入序列5'－CCGTGCCCCAGCC－3'，该插入序列在目前国内外文献中未见报道。其插入/缺失多态性表现为插入\插入纯合子（I/I）、缺失\缺失纯合子（D/D）和插入\重复插入杂合子（I/2I），此2种单体型呈明显的连锁不平衡，提示A－2I单体型与TCCB的发生密切相关，可能成为TCCB发病的遗传学标志物。

在表遗传水平，该课题探索研究TCCB相关基因的5'CpG岛区甲基化状况。比较TCCB患者和正常人群的组织、尿液和外周血样本中包括凋亡相关基因（RASSF1A，APC，TIMP－3，TRAIL，MGMT），DNA错配修复基因基因（hMLH1，hMSH2，hMSH3），细胞周期调控基因（PTEN，p73，FHIT，p27）及细胞信号通路相关基因（p14，p57，DAPK，WIF－1a，SFRP1）的CpG岛甲基化率，建立较完整的TCCB基因组CpG岛异常甲基化谱。在外周血中筛选出p14（ARF），p57（KIP2），DAPK，WIF－1a，hMLH1，SFRP1，MGMT这一组能较好地预判浅表性TCCB的生物学行为的甲基化标志物。

在从表遗传入手的药物研究中发现，曲古抑菌素A（trichostatin TSA）在体外能有效抑制对传统化疗耐药的人膀胱癌细胞生长，其抗肿瘤生长机理之一是通过上调p21WAF1蛋白水平实现的。

抑癌基因的失活是肿瘤发生的重要事件，与正常细胞相比，肿瘤细胞具有某些特异性遗传学和表遗传学性质，它们作为标志物对膀胱癌的早期检测，分型，治疗和预后具有重要意义。

【寰枢椎后路改良经关节螺钉内固定术治疗寰枢椎不稳定基础与临床研究】 该研究首先确立了寰枢后路改良经关节螺钉内固定术进钉点，即以颈2下关节突下缘中点为进钉点，具有骨性解剖标志明显、临床定位容易、准确的优点。其次，测量了后路改良经寰枢关节螺钉内固定术相关解剖学数据（钉道上倾角47.52±4.570、钉道内倾角13.09±11.380、螺钉长度36.4±22.83mm），通过与后路magerl螺钉内固定的生物力学对照研究，证实了后路改良经寰枢关节螺钉内固定术提供的稳定性较magerl螺钉更强。

该项研究能有效指导临床手术操作，降低手术创伤发生率，提高了手术安全性，同时缩短了手术时间。通过对20名病人的临床应用，全部病人均获得骨性融合，疗效满意。

该课题由广州军区武汉总医院陈庄洪等研究完成。2007年获湖北省科技进步奖二等奖。

【生物可降解长效注射微球的研究】 生物可降解注射微球制剂是以生物可降解聚合物为载体材料制备的，粒径在微米级，可肌肉注射给药的一种新剂型。该项目以两种水溶性差异较大的药物（石杉碱甲和盐酸恩丹西酮）作为模型药物，对微球的制备工艺、释药机制以及体内药动和药效学性质进行了深入的研究。

该研究通过采用激光共聚焦技术来考察药物在微球中的分布状态，结合微球的形态学研究结果，阐述了微球的释药机理，提出 了聚合物与药物的相容性差是导致微球包封率低和出现突释的重要原因，证明了制备工艺可以在一定程度上改善聚合物与药物相容性，提高微球的包封率并降低突释。

该研究以生物可降解注射微球递送石杉碱甲和盐酸恩丹西酮取得令人满意的效果。其研究成果在山东大学药学院等6家单位推广应用，获得了良好的社会效益。

该课题由广州军区武汉总医院符旭东等研究完成，2007年获湖北省科技进步奖二等奖。

【泌尿系结石微创治疗的实验与临床研究】 该项目对体外冲击波碎石（ESWL）治疗肾结石产生肾损伤的机理及治疗，膀胱结石、输尿管结石、肾结石的微创治疗四个方面进行了实验及临床应用研究。

与当前国内外同类研究比较，该研究形成了一整套泌尿系结石微创治疗技术，显示了微创技术的明显优势：微创切口、创伤小、出血少，手术时间短、术后恢复快、并发症少、手术更为安全，复发率低等优点。主要创新包括：第一，首次对体外冲击波碎石（ESWL）前后肾损伤生化指标的变化及其意义进行了研究，提示ESWL肾损伤除了物理作用，还有氧自由基的作用；第二，首次对自由基清除剂（古拉定）对ESWL肾损伤的保护作用进行了动物实验研究和临床观察，表明自由基清除剂可有效减轻肾损伤；第三，首次提出气压弹道经耻骨上膀胱造瘘途径治疗膀胱结石，为膀胱结石的微创治疗提供了新的手术入路；第四，首次实施和提出自体肾移植结合腔道碎石技术治疗复杂性肾铸形结石，为这种结石的治疗提供了新的选择；第五，为双"J"管继发输尿管多节段结石、输尿管结石、输尿管中下段结石及复杂性肾结石开放术后残石提出了新的联合应用方法。

该研究在近10年来成功地开展了近5 000余例泌尿系结石的微创治疗，使98%以上的患者免除了开放性手术的痛苦，取得了良好的社会和经济效益。

该课题由广州军区武汉总医院潘铁军等研究完成,2007年获湖北省科技进步奖二等奖。

【免疫球蛋白异常症综合实验诊断的研究】 该研究建立的醋纤膜原位免疫固定电泳技术,能有效鉴定出单克隆丙种球蛋白患者血及尿中是否存在单克隆丙种球蛋白病成分,并对其进行免疫学分析;应用亲和免疫印迹技术检测出一般方法难以检测的单克隆免疫球蛋白及其碎片的特征,该项技术对于恶性淋巴瘤的正确诊断有着十分重要的意义。20年来,采用该研究建立的方法为华中科技大学附属同济医院、协和医院、湖北省人民医院、郑州大学附属第一医院及广州珠江医院等中南地区数10所大医院鉴定各类免疫球蛋白异常症及多发性骨髓瘤4 600余例,实验室诊断与临床符合度达100%。取得了良好的社会经济效益。

该课题由广州军区武汉总医院阎有功等研究完成,2007年获总后卫生部军队医疗成果奖二等奖。

【心房结构与房性心律失常关系的基础与临床研究】 该课题由武汉大学人民医院黄从新、江洪、唐其柱等研究完成。湖北省科技厅于2007年4月18日组织专家鉴定,达国际先进水平。获2007年度湖北省、武汉市科技进步奖一等奖。

1. 发现肺静脉、界嵴存在P样细胞,有自发电活动,具有自动除极倾向;Marshall韧带可在异丙肾上腺素干预下产生自发电活动,具有潜在自动除极倾向;2. 提出冠状窦心肌细胞端-端连接紧密,Cx43表达丰富,是其成为左右心房间电传导途径的解剖基础;3. 发现心房特殊结构及入心大静脉的心肌细胞排列紊乱,界嵴-梳状肌-心耳、冠状窦-Marshall韧带-左房、左房-冠状窦-右房的肌性连接复杂,均为心房内异常电活动的产生与传导及折返的形成提供了解剖学及组织学基础;4. 发现冠状窦与左房间兴奋传导具有不对称性,由左房传入冠状窦更为稳定,异丙肾上腺素能够诱发冠状窦持续电活动,并改变其与心房间的电传导;5. 发现Marshall韧带具有不同形态的心肌细胞,离子通道电流存在异质性;6. 发现心房特殊结构及入心大静脉L型钙通道、短暂外向钾通道、延迟整流钾通道的mRNA表达与功能存在差异,病理条件下电生理异质性增大,是房性心律失常发生的离子流基础;7. 提出M2受体蛋白和IKACh在心房肌及入心大静脉分布的不均一是迷走神经诱发房颤的分子基础,心耳在迷走神经性房颤的诱发中起重要作用;8. 以基础研究指导临床实践,对396例房性心律失常患者进行了经导管射频消融治疗,通过对腔内电生理特点的分析及消融效果的评价,进一步证实肺静脉、腔静脉、界嵴、冠状窦、Marshall韧带、心耳等特殊部位是触发和/或驱动房性心律失常的关键部位,对于房性心律失常的发生、维持、以及消融术后的复发有重要作用,因此房性心律失常的消融治疗应重视综合术式。

【微创冠状动脉搭桥术临床研究与应用】 该课题由武汉大学人民医院王志维、高尚志、陶卫平等研究完成。湖北省科学技术厅于2007年4月28日组织专家鉴定,达国内领先水平。获2007年度湖北省科技进步奖二等奖。

该研究项目第一部分自1998年10月至2006年4月,112例冠心病病人接受心脏不停跳冠状动脉搭桥术。全组术中均实施非体外循环心脏不停跳技术。第二部分2003年3月至2006年4月,对66例冠心病病人在胸腔镜下游离乳内动脉,左胸小切口开胸非体外循环、心脏不停跳实施冠状动脉搭桥术,术中创新采用“Y”形血管桥吻合和降主动脉向心肌供血。术中切断左下肺韧带,切开降主动脉表层纵隔胸膜。麻醉师给控制性降压至动脉收缩压90~100mmHg。然后在降主动脉横隔上方5cm水平处安放侧壁钳,从降主动脉搭一血管桥至钝缘支作主干桥,再取另一血管桥两端分别与主干桥和目标血管行端侧吻合术。研究成果特点1采用左胸小切口,于非体外循环、心脏不停跳下实施CABG。2创新采用将血管桥近端和胸降主动脉吻合,从而解决了某些因升主动脉存在大量粥样硬化或钙化斑块无法完成血管桥吻合的难题;完全避免了主动脉附壁斑块松动、脱落导致脑血管和冠状动脉栓塞的机率。同时缩短了血管桥长度,改善了灌注流量,节约了血管桥材料。3创用"Y"型桥新技术,防止序贯蛇行吻合冠脉前降支、对角支、钝缘支可能出现血管桥扭曲、通畅率下降的弊端。该成果多次在多家综合性医院广泛应用取得了巨大的经济和社会效益,在全国性大型学术会议上交流,在国家级医学杂志发表论文7篇。

【曲安奈德在玻璃体视网膜疾病中应用的研究】 该课题由武汉大学人民医院邢怡桥、陈长征、艾明等研究完成。湖北省科技厅于2007年4月12日组织专家鉴定,达国内领先水平。2007年获湖北省科技进步二等奖。

该项目属于医药卫生中眼科学领域。复杂性玻璃体视网膜疾病是眼科工作中经常遇到的难题，其治疗十分困难。玻璃体切割手术的一个重要目的是尽可能地切除玻璃体和增殖的纤维血管膜，但由于玻璃体的透明性，术中一般很难发现其是否残留。因此，充分而安全地切除玻璃体后皮质成为一个手术难题。在黄斑裂孔手术中，完整、彻底地对视网膜内界膜进行剥离一直是一项难度很大的操作，以往临床多采用吲哚菁绿作为一种标识剂使视网膜内界膜染色，但最近的研究显示吲哚青绿对视细胞具有毒性作用。因此，努力寻求一种可以完整和安全地切除玻璃体后皮质和剥离视网膜内界膜的方法势在必行。有鉴于此，该项目的研究者根据曲安奈德（triamcinolone acetonide，TA）嗜玻璃体的特点，采用滤过器联合三通管除去其混悬液中赋形剂后，对患者行TA辅助的玻璃体切割术；对特发性黄斑裂孔患者的玻璃体腔注入TA辅助剥离裂孔周围的内界膜，观察手术效果和并发症发生情况；评价小剂量TA玻璃体腔内重复注射的安全性；测定不同浓度TA对人视网膜色素上皮细胞增生的影响和细胞周期的变化。结果显示：使用滤过器联合三通管的方法可以简单、经济、安全地去除TA的赋形剂；常规的玻璃体切割术后玻璃体皮质的残留仍然存在，TA辅助的玻璃体切割术可以完整地对其进行切除；TA辅助视网膜内界膜剥离治疗特发性黄斑裂孔安全有效；小剂量TA玻璃体腔内重复注射对眼压、白内障进展等无明显影响。该项研究着眼于玻璃体视网膜疾病手术治疗的难题，在深入研究曲安奈德和玻璃体切割术特点的基础上，设计出曲安奈德辅助的玻璃体切割术这一新方法。其研究方法先进，形成了从基础到临床的系统研究，具有较强的科学性和创新性，为复杂性玻璃体视网膜疾病的治疗开创了广阔前景。该项目至今已发表论著11篇，受邀在各种眼科学术会议上进行专题讲座7次，其临床方法已在该院完成216例病例，并在全国范围内得到广泛应用。中南大学湘雅二医院、浙江大学附属一医院、河北医科大学第二医院、山西省眼科医院、昆明医科大学附属一医院、南通大学附属医院、华中科技大学协和医院、华中科技大学同济医院等国内著名教学医院以及省内外共26家医院已开展此项业务，临床应用已达2 111例，取得了良好的社会和经济效益。

【阻塞性睡眠呼吸暂停低通气综合征的相关疾病和外科干预的研究】

该课题由武汉大学人民医院罗志宏、曹永茂、胡克等研究完成。湖北省科技厅于2007年4月27日组织专家鉴定，达国内领先水平。2007年获湖北省科技进步三等奖。

该项课题为湖北省科技厅资助项目。据报道我国香港地区OSAHS患病率为4.10%；河北省承德市OSAHS患病率为4.63%；上海市OSAHS患病率为3.62%。如果依照4%患病率估算，目前我国30岁以上人口中OSAHS患者至少有2 000万人，实际患病人数肯定远不止这个数。OSAHS的发病机制既有局部的异常又有全身因素的参与。反复呼吸暂停及间断低氧，还会使中性粒细胞及单核细胞爆发性增多，导致系统性炎症反应出现，以一些前炎症介质，如：黏附分子、CRP、TNF－α、IL－1、IL－6、瘦素、活性氧化族等为特征。OSAHS可以造成全身多器官损害。其中最为突出和严重的是心脑血管损害，包括高血压、冠心病（心绞痛、心肌梗死）、各种严重心律失常、充血性心力衰竭、脑卒中等。目前已明确OSAHS是肥胖、年龄、遗传、吸烟等因素以外的导致高血压的独立危险因素。OSAHS已经逐渐发展成为社会性疾病。打鼾造成许多家庭矛盾及社会纠纷问题。据国外报道，OSAHS是发生交通事故，特别是恶性交通事故的主要原因。目前对OSAHS围手术期处理，一般注重避免手术中出现呼吸困难的发生，倾向术前进行气管切开。不同单位对围手术期处理的方案也不尽相同，但基本没有进行系统的围手术期处理。OSAHS的治疗，过去主要采用内科保守和外科手术治疗。保守治疗方法主要采用正压呼吸机（CPAP），即在每晚睡觉前配戴CPAP，其缺点为许多患者因不适应而不愿配戴CPAP，另外这种方法的最大缺点是只治标，不治本；手术方法主要针对呼吸道狭窄平面采用手术方法切除，对伴有舌根肥大者主要采用舌根楔形切除，其远期效果不佳，难以彻底解除呼吸道的梗阻。对于OSAHS患者的手术选择目前尚无一个统一标准。OSAHS是多因素致病，其发病与身高、体重、颈围、颌骨畸形、软组织解剖结构及医疗状况等多种因素有关。近年来，低温等离子射频消融技术逐渐应用于OSAHS患者的治疗。该项研究主要从三个方面进行研究，（1）探讨黏附分子在OSAHS发生机制中的作用，以及OSAHS与相关疾病的关系，即高血压病、心力衰竭、老年多尿、高频听力损失等。（2）研究中对经手术治疗的OSAHS患者进行系统的围手术期处理，并与传统的围手术期处理后的结果比较分析。系统围手术期处理方法包括术前 CPAP 治疗、原继发疾病的治疗、Müller 检查、MRI 测量上呼吸道、压舌板练习、麻醉方式改良及药物选择、术中术后呼吸道管理、饮食习惯干预等。(3)研究了 OSAHS 的手术治疗中，进行多平面的综合治疗原则，即解除上气道存在的结构性狭窄，根据阻塞部位制定手术方案，对多平面狭窄的患者可行分期手术，术中保留基本结构、维持和重建功能。在研究取得进展的同时，积极向省内其它医院介绍应用本研究的技术方法，先后有 20 余家单位应用了本方法，经统计采用本研究技术后，OSAHS 患者的手术耐受能力提高、气管切开率明显降低、住院日缩短、手术后并发症显著减少，患者比较乐于接受手术治疗方案。具有良好的经济与社会效益。

【妊娠期肝内胆汁淤积症基础及中西医结合治疗的临床研究】

该课题由武汉大学人民医院洛若愚、魏敏、张蔚等研究完成。湖北省科技厅于 2007 年 4 月 25 日组织专家鉴定，认为总体水平达国内领先水平。其中 B 超肝内胆管扩张对 ICP 的诊断参考价值以及中西医结合治疗达到国际先进水平。2007 年获湖北省科技进步奖三等奖。

妊娠期肝内胆汁淤积症(Intrahepatic cholestatic of pregnancy, ICP)是一种在妊娠中晚期发生的可逆性胆汁淤积症。我国高发于长江沿线地区。主要危害胎儿，可致早产、胎儿宫内窘迫，特别是临产后常发生胎儿宫内死亡。围生儿死亡率高达 33% -37%，是对围生儿危险极大的产科并发症之一，但其病因至今不明，而且产科处理也是亟待解决的重要问题。基于这一现状，该课题在湖北省科技厅资助下，完成了妊娠期肝内胆汁淤积症基础及中西医结合治疗的临床研究。该课题通过临床及相关实验研究，对 ICP 患者进行监测，预测孕妇病情严重程度和围产儿预后，并在其基础上建立 ICP 临床分度标准，进行中西医结合治疗、血浆置换治疗的临床研究。课题研究成果：1. 对 ICP 患者进行监测，发现瘦素在 ICP 患者胎盘绒毛滋养层细胞中有高度表达，且随病情加重而表达增强，提示可将瘦素作为监测 ICP 病变及严重程度的一个潜在临床指标；发现 ICP 母血瘦素水平明显高于正常妊娠，提示瘦素与 ICP 的发生有关，提示脐血瘦素水平可以反映胎儿宫内发育情况。2. 首次发现了 ICP 孕妇肝胆系 B 超声像图特点。3. 率先根据临床症状、生化指标、B 超声像图特征提出较全面完整的 ICP 分度诊断标准。4. 率先根据 ICP 病情严重程度给予相应的中西医结合治疗，疗效显著。5. 国内首次对重度 ICP 采用血浆置换疗法，配以药物治疗，迅速缓解临床症状和改善肝功能，疗效显著。鉴定专家认为，该课题总体水平达到国内领先水平，该课题在一定程度上拓展了 ICP 病因及临床诊治研究的广度与深度，显著提高了 ICP 的治愈率，降低了该类疾病的医疗费用，是一项有很高使用价值的临床应用研究。

【神经电生理技术在神经肌肉疾病的应用】 该课题由武汉大学人民医院卢祖能、董红娟、初 红等研究完成。湖北省科技厅于 2007 年 4 月 19 日组织专家鉴定，达国内领先水平。2007 年获湖北省科技进步三等奖。

该项课题属临床医学，主要涉及神经病学、肌电图学领域。疼痛、麻木、瘫痪、肌萎缩及肌痉挛等为神经肌肉疾病的常见表现，危害严重；准确、早期的评估很重要。本项目采用回顾性、前瞻性、病例对照、自身对照等方法，运用常规及新的神经电生理技术，研究多种神经肌肉疾病。主要内容包括：①在腕管综合征，发现超声定量与电诊断检测具有良好相关性，确定了超声定量检测的诊断标准；由此可拓宽其诊断途径。②在糖尿病，发现单纤维肌电图的异常改变与代谢状况密切相关，F 波与病情轻、重程度以及与病变分布相关，显示其对神经病变的早期诊断价值；发现交感神经皮肤反应和 R-R 间期变异联合检测可全面反映其自主神经功能障碍，具有更高的敏感性。③在不同病因所致周围神经小纤维损害，发现定量温度觉测定为客观而敏感的指标。④在神经肌肉及呼吸系统病变所致呼吸功能障碍，膈神经传导及膈运动诱发电位可评价膈肌功能障碍，预示疾病过程；有助于鉴别睡眠呼吸暂停综合征的类型。⑤在肌萎缩侧索硬化症，磁共振扩散张量成像可客观评价锥体束功能。⑥在面肌痉挛，发现肢体 F 波为评价肉毒毒素(BoTX)局部注射治疗后远隔效应的敏感指标；记录面部 F 波和异常肌反应，并应用磁共振断层血管成像，可对其 BoTX 注射、微血管减压术的疗效进行量化评估。⑦编撰了相关专著《实用肌电图学》。特点：建立了腕管综合征的超声定量检测的诊断标准；确立了电生理对糖尿病神经病的早期诊断意义；从临床、电生理和影像学角度有利于对头颈部运动病肉毒毒素注射治疗和微血管减压术进行评估等；《实用肌电图学》较全面、详尽介绍了电诊断医学基本原理、操作技术及其临床实践。推广情况：该项目的研究已发表论著 22 篇，专著《实用肌电图学》被正面引用250余次，产生了广泛影响；已在全国范围内得到了广泛应用，在北京宣武医院、北京大学第一、二、三医院以及上海交通大学附属第一人民医院等国内著名大型教学医院以及省内外共38家不同等级医院已开展了这方面的业务。可用于地、市级以上大型综合性医院对各种神经肌肉疾病患者进行评估，具有良好的可操作性及安全可靠性；一方面有助于提高相关专业医师对神经电生理及神经肌肉疾病的认识，另一方面使患者获益，取得了良好的社会和经济效益。

【炎症性肠病易感基因与危险因素的筛选及治疗药物的实验研究】

该课题由武汉大学中南医院夏冰、邓长生、毕晓云等研究完成。湖北省科技厅于2007年4月1日组织专家鉴定，达国际先进水平。2007年获湖北省、武汉市科技进步奖二等奖。

1. 课题来源与背景炎症性肠病(IBD)主要包括溃疡性结肠炎(UC)和克罗恩病(CD)，其病因和发病机制仍未完全阐明。我国有关IBD病因与发病机制、流行病学与临床治疗与预后的系统研究为数不多。5年来我们在国家自然科学基金及多项省部级课题的资助下，围绕IBD免疫遗传学以及流行病学、药物治疗进行了一系列研究。2. 技术原理及性能指标：(1)我国UC易感基因的筛选：我们研究了湖北汉族人NOD2、HLA－DRB1、MHC－A、MHC－B、CD14、Fas、CTLA4、TLR2、TLR4、NAT1、NAT2及MTHFR基因多态性与IBD的相关性，结果发现MHC－A、MHC－B、CTLA4及MTHFR基因多态性与湖北汉族IBD具有明显相关性，可能是湖北汉族人IBD的易感基因。此外，提示欧美国家CD的易感基因NOD2，不是我国CD的易感基因。(2)IBD流行病学研究：我们以医院为基础的IBD流行病学回顾性研究表明，武汉市近14年来UC和CD的发病均呈上升趋势，但患病率与西方国家相比仍较低。我国IBD的某些临床特征亦与西方国家患者有区别。我们的前瞻性病例对照研究，结果与欧洲的研究结果类似，吸烟者、阑尾切除术可降低患UC的风险，而戒烟者、有IBD家族史者患病风险更高。(3)IBD治疗药物的研究：我们通过动物实验，发现4－氨基水杨酸、低分子肝素、丁酸钠、罗格列酮、姜黄素、青藤碱、苦参碱对实验性结肠炎均有一定治疗作用，并深究其机制。(4)药物基因学研究：①N－乙酰基转移酶2(NAT2)基因型可预测NAT2代谢表型，其慢乙酰化基因型与IBD患者SASP副反应，特别是与SP剂量相关的副反应相关。②技术的创造性与先进性该研究与同领域比较，处于国际先进水平。③技术的成熟程度，适用范围和安全性技术成熟，适用于IBD的基础研究、临床诊治，并可为政府制定防治措施和相关政策提供理论依据，安全性好。④应用情况及存在的问题受我国IBD发病率低的影响，以人口为基础的流行病学研究存在困难。中药研究存在临床应用问题。

【ⅠB、ⅡA期子宫颈癌手术方式与手术技巧的研究与临床应用】

该课题由武汉大学中南医院、湖北省五峰县妇幼保健院陈惠祯、蔡红兵、聂道梅、吴绪峰、袁建寰、张帆、刘春玲等研究完成。湖北省科技厅于2007年3月26日组织专家鉴定，达国内领先水平。2007年荣获湖北省科技进步二等奖。

对Ⅱ、Ⅲ类扩大子宫切除术的手术范围进行了规范，根据不同期别的早期宫颈癌患者选择不同的手术方式，对低危ⅠB期病人采用Ⅱ类扩大子宫切除术，与传统的Ⅲ类扩大子宫切除术比较，手术并发症少，术中出血量和输血量少，有效地缩短手术时间和患者的住院时间，5年和10年生存率分别为100%(246/246)和95.36%(164/172)。对其他ⅠB期及ⅡA期患者采用Ⅲ类扩大子宫切除术，并对Ⅲ类扩大子宫切除术做了多项技术改进，显著降低了Ⅲ类扩大子宫切除术的泌尿道损伤、术后尿瘘、泌尿道感的发生率，延长了患者的阴道长度，提高了生活质量。研究者通过对Ⅱ、Ⅲ类扩大子宫切除术的手术范围、手术技巧进行改进和规范，形成了成熟的手术模式。每类手术的手术范围明确具体，操作规范、具有独特之处，可操作性强。具体如下优点：①对治疗的选择提供了规范的依据，临床医师易于掌握，避免治疗过度或治疗不足；②缩短手术时间和患者的住院时间，减少手术并发症；③在Ⅲ类手术中几项新技术的应用，方法简便、易于操作，便于推广，具有重要的临床意义。几项技术的改进为国内首创，填补了国内空白，具有创新性，较大地提高了病人的生活质量，具有推广应用价值。以上手术方式在国内学术交流会上多次得到同行专家的肯定和推介。研究者在国内多次举办手术学习班，培养进修医师约100人，在广东、江西、甘肃等20多个省市进行手术演示和带教，很多医师已较好地掌握了该技术。

【缺氧诱导因子－1α在大肠腺癌发病机制中的作用及意义】

该课题由武汉大学中南医院刘志苏、钱群、江从庆等研究完成。湖北省科技厅于2007年4月10日组织专家鉴定，达国际先进水平。2007年获武汉市科技进步奖三等奖。

（1）体外细胞培养：低氧诱导结肠癌细胞株中HIF－1α、VEGF、NDRG1和MMP－2表达增高；靶向HIF－1α基因SiRNA抑制结肠癌细胞NDRG1，MMP－2的表达，细胞的运动能力、侵袭细胞外基质的能力显著下降。HIF－1α可通过调节VEGF、NDRG1和MMP－2的表达参与了结肠癌细胞的侵袭与转移；RNA干扰技术为基因治疗提供了新的手段；（2）大肠癌组织中HIF－1α及其调控基因VEGF、MMP－2、NDRG1呈过度表达，且与Dukes分期显著正相关。HIF－1α及其调控基因在大肠腺瘤癌变及大肠腺癌发展过程中起重要作用，HIF－1α、VEGF、MMP－2、NDRG1可作为大肠癌发生和进展的重要预测因子；（3）大肠腺癌中抑癌基因PTEN、HIF－1α表达与Dukes分期、淋巴结转移、肝转移、术后复发的关系密切：Dukes分期高、淋巴结转移、肝转移、术后复发者HIF－1α阳性表达率高，而PTEN表达模式相反。PTEN丧失或低表达而导致HIF－1α过度表达、肿瘤血管形成参与了大肠癌的进展机制。通过检测PTEN可预测大肠腺癌的进展和预后。

【口腔癌辅助诊断及癌前病变恶变监测试剂盒】 该课题由武汉大学口腔医院李成章、陈汉正、杜格非等研究完成。武汉市科技局于2006年9月6日组织专家鉴定，达国际先进水平。其中在口腔癌的检查结果客观判断上居国际领先水平。

口腔癌是生存率最低的癌症之一，其5年生存率仅为50%，由于口腔癌不易早期发现，及时发现早期口腔癌和口腔癌前病变恶变对于早期治疗疾病，挽救和延长患者的生命十分重要。口腔癌不易早期发现的重要原因是口腔粘膜病种类繁多，原因复杂不清；有些疾病本身就是癌前状态或癌前病变，对这类疾病的发展转化进程也缺乏监测手段，因此建立一个辅助诊断早期口腔癌和监测口腔癌前病变恶变的方法和手段，是迫切需要解决的重大课题。口腔癌辅助诊断及癌前病变恶变监测试剂盒（RB diagnostic kit，RBK）与国外同类产品比较，研制、增置了比色板，以此作为口腔粘膜病变着色情况的客观判断标准，依据相对量化的比色值来区别良性病损和恶性病变。试剂盒分为临床辅助诊断型和病程监测型两种。自该项目获批以后，主要开展了两个方面的工作：①试剂盒的临床验证工作；②试剂盒的产品化工作，并已获发明专利。1. 试剂盒效果的临床验证共有128例口腔粘膜病患者纳入本研究，采用盲法设计，以病理诊断为金标准作为对照。临床验证效果表明本试剂盒不仅对口腔癌有很好的辅助诊断效果，而且能够敏感地发现口腔癌前病变或良性病损中发生上皮异常增生的病例，具有辅助诊断和病程监测的作用。本试剂盒对于口腔粘膜疾病良性病损和恶性病变鉴别诊断的敏感度和特异度分别是93.9%和73.7%，阳性似然比和阴性似然比分别是3.570和0.082。检查过程中，所有病人未觉不适或不便。2. 试剂盒的产品化工作目前已经完成的工作主要有：①检测试剂溶液的稳定性检测；②比色板的制作，包括比色板材质的选择与制作、比色板颜色的检测、比色板颜色稳定性检测；③试剂盒配套系列化、标准化工作；④生产质量标准（草案）制订等工作。3. 该试剂盒已获"一种诊断口腔疾病的试剂"的发明专利。4. 设计了该试剂盒的样品，并准备产品化。本试剂盒安全无创，操作简便，易于掌握，效果可靠，且优于国际同类产品。

【复方甲亢片的研制】 该课题由湖北中医学院郑国华、陈如泉、乔明等研究完成。武汉市科学技术局于2007后3月26日组织专家鉴定，达国内领先水平。

1. 任务来源：复方甲亢片研制项目来源于武汉市科技局；项目编号：2002600513415。2. 性能指标：（1）制备工艺研究：提取工艺采用正交试验法优选提取工艺条件为：方中九味中药补足1.5倍吸水量后，加8倍量水浸泡3小时，提取2次，每次煎煮1.5小时；纯化工艺以芍药苷含量、黄芪甲苷含量及浸膏得率为评价指标，确定分离纯化工艺条件为：将提取液浓缩至生药：水＝1∶3后，将浓缩液置于80℃水浴中，加入6%组分B，搅拌，使其均匀分散，并保温5～10分钟后，将温度降至60℃，加入3%组分A，搅拌，使均匀分散，并保温5～10分钟后，于室温下放置24小时，滤取上清液；一步制粒条件：以微粉硅胶和微晶纤维素（1∶4）混合投料，主风频率为35±5Hz，雾化压力为0.1Mpa，喷雾速度为1.4Hz，稠膏相对密度为1.20g/ml。降低颗粒吸湿性的效果最好，临界相对湿度为72%。（2）质量标准研究：采用薄层层析法对制剂中玄参、钩藤、五味子、郁金四味中药进行了鉴别。采用HPLC对制剂中黄芪甲苷、芍药苷和西药甲巯咪唑进行了含量测定。本品每片含黄芪甲苷应不得少于0. 1145mg，含芍药苷应不得少于0. 8394mg，含甲巯咪唑应为1. 0000 ~1. 5000mg。(3)稳定性考察：通过对本品的初步稳定性考察，表明本品制备工艺合理、稳定性良好。(4)初步药效学研究：观察Graves病大鼠T细胞亚群失衡状态以及复方甲亢片对T细胞亚群失衡的调节作用，包括对Th/Ts、Tr以及Th1/Th2失衡的影响。表明复方甲亢片对GD大鼠失衡的T细胞亚群有调节作用。3. 与国内外同类技术比较：甲状腺机能亢进症是临床常见的自身免疫性内分泌疾病，现代医学对甲亢的治疗与控制并不理想，且存在诸多副反应。中医治疗有着全身调节，副反应少的优势，但起效较慢。复方甲亢片以益气养阴中药为主配以少量西药甲巯咪唑组成的中西合方制剂，具有益气养阴、柔肝理气、散结消瘿之功效，临床表明对气阴两虚型甲亢有较好疗效。4. 成果的创造性与先进性：采用了中西药合方制剂；用现代技术对制剂进行了定性、定量控制；首次采用免疫法造模研究中药制剂；系统地采用免疫学方法探讨了中药制剂的作用机理。5. 推广应用的范围、条件和前景以及存在的问题和改进意见：复方甲亢片具有提高疗效，减轻或减少副反应的特点，具有较好的推广应用前景，但本课题研究距新药申报还存在研究资料和研究内容进一步完善的问题，建议进一步深人研究，完善资料，加强与企业的合作，以便早日申报、早日投产，造福患者。

【黄角颗粒在不同时点逆转缺血缺氧PC12细胞凋亡的分子机制】

以往细胞凋亡的研究多集中在caspase介导的凋亡，而新近出现的AIF以一种非caspase介导的凋亡方式反映脑缺氧缺血的核凋亡已引起了研究者的浓厚兴趣。已有研究者指出疾病状态下，在设计治疗策略上必须综合兼顾caspase依赖和caspase非依赖的两条凋亡途径。因此行脑梗死的治疗时，仅仅干预一条途径是不够的，真正理想的方式是同时在两种凋亡途径上拮抗凋亡。

黄角颗粒是武汉市第一医院陈国华等研制的独特的复方制剂，由水牛角和生大黄两味药组成有通腑解毒、凉血定惊之功。前期临床观察表明：黄角颗粒对缺血性脑卒中具有较好的疗效，机理与改善血液流变学，纠正TXA2/PGI2，ET/CGRP水平等有关，该院的在体实验研究证实：黄角颗粒治疗缺血性卒中是通过拮抗MCAO大鼠脑神经细胞凋亡，而其可能机理与降低损害性基因bax水平，升高保护性基因bcl-2水平有关。而其深入的分子机理尚未完全阐明。如前研究提示，黄角颗粒对caspase依赖的线粒体内源性凋亡途径进行了干预，黄角颗粒是否可能同时干预非caspases介导的AIF凋亡途径值得进一步探究。本研究从凋亡诱导因子AIF介导的细胞凋亡着手，在缺氧缺血的离体细胞水平来观察含药血清干预后AIF的核移位情况有无异同。以探讨黄角颗粒抗大鼠缺血性神经细胞凋亡的可能分子机理，为开发一种卒中的神经保护剂奠定理论基础。

为了更真实地模拟药物对脑梗死的作用，陈国华等采用“血清药理学”方法，利用黄角颗粒含药血清分别对神经研究中的常用的工具细胞-PC12细胞分化的类神经元缺氧缺血离体模型进行干预，再进行观察凋亡通路中AIF的变化，并与西药丁咯地尔盐酸盐进行比较，探究黄角颗粒对细胞缺氧缺血保护作用实为拮抗凋亡通路的具体分子机制，为黄角颗粒对神经细胞缺氧缺血的保护作用找到客观的体外药理学上的理论证据。

陈国华等通过建立PC-12细胞分化后的类神经元24小时缺氧缺血(HI)细胞模型，制备黄角颗粒和盐酸丁咯地尔含药血清，预保护缺氧缺血的类神经元细胞，与对照组相比较，通过AIF，热休克蛋白60(Heat shock Protein 60，HSP60)以及DAPI的免疫荧光标记染色来观察AIF的核移位情况有无异同。同时进一步观察类神经元细胞在短暂缺氧缺血15分钟后，复氧复对照血清，复氧复含药血清1小时后AIF的核移位情况。免疫荧光标记显示HI后的对照组细胞发生AIF从线粒体中释放并转移到细胞核，在加用黄角颗粒和盐酸丁咯地尔含药血清和预保护细胞HI24小时后则未发生AIF的核移位。短暂缺氧缺血15分钟后，复氧复含药血清1小时均未发生AIF的核移位。

黄角颗粒和盐酸丁咯地尔含药血清可通过有效阻止缺血缺氧后凋亡早期AIF的核移位来拮抗PC-12细胞分化的神经元的凋亡。短暂的HI后复氧复含药血清1小时即可逆转凋亡。据陈国华等推测黄角颗粒拮抗神经细胞缺氧缺血后凋亡的具体分子机理如下：含药血清可能直接或间接的通过调节凋亡基因如Bcl-2和Bax等，进而影响线粒体中AIF的释放，从而干预AIF介导的caspase非依赖信号通路或caspase依赖和caspase非依赖的两条凋亡途径，影响了整个凋亡信号网络，阻止细胞缺氧缺血后凋亡的进程。

2007年，武汉市科技局组织专家鉴定，达国内领先水平。

【藏药浴治疗风湿性关节炎在中原地区护理特点的研究】 藏药浴是将藏药方剂用水煎制成药浴液，全身浸浴的一种治疗方法。经藏医学者多年的临床实践和科学研究，证实藏药浴在西藏及青海等西部地区治疗风湿、类风湿性关节炎疗效显著，有效率94.6%，治愈率70.6%。

通过检索发现藏药浴在护理方面还不完善，浸泡的时间、水温、发汗的时间、发汗床铺的温度等没有确切标准。在中原地区藏药浴作为一种新的治疗方法，护理方面尚属空白。由于中原地区患者在体质、饮食习惯、生活环境、气候等方面与西部地区有明显的差异。武汉市第一医院荆萍等将60例进行藏药浴治疗的类风湿性关节炎患者，随机分成对照组和观察组各30例。对照组按藏医提供的方法护理，观察组在借鉴藏药浴护理的基础上，结合中原地区的气候、饮食、生活习惯等特点进行护理。结果对照组与观察组比较：疗效无显著意义（$P>0.05$）；药浴时、发汗时的不适反应、生命体征的变化差异有显著意义$P<0.05$。研究证明具有中原特色的藏药浴护理体系，避免了机械地将藏药浴护理方法搬到中原地区，内地患者不必远涉西部，便可享受有科学依据的藏药浴护理。中原地区藏药浴护理体系：

1. 药浴前护理；包括患者的准备、评估患者一般情况、药浴环境准备。

2. 药浴中护理：药浴液温度、水温设定为38℃，助患者入浴，盖上浴桶盖，5分钟后逐渐加温至40－42℃。浸浴时间：浸浴时间15－20分钟。浸浴水位高度与患者乳头平齐。浸浴时观察指标：密切观察患者的面色、意识、全身皮肤的颜色。

3. 药浴后护理：卧于36－38℃的床上发汗20－30分钟。发汗后饮热饮料（如牛奶、淡盐水、葡萄糖水、热茶）300－500ml。浸浴后禁止沐浴时间：气温10℃以下禁浴15天，气温10－15℃禁浴10天，气温15－20℃禁浴5天，气温20－25℃禁浴3天。

4. 起居护理：居住的房间向阳、通风、干燥，保持室内空气新鲜，夏天不卧居湿地、避免电风扇直接吹风，冬天宜用温水洗脸洗手，晚上热水泡足浸至膝关节以上，浸泡15分钟左右，促进血液循环。

5. 关节保护：卧床时注意体位，不睡软床垫，膝下不放软枕，避免关节长时间固定在一个位置。日常生活中时时注意利用杠杆原理，物体靠身体越近，负荷越轻，减少关节所受的应力。

6. 饮食护理：高蛋白、高热量、易消化的食物。7 预防交叉感染的方法：毛巾、浴巾、床单、被套等均每人一套。药浴液秋冬季4天更换1次，春季2天更换1次。疗程结束后揭下浴桶套，排尽药液。用1:1 000的健之素溶液浸泡消毒10－15分钟，清水洗尽消毒液，预防交叉感染。

通过60例类风湿性关节炎患者藏药浴治疗的护理研究，建立具有中原特色的藏药浴护理体系，避免机械地将藏药浴护理方法搬到中原地区。最终达到流程简化、患者舒适、提高疗效、降低复发的目的，使内地患者享受到有科学依据的藏药浴护理，为藏药浴走进内地打下坚实的理论基础。该成果于2007年通过武汉市科技局组织的鉴定，达国内领先水平。

【射心通胶囊对心肌纤维化的干预作用及其机制研究】 心肌纤维化是多种心脏疾病（如缺血性心脏病、心肌病、高血压病等）发展到一定阶段的共同病理改变，是心肌重构的主要表现之一。以成纤维细胞数目增多、心肌细胞外间质胶原过度沉积、各型胶原比例失调、排列紊乱为特征。心肌纤维化的发生是一个由众多体液因子参与并共同调节的过程，这些因子之间存在着错综复杂的相互依存及相互制约的关系。研究表明，循环和心肌局部的肾素－血管紧张素－醛固酮系统是最重要的调节机制，尤其血管紧张素Ⅱ（AngⅡ）与心肌纤维化关系密切。此外，与AngⅡ相关的多种因子，如内皮素（ET）、转化生长因子－β1（TGF－β1）、一氧化氮（NO）、等也参与了心肌纤维化的形成过程，其中NO为抑制心肌纤维化的因子。

武汉市第一医院郑琼莉等对射心通胶囊的进一步深入研究，观察射心通胶囊对心肌纤维化的干预作用并探讨其作用机制。选择临床诊断为急性心肌梗死和高血压性心脏病，按病种随机分为观察组和对照组。在常规降血压和/或抗血小板治疗、他汀类降脂治疗及β－阻滞剂治疗的同时，观察组口服射心通胶囊，对照组口服培哚普利，进行治疗前后血清Ⅲ型前胶原氨端肽（PⅢP）、层粘连蛋白（LN）、透明质酸（HA）、血浆内皮素（ET）、血管紧张素Ⅱ（AngⅡ）和醛固酮（ALD）含量的对比观察。同时，（1）采用左冠状动脉结扎术，复制左室大面积心肌梗死的动物模型，运用射心通胶囊高、中、低剂量对模型进行干预，观察各组造模＋给药前后动物血浆及心肌组织一氧化氮（NO）水平及心肌组织一氧化氮合酶（eNOS）活性。（2）观察射心通胶囊对实验性球囊损伤血管内膜的转化生长因子

β1(TGF－β1)蛋白阳性表达的影响。结果显示:观察组和对照组两组患者血清PⅢP、LN、HA、AngⅡ、ALD的含量和血浆ET－1水平均较健康正常人显著增高($P<0.01$)。两组患者分别经过射心通胶囊和培哚普利治疗后各项观察指标均较治疗前明显下降($P<0.05\sim0.001$),而两组间的疗效无统计学差异($P>0.05$)。动物实验显示与正常组比较,心肌梗死大鼠模型组血浆及心肌组织NO水平显著低下,心肌组织中eNOS的阳性单位明显低于正常组($P<0.05$);而射心通胶囊三个剂量组均可显著提高心肌梗死大鼠血浆及心肌组织NO水平及心肌组织中eNOS的阳性单位,量效呈正相关关系($r=0.825$、0.796)。并可干预球囊损伤血管中TGF－β1mRNA的持续高表达,与剂量有关。提示射心通胶囊能显著降低心肌细胞外基质的含量,显著降低致心肌纤维化因子AngⅡ、ALD和ET的浓度,抑制球囊损伤血管中TGF－β1 mRNA的持续高表达,并通过提高eNOS活性升高抑制心肌纤维化因子NO的水平。

2007年通过湖北省卫生厅组织的鉴定,专家一致认为该成果不仅建立了国际公认的心肌梗死动物模型,还观察了中药复方对实验性球囊损伤血管内膜术后再狭窄的干预作用,研究了目前心血管领域最新的学科问题。对于提高中医临床疗效,开发防治心肌纤维化的中药复方新制剂都具有十分重要的学术价值和良好的应用前景,达国内领先水平。

【PPH手术并肛门外括约肌离断术治疗直肠前突为主的出口梗阻型便秘的临床研究】 患者在排便时,由于直肠及肛管的异常改变而引起的排便困难,通常称为出口梗阻性便秘〔9〕。诊断出梗阻型便秘的主要方法是排粪造影〔11〕,通过排粪造影可将出口梗阻型便秘分为直肠前突、直肠粘膜内套叠、直肠粘膜脱垂、会阴下体降综合征等〔10〕。基于此,对以直肠前突为主的出口梗阻型(直肠型)便秘的手术方式进行研究、对于提高出口梗阻性便秘的治疗水平具有重要意义。于是自2004年2月武汉市第一医院胡良胜等应用PPH手术并肛门外括约肌离断术治疗直肠前突为主的出口梗阻型便秘。

采用PPH术并肛门外括约肌离断术治疗。选用388X33直肠型肛痔吻合器或PPH33mm吻合器。用7#丝线在齿线上3.5～5cm水平上行手术,该项研究紧密结合临床需要,利用痔上直面粘膜下作一预置荷包,若直肠粘膜脱垂严重者可在距第一个荷包缝合上1cm处再做一荷包缝合。同时将吻合器向肠腔稍用力推进,以使肠粘膜尽可能多的被拉至钉仓内。收紧吻合器。击发吻合器。然后在k－c位12点处作一1－1.5cm纵向切口,以止血钳将外括约肌挑出,离断并切除约0.5cm,间断缝合,酒精敷料覆盖伤口。

2007年,武汉市科技局组织专家鉴定,认为该项研究采取中西医结合的科学方法,利用痔上直肠粘膜悬吊术(PPH术)加后方括约肌部分切断术治疗有便秘症状的直肠前突,这种手术有创新性,疗效好,操作简便,副损伤小,便于推广,实用价值高,既解决了临床治疗中的难题,又提高了疗效,值得临床推广应用。其成果达内领先水平。

【镇肝熄风汤对自发性高血压大鼠的影响及其作用机制的相关实验研究】 原发性高血压是最常见的心血管疾病之一,也是冠心病、脑血管意外及肾动脉硬化等严重危害人类健康的疾病的主要危险因素。高血压引起周围组织和器官内小动脉的血管平滑肌细胞的病变导致的血管重构,促进了高血压的维持和发展,最终导致组织器官如心、脑、肾的缺血性损伤。在原发性高血压引起的血管内皮功能失调及血管重构过程中,机体肾素－血管紧张素系统及局部内皮素表达的变化起着重要作用。因此,在原发性高血压的防治工作中如何纠正失调的血管内皮功能,调节器官局部的血管活性物质,抑制VSMC增殖,逆转血管重构过程,保护心、脑、肾等重要器官是目前心血管疾病研究中的一个重要课题。镇肝熄风汤出自张锡纯之《医学衷中参西录》,长期以来为治疗类中风的常用方剂,临床上亦可用于高血压病属肝肾阴亏、肝阳上亢者。武汉市第一医院吴艳霞等拟通过体内动物实验和体外细胞培养方法,从分子、细胞及组织水平探讨了镇肝熄风汤防治高血压病的作用及其可能的作用机理,取得重大进展。

1.通过动物实验方法,利用自发性高血压大鼠(SHR)模型,观察镇肝熄风汤治疗8周后对SHR血压及组织病理学改变,及观察各组血浆及心、脑、肾等器官局部的血管紧张素Ⅱ、内皮素表达变化。2.通过细胞培养方法,利用体外培养人脐动脉平滑肌细胞(SMC),观察镇肝熄风汤含药血清对血管紧张素Ⅱ诱导的人脐动脉平滑肌细胞增殖和凋亡的影响,MTT法和BrdU免疫细胞化学法检测了人脐动脉平滑肌细胞增殖和DNA合成的影响,流式细胞术AnnexinV－FITC法检测人脐动脉平滑肌细胞凋亡率的影响。结果:(1)利用原发性高血压病实验动物模型即自发性高血压大鼠(SHR),给予镇肝熄风汤治疗8周,结果显示镇肝熄风汤不增加SHR的心率,轻微地降低SHR的血压,显著改善SHR的靶器官心、脑、肾等病理学改变,同时发现SHR血浆、心、肾脏组织中AngII的含量显著降低,脑及肾脏组织中的ET含量明显减少。(2)利用体外培养人脐动脉平滑肌细胞(VSMC)研究观察镇肝熄风汤对AngII作用下VSMC增殖和凋亡的影响,发现镇肝熄风汤含药血清可拮抗AngII的作用,显著促进VSMC增殖,抑制VSMC凋亡,从而可改善血管重构。

该课题通过动物实验及细胞培养的方法探讨了镇肝熄风汤对原发性高血压心、脑、肾等重要器官的影响及其可能的作用机制,证实镇肝熄风汤疗效与对照西药相当,有十分重要的应用价值。

镇肝熄风汤为经验方,有自主的知识产权,自清代以来沿袭至今,一直为治疗类中风的常用方剂,在临床上广泛应用。利用原发性高血压病实验动物模型即自发性高血压大鼠(SHR),发现镇肝熄风汤不增加SHR的心率,轻微地降低SHR的血压,显著改善SHR的靶器官心、脑、肾等病理学改变,同时发现SHR血浆、心、肾脏组织中AngII的含量显著降低,脑及肾脏组织中的ET含量明显减少。利用体外培养人脐动脉平滑肌细胞(VSMC)研究发现镇肝熄风汤含药血清可拮抗AngII的作用,显著促进VSMC增殖,抑制VSMC凋亡,从而可改善血管重构。该课题于2007年由武汉市科技局组织专家鉴定,达国内领先水平。

【中医护理联合中药艾灸对腹腔镜胆囊切除术后恶心呕吐的干预研究】 “中医护理联合中药对腹腔镜胆囊切除术后恶心呕吐的干预研究”是湖北省卫生厅2006年护理专项基金的计划项目,探讨艾灸联合自制纯中药“和中饮”灌肠拮抗腹腔镜胆囊切除术后恶心呕吐的临床护理研究。该项目由武汉市第一医院章玲芳、龚昭等研究完成。

腹腔镜胆囊切除术(LC)是近年来发展迅速的一个手术项目,由于手术创伤小、恢复快,得到众多外科医生和患者的认可。现LC已成为胆囊良性疾病外科治疗的金标准。但是受腹腔镜手术本身特点、麻醉用药及麻醉方法等所限,使得该类型手术并发术后恶心和呕吐(PONV)的发生率较传统手术明显增高,其发生率可高达50%以上。术后恶心呕吐不仅给病人带来了痛苦,而且还影响病人术后的恢复和治疗,甚至引起某些严重的并发症,如脱水、电解质紊乱、吸入性肺炎、伤口裂开、颅内压升高等。

目前解决PONV多从以下问题入手,①腹腔镜手术时,应尽量避免牵拉脏器,手术结束时要尽量排放完全术中残留的气体,麻醉插管应尽量轻柔、避免出现反复插管,尽量缩短手术时间,减少术中对腹腔内脏器官的骚扰刺激;②选择酚噻类药、多巴胺受体阻滞止吐药,但控制恶心呕吐作用的半衰期较短,需反复使用,且副反应为锥体外系征,不宜与抗胆碱能药物合用;③5-HT3受体阻滞药,是目前国际上腹腔镜手术前后应用最为广泛的一类镇吐药,其代表药物主要有格拉司琼(granisetron)、昂丹司琼(ondansetron)、托匹司琼(tropisetron)及阿扎司琼(azasetron)等。临床应用证实,这类药物的镇吐作用要明显优于其它类型的药物,其机理是抑制呕吐反射。5-HT3受体拮抗药对急性恶心呕吐疗效甚佳,但对迟发性呕吐作用轻微。不良反应主要为头痛、头昏、便秘、眩晕、疲劳和胃肠功能紊乱如腹痛和腹泻等。另外一条限制其应用的原因是价格昂贵,即使是在欧美国家,它也是属于限制开发的药物之一。基于以上原因,在临床上我们需要开发作用好、价格便宜且无明显副作用的镇吐药物。

祖国医学认为,胆囊切除术后病人,出现腹胀,纳差、嗳气、恶心及呕吐,舌体淡胖,舌质瘀暗等一系列症状属“气虚兼血瘀”之证。肝胆脾胃同属中焦,胆囊切除术导致脾胃受损,不能运化水湿,水湿停聚中焦,影响气的升降出入,脾不升清,胃不降浊则出现腹胀、纳差、嗳气、恶心及呕吐及胃肠道功能紊乱。术后病人出现的诸证常为虚实夹杂,虚在脾胃,实为湿滞血瘀。

近年来,中医工作者在寻找有效治疗呕吐的高效、低毒、价廉的纯中药制剂以及中医护理方面做了大量的工作,也取得了一定的成绩。该院自制的纯中药“和中饮”,经临床研究有较好的治疗恶心呕吐作用。

该研究旨在探讨用中药“和中饮”灌肠和艾灸对腹腔镜胆囊切除术后恶心呕吐的护理干预作用。

保留灌肠法能使药物直达病所,药物吸收更为完善,药物作用时间延长。直肠给药不经过胃和小肠,避免了酸、碱消化酶对药物的影响和破坏作用,亦减轻药物对胃肠道的刺激,因而直肠给药大大地提高了药物的生物利用度,同时避开了因术后早期禁食而不能口服药物的限制,争取了中药发挥作用的时间。据研究,中药灌肠在吸收速度、显效速度上比丸、片、栓、汤剂均快,达峰浓度高,达峰时间短。

艾灸是中医学中防病治病、养生延寿的一种简便易行的而又切实有效的方法。艾灸内关穴可达宽胸利气，降逆止呕作用。

从课题研究中可以发现“和中饮”保留灌肠联合艾灸等中医护理相比于化学药物，能有效防治腹腔镜胆囊切除术后的恶心呕吐，能促进患者胃肠道功能的恢复，中药保留灌肠药液保留时间至少需要30min，以确保中药疗效，实验数据还提示保留 30 min 和保留更长时间疗效是一样的，因此，灌肠保留 30 min 为最佳选择，可使患者早期下床活动，减少卧床的痛苦。

中药“和中饮”由生姜、姜半夏组成，组方和制作简单，与艾灸合用，效果好、价格低、无明显副反应，节约了大量的医疗资源，病人乐于接受，有较好的社会效益，可广泛应用于 LC 病人。因外科手术病人，特别是全麻术后的恶心呕吐、腹胀等并发症，其发生机理与腹腔镜胆囊切除术后的恶心呕吐基本相同，中医的病机与证候也类似，所以，该课题研究的干预方法同样可用于非 LC 手术病人。2007 年，武汉市科技局组织专家鉴定，达国内领先水平。

【c - myc 靶向 siRNA 抑制人结直肠癌 Colo 320 细胞增殖及调节端粒机制研究】 2007 年 8 月 3 日，经武汉市科技局审查批准、由武汉市卫生局主持召开了武汉市中西医结合医院黄浩完成的“c - myc 靶向 siRNA 抑制人结直肠癌 Colo320 细胞增殖及调节端粒机制”课题成果鉴定会。该项研究达国内领先水平。

该课题组为进一步探索 c - myc 在人结直肠癌细胞恶性增殖中所起的作用地位，成功地构建了 c - myc 的小发夹结构 RNA（shRNA）的真核表达载体并在人结直肠癌 Colo 320 细胞中表达，同时观察了 c - myc 的 shRNA 对人结直肠癌 Colo 320 细胞株生物学特性的改变及细胞增殖、凋亡的影响，并深入探讨了 c - myc 的 shRNA 调节 Colo 320 细胞端粒的机制。实验结果证实构建的 c - myc 的 shRNA 能显著抑制人 Colo 320 细胞的增殖、诱导凋亡并减少细胞内端粒的长度。为进一步研究 c - myc 的 shRNA 对结直肠癌的基因治疗提供了理论依据。

【辨证施护对腹膜透析贫血患者干预的临床研究】 由武汉市中西医结合医院商燕畦承担的“辨证施护对腹膜透析贫血患者干预的临床研究”的项目，经武汉市科技局审查，由武汉市卫生局主持，对该项目成果以函件形式进行成果鉴定。各位专家审阅该课题的研究报告及提供的相关资料，提出了各自的鉴定意见，经认真综合整理，形成如下评审意见：

1. 国内外尚无使用中西医结合干预手段护理腹膜透析贫血患者的相关报道，课题组进行了临床试验研究，并取得了临床满意效果。

2. 以中医辨证分型为基础，对腹膜透析贫血患者实施了辨证护理，建立了因人施护的个体化护理方式。

3. 在中医辨证观的指导下，对腹膜透析贫血患者以及这些患者的临床症状进行辨证分型，在护理干预中达到了整体调护和临症施护，宏观和微观的辨证统一。

4. 该研究成果据有创新性和实用价值，对引用民族传统医药学，对中西医结合护理产生了积极推动作用，有广泛应用前景。

综上所述，该研究成果达国内领先水平。

【降糖通脉方对糖尿病大鼠血管病变影响的实验研究】 由武汉市中西医结合医院郑承红承担的“降糖通脉方对糖尿病大鼠血管病变影响的实验研究”课题鉴定会在湖北省卫生厅的主持下于 2007 年 12 月 29 日举行。与会专家听取了课题组所作的工作报告、技术研究报告和课题研究的答疑。经过专家组认真讨论形成如下鉴定意见：

该课题选用经典的 2 型糖尿病大鼠模型，系统研究了中药降糖通脉方对糖尿病大鼠糖脂代谢以及血管病变的影响。研究表明：降糖通脉方能够显著降低实验性 2 型糖尿病大鼠血糖、血脂、胰岛素水平，降低体重，降低 vWF、Ps 水平，降低 DD、TAFI 水平，下调 PAI - 1 和 TGF - β1 表达。减少细胞外基质的堆积，改善凝血纤溶功能，抑制高凝状态，进而改善血管的超微结构而防治血管病变的发生。

该课题的创新点是：1. 采用中西医结合的方法系统研究 TAFI 与 2 型糖尿病大血管病变的关系，该研究具有创新性；2. 选题紧密结合临床需要，多层次、多角度围绕糖尿病临床关键问题进行研究。3. 降糖通脉方是在中医药理论指导下，以提取物为主原料组方而成，组方思路新颖，具有研究开发前景。

综上所述，该课题在同类研究领域中达到 国内领先水平。

【耳贴配合针刺治疗化疗性呕吐的临床观察】 该课题由武汉市第一医院曹新建等研究完成。

目前药物解决化疗性呕吐的方法很多，酚噻类药、多巴胺受体阻滞止吐药控制恶心呕吐作用的半衰期较短，不宜与抗胆碱能药物合用，副作用多,从另一角度又给病人造成较大痛苦;5－HT3受体阻滞药,效果虽然好,但价格昂贵,患者难以承受。

中医认为呕吐是一个症状,为胃失和降,气逆于上所引起。所以任何有损于胃,皆可发生呕吐。若能依据中医的经络理论以及耳与五脏六腑经络的密切关系,将耳贴与针刺治疗结合起来,有效防治化疗药物恶心呕吐,不仅能减轻患者的精神负担,而且也可以最大限度地减轻患者的经济负担。

技术原理及性能指标:针刺针型号:34#(直径0.22mm);32#(直径0.25mm)。针刺穴位分别为内关穴、合谷穴、足三里。针刺治疗从扶正固本入手,有效减轻患者的化疗副作用,提高机体免疫力,从而更好的提高治疗效果。

中药王不留行籽放于0.7cm×0.7cm胶布中央,贴压于耳穴上。穴位:肾上腺、脾、胃部位的穴位。具有对某些基本生命活动的调节作用,理气宽中,降逆止呕,尤其胃穴是止呕要穴,肾上腺穴有调节胃肠功能的作用,诸穴相配起到消除呃逆,镇静止呕的目的。

针刺治疗从扶正固本入手,有效减轻患者的化疗副作用,提高机体免疫力,从而更好的提高治疗效果。耳与五脏六腑、经络有密切关系,耳压可能通过对"体表——内脏"相关反射的作用以及对某些基本生命活动的调节作用,以加强针刺的效果。将耳贴加针刺结合起来,对治疗化疗药物所导致的化疗反应有好的疗效。在无明显加重患者负担的情况下,患者化疗症状得到更好的控制,并减低静脉滴注止吐药物的用量,减轻患者经济负担,提高生活质量。另外,耳贴还能够减低化疗药物对肾及胃的毒副反应,减少患者的治疗痛苦。

该课题是在中医理论的指导下,利用现代医学技术从不同角度、不同层次探讨其疗效机制。疗效评定标准按1990年欧洲临床肿瘤学术会议推荐的疗效制定标准进行客观评价,深入研究为临床应用提供科学依据。

1. 安全性:耳贴配合针刺治疗化疗性呕吐对血液系统、心、肝、肾无毒副作用,临床使用安全有效。

2. 临床疗效:两组临床疗效比较:两组治疗后各种症状严重程度和频率均有不同程度的改善,但耳贴配合针刺组临床疗效高于西药止吐组($P<0.01$,$P<0.05$)。

2007年,武汉市科技局组织专家鉴定,认为该院将中医理论、中医治病方法——针刺和耳贴技术——与西医接合起来,用简便易行的技术,低廉的价格,来解决化疗过程中西医的不足,从而拓展了中西医结合治病的思路。达到国内领先水平。

【黄蓝颗粒治疗妇女巨细胞病毒、风疹病毒感染的临床与实验研究】 该课题由武汉市中西医结合医院贺漪等研究完成。经武汉市科技局审查,由武汉市卫生局主持,对该成果进行了鉴定。各位专家审阅研究报告及提供的相关资料,提出了各自的鉴定意见,经综合整理,形成如下评审意见。

该课题选择临床常见多发疾病妇女巨细胞病毒、风疹病毒感染,采用中药黄蓝颗粒进行系统的临床观察与实验研究,结果表明黄蓝颗粒能快速有效地使巨细胞病毒、风疹病毒特异性抗体转阴,作用疗效确切,体外实验证实其能通过恢复血清IL－2、TNF－α水平修复机体免疫功能。

该课题选题新颖具有实用性,设计严谨,指标合理,结果可靠,其创新性在于组方具有中医特色,作用机制清晰,查新报告显示,国内首次报道。经各评审专家一致评定,该课题达国内领先水平。

【电针内关穴抗家兔心肌缺血再灌注损伤的机制研究】 2007年10月10日,由武汉市科技局审批、由武汉市科学技术局主持召开的由武汉市中西医结合医院张红星等完成的武汉市青年科技晨光计划资助项目"电针抗家兔心肌缺血再灌注损伤的机制研究"技术成果鉴定会在武汉市中西医结合医院举行,与会专家听取了项目组所作的工作报告、技术报告,审阅了项目组提供的相关资料,进行了质疑,经过鉴定委员会专家认真讨论形成如下鉴定意见:

1. 项目研究的创新点在于:①通过观察电针内关穴对家兔心肌缺血再灌注损伤后心肌丙二醛(MDA)、谷胱甘肽过氧化物酶(GSH－PX)、细胞凋亡、凋亡调控基因(Bax、Bcl－2)、细胞间粘附分子－1(ICAM－1)、延髓β－内啡肽(β－EP)含量的变化,阐明电针抗心肌缺血再灌注损伤的作用机制。②该研究证实了内关穴抗心肌缺血再灌注损伤具有相对特异性。③通过阐明电针内关抗心肌缺血再灌注损伤的作用机制,为揭示内关－心脏相关作用机理和临床防治缺血性心脏病提供了实验依据。

2. 查新资料显示:国内外所检文献均未见电针内关穴对家兔心肌缺血再灌注损伤后的心肌丙二醛(MDA)、谷胱甘肽过氧化物酶(GSH－PX)、细胞凋亡、凋亡调控基因(Bax、Bcl－2)、细胞间粘附分子-1(ICAM-1)、延髓β-内啡肽(β-EP)含量的影响,说明本研究处于该领域研究的前沿,其结果可直接指导临床实践。与会专家一致认为该课题研究达到同类研究国际先进水平。

【“上病下治”(fa2)治疗急性脑梗死的临床研究】 该课题由武汉市第一医院张介眉等研究。

随机平行对照抽取在该院住院病房西医诊断为急性脑梗死、中医辨证为急性缺血性痰热腑实型中风的患者176例。分为治疗组和对照组,分别于治疗前及治疗两周后对NIHSS、ADL评分、中医证候、QLI、血液流变学、凝血功能等进行评估。观察化痰通腑联合针刺的“上病下治”法治疗急性缺血性中风的临床疗效及安全性,为化痰通腑联合针刺的“上病下治”法治疗急性缺血性中风的临床应用提供科学依据。

化痰通腑联合针刺治疗急性缺血性中风,显效65例,有效21例,无效10例,总有效率达89.6%;对照组显效37例,有效24例,无效19例,总有效率达76.3%。两组总疗效有统计学意义($P<0.05$),治疗组优于对照组;在神经功能缺损改善方面,治疗结束后两组神经功能缺损评分均较治疗前有显著降低($P<0.01$),治疗后神经功能缺损评分组间比较有统计学意义($P<0.05$);在中医相关临床症状改善上,治疗结束后两组中医证候积分均较治疗前有统计学意义($P<0.01$),治疗后中医证候积分组间比较有统计学意义($P<0.05$),说明化痰通腑联合针刺治疗急性缺血性中风能够明显改善患者的临床症状,提高患者的生活质量。在对血液流变学的影响上,治疗前两组病例间血液流变学情况无统计学意义;治疗前后比较,治疗组全血高切粘度、全血低切粘度、红细胞压积、红细胞聚集指数有明显差异,对照组治疗前后比较无统计学意义;治疗后组间比较,治疗组全血高切粘度、红细胞压积改善较对照组显著;在对凝血功能相关指标的变化方面,治疗前两组病例间凝血功能情况无统计学意义;治疗前后比较,治疗组FIB有明显差异,对照组治疗前后比较无统计学意义;治疗后组间比较$P>0.05$提示两组改善凝血功能情况作用相似。

采用化痰通腑联合针刺的“上病下治”法治疗急性缺血性中风不仅未能使患者的病情恶化,反而能使患者的病情好转或稳定,能明显改善患者的临床症状治疗组治疗前后肝肾功能及血常规相关指标均无统计学意义,$P>0.05$,提示本方案对肝肾功能及血象无明显影响。且未见一例过敏现象。以上说明化痰通腑联合针刺的“上病下治”法治疗急性缺血性中风无毒副作用,安全有效。总之,该项研究没有出现一例死亡。

研究显示,化痰通腑联合针刺治疗急性缺血性中风有较好的临床疗效,该治疗方法对患者的NIHSS、ADL、QLI评分均有显著改善;对痰热腑实型中医证候也有显著改善;其对血液流变学情况也有明显改善,两组总疗效有统计学意义($P<0.05$)。该治疗方法对患者凝血功能情况无明显影响及其对肝肾功能、血常规相关指标均无明显影响,表明该治疗方法对患者无明显毒副作用,安全有效。

中风病病变在脑,化痰通腑法治在胃肠,“上病下治”,综合调理,此经验来自于长期的临床实践,并在精心的总结、归纳之后又长期运用于临床实践,其充分体现了中医学的整体观念,体现了辨证论治的思想,化痰通腑联合针刺的“上病下治”法治疗急性缺血性中风可以取得良好的治疗效果,为中医治疗中风病的深入研究提供了宝贵的经验。2007年,湖北省卫生厅组织专家鉴定,达国内领先水平。

【青藤碱关节腔注射治疗骨关节炎的实验研究】 2007年11月23日武汉市科技局组织有关专家对武汉市一医院张惠琴等承担的“青藤碱关节腔注射对兔膝骨关节炎细胞因子及软骨的影响”项目进行了鉴定。与会专家听取了课题组所作的工作报告、技术报告和课题研究的答疑。经过专家组认真讨论形成如下鉴定意见:

课题组提供的资料齐全,数据可信,符合科技成果鉴定要求。课题选题符合临床需要、立论有据、目的明确、实验设计合理、研究方法和技术手段先进、科学性及逻辑性强、结论可靠。研究表明,青藤碱关节腔注射能够明显降低兔骨性关节炎关节液及血液中炎性细胞因子的含量,使软骨结构损伤程度的进程减缓,能减轻延缓关节软骨的退变。经情报检索查新,该研究首次为青藤碱关节腔注射治疗骨关节炎提供了实验依据。综上所述,在同类研究领域中达到国内领先水平。

【微米大黄炭治疗消化性溃疡并出血的临床和实验研究】 由武汉市中西医结合医院时昭红等承担的“微米大黄炭治疗消化性溃疡并出血的临床和实验研究”课题鉴定会在湖北省卫生厅的主持下于2007年12月6日举行。与会专家听取了课题组所作的工作报告、技术报告和课题研究的答疑。经过专家组认真讨论形成如下鉴定意见：

该课题通过临床试验表明微米大黄炭内镜下喷洒治疗消化性溃疡并出血疗效显著，实验研究表明微米大黄炭能够显著缩短小鼠出、凝血时间、PT 和 APTT，同时提高血小板数量和聚集性，提高大鼠血小板 TXB2 而下调 6 - keto - PGF1α 的水平，增加血小板 GMP - 140 的含量，而对 t - PA 及 PAI - 1 活性无明显影响。说明微米大黄炭通过激活内源性和外源性途径的多种凝血因子而促进凝血过程中的凝血酶原和凝血活酶的生成，同时增加血小板的聚集性可能是微米大黄炭止血作用的重要作用机制。该课题的创新点是：1. 选题创新：发挥中西医结合优势，取长补短，选用药物疗法与非药物疗法相结合治疗消化性溃疡并出血。2. 制备工艺创新：首次采用现代超微粉碎技术与传统炮制技术相结合制成微米颗粒的新型中药制剂。3. 给药途径创新：首次采用中药新型制剂结合内镜技术喷洒治疗消化性溃疡并出血。其成果达国内领先水平。

【开胃消食糖浆治疗小儿厌食症临床及实验研究】 该课题由武汉市中西医结合医院徐辉甫等研究完成。经武汉市科技局组织专家鉴定，认为达到国内领先水平。

小儿厌食症是儿科常见病多发病，近年来随着生活水平的提高和膳食结构的改变，本病发病率逐渐升高，开胃消食糖浆治疗脾胃不和型小儿厌食症取得满意疗效，本课题从临床疗效到作用机制进行研究，为开发新型的中药制剂奠定了一定基础。

该课题基于现代中医传统理论和现代药理学研究相结合，从小儿厌食症病因出发，进行开胃消食糖浆立法组方，独辟蹊径运用龙胆草与荷叶，增加开胃消食之功效，目前在国内外尚属首创。

该课题从中医"证"型的角度讨论本实验动物模型，从病因、证候和治疗反证三方面复制和模拟中医症候，为模型的建议提供评价依据，为开胃消食糖浆作用机理的研究打下较好基础，也为中医药现代化提供思路。

【血压平防治自发性高血压大鼠血管重塑及与微量元素相关性的实验研究】 由武汉市中西医结合医院柯于鹤承担的"血压平防治自发性高血压大鼠血管重塑及与微量元素的相关性研究"，课题鉴定在武汉市卫生局的主持下于 2007 年 12 月进行了专家函审。经过专家组认真讨论形成如下鉴定意见

该实验从 SHR30 只及 WKY 大鼠，随机选用健康雄性，7 周龄 WKY 大鼠 6 只作为 WKY 对照组，将 SHR 随机分为 5 组，每组各 6 只，分别为 SHR 对照组，血压平低剂量组（SHR - L），血压平中剂量组（SHR - M），血压平高剂量组（SHR - H），达爽对照组。用药 3 个月后，再检测大鼠血压，血浆中血管紧张素Ⅱ，血清 NO 含量，肠系膜动脉管壁与腔径之比及血清中微量元素锌、铜、镁、铁、锰含量。结果表明：中药复方血压平具有显著的降压作用，能升高血管重塑的抑制因素 NO 的含量，并降低血管重塑的促进因素 AngⅡ的含量，能防止动脉中膜增厚，管腔变窄，对高血压血管有一定的保护作用，延缓高血压的进一步恶化及靶器官损害的发生发展，可能是血压平防治自发性高血压血管重塑的部分机制。但各组大鼠血清微量元素锌、铜、镁、铁、锰含量比较没有显著性差异。认为该研究达到国内领先水平。

【名老中医张唐法学术思想继承工作的研究】 2007 年 12 月 18 日，武汉市卫生局主持召开由武汉市中西医结合医院毛红蓉完成的"名老中医张唐法学术思想继承工作的研究"成果鉴定会，与会专家审阅了项目组提供的相关资料，听取了项目组所作的相关报告，进行了质疑，经过鉴定委员会专家认真讨论形成如下鉴定意见：

一、该项目通过继承、学习和研究，达到了总结老师张唐法教授中医针灸学术思想、临床经验、科研思路和方法的目的。这对于继承老中医针灸专家学术思想和实践经验，加速中医针灸人才的培养，推进针灸学术的继承与发展有重要意义。

二、该成果从强调针刺基本功；主张针灸治病，辨证、辨病、辨经结合；中西医结合是发展针灸学的重要途径之一；针刺施治，重视治神、得气、守气；注重疑难病的研究；注重基础理论的研究；重视比较研究，提高临床疗效及动物实验研究等八个方面总结了张唐法教授的学术思想。以分期辨证综合治疗中风；分时段治疗面神经麻痹；辨证治疗失眠症；体针与穴位注射配合治哮喘；头针治疗舞蹈样多动抽动综合征；针灸治疗高脂血症；针灸养心安神治疗心悸；针药结合治疗痛风性关节炎；夹脊穴临床应用及自拟方"脑缺血合剂"治疗脑缺血为例，总结了张唐法教授对针灸临床常见病、多发病、疑难病的丰富临床经验，充分分析了张唐法教授理法方穴术的针灸治疗特色。系统论述了张唐法教授从事针灸研究的思路、方法和成果。

三、该项目的主要特点：

1. 通过多年跟师学习实践,认真研读老师发表的论文和著作、参与其主持的科研课题,整理出了老师从事针灸临床、科研的思路和方法;

2. 学习、总结和继承了张唐法教授的学术经验和技术专长,在临床得到了广泛的应用与推广,培养造就了一批高层次的中医针灸临床技术人才。

四、该课题研究目的明确,经湖北省医学情报研究所情报查新,国内外所检文献未见到相同的研究报道。与会专家一致认为该课题研究达到同类研究的国内领先水平。

【肾衰合剂对维持性腹膜透析患者残余肾功能的影响】 由武汉市中西医结合医院熊飞承担的"肾衰合剂对维持性腹膜透析患者残余肾功能的影响"课题鉴定在武汉市卫生局的主持下于 2007 年 12 月进行了专家函审。经过专家组认真讨论形成如下鉴定意见:

该课题通过临床试验表明肾衰合剂能有效延缓持续性不卧床腹膜透析患者残余肾功能的下降,能改善脾肾气(阳)虚型持续性不卧床腹膜透析患者的症状及患者的营养状况。说明以黄芪、太子参、枸杞、地黄、牛膝、白术、茯苓、厚朴、当归、丹参、大黄等中药组成的肾衰合剂具有健脾益肾,补益气血,利湿降浊,活血化瘀的作用,既可恢复脾胃功能,升清以降浊,又可后天补先天,使肾精化生有源,肾元之气得以维护,增强机体抵抗力,使"正气存内,邪不可干"。在补益脾肾气血基础上,降浊,活血化瘀,使"邪去正安",气血调和,气机通畅,能防止残余的肾脏功能进一步损害。

该课题的创新点是:1. 选题实用性强:从临床常见病、多发病入手选题,充分发挥中医药的优势,运用中西医结合的方法,解决现代医学的难题,提高患者的生活质量,具有巨大的经济和社会效益。2. 治法有创新:现在对保护维持性腹膜透析患者残余肾功能的研究多集中在改变透析液的配方或者是透析方法,而本研究采用中药口服配合腹膜透析的中西医结合的方法,在维持腹膜透析患者总体透析效能的前提下,针对脾肾气(阳)虚型选择性的应用肾衰合剂,补肾同时,重于调理脾胃。3. 良好的经济效益和社会效益:肾衰合剂疗效确切,使用安全,服用方便,价格低廉,为慢性肾衰及腹膜透析患者提供了一种价廉物美,疗效高,副作用少的纯中药制剂。通过保护其残余肾功能,提高了患者的生活质量,发挥了良好的经济效益和社会效益。综上所述,该成果达国内领先水平。

【银杏叶干预前后激活素 A 对实验性肝纤维化的作用研究】 由武汉市中西医结合医院时昭红承担的"银杏叶干预前后激活素 A 对实验性肝纤维化的作用研究"课题在湖北省卫生厅的主持下于 2007 年 12 月进行函审。专家们认真阅读课题组的工作报告、技术报告后,所提的意见综合如下:

该课题通过对银杏叶干预前后大鼠肝纤维化中激活素 A 的变化进行动态的研究,结果证实:银杏叶提取物有较好的抗大鼠肝纤维化的作用;银杏叶提取物干预使肝纤维化大鼠 HSC 活化减弱,激活素 A 表达减少从而减少肝细胞凋亡,可能是其抗大鼠肝纤维化的机制之一。银杏叶提取物抗大鼠肝纤维化起作用必须达到一定的时间量化标准,其起效时间可能在银杏叶提取物干预实验的第 6 周。激活素 A 有可能作为一个血清学指标判断肝纤维化程度。该课题的创新点是首次对银杏叶干预前后大鼠肝纤维化中激活素 A 的变化进行动态研究,为临床预防和抑制肝纤维化提供了新思路,为银杏叶提取物的临床应用提供了实验基础和理论依据,为银杏叶提取物的开发应用提供了新途径。

综上所述,该课题在同类研究领域中达到国内领先水平。

【雄激素受体基因(CAG)n 多态性与痤疮、男性型秃发的相关性研究】 由武汉市中西医结合医院曾宪玉承担的"雄激素受体基因(CAG)n 多态性与痤疮、男性型秃发的相关性研究"课题鉴定会在武汉市卫生局的主持下于 2007 年 12 月 28 日举行。与会专家听取了课题组所作的工作报告、技术报告和课题研究的答疑。经过专家组认真讨论形成如下鉴定意见:

该研究检测了痤疮患者、男性型秃发患者及正常人(CAG)n 多态性、性激素水平,探讨(CAG)n 多态性在痤疮、男性型秃发中的分布,分析(CAG)n 多态性与痤疮、男性型秃发的相关性,并探讨(CAG)n 多态性与性激素水平、病情分级等临床表现的相关性。结果发现(CAG)n 多态性在痤疮患者、男性型秃发患者中的分布与正常人组比较无显著性差异,提示其在痤疮及男性型秃发的发病中可能不是一个重要因素,但痤疮组和男性型脱发组的某些受试者(CAG)n 多态性明显较正常人短(<17),提示(CAG)n 多态性在某些个体的痤疮及男性型秃发的发病中可能起一定作用。本研究首次发现(CAG)n 多态性与女性 FT 呈负相关,其意义有待进一步研究。

经鉴定,该课题在同类研究领

域中达到国内领先水平。

【血液病化疗时利多卡因加硫酸镁湿敷预防静脉炎的临床研究】 该课题由武汉市中心医院尹红、张艳、付阿丹等研究完成。武汉市科技局于2007年4月17日组织专家鉴定,达国内领先水平。

1. 研究目的:探讨一种经济、方便、有效地预防血液系统恶性肿瘤化疗性静脉炎的护理方法,保护病人有限的血管,帮助病人顺利完成化疗,延长病人生命,提高生活质量。2. 研究背景:近十年来,随着疾病谱的改变,血液系统肿瘤发病率有明显上升的趋势,已严重威胁人们的健康。我国血液系统肿瘤病人的发生率达2.76 / 10万。随着医学技术的飞速发展,治疗血液病的方法有了骄人的进步,但化疗药物的副反应越来越引起医学科技人员的高度重视。目前,血液系统肿瘤在我国临床上仍普遍采取外周浅静脉化疗的方法。外周浅静脉化疗后对静脉血管损伤性大,据有关文献报告,化学性静脉炎的发生率在57.6以上。3. 预期目标:3.1、化疗时采取同步药物湿敷可明显减轻或消除药物对静脉血管的刺激,为病人提供无痛治疗的条件。3.2、2%利多卡因可与25%硫酸镁混合应用,其作用是可减少和消除药物对静脉血管损伤所导致的化疗药物渗出,防止化学性静脉炎的发生。3.3、保护有限静脉血管生理功能,保证病人顺利完成化疗。4. 受试对象:选择2003年3月至2006年12月在该科住院,接受静脉化疗并完成4个疗程化疗的急性非淋巴细胞性白血病病人72例为研究对象,共化疗1 148例次。其中男39例,女33例,年龄20~77岁(55±1.3)。所有病例均符合(2005年6月天津白血病分型讨论会修订标准)。入选的本组病例要求无外周血管病变和血液动力学改变。在化疗前评估病人血管充盈度,触摸血管弹性,如有血管硬化或使用PICC置管化疗的病人,不在研究范围内。5. 化疗方案:两组病例中,急性非淋巴细胞性白血病病人选用DA方案(柔红霉素+阿糖胞苷)或MA方案(米托恩醌+阿糖胞苷),根据化疗方案,静脉化疗时间为7天,21~28天一个疗程。6. 研究工具 6.1、工具:采用惠普5 500彩色多谱勒超声诊断仪,彩色探头频率 为7.5MH2。6.2、病例分组方法:受试对象全部符合入选的标准病例,按照随病人住院号的尾数,随机分为两组。单数为对照组共32例;双数为观察组共40例。两组病例的年龄、性别、疾病种类及化疗方案比较无统计学意义($P>0.05$)。7. 操作方法:两组病人选择统一的静脉穿刺部位(前臂肘部以下),全部用7#头皮针采取每日穿刺。化疗时按保护静脉的原则:均从远心端到近心端注射,先手背,后尺桡静脉穿刺。如该静脉没有发生静脉炎表现,次日仍可在同一 静脉进心端穿刺,但同一静脉连续穿刺不能超过3天。观察组:病人在化疗时采用同步药物湿敷。在输入化疗药物前,取2%利多卡因5ml与25%硫酸镁20ml混合,将6×20cm纱布9层浸湿,在穿刺点上3.5cm处,沿血管向心方向湿敷,然后用塑料保鲜膜包裹至常规水化结束。8. 结果:两组进行血管情况比较,观察组血管损伤程度明显低于对照组,经统计学处理:$P<0。01$。两组进行彩色多谱勒定期探查和临床观察比较,观察组血管保护效果明显,总有效率为95%。9. 结论:化疗时,利多卡因加硫酸镁同步药物湿敷能有效的预防化疗性静脉炎。其方法操作简单,取材方便、经济,适合浅静脉化疗的病人,易于推广。

【Tenascin及Ki-67在鼻腔鳞癌组织中的表达及意义】 该课题由武汉市中心医院彭华、袁静萍、王桂华等研究完成。武汉市科学技术局于2007年2月13日组织专家鉴定,达国内领先水平。

Tenascin(TN)是一种新发现的细胞外基质糖蛋白,又称肌腱抗原,是细胞外基质中一个具有独特的六臂体结构的寡聚糖蛋白家族。一种高分子量糖蛋白,分子量160-300KD。迄今共发现五种TN,它们在胚胎发生过程中特定的时期和部位合成,在胚胎时期各种组织中均有广泛表达、在成熟组织中没有或仅有少量表达,而在多种肿瘤组织中都有突出表达。目前,TN在成人,仅局限分布于特定的上皮细胞-基底膜交界面上,却广泛分布于增殖性疾病和肿瘤的细胞外基质中如:胶质瘤、乳腺癌、肺癌等。Ki-67作为于细胞增殖相关的抗原,近来引起了广泛的关注。Ki-67抗原基因定位于第10号染色体上,Ki-67蛋白由分子量为358761D和319508D的两条多肽链组成,Ki-67抗原表达因细胞周期而异,是细胞周期和肿瘤生长的标志物,只出现在处于细胞周期中的细胞核内,在细胞进入G1期时开始表达至有丝分裂后迅速减少,到G0期则不表达,因而代表肿瘤的增殖水平。研究表明其指数高低可用于评估恶性肿瘤的预后和判断远隔脏器转移的危险性。为探讨鼻腔鳞癌中TN及Ki-67表达及其在肿瘤发生发展过程中的作用,本实验应用免疫组织化学SP法对56例石蜡包埋的鼻腔鳞癌、10例鼻乳头状瘤及10

例正常鼻粘膜分别进行 TN 及 Ki-67 蛋白的检测。结果表明，TN 和 Ki-67 在正常鼻粘膜、乳头状瘤组间($p<0.005$)，鼻乳头状瘤及鼻腔鳞癌组间($p<0.005$)，其差异具有高度显著性。Tenascin 及 Ki-67 在鼻腔鳞癌中表达明显增强，表明 TN 及 Ki-67 与鼻肿瘤的发生发展有关。并且 TN 及 Ki-67 在鼻腔鳞癌中的表达呈正相关关系($p=0.8610$)，进一步间接显示了 TN 参与了鼻腔鳞癌增殖的正性调节。并发现鼻腔鳞癌中 TN 蛋白的表达与分化程度有关，在中分化和低分化的鼻腔鳞癌中的表达明显高于高分化鼻腔鳞癌($p<0.005$)，表明 TN 有促进肿瘤细胞生长潜能的作用。以上结果提示，TN 蛋白在鼻腔鳞癌中的表达比正常鼻粘膜组织中的表达高，且肿瘤组织分化水平越低，TN 蛋白的表达水平越高。另 TN 与鼻腔鳞癌的增殖活性呈正相关，即 TN 蛋白在鼻腔鳞癌中高表达可促进鼻腔鳞癌的增殖。综上所述，检测鼻腔鳞癌中 TN 蛋白的表达可作为判断鼻腔鳞癌的分化程度、增殖活性水平等，为临床治疗措施的制定和预后判断提供新的理论和实验依据。目前，对 TN 的研究较少，特别是其在肿瘤发生发展过程中的作用尚不十分清楚，确切机制有待进一步研究。

【二烯丙基二硫诱导人胃癌 MGC803 细胞凋亡及细胞周期阻滞的研究】 该课题由武汉市中心医院袁静萍、胡绍、周国俊、杨月红、黄磊等研究完成。武汉市科技局于 2007 年 6 月 20 日组织专家鉴定，达国际先进水平。

1. 课题来源与背景：胃癌是最常见的恶性肿瘤之一，在我国的发病率和死亡率仍居首位，严重威胁着人们的健康和生命。肿瘤是多基因变化导致细胞周期紊乱，细胞失控性生长所导致的一类疾病，用药物来激活细胞周期调控机制，控制细胞周期，从而诱导肿瘤细胞凋亡和分化已成为肿瘤治疗的一个可行的新途径。二烯丙基二硫（diallyl disulfide，DADS）是大蒜中的一种脂溶性的有效成分，对乳腺癌，肝癌等多种肿瘤均有明显的抑制作用，是一种很有开发潜力的抗肿瘤药物。目前，国外尚无关于 DADS 对胃癌细胞的周期阻滞和凋亡的研究。2. 研究目的与意义：本实验以我国发病率和死亡率最高的恶性肿瘤胃癌 MGC803 细胞为实验对象，运用细胞培养、MTT 法、流式细胞仪、免疫组化等方法研究 DADS 对胃癌细胞的周期阻滞和凋亡作用，为 DADS 这种很有开发潜力的抗癌药物在胃癌治疗方面的临床应用提供理论基础。3. 主要论点与论据；①MTT 法显示，DADS 对 MGC803 细胞有明显的抑制增殖作用；②经 30 mg? L-1DADS 作用 MGC803 细胞 48 h 后，用吖啶橙染色法观察到不同阶段的凋亡细胞形态学改变；③流式细胞仪分析结果显示，DADS 对 MGC803 细胞有明显的 G2/M 期阻滞作用，且 DADS 呈时间依赖性诱导 MGC803 细胞凋亡。④SP 免疫组化结果表明 30 mg? L-1DADS 处理细胞 24 h 后，Bax 蛋白表达升高。4. 创见与创新；(1)二烯丙基二硫(DADS)对人胃癌 MGC803 细胞有明显的抑制增殖作用。①DADS 对人胃癌细胞有明显的 G2/M 期阻滞作用。②DADS 对人胃癌细胞有明显的诱导凋亡作用。③DADS 诱导细胞凋亡的作用可能与 Bax 蛋白表达升高有关。(2)DADS 引起 MGC803 细胞 G2/M 期阻滞并诱导凋亡可能是其抗肿瘤的机制之一。(3)文献查新检索结果表明目前国内外未见与本课题组相同的研究报导。

【抗感利咽喷雾剂治疗小儿急性咽炎实验及临床研究】 该课题由武汉市第三医院刘丹娅、邹慧承、于瑞和等研究完成。武汉市科技局于 2007 年 5 月 29 日组织专家鉴定，达国内领先水平。

该项目属应用技术(AT)。临床上小儿上呼吸道感染较为常见，其病原菌 90% 为病毒，目前尚无特效药物治疗。本课题旨在研制一种具有方便、快捷、有效治疗小儿急性咽炎的药物，并对其进行较系统的药剂学、药效学、毒理学实验研究及临床疗效观察。验证其在小儿上呼吸道感染治疗中的应用价值。我们根据中医药理论，按照清热解毒、辛凉透邪、利咽散结、消肿止痛的组方原则。采用金银花、连翘、贯众、鱼腥草、牛蒡子、射干，经现代工艺技术制成喷雾剂。本课题进行了系统的药效学研究，证明抗感利咽喷雾剂具有抗炎、镇咳、增强非特异性免疫、降低大鼠被动皮肤过敏反应等作用。毒理学研究证明该药对大鼠咽、支气管和肺无刺激性，外用给药对豚鼠皮肤无致敏性反应，长期给药对动物的一般状况、体重、脏器指数、血液生化指标无影响，无毒性作用。大鼠咽、肝、肾病理组织形态学检查无异常改变。临床选择符合诊断标准的小儿急性咽炎 113 例和小儿疱疹性咽峡炎 68 例，进行临床疗效观察。研究表明，抗感利咽喷雾剂在总有效率、治愈率、主要症状和体征消失时间方面明显优于对照组，差异有显著性。并且能有效镇咳、减轻咽充血和修复疱疹溃疡。所有观察病例均未发现不良反应。经武汉市医学科学研究所查新检索,所检国内外文献中,未见有相同研究报道。

【痛风颗粒治疗痛风性关节炎的实验及临床研究】 该课题由武汉市中医医院张荒生、王进军、张义生等研究完成。武汉市科学技术局于2007年12月26日组织专家鉴定,达国内领先水平。

一、选题目的 痛风(gout),是嘌呤代谢紊乱致尿酸生成增多和/或尿酸排泄减少所引起的一组疾病。急性痛风关节炎是患者就诊的常见原因,90%以上患者是由于尿酸排泄减少、少数是尿酸生成过多。血的尿酸结晶可沉积在关节、软组织及肾脏,产生相应的临床症状,即:痛风关节炎、痛风石及痛风肾。随着人民生活水平的提高、饮食结构的变化,痛风的发病率有逐年增高、逐渐出现年轻化的趋势,而目前现代医学对其并无特效的理想防治措施,所有治疗西药均存在不同程度的毒副作用与不良反映。同时,痛风又有反复发作的特点,患者多难以长期接受西药治疗。针对临床痛风发病率逐渐升高同时又有反复发作的特点,不少学者采用中医的辨证论治方法对其进行治疗,取得较为公认的疗效。因此,如何发掘出安全、有效的传统诊治措施,是一项很有意义的课题。二、课题来源 "痛风颗粒治疗痛风性关节炎的实验及临床研究"来源于武汉市卫生局科研计划课题。三、技术原理 本课题借助大鼠尿酸钠关节炎模型、大鼠高尿酸血症模型,观察痛风颗粒对模型大鼠急性痛风性关节炎体征改变、血清IL-1α、(白细胞介素-1α)、IL-6(白细胞介素-6)、LP-PLA2(磷脂酶A2)、肾功能相关指标的影响,对大鼠滑膜组织一般病理变化及痛风肾模型的防治等方面的影响,探讨痛风颗粒的作用机理。四、主要性能指标 1. 确定该组方的剂型为颗粒剂,并制定了该制剂的提取、浓缩、成型等一系列规范的工艺流程,已试生产一批制剂用于实验及临床研究。2. 主要药效学研究表明,痛风颗粒能显著降低大鼠高尿酸血症模型的血尿酸值;对注射尿酸钠盐结晶所致的大鼠关节炎模型的关节肿胀、疼痛及炎症反应有显著的抑制作用。3. 对新制剂进行急性毒性试验表明,痛风颗粒临床日用量36g/日(约0.8g/kg)是安全的。4. 痛风颗粒对急性痛风性关节炎的临床疗效观察表明,痛风颗粒可以降血尿酸,改善关节功能,减轻关节炎症状,降低血沉,无明显毒副作用与不良反应,总体疗效优于苯溴马隆。五、与国内外同类技术的比较 本课题所研究的痛风颗粒,经武汉医学专业科技查新站检索,未见与痛风颗粒药物组成相同的中药制剂,国内外均未见相同技术报道。六、成果的创新性、先进性 1. 方药配伍有创新:痛风颗粒基本方来源于 经方"白虎汤",白虎汤原用于阳明经证。痛风颗粒适用于痛风,以局部关节红肿热痛为主症,兼口渴,舌质红,苔黄,脉数,与原方的适应证有所区别。2. 剂型新颖、使用方便:在制剂工艺中芳香无糖型等原料为辅料,取其芳香化湿之功,不同于传统含糖型颗粒。痛风颗粒既保持传统中药汤剂见效快,也对急性痛风关节炎并发肥胖、糖尿病、高血压、高脂血症等症具有一定治疗作用。3. 质量标准研究内容完整。应用薄层检测及高液相(HPLC)检测方中知母、赤芍、土茯苓、甘草含量,国内外未见如此完整的报道。4. 从LP-PLA2等指标角度探讨中药制剂的作用机理,国内外未见相同报道。

【肤疾康喷雾剂的研制及临床试验研究】 该课题由武汉市中医医院金德珍、陈鹏英、戴蜀平等研究完成。武汉市科学技术局于2007年12月27日组织专家鉴定,达国内领先水平。

肤疾康喷雾剂由黄芩、金银花、苦参、藿香、野菊花、薄荷脑等组成,用于治疗致病性真菌所致的皮肤疾患。长期临床验证表明,对治疗真菌所致的皮肤疾患,如皮炎、湿疹、毛囊炎等浅部真菌病及蚊虫叮咬、脓疱疮、疖肿、及各种原因引起的皮肤瘙痒疹等皮肤疾病,该方临床效果显著。为了进一步提高该药物的疗效,同时探讨中药复方制剂中有效成分在提取过程中的相互影响,对肤疾康喷雾剂的主要有效成分黄芩苷进行了分离与鉴定,并对黄芩单味药及复方制剂中黄芩苷含量进行了比较。在有效成分研究的基础上,以黄芩苷含量作为指标对肤疾康喷雾剂的制备工艺进行了研究,制定了其质量标准,并对其初步稳定性和药理学进行了研究,并着重进行了对真菌方面的抑制实验研究,从而为将本方开发为中药新药提供了科学依据。以黄芩苷为检测指标,采用正交试验优选提取工艺,确定最佳提取工艺为药材粗粉、加8倍量70%乙醇、浸泡24h,渗漉。为本品制定了明确的质量标准,分别对黄芩、金银花、苦参、藿香进行了薄层色谱鉴别,阴性对照品无干扰,专属性强;采用HPLC测定了黄芩苷的含量。考察了肤疾康喷雾剂的初步稳定性,加速试验(40℃、相对湿度75%)考察3个月,室温放置3个月,各相关指标均符合要求,说明本品稳定性良好。将肤疾康喷雾剂提取物,经酸、碱处理,上聚酰胺柱,先用蒸馏水冲洗,再用甲醇冲洗,回收甲醇部位得淡黄色的结晶,该化合物与黄芩苷对照品混合熔点不下降，两者共薄层色谱，其Rf值一致，其UV、IR光谱和NMR与黄芩苷对照品光谱一致，从而证明复方中黄芩苷的化学结构未发生改变。在相同工艺条件下，分别对单味黄芩和肤疾康喷雾剂提取时，发现肤疾康喷雾剂中的黄芩苷得量稍降低，说明方中其他中药的化学成分在提取时对黄芩苷的提取有一定影响。同时以黄芩苷为指标，考察了乙醇渗漉工艺黄芩苷转移率，确保工艺的优选前提。药理试验初步研究表明，肤疾康喷雾剂有明显的抗真菌作用，其抗真菌MIC为1.56mg/ml（药液量）。药理试验表明本品无过敏、急性毒性、刺激性。经临床观察，肤疾康喷雾剂外用皮肤浅部真菌病、皮炎、湿疹有明显疗效，未见不良反应。临床统计分析，肤疾康喷雾剂与益康唑在治疗皮肤真菌感染方面作用显著，二者疗效无显著差异，P〉0.05，在治疗前后真菌转阴率显著，$P<0.01$。临床观察该中药制剂无毒副作用，目前在治疗皮肤浅层真菌方面一直以西药为主，该中药制剂使用携带方便，效果显著，值得推广。

【疏肝健脾颗粒治疗肝郁脾虚型胃脘痛的实验及临床研究】

该课题由武汉市中医医院胡锡元、彭国平、陈曼芙等研究完成。武汉市科学技术局于2007年5月29日组织专家鉴定，达国内领先水平。

疏肝健脾颗粒治疗肝郁脾虚型胃脘痛的实验及临床研究"课题是武汉市卫生局科研计划课题（课题编号：武卫科字1999〔196号〕）。该课题根据中医胃脘痛肝郁气滞，脾胃虚弱的主要病理表现，以临床经验方为基础，采用现代制药工艺研制的中药制剂－－疏肝健脾颗粒，用于治疗脾胃病疗效较好。为了探讨药物的作用机理，开展"疏肝健脾颗粒治疗肝郁脾虚型胃脘痛的实验及临床研究"课题。该课题实验研究，应用水浸应激、利血平诱发等方法造成大鼠及小鼠急性胃溃疡模型，应用利血平复制大鼠脾虚模型，观察试验药物对模型动物溃疡指数、血清D－木糖及血清淀粉酶含量，胃粘膜组织SOD活力，MDA值的影响；应用小鼠扭体实验、小鼠耳肿胀实验、大鼠棉球肉芽肿实验，观察药物的镇痛抗炎作用；应用小鼠游泳实验和小鼠常压缺氧实验，观察实验药物对应激反应的影响。结果，疏肝健脾颗粒能显著降低大鼠水浸应性溃疡及小鼠利血平诱发型溃疡的溃疡指数；显著增加脾虚模型大鼠的血清D－木糖含量及血清淀粉酶含量；显著提高胃粘膜组织的SOD活力，降低MDA值；提高血清PGE2值；显著减少小白鼠醋酸扭体次数，非常显著抑制小白鼠耳廓肿胀，非常显著抑制大鼠棉球肉芽肿；显著提高血清溶菌酶含量、半数溶血素值、足垫肿胀厚度。提示：疏肝健脾颗粒具有抗消化性溃疡、促进消化吸收功能；清除氧自由基，减轻氧自由基对胃粘膜的损伤；促进PGE2生成的作用；同时具有镇痛、抗炎作用；具有提高机体抗应急能力的作用。急性毒性实验显示：小鼠一次口服最大耐受量为240g/kg，为成人临床每日常用量的200倍。提示试验药物成人临床常用量口服使用安全。临床研究，应用疏肝健脾颗粒治疗肝郁脾虚型脾胃病105例，阳性对照组100例，治疗1个月。结果，疏肝健脾颗粒治愈42例，显效40例，有效18例，总有效率95.2%；阳性对照组治愈26例，显效38例，有效22例，总有效率86.0%。两组临床疗效比较，差异显著（$p<0.05$）；同时，部分临床症状改善率比较，差异显著（$p<0.05$），在临床观察中，未发现试验药物的毒副作用及不良反应。结论：疏肝健脾颗粒治疗肝郁脾虚型脾胃病疗效肯定，临床常用量口服使用安全。

【祛斑养颜霜治疗黄褐斑临床及实验研究】 该课题由武汉市中医医院冯小菁、刘长清、傅雷等研究完成。武汉市科学技术局于2007年4月6日组织专家鉴定，达国内先进水平。

一、选题目的：黄褐斑是一种常见的面部色素沉着性皮肤病，中医称为"肝斑"，属于祖国医学"黧黑斑"、"面风黧"、"面尘"等范畴，好发于中青年女性，由于严重影响美容，因此进而影响病人的心理健康。黄褐斑皮肤色素增加过度可由内分泌因素、紫外线照射、遗传因素、氧自由基、微生态的影响，也可因药物与化妆品、情绪和其它疾病引起。课题来源："祛斑养颜霜治疗黄褐斑临床及实验研究"是武汉市卫生局科研立项课题。二．技术原理1. 课题以0.4%黄体酮注射液按0.02g/kg剂量，小鼠后肢肌肉注射，复制动物模型。通过对常规组织病理，免疫组化染色，免疫组织病理检测：观察皮肤，肝组织MDA，SOD含量的影响，测定祛斑养颜霜的最佳药物剂量。2. 观察该斑患者治疗前后皮损情况，用积分法判定功效。3. 观察实验药物对动物完整及破损皮肤可能产生的毒性药性反应，皮肤过敏反应，皮肤刺激反应。三、观察结果1. 实验药物能使造模动物皮肤和肝组织增高的MDA下降，使下降的SOD提高，与阴性对照组比较差异显著（$P<0.05$，$P<0.01$）。2. 临床综合疗效

比较，治疗组显效36例(53.74%)，有效26例(38.80%)，无效5例(7.46%)，总有效率92.54%。治疗组对照组临床综合疗效比较，差异显著(P<0.05)。临床总有效率比较，差异显著(P<0.01)。四、成果创新性、先进性：1. 组方上有新突破：祛斑养颜霜组方源于孙思邈《千金方》的思路，结合祖国医学色效相关、人与天地相应的理论，我们认为还应与肺有密切关系，肺主皮毛，与白色对应，故在选药组方上充分考虑上述观点。依据中药君，臣，佐，使的特性和现代中药药理学成果并根据黄褐斑病理特点，结合临床经验，精心组方，经过10多年临床观察，反复遴选而成。组方祛斑养颜霜经文献检索无相同的组方和研究报道。2. 运用病理组织学和免疫组织化学的方法，研究祛斑养颜霜对黄褐斑的作用机理，具备一定的先进性。3. 临床治疗67例，治疗组显效36例(53.74%)，有效26例(38.80%)，无效5例(7.64%)，总有效率92.54%。4. 祛斑养颜霜特点优势，色泽纯正，草本清香，膏体细腻，吸收好，显效快，无任何激素和化学载体，效果安全，将治疗和调整养颜相辅相成，是健康肌肤的好伴侣；且无刺激，脱皮等现象，长期有效使用，无依赖性。五、结论：祛斑养颜霜能显著改善黄褐斑患者皮损颜色和面积，值得进一步研究和推广。

【胰岛素样生长因子系统与新生大鼠肺发育及肺损伤关系的研究】

该课题由武汉市儿童医院刘汉楚、常立文、孙金枝等研究完成。武汉市科技局于2007年6月26日组织专家鉴定，达国内领先水平。

(1)课题来源与背景：自选项目。肺是人体最重要的器官之一，它特殊的结构特点和解剖位置使其极易受到内源性和外源性损伤因素的攻击而造成肺损伤；随着围生期极低出生体重儿、超低出生体重儿的成活率提高，使得肺发育不成熟和肺发育不良所致的呼吸衰竭比例增加，从而导致围生期婴儿发病率和死亡率增高。存活者可能留有严重的并发症。因此，肺发育和肺损伤的研究极其重要。(2)技术原理及性能指标：大鼠肺发育过程与人类极为相似，且标本易得，故常常以大鼠为研究对象。肺的发育和成熟是一个极其复杂的过程，其确切机制尚未完全阐明。近年研究发现，肺发育和成熟与胰岛素样生长因子(IGF)系统有关，但多种研究结果尚不一致。该项研究通过大鼠肺发育过程中的IGFs变化规律，并以一定的药物进行干预，以期探讨IGFs与新生儿肺发育的关系。呼吸机及高浓度氧(>60%)也会影响肺发育，甚至肺损伤。损伤后，修复过程依赖于肺泡Ⅱ型细胞的增殖和转化成Ⅰ型细胞的能力。IGFs能促进Ⅱ型细胞增殖和转化成Ⅰ型细胞。IGFs系统的许多成分涉及Ⅱ型细胞的增殖调控。该项研究就是在以上理论的基础上进一步探讨IGF系统的演变规律，从而为正确干预肺发育过程、防止肺损伤提供理论依据。(3)结果：①IGF-Ⅰ、IGF-Ⅱ、IGF-2R及IGFBP-2之肺表达(Western blot)结果：IGF-Ⅰ：对照组、维甲酸组从孕18d起逐渐增高，生后5~7d达高峰，随后渐降；地塞米松组孕20d~生后3d，强度明显高于对照组，以后各时间点均低于对照组；维甲酸组早期浓度明显高于对照组，晚期则与对照组无明显差异。IGF-Ⅱ：各组孕18d表达最高，随后渐降低。地塞米松组孕20d~生后3d的表达强度与对照组相比明显增高，以后各时间点强度与对照组差异无统计学意义；维甲酸组各时间点浓度与对照组相比无明显差异；IGF-2R：各组孕18d强度最高，随后逐渐降低；地塞米松组各时间点表达均较对照组明显减弱，其差异具有统计学意义；维甲酸组各时间点表达强度虽较对照组高，但无明显统计学差异，而与地塞米松组各时间点表达强度相比明显减弱；IGFBP-2：各组孕18d表达量最高，随后逐渐降低；地塞米松组各时间点表达均较对照组明显增强，维甲酸组各时间点表达强度较对照组降低。②RT-PCR结果：IGF-Ⅰ、IGF-Ⅱ、IGF-2R、IGFBP-2等mRNA的表达强度变化与各自的肽浓度变化相似。③技术的创造性、先进性。其创造性在于较系统地观察了大鼠肺发育过程中的IGFs变化规律，并以一定的药物进行干预，探讨了IGFs系统与新生儿肺发育的关系；并模拟临床制作成高氧肺损伤模型，观察大鼠肺损伤过程中的IGFs变化规律，并以一定的药物进行干预，发现了IGFs系统与新生儿高氧肺损伤的关系及药物干预的可能作用机制。若应用于临床可以有效地减少新生儿的发病率、死亡率及后期并发症。④技术的成熟程度，适用范围和安全性：各项技术已相当成熟，适用于医学领域且安全性好。⑤应用情况及存在的问题：目前尚未应用于临床。(4)问题是：①临床资料的积累；②还需进一步研究IGFs系统在血液中的浓度变化，以便应用时更简单、更准确、损伤更小。

该项目研究的创新点在：(1)首次提出胰岛素样生长因子系统与新生大鼠肺发育有关的观点；(2)首次提出了胰岛素样生长因子系统与新生大鼠高氧肺损伤密切相关；

(3)首次提出了维甲酸干预新生大鼠肺发育与高氧肺损伤可能与胰岛素样生长因子系统有关，初步阐明了维甲酸干预新生大鼠肺发育与高氧肺损伤的可能分子机制，为临床上药物促进肺发育预防高氧肺损伤的发生提供了一定的理论依据。

【结直肠癌局部淋巴结 CEA 含量判断淋巴结转移的价值】 局部淋巴结转移状况是判断结直肠癌预后和选择辅助治疗方案的重要因素之一。结直肠癌淋巴结分期经历了由定性向定量演变，即由 Dukes 分期到 TNM 分期。为了准确判断淋巴结转移及其数目，淋巴结检查不仅对淋巴结数目，并且对每枚淋巴结切片数目也有要求。但病理检查工作量巨大，费时、昂贵，常在术后 3-4 周才有淋巴结转移的分期资料，不利于及时辅助治疗。

2004 年以来，武汉市第六医院普外科课题组针对以上情况通过两年多时间选取有完整病理资料的结直肠癌根治性切除术连续病例共 67 例，采用电化学发光法测定结直肠癌肠旁和顶端淋巴结浸出液 CEA 浓度，术后 1 日即可得出结果，有助于快速判断局部淋巴结转移状况，对结直肠癌病例术后及早实施辅助化疗和判断预后有帮助。

2007 年 3 月 26 日，该项成果通过湖北省卫生厅组织鉴定，达到了国内领先水平。

【高渗盐水和羟乙基淀粉对腹部大手术后液体正平衡影响的研究】 腹部大手术可导致机体全身性炎症反应，液体复苏必然导致液体正平衡和全身水肿。液体正平衡量大的病人预后不良，并发症发生率和死亡率较高；而液体负平衡延迟出现则意味着预后不良。如何减少液体正平衡量、促进液体负平衡尽早出现，是当今外科液体治疗研究的关键，对减少腹部大手术后并发症发生率和死亡率有重要意义。

武汉市第六医院普通外科课题组 2003 年 6 月至 2006 年 12 月，对 160 例腹部大手术连续病例做对比研究，分析结果得出如下结论：腹部大手术后，应用 7.5% 高渗盐水和羟乙基淀粉(130/0.4)可减少术后的输液量和液体正平衡量，促进液体负平衡提前出现；并使术后总体并发症发生率和肺部感染发生率降低。

2007 年 4 月 28 日，该项成果通过湖北省卫生厅组织鉴定，达国际先进水平。

【银杏磷脂胶囊的制备与治疗冠心病心绞痛临床疗效观察研究】 武汉市第六医院中药剂科从 2003 年起对银杏磷脂胶囊的制备与治疗冠心病心绞痛临床疗效进行观察研究。课题组经制备工工艺筛选、质量标准、极性毒性试验、药效学试验、临床试验等程序，成功地应用了超临界 CO^2 萃取技术，在银杏叶提取物中加入大豆卵磷脂制备成银杏磷脂复合物胶囊，增大了银杏酮酯脂水分配系数，提高了生物利用度。

临床试验 63 例患者，其中银杏磷脂复合物胶囊治疗组 32 例，银杏叶胶囊对照组 31 例，经临床观察银杏磷脂复合物胶囊在改善冠心病心绞痛患者的心绞痛症状、降低心绞痛发作频率、持续时间和减少硝酸甘油用量及心电图、血脂、血液流变学等方面，治疗组均明显优于对照组($P<0.05$)。

2007 年 05 月 31 日，该课题通过武汉市卫生局组织的专家鉴定，达国内领先水平。

【预测胃癌预后的分子遗传学研究——预测胃癌淋巴结转移与预后的分子标志物研究】 该课题由江汉大学附属医院刘丽江、邓昊、周红艳等研究完成。武汉市科技局于 2007 年 3 月 29 日组织专家鉴定，达国内领先水平。

该项研究，通过对 139 例人体胃癌组织样本的系统研究和长期的随访，运用组织芯片等先进的技术手段，对 30 种已知的肿瘤分子标志物在胃癌组织中的表达进行了检测，获得了大量的研究数据，由此得出以下结论：1. 预测胃癌淋巴结转移的肿瘤分子标志物包括：Survivin，IGFR-1，VEGFR-3，PDGF，C-met 等。Survivin，IGFR-1，VEGFR-3，PDGF 和 c-met 的表达缺失，预示伴有胃癌淋巴结转移。2. 预测胃癌淋巴结转移程度的肿瘤分子标志物包括：MMP2，P16，Survin，IGFR-1，VEGFR-3，VEGF-C 等，MMP2 和 P16 肿瘤分子标志物高表达、Survivin，IGFR-1，VEGFR-3，VEGF-C 等肿瘤分子标志物表达缺失，可以预测胃癌淋巴结转移的程度。Survivin，IGFR-1，VEGFR-3 等三种肿瘤分子标志物的表达缺失，不仅可以预测胃癌淋巴结有转移，同时也与淋巴结转移的程度密切相关，是独立的预测胃癌淋巴结转移的肿瘤分子标志物。3. 预测胃癌生存时间的分子标志物有 VEFGR-3 和 VEGF-C，两者的表达预示胃癌术后生存期延长，是独立的预后良好的肿瘤分子标志物。4. 30 种肿瘤分子标志物中除 MMP2，TIMP 和 IGFR-1 外，E-cadherin，Cavolin-1，VEGFR3，VEGFC，DNAP，MMP9，P57，c-fos 等阳性并且不伴有淋巴结转移，其术后生存时间长，是预示预后良好的肿瘤分子标志物。HRG，Mucin-2，HER-2，

P57, PDGF, Cathepsin D, P21ras, STAT1, FHIT, Caspase7, Caspase3, C - met, MSH2, p16, nm23, PTEN, Cyclin D1, Survivin, PCNA 等不表达或低表达并伴有淋巴结转移,是胃癌预后不良的肿瘤分子标志物。5. 淋巴结转移的程度即 N 分期是胃癌预后最为重要的指标。N0 期的平均生存时间最长,N3 期的平均生存时间最短,差异以统计学意义。6. 病理学检查确认的肿瘤浸润深度是胃癌预后的最为重要的指标。肿瘤的浸润深度越深,预后越差。肿瘤侵及浆膜层或穿破浆膜累及临近器官,平均生存时间明显缩短。7. 病理学检查确认的肿瘤大小是胃癌预后的重要指标之一。胃癌肿块大于 5cm 预后不良,平均生存时间缩短。8. 组织学类型与胃癌预后无明确的相关性。胃癌组织学类型与胃癌的生存时间尚无明确的关系。9. 胃癌组织学异质性与胃癌淋巴结转移以及转移个数相关,即具有组织学异质性的胃癌多伴有淋巴结转移,并且转移淋巴结个数多,差异有统计学意义。综上所述,本项研究寻找到了预测胃癌淋巴结转移、预测胃癌淋巴结转移程度、预测胃癌生存时间、预测胃癌预后的肿瘤分子标志物,为这些肿瘤分子标志物的临床应用提供了理论依据和实验数据,对提高胃癌的生存具有重要的现实意义和临床应用的价值。

【脑卒中患者及其家属生活质量的研究】 该课题由武汉市武东医院戢秋明、谢良平、钱燎等研究完成。武汉市卫生局于 2007 年 5 月 18 日组织专家鉴定,达国内领先水平。

随着公共卫生、营养、饮用水和医疗条件的进步和改善,人均明显寿命增长,地球老龄化现象日益突出,老年人的健康和生活质量已成为我们面临的重要公共卫生问题。在人口老年化的过程中,老年人在精神、躯体和社会功能等方面会发生一系列的变化,其结果体现了老年人的生活质量。生活质量是对个体感到的躯体、心理、社会多方面良好的生活适应状态的一种测量,可用来评价躯体功能、心理健康、社会功能及生活满意度等。脑卒中是老年人常见病之一,其致残率很高,极大地增加了患者本人、家属和社会负担。老年人口的增多和人类寿命的延长,是否伴随着脑卒中患者健康状况的改善和生活质量的提高呢?为了探讨这个问题,课题组从预防医学的角度出发对脑卒中患者及家属的生活质量进行调查。从 2005 年 7 月至 2006 年 7 月对该院门诊和住院 172 例脑卒中患者进行现状调查和研究,发现脑卒中患者生活质量卒中患者的生活质量下降,明显低于正常人群;研究结果提示脑卒中患者生活质量的影响因素为婚姻状况、居住地、经济状况、吸烟饮酒史、陪护情况、卒中类型、卒中次数、抑郁自评量表评分、日常生活能力评分、躯体疾病史和康复治疗,而且回归分析结果提示卒中患者的日常生活能力评分、卒中次数、婚姻状况,陪护情况和抑郁自评量表评分与脑卒中患者的生活质量密切相关。课题组对 108 例陪护家属生活质量进行调查,研究结果提示卒中患者家属的生活质量生理、心理、独立性、社会关系、环境、精神/宗教/信仰等各领域评分方面均低于正常对照组,逐步回归分析提示家属的生活质量与患者的婚姻状况、卒中次数、抑郁自评量表评分和日常生活能力评分有关。脑卒中直接影响患者及家属的生活质量,使卒中患者及其家属的生活质量下降,受患者的日常生活能力、卒中次数、婚姻、抑郁等多种因素的影响;作为临床医师,应充分认识影响患者及家属生活质量的因素,针对性地给予治疗和支持,提高患者及其家属的生活质量。项目研究的创新点在:(1)在国内采用世界卫生组织生存质量量表首次对脑卒中患者及其家属的生活质量同时进行研究;(2)在国内首次揭示脑卒中家属的生活质量与患者的婚姻状况、卒中次数、抑郁、日常生活能力等密切相关;(3)在国内首次揭示脑卒中患者的生活质量受日常生活能力、卒中次数、家属陪护、抑郁等因素的影响。

【推磨牙向后平移引导杆的研制及临床应用】 该课题由武汉市第八医院武广增、李明、李圣辉等研究完成。

课题来源与背景:该课题密切结合正畸临床,针对推磨牙向后矫治过程中出现的负移动,提出有效的解决办法。研制背景:在推磨牙向后矫治器获国家专利,"推磨牙向后矫治器的研制及临床应用"科研成果 2007 年通过武汉市科委、市卫生局组织的专家鉴定,达到国内领先水平。并在省内外举办了 10 余期培训班,临床推广应用 8 年,积累了丰富教学经验及临床应用体会的基础上研发。技术原理及性能指标:在推磨牙向远中移动的同时加载一个反向的能对抗该牙向远中舌侧旋转的力矩,即在第一磨牙带环上焊接一平移引导杆;根据力学原理计算:增加引导杆后,当磨牙同样沿远移方向(x 方向)移动 8mm 时,磨牙旋转由 12.5o 减少到 5.2o,减少约 58%,磨牙舌向位移(y)由 5.3 减少到 2.1,减少约 60%。技术的创造性与先进性:笔者设计的磨牙平移引导杆,其远中端贴附在第二磨牙牙冠颈缘上,在推进器释放矫治力推第一磨牙向远中移动过程中,能提供抗顺时针旋转力矩,有效抵抗第一磨牙向远中倾斜、舌向旋转的趋势。磨牙平移引导杆的自主创新研制,为提高我国口腔正畸医学的临床疗效,开展高质量的推磨牙向远中移动技术提供了得力的手段。技术的成熟程度,适用范围和安全性:磨牙平移引导杆是成熟技术,适用于上颌单侧推2个磨牙向远中移动,性能安全可靠。是高效能推磨牙向后矫治器功能的进一步改进和完善。应用情况及存在的问题:临床应用18例患者,在实施磨牙推进器推第一磨牙向后移动过程中,磨牙平移引导杆支撑在第二磨牙上,其稳固的力臂有效地对抗了第一磨牙的远中倾斜、舌向旋转力,同时使第二磨牙顺着第一磨牙平移引导杆的限定方向平行朝远中移动。希望能加工成产品。历年获奖情况:平移引导杆的主体装置"推磨牙向后矫治器"获武汉市2007年度科技进步奖3等奖。

【外用舒络油治疗急性软组织损伤的临床研究】 该课题由武汉市江汉区常青街社区卫生服务中心 武汉市东西湖区人民医院 武汉市优抚医院刘景科、李义灿、姜玉英、石斌等研究完成。武汉市卫生局于2007年3月30日组织专家鉴定,达国内先进水平。《外用舒络油治疗急性软组织损伤的临床研究》课题属于自选课题。选题背景主要是因为软组织损伤可占骨科门诊外伤的90%以上,尤其在我们基层医院,就诊者众多。损伤后出现局部血肿,疼痛、关节功能活动受限等症状,而影响患者学习、生活和工作,殊为所苦。其中一些上班或打工族,受伤后还不能很好休息,需要坚持上班,所以,为了有效地解决这一临床难题,该院选择这一课题。课题小组通过明代医家薛已著《正体类要》下卷的方药篇中,治疗跌打损伤的外用名方"活络酒"加减组方即:紫草、二乌、乌梅、乌梢蛇、蜂房、松节油等组成。从药效分析看,紫草,系内外兼用之良药,本方取其凉血活血之功效。川乌、草乌系治疗跌打损伤之主药,具有麻醉止痛功效。乌梅性酸涩,外用具有行气、止血止痛之效。乌梢蛇祛风通络、定惊止痛。蜂房,既能活血解毒,又能祛风止痛。松节油作为一种赋形剂,同时又具有祛湿、活血止痛之效。诸药合之,祛瘀活血、理气消肿、行而不燥,凉而不滞。因此,外用舒络油的组方科学严谨,疗效可靠。该项研究按照国家《中药新药临床研究指导原则》的标准和相关内容,将80例四肢关节软组织损伤患者随机分为舒络油组(治疗组)和正红花油组(对照组),每组40例,进行临床观察。两组均以10天为一疗程,并分别于治疗前、治疗后第3、7、10天系统观察患者的临床症状和体征,进行疗效评定。结果:治疗10天后,舒络油组的临床总有效率为87.5%,对照组为80.0%,两组比较无显著性差异($P>0.05$);治疗组症状体征总积分的改善程度稍优于对照组。治疗3天及治疗1个疗程后,治疗组疼痛、肿胀、瘀斑及功能障碍的评分均明显降低($P<0.05$),与阳性对照药物正红花油疗效比较无显著性差异($P>0.05$)。舒络油的组成系纯中药配方,从药效学看,它具有活血、凉血、怯风、通络、麻醉止痛之效,同时组方精练,制作简单,又没有名贵之药材,符合简、便、廉的卫生方向,在骨科临床和家庭常备用药具有广泛的推广和应用价值。下一步我们将从药物的安全性方面进一步研究完善,使之造福于民。

【追活丸治疗颈椎病、腰椎盘突出症的临床与实验研究】 该课题由武汉市新洲区中医医院姜楚涛、张南方、蔡春林等研究完成。武汉市科学技术局于2006年12月8日组织专家鉴定,达国内领先水平。

颈肩腰腿疼痛是临床常见病、多发病,在祖国医学中多归属于"颈椎病""腰椎间盘突出症"等范畴。总的病因病机是本虚标实,可因寒、热、湿、痰、瘀血等引起。该项研究采用祛风通络除湿,活血祛瘀止痛的治法,在挖掘民间验方和多年临床应用的基础上确立追活丸的组方,该项研究探讨建立追活丸制剂的质量标准,治疗颈椎病、腰椎盘突出症的效果和机理,安全性评价以及临床上治疗颈椎病、腰椎盘突出症的效果。进行了药学、药效学和临床研究。该研究严格按照卫生部颁发的《中药新药的临床研究指导原则》进行设计,其药品制备、药理、毒理试验等均按设计要求实施。

药材品种鉴别采用薄层色谱法对蔷薇根、三七、丹参、元胡进行定性鉴别;用双波长锯齿扫描法测定三七中人参皂苷Rb1和Rg1的含量;结果人参皂苷含量在1.006～9.224μg范围内线性关系良好,$r=0.9996$,平均回收率为98.7%,RSD为1.8%($n=4$)。

药、毒理实验以醋酸泼尼松片、阿斯匹林作为对照设置空白组,分别进行镇痛、抗炎实验;急性毒性试验;结果表明本品具有显著的活血祛瘀、抗炎镇痛作用。急性毒性试验未见明显急性毒性反应。

临床研究是对本院858例颈椎病、腰椎盘突出症患者进行了疗效分析。病人被随机分为治疗组(440例)和对照组(418例)治疗。治疗组和对照组的有效率分别为97.8%和76.4%,治疗前后颈部、腰部功能改善、症状、体征及影像学改变情况,ADL评分、VAS积分均显著改善,统计学处理具有显著差异,并且治疗组疗效明显优于对照组。统计学处理有特别显著意义(p<0.01)。

结论:追活丸对颈椎病、腰椎盘突出症患者有显著的治疗作用,疗效确切,安全性较高;其制定的质量标准可以保证追活丸的质量。经中国中医药文献检索中心湖北省分中心检索,“国内外均未见与委托课题相同的文献报道。”

【加味桃红四物汤治疗四肢骨折的临床研究】 该课题由武汉市新洲区骨伤专科医院缪金怀、许建国、许鑫等研究完成。武汉市卫生局于2006年9月21日组织专家鉴定,达国内领先水平。

随着社会的进步,生产力的不断发展,交通建筑业的突飞猛进,人们生活节奏明显加快,与此同时意外伤害也同步增长,骨折病人日益增多,外力作用引起的四肢骨折呈明显上升趋势,由于忽视了内外兼治或其它原因而形成骨不连,骨延迟愈合,甚至不愈合,肢体功能丧失,给学习生活和工作带来极大影响,殊为所苦,因此我们在选题时充分考虑本项研究具有宽领域的应用基础。临床选择了332例新骨折患者作为研究对象,随意分为治疗组166例,对照组166例,治疗组使用加味桃红四物汤,对照组使用盖天力,结果治疗组总效率为96.8%,对照组为71.7%,两组有极其显著的差异(P〈0.01)。加味桃红四物汤是继承中医药治伤传统理论,探索经典古方基础上的创新和发挥,该方对改善四肢骨折早期临床症状,促进骨折愈合有明显疗效,从而达到"瘀去、营和、新生、骨合"之目的。该方具有疗效高,药源广,价位低,无毒副作用和不良反映,使用安全方便,患者乐于接受等优点,临床应用已产生良好的社会效益和经济效益,开发使用前景看好,今后仍须深入研究疗效机理,使之快速达到成熟期,品牌期。该项课题研究2006年获武汉市新洲区人民政府科学技术进步“二等奖”。

【Zn、Cu、TNF-α及细胞凋亡指数在胎膜早破中的变化】 该课题由武汉市武昌医院妇产科张玲玲、熊丽、张雄等研究完成。武汉市科技局于2007年12月12日组织专家鉴定,达国内领先水平。

(1)在国内首次提出了Zn、Cu、TNF-a及细胞凋亡指数共同在胎膜早破中的表达;(2)在国内率先同时采用微分电位法测定Zn、Cu,放射免疫分析法测定TNF-a,TUNEL测定细胞凋亡指数,而且证实了它们是促胎膜早破的发病原因,对原国内探讨微量元素等相关病因作出了补充;(3)在国内率先提出或表明了Zn、Cu、TNF-a及细胞凋亡指数之间存在密切的相关性,加强孕期此项目的检测对今后胎膜早破的防治具有直接的临床意义,在产科领域方面具有一定的开拓作用。本研究成果选题新颖,紧密结合临床,设计合理,研究方法及技术手段较先进,是一项集实验与临床应用于一体的研究课题,具有创新性。本课题的推广应用,将能产生较大的社会效益及经济效益。

【六类中药新药(风湿壮骨胶囊)治疗痹病的临床研究】 该课题由武汉家波风湿骨病研究所李家波、郝建新、邴飞虹等研究完成。武汉市科技局于2006年12月28日组织专家鉴定,达国内领先水平。

1. 任务来源:武汉市科学技术局2004年下达的科技计划项目。项目编号20046001048。2. 该项目以六类中药新药(风湿壮骨胶囊)治疗痹病的临床研究为核心。研究工作及主要技术线路、要求和标准均是在国家食品药品监督管理局2003L01954号批件精神及第6类中药新药临床研究规范指导下进行的。3. 根据批件精神,该项目研究分以下二个阶段实施。第一阶段为I期临床研究。项目组先依据药理、毒理学研究结果设计临床研究的起始剂量及最大有效剂量,及剂量递增方案。临床试验中重点观察试验药品的安全性,并对给药方案进行评价。试验结束后,即向国家食品药品监督管理局呈送试验总结报告。第二阶段为II期临床研究。项目组在接到I期临床研究总结报告审评通过的通知后,即可开始进行。II期临床试验过程中主要是对试验药品的临床疗效及安全性进行评价,并确定其主要适应证及提出有关注意事项。该阶段的试验规模及观察内容均在I期的基础上有所扩大与增多,是中药新药研发中的关键环节。4. 本项目研究的设计依据与考核指标均依据国家食品药品监督管理局颁布的《中药新药临床研究指导原则》、《药品临床试验管理规范》等文件的规范和要求执行。具体实施计划已经拟定,可供参阅。5. 参与本项目研究试验观察的医院均为国家认定的药品临床研究基地。6. 目前,该项目研究的主要内容已全部完成(请参阅I-II期临床试验总结报告)。六类中药新药(风湿壮骨胶囊)的Ⅲ期临床研究也已进入总结阶段,并有望于2007年通过国家新药审批,获得国家中药新药证书。

医学科技论文

【2007年医学科技论文发表交流情况】 据不完全统计,2007年,武汉地区共发表、交流医学科技论文18 854篇。其中在杂志上发表15 497篇(国外杂志上发表1 090篇(SCI收录345篇)、全国性杂志上发表8 805篇、地方性杂志上发表5 602篇);在学术会议上交流1 931篇(国际会议上交流199篇、全国性会议上交流902篇、地方性会议上交流830篇幅);发表科普文章1426篇。

武汉地区医学科技论文被《国际科学引文索引》(SCI)收录308篇。其同济医学院221篇、协和医院64篇、武汉市第一医院13篇、武汉市精神病医院1篇、武汉市第三医院1篇、武汉市疾病预防控制中心3篇、武汉市儿童医院1篇、广州军区武汉总医院4篇。

在18 275篇论文中:

协和医院共发表交流科技论文2 889篇。其中在国外杂志上发表125篇,其中被SCI收录64篇、在国内杂志上发表1 768篇,合计1 893篇;在国际会议上交流91篇,国内会议上交流905篇,合讲996篇。有13篇优秀论文获奖,其中获全国性奖二等奖二等奖2篇;省级奖8篇(一等奖2篇、二等奖5篇、三等奖1篇);市级奖3篇(一等奖1篇、二等奖1篇、三等奖1篇)。

梨园医院共发表交流科技论文237篇。其中在全国性杂志上发表23篇、地方性杂志上发表38篇,合计61篇;在国际性会议上交流5篇幅、全国性会议上交流13篇幅、地方性会议上交流60篇,合计28篇幅;发表科普文章98篇幅。

同济医院共发表科技论文2 121篇。

同济医学院共发表交流4 959篇。其中在国外杂志上发表435篇幅、在国内杂志上发表4 524篇。

武汉大学医学院共发表、交流科技论文1 970篇。其中国外杂志发表239篇、全国性杂志发表886篇、地方性杂志发表586篇,合计1 711篇;在国际性会议上交流62篇、全国性会议上交流2篇、地方性会议交流3篇,合计67篇;科普文章发表192篇。有1篇论文获全国优秀论文一等奖、5篇论文获湖北省优秀论文奖(二等奖2篇、三等奖3篇)。

武汉大学人民医院共发表科技论文1 023篇。其中在国外杂志上发表86篇、全国性杂志上发表473篇、地方性杂志上发表306篇幅,合计865篇;在报刊上发表科普文章158篇。

武汉大学中南医院共发表统计源期刊论文345篇。其中SCI收录36篇。

湖北省预防医学科学院·湖北省疾病预防控制中心共发表、交流科技论文155篇。其中在国外杂志上发表6篇、全国性杂志上发表120篇、地方性杂志上发表6篇,合计132篇;在国际会议上交流2篇、全国性会议上交流10篇、地方性会议上交流11篇,合计23篇。其论文在全国性奖励中有4篇论文获奖(一等奖1篇、三等奖3篇);4篇论文获湖北省优秀论文奖(一、二等奖各1篇、三等奖2篇)。合计8篇幅论文获奖。

湖北中医学院共发表、交流科技论文860篇。其中在国外杂志上发表5篇、全国性杂志上发表343篇、地方性杂志上发表508篇,合计856篇;在国际性会议上交流4篇。

武汉科技大学附属医院发表科技论文120篇。

湖北省中山医院发展科技论文87篇。其中SCI收录1篇,全国性杂志发表23篇,地方性杂志发表63篇。一篇论文获湖北省自然科学第十一届优秀论文二等奖。

武汉市第一医院共有500篇科技论文发表与交流。其中在国外杂志上发表26篇(SCI收录13篇)、在全国性杂志上发表300篇,合计326篇;在国际会议上交流28篇、全国性会议上交流86篇、地方性会议上交流60篇,合计174篇。

武汉市中医医院共发表、交流科技论文156篇。其中在全国性杂志上发表48篇、地方性杂志发表79篇,合计127篇;在全国性会议上交流10篇、地方性会议交流19篇,合计29篇。

武汉市血液中心共发表科技论文16篇。其中在全国性杂志上发表6篇、地方性杂志发表10篇。

武汉市汉口医院共发表科技论文29篇。其中在全国性杂志上发表26篇、地方性杂志发表3篇。8篇优秀论文获市级奖四等奖。

武汉市精神卫生中心共发表科技论文139篇。其中在国外杂志上发表1篇(为SCI收录)、在全国性杂志上发表37篇、地方性杂志发表22篇,合计60篇;发表科普文章79篇。4篇优秀论文获市级奖(一等奖1篇、二等奖1篇、三等奖2篇)。

武汉市卫生监督所共发表科技论文3篇。其中在全国杂志上发表2篇、在地方会议上交流1篇。

武汉市医学科学研究所共发

表、交流科技论文5篇。其中在全国性杂志上发表4篇、在地方性会议上交流1篇。有1篇论文获全国优秀论文一等奖。

武汉市普爱医院共发表科技论文162篇。其中在中华系列期刊和核心期刊发表98篇、在统计源期刊及其他期刊上发表64篇。

武汉市第三医院共发表交流科技论文524篇。其中被《国际科学引文索引》(SCI)收录1篇、在全国性杂志上发表29篇、地方性杂志上发表59篇,合计89篇;在国际性会议上交流2篇、全国性会议交流26篇、地方性会议交流82篇,合计110篇;发表科普文章325篇。有5篇论文获市级奖(一等奖1篇、二等奖2篇、三等奖2篇)。

武汉市中心医院共发表交流科技论文255篇。其中在全国性杂志发表81篇、地方性杂志发表104篇,合计185篇;在全国性会议上交流23篇、地方性会议交流47篇,合计70篇。

武汉市疾病预防控制中心共发表科技论文47篇。其中在《国际科学引文索引》(SCI)收录3篇,在核心期刊上发表10篇、在统计源期刊上发表34篇。

武汉市儿童医院共发表交流科技论文569篇。其中被《国际科学引文索引》收录1篇、在全国性杂志上发表166篇、地方性杂志上发表32篇,合计199篇;在全国性会议上交流68篇、地方性会议上交流46篇,合计114篇;科普文章发表256篇。3篇优秀论文获武汉市级奖(一等奖1篇、二等奖2篇)。

武汉市第六医院发表交流科技论文253篇。其中在全国性杂志上发表6篇、地方性杂志上发表40篇,合计46篇;在国际性会议上交流1篇、全国性会议上交流8篇、地方性会议上交流18篇,合计27篇;发表科普文章180篇。

武汉市职业病防治院有2篇优秀论文获武汉市优秀论文三等奖。

武汉市皮肤病防治研究所共发表交流科技论文27篇,其中在全国性杂志上发表6篇,在全国性会议上交流21篇。

解放军第161医院共发表交流科技论文230篇。其中在全国性杂志上发表133篇、地方性杂志上发表12篇,合计145篇;在国际性会议上交流1篇、全国性会议上交流24篇、地方性会议上交流60篇,合计85篇。

广州军区武汉总医院共发表科技论文462篇。其中在《国际科学引文索引》(SCI)收录4篇,在全国杂志上发表458篇。

武警湖北总队医院共发表科技论文80余篇。

武钢总医院共发表、交流126篇科技论文。其中在全国性杂志上发表38篇、地方性杂志75篇,合计113篇;在国际会议上交流2篇、全国性会议交流8篇、地方性会议交流3篇,合计13篇。有11篇论文获武汉市优秀论文奖(一等奖1篇、二等奖4篇、三等奖6篇)。

武汉市第五医院共发表、交流科技论文98篇。其中在全国性杂志上发表18篇、地方性杂志发表27篇,合计45篇;科普文章53篇。有1篇论文在武汉市优秀论文评比中获三等奖。

武汉市江夏区卫校共发表科技论文3篇。其中在全国性杂志上发表1篇、在地方性杂志上发表2篇。

新洲区人民医院共发表、交流科技论文88篇。其中在全国性杂志上发表35篇、地方性杂志上发表28篇,合计63篇;在全国性会议上交流15篇、地方性会议上交流10篇,合计25篇。

江岸区卫生局共发表交流科技论文87篇。其中在全国性杂志上发表16篇、地方性杂志发表6篇,合计22篇;在全国性会议上交流6篇、地方性会议上交流4篇,合计10篇;发表科普文章55篇。有2篇优秀论文获市级三等奖。

东西湖区卫生局共发表科技论文16篇。其中在全国性杂志上发表13篇,在地方性杂志上发表3篇。

武汉市第八医院发表论文52篇。其中在全国性杂志上发表17篇、地方性杂志上发表5篇,合计22篇;发表科普文章30篇。2篇优秀论文获武汉市级奖三等奖。

武汉市第七医院共发表交流科技论文46篇。其中在全国性杂志上发表32篇、在地方性杂志上发表10篇,合计42篇;在全国性会议上交流3篇、在地方性会议上交流1篇。

武汉爱尔眼科医院共发表、交流科技论文115篇。其中在全国性杂志上发表26篇、在地方性杂志上发表8篇,合计34篇;在国际性会议上交流1篇、全国性会议上交流74篇、地方性会议交流6篇,合计81篇。

改革开放30年资料链接:

【1980－2006年医学科技论文发表交流情况】 期间武汉地区医学科技论文发表交流共计186 769篇,其中在杂志上发表113 518篇(在国外杂志上发表4 176篇、全国性杂志上发表55 487篇、地方性杂志上发表53 853篇),占60.78%;在学术会议上交流59 129篇(在国际性会议上交流3 149篇、全国性会议上交流28 785篇、地方性会议上交流27 197篇),占31.66%;科普文章14 122篇,占7.56%。

1980－2005年,共发表交流科技论文179 093篇幅,其中:1980－1985(六五时期)发表交流12 984篇,占7.25%;

1980 – 2005 年武汉地区医学论文获奖统计表

时间	国际性奖					全国性奖						省级奖						市级奖						总计	%
	一等奖	二等奖	三等奖	优秀	合计	特等奖	一等奖	二等奖	三等奖	优秀	合计	特等奖	一等奖	二等奖	三等奖	优秀	合计	特等奖	一等奖	二等奖	三等奖	优秀	合计		
1980 – 1985													10	246	468		724		16	367	700		1083	1807	26.63
1986 – 1990	1	2	3		6	3	14	44	60	38	159	2	70	200	390	4	666		20	380	472	9	881	1712	25.24
1991 – 1995	1	3	3		7	3	15	50	70	40	178	2	90	240	430		762		27	234	340		601	1548	22.82
1996 – 2000	3	5	4	9	21		3	3	10	13	29	6	68	231	336	2	643	2	12	135	309	15	473	1166	17.19
2001 – 2005			3		3		1	2	3	1	7	3	30	128	200	41	402		7	45	87		139	557	8.12
合 计	5	10	13	9	37	6	33	99	143	92	373	13	268	1045	1824	47	3197	2	82	1161	1908	24	3177	6784	
%	0.55					5.50						47.12						46.83							

1986 – 1990(七五时期)发表交流 37 325 篇,占 20.85%;1991 – 1995(八五时期)发表交流 39 194 篇,占 21.89%;1996 – 2000 年(九五时期)发表交流 41 756 篇,占 23.32%;2001 – 2005 年(十五时期)发表交流47 784篇幅,占 26.69%。

【1980 – 2007 年医学科技论文获奖情况】

期间共有 6 784 篇优秀论文获奖。占杂志发表论文 113 518 篇的 5.98%。其中在国际性学术会议中获奖 37 篇,占 0.55%;在全国性学术会议中获奖 373 篇,占 5.50%;在湖北省科协组织的优秀论文评比中获奖 3 197 篇,占 47.12%;在武汉市科协组织的优秀论文评比中获奖 3 177 篇,占 46.83%。

在 6784 篇获奖论文中,1980 – 1985 年(六五时期获奖 1 807 篇幅,占 26.63%;1986 – 1990 年(七五时期)获奖 1 712 篇,占 25.24%;1991 – 1995 年(八五时期)获奖 1 548 篇,占 22.82%;1996 – 2000 年(九五时期)获奖 1 166 篇,占 17.19%;2001 – 2005 年(十五时期)获奖 551 篇,占 8.12%。

1980 – 2005 年武汉地区医学科技论文发表交流数统计表

时　间	国外杂志	全国性杂志	地方性杂志	合　计	国际性学术会议	全国性学术会议	地方性学术会议	合　计	科普文章	合　计	%
1980 – 1985	196	4 667	8 121	12 984						12 984	7.25
1986 – 1990	390	8 042	8 854	17 286	722	8 120	8 580	17 422	2 617	37 325	20.85
1991 – 1995	397	9 020	9 055	18 472	762	8 361	8 741	17 864	2 858	39 194	21.89
1996 – 2000	369	13 662	12 638	26 669	847	7 096	5 813	13 756	1 331	41 756	23.32
2001 – 2005	2 684	17 246	13 038	32 968	661	4 358	3 322	8 341	6 475	47 784	26.69
总　计	4 036	52 637	51 706	108 379	2 992	27 935	36 456	57 383	13 281	179 043	
%				60.53				32.05	7.42		

【1989 – 2006 年国际索引刊物收录情况】

武汉地区医学科技论文被国际索引刊物收录始于 1989 年,到 2006 年,武汉地区有 2 751 篇优秀论文被收录,占 30 年在国际杂志上发表 4 176 篇的 65.88%。其中《国际科学引文索引》(SCI)收录 1 445篇,占收录总数的 52.53%;《国际检索刊物》(EI)收录 51 篇,占 1.85%;《美国医学索引》(MEDLINE)收录 1 255 篇,占收录总数的 45.62%。

一、《国际科学引文索引》(SCI)收录情况。1989 年《武汉卫生年鉴》开始记载收录论文,当年同济医学院有 SCI 收录的记载,到 1998 年,共有 174 篇。2001 年,同济医院、协和医院、同济医学本部、武大人民医院和武汉市儿童医院等单位共计 67 篇文章被 SCI 收录。2002 年有 6 个单位 101 篇论文被 SCI 收录,2003 年有 8 个单位 237 篇论文被 SCI 收录,2004 年有 7 个单位 254 篇论文被 SCI 收录;2005 年有 9 个单位 307 篇论文被 SCI 收录;2006 年有 10 个单位 305 篇论文被 SCI 收录。1989 – 2006 年共有 14 个单位 1 445 篇论文被 SCI 收录。

在 1445 篇论文中中:同济医学院 879 篇,其中校本部 295 篇,同济医院 375 扩展,协和医院 209 篇;武汉大学医学院 529 篇:其中校本部 138 篇,武大人民医院 215 篇,武大口腔医院 113 篇,武大中南医院 63 篇;广州军区武汉总医院 17 篇;湖北省疾病预防控制中心 · 湖北省预防医学科学院 2 篇;武汉市疾病预防控制中心 2 篇;武汉市第一医院 11 篇;武汉市儿童医院 2 篇;武汉市精神病医院 2 篇;武汉市结核病医院 1 篇。

二、《美国医学索引》(MEDLINE)检索系统收录情况,华中科技大学同济医学院 933 篇,其中校本部 399 篇、同济医院 275 篇幅、协和医院 259 篇;武汉大学医学院 322 篇。

三、《国际检索刊物》(EI)收录情况,共计 51 篇,其中同济医学院 48 篇,武汉大学医学院 3 篇。

1989 – 2007 年间武汉地区医学论文被国际刊物收录统计表

	《国际科学引文索引》(SCI)								《美国医学索引》(MEDLINE)	《国际检索刊物》(EI)	总计
	1989—1998	2001	2002	2003	2004	2005	2006	合计			
同济医院院	174	40	70	147	151	163	134	879	933	48	1 860
协和医院	38	5	11	31	31	31	62	209	259		468
同济医院	78	15	37	62	58	53	72	375	275		650
校本部	58	20	22	54	62	79		295	399		694
武大医学院		25	31	88	101	131	153	529	322	3	854
武大人民医院		25	15	36	41	47	51	215			215
武大中南医院			10	16	0	13	24	63			63

续表

	《国际科学引文索引》(SCI)								《美国医学索引》(MEDLINE)	《国际检索刊物》(EI)	总计
	1989—1998	2001	2002	2003	2004	2005	2006	合计			
武大口腔医院			6	2	24	36	45	113			113
校本部				34	36	35	33	138			138
广州军区武汉总医院				2		9	6	17			17
湖北省预防医学科学院						2		2			2
武汉市第一医院					2		9	11			11
武汉市疾控中心							2	2			2
武汉市儿童医院		2						2			2
武汉市精神病医院						2		2			2
武汉市结核病医院							1	1			1
总　计	174	67	101	237	254	307	305	1 445	1 255	51	2 751

【武汉地区医学科技论文在全国医疗机构中所占位置】

一、武汉医学院校

1. 华中科技大学同济医学院:①1994 年至 1998 年,5 年间论文统计 2 489篇(1994 年 453 篇、1995 年 478 篇、1996 年 374 篇、1997 年 507 篇、1998 年 677 篇),在全国医学院校中排名居 8 位次;②1991 年至 1995 年,5 年间其论文在国际上被引用次数计 74 篇 105 次,在全国医学院校中排名居 11 位次;③1989 至 1998 年间,科技论文被国际《科学引文索引》(SCI)收录 174 篇(1989 年 16 篇、1990 年 33 篇、1991 年 15 篇、1992 年 19 篇、1993 年 19 篇、1994 年 7 篇、1995 年 18 篇、1996 年 18 篇、1997 年 10 篇、1998 年 19 篇),在全国医学院校中居 9 位次;④1991 年至 1995 年,被国际《科学引文索引》(SCI)收录 78 篇,在全国医学院校中居 10 位次;⑤2001 年至 2003 年,被国际《科学引文索引》(SCI)收录 222 篇(2001 年 26 篇、2002 年 65 篇、2003 年 131 篇),在全国医学院校中居 4 位次;⑥2004 年被国际《科学引文索引》(SCI)收录 123 篇,在全国院校中居 7 位次。该校被美国《医学索引》(MEDLINE)收录 399 篇,在全国院校中居 7 位次。

2. 武汉大学医学院:①1994 年至 1998 年,5 年间论文统计 1 289 篇(1994 年 202 篇、1995 年 199 篇、1996 年 228 篇、1997 年 293 篇、1998 年 367 篇),在全国医学院校中排名 18 位次,在全国省级医学院校中居 8 位次;②2004 年,被国际《科学引文索引》收录 101 篇,在全国院校中居 8 位次;被美国《医学索引》(MEDLINE)收录 322 篇,在全国院校中居 9 位;③2005 年,被国际《科学引文索引》(SCI)收录 137 篇,在全国院校中居 8 位次。

二、医疗机构

1. 同济医院:①国内科技论文统计:1992 年在全国医院中居 3 位次;1993 年在全国医院中居 8 位次;1994 年科技论文 132 篇,在全国医院中居 12 位次;1995 年科技论文 153 篇,在全国医院中居 12 位次;1996 年科技论文 117 篇,在全国医院中居 20 位次;1997 年科技论文 170 篇,在全国医院中居 12 位次;1998 年科技论文 250 篇,在全国医院中居 12 位次;1999 年科技论文 341 篇,在全国医院中居 11 位次;2001 年该院科技论文被全国统计源期刊数据库收录量,在全国医院中居 12 位次;2002 年该院科技论文被全国统计源期刊数据库收录量在全国医院中居 6 位次;2003 年该院科技论文被中国科技信息研究所收录 929 篇,在全国医院中居 5 位次;2004 年该院科技论文被中国科技信息研究所收录 1 443 篇,在全国医院中居 2 位次;2006 年,该院科技论文被中国科技信息研究所收录 1 770 篇,在全国医院中居 2 位次。②在上述论文中,1994 - 1998 年进行过一次评定,该院 5 年统计 822 篇,在全国医院中居 11 位次。③该院科技论文被国际《科学引文索引》(SCI)收录:2002 年 37 篇,在全国医院中居 5 位次;2003 年 58 篇,在全国医院中居 3 位次;2004 年 58 篇,在全国医院中居 5 位次;2006 年 72 篇,在全国医院中居 8 位次。美国《医学索引》275 篇,在全国医院中居 2 位次。④该院科技论文被国内和国际期刊刊载、收录总篇数中:2003 年为 987 篇,在全国医院中居 4 位次;2004 年为 1 501 篇,在全国医院中居 2 位次;2006 年为 1 842 篇,在全国医院中居 2 位次。

2. 协和医院:①国内科技论文统计:1994 年 112 篇,在全国医院中居 15 位次;1999 年 269 篇,在全国医院中居 17 位次;2003 年 693 篇,在全国医院中居 9 位次。2004 年 1 146 篇,在全国医院中居 5 位次;2006 年科技论文 1 503 篇,在全国医院中居 4 位次。②该院科技论文被国际《科学引文索引》(SCI)收录:2004 年 31 篇,在全国医院中居 8 位次;2006 年 62 篇,在全国医院中居 10 位次。美国《医学索引》259 篇,在全国医院中居 3 位次。③该院科技论文被国内和国际期刊刊载、收录总篇数中:2004 年为 1 177 篇,在全国医院中居 5 位次。2006 年 1 565 篇,在全国医院中居 4 位次。

3. 武汉大学人民医院:①该院科技论文被全国统计源期刊数据库统计:

1995 年 118 篇,在全国医院中居 18 位次;1999 年 264 篇,在全国医院中居 19 位次;2002 年 483 篇,在全国医院中居 18 位次;2004 年 791 篇,在全国医院中居 11 位次;2006 年 726 篇,居 20 位次。②该院科技论文被国际《科学引文索引》(SCI)收录:2004 年 32 篇,在全国医院中居 8 位;2005 年 41 篇,居 14 位次;2006 年 51 篇幅,居 16 位次。③该院科技论文被国内和国外际期刊刊载、收录总篇数:2004 年 823 篇,在全国医院中居 10 位次。2005 年居 11 位次;2006 年 777 篇,居 19 位次。

4. 武汉大学口腔医院:2006 年,论文被国际《科学引文索引》(SCI)收录 45 篇,在全国医院中居 20 位次。

医学专著

【2007 年医学专著出版发行情况】 据不完全统计,2007 年武汉地区共出版发行医学专著 121 部。其中主编(副主编)82 部,参编 39 部。

在 121 部医学专著中:

华中科技大学同济医学院附属协和医院 35 部。主编 17 部、参编 18 部。

华中科技大学同济医学院附属同济医院主编 8 部。

华中科技大学同济医学院附属梨园医院主编 4 部。

华中科技大学同济医学院院本部主编 1 部。

武汉大学人民医院 10 部。主编 9 部,参编 1 部。

武汉大学中南医院主编 7 部。

武汉大学口腔医院 6 部。主编 4 部,参编 2 部。

武汉大学医学院附属卫生学校 3 部。主编 2 部,参编 1 部。

湖北省预防医学科学院 · 湖北省疾病预防控制中心 10 部。主编 5 部,参编 5 部。

武汉科技大学附属医院 3 部。主编 2 部,参编 1 部。

广州军区武汉总医院参编 2 部。

解放军 161 医院参编 1 部。

武汉市第一医院主编 10 部。

武汉市中心医院 2 部。主编 1 部,参编 1 部。

武汉市精神病医院 5 部。主编 2 部,参编 3 部。

武汉市儿童医院主编 2 部。

武汉市皮肤病防治研究所主编 1 部。

武汉钢铁公司总医院主编 5 部。

武汉市第五医院参编 1 部。

武汉市第八医院参编 1 部。

武汉市第七医院 2 部。主编 1 部,参编 1 部。

武汉爱尔眼科医院 2 部。主编 1 部,参编 1 部。

2007 年武汉地区医学专著出版发行一览表

单位	著 作 名 称	作者(主编、副主编、参编)	出版社名称
协和医院	《儿科护理学》	主编:雷家英	人民卫生出版社
	《现代超声心脏电生理学》	参编:尹立雪	人民卫生出版社
	《内分泌代谢病询症治疗学》	主编:陈璐璐	武汉大学出版社
	《诊断学学习指导与习题集》	主编:吴汉妮	人民卫生出版社
	《内科学》	主编:邹　萍,参编:马爱群	人民卫生出版社
	《诊断学》	参编:邹　萍、李学奇	人民卫生出版社
	《诊断学实习指导》	参编:李学奇	人民卫生出版社
	《内科诊疗常规》	主编:邹　萍	湖北科技出版社
	《里德病理学》	参译:邹　萍、刘　芳	人民卫生出版社
	《内科学》英文版	参编:邹　萍	人民卫生出版社
	《内科疾病循证治疗学丛书》	主编:陈智超	武汉大学出版社
	《内科学》(英文病案分析)	参编:邹　萍	人民卫生出版社
	《呼吸疾病循证治疗学》	主编:张颈农	武汉大学出版社
	《新发感染病及其临床对策》	参编:揭盛华	人民卫生出版社
	《脂肪肝》	参编:熊莉娟	江苏科技出版社
	《最新腰腿痛诊断治疗学》	参编:鲁玉来、孙永华	人民军医出版社
	《组织工程相关纳米生物材料》	参编:杨祥良	清华大学出版社
	《骨科微创手术学》	主编:杨述华	人民卫生出版社
	《医学影像学》(卫生部规划教材)(第六版)	主编:冯敢生 副主编:韩　萍	人民卫生出版社

续表1

单位	著 作 名 称	作者(主编、副主编、参编)	出版社名称
协和医院	《医学影像学》(第二版)	参编:孔祥泉	人民卫生出版社
	《医学影像学》(第六版)配套材料《学习指导与习题集》、《CAI教学光盘》	主编:韩 萍	人民卫生出版社
	《中华影像医学》(心血管系统卷)	参编:韩 萍	人民卫生出版社
	《CT and MRI imaging of the whole Body》(英文版)	参编:徐海波	美国Elsevier出版社
	《腺体影像学》	副主编:柳 曦	山东科技出版社
	《儿童白血病》	主编:金润铭	人民卫生出版社
	《血液系统疾病1000问》	主编:胡 豫	湖北科技出版社
	《儿童现代血液病学》	主编:金润铭	人民卫生出版社
	《儿童临床掌中宝》	参编:金润铭	人民卫生出版社
	《儿科学》(贫血)	参编:金润铭	人民卫生出版社
	《肿瘤丛书》(儿科分册)	参编:金润铭	人民卫生出版社
	《儿科护理学教材》	主编:雷家英	人民卫生出版社
	《实用护理技术操作教材》	参编:李亚农	人民卫生出版社
	《临床输血与检验实验指导》	主编:胡丽华	人民卫生出版社
	《青光眼专家问答166问》	主编:姜发纲	人民军医出版社
梨园医院	《远离动脉硬化》	副主编:刘汴生	江苏科技出版社
	《远离骨质疏松》	副主编:刘汴生	江苏科技出版社
	《远离肩颈痛与腰腿痛》	副主编:刘汴生	江苏科技出版社
	《远离类风湿关节炎》	副主编:刘汴生	江苏科技出版社
华中科技大学同济医学院药学院	《抗感染药临床应用指导》	主审:江明性	湖北科技出版社
同济医院	《外科新技术护理必读》	主编:方汉萍、何 伟	人民军医出版社
	《医院感染病学》	主编:申正义、田德英、宋佩辉	中国医药科技出版社
	《现代腹部外科学》	主编:夏穗生	湖北科技出版社
	《脑死亡临床判定指南》	主编:陈忠华、袁 劲	湖北科技出版社
	《肿瘤放射治疗学》	主编:陈 元、于世英	华中科技大学出版社
	《临床新药手册》	主编:郭小梅、陈燕祥	湖北科技出版社
	《恶性肿瘤骨转移及骨相关疾病》	主编:于世英	中国协和医科大学出版社
	《现代儿童保健指南》	主编:叶天惠	人民军医出版社
武汉大学人民医院	《生物伦理学》	参编:张 青、李斯俭	武汉大学出版社
	《创伤学基础与临床》	主编:毛志福	湖北科技出版社
	《病理学视觉记忆术》	主编:张 杰、吴秀枝、洛若愚	中国医药科技出版社
	《实用妇产科手术与并发症治疗》	主编:刘元娇、洛若愚	科学出版社
	《实用消化病学》	主编:沈志祥、罗和生	科学出版社
	《心电生理及心脏起搏专科医师培训教程》	主编:张 澍、黄从新	人民卫生出版社
	《现代心脏疾病介入治疗基础》	主编:黄从新	人民卫生出版社
	《心脏病学前沿与临床》	主编:黄从新、江 洪、唐其柱	湖北科技出版社
	《心脏病学实践2007新进展与临床案例》	主编:黄从新	人民卫生出版社
	《噪音保健及现代喉内外科疗法》	主编:郭玉德	军事医学科学出版社
武汉大学口腔医院	《牙体牙髓病学》	主编:樊明文;参编:彭 彬、范 兵	人民卫生出版社
	《口腔生物学》	副主编:边 专	人民卫生出版社
	《头颈部血管瘤与脉管畸形》	主编:赵怡芳;参编:张文峰、赵吉宏	世界图书出版公司
	《爱丁堡皇家外科学院口腔正畸专业考试病例精选》	编委:贺 红、叶翁三杰	北京大学医学出版社
	《口腔疾病误诊误治与防范》	编委:龙 星	科学技术文献出版社
	《口腔解剖生理学》	副主编:李春芳	人民卫生出版社

续表 2

单位	著 作 名 称	作者(主编、副主编、参编)	出版社名称
武汉大学中南医院	《艾滋病肺部病变的影像学诊断》	主编:鲁植艳	湖北科技出版社
	《急诊内科诊治流程》	主编:赵 剡、许喜咏	科学出版社
	《青春要设防——与大学生谈艾滋病》	主编:桂希恩	湖北科技出版社
	《现代实验诊断学》	主编:王鸿利、周 新	世界图书出版社
	《临床生物化学与检验习题集》	主编:周 新	人民卫生出版社
	《临床生物化学与检验》	主编:周 新	人民卫生出版社
	《制药工程基础》	主编:郑 宏、段建利	武汉大学出版社
武汉大学医学院附属卫生学校	《护理技术——中等职业教育国家规划教材》	副主编:徐小兰;参编:龚华平、王清秀	高等教育出版社
	《生理学——全国高职高专医学规划教材》	主编:周森林;参编:向福云	高等教育出版社
	《生理学——全国高专高校医学规划教材》	参编:向福云	高等教育出版社
湖北省预防医学科学院·湖北省疾病预防控制中心	《突发公共卫生事件案例选评》	主编:刘家发、张险峰;副主编:侯祖洪、朱建如、官旭华、许四元	湖北人民出版社
	《中国消除淋巴丝虫病报告》	参编:张 瑜、张险峰、袁芳玉、黄光全、王莉莉、余品红、张绍清	人民卫生出版社
	《性别社会学》	参编:胡晓云	华中师范大学出版社
	《有志竟成》	主编:李桥云、张 瑜;副主编:李汉帆、徐国景、戴裕海、刘家发	长江出版社
	《社区发展与艾滋病控制的理论与实践》	主编:詹发先	湖北科技出版社
	《中国动物志(昆虫纲)蚤目》	参编:刘井元	北京科学出版社
	《艾滋病肺部病变的影像学诊断》	常务编委:胡晓云;参编:李 阳	湖北科技出版社
	《女性学导论》	参编:胡晓云	武汉大学出版社
	《关注妇女儿童健康》	主编:徐芝琼;参编:罗智敏、陈瑾、孙菊红	武汉大学出版社
	《从志成城抗艾滋——全国艾滋病综合防治示范区典型经验集锦》	参编:彭国平	人民卫生出版社
武汉科技大学附属医院	《抗感染药临床应用指导》	主编:李性天	湖北科技出版社
	《爱恨烟酒茶》	主编:耿立坚	湖北科技出版社
	《嗓音保健及现代喉内外科疗法》	参编:薛秋红	军事医学科学出版社
广州军区武汉总医院	《医学教育技术教程》	参编:姚国庆	第四军医大学出版社
	《泌尿外科关键决策》	参编:潘铁军	科学出版社
武汉市第一医院	《腺体疾病影像诊断学》	主编:张东友	山东科技出版社
	《中风早知道》	主编:陈国华	中国医药科技出版社
	《实用中西医结合老年病学》	主编:张红星、鲜于开璞	中国医药科技出版社
	《腰椎间盘突出症》	主编:张红星;副主编:余芳、陆家韬、黄国付	中国中医药科技出版社
	《实用颈椎病防治指南》	主编:张红星;副主编:周利、刘丽华	湖北科技出版社
	《心血管外科麻醉常用药物学》	主编:祝德刚	吉林科技出版社
	《临床护理学常规》	主编:商燕畦;副主编:辛玲芳	湖北科技出版社
	《皮肤病特色方药》	主编:段逸群	人民卫生出版社
	《微创外科围手术期诊疗常规》	主编:龚 昭、陆家韬;副主编:胡思安、刘 彦、吴 彪、周绍海	中国中医药科技出版社
	《血液病中西医结合临床诊治与护理》	主编:程 辉;副主编:李新成、张美君、黄智红	湖北人民出版社

续表3

单位	著 作 名 称	作者(主编、副主编、参编)	出版社名称
武汉市精神病医院	《精神病学》(卫生部统编教材)	参编:陈红辉	人民卫生出版社
	《精神病学》(英文版)	参编:刘学兵	人民卫生出版社
	《应用应理学》	参编:施琪嘉	上海科学技术出版社
	《人格障碍的心理咨询与治疗》	主编:童 俊	北京大学医学出版社
	《实用心理卫生与精神病学》	主编:王 铭、徐汉明	中国医药科技出版社
武汉市中心医院	《MRI 磁共振成像原理与临床研究》	副主编:金朝林;编委:王翔、张树桐、谢元亮	江西科学技术出版社
	《实用消化病学》	编委:黄晓东	科学出版社
武汉市第八医院	《护理伦理学》(高职高专医学教材)	参编:翁霞惠	高等教育出版社
武汉市儿童医院	《儿童影像诊断必读》	主编:邹剑波	人民卫生出版社
	《儿童心理行为障碍》	主编:刘智胜	人民卫生出版社
武汉市第五医院	《老年多发病防治》	编委:田慧芳	山西科技出版社
武汉市第七医院	《噪音保健及现代喉内外科疗法》	副主编:李运波	军事医学出版社
	《抗感染药临床应用指导》	编委:吴裕光、符其望	湖北科技出版社
武汉爱尔眼科医院	《临床眼整形与重建手术学》	主编:喻长泰、涂惠芳	湖北科技出版社
	《医家金鉴》(眼科学卷)	参编:喻长泰	军事医学科学出版社
解放军161 医院	《甲状腺疾病诊断学》	参编:周木秀	中国医药科技出版社
武钢总医院	《外科学》(五年制图谱版)	主编:付 广	人民卫生出版社
	《肝尾叶联合左外叶切除术》	主编:付 广	中华医学会
	《肝门部胆管癌根治术》	主编:付 广	中华医学会
	《黄疸的诊断与鉴别》	参编:付 广	人民卫生出版社
	《胆道外科学图谱》	副主编:付 广	人民卫生出版社
武汉市皮肤病防治研究所	《临床医学系列丛书皮肤病分册》	主编:乐春明、肖 勤、徐业华	中国医药科学出版社

改革开放30年资料链接:

【1978-2006年武汉地区医学专著出版发行情况】 武汉地区在改革开放30年中共撰写出版发行医学专著4 141部(主编2 919部,占70.55%,参编1 222部,占29.45%)。其中中医著作785部,占18.96%;西医著作3 312部占79.98%;中西医结合著作44部,点1.06%。1978-1985年主编487部占11.76%;1986-1990年782部(主编457部、参编325部)占18.88%;1991-1995年1 189部(主编678部、参编511部),占28.71%;1996-2000年977部(主编720部、参编257部)占60%;2001-2006年706部(主编577部、参编129部),占17.05%。

在4 141部医学专著中:部属医疗机构出版发行1 628部(主编1 194部、参编434部)占39.31%;省属医疗机构出版发行1 699部(主编1 223部、参编476部)占41.03%;武汉市属医疗机构出版发行473部(主编306部、参编167部)占11.42%;武汉驻军医疗机构出版发行180部(主编104部、参编76部)占4.35%;中央在汉企业医疗机构出版发行123部(主编77部、参编46部)占2.97%;武汉市各区属医疗机构出版发行37部(主编24部、参编13部)占0.92%。

30年来,医学专著出版发行4 141部。前20位排名是:(1)华中科技大学同济医学院本部673部;(2)湖北中医学院596部;(3)华中科技大学同济医学院同济医院477部;(4)华中科技大学同济医学院协和医院423部;(5)武汉大学医学院本部336部;(6)武汉大学人民医院262部;(7)武汉大学中南医院190部;(8)湖北省预防医学科学院·湖北省疾病预防控制中心112部;(9)广州军区武汉总医院92部;(10)武汉市中医医院87部;(11)武汉冶金大学医学院72部;(12)武汉大学口腔医学院70部;(13)湖北省中医医院52部;(14)华中科技大学同济医学院梨园医院48部;(15)湖北省中山医院46部;(16)武汉市第三医院44部;(17)武汉市第一医院41部;(18)解放军161中心医院41部;(19)武汉市第六医院34部;(20)武汉市第二医院30部。20个单位共出版发行医学专著3 726部,占89.98%,前10位共出版发行3 248部,占78.44%。

1980－2006 医学专著出版发行统计表

单位	1980－1985		1986－1990		1991－1995		1996－2000		2001－2006		合计		%
	主编	参编	主编	参编	主编	参编	主编	参编	主编	参编	主编	参编	
总计	487		457	325	678	511	720	257	577	129	2 919	1 222	
部属	217		207	85	285	173	288	122	187	64	1 184	444	39.31
省属	198		186	164	256	190	314	78	269	44	1 223	476	41.03
市属	53		37	39	57	78	79	46	80	4	306	167	11.42
军队	14		14	24	27	37	18	2	31	13	104	76	4.35
企业	4		9	11	40	25	19	6	5	4	77	46	2.97
区属	1		4	2	13	8	2	3	4		24	13	0.92
%	11.76		18.88		28.71		23.60		17.05				

【1980－2006 年武汉医学专著获奖情况】 1980－2006 年共有 95 部医学专著获奖。其中获国家级科技进步奖三等奖 1 部；获国家卫生部医药卫生杰出科技著作科技进步奖 31 部（一等奖 3 部、二等奖 6 部、三等奖 22 部）；获湖北省科技进步奖 35 部（一等奖 4 部、二等奖 8 部、三等奖 23 部）；获国际中医药杰出成果奖 1 部；获全国优秀图书奖 2 部；获全国第三届普通高校优秀教材奖 6 部（一等奖 3 部、三等奖 3 部）；获全国普通高校国家级教学成果奖一、二等奖各 1 部；获全国城市出版社优秀图书奖二等奖 1 部；获中南五省区优秀图书奖 4 部；获湖北省卫生厅科技进步奖 8 部（一等奖 2 部、二等奖 3 部、三等奖 3 部）；获武汉市科技进步奖三等奖 3 部；获部队科技成果奖二等奖 1 部。

在 95 部获奖著作中：

华中科技大学同济医学院 53 部。其中获国家级科技进步奖三等奖 1 部；获卫生部医药卫生杰出科技著作科技进步奖 27 部（一等奖 2 部、二等奖 5 部、三等奖 20 部）；获全国第三届普通高校优秀教材奖 5 部（一等奖 2 部、二等奖 3 部）；获全国普通高校国家级教学成果奖一、二等奖各 1 部；获湖北省科技进步奖 17 部（一等奖 3 部、二等奖 4 部、三等奖 10 部）；获中南五省区优秀图书奖 1 部。

武汉大学医学院 23 部。其中获卫生部医药卫生杰出科技著作科技进步奖 4 部（一等奖 1 部、二等奖 1 部、三等奖 2 部）；获湖北省科技进步奖 12 部（一等奖 1 部、二等奖 4 部、三等奖 7 部）；获湖北省卫生厅科技进步奖 5 部（二等奖 2 部、三等奖 3 部）；获中南五省区优秀图书奖 1 部；获全国高等医药院校优秀教材一等奖 1 部。

湖北中医学院 5 部。其中获湖北省科技进步奖三等奖 2 部；全国优秀图书奖 2 部；获中南五省区优秀图书奖 1 部。

广州军区武汉总医院 3 部。其中获湖北省科技进步奖三等奖 2 部；获湖北省卫生厅科技进步奖一等奖 1 部。

湖北省中医药研究院获湖北省卫生厅科技进步奖一、二等奖各 1 部。

湖北省妇幼保健院获湖北省科技进步奖三等奖 2 部。

解放军 161 中心医院获军队二等奖 1 部。

武汉市中西医结合医院获全国城市出版社优秀图书奖二等奖 1 部、武汉市科技进步奖三等奖 2 部。

武汉市中医医院获国际中医药杰出成果奖 1 部。

黄陂区中医医院获武汉市科技进步奖三等奖 1 部。

江汉区民族卫生院获中南五省区优秀图书奖 1 部。

医学期刊

【1978－2007 年武汉地区医学期刊发展情况】 1977 年前，武汉地区共创办 5 种公开发行医学期刊，到 2006 年，30 年间，共创办医学期刊 71 种，其中公开发行期刊 53 种（含中医期刊 3 种、西医期刊 48 种、中西医结合期刊 2 种）。综合类期刊 7 种，专业类期刊 39 种，国外医学类 3 种，文摘类 4 种。基础医学类期刊 4 种，临床医学类期刊 35 种，预防、保健类期刊 4 种，康复类医学期刊 3 种，药学类期刊 2 种，护理类期刊 2 种，社会医学类期刊 2 种。

在 71 种期刊中：

华中科技大学同济医学院 29 种。其中校本部有 14 种（公开发行期刊 8 种、内部交流期刊 5 种、报刊 1 种）；协和医院有公开发行期刊 7 种，同济医院有公开发行期刊 7 种。梨园医院有公开发行期刊 1 种。

武汉大学医学院 15 种。其中院本部有 8 种（公开发行期刊 4 种、内部交流 3 种、报刊 1 种）；武汉大学人民医院有 5 种（公开发行期刊 4 种、内部交流期刊 1 种）；武汉大学中南医院公开发行期刊 1 种；武汉大学口腔医院公开发行期刊 1 种。

湖北省中医学 4 种（公开发行期刊 3 种、报刊 1 种）。

湖北省中医药研究院公开发行期刊 1 种。

湖北省预防医学院·湖北疾病预防控制中心公开发行期刊 1 种。

湖北省肿瘤医院公开发行期刊 1 种。

中华医学会湖北分会公开发行期刊 4 种。

中华医学会武汉分会公开发行期刊8种。

广州军区武汉总医院公开发行期刊2种。

武汉市医学科学研究所公开发行期刊1种。

解放军161中心医院内部交流期刊1种。

空军457医院内部交流期刊1种。

武钢总医院内部交流期刊1种。

一冶卫生处内部交流期刊1种。

湖北省妇幼保健院内部交流期刊1种。

武汉艾尔眼科医院内部交流期刊1种。

【公开发行期刊目录】

一、华中科技大学同济医学院：

《华中科技大学同济医学院学报》(1957年)

《华中科技大学同济医学院学报》(外文版,1979年)

《国外医学分子生物学分册》(1978年)

《国外医学社会医学分册》(1983年)

《中国医学文摘·检验与临床》(1987年)

《中国医学文摘·放射诊断》(1987年)

《中国组织化学与细胞化学杂志》(1991年)

《医学与社会》(1994年)

《临床心血管疾病杂志》(1985年)

《临床泌尿外科杂志》(1986年)

《临床耳鼻咽喉头颈外科杂志》(原名为1987年创刊的《临床耳鼻咽喉科杂志》,2007年改现名)

《临床血液学杂志》(1988年)

《临床消化病杂志》(1989年)

《中国中西医结合消化杂志》(1993年)

《临床急诊杂志》(2000年)

《国外医学·物理医学与康复医学分册》(1981年)

《中德临床肿瘤学杂志》(原德国医学,1984年)

《中国康复》(1986年)

《放射学实践》(1986年)

《护理学杂志》(1986年)

《内科急危重症杂志》(1995年)

《中华物理医学与康复医学杂志》(原名为1981年创刊的《国外医学·物理医学与康复医学分册》,2003年改为现名)

《医药导报》(1982年)

《神经损伤与功能重建》(2005年)

《华中医学杂志》(原武汉医学杂志,1964年)

《临床口腔医学杂志》(1984年)

《中国老年病杂志》(2004年)

二、武汉大学医学院

《武汉大学学报》(医学版,1958年)

《医学新知杂志》(1984年)

《口腔医学研究》(1985年)

《中国心脏起博与心电生理杂志》(1987年)

《数理医学杂志》(1988年)

《微循环学杂志》(1991年)

《独生子女》(1993年)

《中外妇儿健康》(1993年)

《听力学及言语疾病杂志》(1993年)

《卒中与神经疾病》(1994年)

三、湖北中医学院

《湖北中医杂志》(1979年)

《中国中西医结合肝病杂志》(1991年)

《湖北中医学院学报》(1999年)

四、湖北省中医药研究院

《中国中医骨伤科杂志》(1993年)

五、湖北省肿瘤医院

《肿瘤防治研究》(1973年)

六、广州军区武汉总医院

《中国临床神经外科杂志》(1996年)

《华南国防医学杂志》(1996年)

七、湖北省预防医学科学院·湖北省疾病预防控制中心

《公共卫生与预防医学》(原湖北预防医学,1990年)

八、中华医学会湖北分会

《中华实验外科杂志》(1984年)

《临床内科杂志》(1984年)

《临床外科杂志》(1983年)

《家庭保健》(1986年)

九、中华医学会武汉分会

《中华小儿外科杂志》(1980年)

《中华器官移植杂志》(1980年)

《华中医学杂志》(原武汉医学杂志,1964年)

《中国医院药学杂志》(1981年)

《临床口腔医学杂志》(1984年)

《腹部外科杂志》(1988年)

《临床肾脏病杂志》(2001年)

十、武汉市医学科学研究所

《中国医学文摘·护理学》(1986年)

(责任编辑:戴孔嘉)

学术团体

【武汉医药卫生学会联合办公室】

概况 2007年武汉医药卫生学会联合办公室紧紧围绕“抓学会活动,促学科建设,推动卫生事业发展”这一中心任务,以学术交流为基,以会员为本,着力构建开放协作型、学习创新型、权威指导型、人性化型的学会组织。“抓学术、优服务、强凝聚、创发展”,积极开展国内国际间的学术交流与合作,沟通国内外医学信息,学习借鉴国内外医学科研新成果,努力促进和带动武汉地区的医学发展与提高。组织开展了武汉地区国内外医学学术交流,继续教育和医疗事故技术鉴定等工作,共举办国际性学术会议1次,全国性学术会议3次,组织各类学术活动120余次,出版发行医药学期刊22万余册。接受各方医疗事故技术鉴定委托152例,完成鉴定92例。新成立了3个专业学术委员会,组织武汉医院协会、中华药学会武汉分会等2个一级协会、学会和武汉市医学会消化专业委员会等12个二级学会进行了换届。

学术交流 2007年该办共组织了国际学术会议1次,全国性学术会议3次,市级学术会议21次,举办学习班23期,学术讲座、病案讨论,读片会77场。2007年5月,武汉医院管理学会与中国卫生经济学会医院经济管理专业委员会,联合在武汉召开了全国构建和谐社会与规范医院经营行为专题研讨会。参加本次会议的有来自北京、上海、山东、广东、广西、湖南、福建、河南、湖北等九省市从事卫生经济管理的实践工作者和从事教学与研究的专家学者,武汉市各级医院院长、副院长,各级医院的相关负责人,从事卫生政策及卫生经济管理的行政部门领导和教学研究人员等共计150余人出席了会议。会议邀请中国卫生经济学会卫生财会分会副会长兼秘书长、卫生部规划财务司朱洪彪处长,广东省卫生经济学会副会长兼秘书长、广东省人民医院计财处徐力新处长等专家学者,向大会分别作了“规范医院收支管理,促进医院健康持续发展”、“现阶段医院经济管理理念及方法探讨”、“近期医疗卫生、医保及卫生相关领域总体改革的争论及我的思考”、“实施医院六大战略,推动跨越式发展”的学术报告。对于规范医院经营行为,进一步做好医院内部经济管理具有明显的指导作用,对于促进医疗卫生体制改革、进一步规范武汉地区医院经营行为、推动医院持续健康发展起到一定积极作用。

11月,由中华医学会武汉分会联合世界卒中组织、武汉市第一医院、南京军区南京总医院、南京大学神经病学研究所举办的第三届国际脑血管病高峰论坛,在武汉明珠豪生酒店会议厅隆重召开。国内外350余名代表参加了“论坛”。会议邀请了来自芬兰、美国、印度的5位神经科专家学者和国内50余名神经内科的著名专家为“论坛”讲学,世界卒中组织副主席 Markku Kaste 为大会致辞。来自北京、上海、南京、重庆及武汉的专家就脑血管病的诊断、脑卒中的预防和处理、脑血管病的介入治疗及目前脑血管病的研究现状与前景等问题做了精彩的报告。大会精心编纂了《第三届国际脑血管病高峰论坛论文汇编》,收录了芬兰、美国和国内脑血管病专家的专题报道33篇、论文摘要142篇,体现出较高的学术水平。本次论坛为国内外神经科专家、临床医务人员提供了一个交流平台,对于促进我国脑血管病防治水平的提高起到一定的促进作用。

该办积极组织国内外学术交流,为武汉地区医务人员提供了学术交流的多元化平台。麻醉专业委员会于3月9日邀请了德国美因兹 Johannes Gutenberg 大学医院的 C. Werner 教授讲学;神经外科专业委员会4月13-14日邀请了世界立体定向及功能神经外科大会前主席、日本群马大学教授大江千广教授进行讲学;感染专业委员会4月23日举办的中-加(加拿大)肝病学术研讨会，邀请了加拿大消化协会主席、加拿大多伦多大学总医院消化科主任、多器官移植项目主任 Dr. Gary Levy 授课；放射肿瘤专业委员会在5月24日召开的2007年武汉中－美国际放射肿瘤学研讨会上邀请了美国 MD Anderson 癌症中心放疗科教授 James D Cox、Ritsuko Komaki 和该中心质子中心 CEO Ms. Amy Hay、Mr. Mitch Latinkic 进行专题讲座；检验专业委员会分别于10月12日和11月1日邀请了美国 Prof. Maria Errol 和德国的 Prof. Ralf Hilfrich 授课；病理专业委员会11月2日邀请了加拿大肿瘤研究所研究员 Branko Palcic 作专题报告；内分泌专业委员会11月9日邀请了德国亚琛工业大学医学院的 Dr. Med Marcus Moeller 作专题报告。此外，各专业委员会还邀请了多名国内知名专家来汉讲学，通过这些国内外的学术活动，进一步促进了武汉地区医学水平的提高。

组织建设　在构建社会主义和谐社会的大环境下，该办公室十分重视加强民主办会意识，充分调动各界专家的积极性，使学会的组织建设有了较大的发展。2007年共有2个一级学会、12个专业委员会进行了换届选举，新成立了3个专业委员会。在换届改选和新成立的学会中，各学会都注重推荐各专业中有突出成就的年轻学科带头人为学会工作注入了新的活力和生机。

武汉医院管理学会第五次会员代表大会暨更名成立武汉医院协会大会于2007年9月举行。大会以无记名投票方式选举产生了新一届理事会，选举了彭国强为武汉医院协会会长。通过了《武汉医院协会章程》、《武汉医院协会会费收缴标准及管理办法》、《武汉医院协会行规行约》。为了适应经济社会发展的新形势和加强医院行业管理，武汉医院协会在原武汉医院管理学会的基础上更名成立。按照国家民政部有关规定，协会的业务范围、功能和任务与学会有了很大的不同。医院协会将在维护会员单位的合法权益，行业指导、自律、协调、监督，推动医疗机构持续健康发展，改善医患关系等方面发挥重要作用。

中华药学会武汉分会于2007年4月16日召开第十届会员代表大会，进行了理事会换届改选。

2007年有12个二级学会换届。中华医学会武汉分会有6个。市医学会专业委员会换届：消化专业委员会、神经内科专业委员会、内分泌专业委员会、检验专业委员会、放射技术专业委员会、康复专业委员会。中华预防医学会武汉分会有2个专业委员会换届：血吸虫专业委员会、健康教育专业委员会。中华药学会武汉分会有3个专业委员会换届：医院药学专业委员会、药事管理专业委员会、药物流行病学专业委员会。武汉中西医结合学会有儿科专业委员会换届。

2007年新成立的专业委员会有：武汉中西医结合学会2个，即：神经内科专业委员会、肾病专业委员会。中华医学会武汉分会新成立了放射肿瘤专业委员会。

按照民政部门管理要求，该办对108个专业委员会分别进行了机构登记工作，目前已有82个专业委员会完成了机构登记。在发展会员工作中，将团体会员单位从过去三级、二级医院扩展到民营甚至社区卫生服务中心。

继续教育　该办积极承担政府部门委托的培训任务。2007年受市卫生局委托，分别完成了五个重点项目的培训：新型农村合作医疗管理干部培训班、村卫生组织管理干部培训班、武汉市医院护理质量管理学习班 、处方管理办法培训班、武汉市乡镇卫生院院长培训班。针对广大医务人员的实际需要，该办将继续教育与学术活动有机结合，举办各级各类学习班23期。为配合武汉市卫生局"精神卫生进社区"工作的开展，该办继续医学教育培训中心面向全市13个城区基层医务人员开展了"精神卫生防治知识"培训，2 500余名医务人员接受了培训。为贯彻执行国务院及省、市卫生厅(局)关于做好麻醉药品和精神药品使用与管理培训工作的有关规定，举办"全市麻醉药品和精神药品使用与规范化管理培训班"5期，1 000余名医务人员接受培训并获得麻醉药品处方资格。举办医疗纠纷防范与处理培训班2期，信息化教程培训班4期。

该办2007年创办了《教育、培训工作简报》，现已出刊7期。"简报"及时、动态地反映了我市卫生系统教育培训工作的最新信息，为我市医疗卫生机构及医药卫生界学术团体提供了政策学习、交流经验、反馈信息、展现风采的平台。

医疗技术事故鉴定　2007年该办接受鉴定委托152例，完成鉴定92例(包括2006年遗留的案例)。因各种原因(病历质证、人身损害后果的认定等)中止案件达40余例。特别是通过积极耐心细致地解释以及同委托机构的不断沟通，该办调解了20例医疗纠纷案件，化解了不必要的医患矛盾，避免了鉴定资源的浪费，为和谐医患关系作出应有的贡献，并且在已经鉴定的案例中无一例出现程序性错误。

为了提高医疗事故技术鉴定的社会公信力，该办在全国率先推出了设立医疗事故技术鉴定复核小组的内部监督机制，以增强医疗事故技术鉴定在群众和司法体制中的权威性与重要性,使医疗事故技术鉴定工作进一步向公平、公正、公开的良性方向发展。

期刊杂志发行　该办举办与承办的《中华器官移植杂志》、《中华小儿外科杂志》、《中国医院药学杂志》、《腹部外科杂志》、《华中医学杂志》、《临床口腔医学杂志》、《临床肾脏病杂志》坚持服务学科建设、服务科技进步、服务国民卫生事业的办刊目标,注重开展学术争鸣,以贯彻理论与实践相结合、普及与提高相结合为办刊方针,坚持科技道德、编辑道德,遵守《出版管理条例》、《期刊出版管理规定》、《国家著作权法》等有关法规,在编辑出版工作的流程中,坚持学术性、科学性、创新性、实用性相结合的原则,在审稿和编辑中力求立题新颖,数据资料可靠,论据充分,结论可信。在学术上,注意组织和报道新理论、新方法、新经验,关注学术前沿,推广有价值的文稿,不断提高期刊的学术影响力。对每一篇论文,坚持"三审一定"制度,把好学术关,提高学术质量。全年各杂志共收稿5 986篇,刊登2 647篇,发行22万余册。

为适应当前形势需要,《中国医院药学杂志》、《中华小儿外科杂志》等编辑部安装了网上在线审稿系统,共接受网上在线投稿700余篇。网上注册作者已超过2 900余人,极大方便了作者的投稿和查询。在缩短稿件周转的同时,减少了办公、邮寄等费用。

在完成期刊编辑任务的同时,杂志编辑部还举办了全国性的学术研讨会。由中国药学会医药学专业委员会主办,中国医院药学杂志编辑部承办的全国医院药学学术会议于7月在宜昌召开。由《中华小儿外科杂志》主办的全国小儿外科学术研讨会于2007年9月在新疆乌鲁木齐召开。通过全国性学术会议进一步扩大了杂志的影响,同时也加强了与广大医院药学工作者的交流和沟通,促进了杂志更快地发展。

科普咨询活动　该办积极组织了下乡咨询、义诊活动。为响应国务院开展扶贫工作的号召,武汉市医学会检验专业委员会暑期组织了下乡咨询活动,专家们前往黄陂区人民医院,对该院检验科的建设与发展,进行了现场指导及检查。武汉市老年医学会于"九·九"重阳节期间,在海军工程大学开展了老年病咨询活动。为配合市卫生局"精神卫生进社区"工作的开展,武汉市医学会和武汉市预防医学会面向全市各城区基层医务人员开展了"精神卫生防治知识"的培训,通过对基层医务人员的培训,提高基层医务人员对精神疾患的早期诊断、早期治疗的水平和能力,为社区居民能进行系统的心理咨询打下良好的基础。

【2007年改选后的一级学会主要负责人名录】

武汉医院协会

会　长:彭国强
副会长:陈安民　姚尚龙
周云峰　宋兰堂
张介眉　孔庆志
金建年　张新光
王卫星　赵惠源
秘书长:赵惠源(兼)

中华药学会武汉分会

理 事 长:陈冠容
副理事长:李　高　汤　韧
杜　光　宋金春
王冬冬　陈华庭
秘 书 长:吴方建

【2007年新成立的分科学会负责人】

中华医学会武汉分会

放射肿瘤专业委员会
主 任 委 员:胡国清
副主任委员:伍　刚　宋启斌
张　弓　胡德胜
秘　　　书:陈　元

武汉中西医结合学会

肾病专业委员会
主 任 委 员:余秉治
副主任委员:熊　飞　徐　钢
杨　晓　王小琴
王卫民
秘　　　书:聂祥智

神经内科专业委员会
主 任 委 员:陈国华
副主任委员:董梦久　么冬爱
卢祖能　王　涛
卜碧涛
秘　　　书:吴　辉

【2007年换届改选后的专业委员会负责人名录】

中华医学会武汉分会

放射技术专业委员会
主 任 委 员:彭振军
副主任委员:张运利　胡军武
黄　雄　张照喜
秘　　　书:刘昌盛　王　晔

内分泌专业委员会
主 任 委 员:张木勋
副主任委员:陈璐璐　李　竞
徐焱成　向光大
秘　　　书:袁　刚

神经内科专业委员会
主 任 委 员:张苏明
副主任委员:孙圣刚　张兆辉
章军建　陈国华
朱遂强
秘　　　书:李朝武

消化专业委员会
主 任 委 员:邓长生

副主任委员:田德安　刘　诗
谭诗云　时绍红
秘　　　书:朱瑞平

康复专业委员会
主 任 委 员:尤春景
副主任委员:周淑华　朱珊珊
田　峻　赵力力
秘　　　书:陆　敏

检验专业委员会
主 任 委 员:李　艳
副主任委员:胡丽华　孙自镛
孙月庭　郑　芳
宋　宇
秘　　　书:李从荣

中华预防医学会武汉分会

健康教育专业委员会
主 任 委 员:张建华
副主任委员:程茂金　谭晓东
高冬媛　朱宏斌
李　滔　孙昌林
沈小慧　晏　杰
秘　　　书:李俊林

血吸虫病专业委员会
名誉主任委员:朱宏斌
主 任 委 员:李雍龙
副主任委员:蒋明森　张兆仁
戴裕海　周敦金
周　旺　梁　刚
秘　　　书:徐明星　罗华堂

中华药学会武汉分会

医院药学专业委员会
主 任 委 员:杜　光
副主任委员:吴方健　陈华庭
张　玉　刘　萍
周延安　刘　宏

药事管理专业委员会
主 任 委 员:汤　韧
副主任委员:陈东生　陈燕祥
陈　斌　毛德莉

药物流行专业委员会
主 任 委 员:刘　东
副主任委员:于　星　幸华雯
苏玉永

武汉中西医结合学会

儿科专业委员会
主 任 委 员:徐辉甫
副主任委员:苏　文　鄢素琪
刘晓鹰　向希雄
刘建忠
秘　　　书:鲁　芳

（彭国缘）

【樊明文当选国际牙科研究学会主席】 武汉大学口腔医学院樊明文教授,在2007年4月5日结束的泛亚洲太平洋地区国际牙科研究学会(IADR)会议上被选为主席。会议还决定2009年度IADR会议在武汉举行。国际牙科研究学会第85届年会于3月底在美国新奥尔良市举行。

据悉,IADR是世界上最大的牙科学术研究者的社团,共有会员1万余人,拥有会员最多的国家是美国,有会员4 000余人。中国现有会员166人,排世界第12位。IADR会员必须在口腔医学领域有较高的学术水平和较强的科研能力。

【百余中外肝病专家武汉聚会】 2007年5月17日,世界中医药学会联合会肝病专业委员会第二届学术年会在武汉召开。著名肝病研究专家、湖北省中医院内科教授王伯祥担任大会主席。

本次年会共有来自美国、加拿大、日本等国和我国台湾地区的百余位中外专家出席,将围绕肝病专业疑难病、常见病,从中医、中西医结合诊疗等方面开展交流。有关专家介绍了肝病最新研究成果。

【全国第五次口腔颌面创伤学术研讨会在武汉召开】 由中华口腔颌面外科专业委员会主办的全国第五次口腔颌面创伤学术研究会于2007年10月24日在武汉召开。

会上,中华口腔颌面外科专业委员会副主任委员刘彦普教授呼吁:多科医生协作进行早期修复,保证患者伤愈后更好地恢复。他说,颅颌面创伤的救治主要是颅脑外科、颌面外科等的修复,在发达国家,均是由相关科室协作,及时进行手术修复,将手术创伤降至最小。但国内颅脑外科医生处理完颅脑损伤后,没考虑到还需要颌面外科的配合,对患者颌面部损伤进行修复,一段时间后,颌面部骨折会发生错位愈合,脸部变得“歪七扭八”,影响牙齿咬合,直到难以正常进食。在临床上,有近半数的颅颌面创伤患者,错过修复良机,治疗十分困难,效果也不理想,还加重了患者的经济负担。

在会议期间,武汉大学口腔医学院牙体牙髓科高新技术中心主任范兵教授等展示了他们构建的下颌第二磨牙C形根管高精度“数字牙”,受到与会者高度赞赏。南方医科大学临床解剖学研究所教授、82岁高龄的钟世镇院士观看了三维演示后说:恭喜、恭喜,这是中国的第一颗“数字牙”。数字牙的问世,有助于对牙齿进行三维形态,牙体组织物理性等方面的研究。

（责任编辑:戴孔嘉）

国际交流与合作

【意大利大学教授赠送细胞株】 意大利罗马 La Sapienza 大学 Marco Tripodi 教授应武汉同济医院邀请，于 2007 年 11 月 22 日 ~25 日来同济医院访问，其间，Marco Tripodi 教授作了题为"RHPCs 的鉴定、特征描述及肿瘤形成机制的研究"的学术演讲，约 80 人参加。Tripodi 教授向该院赠送了用于 EMT 研究的 MMH 细胞株，他每天到实验室协助实验，显示出严谨的科学态度和敬业精神。Marco Tripodi 教授主要致力于干细胞的分裂与扩增及上皮细胞与间质细胞转化的相关研究。

【非洲 17 国卫生部官员来汉考察医院】 应中国卫生部邀请，贝宁、多哥、津巴布韦、尼日利亚等 17 个非洲国家卫生部司局长一行 29 人于 2007 年 7 月 26 日来武汉考察同济医院。他们听取了同济医院发展情况介绍后，就各自关心的医疗技术实力、中医药信息、人力资源管理、与非洲国家的交流合作、医院援非计划、医院的管理体制以及外国病人就诊等方面问题，向该院院长陈安民提问，陈院长一一作了回答。非洲国家卫生部官员们是应中国卫生部邀请，于今年 7 月 17 日至 31 日来华进行研修的。在北京期间，以讲课和考察活动为主，具体了解中国医疗卫生体系管理模式和发展前景。北京以外地区以参观医疗机构和座谈为主。在武汉同济医院院访问期间，外宾们还参观了综合医疗大楼、外科二号楼甲乳外科、内科十号血液内科、康复科门诊、门诊一楼大厅及中医药房等。

【加拿大教授与感染科全体医生座谈】 应华中科技大学同济医学院附属同济医院邀请，加拿大多伦多大学 Gary A. Levy 教授于 2007 年 4 月 22 日—26 日访问该院。

23 日下午，Gary A. Levy 教授以"fgl2 and Regulatory T Cells and their Role in Viral Hepatiti"为题进行了学术讲座，深入探讨了 fgl2 和调节 T 细胞在重症肝炎中的作用。随后，Gary A. Levy 教授参观了该院感染科病房和感染科研究室。

25 日上午，该院院长陈安民与 Gary A. Levy 教授会面，陈院长肯定了 Gary A. Levy 教授与该院感染科开展合作的成绩和贡献，探讨了继续合作交流事宜。该院副院长汪培华和感染科全体医生一起与 Gary A. Levy 教授座谈，进行了工作交流。

【中意专家合作为房颤患者提供手术"金标准"】 2007 年 4 月 16 日，华中科技大学同济医学院附属同济医院心胸外科与意大利 STEFANO

武汉市与国际 SOS 中心开展医疗急救合作

BENUSSI 医师联手，采用最新一代双极射频系统对房颤进行手术治疗，该技术在国外被誉为外科治疗房颤的“金标准”。传统外科手术治疗心脏瓣膜病变合并房颤，大多数患者只能解决瓣膜问题，术后仍受房颤困扰。此项新技术即可解决此问题。

【举办国际功能、残疾和健康分类讲习班】 2007 年 2 月 1 日，世界卫生组织（WHO）武汉康复培训与研究合作中心和《中华物理医学与康复杂志》编辑部联合举办的国际功能、残疾和健康分类（ICF）讲习班，在华中科大同济医院举行。德国 WHO 国际功能、残疾与健康分类研究小组主任、德国慕尼黑大学 Prof. Gerold Stucki 教授，瑞士 Dr. Alarcos Cieza 博士分别就 ICF 的概念及其应用进行了演讲，并现场回答了听众的提问。全国各医院的代表共 60 余人到会听讲。讲习班期间，香港大学东华三院康复医学教授李常威主任在同济医院康复科参加教学查房。外宾们还参观了同济医院康复科住院部、康复科门诊等，并拜访了中德医学会名誉会长裘法祖教授及夫人、著名病理学家武忠弼教授。

【国外（境外）医疗专家来访】 2007 年，新西兰、德国、美国、法国的专家到协和医院参会和访问。2007 年，同济医院共接待来自 31 个国家和地区的 48 批 182 人次人员来访，组织讲学 39 场次；寄往世界各地的圣诞及节日贺卡达 150 封。国外专家到省人民医院开讲座 10 人次。国外（境外）专家 40 人次到武大中南医院讲学。有 20 余人次的国外和港澳台人员到武大口腔医院访问。

【在汉医疗人员到国外（境外）访问学习】 2007 年，同济医院有 3 名人员到德国德尔门霍斯特市医院进行了短期学习交流；该院办理短期出国 219 人次，长期出国 61 人次；派往香港参观学习 23 人次。省人民医院到国外工作访问和学术交流 90 余人次，进行 3 个月以上进修 13 人次。武大中南医院有 80 人次到国外（境外）参加学术活动。武大口腔医院有 20 余人次到国外参加学术会议。省妇幼保健院新生儿科 2 名医务人员应邀前往澳大利亚皇家妇女儿童医院进行 3 个月专业进修。武汉大学医学部 2007 年共接待法、美、日、英、德、澳、挪威等国及台、港地区代表团 56 个、计 234 人次；派出国、出境学习惯 30 人，聘长期外教 4 人；召开国际会议 1 次，续签国际合作协议 1 项，签订合作协议 3 项。

【艾滋病国际合作培训】 武汉大学中南医院 2007 年在县、乡镇开展了艾滋病家庭护理培训，通过培训建立起艾滋病家庭护理模式。培训师资来自世界健康基金会、湖北省艾滋病临床指导培训中心的专家和前几年参加培训的教师骨干。湖北省的艾滋病患者大多集中在农村，如果没有其它症状，一般都选择在家里服药治疗，该院参与的培训项目即是针对这种实际情况规划的。2007 年的培训是继 2004 年开展的“湖北省艾滋病医护人员培训项目”活动，项目由武汉大学医学部和中南医院与世界健康基金会合作开展的，项目委员会的中方主席是武大中南医院教授桂希恩，美国方面主席是世界健康基金会艾滋病专家 Dr . Renslow Sherer。

【中德交往与合作的象征医院规划建设】 武汉市与德国杜伊斯堡市签订备忘录决定修建中德友好同济医院（或叫光谷同济医院），中德双方决定其建设管理工作交由该院，湖北省、武汉市、华中科技大学及东湖新技术开发区，给予土地、资金等支持，该院已完成中德友好同济医院规划模型，筹备工作正在进行。

【世界腹股沟疝研讨会】 2007 年 4 月 7 日，协和医院举办世界腹股沟疝研讨会，邀请了“李金斯坦的无张力疝成形术”的创始人、美国前作疝协会主席阿米德教授前来讲学和演示手术，国内 200 多名疝外科专家前来观摩学习。“李金斯坦的无张力疝成形术”是国际公认的治疗腹股沟疝手术金标准。

【第 17 届亚洲太平洋外科年会】 协和医院肝胆外科陈立波副教授应国际外科学会（ICS）亚洲太平洋分会邀请，于 7 月赴日本京都参加了第 17 届亚洲太平洋外科年会，并报告了“选择性/超选择性入肝/出肝血管阻断下解剖性肝切除”这一革新肝脏外科手术方式。陈教授近来运用这项新手术方式，开展了 100 余例肝脏切除手术，取得了明显的成效。

【第八届亚洲血管外科国际会议】 2007 年 11 月 1 ~ 3 日，“第八届亚洲血管外科国际会议”在上海国际会议中心召开，1 000 余名来自美国、德国、澳大利亚、印度、日本、韩国、新加坡、沙特阿拉伯等国和中国的专家学者参会，协和医院血管外科欧阳晨曦博士就“多发性大动脉炎”外科手术治疗为题，用英语进行大会演讲。

【泛亚洲太平洋地区国际牙科研究

学会(IADR)会议】 湖北省口腔医院樊明文教授在2007年4月召开的泛亚洲太平洋地区国际牙科研究学会(IADR)会议上被选为主席。这是中国人第一次担任该学会主席。IADR机构是目前最大的世界性牙科学术研究者社团,在现有的一万余会员中,有中国会员166人,排世界第12位。此次学会会议决定2009年度IADR会议在中国武汉举行。

【首届中德医院管理高层论坛】 2007年,同济医院承办了中德－德中医学协会联合年会暨首届中德医院管理高层论坛,80位德国专家和200名中国医院管理专家、政府官员,参加了为期两天的学术交流。德国卫生部副部长施罗德、德国公使劳克先生及德中医学协会理事长德巴廷教授参会,施罗德还作了题为《卫生事业是经济繁荣的驱动器》的演讲。该院院长陈安民任中德医学协会理事长。中德医学协会成立于1984年,由中国著名外科学家、中科院院士裘法祖教授和中国著名病理学家、德国科学院院士武忠弼教授发起。1984年,德国也成立了相应学术团体,即德中医学协会。中德医学协会成立20多年来,先后有2 000余位医药界科技工作者申请加入,全国13个省市设有分会,每年在中德两国轮流召开学术年会。本次年会上,裘法祖院士、吴在德教授、武忠弼教授等被授予"宝隆奖"。

【国际抗衰老学术交流】 为促进抗衰老方面的研究再跨一个新台阶,梨园医院邀请世界抗衰老医学会主席罗伯特·高德曼博士到该院作了题为"国际抗衰老事业发展趋势"的学术报告,并聘请高德曼为该院客座教授。中华医学会副会长白书忠、省卫生厅厅长朱忠华、华中科技大学领导等参加了授聘仪式及学术讲座。

【外国专家到省妇幼保健院讲学】 2007年5月28日,省妇幼保健院邀请美国宾夕法尼亚大学教授霍文哲博士就《环境(药物,感染)和出生缺陷》专题进行讲座。受该院邀请,美国波士顿儿童医院新生儿外科专家Russell Jenning教授于2007年9月26日到该院开讲座,主题为国外胎儿治疗方面的最新进展。10月23日,德国维尔茨堡儿童医院院长Christian P. Speer教授和瑞典乌普萨拉大学儿童医院Gunnar Sedin教授应邀来到该院进行新生儿专题学术讲座。11月29日 美国圣犹大儿童研究医院的左坚博士应邀到该院就"美国儿童医疗概况"进行了专题学术讲座。12月21日,澳大利亚皇家内科医师学会会员、公共卫生学博士、高级医师樊维琦博士应邀就"脐血管插管(操作位置并发症管理)"和"新生儿RDS管理的新进展"两个专题与该院医护人员进行交流。

【世界肝病联合会第二届学术会议】 省中医医院于2007年5月16～20日与中西医结合肝病杂志在武汉承办了世界肝病联合会第二届学术会议。来自中国内地和台、港、澳地区以及美国、加拿大、新加坡等国家肝病专家学者交流了慢性乙型肝炎、慢性重型肝炎、脂肪肝等肝病中的热点、难点问题,探讨慢性乙型肝炎的中医证候分布、证治规律,慢性重型肝炎的诊治,酒精性及非酒精性脂肪肝中医药治疗及中西医结合治疗,肝炎的国内外最新研究进展等;安排专题讲座26场,收到国内外论文近400份。大会邀请了国内著名肝脏病学专家王宝恩、钱英、汪承柏、王灵台、盛国光、李瀚文以及美国的闻集普、加拿大万永红等教授到会做专题报告。

【赴新加坡建内训队伍】 6月28～7月9日,省中山医院院长助理刘群男及护理部主任肖红著率4名护士长(陈咏梅、周宇光、邹艾蓉、韩文玲)赴新加坡参加《现代护理管理课程》学习。学习回院后建立"内训"队伍,实施全员护理培训。第一轮培训已达21场次,全员培训率达91%。

【职务聘任与外教授课】 省人民医院2007年8月聘任美国Oklahoma大学男性46岁博士Sunny po为该院心内科客座教授。世界健康基金会与武汉大学联办的HOP护理学院聘请美国哈佛大学马省总医院副教授、著名灾难救助专家Dr. Susan Briggs、美国凯斯西储大学护理学院Laura Nosek、美国北卡大学护理学院胡洁教授为学生授课。

【医疗援外】 2007年,省人民医院派出医务人员3人次(张治国、何宜新、郑必全)到阿尔及利亚开展医疗援助。

【进修学习】 2007年武汉大学医学部第三批16名学生到法国南锡医学院学习;通过院级交流项目先后派出附属中南医院妇产科、基础医学部,附属人民医院呼吸内科共3名医务人员到日本福岛医科大学进修。

【国际合作防治艾滋病】 武汉大

学医学部及附属中南医院与世界健康基金会于2004年开始合作“湖北省艾滋病医护人员培训项目”到2007年，在县级、乡镇级开展家庭艾滋病护理培训，教员有世界健康基金会、省艾滋病临床指导培训中心的专家，主要是3年前培训的骨干教员。

【医学研究生暑期学校】 华中科技大学同济医学院探索国际联合办学模式，2007年成功举办了“charite—同济—复旦国际卫生学研究生暑期学校”和“同济—乌尔姆分子医学研究生暑期学校”，还因此与国外院校的领导和专家到一起学习交流。

【国际联合办学】 湖北中医学院2007年代表湖北省省属高校访问俄罗斯，与萨拉托夫州国立医科大学签订了联合办学协议；与法国克莱蒙费朗第一大学、美国温斯顿塞伦州立大学、英国朴茨茅斯大学签订中外合作办学项目协议。

改革开放30年国际交流合作资料链接(2001—2006年国际交流合作资料)

【国外境外互访概况】 2001年市卫生系统出国出境参加学习考察等活动36人次，出访地有美、德、日、澳、法、以、新加坡、泰、越、新西兰、菲律宾等国和香港地区。2001年华中科技大学同济医学院公派短期出国人员150人次，接待外国来访讲学人员371人次(有德、美、英、加、荷、澳、瑞典、日本等国)，接待台港来访讲学人员13人次。2001年协和医院出国出境学习考察等95人次(公派63人次，自费32人次)，出访地有美、韩、澳、泰、德、日、新加坡、意、希腊、瑞士、加、荷、新西兰、英、瑞典、葡萄牙等国家和香港地区。2001年同济医院接待外国和地区来访人员34批134人次，来访国有美、德、英、加、日、瑞士、瑞典、荷、韩等及港台地区，其中德国来的有46人次之多；外来专家讲学27场次，平均每两周即有1人次讲学；德国汉堡巴姆贝克医院一行4人到该院作了1个月的访问学习。2001年武汉大学人民医院接待来访人员60人次，出国作短期访问讲学等80人次。2001年湖北中医学院外派专业人员30人次，其中公派出国人员13人次。接待来访人员300余人，其中日本福冈柔道整复学校280人来该院附属医院短期临床见习。2001年武汉大学中南医院接待来访者16人次，来访者有Proleets HOPE亚太地区医学事务高级总监Pober先生、美国哈佛大学博士诺贝尔奖获得者O，CarletenQaj-duSRK教授等。

2002年，武汉市、区医疗卫生单位出国出境学习培训16人次，市级市属单位出国出境学术交流22人次，出国医疗援助13人次，出国出境参加学术和专门会议10人次，出国考察访问20人次，出国出境合作研究2人次。2002年该院公派短期出国人员202人次，接待来自德、日、澳、美、加、法等国外宾161人，台港来宾19人，聘请长短期外籍教师7人，招收留学生23人，安排校际交流、自费实习德国学生20名。2002年协和医院出国出境参加公派医学活动62人次。2002年同济医院接待外国地区来访人员92人次。2002年省人民医院9人次出国学习。先后与德国波宏大学、澳大利亚阿德莱德大学签订双方工作人员和学生对等交流协议；接待来自美、法等国和台湾地区来访人员128人次。2002年武大中南医院有4批人员出国参加学术会议。接待国外境外来访15人次，分别来自美、法、日等及香港地区。2002年省口腔医院有27人次出国出境参加公派活动，包括美、日等国和港澳地区。接待国外境外来访人员27人次，包括荷兰、美国、英国、泰国、法国、澳大利亚等国和香港台湾地区。2002年湖北中医学院有33人次出访，包括韩、英、美、日等国和香港地区。接待来访人员57人次，包括俄罗斯、白俄罗斯及台湾地区。2002年该院有12人次公派出国(包括日、美、德)。2002年武汉市精神病医院有4人受邀出国出境参加学术会议(德国、加拿大，香港)。

2003年，市卫生局系统有20个团组、33人次到国外学习交流工作，9人次到香港学习考察；出访国包括美国、巴西、澳大利亚、法国、日本、芬兰、菲律宾、老挝、丹麦、英国等。医疗急救单位占了出访单位的53%，疾病防治和卫生监督占出访单位的21%；全年共接待外国来访4批10人次，其中奥地利政府代表团一行访问了市中医医院，越南医学访问团访问了武汉社区医疗卫生服务；2003年协和医院有22人次出国参加学术活动，接待来自北美、欧洲等地专家学者14人次；2月27日该院与德国慕尼黑技术大学伊萨河右岸医院签订了合作协议。2003年同济医院接待来自美国、德国、法国等25国地区共36批152人次访问。2003年武汉大学医学部有18人被派出国出境学习，共接待14人来访代表团。2003年武汉大学人民医院接待美国、尼泊尔等国及台湾地区学者专家来该院访问24人次；该院派往美、英、法、德、日本等国及港澳地区人员64人次。2003年该院有10人次出国出境参加学术活动，接待外国、地区来访14人次。

2004年，武汉市卫生局系统到国外境外开展医学访问、项目培训、合作研究、经贸洽谈等，组团20个，约80人次，出访国有美国、欧洲、澳大利亚、南非等以及港澳地区。应邀来汉访问的有美国、德国、荷兰等国的医学教授、博士。2004年协和医院组团赴美国培训医院管理，由该院人事等六大职能部门负责人共8人组团，考察了全美运营最成功的临床检验机构—犹他全美医学检验中心。该院邀请国外境外专家学者约36人来院访问，该院出国出境考察交流约55人。2004年，同济医院与德国巴姆贝克医院建立友好合作关系10周年，根据交流协议该院派出8人前往德方访问；该院全年主办国际会议35场次，举办国际讲学28场次，接待外宾和港澳台胞来访批119人次。全年出国(境)参加学术会议151人次，考察及其它73人次，合作研究3人次。2004年，中南医院有17批次国外专家来该院讲学访问商谈合作事宜。

2005年市卫生局系统组团24个,46人次到国外境外考察访问。出访地有南非、澳、美、德、巴西、阿根廷、日、希腊、瑞典、芬兰、新加坡、比利时、土耳其、加、英、法、荷兰及香港地区。两次邀请了美国宾夕法尼亚大学医学院霍文哲博士来市疾控中心指导合作项目。德国杜伊斯堡市政府派员到市中医医院探讨中医药工作交流合作。2005年,协和医院接待37批130人次来自美、德21国和港台来访人员;同济医院接待来自美、德、法、英、澳、加、新西兰、瑞士、瑞典、日、新加坡13国及港台37批103人次来访人员;省人民医院接待20人次,中南医院接待16人次来访人员;市结核病医院、防治所接待22人次来自世卫组织,美国芝加哥大学、耶鲁大学、亚特兰大格雷迪纪念医院、CDC来访人员,市普爱医院接待法国4博士、德国医学专家。武汉医学会2005年国际交流活动17次,有世界健康基金会艾滋病项目专家、澳大利亚皇家儿童医院、美国教授及香港玛丽医院教授。2005年省人民医院出国研修10人次、留学13人次,中南医院出访9人次到美、法、新加坡。

湖北省妇幼保健院2006年有11人次出国出境(美国、新加坡和香港等)进修业务。

【医疗国际援助】 2001年6月,武汉大学中南医院选派1名医务人员赴莱索托参加医疗援外,8月选派3人到阿尔及利亚医疗援外。2003年市卫生局选派2名医生到南非,7名医生到阿尔及尼亚执行援外医疗队任务;驻阿尔及尼亚医疗队经受了强烈地震的考验。市卫生局被评为湖北省援外医疗队先进管理单位。2004年,武汉市卫生局系统选派医疗队执行医疗援外任务,有9名医务人员到阿尔及尼亚,有5名到莱索托。2005年省人民医院选派3名医务人员到阿尔及尼亚进行医疗援助。

【国际合作专项活动】 2001年华中科技大学同济医学院获批DAAD项目6个,获资助25万元。2001年武汉大学人民医院世界健康基金会(Project HOPE)于2001年11月将其在中国的第三个办事处设在武汉大学医学院(第一二个办事处已设在上海北京),并确定第一个合作项目为"设立国际标准的护理学院";美国最大的资助重性精神病研究机构(Stanley)同意资助该院9.6万美元,从事精神病与弓形虫感染关系的研究,以为治疗重性精神病提供新的方法。

2002年华中科技大学同济医学院启动了与英国格拉斯哥郎赛学院签订的牙科技术培训班项目。2002年协和医院邀请10名丹麦和国内著名脊柱外科专家教授,参加于9月19－22日在宜昌召开的"全国脊柱外科新进展学术交流会"作报告,全国有164名专家教授到会交流;该院作为国际原子能机构资助中国核医学技师正规化远程教育培训基地,于4月1－3日培训湖南、湖北、河南等地学员,该院张永学教授任华中地区协调员,由悉尼大学HeAtherPatterson教授和国内3位核医学专家授课。2002年11月,协和医院骨外科与德国贝朗公司(国际著名人工关节研究公司)签署协议,成立武汉协和医院－德国贝朗人工关节外科中心。2002年,美国Stanley基金会Dr. Daniel项目主任等来3人来省人民医院就传统医学治疗重性精神病课题开展合作;美国HOPE基金会高级护理顾问MAGGIE KONG来该院协助护理课程体系改革。

湖北省肿瘤医院与法国梅兹—南锡欧洲大学中心联合成立"中法肿瘤防治研究中心"于2003年9月22日在法国南锡正式签订合作协议,该院以此研究中心为平台,与法国洛林大学癌症研究中心签署了长期合作协议,与美国安德森癌症中心、美国克林顿大学癌症中心等建立了合作交流关系。2003年,武汉市疾病预防控制中心与美国南加尼福利亚大学合作开展"中国七城市控烟"项目研究,与美国疾病控制中心合作研究"人流感病毒的监测"项目,与世界卫生组织合作研究"100%避孕套计划"项目;与日本札幌医学院合作研究的"成人B组轮状病毒"项目已通过鉴定。

2004年德国心血管病专家武汉活动中心在武汉普爱医院成立挂牌。2004年,中南医院与比利时、法国开展人才培训工作,该院护理系与比利时发展协会共同承办了"中国—比利时边少地区护理培训项目"历时4年,于7月结束,共举办15期高级护理培训班,培训护理人员1638人,覆盖湖北省59个县、市236家医院;该院与巴黎十二大Henri Mondor医院共同举办中法肿瘤放射护理硕士学位班于7月启动,与法国外交部签订感染病防治合作协议进入实施阶段;世界健康基金会总裁约翰·豪先生于8月22日为设在该院的"湖北省艾滋病临床指导培训中心"揭牌。湖北省妇幼保健院与国际微笑行动中国基金会、安利(中国)日用品有限公司于11月10日至18日联合举办了2004年"安利国际微笑行动"医疗活动,来自5个国家和地区的38名医疗专家,为湖北省内188名患有唇腭裂儿童免费实施整形手术和相关治疗。

2005年,中国—欧盟性病艾滋病防治合作项目,旨在通过中国城市社区卫生服务,促进高危人群享受对性病基本医疗服务,遏制性病艾滋病传播蔓延。此项目由武汉市皮肤病防治所实施,项目周期为4年,2005年是项目的第三年。该所社区生殖道感染门诊量达121人次,转诊中心生殖道感染门诊量3 566人次;市疾控中心正在进行的合作项目有:与美国南加尼福利亚医学院合作"七城市控烟项目"、与世界卫生组织合作"100%避孕套计划"、与美国宾夕法尼亚大学儿科系霍文哲教授合作"药物滥用、P物质、丙肝研究"(美国国立卫生研究所下达的项目)等;武汉市急救中心与美国心脏学会(AHA)授权的组织签订了建立急救培训中心和开展急救培训项目的合作协议,授权组织包括卫生部香港国康公司、巴黎SAMU(院前急救)组织、挪威挪度中国有限公司、香港圣约翰救伤总队;武钢总医院与台湾、德国等地进行骨科、烧伤等技术合作,开展米克氏植皮术、Miss小口膝关节置换术等新业务;市第一医院与韩国广慧医院骨科、与美国南加州大学康复医学部门签约合作。

2006年,武汉大学医学部与英国剑桥大学生物技术研究所、深圳大学生命科学院合作项目于2006年4月启动,该项目由英国生物技术与生物科学研究所委员会提供资助；武大医学部药学院与奥斯陆大学药学院合作项目获批，该项目由挪威国家研究理事会提供资助。2006年，中南医院与法国南锡亨利庞卡莱大学签订了第二个“中法七年制研究生班”教学协议，并获得15名学员的奖学金(2006年1月)；该院到巴黎签订了中法肝胆疾病研究院的项目合作协议(2006年6月)。武汉市心理医院2006年与美国 New School 大学合作完成了“精神分析取向心理治疗在中国的发展现状及中国精神分析取向心理治疗师的价值观取向调查”和“心理病人的价值观取向调查”项目。中国和芬兰两国卫生部合作开展新生儿筛查项目启动仪式在省妇幼保健院举行，省妇保院是该项目在湖北省的实施单位。“加拿大中国儿童健康基金/湖北省儿童口腔病防治中心”于2006年9月在省妇保院成立并举行揭牌仪式，2006年10月举行加中儿童健康基金会第六期全国爱幼中心培训班和全国儿童唇腭裂综合治疗研讨会。香港李嘉诚基金于2001年10月资助武汉大学中南医院建立宁养院，武大中南医院于2006年3月又成立宁养院英山(县)服务点，为2 250位山区贫困家庭晚期癌症患者提供宁养医疗服务。

【国际专题会议与讲学讲座】 2001年华中科技大学同济医学院有关“国际敏感材料与传感技术大会”特约论文16篇，论文集由美国ISTP正式出版，全世界发行，大部分论文被4大索引收录。

武汉传染病医院于2003年2月派专业技术人员到日本参加第三届亚洲地区肝炎与肝癌关系的研讨会，在会上作了题为《原发性肝癌乙肝病毒基因分型及临床特征》的发言。美籍华人何大一教授于2003年7月到武汉大学人民医院讲学，内容为《SARS及艾滋病防治》。

湖北省中山医院于2004年10月14日邀请美国M－D安德森癌症研究中心于东方博士来该院作“癌症病理新进展”学术报告。湖北省口腔医于2004年6月3－5日院承办了国际牙科研究协会中国分会第五届年会暨第二届国际口腔医学学术研讨会，会议在武汉科技会展中心举行；来自英国、美国、荷兰、瑞士、日本、泰国等国及香港地区40多位专家教授，国内口腔医学界同仁共400多人参加会议；湖北省副省长辜胜阻、武汉大学党委书记顾海良、国际牙科研究协会总部执行主席FOX教授、中国日本和东南亚分会的主席参加开幕式；国际牙科研究协会是国际著名口腔医学组织，其中国分会于1999年在武汉成立，其秘书处和办事处设在武汉大学。2002年9月武汉市第一医院与中华医学会武汉分会腔镜外科学会、美国史塞克公司共同在该院举办“腹腔镜发展战略学术研讨会”。2002年武汉市精神病医院邀请德国专家来院讲“进食障碍”，特邀美国纽约州脑代谢基础研究室龚成新博士来该院讲“阿尔采默氏病的基础研究进展、诊断及治疗”。

2005年，省人民医院有73人次出国参加国际学术会议；协和医院承办了“第三届国际听力学、耳科学及颅底外科学学术会议”，该院与省医学会于11月中旬联办了“中华医学会全国第六次消化动力年会”，美、加等国专家应邀参加；武大中南医院艾滋病研究培训中心与美国Aaron－Dimond艾滋病研究中心联合主办母婴传播研究会，培训了来自湖北、河南、安徽、山西等省的医护人员。2005年9月，湖北省肿瘤医院与中华医学会武汉分会联合承办了“中华医学会第六届全国细胞病理学学术会议暨第二届中日细胞学研讨会”，会议在宜昌市召开，日、德、美、新西兰及澳门的细胞学工作者参会。2005年，协和医院邀请台湾医院管理专家郑胜辉教授来院作互动式讲座，邀请美国护理专家Mary来院介绍美国护理教育，邀请英国牛津大学夏志道博士来院讲前沿性学科“骨组织工程学”，还邀请美国危重医学研究院副院长唐万春教授、德国肿瘤放射治疗专家(德国沙尔大学医学院副院长Rube教授)先后到该院讲学和作报告；省肿瘤医院邀请法国专家(巴黎第十二大学亨利－孟德尔医院和巴黎第六大学古斯达夫－胡斯研究所的4位专家)来院作关于肿瘤影像学诊断在肿瘤治疗中的进展情况，该院与国际抗癌联盟、美国克雷顿大学医学院以及中国抗癌协会、省抗癌协会、省肿瘤研究所联办“国际淋巴癌暨乳腺病病理诊断治疗高级讲习班”；市第一医院邀请日本东京大学酒谷薰教授参加该院举办的“首届中国中西医结合脑血管病论坛”；梨园医院邀请日本高原医院清水允熙院长来院作高年期“痴呆认知”的心理讲座。

2006年，武汉市第三医院烧伤医学专家谢卫国应4到台湾、香港等地讲学，介绍先进的烧伤治疗技术，该院还邀请美国纽约大学教授Saccadi来院讲学；同济医院有171人次外国和地区来访者(来自美、德、法、莱索托等国家和台港地区)，作了32场学术讲座，奥地利格拉茨大学耳鼻咽喉科医院耳鼻咽喉－头颈外科主任Stammberger教授作了关于鼻内窥镜相关手术及问题处理的演讲。2006年，武汉大学中南医院派员到国外参加学术会议，会议地点有美国(旧金山、芝加哥、华盛顿、克利夫兰、达拉斯)、德国、西班牙(马德里)、英国、土耳其(伊斯坦布尔)、日本(福岛医科大学)；武汉亚洲心脏病医院2006年参加56次国际国内心脏病专门学术会议；美国10名NIH官员到武大医学部与该部共同举办“毒品滥用和SIV感染模型”学术交流会。2006年4月17日，香港卫生护理专业人员协会交流团来汉考察卫生护理工作，团长曹圣玉女士在市中西医结合医院和亚心医院作了“香港专科护士发展的概览”演讲。2006年到中南医院开医学专题讲座的有美国9所大学，法国有4所大学和研究院，荷兰有3所大学和研究院，还有瑞典、加拿大、澳大利亚等国的大学；到同济医院开讲座的有瑞典卡罗琳斯卡大学的教授(讲泌尿系结石问题)，德国Witten/Herdecke大学教授(讲辅助生殖技术问题)。

【国际间职务聘任与荣誉授予】 2001年华中科技大学同济医学院聘请外籍教师19人，授予国外名誉教授7人，客座教授3人。

2002年协和医院耳鼻喉疾病研究所所长孔维佳教授被香港大学聘为Mrs. Gorden Wu Visitimg Professor客座教

授，被奥地利 Insbruk 大学医学院聘为客座教授。2002 年同济医院授予加拿大多伦多大学儿童医院 Tanswel 教授为该院名誉教授。2002 年美国 RACHESER 大学泌外研究所张清祥教授受聘武大中南医院客座教授。

2004 年，协和医院血液科聘请日本山口大学医学部教授河野道生为该科客座教授，日本国立放射线医学综合研究所高级研究员张宏博士被聘为该院客座教授，世界麻醉研究学会主席 KC. Wong 被聘为该院名誉教授；美国洛杉矶蒙特利公园商务代表团授予该院党委书记、院长王国斌教授等 3 位专家为该市荣誉市民称号。2004 年，梨园医院邀请日本清阳会御殿场高原病院院长清水允熙来院讲学，聘为该院客座教授。

2005 年，2 名加拿大籍和 1 名美国籍人士被同济医院聘用。旅居日本的医学博士寇华胜被梨园医院聘为客座教授。孙中山先生的嫡孙女孙穗芳博士于 2005 年 9 月 26 日来到湖北省中山医院，参加“孙中山铜像揭幕仪式”。孙穗芳已被省中山医院聘为名誉院长。

2006 年被同济医院聘为客座教授的有：奥地利格拉茨大学耳鼻咽喉科医院耳鼻咽喉－头颈外科主任 Stammberger 教授；美国纽约州奥尔巴医科大学 Harold K. Kimelberg 教授、美国 Jeffeson Medical College 教授、德国 Witten/Herdecke 大学生殖内分泌和不孕症学部主任 Stefan Dieterle 教授等。湖北中山医院 2006 年聘请美国乳腺肿瘤外科专家 ADAMT. RIKR 为该院客座教授。武汉市卫生局局长林国生在“2006 武汉．中法急救论坛”（2006 年 10 月 18 日）上，向前来参会的巴黎院前急救系统主任加里教授、副主任戴丽虹教授以及赵剡博士颁发了紧急医疗救援专家聘书。

【接诊外籍及境外病人】 2003 年同济医院共收治来自美国、加拿大、德国等 9 国地区 52 人次病人住院和门诊治疗，其中 41 人次前来器官移植手术。2004 年，同济医院收治美、加、德、法及台湾地区病人 78 人次，其中门诊就医 18 人次，住院就医 60 人次（均为慕名前来实施器官移植手术）。2005 年，来自美、加、德、法、澳、日、韩、新加坡、英、也门、毛里求斯、越南、柬埔寨等 12 国及台湾地区求医者到同济医院看门诊和住院治疗，其中 76 名是慕名前来做器官移植手术的。2006 年到同济医院就诊的国外境外人员（越南、柬埔寨、以色列等国及港台地区）103 人，其中 56 名是慕名前来做器官移植的。

【互访交流内容】 2001 年，德国杜伊斯堡和斯图加特市的医学专家于 3 月到市中医医院参观针灸科、中风专科、按摩保健中心，日本大分市医师团于 6 月参观市中医医院专家门诊和中草药房，日本福冈柔道学校于 10 月到市中医医院骨科、按摩科学习中医治疗复位方法；市儿童医院先后 4 次派员 6 人到国外公派活动，包括到德国杜伊斯堡心脏治疗中心研修小儿复杂性先天性心脏病诊断治疗护理及基础研究，到日本大分市阿尔明达医院学习腹腔镜技术，到以色列参加“社区及医院儿科护士培训”课程学习；市第三医院派 2 名医务人员到阿尔及尼亚参加援外医疗队。2001 年协和医院邀请境外专家教授来该院参加科技交流活动 12 次（项），内容涉及检验医学、核医学、创伤基础、腔镜手术示范、感染控制等；德国 Gissen 大学心脏外科专家 PRV 教授为该院一重症复杂冠心病人施行微创搭桥手术。2001 年 1 月江汉大学医学与生命科学学院吴永方教授考察了加拿大、美国的肿瘤防治工作，发现他们的主要作法是科普宣传、指定大从饮食指南、抓早期诊断、多学科配合治疗等，使其恶性肿瘤临床治愈率达 50% 以上；Folkman 研究的抗肿瘤血管生成因子开始在临床应用，使肿瘤治疗初显曙光，已形成几十亿美元的产业；吴教授借考察之机向加、美两国同行推介该院经 10 年研究的绿茶抗癌成果。

2002 年加拿大麦吉尔大学医学系心血管病研究室主任 Cianflone 教授向同济医院赠送科研急需的两类细胞株。2002 年武汉市精神病医院邀请德国心理学专家 SENF 教授来院讲心理卫生发展，现场演示家庭治疗；2002 年 8 月武汉市第一医院邀请日本东京都驹入院院长森武生博士来该院讲学和手术演示。

2003 年澳大利亚皇家外科医生学院代表团一行在同济医院 2 周访问时间内参与手术 7 台，查看病人 26 例，参与查房讨论 7 次。世界健康基金会（HOPE）专家前后 3 次来武汉大学中南医院考察感染工作，8 月 7 日，HOPE 基金会亚太地区总裁杰克布兰克斯为领队一行 5 人到该院了解感染科、肿瘤科工作，10 月 30 日 HOPE 基金会亚太地区总监爱伦帕卡特一行 3 人参观该院感染科，11 月 13 日 HOPE 基金会艾滋病专家组长 Revnow 一行 3 人与该院感染科同仁交流工作；12 月法国外交部组织的医院考察团参观了该院 ICU、感染科等病区。2003 年 Projethope 基金会亚太地区总监 Bob 教授到省口腔医院探讨和规划“社区口腔预防项目”。

2005 年，市结核病医院到美国旧金山考察医院管理，武汉血液中心到荷兰、南非、美国及港台学习管理模式，武汉医学会组织专家到新加坡、香港学习医疗急救、社区医疗卫生服务等；武大中南医院一行 11 人到法国，与 Nan－cy 大学医学院交流医院管理、医疗技术、医学教育。2005 年美国哥伦比亚大学小儿泌尿外科主任格拉伯格教授到协和医院学习该院泌尿外科主任肖传国教授发明的脊膜膨出膀胱功能重建的新术式方法和理论；这项手术主要解决脊髓损伤和脊髓病变引起的大小便失禁；2005 年 7 月 8 日，肖传国教授主刀为 2 名先天性脊膜膨出患者施行重建大小便功能手术，由 2 名美国教授当助手。为制作纪录片《中国》，英国格林维达电视制作公司著名制片人、导演乔纳森陆易斯先生于 2005 年 3 月 22 日采访了武大中南医院桂希恩教授。

2006 年武汉市卫生系统组团到英国曼彻斯特和丹麦奥尔胡斯就传染病寄生虫病的预防控制、院内感染控制及社区卫生服务模式进行交流。武汉市心理医院与德国埃森大学心身医学部、与美国加州大学旧金山医学院创伤与危机干预中心建立了科研和临床交流关系。2006 年 5 月，武汉市卫生局接待了日本大分市副市长矶崎贤治就建设公共卫生预防体系、医疗卫生及医学专门领域合作交换了意见。澳门医务界联合总会访华团一行40人2006年到同济医院参观器官移植研究所和妇产科实验室。美国国立卫生院(NIH)代表团一行10人于2006年10月26日应邀到武汉市疾控中心工作访问。美国纽约长岛大学医学院Thomas Saccardi博士到武汉进行4个月工作访问,对武汉市公共卫生现状和市妇女儿童医疗保健中心的管理作评估调查,对市、区两级卫生行政部门和医疗机构领导作了工作汇报。2006年8月,武汉卫生代表团到英国曼彻斯特和德国杜伊斯堡进行医学考察,就一些合作事宜达成协议。加拿大多伦多大学教授、美国科学院院士路易斯斯尼诺维奇一行3人2006年到同济医院参观肿瘤科病房、分子医学实验室和心血管实验室;台湾大学物理治疗系、物理治疗研究所寥华芳教授于2006年8月应邀到同济医院讲学,其间参观了骨科病房、胆胰外科病房、核磁共振室、血液内科病房和门诊大楼;法国科学院终身秘书长Jean－Francois Bach教授一行8人于2006年9月参观了同济医院内科病房、内科实验室、内科心血管等机构。巴黎十一大学校长BERSELLNI女士到中南医院参观医学生物结构中心和动物A3实验室;美国艾滋病研究基金会专家JeffSmith,Jennifer Ho、世界健康基金会专家等一行30余人参观中南医院防治艾滋病培训中心。美国10名NIH官员、专家访问武汉大学医学部A3实验室/生物实验中心。2006年9月,德国德尔门霍斯特市医院院长Dr. Martin. Teschner教授访问同济医院与同济医院心胸外科教授同台作了手术表演。美国Jeffeson Medical College教授于2006年11月参观了同济医院心内科心电生理实验室楔形心肌块实验全过程,介绍临床常见心电现象及其发生机制,对实验提出了三点改进意见;美国纽约州奥尔巴尼医科大学Harold K. Kimelberg教授于2006年10月对同济医院神经内科几个在研的国家自然基金项目进行指导,讨论了已有的研究结果,帮助修改了4篇英文科技论文。欧洲著名器官移植专家、法国Henri Bismuth教授为实施项目2006年到中南医院挑选了4名医生。

【国际联合办学】 中澳合作的武汉大学HOPE护理学院筹委会于2003年1月成立,9月正式招收四年制本科生并取得护理学硕士点授予权,成为华中地区唯一一所招收护理硕士的院校;院长由美国著名护理学专家玛莎担任(聘期3年),硕士课程大部分由世界健康基金会聘请的护理顾问及客座教授承担;该校与澳大利亚昆士兰大学医学院开展"PBL"(问题式教学法)医学教学改革。"PBL"教学法是目前国际较通行的医学教学方法;10月28－30日,护理学院与世界健康基金会联合举办了"中国儿童艾滋病研讨班",在桂希恩教授指导下建立了一个全国性儿童艾滋病防治网络。2006年,武汉大学HOPE护理学院与美国哈佛大学签署备忘录合作培养博士生;湖北中医学院与韩国大田大学、英国普茨茅斯大学药学院、美国德克萨斯州东方针灸中医药学院、美国针灸中医药研究院、俄罗斯斯萨拉托夫州国立医科大学、加拿大中央学院、香港大学、香港中国医药文化学院等建立了校际合作关系。

【国际化人才培养活动】 2001年华中科技大学同济医学院接受外国留学生41人,在校留学生达120人;湖北中医学院成立了海外教育学院,招收留学生16人(本科生8人,研究生8人),在校港澳台和外国留学生共85人。

2002年,协和医院从美国引进著名干细胞专家黄世昂教授,另有13名医师从美、德、日、意、澳等国学成归来。湖北中医学院是首批获得对外招生资格的高校之一,到2002年的10年间培养了1 000多名外国和地区的中医药人员;上世纪90年代,该院先后在美、加、日设立分院,每年招收几十名外国留学生,各分院学生每学期都来该院参加为期临10天的临床教学;该院与外国的十几所大学(美国、澳大利亚、)签订了联合办学协议,为对方学生提供短期进修培训;该院招收留学生170人(研究生89人),接受学历教育的海外学生达228人;该院与台湾一家电讯公司合作,投资数百万元开发了远程非学历教育项目,台湾学生在电脑前即可接受该院的教学;日本福山医科药科大学每年都有120－180名学生来该院临床实习,韩国大田大学每年都派学生来该院学习高年级专业课程。

2005年中南医院医学生赴法参加"中法7年制医学人才计划"学习9人次;协和医院接受德国慕尼黑伊萨河佑岸医院实习生2批7人;协和医院邢育珍护士经全国第四届造口治疗师学习班学习,获得世界造口师协会认可的结业证书;湖北省口腔医院开办中澳咸阳农村初级口腔保健培训班,对来自咸阳市县乡卫生院的21名口腔科大夫进行理论和临床培训,该项目是中澳两国政府间合作项目,由澳大利亚哈索公司和咸阳市卫生局联合实施;市结核病医院与世界健康基金会联合举办了"湖北省结核病/艾滋病防治专业骨干培训班";武汉医学会在海口市承办了"中华预防医学会第十四次全国医院感染学术会议暨医院感染目标监测与暴力调查方法学习班",邀请了澳大利亚何尔费莱德皇家亲王医院资深微生物学家Lym Bourke教授、日本小林寅教授、香港玛丽医院司徒永康教授以及港澳等地专家。

2006年3－5月,法国南锡亨利庞卡莱大学医学院附属中心医院科主任们到中南医院为"中法七年制本硕连读班"学员授课。

【国际活动奖励】 2002年协和医院张永学教授和他的博士研究生秦光明参加在智利召开的"第八届世界核医学与生物联盟大会",其论文获大会最高奖"MASODNIROLIO"青年科学家基金奖。2004年协和医院心内科教授廖玉华在香港举办的国际心力衰竭研讨会上做题为"心室重塑的新视点"的专题报告,获得"国际知名专家纪念奖"。2005年,协和医院眼科曹阳副教授获得了在悉尼召开的第十六届国际眼研究协会(ISER)大会青年学者奖;武大中南医院传染科主任桂希恩教授被美国《时代》周刊评为全球医疗英雄,他的名字刊登在2005年11月7日出版的《时代》周刊上的18名全球医疗英雄名字中，称桂希恩教授当选的理由是他使中国踏上了对抗艾滋病的重要一步。武汉大学中南医院50周年（至2006年）院庆之际，法国驻武汉总领事馆总领事费勇先生授予中南医院院长周云峰教授“法国艺术与文学骑士勋章”。

【国际捐赠与援助】 2005年，香港大学玛丽医院余兆麟医疗基金无偿提供人工耳蜗给协和医院，协和医院耳鼻咽喉科主任孔维佳教授将此人工耳蜗成功植入患儿身上；香港华厦基金会投入300万元购买康复医疗教学仪器200余件，赠送给同济医院康复医学科，以方便华中科技大学与香港理工大学联合举办的“物理/康复治疗硕士课程”教学服务。

【外资贷款】 武汉市六医院购置医疗设备向北欧银行申请贷款315万美元，经《国家发展改革委员会关于下达2005年外国政府贷款备选项目规划第二批计划的通知》获得批准。

【外国元首到访】 2006年10月27日，法国总统希拉克率团访问中国，由国务委员陈至立陪同访问武大中南医院，参加“武汉大学中法肝胆疾病研究院”奠基活动，为“武汉大学中南医院急救中心”揭牌，为中南医院题词：“法中两国共同携手，战胜疾病，重现希望”。

【中外合作办医院】 2006年11月中旬，德国杜伊斯堡代表团到武汉参加“2006年武汉—欧洲中小企业合作研讨及项目洽谈会”，武汉市卫生局局长林国生与杜伊斯堡市市长邵兰德签署了筹建中德中医康复医院和开展医学交流合作协议。

【出席院庆活动】 2006年协和医院举行建院140年院庆活动，英国首相布莱尔发来贺信，46位外宾前来祝贺，18场学术会议相继召开。2006年11月中南医院举行建院50年院庆，法国驻武汉总领事馆总领事费勇、法国洛林大区常务副议长洪嘉、法国南锡大学校长郎西、法国里尔二大医学院院长费郎克、法国南锡大学医学院首席科学家斯托兹、法国巴黎第十一大学欧洲肝胆疾病研究院院长比斯谬特等前来祝贺；来自美国、法国、荷兰等国10多所著名大学的30多位专家学者也前来祝贺，其间举办了7场学术讲座。 （柳德生）

（责任编辑：柳德生）

诊疗技术与医事珍闻

【协和医院湖北首例微创经胸房缺伞堵术获成功】 来自河南潢川年仅11岁小凤,4年前被查出心房间隔缺损。其心脏左右心房间都有2厘米的破洞,直接使心房血液对流,加重心脏负担。因此小凤发育迟缓,看上去和9岁孩子一样。

传统的房缺修补手术需将患者的胸骨纵形打开,手术创伤大,术后恢复慢。湖北省心胸外科主任委员、协和医院心外科孙宗全教授首创了一种新方法:微创经胸房缺伞堵术。2008年3月6日,孙教授在小凤右侧胸壁上切开一5厘米小口,在超声精确引导下,将一"伞状"封堵器的导管准确送入缺损部位,然后像伞一样撑开,堵住那个2厘米的破洞,混流的血液立即"各行其道"。

孙教授介绍,该方法避免患者"开胸",创伤小,也无需心脏停跳进行体外循环,手术时间比传统房缺修补缩短了一半,为先心病患儿减轻了痛苦

【协和医院血管外科成功切除17公斤神经纤维瘤】 34岁的女患者陈某。出生时大腿就有红枣大小的肿块,后缓慢长大,近三年来长势加快。患者长期贫血,近期不断发烧。为治愈此顽疾,陈女士和家人来到协和医院血管外科求治于金毕教授。经检查后发现,肿瘤自腰背部至会阴部直至大腿下段十分巨大,表面出现溃疡出血,若不及时手术,其病情将进一步恶化,紧贴肿瘤的血管一旦破裂,将危及生命。

由于患者多日发热,加之重度贫血,体质较差,手术有较大的困难。术中最大难度在于防止血管破裂大出血,这些血管一旦破裂,后果难以想象。手术中由于肿瘤太大,创面极广,专家采用了边切(肿瘤)、边扎(血管)、边缝合的方法,最大限度减少了出血。术后病理检查,该瘤为神经纤维瘤伴溃疡形成。金毕教授介绍,血管外科经常切除巨大肿瘤及血管瘤,但切除如此巨大而复杂的肿瘤,国内未见报道。

【协和医院手术解除因车祸重创下体10年裹尿不湿少女的病痛】 1997年,一辆汽车从16岁的恩施少女月娟的下体辗过,当时抢救虽保住了她的性命,却因骨盆粉碎,泌尿与生殖系统的正常结构和功能几乎被完全摧毁:尿道和阴道外观模糊,只有一个牙签大的孔,尿液就从这个残存的小孔里不由自主地外溢,近10年了,月娟不得不每天带着尿不湿度日。由于尿液难以流尽,下腹经常憋得胀鼓鼓的,小月娟开始学会自己用手挤压腹部,另一只手抠尿道让尿滴出。可天一热,就会反复发生感染,她就不得不常去医院接受膀胱穿刺引流尿液。每每听到她的哭喊声,母亲陪着流泪。

10年来,焦急的父母常带着她四处求医,可许多医生一看病历连连摇头,劝家人放弃治疗。就这样,小月娟只能在床和痰盂间过着"两点一线"的生活,极少出门,上学更是奢望。排尿时一蹲就得耗上两个多小时,幸好有电视陪伴,聊以打发时间。

2007年初,家人怀着一线希望带她到武汉协和医院女性泌尿外科就诊,陈敏教授惊呆了。原来,其膀胱只有正常人的五分之一,并与阴道、尿道全粘连在一起,阴道无奈只能发挥膀胱作用,却因日积月累,沉积了大量结石,相邻的直肠也被挤压成了薄纸状……。

1月25日,4个小时的手术里,月娟受损的膀胱被修复,缺损的尿道、阴道得以重建,10余粒100克左右的尿结石一一取出,创造了我国泌尿外科的奇迹。4月下旬,她闯过感染关,复查时,重建的器官功能终于恢复。

该院泌尿外科肖传国教授说,尿道外伤多见,而像月娟这样泌尿生殖系统如此受损的状况却十分罕见。月娟病情复杂,长期排尿不畅使她的肾脏、直肠功能受损,阴道内

沉积不少尿结石。资料显示，类似创伤的手术治疗难度大、风险高，通常分次进行，考虑到患者家庭情况，专家决定三台手术合一，为其成功重建了泌尿生殖系统，帮她恢复了正常人生活。5月15日，月娟与家属来院复查，其面色红润，一切恢复良好。

据悉，这例手术病因罕见，手术难度创湖北省首例。

【协和医院“肖氏反射弧”引来多国专家取经】 2008年3月11日来自美国、巴西、阿根廷的泌尿外科专家相聚协和医院，自费向肖传国教授“取经”，学习“肖氏反射弧”。

截瘫病人因脊髓损伤或脊柱裂脊膜膨出导致大小便失禁，甚至死于尿路感染、肾功能衰竭等并发症。全世界约有60万截瘫患者大小便失禁。以前采取间歇导尿，尿道括约肌切开等方法治疗，疗效均不理想。肖教授20年前创造性地利用患者废用神经，另建一套神经反射弧，让患者挠挠大腿等部位，就可排尿，这一国际领先的新排尿通路技术，被载入教科书。

近两年，肖教授应邀到美国底特律为12位患者成功实施“肖氏手术”，接着又有美、日、韩等10余个国家20余位专家来汉学习。

3月11日，美国第二大医院博蒙特医院泌尿外科主任本杰明边现场观摩“肖氏手术”，并记下重点。他说，美国政府将拆资500万美元，建立以应用“肖氏反射弧”为主的神经泌尿中心，让这一技术惠及更多患者。

据悉，国内外目前已开展“肖氏手术”830例，有效率达80%。

【协和医院顺利取出一入颅八厘米铁钉】 2007年8月26日，协和医院接诊一红安患者。患者神志模糊，头部正中一伤口流血不止。CT检查显示，一长度8厘米、直径0.6厘米的铁钉刺穿头顶骨，并刺穿一回流静脉。27日下午1时，该院神经外科林敏华、姜晓斌教授为患者进行开颅手术，直到晚七时，铁钉终于被顺利取出，患者脱险。

【协和医院成功救治一例脑垂体瘤病人】 17岁的丹丹，她的例假极不正常，起初以为是学习压力过大，没引起重视。妈妈带她去医院看病，吃了些中药，没两天例假就来了，可一旦停药又不正常。如此反复了一年多，如今，症状越发“没谱”——体重不断彪升，由以前的45公斤，一年增至62公斤；视力陡降，一副厚厚的酒瓶底镜片架在鼻子上；无端嗜睡，即使在高考前那样紧张备考，一天睡觉时间足有12小时以上。

丹丹的妈妈认为此事蹊跷，2007年3月，带她到协和医院就诊。妇科医生怀疑她患有脑垂体瘤，核磁共振检查证实果然如此，瘤体有小核桃大。为了不影响高考，她只好先用药物控制，可今年4月调考时，她竟昏睡在考场上，再次复诊，发现肿瘤比以前大了一轮。父母当机立断，决定尽快让女儿手术，5月，手术顺利完成。术后，她的视力没有经继续下降，例假恢复正常。

赵洪详教授说，对于脑垂体瘤的治疗一般采取药物和手术两种方法，其中药物治愈率为10%。当青春期的孩子怀疑为脑垂体瘤时，不能轻易手术，因为那可能只是垂体增生，通过相应激素可治愈。

【协和医院成功救治内脏大移位腹腔似“盘丝洞”患者】 20岁的张皓，来自湖北应城，身高体形与同龄人无异。从幼年开始就经历着间断性难忍的腹痛，大雪天竟能痛得直冒汗，且全身痉挛，父母以为肚里有寄生虫，给打虫药吃持，不多久就缓解了，可过不了几天又重演，在当地医院多次就诊，都无法查明病因。近年来张皓犯病次数越发频繁，隔三岔五就要巨痛一回，父母担心影响他的学习，这才带他到武汉协和医院就诊。

2008年元旦，在该院胃肠外科中心赵刚副教授接诊后推断可能是腹腔内部结构的病理性问题。便配合刘全林教授一起设计急诊手术方案，并告知其父母手术方法。

尽管事先有所猜测，赵、刘等人仍惊叹不已：患者的腹腔为非常少见的复杂性先天畸形，还合并部分肠坏死。近期其腹痛频繁就是肠坏死程度极重的信号，如再延迟手术，很可能有生命危险。

原来，正常人的肠管和阑尾部应位于左侧，可他的全易位到右侧。而小肠侧面还多出一截20公分的肠管与腹壁形成粘连带，导致约60公分的小肠完全坏死。更为吃惊的是，小张的胃及肠管都被一层薄如蝉翼的膜状物紧紧包绕，整个腹腔结构完全异于常人，酷似纠结不清的“盘丝洞”。

经过3个小时手术，医生将坏死的肠管和包绕的膜状物切除，并重建对接肠管。术后恢复良好，在学校开学前痊愈出院。

赵刚副教授说：这种罕见的病名为“腹茧症”合并“肠旋转不良”，属复杂性先天发育畸形。其症状仅腹痛较单一，家长容易忽视。医生提醒，对青少年反复发作不明原因的腹痛症状，应考虑到先天畸形的可能，以免延误治疗时机。

【协和医院治疗骨肿瘤不截肢】

21岁的患者小何是一名在校女大学生，两年前她因右膝关节痛就诊，当地医院检查发现为右胫骨巨细胞瘤，行病灶清除术，并以阿霉素混合骨水泥填塞骨质缺损。近期，患者发现右胫骨结节下10厘米处一鸡蛋大小肿块，检查证实为右胫骨骨巨细胞瘤术复发，并且已发生恶变。

在协和医院实施肿瘤型人工全膝关节置换术后，小何右膝关节功能恢复良好，术后三周已能下地行走。

近20年来，四肢恶性肿瘤的治疗发生了巨大的变化，截肢术不再被视为绝对必要，保留患肢治疗越来越受到重视。

恶性骨肿瘤的保肢是一项高难度手术，应根据病人的年龄、部位、经济承受能力选择适当的保肢方法，并非每个病人都适合保肢治疗。

【死亡阴影笼罩下的怪病——骨纤维异样增生症】 孙路（化名）童年被称为神童。然而，10岁时，不幸的事情降临在他的身上。“10岁前，他是一个性格活泼、聪明伶俐的小孩，每次考试都是双百分。小学二年级的时候，有一天和同学一起放学回家，突然他莫明其妙的就摔倒在地，左腿一阵钻心的疼，之后就完全不能动弹了。后来家人把他送到县医院，医生当时说只是左腿骨折。可在家里休息了10多天后，他的双腿竟然完全不听使唤了。

焦急的父母带着孙路四处求医，医学专家诊断为全身性骨纤维异样增生症，此病十分罕见，而且孙路的头随着年龄的增长一天天不断增大，“当时专家的话并未让父母感到害怕，可时间一年一年地过去，在一次又一次的剧烈疼痛中他的头开始疯长。现在，他的身体就像是块玻璃，稍微不注意就会骨折，即便是翻身这样的动作都要十分小心，20多年来，其左臂、右臂、肋骨、锁骨、腰椎都发生过好几次骨折。每年春秋两季，他的病情就会加重，浑身的骨头好像锥扎一样疼痛”。

目前，孙路的头部仍然在一天天长大，由于现在的医学手段还无法阻止头部骨纤维的增长，其头部终有一天会爆裂，因此，死亡的阴影时刻笼罩着他——“2000年初，其头围已达到73厘米、头长31厘米、额宽20厘米、身高130厘米体重42公斤。2006年，医生又为孙路进行了头部测量，头围78厘米、额宽25厘米、头长38厘米，与6年前相比，又增长了许多”。

武汉协和医院骨科叶哲伟副教授：骨纤维异常增生症是一种以骨内纤维组织异常增生为特征的骨骼系统疾患。该病发病率极低，国内发病率为十万分之十左右，其病因目前并不明确，有学者认为可能与胚胎期发育异常有关。骨纤维组织异常增殖症临床症状的出现与发病部位有关，大头人孙路的头面部症状显得特别突出，在颅面，以上颧骨和额骨最常见，由于肿块不断生长，压迫邻近器官而出现面部畸形，表现为骨密度均匀增高，骨质增厚。

目前该病主要以手术切除为主，原则上是尽可能彻底清除病变组织，又最大限度地保留器官生理功能和美容效果。曾经有治疗过此病的医生说，“就是把骨骼增生出来的东西全部刮下去”。鉴于本病目前临床进展缓慢，对病变较小者或无症状者，可暂不手术，但应密切随访观察。

【协和医院护士打针致婴儿骨折！原是罕见“脆骨病”】 来自黄石的孟女士今年38岁，2007年9月诞下儿子帅帅。早产两个月，出生仅1.6公斤，一个月后，好不容易敖出了温箱，可母亲抱上两圈，他就全身多处青紫，医生诊断为出血性坏死性小肠结肠炎。

2007年12月，孟女士抱着瘦骨伶仃的儿子从黄石来到协和医院小儿外科，进行了回肠造瘘术。然而，奇怪的事发生了，术后打针消炎，无论护士多么轻柔，次日孩子笔杆粗的手臂就肿了一大块，孩子胳膊骨折了，科里请来骨科专家会诊，终于揭出谜底——除重度营养不良，孩子患的是发病率百万分之一的“成骨不全症”，又称“脆骨病”，是一种罕见的人体基因缺陷疾病，主要因胶原蛋白量不足所致。

【协和医院成功为98岁老人做关节置换术】 一名98岁的老人因股骨颈骨折，于2007年10月初在协和医院骨科安装上人工髋关节，终于站起来，扶着步行器走几步了。这位老人是该院接受人工关节置换手术年龄最大的患者。

该院骨科主任杨述华教授认为，对80岁以上股骨颈骨折者采用人工关节置换术治疗，不仅可使患者早下床，减少并发症，明显降低死亡率，还可以减轻患者家庭生活护理负担，明显改善超高龄股骨颈骨折患者的生活质量。

对高龄（80岁以上）股骨颈骨折患者，传统疗法是皮牵引或骨牵引，手术治疗大部分采用有限的钉板系统内固定，但患者都不能早期起床，有相当一部分高龄髂部骨折患者因长期卧床，导致严重的并发症甚至丧失生命。对这类高龄患者采用手术置换人工关节，虽然存在较大风险，但术后患者可以早期下床，减少由卧床引起的并发症，生活质量明显改善,死亡率显著降低。

【协和医院在全省率行开展微创手术治斜颈】 小毛毛三个月时,家人发现其脖子向右侧弯,经诊断为“肌性斜颈”这属于一种先天性斜颈,由于母亲怀孕损伤或难产导致婴儿胸锁乳头肌纤维化,一侧的肌肉挛缩了,也就造成斜颈。先天斜颈若不及时治疗,婴儿长到一岁以后,就会发生面部变形。

协和医院儿外科主任汤绍涛介绍,传统的手术方法是在挛缩肌肉上横切一刀,松紧肌肉即可。手术虽小,但要在颈部留下一道4-5厘米的疤痕,影响美观。医院决定采用微创手术:在颈部肌肉处钻一个直径为0.2厘米的小孔,提起胸锁乳头肌肉,在斜颈侧面腋窝处打个直径0.5厘米左右的小孔,伸进腔镜,切断肌肉根部．专家介绍,这一新的微创手术只需半个小时左右,术后基本看不到伤痕。

【协和医院确诊一女子嗜睡原是胰岛素瘤作怪】

今年25岁的易某来自荆州,上初中时就表现得格外嗜睡,工作后由于嗜睡误工曾多次被“炒鱿鱼”。2004年以来,到多家医院辗转就诊,花了四五万元,还被当成癫痫治,却每天仍然照睡不误。2008年2月,她来到协和医院胰腺外科,经诊断后,专家考虑可能属低血糖昏迷。通过核磁共振进一步检查,证实其胰腺体底部长着一个鹌鹑蛋大的胰岛素瘤。

胰岛素瘤在内分泌肿瘤中发病率并不低,易某为何一直被误诊?该科赵刚副教授说,这类病人由于持续分泌胰岛素,机体血糖过低,一般表现为间断发作的心慌,出冷汗,不过进食后马上缓解。少数病人仅会意识模糊、昏厥等。但易某的奇特症状很罕见,其原因尚无定论,可能与瘤体生长位置有关。

【袖珍姐妹渴望走出“小人国”】

两双眼睛惊惶地望着大人的世界,一只小手紧紧地牵着另一只更小的手。2007年10月25日,协和医院迎来了一对袖珍小姐妹。

这对姐妹来自咸宁嘉鱼县。姐姐今年8岁半,身高81.3厘米,体重9.9公斤,仅相当于2岁孩子的身高;妹妹两岁半,身高55.5厘米,体重4.7公斤,仅相当于两个月的孩子。

母亲陈某很烦恼,自己1.58米,丈夫也有1.7米,家族里也没有人特别矮小,可为啥两个女儿却长不高?

协和医院儿科教授费洪宝说,根据初步诊断,两姐妹患有短小症(侏儒症)。这种病没有家族遗传史,且都是散发病例,但很少有兄弟姐妹之间都患短小症的情况。可能是遗传基因突变所致。医院将对二人进行染色体检查,骨龄测试,生长激素试验等检查。

【协和医院成功取出贯穿小伙面部的钢筋】 2007年11月3日上午8时,麻城小伙颜某骑摩托车行驶在打工途中,因故障摔倒路边,一根长20多米、直径12毫米的钢筋将其面部戳穿。有人立即用专业工具切断钢筋,将小颜送到麻城人民医院。消防官兵随后赶来,再次对其面部所留钢筋进行切割,两端只留下约10厘米。

中午,小颜转至武汉协和医院。检查发现,钢筋从其右眼眶插入,右颧骨穿出。医生用锤子在一端轻轻击打,半个多小时后,终于将钢筋取出。因未伤及颅内,经救治后,小颜没有生命危险。

【协和医院成功将年轻母亲角膜移植因干燥剂灼伤的四岁女儿】
2006年6月,4岁的女儿拿一袋膨化食品吃,她好奇地撕开袋中干燥剂,粉末立刻飞入眼中,她忙用手揉,由于干燥剂主要成分是石灰粉,她立刻痛得哇哇大叫。母亲忙跑来用冷水清洗。可一会儿竟渗出血来,家人忙将其送医。经诊断为右眼角膜“碱烧伤”,须尽快角膜移植。可我国角膜供体有限,各地眼库均普遍“吃紧”。在等待了一年后,小女孩的眼皮和眼球已粘连,眼球浑浊不堪,几近失明。

2007年8月初,全家慕名来到协和医院,才听说直系亲属可行角膜移植,其母张琴拉住医生说“我可以,取我的给女儿”。

考虑到母亲排拆率最低,眼科主任张明昌取出近三分之一眼球大小的角膜缘组织,“补”在孩子右眼。一周后,角膜缘干细胞在女孩眼中顺利存活。

8月23日,这对母女来到协和医院眼科复查,得知术后恢复良好。

【协和医院发现一罕见皮肤病身长鱼鳞20年】 不管天多热,20岁的安徽农村女孩小李总习惯穿着长衣长裤,还要把双手藏在衣服下。在医生面前,小李怯怯地伸出双手,只见手掌皮肤又厚又硬,好像覆盖着一层泛白的“鱼鳞”,布满蜂窝的小凹口,手指边缘则如锯齿一般,且右手大拇指其实是两根手指粘在一起形成的“并指”。

据医学文献检索证实,小李所患的是一种非常罕见的皮肤病,这种怪病叫做“残毁性遗传性角皮病(鱼鳞病异型)”,是皮肤角质化异常的结果,但医学界尚未发现是什么因素诱发了这种基因突变。小李的病例在国内尚属首次发现,据

2006年最新出版的儿科皮肤病学教科书记录,从1929年"残毁性遗传性角皮病"首次被报告至今,世界上也仅发现20多例患者。

经过检查,医生发现小李除了具有上述症状外,全身还覆盖着厚厚一层因过度角质化形成的"鱼鳞",腋下则长满呈多角形"鱼鳞"状皮屑。"我一天不洗澡,厚皮就猛长,尤其是膝盖上面,皮很厚,特别难受"。小李怯怯支告诉医生。

小李的母亲说,我闺女从生下来手指就不对劲,三个月开始长厚皮,长大后人家老笑她,读到三年级就不敢上学了。小李不断吃过很多偏方,民间秘方,也去过省里大医院,一直没有弄清楚得的是什么怪病。

小李出生秃顶,而带假发,一遇见人就垂下眼帘,显得十分文静胆小。医生说,值得庆幸的是,其面容并未像有些患者那样严重受损,仅仅在眉间、鼻翼、嘴角两侧有一些油腻性鳞屑,就像吃完粥没有擦干净一样。

经过协和医院皮肤科的治疗后,全身皮肤症状缓解达80%,其右手"并指"骨头没有发生畸形。

协和医院冯爱平教授:残毁性遗传性角皮病是常见染色体显性遗病,多发在白人女性,黄种人很罕见,主要有手掌、足部、腕部、前臂、肘等处呈蜂巢状或呈鱼状的角化增厚,常有手指或脚趾的关节处有弯曲紧缩,变成环形,随着年龄增长,手指末端甚至会在两侧皮肤组织的"夹击"下,自发断离,这被称为假指(趾)断症。此病患者常常具有高频耳聋,并伴脱发秃顶。

【协和医院治疗一寄生虫妄想症病人】 两年来,张某每天像有虫子在全身爬来爬去,不停地咬皮肤,咬到肚子里,腹部绞痛难忍。现在老婆也得了这种病,家里活没人干,孩子没人管。

张某介绍两年前因在外面工地干了活,回来就觉得身上痒,起先也没在意,买了止痒药擦可不见好。在襄樊一些诊所看病时,大夫居然说是性病,害得我老婆三天两头跟我吵。

当时张某以为自己得了什么传染性怪病,越想越害怕,虫子竟越来越多,好像成千上万地在手臂上、腿上、头发上乱飞,在身上瞎咬,肚子好痛,浑身没劲。今年48岁,别人以为60出头了。两年后老婆居然也一样,成天喊虫子爬得痒,干脆两人都躺在床上互相抓。2007年9月来到武汉协和医院求治,看看到底是啥病。

该院皮肤科冯爱平教授诊治时,张某用手在皮肤上夹了一下,就指给冯主任看是卡死的虫,冯主任看后相信了(以前大夫就总说只是皮屑),冯主任给他做了检查,说有特效药能治。目前,我们觉得好多了。

冯教授说,这类疾病的共同特点是敏感多疑,遇事紧张、偏执,在生活中受到某些打击、不良宣传、暗示或刺激后发病。总坚持身上的皮屑中有寄生虫,难以被劝说而解脱。临床中,甚至有人用刀割 一块肉找医生,说虫子就藏在里面。

对这类病人的治疗不能直言是"寄生虫妄想",这样反而容易给患者带来更大的伤害,应认真听其所述,相信他说的是真的以博得信任,并查找"虫源病因",使用暗示和诱导治疗。

【协和同济成功实施非血缘关系骨髓移植】 2007年9月26日,两个同天出生却素昧平生的女人,分别躺在同济、协和医院的病床上。一份浸满爱心的骨髓把两人联系在了一起。

王燕平,33岁,武汉人,中建三局上海巨人集团公寓项目一名材料员。2005年底,王女士在武汉街头流动献血车上无偿献血时,看到了志愿捐献骨髓的申请表,便毫不犹豫地报了名,并做了抽血化验。湖北红十字会将她的相关资料存入了中华骨髓库。2007年6月,王女士接到湖北省红十字会通知,她的造血干细胞符合捐献骨髓的指标。8月14日,王女士回武汉接受体检。8月17日,检查结果出来:她的骨髓与李桂芝配型成功。

李桂芝,34岁,河南信阳市光山县人,2007年5月开始,食欲开始下降,吃不进去东西,面色苍白,伴随鼻子、牙龈出血,6月来到协和医院做化疗,该院通过中华骨髓库,发现王燕平的骨髓与李桂芝相配。

2007年9月26日上午10时左右,同济医院开始提取王燕平的造血干细胞。王燕平的双臂分别插上针管,鲜红的血液从左臂抽出,通过高速运转的血细胞分离机后,再从右臂流回体内。

至下午2时许,医生从王燕平的血液中提取了57毫升造血干细胞。这些干细胞被装入专用传递箱内,放上冰块。10多分钟后,被送到协和医院血液科。(按照捐献惯例,捐者和受者是不接触的)。4时30分左右,王燕平的骨髓输入了李桂芝的体内。

此时,住在协和医院无菌仓的李桂芝,通过电话对记者激动地说:"是素不相识的她救了我,请你们一定帮忙转达我的谢意……",在同济医院病房里,刚刚捐献了骨髓的王燕平露出欣慰的笑容说:"就算是我送给她的一份特殊的生日礼物吧”。

协和医院血液科副主任夏凌辉介绍，李桂芝的白血病属早期，今天的移植很顺利，治愈的希望在70%以上。

资料显示，2001年8月，我国成功进行了第一例非血缘关系骨髓移植。湖北省目前已有2万人的骨髓捐献者，捐献成功的比例仅万分之一。自2004年湖北省成功实施首例非血缘关系骨髓移植后，王燕平是15例非血缘关系捐献骨髓者，其中女性3名。

【同济医院医治一例夫妻接力为儿捐肾患者】

2007年12月4日，朱兴平在同济医院器官移植病房的病床上，其父母等待秭归老家政府证明他们是父子的那一张纸。按照国家规定，亲属之间捐肾，必须有此证明。

这已是尿毒症患者朱兴平第二次换肾了。两年前，他的母亲捐了左肾植入儿体内，靠着这颗肾，他延续了两年生命。当地政府证明其父子关系后，该院医生将其父的一个肾植入了朱兴平的体内，手术成功，再续了儿子的生命。

【同济医院亲属间活体器官移植全国领先】 在“中国器官捐献移植与合作项目第五届学术研讨会”上获悉，全国亲属间活体器官捐献不到2%，但武汉同济医院在2006年达到了40%，领先全国。

同济医院2006年共做了184例肾移植，其中72例是亲属间的活体肾，其中有夫妻、父子、兄弟姐妹之间的捐献，女性捐献者占了70%，兄弟姐妹之间的捐献占60%以上。

据与会的同济医院曾凡军教授介绍，自同济医院开展亲属间活体器官移植以来，捐献者均未出现大的问题。

在器官移植领域，供体严重缺乏，是全球性的问题，亲属间活体器官捐献是解决此问题的一个途径。在美国，活体肾移植达到51.2% 日本占81%，香港和台湾分别是22.6%和19.1%。

【同济医院亲属间肾移植成功完成230例，属全国第一】 2007年11月24日，同济医院举办首届亲属捐献肾移植病友联谊会，共有60对亲属到场，多数是兄弟姐妹间损肾。该院肾外科曾凡军教授介绍，医院首例亲属捐肾移植手术于1990年8月5日完成，到2007年11月24日，共完成230例，属全国第一位，其中1992年手术的和第二例移植患者是湖北省肾移植手术中存活时间最长的，达15年。

从1990年到2005年，几乎90%亲属肾移植都发生在兄弟姐妹间，近两年，父母亲、夫妻间肾移植才逐步增多，曾凡军教授解释，主要是目前多数家庭中的子女为独生子女，一旦生病，没有兄弟姐妹为其配型，肾源紧张的同时，移植手术又只能在亲属间完成，这一重任便落在了父母或伴侣头上。今后，这种情况会越来越多。

转变为父母或伴侣捐肾，会影响移植效果吗？曾教授称，虽然亲属间肾移植相对有了局限性，但并不影响存活期。

据该院器官移植研究所专家介绍，全球流行病数据统计，亲属间肾移植供体死亡率达万分之三。“切不可盲目发动亲属捐肾”。

据介绍，如果供体本身就有高血压、糖尿病等疾病，一旦肾移植，术后排毒代谢功能将由一个肾来承担，可能会加速死亡。目前全国有5例亲属间肾移植供体死亡。

【同济医院交叉换肾两对夫妇中秋节聚首】 2007年9月25日是中秋节，我国首例成功交叉换肾移植的两对夫妇再次聚首同济医院。京山夫妇李传俊、钟立珍与仙桃夫妇吴正同、李翠英于2006年4月12日在该院进行交叉换肾，目前身体状况良好。

【同济医院开展一项新技术：缝一针，可修补心上一扇门】 华中科技大学同济医学院同济医院于2007年7月9日宣布，该院心胸外科一项新技术在湖北省领先开展——只缝一针，就能帮助修补心脏病患者联接左右心室心房的“门”，让其正常开关。

6月中旬，家住汉阳琴断口的余先生成为该项技术的首例受益者。63岁的余先生因为心脏左心室、左心房之间的那扇“门”（即二尖瓣）不能正常开关，导致其心脏内的血液不能正常供给全身，长年经常性心衰、气短。2007年7月9日，术后复查发现，余先生的“心门”恢复正常开关。

该院心胸外科副主任李军介绍，对于“心门”关闭不全（二尖瓣关闭不全）的患者，目前国内常规治疗方案，是用一个人工材料制成的瓣膜替换病变的瓣膜，这种换瓣膜手术花费需4万余元，且术后需终身服用抗血栓药物，并面临各种术后并发症。新技术的应用，可通过手术缝钱的技术直接修复病变瓣膜，不仅能避免终身服药，还可为病从节省费用1万多元。

【同济医院七个多小时解决人体内定时炸弹】 2007年7月26日晚，27岁的潘女士突感胸痛胸闷被送进同济医院看急诊,随后的检查发现,她正常的胸腹主动脉已因瘤体压迫只有原来一半粗细(直径仅一厘米),随时可能破裂的瘤时刻威胁着潘女士的生命,惟一的治疗方法是手术,但又充满着风险。

该院胸外科专家赵金平和潘友民副教授决定冒险,通过手术摘掉瘤体并用人工血管换下病变的胸腹主动脉。经过精心准备,8月6日,手术如期进行。7个小时的精心操作,专家小心翼翼地换上直径2厘米粗40厘米长的涤纶布制作的人造血管,换下了病变血管,手术获得了完全成功。术后三天,潘女士生命体征恢复正常。

【同济医院成功分离女婴食管气管粘连】 刚出生女婴体重3公斤,吸奶时出现呛咳,呕吐,气促加重,腹部膨起。家人及时送到同济医院,经检查发现,她的食管上、下两端均与气管相通,与气管之间有两个斜形走向的瘘道,食管被封闭,需要紧急手术治疗。

2007年1月5日,小儿外科冯杰雄等医生为出生仅4天的女婴实施开胸手术,术后,这名罕见的先天性食道闭锁、食管气管瘘成功获救。2月5日康复出院。

【同济医院用金属棒"挺直"少女腰杆】 刘慧是江夏区在花岭中心小学学生,脊柱呈"S"型左侧弯,畸型复杂,十分罕见。2008年8月13日,同济医院骨科副教授方煌主刀,经过5个小时的手术,刘慧终于"挺直"了腰杆。据方煌副教授介绍,为刘慧做的是"三维脊柱矫正"技术,术中,在患者体内植入两根符合正常脊柱弯曲的金属棒,10根螺钉将矫正的脊柱固定在金属棒上。这些螺钉最长的40毫米,最细的仅4.5毫米,对神经没有丝毫损伤。该院于上世纪90年代中期,在中南地区率先使用。脊柱矫正手术日趋成熟,手术效果越来越好。

【同济医院应用新技术为一患者实施乳腺癌切除和乳房整形一起做】

2007年12月,杜女士在同济医院确诊为乳腺癌,肿块有2.6×1.1厘米,离乳晕不到2厘米。按目前的保乳手术指征,杜女士只能做乳腺癌改良根治手术,这意味着她将失去乳房。得知同济医院已掌握乳腺癌切除和乳房整形一起做的保乳技术,杜女士表示自己愿意做"第一个"保乳术实践者。

12月28日,杜女士的手术进行了近3个小时,切下1/2的乳房组织并快速病检后,整形外科教授吴毅平根据病检结果又切除了0.5厘米的乳房组织,再次病检确认后,吴教授取来杜女士的一块背阔肌重新做了一个乳房。

术后,杜女士恢复良好。吴教授介绍,该技术兼顾了乳腺癌患者要健康也要美丽的要求。

【同济医院为武汉小伙缩胃减肥成湖北省截胃第一人】 28岁的王先生是武汉人,生下来4公斤重,身长、骨架大显得皮包骨。但从2000年大学毕业至今,1.86米的他在七年内长胖50公斤。

王先生说,自己很怪,每出一次差体重就跳涨。2000年他到郑州工作半年,长了20公斤,2003年到深圳呆了两年,体重增加35公斤,2006年底到江西出差两个月,体重超过150公斤大关,达到手术前的157公斤。王先生不断尝试用各种法子(大运动量健身、针灸等)减肥,但就是不管用。

2007年5月7日,他住进了同济医院,被诊断为"病态性肥胖",一周后接受了"缩胃"手术减肥。该院整形外科吴毅平教授主刀,为王先生做外科减肥手术。正常人的皮下脂肪在3厘米左右,他却达到10厘米!

该院整形外科主任吴毅平教授介绍,食物流动是经人的胃到达十二指肠,再到空肠。经过"胃减容术+胆胰转流"手术,王先生的胃被横向分隔成1/5和4/5两部分,食物在进入1/5的胃后,跳过十二指肠(负责分泌消化液)直接进入空肠。另外4/5的胃和十二指肠不再参与消化吸收,限制了饭量和消化液的分泌量,起到减肥作用。

据介绍,这种胃肠手术减肥在美国较常见,但只适应"病态性肥胖"患者,手术存在一定风险。

手术一周后,小王恢复正常进食,过去早餐的标准由一碗热干面、三个面窝加一碗豆浆,变成了半碗热干面。吴教授解释,他的营养状况不用担心。5月29日称重为147公斤!较术前整整减了10公斤,精神良好。吴教授说,一年左右,王先生的体重会降到100公斤左右。

同济医院吴教授介绍,这是湖北省第一例胃减容手术获得成功。

【同济医院提醒感冒好了胯子又痛小心被髋关节滑膜炎盯上】 2007年6月4日,家住江岸二七路的小聪,又一次叫"胯子痛",被父母送到同济医院小儿外科住院接诊的邹景范副教授一看,心里一惊,怎么又是一个髋关节滑膜 炎呢?拍片看到,小聪的髋关节腔里尽是积液。

经医生提示,小聪的母亲这才将孩子三次"胯子痛"联系起来想,每次小聪叫"胯子痛"都是在感冒好了几天之后。二岁时,小聪感冒发烧足足一个星期,好了三天小聪就叫“胯子痛”，妈妈带他到医院打了一个星期的吊针，疼痛减轻了。去年5月，5岁的小聪又叫“胯子痛”，这时他感冒刚刚痊愈，医生诊断为“髋关节滑膜炎”，经住院治疗。医生在髋关节里抽出2大针管水，小聪胯子不痛后出院。

2007年5月底小聪又感冒了，同样好了几天后胯又痛，妈妈以为他玩累了，没怎么重视，不料越来越痛，并出现跛行，妈妈这才慌了，送他到同济医院医治。

邵景范副教授为小聪制定了治疗方案：将小聪的右腿用毛巾包起来，然后套上牵引套，坚持半个月让肌肉、骨膜等软组织得到充分放松、休息，让髋关节腔里的积液慢慢自动吸收。该院今年以来，已收治该病过10例，效果明显。

邵医生说：感染柯萨奇病毒感冒后合并髋关节滑膜炎，近年来在6－10岁孩子中常见。因为过去对这个病的认识不足，家长，甚至一些小儿科医生对此病不太了解，往往打许多针。但该病治疗的重点不是抗炎，而是牵引，尤其强调一次性治愈，否则反复发作，会增加孩子成年后股骨头坏死的机会。

【同济医院为阳新县妇女顺利降生四胞胎】 2007年6月21日，阳新县孕妇邓琴在丈夫和该县妇幼保健院医生的护送下，住进了同济医院妇产科待产，孕妇已怀孕33周。同济医院随即组织产科、儿科、内科、心血管和麻醉等部门的20多位专家，详细检查并研究制定了孕妇安全生产的方案，妇产科专家乔富元教授决定，在没有意外的情况下，28日上午进行剖腹生产。那天正是邓琴怀孕33周的时间。

28日上午8时，产妇邓琴被推进手术室，妇产科、儿科、内科等部门，经过充分准备后，剖腹产手术于上午9时准时开始，9时50分，产妇邓琴胎盘全部娩出，平安地从手术台上被医生推出。刚刚走出手术室的乔富元教授称，四个新生儿状况良好，老大1.8公斤、老二1.4公斤、老三1.7公斤，皆为女孩，老四是男孩，体重1.45公斤。产妇一家人同意八旬老翁刘友生事先给孩子取的名字：和谐、和睦、和美、和平。

因四姐弟属早产，被送进新生儿监护室观察。新生儿主任常立文教授介绍，四胞胎在监护室平安度过最危险的30多个小时，经过护理，目前已脱离呼吸机。拍片检查结果也显示，他们均未感染肺炎等疾病，身体状况较正，母亲邓琴也恢复良好。专家称，四姐弟比足月提前了一个多月出生，身体发育尚不完全，需要靠后天补足，如无意外，他们在恒温箱中大约要“住”上一个月，等体重达到2公斤后方能出院。

该院妇产科主任乔富元介绍，根据英国医学文献记载，从1938年到1989年间，人类怀上四胞的比例是30－50万分之一。且多在怀孕28周左右早产，像邓琴这样在自然下怀孕33周实属罕见。

一般情况下，多胎妊娠分两种情况，一是家族遗传因素，二是药物干扰因素。药物干扰致多胎妊娠是严格控制的。

据悉，四胞胎的父亲邓伟君的哥哥、嫂嫂就于前几年怀上过3胞胎，可惜都没有成活。这就证明其家族具有多胎妊娠的遗传基因。乔富元教授从医37年，他曾在上世纪80年代和2003年，进行了2例四胞胎生产手术，其中一例成活一个，另一例只成活了2个。所以他强调剖腹生产四胞胎风险很大，但邓琴怀孕已经到了33周，其妊娠条件比那两次要好得多，技术也进步很多。

【同济医院成功为101岁太婆摘除嘴里鸭蛋大肿瘤】 2007年8月，家住汉正街的101岁的计太婆，上牙龈长出了一颗黄豆大小的肿块。太婆怕给家人增添负担，不肯治疗，到12月，其小块肿瘤已长到鸭蛋大小，还经常出血。老人每天只能喝点流质食物，人迅速消瘦。

同济医院口腔科朱声荣教授诊断为牙龈瘤。其瘤属良性，不手术会继续长大，切除手术需30分钟左右，需要全麻，对于年轻人而言是个小手术，但对高龄患来说，最大的风险在于老人身体状况差，手术中有可能出现心脏骤停，术后昏迷等危险。但该科与麻醉科的紧密配合，凭过硬的技术，医护人员的同心协力，顺利的切除了牙龈瘤。

【同济医院曾良驹西医师应用中医巧治疑难杂症】 在很多患者心目中，曾良驹是个无所不治的大夫，尤其那些被久治不愈的创伤和疑难杂症困扰的病人，把他当作最后一线希望。在同行眼中，曾良驹是个很奇怪的大夫，明明念的是西医，绝大多数时候开的却是根根草草的中草药。下面举两个病例介绍：

一、2007年11月27日上午，82岁高龄的冯太婆被家人送到同济医院曾良驹的诊室，她的左脚踝关节处有一个因糖尿病引起的碗大的深深的伤口。两年来，她为这个伤口数次住院，始终不能愈合。

老人被人扶着坐在诊断床上，闭着眼，曾大夫上前把脉，老人的女儿说，老人白天总是喜欢睡觉，晚上精神好一点，能不能让她白天精神好一些？曾大夫说：“不要强行让她白天不睡，夜晚睡。白天是人体各种体能要发挥出来的时候，老人家体能不好，她哪里有那么多体能发挥出来呢？只有消极抵抗，睡觉！夜晚是人体修复内脏器官的时候，不需要付出，她精神自然好一些，要顺着人体规律来行事”。

曾良驹解释，老祖宗其实有留人治病和治病留人的说法，对这样机体慢慢衰竭的人，必须留人治病，如果治疗留人，怕越留越坏事。

最后曾大夫开了 8 味草药组成的内服药处方和 4 味药组成的洗泡外用处方。他特别强调：“不要再把伤包起来，目前还没有到与细菌作战的时候，现在开的内服药主要是扶正，调整体质，外用药只是将伤口局部的血液循环封起来，减少伤口周边的血液流动，让伤干燥，使细菌得不到好处。等到体质调整好了，再用药杀菌，最后达到伤愈合的目的”。

扶正、修复，让病了的机体重新正常，是曾良驹大夫治病的一个最重要的原则，因此，他治疗糖尿病足，不主张截肢，而是让病人被破坏掉的微循环和末稍神经重新正常起来，从而让伤口慢慢愈合。

二、2007 年 9 月 25 日，82 岁的陈爹爹第一次找到曾良驹大夫时，全身皮开内绽。此前，他因慢性肾炎住在一家医院肾内科，肾病控制了，身上的皮肤先是发黑，后来硬化，双手掌像熊掌，硬梆梆的，最后全裂开一道道口子。皮肤科专家会诊多次，每次都说是罕见的干燥型湿疹，按湿疹的方案治疗，口子却裂得越来越大，越来越多。

曾家驹细细观察，认为病人是长期蛋白尿引起的皮肤极度营养不良。他开了几味中药，嘱咐病人家属每次煎药时放一块 2 两左右的猪皮。两周过去了，陈爹爹治了半年多的裂口全好了。为什么要猪皮？曾大夫说，修复有病的机体有时像整修房子，修复不了或修复缓慢的地方，就要加些新材料。因蛋白尿带走了体内的胶原蛋白，而胶原蛋白又是包括皮肤在内的人体结缔组织的重要组成部分，加猪皮煎药，就是直接给补充胶原蛋白。驴皮制成的阿胶也补充胶原蛋白，但很贵，猪皮 10 块钱可以买很多。

曾良驹介绍，草药的组成与人体的基本物质结构相差很远，而一些动物身上的成分很多与人类相似，这些都是在修复病人机体时廉价方便的材料。

曾大夫在对一位钢板穿过左手肘造成伤口不愈的农民工时，叮咛他每次煎药时加二两猪肝，对一位患严重胃病的 21 岁姑娘，曾大夫告诉她煎药时放一小块生猪肚……。

曾良驹从来不怕人笑他看病土方法多，他说：“只要有效的，我都不排斥”。

【梨园医院确诊一例因课间嬉闹撞个包引发颌面骨结核病】 2005 年底，13 岁的张浩在黄冈读书，课间与同学嬉闹，左额头不小心被同学磕伤，第二天便肿起一个包块，并迅速化脓。到当地医院就依，可无论抗生素消炎或中药敷贴均不见好转。医生只好为他切开脓腔引流排脓，可此后伤口竟再也无法愈合，左额上渐渐形成两个瘘管，左眼视力也模糊起来。这让小张浩痛苦不已，额头上总流着脓水，同学们每每看到他都躲得远远的，大大的损害了小张浩的自尊心。

2007 年春节后，父母为他办了休学手续，专程来汉求医，在梨园医院创疡骨病科，专家们为小浩进行专项会诊，被确诊为“颌面骨结核病”。经过数月的抗结核、抗感染治疗，及时清理了坏死病灶。术后瘘管不再流脓，小浩脸上又重新露出灿烂的笑容。

【武大医学院在校生发现黄连素治疗肝纤维化有效果】

黄连素对治疗早期肝纤维化疾病能起到有效作用，这是武汉大学医学院临床医学专业五年级学生张本坚经过两年多研究发现的“秘密”。张本坚撰写的科研论文《小檗碱对复合因素所致大鼠肝纤维化的保护作用及其抗菌素氧化机制》发表在国际医学杂志《临床实验药理与生理学》（SCI 刊物）上。张本坚成为湖北省第一位在国际知名医学杂志上发表论文的医学专业本科生。

论文中提出，黄连素主要通过抑制人体内的肝星状细胞的活化达到治疗目的，而肝星状细胞的活化是各种因素导致肝纤维化的中心环节。其指导老师，武大基础医学院药理系主任汪晖教授介绍，肝纤维化是脂肪肝转为肝硬化、肝癌的必经阶段，也是治疗的关键阶段。目前临床上并无治疗脂肪肝和肝纤维化的公认有效药物。价格低廉的黄连素一旦被证实可以应用于临床，将大大降低医疗成本，直接造福于广大肝病患者。

【武大人民医院三专家获中国介入心脏病学三项大奖】 2008 年 3 月 25 日，武汉大学人民医院李庚山、黄从新、江洪等三位心脏病学专家从北京载誉归来。他们获得 2008 年中国介入心脏病学最高领域的“终身成就奖”、“突出贡献奖”和“推广普及奖”。

中国介入心脏病学大会是国内介入心脏病学领域权威性最强、规模最大的国际性品牌学术会议。此次大会为表彰中国心脏介入领域老中青三代专家而设立的三类奖项、武大人民医院均有专家获得,国内获此殊荣的仅有两家医院。

心脏介入治疗作为临床一种有效有治疗方法,因创伤小,恢复快等诸多优势,受到了越来越多的心脏病患者的青睐。

【武大人民医院大胆实施体外循环下急诊双肺动脉切开 + 血栓清除术获得成功】 半年前,年届5旬的程先生独自驾车从上海返回武汉,途中突发腿中肿胀和疼痛,治疗3个月不见好转。2007年6月,他出现呼吸困难、心悸、咯血丝痰等症状,只能卧床休息。经诊断,医生"宣判"他患上了肺动脉栓塞,此次继发的呼吸急促等症状,就是血栓随着血管慢慢潜入心脏后堵塞了肺动脉所致。

该病随时可能因急性呼吸循环衰竭而死亡,省内部分医院建议去北京求治。国内心脏专业顶尖的北京阜外医院看到检查结果后认为,病情过于凶险,患者可能经不起路途劳顿。7月初,程先生躺在床上连翻身都很困难,在武大人民医院心外科64排CT检查发现,其左侧肺动脉已被血栓完全堵死,右侧也被堵塞2/3。该科王志维教授当即与鲁世平、夏军两位教授大胆实施了湖北省首例体外循环急诊双侧肺动脉切开 + 血栓清除手术。3小时内"凿"出了两根长3-4厘米,直径1.5厘米并已经钙化的血栓。手术成功了,咽喉要道一经打通,程先生立即恢复了顺畅呼吸。

【武大人民医院为患先天食道闭锁和心脏病男婴两次手术成功】 李梦霞和丈夫高领同在深圳打工,2006年11月28日他们在深圳喜得一子,可是没想到,孩子一出生就咳痰不止。在医院检查发现,小家伙患了先天食道闭锁和先天性心脏病。当天医生就给婴儿实施了食道闭锁手术,术后4天后恢复良好。由于婴儿还患有"法洛氏四联症",病情较严重,医生怕手术出意外,委婉地拒绝治疗心脏病手术。

2007年5月16日,夫妻俩将儿子送到武大人民医院,执意要求手术,该院心血管外科夏军教授诊断后说,患儿肺部有感染,心脏还不到鸡蛋大,血管小而稚嫩,临床上类似低龄儿手术死亡率极高,即使手术成功,术后管理若稍不到位,孩子也可能性命不保,何况,患儿第一次手术距今只有174天,更增加了手术的危险性。但家人执意要求手术,夏教授等决定冒着风险为其实施心脏手术。经过认真细致的准备后,夏教授等用了三个多小时成功地完成了高难度的手术,医生和家人悬着的心都放下了。经过1个月的康复治疗和护理,患儿痊愈出院。

【武汉大学人民医院为"错位心脏"患者重塑心脏血流系统】 出生时心脏血液的"进水口"和"出水口"长反了,生命时时受到威胁;但心脏内多出来的两个小孔,又让湖北省枝江市的女孩哓哓顽强地撑到了20岁。2007年3月20日,武汉大学人民医院心外科医生为她重塑了整个心脏血流系统。

据哓哓的母亲介绍,孩子出生,口唇青紫,被诊断为心脏大动脉异位,本应长在左心室、供全身血液的主动脉长在了右心室,而原本长在右心室、供肺部血液的肺动脉长在了左心室,导致全身各个器官都无法得到含氧的血液。哓哓长年全身青紫,稍微活动就大口喘气,一直未予治疗的她竟然奇迹般活到了20岁。在2007年3月20日的手术中,该院心外科王志维教授揭开了这个谜底:除了大动脉异位,哓哓的心脏内还有直径两厘米的室间隔缺损和直径1.5厘米的房间隔缺损。王教授介绍,这就像原本"错位"的进水池和出水池通过这两个缺口相通了。一小部分含有氧气的血液流入了右心房,再供应到全身;而右心室的部分无氧血流到左心室,再通过肺动脉吸收到氧气。经过3个小时的手术,医生成功将主动脉和肺动脉重新归位,并把室间隔缺损补好。

【武汉人民医院龙氏刀法又有新发展:大腿皮瓣移植再造"命根子"】 50岁男子于5年前因癌症切除大部分男根,近日,患者希望能恢复正常外形。2007年5月25日,武大人民医院整形外科余墨声、罗定安、王松山、吴小蔚等专家连续手术7个半小时,使用患者右侧大腿外侧的皮肤肌肉,卷筒成形。然后通过显微外科技术,将血管、神经与缺失部位对接。经过7天观察,专家确认移植物存活。专家表示,湖北省首例大腿游离皮瓣成形手术成功。半年后将在移植物内植入硅胶假体,届时患者将能恢复部分功能,并具备繁衍能力。

七年前,有"龙一刀"美誉的龙道畴教授,以其独到的男科手术获国家技术发明奖二等奖。如今他的同事和学生们将这一技术拓展开来,"无中生有",恢复男性性征。

【武大人民医院不用切腹导管吸出胆结石】 近年来,55岁的张某,经常剧烈腹痛,并伴面黄、发热等症状。B超显示,原是胆总管内一个2×1.2厘米的结石在作怪。若想治好此病,一般要手术开腹取石。由于害怕手术,结石一直滞留在患者体内。几天前,这颗结石再次发作,痛不欲生的张某被送进武大人民医院消化科,该科于洪刚、邓涛等教授,决定在内镜下为其取石。两位医生先将一根导管从张某口送至十二指肠部位,用导管顶端的高频电刀,切开十二指肠乳头后进入胆总管。随后,医生用一个特制的碎石网套住结石,收紧网篮上的钢丝将结石"挤碎",再换用一个取石网蓝伸入胆总管内,将结石碎块捞出来。

为避免遗漏的碎石再次堵塞胆总管,他们换用尖端带有气囊的导管插入胆总管,将气囊充气并扩大一分钟后拔出,把整条胆总管"打扫"得干干净净。整个取石过程还不到一小时。

于洪刚介绍,与传统开腹取石相比,内镜技术取石更安全,住院时间也由半个月缩短至3天左右。

【武大人民医院4元钱治好怪病】

47岁的陈某,葛洲坝工程局职工。2007年10月24日,在澜仓江施工的她看电视时突然出现左眼疼痛,她先后在澜仓江、思茅以及昆明等地的多家医院就医,都没有发现问题。陈某回到家乡,在宜昌及武汉多家医院就医,也没有确诊疾病。为找病因,她先后看了近10家医院,花去2万元钱,始终未能确定是什么病。

11月底,在一次会诊时,武大人民医院神经内科王国瑾教授接手了陈某的诊治。经过细致分析,确诊为"海绵窦综合征",这种疾病病根在脑,但病痛在眼,病人很容易直"盯"着眼科而延误确诊时机。

12月6日,接连服用3天强的松的陈某,病情明显好转,可以睁眼看人。12月15日,陈某从宜昌打来电话:感谢武大人民医院教授,她说:只吃了4元钱的药,就治好了。

【武大人民医院基因靶向治疗晚期肺癌成功】 江夏区教师邢女士,今年48岁,两年前发现肺癌。手术后接受了系统化疗。不幸的是,于2007年春肺癌转移,不仅肺部出现新的肿块,还转移到全身多处骨骼。强烈的肌痛令邢女士无法行走。5月初,邢女士到武大人民医院肿瘤中心接受了基因靶向治疗。肿瘤专家陶卫平介绍,靶向药物从基因水平上抑制肿瘤发展,使细胞凋亡。经数月治疗,邢女士病情明显缓解。10月9日复查表明,邢女士肺部肿块已缩小,骨骼疼痛得控制,可以下地行走。

陶卫平称,基因靶向治疗是2007年10月刚刚揭晓的2007年诺贝尔医学奖,在我国处于起步阶段,选择患者要求严格。以邢女士为例,她刚好符合"女性、腺癌和不抽烟"等三个基因靶向治疗要求。此外,基因靶向如果疗效好,患者会出现"戏剧性"神奇效果;万一效果不好,基因靶向药物比较贵,患者会人财两空。可喜的是,邢女士有幸成为基因靶向治疗的尝试者,并取得满意的效果。

【武大人民医院为患尿毒症配血型,六兄妹都相配】 53岁的李某,丹江人,12年前,他患上尿毒症。他在十堰接受了第一次换肾手术。2007年初,厄运再次降临:移植的肾已坏死,他需要再次换肾!

他家六兄妹得知要再次换肾时,都要求为大哥捐肾,他考虑到弟妹们的身体健康,拒绝弟妹们捐肾。背地里,六兄妹瞒着大哥到武汉检查身体,惊喜发现六人血型与大哥相匹配。回来后,弟妹们每天都劝他做手术,都表明了自己的心意,大哥对此十分感动,最终答应了弟妹们的好意。9月上旬,他们来到武大人民医院做术前检查,由与他配型更好的二妹捐肾。

9月24日,该院泌尿外科周江桥为两人成功做了肾移植手术。当二人从换肾手术中苏醒过来时,与众兄妹一起度过了一个特殊而难忘的中秋节。

据介绍,六兄妹(其中四个亲妹妹、两个堂弟)血型都相配,十分难得。由于配型好,排斥反应小,他此次换肾可以延续的时间更长。

【武大人民医院发现半数以上尿毒症根源不在肾脏病】 尿毒症是都市人的常见病。湖北省人民医院肾内科丁国华教授经过多年的临床实践和科学研究,于2008年3月16日披露,湖北地区尿毒症的诱因由糖尿病、高血压等疾病引起的尿毒症已占到半数以上。

在我国,尿毒症主要由肾炎、肾病等肾脏疾病引起,既往的统计数据显示,90%尿毒症由上述两种疾病引起。近年来,在该院治疗的尿毒症患者的诱因,发现半数以上由糖尿病、高血压和红斑狼疮等非肾脏原发疾病引起。

目前,我国有5千万糖尿病人,1亿多高血压病人,他们对此类疾病会引起尿毒症缺乏足够重视。专家指出,糖尿病、高血压最终都会带来血管的病变,而肾脏就是一个血管团,首当其冲会受到侵害。

丁教授建议,糖尿病、高血压、红斑狼疮患者均应在半年左右查一次尿,及早发现肾脏损害,并接受干预治疗。此外,大吃大喝除了带来高血脂、脂肪肝等危害,也可引起代谢障碍而导致尿毒症。

【武大人民医院曹来英独特方法挽救产妇生命】 2008年4月21日,《健康报》刊载卫生部、国家中医药局项目办健康报主办的万名医师支农风采报道了曹来英的事迹。

2005 年 7 月 19 日，湖北恩施州咸丰县清坪镇中心卫生院，清坪镇大石板村 22 岁的饶艳正接受剖宫产手术。由于她曾因肠梗阻接受过腹部手术，因此生产时出血不止，镇卫生院便向咸丰县人民医院妇产科主任徐宗洲求助。当时产妇失血 2500 毫升，休克了。徐宗洲尝试了多种止血措施没能奏效后，他想起了刚从武汉到咸丰才 15 天的武大人民医院妇产科主任曹来英。

接到徐宗洲的电话，正在病房忙碌的曹来英拿上缝合线和三袋全血，赶到距离县城 30 公里的清坪镇中心卫生院。经过 3 个多小时的努力，饶艳母子平安了。孩子的爷爷说：他们母子俩的命是遇到贵人才被救下来的。饶艳成为曹来英到咸丰后从死神手中成功抢回的第一位产妇。

2005 年 8 月 14 日，曹来英和其他下派专家结束了利川的一项交流活动返回咸丰。车行至距县城 90 公里的黄金洞附近时，徐宗洲来电话，一名叫李辉的产妇大出血不止，请曹大夫速回。即使正常行驶也需一个多小时，当天又下着大雨，曹来英一边催促司机加速，一边通过电话指导徐宗洲抢救。由于产妇出血过多，徐宗洲提出切除子宫来止血，曹却反对说，李辉才 28 岁，刚出生的孩子由于早产，情况不容乐观，子宫切除她就不可能再孕育孩子了。

曹来英让徐宗洲用一种教书上没有写的办法：用止血带扎住产妇子宫下端的动脉，这是曹来英多年来摸索出的方法，为抢救赢得了宝贵的时间。40 分钟后，曹来英出现在县人民医院接待室。当时产妇已经休克，因晕车而脸色苍白的曹来英快速抢救，直至产妇的情况有所好转。

在咸丰，孕产妇死亡率高达十万分之一的国家级贫困县，曹来英用 49 天时间，穿梭在沟壑山峦之中，走访全县 11 个乡镇卫生院，察看了 40 多个村卫生室，提出了 9 条保障孕妇生产安全的建议。还利用业余时间开办多期培训班，把自己有独特心得的 B 超技术无保留地传授给山区同行。

【武大中南医院将脚趾“搬”上手患者练成书法家】

今年 52 岁的肖建军，11 年前被机床碾断右手大拇指，当时由于断指坏死，失去再植条件。中南医院骨科蔡林教授先将患者的大拇指根部“寄养”在肚皮上，3 个月后再将右脚第二趾的骨头、神经和血管游离，与右手拇指对接，用钢板固定骨头，再造血管，接通神经。手术获得成功。

患者肖建军说，没有右手拇指时，光靠左手非常不习惯，吃饭都困难，几乎无法生活。再造手术成功后，长在手上的脚趾逐渐活动自如，不但能吃饭，洗衣服，还能做切罗卜丝等细活。2006 年，他开始练习书法，并在单位举办的书法大赛中获奖。

【武大中南医院实施松解术治疗歪脖人】 小王是武汉人，从小脖子就歪向左边，头不能往右摆，经常被小朋友取笑为“歪脑壳”。因为当时家庭条件较差，加上家人认为“长大就好了”，也没带他治疗。随着年龄的增长，小王的脖子越歪越厉害，大学毕业后应聘了几家单位，都因形象问题被谢绝。眼看自己快 30 岁了，还没有哪个女孩喜欢他。

2007 年 5 月 11 日，小王求医于中南医院骨科李义贵教授，希望能够将脖子“校正”。经过检查，小王的病是由胸骨、锁骨乳头肌挛缩导致的先天性斜颈。5 月 13 日，李义贵教授在小王颈部切开一个 2 厘米的小口，将挛缩的肌膜、经膜松解，两小时手术后，小王的歪脖子变正，经过一周的康复治疗，小王痊愈出院。

【武大中南医院铜针埋体巧除特大血管瘤】 27 岁的周某自幼手臂上长了一个血管瘤，起初血管瘤很小，家人听说是良性肿瘤，未带他到医院治疗。随着年龄增长，周某手臂上的血管瘤越长越大，逐渐布满整个前臂。2007 年 5 月，他来到武大中南医院求治，由于血管瘤范围太大，外科手术不但很难切除干净，还可能影响手臂功能。

中南医院骨科祝少博副教授对周某实施铜针栓塞术：将直径 1MM，长度 6CM 的铜针刺其血管瘤瘤体内，前后共埋置了 20 根铜针。一周后取出铜针，待许多坏死物质从针眼中流出后，再次植入铜针。

6 月 20 日，手术刚满一月的周某到中南医院复查，巨大的血管瘤已萎缩到原来的十分之一，并仍在逐渐缩小。

祝少博介绍，铜针栓塞术是利用铜针释放出的铜离子，使血管瘤内血液中的固体成分凝集于铜针四周，诱发血栓形成，闭塞血管瘤内与血窦相通的血管，使瘤体逐渐消退。

【武大中南医院成功救治怪病五年粒米未进的索马里男童】

不远万里来到武汉的索马里病童，名叫阿布迪。其母介绍，孩子出生后吃什么吐什么，每天要反复喂几十次。来中国之前，阿布迪从来没有进食过饭菜，全靠吃流质为生。5 岁大的孩子，正常体重应为 18 公斤以上,可骨瘦如柴的他只有10公斤。

由于当地医生不能明确病因,阿布迪没有得到有效治疗,经索马里留学生侯赛因介绍,阿布迪与家人来到中南医院。消化内科林军教授检查后很快找到病因,阿布迪患的是先天性食道严重狭窄,食物不能顺畅通过狭窄部位。

2008年4月2日,林军教授为阿布迪做胃镜下扩张治疗。次日,阿布迪喝牛奶再也不像以前那样频繁呕吐了。孩子喜得咯咯笑,其母也松开了紧锁的眉头,阿布迪用中国话说:"谢谢大夫"。专家表示,再接受一次扩张治疗,其进食状况将完全恢复正常。

【武大中南医院实施微创隐形除瘤术助少女美丽不留痕】 18岁的芳芳今年高三毕业,对表演十分擅长的她一直向往到北京的一所大学念表演系。前不久她作为特长生被该校的表演系提前录取。接到录取通知书,芳芳高兴之余又担心起来。原来她的额头上长了一个鹌鹑蛋大小的脂肪瘤,担心手术会留下难看的瘢痕,所以芳芳一直没有治疗。但她又担心表演系的面试,对容貌肯定有所要求,经过强烈思想斗争后,她决定去做面部除瘤手术。

芳芳一连跑了好几家医院,医生都建议她慎重考虑。由于她的体质原因,除瘤手术难免留下瘢痕。最后,芳芳来到中南医院整形科,该科武连生教授决定为其实施隐形取瘤术。武教授从芳芳额部发髻处入手,在皮下打了一个"隧道"直通额部肿瘤处,随后用微创手术器械通过"隧道"将肿瘤剥离,用负压机吸出瘤体。术后,芳芳拿镜子左看右看,发现手术没用在她美丽的脸庞上留下任何痕迹时,她高兴得跳了起来。

【武大中南医院医生一根手指敌过先进仪器】 王某是一家公司的老板,2年前出现尿频,他以为是泌尿系统有炎症,因忙于生意,就到一家医院打了几天消炎针,没当一回事。

近段时间,王某不但尿频的症状逐渐加重,还出现了尿潴留,他这才意识到问题的严重性。在一家医院医生为他做了B超等检查,没发现问题。身体不适的王某,一年来先后在几家大医院分别做了CT、磁共振以及价格昂贵的电子内镜检查,但就是没有查出身体有什么毛病。

他来到武大中南医院泌尿外科,郑新民教授听了他的叙述,没有给他看任何检查,而是戴上医用手套,用食指伸入其肛门为其做前列腺指诊,结果发现前列腺有明显的异常,怀疑前列腺癌,建议其马上手术治疗。

王某心存疑虑,难道手指的检查结果比先进设备还准确?虽然心里犯嘀咕,还是接受了手术,术后对肿物进行了病理切片,证实为前列腺癌。

【武大中南医院为一"关闭"42年不能呼吸的鼻子手术恢复呼吸和嗅觉】 42岁段先生从出生到现在,鼻子只是个"摆设":不能呼吸、也闻不到气味。经中南医院耳鼻喉科尹述成主任诊断发现,段先生患的是罕见的先天性后鼻孔和鼻部闭塞。由于长期只能用嘴巴呼吸,以致失去嗅觉,听力受损,鼻梁歪斜,面部变形,且睡觉时缺氧。

医生通过鼻内窥镜手术,对其鼻中隔进行矫正,打通鼻腔与口咽部,暂用填充材料进行填充。下一步手术,还将给他的鼻腔安装硅胶管,口腔装上扩张器。全部手术完成后,患者将能用鼻子呼吸,还可恢复嗅觉。

【武大中南医院为中风产妇实施溶栓术转危为安】 23岁的产妇高某,不久前生了个胖小子,喜得爹爹、婆婆合不拢嘴。谁曾想,祸从天降,在孩子刚出生第九天的时候,高某就开始感到头痛不已,浑身燥热,后来吃什么就吐,以为是感冒了,在当地医院治疗几天不见效果,面部也开始出现浮肿,后来突然不省人事。丈夫一看情况不对,马上紧急送入武汉大学中南医院神经内科就医,核磁共振显示,其脑内静脉主要通道和大部分中小静脉已被血栓充满,严重影响着脑内血液回流,使颅内压力增高,供血不畅。

情况危急,容不得半点拖延,该科刘煜敏主任医师决定马上为患者实施导管消栓术,在数字减影仪的监测下,先从患者的左侧腹股沟插入一根静脉导管,通过其颈内静脉直过脑部静脉内部和分支,在血栓与血管壁之间,先注入溶栓剂进行充分溶栓,再用细金属丝捣碎血栓抽吸。同时在患者的右侧股动脉再插入一根导管,通过患者颈内动脉和椎动脉与静脉导管交替注入溶栓剂溶栓。随后,行动脉造影显示被堵塞的静脉窦已渐渐通畅。次日,保留双侧导管通道,继续交替泵入溶栓剂。三日后,产妇的颅内静脉窦才完全通畅。

该院刘煜敏主任医师说,产妇患的颅内静脉窦血栓俗称产后风,是一种极其危险的围产期并发症,其发生主要与围产期妇女血液成分发生变化,血液的凝固性增高,导致流动较慢的静脉血慢慢停下来,从而堵塞血管出现颅内静脉窦血栓,其死亡率达90%。

【武大中南医院专家智擒患者体内"蛇瘤"】 2006年12月,胡女士因下腹痛了三年,到医院切除了子宫肌瘤和右侧卵巢。可回家后,腹痛仍没消失,她又来到武汉大学中南医院看外科,检查提示,她的下腔静脉中有血栓,于是住院准备手术。

术前,胡女士做了CT血管造影,医生们大吃一惊:这哪里只是普通的血栓,从右下腹的髂内静脉经过下腔静脉直到心脏,整个血管里有一根粗状的东西,这是什么呢?查找大量资料,原来这是极其罕见的平滑肌瘤,已长到右心房三尖瓣处,一旦堵住肺动脉病人就会在几秒钟内死亡。必须尽快手术,2007年4月4日,在超低温体外循环麻醉下,病人体温降到20多度。心包切开后,"蛇瘤"却不见了,怎么摸也摸不到,难道CT会有假?原来,它悄悄回缩了,到底缩了多远,一时无法判断。二位专家决定斩断髂静脉内的瘤蒂将其拖出。可从哪一头拖更安全呢?如果肌瘤与血管有粘连或拉断了,病人就会死在手术台上。从髂静脉和下腔静脉上切口子,两位教授终于发现了目标,小心翼翼地往外拉,20分钟后,这条蛇样的平滑肌瘤终于完整的被拽了出来。

【武大中南医院采用肉毒素注入方法治疗多涎症】 张先生自2006年起出现不由自主流唾液的现象,并越来越严重,医生诊断为多涎症。中南医院康复科廖维清教授决定用肉毒素来止住流涎症状。廖教授在其腮腺各选3个点,在B超引导定位下分别注入肉毒素患者流涎的症状很快得到控制。

【中南医院用仿真机器人培训医生护士】 "救命呀,我不行了!"2007年8月2日下午3时,武昌东湖路上,一名黑衣男子突然捂住胸口,呼吸急促,露出异常痛苦的表情。他被就近送到中南医院急救中心。当医生先把他抬到病床上时,多功能监护仪上的心室跳动曲线已变成了一条直线,显示黑衣男子心脏骤停。

电除颤、心肺复苏、按压胸部、建立静脉通道……经过紧急抢救,半小时后,黑衣男子逐渐恢复了正常的心跳,慢慢睁开了双眼。为了做进一步检测,医生为他抽血化验,一股鲜红的血液从他的体内流出。

紧张的一幕,让人心惊肉跳。其实,这是一场模拟实验,用于"考验"刚刚进入医院的急诊医生和护士。黑衣男子是一名仿真机器人,他有脉搏、能眨眼,会流血,一旦医生没有按规范治疗,他就会立马死掉。这是中南医院刚引进的综合模拟人(ECS),值人民币60多万。该院负责人介绍,以前,患者往往不愿让没有实践经验的医生和护士给自己看病,但不经过临床实践,医生和护士永远无法动刀子。有了这个机器人,实习生可先在他身上动手。

【武大中南医院确诊七岁伢患上骨肉瘤】 七岁男孩小阳膝关节出现疼痛,后来越疼越厉害,且发肿、发红。武大中南医院确诊为骨肉瘤。面对父母的不解,医生指出,癌症和年龄并无直接关系。

该院肿瘤科主任戈伟说,骨肉瘤是常见的恶性原发性骨肿瘤,多见于下肢(特别是膝关切)周围,除遗传因素外,癌症与饮食、环境、压力等均有关。

该院肿瘤科熊斌介绍,近年来,科里收治了不少年轻的癌症患者,主要集中在乳腺癌、胃癌、血液病等。他分析,除上述几点原因外,污染加重(如汽车尾气、家装残留有害物等),也会使癌症年青化。

【武大中南医院确诊一例血管性痴呆患者】 72岁的王教授最近变得有点怪:与人交流时,像初学说话的小孩子,语序混乱,只记得几个常用词。然而说起英语来,却准确流利。2007年9月24日,家人带他来到武大中南医院神经内科检查,医生通过"简明智能测量表"检测发现,王教授为重度痴呆。经进一步仪器检查,发现他患有高血压和脑梗塞,专家根据检查结果,再结合王教授的症状和病史分析,确诊他为血管性痴呆:患者梗塞部位的脑血管正好压迫了语言神经中枢,而王教授早年学过外语,脑部语言中枢已形成中文和外语两个部分,而被压迫的地方是中文语言中枢,所以导致他中文"失语",而外语功能未受影响。

该院神经内科肖颈松教授介绍,血管性痴呆区别于老年痴呆,前者只是大脑部分功能受影响,而后者是大脑功能整体退化。当老人出现痴呆症状,不能一概认为是老年痴呆,应在医院进行确诊,以区别治疗,提高治疗效果。

【武大口腔医院为一男孩切除面部巨大肿瘤】 2007年7月30日上午9时,小男孩李志伟被推进手术室。麻醉科主任刘可斌亲自为他麻醉。因巨大肿瘤将声门气道向左侧挤迫,插管很费劲。9时30分,主刀医生赵吉宏、张文峰开始手术,切口从颞部到额耳前,再到颈部,很隐蔽,可减少将来疤痕对面部美观的影响。11点,从翻开的脸皮下,赵吉宏医生完整地将李志伟右脸部的5根面神经从肿瘤的包围中分离开来,随后切下一块手掌大小、2-3公分厚的海绵状瘤体。上面密密麻麻的海绵状淋巴窦里充满了水分。

支配面部表情的5根神经完整保存下来,意味着将来小李仍然有喜怒哀乐的表情。李志伟是武大口腔医院手术的第一例年龄这么小淋巴管瘤这么大的病人,手术过程比预想的要顺利,结果也比预想的要好。“大胖脸”男孩成功“瘦脸”,术中没有输血。

【武大口腔医院专家六年绘出“数字牙”】 2001年起,武大口腔医院专家开始借助显微CT扫描技术,将人体下颌第二磨牙的不同断层面进行数字化处理,经过6年数据积累,以及对近千颗下颌第二磨牙的组织结构识别、分析,构建出下颌第二磨牙C形根管高精度“数字牙”,C形根管在欧美国家发生率极低,但在中国人中C形根管发生率达到31.5%。对C形根管发生的感染,目前缺乏有效有治疗方法。

该院牙体牙髓科高新技术中心主任范兵说,用数字化技术来研究牙齿,能大大提高诊断与治疗的准确性。人体下颌第二磨牙C形管分3种类型,每种类型的根管系统结构都不相同,不同的结构采取不同的治疗策略,有助于提高根管治疗的成功率。

2007年10月24日,全国第五次口腔颌面创伤学术研讨会在汉举行,武大口腔医院展示了这一首颗高精度“数字牙”。“中国数字人之父”,南方医科大学临床解剖学研究所教授、82岁高龄的钟世镇院士在研讨会上,对该院的研究成果表示赞许。并说,这是中国的第一颗“数字牙”。作为基础平台,“数字牙”的问世有助于对牙齿进行三维形态、牙体组织物理性等方面的研究。首颗高精度“数字牙”只是人体32个牙位中的一颗,而全口牙的多样本,高精度的数字库的建立,还需要相当长的一段时间。

钟院士于2005年,主持完成了“中国数字人男1号”的构建。故誉称“中国数字人之父”。钟世镇说,“数字人”意义重大。给病人动刀前先用“数字人”做一次手术;给病人吃药前也请“数字人”先尝;把“数字人”放置在核爆炸、生物武器等实验现场,可收集到一切人体损害的数据,不用再使用牛、羊做科研替代人口;“数字人”能跟随宇宙飞船上天,测量宇宙辐射对宇航员染色体破坏的情况,以及失重后对人体各种功能的影响。

【武大中南医院确诊一例糖尿病消失综合症患者】 70岁的赵大妈患糖尿病10多年了,她在医生指导下使用胰岛素治疗,糖尿病一直控制很好。一年前赵大妈的老伴住院她每天要送孙子上学,还要全面照顾老伴起居,生活规律被打乱,有时不能按时服用药物和打针。老伴出院不久,赵大妈经常心慌、出冷汗,她以为是胰岛素作用过量导致低血糖,就把胰岛素减量,并逐渐停用所有的降糖药物,去医院做空腹血糖检查,结果显示血糖正常,她以为自己的糖尿病“好了”。但家人发现,她精神比以前差了许多,常常精力不能集中,容易疲劳,眉毛和头发容易脱落,体重也减轻了不少。

她到中南医院检查,已患上了罕见的“糖尿病消失综合症”。该院内分泌科徐焱成教授称:“糖尿病消失综合症”是指糖尿病患者因体内激素分泌变化,导致原有的糖尿病症状暂时自行好转的一种罕见的假象,出现这种情况要及时就医,以免延误治疗。目前,赵大妈正在接受口服激素治疗。

【湖北省妇幼保健院解除“孕妇肚】 2007年7月,家住汉口球场街的高女士产下一男婴,全家人欣喜不已。一个月后,高女士发现孩子的肚子竟像气球一样,越长越大。

可这时,婆婆却说,刚出生的小孩肚子都会发胀,才比胸部高一点,是正常现象。她听后将信将疑,可孩子满月肚子竟像个排球。夫妻俩带着宝宝前往湖北省妇幼保健院小儿外科求治。接诊的黄姗副主任医师仔细检查,孩子肚大,阴囊部也肿的发亮,B超一查腹部,竟是淋巴液,确诊为先天性乳糜腹。她说,这是由于宝宝淋巴管瘘使腹部迅速膨胀,并向阴囊部渗漏。

黄主任与外科几位专家会诊,并制定了一套特殊的治疗方案,治疗期间要求宝宝禁食,整整一个月24小时不间断地将氨基酸、能量合剂、抗菌素等输入其体内,并两次将积满的乳白色腹液抽出体外,总计约2 500毫升,相当于5个500毫升瓶的容量和!

经ICU监测半个多月后,宝宝腹部的淋巴液终于完全消失,康复出院。

【湖北省妇幼保健院两小时诞生三对龙凤双胞胎】 2007年11月15日上午9至11时,三对龙凤双胞胎相继在湖北省妇幼保健院产科降生,其中一对顺产,两对剖宫产,体重最重的为2 850克,最轻的2 050克,三对双胞胎母子均平安。在两小时内相继降生三对双胞胎实属罕见,而三对均为龙凤胎更难见到。

【湖北省妇幼保健院降生单卵三胞胎】 家住武昌洪同区的徐女士,2007年4月自然受孕,怀孕三个月时肚子大如怀胎六个月。7月,在丈夫陪同下做B超检查,竟然是个三胞胎!

12月2日，徐女士因全身浮肿、重度高血压等症状住进湖北省妇幼保健院产科病房。考虑到徐女士情况特殊，于12月5日上午，产科肖梅主任医师为其实施剖宫产，成功剖下三个体重为2 000克、2 100克和2 200克的壮小子。

肖梅主任介绍：像徐女士这样无家族多胞胎遗传史，却怀上发生儿率为5万分之一的单卵三胞胎极为罕见。该院建院以来，第一例单卵三朵金花于2007年8月28日降生，而2007年12月5日再次喜添单卵三个壮小子。

【湖北省妇幼保健院为痛经绵延20年，40岁不敢结婚患者解除病痛】

40岁的陈女士，成都人，身材高挑，面容姣好，然而困扰她整整20年的痛经，令她至今仍孑然一身。

20岁那年，年轻的陈女士出现痛经，月经期延长等症状，例假一来就半个多月，这期间她只能卧床休息，吃大把止痛药未缓解疼痛。

她曾到成都多家医院求诊，均被诊断为原发性痛经，靠药控制病情，只能时好时坏。

陈女士曾谈过几个男友，可男方一旦发现她每月几乎有一半时间痛到生活不能自理后，都打起退堂鼓。反复几次，陈女士对婚姻心灰意冷。30岁时，陈女士病情愈加严重，还因长期出血患上了严重贫血，并患上子宫肌瘤。医生告诉她必须切除子宫。陈女士有一信念，其最大愿望就是做母亲，而且这种想法越来越强烈，因此拒绝了医生的建议：切除子宫。为了实现这个愿望，陈女士选择保守治疗，直至她40岁。2007年9月，陈女士听说湖北省妇幼保健院应用介入放射疗法对自己的病有效，便前来武汉就医。该介入放射门诊主任杨文忠诊断后说，可通过介入疗法，且不用切除子宫，日后仍有生育。21日，陈女士成功接受介入治疗：一根导管经皮肤到达病变部位，再从中注射造影剂和栓塞剂，阻断病变部位的血液供应，使肌瘤缺血、坏死、萎缩直至被吸收。26日，陈女士出院回到成都。

12月21日，陈女士向湖北省妇幼保健院介入放射科杨主任报喜，纠缠她20年的痛楚明显减轻。杨主任告诉她三个月后肌瘤可缩50%，随着时间的推移，肌瘤将进一步缩小直至消失。她的身体可完全恢复正常。

【湖北省妇幼保健院发现一8个月女婴开始性发育了】 8个月大的女婴家住洪湖城区妈妈半个月前发现孩子胸部“肿大”，于2007年4月17日抱着孩子来到湖北妇幼保健院检查，经科主任医师杨勤目测，女孩已属于二期发育，且外阴严重充血。B超探测，她的右侧卵巢清晰可见，甚至还有卵泡。杨主任说，这么小的孩子，应该看不见卵巢才对，而卵泡出现意味着她随时都有可能来例假。

什么原因导致其过早发育？经脑部CT检查，排除了肿瘤致病的可能。而她的妈妈说，前段时间添加了辅助米粉。该院专家表示，女孩应属于敏感体质，含添加剂的米粉、塑料玩具、饮用瓶等物品中的激素都可能是病源。

【湖北省妇幼保健院两度抢救8百克重新生儿生命力顽强演绎生死奇迹】 2007年12月15日，在阳新县人民医院，怀孕28周的孕妇小兰患上严重的妊娠高血压综合征，并已引起胸腹腔积水，不得不在这一天实施剖宫产。术前，医生告诉其丈夫，早产的孩子不要抱什么希望。当孩子坠地的那一刻，响亮的哭声告诉所有人，他还活着，是个男孩。由于只在母体内28周，婴儿体重仅8百克，而且出现呼吸窘迫症状，体温等生命体征都无法维持稳定。情况十分危急，在当地救治七天后，夫妇俩把孩子抱回了家，包括医生在内的所有人都认为“孩子估计活不了”，夫妻俩不忍心看着孩子饿死，每天用棉签蘸糖水给他润嘴唇，3天过去了，孩子依然顽强活着，夫妻决定送到武汉，再次尝试抢救。

12月25日，湖北省妇幼保健院新生儿科收治入院，经过医护人员36天的紧急治疗和精心护理，小家伙的面色红润起来，呼吸窘迫症状消失，各项生命体征稳定，学会了吃奶，体重增加到1.7公斤，2008年1月31日出院。

由于是超低体重的早产儿，免疫力极其低下，加上夫妻护理经验不足，营养又没有跟上，没过多久，婴儿殿部出现大片溃烂，并发肺部感染，在出院回家的一个多月里，婴儿身体发育迟缓，体重几乎没有增加，3月3日，夫妻俩再次将孩子送到该院治疗。经第二轮抢救，80天后小儿又一次显示出了顽强的生命力，体征全部趋于正常，体重增加到2.9公斤。更可贵的是没有出现一般早产儿的视网膜病和神经系统后遗症。这一切表现医生们只能说出两个字：奇迹。

【湖北省妇幼保健院让20年坎坷求子路46岁的妇女终当妈】 46岁的应城王女士1987年起，辗转省内外各大医院治疗不孕10多年，39岁时第一次成功受孕，但怀孕8个月因肝内胆汁淤积综合征治疗不及时导致胎死腹中。此后一年多继续治疗未果，做了人工受精，仍未成功；半年后尝试试管婴儿，41岁时终于怀上双胞胎。岂料怀孕4个月时，肝内胆汁淤积综合征复发，还合并有妊娠期糖尿病，怀孕7个月时，双胞胎再次死于腹中。两次痛失胎儿，且多年求医已使王女士夫妇心力憔悴，倾家荡产，就这样，两人仍不放弃治疗。2006年，45岁“高龄”的王女士第三次怀孕，这次他们格外小心，干脆租住在湖北省妇幼保健院附近保胎。但不幸又一次降临，怀孕8个月时，她又查出肝内胆汁淤积综合征和妊娠期糖尿病，只得提前剖腹产。男婴出生不久，却因呼吸衰竭，转入新新生儿科，确诊为“肺透明膜病”中最严重的“白肺”，并出现肺部感染、高黄胆、肺动脉高压等严重并发症。经医护人员30多天的全力抢救，于2007年8月终于康复出院。抱着这个来之不易的宝宝，46岁的王女士说着不尽的辛酸与喜悦，她终于当上了母亲。

该院肖梅、夏世文主任介绍，肝内胆汁淤积综合征是妊娠中、晚期特有的并发症，病因不明。但一次发病后，再次妊娠复发的机率则会增高，易导致胎膜早破，胎儿宫内窘迫及突然死亡，此时应择期剖腹产。新生儿肺透明膜病，多属遗传，同时王女士为高龄产妇，多次妊娠又合并多种并发症都是高危因素。

【湖北省肿瘤医院为家族性腺瘤性息肉病患者成功手术】 30岁的李先生，2007年6月初，出现频繁便血、腹泻，被湖北省肿瘤医院腹泌外科检查诊断为家族性腺瘤性息肉病。10年来，他的母亲、舅舅、表姐都先后出现类似症状，后变为大肠癌。

为免重蹈覆辙，李先生于6月下旬接受手术治疗，成功切除息肉和部分大肠，大幅降低癌变可能。

该院魏少忠副主任医师介绍，家族性大肠腺瘤性息肉病属良性肿瘤，有遗传倾向。早期根治或预防性手术治疗，是阻止癌变的有效方法。魏医生提醒，家族成员中有大肠癌患者，其他成员应定期体检，以便早发现、早诊断、早治疗。

【探访武汉“祖传秘方”让家族瑰宝传承延续】 在源远流长的中医文化里，代代想传的经验方、秘方，千百年来为中华民族的健康发挥了重要作用。地处“九省通衢”的武汉，明清以来八方中医汇集，名医辈出。咸丰元年(1851年)，中医杨燮在武昌设医寓，被誉为“江夏名医”；1894年，中医杨恭甫受清政府驻英国使节龚照瑗之聘赴英、法、意、比等国考察医学，为武汉第一个出国考察的中医。

至清末，史载武汉有名中医38人。1952年，武汉市卫生局对市属卫生系统的624名中医进行甄别，其中家传师授的190人。据最新统计，目前湖北省仅有国家级、省级名老中医72人，他们身后的继承人也只有91人。由于恪守“传长不传幼，传男不传女”的门户传承，大量中医秘方逐渐被埋没、被失传。而另一方面，也不乏创新，结合现代特点，对秘方进行改良优化，创造出不少新的科研成果，治病救人做出新的贡献，深受老百姓欢迎。

《武汉晚报》记者到几家医院，探访了4位有家族“秘方”的医生，为您揭开他们与神奇的祖传秘方背后，鲜为人知的故事。

秘方主人：梨园医院创疡骨科主任李炳辉。李炳辉，45岁，老家湖北洪湖，祖辈以前并无行医人，清末，当地人高发“疮疖”(一种皮肤毛囊或皮脂腺的急性化脓性炎症)，李家也有人染上此症。他的祖辈偶然地从山上采集来一种俗称“霸王草”的草药，再配上其他草药调制后敷于患处，创口没有多久竟然奇迹般地愈合了。从此常有乡邻上门讨药，李家开始边务农，边悬壶济世。

到李炳辉这一代，他并非长子，但唯有他学医，专攻西医骨科，父亲便将“秘方”传给了他。

武昌61岁张爹爹，2006年做了心脏搭桥手术后，胸部诱发骨髓炎。创口周围皮肤发黑，化脓、溃疡，组织坏死，一年内找了近10家医院，先后3次手术，可伤口就是长不好。2007年，张爹爹找到李炳辉，李主任首先对其创口消炎，清创，用多味中药煎制的药液浸浴患处，再激光照射，定期辅以口服及外敷药。10天后，张爹爹胸口坏死处长出新肉芽，一个月时收口，两个月后完全愈合。

李主任介绍，家传秘方很少孤军奋战，想达到“不截肢、不植皮”的效果，须辅以内服、外敷、浸浴的“三位一体”方法。李家的这个改良秘方对难愈合伤、脉管炎、糖尿病足、骨髓炎等症方法独特，曾获武汉市科技成果进步奖。

李炳辉19岁的儿子在医科大学上二年级，他已知自己肩上的担子，做李氏秘方的传人，将李家秘方传下去。

秘方主人：湖北省中医医院康复理疗科张颖。

张颖，女45岁。上大学学的是针灸康复专业，毕业后干的仍是针灸康复老本行。但很多久治不愈的溃疡病人却慕名来找她换药——这贴药看似平常，却是她夫家的传家秘方。

她公爹叫李如里，江西著名老

中医,也是1957年的两位国家著名中医奖获奖者之一。

李如里10多岁时到南昌一中医世家当学徒,东家把独生女嫁给了他,也把家传中医全部教给了他。成家后,李如里听说深山古庙里有一道人很会治病,就告别了妻子上山拜老道学医。一去三年,回来时因一件事名声大噪:上世纪三十年代末,一个被日本人炸弹炸开膛的人,肠子流了一地,眼看没救了,李如里将他的肠子洗干净放回腹腔,用万应拔毒生肌膏外敷,竟把人救活了,这个方子是李如里跟老道人学的。

1984年,从湖北省中医学院毕业的武汉姑娘张颖,经人介绍与李如里在空军雷达学院当教员的小儿子李俊林恋爱结婚。李俊林有个抄满李家秘方的本子,张颖看过,却不感兴趣。但凡同事朋友中谁手破了,长疱了,李俊林就会按本子上的配方把万应拔毒生肌膏做出来,无偿给人用,每次"行医",非医生的李俊林总拉上张颖"护驾",可还真灵,用一个好一个!张颖仍不屑:这有什么呢。这些小病用其它方法也一样能好!

1999年夏,李俊林去小区理发,从农村来的理发师的儿子因足内翻,脚跟磨破长期溃疡不愈,到医院植了两次皮,每次都要花上两万元,还是烂。李俊林拉着张颖,给理发师送去了自己熬好的万应拔毒生肌膏,两个月,孩子的脚跟好了。张颖这才震惊,公公留下来的真是好东西啊。从此,她开始在临床上使用和观察万应拔毒生肌膏,这时李如里老先生已过世12年了。

祖传下来的只有膏剂。根据临床观察和作用情况,如今,张颖又开发了油剂和水剂。现在:张颖主要用这个祖传秘方来治疗糖尿病足,保护了近百条要被截肢的腿。此外,近9年来治愈了700余例各种久治不愈的创口及溃疡。郭太婆6岁那年在火炉上烧火,烧伤了右脚后跟,70年来,这个铜钱大小的伤口一直不能愈合。4年前,因为右脚角质层太厚,影响行走,做手术切掉了角质层,谁知这一切,脚上的两个伤口再也没有愈合过。近年来,一走路伤口就钻心地疼痛,最后无法行走。

2008年2月25日,《武汉晚报》刊登了"探访江城祖传秘方掌门人"报道,76岁的郭太婆4天后拿着报纸找到湖北省中医医院"万应拔毒生肌膏"掌门人张颖医生。张大夫第一次看到的郭太婆这两个分别为70年和4年的伤口,呈灰黑色,有厚达一厘米的角质层和腐烂物,根本看不到正常的组织和血液。仔细观察伤口后,张颖大夫为郭太婆敷上了用祖传秘方配制的万应拔毒生肌膏,到3月5日,郭太婆来换药,那个厚厚的角质层和腐烂混合体神奇地消失了,伤口露出新鲜组织。张颖大夫告诉郭太婆,70年的那个伤口周围循环较好,会比那个4年的伤口好得快些,估计在3个月内会全部长好。郭太婆听了张颖大夫的医嘱,高兴地说,看了一辈子这个伤口,没想到老了才找到一个好方法。

李家恪守着祖传秘方传男不传女的古训。李如里5个孩子,3个女儿全部学医,没有一个知道秘方,她们若要用此药,得找学医的兄长和不学医弟弟,拿他们配制好的药。如今,大哥家的女儿和张颖的儿子都不学医,传承李家秘方毫无希望。张颖说,传男不传女,传媳不传女的旧习俗该变一变了。

秘方主人:武汉市中医医院瘰疬外科林正国。

林正国,75岁,武汉市人。排行老八,上面有三个哥哥四个姐姐。按照传男不传女的习俗,祖传秘方只有男性掌管。因大哥长年在药店配制膏药,又极少防范措施,摄入汞、砒霜等毒物过多,36岁时不幸去世。二哥务农,同样知晓秘方,通常在春夏务农,冬季调配丹药,作为副业,造福一方百姓。三哥当上了教书先生,自动放弃继承秘方。因此,家传瘰疬膏发扬光大的重任就落到林正国肩上。

林正国不负重望,10多岁时,他就跟随父亲行医,父亲开单抓药,他就在旁写写划划。根据淋巴结核的不同症状,他以通俗的叫法命名,并深谙其中的道理。当时父亲以"林子陀"为牌号,在武胜路长堤街坐堂行医、专治瘰疬(淋巴结核)在武汉三镇十分有名。

1959年,26岁的林正国自己开了门诊,通过摸索改进,治疗范围涉及骨结核、骨髓炎、乳腺病、体表瘘管及各类疮疡。1979年被武汉市中医院"收编"的林正国,正式将祖传瘰疬膏秘方捐赠给医院,经基地大规模生产,近30年来造福了数十万患者。不少港澳台地区及欧美国家的患者还慕名要求直接寄药。

56岁的长子林修森,很好地继承了林正国的衣钵,运用各种中药药捻,为诸多化脓性疮口、溃疡解除了病灶。对于不愿开刀的患者,隔三差五的换药,外敷内服,竟很快地根除腐坏组织,加速肌肤再生。

林修森仅有一女,目前在父身边学习,对于秘方的传承,林修森表示将来会带领研究生并悉心传授:"造福百姓就该摒弃门户的老传统"。

秘方主人:湖北省新华医院骨科褚润生。

褚润生,70岁,湖北省云梦县户子潭人。外公家是闻名的中药世家，到他出生时已传承了100多年。10岁那年，父母把他送到汉口外公和舅爷身边启蒙学医，他们在汉口进化村（现在的三阳路）开有一间中药铺，褚润生识字和识药性是同时开始的，每天就是背、写药柜格子上的药名。三年后，他就跟在外公和舅爷身边学医。1956年，褚润生的舅爷水志廉进了湖北省财贸医院（今湖北省新华医院），他把褚润生也带了去，两年后，医院派褚到武汉市中医医院跟原新四军五师著名骨科中医刘达夫学习。

褚润生外公家祖传有三大特色：中医骨科、小儿和妇科。褚继承了骨科，两位舅爷家的堂兄弟分别继承了儿科和妇科。

褚润生跟随刘达夫学习三年，受益匪浅，他把外公家传了100多年的一个骨伤方子拿出来，与老师讨论，刘达夫提出了很多有用的建议。褚把这个方子从10味药调整到13味药，并以22号（专治3周以上急性骨折、扭伤）和24号（专治3周以上陈旧性扭伤）命名。至今又用了48年，救治病人不计其数。

江汉北路有一位84岁的熊婆婆，2008年春节前乘电梯时“腾”了一下，造成腰椎压缩性骨折，家人把她送到湖北省新华医院江汉北路分院时，正逢褚润生坐诊。用22号外敷了三周，熊太婆红肿疼痛全好，骨折处长了新的骨痂。

褚老有一双儿女，均不学医，20岁学化学的孙子，对方子很感兴趣，褚老准备将秘方核心配方专给孙子，确保水家祖传的传家宝不失传。

据了解，自《武汉晚报》刊发“探访江城祖传秘方掌门人”之后，所介绍的秘方掌门人单位门庭若市，找他们看病的患者剧增。一些难治的疾病出现了转机，有些病在短期内得到治愈。患者说，真正的秘方让我们领略了祖国传统医学的神奇。

【湖北省发现首例C群流脑病例】

据湖北省疾病预防控制中心报告，经国家疾病预防控制中心确认，该省发现首例C群流脑病例。

这名病人是2007年11月9日在宜昌某医院被发现，由宜昌疾病预防控制中心分离出菌株，送省疾控中心传染病防治研究所复核鉴定为该省首例C群流脑。11月12日，武汉市传染病院又报告了一名流脑病人，由市疾控中心分离出菌株，送省疾控中心再次复核鉴定为武汉市首例C群流脑。两例菌株于11月14日被中国疾控中心确认。

据介绍，我国在1959年、1967睥和1977年曾出现过3次流脑全国性大流行，都是由A群菌引起。此次两例C群流脑病例的发现，再次提示该省非A群流脑流行的可能性增高。流脑是可防可治的，接种疫苗为首选措施。我国目前有两种流脑疫苗，即A群疫苗和A+C疫苗，分别可预防A群和A+C群流脑发病。

该省要求各地疾控部门、医疗机构和公众预防流脑流行，在流行前期有计划地开展群众性卫生运动，特别是幼儿园、学生、工地等人群聚居地区要改善环境，增加通风。

【湖北省中医院光谷院区发现小儿膝关节疼痛病却在髋部】 5岁强强感冒刚好没两天，这几天又吵吵说膝盖疼、不肯走路，走起路来如跛行，家长带儿子来到湖北省中医院光谷院区。骨伤科医生检查发现，从外表看，强强的痛腿与另一只腿没什么不同，只是弯曲起来不敢伸直，并且内收内旋、脚尖朝内，髋关节有压痛，但没有明显的肿胀。小强总是说膝盖疼，但按压膝盖却又没有明显疼痛，大腿根部压痛，屈髋时疼痛加重，髋关节活动时更加疼痛，X光片显示左侧髋关节间隙较对侧稍有增宽，B超检查提示左髋关节内有积液，诊断小强患的是“髋关节一过性滑膜炎”。

该院吴斌医生说，这是由于感觉髋关节疼痛的神经，同时也负责传递膝关节的信息，于是脑子里产生了错觉，认为两处都有疼痛。其实大多数小儿膝部疼痛，都应该考虑到髋关节的问题。

【湖北省中山医院诞生6.01公斤婴儿】 刚出生时，身长近60厘米，护士抱着大喊“手酸”，一称，指针“嗖”地冲到6.01公斤。2007年9月4日晚在湖北省中山医院诞生的这名女婴成为武汉地区最重的婴儿。

这名小胖妞的妈妈名叫陈爱英，33岁，家住汉口航空路。孕前48公斤，数月后因妊娠高血压双腿肿胀，不得不卧床休息。但期间饮食还比较清淡，多以果蔬为主。产前，她的体重也只有62公斤，4日下午5时30分她被送进手术室，当晚9时孩子出世。

妇产科专家介绍，通常新生儿2.5-4公斤属正常范围，超过4公斤被称为巨大婴儿。

【省中山医院为胃病治疗十年患者确诊剑突综合征】 47岁的鄂州人金某“胃”痛持续5年。期间，他先后到5家医院，作过胃镜、CT、彩超等项检查，都被当作胃病治疗，医疗费花去3万多元，病情仍没有好转。2007年8月，他因再次“胃痛”难忍，来到湖北省中山医院。普外科副主任晏立教授经过仔细检查，发现他所患的并非胃病，而是易与胃病混淆的剑突综合征，在为金某打两次针后，疼痛症状基本消失，他仅花了60元。

像这种将“剑突综合征”误诊为胃病的，晏主任上月就接诊6例。“这是患者对患处感觉不清楚造成的”。晏主任介绍，剑突综合征的患处在剑突处，也就是两肋夹角的顶端，俗称正心窝。患者不懂生理机构，凭知觉以为是胃部。

【先天脊柱侧弯无法直产7龄童勇闯重重手术关】 2001年，嘉鱼农村王心祥一家，本应是高兴的，盼望的儿子呱呱坠地了。可儿子的脊柱却是扭曲的。从此，王家开始抱着儿子踏上四处求医的道路，可大夫们看到孩子如此佝偻，纷纷摇头，王家人心想，干脆等孩子长大点再治疗。

小孩一天天长大，由于脊柱呈分段式“S”型弯曲，严重挤压内脏，吃饭、喝水都受到影响；一口饭吃多了，食物就会从胃管中喷出。怕他意外摔跤，年迈的奶奶时刻对他寸步不离。每晚睡觉，喘息声极重，肺活量检测严重不足。由于上述原因，7岁的孩子体重只有38斤，身高仅1.2米。

2007年1月，父亲带他到湖北新华医院骨科检查，他的脊柱侧弯高达117度。宋健东医生建议为其脊柱安装一个“生长阀”，可逐年调节伸缩度，帮助矫正的同时不影响长高。然而缺点就是每年至少得上一次手术台，直至20岁发育结束。

父母征求儿子意见，谁知坚强的儿子咬咬牙说自己不怕。经过第一次手术后，果然有改善，直产增多，入睡正常，长高6公分。2008年1月，进行了第二次手术，调整体内生长阀。去年的手术疤痕隐隐可见，可就在这瘦小的背部，还将留下10余道手术刀痕、伴随他走过童年和青年时期。

宋健东副主任医师说，脊柱侧弯是一种严重损害青少年身心健康的顽症，早年发生的脊柱侧弯会影响儿童心肺的发育和成熟，削减寿命，有的还影响脊髓和神经，严重者会造成截瘫。很多患者在发病初期忽视矫正，错过了最佳的手术时机。

【湖北省脑科中心清除奇怪脑瘤恢复帅哥容貌】 42岁的张先生两年前开始出现变丑症状，起先他并未介意，最近却出现头痛和视物不清的症状，到医院检查发现，使其变丑的元凶是长在脑垂体的“生长激素瘤”。经过手术，张先生血液中增高的生长激素恢复正常水平，帅气的容貌逐渐恢复。现已痊愈出院。

湖北省脑科中心神经外科主任孙荣君介绍垂体瘤是颅内常见的良性肿瘤，约占颅内肿瘤的10－15%。其主要表现为“未成年巨人症”和“成年人肢端肥大症”，导致容貌改变，手足粗大、血糖升高等。肿瘤增大还可能出现头昏、头晕、视力下降，视野缺损等症状。若肿瘤出血，患者甚至会出现剧烈头痛、恶心、呕吐，甚至双眼失明。

【1+8城市圈骨髓捐献者献血自愿者受表彰】 2008年3月7日，武汉及黄石、鄂州、孝感四座城市的5位献血状元聚集江城，参加湖北省红十字会举办的表彰大会，他们的献血总量突破20余万毫升。

湖北状元李光明：从卖血到无偿献血全省状元。无偿献血14年，献血总量5.4万毫升。

45岁的李光明是洪山区花山镇农民，以捡破烂为生。东湖畔，人们常看见其拖垃圾的破旧板车上，用白粉笔写着“献血有利增强体质”。

李光明早年做生意亏了，偷偷卖血还债。1994年，从电视里看到一残疾人为救陌生女孩无偿献血，他震惊了，从此开始了无偿献血。14年来，共献血5.4万毫升，居全省之首。每次献血领到食品，他都舍不得吃，带回家给孩子吃。

武汉状元孔维龙：无偿献血9年，献血总量5.2万毫升。

30岁的孔维龙原籍安徽太和县，1996年当兵来汉。两年后，他参加了部队组织的无偿献血，以后就坚持了下来。2001年底，孔维龙退伍，很长时间没有工作，献血却从未停止。恋爱半年时，女友听了他的献血经历，惊讶不已，后死心踏地嫁给他。现孔维龙靠打零工养活妻儿。

鄂州状元周光明：感恩社会开始无偿献血。无偿献血7年，献血总量4万毫升。

37岁的周光明成为“光明使者”源于感恩社会。1994年他工作时摔断右腿，幸有人捐献血液保住了一条腿，他开始回报社会。2001年起，他加入了无偿献血行列，并成为鄂州市第一个献成分血的人。

2003年，他组织起鄂州无偿献血联谊会。2006年他深入乡村宣传，为此，妻子留下两个孩子，与他离婚走了。他说：“我没得到什么，只有助人的快乐”。

黄石状元董海波：无偿献血7年，献血总量2.1万毫升。

7年前，20岁的董海波第一次献血庆祝自己的生日，此后他便定期献血，7年来他还发动亲朋好友20余人加入了无偿献血的行列。2007年，他被推荐为2008奥运会火炬手之一。

孝感状元鲁峰：无偿献血7年，献血总量3.8万毫升。

2001年，鲁峰看到街头流动献

血车,便撸起袖子,第一次感觉很好玩地献了血。2003年,妻子重病,他开始定期献血。他说:“我和妻子都是O型血,她身体不好,我这也是为她储存健康。开始,父母反对他献血,怕影响身体。2006年,母亲突然要跟他去献血。原来她要亲自检验献血到底对身体是否有害,如果献了不好,就坚决不让我献血了。母亲抽掉200毫升后,干活依旧硬朗。不但不反对儿子献血,还帮助儿子说服老伴和儿媳”。

【武汉市第一医院应用各种手段将心跳骤停150分钟患者从死亡线上抢救回来】 2007年7月15日下午,平时身体状况一向良好的高俊喜,在无任何征兆的情况下,突然觉得头昏、胸闷,便来到武汉市第一医院汉西分院打算吸点氧就行了。接诊医生凭经验认为情况特殊,建议到市一医院本部就诊。下午3时,54岁的高俊喜被救护车送到市一医院本部,急诊科医生认为急性心肌梗死可能性极大,吸氧、心电监护、抽血、输液,各项检查治疗措施立即有序进行。3时20分左右,高继续昏迷,心跳停止,呼吸微弱。心内科郑琼莉主任指挥立即进行心肺复苏抢救,胸外心脏按压,先后7次电击、胶水剂、呼吸兴奋剂、保护脑细胞药物、升压药、抗心律失常药物等等救命药物有序地推入患者血管,医务人员已是汗流浃背,但仍没有能让他恢复心跳。时间一分一分滑过,救治成功的希望越来越渺茫。在尝试植入临时起博电极失败后,郑主任当机立断将患者推进心脏介入手术室继续抢救。下午5时45分,在血管造影机的指引下,临时起博电极终于成功送达患者心脏,监护仪上显示心跳颤波和血压,这犹如给整个手术室的医护人员注射了一针兴奋剂,虽然高俊喜仍然处于昏迷状态,但能存活的可能性已大大增大。下午6时许,为了挽救存活的心肌,医生为患者打通了堵塞的右冠状动脉并置入一枚支架,此时患者血压恢复正常,心率也达到了每分钟70-80次。

数小时的奋战,心跳骤停达150分钟的高俊喜,终于从死神手里抢了回来。

【武汉市第一医院实施结肠大手术止血只用一块小纱布】 手术中尽量不输血,是患者和家属的一致愿望,前提很简单,手术损伤做到最小。

武汉市第一医院微创外科主任医师龚昭等通过自身摸索,并借用我国著名现代解剖学专家、“数字人之父”钟世镇院士的指点,正努力开创出一种全新的微创手术方式,达到创伤最小,出血最少的目标。

庖丁解牛做得利索,因为庖丁找到了关节的间隙。龚昭手术损伤做到最小,同样也是找到了人体内天然存在的不含血管和神经的间隙。

传统外科手术,由外往里做,医生需要有逐层解剖的知识,以及器官邻里关系的知识,手术基础是传统外科手术图谱。

新型腔镜手术,由里往外做、腔镜的探头成为医生眼睛的延伸,医生的视野被很大程度地局限。而且医生看到的情形与开放手术明显不同,这样一来,腔镜手术基础需要全新的腔镜手术图谱。

在很多腔镜医生不依赖传统手术图谱做手术的时候,武汉市第一医院腔镜外科的医生们,已经开始使用与钟世镇院士联手研发的腔镜手术图谱做手术。

众所周知,人体是由胚胎发育而来的。而在胚胎发育过程中,形成了一些融合筋膜。在筋膜里面,既没有血管行走,也没有神经穿行。按照传统手术,刀子切下去筋膜就被破坏了。腔镜手术是要打气进去的,微小的气流就可以把筋膜腔隙分离开。医生通过这些不出血的天然腔隙做手术,患者自然不会出血。

龚昭说,目前医院做一个结肠大手术,患者出血量在10-20毫升左右,只需要一块纱布就能止血。做一个胃癌手术,两三块纱布就可搞定,患者完全不需要输血。这在以前难以想象。

2007年12月中旬,汉阳区一名52岁患者来院看病,他因胃溃疡、胆结石要求做腹腔镜手术。检查发现,他还患有左侧腹腔疝气。胃在胸窝偏左,胆在右胸肋下,左侧腹股沟疝气远在大腿根处。传统手术方式,这三个手术要一次完成,几乎是不可能的。因为病人的胸部和腹部会留下一个巨大的不规则的疤痕。而用腹腔镜手术就简单多了,在腹部正中打几个小孔,可以灵活旋转的探头伸进腹腔先向下,完成疝气手术。再把探头调转方向,依次切除胆囊和部分溃疡的胃。就在龚昭完成上述三个手术准备结束时,他通过常规探查,发现该患者小肠上长有肿瘤,立即利用腹腔镜为其切除。由于整个手术尽量利用天然腔隙进行,手术出血量不到60毫升,整个手术仅用两个半小时。武汉市第一医院龚昭主任一次完成4个手术在武汉实属先例。龚昭是武汉第一医院外科主任医师、微创外科主任,武汉腔镜学会副主任委员。能应用腹腔镜技术实施30余种外科手术,手术近万例,积累了腹腔镜技术丰富的经验,特别是巧用人体自然腔隙进行手术,使手术损伤小,患者出血少,受到了病人和家属的赞许。

【武汉市第一医院微创术治疗先天性无阴道成功】 准备"五一"结婚的小赵没感到幸福,反而整天愁眉苦脸的。这一反常现象,引起了细心的妈妈的关注,经过妈妈反复询问,小赵才说出自己至今都没有来过月经。妈妈急坏了,也为自己的失职自责,女儿已经25岁了,却连她从来没来过月经都不知道。

婚期一天天临近,因为担心影响婚姻生活,妈妈急忙带着女儿来到武汉市第一医院妇科门诊。李力主任医生经过检查,发现她染色体为正常女性型,B超检查肾脏未见异常,一一排查后,确诊小赵患的是完全型先天性无阴道,经过手术治疗完全可以解决问题。李主任决定为小赵再造阴道。

手术经过两个多小时后顺利完成。李主任在小赵的两侧腹部和肚脐处分别打了四个钥匙孔大小的小孔,通过腹腔镜,将乙状结肠部分取下,再造阴道,这种手术方式接近生理阴道,不用阴道模具,术后一个月即可性生活,阴道宽度和深度充裕,并且性生活时再造阴道具有分泌黏液和收缩功能。李主任说,该手术的手术部位以外的部位不会受到不必要的操作干扰;盆腔内环境保持了相对稳定。因此,患者受到的创伤小,疤痕小,同时比较美观。

【武汉市第一医院治关节疼给股骨头上"戴帽子"】 陈女士今年57岁,一年前左髋关节开始疼痛加剧。经检查:先天性髋关节发育不良,引起关节面塌陷。武汉市第一医院骨科主任张晨介绍,股骨头坏死、关节炎患者,过去只能采取关节置换,对患者伤害较大。由于该患者只是关节表面有坏死,张主任决定采用新型手术方式:即髋关节关节表面置换术,将坏死的部分刮掉,给股骨头戴上一个金属"小帽子"。

张主任说,这种新型手术,适合先天性髋关节发育不良、早期股骨头坏死的患者,一般三天后可下地行走,术后不仅能正常走路,还可适量运动。不仅对病人造成的创伤小,还可最大限度保留患者的股骨头,使其关节功能保持良好。

2007年7月26日,武汉市第一医院骨科张晨等医生为陈女士实施了新手术:去除了坏死部分,给股骨头戴上了一个金属小帽子。术后恢复良好。

【武汉市第一医院医治小儿麻痹症60年新型手术让X型腿变直】 王太婆今年61岁,家住青山区,自幼患上小儿麻痹症,导致右腿发育异常,所以她走路比较吃力。长期不正常行走,继而又引发她的右腿向外翻呈60度,变成人们俗称的X型腿。与此同时,由于行走不正常又诱发骨性关节炎,起初只是不时的腿部疼痛,随着时间的推移,疼痛加重使王太婆失去了站立和行走的能力,每天只能坐在轮椅上。王太婆早年就曾多次到各医院就诊,但是均告知因其韧带严重松驰和变形,不适合做膝关节置换术,即便换了关节后由于韧带失去功能仍然达不到治疗效果。就这样,王太婆失去了许多接受治疗的机会,60年来,不得不一直忍受着巨大的痛苦,她求家人委托朋友四处寻求治疗方法。2007年,她到武汉市第一医院,该院骨科张晨主任根据王太婆的具体情况采取了最新型的手术方式,髁限制型假体和异体韧带植入术,取得了良好的效果,使得王太婆重新拥有一个正常的自我控制的健康关节,X型腿终于变直了。

【武汉市第一医院应用光动力治疗红胎记和血管瘤】 红胎记也叫鲜红斑痣,形状不规则,常见于面部、颈部、头皮等处,也可见于上下肢、前胸和背部等。鲜红斑痣是毛细血管瘤的一种,是血管畸变和异常扩张所致,其随年龄增长,其发生的结痂和增生还有可能损害其他器官。2007年武汉市第一医院一美整形美容医院,接诊了一位20岁小伙子,红色胎记从左侧额一直长到肩膀上,像是穿了一层紧身红外衣,从小受到人们的嘲笑,自打懂事起,他就意识到自己与他人不同,自卑感日益加深。

该院激光部黄海为他实施了第一次光动力治疗后,鲜红斑痣颜色淡了许多,增加了患者的治疗信心。三个月后,医生为他做了第二次光动力治疗,患处颜色又淡了不少,当做到第四次时,其患处皮肤恢复了正常。

该院黄海医生说:血管瘤是小儿最常见的先天性血管畸形,发病率约为3-8%。它可以出现在人的各个部位,以皮肤、皮下组织最为多见,其次可见于口腔粘膜、肌肉,也可发生在骨骼、内脏、大脑等组织、器官。具有快速生长的特点,特别是在半岁至一岁这段时期生长最快,光动力治疗应从新生儿开始,效果极佳。尽管血管瘤是良性,但它能破坏周围组织,从而造成儿童颜面缺陷和功能障碍,在少许情况下,又有恶变的可能和诸多并发症:溃疡、出血、感染等。

【武汉市第一医院切除阴囊大如"蓝球"的疝气】

6年前,家住汉川的陈老汉洗澡时发现左侧腹股沟出现了一个鸭蛋大小的包块,用手摸时不疼不痒,想也许过段时间这个“包”就自己会消掉的。可事情并非像陈老汉所期待的那样,之后,包块一天天逐渐增大,发展到阴囊部位,他虽然有些担心,但还是执意不到医院检查,因为包块还是不疼不痒,陈老汉便决定过些时日观察观察再说。

2007年8月,陈老汉的左侧腹股沟肿块突然增大,将胯下阴囊撑得像蓝球一样,足有20多斤重,几乎辨不清阴茎的位置。这惊人的发展给他带来极大的痛苦,不得不到武汉市第一医院微创外科就诊。陈老汉痛苦地说:“每次小便的时候,十分难受,只有小心翼翼地捧着巨大阴囊,但是尿液仍然到处流淌,搞得家里污秽不堪”。此外还影响老汉正常生活,连行走也带来不便。

医生经过仔细检查,诊断为巨大小肠疝气,必须立即施行手术治疗。术中见到气球般的阴囊里,堆积着部分大网膜,两米左右的小肠和半米多的乙状结肠,同时潴留有2 500多毫升的黄色积液,重量有10公斤,切除多余疝囊后,完成了疝修复手术。术后陈老汉阴囊很快回缩如初,阴茎恢复正常,症状全部解除。

【武汉市第一医院中西医结合治上消化道出血】

该院将现代微米技术与中医炒碳止血理论相结合,研制成新型微米中药制剂,并在全国率先用于内镜下喷洒治疗上消化道出血,取得了即时100%止血的疗效。

上消化道出血是常见病,如不及时救治可危及生命。目前临床上多采用内镜下喷洒止血药物治疗,常用西药去甲肾上腺素等。但由于其具有收缩血管作用,常会引起患者腹痛、心跳加快、血压升高等,也限制了心脏病、高血压等病人使用。

大黄止血始载于张仲景的《伤寒论》,现代药理学研究,大黄片中含有止血成分d-儿茶素和没食子酸,能有效缩短凝血时间,降低毛细血管通透性,并促进血小板生成。该院消化科在保存大黄原有药性的同时,将其制成微米大黄碳,并用于内镜下喷洒治疗上消化道出血。临床研究证实,微米大黄碳与去甲肾上腺素止血效果无明显差异,但前者平均止血时间以及治疗后黑便、呕血次数方面,均较后者明显减少。药理研究也证实,微米大黄碳具有很好的吸附作用,喷洒后直接黏附在出血微血管表面,可促进其尽快愈合。目前,该院已成功治疗数百名上消化道出血病人,取得了即时100%止血的疗效。

【武汉市中心医院发现一半边无脑女子记忆力超群】

武汉市中心医院举办的“少花钱,看好病”的大型义诊活动中,一位前来就诊的半边无脑女子令医生震惊。

2007年10月16日上午11时30分,该女子在母亲陪同下走进神经内科主任医师张临洪的诊室。该女子39岁,她说自己家住江岸区,出生时难产,但其后读书生活正常,职高毕业后曾在武重下属企业工作,至今未婚。近来,她感四肢僵直,行走无力,该院通过核磁共振检查发现,她左半边大脑基本缺失。

其母介绍,女儿不仅智力不低下,而且记忆力超群。电脑号码、人名地名,可以做到过目不忘。此前,女儿曾在一家百货公司打零工,每一笔帐目不看帐本,女儿都记得清清楚楚。这位母亲感慨:“我女儿最适合的工作是当户籍,家长里短她都记得一清二楚”。

张临洪分析,不排除该女子出生时发生颅内出血,脑组织吸收液化形成空洞。结合此前媒体广泛报道的法国无脑人脑组织薄如纸片,但工作娶妻两不误的情况。专家认为,人脑组织的可塑性十分强大,尤其在幼年时期,几乎可重建缺失的大脑功能。

【武汉市中心医院采用发丝导管“穿针引线”老人颅内“定时炸弹”成功摘除】 偏瘫在床的程爹爹喝口水就呛咳。经武汉市中心医院医生全面检查,医生才发现其脑部基底动脉严重狭窄,传统手术治疗稍有不慎就可能前功尽弃,若保守治疗,无疑就像引爆“炸弹”。和同行们反复研究后,神经内科张临洪主任决定打破手术禁区,采用介入治疗,即在患者生命中枢脑干处安放支架。2007年11月12日,全身麻醉后,经一根细如发丝的导管指引、迂回,张临洪小心翼翼地将一枚直径仅3毫米的支架,置入狭窄的基底动脉处,随着支架的膨胀,血管逐渐扩张。18日程爹爹的症状明显改善。

据悉,此例手术也填补了武汉地区脑干支架成功置入的空白。

【武汉市中心医院为六旬动脉血管闭塞患者行“搭桥”术】 64岁的张老先生是汉口某企业的退休职工,2006年9月他就开始频频头晕,左手爱发凉、发麻,走路时还摇摇晃晃,像醉酒一样。一测血压发现其左血压为90/70MMHg汞柱,而右手竟达到170/70MMHg汞柱。到12月,张老先生在武汉市中心医院经CT检测,发现其左侧锁骨下动脉管腔狭窄90%,而右侧椎动脉处狭窄60%。这是典型的“盗血综合症”——原本供应大脑的血因无法通过狭窄的血管到达目的地，势必造成大脑缺氧，造成头晕乏力，甚至小中风。

该院神经内科专家决定采用脑血管造影和支架介入治疗。可术中令人惊讶的是，张老先生左侧锁骨下动脉已完全闭塞，椎动脉内竟看不到一滴血液。这可是同行们不愿碰到的手术“雷区”。是进是退？专家们犹豫再三，在病人家属支持下，决定冒险一试。

经在闭塞的血管内“搭桥”，3小时手术后，困扰张老先生近半年供血通路全面开通，双手血压也恢复正常。

【武汉市中心医院实施经支气管镜肺减容术为肺“瘦身”首获成功】

60岁的刘先生身患晚期肺气肿，每天感觉胸口有块大石头压住，透不过气来，三年间住院21次。2007年7月16日，武汉市中心医院呼吸内科赵苏主任为其实施了经支气管镜肺减容术。仅用30分钟，手术后的刘先生当即感到呼吸困难减轻。

赵苏介绍，肺气肿的病理改变主要是肺内很多的小气道堵塞，肺充气膨胀。这种变化可严重影响患者的呼吸功能，表现为逐渐加重的呼吸困难，严重时甚至穿衣脱衣、进食都感到气不够用。

肺气肿传统上以保守治疗为主，但疗效有限，且终末期肺气肿患者的三年生存率不足50%。而外科方法则是切除过度充气而膨胀破坏的、无功能的肺组织，但手术风险较大，患者多难接受。经支气管肺减容术，最终使病变肺部的气体只出不进，从而增加了剩余肺的换气量。

【中药灌肠治疗慢性肾衰79岁爹爹4年省下20万元】 2003年，史爹爹因一次腹泻到医院就诊，查出肌酐指数竟高达700多，诊断为慢肾功能衰竭急性加重。多家医院建议他进行早期预防性透析，可考虑到老人已70岁，年事已高，家人投了反对票。听说武汉市中心医院肾内科多年开展中药灌肠，患者每隔一周便住院灌肠一次，很快肌酐值就回落到200。此后，老人保持灌肠的频率渐低，近一两年，已未继续灌肠，肌酐值却围绕在180，2007年8月底肌酐指数降到150（正常值为133以内），并保持基本稳定。

该院肾内科陈主任介绍，透析是肾衰竭预防性治疗和尿毒症最常见和有效的方法，但费用昂贵，许多患者望而却步。而中药灌肠由于利薄、操作麻烦，很多医院已放弃了这种患者欢迎的治疗方法。陈主任计算了一笔帐，一年透析治疗费得花5.8万元，而中药灌肠每次20元左右，即使隔天灌一次，4年下来可为病人节省20万元。不过她强调，该方法虽然经济实惠、效果不错，但只能用于慢性肾衰还未达到尿毒症，且肠道无炎症或病变的患者。

【武汉市中心医院为只能闻香的“美食家”解除烦恼】 汉口45岁的李女士是个美食家，但就在5年前，她品尝美味时，好像胸口被什么东西梗住了似的，感到一阵阵刺痛，情绪一紧张甚至呕吐，晚上睡眠受到影响。她四处求医，拍片，却没有明确诊断，到底是哪里出了问题。吃了很多促进胃肠蠕动的药或中药偏方，都只能暂缓解，停药就恢复原样。她只能喝点稀饭，一碗粥得喝一个小时，饭后还须不断走动。

和朋友们聚餐更让人心烦：看着一大桌美味佳肴，自己只能闻闻香，根本不敢动动筷子。原本开朗健谈的李女士连门都不出了。由于长期进食少，她一下瘦了10多公斤，贫血、营养不良也随之而来，有的医生还诊断得了食道癌。两年后，李女士被确诊为罕见的贲门失弛缓症，即食管与胃连接处的“贲门”肌肉失去张弛作用，食物不能入胃出现梗阻。医生建议手术。一提到要“开胸”，李女士吓得怎么也不敢手术。

经辗转，听朋友说武汉市中心医院消化科有不用开刀的方法，她便来到该院，找到消化内科黄晓东主任。黄主任先为她施行了贲门球囊扩张术，才10多分钟就去除了她食道上的“紧箍咒”。次日，她就能畅快地享用美食了。

黄晓东说：贲门失弛缓症是一种病因不明的食管运动功能障碍性疾病，表现 为间断性吞咽困难，胸骨后疼痛和食物反流等，酷似食管癌，贲门球囊扩张术，是通过球囊对抗食道贲门部的环形平滑肌的收缩，强行扩张，使部分平滑肌断裂，失去张力，达到治疗目的。

【武汉市中心医院实施胸腔镜手术排除双肺长满肺大疱】 51岁的闵先生，一年前，他提重物后开始出现肋骨下隐痛，一直没能缓解。2007年4月，闵先生突然胸闷气急，稍一活动就脸色青紫，走路都很困难。自以为是心脏病，并服用心脏病药。4月10日他到武汉市中心医院检查后才发现，其双肺长了10余个大小不等的气泡，如同炸弹随时都会破裂爆炸，引发气胸、出血、感染从而危及生命。4月15日，医生通过胸腔镜手术为闵先生进行排除，解除了后顾之忧。

【武汉市中心医院诊治一甲状腺瘤长到胸内患者】 李女士今年49岁。2007年9月起，她就常常感到胸闷、精神疲倦。武汉市中心医院检查发现，其气管侧壁、胸椎紧密相连处有一肿瘤，约鸭蛋大小，同时还有气管受压征象。

该院心胸血管外科主任陈宝钧说，若不手术，其肿瘤会继续长大，压迫周围气管组织，最终导致呼吸、吞咽困难，声嘶等症状。于2007年11月25日，李女士进行了肿瘤切除术，病检报告证实其为胸内甲状腺肿瘤。

陈主任说，异位甲状腺多在颈部不远处，“跑到胸内，部位这么深，实属罕见”。胸内有异位甲状腺组织，以后随着时间的推移逐渐长大，谓之迷走甲状腺。

【武汉市中心医院为大于正常人脾脏20倍患者实施微创手术】 49岁的刘女士家住汉口，从2001年开始无明显诱因牙龈出血，皮肤出现瘀斑，经常头晕、贫血、腹胀、肚子越来越大。2007年9月30日，武汉市中心医院肝胆外科检查发现，她巨大的脾脏占据了整个右上腹，同时患有肝硬化等疾病，要进行系统治疗，必须先将脾脏切除，考虑到脾脏太大，若采有传统的开腹手术，需要在患者肚皮上切个大口子，患者术后恢复时间长，并发症多。该科于10月24日，为患者施行腹腔镜微创手术。主任医师李明杰主刀，在其肚皮上开了5个黄豆大小的孔，通过腹腔镜手术，从患者腹内取出的脾脏碎片足有3公斤。李主任说，患者巨脾竟有排球大，约是正常人的20倍！实属罕见。

【武汉市中心医院采用硬腭截短术根治鼾症】 28岁的小陈，身高仅1.72米，体重却有95公斤，武汉市中心医院的监测显示，患有重度睡眠呼吸暂停低通气综合征，除了扁桃体肥大、软腭低垂等软组织原因引起呼吸受阻外，鼻咽部也明显狭窄。如果采取传统的手术方式，仅能解除口咽部软组织的狭窄，治疗效果并不明显。该院耳鼻喉科袁琨副主任医师决定，在传统手术基础上，进行硬腭截短术，去除肥大软组织的同时，还去除硬腭后端骨质，使硬腭变短，软腭前移，扩大咽部。

袁琨副主任采用这一新术式，成功的为小陈根治了鼾症，恢复良好，鼾声如雷，睡眠呼吸暂停低通气的岁月一去不复返了。袁主任介绍，硬腭截短术不仅能彻底根治鼾症，手术创伤也比较小，不改变患者的容颜外观，患者容易接受。

【武汉市中心医院“老马针刀”10年为3 000人止痛】 软组织损伤性病变和骨关节病变时，传统的针灸理疗法，往往周期长，费用高。经10年临床实践，武汉市中心医院康复科主任马朝阳使用独特的小针刀疗法，不仅缩短疗程，费用也仅百元。

前不久，一空姐因车祸膝关节外侧有压痛点，反复求医大半年，针灸理疗花了数千无，可一停就复发。后经马朝阳主任接诊，发现其软组织不均匀，经小针刀剥离，产生一批新微血管使组织代谢正常。不到百元的费用令空姐连连称奇。

马主任介绍，小针刀疗法是一种介于手术和非手术疗法间的闭合性松解术，是在切开性手术方法基础上结合针刺形成。该科从事小针刀治疗10年来，接诊3 000千余例，对非关节部位疼痛、复发率不超过10%，其中小针刀治疗费用60元、局麻30元，总费用在100元左右。

【武汉市中心医院手术全责护士提供“无缝”服务】 手术前病人最恐惧的时段，麻醉前的等待是病人最孤独的时刻，这时，医护人员陪伴是病人最需要的。2007年11月，武汉市中心医院在开展“温暖病人创新服务行”活动中，首设手术全责护士，开展“无缝”服务模式，使病人降低了恐惧感，增强了安全感。

12月19日，60岁的陈先生，在该院进行静脉曲张手术，18日下午，全责护士韩丽芳就和麻醉师、手术室护士一同到他的床前，进行了充分的术前沟通，对手术方式、麻醉方式、主刀医生、预期效果先进行解释说明，消除了他的紧张情绪。19日10时，韩护士按时将陈先生送到手术室，与巡回护士进行交接。手术完毕回到病房，第一个接待他的仍然是全责护士韩丽芳。韩护士又与麻醉师，巡回护士进行交接，安置好陈先生。

由于手术病人住院期间会涉及几个科室，如病房、手术室、麻醉科、ICU，不同科室之间的交接处往往容易出现服务缝隙。为此，该院首设全责护士制，专人专职负责每位病人从住院、手术到出院整个过程，开展无缝服务模式，加强相关科室服务环节及服务细节的管理，减轻手术病人恐惧心理，以促进其康复。该院肝胆胰外科自11月开展此项服务以来，择期手术病人110多位，无一病人投诉，满意率在98%以上。

全责护士制是该院开展“温暖病人创新服务行”活动的内容之一。ICU的护士通过手语、举小牌等独特方式交流，帮助暂无法说话的患者解决手术后最易出现的疼痛、舒适、口渴等问题顺利度过术后危险期；催缴欠费时，禁止在病房大声对病人说，某某病人您欠费了，而是用递小纸条，走近床边悄悄告诉病人，从而保护了病人隐私；为不幸去世的病人献放一盆雏菊，寄托医务人员对逝者的无限哀思，为悲哀的家属送去真挚的问候等。

【武汉市第三医院百天治疗一全身皮肤深度烧伤患者脱离生命危险】 2007年11月，武汉市第三医院收治了一位烧伤病人，全身皮肤99.5%深度烧伤，伤者是在工作时被滚烫的钢渣严重烫伤的。该院烧伤科医生先将皮库里的猪皮覆盖在创面上，病人对猪皮的排斥性太大，创口不但没长好，还有扩大的危险。这时病人的3个哥哥立即答应为弟弟移植皮肤，他们分别取下了约300平方厘米的头皮，移植给弟弟。经过100天治疗，已愈合95%，病人脱离了生命危险。这是病人的哥哥和医护人员共同创造的奇迹。

【武汉市三医院重度烧伤患者安全产子】 熊丽是仙桃河镇双河村人，荆州花鼓戏民间演员。2006年12月27日，怀孕6个月的她与丈夫唐红刚在监利荒湖农场演出结束后，搭乘客车取道潜江返家。途中客车与一辆载烧碱的货车相撞，满车的烧碱倾进客车。熊丽被严重烧伤，在当地医院急救后转至武汉市第三医院。经诊断，熊丽的烧伤面积高达40%，属深度烧伤。武汉市三医院烧伤科主任医师田晖与烧伤专家谢卫国、王德运等商议：首先用足量抗生素控制感染，然后施行植皮手术。但这样做的结果意味着腹中的胎儿面临流产。尽管感到无奈，其丈夫唐红刚和家人还是做出先救大人的选择。就在医生依据方案准备进行治疗的时候，昏迷多时的熊丽却突然醒来。医生们征求她本人的意见，告诉她，如果用抗生素可对感染加以控制，其容颜不会受损，还可以重新走上舞台，但腹中的孩子就有一定危险……。她想了一会坚定地告诉医生：我不用药，我要保护我的孩子！医生只得尊重她的意愿，不使用对胎儿有副作用的抗生素，只对她进行保守治疗。此时的熊丽并没有意识到，做出这样的选择，将给自己带来痛入骨髓的折磨。

每一次手术，医生都尽量做到动作轻柔，但不管如何轻柔，血肉剥离的疼痛还是让她感觉生不如死，她咬着牙，攥着丈夫的双手，一次次握紧又一次次无力地松开，汗水血水浸湿了身下的床单。她的主治大夫田晖医生每次为她手术都要提醒自己“轻点再轻点”。每剥一层坏死组织，都是削得薄如纸，总怕不小心剥离到正常组织，会引起患者疼痛甚至休克，更怕腹中胎儿早产引起大出血。田医生说，每次手术时，每动一刀都要深呼吸，术后，手心、背心都是汗，从里到外衣服都被汗水浸湿。

由于不能使用药物，她的病情时常反复，有时高烧到40℃以上，身体出现抽搐时，她唯一想到的，仍是肚子里的孩子不受影响。2月2日，经过37天的治疗，其病情得到稳定，产科医生对胎儿发育，母亲状况的评估，对熊丽使用了催产素。当天中午，熊丽顺利产下一名2.7公斤的男婴，孩子出生后，相关的抗素生素全部用上，经过一段时间的治疗，于2月16日，医生为她实施了植皮手术，使伤情得到有效控制。由于用药较晚，脸部留下了无法弥补的伤痕，这意味着她将失去美丽的容貌和重返舞台的机会。但熊丽却说，我不后悔。

熊丽的故事感动了武汉，大年初二，省长罗清泉委派省政府副秘书长邹贤启会同省卫生厅副厅长孙昌松、民政厅副厅长文增显等领导来到医院，送去问候和慰问金，社会各界善心人士向熊丽捐款1.8万元。

5月13日母亲节。省妇联公布2006年度“感动湖北十佳母亲”名单，熊丽榜上有名。2008年3月被评为“全国母亲”光荣称号。北京一家医院为她免费美容。

【武汉市三医院俄罗斯青年受邀手术】 2007年9月17日，17岁的俄罗斯青年马克飞抵武汉，住进武汉市第三医院烧伤科接受治疗，而介绍马克来汉治疗的是在武汉做生意的商人马克的父亲。

马克刚高中毕业，8月5日，他在攀岩时不慎跌落高压线上，被电弧严重 伤，接受治疗月余，仍有创面未愈。

马克的父亲是一家贸易公司老板。三年来，他从武汉永和安门业有限公司进口了大批防盗门。在汉设有常驻代表，其代表与永和安门业的人士结下了友谊，他们得知老板的难题后，向老板推荐说：武汉市第三医院烧伤救治技术国际领先，请马克来汉治疗。

2007年9月17日，马克飞抵武汉。马克的父亲与烧伤专家谢卫国教授交谈后，对武汉的医疗条件和技术表示满意。

马克的植皮手术比预期的好，现马克向武汉大学申请留学生资格，准备痊愈后留在武汉读书。

【武汉市第三医院整形后少女巨乳症恢复正常】 当同龄人还处在发育期，17岁少女却因胸部过于巨大，不得不接受手术，原来，她患上了巨乳症。

少女家住武昌，高中二年级学生，从初中开始，其胸部发育早，发育快，显得比班上女同学成熟早，初三时，家人特别注重好的饮食营养。其妈妈说，听说蜂王浆有营养，每天早晚都要喝一杯，平时还少不了各种保健品。这些饮食习惯一直持续到高中。

到高中一年级下学期，她的胸部迅速增长到排球大小，这为其生活带来了许多麻烦和烦恼。其妈妈带她到武汉市第三医院整形科求助，该科主任任军诊断为先天性巨乳症，须行手术治疗，切除多余的皮肤、腺体。2007年5月上旬，经过3个小时的手术，任主任为其切除多余组织近两公斤，并同时为双乳塑形。3个月后，少女的乳房恢复了正常。

任军主任说，巨乳症比较少见，多为先天性。青春期少女食用保健品，含激素食品时应适量，否则可能刺激乳房发育，诱发巨乳症或其他发育异常。

【武汉市第三医院再造新鼻成功】 今年21岁的冯某，出生在孝感农村，不到一个月时，由于父母疏于照看，竟被一只饥饿的老鼠咬掉了鼻子。当时由于年龄太小未能接受整形手术。

从此，冯某的五官只剩下四官，随着年龄一天天增长，其相貌不扬却让他无法抬头，常遭到周围人的嘲笑。现在，冯某已经读大二，小伙子很自卑，性格内向，执意要做整形手术。2007年6月22日，他来到武汉市第三医院整形美容科接受手术，该院整形美容科副主任邓裴检查后说，冯某的鼻子被老鼠咬掉后，就停止发育，好在其右侧鼻孔有一些斑痕组织，医生可将其做成一个皮瓣，然后做成鼻梁。

医生在冯某的额头处理了一个皮肤扩张器，待新皮肤长出来之后，就可转下来做鼻翼和鼻梁组合成一个新鼻子。整个治疗过程大约需要两个月。

邓裴说，类似手术要求患者年龄一般不低于13岁。目前手术再造鼻在技术上已不成问题，但由于五官缺损造成很多孩子长期自卑，出现心理畸形，所以还须配合心理治疗。

【武汉市第三医院为毛发缺失患者实施毛发移植成功】 头发、眉毛、睫毛是人的生理性装饰物，是人体美的一部分，不可缺失。如果因为疾病、创伤等原因，这部分毛发缺失，不仅影响美观，还会影响生理功能，使人产生自卑心理，不利于身心健康。为了美，人们尝试了很多办法，想使毛发再生，如局部涂药，电磁按摩、针刺生发等，但都不尽如人意，现在，毛发移植技术解决了这个问题。

毛发移植是指带有毛囊的毛发进行移植，主要用于眉毛、睫毛、胡须缺损和秃发的治疗，移植的方法取正常毛发部位的皮肤，将其移植到毛发缺损的部位，这如同“插秧”一样，在正常毛发部位取“秧苗”，然后“栽种”到毛发缺损的“土地”上。如眉毛缺失，首先在枕部切取长宽比例适当的头皮条，创面充分止血后直接拉拢缝全（日后切口周围头发会自然盖此细小的切口痕迹）。然后将头皮上头发带毛囊分离成单根，再将分离好的带毛囊的毛发装入毛发种植器里面，接着按术前设计的眉毛在眉弓处一根一根地“插秧”即可。移植到眉部的头发在早期会生长较快，需定期修剪。随着时间的推移，其毛囊适应了眉部的微环境后，毛发会逐渐与正常眉毛一样保持一定长度，不需要修剪。其他部位的毛发移植术与此大同小异。

武汉市第三医院整形外科近年来开展了原细胞毛发种植术，让毛发再生。它是在进行原细胞毛发种植术前，先要清洗头皮，然后在后脑枕部进行局麻醉，取得被移植的毛囊细胞，接着分离出一株株的毛乳头细胞，最后再用专用的毛发种植器将移植胚植入脱发部位的头皮，头发会自然生长。

由于毛发移植术是移植自体的毛发，无排异性，其成活率高达90%以上。移植后的毛发不仅外观真实，而且具有排汗水功能，剪除后仍可再生。所以对于各种类型的秃发、眉毛、睫毛、胡须缺损，均可进行毛发移植。对于提供“秧苗”的“土地”来说，您也许会有“拆东墙补西墙”之虑。这不用担心，医生对提供“秧苗”部位的皮肤进行处理，使之恢复“原始风貌”，并能继续生长出正常的毛发。

【武汉市第三医院为罕见先天性黑毛巨痣症换皮】 背部到头部长满了黑皮毛，原是患有罕见先天性疾病“黑毛巨痣症”。2007年7月30日，湖北省天门市6岁男童李李在武汉市第三医院接受手术。

李李上半身到背部皮肤像大象皮，且黑皮上长满了毛，不仅如此，他的面部、右臂、前胸、腿腰等部位也都布满了大小十几个黑痣，有的呈点状，有的呈片状。

其母介绍，孩子出生时，全身就是这样，一直未作特殊处理。随着其生长发育，黑毛痣逐渐增大，在幼儿时，伙伴们很少和他一起玩耍，甚至有人称他为“怪物”。李李就要上小学了，其母担心孩子会受同学歧视，产生心理阴影，决定带他做整形手术。

武汉市第三医院整形美容科医生李帆称，李李患的是罕见的先天性黑毛巨痣症，要通过黑毛巨痣切除、自体组织移植手术治疗。但李李身上的“好皮”不多，一次手术只能换下一小块黑皮。2007年7月

30日，医生切除了李李颈部一半“黑皮”，并按相同形状从其腹部取出同厚皮片，移植到颈部缝合、加压、包扎。

李帆医生介绍，李李手术后，要度过10天左右的皮片成活关。第二次手术将根据其恢复情况来定，估计在三个月以后。要将全部黑皮换完，共需七八次手术，还得借助皮肤扩张器“催生”足够的健康皮肤。

【武汉市第三医院实施开颅放垫片面瘫“阴阳脸”患者恢复常人笑脸】 武昌区35岁靓丽少妇宋女士，9年前发病并无任何征兆，一夜之间就出现右侧面部痉挛，最怪异的表现就是频繁眨眼。她做过针灸、理疗，无奈效果不佳。面部痉挛的范围越来越大，见人说话就眼角抽动，笑起来嘴角歪斜，比哭还难看。两边脸明显不对称。后来宋女士开始接受肉毒素治疗。肉毒素治疗是一种美容手段，可以麻痹神经，消除皱纹。始料不及的是，肉毒素导致宋女士右半脸完全瘫痪，丧失表情如木板一般。

2007年12月17日，宋女士求治于武汉市第三医院。该院神经外科主任医师龚年春为宋女士施行开颅手术，并将一个特制的垫片包裹在面神经周围。龚主任说，搏动的血管就像小锤一样反复敲打神经，导致面神经功能亢进，而垫片就像绝缘胶布，隔离搏动的血管与神经，避免这两个“高压线”擦出“火花”。

宋女士经武汉市三医院手术后面部痉挛已康复。她高兴地说：“我很久都没有这样笑过了”。

【武汉市普爱医院心脏病急救通道实行“军事化管理”】 48岁的宋先生，住利济路，铁杆冬泳爱好者。2007年11月2日黄昏，他骑自行车时突感胸痛，8时许，他被送进武汉市普爱医院急诊科。值班大夫当即诊断为心肌梗塞。患者虽分文未交，医务人员仍立即上氧气、打点滴，并安排护士陪诊到病房。

刚从电梯进到病房走廊，宋先生频翻白眼，呼吸停止，病房大夫白玉鹏当即胸外按压。走廊成了抢救生命的战场。

宋先生所患为急性广泛前壁心肌梗塞，死亡率高达80%。9时30分，值班大夫启动了急救绿色通道，呼叫介入手术小组为宋先生手术。10分钟不到，院内大夫赶到，将宋先生转送手术室。20分钟，住汉口的胡立群副主任赶到，10时正，远在武昌的顾晔主任赶到，一个小时内，经过球囊扩张手术，宋先生阻塞血管再通，胸痛消失。

急救绿色通道成功救治的心梗患者不止一个，58岁的刘琴璋说：“要不是救得快，我肯定从阎王那里跑不脱”。

顾晔介绍：该科自2002年始就实行急救绿色通道机制，参照国际做法，他们对人员、程序实行军事化管理，一切行动分秒必争，心脏病会诊，相关人员10分钟到位；确需介入手术，手术小组30分钟到位。目前，该科配备两个手术小组，由顾晔、成忠、胡立群等3位专家领衔，共有8们医生组成。该科每年展开各类心脏介入手术千余台，其中，急诊介入手术60余台，危重心肌梗塞的成功救治率高达95%，与国际水平接轨。

【武汉市普爱医院为罕见“拐棒手”男孩实施手术成功】 2008年1月17日，武汉市普爱医院手外科成功为一名罕见先天性“拐棒手”的男孩杨杨手术。

杨杨的妈妈介绍，他们是潜江人。杨杨生下来后手就只有4根指头，而且向内，偏偏因家庭经济困难，一直没有给孩子治疗。现已9岁的杨杨机灵、懂事，总是习惯地把畸形的右手缩进袖子里，写字，做事都用健康的左手。

病区主任邢丹谋介绍，正常的手有两根骨头支撑，即桡骨和尺骨，桡骨承担80%的支撑任务，但杨杨天生没有桡骨，导致手向内呈90度以上的侧偏。“拐棒手”在医学上也叫先天性侧缺如，发病率是10万分之一，它是由于母亲怀孕6周内因化学物中毒、遭辐射或病毒感染而导致。手术中，将杨杨的尺骨移到4根指头的中间、让手变得好看一些，并恢复了部分功能。

【武汉市普爱医院让不能动的肩膀手术后活动自如】 小秦小时候，父母就发现他身上长了几个异常的肿块，大多在关节附近。5岁时曾在本地医院做过手术，切除了肿块。但随着年龄增长，那些肿块又长了出来，并越长越大，其中两个最大的将右肩和左膝关节顶得无法活动。

2008年2月18日，20岁的小秦在武汉市普爱医院接受了手术，骨科医院将这两个大肉砣摘除。20天后小秦的右肩可以自如地活动了。

该科李鹏主任介绍，小秦所患的是罕见的遗传性骨软骨骨瘤，是良性骨肿瘤之一，表现为一个异常突起的肿块，无痛，只有在重要关节附近较大的肿块会压迫肌肉、肌腱、神经，产生酸涨、疼痛等不适症状。而小秦被查出来的骨瘤多达数十个，从核桃大小到鸡蛋大小不等，形如蘑菇、屋顶、鸡蛋状。遍布全身，在医学上实属罕见。

【武汉市普爱医院拔牙控制糖尿病】 汉口邱女士今年59岁，患糖尿病已6年。她一直按医嘱用药，但效果不明显，空腹血糖值长期高居10毫摩尔/升，而正常值应在6毫魔尔/升以内。

2008年2月，邱女士听病友说拔牙能控制糖尿病，遂到武汉市普爱医院拔掉两颗时常发炎肿痛的病牙。不久她发现，用药品种、剂量不变，但血糖值真的降到正常植，至今已月余。

广州军区武汉总医院内分泌科主任向光大说，像邱女士这种情形临床很常见，一般经口腔治疗后患者血糖均会明显下降。

湖北省口腔医院牙周科曹正国副教授说，口腔中细菌繁多，一旦进入血液阻碍胰岛素与体内细胞结合，导致血糖升高，而高血糖会导致口腔微血管病变，增加糖尿病患者口腔疾病的向率。

【武汉市六医院成功切除罕见巨大卵巢瘤】 2007年4月18日，武汉市第六医院 做过多例腹部大型肿瘤切除术的主任医师邵永胜被一位患腹部肿瘤的病人“吓”得倒退一步。

患者陈环香，今年39岁，家住黄陂武湖农场。8年前，陈环香腰身开始变粗，已如孕妇。丈夫带她到阳逻医院就诊，医生诊断为良性卵巢瘤，但因太大需要住院治疗。因检查已花完家中仅存的千元积蓄，只得带妻子回家。2006年8月，黄陂区中医院彭建明院长下乡义诊时，发现陈环香的瘤子大到可以平放一只碗，此时，她已丧失自理能力。16岁的女儿不得不辍学照顾母亲。

彭建明院长将陈环香接到中医院，检查发现她内脏被肿瘤压得移了位，如不及时手术，会危及生命。因病情严重，彭院长决定将她转往武汉市第六医院。检查发现，其身高只有151厘米，但体重已达89公斤。

4月21日，该院普外科张应天、彭开勤、邵永胜三代医疗骨干和妇产科专家一起花了5个多小时，为陈环香成功切除了卵巢瘤，术后发现囊体和囊液共有40公斤，所幸是良性。

考虑到陈家的实际困难，医院医务人员、物业员工为其捐款1.2万余元。

【武汉市妇女儿童医疗保健中心为出生9天婴儿实施心脏手术刷新湖北省先天性心脏病手术年龄最小纪录】 李毛毛，4月19日在武汉市妇女儿童医疗保健中心足月剖腹产降生，体重3.2千克。两天后，医生发现其嘴唇、指甲发紫，心脏彩超显示其“心脏大动脉转位”。这是一种复杂的先天性心脏病，本该与左心室相连接的主动脉，与右心室相连接的肺动脉，互相换了位置，错误地履行着职能，导致正常的血液循环受限和机体缺氧。如果得不到及时救治，一个月内的自然死亡率高达80%。为挽救李毛毛的生命，唯一的办法就是为他实施大动脉调转矫正手术。但手术也有巨大风险，李毛毛心脏只有鸭蛋大小，非常娇嫩，错位的血管直径也只有9毫米，稍有不慎，手术就会失败。在与死神的赛跑中，该院的专家们决定冒险一搏。2007年4月28日上午9时，刚出生9天的李毛毛被推进手术室。麻醉、手术到术后心功能辅助治疗，历时7个小时。

术中，患儿心脏跳动，是医生面临的难题。为了避免手术刀对心脏其他血管的破坏，医生决定让心脏暂停跳，切断血供，用体外循环机代替心脏进行血液循环。

由于心脏的缺血极限时间为1小时，术中，医生飞快地切下错位的两条大血管连同冠状动脉，并移植到正常位置、缝合4个吻合口，重建2根大动脉，在1小时内完成了手术的核心部分。术后三天，李毛毛就脱离了呼吸机，自主呼吸。在其后的1个多月里，李毛毛顺利闯过感染关，出血关，生命体征稳定，嘴唇、手指恢复红润。

2007年1月，协和医院心外科医生为1名出生仅14天的患儿成功实施了这一手术。临床资料显示，14天是这种疾病的一道技术门槛，超过14天再进行手术，畸形可能造成无以逆转的伤害。如果错过最佳手术期，小孩的生命最多维持3个月。

据资料显示，此前这种手术在武汉有多家医院开展过，只是患者年龄没有这么小，在协和医院，日前已成功实施9例大动脉调转手术。武汉市儿童医院两年曾做过几例。但通常的情况是，此类手术能够公之于众的，基本上是医院认为术后存活把握较大的。换言之，此类高难度手术的成功率并不高，部分患儿没能顺利走出手术室，而手术成功后，也有患儿没能顺利存活。

【武汉市儿童医院医生妙手摘除湖北省新生儿最大体外肿瘤】 李毛毛于2007年7月19日在蔡甸区妇幼保健院出生，出生即发现他右耳根至右肩有一巨大包块，因肿瘤面积巨大，需拨开才能看到孩子的肩膀和手臂。其父亲当天就抱着儿子赶往武汉市儿童医院，经检查为巨大颈肩部淋巴管瘤。拍片显示，孩子的气管被挤向左前移2厘米，已出现间断呼吸困难。如不及时手术，毛毛将有生命危险。

23日上午，外科医生切开肿瘤，其内盘踞着几十个葡萄状囊性小肿瘤，手术难度陡然增加。经两个多小时的摸索，终于找准了最关键的颈动脉鞘，开始分离肿瘤。5个小时后，手术顺利完成，分离出的肿瘤重达1公斤。

医生说，摘除的肿瘤是目前湖北省新生儿中最大的体外肿瘤。

【武汉市儿童医院采用“色谱法”代替传统荧光偏振免疫法治疗白血病患儿，四个疗程少用两千元】

10岁的点点家庭贫困，2006年他被诊断为急性淋巴细胞白血病，住进市儿童医院，在治疗中要靠甲氨蝶呤预防髓外白血病。因该药系细胞毒药物，副作用较大，临床上需要在血药浓度监测的条件下使用。

鉴于患儿家里经济情况，该院建议选择固相萃取高效液相色谱法（SPE－HPLC）测定甲氨蝶呤血药浓度。每次检验费只需80元，一个疗程三次，四个疗程计算，共花费用不到一千元。而目前国内普遍使用的荧光偏振免疫法（PPIA），每次检验价格是色谱法的三倍，四个疗程花费近三千元，可为患者少花2 000元。该法不仅花钱少，其准确率高达90%，尽管荧光偏免疫法灵敏度高，但在准确性上略逊一筹。

该院现以累计对10余位白血病患儿进行了40多例次检测，因价廉物美受到临床医生和患者家属的欢迎。

【罕见！8岁女孩头发眉毛睫毛全掉光】 小雨是咸宁人，随在汉搞建筑的父母住在武汉。母亲熊女士说，小雨刚出生时皮肤白皙头发浓密，像个洋娃娃。5岁时头发莫明其妙地成片脱落，随后在两个月内，所有的头发、眉毛、睫毛及身上的汗毛全部掉光。

三年里，为治好小雨的“脱毛病”，父母带她四处求医问药，几乎看遍武汉各大医院的皮肤科，吃了几十斤中药，甚至试过一些成分不明的偏方和药水，仍不见效。很多医院都表示，小雨的病可能是“世界难题”。

如今，小雨的姐姐已是长发飘飘，她却一年四季戴帽子掩饰光头。孩子渐渐长大了，知道光头不好看，常一个人不开心，做父母的也跟着流泪。

除掉毛外，小雨无其它病症或身体不适。据武汉市儿童医院内分泌科陈寿康主任介绍，小雨患了一种十罕见的“少毛症”，目前几乎查不到类似病症的治疗资料。该院已排除小雨患先天性疾病的可能，目前正为她进行性腺素、骨骼、甲状腺素、染色体等检查，希望能找到病因，对症下药。8月17日检查结果显示：女孩的脱发、掉毛，与“生长激素神经内分泌失调症”及“佝偻病”有很大关系。陈寿康主任说，由于缺乏相似临床经验，目前只能针对查出的疾病作对症治疗。所幸女孩头上的毛囊还在，且有稀小绒毛，有望重新长出头发。

【21岁大姑娘夜夜尿床，怪！】 21岁的小梅生在湖北省内一个小山村，人小尿床，一晚上要尿两三次，裤子从来都是湿的，夏天大腿根部总是红肿发炎。冬天常因此感冒。小孩子尿床难免，她的父母并不认为这是病，从未带她上医院求治。可长大后，小梅还是尿床，父母有时生气，认为是小梅犯懒，晚上不愿起来上厕所。可无论父母怎样说她，这个毛病还是跟随着小梅一起长大。她总是一大清早趁大家还没起床时，把被褥拿出去晾晒，晚上再偷偷拿回来。当小梅父母意识到可能是病，打算带她看病时，小梅已是大姑娘了，非常忌讳这件事，不仅不肯看病，家人稍有提及就把自己反锁进房间以示抗议。

2006年，小梅离家到深圳打工，住集体宿舍，尿床的隐疾让她抬不起头来，十分担心被人发现遭嘲笑，不得已，她申请上夜班，因白天睡觉环境嘈杂容易惊醒，尿床频率大大减少。但长期昼夜颠倒小梅神悴，性格也越来越内向。父母得知小梅如此情形，强行把她带到武汉市儿童肾病内科，经检查，小梅属于原发性尿床，属于抗逆尿激素水平不高。栾江威主任为她药物治疗，并指导其母帮助训练，即每晚定时两次唤醒排尿。三个月后，小梅复诊时高兴地说，现在已能自行起夜，床褥终于干净了。

【武汉市妇女儿童保健中心医治罕见中耳结核】

六个月大的孩子从出生两个月开始，右耳便经常渗水流脓，到武汉市儿童医院一查，他患上了罕见的中耳结核。

张毛毛是湖北襄樊人，在耳朵中出现异样后到当地医院检查，诊断为化脓性中耳炎，可治疗几个月后，依然没有好转，这才来到武汉市儿童医院求诊。医生首先行CT耳部扫描，结果在耳部鼓室乳头内发现软组织块影，有散在钙化，骨质明显破坏，静脉增强扫描，病灶周围有明显环状强化。

根据这个表现，该院耳鼻喉科徐忠强主任、呼吸内科董宗祁主任、影像科邵剑波主任医师等专门会诊研究，认为可能是肉芽肿或胆脂瘤，决定立即手术治疗。然而，在进行CT扫描的同时，医生们又有一个重要的意外发现：孩子的双侧颈部淋巴结有广泛钙化存在，而导致婴儿颈部淋巴结钙化的最大可能性是结核病。带着这个问题,医生们继续对肺进行扫描。没想到发现毛毛的肺部果然有结核性空洞形成。

专家讨论后认为,毛毛的病情疑是结核菌感染。但经结核菌试验及耳分泌物培养,又都排除了结核感染的可能性 。因此,对张毛毛的诊断再次陷入困境。经讨论,一致认为手术必做,且不容迟缓。术中,医生从毛毛耳中取出中耳乳突腔包块,约成人拇指盖大小。经过病理分析,确定为结核性肉芽肿。

邵剑波主任医师说,结核杆菌在肺部很常见,长到耳朵里却十分罕见。中耳结核病例目前世界上有文献报道的仅 9 例。可能张毛毛在母体内感染了先天性肺结核,后经淋巴结转移到中耳腔,从而引起中耳结核。该病若不及时医治,发展下去可引起听力丧失,颅内感染,形成结核性脑膜炎或脑炎,可危及生命。

【武汉市妇女儿童保健中心为 3 岁男孩切除腹中胎】

三岁男孩源源,从 2006 年开始"长肚子"并常常伴有腹痛。据妈妈说,早在源源出生时,肚子就比其它孩子大,不管吃没吃饭肚子总是鼓鼓的,而且其食欲总是不好,虽然看上去还算健康,但身高体重却比同龄儿童差一大截。

源源的肚子越长越大,越长越快,其父母带着他到武汉市儿童医院检查时,其腹部突起已相当明显,呈长椭圆形。到儿童保健科检查,医生说源源营养不良,开了一些药,但孩子吃后营养状况没见好转,肚子却依然一日日见长。医生建议做 CT 及核磁共振检查,初步定其腹部包块是一个寄生胎。要求立即手术取出。

术中,医生从其腹腔内取出一个直径达 11 厘米的肿块,肿块内含有脂肪、毛发、长管状骨和脐带结构,确实是一个寄生胎。切除寄生胎后,源源的食欲大增,脸色也渐渐红润起来。各项体征已开始追上正常孩子。

【南京毛毛鱼骨卡喉千里求医来武汉】 半月前,毛毛的母亲张女士用鳝鱼汤下面给儿子吃,随后孩子即出现呛咳、憋气等症状。家人慌忙将孩子抱到当地一家大医院,经查为鱼刺入喉,且已深入到肺右中叶的亚段支气管。因毛毛太小,该位置气管直径仅 2 毫米,两次支气管镜手术均未取出鱼刺。此时,孩子肺部感染加重,憋气时间越来越长。张女士万般无奈之际,求助于网络,最终选择到武汉"救命"。2007 年 7 月 22 日,毛毛在父母、奶奶、外婆的护送下,住进了武汉市儿童医院 。

因患儿病情危重,徐志强、王智楠两位主任用支气管镜 + 潜窥镜找到鱼骨藏处,再用直径一毫米的支气管钳慢慢夹出"元凶",果然是块长约 0.5 厘米的鳝鱼骨。

【六年躲"风"度日谁是罪魁祸首】

2000 年的一天,张先生在单位上班,突然头昏,肚子疼,以为早上吃了不卫生的东西而引起的胃痛,加上以前有过胃病史,就没有放在心上。可是从这以后,这种情况时有发生而且越来越严重。晚上肚子疼得会让他睡不着觉,半夜感到胃胀,全身冷得发抖。张先生以为是胃病复发,就去买了些胃药吃,但效果不佳。更为严重是他开始怕吹风,只要稍被风吹就会感冒。从此以后,他家里的门窗再也没有打开过,即使是炎热的夏天,也不能被风吹,空调更是不敢打开,到单位上班也要关门关窗,同事们为此很不理解。可稍有不慎一旦发病,他身上就会感到异常寒冷,盖上被子身上的汗不停住外流,身体内部却冷得发抖,这种感觉让张先生万分痛苦。

在家人和亲戚的帮助下,他开始四处求医。六年中到过北京、武汉大大小小几十家医院,但没有哪家医院能根除此病。有的医院专家认为是阴阳两虚,有的专家则认为是脾肾两虚,有的专家则认为是与其胃病迁延不愈,后天摄取不足,抵抗力差有关。但无论是什么病,吃过多少药,张先生仍然是稍见风吹就感冒。这几年来,张先生一直都很注意饮食规律,很少吃对胃有刺激的东西,也很注意营养,但怕风的毛病始终无法根治。为了能像正常人一样,张先生仍在四处求医。

武汉市中医医院荣辉主任说,张先生所犯疾病西医很难明确诊断,按中医辨证属阴阳不和,开合失度,一开始可能受凉,抑制了体内的阳气运行,正如《黄帝内经》说:"人生有形,不离阴阳"。即正常的生理活动,全依靠人体内的"阳气"和"阴精"保持协调,如果阴阳失调,发生阴阳偏盛偏衰现象,就会生病。针对此病,治疗首先要分清阴阳,可采用中医经方调理阴阳,从而使张先生体内阳气运行顺畅,达到开合有度。

【武汉市中医医院确诊强直性脊柱炎阻止脚疼盲目补钙险些延误致残】

20 岁的张某,来自湖北随州,现在武昌一家汽车修理厂做学徒工。三年前,在随州上中学时就感到脚疼,仿佛是从骨头里钻出来的疼痛。家里的老人说这是孩子长得快,营养不够,多喝点骨头汤,补钙补足了,就不会痛了。于是家里人时常给他炖骨头汤,又担心仅靠喝骨头汤不够，就又给他买了口服钙等服用。数月后，他的脚疼不仅没见好转，还越来越厉害，在家人的陪同下，来到当地医院，医生诊断说是风湿病，开了药按医生批示连续吃了一段时间，还是不见好转。2006年6月，疼痛开始发展到背部，而且越来越疼，在当地几家医院治疗，效果都不是很好，最后在姐姐的陪同下来到武汉市中医医院，经过系统的检查分析，确诊为强直性脊柱炎。

武汉市中医院向诗余主任医师说，强直性脊柱炎是青少年常见的慢性致残性风湿性疾病，该病变常自骶髂关节开始，逐渐向上蔓延到脊柱及脊旁组织，最后引起超脊柱强直。该病首发症状变化较多，表现复杂，故早期诊断较困难，常因误诊而延误最佳治疗时间，晚期出现脊柱强直、关节畸形后则病情无法逆转。因此早期诊断、早期正确合理治疗，是遏制病情，降低致残率，提高生活质量的关键。

张某的病因查出后，经武汉市中医院的精心治疗，现在看来健康强壮的他，在几年前差点因为延误治疗而致残。

【武汉市中医院小针刀当手术刀5分钟解决颈肩腰腿痛】 今年50岁的老张，年轻时在山区插队不小心扭伤后脚跟，与疼痛相伴已有20年。回城后，老张一直忙于工作无暇治疗。2007年4月爬楼，他不小心摔成骨折住院，武汉市中医院医生使用小针刀三次治疗后，20多年的脚后跟痛也开始好转。

该院骨科主任董晓俊介绍，骨质增生、肩周炎、腱鞘、腰椎间盘突出，慢性腰肌劳损、坐骨神经痛等疾病，一直被公认为是中老年人的常见病、多发病。临床证实，使用小针刀治疗劳损类的顽固性疼痛效果显著。

小针刀是种形如针灸的针，直径仅0.8毫米，前端平口带刃的新型医疗器具。它整合了针灸和手术刀两器械的优势，无痛进入病损组织，是种闭合性的微创手术。小针刀治疗创口小，手术时间短，花费也不贵。不过，该手术要求医生熟悉人体解剖结构，对病情了如指掌。小针刀运用娴熟的医生，完成整个手术一般仅需5分钟。

【被疯狗咬成重伤成功度过危险期四岁女童创生命奇迹】 2007年3月31日，蔡甸区女孩幸幸家养的土狗失踪一周后归来，喜出望外的幸幸上前拥抱，不料土狗猛然发起攻击，将其后脑、耳下、颈部及双肩多处撕咬致重伤。家人迅速将其送至武汉市疾控中心。检查发现，幸幸全身有30多处深度咬伤，后脑一处伤口竟有嘴巴大小，已伤至头骨骨膜。经实验室分析发现，这只土狗在失踪期间染上狂犬病，咬人时正处发病期。这意味着幸幸已被感染狂犬病毒，一旦发作死亡率几乎百分之百。医务人员当即对她进行伤口清洗、消毒，注射血清和狂犬病疫苗。4月1日，幸幸被送往武汉市儿童医院接受外科缝合手术，后到武汉市传染病医院隔离治疗，4月14日出院。4月28日是幸幸被感染的第28天，医生为其注射了第八针疫苗，观察发现她成功度过危险期。第90天时还将注射加强疫苗。

武汉市疾病预防控制中心狂犬病诊疗咨询组组长朱政纲介绍，即使不感染狂犬病病毒，幸幸外伤之重，失血之多，也会导致其生命垂危，出现在幸幸身上的生命奇迹，主要是对伤口进行了及时正确的处理。他提醒，有些人被狗咬伤后，抱着侥幸心理，不愿注射狂犬病疫苗，非常危险。还有人持“超过24小时接种狂犬病疫苗无效”的观点，也十分错误。只要在发病期前，狂犬病疫苗接种越早越好。

一旦被狗、猫等动物咬伤，首先用20%的肥皂水清洗伤口，再用清水冲洗伤口20分钟以上，之后，立即到疾控中心，请医生用酒精、碘酒对伤口消毒处理，注射血清和狂犬病疫苗。

【六旬婆婆12年眼角膜移植22次，罕见！】 武汉市歌舞剧院60岁的孙老师，她13岁时就投身乐器艺术，酷爱弹琵琶，一直是剧院的骨干。然而1995年，她突发全身瘙痒，随后视力开始模糊，到医院检查，诊断为蚕食性角膜溃疡，即自身细胞像蚕食桑叶那样逐渐吞噬眼角膜，使其越来越薄，如不及时移植将会失明。经角膜移植后，却因自身免疫系统问题，总出现排斥反应，溃疡时常复发，最多的一年竟换了3次角膜。到2007年12月初，她受了第22次移植角膜，12年来花费近20万元。据资料检索，孙老师在武汉属第一位眼角膜移植最多者。在全国患此病的仅三人，被专家称为“蚕食三姐妹”，孙老师的移植次数仅次于福建一位50多次角膜移植的患者。

尽管如此，乐观的孙老师仍坚持琵琶弹奏，培养了多位省、市知名的艺术人才。“面对现实过好每一天”。在冬日暖阳下，一曲悠扬婉转的《春江花月夜》，谁会料到演奏者竟是一位眼睛近乎失明的婆婆，还曾角膜移植22次。

【武汉市第五医院降生体重6公斤男婴】 2007年10月16日上午8时45分，一名体重6公斤的男婴在武汉市第五医院妇产科剖腹诞生，引来众人惊叹。

产妇吴女士今年27岁，汉阳人，体重79.5公斤，腹围115CM（正常是40CM以内）剖腹产中手术进行很顺利，胎儿过大产后出血不严重。婴儿出生后检查，有轻微低血糖，治疗后，各方面体征稳定。

经检索，湖北省新生儿体重排第一的是2007年9月1日十堰市房县一农妇生下的6.2公斤重女婴，第二例为9月4日在湖北省中山医院出生的6.01公斤重女婴。武汉市第五医院于10月16日出生的为6.1公斤重男婴，属湖北省最胖男宝宝。

【武汉市第七医院为九旬太婆“换骨”成功】 2008年3月初，武昌中南路身体健朗的夏太婆不慎摔伤。家人赶紧将她送到附近的市七医院，诊断为左侧股骨骨折。她不能站起来，只能靠轮椅生活，生活不能自理。太婆给医生和家人说：想站起来，不能就这样坐在轮椅上！

医生说，要站起来就一定得做手术，考虑到老人手术切口可能长达15公分，万一术中出血量大，加重心肌缺血，将导致休克、死亡。抱着一线希望，家人还是选择了手术。3月12日，该院骨外科金建平主任等成功地为夏太婆实施了人工股骨头置换。

【广州军区武汉总医院为7个月大男婴大动脉血管错位“正本清源”】

经婴儿父母介绍，三个月前，发现其口唇和四肢发绀，呼吸困难，遂带他到协和医院检查，诊断为复杂先天性心脏病，完全性大动脉转位。2007年8月7日，住进广州军区武汉总医院心胸外科。23日上午10时，该科殷桂林教授为其手术：打开胸腔，重新调换大血管位置，并形成新的肺动脉根部，修补房缺和室缺。

王荣平副主任医师介绍，患儿的大血管完全错位，主动脉与肺动脉之间调换了位置，少见且凶险。他解释说，由于大动脉血管错位，导致本应正常的血液循环不能完成，主动脉与肺动脉各自形成自己的循环，导致全身得不到氧气供应，但因存在房缺和室缺，使患儿在短时间内可以生存，但时间稍长就会因缺氧而死。

【广州军区总医院切除长在右心室中鸡蛋大肿瘤】

19岁小廖是罗田县人，上月刚刚参加完高考，已被西安某高校录取的他却高兴不起来。原来，2007年4月高考体检时，他被查出心脏异常。经心脏彩超显示：右心室上长了颗瘤子，而且有鸡蛋那么大。

7月18日上午，广州军区武汉总医院心胸外科主任殷桂林为其进行手术。开腹后，医生发现：患者右心室前壁离肺动脉很近的位置，有一坚硬包块，生长在心脏肌肉里，部分向外突出，部分向右心室流出道突出，导致右心室流出部分梗阻。

医生沿着右心室肿瘤包膜外，完整切除肿瘤，再用人造血管修补好右心室缺损。术后患者恢复良好。

殷桂林介绍，一般来讲，心脏肿瘤多长在心房部位，像小廖这样，长在右心室的大肿瘤十分罕见。若不及时做手术，肿瘤进一步长大，可能将患者活活憋死。

【广州军区武汉总医院87岁老奶奶患卵巢肿瘤签字手术挑战极限】

2008年春节，章奶奶从湖北公安来汉与孙子同住，2月16日，她开始下腹坠胀，吃饭无味，经广州军区武汉总医院妇产科确诊为卵巢肿瘤。出生于1921年的章奶奶曾受过小学教育，性格开朗。询问得知手术可以缓解病痛，便毅然在手术同意书上签字。

如此高龄的老人，还合并有高血压性血管硬化，血吸虫性肝病，手术风险可想而知。该院为此召集妇产科、心血管内科、呼吸内科、感染内科等7个科室的专家参加了会诊。

2月21日至3月初，章奶奶先后接受两次手术和一次化疗，效果很好。3月13日康复出院。

【广州军区武汉总医院诊治一恶性葡萄胎转移到两肺和大脑患者】

15岁的少女兰兰，来自鄂州，2007年下半年孤身一人去南方生活。2008年2月4日，她突然出现咳嗽、发烧症状，经广州军区武汉总医院检查后按“肺炎”收治入院治疗。后医生发现兰兰腹部隆起如同怀孕，但她矢口否认有过异性接触。

抽血和B超检查，最终确认兰兰怀孕，医生进一步发现，其所患的是恶性葡萄胎，而且所谓的“肺炎”，其实是葡萄胎转移。在兰兰的大脑，医生也发现了葡萄胎的转移病灶。

该院妇产科谢守珍主任，为兰兰摘除了葡萄胎，保留了子宫。同时，医院还采取了介入栓塞及化疗手段，控制其病情。目前病情得到缓解，饮食正常。

专家介绍，我国1 000多年的医学典籍里即对葡萄胎有记载。按现代医学观点，葡萄胎与怀孕高度相关，像兰兰这样年龄首次怀孕就发生恶性葡萄胎，又转移到双肺和大脑，威胁生命，发病率为百万分之一，是极为罕见的。

【女青年诞下男婴茫然不知自己怀孕】 21岁女青年文某，就读于武汉某高校，2008年4月1日晚6

时,因下腹持续疼痛被送到广州军区武汉总医院急诊。当时她的腹部已如临产孕妇,但文某称自己刚来过例假并非怀孕。医生遂怀疑其腹腔有巨大包块,后经B超检查,竟发现腹内有一胎儿,当即将她转入妇产科,11小时后诞下一2 600克健康男婴。

文某说,每月的例假很正常,自己判断没怀孕。当出现妊娠反应时,她还以为是胃部不适,自行买药服用。

该院妇产科医生陈滢说,其实文某孕期出血并非例假,而是孕初期时囊胚未占满子宫,子宫膜仍可受激素影响出血。此现象在怀孕一个月出现,像文某这样持续整个孕期,实属罕见。

【解放军161中心医院成功为六旬患者摘除巨大胆结石】 64岁的向先生家住新洲,前年11月向先生被查出胆管有小结石,当时吃药止住了疼痛。2007年清明节,老毛病又犯了,怎么吃药都不管用,他来到解放军161中心医院,医生检查发现,胆囊肿大,内有结石。6月22日,该院普外科主治医师詹刚为其做了腹腔镜胆囊切除术,结果大吃一惊,“做了14年外科手术,头一次看到这么大的胆结石!’这枚石头呈椭圆形,通体墨绿色,有少量黄褐色斑,长约七八厘米,高约4厘米,比普通鸭蛋还要大。

胆结石为何这么大?医生分析,向先生体质较好,抵抗力强,结石小时,对其引起的疼痛并不在意,时间一长,结石就越长越大了。

【解放军457医院开颅治疗精神病成为湖北省首例】 胡某家住红安农村,1989年毕业于南开大学电子专业,1992年,胡某不幸染上狂躁性精神病。2006年12月,胡某在空军457医院接受免费手术,成为湖北省首例开颅手术治疗精神病的患者。近一年来,胡某在家休养,待人接物与常人无异。2007年11月20日,胡某重返医院,与医生护士欢度康复后的第一个生日。

空军457医院神经外科主任潘平称,胡某康复状况良好,复发可能性很少。

【解放军457医院立体定向微创手术治疗顽固癫痫】 家住黄陂的吴女士,今年54岁,24岁时患上癫痫,一直四处求医,多年来服药用去了20多万元,病情始终未得控制,平均每周发生四肢抽搐2-3次。2007年1月,吴女士灌开水时突然发病,导致其面部、颈部及胸部大面积烫伤。

3月,吴女士来到解放军457医院接受立体定向微创手术,术后第九天出院,此后两个月一直没有发病。

该院神经外科主任何绍伟介绍,立体定向微创手术,在癫痫患者头部切开两道3厘米长的“窗户”,用直径约一毫米的针状手术刀,在立体定向仪精确定位下,切断癫痫病灶放电的传导通路,达到治疗目的。

该手术适合发病原因不明,药物治疗效果不佳的顽固性癫痫患者。该院已做这种手术20多例,控制率达到90%。但必须注意,心脏、肝肾功能不好的癫痫患者,最好不要做这种手术。

【湖北省武警总医院为“握拳”17载患者松手】 小蔡今年18岁,1岁时右手不小心被火烧伤,由于条件所限,当时只做了简单的清创处理,不料竟留下了后遗症:右手手指处逐渐出现瘢痕增生,并慢慢蜷缩在一起,就像握着拳头一样。这种病在医学上被称为“右手指屈曲挛缩畸形”。从小到大,小蔡对此一直非常自卑。

小蔡即将成年,家人决定为其做矫形手术。经省武警总医院骨科检查诊断:其右手五指全部屈曲挛缩,五指固定伸直存在皮肤缺损。需要游离植皮。

2007年7月17日上午,该院骨科副主任彭聚胜,先切开患者的手部皮肤和皮下组织,完全松开皮肤及皮下挛缩瘢痕、关节囊,再依次松开五指,用1.5MM粗钢针从其指端沿手指纵轴钻入至掌骨。最后,取下左大腿前侧皮片,移植右手各指掌侧及虎口皮肤缺损区,用石膏托将右手前臂固定。彭聚胜介绍,一个月后患者可拆除钢针,进行手部功能锻炼。恢复后的右手,手指可完全张开,基本能够活动自如。

【长航总医院在2毫米安全间隙里做脑瘤手术】 2007年11月9日深夜,家住后湖的71岁王太婆突然昏迷,口吐白沫,被家人紧急送往长航总医院,CT检查,原来大脑深部长了个苹果大小的肿瘤。4天后,王老太被推进手术室,主刀医生姜中利副教授在显微镜下,小心地在密集的神经和血管中穿行,一点一点地将肿瘤掰碎成米粒大小,再取出,3个多小时才将苹果大小的肿瘤完全搬了出来。

71岁高龄做手术,术后面临两个巨大风险,一是手术中损伤了神经,造成术后肢体和器官功能丧失;二是术后恢复不好长期卧床。卧床久了更可怕的心脑肺并发症会出现,如脑梗塞、静脉血栓等。王太婆术后没有任何神经受损的症状,也没有因卧床而导致的并发症,术后两周出院。

【武汉亚洲心脏病医院提出“家长追求近期效果让多数法氏四联症患儿成人后接受二次手术”不可取】

法氏四联症是复杂先心病的一种。2008小儿复杂先天性心脏病国际研讨会上，武汉亚洲心脏病医院外科主任陶凉痛心地谈起了在治疗过程的一种现象：一种手术近期效果会比较差，后期却不用再做二次手术；一种手术近期效果好，但孩子成年后还要做第二次手术，医生趋向于前者，但绝大部分患儿家长选择了后者。

陶凉介绍，手术中要使狭窄的输出道变宽，一是直接将输出道剪开一些，然后让患者的血流慢慢将输出道冲宽；另一种方法是直接在输出道上用人工材料补一块，直接加宽输出道。前一种手术症状重，恢复过程也较长，但不要再次手术；后一种方法，患儿术后恢复快，但10年、20年后由于人工材料钙化，患者必须接受风险更大、费用更高的第二次手术。陶凉说，患者家属认为花钱看病就要立马见效，绝大多数选择了后者。据悉：我国新生儿先心病发病率为8－10‰，其中法氏四联症在内的复杂先心为30%。

【武汉亚洲心脏病医院实施大动脉转换术获成功】 2007年4月初，武汉亚洲心脏病医院在全国首次采用大动脉转换术成功治疗了一例复杂先天性心脏病——伴远离大动脉室间隔缺损的右室双出口，据悉，国内尚无此类病例报导。

不到一岁半的女孩小瑛患有非常复杂的先天性心脏病：右室双出口、远离大动脉的室间隔缺损。据该院小儿心脏外科主任孙善权介绍，右室双出口是一种较少见的复杂畸形，此外小患者还伴有远离两条大动脉室间隔缺损。且为限制性小室间隔缺损以及二尖瓣膜骑跨。由于解剖畸形严重，此类疾病的外科治疗是目前国际上先心病公认的手术难点，患此病的患者极少能存活到成年，早期外科手术是其唯一的治疗选择。

孙善权主任经过缜密设计，决定为该患儿实施目前学术界公认为有最佳远期效果的大动脉转换手术。该手术首先扩大室间隔缺损，将左心室通过室间隔缺损连到肺动脉瓣；然后将主动脉和肺动脉互相调换，达到正常血液循环的目的。经过十几位医务人员的共同努力，历时近6小时，手术成功结束。

【武汉亚洲心脏病医院成功实施新生儿大动脉调转手术】 2008年4月20日，在九江市妇幼保健院出生的婴儿，出现呼吸微弱，全身青紫。该院初步判断为复杂先天性心脏病，连夜将他送到武汉亚洲心脏病医院。检查发现，祝毛毛的肺动脉和主动脉长反了位置，导致互相串通的两套心肺循环系统互不往来，心脏和全身都处于缺氧状态，必须尽快手术。心外科主任陶凉先从他鸽子蛋大小的心脏上切下主动脉与肺动脉，重归原位，再在筷子粗的主动脉上种植仅1.5毫米的冠状动脉。手术费时4个多小时，在鸽子蛋大的心脏上飞针走线，终获成功。

6月3日，毛毛的小脸与健康小儿无异。据介绍，这是湖北省首例新生儿大动脉调转手术。

【武汉亚洲心脏病医院接诊21岁心梗患者】 2007年4月17日傍晚，在校大学生张某，与往常一样到操场上打蓝球，没打多久，出现了大汗淋漓，胸痛难忍等症状，同学们立即把他送到离校邻近的武汉市第九医院。做过心电图后，接诊医生怀疑他是急性心肌炎或者是主动脉夹层，迅速将他转到亚洲心脏病医院。经心脏彩超检查显示，其心脏上的供应心肌的三根大血管有一根被堵住，造成那根血管辖前壁广泛梗死。张某被紧急送进手术室，医生们先用球囊扩开被堵住的血管，再用两根支架将其撑住。

心脏遭受如此重创后，张某再也不能从事包括打篮球在内的剧烈运动了。该院院长朱国英教授说，年轻人患心梗非常罕见，张某是她行医数十年来碰到的第二例。朱院长说，身高1.87米的张某，体重105公斤，二年的抽烟史，是他过早患上心肌梗死的两个关键因素。

【武汉艾格眼科医院刘保松三分钟摘除白内障】 2006年，一位60多岁的老爹患心脏病和白内障。几家医院都说，要做白内障手术，先装起博器。老爹爹来到武汉艾格眼科医院找到刘保松院长，刘院长说，如果你能蒙紧被子睡三分钟，便可做手术。老人家第二天找到刘保松说，我在被子里憋了4分钟，还能憋。

老人上了手术台，安全复明。3分钟左右完成一例白内障超声乳化＋人工晶体植入术，这是刘保松创造的纪录。至今，他已经开展4万余例手术。对于患有多年白内障，硬核较大的患者以及合并有青光眼等的复杂病例，这种手术方案的设计就更显功力。因为过硬的核，若强行用超声乳化来做，对周围组织损伤大。三分钟手术代表的是手术的高度熟练。

白内障手术传统的方法是从眼球外膜割开的小口里，取了整块的白内障病变晶体，耗时太长。刘保松说，为缩短手术时间，他查阅了许多资料。他的三分钟白内障摘除术，是用他自创的“功法”创造出来的，取名为“针尖劈核术”。手术时间缩短，对患者安全，损失小，并扩大了白内障手术应用范围。他使用的器械是特制的，一根长30毫米带钩的针，从眼膜切口伸入眼膜内，刷刷几下，便将病变晶体撕得支离破碎。特别针每切割一刀，力度必须恰到好处。如果医生用力不均或者病从眼球有波动，极易产生不良影响。为练成操针绝技，他在猪眼上苦练，常常4点钟起床，跑步到屠宰场买猪眼，进行刻苦练习。

【武汉爱尔医院成功取出嵌入眼球中鹌鹑蛋大的石块】 今年35岁的冯师傅来自荆州，在青山一工地打工。2007年6月17日吃过晚饭后，冯师傅在工地散步，此时挖掘机正轰鸣着将长臂伸向一处石块泥土混合地，挖掘机的长臂沿未抬起，只听“哎呀”一声惨叫，冯师傅已捂着左眼倒在施工现场，工友们迅速将其送至武汉爱尔眼科医院。

经检查，其左眼眼球已破裂，医生在眼内发现一枚不规则石，小心翼翼地取出后竟有鹌鹑大小。医生说如此大的石块入眼，极为罕见，对眼球的破坏已无法挽回。躺在病床上的冯师傅后悔不已。

【民生五官医院免费为湖北鼾王动手术】

30岁的江岸居民小陈，身高1.78米，结婚后体重暴增到115公斤。近两年，打鼾成了小陈一家人的心病。家人在客厅看电视，突然听不到鼾声了，就要跑到卧把他拍醒。他自己也经常因憋气而中断睡眠。

在民生五官医院举办的征集湖北省鼾王活动中，小陈的母亲为他报了名。睡眠检测显示，其呼吸紊乱严重，大脑的血液氧气含量仅为普通人的八成。这意味着，在武汉的他就像生活在高原一样，时刻处于缺氧状态。2007年12月26日，在400名鼾症报名者中，小陈被评为新一届湖北鼾王。

2007年12月26日下午，民生五官医院为共实施了免费的鼾症手术。

【在武汉现代女子妇科医院平安降生首例“导丝双胞胎”】 2007年4月1日，在武汉现代女子妇科医院平安地降生了一对“导丝双胞胎”。所谓“导丝双胞胎”，是患有输卵管堵塞的女性在经过导丝疏通治疗后，怀孕并诞下的宝宝，可见导丝宝宝的来之不易，更何况是首例“导丝双胞胎”。因此医院给予了高度的重视。

武汉现代女子妇科医院生殖不孕科张经焕主任是这对导丝双胞胎的妈妈宋女士的主治医生。张主任说，宋女士是继发性不孕症患者，早先曾有过怀孕和流产史，但结婚后的四年里，一直没有怀孕，2006年4月来院检查时，被诊断为因多次流产导致双侧输卵管粘连。张主任在门诊为宋女士实施了输卵管导丝疏通术，术后经过辅助理疗，宋女士停经40天，传来怀孕的好消息。

张主任介绍，导丝对于输卵管近端粘连的治疗效果比较明显，目前，该院采用的是直径仅为1毫米左右的美国COOK铂金导丝，柔韧性、穿过性都比较好，手术也很方便，通常在门诊便可完成，而且全程可视。如果将导丝，宫、腹腔镜技术联合使用（即“双镜一丝”技术），能很好地处治输卵管远处伞端的粘连，手术在疏通输卵管粘连的同时，还能治疗导致不孕的其它病症，如子宫肌瘤，卵巢囊肿等，综合性治疗不孕症，为提高受孕比例提供了技术支持。（戴孔嘉）

（责任编辑：戴孔嘉）

改革开放30年资料链接

武汉地区改革开放30年诊疗技术进展

【概述】 1978年，全国科学大会后，武汉医学界思想得到进一步解放，改革开放，科教兴国方针得到进一步落实，到2007年的30年，医学科学研究蓬勃发展。武汉地区三级甲等医院的临床科室逐步增加：一级科室发展到40多个、二级科室发展到76个左右，有的大医院甚至发展到三级科室；武汉地区科研机构（院、所、中心、室）发展到341个；国际合作与交流迅速发展，以1979－2000年时段为例，武汉医疗机构向50余个国家派出科技人员进行参观、访问、考察、讲学、留学、进修、参加学术会议，共计4 390人次。邀请了50多个国家的医学专家来汉参观、访问、考察、讲学、留学、进修和参加学术会议共达8991人次；引进国外尖端医疗设备和先进的新业务、新技术等。大大地改变了医学科技人员的新思维，大大地提高了医学科技人员的诊疗技术水平。30年医疗成就硕果累累，诊疗技术日新月异。表现在：武汉地区医疗机构每年开展新业务、新技术、大体在300－500项次左右，天天都有新业务、新技术的诞生，其中不乏高精尖诊疗技术的产生。30年共鉴定科研成果

4 092项,平均每年有139项;获奖成果3 517项,平均每年117项,发表交流科技论文186 769篇,平均每年有6 227篇。其中在国外杂志上发表4 176篇:《国际科学引文索引》(SCI)收录1 445篇、《国际检索刊物》(EI)收录51篇,《美国医学索引》(MEDLINE)收录1 255篇,收录论文占国外发表论文的65.88%。出版发行医学著作4 141部,其中中医著作785部,占18.96%;西医著作3 314部,占79.98%;中西医结合著作44部,占1.06%,平均每年有138部著作问世。

30年来,西医诊疗技术发展迅速,外科学诊疗技术突飞猛进。显微外科技术、介入放射技术、腔镜技术、止血技术等先进技术的开展,机械手、微波刀、水刀、超声刀、激光刀、氩氦刀、等离子刀、伽玛刀、X刀、细胞刀、超声聚焦刀、光子刀等新器械、新设备的引进与创新,使外科手术进入微创新时代,创伤越来越小,美称"钥匙孔"手术.,使手术更加人性化。由于外科医生高科技水平不断提高,加之患者对生存质量要求理念的变化,使过去不能做的高难手术、过去教科书规定的"金标准"一个一个地突破,在武汉地区出现了一些新的"金标准",被写进教科书,被省内外医院采用,有的新技术被国际应用。下面列举外科领域中的典型病例:有刚出生5分钟被烫伤婴儿行烧伤抢救成功;刚出生3天的婴儿做心脏手术成功;出生4天婴儿行先天性食管闭锁合并食管气管瘘手术成功;出生6天儿行唇裂修补术成功;出生8天儿接活断腿;出生1个月儿肩动脉畸形栓塞治疗成功;出生2个月儿行减体肝移植成功;出生90天连体女婴分离术成功;出生5个月儿行肝母细胞瘤切除术成功;出生6个月儿行先天性巨结肠症手术成功;出生1岁半患儿行断手再植和肺动脉瓣狭窄介入术成功。在老年外科手术方面有102岁老人截肢成功;100岁老人行人工关节置换术成功;98岁老行髋关节置换成功;96岁老人行股骨头置换术成功;88岁老人行腰椎间盘手术成功;101岁老行白内障摘除术成功;94岁老人行结肠瘤切除修补术成功;92岁老人行乳动脉瘤摘除成功;90岁老行直肠癌摘除成功;81岁老人行腹腔镜胆肠搭桥术成功;84岁老人行食管狭窄支架扩张术成功;85岁老人行心脏修补术成功;87岁老行心脏不停跳冠脉搭桥术成功;71岁老人肾移植术成功;82岁老人行口腔颌面切除术成功。在巨大肿瘤切除成功病例有:脑干肿瘤(1×1×1CM)、桥脑肿瘤(3.5×3CM)、脑膜瘤(12×10.9CM)、颈椎脊髓瘤(11×0.8CM)、腰椎脊髓瘤(7×3×2CM);胸心血管外科切除腹主动脉夹层瘤并应用人工血管80CM长、切除40CM长平滑肌瘤、切除主动脉弓隆支囊肿(7.4×8.2CM);普外科切除背部肿瘤(40×35×25CM)、腹部特大血管瘤(47×2.8CM,重达4.5公斤),肾肿瘤(24×11CM)、腹膜脂肪瘤(35公斤)平滑肌瘤(8.25公斤)、肝肿瘤(30×20CM)、腹膜后肿瘤(27.5公斤)、妇产科切除盆腔肿瘤(直径19CM,重6公斤)、子宫肌瘤(20公斤)。武汉地区骨科成功再植创新纪录的有:离断手臂一例14小时接活、一例12小时接活;断腕8小时接活;离断五指16小时接活;断腿16小时接活;断脚14小时接活。综上所述,在全国均属罕见。在这些成就中,武汉医学专家自主创新,体现高精尖水平的、在国际上属首创的、并获得国家级科技发明(科技进步)奖有:协和医院童尊塘开展的"低血钾软病",王新房、李治安等开展的"双氧水声学造影"、"经食管超声心动图研究"、"三维超声成像的研究",肖传国开展的"人工建立体神经——内脏神经反射弧恢复截瘫后膀胱功能",王国斌开展的"先天性巨结肠症的腹腔镜微创诊治",宋善俊、邹萍等开展的"白血病的骨髓治疗技术";同济医院裘法祖院士开展的"我国晚期血吸虫病的外科治疗",裘法祖、夏穗生等开展的"器官移植",陈孝平开展的"肝胆外科技术"、蔡红娇开展的"牛黄体外培育技术",张旭等开展的"腹腔镜泌尿外科技术";武汉大学人民医院黄从新等开展的"心内科介入、射频消融技术",龙道畴开展的"阴茎延长加粗技术",詹炳炎开展的"睾丸移植技术";武汉大学中南医院陈振光等开展的"带血管蒂股骨大转子骨瓣移植技术";广州军区武汉总医院马廉亭开展的"复杂血管病的介入技术";武汉市第三医院谢卫国开展的"烧伤治疗技术"。这些高精技术在国内外医学界产生重大影响。在引进众多的新业务、新技术中,"介入放射技术"、"腔镜技术"、"显微镜技术",在武汉地区影响最大、普及最广、效果显著。

【中医诊疗技术】 30年来,武汉中医学界的专家、学者加强对祖国医学的经典名著进行了充分的发掘、整理、注解、今译和评论。编辑出版了《新编黄帝内经纲目》、《神农本草经》、《李时珍的科学贡献》、《伤寒论总病论》、《伤寒论纵横》、《柯氏伤寒论翼笺正》、《金匮要略集释》、《中国经典名著精译丛书》、《付青主男科译注》、《朱丹溪学术论》等一大批著作。一些名老中医和专家根据自己的教学和临床实践,著书立说,出版了《临症会要》、《中医内伤热疾学》、《中医辨证法简论》、《中医内科证治精要》、《中医治疗慢性病毒性肝炎》、《中医治疗学》、《中医诊断学》、《中医治疗疑难杂症经验集》、《新编疾病效方荟萃》等。其中不少经典名著已成为全国中医学教材,科学研究、临床诊治的参考材料。在临床医疗中,湖北中医学院王伯祥教授开展中医肝病基础理论上对肝郁、肝阳上亢、肝火上炎、肝肾阳虚等方面进行了系统的、深入的研究,成绩显著,在中医脏象肝病的基础与临床研究上取得重大进展。著有《病毒性肝炎实验诊断》、《病毒性肝炎基础与临床》等著作。其成果获湖北省科技进步二等奖。原武汉中医药学会理事长、武汉市中医医院院长章真如毕一身的实践经验,著书立说,出版有《肝胆论》、《滋阴论》、《调气论》、《章真如临床经验集》等10余部中医基础与临床专著,他研究完成的"利胆消石丸治疗胆结石"、"慢性胆道感染的临床研究"等10余项科研成果获湖北省、武汉市科技进步二、三等奖。湖北省中医医院完成的"电子计算机中医辨证论治多病种通用程序及其疗效研究"、"电子计算机医学字词编码处理及输入系统研究"等成果获湖北省、国家中医药管理局科技进步一、二等奖。武汉市中医医院张介安集数十年儿科基础与临床经验,著《中医儿科急症》、《张介安儿科传心录》、《攻下法在儿科临床的应用》。湖北省中医医院倪珠英开展的“小儿痰病热雍肺证临床实践研究”在国内属领先水平，获湖北省科技进步二等奖。湖北省中医学院孙国杰完成的电针对缺血性心肌细胞动作电位的影响与机理探讨达国际先进水平，获湖北省科技进步三等奖，“袖珍针灸电脑”在布鲁塞尔尤里卡世界发明博览会上获银质奖，同济医院蔡红娇开展的“体外培育牛黄”研究，成为中国一类中药之一，创湖北、武汉地区唯一的一类药物，其成果达国际领先水平，获武汉市、湖北科技进步一等奖、国家级发明二等奖。武汉市第一医院管竞环开展植物类中药无机元素四性的机理研究，获湖北省科技进步三等奖。该院王卫民完成的“肾衰一、二号治疗慢性肾功能衰竭的临床与实验研究”，获武汉市科技进步二等奖。武汉市中医院杜家经完成的“营心宁胶囊治疗冠心病”获武汉市科技进步二等奖。广州军区武汉总医院卢绮萍开展“丹参在肝缺血灌注防治肝细胞内超载的应用研究”荣获军队科技进步二等奖。湖北省中医医院梁克玉开展的小儿麻痹后遗症三联畸形（骨盆倾斜、脊柱侧弯、一侧肢体缩短）治疗，使功能改善92%，其成果获湖北省科技进步奖三等奖。武汉大学人民医院刘仲熊等完成的“归芪口服液治疗妇儿贫血的临床研究”获湖北省科技进步三等奖。同济医院刘文励完成的“活血化瘀中药对放射损伤骨髓造血功能的防治研究”获湖北省科技进步三等奖。武汉市中医医院徐宜厚毕数十年中医皮肤科的临床与基础的实践经验，相继著有《中医皮肤科诊疗学》、《手足皮肤病防治》、《徐宜厚皮肤病临床经验集要》、《皮肤病中医诊疗学》、《结缔组织中医治疗学》等专著出版发行。同济医学院艾民康完成的“乙酰胆碱在针刺镇痛中的作用研究”获湖北省、卫生部科技进步二等奖。武汉市第三医院刘绍安开展“烧火山”、“透天凉”针刺的临床应用，在全国第二届针灸针麻大会上，受到与会专家重视，武汉市职工医学院刘孟陶开展磁力防治胆石症，效果明显，并著有《磁力防治胆石症》一书，其成果参加蒙特利尔国际发明展览会，受到与会专家欢迎。武汉市第一医院张唐法等开展的“针刺穴位降压的时效研究”在国内处于领先地位。湖北省中医药研究院程自珍等开展雷公藤内酯醇的分析研究和雷公藤致畸、致突变的实验与临床研究，证实雷公藤治疗类风湿类疾病效果明显，获湖北省科技进步三等奖。武汉市第一医院管竞环完成的“中药无机元素与中医辨证施治的研究”、“四十二味植物类中药炮制与无机元素相关性研究”、分获武汉市、湖北省科技进步三等奖。“一味丹参功同四物的研究”获武汉市科技进步二等奖。同济医学院胡崇家完成的“中药北豆根化学药理作用机理研究”在国内领先，获湖北省科技进步三等奖。湖北中医学院刘焱文完成的“牛至草系统研究”并制成抗菌止痢胶囊，药效好，无毒副作用，获湖北省科技进步一等奖。湖北中医医院鲍亦万、毛树松等完成的“电子计算机中医辨证论治多病种通用程序及其疗效研究”、“电子计算机技术在中医临床辨证论治的应用研究”和《中医控制论》和《中医计算机模拟专家系统概论》两部著作，均获湖北省二等奖。“电子计算机医学字词编码处理及输入系统研究”获湖北省、国家中医药管理局科技进步一等奖，该院李祖珍完成的“中医护理信息管理系统”获全国护理科技进步一等奖。

【**中西医结合诊疗技术**】 协和医院毛焕元开展“中药八厘麻静脉注射治疗高血压”效果良好，该药被收入《中国药典》，其成果获湖北省科技成果二等奖，该院杨家玉完成的“一盘珠汤治疗软组织损伤的临床研究”获湖北省科技进步二等奖，该院沈霖开展的“川芎嗪注射液防治屈指肌腱粘连的研究”获湖北省科技进步二等奖。同济医院李鸣真开展的“中医热毒清抗内毒素和保护溶解体、线粒体的研究”获国家教委科技进步二等奖，“热毒清注射液抗内毒素机理研究”获湖北省、武汉市科技进步一等奖，该院童尔昌开展的“中西医结合治疗小儿先天性巨结肠症”获卫生部科技进步三等奖、湖北省科技进步二等奖、武汉市科技进步一等奖，该院黄光英开展的“补肾益气活血法健胎液改善子宫内膜环境和促进胎儿生长的应用研究”获中国中西医结合学会科技进步一等奖、湖北省、武汉市科技进步二等奖，该院孙汉英开展的“川芎嗪促进再生障碍性贫血骨髓造血的作用研究”获湖北省、武汉市科技进步二等奖，该院郑智开展的“丹参逆转高血压左心室肥厚的研究”获湖北省科技进步三等奖，武汉市第一医院余青萍、管竞环等开展的“中药穴位注射治疗慢性肾小球蛋白尿的研究”获武汉市科技进步二等奖，该院张介眉等开展的“黄角汤治疗急性脑栓塞的研究”获武汉市科技进步二等奖。该院郑琼莉、张介眉等完成的“射心通胶囊治疗冠心病的研究”获武汉市科技进步二等奖，该院余秉治完成的“中药穴位注射治疗慢性肾功能衰竭的研究”和管竞环完成的“清清胶囊治疗慢性肾功能衰竭的研究”分获武汉市科技进步二等奖。湖北省中医药研究院李同生开展的“健骨片治疗骨关节病的研究”获湖北省科技进步二等奖，著有《中西医结合治疗肱骨颈骨折》一书，获湖北省科技进步二等奖。广州军区武汉总医院吴笑春完成的“黄连素与环孢素A相互作用研究”获湖北省科技进步二等奖。武汉大学中南医院周云峰完成的“当归注射液治疗缺血性疾病的研究”获湖北省科技进步二等奖。湖北省中医医院王小琴完成的“肾安颗粒治疗慢性肾功能衰竭的研究”获湖北省科技进步二等奖。武汉市中医医院崔金涛完成的“心康口服液对心肌损伤HSP70表达影响研究”获武汉市科技进步二等奖。

【**西医诊疗技术**】 普外科技术　进入80年代，武汉地区肝外科技术发展迅速。1980年同济医院陈孝平等开展在常温下肝缺血的安全时间的实验研究，结果表明兔在常温下阻断肝门最大安全时间是60分钟。临床研究表明，常温下阻断人肝血流20－60分钟，是安全的。打破了教科书中：“在常温下肝脏缺血时间不得超过15－20分钟”的安全时限。80年代中期，该院接受了Couinaud肝脏分段的观点，并在临床上开展了系列的肝切除术，到1989年在国内报道30例，并提出了肝脏每段均可单独予以切除。80年代末，陈孝平等首先提出以巨大肝癌无瘤侧肝脏有明显的代偿性增大，肝脏有带病工作的能力，肝癌切除后，其剩余的肝脏还可以工作。根据这一理论施行了170余例巨大肝癌切除，术后5年生存率达到66%，手术死亡率在1%以下。而教科书认为："凡大于100×100×100毫米的肝肿瘤为巨大肿瘤，没有手术意义"。1988年，该院创立一种新的规则性肝切除术，可以在不解剖肝门的情况下，直接结扎法切除肝可以不需输血。该院20年来，开展肝外科手术的基础和临床应用研究，得出如下结论：①常温下肝缺血"安全时限"并非仅15－20分钟；②肝脏每一段均可单独手术切除，肝脏手术无禁区；③肝切除治疗巨大肝癌不仅安全而且有效；④肝外伤可以有选择地采用非手术治疗；⑤规则性肝切除术可以在不解剖肝门的情况下施行，并可以做到不输血。该院陈孝平等完成的"肝外科手术的基础和临床应用研究"在全国前列，达国际先进水平；2003年荣获国家级科技进步二等奖。1996年，陈孝平等为一例瘤体覆盖75%的肝脏（长47CM，宽28CM，重达4.5公斤）特大全国罕见的血管瘤，从胸膈肌延伸到盆腔下部，占据了患者整个腹部，占据了患者一半血量的瘤体，在陈教授等的精心准备下，成功切除血管瘤。使上述理论得到充分印证。2001年，该院首次将世界高科技产口"机械手"应用于临床，为患实施胆囊与胆总管分离术成功。

协和医院陈道达开展"胃近端迷走神经切断胃体粘膜替代窦部粘膜的胃部分切除术"和"胃小弯浆肌层切开壁细胞神经治疗胃、十二指肠"以及"胃体粘膜替代胃窦粘膜治疗十二指肠溃疡幽门成形术"获湖北省科技进步奖二等奖，并被国内国外誉为"陈氏术式"。90年代初，该院王国斌等在湖北省首次运用腹腔镜成功切除巨大肿瘤，并相继为81岁老人腹腔镜下胆肠搭桥术治疗化脓性胆囊切除，解决了胆汁的排出问题；实施中南首例腹腔镜下成人巨结肠手术获成功；94岁老人结肠腺瘤坏死肠道，导致肠穿孔，是湖北省最大年龄采用腹腔镜成功切除肿瘤的病例；实施中南首例，通过腹腔镜实施直肠癌切除术成功，既保肛又不损伤性功能的新术式。该院陶凯雄等应用腹腔镜微创术，从4孔法改进为3孔法切除脾脏成功，出血少，创伤小，反应轻微，更加人性化。

武汉市第六医院张应天等在国内首创"围巾式吻合术全胃切除术"100例，吻合瘘发生率由文献报道的40%降至2%，死亡率由20%降至1%。张应天等应用拉链在重急性胰腺炎病人腹部切口上安上拉链，每隔一天定期拉开拉链清除坏死组织和腹部有害液体，直至全部清除拆除拉链，缝合切口，此法疗效显著。该院张应天等成功切除国际罕见巨大腹膜后肿瘤（27.5公斤），术中输血12 600毫升，手术10小时，手术过程中未伤及任何血管，其高难手术成功在国际上是个奇迹。

武汉大学中南医院史海安于1986年与黄冈地区人民医院孙国权等完成我国首例出生28天的"腹部联体共肝女婴分离术"成功，术后14天，妹妹因肺部感染死亡，姐姐潘佳健康成长。19年后，潘佳来到武大中南医院，看望救她生命的史爷爷，史海安教授惊喜，陪同"孙女"体检，当"祖孙"看到"一切正常"的结果，欢喜得合不拢嘴。一时成为佳话。2002年，该院在湖北首次运用十二指肠镜经口腔、胃，为狭窄胆道安放球囊支架，让胆汁顺畅流入十二指肠的微创术成功；该院乔建国实施湖北首例腔镜摘除甲状腺瘤手术成功；该院谭最为69岁老人实施激光手术治疗静脉曲张，其切口只有针眼大，术后不需缝合，不留痕迹，恢复快，无并发症。

广州军区武汉总医院郑玉明、马廉亭等开展战创伤血管伤的基础与临床研究和导管送弹簧圈栓塞血管治疗复杂性血管疾病取得重大成就，其成果分获国家级科技进步奖二、三等奖。该院为一患者成功地切除特大胃底平滑肌瘤，重达8.25公斤，超过文献记载全国最大平滑肌肿瘤8.026公斤的纪录。

器官移植技术 同济医院是武汉地区开展器官移植手术最早的单位，也是全国开展器官移植手术最早的单位之一。1977年10月12日，该院在动物实验成功的基础上，施行了临床肾脏、肝脏移植手术，并取得成功。1982年，在亚太地区施行了首例胰腺移植；1983年开展了脾脏移植、亲属活体脾移植于1989年获得成功，同年还开展了肾上腺移植和脾细胞、胚胎细胞移植；1984年开展了甲状腺移植；1987年开展了胚胎胸腺、胚胎胸腺细胞、胚胎肾移植；1989年开展了骨髓、胚胎肝细胞、肝内同种脾细胞移植；1990年开展胰岛移植；1995年开展腹部多器官联合移植，国际上最先进的背驮式肝移植和减体肝移植；1999年开展减体肝小肠联合移植，国内首例急诊肝肾联合移植、胰肾联合移植；2002年开展心脏移植；2003年开展心肺联合移植、肝肾联合移植；2004年开展上腹部7个器官联合移植；2006年开展单肺移植等27种高难度器官移植术。异种（猪）移植的实验研究也取得重大进展。移植免疫技术实现了个体化方案的突破，使心脏、肝、肾等器官移植无排斥反应成为现实。该院器官移植技术已成为全国乃至世界多项最高纪录的创造者和长期保持者。肾移植存活最长者为1977年首例肾移植患者，现在仍存活，已超过30年，为全国存活最长保持者；1995年实施的肝移植患者，到现在仍健康存活，是全国存活最长保持者之一；1989年实施的亲属活体脾移植治疗血友病甲的儿童，存活超过10年，是全球存活最长者。该院器官移植手术越做越细、越做越短，由原来的8个小时减到3－4个小时。输血量越做越少，多数肾移植已做到不输血的佳绩，肝移植由原来的6－7千毫升减至1000毫升以下，现在实现了不输血零的突破。移植免疫个体化，实现了无排斥反应，使住院时间缩短至15天。曾凡军教授为七月儿实施减体肝移植，为世界难度最大的外科手术，也是我国实施移植手术年龄最小的一例。经过30年的努力，该院已发展成为全国现代化的移植中心，已成为培养学科带头人的摇蓝。移植技术在全国处于领先地位。

肾移植技术 1977年10月，同济医院章咏裳教授在临床上成功地实施了第

一例肾移植。武汉市第一医院张天军肾移植术也获成功。之后相继有广州军区武汉总医院、武汉大学人民医院、解放军161中心医院、武汉铁路中心医院、武警湖北总队医院等单位开展了肾移植术。1990年同济医院成功地实施了第一例亲属活体供肾移植，到2007年，共开展230例，创全国亲属活体供肾第一位。在亲属活体供肾中，出现了父母供肾给子女，妻子，丈夫供肾给丈夫、妻子，兄弟姐妹互捐肾的生动感人场面。65岁的父亲供肾救治儿子，创亲属供肾年龄最大的供肾者，而最小年龄捐肾者为不到20岁的青年。在存活时间上亲属供肾平均为19.2年，尸体供肾平均为12.5年。2000年后，同济医院、161中心医院、广州军区武汉总医院等医院相继开展腹腔镜新技术，提高了肾移植的功效。同济医院、广州军区武汉总医院等单位还开展了70岁以上高龄患者第二次、第三次高难度换肾术，均获成功。

肝移植术 1977年，同济医院裘法祖等成功实施首例肝移植成功后，广州军区武汉总医院于1978年由苗春圃等专家成功地为2例肝癌患者施行了同种异体原位肝移植手术。协和医院于2003年实施了1例原位改良背驮式肝移植手术，手术时间4小时，整个无肝期仅40分钟，肝脏再灌注后仅15分钟胆汁流出，术中失血量不到500毫升，术后一周内顺利度过危险期，血常规、肝功能、肾功能指标恢复正常，该院首次开展的肝移植就达到了国内同类移植的先进标准。

心脏移植技术 临床心脏移植始于1995年，由协和医院、同济医院各实施了一例心脏移植手术，均成功，协和医院实施的一例存活28天。7年后，2002年9月，协和医院实施第二例心脏移植，到现在仍存活。12月25日，同济医院实施一例心脏移植术，创全国3个月恢复期出院新纪录，2003年3月，同济医院实施一例心脏移植术，再创45天恢复期出院新纪录，4月，该院为13岁小姑娘实施心脏移植术，实现了无排斥反应的最最高目标，术后15天康复出院。创年龄最小、无排斥反应、恢复期短(15天)的三项全国纪录。2003年9月26日、12月，武汉亚洲心脏病医院、广州军区武汉总医院、武汉大学人民医院各实施了一例心脏移植手术，均获得成功。到2005年11月24日，武汉大学人民医院成功地实施了武汉地区第十六例心脏移植术。

联合移植术 武汉地区联合移植始于1995年，同济医院成功开展了腹部多器官联合移植；1999年，开展了减体肝小肠联合移植、国内首例急诊肝肾联合移植和胰肾联合移植成功，2003年6月25日，协和医院成功实施中南首例、全国第四例心、肺联合移植手术成功，成活时间创全国纪录。同济医院成功施行一例心肺联合移植。2004年3月2日，同济医院开展了一例肝肾联合移植，该例手术用时6小时，并采用个体化免疫抗排斥反应方案，16天患者痊愈出院，创手术时间最短、无排斥反应、住院时间短三项全国纪录。2004年9月7日，同济医院顺利完成上腹部9个器官中的7个器官(肝、脾、胰、胃大部分、十二指肠、大小网膜及部分小肠的切除术，65分钟后，接通所有血管，将供体：肝、胰、十二指肠原位移植到患者腹腔内，重建了消化系统，输血7 000毫升，创国内腹部多器官移植时间最短新纪录。

肺移植技术 2006年11月7日，同济医院集胸心外科、呼吸科、麻醉科、感染科的专家，通力合作为一例"肺淋巴管平滑肌瘤(肺纤维化)"患者成功地实施了中南首例单右肺移植术，术后23天康复出院。该院肺移植术的成功，创武汉地区开展所有胸腹腔器官移植的地区。

睾丸移植技术 1982年，湖北省人民医院詹炳炎、王玲珑等专家率先在全国行亲属成人睾丸移植治疗外伤性无睾症，至2000年共完成30余例，其中12例高位隐睾患者自体睾丸移植手术，1例双侧腹腔睾移植患者，术后半年出现精子。18例无睾或先天性睾丸发育不全患者采用亲属或尸体供睾施行了同种异体移植手术，术后性功能和第二征明显改善，其中4例半年后产生精子。该院泌外科詹炳炎、张孝斌等于1982年开始通过34例死婴双侧肾上腺解剖和生理研究，1985年首次为患者进行胚胎双侧肾上腺整块移植手术，治疗成人阿狄森氏病，并获得成功，其成果"同种异体睾丸移植的实验与临床研究"于1985年获卫生部科技成果乙级奖、1986年获湖北省科技进步奖一等奖。

神经外科技术 20世纪70年代后期，广州军区武汉总医院率先在国内开展介入放射技术治疗血管内疾病，武汉地区各大医院相继开展了介入技术和显微神经外科手术。已成功实施了脑干占位性病变、脊髓内肿瘤、颅内动脉瘤、脑动静脉畸形、第三脑室肿瘤、垂体瘤、听神经瘤、双桥脑小脑肿瘤、延髓背侧多发性血管瘤、椎板复位、癫痫及脑外伤、脑出血等神经外科手术。这些手术有的达到国际先进水平，有的达到国内领先水平，在手术入路方面不断创新，率先开展的经喋、经额、经翼点、经胼胝、经眉弓等多种手术入路，提升了武汉地区神经外科水平，其手术技巧、难度、成功率等跨入了全国的先进行列。

1979年广州军区武汉总医院马廉亭等开展经皮穿刺股动脉选择性全脑血管造影，将导管技术应用于血管内疾病和脑肿瘤的诊断与治疗。1983年马廉亭等在国内首先开展经导管弹簧圈血管内栓塞治疗颈动脉海绵窦瘘及对病变复杂部位和特殊难治的血管性疾病采用血管内栓塞治疗，开创了我国神经外科血管内导管治疗的先河。同年研制出国产弹簧圈并用于临床，填补了国内空白。该院在血管内的导管治疗新技术的突破，不仅为复杂血管病的血管内治疗提供了科学论证，而且对创伤性假性动脉瘤、颈内动脉海绵窦瘘、椎动静脉瘘、脑动脉瘤、颌面动静脉畸形、盆腔血管瘤、肾动脉畸形等多部位血管疾病的治疗开创了新的有效途径。到80年代中后期，该院马廉亭等进一步开展了复杂血管病的导管治疗，对病变复杂、部位特殊、诊治十分困难不能进行直接手术的这类血管性疾病进行了血管内栓塞治疗取得良好的治疗效果，马廉亭首创的"定位旋转"插管手法、自制的栓塞材料的临床应用。复杂血管病的血管内诊治，治愈率为93%；应用真丝线段和微粒治疗脑静脉畸形在国内属首创。1986－1993年共收治全国各地患者3 250例，其中复杂血管病人300

余例，均获得痊愈，无一例死亡，在国内处于领先地位，对全国神经外科血管内栓塞技术的发展起到带头促进作用。其成果获国家级科技进步奖二、三等奖各1项、军队科技进步奖二等奖5项、湖北省科技进步奖一、二等奖6项，在期刊上发表论文110篇。主编出版专著5部。接受邀请到全国23个省、市、自治区70余所医院讲学、会诊、指导开展血管内治疗新技术，接受来自26个省、市、自治区130所大中型医院300多名同行到该院进修。

1981年，协和医院朱贤立等在国内首先开展显微神经外科切除术，切除颅内肿瘤，脑动脉畸形全切除手术。1983年，协和医院朱贤立、汪占春等创造性地研究出一套显微手术的操作规程，手术方法，经临床应用获良好的效果：垂体腺瘤、颅窝肿瘤、颅内动脉瘤、动静脉畸形、颅咽管瘤、三脑室内肿瘤、松果体内肿瘤、听神经瘤等显微手术，在国内处于领先地位。双极电凝止血技术研究、显微神经外科操作技术、颅咽管瘤全切除术达国际先进水平。其成果多次获得湖北省科技进步奖二等奖。该院还帮助国内12个省、市、自治区的兄弟医院开展显微外科技术，对促进我国显微神经外科技术的发展起到积极作用。

进入90年代，武汉地区的神经外科技术向高精尖方向发展，频频打破颅脑禁区，先进的伽玛刀、细胞刀、X刀等先进仪器的临床应用，神经外科技术有了突飞猛进的发展。1992年6月3日，同济医院李龄与财贸医院合作，为一例被视为“禁区”的脑干肿瘤患者施行了全国首例激光切除手术（瘤体1×1×1cm）。1994年同济医院为一例国际罕见的颅内中窝巨大动脉瘤（6.5×5.0cm）切除术成功。武汉市第二医院为一例巨大桥脑肿瘤（35×30mm）摘除术成功。协和医院开展的翼点入路改进与临床应用达国际先进水平。湖北省人民医院开展立体定向治疗精神病达国内先进水平。

1995年，协和医院引进伽玛刀先进技术，在湖北省首先开展该技术，手术涉及脑、口腔、耳鼻咽喉、眼科等，以脑肿瘤治疗为主，向帕金森氏病等功能性神经外科进军。该科医生大胆实践，于1997年在国内首创了伽玛刀分次疗法，打破了伽玛刀不能治疗大于4cm肿瘤的禁区，到2002年共成功施行56例，80%以上的肿瘤缩小1/2，个别肿瘤全部消失。被国际伽玛刀协会定为伽玛刀新技术研究与应用试点单位。

1996年，湖北省人民医院开展幕上下联合入路切除中颅窝及斜坡肿瘤、脊髓血管畸形的栓塞治疗、微弹簧圈血管内栓塞治疗颅内动脉瘤、外伤性颈内动脉海绵窦瘘伴假性动脉瘤的诊治。同济医院采用新法（先显露同侧颈总动脉，并暂阻断总动脉血流，切开巨大颅内动脉瘤体，取出血栓，找到瘤颈夹闭）切除颅内巨大动脉瘤（38×42mm）成功，此法在国内外未见报道。

1997年，武汉市第二医院研制成功太空型智能性立体定向仪，在全省首先开展了不开颅立体定向技术，用三维定位确定肿瘤在颅内的位置，钻孔注入放射性同位素P32靶点进行微放疗，定向准、定向精度达到1毫米以下、伤口小，到1999年共施行20例，效果显著。其成果于2002年获湖北省、武汉市科技进步二等奖。武汉市第三医院为一例全国罕见巨大脑内肿瘤（体积12×10×9cm，重达500克）成功切除。

1999年，同济医院、广州军区武汉总医院等单位开展立体定向微电极技术（细胞刀）、立体定向深部瘤变的放射治疗（X刀）新技术，对帕金森氏病等的神经性疾病实施治疗，取得明显疗效。这一新技术的应用，标志武汉地区治疗神经性疾病跃上新台阶。广州军区武汉总医院马廉亭等完成的“战创血管伤的基础研究和临床救治”、“JX100X刀系列研究”均获国家科技进步奖二等奖。协和医院赵甲山、赵洪洋等在中南地区首例成功摘除一患者石室肿瘤长在脊髓内（长11cm 宽0.8cm）将脊髓全部填满。湖北省人民医院开展蝶骨嵴内1/3脑膜瘤的显微全切术成功。武汉第二医院为一患者成功摘除罕见的巨大（8×8×7cm）双额叶脑膜瘤。同济医院湖北首例不开颅情况下改良的经鼻蝶入路显微手术摘除脑瘤成功。

2000年，武汉市第三医院应用导管介入法治疗，抵达颅内巨大动脉血管瘤处，形成血管栓塞，使动脉血管血液断流，然后切除肿瘤。该手术在湖北属首例，在国内亦属罕见。协和医院孔维佳等在中南地区率先开展3例颅底进路颅内外贯通肿瘤切除术。武汉市第二医院为一例82岁老太摘除肿瘤成功，该例手术为湖北地区年龄最大的一例脑肿切除术。

2001年，协和医院赵洪洋等实施一例一刀开三瘤的罕见病例（颅咽管瘤、脑膜瘤、脑动脉瘤）成功，湖北省人民医院刘仁忠在显微镜下实施一例高难度脑干区罕见三个血管网织细胞瘤切除术成功。同济医院在湖北省首次推出颅脑起搏器治疗帕金森氏病新技术，获最佳治疗效果。武汉市第二医院在一年内为75岁以上高龄老人实施颅内肿瘤手术32例，其中一例为82岁偏瘫老太，医生为其摘除颅内8厘米巨大肿瘤，全过程未输一滴血，术后一周肢体功能恢复。长航总医院实施一例显微镜下湖北省罕见的脊髓内巨大肿瘤（100×20×20MM）切除及椎体成形术成功。

2004年，协和医院赵洪洋实施一例脑干出血导致昏迷患者，在两个月内7次停止呼吸和一次呼吸心脏停止的情况下，积极治疗，脑干出血停止，血块消失，康复出院，打破了“脑干出血为不治之症”的传统观念，创治愈脑干出血的奇迹。湖北省中山医院为100岁老人手术摘除头部鳞状细胞瘤成功，为神经外科手术治疗年龄最大者。

胸心外科技术　80年代，武汉地区大医院在湖北省率先开展的手术有：协和医院有：①自制牛心包瓣行人工生物瓣置换术（1978），其成果获1986年湖北省科技进步奖二等奖；②法鲁氏四联症右心房流出道加宽重建（1981）；③右心室双出口矫治术（1982）；④完全性肺静脉畸形连接纠治术；⑤上腔静脉肺动脉吻合术（1984）；⑥冠状动脉搭桥术（1985）；⑦右心房——肺动脉转流术（Fontan）（1987）；⑧预激综合征的手术治疗（1987）；⑨升主动脉全替换术（Bentau）（1988）。同济医院有：①法鲁氏三联症根治术(1977);②二尖瓣置换术(1978);③紫绀型法鲁氏四联症根治术(1978);④房、室间隔残余漏再次修补(1978);⑤深低温停搏循环处理动脉导管未闭手术(1979);⑥主动脉冠状动脉搭桥术治疗冠心病(1987);⑦先天性完全性肺静脉异位引流的矫治术(1988);⑧双瓣置换术治疗风心病联合瓣膜病变(1988);⑨不用体外循环的异位并列心脏移植动物实验和原位心脏移植的动物实验(1989)。武汉大学人民医院在国内首先开展的"心肌保护液"的研究,对提高心脏直视手术的安全起到积极作用,其成果于1982年获湖北省科技成果奖一等奖,该院高尚志、姚震等完成的"深低温体外循环时对大脑微循环变化的研究",1988年获湖北省科技进步奖二等奖。

进入90年代,武汉地区胸心血管外科新技术层出不穷。微创技术广泛应用于临床,促进了武汉地区胸心外科技术的蓬勃发展。1991年,协和医院创一例食管狭窄组织粘连10公分成形术破全国记录;同济医院开展升主动脉带瓣管道置换及冠状动脉移植术;该院为6厘米长气管瘤(主气管被堵塞5分之四)切除后重建一个呼吸系统,平了世界纪录。

1993年,协和医院杨辰垣等在全国率先采用Cabrol手术治疗升主动脉夹层动脉瘤获成功,1998年获湖北省科技进步奖二等奖;该院蓝鸿钧等完成的"温血停搏液诱导及末次灌注在心脏手术心肌保护中的作用研究"1996年获湖北省科技进步奖二等奖,卫生部科技进步奖三等奖;该院孙宗全等湖北省首例4月龄女婴施行心内直视巨大室间隔缺损肺动脉高压修补术成功,创当年年龄最小,体重最轻的湖北省纪录。

1995年,协和医院杨辰垣等在中南地区开展首例临床心脏移植术获得成功,开创了武汉地区临床心脏移植之先河。该院孙宗全等在中南地区首次为一例二尖瓣狭窄+重度二尖瓣关闭不全合并心房纤颤患者施行迷宫术获得成功。

1996年,协和医院在全国率先改良Damus手术,进行完全性大动脉转位矫治术成功;在中南地区开展完全性大血管错位巨大心房间隔缺损,在心脏衰竭情况下行雪林矫正术(Senning)获成功;武汉大学人民医院在全国施行罕见的冠状动脉狭窄、右冠状动脉血栓形成、左心室室壁瘤心脏病患者施行冠状动脉搭桥+肿瘤切除术成功;该院涂仲凡为一胸段食管狭窄长度10cm组织粘连、患者施行胸大肌皮瓣成形术,切去病人胸段狭窄食管取其胸大肌皮瓣17×8cm与上下端正常食道缝合吻合,术后11天伤口一期愈合,两周后饮水成功,3周后进食流汁畅通,3个月后,食管功能完全恢复正常。经检索,这例手术术式属国际首例。

1997年,协和医院、同济医院、武汉大学人民医院等成功地开展了胸腔镜微创心内直视手术治疗心脏病。广州军区武汉总医院张殿堂等施行湖北省首例罕见的胸腹主动脉夹层动脉瘤,其直径超过7厘米,病变从锁骨下动脉到腹部肚脐处采用独特的升主动脉腹主动脉旁路加动脉瘤旷置术,从胸内的动脉到脐下水平有腹主动脉间架一条30厘米长、直经24毫米的人工血管桥获成功。武汉大学人民医院毛志福成功地完成湖北省首例3个月龄心脏直视手术,到1999年,已为1岁以内,体重在5公斤以内患儿行先天性心脏手术30余例,均取得满意疗效。协和医院在国内首次运用深低温心脏停循环手术摘除一条从患者盆腔延伸到心脏,生长在血管中状如蛇形长约40cm的罕见巨型平滑肌瘤,获得成功。

1999年,协和医院杨辰垣等为一例大动脉血管壁撕开达70余厘米生命垂危的青年成功地施行人工血管转流术,术中将一根80厘米长、直径22毫米的人工血管穿越患者体内多处险阻,替代被撕裂的主动脉,创人造血管移植全国最新记录。

2000年,武汉亚洲心脏病医院成功开展湖北省首例微创非体外循环冠脉搭桥术,术中未输一滴血;该院为一例80岁老年心脏病患者搭建6座桥获得成功,实属罕见。协和医院从1980年开始实施体外循手术,手术量:1980为106例,1989年为300例,1996年为700余例,2000年为1 000例,20年共计1万余例,占湖北省同类手术年手术量的50%以上。

2001年,武汉大学人民医院王志维等为一例心脏二尖瓣、三尖瓣和主动脉瓣重度狭窄,左右心房和右心室血流淤积膨胀,心脏比正常人大3倍(分别达到正常的3.5、2.8、2.6倍)。并发肺动脉高压的患者实施了风险极大的一次完成6个部位的手术。术中首先加宽主动脉瓣环,设计"端口",用人工主动脉瓣换掉病变主动脉瓣,同时完成二尖瓣、三尖瓣的更新、缩小左右心房等手术,术后患者恢复正常。武汉亚洲心脏病医院为一例马凡氏综合症、风湿性心脏病、二尖瓣重度狭窄、主动脉严重关闭不全、三尖瓣中度关闭不全、左心房血栓形成患者在全麻低温体外循环下,成功实施了二尖瓣、主动脉瓣、升主动脉根部替换术,三尖瓣成形术,左心房血栓消除术,左心耳缝扎术获成功。上述两单位一次完成诸多部位的高难手术,在国内属罕见。

2002年,协和医院为74岁老人实施湖北首例微创主动脉腔镜支架型人工气管置入术,治疗腹主动脉瘤和双侧髂动脉狭窄小三角区域里形成的集束瘤(三瘤一体)成功。

2003年,同济医院为一例右肺患恶性肿瘤向心脏转移,侵入半个心房的患者实施中南首例体外循环下心、肺组合手术,术中切除1/2左心房,人工材料替代修补后,切除左肺获得成功。协和医院为一例罕见腹主动脉瘤破裂,大出血血肿占据整个后腹膜,伴严重休克的患者实施抢救手术,术中切除腹主动脉瘤,用人工血管重建腹主动脉及双侧髂动脉,清除双髂动脉血栓,术中出现高血压、酸中毒、少尿等症状,经抢救治愈。该病例发病无征兆,诊断难度大、病情发展快,手术成功率极低,抢救成功属奇迹,在国内属罕见。广州军区武汉总医院为一例心脏左心室被刺伤,心脏停止跳动,血压为零的伤者在担架上实施抢救手术,50分钟后,死而复生,在国内罕见。武汉亚洲心脏病医院成功实施中南地区首例"主动脉夹层Ⅰ型"手术:主动脉置换+主动脉瓣成形+全弓置换+冠脉搭桥+象鼻术等新术式,当年施行3例均成功;该院已为7例风湿性心脏病、瓣膜疾病合并房颤的患者实施瓣膜置换术+冲洗射频改良迷宫术,均获成功。

2004年,武汉大学人民医院王志雄等开展左胸小切口非体外循环经峰主动脉血管桥治疗冠心病多支病变获成功。武汉亚洲心脏病医院切除罕见心脏左心室憩室,为湖北省首次发现,当前,此病在世界不超过10例,该院为87岁老人成功施行心脏不停跳冠脉搭桥术成功。同济医院在中南地区率先开展"肋神经冷冻术",解决了无痛开胸的镇痛技术大问题。

2005年,协和医院孙宗全等11位教授合作为一罕见先天性主动脉发育不良,显著扩张为正常人3倍患者实施人工血管替换术,并将周围8条分支血管连接到人工血管上获成功。术后28天渡过难关,恢复正常。这例手术投入12位专家,历时24小时,其手术难度在华中地区为同类手术之最;该院为87岁老人实施心脏不停跳为三条主要堵塞动脉搭建三座血管桥,总长度为40CM,创中南地区高龄心脏手术新纪录。该院孙宗全等实施ROSS手术成功。术中进行自体肺动脉瓣移植,即将病变的主动脉瓣切除,把患者自体肺动脉瓣移植到主动脉瓣位置,用同种带瓣管道重建肺动脉。该术式好处是,移植的自体肺动脉瓣能随着患者主动脉的发育而生长,无需终身服抗凝药,避免人工机械瓣置换后,终身服抗凝药物而引起脑血栓、脑出血并发症。同济医院打破禁区在肾功能严重不全患者实施心脏搭桥手术,术前给患者行连续肾透析,在体内平衡后,心外科实施非体外循环心脏不停跳行冠脉搭桥术成功。这例手术在国内外未见报道。武汉大学人民医院开展微创术,非体外循环心脏不停跳为73岁患者在心脏上成功搭起5座桥。

2006年,协和医院孙宗全教授以精湛技术突破了教科书中规定的先心病肺动脉高压,其氧分压为70毫米泵柱以下,血氧饱和度低于90%的手术禁区。20世纪90年代,孙宗全凭着丰富的经验,发现有些病人引起氧分压和氧饱和度异常,主要是心脏重大的室间隔缺损,于是他得出了与教科书相反的观点,氧分压饱和度不是金标准。他大胆地对多例宣告濒危病人实施手术(其中有血氧饱和度仅80%,氧分压低于40毫米泵柱),术后恢复良好。成功率高达98%以上。该院孙宗全等为一例6天龄、体重3公斤婴儿实施心脏手术成功,创湖北省年龄最小纪录;该院为一例87岁老人实施心脏搭桥手术成功;该院成功切除国内罕见下腔静脉原发性肿瘤,腔静脉内肿瘤属手术禁区,从2004年开始,该院勇闯禁区,到2006年共实施9例均得到有效治疗,标志该院这一技术进入国内领先水平。武汉大学人民医院在人体的低温极限18℃体温下完成心脏手术,实施5例,没有造成截肢、器官衰竭等情况。武汉亚洲心脏病医院为一例马凡氏综合征主动脉夹层Ⅰ型升主动脉瘤和主动脉瓣关闭不全4种心脏病集于一身的患者实施了主动脉瓣置换术、冠脉原位移植、升主动脉、主动脉全弓和胸降主动脉全程置换术获成功;该院为一岁儿主动脉断成两截,在14-18℃深低温下实施主动脉重建术成功。

2007年1月,协和医院董念国等为一例主肺动脉完全颠倒而体循环、肺循环相互独立的、全身唯一的含氧血来源于仅4毫米房室缺损,只有少量血源得以进入肺部获得少量氧气,得以艰难地活下来的14天男婴实施体外循环下,将两动脉血管移植到正常的心室,将2毫米粗的冠脉移栽到新建的主动脉上,手术获成功,这是湖北省先天性复杂心脏病治疗领域取得重大突破。

武汉亚洲心脏病医院从1999年11月11日成立以来,到2007年的8年间完成1.7万余例心脏外科手术,其中年手术量一年比一年多,质量一年比一年高。由成立的第一年476例、死亡率为1.3%,第二年976例、死亡率为1%,到2007年1.5万例(含内科的介入手术),手术量连续5年进入全国前3位。成功开展低龄低体重婴幼儿先天性心脏病手术,其成功率都在99%以上,在华中地区居首位,其中年龄最小的只有3天,体重3.5公斤。该院在华中地区率行开展的各类手术,在全国均属一流水平:①成功开展房、室间隔缺损外科封堵术,外科微波及射频消融术治疗房颤、内窥镜获取大隐静脉手术;②成功实施心脏移植术;③成功开展升主动脉全弓替换+象鼻术;④成功开展冠脉移植+升主动脉置换+主动脉置换术(Bentall)。⑤成功开展主动脉瓣成形(主动脉根部成形)+升主动脉置换+冠脉移植(David)术;⑥成功实施急性心梗、室间隔穿孔并伴室壁瘤患者急诊抢救手术;⑦先心病复杂畸形手术:Switch、Nikaidoh、永存动脉干、混合性TAPVC、全血管化改良Fontan、TOF+双主动脉弓、Rev手术;⑧成熟开展不停跳冠脉搭桥术;成功开展无支架生物瓣膜置换术,解除患者术后终生抗凝的繁琐;⑨成功开展改良迷宫射频消融术,解除瓣膜病患房颤困扰;⑩ 成功为完全大动脉转位患儿实施Rastell根治术;⑪为单心室、肺动脉、三尖瓣闭锁等复杂先心病患儿成功实施双向Glenn术式全腔术;⑫成功开展小儿风湿性心脏病多瓣膜病Ross术;⑬成功开展先天性心脏病侧切口美容术;⑭成功开展房间隔缺损外科封堵术;⑮成功开展低龄、低体重婴幼儿先心病手术。

泌尿外科技术 80年代初期,协和医院熊旭林等完成的"男性尿道损伤的实验和临床研究"通过长期临床实践,把男性尿道损伤症作了科学分类,提出了四种类型,并采取不同的治疗方法,大大减少了尿道狭窄的发生率。该成果于1983年获卫生部科技成果乙级奖。该院鲁功成等通过对乳糜尿的系统研究,其成果于1982年获湖北省科技成果奖二等奖。1989年该院在国内首先开展介入放射技术治疗泌尿系疾病。治疗静脉性阳萎和肾血管平滑肌脂肪瘤的超选择性栓塞治疗。该院肖传国经过多年研究,从理论到临床应用对截瘫患者膀胱功能的修复,取得重大进展,并为1例创伤性截瘫尿失禁10年的患者,实施了国际首例"人工建立神经——内脏神经反射弧恢复截瘫后膀胱功能",简称"人工反射弧",到2005年,已让170余例截瘫、小儿先天性脊柱裂导致大小便失禁患者恢复正常。经卫生部组织全国著名专家鉴定,认为这项研究解决了我国200万截瘫患者大小便失禁的重大问题,开启了神经学研究新领域,是对国际神经学、泌尿科学的重大贡献,达到国际领先水平。

2000 年获“吴阶平奖”、湖北省科技进步奖一等奖、中国高教自然科学一等奖，2001 年获国家科技进步奖二等奖。这一国际领先的新排尿技术，已被载入教科书中。2006 年肖传国教授应邀到美国底特律为 12 位截瘫患者成功实施“肖氏手术”，受到赞许。不断有国内外泌尿外科专家前来参观学习，到 2008 年，已有美、日、朝、韩、菲律宾、巴西、阿根廷等 10 余国家 20 余位专家来汉，学习“肖氏技术”。2008 年 3 月，美国第二大医院博蒙特医院泌尿外科主任本杰明现场观摩“肖氏技术”后说，美国政府斥资 500 万美元建立应用“肖氏反射弧”为主的神经泌尿中心，让这一技术惠及更多患者。注：全世界有 600 万截瘫患者大小便失禁，加上小儿先天性脊柱裂导致大小便失禁，是一个重大的研究课题。过去采用间接导尿、尿道括约肌切开等方法，疗效极不理想。截瘫病人因脊髓损伤或脊柱裂脊膜膨胀导致大小便失禁，甚至死于尿路感染、肾功能衰竭等并发症。肖传国于 20 年前创造性地利用患者自身废用神经，另建一套神经反射弧，让患者挠挠大腿等部位，就可排尿。为 600 万尿失禁截瘫患者带来新的希望，“肖氏技术”将载入医学史册。1996 年，该院鲁功成等完成的“人膀胱癌多药耐受的基础及临床应用研究”于 2001 年底获湖北省科技进步二等奖。

同济医院开展腹腔镜微创手术治疗泌尿系疾病，到 1998 年开展 700 余例（单纯肾切除术 81 例、根治性肾切除术 52 例、肾输尿管全切除 15 例、肾上腺部分或单纯肿瘤切除术 112 例、肾上腺全部切除术 118 例、输尿管切开取石术 33 例、肾囊肿去顶术 192 例、女性压力性尿失禁的耻骨阴道悬吊术 1 例、精索静脉高位结扎术 31 例、后腹腔肾部分切除术 10 例、离断式肾盂成形术（Anderson - Hynes）22 例、肾蒂淋巴管剥离术 17 例、活体亲原供肾切取术 6 例、膀胱全切及尿流改道 1 例、腹膜后肿瘤活检术 1 例、腹膜后恶变隐睾切除术 1 例、根治性前列腺切除术 1 例）。其中根治性肾切除术、肾输尿管全切及输尿管口膀胱袖套状切除术、耻骨阴道悬吊术、肾门淋巴管断流术、肾错构瘤楔形切除术、肾盂癌根治术、离断式肾盂成形术（Anderson - Hynes）肾蒂淋巴剥离术、活体亲属供肾切除术、乳泌悄手术、输尿管切开到石术、压力性尿失禁手术、肾囊肿手术、腹膜后恶变隐睾切除术，在国内未见报道。与国外报道的手术相比较，肾上腺手术、根治性肾切除术等手术时间要短，并发症的发生率要低。临床效果较传统开放手术要好，在国内多家医院推广应用，使众多患者免受剖腹之苦，该院应用腹腔镜技术治疗泌尿系疾病在国内处于领先地位，2004 年荣获国家科技进步二等奖。2001 年该院成功实施一例双肾积水、长期“尿床”的患者植入永久性泌尿起博器，为全国首例，术后排尿与常人无异。

2003 年，该院为尿失禁患者应用人体内阑尾再造尿道，尿道出口设在肚脐上，缝合原尿道口，将阑尾搬家一头与膀胱口相接，一端接在肚脐上，当尿流达到 250 毫升时，便产生尿意只需在肚脐处插管，尿液便可流出。而在未插管时，阑尾制成的尿道处于粘合状态。膀胱内的尿液不会流出。

80 年代初期，湖北省人民医院詹炳炎、王玲珑等开展的原位肾低温局部降温灌注取石术的实验与临床研究，对肾内复杂肾结石的手术方法作了重大改进，简化了原位低温灌注的操作方法，采用含有甘露醇类和 ATP Ⅱ 号灌注液，在阻断肾血流低温灌注局部降温，改善肾切口等方面效果明显。该成果于 1982 年获湖北省科技成果奖二等奖；该院詹炳炎等开展的“带蒂大网膜在泌尿系的研究”成果于 1982 年获湖北省科技成果奖二等奖。1987 年，该院开展“镰刀状肾实质切开术治疗复杂鹿角状肾结石的临床研究”在湖北省 25 家三级甲等医院推广应用 362 例，所有患者均取尽结石（结石最大者 9.1cm，平均 5.9cm），治疗水平显著，达国际先进水平，获湖北省科技进步奖二等奖。1994 年，该院开展胚胎睾丸移植治疗男性性腺功能低下症 4 例，术后性功能、性欲、第二性征均有明显改善；同时开展人睾丸 Leydig 细胞体外培养及移植实验研究与临床应用 9 例，结果提示：同种睾丸 Leydig 细胞移植可作为一种治疗男性性腺功能低下症的有效方法。协和医院开展的利尿扩管 B 超临床研究，1997 年获湖北省科技进步奖二等奖。2001 年，该院开展腹腔镜微创技术，特制网带无张力尿道中断 手术治疗张力性尿失禁成功。该院金化民等在国内率先开展生物消融治疗前列腺增生成功。术中在前列腺内注射药液，使增生部位软化、缩小、恢复正常排尿。在对老年狗实验研究成功后，对 80 - 90 岁高龄前列腺增生患者进行临床应用，80% 以上老效果明显，无一例并发症。该院在全国率先开展会阴皮管成形重建尿道，治疗复杂性超长段尿道狭窄成功。到 2003 年已有千例患者重新恢复排尿功能。

武汉大学中南医院胡礼泉、王家治等完成的“原位控制性肾低温取石术实验与临床研究”1983 年获湖北省科技成果奖二等奖。该院开展的“输尿管回盲肠乙状结肠吻合术”于 1986 年获湖北省科技进步奖二等奖。该院胡礼泉等在全国率先开展阳萎系列研究，对提高病人生活质量起到积极作用，其成果“阳萎的基础与临床系列研究”获湖北省科技进步奖二等奖。

2001 年，武汉市第六医院成功剥离巨大阴囊囊肿（26 × 18 × 12 厘米，重 5 公斤）实属罕见。

1989 年，广州军区武汉总医院罗康民等研制成功 MS15 型体外震波水囊式碎石机，获军队科技进步二等奖。2003 年，该院潘铁军等应用电切术，为 94 岁老切除前列腺增生成功，为泌尿外科手术年龄最长者。

骨科技术　70 年代后期，武汉各大医院相继开展显微外科技术治疗骨科疾病。同济医院开展有：吻合血管的皮瓣移植修复软组织缺损、吻合血管的腓骨及髂骨移植治疗长管骨大段缺损、吻合血管神经肌肉移植治疗前臂 Volkmann 氏缺血性挛缩、周围神经缺损等 20 余项显微技术。武汉市普爱医院周必光等应用显微技术在湖北省率先开展带血管游离腓骨移植、带血管的游离肌肋骨瓣移植修复下颌骨及双下颌体缺失，解决了颌骨巨大缺损治疗上的重大难题，到 2000 年共开展 1 300 余例；协和医院朱通伯等开展有：游离足趾、皮瓣、肌肉腓、肋骨等部位移植术，成功率达90%以上；广州军区武汉总医院在国内率先开展断肢再植，成功率达97%、开展外径1mm以下小静脉移植修复断指再植血管缺损，避免了再植指过多短缩，提高了断指再植成活率、同时成功地开展了成人及儿童手指末节的断指再植，复杂损伤性断指再植，取得显著疗效。武汉大学中南医院应用显微外科技术，创造性地设计了30多项带血管蒂的骨（骨膜）瓣移植手术新方法，其中“以旋股外侧血管升支为蒂的髂骨骨瓣移植术治疗股骨头无血性坏死”和“胸背血管肩胛骨瓣移植移位术”两项新术式，荣获湖北省科技进步二等奖。是目前国内外治疗中青年股骨颈（头）粉碎性骨折、陈旧性骨折和缺血性坏死等难题最有效的方法。

1979年，广州军区武汉总医院采用经皮穿刺股动脉插管进行选择性血管造影和介入治疗，对难以手术的高位颈部动静脉损伤所致的多发性动静脉瘘动脉瘤采用血管内栓塞治疗，对腋动脉、锁骨动脉、股动脉、髂外动脉、髂总动脉等大血管的断伤大出血及外伤性或炎性巨大假性动脉瘤等垂危病人采用介入治疗，经皮穿刺股动脉插管选择性动脉造影并定位在动脉损伤或病变部位的近侧动脉腔内置入球囊管，阻断其血流以配合手术修复断伤的动脉或切除假性动脉瘤，并行自体大隐静脉或人造血管架桥移植修复动脉的长段缺损。成功救治了战伤，保全了肢体。

80年代中后期，协和医院杨述华在国内较早开展全髋人工关节置换术、人工椎间盘置换术和微创外科手术治疗椎间盘突出症，达国际先进水平；该院杜靖远在中南地区率先开展中华长城脊柱侧弯矫正术、小儿骨科处于全国领先水平；该院肖建德、朱通伯等完成的胶原羟基磷灰石人工骨的制备及其诱导成骨的研究，达国际先进水平，1991年获湖北省科技进步奖二等奖；该院手外科洪光祥等完成的“自体静脉移植修复周围神经缺损的实验与临床研究”、“骨间背侧动脉蒂尺骨远端骨块移植治疗前臂骨不连的解剖与临床研究”分获湖北省科技进步奖二等奖。同济医院陈安民完成的“RFP陶瓷人工骨治疗骨与关节结核的研究”于1992年获湖北省科技进步奖二等奖；王泰一等完成的“载抗癌药的骨水泥治疗恶性肿瘤的临床应用”1991年获湖北省科技进步奖二等奖。

90年代初期，同济医院首先在湖北省开展人工全膝关节置换术、在国内率先开展髋回旋转成形术等高难技术，该院完成的胶原羟基磷灰石复合人工骨诱导成骨机制研究，1993年获湖北省二等奖。协和医院引进法国吉坦关节假肢为患者施行全髋关节置换术，术后2天可下床活动，关节可弯曲90度，外展内收自如。武汉大学中南医院陈振光完成的“以股骨大转子带血管蒂骨瓣移植移位术的综合研究”，获湖北省科技进步奖二等奖、国家科技进步奖三等奖；“膝下外血管蒂腓骨瓣移植和解剖的临床应用研究”，获湖北省科技进步奖二等奖；“四肢非主干血管蒂骨（股）瓣新供区系列研究及战创伤中的应用”获国家科技进步奖三等奖。武汉市普爱医院应用闭合复位中空加压螺钉内固定术，术后三天患者可下床柱杖行走；该院开展断肢（指）再植静脉“变”动脉巧施搭桥术，沟通血循环，使断肢（指）再植成活，到2000年共施行32例，成活率达95%以上，在国内处于领先水平。1999年11月4日，同济医院夏仁云等为一88岁老人（专程从美国来汉）成功地施行腰椎间盘手术，为武汉首例年龄最高者。武汉市普爱医院于1998年12月23日为1岁另6个月小儿实施断手再植术成功，为湖北省年龄最小的断肢再植术；1998年4月实施湖北省首例、全国罕见的石骨症全髋置换术成功；1999年5月抢救1例断腕8小时再植成功，该患者腕部仅剩2cm皮肤相连，所有屈指肌腱和伸肌腱、神经断裂、血管缺损严重，右前臂掌侧有15×8cm皮肤缺损、手指血流供给完全丧失，再植手术难度极大，该院手外科和骨科积极配合，切除粉碎的腕骨，重建腕关节，修复了10条肌腱及神经，因动、静脉缺损长达20cm，医生取患者小腿两大侧隐静脉移植修复了受伤的7根动、静脉，8小时的断腕再植成功、在湖北实属罕见；该院2000年6月5日，为一拇指离断11小时患者成功施行断指再植术，使断指奇迹般地植活，是为武汉地区离断时间最长的一例。1999年8月3日，协和医院杨述华等在湖北省首次采用介入与手术相结合新技术施行“巨大骶骨脊索瘤”切除术成功。该例手术传统方法患者出血需要1万毫升以上，视野不清导致肿瘤不能彻底清除，杨教授在术前从股动脉插管介入阻断手术部位血流，手术视野清晰，肿瘤顺利切除；该院在武汉地区首次运用国际上最先进的仿人体膝关节生理功能钛合金高分子材料复合假体技术进行膝关节置换术获得成功。相继有同济医院、广州军区武汉总医院、中南医院等大型医院开展了人工椎体、髋关节、踝骨关节、全膝关节、肩关节、股骨头等的置换术，使技术上了新台阶，在脊柱、关节创伤等方面的治疗技术与世界平级。

2001年，协和医院郑启新等在湖北率先开展国际先进的“人工假体技术”实施全关节置换术成功，杨述华中南首例为颈椎高位骨折脱位伴截瘫患者实施“CerviFlix杆固系统内固定术”成功，杨述华湖北省首例双侧人工髋关节手术成功。同济医院李峰在国内率先开展全新髋臼周围截骨术治疗髋关节发育不良和髋关节半脱位获得成功。

2002年武汉市普爱医院“应用长段多根自体静脉移植治疗手指再植术后血液循环危象的实验和临床研究”获湖北省科技进步奖二等奖；该院开展湖北首例血流顺向骼静脉再通术治疗下肢血管栓塞成功。为治疗陈旧性下肢静脉血栓提供了新方法。该院手外科施行第二足趾移植重建大拇指获成功；该院为一左小腿严重挫伤的车祸患儿施行废弃全足游离皮瓣异位再植术，手术进行16小时获得成功；该院手外科在再植术中，采用扩大髓腔承担静脉血流回流使重残断指神奇复活，已实施30例33根手指接活。这一成果使更多过去无法再植成功的手指获新生。

2003年，协和医院杨述华在禁区内采用介入栓塞以及前后路联合手术切除罕见骶骨瘤（25×18×15CM）成功，此次手术从1984年开展以来，完成20余例，取得显著疗效。武汉大学中南医院为出生8天婴儿接活断腿。武汉市第一医院为96岁老人成功实施右侧人工股骨头置换术,为武汉最大年龄成功手术。同时为80岁老人实施人工肩关节置换术成功,该例手术全国罕见。解放军161中心医院为100岁老实施人工髋关节置换术成功,在全国实属罕见。

2005年,协和医院为102岁老人截肢,创湖北省外科手术的高龄纪录,老人右小腿动脉闭塞坏死并患有慢性胃炎等症状,该院采取全新"周围神经组织麻醉法",手术获得成功。武汉大学中南医院一年内成功为一例手臂断成三节和食指、中指离断4小时的患者手术,10个小时接活,其难度在湖北属首次;一例为断脚10小时,手术4小时的患者接活,一例离断11小时的5指(拇指断为两截、其余4指断为三截)再植成功。

2006年,协和医院湖北首例在显微镜下腰椎骨折切开复位小椎板减压+椎弓根钉内固定+椎骨融合术,成为骨科领域新型手术,有里程碑式的成就。武汉大学人民医院实施一例(100×90厘米),重达50斤罕见巨大躯干部多发性神经纤维瘤切除术获成功。武汉大学中南医院实施一例断离身体5个多小时,手术时间7小时的手臂再植成功,创骨科学手臂离断12个小时接活奇迹;该院实施5手指离断7个多小时,骨科医生从晚9时开始立即投入抢救,到次日凌晨5时再植结束。该院创16小时断指再接成功的奇迹。

烧伤外科技术 进入80年代,武汉烧伤治疗技术有重大进展。武汉市第三医院从1985年起到2006年,抢救了无数特重烧伤患者。其中有一例被100%石灰水烧伤面积100%,三度烧伤占18%的患者;一例67岁高龄烧伤面积为97%;一例刚出生3天特重烧伤,低体重的新生儿;一例面积为87%的黄磷烧伤;一例汽车司机在车内失火烧伤面积96%,三度烧伤92%;一例100%重度烫伤,40%三度烫伤患者;一例为出生5分钟30%的二、三度烫伤的4公斤宝宝;一例为7岁男孩不慎跌入滚烫的澥水大锅中,烫伤面积100%,三度烧伤80.5%等等烧烫伤,国内外罕见的,特大的危重、疑难患者。30年来,该院烧伤科承前启后,继往开来,烧伤技术不断改进、提高,在基础理论与临床研究上取得了重大进展。80年代中后期,该院在湖北首创"自体皮微粒皮的临床研究"、国家科委下达的"烧伤贫血的实验与临床研究"的成功,并应用于临床,该院烧伤治疗水平处于国内领先地位。90年代完成的"复合营养人工膜"、"透明气囊加压直视下游离植皮术"、"烧伤感染阴沟肠杆菌质粒图谱分析抗生素耐药性关系研究"、"噻唑蓝还原法皮肤活力测定研究",这些国内领先水平的科研成果用于临床,更加充实了烧伤治疗技术在国内的领先地位。90年代后期,该院谢卫国等一批中青年专家继承了前辈们的传统精神,在临床与基础理论的研究上努力奋斗,为解决大面积烧伤创面的修复中自体皮严重短缺的问题,研制出"喷洒法皮粒播植术"和"皮粒播撒器"等具有国际先进水平的成果。这些新技术的出现,使众多特大面积烧伤,罕见的危重疑难Ⅲ级烧伤患者起死回生,使治疗时间不断创造新纪录。2002年,一司机车内失火,烧伤面积96%,三度烧伤92%,送到武汉市三医院呼吸窘迫,心肌缺血,上消化道大出血,三级败血症,经过1个半月治疗,病情稳定,在自体皮源缺乏的情况下,应用"喷洒法皮粒播植术"抢救治愈,这例抢救治愈,世界不多见。2003年出生5分钟男婴,二、三度表皮烫伤30%,皮肤稚嫩,治疗难度特大,在谢卫国主任精心治疗下出院,这是该院烧伤史上第一例年龄最小者。2006年,一7岁男孩,掉入滚烫的澥水锅中,100%烫伤,80.5%三度烫伤,由于儿童身体处于发育期,抵抗力弱,耐受力低,就在这样难治的情况下,采用了国际领先的"喷洒法皮粒播植术",精心治疗,闯过了严重感染脓毒症,呼吸衰竭、多器官功能不全等威胁生命的难关,经6个月的精心治疗,从死亡线上抢救回来,患儿站起来了。创新了烧伤治疗新纪录,创中国烧伤医学史上一大奇迹。11月9日出院,后在当地医院进行康复治疗,于2007年重新背上书包上学了。该院应用新式手术器械将新鲜猪皮处理后,覆盖于烧伤创面上,保护伤口不受感染,便于修复,68例临床试验,效果良好。该院谢卫国等在湖北省首次采用血管吻合术,将植皮血管与足部未受伤血管吻合,保证患处血液供应,加快植皮存活,该成果的临床应用,烧伤治疗又有新突破。该院烧伤科改变传统治疗模式,将烧伤治疗与整形、修复、重建治疗"联姻",实行一体化救治。过去一般都采取先行烧伤治疗,然后进行整形修复重建治疗,治疗进程慢,痛苦多,费用高。该院实行一体化治疗后,越来越多的烧伤病人在救命的同时,就接受各类最新的整形手术治疗,烧伤病人愈合后生活质量得到大幅度提高。

2001年秘鲁首都利马烟花爆竹厂爆炸,数百人严重烧伤,该院受卫生部、外经贸部的派遣,组成5人医疗小组,前往救治,该医疗队在求援过程中受到好评,这是该院烧伤技术在国际烧伤领域崭露头角。2005年,在新西兰国立烧伤中心召开的烧伤年会上,该院提交的"喷洒法皮粒播植术"论文,对与会烧伤专家影响很大,新西兰国立烧伤中心沃特斯更是大开眼界。会后,他向谢卫国表达了来汉学习该技术的意愿,2006年10月,他来到武汉市第三医院参观访问,认真学习了烧伤技术。2006年8月,在澳大利亚烧伤中心召开的第六届国际小儿烧伤网络视频会议,中国烧伤专家受到邀请,谢卫国在会上作专题发言,"喷洒法皮粒播植术"又一次让澳大利亚专家大开眼界。会后有美、英、德、日、澳等国专家慕名前来参观、学习,进行学术交流。该院烧伤技术在香港举行的烧伤会议中,"喷洒皮粒播植术"一举摘取国际发明争质奖章。

我国烧伤权威专家曾说过:我国烧伤外科、显微外科技术,是不多的居国际领先水平的医学领域,而武汉市第三医院频频出现在国际烧伤领域,日益受到国内外烧伤界的瞩目,武汉市第三医院的烧伤技术水平在全国居前列,有些技术达到国际先进水平。

80年代,武汉大学人民医院开展大面积深度烧伤切痂、削痂植皮术、微粒皮播植皮术治疗大面积烧伤,猪皮打洞嵌植自体皮片治疗特大面积三度烧效果明显。协和医院完成带真皮下血管网皮肤移植临床应用与生长因子机理研究，成果获湖北省科技进步二等奖。90年代后，武汉大学人民医院开展头发显微毛囊移植术，开展“头皮快速扩张术”达国际先进水平。武汉大学中南医院开展改变网状植皮修复各种皮肤缺损，达国际先进水平。

整形外科技术　1984年以来，省人民医院龙道畴等开展髂腹部复合组织岛状皮瓣阴茎再造术、用带双血管蒂的髂骨嵴复合组织岛状皮瓣阴茎再造术、用带双血管蒂髂骨嵴复合组织岛状皮瓣一期再造阴茎延长和加粗等成形术。形成了一种独特的“龙氏阴茎延长、加粗术式”，到2000年为国内1万余名患者解除了痛苦。其成果鉴定为国际首创，达国际领先水平，荣获国家教委二等奖、湖北省二等奖，国家发明二等奖，该项奖励为建国以来，武汉医学界第一次获得的最高奖励。

2001年，该院在中南地区率行开展体外超声乳化吸脂术，取得明显疗效。2005年，该院龙道畴为一中年男子切下特大阴囊增生组织（长94CM，重16公斤），并治愈双腿粗如水桶、脚趾溃烂患者。该院为一例颌骨额骨发育不良，其右腔大左腔小的阴阳脸患者，在湖北省首次应用计算机三维图像整形技术获成功。2007年，该院首例运用大腿游离皮瓣成形术加长、加粗阴茎，恢复男性性征。

90年代初，武汉市第三医院应用超薄皮瓣移植，对全耳、全鼻、阴茎、阴道等器官整形取得显著疗效。

90年代中期，协和医院在中南地区首次实施变性获成功。该院易传勋等在国际首创“切除舌头上癌细胞，并利用自体颈部肌肉修复舌头”，使再造舌头接近健康色，能正常吃饭，说话，达到国际先进水平。

1995年武汉市第三医院在中南地区首次应用两侧阴股沟带动、静脉皮瓣行阴道再造术获成功。协和医院在中南地区首例实施变性手术获成功。市三医院庞星原等为一“先天性左外耳缺”青年施行了第一期手术“肋软骨支架埋置术”，第二期手术“全耳再造术”，使耳廓、耳屏、耳垂栩栩如生；该院庞星原在国内首次应用乳房下端弧形切除新术式，一改传统的竖式刀法，保住了乳房上丰富的血管、神经、尽可能多的切除乳房，术后患者感觉乳头、乳晕良好。该院从1983年建科以来，已开展全耳、全鼻、乳房、阴道、阴茎等器官的耳造术1 300余例，为患者整复了自悲，塑造了自信，再造了新的希望和快乐人生，其开创的新术式新技术受到国内同行的赞誉，在国内属领先水平。2006年，该院为香港患者实施先天性无耳垂外耳廓整形术成功，该手术分三期进行，先在左耳后无毛的皮肤下埋上扩张器，进行21天培育，第二期手术在患者肋骨中取出一截软骨，按耳朵的形状雕刻成耳朵支架，再将支架埋置到撑起的左耳后皮肤中，继续生长，三个月后左耳大致形成，第三期手术进行修饰，做耳洞，修外耳道，调整附着在沟回上的皮肤组织，使其厚薄匀称，让人造耳朵层次分明，像天生的一样。

2007年，武汉市第一医院整形科应用微创技术治疗先天性无阴道症，术中将一段结肠取下，再造阴道获成功。这种手术所形成的阴道，与生理阴道无异，性生活时具有分泌、黏液和收缩功能。

小儿外科技术　（一）小儿普外科技术。先天性巨结肠症的诊治研究 武汉地区几家大医院均开展了小儿先天性巨结肠症的诊治与科学研究。同济医院是全国最早设立先天性巨结肠门诊的单位。该院童尔昌、王果等首次应用中西医结合非手术方法治疗先天性巨结肠症，取得明显疗效。随后，该院对小儿巨结肠症进行了深入广泛的、长期的系列研究（包括病因、遗传学、基因突变、流行病学、免疫学、超微结构、组织化学、中药药理、肠道神经分布、肽能神经改变、动物模型、诊断方法及手术方法的改进），取得诸多成果，在国内处于领先地位。“巨结肠症的中西医结合治疗和组织化学诊断研究”获卫生部、湖北省科技成果奖二等奖。1983年卫生部委托该院举办了全国巨结肠症成果推广学习班，培训全国小儿外科医生。80年代中后期，该院童尔昌等在国内首先开展改良的Martin手术，实施先天性巨结肠根治术、在全国率先开展钡剂灌肠+精密直肠肛管测压及一氧化氮组化技术对直肠粘膜胆碱酯酶定性定量测定和直肠肌电图测试相结合的方法，使先天性巨结肠症确诊率达95%以上，其成果“先天性巨结肠症新的诊断方法及根治的改进”1988年获卫生部、湖北省科技进步奖三等奖、武汉市科技进步奖一等奖；协和医院于1995年开始应用腹腔镜（微创技术）诊治先天性巨结肠症，到2004年已实施100例，成功率100%。

80年代初期，协和医院开展各种先天性畸形手术，如先天性肛门闭锁、直肠阴道瘘、手术年龄最小为1周的新生儿；应用结肠代食管治疗食道狭窄，年龄最小为3个月；小儿先天性肺囊肿行肺叶切除术，年龄最小为10个月；开展的隔疝手术年龄最小为出生后数小时。同济医院开展胆道囊肿切除+空肠间置术、胆道闭锁肝门空肠吻合术、应用纤维结肠镜作结肠注气整复肠套叠、腹骶会阴肛门成形术、直肠肌鞘内结肠拖出肛门成形术、小儿脾次全切除治疗脾脏疾病。80年代中后期，武汉市儿童医院开展部分脾保留术、后天感染性肛门前瘘经肛门修补术及去粘膜肛袖代肛门内搞约肌手术；开展YTAG激光行阑尾切除术及直肠肛门测压。

进入90年代，协和医院开展小儿溶血性贫血、血小板减少紫癜等脾功能亢进施行介入放射栓塞治疗，取得良好效果；对小儿脾切除后外周T淋巴细胞亚群的变化研究监测免疫功能变化；对先天性胆总管囊肿采用囊肿切除+肝门成形术，大大减少了术后并发症。同济医院开展大鼠小肠移植实验研究，达国际先进水平；胆总管囊肿切除后阑尾间置代胆道的研究，达国内领先水平；1996年，该院魏明发等开展小儿无肛手术前后括约肌功能比较研究。武汉市儿童医院开展在B超监视下生理盐水灌肠加压急性肠套叠整复术；肝脓肿、腹腔脓肿穿刺引流术，取得满意疗效。

2003年，协和医院王国斌、汤绍涛等国内首例腹腔镜下婴儿肛门闭锁开通术成功。该院为罕见的先天性食管闭锁7.5CM和远端气管食管瘘出生11天体重2.5公斤婴儿实施腹腔镜下自身10CM大肠建立新食管获成功。为全国年龄最小者。武汉市儿童医院湖北首例腹腔镜微创技术修补一例胸腔与腹腔间三厘米缺口,将疝入胸腔的肾复位+疝修补术+防胃食管反流手术成功。

2004年3月8日,协和医院阮庆兰、汤绍涛等为一对罕见腹部连着一个只有下身的男胎躯体、髋关节与男婴胸骨融合在一起,伴巨大脐膨出的寄生胎实施分离术成功。如此高难度高风险分离术成功在湖北属首例。同年7月12日,湖北天门连体女婴姐妹入住协和医院,计划满月后做分离手术,20日晚,两姐妹突然脐膨出,小肠脱出腹腔外,其中一个肺部感染,呼吸衰竭。经反复论证,医院决定实行急诊分离手术,21日12时30分,姐妹俩送进手术室,术中医生发现姐妹的心脏被一个心包包着,肝脏连在一起,肠子各自独立。医生精心地将肝脏从中分开,每人一半,继将两颗心脏从同一个心包中分离出来,分别植入各自的胸腔内,至下午6时手术成功结束。一小时后,患肺部感染的女婴不幸夭折。2005年6月18日协和医院集多学科专家成功分离联体女婴。大悟县90天联体女婴腹壁相连共一个肝脏,共一个心包,膈肌、心室肌相连,肠道、肾、脾、胆各自独立,其中一个心室间隔缺损,6月14日,医院为两姐妹进行术前期皮肤扩张术,在连接的皮肤处埋下扩张器,以脉络皮肤结合新生儿营养补给,为分离术创造条件。7月13日,小儿外科汤绍涛、阮庆兰等先分离腹部及肝脏,接着心外科孙宗全、董念国等切开隔肌,辟开胸骨,打开紧密粘连的心包,见两室相连中间有一很大的血管相通,两专家细心地结扎并切断血管,分开两心室,将心包一分为二。整形外科张一鸣、孙家明等最后修寂胸腹壁,整个手术8个小时,获得成功。7月25日通过手术后感染关,术后100天迎来周岁生日,医院为姐妹俩举行庆祝活动,并为姐姐取名为荷顺,妹妹取名荷利。经检索,这例联体分离术为我国第七例成功分离联体婴儿。

2005年,协和医院开展腹腔镜巨结肠根治术和高位肛门闭锁手术,高难度高风险小儿脾切除术,小儿食管裂孔修补术,胃底Nissen折叠术,漏斗胸等微创手术;2006年开展腹腔镜下胆总管囊肿切除,肝管空肠吻合术。2007年,开展腹腔镜下治疗斜颈成功。该院腹腔镜微创手术达国内领先地位。

(二)小儿胸心血管外科技术。80年代,武汉市儿童医院江泽熙等在湖北省人民医院高尚志的协助下完成第一例体外循环心内直视手术,为一6岁患儿施行室间隔缺损修补术,于1986年,该院江泽熙等独立施行房间隔缺损修补术成功之后,相继开展了重度房、室间隔缺损、法鲁氏三、四、五联症、右心室双出口、完全性或部分性肺静脉异位、主动脉缩窄及动脉导管未闭等特殊性心脏畸形的高难度矫治手术,到2000年已为来自全国各地患儿近2 000例,成功率在95%以上,其中年龄在1岁以下,体重在4公斤以内者占10%,其中年龄最小的仅出生1个月,是为湖北乃至全国最小的一例;该院开展的肺叶切除中年龄最小为出生10个月;所开展的膈疝修补术年龄最小为出生数小时;所开展的心脏肿瘤切除术最小患儿为3岁,这一例为该院成立44年来最小的1例肿瘤切除术;该院开展的食管闭锁疏通术,其最小患儿为出生仅5天婴儿。该院胸心外科在全国儿童医院中处于领先地位。1986年9月,该院为1岁半男孩应用介入放射治疗肺动脉瓣狭窄成形术成功,在全国综合性儿童医院中率先开展介入放射技术,之后,该院应用介入放射技术开展了血管瘤、动静脉畸形、动静脉瘘等的栓塞、疏通和药物化疗,仅1999年就施行了400例,该院在长期的治疗中总结出一整套行之有效的治疗方法,有效率100%;该院江泽熙等完成的深低温有限循环转流婴儿先天性心脏病心内直视手术研究,1990年获武汉市科技进步奖二等奖;该院江泽熙完成的"幼婴先天性室间隔缺损并中、重度肺高压围手术期处理肺动脉压监测临床意义"2000年获武汉市科技进步奖三等奖。广州军区武汉总医院张殿堂等开展的"法罗氏四联症修补术(2－14岁、体重9—36公斤)211例临床应用研究"获军队科技进步奖二等奖。协和医院为一例完全性大血管错位合并房间隔缺损患儿施行中南地区首例雪林(Senning)手术获得成功;对10例胸腺瘤病儿施行手术无一例死亡;对广泛颈胸部巨大淋巴瘤导致呼吸困难的病儿进行分期手术取得明显疗效。湖北省人民医院为一例心脏病患儿安装全国首例VDD生物型心脏起搏器成功。

2004年,湖北省人民医院湖北首例为4岁儿进行微创封堵先天性动脉导管末闭成功。为湖北省微创动脉导管末闭的最小患儿。

2007年,武汉市儿童医院施行9天婴儿心脏手术,刷新湖北省年龄最小纪录。

(三)小儿泌尿外科技术。80年代,湖北省人民医院在全国率先开展自体、同种异体睾丸移植的临床应用研究,其成果达国际先进水平。同济医院于1980年在全国率先施行首例幼儿肾移植手术获成功;小儿肾上腺肿瘤切除术;成人异体肾移植治疗幼儿侧肾胚胎瘤。武汉市儿童医院开展输尿管异位开口术、输尿管囊肿切除术、尿道延伸以"V"形切口矫治阴茎下曲,"Y"形带蒂皮条尿道形成术治疗尿道下(上)裂成形术;开展膀胱外翻、膀胱肿瘤、直肠代膀胱手术;开展隐睾及包茎、鞘膜积液等手术,取得满意疗效。90年代,同济医院开展尿流动力学研究、小儿神经源性膀胱、先天性尿道下裂的分子遗传学和基因突变等进行了深入研究,其论文首次在国内报道,1999年,在国际小儿外科学术会议上交流,受到与会者欢迎。湖医大二院开展"新生儿阴茎长度测定及临床意义研究"为我国首次确定了新生儿阴茎长度的正常值。武汉市儿童医院开展肾胚胎疾病的介入检查与治疗。

2003年,武汉市儿童医院为13岁患儿尿道下裂施行一次性尿道成形术+阴茎阴囊整形术+尿瘘修补术+右侧鞘膜积液术获成功。2005年,武汉市儿童医院湖北首次实施腹腔镜下腰部打小孔,真播腹膜后剥离并摘除病变肾脏获成功。

2005年,武汉市儿童医院为3岁女孩被汽车从胯部辗过,尿道断成两截,阴道破裂,子宫损伤,施行阴道前壁修补,子宫复位,膀胱修复,尿道缝合手术获成功。

(四)小儿骨科技术。80年代初,武汉市儿童医院开展胫骨延长术治疗下肢短缩畸形;开展骨与关节畸形、小儿创伤、小儿骨肿瘤的治疗;开展臀肌挛缩症及先天性肌性斜颈治疗。80年代中后期,武汉市儿童医院开展髂腰肌移位及髋屈曲软组织松解术;灰质脊髓炎后遗症髋屈曲挛缩并臀肌瘫痪畸形;股骨一次延长及骨盆截骨肢体均衡术治疗小儿肢体缩矫畸形;利用旋股外铡动静脉移位植入治疗股骨头缺血性坏死;骨骺撑开术治疗下肢矫缩关膝屈曲挛缩畸形;开展头皮游离植皮治疗疤痕挛缩畸形。

90年代,同济医院开展髋关节脱位、马蹄内翻足治疗,其水平达国内领先水平。武汉市儿童医院国内首创髋臼加深、股骨缩短、旋转截骨、造盂4种手术一次完成的新术式,治疗大龄儿童髋关节脱位,取得显著疗效;1997年3月31日,该院余希临实施国内首例腰椎孔长出(7×3×2cm)的脊髓肿瘤剥离术获得成功;该院曾宪民等完成的"背阔肌、骶棘肌和人工腱联合重建臀肌功能的研究"1995年获武汉市科技进步奖三等奖。

心血管内科技术 20世纪80年代,协和医院王新房等在国内率先的"双氧水心脏声学造影"分获卫生部、湖北省科技成果一等奖,国家科技进步三等奖;王新房等完成的"肺小动脉嵌顿注射双氧水进行左心系统声学造影"获湖北省科技进步一等奖。武汉大学人民医院开展腔内电生理检查、预激综合征心脏检测和心外膜检测与临床研究,达国内领先水平;该院在国内率开展与国际同步的心率失常的射频消融术治疗心动过速根治术,达国际先进水平。

1989年,协和医院在国内率先与国际同步开展"双平面经食道超声心动图结合心脏解剖提出6个新的纵轴切面",达国际先进水平,获卫生部科技进步二等奖;该院在国内率先开展"经食道三维超声心动图研究"获国家教委科技进步二等奖、卫生部科技进步三等奖、国家级科技进步三等奖;王新房等主编的《彩色多普勒诊断学》获国家教委科技进步二等奖;《超声心动图学》获湖北省科技进步一等奖。

90年代初,在90年代初期,武汉各大医院相继开展了血流动力学运动耗氧量测定、冠脉造影、经皮血管二尖瓣球囊扩张成形术、经皮血管肺动脉球囊成形、室性心律失常射频消融术、静脉冠脉内溶栓(PTCR)术、心肌细胞电压钳制术、单导标测(RFCA)治疗顽固性心律失常、三尖瓣狭窄PBTY术以提高生活质量,开展单腔频率应答式生理起搏器、双腔全自动起搏器、双腔频率应答式自动起搏器治疗心动过缓患者。90年代中后期,武汉地区各大医院开展心房内电复律、经皮冠脉内支架安置术、AF消融术、AFVT、SNR-1消融术、经皮冠脉球囊扩张成形(PTCA)术、体外反博术对PTCA后再狭窄的预防治疗、经皮粥样斑块旋磨术、CCC-2治疗心律失常、ICD治疗恶性室性心律失常及心源性猝死、右心室心动过速的检测与消融、埋藏式自动心脏复律除颤器防治猝死、心房颤动电生理研究、急诊PTCA治疗心梗、单导管消融左心房旁道治疗预激综合症、房室结双径的新法消融术、冠脉内化学消融术治疗IHSS、房间隔缺损伞闭术、肾动脉狭窄的球囊扩张加支架术。到90年代末期,武汉地区三级医院都能开展冠脉造影、溶栓疗法(PTCA)、(CR)、(LSK)、(CS),经皮激光冠状动脉形成术、(RCA)、(BP)等介入放射技术。

协和医院心血管内科,经过几代人的努力,建立起神经-内分泌-免疫调节网络的研究平台;以心血管病介入治疗-干细胞移植-基因治疗的技术平台;以基因钳-细胞膜片钳-转基因细胞的技术平台,促进了心血管内科技术的发展,在心血管免疫学、心脏电生理学、心血管病分子生物学、介入心脏病学、心力衰竭等方面取得显著成绩。扩张型心肌病抗体损伤心肌的机制和防治研究,达国际领先水平。率先在国际上报告了难治性高血压患者血清中存在抗ATI受体抗体和抗α1受体抗体,发现血管紧张素Ⅱ水平、抗ATI受体抗体与难治性高血压的关系,并提出了难治性高血压神经-内分泌-免疫调控网络的学说;率先在国际上发现急性心肌梗死患者血清中抗心肌肌球蛋白抗体,该抗体对患者心室功能具有不良影响。心肌收缩蛋白的基因和心脏组织的内分泌、旁分泌研究成果达国际先进水平。所开展的冠心病PTCA、支架介入心脏手术水平居全国先进行列。交感神经递质与心肌缺血关系研究、二尖瓣狭窄血栓前状态及其机理研究、人工心脏起搏的追踪管理检测技术等项研究居国内领先水平。该院廖玉华等完成的"扩张型心肌病抗体介导心肌损伤机制及其防治研究",1999年获湖北省政府科技进步奖二等奖;廖玉华等完成的"卡托普利对急性心肌梗塞病死亡率及并发症影响的多中心随机临床研究",2000年获国家科技进步奖二等奖。

湖北省人民医院心血管内科达国际先进水平有:心律失常的射频消融根治心动过速(1990)、心肌细胞电压钳制术指导心律失常的药物治疗(1992)、单导标测RTCA治疗顽固性心律失常(1993)、三尖瓣狭窄PBTV治疗(1993)、体外反搏博术对PTCA术手再狭窄的预防作用、世界首创急床旁冠脉溶栓(1994)、右室室性心动过速的检测与消融(1995)国际领先水平、新型冠脉支架植入防治冠心病及PTCA术后再狭窄(1996)、射频消融防治瓣膜成形术后房颤、房扑复发控制心律失常(1996)、射频消融治疗窦性早搏控制心律失常(1996)、心房颤动的电生理研究(1999)、细胞凋亡与心血管疾病关系研究(1999)、心房扑动的射频消融(1999)、房室结双径的新法消融(1999)。

进入21世纪,武汉地区心血管内科技术有新的发展。2001-2007年7年间:协和医院达国内领先水平的有:1. 经皮冠脉球囊成形术(PTCA)+支架置入治疗冠心病;2. 急诊PTCA+支架置入术治疗急性心肌梗死;3. 射频消融术治疗阵发性室上心动过速和阵发发性心肌室性心动过速;4. 安装永久性起博器和监测随访;5. 主动脉内支架置入术治疗主动脉狭窄;6. 房间隔缺损、动脉导管未闭封堵术治疗先天性心脏病;7. 肥厚型心肌病室间隔消融术治疗肥厚型心肌病;8. 冠心病冠脉病变无创筛选检查与诊断;9. 继发性高血压的病因诊断与治疗;10. 难治性高血压的针对性降压治疗;11. 急性重症病毒性心肌炎的抢救与治疗;12. 扩张型心肌病的早期心肌保护研究;13. 难治性心力衰竭的治疗;14. 主动脉夹层的紧急救治;15. 急性心肌梗死的紧急救治;16. 大量积液的紧急救治。该院应用冲洗式射频消融术清除房颤成功率达100%,从根本上消除房颤恢复窦性心律,改善心功能,降低血栓发生率,起到积极作用。

2004年,协和医院卢永昕开展细胞基因和组织工程技术要体内建"药厂",治疗缺血性心脏病,首先在患者耳上取出几个细胞,将促进血管生长的基因放到细胞里,在体外培养,将改良后的细胞埋到患者身上缺血的部位,就能起到"药厂"的作用,它可以不断产生促进血管生长的药物——特殊蛋白质,供缺血的部位生长出毛细血管,达到治疗目的。

2006年,协和医院廖玉华等完成的"高血压中免疫介导血管重塑的发病和机理研究及其标志物研究."获湖北省、武汉市科技进步一等奖。该院为一例92岁急性心肌梗死患者实施介入手术成功,为湖北省最大年龄手术成功纪录者。

同济医院马业新等开展的"经挠动脉穿刺冠脉造影"所取得的成功,被誉为是检验冠心病的"金标准";马业新等在国内率先开展的心脏支架置入加化学消融术治疗罕见的特发性肥厚性栓阻型心肌病合并冠军脉病变,术后症状完全消失;该院完成的湖北省首例双室同步三腔起搏器植入治疗扩张性心肌病(窦性心律)心衰病人成功。

湖北省人民医院江洪等,为攻克心脏冠脉狭窄治疗后,由于平滑肌细胞增生,再次产生狭窄世界难题,在实验研究取得成果后,在临床上为一例急性心肌损害昏迷病人,在前降支动脉狭窄处进行微创手术时,在支架植入的同时,植入一个有定时定量释放雷帕霉素的药包,解决了再狭窄的民办难题。该院开展的射频消融治疗阵发性室上心动过速、激综合征、房性心动过速、心房扑动、室性早搏、室性心动过速等项顽固性心律失常等疾病,其成功率高达99%,植入人工心脏起搏器和自动转复除颤器治疗室传阻滞、窦性心动过速、心脏猝死的成功率达100%,经皮冠脉球囊成形、支架置入和旋磨等治疗冠心病的成功率达95%,二尖瓣球囊成莆术治疗风湿性心脏病的成功率达98%,先天性心脏病房间隔缺损,动脉导管末闭介入治疗成功率高达100%。黄人新、江洪等完成的"室间隔缺损介入治疗"、"房颤的射频消融治疗"、"主动脉"夹层腔内修复技术.、"心衰的三腔起搏治疗",均达国际先进水平。黄从新、洪洪等完成的"房室结折反性心动过速的发病基础与射频消融治疗"2001年攻国家科技进步二等奖,湖北省科技进步一等奖,黄新等完成的"病毒性心肌炎与扩张性心肌炎的实验与临床研究"、"心房颤动的基础与临床研究"2003年分获国家科技进步二等奖。

武汉亚洲心脏病医院,成立于1999年11月11日,全国最大的民营三级心脏病专科医院,该院聚集了国内外最优秀的心血管治疗专家,开业第一年,完成介入检查、治疗手术820台,死亡率为1.3%。第二年完成介入检查治疗手术1500余台,到2007年,8年间成功开展各类心血管病的介入检查治疗4.2万余例,有效率达98%以上,居华中地区首位,年手术量已连续5年进入全国前10位次。多项手术在全国处于领先地位:1. 主动脉夹层的介入治疗;2. 急性心梗患者实施急诊冠脉支架术;3. 肥厚性梗阻型心肌病导管化学消融术;4. 国内率先开展先天性心脏病房缺Amplatzs介入封堵术;5. 房颤患者实施射频消融术;6. 植入性电复律除颤起搏器的安装;7. 国内率先开展先天性心脏病室缺Amplatzs封堵术;8. 中国急性冠脉搏综合征临床路径研究(CPACS,中澳合作项目);9. TAXUSTM药物涂层支架研究(全球注册项目,MILESTONEII);10. 第二代雷帕霉素药物洗脱支架研究(中国注册项目CCSR);11. 急性ST段抬高性心肌梗死溶栓治疗研究(EXTRACT TIMI 25);12. 原发性高摁血压的研究(国际RIAT);13. 非瓣膜性房颤预防血栓栓塞的研究(国家十五攻关课题);14. ICD临床应用研究(国家十五攻关课题);15. VT-Pro BNP在心衰和急性心梗中的应用及临床意义研究;16. 率先开展经桡动脉路径施行冠状动脉介入治疗术。

血液病科技术 20世纪80年代中后期,协和医院沈迪等在国内首先发现一组新型血小板功能聚集缺陷症,对该病的血小板超微结构、膜糖蛋白等方面进行了系统研究,该成果于1987年获国家教委科技进步奖一等奖,这一罕见疾病的发现对血液病学做出了贡献,被国内同行誉为"沈迪氏病"。广州军区武汉总医院于1985年自制胎肝注射液治疗再生障碍性贫血、左旋咪唑治疗再生障碍性贫血,获军队科技进步奖二等奖。1991年,协和医院在中西南地区成功地开展了首例异基因骨髓移植,到2000年,相继开展了外周干细胞移植、淋巴细胞瘤输注、无血缘关系供者骨髓移植、脐血干细胞移植、不完全相合外周血干细胞移植(由台湾供髓的无关供者骨髓移植共4例),治疗的病种有急性白血病、慢性粒细胞白血病、非霍奇金氏淋巴瘤、再生障碍性贫血等计60余例。随着骨髓移植的开展,促进了干细胞分离、骨髓体外净化、骨髓冷冻保存等技术的发展。手术成功率和长期存活率得到很大提高,在国内达先进水平。在干细胞移植中采用多项新技术:同基因骨髓移植中应用白细胞介素-2与小剂量环孢菌素A诱GVHD、供者淋巴细胞输注治疗急性复发性白血病、应用OHT3单抗及CD25单抗治疗和预防GVHD,均取得了显著疗效;该院王碧玉开展的"湖北省遗传性溶血性贫血研究"、钱新华开展的"聚合酶反应检测慢性粒细胞白血病bcr/abl融合基因研究"、杨爱德完成的"慢性粒细胞白血病的细胞遗传学与分子生物学系列研究",均获湖北科技进步奖二等奖;1998年,该院宋善俊等在国内率先采用细胞疗法治疗难治性白血病获得成功;该院金润铭等完成的"脆性X综合症与脆性X-E病的快速基因诊断研究",2000年获湖北省科技进步奖二等奖。广

州军区武汉总医院李欣等开展的“微量液体克隆形成法的建立及在白血病化疗中的作用研究”获湖北省科技进步奖二等奖。同济医院于1996年开展异基因异血型骨髓移植治疗白血病获得成功；1997年在湖北省首先开展了外周血干细胞移植治疗白血病获成功；该院刘文励等开展的去淋巴细胞血浆疗法治疗活动性红斑狼疮，达国领先水平，其成果分获湖北省、武汉市科技进步奖二等奖。

2002年，协和医院邹萍等完成的“骨髓移植相关基础与临床研究”获湖北省科技进步一等奖；该院在中南地区实施首例、全国第二例有血缘关系脐血干细胞移植治疗白血病获得成功。

2003年，同济医院开展“非清髓性造血干细胞移植”术，术中先将患者妹妹的造血干细胞移植到患者体内，8日后，造血干细胞在体内生长繁殖，一月后，又将妹妹的淋巴细胞移植到患者体内，以增强消灭血液中肿瘤细胞的实力，4个月后，白血病患者治愈出院；该院在中南地区首次应用免疫抑制剂“抗淋巴细胞球蛋白（ATG）”为再生障碍性贫血患者，获得明显疗效，武汉市中心医院创湖北省首例受、供体年龄最大的一例外周血干细胞移植治疗白血病获成功（供者为患者姐姐，53岁，受者为妹妹，45岁）。协和医院在中南地区率先实施对白血病患者新疗法。术中，从患者体内抽出50毫升骨髓，从中分离出淋巴细胞，再从他静脉血液中分离单个核细胞，由DC细胞向它们传递信息，通过药物强化训练成CIK细胞（细胞因子活化杀伤细胞）输回患者体内攻杀病细胞，持续20余天后，病情良好。该院在同内率先开展骨髓基质干细胞培育、分化为胰岛细胞治疗糖尿病，取得重大突破，获国家专利。

2005年，协和医院在全国首次应用骨髓加干细胞混合转移治疗白血病成功。创供体骨髓与患者骨髓不完全匹配也能成功移植的先例。同济医院在湖北首次实施造血干细胞移植治疗血小板少到1 000个单位，几乎消失生命的患者成功，现已治愈60例，成功率在70%以上；该院开展全首例自体造血干细胞移植治疗自身免疫性溶血性贫血，获得成功。方法是从自身抽出外周血，从中提取造血干细胞，冻存起来，期间对患者行大剂量化、放疗，杀灭体内恶性肿瘤细胞，然后将解冻的造血干细胞回输到体内，重建造血和免疫功能，达到根治；该院在湖北首先运用自体造血干细胞移植治疗系统性红斑狼疮成功。后相继开展了造血干细胞治疗糖尿病，重症肌无力、类风湿关节炎、免疫性溶血性贫血、硬皮症等自身免疫性疾病，均取得明显疗效。武汉市中心医院为一例90岁患糖尿病老太实施干细胞移植成功，为武汉地区接受此法年龄最高者。

2006年，武汉大学中南医院湖北首例运用自身造血干细胞治疗硬化性骨髓瘤合并多发性神经病变、内分泌改变、皮肤改变、脏器肿大多种疾病患者获成功。

妇产科技术　20世纪80年代，协和医院叶怀英等完成的“胎儿质量预测的研究”，1983年获湖北省科技成果奖二等奖、1986年获国家计生委科技进步奖三等奖；该院管惠英等完成的“新生儿免疫功能、成熟度和血液电解质研究和临床应用”1983年获湖北省科技成果奖二等奖；同济医院陈耿生等完成的“宫颈癌病理分型及宿主反应对预后判断研究”1982年获湖北省科技成果奖二等奖。武汉市第二医院王淑范等开展“羊水细胞制备染色体法、温差阻断法制备人类高分辨染色体研究”，其成果获湖北省、武汉市科技进步奖三等奖。广州军区武汉总医院开展早中期妊娠口服药引产技术，其中芫花酯乙中期引产，1983年获军队、卫生部科技成果奖二等奖。

80年代中后期，武汉地区各大医院相继开展显微外科技术、介入放射治疗技术治疗输卵管阻塞、髂动脉栓塞复通术、髂动脉肿瘤的介入化疗。协和医院李慰玑等在全国率先开展的“安定对孕、产期宫颈肌作用的临床应用研究”，其论文在德国妇产科杂志上发表，在国际同行中产生较大影响，其成果于1987年获武汉市科技进步奖二等奖、1988年获湖北省科技进步奖三等奖，1994年获国家计生委科技进步奖三等奖；同济医学院计生所吴熙瑞等完成的棉酚生殖药理和毒性的实验和临床研究，达国际先进水平，1989年获湖北省科技进步奖三等奖；吴熙瑞等完成的前列腺素对子宫胎盘血循的调节及对胎儿发育等方面的影响，1991年获湖北省、武汉市科技进步奖二等奖。湖北省人民医院完成的“改良式阴道前后壁修补术治疗子宫脱垂的研究”获湖北省科技进步奖二等奖；王大刚等开展“全国出生缺陷高发区病情调查研究”，其成果获卫生部科技进步奖二等奖。湖北医大附二医院陈惠祯等完成的“五峰土家族自治县渔关区宫颈癌防治研究”1989年获湖北省科技进步奖二等奖；湖北省妇幼保健院林明理等与外单位合作完成的“复方18甲长效口服避孕药的进一步研究及临床应用”，1986年获国家计生委科技进步奖二等奖，1987年获国家科技进步奖二等奖。

90年代初，同济医院应用大型远红外线诊断仪辅助诊断恶性肿瘤，建立计算机人工智能化子宫肿瘤快速筛查系统，提高了诊断率，在治疗上已由传统的手术、化疗，向手术、化疗、放疗、生物治疗综合性治疗转化，并为基因治疗奠定了基础；开展超选择动脉栓塞化疗、腹腔及腹腔静脉 双途化疗、缓解药膜局部治疗、大剂量化疗＋脐血＋细胞支撑疗法得到普遍应用，并取得显著疗效。协和医院开展腹腔镜、宫腔镜术治疗妇科疾病，开展子宫肌瘤阴式全宫切除术、子宫内膜异位、子宫肌瘤剔除切除、宫腔镜妇科微创手术、盆腔粘连分离术、输卵管切除术、输卵管妊娠取胚术、输卵管切除、造口、疏通术等取得显著疗效，在国内处于领先地位。其中一例肌瘤切除后，怀孕生下6.5公斤男婴在国内罕见；该院在国内首先建立早孕期产前诊断先天性人巨细胞病毒（HCMV）感染的核酸分子杂交方法，其敏感性为100%，特异性为71.4%，准确性为86.7%，其成果达国内领先水平。湖北省人民医院王大刚等在全国首创经阴道前穹隆弓颈筋膜内子宫筋膜内子宫切除，1997年获湖北省科技进步奖三等奖。武汉市妇幼保健院张斌等完成的“孕妇锌营养状况对小儿生长发育的影响”1995年获卫生部科技进步奖三等奖。湖医大第二医院陈惠祯等完成的“盆腔腹膜外逆行性子宫切除术在晚期卵巢癌缩瘤术中的应用研究”，使手术成功率由原来的25%，提高到94%，病人的成活时间大大延长，其成果于1992年获湖北省科技进步奖二等奖，陈教授也博得世界性声誉。

90年代中后期，同济医院闻良珍等在国内率先应用孕妇血DNA斑点杂交技术检测孕妇病毒感染早孕绒毛DNA斑点杂交技术诊断胚胎病毒感染、中孕其羊水DNA斑点技术产前诊断胎儿病毒感染取得重大进展，其成果“宫内感染的诊断及对胎儿发育影响”分获卫生部、湖北省、武汉市科技进步奖一等奖；该院顾美皎等完成的“卵巢癌细胞内ATP、ATP酶及Ca2+含量与化学敏感及耐药的相关研究”达国际先进水平，1997年获湖北省科技进步奖二等奖；华中科技大学同济医学院计生所吴熙瑞等完成的“抗孕激素新药米非司酮的研究”、“米非司酮配伍前列腺素中止早孕药代动力学及系统临床研究”，分获国家科技进步奖二等奖；“前列腺素对子宫胎盘血循环的调节对胎儿发育等方面的影响”获卫生部科技进步奖二等奖；熊承良等完成的“人精浆和精子中尿激酶型纤溶酶原激活因子及其受体与精子活力的研究”1999年获湖北省科技进步奖二等奖。1998年，协和医院开展子宫动脉栓塞治疗子宫肌瘤，至2003年100余例，有效率87.6%。2000年洛若愚等开展电视腹腔镜下子宫肌瘤旋切粉碎术。并举办全省腹腔镜手术学习班向全省推广。武汉市第三医院妇产科于2000年3月24日，为一八旬太婆成功摘除8公斤重巨大卵巢肿瘤，太婆伴有高血压、心脏病、肺气肿、左侧肢体瘫痪等内科综合症，在内外科医生联手为其成功切除，术后血压、心率等均有明显改善，这例手术在武汉地区实属罕见。

2001年，同济医院闻良珍等完成的“三种病源体宫内感染的诊断防治及近无期随访研究”分获湖北省、武汉市科技进步一等奖。

2002年，武汉大学人民医院实施腹腔镜下双穿刺孔超声刀子宫肌瘤病变全切术，在手术期间，接受中南五省100多位妇产科专家观摩受好评。武汉大学中南医院在湖北省首次开展卵巢癌患者保留生育功能手术成功，一年后该妇女顺利产子。该院已对93例年轻妇女恶性肿瘤卵巢生殖细胞瘤患者采取保留生育功能的腔镜手术。协和医院率先应用光敏感器宫内监测胎儿待产和分娩全过程。应用监测器后，让接生医生大胆接生，准确率达100%。

2003年，同济医院产科剖腹产下四胞胎（体重为1.95、1.75、1.54、1.5公斤）；2007年6月21日，该院为湖北省阳新县孕妇剖宫产下四胞胎（1.8、1.4、1.7、1.45公斤）。据该院记载，上世纪80年代，曾有1例四胞胎顺利出生。产四胞胎罕见，而同济医院三次接生四胞胎更罕见，在全创奇迹。协和医院完成湖北省首例腔镜下阴道成形术，术中在腹部打4个直径0.5－1CM的小孔，在腹腔镜下剪下18厘米带肠系膜血管的乙状结肠，从会阴部开一个窗口，修一条通道，将上端与腹腔沟通后，再把切断游离的带血管蒂的结肠下拉移植到“隧道”处吻合成功。术后人造阴道性功能良好。

2006年，协和医院胡丽华完成的“端粒酶逆转录酶mRNA的实时定量检测及其肿瘤诊断价值研究”获湖北省科技进步二等奖、武汉市科技进步一等奖；该院邹丽为一产妇切除25公斤重肿瘤后顺利取出2.65公斤重健康男婴，这例手术成功，产妇、婴儿都平安，被视为医学界奇迹；该院妇产科与骨科联手，为一例患腰椎肿瘤的双胞胎孕妇成功分娩并摘除肿瘤。先由妇产科剖腹产取出双胞胎，接着骨科为产妇取了拳头大腰椎肿瘤并重建第二腰椎成功。武汉大学中南医院湖北省首例为一阴道癌患者实施阴道癌切除并阴道再造手术成功。经过术后检测，阴道弹性良好、分泌功能良好；该院张元珍等完成的“物理因素对生殖功能及胚胎发育影响的基础与临床研究”获湖北省科技进步一等奖。

80年代初，同济医院对人类辅助生殖技术进行系列研究，经过近10年的实验和临床运用研究，在取得中国首例腹腔镜配子输卵管内移植技术成功的基础上，又取得了体外受精胚胎移植术、赠卵试管婴儿、人工孵化、卵母细胞浆内单精子注射术、睾丸或附睾穿刺单精子注射术、多胎减胎术、胚胎冷冻复苏等七项人类辅助生殖技术新成果。并于20世纪90年代初常规应用于临床，治疗周期数达四千四百七十七例，累计妊娠率由百分之二十二点四提高到百分之四十四点九，着床率由百分之八点二提高到百分之二十二点八，分娩率由百分之十五提高到百分之三十二点六。而欧、美等国此前公布的技术数据，均低于该水平。到2005年底，1 516个小生命在该院生殖医学中心的帮助下，来到人间。这项技术已达国际先进水平。该院玻璃化冷冻胚胎全国领先，已成功分娩29例。玻璃化冷冻胚胎技术妊娠被专家誉为“独门暗器”。2003年，一名患者因双侧输卵管不通接受助孕技术。医生从其体内一次性取出14个卵子，让它们和精子形成胚胎后，取其中3个植入母体后，剩下的则冷冻在－196℃的液氮中，以备再用。患者首次助孕失败后，医生们启用了冷冻的胚胎。当时临床上冷冻胚胎的常规办法是，先将胚胎脱水，再置于液氮中，整个过程需3个小时。当胚胎温度降到15℃——5℃这一“危险区间”时，易使胚胎中残留水分形成冰晶，一旦冰晶形成，脆弱的胚胎就会被冻死。在实验中，该院研究者制出一种特殊的保护液，保护液在短短半秒钟内裹携胚胎通过危险区间，未形成冰晶，妊娠成功。到2006年4月，这一独特技术已成功妊娠58例，分娩健康婴儿29例。该院罗丽兰等完成的“腹腔镜配子输卵管内移植的研究”1995年获湖北省科技进步二等奖。

（戴孔嘉）

卫 生 界 人 物

2007年获全国特殊荣誉人物

【受国家卫生部表彰全国卫生系统先进集体名录】

华中科技大学同济医学院附属协和医院心外科

武汉大学人民医院心血管内科

武汉市卫生监督所

【受国家卫生部表彰全国卫生系统先进工作者名录】

张介眉　武汉市中西医结合医院院长

费兰波　湖北省中医医院主任医师

熊悦安　武汉市急救中心主任、武汉市传染病医院院长

【国家卫生部授予"白求恩奖章"名录】

桂希恩　武汉大学中南医院主任医师

【受国家卫生部表彰全国卫生系统先进工作者事迹简介】

张介眉　男　中共党员，武汉市中西医结合医院院长、主任医师、全国第三批500名名老中医继承工作继承专家。社会兼职学术团体多项职务。先后荣获"白求恩式的卫生工作者称号"、"武汉市百日立功活动二等奖"、"全国百名优秀院长"、"湖北省医院管理先进工作者"等称号。荣获武汉市政府"优秀科技人才奖"，享受国务院专项津贴和武汉市政府专项津贴。

张介眉主任从事中西医结合内科临床、科研和教学近40年，擅长心脑血管疾病的诊断和治疗，致力于中西医结合方法学和优势病种研究，提出"阳气不通"导致"脉络痹阻"是心脑血管疾病发生的原因。在国家、省级专业期刊上发表论文60篇，主编出版学术专著12部，取得科研成果13项，其中获湖北省及武汉市科技进步二、三等奖13项。

他主张中医理论精髓与精湛的西医技术相结合，运用现代技术探寻祖国医学奥秘，取得一定成果。倡导中西医结合方法学研究，寻求其"结合点、切入点、突破点"，推行"优势病种"的中西医结合方法学研究，并以"疗效(包括治愈率、好转率)、疗程、死亡率、费用、科学实验及学术认同度"六个方面作为评价指标，科学、规范地制定了"优势病种中西医结合临床研究"方案。他倡导传统医学的自主创新，对如何充分发挥中医药的优势，把中药鲜药的应用开发研究作为切入点，通过大量研究掌握了鲜药的提取技术，丰富了中西医结合方法学研究内容。

张介眉院长坚持"中西医结合建院"思想，强化"中西医结合优势"战略，全面推行"六大战略"，巩固医院中西医结合特色，把医院带入健康发展之道，连续8年，医院各项业务指标逐年提升，年门诊量由70万人次增至151万人次，住院者由1.8万人增至3.6万人，医院病床数由700张增至1 628张，逐步深化中西医结合内涵建设，狠抓"专科专病、重点学科发展"，实施"资源优化"，引进和培养人才，构建中西医结合科研平台，实施80余项便民措施，赢得病人好口碑，实现了医院"规模适度扩大，内涵深入发展，科研突飞猛进，管理不断创新"。

熊悦安　男　中共党员，武汉市急救中心主任，党委副书记，武汉市传染病医院院长，获硕士学位、主任技师职称。当选中国医院协会急救中心(站)管理分会副主任委员、湖北省医院协会急救中心专业委员会主委，江汉区人大代表。先后获市级以上各类荣誉12人次。中共武汉市委授予"优秀党务工作者"、"武汉市防治非典二等功"。

熊悦安主任以创新机制盘活资源，建立健全全市急救网络，提升急

救服务能力。他以改革与发展为主题,从内部挖潜,盘活市场入手,把转变观念、树立急救意识作为首要工作,以创建市级急救中心为标准,以促进医疗急救事业的发展为目标,把团结、稳定作为事业发展的基础和前提,有计划、分步骤地稳定推进急救事业发展。调动职工积极性,振作精神,克服困难。通过8年努力,武汉市急救中心已与全市52家医院建立绿色通道。与110、119、122建立联动机制。通过多层面合作机制集聚了2架直升机、6艘快艇、57台救护车及大批院内急诊医生。急救站点由原来的2个发展到17个,缩短了城市急救半径(8公里),提高了应急反应能力(应急时间15分钟),使伤病患者得到基本的急救医疗服务。他提出开展直升机空中急救业务并成功完成首例空中急救转运任务,被媒体誉为"开创全国商业空中急救之先河"。先后已成功完成13例直升机急救工作。他为了提升院前救治水平,加强重点专学科建设和急救人才队伍建设,从创新急法庭网、急救人才网、急救网络的建设,加强急救装备现代化、建立突发公共事件紧急医疗救援体系五大方面入手,促进急救能力的提升。先后完成市级急救中心创建达标、市急救培训中心创建挂牌、市重点学科单位评审达标。通过在职硕士生培养等多种措施,使急救世主专业队伍建设提升到新层次,为院前急救从运输型向抢救型转变奠定了基础。。2004年以来中心已发展相关论著(文)50余篇,在全国首届急救技能大赛中荣获团体第三名、个人总分第七名殊荣。熊悦安主任先后主持完成二项科研课题,获武汉市重大科技成果。他努力探索同行业国际间学术交流与合作,并取得了丰硕成果,分别 同国际SOS救援中心等多个组织分别签署急救培训项目等多个协议。成功举办2005年全国院前急救学术会议,2007年第六届城运会《医疗急培训班》、《灾难医学和突发事件管理研修班》。八年来,市急救中心实现了急法庭人次增长10倍、业务收入增长9倍、职工收入增长5倍、固定资产增长3.7倍四个同步增长。连续七年被市卫生局评为"先进党委"、"先进单位",集体获得市级以上各类荣誉14次。

卫生界人物选介

(根据单位资料整理,排名不分先后)

王国斌 男 1954年6月出生,湖北人,汉族,中共党员、教授、主任医师,获德国医学博士学位,任华中科技大学党委委员,同济医学院附属协和医院党委书记、院长,湖北省普通外科分会主任委员、中华医院管理学会湖北省分会副会长、武汉市科技协会副主席,当选第十届、十一届武汉市人大代表。获全国优秀医院院长荣称。

王教授1975年毕业于武汉医学院,长期从事外科学,数十年的临床实践积累了丰富的经验,为病人解除痛苦。先后组织召开首届武汉国际腔镜外科学术研讨会、中德医学年会等国际学术活动。主持、参加了多项国家"863"计划和国家自然科学基金的课题,革新先天性巨结肠症手术治疗方式,降低手术创伤并对其发病机制进行原创性研究,成果获省、市科技进步一等奖。著《外科学——前沿与争论》、《外科学》(英文版)等著作。撰写、发表的主论文有《医用纳米级Fe304磁流体的急性毒理学实验研究》、《腹腔镜手术与开腹手术治疗先天性巨结肠的比较》等数十篇。

乔福元 男 1952年9月出生,湖北荆门人,汉族,中共党员,同济医院妇产科主任,教授、主任医师。获德国医学博士学位。当选中华医学会武汉分会妇产科学会主任委员。

乔教授自1975年毕业于同济医科大学后,一直从事妇产科临床、科研、教学。主持、参加国家自然科学基金课题多项。临床经验丰富,医术高,解除病人疾苦,深受病人欢迎和好评。著有专著和论文数十篇,在《中华妇产科杂志》、《中国实用妇科与产科杂志》、《华中医学杂志》、《同济医大学报》等刊物发表的有《彩色多普勒监测妊高征子宫胎盘血流变化》、《B超及彩超诊断胎盘功能的临床意义》、《110例胎盘早剥病因分析》等等多篇。曾出席第三届世界内分泌学会议。

张苏明 男 1952年出生,湖北省人,汉族,中共党员,教授、主任医师,获博士学位,任华中科技大学同济医学院附属同济医院神经内科主任,中华医学会神经病学会常务委员,中华医学会湖北省分会神经学会副主任委员。博士生导师。

张教授长期工作在临床、科研、教学一线,具有丰富有临床经验,造诣较深。主持、参与国家、省级科研项目多项,一项卫生部重点课题,涵盖脑血管病、钩体脑动脉炎等临床与基础的研究。著有《临床医师指南:神经病学分册》等多部专著、论文,"急性缺血性脑卒中的超早期抢救"、"新西兰白兔实验性栓塞性脑梗塞模型中缺血再灌注的作用"、"美国科技发展与人才竞争——一个中国医生眼中的美国生物医学界(国外科研管理)”等等分别发表在《中华神经科杂志》、《中华医学科研管理杂志》等中外科学专刊。曾出席参与“美国脑卒中与脑循环国际联合会议”、“70届美国心脏病学学术大会”、“癫痫治疗与托泰国际研讨会”、“国际阿尔采默病、巴金森病学术会议”等多项国际学术活动。

崔永华 男 1953年出生,湖北人,汉族,中共党员,教授、主任医师、博士生导师。华中科技大学同济医院耳鼻喉科主任,当选湖北省耳鼻喉科学会副主委,武汉市耳鼻喉科学会副主任。享受国务院特殊津贴,获华中科技大学优秀导师奖。

崔教授1974年毕业后,长期从事临床、科研、教学工作,擅长耳鼻咽喉、头颈外科。有丰富的临床经验。诊治病人耐心、细心,颇受好评。主持、参与生物陶瓷中耳通气管、鼻腔外科,内耳疾病等多项课题研究,取得成果。著有专著和撰写多篇论文,“特发性突聋的星状神经节阻滞治疗”、“生物陶瓷通气管治疗分泌性中耳炎的临床观察”、“P27蛋白在喉癌组织中的表达与临床意义”、“先天性外、中耳畸形的手术治疗”等等多篇论文发表在《临床耳鼻喉科杂志》、《听力学及言语疾病杂志》、《中华耳鼻咽喉科杂志》、《华中科技大学学报(医学)》等刊物。共撰写和指导学术论文近百篇。曾出席、参与“德国第46届耳鼻喉——头颈外科年会”、“德国柏林世界激光研讨会”、“雅典第五届欧洲耳鼻喉年会”等多项国际学术活动。

2007年武汉地区晋升正高级卫生技术职称人员名录

(根据各单位提供资料整理,排名不分先后)

湖北中医医院

胡有志 高文喜 邓兰琼 李天望
肖万泽 廖桓祥 程淑玲 李士清
何承建 叶 劲 张 瑛 杨毅红
邹连珍 李杜军 王爱国 李 奇
周忠明

武汉科技大学

韩红彦 段家华 刘 黎 曾桃英
李性天 李 芸 钟文慧 姜 丹
万远太 吴清明 王建刚 周有利
石晓建

湖北省中山医院

郑均华 卢远航 石晓兵 梁 松

华中科技大学同济医学院附属协和医院

徐可树 刘 诗 刘 莉 郭晓东
冯爱平 陈志坚 李大春 夏家红
吕 清 杨 威 汤绍涛 陶凯雄
王家顺 刘新月 蒋维刚 严天慰
夏凌辉 肖红俊 袁世荧 卢晓明
李裕舒 李小丹 张 玉 赵光红

武汉大学人民医院

蒋学俊 谭诗云 夏仲元 梁 虹
杨燕宁 于红刚 宋恩峰 余开焕
周炼红 李文强 程 帆 初红钢
黎明江 江应安 王则胜 曹永茂
操寄望 孙华文 罗志宏 吴东方
杨 健 李从荣 马红梅 尚 武

(责任编辑:桂美煊)

卫 生 法 规

武汉市医疗机构设置规划

(2007－2009)

(武汉市卫生局)

为了认真贯彻执行党的十六大和十六届六中全会精神,树立和落实科学发展观,构建社会主义和谐社会,坚持以人为本,更新观念、创新体制,不断满足人民群众日益增长的医疗服务需求,提高人民群众的健康水平,促进我市卫生事业持续发展,优化医疗资源配置,提高资源利用效率,增强医疗服务能力,完善公共卫生服务体系建设,全面实现小康社会目标,根据《中华人民共和国行政许可法》、《医疗机构管理条例》、《省计委、省财政厅、省卫生厅关于印发湖北省卫生资源配置标准的通知》(鄂计社会〔2001〕337号)、《市人民政府办公厅关于印发武汉市区域卫生规划的通知》(武政办〔2002〕57号)、《武汉市国民经济和社会发展第十一个五年计划纲要》、《武汉市卫生事业发展十一五规划》,特制定本规划。

一、资源配置现状(2005年年末数)分析与评价

(一)现状分析

全市城乡不同隶属关系的卫生机构共5 346个,床位37 400张,其中:医院床位31 124张,平均每千人口拥有床位数4.66张,其中:医院床位数3.88张。全市卫生机构现有从业人员数62 458人,其中:医生20 040人(含执业医师数17 881人,执业助理医师2 159人),平均每千人口拥有医生数2.77名(含执业医师2.5名和执业助理医师0.27名),现有护士19 040人,具体情况见附表1、附表2、附表3。(附表1数据来源于全市医疗机构注册数,附表2、附表3数据来源于2005年《武汉卫生统计提要》。)

2005年全市医疗机构诊疗人次合计25 540(千人次),其中:门诊23 010(千人次),急诊1 739(千人次);住院人数691.8(千人),病床使用率71.99%,出院者平均住院日12.23天。全市院前年急救量38 380人次;全市年总采血量为137 268单位。

全市居民死亡前6种主要疾病顺位及所占比重为:脑血管疾病27.04%、恶性肿瘤26.48%、心脏病17.08%、呼吸系统疾病9.49%、损伤和中毒6.78%、消化系统疾病3.92%、其他疾病占9.21%。

全市现有部分医用大型设备情况:X线电子计算机断层扫描装置(CT)58台,医用磁共振成像设备(MR)22台,800毫安以上数字减影血管造影X线机(DSA)27台,单光子发射型电子计算机断层扫描仪(SPECT)4台,医用直线加速器(LA)13台。(见附表4)

全市各级各类医疗卫生机构现有医疗急救车203台,其中市医疗急救中心所属的有56台。(见附表5)

全市现有综合医院150家,其中:政府举办的非营利性综合医院31家,非政府举办的非营利性综合医院95家,营利性综合医院24家;三级综合医院18家,二级综合医院30家,一级综合医院27家,未评审的综合医院75家(见附表6)。

全市现有中医医院43家,其中:三级中医医院4家,二级中医医院8家,一级及未评级的中医医院

31家;政府举办的非营利性中医医院15家;营利性中医医院28家(见附表7)。

全市现有专科医院32家,其中:精神病院4家,妇(产)科医院4家,美容医院4家,老年病院3家,眼科医院3家,心理医院2家,泌尿外科医院2家,妇女儿童医疗保健中心1家,生殖医学中心1家,另有传染病院、结核病院、口腔医院、肿瘤医院、心血管病医院、五官医院、癫痫病医院、以及血吸虫病专科医院各1家(见附表8)。

全市中心城区现有社区卫生服务中心96家,社区卫生服务站356家(见附表9)。

全市现有乡镇卫生院83家,其中中心卫生院15家(见附表10)。

全市现有村卫生室1843家(见附表11)

全市现有门诊部189家,诊所1423家(见附表12)。

全市现有妇幼保健中心16家(见附表13)。

全市现有产科及助产技术服务机构156家(见附表14)。

全市卫生机构现有床位具体配置见附表15。全市卫生机构医生具体配置见附表16。全市卫生机构护士具体配置见附表17。全市卫生机构其他卫生技术人员具体配置见附表18。

全市现有临床检验中心3家,血液中心1家,急救中心和站5家,体检中心4家(另有2家已批设置,待办理注册手续)。

(二) 现状评价

从目前我市医疗资源配置现状看,基本能满足广大居民群众的医疗服务需求。但也存在一些问题,主要表现在:一是医疗资源布局与结构不合理。卫生资源主要集中在中心城区尤其是老城区,开发区、新建小区、城乡结合地区、远城区医疗资源相对不足,服务能力低下;综合医院尤其是中、小型综合医院过多,专科医院、社区卫生服务机构和村卫生室相对不足。二是卫生资源利用效率不高,部分中、小医院病床使用率低,基层卫生资源闲置,得不到有效利用,医疗服务集中在高层次、高成本的医疗机构。三是投资渠道单一。国有医院仍占主体地位,民营医疗机构数量虽多,但普遍存在规模小、水平低、人员不稳定的问题,医疗市场公平有序的竞争局面尚未完全形成。四是医疗机构管理体制不顺,定位不明。医疗机构呈现多头管理、条块分割、自成体系的格局。政府举办的医疗机构没有充分体现政府实行一定福利政策的社会公益事业的性质。

二、设置原则

(一)立足现实,重在规范。要从我市医疗供需实际出发,面向广大群众,充分发挥现有医疗资源的作用。规范医疗机构的准入,严格审批程序和流程,做到依法办理,合法审批。

(二)政府主导,市场调节。医疗机构设置要坚持以政府为主导,同时充分发挥市场调节的作用,适应广大群众的医疗保健需求,合理配置医疗资源,提高医疗预防保健网的整体效益。

(三)适当放开,优胜劣汰。医疗机构的设置要做到适当放开,促进医疗资源的充分利用和适度竞争,优胜劣汰,对不合格的医疗机构必须采取坚决措施,依法注销或取缔。

(四)市区联动,加强监督。按医疗机构的功能、任务、规模将其分为不同的级别,医疗机构设置和审批实行市、区分级分类管理,在日常管理工作中做到市区联动,层层监督,分级负责,各负其责,齐抓共管。

(五)既重审批,更重监管。在医疗机构审批和监管过程中,既要注重严格审批,又要重视日常监管,把经常性检查督促和医疗机构的定期校验工作结合起来,通过严格审批和加强监管,提高医疗机构管理水平。

(六)与时俱进,适时调整。全市医疗机构的总体规划以及各区的医疗机构设置规划制定后,既要坚持按规划审批,又要注意研究形势的变化发展,坚持从实际情况出发,适时调整,适应医疗市场的新变化,满足人民群众的新要求,符合社会发展的新特点,在充分论证的基础上,进行适当地调整、充实,使更加合情、合理、合法。

三、设置规划

医疗机构设置根据《湖北省卫生资源配置标准》(以下简称《配置标准》)和《武汉市区域卫生规划》(以下简称《规划》)以及设置原则进行设置。

(一) 医疗机构

1. 综合医院

根据《配置标准》和设置原则,全市原则上不再增设政府举办的非营利性综合医院,逐步调整综合医院布局,提高质量,减少数量。鼓励采取多种形式在中心城区改建大型综合医院。在武汉新区、武汉东湖高新技术开发区和后湖地区、阳逻经济开发区可各设置一家三级综合医院;在武汉化工新城、武汉商务区各设置一家二级综合医院。原则上不在二环以内设置一、二级营利性综合医院;在大型新建小区和城乡结合地区可根据需要设置布局合理、规模适度的二级营利性综合医院,具体配置意见由各区制定。

2. 中医医院(含中西医结合医院)

根据《配置标准》和设置原则，中医医院、中西医结合医院原则上在每个区可设置一所非营利性中医医院或营利性中医医院。中医专科医院在规划期内在各区均可设置。

3. 专科医院（西医类）

根据《配置标准》和设置原则，设置意见是：在二环线内不再设置专科医院。二环线外至三环线内各区及远城区可各设置一家同类专科医院，其规模和水平达到二级以上专科医院标准，但均不得设置皮肤科、妇（产）科和泌尿外科、肾病学专业、生殖健康与不孕症、传染科的专科医院。

4. 社区卫生服务机构

中心城区以街道办事处为单位，原则上每5万居民设置1个社区卫生服务中心，根据需要对社区卫生服务中心覆盖不到的地区，每5千－1万人设置1个社区卫生服务站。流动人口较多的地区可适当增设社区卫生服务站。远城区（含2个开发区及东湖风景管理区）以城镇居民占60%以上的街道办事处为单位，原则上每5万人设置1个社区卫生服务中心，每5千－1万人设置1个社区卫生服务站。按照设置意见，全市中心城区可配置社区卫生服务中心103个，社区卫生服务站386个（具体配置情况详见附表9）。远城区根据配置标准，由各区制定具体的设置意见，分步设置。

5. 乡镇卫生院

根据《配置标准》，全市可配置80家乡镇（街、场）卫生院，其中：中心卫生院保持原有15个不变，乡镇卫生院以区内行政建制单位为基础，行政建制包括街、乡、镇、场、开发区等；每个建制单位设立一所乡镇卫生院，乡镇卫生院属政府举办，乡镇卫生院统一按所在街、乡、镇、场名称命名。乡镇行政区划调整后，保留乡镇行政所在地卫生院，其余的乡镇医疗机构应根据当地实际进行资源重组或改制，发挥市场机制作用，鼓励、吸纳社会资本与公立医疗卫生机构共同参与乡镇医疗机构的资源重组或改制，可采取整体出让、租赁、股份制及国有民营等多种形式进行改造，逐步形成多元化的农村卫生服务体系。改制后可转成医院、门诊部等，但不得使用乡镇卫生院名称。改制前非保留的其他乡镇医疗机构暂时以门诊部形式存在。

6. 门诊部、诊所：在内环线内不再设置任何门诊部和诊所，内环线外至二环线以内江岸、江汉、硚口、武昌区不再设置任何门诊部和诊所。汉阳区、青山区、洪山区在大型新建小区和城乡结合部、以及各区无证行医重灾区可设置布局合理的门诊部和诊所，具体设置意见由各区制定。全市不再设置皮肤科、妇（产）科和泌尿外科、肾病学专业、生殖健康与不孕症、传染科的专科门诊部、诊所及口腔诊所。门诊部原则上不再设置皮肤科、妇（产）科、口腔科。已设村卫生室的村，不设个体诊所。具体配置意见由各区制定。

中医门诊部、诊所原则上采取适当放开、优胜劣汰的原则。内环以内原则上不得设置任何中医医疗机构，其他城区设置布局合理的中医医疗机构，新建居民小区、城乡结合部优先设置中医医疗机构。黄陂、新洲、江夏、蔡甸、汉南、东西湖区要支持有中医专长的中医人员设置中医医疗机构，提供简、便、验、廉方法，解决群众看病贵、看病难的问题。

7. 村卫生室：村卫生室设置坚持一村一室，乡镇卫生院所在地的建制村不设村卫生室；村卫生室统一按所在建制村名称命名，服务人口达到3 000－4 000人服务区域达到10－15平方公里（人口稠密的乡镇按8－10平方公里）设立一家中心村卫生室，中心村卫生室所在村不设一般卫生室；村卫生室的设置力求位置适中，兼顾到多村一室、联村设室。

8. 其他医疗机构：

全市现有市级医疗急救中心1个，医疗急救站3个。根据《配置标准》及城市发展、区域服务人口和区域设置的变化，合理布局，增设急救分站。根据城市人口分布和卫生资源布局，按照急救半径5公里、应急反应时间10分钟的标准，设置医疗急救站。在汉阳地区、武汉化工新城北湖产业组团的生产性服务中心各设置一所医疗急救站，配置2台防化急救车。

根据《配置标准》，全市妇幼保健机构减少1家，临床检验中心维持不变。全市体检中心原则上维持不变。

（二）感染性疾病科和性病诊疗、产科专业设置

1. 感染性疾病科的设置：根据卫生部和省卫生厅关于二级以上综合医院感染性疾病科建设的要求，结合我市突发公共卫生事件医疗救治体系建设规划，采取统筹兼顾的有效措施，按感染性疾病科的建设要求合理布局，完善远城区感染性疾病科的建设。

全市除已设置的传染病专科医院和结核病专科医院，远城区在新洲、黄陂、蔡甸、江夏、汉南、东西湖人民医院设置感染性疾病科（含病房和门诊）外，中心城区二级以上综合医院、中医医院、中西医结合医院除高等医药院校的附属医院、湖北省监狱管理局总医院、武汉普仁

医院、武钢二医院、长航总医院、市五医院、市七医院可设感染性疾病病房外,其他二级以上综合医院原则上不设感染性疾病病房。

2. 性病诊疗专业设置:根据《湖北省卫生厅关于印发湖北省性病诊疗专业设置管理暂行办法的通知》(鄂卫发〔2002〕4 号)要求,二级以上医院可申请设置单独的性病诊疗科室;区级以上皮肤性病防治机构、传染病医院、重点地区中心卫生院可申请设置性病诊疗专业科室,其他医疗机构不得设置性病诊疗科室;不得设置营利性性病专科医疗机构。设置性病诊疗专业的医疗机构不得设置性病诊疗分支机构。

3. 产科设置及助产技术服务准入:远城区原则上年接产数大于80 例的乡镇卫生院可设立产科;蔡甸、江夏、黄陂、新洲城关镇原则上允许3 家医疗机构申请设置产科,东西湖、汉南城关镇原则上允许2 家医疗机构申请设置产科,中心城区原则上允许在二级以上政府举办的医疗机构申请设置产科,每区营利性医院只允许1 家申请设置产科。批准设置了产科并达到助产技术服务准入标准的机构予以母婴保健技术服务(助产技术服务)准入(具体配置情况见附表14)。

4. 结扎手术和终止妊娠手术服务:从事结扎手术和终止妊娠手术服务必须为一级及以上医疗保健机构(含社区卫生服务中心及乡镇卫生院)。

5. 婚前医学检查:原则上每个区设置1 家,提供必须的婚前医学指导、婚前医学检查服务。一般设在妇幼保健机构内。

(三)医院床位和各类机构人员

1. 医院(含卫生院和医院设置的门诊部)床位和人员。

根据配置标准,全市医院床位具体配置见附表15,全市医院医生具体配置表见附表16,护士具体配置表见附表17,其他卫生技术人员具体配置表见附表18。

2. 社区卫生服务机构人员

全市中心城区现有社区卫生服务医务人员 4 049 人,其中:医生 2 047人,社区护士 2 002 人。

3. 其他医疗机构人员

全市现有乡村医生(不含卫生员)3 511 名;根据湖北省村卫生室建设标准,乡村医生按所辖村人口的1‰—2‰配备,中心村卫生室至少有4 人以上。

全市现有院前急救执业医师58 名,注册护士48 名;根据《配置标准》,可配置院前急救执业医师160 – 180 人,注册护士 70 – 80 人,按照配置意见,需增加执业医师102 – 122 人,增加注册护士—22 – 32 人。

全市现有门诊部、诊所、卫生所、医务室、护理站执业医师(含执业助理医师)2 089 人,注册护士 1 504 人。根据《配置标准》,可配置执业医师(含执业助理医师)2 094 人,注册护士 1 694 人。按照配置意见,需增加执业医师(含执业助理医师)数 5 人,增加注册护士数190 人。

全市妇幼保健机构人员现有各类卫生技术人员总数 1 253 人。根据《配置标准》,市妇幼保健院按全市总人口每万人 0.3 配置,需配置240 人;各区级妇幼保健机构人员按区域人口每万人 0.9 配置。需配置区级妇幼保健机构人员 721 人。从事临床医疗人员,按批准设立床位数1:1.7 配置。

(四)设备

根据《省卫生厅关于下达2005——2007 年乙类大型医用设备配置规划控制数及配置标准的通知》(鄂卫发〔2006〕51 号),武汉市2005 年——2007 年共可配置 X 线电子计算机断层扫描装置(CT)40台,医用磁共振成像设备(MR)12台,800 毫安以上数字减影血管造影 X 线机(DSA)15 台,单光子发射型电子计算机断层扫描仪(SPECT)2 台,医用直线加速器(LA)5 台。

(五)急救车

根据湖北省卫生厅、湖北省公安厅关于加强救护车配置及使用管理的通知,其配置标准是:乡镇卫生院1 辆;县医疗卫生单位 1 – 2 辆;市州医疗卫生单位 1 – 3 辆;省级医疗卫生单位 1 – 4 辆。单列的急救中心和工矿企业职工医院参照以上同级医疗卫生单位标准执行。市急救中心总量宜控制在每 5 万人 1台,市急救中心可配置 160 台急救车。

四、实施措施

(一)加强领导,完善配套政策

实施医疗机构设置规划,必须强化政府职能,由市政府领导,制定并完善配套政策。计划部门要给予相应的政策支持和基础设施建设投入;财政部门要加大对公立医疗机构的投入,并确保资金对重点领域的投向,引导医疗服务向公开、优质、高效方向健康发展;规划部门要将本规划纳入城市建设总体规划,凡市区内新建和改造2 万平方米以上居民小区,要按照开发面积的 1 – 1.5/千平方米的标准由建设单位按综合成本价提供医疗机构业务用房,确保新建居民小区有医疗服务网点用地;编制部门根据本规划,合理配置公立医疗机构人员;劳动和社保部门要大力配合本规划的实施工作,在医疗保险定点方面予以支持;各区人民政府应高度重视医疗机构设置规划工作，认真组织、督促有关部门按照本规划的要求，结合本区实际，制定本辖区医疗机构的设置规划，并认真做好实施工作。同时要将制定的本辖区医疗机构设置规划报市卫生行政部门备案。

（二）强化管理，转变政府职能

实施医疗机构设置规划，必须强化医疗机构全行业管理，按属地化管理原则，卫生行政部门对辖区内各级各类医疗机构，不分行政隶属关系、不分所有制形式，要依法实行全行业监管。要从“办医院”转向“管医院”，切实转变政府职能，用法律、行政和经济等手段，实施医疗机构宏观管理，严格依法行政，加强准入管理、强化监督执法、发布医疗信息、提高医疗水平。要打破现有按部门和行政隶属关系和所有制界限形成的条块分割、布局不合理的医疗服务体系，按照本规划的总体要求，对区域内的全部医疗资源进行统一规划、审批、调整、监督、评价，依法进行全行业管理。

（三）合理配置、调整医疗资源

实施医疗机构设置规划，必须控制医疗资源总量，及时调整医疗资源布局和结构。卫生行政部门要通过实施本规划，合理配置、调整医疗资源，引导医疗机构以人民健康需求为导向，走注重质量和效益、以内涵建设为主的发展道路，促进医疗服务供需平衡，实现健康、协调和可持续发展。

积极实施医疗机构重组，鼓励医疗机构合并，共建医疗服务集团，鼓励大型综合医院兴办社区卫生服务机构；加快中、小型综合医院结构和功能调整，使其发展成为专科医疗机构或社区卫生服务中心，切实减少中、小型综合医院，尤其是小型综合医院数量；积极实施产科资源重组，对年接产数小于80例的乡镇卫生院要与邻近的乡镇卫生院实施产科资源重组，对中心城区年接产数小于200例的医疗机构要实施产科资源调整撤并，鼓励各远城区城关地区实施产科资源重组，组建区级产科中心；适当开放医疗服务市场，严格执行医疗机构准入标准，提高门诊部和诊所的标准，在中心城区新建小区或城乡结合部放开对门诊部和诊所的设置审批，对不符合有关规定的门诊部和诊所要限期整改；根据医疗服务需求，积极鼓励发展有一定规模和水平的专科医疗机构，尤其是支持兴办民营专科医院；大力发展社区卫生服务工作，充分利用现有医疗资源，不断健全社区卫生服务体系；及时调整乡镇卫生院布局，充实和发展村卫生室，不断完善农村医疗服务网络。

（四）严格准入，实行动态管理

实施医疗机构设置规划，必须依法严格准入，严格监管。卫生行政部门要按照《医疗机构管理条例》及其配套法规，以本规划为指导，以准入管理为核心，建立和完善医疗机构、从业人员、新技术应用、大型设备等医疗服务要素的准入制度，严格准入管理。

加强对医疗机构的设置审批管理。区卫生行政部门要按照卫生部《城市社区卫生服务机构管理办法（试行）》，加强对社区卫生服务中心和站的审批，并报市卫生行政部门备案。认真贯彻执行《市卫生局转发省卫生厅关于下放个体诊所等医疗机构审批权限回复的通知》精神，依法做好门诊部、诊所、卫生所、医务室、村卫生室、护理站的审批和备案工作。市卫生行政部门要认真做好100张床位以下的综合医院和门诊部、乡镇卫生院等医疗机构的审批工作；对100张床位以上的综合医院和专科医院进行初审，报省卫生厅审批。新增医疗机构必须符合本规划和各区医疗机构设置规划。

加强对从业人员的准入管理。依据《中华人民共和国执业医师法》、《中华人民共和国护士管理办法》和《乡村医生从业管理条例》，依法对从事临床工作的医生、护士和乡村医生进行注册，并将准予注册和注销注册的人员名单予以公告。其他卫生技术人员必须取得相关专业初级以上卫生技术职称，严禁非卫生专业人员从事卫生技术工作。

加强对医院床位的控制，实行床位的动态管理。对床位使用率连续两年低于65%的医疗机构，要按标准减少床位，对床位使用率长期高于85%的医疗机构，可根据标准增设床位。

加强对大型医用设备、医疗急救车等装备和新技术应用等的准入管理，实行严格的审批制度。

加强对医疗机构的日常监督管理工作，区卫生行政部门负责本辖区范围内医疗机构的日常监督管理，要通过经常性监督检查活动，对违规行医的医疗机构和从业人员坚决依法查处。加大医疗市场的整顿力度，健全医疗监督执法机构和队伍，坚决打击无证行医，规范医疗服务市场。

（五）形式多样，鼓励多元办医

实施医疗机构设置规划，必须采取多种形式，促进多元化办医。医疗机构设置规划是从宏观上对医疗机构进行控制，在医疗机构的设置上，要遵循市场调节机制，不分所有制形式，对符合条件的积极鼓励，特别是要鼓励民营资本兴办、参与医疗机构，实现医疗机构投资主体的多元化，积极鼓励社会组织或个人参与医疗服务事业，促进医疗服务事业的发展。

(六)深化改革,探索改制渠道

要加大医疗机构改革步伐,提高医疗资源利用效率。鼓励、引导社会资金通过收购、股份合作制等方式,对现有公立医疗机构进行产权制度改革。要扩大公立医疗机构的运营自主权,实行公立医疗机构的自主管理,建立健全内部激励与约束机制。各医疗机构要加强经济管理,进行成本核算,提高效率,降低成本,要引入竞争机制,围绕质量和效率开展竞争,以社会需求和群众满意度为评定标准,通过外在的竞争压力和内部的激励机制,促使医疗机构优化内部结构,按"优质、高效、低耗"的原则运行,要以"医院管理年"活动为契机,不断提高服务质量,以人事分配制度改革为核心,实行公开招聘、竞争上岗,员工收入要与技术水平、服务态度、劳动贡献等挂钩,不断调动广大卫生技术人员的积极性,积极探索医疗机构产权制度改革,实行所有权和经营权分离,不断推进医疗机构改革的深入开展。

(七)科技兴医,提高服务质量

实施医疗机构设置规划,必须加强人才培养,实行科技兴医战略。要在加强卫生技术人员继续教育的同时,调整人才结构,优化卫生人力资源配置,重点培养和引进学科带头人以及职业化的卫生管理人才。要建立全科医师、专科医师、医技人员、护理人员、乡村医生的分类管理、考核和评价制度。要强化质量意识,建立健全医疗质量的控制体系,健全各项规章制度,规范诊疗行为,不断加强对医疗质量监督和管理,提高医疗服务水平。

五、实施与评估

本规划设置周期为三年,由市卫生局负责组织实施,具体职能为:组织规划实施、监督实施进度、做好部门协调、解决突出问题,制定对策措施。各区卫生行政部门要根据本规划,制定本辖区医疗机构设置规划,并报市卫生行政部门备案。

附表1:武汉市卫生机构现状统计表

附表2:武汉市卫生机构床位现状统计表

附表3:武汉市卫生机构人员现状统计表

附表4:武汉市医疗机构大型医疗设备现状统计表

附表5:武汉市医疗急救车现状统计表

附表6:武汉市综合医院现状统计表

附表7:武汉市中医医院规划设置表(政府举办)

附表8:武汉市专科医院现状统计表(西医类)

附表9:武汉市中心城区社区卫生服务机构规划设置表

附表10:武汉市乡镇卫生院规划设置表

附表11:武汉市村卫生室规划设置表

附表12:武汉市门诊部诊所现状统计表

附表13:武汉市妇幼保健机构规划设置表

附表14:武汉市产科规划设置表

附表15:武汉市卫生机构床位规划设置表

附表16:武汉市卫生机构医生规划设置表

附表17:武汉市卫生机构护士规划设置表

附表18:武汉市卫生机构其他卫生技术人员规划设置表

附图1:武汉市2007—2009年医疗机构设置规划控制图

附表 1

武汉市卫生机构现状统计表

机构类别	综合医院	专科医院（不含中医和中西医结合）	中医和中西医结合医院	卫生院	社区卫生服务中心	社区卫生服务站	村卫生室	西医类门诊部	中医类门诊部	西医类诊所	中医类诊所	卫生所、医务室	专科防治院（所）	妇幼保健院（所）	疗养院	急救中心、站	临床检验、血液中心	体检机构	小计
江岸区	13	8	4	0	18	52	14	30	30	267	112	36	2	1	0	0	1	1	589
江汉区	13	5	3	0	13	58	0	24	21	145	81	22	2	1	0	1	0	0	389
硚口区	16	5	8	0	10	50	13	17	6	209	73	43	1	1	0	0	2	1	455
汉阳区	12	0	2	2	9	39	31	14	4	96	53	15	2	1	0	0	0	0	280
武昌区	30	7	6	0	17	72	0	38	29	224	101	58	0	1	1	2	1	1	588
青山区	15	2	0	0	14	40	0	9	1	86	29	16	4	2	0	0	0	0	218
洪山区	27	4	6	6	15	45	114	25	17	223	61	55	1	2	1	0	0	1	603
东西湖区	4	0	1	13	0	0	51	10	4	52	9	1	2	1	0	0	0		148
汉南区	1	0	1	4	0	0	40	0	1	0	5	9	1	1	0	0	0		63
蔡甸区	4	0	1	10	0	0	233	2	1	20	23	3	2	1	0	0	0		300
江夏区	4	0	1	14	0	0	290	2	1	11	26	14	2	1	1	0	0		367
黄陂区	3	0	4	17	0	0	559	5	2	27	24	2	4	1	0	1	0		649
新洲区	4	1	5	14	0	0	479	7	6	27	46	8	1	2	0	0	0		600
武汉经济技术开发区	3	0	1	2	0	0	0	4	1	36	16	7	1	0	0	0	0		71
东湖高新技术开发区	1	0	0	1	0	0	19	2	1		0	2	0	0	0	0	0	0	26
合　计	150	32	43	83	96	356	1843	189	125	1423	659	291	25	16	3	4	4	4	5346

附表2　　武汉市卫生机构床位现状统计表

单　　位	床　　位
江岸区	5 190
江汉区	4 407
硚口区	5 782
汉阳区	1 533
武昌区	7 091
青山区	3 807
洪山区	3 683
东西湖区	859
汉南区	412
蔡甸区	995
黄陂区	898
江夏区	1 080
新洲区	1 458
武汉经济技术开发区	145
东湖高新技术开发区	60
总计	37 400

附表3　　武汉市卫生机构人员现状统计表

单　　位	从业人员数
江岸区	7 942
江汉区	7 852
硚口区	8 222
汉阳区	2 614
武昌区	11 329
青山区	5 183
洪山区	6 462
东西湖区	1 475
汉南区	535
蔡甸区	2 062
江夏区	2 199
黄陂区	2 717
新洲区	3 369
武汉经济技术开发区	322
东湖高新技术开发区	175
合计	62 458

附表4　**武汉市医疗机构大型医疗设备现状统计表**

单位	正电子发射体层摄影装置(PET)	伽玛射线立体定位治疗系统(γ刀)	医用电子回旋加速治疗系统(MM50)	质子治疗系统	其他未列入管理品目首次配置的单价在500万元以上的医用设备	X线电子计算机断层扫描装置(CT)	医用磁共振成像设备(MR)	800毫安以上血管造影X线机(DSA)	单光子发射断层扫描装置(SPECT)	医用直线加速器(LA)	正电子发射体层摄影装置(ECT)	电子束计算机体层摄影装置(UFCT)	彩色超声波诊断仪	眼科准分子治疗仪	X射线立体定位系统(X刀)	小计
江岸区	0	0	0	0	0	12	4	2	1	1	0	0	13	2	0	35
江汉区	0	1	0	0	0	5	3	5	1	2	1	0	22	1	1	42
硚口区	1	0	0	0	0	11	5	6	1	3	0	0	18	2	1	48
汉阳区	0	0	0	0	0	2	0	1	0	0	0	0	3	0	0	6
武昌区	0	1	1	0	0	10	6	9	1	4	2	4	20	4	4	66
洪山区	0	0	0	0	0	3	1	2	0	3	1	0	10	0	0	20
青山区	0	0	0	0	0	4	1	0	0	0	0	0	2	0	0	7
东西湖区	0	0	0	0	0	1	0	0	0	0	0	0	2	0	0	3
汉南区	0	0	0	0	0	1	0	0	0	0	0	0	0	0	0	1
蔡甸区	0	0	0	0	0	1	0	0	0	0	0	0	4	0	0	5
江夏区	0	0	0	0	0	2	1	0	0	0	0	0	4	0	0	7
黄陂区	0	0	0	0	0	2	1	1	0	0	0	0	3	0	0	7
新洲区	0	0	0	0	0	3	0	0	0	0	0	0	2	0	0	5
武汉经济技术开发区	0	0	0	0	0	1	0	1	0	0	0	0	1	0	0	3
东湖高新技术开发区	0	0	0	0	0	0	0	0	0	0	0	0	0	0	0	0
合计	1	2	1	0	0	58	22	27	4	13	4	4	104	9	6	255

附表5　**武汉市医疗急救车现状统计表**

单位	医院(卫生院)	其他医疗机构	急救机构	合计
江岸区	7	3	0	10
江汉区	16	0	56	72
硚口区	14	2	0	16
汉阳区	3	1	0	4
武昌区	11	1	3	15
洪山区	10	0	0	10
青山区	18	0	0	18
东西湖区	4	4	0	8
汉南区	2	0	0	2
蔡甸区	4	2	0	6
江夏区	7	0	0	7
黄陂区	10	2	0	12
新洲区	15	2	0	17
武汉经济技术开发区	5	0	0	5
东湖高新技术开发区	1	0	0	1
合计	127	17	59	203

附表6

武汉市综合医院现状统计表

单位	500张床位以上	100至499张床位	20至99张床位	合计
江岸区	2	4	7	13
江汉区	4	1	8	13
硚口区	3	0	13	16
汉阳区	1	2	9	12
武昌区	5	8	17	30
青山区	3	3	9	15
洪山区	0	4	23	27
东西湖区	0	1	3	4
汉南区	0	1	0	1
蔡甸区	0	1	3	4
江夏区	0	1	3	4
黄陂区	0	1	2	3
新洲区	0	2	2	4
武汉经济技术开发区	0	0	3	3
东湖高新技术开发区	0	1	0	1
合计	18	30	102	150

附表7

武汉市中医医院规划设置表(政府举办)

单位	200张床位以上			60至199张床位			20至60张床位		
	现有	规划	增减	现有	规划	增减	现有	规划	增减
江岸区	1	1	0	0	1	1	1	1	0
江汉区	0	0	0	0	1	1	0	0	0
硚口区	1	1	0	0	1	1	1	1	0
汉阳区	0	0	0	0	1	1	1	1	0
武昌区	1	1	0	1	1	0	0	0	0
青山区	0	0	0	0	1	1	0	0	0
洪山区	1	1	0	2	2	0	0	0	0
东西湖区	0	0	0	0	1	1	0	0	0
汉南区	0	0	0	1	1	0	0	0	0
蔡甸区	0	0	0	1	1	0	0	0	0
江夏区	0	0	0	1	1	0	0	0	0
黄陂区	0	0	0	1	1	0	0	0	0
新洲区	0	0	0	1	1	0	0	0	0
武汉经济技术开发区	0	0	0	0	1	1	0	0	0
东湖高新技术开发区	0	0	0	0	0	0	0	0	0
合计	4	4	0	8	15	7	3	3	0

附表8

武汉市专科医院现状统计表(西医类)

单位	300张床位以上	100至299张床位	20至99张床位	合计
江岸区	3	0	5	8
江汉区	1	1	3	5
硚口区	1	1	3	5
汉阳区	0	0	0	0
武昌区	0	1	6	7

续表

单　　位	300 张床位以上	100 至 299 张床位	20 至 99 张床位	合　　计
青山区	1	1	0	2
洪山区	2	1	1	4
东西湖区	0	0	0	0
汉南区	0	0	0	0
蔡甸区	0	0	0	0
江夏区	0	0	0	0
黄陂区	0	0	0	0
新洲区	0	1	0	1
武汉经济技术开发区	0	0	0	0
东湖高新技术开发区	0	0	0	0
合　计	8	6	18	32

附表 9　　武汉市中心城区社区卫生服务机构规划设置表

辖　区	服务家庭数(户)	常住人口数	社区卫生服务中心			社区卫生服务站			服务覆盖社区
			现有	规划	增减	现有	规划	增减	
江岸区	224 989	642 577	18	19	1	52	57	5	160
江汉区	179 130	436 546	13	13	0	58	60	2	114
硚口区	181 055	538 235	10	11	1	50	55	5	129
汉阳区	119 871	428 387	9	11	2	39	50	11	91
武昌区	268 197	1 003 357	17	18	1	72	74	2	198
青山区	140 233	472 701	14	15	1	40	45	5	104
洪山区	153 743	767 451	15	16	1	45	45	0	115
合　计	1 267 218	4 289 254	96	103	7	356	386	30	911

附表 10　　武汉市乡镇卫生院规划设置表

单　　位	已设卫生院数	规划卫生院数	增减数	其中设中心卫生院数
江岸区	0	0	0	0
江汉区	0	0	0	0
硚口区	0	0	0	0
汉阳区	2	2	0	0
青山区	0	0	0	0
武昌区	0	0	0	0
洪山区	6	6	0	0
东西湖区	13	13	0	1
汉南区	4	4	0	1
蔡甸区	10	11	+1	1
江夏区	14	14	0	2
黄陂区	17	18	+1	4
新洲区	14	15	+1	4
武汉经济技术开发区	2	2	0	1
东湖高新技术开发区	1	1	0	1
合　　计	83	86	+3	15

附表11

武汉市村卫生室规划设置表

单　　位	已设村卫生室数	规划村卫生室数	增减数
江岸区	14	0	-14
江汉区	0	0	0
硚口区	13	0	-13
汉阳区	31	34	3
青山区	0	0	0
武昌区	0	0	0
洪山区	114	119	5
东西湖区	51	69	18
汉南区	40	43	3
蔡甸区	233	275	42
江夏区	290	280	-10
黄陂区	559	616	57
新洲区	479	542	63
武汉经济技术开发区	0	22	22
东湖高新技术开发区	19	22	3
合　计	1 843	2 022	179

附表12

武汉市门诊部诊所现状统计表

单　　位	总人口数	门诊部	诊所
江岸区	642 577	30	267
江汉区	447 893	24	145
硚口区	535 922	17	209
汉阳区	403 470	14	96
武昌区	454 566	38	224
青山区	1 003 357	9	86
洪山区	538 534	25	223
东西湖区	254 080	10	52
汉南区	106 060	0	0
蔡甸区	461 171	2	20
江夏区	667 156	2	11
黄陂区	1 105 253	5	27
新洲区	965 922	7	27
武汉经济技术开发区	86 146	4	36
东湖高新技术开发区	341 505	2	0
合　计	8 013 612	189	1 423

附表13

武汉市妇幼保健机构规划设置表

	现有妇幼保健院所数	规划妇幼保健院所数	增减数
江岸区	2	2	0
江汉区	1	1	0
硚口区	1	1	0
汉阳区	1	1	0
武昌区	1	1	0
青山区	2	1	-1
洪山区	2	2	0
东西湖区	1	1	0

续表

	现有妇幼保健院所数	规划妇幼保健院所数	增减数
汉南区	1	1	0
蔡甸区	1	1	0
江夏区	1	1	0
黄陂区	1	1	0
新洲区	1	1	0
武汉经济技术开发区	0	0	0
东湖高新技术开发区	0	0	0
合计	16	15	-1

附表 14

武汉市产科规划设置表

行政区	现有产科及助产技术服务机构数	规划数	增减数
江岸区	11	10	-1
江汉区	6	6	0
硚口区	7	5	-2
汉阳区	8	6	-2
武昌区	15	13	-2
青山区	8	8	0
洪山区	11	10	-1
蔡甸区	14	11	-3
东西湖区	10	9	-1
汉南区	4	4	0
江夏区	15	15	0
黄陂区	20	17	-3
新洲区	20	18	-2
武汉经济技术开发区	1	1	0
东湖高新技术开发区	6	4	-2
合计	156	137	-19

附表 15

武汉市卫生机构床位规划设置表

	总人口数	现有床位数	规划床位数	增减数
江岸区	642 577	5 190	2 082—2 442	-3 108—-2 748
江汉区	447 893	4 407	1 451—1 702	-2 956—-2 705
硚口区	535 922	5 782	1 736—2 037	-4 046—-3 745
汉阳区	403 470	1 533	1 307—1 533	-226—0
武昌区	454 566	7 091	1 473—1 727	-5 618—-5 364
青山区	1 003 357	3 807	3 251—3 813	-556—6
洪山区	538 534	3 683	1 745—2 046	-1 938—-1 637
东西湖区	254 080	859	823—966	-36—107
汉南区	106 060	412	344—403	-68—-9
蔡甸区	461 171	995	1 491—1 752	499—757
江夏区	667 156	898	2 162—2 535	1 264—1 637
黄陂区	1 105 253	1 080	3 581—4 200	2 501—3 120
新洲区	965 922	1 458	3 130—3 671	1 672—2 213
武汉经济技术开发区	86 146	145	379—327	134—182
东湖高新技术开发区	341 505	60	1 106—1 298	1 046—1 238
合计	8 013 612	37 400	25 964—30 452	-11 436—-6 948

附表16　　武汉市卫生机构医生规划设置表

	总人口数	现有医生数	规划医生数	增 减 数
江岸区	642 577	2 374	1 028—1 253	-1 346—-1 121
江汉区	447 893	2 372	717—873	-1 655—-1 499
硚口区	535 922	2 472	857—1 045	-1 615—-1 427
汉阳区	403 470	882	646—787	-236—-95
武昌区	454 566	3309	727—886	-2 582—-2 423
青山区	1 003 357	1 430	1 605—1 957	175—527
洪山区	538 534	2 002	1 291—1 389	-1 140—-952
东西湖区	254 080	519	407—495	-112—-24
汉南区	106 060	223	170—207	-53—-16
蔡甸区	461 171	735	738—899	3—164
江夏区	667 156	861	1 067—1 301	206—440
黄陂区	1 105 253	1 272	1 768—2 155	496—883
新洲区	965 922	1 438	1 545—1 884	107—446
武汉经济技术开发区	86 146	151	138—168	-13—17
东湖高新技术开发区	341 505	73	546—666	473—593
合　计	8 013 612	20 113	12 822—15 627	-7 291—-4 486

附表17　　武汉市卫生机构护士规划设置表

	总人口数	现有护士数	规划护士数	增　减　数
江岸区	642 577	2 434	1 234—1 504	-1 200—-930
江汉区	447 893	2 637	860—1 048	-1 777—-1 589
硚口区	535 922	2 868	1 029—1 254	-1 839—-1 614
汉阳区	403 470	659	775—944	116—285
武昌区	454566	3718	873—1 064	-2 845—-2 654
青山区	1 003 357	1 593	1 926—2 348	333—755
洪山区	538 534	1 740	1 034—1 260	-706—-480
东西湖区	254 080	507	488—595	-19—88
汉南区	106 060	202	204—248	2—46
蔡甸区	461 171	619	885—1 079	266—460
江夏区	667 156	628	1281—1 561	653—933
黄陂区	1 105 253	599	2 122—2 586	1 523—1 987
新洲区	965 922	712	1 855—2 260	1 143—1 548
武汉经济技术开发区	86 146	130	165—202	35—72
东湖高新技术开发区	341 505	46	656—799	610—753
合　计	8 013 612	19 092	15 386—18 752	-3 706—-340

附表18　　武汉市卫生机构其他卫生技术人员规划设置表

	总人口数	现有人员数	规划人员数	增　减　数
江岸区	642 577	1 369	760—919	-609—-450
江汉区	447 893	1 022	530—640	-492—-382
硚口区	535 922	1 245	634—766	-611—-479
汉阳区	403 470	558	477—577	-81—19
武昌区	454 566	1 770	538—650	-1 232—-1 120
青山区	1 003 357	739	1 187—1 435	448—696

续表

	总人口数	现有人员数	规划人员数	增　减　数
洪山区	538 534	1 081	637—770	-444—-311
东西湖区	254 080	212	301—363	89—151
汉南区	106 060	110	126—152	16—42
蔡甸区	461 171	708	546—659	-162— -49
江夏区	667 156	710	789—954	79—244
黄陂区	1 105 253	846	1 308—1 581	462—735
新洲区	965 922	1 219	1 143—1 381	-76—162
武汉经济技术开发区	86 146	41	102—123	61—82
东湖高新技术开发区	341 505	56	404—488	348—432
合　计	8 013 612	11 686	9 483—11 459	-2 203—-227

附图1：　　武汉市 2007-2009 医疗机构设置规划控制图

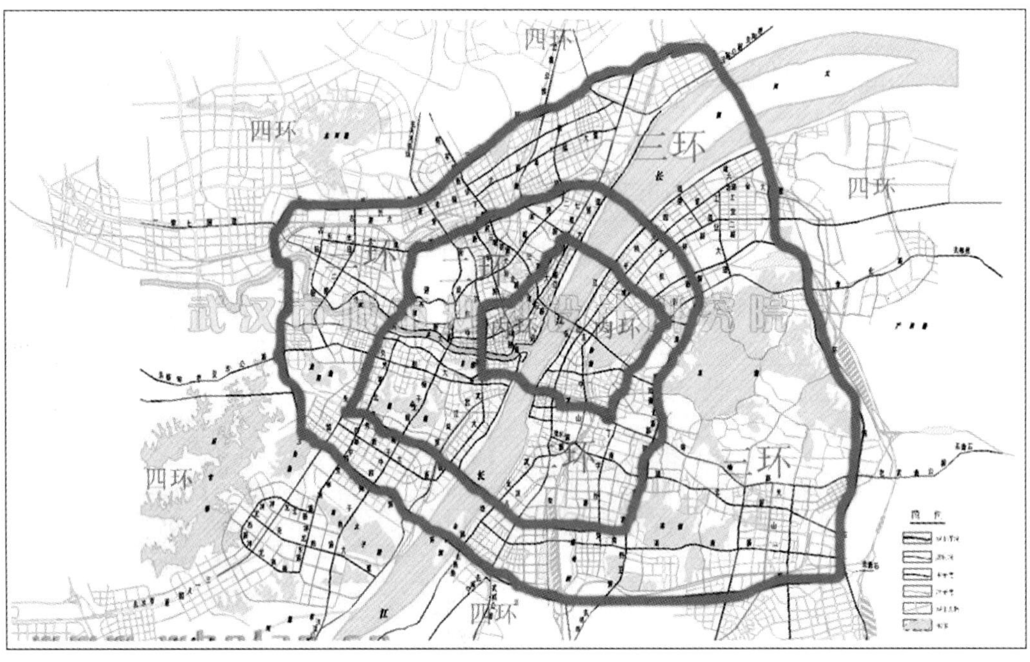

说明：

内环：武汉内环线就是长江大桥-古琴台-武胜路-解放大道-长江二桥-徐东大街-中北路-中南路-武珞路-黄鹤楼-长江大桥，全长28公里。

二环：由汉口的发展大道、汉西路、江汉二桥，汉阳的十升路、四新段，武昌的八一路、珞狮路、东湖路、水东路，以及二七路过江通道和杨泗港过江通道构成。

三环（原中环）：该环线三环线分西环、南环、东环和北环四段逐步规划建设。

西环段（318国道至白沙洲大桥）：全长22公里，额头湾、孟家铺、升官渡、汪家嘴、梅子路（在建）、鹦鹉路（在建），这六座大型立交桥撑起整个环段。

南环段（西起白沙洲长江大桥，东至老武黄公路）：全长23.62公里，新建老武黄公路（待建）、新武黄公路（待建）、关山路（待建）、关山二路、关山一路、两湖大道、野芷、李纸公路（待建）、青菱等九座立交桥。

北环段（从额头湾到天兴洲大桥），途中紧贴百年张公堤堤外修建，沿途有新墩、常青、姑嫂树、盘龙、三金潭等5个大型互通立交。

东环段，也正在紧张的规划设计当中，预计从长山至天兴洲大桥，中间部分路段与王青公路平行，和平大道、友谊大道、青化路立交桥。

四环：（外环）由环城高速公路、以军山长江大桥、在建的阳逻长江大桥等围成，长128公里。

武汉市卫生局关于全市有关医院护士岗位技能竞赛活动情况的通报

（见武卫〔2007〕197号文件）

各区卫生局，有关医疗卫生机构：

为深入开展医院管理年活动，全面推动护理工作，进一步强化“以病人为中心’”的理念，加强护士的专业技术训练和能力素质建设，提高护理服务水平，更好地为人民群众的健康服务，按照卫生部办公厅《关于在全国卫生系统开展护士岗位技能训练和竞赛活动的通知》（卫办医发〔2007〕96号）和省卫生厅关于开展护士岗位技能训练和竞赛活动的有关要求，我局于2007年12月12日一13日组织开展了全市有关医院护士岗位技能竞赛活动。

这次护士岗位技能竞赛活动组委会由市卫生局丁顺清副局长为组长，市卫生局医政处、中医处、监察室负责人及有关专家为成员组成。比赛地点设在武汉市中西医结合医院，参赛单位有市属各二级医院、各区中心医院、中医院及有关二级企业职工医院等26家综合医院及专科医院，每家医院各派2名选手参赛。比赛分理论知识考试和操作技能考核两部分，理论知识考试、操作技能考核各按50%计入总分。其中理论知识考试的内容是卫生部办公厅印发的《全国卫生系统护士岗位技能训练和竞赛活动护理技术项目考核要点》，技术操作考核的范围是无菌技术（铺无菌盘、戴无菌手套）、胃肠减压术，鼻饲技术、密闭式静脉输液术、氧气吸入技术、心肺复苏基本生命支持术等。

这次活动有以下几个特点：一是组织严密，市卫生局在赛前制定了详细的实施方案，明确了比赛的内容、时间、形式、流程和纪律等，使参赛医院和选手清楚地了解比赛过程，确保了竞赛活动有条不紊进行。二是规模较大，全市的二级医院基本上参加了本次比赞，是历年来规模最大的一次。三是比赛结果客观公正，本次竞赛特别设立了监督组，对竞赛过程实施全程监督，评委在对技能竞赛打分时，采取了去掉一个最高分和一个最低分，中间三个打分之和为总分的汁分方式，保证了比赛结果的公平和公正。

在这次护士岗位技能竞赛活动的过程中，各区卫生局和有关医院认真贯彻卫生部和省卫生厅的文件精神，对这次活动高度重视，成立了由主要领导挂帅的领导小组，制定了活动方案，进行了深入广泛的宣传和发动，营造了浓厚的训练和竞赛氛围。广大护理工作者克服时间短、工作忙、任务重的困难，利用业余时间苦练基本功，扎实开展各种操作训练。通过训练和竞赛活动，各级卫生行政部门和医疗机构更加重视护理工作，广大护士基本理论、基本知识、基本技能得到进一步夯实，对进一步加强我市护理队伍的建设，提升护士的人文素质、改善护理服务质量，努力营造和谐融洽的医患关系具有重要作用。

经过比赛，市结核病医院获得团体一等奖，东西湖区人民医院等2家医院获得团体二等奖，市汉口医院等3家医院获得团体三等奖，市中西医结合医院获得竞赛组织奖，市武昌医院护士王卉等10人获得“护理操作技术能手”称号。市卫生局决定将对获奖单位和选手颁发奖杯和证书，予以奖励，同时要求各医院也要对本单位获奖选手予以奖励和表彰。

希望各区卫生局和各级医院以这次护士岗位竞赛活动为良好开端，进一步创新活动方法，丰富活动内容，拓展活动内涵，确保活动效果，通过加强岗位训练和竞赛活动，达到提高护理技术水平，改进护理服务质量的目标，为构建健康武汉、和谐武汉做出贡献。

二〇〇七年十月三十日

附件

武汉市有关医院护士岗位竞赛活动获奖名单

一、团体奖

1. 一等奖(1名)

市结核病医院

2. 二等奖(2名)

东西湖区人民医院、市商业职工医院

3. 三等奖(3名)

市汉口医院、市第十一医院、市第八医院

二、组织奖(1名)

市中西医结合医院

三、个人奖

授予"护理操作技术能手"称号(10人)

市武昌医院　王　卉

市第七医院　阮秀芬

市结核病医院　沙　薇

市汉口医院　汤文姣

市东西湖区人民医院　周　玲

市第八医院　张红艳

市商业职工医院　廖　凤

市结核病医院　代　娟

市第二中西医结合医院　周　丹

市第七医院　吴　芳

2007年全市农村卫生工作要点

2007年,全市农村卫生工作将以深入贯彻《市委、市政府关于进一步加强农村卫生工的意见》(武发〔2006〕24号)精神为指导,以落实市政府为民办理"十件实事"工作任务和办理市政协3号建议案为核心,继续推进和完善新型农村合作医疗制度,结合实施农村"家园建设行动计划",不断加强和完善农村卫生服务体系建设.促进我市农村卫生事业的全面发展。

一、加强新型农村合作医疗制度建设。

(一)加大宣传督导力度。

督促各区进一步加大宣传力度,做耐心细致的宣传教育工作,动员外出务工农民积极参合。办好新型农村合作医疗制度宣传栏,最大限度地让所有农民了解新型农村合作医疗政策,引导农民自愿参加新型农村台作医疗制度。确保2007年新型农村合作医疗制度覆盖90%以上农业人口。

(二)科学调整补偿方案。

1. 指导各区调整农民医疗费用补偿方案。深入开展调查研究,指导各区合理设计补偿方案,调整各类医疗机构医疗费用的分段补助比例、起付线、封顶线,提高农民医疗保障水平。

2. 进一步简化转诊和报销手续,实行两级转诊制度,参合农民经乡镇卫生院或区级医院同意并经区合管办批准后,便可转至市级转诊定点医疗机构就诊;

3. 探索门诊基金统筹和门诊家庭帐户相结合的模式,解决参合农民门诊补偿问题。

(三)健全管理制度。

认真贯彻落实《湖北省新型农村合作医疗制度建设管理工作规范(试行)》(鄂农合领办〔2007〕4号),重点督促落实资金使用公示制度、资金管理审计制度等。在各区自查的基础上,配合市财政、市审计部门完成合作医疗基金审计调查,确保新型农村台作医疗基金安全运行。

(四)加强监督管理

1. 各区选定二级以上综合医院或专科医院,签定服务胁议,报市合医办备案管理。

2. 加强对定点医疗机构服务行为及费用的监管、按照定点医疗机构考核细则定期考核,提高服务质量和安全用药水平。

3. 制定武汉市新型农村合作医疗药品目录。严格规定目录外药品和诊疗费用占总医药费用的比例,并实行病人审核签字制。

4. 鼓励中医药参与合作医疗。对参加合作医疗的农民住院和门诊大病(慢性病)就医时发生的中医适宜技水、中草药服务费用补偿水平提高5%。

5. 监督落实各级定点医疗机构给与合作医疗患者在诊疗费、检查费等方面的减免或优惠政策。

(五)加强经办机构建设

1. 按照《湖北省新型农村合作医疗制度建没管理工作规范(试行)》(鄂农合办〔2007〕4号)要求,乡镇级经办机构实行区级经办机构垂直管理,人员、经费、工作统安排,管理人员与新型农村合作医疗定点医疗机构实行"管办分离"。

2. 分层次、分类别举办培训班,尤其是加强计算机网络知识、财务管理、信息、报表等专业知识的培训。提高经办人员综合素质。

3. 建立和完善市、区两级合作医疗数据巾心，逐步实现网上审核报销、基金监管和信息传输。

4. 按照湖北省新型 农村合作医疗档案管理暂行办法》，加强各区档案管理工作的指导与监督。

二. 加强农村三级医疗预防保健网建设。

（一）按照《武汉市卫生事业发展“十一·五”规划》要求，配合有关部门，制定《武汉市农村卫生服务机构建设总体方案》。

（二）按照市政府2007年“十件实事”和实施农村“家园建设行动计划”要求，在对全市乡镇卫生院和村卫生室调查摸底的基础上，制定标准化建设方案，配合有关部门，对40所乡镇卫生院和680个村卫生室的业务用房进行改扩建，对设备进行配置，使其达到标准化要求。

（三）积极开展乡镇卫生院改革试点工作。加强乡、村两级卫生机构的管理。按照国家和省要求，制定武汉市乡镇卫生服务一体化管理规范。

（四）推进乡镇卫生院公共卫生科建设，做好公共卫生管理。按照乡镇卫生院和村卫生室承担公共卫生服务的职能及任务，制定《武汉市乡镇卫生院公共卫生服务考核内容与经费补助标准（试行）》，协助相关处室和有关部门对各乡镇卫生院的公共卫生服务项目进行考核，核发公共卫生服务补助经费，做好农村疾病预防控制、妇幼保健、卫生监督、血防及爱卫等工作。

三、加强农村卫生队伍建设。

（一）继续实施农村卫生人才培养计划，分类别、分层次举办各种专业技能培训班和管理能力培训班。内容包括乡镇卫生院院长培训、中青年、业务骨干培训、公卫人员岗位培训和中医适宜技术培训等。继续组织乡村医生开展中专学历教育和执业助理医师资格考试知识培训，做好两年一个周期的乡医岗位培训。

（二）继续深化“千名医生下基层”活动和“对口帮扶”工作根据乡镇卫生院的相关需求，安排乡镇卫生院中青年业务骨干到大医院进修学习。同时，要求大医院安排医技护人员到乡镇卫生院进行“一帮一”指导带教，不断提高农村医疗技术水平。

（三）大力宣传优秀典型。号召广大基层医务工作者向全国优秀乡村医生刘纯泽同志学习。同时做好省级优秀乡镇卫生院院长和乡村医生评选推荐工作。

四、继续推进农村初级卫生保健工作。

落实《中国农村初级卫生保健发展纲要（2001—2010年）》和《湖北省农村初级卫生保健实施方案（2001－2010年）规定的目标和任务，做好初保工作的综合管理、业务指导和质量监督，不断提高农村居民健康水来。

（2007年3月6日）

武汉市农村卫生人才培养和水平提升计划

（见武卫〔2007〕58号文件）

根据党的十六届六中全会关于加强农村卫生工作的精神和《中共武汉市委、市人民政府关于进一 步加强农村卫生工作的意见》，针对当前我市农村卫生队伍的现状及农村卫生改革与发展的需要，为切实加强我市农村卫生人才培养和队伍建设，不断提高农村卫生队伍整体素质和服务水平，特制定本计划。

一、指导思想

以邓小平理论和“三个代表”重要思想为指导，全面落实科学发展观，构建社会主义和谐社会，坚持为人民健康服务的方向和以农村为重点的卫生工作方针，培养和建设一支具备满足农村居民基本医疗卫生服务需求能力的农村卫生队伍，为农村居民提供安全、有效、便捷、经济的基本医疗和公共卫生服务。

二、培训目标

用四年时间（2007－2010），实现本市乡镇卫生院临床医生全部具备规定学历，乡（镇）卫生院院长原则上要具有中级及以上卫生专业技术资格。到2010年底，实现95%以上的乡村医生具备中专以上学历，30%以上的乡村医生具备医学专科学历，所有乡村医生接受两次以上的在岗培训，不具备执业助理医师及以上执业资格的乡村医生必须停止执业。

三、培训原则

坚持学历教育与非学历教育并

重、医学理论学习与临床技能实践并重的原则，充分利用现有的教育和卫生资源，采取学历教育、定向培养、继续教育等多种方式，全面提升农村卫生技术人员的理论水平和实际工作能力，同时开展有针对性的实用技术培训，切实提高农村卫生服务水平。

四、培训内容与方式

农村卫生人才培养分乡镇卫生院和村卫生室二个层次进行。

(一)乡镇卫生院卫生技术人员培训

根据《乡镇卫生院卫生技术人员培训暂行规定》要求，开展以胜任岗位要求为基础，以学习基本理论、基本技术和方法为主要内容的培训活动，使乡镇卫生院卫生技术人员不断更新知识、提高业务水平和职业道德素质。

1. 乡镇卫生院院长培训：分期分批对乡镇卫生院院长(副院长)进行综合服务能力和管理能力培训，培训内容重点为卫生政策法规和卫生管理、卫生经济知识，培训方式以全脱产集中培训为主。

2. 乡镇卫生院业务骨干培训：抽调具有3年以上工作经验的中青年临床业务骨干，以进修的方式进行分层次培训，中心卫生院的医生到市级医院进修，其他卫生院的医生到区级医院进修，进修时间为3－6个月。

3. 在职培训：乡镇卫生院其他卫技人员应每5年至少到上级医疗卫生机构进修一次，时间不少于3个月. 进修内容以提高临床能力、疾病预防控制能力和专项技术水平为主。乡镇卫生院卫技人员在职培训实行学分制，每人每年应达到20学分。

4. 公卫人员岗位培训：通过公共卫生理论和公共卫生工作任务处理原则、方法等内容的学习，重点解决工作中的难点，提高乡镇卫生院公共卫生服务和应对公共卫生事件的能力。2006年已培训公卫医师200名，2007－2008年完成乡镇卫生院公共卫生专业技术人员的全员培训。

5. 中医等适宜技术培训：根据农村卫生工作要求，结合农村居民医疗卫生需要，在乡镇卫生院卫生技术人员开展中医等适宜技术培训，提高实际工作能力。

6. 继续医学教育：按照卫生部、人事部《继续医学教育规定(试行)》的要求，针对农村卫生工作特点设置继续医学教育项目，将农村卫生技术人员继续医学教育工作纳入到全市继续医学教育体系内进行管理。

7. 高校毕业生到农村乡镇卫生院支医工作. 根据全省统一部署，从2007年开始连续4年，按各区实际需求，选招医学高校毕业生到乡镇卫生院从事支医工作，服务期满择优选留，不断改善农村卫生人员队伍结构。

乡镇卫生院卫生技术人员培训实行登记制度。培训考核以考核实际工作能力为重点，根据培训方式和内容采取笔试、面试、临床技能考核、现场模拟等多种方式进行。考核结果记入本人业务技术档案，将考核合格作为其年度考核、专业技术职务聘任、执业再注册的必备条件之一。

(二)乡村医生培训

根据《乡村医生在岗培训基本要求》，通过学历教育、岗位培训和继续医学教育等形式，提高乡村医生业务技术水平，培养具有综合执业能力，适应农村卫生事业发展的乡村医生，满足农村居民医疗卫生服务需求。

1. 学历教育：2006年9月，以市内中等医学教育院校为办学单位，以乡镇卫生院为主要教学点，组织乡村医生进行为期二年的中专学历教育工作。2007年重点开展执业助理医师资格考试知识培训。

2. 岗位培训：针对全市已取得《湖北省乡村医生执业证书》，在村医疗卫生机构从事预防保健和一般医疗服务的乡村医生，开展2年一周期的岗位培训工作，更新知识，提高技术水平，培训内容根据实际情况确定。到2010年，所有乡村医生接受两次以上的在岗培训。

3. 继续医学教育：组织在岗乡村医生到高、中等医学院校和具有培训条件的各级医疗卫生机构，以及经有关部门认定的专业技术人员继续教育基地进行更新知识的培训。

五、工作要求

(一)加强培训领导，强化责任意识。农村卫生工作是全市卫生工作的重点，各区卫生局主要领导要亲自抓好农村卫生人才培养和水平提升工作，指定固定部门和专职人员负责管理落实，要把农村卫生人员培养和队伍建设纳人农村卫生发展规划、年度工作计划和考核内容，加强对农村卫生人员培养的组织领导、技术指导和业务支持。

(二)加强部门协调，抓好注册管理。认真按照国家有关文件要求，严格执行准入制度，落实淘汰机制。人事教育部门要切实做好农村卫生技术人员教育培训、建档和资格审核工作，医政、中医部门要加强注册上岗工作的管理，对培训考试不合格、不能胜任乡镇卫生院和村卫生室工作的人员，不予注册。

(三)完善教育体系，落实培训任务。进一步完善以符合条件的区卫校为教学点、区属中心医院为专科进修基地、乡镇卫生院为临床实习基地、妇幼保健和疾病控制为专项业务培训重点的农村卫生技术人员教育培训体系，确保培训工作落到实处。

（四）明确工作职责，确保培训质量。区医疗卫生机构和职业技术学院、普通中等卫校要承担乡、村两级卫生技术人员的培训任务，有计划地开展培训工作，为农村卫生人员培训提供必要的条件。城市卫生机构要积极开展适应农村卫生工作需要的各种培训，开展对口支援，提供技术支撑。

（五）健全培训制度，加强管理监督。加强对培训工作的监督管理，建立培训考核评价机制，按照考教分离、教学相长、统一考试、综合评价的原则，积极创新教学方法，改进培训方式，注重培训内容的实用性。灵活安排培训时间，方便就近学习，扩大培训覆盖面。

（六）多方筹集资金，加大经费投入。农村卫生人员培训经费，原则上由市、区卫生局、单位、个人共同承担，以市、区卫生局为主。

农村卫生工作是卫生工作的重点，培养一支适应农村需求、结构合理、德才兼备的卫生专业队伍，是保障农村卫生工作健康、持续发展的关键，各有关部门要高度重视农村卫生人员培养和队伍建设工作，确保我市农村卫生服务能力不断提升，切实推进农村卫生工作。

（2007年4月3日）

武汉市社区卫生服务中心和乡镇卫生院标准化公共卫生科人员培训方案

（见武卫〔2007〕61号文件）

为贯彻落实《市卫生局关于创建社区卫生服务中心和乡镇卫生院标准化公共卫生科的意见》（武卫〔2006〕60号），有效提高社区卫生服务中心和乡镇卫生院（以下称基层）标准化公共卫生科人员培训质量，进一步提升基层公共卫生服务质量，特制定本方案。

一、指导思想

以落实科学发展观和建设社会主义和谐社会为指导，以社区卫生服务中心和乡镇卫生院为平台，加强和完善我市公共卫生体系建设，加速推进标准化公共卫生科创建，培养和建立一支适应时代发展、满足社会需求、结构配置合理、专业技术精湛的基层公共卫生队伍，进一步夯实公共卫生服务网络的基础，努力为居民提供安全、有效、便捷、经济的公共卫生服务。

二、工作目标

用三年（2006—2008）时间，实现对全市基层公共卫生人员轮训一遍；对经过培训并考核合格的人员，颁发培训合格证书，允予从事公共卫生工作。

积极鼓励、支持基层公共卫生人员通过多种方式参与学历教育，力争三年内，使每个标准化公共卫生科三分之一的专业人员学历达到相关专业大专水平。

建立基层公共卫生人员培训制度，有计划地每年开展不同形式、不同层次的业务学习和技术培训，有效加强基层公共卫生队伍建设，不断增强服务意识，提高业务水平和服务质量。

同时，通过培训，建立、健全和完善标准化公共卫生科人员准入和退出机制，保障标准化公共卫生科协调和可持续发展。

三、培训原则

坚持系统全面，逐步完善。培训既要看到“病”，又要看到“人”，不但培训公共卫生的系统知识和技能，还要培养良好的医德。同时，又要反映专业和学科建设新进展，尤其是社会的新要求，使培训能服务于专业和学科的个性。

坚持实用可及，学以致用。培训要与社会需求相适应，从基层公共卫生工作实际和学员特点出发，针对性地进行必需的基本知识和技能的教学，做到“群众需要什么，培训什么”，“能够做什么，学什么”，“欠缺什么，补什么”，使培训确实能够解决实际问题。

坚持能力培养，结合实践。培训要立足基层，着眼现场，面向群众，不仅在课堂上，还要安排在社区现场进行培训，提高与社区居民沟通协调的技巧，提高开展基层公共卫生服务的现场协作能力,使培训后能尽快地适应社区公共卫生服务工作。

坚持教学互动,双向考评。培训以授课为主,适当结合案例分析、小组讨论、模拟训练等形式,加强教与学的互动,提高学员兴趣,增强学习主动性。建立教学反馈机制,不仅对学员培训情况进行考核,也对老师教学效果开展评价,使培训质量得到有效保证。

四、培训内容及实施步骤

(一)开展基层公共卫生骨干培训

对在基层标准化公共卫生科工作的骨干人员,通过相关专业知识的培训,注重培养中青年专业带头人,努力提高其开展技术指导的能力,推动基层公共卫生事业的发展。

(二)开展基层公共卫生基础培训

对在基层标准化公共卫生科工作的全体人员,通过相关公共卫生理论和公共卫生工作任务处理原则、方法等内容的学习,重点解决社区公共卫生工作中的难点,提高社区公共卫生人员为居民提供公共卫生服务和应对社区公共卫生事件的技能。2007 - -2008 年完成。

(三)开展基层公共卫生上岗培训

在基层标准化公共卫生科创建工作完成以后,新进入(调入)标准化公共卫生科的人员必须具有卫生专业中专以上学历或初级以上卫生专业技术任职资格,并取得执业医师或执业助理医师任职资格,同时必须通过我局统一组织的培训,并经考核合格后录用上岗。2008 年后,每逢偶数年开展一次。

(四)开展基层公共卫生继续教育培训

在岗位培训的基础上,研究设置针对公共卫生工作特点的继续医学教育项目,与各区卫生局联合开展相关继续医学教育培训工作,逐步将公共卫生技术人员继续医学教育工作纳入到全市继续医学教育体系内管理。2009 年开始,每年实施。

五、培训与考核方式

标准化公共卫生科人员培训以岗位培训为重点,主要采取脱产学习班和短期学习班的培训方式。培训以大班教学为主,同时结合专业和学科特点,以小班形式开展分组教学和现场教学。

考核采取以书面闭卷考试为主,结合开卷、撰写论文、现场模拟等多种形式进行。我局将组织建立和完善基层公共卫生人员考核试题库,不断规范和提高考核质量。

对第 1 次参加岗位培训者,实行免费(不包括食宿费用);对考核不合格者,由学员自己承担全部费用,重新接受培训;对经反复培训(超过 3 次)仍不能通过考核者,不允予从事公共卫生工作。

基层公共卫生人员通过上岗培训并经考核合格后,每两年必须统一接受一次专业考核;考核不合格者,不允予从事公共卫生工作。对工作期间晋升学历者,3 年内可免予专业考核。

六、保障措施

(一)深化认识,加强领导

公共卫生是卫生工作的重要组成部分,为居民提供公共卫生服务是政府的义不容辞的职责和责任。以社区卫生服务中心和乡镇卫生院为平台,开展标准化公共卫生科创建活动,是我局在新的历史时期,为了贯彻落实科学发展观和构建社会主义和谐社会的新要求,有机地把公共卫生与社区卫生和农村卫生结合起来,有效地为近千万居民提供公共卫生服务,有力地缓解"看病难,看病贵",而创造性地开展的一项全新的工作,具有十分重要的意义。

基层公共卫生队伍建设是推动公共卫生体系建设和标准化公共卫生科创建的重要环节之一,是公共卫生工作深入、健康、持续发展的组织保障,是满足人民群众公共卫生服务需求的基本保证。各区卫生局及其业务主管部门,以及社区卫生服务中心和乡镇卫生院,都要充分认识基层公共卫生队伍建设的重要性,加强对标准化公共卫生科人员培训的组织领导、技术指导与业务支持。

(二)明确责任,分工协作

基层标准化公共卫生科人员培训是一项任务重、数量大、涉及部门多的人才培养工程,各区卫生局应在我局统一安排下,结合本区情况,按照相关计划认真组织落实。市、区卫生局及其业务主管部门,社区卫生服务中心和乡镇卫生院之间要形成联动,密切配合、步调一致,分工负责、协同实施。

我局将加强对培训工作的监督管理,强化教学计划制定与实施、师资选聘、考勤、考试等各个环节。各区卫生局要统一组织相关人员参加培训,培训期间务必克服种种困难,服从全市统一安排。承担培训任务的部门及其教师要加强研究,主动下基层调查了解实际情况,提高教学质量。各基层单位要积极创造条件,合理安排参训人员。参与培训人员要珍惜机会,努力学习,确保学习质量。

(三)健全制度,强化质量

实施考教分离制度。培训教师与考核(考试出题)教师相对沟通,绝对分离,严格规范考试考核。

实施综合评价制度。考勤、日常学习、考核成绩等分别按不同比例记入培训成绩,进行综合评价。

实施教学反馈制度。采取问卷调查等方式,对培训内容、方式、教学质量等进行评估,促使教学互长。

实施奖励激励制度。评选优秀学员、优秀组织单位和最受欢迎教师,给予精神奖励和一定的物质奖励。并将培训完成和合格情况与财政公共卫生服务项目补助经费的拨付直接挂钩。

(四)多方筹资,加大投入

基层标准化公共卫生科人员培训经费,原则上由市、区卫生局、单位、个人共同承担,以市、区卫生局为主。 (2007年4月5日)

武汉地区大中型医疗卫生机构对口帮扶基层医疗卫生单位工作实施方案

(见武卫〔2007〕75号文件)

根据2007年全国和省、市卫生工作会议精神,为积极推进全市基本卫生保健制度建设,加快城区社区卫生事业发展,推进农村卫生服务体系建设,完善新型农村合作医疗制度,经研究,决定从2007年起在全市卫生系统开展大中型医疗机构对口帮扶社区卫生服务中心和乡镇卫生院工作(简称"对口帮扶")。为了落实对口帮扶工作,特制定本方案。

一、指导思想和工作目标

以邓小平理论和"三个代表"重要思想为指导,落实科学发展观,推进全市基本卫生保健制度建立,推动我市社区卫生服务体系和农村卫生服务体系建设。通过开展对口帮扶工作,有计划地组织全市大中型医疗机构对口帮扶基层医疗卫生单位工作,不断提高基层医疗卫生单位的医疗卫生服务水平,发挥基层医疗单位作用为人民群众提供方便、质优、价廉、安全的医疗卫生服务,切实保障人民群众身体健康,为建设"和谐武汉、健康武汉"作出积极贡献。

二、组织领导

(一)组织机构

成立武汉市卫生局开展对口帮扶工作领导小组:

组　长:张建华　林国生

副组长:丁顺清　朱宏斌

成　员:武小军　刘佑武

孙昌林　察　莉

李　滔　傅源业

罗时珍　魏善波

张义华　孟翔燕

领导小组下设办公室,朱宏斌同志兼任办公室主任,武小军同志任办公室副主任。办公室设在市卫生局组织部,负责日常工作。

为保证对口帮扶工作的顺利开展,市卫生局将选派一批优秀中青年干部作为联络员,到区卫生局协调配合开展工作。各区卫生局、有关医疗卫生单位也要成立相应的领导小组,具体负责对口帮扶工作的实施。

(二)职责分工

1. 局组织部负责制定对口帮扶工作实施方案,确定对口帮扶单位、下派人员数量,负责综合协调工作,负责"联络员"的选派;人事教育处负责拟定人事的管理规定和考核标准,以及下基层医务人员的培训和考核工作;医政处、中医处负责依法做好下基层医务人员的执业管理工作;妇幼保健与社区卫生处负责安排对口帮扶社区卫生服务机构工作;农村卫生处负责安排对口帮扶乡镇卫生院工作;疾病控制处负责协调下基层工作中疾病预防控制工作;党办、局办、规财处负责下基层工作的宣传和保障工作。

2. 各区卫生局、有关医疗卫生单位要根据本方案要求制定本地区、本单位对口帮扶工作的具体实施方案,做好对口帮扶工作的派出、协调和落实工作,并将该项工作纳入各单位年度绩效考核范围。

3. 各大中型医疗卫生机构负责对口帮扶基层医疗卫生机构工作和落实医务人员的下派任务,挑选符合基层需求的医疗卫生人员组成医疗团队,充分发挥离退休医务人员在对口帮扶工作中的作用。各区卫生局和受援单位负责接受下派人员,做好他们的工作安排和管理考核。

三、工作原则

(一)统筹规划,分级管理,精心操作原则。

(二)与推动城市社区卫生服务体系和推进农村新型合作医疗制度及卫生服务体系建设相结合的原则。

（三）实行目标管理，绩效考核原则。

四、工作范围和对象

（一）工作范围

1. 参加对口帮扶工作的帮扶单位是全市二级以上医疗机构；受援单位是城区部分社区卫生服务中心和远城区部分乡镇卫生院。

2. 参加对口帮扶工作的医疗卫生人员是从全市二级以上医疗机构巾选派，到城区社区卫生服务中心和远城区乡镇卫生院帮助工作。

（二）选派人员对象和条件

1. 思想政治素质好，有较强的事业心和责任感。

2. 掌握本专业基础理论和专业知识，具有一定工作经验，并具备相关执业证书。

3. 中级以上专业技术人员应具有较丰富的专业技术工作经验，具有指导培养下级专业技术人员的能力。帮扶社区卫生服务中心的技术人员以综合内科、护理、中医、针灸、理疗、康复、儿科、妇科、口腔科、临床检验、放射、医学影像等专业为主；帮扶乡镇卫生院的技术人员以综台内科、外科、妇产科和检验科等专业为主。

4. 大专以上学历。

5. 身体健康。

五、工作任务

（一）指导基层医疗机构开展预防、医疗、保健、康复、健康教育和计划生育技术服务工作，并直接深人社区和乡村开展医疗工作，不断提高基层医疗卫生机构的业务能力和水平。

（二）开展对基层医疗机构管理人员和医务人员的培训提高工作，免费安排基层医疗卫生机构的人员进修学习，不断提高基层医疗机构职工队伍素质。

（三）指导基层医疗机构加强行政管理工作，不断提高基层医疗机构的管理水平。

（四）尽可能无偿支援基层医疗机构的医疗卫生设备，帮助基层医疗卫生机构加快建设和发展。

（五）对口支援的大中型医疗机构要制定支援社区卫生服务中心、乡镇卫生院的年度和中长期工作计划，承担基层卫生机构的业务指导、技术支持和人才培养等任务。

六、工作要求

对口帮扶工作主要采取由全市各大中型医疗卫生单位选派的医务人员组成医疗团队，到社区卫生服务中心和乡镇卫生院进行帮扶工作，采取驻点和挂点的方式进行。

（一）到乡镇卫生院对口帮扶的单位所选派的医务人员要组成团队开展工作，以一个乡镇卫生院为帮扶点，辐射周边若干乡镇卫生院开展工作。下派到社区卫生服务中心的医务人员，原则上根据受援单位需要，由支、受援双方单位协商签定帮扶协定后定员挂点帮扶，保证每天有1名以上业务人员在社区卫生服务中心工作。

（二）市、区属二级以上医疗卫生单位中级职称以上卫生人员，每年必须到社区卫生服务中心和乡镇卫生院工作不少于20天。

（三）各区卫生局和大中型医疗机构以及基层医疗机构要高度重视此项工作，成立领导小组，明确分管领导，确定工作目标，制定具体实施方案，落实工作专班，实行目标管理，认真做好对口帮扶工作。

（四）各大中型医疗机构要在5月中旬以前，主动与受援单位协商，确定符合条件的拟下派人员名单，报市卫生局人事教育处备案。各大中型医疗机构要在5月中旬以前与基层医疗卫生机构签订对口帮扶基层工作的协议书，明确其任务、职责和要求，下派人员到基层单位开始工作。

（五）各基层医疗机构要制定具体的受援计划，主动与帮扶下派单位联系，切实做好下派人员工作安排，充分发挥下派人员的帮扶作用，不断提高基层医疗卫生机构的服务能力和管理水平。

（六）根据卫生部《医师执业注册范闱的暂行规定》第五条规定，执业医师到基层服务不属超围执业，但应严格按照执业注册的专业执业。根据《医疗事故处理条例》有关规定，下派人员在基层工作期间发生的医疗纠纷和差错、事故。由所在基层医疗卫生机构负责解决。

（七）下派人员在基层工作期间，不转行政关系，保留职务、职级，各项待遇不变。因下派基层增加的交通费用，由派出单位承担。由城区下派到远城区乡镇卫生院帮助工作的人员，每月补贴500元，经费由派出单位承担。

（八）下派人员在基层工作期间的管理，主要由基层医疗卫生单位负责，派出单位要协助做好管理；对口帮扶工作，一律实行业绩考核、目标管理，市、区卫生局负责落实、检查、督导工作。

（九）市、区两级公共卫生医疗卫生单位要结合工作实际，负责对全市社区卫生服务中心和乡镇卫生院的对口工作进行指导。

市卫生局组织部联系电话：82770435

附件：1. 武汉市大中型医院对口帮扶社区卫生服务中心安排表

2. 武汉市太中型医院对口帮扶乡镇卫生院安排表

3. 武汉市大中型医院对口帮扶基层医疗卫生单位工作细则

4. 武汉市大中型医院对口帮扶工作人员情况登记表（略）

（2007年4月25日）

附件 1

武汉市大中型医院对口帮扶社区卫生服务中心安排表

江岸区

序　号	社区卫生服务机构名称	对口帮扶医院名称
1	丹水池街社区卫生服务中心	汉口铁路医院
2	二七街社区卫生服务中心	161 中心医院
3	谌家矶街社区卫生服务中心	161 中心医院
4	台北街社区卫生所务中心	长航总医院
5	花桥街第二社区卫生服务中心	市六医院
6	劳动街社区卫生服务中心	市六医院
7	永清街社区卫生服务中心	市八医院

江汉区

序　号	社区卫生服务机构名称	对口帮扶医院名称
1	汉兴街社区卫生服务中心	省新华医院、市十一医院
2	常青街社区卫生服务中心	协和医院
3	民族街社区卫生服务中心	市商业职工医院
4	民权街社区卫生服务中心	市十一医院
5	水塔街社区卫生服务中心	市十一医院
6	新华街社区卫生服务中心	协和医院
7	北湖街社区卫生服务中心	市中心医院
8	民意街社区卫生服务中心	市中心医院
9	前进街社区卫生服务中心	市一医院
10	万松街社区卫生服务中心	市六医院
11	满春街社区卫生服务中心	市一医院
12	花楼街社区卫生服务中心	长航总医院

硚口区

序　号	社区卫生服务机构名称	对口帮扶医院名称
1	韩家墩街社区卫生服务中心	同济医院
2	汉中街社区卫生服务中心	同济医院
3	荣华街社区卫生服务中心	省中山医院
4	六角亭街社区卫生服务中心	市普爱医院
5	易家墩街社区卫生服务中心	市一医院
6	汉正街社区卫生服务中心	市普爱医院
7	宝丰街社区卫生服务中心	省中山医院
8	汉水桥街社区卫生服务中心	市普爱医院

汉阳区

序　号	社区卫生服务机构名称	对口帮扶医院名称
1	五里墩街社区卫生服务中心	省新华医院
2	洲头街社区卫生服务中心	市五医院
3	翠微街社区卫生服务中心	市中医医院
4	鹦鹉街社区卫生服务中心	空军 457 医院
5	晴川街社区卫生服务中心	市五医院
6	月湖街社区卫生服务中心	市三医院

武昌区

序　号	社区卫生服务机构名称	对口帮扶医院名称
1	中华路社区卫生服务中心	省人民医院
2	徐家棚街社区卫生服务中心	市三医院
3	首义路街社区卫生服务中心	省人民医院
4	石洞街社区卫生服务中心	市三医院
5	黄鹤楼街社区卫生服务中心	市七医院
6	紫阳街社区卫生服务中心	武科大附属医院
7	杨园街社区卫生服务中心	华科大梨园医院
8	积玉桥街社区卫生服务中心	武昌铁路医院
9	水果湖街社区卫生服务中心	武大中南医院
10	中南路街社区卫生服务中心	广州军区武汉总医院
11	珞珈山街社区卫生服务中心	武警湖北省总队医院

青山区

序　号	社区卫生服务机构名称	对口帮扶医院名称
1	厂前街社区卫生服务中心	武钢总医院
2	钢花街社区卫生服务中心	市九医院
3	红钢城街社区卫生服务中心	市九医院
4	工人村街社区卫生服务中心	市九医院
5	新沟桥街社区卫生服务中心	武钢二医院
6	冶金街社区卫生服务中心	市九医院
7	武东街社区卫生服务中心	市普仁医院
8	武东街社区卫生服务中心	市普仁医院

洪山区

序　号	社区卫生服务机构名称	对口帮扶医院名称
1	珞南街第一社区卫生服务中心	省中医医院光谷院区
2	珞南街第三社区卫生服务中心	中建三局武汉中心医院
3	关山街第三社区卫生服务中心	市六七二医院
4	关山街邮科社区卫生服务中心	市东湖医院
5	葛化街社区卫生服务中心	广州军区武汉总医院
6	张家湾街社区卫生服务中心	市十二医院
7	洪山街社区卫生服务中心	武科大附属医院
8	和平街社区卫生服务中心	铁四院职工医院

附件2

武汉市大中型医院对口帮扶乡镇卫生院安排表

支援单位名称	受援单位名称
市一医院	黄陂医木兰乡、长岭镇、蔡店乡、姚集镇卫生院
161中心医院	黄陂区王家河镇、李集镇、滠口街、横店街卫生院
汉口铁路医院	黄陂区武湖农场、大潭原种场、三里桥卫生院
武钢职工总医院	黄阪区六指街、盘龙城、蔡榨镇卫生院
黄陂医人民医院	黄陂区祁家湾街、天河街、前川街卫生院
黄陂区中医院	黄陂区罗汉街卫生院
市中心医院	新洲区旧街街、仓埠街、李集镇、阳逻街卫生院

续表

支援单位名称	受 援 单 位 名 称
武钢第二职工医院	新洲区三店街、汪集街、双柳街卫生院
一冶职工医院	新洲区邾城、辛冲、道观、徐古卫生院
新洲区人民医院	新洲区潘塘、凤凰卫生院
新洲区第二人民医院	新洲区龙王嘴卫生院
新洲区中医院	新洲区涨渡湖卫生院
市三医院	江夏区金口、五里界、纸坊、郑店卫生院
武警湖北总队医院	江夏区舒安、湖泗、安山、法泗卫生院
武昌铁路医院	江夏区山坡、乌龙泉、大桥卫生院
市十四医院	夏区金水农场、龙泉卫生院
江夏区中医院	江夏区豹澥卫生院
市普爱医院	蔡甸区奓山街、侏儒街、消泗乡、水安街卫生院
汉阳铁路医院	蔡甸区蔡甸街、大集街、张湾街、玉贤镇卫生院
市十三医院	蔡甸区桐湖、洪北卫生院
蔡甸区中医院	蔡禁甸区索河填卫生院
市六医院	汉南区邓南街、纱帽街、湘口街卫生院
汉南区人民医院	汉南区东荆街卫生院
省新华医院	东西湖区吴家山、走马岭、慈惠、新沟场卫生院
省中山医院	东西湖区新沟镇、荷包湖、辛安渡、东山卫生院
长航总医院	东西湖区金银湖、径河、三店卫生院
东西湖区人民医院	东西湖区柏泉、常青卫生院

附件3

武汉市大中型医院对口帮扶基层医疗卫生单位工作细则

为了落实大中型医疗卫生机构对口帮扶基层医疗卫生单位工作，进一步推进我市社区卫生和农村卫生工作，结合武汉地区大中型医院和我市社区卫生服务中心、乡镇卫生院实际，特制定本细则。

一、大中型医院对口帮扶社区卫生服务中心

（一）参加对口帮扶的医院范围：全市二级以上综合医院（不含专科医院）。接受对口帮扶的基层医疗卫生机构范围：全市中心城区社区卫生服务中心（由大中型医院承办、托管和民营的社区卫生服务中心除外）。

（二）对口帮扶形式

1. 二级以上医院与对口社区卫生服务中心签订对口帮扶协议，与社区卫生服务中心建立长期对口帮扶关系。

2. 大中型医院每年选派政治素质好、有较强的事业心和责任感，熟练掌握本专业基础理论知识，具有一定工作经验，取得了相关执业证书的中级以上专业技术职称的卫生专业技水人员（含代理制人员），人数不少于4名，以团队形式下派到社区卫生服务中心，开展对口帮扶工作；原则上每天都必须有1名以上下派人员在社区卫生服务中心丁作。

3. 选派人员的专业要符台社区卫生服务的工作特点，以综合内科、护理、中医、针灸、理疗、康复、儿科、妇科、口腔科、临床检验、放射、医学影像等专业的技术人员为主。

（三）对口帮扶主要任务

1. 大中型医院医生直接在社区卫生服务中心坐诊，为辖区居民进行常见病诊疗。

2. 对社区卫生服务中心的专业技术人员进行系统培训，包括免费接受社区卫生服务专业人员到大中型医院进修，对社区卫生服务中心专业人员进行帮教、讲课、指导等。

3. 参与社区卫生胀务中心日常医疗管理工作、指导、制定规范的医疗规程和操作程序。

4. 走进社区，开展义诊和健康教育讲座。

5. 给社区卫生服务机构赠送必要的诊疗设备。

6. 开展“双向转诊”工作。

(四)帮扶安排

对口帮挟本着双方互惠互利,就近、便捷,自愿申报、组织协调的原则,确定大中型医院对口支援的社区卫生服务中心,原则上每个社区卫生服务中心都有一个大中型医院进行对口帮扶,具体支援名单附后。

二、大中型医院对口帮扶乡镇卫生院

(一)参加对口帮扶的医院范围:全市二级以上综合医院(不含专科医院)。接受对口帮扶的基层医疗卫生机构范围:全市远城区乡镇卫生院。

(二)帮扶形式

市直有关医疗单位、部分企业职工医院和六个远城区的中心医院、中医院选派中层干部和医务人员组成医疗团队,到乡镇卫生院开展对口帮扶工作。一家医疗机构对口4个以下乡镇卫生院,重点帮扶2007年实施标准化建设的40家乡镇卫生院。对口帮扶单位以一个乡镇卫生院为帮扶点,辐射周边若干乡镇卫生院开展工作。每个团队由5名成员组成,由1名管理人员带队(组长),组员以外科、妇产科和检验科专家为主,采取驻点和巡回相结合的方式进行帮扶活动。在保证专业不变的前提下,帮扶人员可适当进行轮换变动。

(三)帮扶内容

1. 指导乡镇卫生院开展标准化建设和乡村卫生服务管理“一体化”工作。

2. 帮助乡镇卫生院开展学科建设,推广适宜技术。

3. 开展对乡镇卫生院管理人员和医务人员的培训工作,免费安排乡镇卫生院的卫生人员进修学习,尤其要加强对检验科、外科和妇产科人员的培养。

4. 到乡镇卫生院坐诊、查房,指导乡镇卫生院开展手术治疗。

5. 对乡镇卫生院给予设备和资金支持。

三、工作要求

(一)各区卫生局和大中型医院以及社区卫生服务中心、乡镇卫生院要高度重视对口帮扶工作,主要领导负责,成立领导小组,明确分管领导,确定工作目标,制定具体实施方案,落实工作专班,实行目标管理,认真做好对口帮扶工作。

(二)各大中型医院要在5月中旬前与社区卫生服务中心、乡镇卫生院签订对口帮扶工作协议明确其任务、职责和要求。大中型医院要制定与社区卫生服务中心实行“双向转诊”的运行程序优惠措施。正式启动对口帮扶工作。基层医疗卫生单位要协助安排好下派人员的工作和生括。

(三)社区卫生服务中心和乡镇卫生院要制定具体的受援计划,主动与帮扶下派单位联系,切实做好下派人员的工作安排,充分发挥下派人员的帮扶作用,不断提高服务能力和管理水平。

(四)鼓励大中型医院选择民营社区卫生服务机构开展对口帮扶工作。

四、考评工作

根据《武汉市大中型医院对口帮扶社区卫生服务中心考核标难》、《武汉市大中型医院对口帮扶乡镇卫生院支援单位考核评分标准》和《武汉市大中型医院对口帮扶乡镇卫生院受援单位考核评标准》进行考核评价。

武汉市大中型医院对口帮扶社区卫生服务中心考核标准

考核项目	考核内容及标准	标准分	考核方法	评 分 标 准
组织管理 10分	将对口支援纳入医院工作目标	3	查相关资料	无,不得分
	成立对口支援领导小组	2	查医院文件	无,不得分
	有分管领导	2	查医院文件或院务记录	无,不得分
	有对口支援协议书	3	查资料	无,不得分
工作计划 5分	制定对口支援长期规划	1	查资料,方案内容详细、明确,双方签字盖章	无,不得分
	有年度支援方案,方案要明确对口支援的方式、目标和安排	4		无,不得分;方案无明确支援方式、扣1分;无详细工作安排,扣2分
工作内容 30分	考勤	10	建立考勤制度,每天至少有一名下派医生在社区卫生服务中心工作	缺勤1天扣0.5分,扣完为止
	健康教育	10	下派医院进社区开展健康教育讲座≥4次/年	缺1次扣2.5分
	参与管理	5	查中心会议记录	无,不得分
	建章建制	5	查相关资料	无,不得分
	设备赠送		查财产登记本	价值1 000元以上设备1分/件,10分为止

续表

考核项目	考核内容及标准	标准分	考核方法	评分标准
培训 25分	大中型医院机构接受社区卫生服务中心人员免费进修3个月以上≥4名/年授课、带教、示范≥10次/年，每次2学时	10 15	查资料 查授课本、授课记录和学员签到本	缺1名扣2.5分 缺1次扣1.5分
双向转诊 30分	签订双向转诊协议，包括对上转病人的费用优惠政策 制定双向转规程，建立绿色通道；上转率：下转率≤3∶1	10 10 10	查协议书 查相关资料 查相关资料	无，不得分 未建立，不得分 每下降10%扣1分，扣完为止

武汉市大中型医院对口帮扶乡镇卫生院支援单位考核评分标准

考核项目	内容和要求	分值	评分办法	扣分原因	得分
一、组织管理（15分）	1. 成立对口支援领导小级	2	查领导小级成员名单，未成立或无相关文件不得分		
	2. 开展项目前通过实地调研了解受援单位情况	2	向受援单位了解情况，查调研报告等资料，未开展调研不得分		
	3. 根据受授单位情况制定实施方案、工作计划等。	2	查相关资料，缺一项扣1分		
	4. 与受援单位签订协议书，并及时上报市卫生局。	1	查支援协议书原件，未签订不得分		
	5. 于2007年5月前向受援单位派驻5名支援医师	2	查派驻医师资格证书、病历、处方等相关记录，不符合不得分。		
	6. 关心派驻医师的工作和生活，落实生活和交通补贴。	1	未落实扣1分		
	7. 对派驻期间违规违纪的人员和行为严肃处理，并及时上报市卫生局	1	向受援单位和市卫生局了解情况，对受援医院通报的违纪行为不查处的不得分		
	8. 及时将项目进展情况、问题建议、工作动态等信息上报市卫生局。工作动态信息每月不得少于1条。	2	向市卫生局了解情况，查文件、报告等相关记录，做不到不得分		
	9. 按时完成项目工作总结，并能及时上报。	2	未按时完成工作总结不得分，未及时上报扣1分。		
二、人才培训（20分）	1. 长期培训（包括到支援单位进修，脱产学习固定带教等）不少于3人，培训时间3个月以上。	10	不培训不得分，少一人扣3分 培训时间达到到3个月以上的，每人次扣1分。		
	2. 短期培训（包括各种类型业务技术培训班），培训时间为1天以上。短期培训每月不得少于2次	10	不培训不得分。培训内容应包括外科、妇产科、内科、设备使用、检验技术等五项，少一项扣2分。次数未达到要求的，少一次扣0.5分。		
三、技术指导（15分）	1. 指导基本医疗服务	6			
	（1）对内、外、妇、儿、检验等进行业务指导和带教。	2	查相关记录资料，不指导、带教不得分。		
	（2）作好对急诊科建设，对急诊、中毒、急症抢救等进行带教。	2	查有关记录资料，不带教、培训不得分。		
	（3）指导作好病历、处方、诊断报告等医疗书写规范。	2	查有关记录资料，不指导不得分。		
	2. 指导做好妇产科服务	7			
	（1）产科达到一级医院产科建设标准（部分无产科的卫生院不作此要求）；	3	对照标准，未达到标准不得分。		
	（2）住院分娩率比支援前提高；	2	查相关资料，不提高不得分。		

续表

考核项目	内 容 和 要 求	分值	评 分 办 法	扣分原因	得 分
三、技术指导（15分）	(3)孕产妇死亡率降低；	1	查相关资料，不降低不得分。		
	(4)破伤风发生率降低。	1	查相关资料，不降低不得分。		
	3. 指导做好检验科建设。2007所重点建设的卫生院检验科达到一级医院检验科建设标准。非重点建设的卫生院能开展以“三大常规”为主的检验项目，力争在3年内达到建设标准。	2	对照标准，未达到标准不得分		
四、学科建设（10分）	建立新学科，推广适宜新技术	10	建立新学科得5分，未建立不得分；推广新技术1项得3分，推广2项以上得5分。未推广不得分。		
五、制度建设（10分）	1. 帮助制定各项管理制度（门诊管理制度、住院管理制度、妇产科管理制度、健康教育管理制度、新型农村合作医疗管理制度等）。	5	查有关资料及上墙情况，少一项扣1分止。		
	2. 指导制定各项业务技术规范、规程。	3	未指导不得分。		
	3. 指导制定乡镇卫生院发展规划。	2	未指导不得分。		
六、镇卫生院标准化建设（15分）	1. 赠送医疗及办公设备或用品、药品等。	10	未赠判断设备、药品不得分；价值低于5 000元得2分；5 000－10 000元得4分；10 000－15 000元得6分；15 000－20 000元得8分；20 000元以上得10分。金额为对所有帮扶对象投入之各。		
	2. 投入资金改建、扩建维修、新建业务用房或改善环境（包括绿化、硬化、美化、修建围墙等）。	5	投入5万元以上5分；不足5万元，每1万元得1分。金额为对所有帮扶对象投入之和。		
七、乡村卫生服务管理“一体化”（5分）	1. 帮助受援单位组织成立医疗巡回队开展诊活动。每季度不得少于1次。	2	未成立，未开展巡诊活动不得分。次数每一次扣0.5分。		
	2. 坚持每两月一次的乡村医生例会制度。	1	做不到不得分。查会议记录，每缺一次扣0.1分。		
	3. 指导建立农民健康档案。建档率≥80%。	2	未建成立不得分。查档案，		
八、社会评价（10分）	受援单位对支援单位帮扶工作满意度≥90%以上。	10	每下降2%扣1分，随机调查询问受援单位工作人员10人。		

武汉市大中型医院对口帮扶乡镇卫生院受援单位考核评分标准

考核项目	内 容 和 要 求	分值	评 分 办 法	扣分原因	得 分
一、组织管理（30分）	1. 成立对口支援领导小组。	3	查领导小组成员名单，未成立或无相关文件不得分。		
	2. 制定对口支援工作制度、计划。	3	查相关资料，缺一项扣1.5分。		
	3. 与支援医院签订支援协议书，并及时上报市卫生局	2	查支援协议书原件和上报文件等资料，未签订不得分，不及时上报扣1分。		
	4. 开展工作时间：2007年5月前	2	查文件、病历、处方等相关记录，不符合不得分。		
	5. 积极主动配合支援工作的进展，工作执行过程中遇到困难及时与支援医院沟通解决。	3	向支援单位了解，查文件、报告等相关资料，做不到不得分。		
	6. 及时将工作进展情况、问题建议、工作动态等信息上报区卫生局。工作动态每月不得少于1条。	3	向区卫生局工作领导小组办公室了解，查相关记录，未做到不得分。		
	7. 大力开展对口支援宣传工作。	3	查墙报、宣传单、专家介绍等相关宣传资料，未开展不得分。		

续表

考核项目	内 容 和 要 求	分值	评 分 办 法	扣分原因	得 分
一、组织管理（30分）	8. 妥善安排支援医师的工作和生活。	3	向支援医师了解情况，实地查看，不符合不得分。		
	9. 对支援医师进行严格管理，对派驻期间违规违纪的人员和行为及时通报支援医院，每周报区卫生局。	5	向支援医院和区卫生局了解情况，查看考勤表和工作情况记载表。发现违规违纪行为不通报的不得分，不及时上报扣3分。		
	10. 按时完成工作总结，并能及时上报。	3	未按时完成工作总结不得分。每次轮换、年度应有工作总结，每缺一次扣1分。		
二、对口支援效果评分（60分）	1. 卫生院服务能力、服务质量	15	查盾相关统计资料及指标，达不到不得分。		
	(1)门诊量较上一年增加	5	每下降1%扣1分		
	(2)出院人数较上一年增加。	5	每下降1%扣1分。		
	(3)病床使用率同比升高	5	每下降1%扣1分		
	2. 卫生院管理：吸收支援医院管理经验，采纳支援医师提出的合理化建议，卫生院管理制度进一步完善，管理工作成效明显。	5	查相关管理制度，卫生院半年、全年工作总结、财务报表等资料；管理核心制度不齐全，缺一项扣0.5分；工作计划一项不完成扣0.5分。		
	3. 业务技术	22	查看相关统计资料及指标，达不到不得分		
	(1)急重症抢救成功率提高。	4	每下降1%扣1分		
	(2)治愈率、好转率、出入院诊断符合率、手术前后诊断符合率同比提高	8	每项下降1%扣1分。		
	(3)病历、处方和诊断报告、书写规范。	10	抽查病历、处方或诊断报告10份，1份书写不规范扣1分。		
	(4)产科达到一级医院产科建设标准(部分无产科的卫生院一作此要求)；	5	对照标准，未达到标准不得分。		
	4. 检验科达到一级医院检验科建设标准。2007年重点建设的卫生院检验科达到一级医院检验科建设标准。非重点建设的卫生院能开展以“三大常规”为主的检验项目，力争在3年内达到建设标准。	5	对照标准，未达到标准不得分。		
	5. 人员培训：医务人员积极参加支援医师主讲的临床教学、短期培训等，对口专业人员听课率≥90%。	5	向支援医量了解情况，查看培训人员签到本，对口专业人员听课率下降1%扣1分。		
	6. 学科建设：建立新学科，推广适宜新技术。	3	实地查看，做不到不得分。		
三、社会评价（10分）	当地群众对受援卫生院医疗服务工作满意度≥90%以上。	10	每下降20%扣1分，随机调查询问群众10人。		

武汉市2007年农村母婴安全项目实施方案

（见武卫〔2007〕76号文件）

为贯彻落实《中共中央、国务院关于进一步加强农村卫生工作的决定》，实现《中国儿童发展纲要(2001－2010年)》和《中国妇女发展纲要(2001—2010年)》提出的战略目标，提高我市妇女儿童健康水平，根据《国家卫生部、财政部实施降低孕产妇死亡率和消除新生儿破伤风项目》的要求，拟分三年开展全市农村母婴安全项目工作,现制定本方案。

一、项目目标

建立武汉市农村母婴安全保障系统,提高孕产妇分娩保障水平。将孕产妇死亡率以区为单位控制在19/10万以内,婴儿死亡率控制在7‰以内。孕产妇住院分娩率以区为单位达到99%;高危孕产妇住院分娩率达到100%;所有乡镇卫生院必须开办孕妇学校;区、乡医疗保健机构产科医务人员三基考核合格率分别达到90%、80%。

二、项目范围和内容

(一)项目范围

除黄陂区继续参加全国"降消"项目县管理外,武汉市农村母婴安全项目共六个区:洪山郊区、东西湖区、汉南区、蔡甸区、江夏区、新洲区。

(二)项目内容

1. 开办孕妇学校

巩固孕妇学校工作。各区级孕产妇急救中心和乡镇卫生院举办"孕妇学校"。孕妇学校对孕产妇进行孕产期保健、安全分娩等知识的宣传教育,编写语言通俗、图文并茂的健康教育读本,发放至孕妇和家庭成员,广泛宣传住院分娩的好处;因地制宜制作孕产期保健、安全分娩知识宣传画和宣传栏,张贴和安放于村卫生室、乡卫生院、区级医疗保健机构和公共场所,使群众了解有关孕产期保健知识,提高利用妇幼保健服务的能力。

2. 住院分娩补助

实行项目区住院分娩限价收费,合理用药减少孕产妇住院分娩的经济负担,限价标准由各区按区、乡两级医疗保健机构分别制定。

各区将孕产妇住院分娩纳入新型农村合作医疗住院补助的范畴,孕产妇住院分娩平产费用报销不低于280元,剖宫产费用报销不低于450元。

3. 乡镇卫生院标准化产科建没

依据《武汉市乡镇卫生院产科标准化建设标准》(见附件1),结合乡镇卫生院标准化建设工作,分批分年度在乡镇卫生院开展新一轮的产科建设,2007年在全市开展乡镇卫生院标准化建设的40家乡镇卫生院中开展标准化产科建设(见附件2),按标准完成产科房屋维修和设备配备,选派产科工作人员参加培训。

4. 专家指导

结合武汉市大中型医院对口支援基层医疗机构工作,各区选派1名市级驻点专家,专职负责监督和指导项目的实施。主要工作为:帮助建立完善各项项目管理制度;制定培训计划,采取集中培训和下基层驻点的方式培训基层产科和妇幼保健工作人员;定期下基层指导乡镇卫生院的产科标准化建设,指导乡镇妇幼保健业务人员开展项目工作。(见附件3)

5. 建立健全孕产妇急救网络

建设和完善孕产妇急救绿色通道和危急症孕产妇抢救中心,形成村-乡-区三级网络通畅、功能完善的孕产妇急救的绿色通道,建设技术精湛、设施完备的孕产妇抢救中心。按《武汉市孕产妇系统保健管理实施细则》实施高危孕产妇的分级管理:孕产妇高危评分<15分者由乡镇卫生院负责管理及住院分娩;评分为15-25分者在中心卫生院及二级以上助产技术服务机构住院分娩;评分≥25分者由乡镇卫生院加强日常监管,二级以上助产技术服务机构负责诊治和住院分娩。

三、经费安排

(一)孕妇学校工作按标准每个机构配备一台影碟机,一套孕妇学校教材,经费由市卫生局专顶经费中统一配备。

(二)专家驻点工作经费按1万元/人由市卫生局从专项经费中下拨各区。

(三)住院分娩报销经赞由各区从新型农村合作医疗费用中安排。

(四)乡镇卫生院产科标准化建设工作列人农村乡镇卫生院标准化建设统筹安排。

四、项目管理

(一)市卫生局负责项目的组织、实施与管理,负责对各项目区项目实施工作进行协调与督导,并在项目结束后开展对项目工作的考核评估,具体方案另行下发。

(二)项目区实施全覆盖的督导。监督指导的内容包括(1)项目组织管理和项目实施方案;(2)孕妇学校健康教育的效果;(3)孕产妇住院分娩限价及补助实施情况;(4)房屋维修和设备购置情况;(5)孕产妇急救绿色通道和抢救中心运转情况;(6)项目经费的管理和使用情况;(7)项目目标完成情况。

(三)各区卫生局加强对项目的监督与指导,确保落实项目任务,完成项目目标,项目工作结束时形成项目总结,报市卫生局。

(四)市、区级妇幼保健机构要加强对项目工作的业务指导,协助市、区卫生局开展督导检查,督促乡镇卫生院开展人员培训及产科标准化建设等上作。

(五)乡镇卫生院要积极开展产科标准化建设,确保产科人员参加市、区级培训,规范孕妇学校工作,按项目要求加强孕产妇系统管理,保征乡-村妇幼保健工作的落实。

附件1. 武汉市乡镇卫生院产

科标准化建设标准

2. 武汉市2007年乡镇卫生院标准化建设名单(略)

3. 武议市母婴安全项目专家驻点工作方案

(2007年4月24日)

附件1

武汉市乡镇卫生院产科标准化建设标准

一、设备

(一)门诊:检查床、体重计、听诊器、血压计、胎心音听筒、骨盆测量器、软尺、电脑、儿童电子体检仪、产后访视包;

(二)产房:待产床、产床、婴儿床、器械台、敷料柜、推车、取暖设备、供氧设备或制氧机、常规消毒设备、紫外线、洗手与污物处理设备、婴儿磅秤、站灯、吸痰管、听诊器、体温计、血压计、计时钟、软尺、骨盆测量器、聚血盆、新生儿复苏囊．输血输液设备、开口器、舌垫、电动吸引器、胎头吸引器、导尿包、产包、刮宫包、简易手术包、剖宫产手术包。中心卫生院还应配备新生儿喉镜、静脉切开包、阴道手术包、多普勒胎心监护仪、新生儿抢救台、B超(共用)、高压消毒锅(共用)。

二、房屋

(一)面积:(1)产科门诊:面积$>16m^2$;(2)宣教室(孕妇学校):面积$>15m^2$,(3)分娩室:面积$>20m^2$;(4)待产房:面积)$6m^2$;(5)每张产床净使用面积$>6m^2$;

(二)产房由外向内依次设(1)污染区:换鞋处、更衣室、厕所、污物存放间;(2)半污染区:准备间、洗手消毒问、待产室;(3)清洁区:分娩室。各区要求布局合理,标志明显,制度上墙;分娩室建筑要求与手术室相同,待产室靠近分娩室,洗手消毒间靠近分娩室,洗手设备与手术室相同;新生儿沐浴处应有保暖和热水供应设施。

三、人员

助产人员具备《母婴保健技术服务考核合格证》;助产人员每三年参加一次区以上卫生行政部门组织的复训;产科床位≥3张,科室具有助产技术服务资格的医务人员不得少于3人,其中执业医师不得少于1人,产科主任具有主治医师及以上职称。区、乡级医务人员"三基"测试合格率分别达90%、80%。

附件2(略)

附件3

武汉市母婴安全项目专家驻点工作方案

为更好地开展母婴安全项目工作,在母婴安全项目区开展专家驻点工作。

一、专家选派

与武汉市大中型医院对口支援基层医疗机构工作结合,七个远城区各选派一名妇产科专家驻点,专家原则上应具有副主任医师及以上技术职称,能指导项目区开展各项工作。

二、时间安排

专家驻点时间两个月,下基层(乡镇)督导时间不少于20个工作日。

三、工作任务

(一)帮助项目区建立完善各项项目管理制度。

(二)制定区项目培训计划,采取集中培训和下基层驻点的方式培训基层产科和妇幼保健工作人员。

(三)组织全区产科技术人员的"三基"测试,确保区乡两级产科医务人员"三基"考试合格率分别达到90%和80%。

(四)定期下基层指导乡镇卫生院的产科标准化建设,指导乡镇妇幼保健业务人员开展项目工作。

四、经费补助

专家督导从母婴安全项目经费中给予补助。

五、培训内容

（一）对区级医疗保健机构技术人员重点培训考核以下内容

1. 高危妊娠监测及处理；

2. 胎儿监测技术；

3. 运用产程图正确识别及处理产程；

4. 掌握各种难产诊疗技术；

5. 新生儿窒息复苏（含气管插管）及合并症的抢救；

6. 危急重症的抢救：心脑肺复苏，心力衰竭及心律失常的抢救，各种休克抢救，呼吸衰竭抢救，子痫的抢救，水电解质和酸碱平衡紊乱的诊治，羊水栓塞急救，DIG 预防与诊治。

（二）对乡级医疗保健机构技术人员重点培训考核以下内容

1. 孕产妇保健系统管理和产前检查；

2. 孕期危险因素筛查；

3. 正常接生：识别临产，正确观察产程，消毒接生，正确收集和估计出血量，正确按摩子宫，预防产后出血，新生儿处理；

4. 新生儿窒息的预防和复苏；

5. 人工剥离胎盘；

6. 不全流产清宫；

武汉市卫生局关于2007年标准化乡镇卫生院和村卫生室建设工作情况通报

（见武卫〔2007〕216号文件）

各区卫生局：

为落实市政府为民办实事，今年，全市开展了乡镇卫生院和村卫生室标准化建设工作，通过建设与验收，取碍了明显成效，现将有关情况通报如下：

一、总体情况

为完成40所乡镇卫生院和350个村卫生室的标准化建设目标任务，我局联合市财政局印发了《2007年武汉市标准化乡（镇）卫生院建没方案》（武卫〔2007〕106号）和《2007年武汉市标准化村卫生室建设方案》（武卫〔2007〕95号），按照统一名称、统一规划、统一标识的要求，对乡、村两级卫生服务机构标识系统进行了形象设计，在黄陂区横店街中心卫生院召开了全市农村卫生服务机构标准化建设工作现场会。各区卫生局按照建设目标制定了具体实施方案及进度安排，成立了工作专班，加大了投入力度，抓点示范，严格按照《建设标准》，开展标准化建设工作。

在各区自查基础上，我局联合市财政、药监等部门，成立了由局领导带队的验收小组，接照《标准化建设验收考棱评分办法》要求，采取听汇报、查资料、看现场等方式，分六个组、于8月、11月两批次对纳人标准化建设的40所乡镇卫生院进行了现场考核验收，按照总得分超过总分80%合格的标准，所验收的乡镇卫生院均为合格。村卫生室验收在各区自查基础上随机抽查，检查的463个材卫生室全部达到了标准化建设要求，超额完成了办实事的目标任务。（乡村两级卫生机构验收合格名单见附件。）

二、主要做法

在标准化建设过程中，各区积极行动，彰显特色，做出了成绩。

一是领导重视，责任明确。黄陂区在财政并不宽裕的条件下，争取政策，落实配套资金，加大了对标准化建设的投入力度，明确了工作职责，横店卫生院成为了全市标准化建设工作的样板；新洲区与创建的乡镇卫生院和村卫生室签订目标责任书，并组织各创建卫生院进行相互交叉检查，促进了标准化建设工作的顺利开展，同时加强了对财务工作的规范管理；江夏区积极争取区政府领导支持与区财政补助资金扶持，加强基层卫生队伍培养，管理工作规范。

二是抓点示范，加强督办。蔡甸区在标准化建设过程中通过抓奓山街卫生院和农力村卫生室的示范作用，推动了全区标准化建设工作的开展，并成立了由局领导亲自督办的工作专班，重点加强对基础薄弱的乡镇卫生院的帮扶和指导，对各卫生院的标准化建设实施方案进行了集中会审和现场指导，取得了明显成效；汉南区重点加强了村卫生室管理，其一次性物品销毁纪录齐全，落实了疾病防控登记工作；东西湖区重点抓好乡镇卫生院公共卫生科建设，软、硬件同步上新的台阶，实现了乡村卫生服务一体化管理工作，完善了新农合信息网络系统。

三是完善措施，落实工作。洪山区局领导高度重视标准化建设工作，一方面组织有关人员到兄弟卫生院参观学习，完善工作措施；另一方面高标准、高起点建设乡村两级卫生机构，针对每次自查、检查中发现的问题，及时召开全区乡镇卫生院院长会议，举一反三，多次督办，确保乡村两级卫生机构标准化建设工作有序开展。

三、存在问题

（一）乡镇卫生院

1. 业务用房建设：部分乡镇卫生院存在布局不台理，科室设置不符合要求等现象。黄陂区木兰乡卫生院外科与换药处置室不规范；新洲区汪集卫生院外科和产科设置不符合工作流程；江夏区五里界镇卫生院肌肉注射室、换药室、供应室同处一室；蔡甸区张湾街卫生院公共卫生科、手术室面积不达标。

2. 医疗设备配置及网络建设：东西湖区金银湖街卫生院手术室设备配置不全；汉南区邓南镇中心卫生院未建立完善的 HIS 系统。

3. 人员配置及人事分配制度改革：江夏区部分卫生院存在 B 超、心电图、放射科有未取得从业资质的人员上岗现象；新洲区部分卫生院人员配置超标。

4. 规范管理存在的问题具有以下共性：一是药品的采购、储存、管理，病历（处方）的书写及财务管理工作等还有待规范；二是乡镇卫生院对村卫生室的一体化管理工作有待进一步强化；三是使用新收费项目的代码与名称有待重视、规范，医疗服务质量监控工作有待加强。

（二）村卫生室

黄陂区部分村卫生室门诊处方书写不规范；蔡甸区部分村卫生室建筑面积较小，“三房一室”未严格分开；汉南区部分卫生室人员配置数量低于标准；新洲区部分村卫生室药品进药渠道不合要求；江夏区部分村卫生室处方无诊断，无参合名册和健康档案；东西湖区部分村卫生室药房建设不符合标准要求；洪山区存在村卫生室药品储存不合要求、管理不严，有过期药品现象。

四、工作要求

各区要在总结今年标准化建设工作经验的基础上，进一步完善工作措施。

一是针对薄弱环节，落实整改。各区要将检查验收结果及时向区委、区政府领导汇报，并针对检查中发现问题，以薄弱环节为重点，举一反三，落实整改，完善今年的建设工作。

二是规范管理，提升水平。从今年验收结果来看，规范管理是各区乡镇卫生院和村卫生室建设工作中一最为薄弱的一环。各区要完善相关制度，探索可行措施，切实提升乡镇卫生院和村卫生室的整体管理水平。

三是合理规划，确定明年建设任务。各区要按照《建设标准》，合理规划，确定目标，制定方案，按照市政府要求努力完成 2008 年新一轮的乡、村两级卫生机构标准化建设工作。

附件：2007 年武汉市标准化建设验收达标的乡村两级卫生机构名单

（2007 年 12 月 12 日）

2007 年武汉市标准化建设验收达标的乡村两级卫生机构名单

区名称	乡镇卫生院		村卫生室	
	数量	名称	数量	名称
黄陂区	8	横店街中心卫生院 长轩岭镇中心卫生院 李家集镇中心卫生院 王家河镇卫生院 滠口街卫生院 蔡店乡卫牛院 姚集镇卫生院 木兰乡卫生院	126	横店街三夏村、东升村、新建村、全华村、百花村、梅冲村、建国村、、寅田村、新春村；李集镇郑店村、石塘村、朱铺村、护林岗、八家寨、大彭寨村、民安集村、徐岗村、袁李湾村、胡家集村；王家河镇冯桥村、章华村、涝溪河村、张家榨村、小寨村、凤凰村、群益村、卧虎村、青云村；姚集镇石屋山村、柏叶村、大城村、姚集村、腊梅村、车站村、仁和利、沿河村、石桥村；三里镇河边村、沿堤村、风斗湖村、邓畈村；蔡店乡：双河村、张新屋村、源泉村、张河村、刘山村、桃花村、姚山村；祁家湾街上张村、建设村、群力村、红旗村、张店村、红刚村；大潭原种场甲山村、墩子河村、人潭村、伍家港村；罗汉街周寨村、大兴村、花石村、张杨村、联合村、陶岗村、罗汉利村、祝店村；前川街陈玉宫村、理林村、武湖村、高庙村、五里村、三姜村、火庙村、油岗村、群光村、向阳村、桃花村、李三村；滠口街十湖村、陡山村、枫橡村、桃园村、十里村；盘龙城经济开发区许庙村、夏集村、刘古塘利；六指街六咀村、张岗村、建国村、武湖村、金嘴村、西湖村、甘铺村、群建村；长岭镇平港村、十棵松村、短岭村、七房湾村、竹园村、杨家田村、南洲田村、东风村、平峰村、羊角山村狮子山村、黄土园村、泊沫村、向家咀村、官田村、三家店村；蔡榨镇周仁湾村、红岗山村、长岭岗村；武湖农场江嘴村、高车畈村；木兰乡小泉山村、桥头边村、天子冲村、双泉村、柿子集村；天河街柯咀村、有力村、康桥村、珍珠村、白桥村

续表

区名称	乡镇卫生院		村卫生室	
	数量	名称	数量	名称
新洲区	7	仓埠街中心卫生院 三店街卫生院 旧街中心卫生院 李集街中心卫生院 阳逻街卫生院 双柳街卫生院 汪集街卫生院	115	邾城街钱寨村、饶蔡村、程湖利、吴榜村、新港村、詹河村、城西村、陈先村、章程村、钏杨村、余姚村、永立村、巴徐村、大渡村;辛冲镇:巴铺村、曲背湖村、干河村、冯畈村、铁河村;旧街街烽火山村、莲花塘村、黄林村、刘畈村、程河村、高山村、旧街村、姚家河村;徐古镇富山村、周山村、马岗利、周铁河村、将军山村、茅岗村;潘塘街管湾村、李店村、舒祠村、张岗村、金寨村、井边村、潘塘村;三店街李河村、井塘村、金塘村、柳溪村、竹园村、东门村;凤凰镇:朱五峰村、杨元咀村、刘湾村、余寨村、陈天奇村、三叉路村;李集街雄原村、潮泥村、高中村、吴太村、长岭村、黄畈村、李集村、张集村、刘先村、彭岗村、李镇村、张信村;仓埠街胡彰村、毕铺村、凉亭村、孙岗村、松林村、淋江村、方院村、周铺村、洪山村、陶家田村、杨岔村、段岗村;阳逻街新建村、新林村、施岗村、月明村、芦山村、毛集村、南山村、界埠村、童院村;双柳街陈路村、吊尾村、汪林村、马译村、杨林村、汪铺村、周孟村、孙胡村、双铺村、孙洪村、刘镇村、挖沟村、车家村、大埠村、古龙村;汪集街余楼村、宝龙村、绿湾村、程山村、新畈村、陶咀村、茶亭村、汪集村、魏咀村、洲上村、淘河村;道观河桐子岗村、油麻岭村;龙王咀农场二分场十队;涨渡湖农场马驿村。
江夏区	7	金口街中心卫生院 纸坊街卫生院 湖泗卫生院 五里界镇卫生院 郑店街卫生院 安山镇卫生院 法泗卫生院	76	纸坊街:丰收村、大花岭村、胜利村、狮子山村、东方村、照耀村;乌龙泉街:群建村、立新树、新农村;五里界镇:唐涂村、中洲村、毛家畈村;山坡乡:胜丰村、群星村、光明村、和尚桥村、星明村、光华村、贺站村;金口街:同升村、关山村、南岸一村、南岸二村、红灯村、中湾村、严家村、姚湾树、长山村、勤建村、横堤村、水胜村;湖泗镇:王通村、何堰村、科农村、七海村、张桥村、邬桥利、海洋村;豹澥镇:龙山村、长山村、花园村、许店村、上刘村、石洞村;安山镇:八一村、株山村、安山村、普安村、马安村;法泗镇:新河村、长虹村、株林村、卫东村、新墩村、八塘村、红星村;流芳街:二龙村、新湖村、魏集村、营泉村、栗庙村;郑店街:劳一村、黄金村、同兴村、洞山村;舒安乡:祝庙村、张塘村、燎园村;庙山办事处:邬树树、庙山村、幸福村、普庵村、向阳村;藏龙岛办事处梁山头村;大桥新区办事处:渔牧村、红旗村。
蔡甸区	7	奓山街卫生院 侏儒街卫生院 张湾街卫生院 永安街卫生院 蔡甸街卫生院 大集街卫生院 消泗乡卫生院	68	永安街:永丰村、古迹村、扑树村、柏木村、炉房村、永安村、新六村、向集村、万岭村;侏儒街:薛山村、黄金村、群力村、榨坊村、土金村、太渡村、新帮村、军营村、金鸡村;消泗乡:挖沟村、汉洪村、三台村;蔡甸街:马家渡村、西屋台村、永利村、石洋村、独山村、马鞍村、姚家林村;大集街:新塘村、曾铁岭村、国新村、塔尔山村、南湖村、曙光村、俞家垸村、九如桥村;张湾街:雄岭村、龙家台村、上独山村、旭光村、徐尹邓村、复元村、新合村、余家台村;玉贤镇:车岭村、杨新村、蝙蝠村、农力村、岗岭村;索河镇:石马村、渔业村、索河村、丁湾村、金龙村、六神村、石山村;洪北管委会东干村;桐湖农场三羊头村;奓山街:长新村、三店村、龙王村、新屋村、土山村、康湾村、毛湾村、民生村、联谊村、星光村。
东西湖区	5	慈惠街卫生院 走马岭街中心卫生院 金银湖街卫生院 新沟镇街卫生院 吴家山街卫生院	28	径河街:永丰大队大屋岗、三大队莲花湖;走马岭街青锋大队、六合大队、苗湖大队、林果大队、打靶堤大队;牧业园新港大队新港苑、将军路街马池大队;慈惠街沙嘴大队、良种大队、渔门大队、胡家大队、鸦渡大队、察家大队、八向大队;长青街一大队三支沟、四大队三大队、东山胜利大队、群力大队、旭东大队;柏泉街红星大队;新沟镇街:三大队燕岭村、二大队;辛安渡东风大队、大桥大队、红星大队、荷包湖大队;高桥幸福大队二大队。
洪山区	4	花山镇卫生院 青菱乡卫生院 左岭镇卫生院 建设乡卫生院	23	洪山街:李桥村; 青菱乡:青菱村、园艺利、横堤(火箭)村、建阳村、老桥村、花园村、杨林村、红霞村; 建设乡:崇阳村、胜强村; 左岭镇:周庄村、泉井村、黄陂岭村、甲铺岭村、朝阳村; 花山镇:清潭村、何董村; 九峰乡:新跃村、九峰村、何刘利、马译村、保丰村
汉南区	2	纱帽街卫生院 邓南镇中心卫生院	21	纱帽街:东风村、幸福村、江上村、江下村、通津村、周家河、大嘴村、东江村、长江村; 邓南街:邓西村、水三村、窑头村、鞋尖村、南庄村; 东荆街:东荆大队、乌金二大队、乌金三大队、沟北大队; 湘口街:向新大队、芦桥大队、龙沟大队。
沌口开发区			6	军山街:幸福桥村、肖家村、凤山村、龙湖村、小军村、黄石畈村。
合计	40		463	

2007 年武汉市标准化乡(镇)卫生院建设方案

(见武卫〔2007〕106 号文件)

乡(镇)卫生院是农村卫生服务网络的枢纽,主要面向农村提供预防、保健、医疗、康复、健康教育和计划生育等综合卫生服务,承担本区域内疫情报告、传染病查治、疫苗接种、健康教育和处理疫情及突发公共卫生事件的职责。根据《中共武汉市委、武汉市人民政府关于进一步加强农村卫生工作的意见》(武发〔2006〕24 号)精神和市政府为民办实事的要求,结合全市乡(镇)卫生院建设现状,为进一步规范全市乡(镇)卫生院建设和管理,特制定 2007 年武汉市标准化乡(镇)卫生院建设方案。

一、现状

全市现有乡(镇)卫生院 83 所,其中中心卫生院 15 所,共设有 3 146 张病床,共有在职职工 7 004 人,共有房屋建面积 53.33 万平方米,其中业务用房面积为 25.52 万平方米。

二、目标

以省颁乡(镇)卫生院建设要求为标准,通过房屋、设备和制度建设,到 2007 年底,9 个区 43 所乡(镇)卫生院达到标准化建设要求,进一步提高乡(镇)卫生院服务水平。

三、基本原则

(一)统筹规划,分步实施。按照区域卫生规划,科学合理设置乡(镇)卫生院,建设从 2007 年开始至 2009 年完成。

(二)完善功能,满足需求。按照不同类型的乡(镇)卫生院功能划分,结合当地医疗卫生需求,在房屋建设和设备配备和网络建设上满足乡(慎)卫生院预防、保健和基本医疗服务要求。

(三)统一标准,规范建设。乡(镇)卫生院建设项目根据其覆盖人口及服务功能确定建设规模,实行统一设置、统一色调、统一布局、统一标识,统一技术规范等,做到规模适度、功能适用、装备适宜、经济合理。

(四)结合实际,完善设施。分利用现有设施,采取填平补齐的原则建设,房屋建设以改扩建为主。

(五)市区共建,以区为主。市财政对标准化乡(慎)卫生院建设实行定额补勘,各区相应配套,并由各有关区具体组织实施。

四、建设标准

(一)设置。根据武汉市医疗机构设置规划要求,全市农村地区设置乡(镇)卫生院 83 所,其中设置中心卫生院 15 所。

(二)房屋。

1. 面积:10 000 人以下乡(镇)卫生院建设规模按表 1 执行。10 000人以上的乡(镇)卫生院业务用房面积指标按表 2 执行。

2. 科室设置。

2.1 公共卫生科设有传染病管理室、免疫预防室、妇幼保健室、卫生监督、健康教育与慢性病防治室等。

2.2 门诊部设置急诊(抢救)室、内(儿)科诊室、外科与换药处置室、妇产科及其检查室、中医科、五官科、注射室、观察治疗室、传染病诊室、中西医药房。

2.3 住院部设有病房(外科、内科、产科病人相对分开)、手术室、产房。

2.4 医技科室设有独立的化验室、心电与超声检查室、放射科、供应(消毒)室。

2.5 药房必须具有符合药品储存条件的设施及卫生环境,配制制剂必须具有能够保证制剂质量的设施、管理制度、检验仪器和卫生条件。中心卫生院必须设置中药房,且与西药房严格隔开。

2.6 辅助用房设有洗衣房、配电房、锅炉房等。

(三)设备。必须配备诊断类、治疗类、检验类和公共卫生类设备,具体设备配置详见《主要专业设备器械基本装备选表》(见表 5)附后。

(四)人员。接每千服务人口 1.0 - 1.5 人定员(卫生专业技术人员不低于 85%)。其中公共卫生服务人员按标准配置,服务人口在 3 万人以下的配置 6 - 8 人,服务人口在 3 - 6 万人的配置 10 - 12 人,服务人口在 6 万人以上的配置 14 - 18 人。

(五)床位。按每千服务人口 0.6 张设置,乡(镇)卫生院按其功能划分为一般卫生院和中心卫生院。按照床位规模,可划分为 0 - 19 床和 20 床以上两种类型,原则上不超过 80 张。

（六）网络。标准化建设的乡（镇）卫生院，必须建立完善医院信息系统，实现院内信息流通与共享，逐步实现与医新型农村台作医疗结算网络对接。

五、投资补助

乡《镇）卫生院所需设备采取填平补齐的原则，市财政对每个乡（镇）卫生院补助40万元。其中维修经费20万元，设备经费20万元。房屋维修根据计划先行预拨50%补助经费进行维修改造，待验收合格后将50%余款拨付到位。

六、实施要求

（一）由区卫生局于2007年5月30日前向市卫生局申报房屋维修改造或扩建等建设计划和设备需求，由市卫生局进行汇总、核实，经市卫生局、市财政局负责审定后组织实施。设备采取填平补齐的原则，由市统一集中招标采购（采购名单见附件见表5），各有关区组织实施。建设项目竣工后，由各有关区卫生局、区财政局、医药监分局初步验收合格后，向市卫生局、市财政局提出验收申请：市卫生局、市财政局、市食品药品监管局按照《武汉市标准化乡（镇）卫生院建设验收考核评分办法》（见附件1），于2007年8月和11月期间组织专家组进行验收，验收合格的拨付补助资金。凡验收不合格的项目，由区卫生局、区财政局负责督促整改。各有关区要将初步验收计划于2007年6月30日前报市卫生局。

（二）整合资源，合理规划。各区要根据《武汉市医疗机构设置规划》，合理规划，调整现有乡（镇）卫生院布局，按标准乡（镇）卫生院的建设要求，制定乡（镇）卫生院维修改造建设计划和实施方案，报区财政局、区卫生局，便于统一组织实施。

（三）加强领导，落实职责。各有关区和乡（镇）要重视标准化建设工作，切实加强领导，把工作落到实处，保证按时完成本区内标准化乡(镇）卫生院建设任务。各有关区卫生局要组织协调标准化建设工作任务的落实、督导检查和考核验收。乡(镇）卫生院作为责任单位，要负责标准化建设工作的具体实施，确保工作落实到位。各区和建设单位要相应配套建设资金，严格执行专户、专帐、专款专用，封闭运行，严禁截留挪用。确保完成今年全市40所标准化乡（镇）卫生院建设目标。

（四)加强软建设，提升整体水平。在规范硬件建设的同时，乡（镇）卫生院建设必须加强软件建设，整体上提升乡（镇）卫生院医疗服务水平。标准化乡（镇）卫生院建设必须与乡（镇）卫生院改革、新型农村合作医疗、医疗质量管理、医院信息系统建设、乡村卫生服务一体化管理、医院人才培养、规范、制度建设相结合。

（五）标准化乡（镇）卫生院建设要纳入市、区和有关部门的年度目标管理，实行分级负责制。标准化乡（镇）卫生院建设，必须最大限度利用好现有资源，坚持标准，统一标识。具有实用性和安全性，统筹规划，完善功能。

附件:1. 武汉市标准化乡（镇）卫生院建设验收考核评分办法

2.2007年武汉市标准化乡（镇）卫生院建设目标

乡（镇）卫生院建设指导标准（表1）

乡镇人口数（人）	建筑面积（平方米）
3 000以下	150
3 000－4 000	230
4 000－5 000	300
5 000－6 000	350
6 000－7 000	400
7 000－8 000	450
8 000－9 000	500
9 000－10 000	550

乡（镇）卫生院建设指导标准（表2）

乡镇人口数（人）	建筑面积（平方米）
10 000－15 000	700
15 000－20 000	800
20 000－25 000	900

续表

乡镇人口数(人)	建筑面积(平方米)
25 000 - 35 000	1 000
35 000 - 40 000	1 100
40 000 - 45 000	1 200
45 000 - 50 000	1 300
50 000 - 55 000	1 500
55 000 - 60 000	1 700
60 000 - 70 000	1 950
70 000 - 80 000	2 300
80 000 - 90 000	2 500
90 000 - 10 0000	2 700
100 000 以上	3 000 左右

卫生业务用房面积分配应满足功能、业务技术及设备装备的需要。使用面积分配见表3,建筑面积参数见表4

各部门用房使用面积比例表(表3)

部门 / 分类	一般卫生院(%)	中心卫生院(%)
公共卫生科	8 - 9	7 - 8
门诊	24 - 25	24 - 25
医技	9 - 10	9 - 10
住院(含手术、产房)	35 - 40	38 - 42
其它	18 - 20	18 - 20

注:公共卫生科用房原则上不得少于120M²

建筑参数表(表4)

用房性质		建议采用尺寸(中一中)(米)
走廊	病房	2.7
	门诊	2.1(单侧候诊)
		2.7(双侧候诊)
	手术室	2.7
病房	六人病房	6.0×6.0
	三人病房	3.6×6.0
	辅助用房	3.6×4.5
门诊	诊室	3.3×4.2
	诊室	3.3×4.5
手术室	大间	6.0×6.0
	中间	4.5×6.0
	小间	4.2×4.8
X光室		6.0×6.0
化验室		4.5×6.0

主要专业设备器械基本装备选配表(表5)

序号	装备器械名称	单位	一般卫生院		中心卫生院	
			规格	数量	规格	数量
1	X光机	台		1		1

续表

序号	装备器械名称	单位	一般卫生院		中心卫生院	
			规 格	数 量	规 格	数 量
2	超声波诊断仪	台	便携	1	台式	1
3	心电图机	台	单导	1	三导	1
4	半自动生化仪	台		1		1
5	双目显微镜	台		1		2
6	洗胃机	台		1		1
7	简易呼吸机	台				1
8	尿分析仪	台		1	十项	1
9	麻醉机	台			简易	1
10	电冰箱	台		1		1
11	电动吸引器	台		1		1
12	计算机	套				1
13	除颤器	台		1		1
14	血球计数器	台		1		1
15	多功能病床	张				
16	血液分析仪	台		1		1
17	空调	台				

武汉市标准化乡(镇)卫生院建设验收考核评分办法

一、根据《湖北省乡(镇)卫生院建设暂行标准》的要求,结合武汉市农村卫生标准化建设的实际情况,特制定《武汉市标准化乡(镇)卫生院建设验收考核评分办法》,以下简称《办法》。

二、本《办法》验收考核的内容分为业务用房建设、医疗设备配置及网络建设、人员配置和规范管理四个部分。每个部分为250分,满分为1 000分,考核得分800分以上为合格。

三、《办法》中各项分值扣完为止,不扣负分。加分另外计算。

四、验收合格的卫生院,市财政按规定给予经费补助。

武汉市乡(镇)卫生院标准化建设验收考核评分表

验收考核项目	考核内容及标准	标准分	考核办法	评分标准	实得分	备注
合 计		1 000				
一、业务用房建设		250				
(一)面积		100				
1. 业务用房总建筑面积	业务用房总建筑面积符合服务人口需求,按照方案中《乡镇卫生院建设指导标准》的要求执行,各部门用房使用面积分配比例合理,且布局方便诊疗	75	查阅房屋建设资料,计算现有业务用房总建筑面积、各部门用房使用面积分配比例是否达到要求;查看功能布局图	业务用房建筑面积低于15%以内扣20分,低于15%以上为不合格;布局不合理扣10分。部门用房使用面积分配不符合方案中《各部门用房使用面积比例表》的扣10分		
2. 床位设置	床位设置适应服务人口需求。(0.6张/千人口,卫生院按乡镇人口计算服务人口,乡镇卫生院按其功能划分为一般卫生院和中心卫生院。按照床位规模,可划分为0－19床和20床以上两种类型)。	25	实地查看。	床位设置低于5%以内扣10分,10%以内扣20分,低于10%以上不合格		

续表1

验收考核项目	考核内容及标准	标准分	考核办法	评分标准	实得分	备注
(二)科室设置		150				
1. 公共卫生科	公共卫生科设有传染病管理室、免疫预防室、妇幼保健室、卫生监督室、健康教育与慢性病防制室	25	实地查看	差一室扣5分		
2. 门诊部	门诊部设置急诊(抢救)室、内(儿)科诊室、中医诊室、外科与换药处置室、妇产科及其检查室、注射室、留观室、传染病诊室、中西医药房等。	25	实地查看	差一室扣5分		
3. 住院部	住院部外科、内科、产科病人(室)相对分开;有符合工作流程的手术室和产房	25	实地查看	外科、内科、产科病人(室)未分开扣10分;手术室和产房不符合工作流程扣10分		
4. 医技科室	医技科室应独立设置化验室、心电与超声检查室、放射线科及消毒供应室。	25	实地查看	差一室扣5分		
5. 药房	药房具有符合药品储存条件的设施及卫生环境,配制制剂必须具有能够保证制剂质量的设施、管理制度、检验仪器和卫生条件。中西药分开设置。	25	实地查看	不符合药品储存条件的扣5分;配制制制剂不符合条件的扣5分		
6. 辅助用房	辅助用房设有洗衣房、配电房、锅炉房	25	实地查看	差一房扣5分		
二、医疗设备配置及网络建设		250				
1. 医疗设备配置	主要专业设备器械配置符合《主要专业设备器械基本装备选配表》的要求。	200	查阅设备台帐及实地查看设备	对照《装备选配表》差1台(件)设备,扣10分,设备配置数量低于95%以上为不合格,全扣		
2. 网络建设	建立医院信息系统,实现院内信息流通与共享,逐步实现与区新型农村合作医疗结算网络对接	50	实地查看	未建立医院住处系统的为不合格,全扣		能与区合管办结算网络对接的,加30分。
三、人员配置及人事分配制度改革		250				
	1. 人员配置符合规范要求	60	查看人事和财务相关报表	人员配置正负10%以内不扣分;正负10－20%扣5分;超过20%扣10分。卫生技术人员占人员总数每低于5%扣5分;公共卫生科人员配置每少1人,扣10分。		
	2. 从事医疗、医技、护理和预防保健工作的人员必须取得相应的执业资格证。	50	查看人事相关报表。	无执业资格证从事医疗卫生工作的,为不合格,全扣。		
	3. 有在职卫生技术人员培训学习、考核、学历教育和继续医学教育制度	50	查看培训计划和考核制度	无培训计划、考核制度扣20分。年度内未实施培训、考核的,此项全扣		
	4. 积极探索制订人事制度改革办法,推行卫生院院长公开招聘制度。	50	查看人事制度改革、院长公开招聘文件及实施时限。	无人事制度改革办法的,全扣;有办法无实施时限的,扣20分。		现任院长是公开招聘的,加20分。
	5. 积极探索制订分配制度改革办法	40	查看有无分配制度改革办法	无分配制度改革办法,扣10分。		
四、规范管理		250				

续表2

验收考核项目	考核内容及标准	标准分	考核办法	评分标准	实得分	备注
	1. 持有有效的医疗机构执业许可证,在规定范围内开展诊疗活动。	50	现场查看有关证件及诊疗记录	无有效许可证,全扣。诊疗超出许可范围,发现一例扣10分。		
	2. 成立医疗服务质量监控管理工作小组,有方案,有定期检查和评价,建立健全以岗位责任制为中心的医疗、护理、医技、后勤管理规章制度。加强对关键环节、重点部门、重要岗位的管理,病历、处方书写符合规范	50	查看相关文件、方案方案方和记录及制度落实情况	缺一项扣5分。格式、内容不规范扣5分;书写不规范扣5分。一项制订不落实扣3分。		
	3. 严格执行隔离消毒制度,做好医疗废物处理	25	实地查看。	一项不合格扣5分。		
	4. 严格药品管理制度和措施。麻醉药品和一类精神药品管理规范。	25	实地查看。	一项不合格扣5分。		
	5. 严格执行医院财务、会计制度和医疗服务价格政策,公开主要药品及诊疗收费标准。	25	查看财务和会计凭证,检查价格执行情况。	一项不符合要求的扣5分;没有价格公示栏扣10分。		
	6. 按乡村一体化要求健全对村卫生室和乡村医生的管理制度。	50	查看是否建立有制度和制度的落实情况。	无制度扣5分;按照管理制度要求,一项不落实扣2分。		

2007年武汉市标准化村卫生室建设方案

(见武卫〔2007〕95号文件)

村卫生室是承担预防保健工作任务,开展传染病疫情及突发公共卫生事件的报告、卫生知识宣传、健康促进以及提供常见伤、病的初级诊治及转诊工作的农村卫生机构。根据《中共武汉市委、武汉市人民政府关于进一步加强农村卫生工作的意见》(武发〔2006〕24号)精神和市政府为民办实事的要求,结全我市实施农村“家园建设行动计划”和农村药品“两网”建设工作,为进一步规范全市村级卫生机构,特制定2007年武汉市标准化村卫生室建设方案。

一、建设范围

按照标准化村卫生室的建设与全市实施农村“家园建设行动计划”和农村药品“两网”建设工作相配套的原则。2007年全市建设任务为680个村卫生室。其中:2005年农村“家园建设行动计划”试点村110个、2006年试点村220个和2007年创建村350个。

二、现状

680个试点、创建村共设有村卫生室658个,由集体举办的村卫生室139个,占21.12%;由卫生院伸点的村卫生室有86个,占13.07%,由乡村医生个体办的村卫生室433个,占65.8%。共有业务用房面积3.51万平方米。

三、目标

为进一步提高村卫生室服务水平,以《省卫生厅关于印发(湖北省村卫生室建设标准(试行)>的通知》(鄂卫发〔2007〕28号)为依据,结合我市实际情况,对村卫生室房屋、设备和制度等进行建设,到2007年底,680个创建村卫生室达到标准化建设要求。

四、基本原则

(一)统筹规划,完善功能。根据区域卫生规划要求,按照村卫生室内不同的功能划分,通过房屋建设和设备配备满足村卫生室开展预防、保健和基本医疗等服务的要求。

(二)统一标准,规范建设。村卫生室建设项目根据覆盖人口及服务功能确定建设规模,统一技术规范,做到规模适度、功能适用、装备适宜、经济合理。

（三）结合买际，完善设施。房屋建设以维修或改扩建为主。充分利用现有设施，因地制宜、填平补齐。

（四）市区共建，以区为主。市财政对标准化村卫生室建没实行定额补助，区级相应配套。其房屋产权原则上归乡镇卫生院或村集体所有（由区具体确定）。

五、建设标准

（一）设置。村卫生室以建制村为单位设置，原则上一村一室，街，乡镇（场）所在地不设村卫生室。村卫生室的设置要位置适中，兼顾到多村一室、联村设室的要求。

村卫生室按功能分为中心村卫生室和一般村卫生室。其设置分类根据覆盖人口、地理位置和交通条件等因素合理确定。服务人口在3 000－4 000人，服务区域在10－15平方公里（人口稠密的乡镇按8－10平方公里）设立一所中心村卫生室，中心村卫生室所在村不设一般村卫生室。

（二）房屋。中心村卫生室和一般村卫生室业务用房面积平均90平方米，村卫生室必须设置“三室一房”即：诊断室、治疗室、观察室和药房，并按照要求严格分开。

（三）设备。必须配备听诊器、血压计、体温计、高压消毒锅、药柜、资料柜、诊断床、诊断桌、诊断椅、观察床、治疗台、换药盘、敷料罐、消毒包、洗胃器、导尿管、紫外线消毒灯、出诊箱、电话、各类型号的注射器等。

（四）人员。按所辖村人口1－2配置。中心村卫生室至少有3人以上（包括中医药人员），其中要有1名女性乡村医生或专职女性保健人员，要设立中药柜。一般村卫生室至少2人，最多不超过4人，有条件的要配备中医药人员。人员必须具有执业医师资格、执业助理医师资格或乡村医生证书。严禁使用非卫生技术人员从事医疗活动。

（五）药品及药房建设。中心村卫生室备有不少于150种的常用药品其中急救药品不少于10种，中成药不少于50种；一般村卫生室备有不少于120种的常用药品，其中急救药品不少于10种，中成药不少于40种。药房建设标准由市食品药品监管部门会同市卫生主管部门组织制定。

（六）管理。村卫生室名称以所在建制村名称命名，中心村卫生室统一名称为××乡（镇）××村中心卫生室，一般村卫生室统一名称为××乡（镇）××村卫生室。村卫生室实行村办乡管，独立核算，自负盈亏，其业务管理接受乡镇卫生院统一管理。有涵盖门诊登记、处方管理、消毒隔离、财务管理、传染病登记与报告、药品采购、储存和使用管理、过期失效药品清理销毁管理、药品不良反应报告、医疗废物处置、安全注射，乡村医生职责、村级保健员职责、药品监督员、协管员、信息员职责以及药品配送企业和药品投诉公示等项目完善的村卫生室管理制度。

六、建立中医特色的村卫生室

在标准化村卫生室建设达标的基础上，建立突出中医特色和特点的村卫生室。鼓励能中会西、中西医结合，满足农村群众对中医药“简、便、验、廉”的需求。（武汉市中医特色村卫生室标准附后）

七、补助资金拨付

（一）按每个村卫生室房屋业务用房面积平均90平方米计算，市财政每平方米补助400元，平均每个村卫生室共计补助3.6万元。其中“家园建设行动计划”村卫生室房屋建设经费2.4万元（40平方米，每平方米600元计算），市财政“以奖代补”平均每个村卫生室补助经费1.2万元。在建设前期由市财政局预拨50%。

（二）村卫生室所需设备采取填平补齐的原则，市财政一次性按每个村卫生室平均补助0.3万元，对具有中医特色的村卫生室适当增加补助。

上述资金待验收合格后全部拨付到位，由区统筹安排，不足部分由区安排补贴。

八、实施要求

（一）由区卫生局、区财政局于2007年5月30日前向市卫生局、市财政局申报建设计划，经审定后组织实施．项目竣工后，由各区卫生局、区财政局、区药监分局初步验收台格后，向市卫生局、市财政局提出验收申请；市卫生局、市财政局、市食品药品监督管理局要按照建设标准，于2007年8月和11月组织两次验收，验收合格的拨付补助资金。凡验收不合格的项目，由区卫生局、区财政局、区药监分局负责督促整改。

（二）整合资源，合理规划。各区要根据《武汉市医疗机构设置规划》，结合实施农村“家园建设行动计划”和农村药品两网”建设工作要求，合理规划，充分利用现有空闲资产，整合同类或相近资源，调整现有村卫生室布局，按标准化村卫生室建设要求，制定村卫生室建设计划实施方案，列入2007年标准化建设的村卫生室，在规定时间内制定建设计划，报区家园办、区卫生局，并由区家园办将村卫生室建设纳入农村家园建设行动计划，并确保村卫生室按建设标准建设。

（三）市卫生局、市财政局按《村卫生室主要专业设备器械基本装备表》(见附件)组织有关设备器械的统一招标,由各区卫生局、财政局按招标价格统一实施。

(四)村卫生室建设,必须结合实际,统一标准和标识,坚持实用性和安全性相结合,统筹规划,不断完善功能。

附件:1. 村卫生室管理制度(供参考)

2. 村卫生室药品管理制度(供参考)

3. 村卫生室主要专业设备器械基本装备表

4. 武汉市中医特色村卫生室标准

5. 2007年武汉市标准化村卫生室建设验收考核评分办法(试行)

附件1

村卫生室管理制度(供参考)

一、医护人员应遵守医疗卫生法律法规和诊疗护理技术规范,在许可范围内开展诊疗工作。树立敬业精神,遵守职业道德,保护患者隐私,全心全意为村民健康服务。对危重病人及时进行转诊。按职责做好计划免疫、健康教育、妇幼保健公共卫生服务工作,开展群众性卫生宣教工作,建立村民的家庭健康档案,及时报告卫生统计信息,如实填写并上报有关卫生统计报表,妥善保管有关资料。大力宣传、积极动员广大村民积极参加新型农村合作医疗。

二、认真落实门诊登记制度,登记范围应包括每日工作量、初步诊断、治疗原则和处理方案、处方等内容,并按规定存档备查。对需上报的传染病病例要有明显标记,及时上报。

三、医师开具处方和药学专业技术人员调剂处方应当符合《处方管理办法》的规定,遵循安全、有效、经济的原则。一般处方不得超过7日用量,急诊处方一般不得超过3日用量,特殊情况处方用量适当延长的,必须注明理由。处方一般保存1年后方可销毁。

四、认真执行药品管理法律法规,加强药品管理。药品必须从有合法资质并已签订配送协议的药品经营企业采购,做到专人管理。悬挂规定的药品管理制度,认真做好药品购进验收、过期失效药品清理和销毁、药品不良反应报告等记录。根据病情合理选择用药,凭处方发药,防止差错事故的发生,做好抢救药品的保管和使用工作。负责监督的药品监督员、协管员、信息员以及药品配送企业和药品投诉方式必须公示。

五、各种注射应按处方或医嘱执行,实施安全注射。严格执行无菌操作规定,做到“一人一针一管一用”。密切观察注射后的情况,发生注射反应或意外,应及时处置,并报告医师。对过敏的药物必须按规定做注射前的过敏试验。用于抢救的药品器械,放于固定位置,便于使用,经常检查,及时补充、更新、修理和消毒。

六、认真执行《医疗废物管理条例》的规定,按要求及时对医疗废物进行消毒、毁形、收集、存放、处置和移交,并做好登记。严格落实对传染病人或疑似传染病患者采取消毒隔离和医院感染控制等制度和措施,做好人员防护,做好污物、污水的无害化处理。

七、严格执行《传染病防治法》规定的传染病登记和突发公共卫生事件报告职责,做到报告信息准确可靠,不瞒报、,不缓报、不谎报、不漏报。实行首诊医生负责制,及时将传染病患者转院诊治,对疫情进行妥善处理,严格控制传染病的流行。

八、村卫生室应严格执行国家的物价政策和收费标准,实行单独核算,自负盈亏,做到收支建账。收费发票必须使用统一收费票据并加盖乡镇卫生院财务专用章。

认真执行合作医疗报销规定,收支账目公开,接受群众监督。

附件 2

村卫生室药品管理制度(供参考)

一、从药人员应熟悉药品(医疗器械)管理法律、法规和药品储存、养护知识。

二、直接接触药品人员,每年应进行健康检查。患有精神病、传染病或者其他可能污染药品疾病的人员,不得从事直接接触药品的工作。

三、药品应按品种、规格、剂型或用途以及储存条件要求分类整齐存放,特殊药品应按规定存放。应设有独立药房,并配备相应的冷藏、防尘、防潮、防霉变、防虫、防鼠等设施。

四、必须从合法渠道采购药品,并做好验收记录。

五、禁止使用假劣药品。每月定期清理一次药品,发现过期失效药品应予以销毁,并做好记录。

六、拆零药品应保留原包装及标签,应在药袋上注明药品名称、规格、服法、用量、有效期等内容。

七、严格执行《处方管理办法(试行)》规定,合理使用药品。

八、做好本单位药品不良反应的报告与监测工作,并按规定上报辖区药监分局。

附件 3

村卫生室主要专业设备器械基本装备表

器械设备	单位	一般村卫生室数量	中心村卫生室数量
1. 高压消毒锅√	个	1	1
2. 药柜√	个	2	3
3. 诊断床√	张	1	1
4. 诊断桌√	张	1	1
5. 诊断椅√	把	2	4
6. 观察床√	张	1	1
7. 换药盘√	个	1	2
8. 敷料罐√	个	1	2
9. 资料柜√	个	1	1
10. 紫外线消毒灯√	支	1	1
11. 出诊箱√	个	1	2
12. 治疗台	张	1	1
13. 体温计	支	2	3
14. 消毒包	个	1	2
15. 洗胃器	套	1	2
16. 听诊器	支	1	1
17. 注射器	支	10	20
18. 血压计	个	1	2

续表

器　械　设　备	单　位	一般村卫生室数量	中心村卫生室数量
19. 电话	部	1	1
20. 电脑※	劝	1	1
21. 氧气瓶※	具	1	1
22. 氧气吸入器※	台	1	1
23. 输氧管※	支	1	1
24. 针灸器具※	套	1	1
25. 温湿度计	支	1	1
26. 木地垫(1 米×1 米×10 厘米以上)	个	1	2
27. 小冰箱(50 升)※	台	1	1
28. 药品零货万格货架(四层)※	组	2	4
29. 遮光窗帘	个	药房窗数	药房窗数
30. 健康教育宣传栏※	个	1	1

注:标有※号的为选配设备,标有√号的为拟招标设备。

附件 4

武汉市中医特色村卫生室建设标准

序号	建　设　标　准	分值	评　审　细　则	得分	验收记录
1	具体承担中医药参与村卫生室服务工作,落实相关制度和岗位职责。	10	查阅相日关资料。未落实不得分;无制度、职责各扣 3 分		
2	至少有 1 名中医、中西医结台或经中医药知识培训的能中会西的助理执业医师或乡村医师。	20	查阅相关证件,无执业资格不得分;乡村医师不能提供中医药服务不得分。		
3	配备有中医药治疗器械(如针灸、火罐等),有条件的能设置中医治疗室。	10	实地查看。有一项中医药器械得 2 分,设置中医药治疗室得 5 分。		
4	严格执行药品管理制度,中西药分开摆设,配置中成药不少于 30 种及中药饮片不少于 150 种。	15	查阅相关资料和实地查看。无相关药品管理制度扣 2 分;药品管理未按制度执行扣 2 分。中成药每少 1 种、饮片每少 10 种扣 2 分;发现伪劣药品扣 5 分。		
5	开展不少于 2 种慢性病的中医药预防及治疗工作,中医药参与率不小于 50%,中药使用率不小于 30%。	10	查阅慢病防治资料和实地查看。每少开展 1 项扣 4 分,中医药参与率、中药使用率每下降 1%扣 0.5 分。		
6	运用针灸、推拿、火罐、敷贴、熏洗、穴位注射等中医药适宜技术为病人进行治疗,不少于 2 种。	15	查阅相关资料和实地查看。每少 1 项扣 3 分。		
7	每年开展不少于 4 次的中医药特色健康教育工作。	10	查阅相关资料和实地查看。每少 1 项扣 3 分		
8	中医药参与村卫生室工作的统计报表填写正确,及时上报。	10	查阅相关资料。无统计报表不得分;一处不准确扣 1 分;报表造假扣 3 分。		

注:得分≥85 分为达标。

附件5

2007年武汉市标准化村卫生室建设综合验收考核评分表(试行)

验收考核项目	考核内容及标准	标准分	考核办法	评分标准	实得分	备　注
合　　计		1 000				
一、机构设置		250				
1. 总体规划	标准化村卫生室的建设与全市实施“农村家园建设行动计划”相配套,持有有效的《医疗机构执业许可证》。	100	核对“农村家园建设行动计划”村名单,并现场查看。	不是“农村家园建设行动计划”所在村的,扣50分;没有持有有效《医疗机构执业许可证》的,不得分。		
2. 卫生室设置	村卫生室设置符合规划要求。	75	实地查看	一项不达标的扣30分。		
3. 设置分类	中心村卫生室和一般村卫生室的设置根据覆盖人口、地理位置和交通条件等因素合理确定。中心村卫生室所在村不设一般卫生室。	75	查阅村人口统计并实地查看核实	设置分类一项不符合规定的扣30分		
二、房屋建设与医疗设备配置		250				
(一)房屋建设		170				
1. 建设面积	中心村卫生室(>140M^2)和一般村卫生室(>80 M^2)业务用房面积平均90平方。	40	查阅相关资料。	建筑面积低于要求15%以上的扣20分,低于30%以上为不合格		
2. 科室设置	村卫生室必须设置“三室一房”即:诊断室、治疗室、观察室和药房,并按照要求严格分开	40	实地查看。	每缺一室扣20分。		
3. 统一标识	对村卫生室名称、人员、制度及房屋布局等进行统一规范	40	实地查看	一处未统一的扣10分		
4. 药品及药房建设	备用药品数量符合标准化村卫生室,药房建设符合要求。	50	实地查看	备有药品代于要求15%以内扣20会,低于15%以上为不合格;不符合药房建设标准的扣20分。		
(二)医疗设备配置	主要设备配置符合《标准化建设方案》要求。	80	实地查看设备。	对照《村卫生室主要专业设备器械基本装备表》,差1台(件)设备,扣10分,设备配置数量低于《标准》的95%以上为不合格		
三、人员配置		250				
	1. 按所辖村人口的1-2‰配置。中心村卫生室至少有3人以上(包括中医药人员)。一般村卫生室不少于2人,有条件的要配备中医药人员	80	查看相关资料	人员配置与《标准》相比,中心村卫生室少于3人的扣40分,一般村卫生室少于2人或超过4人的,全扣		
	2. 医护必须持有相应的资格证书	70	查看相关资料。	无执业资格证从事医疗卫生工作的为不合格		
	3. 按照乡镇卫生院的统一部署,参加培训学习和考核。	70	查看人员培训和考核等资料。	参加培训、考核不到位的,扣30分。年度内未参加培训、考核的,此项全扣。		
	4. 制订卫生室内部乡村医生的分配制度。	30	查看有无分配制度及落实情况。	无分配制度的,全扣;有制度无实施的,扣20分。		
四、规范管理		250				
	1. 病历、处方书写规范,管理制度健全。门诊登记、转诊记录等登记制度落实。	25	实地查看相关资料	书写内容、格式不规范的一份扣5分。一项制度不落实的扣10分		

续表

验收考核项目	考核内容及标准	标准分	考核办法	评分标准	实得分	备　注
	2. 执行价格政策,公开收费标准,收费票据要统一加盖乡镇卫生院的财务专用章,建立固定资产专帐和药品调拨明细帐目。	50	实地查看	没有价格公示栏扣5分;不执行价格规定扣5分,收费票据不符合要求的扣10分,没建立帐目的,扣10分。		
	3. 有合作医疗报销公示栏和健康宣教栏,并建立农民健康档案。	25	实地查看	没有合作医疗报销公示栏扣5分;无健康宣教栏扣5分;没建立健康档案的扣15分,健康档案建立不全的扣5分		
	4. 配合乡镇卫生院开展公共卫生服务。	50	实地查看相关资料	开展公共卫生服务未到位的,扣20分;未开展公共卫生服务的,全扣。		
	5. 村卫生室独立核算,自负盈亏,按乡村一体化要求,接受乡镇卫生院统一管理。	50	实地查看。查看帐目及一体化管理制度制定与落实情况	未独立核算的,扣20分;未接受乡镇卫生院统一管理的,扣20分。		
	6. 严格药品管理制度,必须向有资质的药品经营企业采购药品。药品保管有必要的措施。药品统一配送。	25	实地查看	采购药品不符合规定扣20分,药品保管和摆设一项不符合扣2分。		
	7. 注重医疗安全,无非法行医行为	25	查看相关制度及资料	发现非法行行为者一票否决。		

市卫生局关于进一步强化乡村卫生服务一体化管理工作的通知

(见武卫〔2007〕101号文件)

各有关卫生局:

为了加强村卫生室管理,提高医疗服务水平,根据《乡村医生从业管理条例》有关规定和《中共武汉市委、武汉市人民政府关于进一步加强农村卫生工作的意见》(武发〔2006〕24号)精神,结合市政府为民办实事的要求,现就进一步强化我市乡村卫生服务一体化管理工作通知如下:

一、进一步提高对乡村卫生服务一体化管理工作重要性的认识

村卫生室是直接为广大农民提供服务的基层卫生机构,是农村三级医疗预防保健网的网底。强化乡村卫生服务一体化管理工作,有利于提高乡村卫生组织的综合服务能力;有利于体现卫生服务公益性;有利于为广大农村居民提供方便、快捷有效、经济、安全的基层卫生服务。近几年来,由于对实施一体化管理存在思想认识不到位,相关规章制度执行不严,人、财、物管理不规范,投入与培训不足等方面的原因,影响了村卫生室建设和医疗服务水平的提高。因此,各区及各级乡镇卫生服务机构要站在构建社会主义和谐社会和建设社会主义新农村的高度,提高认识,结合乡村卫生服务机构标准化建设要求,在总结原有经验的基础上,强化乡村卫生服务管理,切实抓好辖区内的一体化管理工作,逐步缓解农民"看病难、看病贵"问题,不断满足农民的基本医疗卫生服务需求。

二、进一步明确乡村卫生服务一体化管理工作的主要内容

(一)统一机构设置:村卫生室坚持集体办医原则,设置要与全市家园建设行动计划结合,位置适中,以建制村为单位,一村一室,兼顾到多村一室、联村设室。街、乡镇(场)、卫生院所在地的建制村不设村卫生室,服务人口在3 000－4 000人或服务区域在10－15平方公里(人口稠密的乡镇按8－10平方公里)设立一所中心村卫生室,中心村卫生室所在村不设一般村卫生室。村卫生室以所在建制村名称命名。村卫生室设置由区卫生局审查和批准,取得《医疗机构执业许可证》后方可开业。在村卫生室从事预防保健和医疗服务的人员必须取得《乡村医生证书》或执业助理医师及以上执业资格,经注册方可执业。

(二)统一业务管理:乡镇卫生院要规范对村卫生室医疗服务管理,统一执业工作要求和转诊规范,统一公共卫生、医疗服务、新型农村合作医疗公示等相关规章制度。统一处方笺、票据、病历、门诊登记、传染病登记和各种统计报表,同时制定村卫生室财务监督管理办法,加强对村卫生室医疗服务收费、账目的管理。村卫生室医疗服务收费票据必须统一加盖乡镇卫生院的财务专用章,必须建立固定资产专账和药品调拨明细账目,公开常用药品价格和医疗服务收费标准。

(三)统一人员培训:乡镇卫生院要建立健全乡村医生档案,制定乡村医生培训计划、继续教育管理制度及实施方案,采取集中培训、分片辅导、现场指导等多种形式,分期分批对乡村医生开展培训工作。在区卫生局的统一领导下,乡镇卫生院要选派医生组成巡医团队,定期到村卫生室开展巡诊和业务指导,不断提高村医基本素质和技术水平。

(四)统一药品调拨:乡镇卫生院要按照《药品管理法》要求,协助药监部门加强对村卫生室用药情况的指导与管理,确保村民用药安全。建立中心药库的乡镇,村卫生室的药品由所在乡镇卫生院中心药库统一调拨,不得从其他途径私自购药;未建立中心药库的乡镇,村卫生室必须向有资质的药品经营企业采购药品,并按要求做好药品的入库登记和验收。

(五)统一目标考核:乡镇卫生院对村卫生室实施目标管理考核。主要从医疗、妇幼、预防、保健、健康教育、公共卫生服务、医德医风等方面对其进行全面考核,建立考核档案,并与奖惩挂钩,对村卫生室和乡村医生在医疗业务中医德高尚、工作成绩突出的给予表彰奖励,对考核不合格的要责令其限期整改。同时根据村卫生室完成公共卫生服务工作情况,从公共卫生服务专项补助经费中给予一定的经费补助。

三、进一步强化乡村卫生服务一体化管理措施

(一)加强组织领导,完善管理措施。乡村卫生服务一体化管理工作量大,涉及面广,政策性强。各区要抓好落实,成立由区卫生局分管领导牵头的一体化管理领导小组,做好组织、管理、引导和协调工作,制定一体化管理的具体办法,并认真组织实施。逐步形成以行政管理为保证,以业务监管为重点,以人员、药品管理为基础,以目标考核为手段的管理模式。

(二)加大宣传力度,逐步规范管理。各区卫生局和乡镇卫生院要利用各种舆论工具,向乡村医生做好政策宣传和解释工作,主动关心乡村医生,营造良好的环境和氛围,争取乡村医生理解与支持。对于服从一体化管理的乡村医生,可采取申报制的方法,由乡镇卫生院统一考核管理,区卫生局审核备案。按照先易后难、典型引路、稳步推进的办法,逐步规范乡村卫生服务一体化管理工作,使乡、村两级卫生服务机构和谐发展。

(三)强化责任意识,落实部门职责。各区卫生局要加强乡村卫生服务管理一体化的领导与指导。乡镇卫生院具体行使对辖区内村卫生室的一体化管理职责,实行乡镇卫生院领导下的卫生室责任人负责制,使村卫生室各项管理制度完善并落实到位。村卫生室在经济上实行独立核算、自负盈亏,行政部门或乡镇卫生院不得以任何名义向乡村医生摊派和乱收费。

(四)加大整顿力度,规范执业行为。乡村卫生服务一体化管理要与加强卫生监督执法和整顿药品流通秩序结合起来,严厉打击无证行医和游医药贩,维护农村医疗卫生市场秩序。村卫生室要在《医疗机构执业许可证》登记的范围内开展常见病、多发病的初级诊治,做到看病有登记、开药有处方、收费有凭据、收支有账目、进药有凭证、防保有记录、疫情有报告。建立健全村民家庭健康档案,做好初级卫生保健,协助乡镇卫生院开展公共卫生服务,宣传新型农村合作医疗制度,为辖区农民提供全方位的医疗卫生服务。

(五)稳定乡医队伍,完善保障制度。乡村医生是乡村卫生服务一体化的主力军,有条件的辖区可探索实行乡村医生聘用制,采取公开招考、竞争上岗等途径,择优聘任,并与乡村医生签订聘用合同书．建立定期考核、续聘、解聘制度,优胜劣汰。各区卫生局要结合实际,加强乡医队伍培养与管理,发挥乡村医生参加管理一体化的积极性,同时积极探索改革新举措,如逐步实行乡村医生工资制、补助制和养老保险制度等,稳定乡医队伍,落实好乡村医生待遇。

(2007年5月23日)

市卫生局关于确认标准化公共卫生科的通知

（见武卫〔2007〕211 号文件）

各区卫生局、武汉经济技术开发区社发局、武汉东湖新技术开发区教文卫局，市有关卫生单位：

继 2006 年我市在全国首倡并开展“标准化公共卫生科”创建工作以来，今年我市按照标准化建设、规范化运行、制度化管理、科学化考评的要求，进一步加大了“标准化公共卫生科”创建力度，加快了创建进程。9 月 25 日 – 11 月 15 日，我局组织由疾病控制、卫生监督和妇幼保健等专业人员组成的工作专班，采取查阅资料、察看现场、走访群众等方式，从机构队伍建设、服务到位情况和居民满意程度 3 个方面，对 90 个申报单位逐一严格地进行了验收考核。根据验收考核成绩，经过我局标准化公共卫生科创建工作领导小组综合评定，共有 89 个公共卫生科被确认为“标准化公共卫生科”（详见附件），圆满地完成了 90% 以上的社区卫生服务中心和乡镇卫生院实现公共卫生科标准化的创建目标。

与 2006 年相比，今年“标准化公共卫生科”创建工作任务繁重，考评内容更加丰富，相关要求更为严格，各区努力克服基础薄弱、经费不足和设备短缺等实际困难，务实工作，全力创建，“标准化公共卫生科”的机构队伍建设、服务到位情况和居民满意程度等各方面质量均有明显提升。请各区和相关单位认真总结经验，在创建中不断探索、建立和健全公共卫生科的保障机制和制度，在实践中不断创新、充实和完善公共卫生的服务内涵和质量，确保 2008 年全面实现创建目标，确保“标准化公共卫生科”这一我市首倡的卫生服务品牌健康、深入、持久地发展。

附件：武汉市 2007 年标准化公共卫生科创建确认名单

2007 年 11 月 29 日

附件 1

武汉市 2007 年标准化公共卫生科创建确认名单

（共 89 个）

江岸区

花桥街第二社区卫生服务中心公共卫生科

永清街社区卫生服务中心公共卫生科

台北街社区卫生服务中心公共卫生科

花桥街第一社区卫生服务中心公共卫生科

百步亭社区卫生服务中心公共卫生科

球场街社区卫生服务中心公共卫生科

金桥社区卫生服务中心公共卫生科

西马街社区卫生服务中心公共卫生科

四唯街社区卫生服务中心公共卫生科

上海街社区卫生服务中心公共卫生科

新村街社区卫生服务中心公共卫生科

江汉区

万松街社区卫生服务中心公共卫生科

民意街社区卫生服务中心公共卫生科

民族街社区卫生服务中心公共卫生科

花楼街社区卫生服务中心公共卫生科

新华街社区卫生服务中心公共卫生科

汉兴街第一社区卫生服务中心公共卫生科

汉兴街第二社区卫生服务中心公共卫生科

硚口区

长丰街社区卫生服务中心公共卫生科

韩家墩街社区卫生服务中心公共卫生科

宗关街社区卫生服务中心公共卫生科

汉阳区

琴断口街社区卫生服务中心公共卫生科

晴川街社区卫生服务中心公共卫生科

五里墩街社区卫生服务中心公共卫生科

永丰乡卫生院公共卫生科

武昌区

中南路街第一社区卫生服务中心公共卫生科

中南路街第二社区卫生服务中心公共卫生科

积玉桥街社区卫生服务中心公共卫生科

石洞街社区卫生服务巾心公共卫生科

紫阳街社区卫生服务中心公共卫生科

青山区

白玉山街社区卫生服务中心公共卫生科

新沟桥街社区卫生服务中心公共卫生科

冶金街社区卫生服务中心公共卫生科

冶金街西区社区卫生服务中心公共卫生科

工人村街社区卫生服务中心公共卫生科

红卫路街社区卫生服务中心公共卫生科

洪山区

珞南街第一社区卫生服务中心公共卫生科

珞南街第二社区卫生服务中心公共卫生科

珞南街第三社区卫生服务中心公共卫生利

珞南街第四社区卫生服务中心公共卫生科

关山街第一社区卫生服务中心公共卫生科

关山街第二社医卫生目 & 务中心公共卫生科

关山街第三社医卫生服务巾心公共卫生科

关山街第四社区卫生服务中心公共卫生利

狮子山街第一社区卫生服务中心公共卫生科

狮子山街第二社区卫生服务中心公共卫生科

邮科社区卫生服务中心公共卫生科

东西湖区

东山卫生院公共卫生科

辛安渡卫生院公共卫生科

吴家山街卫生院公共卫生科

径河卫生院公共卫生科

常青花园社区卫生服务中心公共卫生科

柏泉卫生院公共卫生科

长青街卫生院公共卫生科

汉南区

东荆街卫生院公共卫生科

湘口街卫生院公共卫生科

蔡甸区

消泗乡卫生院公共卫生科

索河镇卫生院公共卫生科

张湾街卫生院公共卫生科

侏儒街卫生院公共卫生科

江夏区

法泗镇卫生院公共卫生科

湖泗镇卫生院公共卫生科

安山镇卫生院公共卫生科

郑店街卫生院公共卫生科

五里界镇卫生院公共卫生科

舒安乡卫生院公共卫生科

金水农场卫生院公共卫生科

黄陂区

三里桥卫生院公共卫生科

姚集镇卫生院公共卫生科

蔡店乡卫生院公共卫生科

天河街卫生院公共卫生科

滠口街卫生院公共卫生科

祈家湾卫生院公共卫生科

横店街卫生院公共卫生科

蔡榨镇卫生院公共卫生科

鲁台卫生院公共卫生科

木兰乡卫生院公共卫生科

罗汉街卫生院公共卫生科

王家河卫生院公共卫生科

新洲区

潘塘街卫生院公共卫生科

红会卫生院公共卫生科

凤凰镇卫生院公共卫生科

三店街卫生院公共卫生科

徐古镇卫生院公共卫生科

辛冲镇卫生院公共卫生科

武汉经济技术开发区

薛峰社区卫生服务中心公共卫生科

沌阳社区卫生服务中心公共卫生科

沌口街卫生院公共卫生科

武汉东湖新技术开发区

流芳街卫生院公共卫生科

武汉市新型农村合作医疗定点医疗机构管理办法(试行)

(见武农合医办〔2007〕35号文件)

第一章 总 则

第一条 为加强我市新型农村合作医疗定点医疗机构(以下简称定点医疗机构)的管理,规范医疗服务行为,控制医药费用的不合理增长,为参合农民提供优质的医疗卫生服务,促进新型农村合作医疗制度(以下简称新农合)的健康发展,根据《医疗机构管理条例》和《卫生部办公厅关于加强新型农村合作医疗定点医疗机构医药费用管理的若干意见》(卫办农卫发〔2007〕243号)精神,结合我市实际,制订本办法。

第二条 本办法适用于武汉市内各级定点医疗机构。

第三条 本规定所称的定点医疗机构,是指经各区新农合管理机构审核,并经市新农合管理机构复核确定,与区新农合管理机构签订服务协议,履行为参合农民提供优质低廉医疗服务职责,遵守新农合相关规定,接受新农合管理机构、参合农民及社会广泛监督的合法医疗机构。

第四条 各级卫生行政部门和新农合管理机构负责定点医疗机构的审批、管理与监督,并负责新农合相关业务的检查与指导。

第二章 定点医疗机构的认定

第五条 定点医疗机构的审查认定应当符合方便就诊、结构合理原则。定点医疗机构实行动态管理,其主体应当是政府主办的非营利性医疗机构。以乡(镇、街)卫生院和区级医疗保健机构为主,并有一定数量的市及以上转诊定点医疗机构和部分专科医院。

第六条 定点医疗机构基本条件:

(一)持有卫生行政部门颁发的有效《医疗机构执业许可证》,具有医疗机构相关专项医疗技术许可证和专项业务许可证(合格证),从业人员均具备相应的执业资格,并符合《医疗机构基本标准》要求,市级转诊定点医疗机构的综合医院床位不应少于300张,专科医院床位不应少于100张。区级及以下定点医院机构规模准人标准,由区合作医疗管理机构自行确定。

(二)严格执行新农合的相关政策、制度和规定,认真履行“服务协议”,为参合农民提供在挂号、诊疗、检查等方面的减免或优惠政策。

(三)为方便参合农民就医,实行定点医疗机构预付制,对参合患者就医发生的医疗费用实行直接减免或现场报销(含市级转诊定点医疗机构)。

(四)乡(镇、街)卫生院及以上定点医疗机构要具备承担新农合定点医疗服务要求的医院管理信息系统,并能与新农合医院管理信息系统实现数据对接。

(五)积极配合各级新农合管理机构对定点医疗机构的医疗服务行为、质量和费用控制等方面的考核与评估。

(六)村级定点医疗机构要求通过标准化建设达标验收,且自愿接受乡村卫生服务一体化管理。

(七)市及以上转诊定点医疗机构应对区及以下定点医疗机构提供人员培训、设备援助、学科建设、合作管理等方面的技术支持和帮扶指导。

第七条 凡具备本办法第六条规定的基本条件,且自愿承担新农合服务工作任务的医疗机构,均可向新农合管理机构提出申请,填写《新型农村合作医疗定点医疗机构申请书》,并提供下列材料:

(一)《医疗机构执业许可证》副本复印件及有关证明材料;

(二)主要业务科室、诊疗项目和大、中型医疗设备清单;

(三)近两年的医院统计报表和医院财务报表,主要包括医疗业务总收人、药品收人占医疗业务收人的比例、中医药服务费用及中药饮片费用占总药品收入的比例;门诊人次与次均费用;住院人次与次均费用、平均住院日;实施单病种管理及费用控制情况等;

(四)区级药品监督管理和物价部门监督检查合格的证明材料;

(五)区及以上新农合管理机构规定提供的其他材料。

第八条 市新农合管理机构负责对市级转诊定点医疗机构的资格

审查、认定,对评审合格的定点医疗机构进行公布,由各区根据实际情况自主选择。市新农合管理机构对各区初审确定的区及以下定点医疗机构实行复核备案制,对不合要求的可予以否决。

区新农合管理机构负责对区及以下定点医疗机构的资格审查、认定,同时,在省新农合管理机构认定的省级转诊定点医疗机构和市新农舍管理机构认定的市级转诊医疗机构名单中,选择确定下年度本区的市及以上转诊定点医疗机构,并将下年度评审合格的医疗机构名称、地址、负责人、联系方式等相关资料报市新农合管理机构复核备案,经市新农合管理机构复核同意后,与定点医疗机构(含市及以上转诊医疗机构)签订"医疗服务协议书",并以适当形式公布定点医疗机构名单。协议书包括服务范围、服务内容、服务质量、医疗费用支付标准、医疗费用控制、医疗费用结算方式等内容,明确双方责任、权利及义务。

各级新农合管理部门自受理申请之日起20个工作日内,应当组织专家进行资料审查与现场评估。经审查、评估符合定点医疗机构条件的,由新农合管理部门行文认定。

第九条 定点医疗机构协议有效期为2年。在有效期满前三个月申请延续服务的,按本办法第七条和第八条相关规定办理。逾期不办理或经审查、考核评估达不到要求的,其定点医疗机构资格自动失效。

第三章 定点医疗机构的管理

第十条 定点医疗机构应明确一位主要负责人管理新农合工作,并设置新农合管理科(室),配备专(兼)职管理人员,做好相关工作。其主要职责有:

(一)依据新农合有关政策规定,负责对本单位贯彻落实情况进行管理和监督;

(二)能够对参合农民及其家属进行相关政策的宣传、解释和说明,介绍医院信息、报销政策及服务流程,负责对就诊参台农民患者身份认证及管理;

(三)组织本单位的医务人员认真学习新农合制度政策及相关规定,做到合理诊断、合理检查、合理治疗和合理收费;

(四)做好各项登记和医药费用信息管理工作,按要求及时、准确的向市、区新农合管理机构提供参合农民就诊及费用使用等有关信息。

(五)设置"新农合结算窗口",开辟宣传栏,公示新农合的基本政策、就诊与报销程序、基本药品目录、基本诊疗项目和常用药品价格,并按月将参合人员发生的医疗费用、补助费用等情况向社会公示,公示内容主要包括合作医疗证号、患者姓名、住址、人院时间、出院时间、住院总费用、补偿金额及监督电话等。

(六)按照因病施治的原则,严格执行出、人院标准,实行"首诊负责制"、"双向转诊"等制度。医疗服务收费严格按照《武汉市医疗服务价格手册》相关要求执行,控制医药费用的不合理增长。

(七)规范进药渠道,确保药品质量,控制药品价格。提倡使用中医药,充分发挥中医药在农村医疗卫生服务中的特点和作用,推广中医药适宜技术。

第十一条 门诊管理

(一)参合农民就诊时,医务人员必须检查核对参合就诊人员的《新型农村合作医疗证》和能证明本人身份的有关证件,确保人、证相符。

(二)参合农民患者就诊时,门诊处方用药实行限量管理。单人次门诊处方用药量急诊患者不得超过3日,普通患者不得超过7日,同类药品不得重复开方。

(三)具有门诊补偿资格的乡、村两级定点医疗机构,使用门诊家庭账户应做到《新型农村合作医疗证》、新农合门诊专用处方、门诊补偿登记表三对应。

第十二条 住院管理

(一)对参合病人的住院病历,应当在适当位置标注"参合病人"标识,便于管理与核对,杜绝冒名顶替、挂床住院等违规现象发生。

(二)医务人员要严格掌握大型设备检查的指征,做到检查治疗与病情相符合。因病情需要作自费或部分报销的大型仪器设备检查的,应当告知病人或其家属,并经其签字同意。对院外检查、检验结果的认可,以不影响疾病诊疗为前提,确保医疗质量和医疗安全。

(三)信院处方按照卫生部下发的《处方管理办法》的有关规定执行。

(四)参合农民转诊就医必须经区新农合管理机构审批,并在转诊单上盖章确认,严格控制区外转诊。市及以上转诊定点医疗机构在接收参合农民住院时,要认真核对参合患者出具的转诊单、合作医疗证、身份证等相关材制。办理费用结算时,要按照新农合的有奖规定及时垫付补助资金,并定期汇总报区新农合管理机构,经审核后予以核拨。

(五)合理使用药品

1. 严格执行《基本用药目录》和《抗菌药物临床应用指导原则》,选用安全有效、价格低廉的药物,做到用药与病情相符,用药量与治疗时间相符。

2. 因病情需要超出基本药品目录的自费药物,应当告知病人或其家属,并经其签字同意后方可施行,同时在处方上注明“自费”字样。

3. 要控制目录外用药比例,市及以上转诊定点医疗机构控制在20%以内,区级定点医疗机构控制在15%以内,乡(镇、街)级定点医疗机构控制在5%以内。

4. 严格控制出院带药量,一般急性疾病出院带药不得超过7天用量,慢性疾病不得超过15天用量。

(六)实行费用清单制,方便病人查询及合作医疗机构审核。病人出院时,应出具医药费用总清单、出院小结、收费票据等有关材料,并告知患者自付金额和获得的补偿金额情况。

(七)工作人员应严格遵守医疗文书书写管理的有关规定,非经亲自诊查,不得出具医疗文书也不得出具与自己执业范围无关或与执业类别不相符的医疗文书,严禁出具假证明、假病历、假处方、假票据。严禁任何单位和个人利用工作之便,通过编造假病历、出具假票据等任何方式套取新农合资金。

第十三条 定点医疗机构执行新农合制度的情况应纳入医院目标管理考核内容,定期进行检查、考核,并与奖惩挂钩。

第四章 定点医疗机构的监督

第十四条 市、区两级新农合管理机构要组织有关专家,加强对定点医疗机构的监督检查。检查实行年度检查和不定期抽查制度,对医疗费用控制不合理的定点医疗机构要进行重点抽查。按照“谁主管、谁负责”的原则,严格执行工作责任制和责任追究制。市新农合管理机构重点加强对市级转诊医疗机构的监管,对区及以下定点医疗机构进行不定期抽查,确保新农合工作的顺利实施。

第十五条 区新农合管理机构要制定《医疗服务协议书》及定点医疗机构具体考核办法与评分细则,定期对定点医疗机构(含市及以上转诊定点医疗机构)进行检查考核与评估,针对存在的问题,责令其限期整改,对整改后仍不合格的,暂停其定点医疗机构资格。

第十六条 实行社会评议监督制度,重点对医疗服务满意度、服务效率、医疗质量、执行新农合政策、遵守法律法规等情况进行监督考评。

第十七条 市、区新农合管理机构及其管理人员,在遇到和发现定点医疗机构涉嫌冒名顶替弄虚作假,套取新农合资金行为时,有权行使以下权力:

(一)向定点医疗机构负责人及当事人询问与新农合有关的医疗服务和费用结算等情况;

(二)调阅、查询参合病人的病历(案)、处方、医嘱、收费清单和收费票据。

(三)必要时,封存参合病人的有关资料。

第十八条 各定点医疗机构应设立投诉举报电话,主动接受有关方面的监督检查与评估。定期接受审计部门的审计,发现问题,及时整改。

第五章 奖惩措施

第十九条 对综合服务能力强、服务质量高、收费合理、服务态度好,为新农合发展和农民健康保障作用较大贡献的定点医疗机构和管理人员,由新农合管理机构给予表彰和奖励。

第二十条 对违反本办法有关规定的定点医疗机构及其工工作人员,由合作医疗管理机构视情节轻重,分别给予警告、通报批评和经济处罚,并限期整改。整改无效或拒不整改的,暂停直至取消其定点医疗机构资格。属于医务人员个人行为的,给予行政处罚,情节严重的由卫生行政部门依法取消其执业资格。

第二十一条 定点医疗机构及其工作人员擅自提高补偿标准、不合理收治或未按规定剔除不可补偿费用的,由定点医疗机构自行承担,擅自降低补偿标准的,应责令其将有关费用补还参合病人;违反规定乱收费增加病人负担的,从补偿款中扣除违规费用并对其追加处罚。

第二十二条 对弄虚作假,编造假病历、出具假证明、假处方、假票据,以及采取其他不正当手段骗取、套取合作医疗基金的定点医疗机构及其工作人员,视情节轻重,依据《医疗机构管理条例》、《中华人民共和国执业医师法》等法律法规进行处理。对违规行为隐瞒不报、压案不查、包庇袒护的责任人,依据干部管理权限进行处理。构成犯罪的,移交司法机关处理。

第六章 附 则

第二十三条 本办法自2008年3月1日起施行。

第二十四条 本办法由武汉市新型农村合作医疗协调领导小组办公室负责解释。

(2007年12月24日)

(责任编辑:桂美煊)

卫　生　统　计

卫生基本情况统计

2007年全市卫生工作主要统计指标情况表

范围：武汉地区

指　　标	单　位	数　据	备　　注
一．人口情况			
年末人口数	人	8 282 137	
出生率（0/00）	‰	7.7	
死亡率（0/00）	‰	4.0	
自然增长率（0/00）	‰	3.7	
二．机构、床位、人员			
卫生机构数	个	2 635	
其中：医院数	个	147	
内：中医医院	个	14	
卫生床位数（实有）	张	42 430	
其中：医院床位	张	34 689	
内：中医院床位数	张	1 968	
卫生工作人员数	人	71 019	
其中：卫生技术人员	人	56 353	
执业医师	人	20 018	
执业助理医师	人	2 005	
注册护士	人	21 550	
药剂人员	人	3 924	
检验人员	人	3 587	
其他卫生技术人员	人	5 269	
其他技术人员	人	4 291	
管理人员	人	3 932	
工勤人员	人	6 443	
在卫技人员总数中：国有	人		
集体办	人		
私营	人		
其他	人		

续表

指　　标	单　位	数　据	备　　注
三．对居民医疗保证程度指标			
平均每千人口床位数	张	5.1	
平均每千人口医院床位数	张	4.2	
平均每千人口卫生工作人员数	人	8.57	
平均每千人口卫生技术人员数	人	6.8	
平均每千人口医师数	人	2.7	
平均每千人口医院医师数	人	1.6	
每一居民年均就诊次数	次	4.36	
平均每百居民中住院人数	人	11.14	
平均每百门诊人次中住院人数	人	2.56	
四苗覆盖率	%	90.92	
人口期望寿命	岁	77.89	
男	岁	75.53	
女	岁	80.4	

说明:1. 卫生机构数指标不包含村卫生室个数。
2. 由于报表程序更改,分类标准改变,指标相应调整。

2007年全市人口自然变动情况表

年末			出生				死亡				自然增长	
			人数			率(‰)	人数			率(‰)	人数	率(‰)
计	男	女	计	男	女		计	男	女			
8 282 137	4 271 641	4 010 496	63 404	34 162	29 242	7.7	33 175	18 849	14 326	4	30 229	3.7

2007年全市卫生事业机构数统计表

范围:武汉地区

总计	医院	社区卫生服务中心	卫生院	门诊部所	急救中心	血液中心	妇幼保健机构	专科防治机构	疾病控制机构	卫生监督机构	医学培训机构	其他卫生事业机构	诊所	卫生所、医务室	社区卫生服务站
2 635	147	103	84	90	1	2	14	15	21	15	2	6	1 650	151	334

全市医院等级情况

分组名称	医　院	综合医院	中医医院	中西医结合医院	民族医院	专科医院	妇幼保健院	专科疾病防治院
总　计	123	80	11	7	0	25	12	12
三级	28	16	3	1		8	1	
三级甲等	20	11	3	1		5	1	
三级乙等	4	4						
三级丙等								

续表

分组名称	医　院	综合医院	中医医院	中西医结合医院	民族医院	专科医院	妇　幼保健院	专科疾病防治院
二级	34	25	5	1		3	1	
二级甲等	21	15	4	1		1	1	
二级乙等	11	10	1					
二级丙等								
一级	34	25	1	3		5	8	1
一级甲等	22	19	1	1		1	8	1
一级乙等	3	1		1		1		
一级丙等								
其他	27	14	2	2		9	2	11

说明:以上等级分类,由于按列分类不全,各级医院列合计数不等于总计。

全市社区卫生服务中心承办机构分类情况表

	合　计	江岸区	江汉区	硚口区	汉阳区	武昌区	青山区	洪山区	东西湖区	黄陂区
合　　计	103	18	14	11	9	17	14	15	3	2
综合医院承办	10	2	1	1		3	1	1	1	
综合医院门诊部或分院承办	4			0	3				1	
专科医院承办	5	1				2	1	1		
区门诊部承办	7	2				3	2			
企业医院承办	21	2	1	1	3	4	7	3		
大学院校医院承办	6							6		
民营医疗机构承办	10	6		2		2				
乡镇卫生院改制承办	7	1		1				4	1	
城市街道卫生院改制承办	33	4	12	6	3	3	3			2

2007 年全市卫生机构数(按辖区分)

区县	总计	医院	社区卫生服务中心	卫生院	门诊部所	急救中心	采供血机构	妇幼保健机构	专科防治机构	疾病控制机构	卫生监督机构	医学培训机构	其他卫生事业机构	诊　所	卫生所、医务室	社区卫生服务站
合　计	2 635	147	103	84	90	1	2	14	15	21	15	2	6	1 650	151	334
江岸区	368	15	18	1	15			1		3	2			252	12	49
江汉区	282	17	14		10	1		1		1	2			188	11	37
硚口区	341	21	11		13		1	1	2	1	1			224	11	55
汉阳区	253	9	9	2	12			1		1	1		1	165	14	38
武昌区	511	27	17		24			1	1	1	1		1	326	52	60
青山区	146	11	14		1			1	2	1	1			76	1	38
洪山区	253	20	15	4	13			2		2	2			147	5	43
东西湖区	86	3	3	13				1	2	2	1			61		
汉南区	37	3		7				1		2	1			2	15	
蔡甸区	70	2		10				1	2	1	1	1		47	5	
江夏区	53	5		13				1	1	1		1		27	4	
黄陂区	69	4	2	17			1	1	3	2	1		1	24	2	11
新洲区	125	6		14				1	1	1	1		1	88	12	
开发区	25	3		3					1	1				14	3	
东湖高新	16	1		2	2					1				6	4	

全市中医机构分科床位、门急诊人次及出院人数

科　室　名　称	实有床位(张)	门急诊人次(人次)	出院人数(人)
总　　计	3 630	3 471 971	88 703
预防保健科	0	4 108	0
全科医疗科	121	50 726	4 601
内科	1 340	633 470	29 466
外科	546	147 259	12 311
儿科	57	139 217	1 256
妇产科	249	283 111	11 611
眼科	67	83 720	1 842
耳鼻咽喉科	42	96 930	1 184
口腔科	13	85 474	287
皮肤科	100	627 237	3 501
肿瘤科	172	44 993	4 016
骨伤科	436	172 498	6 967
肛肠科	44	21 234	1 246
针灸科	200	140 562	3 187
推拿科	35	31 184	11
急诊医学科	0	72 848	25
康复医学科	13	11 849	452
老年病科	0	0	0
民族医学科	0	0	0
中西医结合科	47	21 751	3 224
其他	148	803 800	3 516

2007年全市卫生机构床位数(按辖区分)统计表

范围:武汉地区

区	合计	医院	社区卫生服务中心	卫生院	疗养院所	门诊部所	急救中心	采供血机构	妇幼保健机构	专科防治机构	疾病控制机构
合　计	42 430	34 689	3 181	2 905		125			760	770	
江岸区	5 632	5 131	490			11					
江汉区	7 454	7 052	402								
硚口区	5 661	5 170	121			78				292	
汉阳区	1 727	1 142	405	180							
青山区	3 773	3 356	304							113	
武昌区	7 836	6 928	772			36				100	
洪山区	3 719	2 372	647	100					600		
东西湖区	866	413		423					30		
汉南区	402	272		130							
蔡甸区	916	450		346					20	100	
江夏区	1 216	657		499					30	30	
黄陂区	1 220	585	40	490					30	75	
新洲区	1 506	833		573					50	50	
开发区	343	229		104						10	
东湖高新	159	99		60							

乡镇卫生院设备表

地区	设备情况											
	设备总值（万元）	万元以上设备台件数	X线机	B超	心电监护仪	麻醉机	洗胃机	心电图机	半自动生化分析仪	救护车	血糖仪	录放影设备	计算机
总计	2 726	923	70	86	76	51	59	80	89	23	51	30	562
江岸区													
江汉区													
硚口区													
汉阳区	18	10	1	2	2	0	2	2	2	2	3	0	8
武昌区													
青山区													
洪山区	55	43	3	5	3	3	2	3	2	1	2	1	18
东西湖区	329	149	3	16	12	9	11	14	11	3	18	5	88
汉南区	39	29	1	3	3	1	2	2	3	2	2	3	20
蔡甸区	629	167	8	18	21	13	11	18	17	2	9	8	108
江夏区	492	171	6	18	11	8	12	16	20	6	4	5	99
黄陂区	261	129	3	9	10	7	7	10	9	3	5	2	100
新洲区	474	198	47	15	12	10	10	14	23	4	5	4	84
沌口开发区	348	43	0	3	3	2	2	2	2	0	3	1	25
东湖高新	136	27	1	2	2	1	2	2	2	1	2	2	30

说明：以上不含街道卫生院情况。

全市2007年卫生机构所属技术人员数

单位类别	人员总数	各类卫生技术人员							其他技术人员	管理人员	工勤人员
		小计	执业医师	执业助理医师	注册护士	药剂人员	检验人员	其他卫生技术人员			
总计	71 019	56 353	20 018	2 005	21 550	3 924	3 587	5 269	4 291	3 932	6 443
一、医院	46 754	35 757	12 627	451	15 125	2 555	2 258	2 741	3 322	2 869	4 806
综合医院	33 260	25 861	9 341	295	10 964	1 789	1 559	1 913	1 995	2 012	3 392
中医医院	3 748	2 937	997	83	1 018	397	206	236	286	159	366
中西医结合医院	2 352	1 854	705	7	740	107	124	171	156	133	209
专科医院	7 394	5 105	1 584	66	2 403	262	369	421	885	565	839
口腔医院	580	435	190	0	150	6	13	76	60	55	30
眼科医院	466	306	79	0	155	6	12	54	52	63	45
耳鼻喉科医院	95	44	15	3	20	2	3	1	14	22	15
肿瘤医院	742	488	151	1	209	39	68	20	68	34	152
心血管病医院	1 317	827	210	1	509	21	23	63	368	86	36
妇产(科)医院	411	286	79	13	110	19	23	42	41	48	36
儿童医院	1 229	998	377	0	432	65	106	18	92	22	117
精神病医院	846	588	152	11	309	27	27	62	44	76	138
传染病医院	344	232	64	2	120	19	26	1	45	12	55
结核病医院	352	254	69	0	143	13	27	2	28	11	59
麻风病医院	26	24	7	5	5	0	2	5	2	0	0
骨科医院	100	85	17	7	21	6	6	28	2	5	8
康复医院	351	185	73	0	81	17	7	7	26	63	77
美容医院	125	90	27	10	43	3	3	4	14	12	9
其他专科医院	410	263	74	13	96	19	23	38	29	56	62
护理院											

续表

单位类别	人员总数	各类卫生技术人员							其他技术人员	管理人员	工勤人员
		小计	执业医师	执业助理医师	注册护士	药剂人员	检验人员	其他卫生技术人员			
三、社区卫生服务中心	6 646	5 487	1 931	204	2 035	519	338	460	343	318	498
四、卫生院	6 617	5 687	1 405	974	1 557	448	307	996	215	248	467
街道卫生院	370	316	84	34	119	29	27	23	8	17	29
乡镇卫生院	6 247	5 371	1 321	940	1 438	419	280	973	207	231	438
五、门诊部、诊所、卫生所、医务室	5 730	5 425	2 688	226	1 970	242	123	176	55	87	163
六、急救中心(站)	134	58	33	1	17	1	0	6	5	26	45
七、采供血机构	178	108	11	5	22	8	25	37	10	32	28
八、妇幼保健院(所、站)	1 357	1 142	468	33	406	51	89	95	84	65	66
九、专科疾病防治院(所、站)	1 158	863	305	48	290	78	80	62	64	72	159
十、疾病预防控制中心(防疫站)	1 673	1 268	524	59	116	19	345	205	120	129	156
十一、卫生监督所	648	486	0	0	0	0	0	486	55	76	31
十三、医学科学研究机构	35	22	7	0	5	1	7	2	0	0	13
十四、医学在职培训机构	48	28	18	4	3	0	0	3	4	6	10
十五、健康教育所(站、中心)	16	7	1	0	4	2	0	0	8	1	0
十六、其他卫生机构	25	15	0	0	0	0	15	0	6	3	1

全市2007年各辖区卫生机构所属技术人员数

范围:武汉地区

区	人口数	卫生工作人员总数	各类卫生技术人员							其他技术人员	管理人员	工勤人员	卫技人员占%
			小计	执业医师	执业助理医师	注册护士	药剂人员	检验人员	其他卫生技术人员				
合计	8 282 137	71 019	56 353	20 018	2 005	21 550	3 924	3 587	5 269	4 291	3 932	6 443	79.35
江岸区	659 192	9 084	7 235	2 566	141	2 930	464	558	576	508	446	895	79.65
江汉区	456 362	8 665	6 451	2 304	108	2 813	384	301	541	829	648	737	74.45
硚口区	536 411	9 570	7 559	2 944	96	3 112	503	401	503	586	516	909	78.99
汉阳区	411 439	3 507	2 835	991	96	1 133	184	171	260	147	225	300	80.84
青山区	1015 031	6 056	4 664	1 668	35	1 974	359	333	292	333	316	743	77.01
武昌区	452 870	12 547	9 935	3 659	128	3 928	728	594	898	777	673	1 162	79.18
洪山区	825 605	6 585	4 956	1 909	83	1 803	307	399	455	581	389	659	75.26
东西湖区	261 408	1 612	1 349	452	113	536	81	80	87	58	98	107	83.68
汉南区	107 052	659	552	166	40	211	50	29	56	39	27	41	83.76
蔡甸区	446 549	2 087	1 823	523	203	274	180	149	194	29	108	127	87.35
江夏区	627 993	2 483	2 197	740	168	655	174	133	327	107	47	132	88.48
黄陂区	1 118 474	3 636	2 914	853	351	804	158	160	588	220	229	273	80.14
新洲区	985 685	3 693	3 161	967	380	749	306	201	557	69	149	315	85.59
开发区	125 310	660	574	198	35	238	29	54	20	6	46	34	86.97

说明:人口数不含文保局、水上分局人口数。

全市分区人口数和医疗床位、卫生人员数

区	年末人口数（人）	年初人口数（人）	平均人口数（人）	实际床位（张）	卫生人员（人）	卫技人员（人）	执业医师（人）	注册护士（人）
合　计	8 282 137	8 188 431	8 235 284	42 430	71 019	56 353	20 018	21 550
江岸区	659 192	651 706	655 449	5 632	9 084	7 235	2 566	2 930
江汉区	456 362	451 570	453 966	7 454	8 665	6 451	2 304	2 813
硚口区	536 411	533 161	534 786	5 661	9 570	7 559	2 944	3 112
汉阳区	411 439	408 417	409 928	1 727	3 507	2 835	991	1 133
青山区	1 015 031	455 615	735 323	4 028	6 056	4 664	1 668	1 974
武昌区	452 870	989 251	721 060	7 836	12 547	9 935	3 659	3 928
洪山区	825 605	876 354	850 979	3 719	6 585	4 956	1 909	1 803
东西湖区	261 408	260 660	261 034	866	1 612	1 349	452	536
汉南区	107 052	106 506	106 779	402	659	552	166	211
蔡甸区	446 549	444 413	445 481	916	2 087	1 823	523	274
江夏区	627 993	643 839	635 916	1 216	2 483	2 197	740	655
黄陂区	1 118 474	1 112 346	1 115 410	1 220	3 636	2 914	853	804
新洲区	985 685	975 671	980 678	1 506	3 693	3 161	967	749
开发区	125 310	116 515	120 912	343	660	574	198	238

2007年全市每千人口床位、人员数统计表

范围：武汉地区

床位		人员				
			其中			
				内：		
全市合计	其中：医院	全市合计	卫技人员	执业（助理）医师	其中：执业助理医师	注册护士
5.12	4.18	8.61	6.8	2.65	0.24	2.6

2007年全市卫生机构专业人员及构成比

范围：武汉地区

人员类别	卫技人员数（人）	各类人员构成（%）		人员类别	人员数（人）	各类人员构成（%）	
		占总人员	占卫技人员			占总人员	占卫技人员
总　计	56 353	79.35	100	检验人员	3 587	5.05	6.37
执业医师	20 018	28.19	35.52	其他卫生技术人员	5 269	7.42	9.35
执业助理医师	2 005	2.82	3.56	另外：其他技术人员	4 291	6.04	7.61
注册护士	21 550	30.34	38.24	管理人员	3 932	5.54	6.98
药剂人员	3 924	5.53	6.96	工勤人员	6 443	9.07	11.43

2007年全市市直医院床位、人员分类一览表

范围：武汉地区

	床位数	总人数	卫技人员	各类卫生技术人员						其他技术人员	管理人员	工勤人员	卫技人员占%
				执业医师	执业助理医师	注册护士	药剂人员	检验人员	其他卫生技术人员				
总　计	7 915	10 664	8 365	2 866	65	3 801	558	350	643	655	433	1 211	78.44

续表

	床位数	总人数	卫技人员	各类卫生技术人员						其他技术人员	管理人员	工勤人员	卫技人员占%
				执业医师	执业助理医师	注册护士	药剂人员	检验人员	其他卫生技术人员				
市中西医结合医院	1 572	1 672	1 402	541	0	588	76	56	114	67	68	135	83.85
市中心医院	928	1 242	1 054	394	1	518	37	28	76	37	20	131	84.86
市第三医院	509	1 124	876	291	4	374	57	28	111	77	84	87	77.94
市普爱医院	860	1 375	1 138	432	3	539	102	47	0	74	19	144	82.76
市东湖医院	366	328	217	66	1	111	14	8	15	43	3	65	66.16
市武东医院	350	309	214	47	0	113	9	5	35	11	20	64	69.26
市中医医院	460	713	567	188	2	201	68	13	77	49	19	78	79.52
市结核病医院	242	352	254	69	0	143	13	17	12	28	11	59	72.16
市传染病医院	261	350	236	66	2	117	19	19	12	46	11	57	67.43
市妇女儿童医疗保健中心	801	1201	980	377	19	432	65	70	36	111	9	101	81.60
市精神病医院	610	558	380	95	1	221	19	10	27	56	34	88	68.10
武昌医院	596	727	522	135	15	216	33	29	86	37	48	120	71.80
汉口医院	360	713	525	165	17	228	46	20	42	19	87	82	73.63
颐和医院	110	183	154	48	3	61	12	7	22	15	6	8	84.15

2007 年部、省属医院床位、人员分类一览表

范围:武汉地区

	床位数	总人数	卫技人员	各类卫生技术人员						其他技术人员	管理人员	工勤人员	卫技人员占%
				执业医师	执业助理医师	注册护士	药剂人员	检验人员	其他卫生技术人员				
总　计	8 489	10 654	8 167	3 101	1	3 540	432	250	698	827	604	1 056	76.66
同济医院	2 094	2 389	1 803	753	0	802	95	46	107	258	106	222	75.47
协和医院	2 237	2 285	1 799	676	0	814	84	43	157	112	144	230	78.73
省人民医院	1 412	1 935	1 528	560	0	677	86	44	139	185	17	205	78.97
武汉大学中南医院	1 036	1 468	1 201	418	0	456	66	37	179	38	124	105	81.81
省肿瘤医院	530	749	490	150	1	210	39	30	20	71	34	154	65.42
梨园医院	500	593	383	149	0	163	28	19	24	20	111	79	64.59
省妇幼保健院	600	653	522	208	0	248	24	27	10	62	36	33	79.94
武汉大学附属口腔医院	80	582	441	187	0	170	10	4	62	81	32	28	75.77

2007 年区属医院床位、人员分类一览表

范围:武汉地区

	床位数	职工人数	卫技人员	各类卫生技术人员						其他技术人员	管理人员	工勤人员	卫技人员占%
				执业医师	执业助理医师	注册护士	药剂人员	检验人员	其他卫生技术人员				
总　计	3 990	6 628	5 263	1 854	86	2214	408	230	325	345	399	621	79.41
武汉市第五医院	466	1 134	825	255	14	403	60	38	28	63	99	147	72.75
武汉市第七医院	305	397	322	136	1	127	28	18	10	28	8	39	81.11
武汉市第八医院	300	516	428	151	0	209	33	19	11	25	10	53	82.95

续表

	床位数	职工人数	卫技人员	各类卫生技术人员						其他技术人员	管理人员	工勤人员	卫技人员占%
				执业医师	执业助理医师	注册护士	药剂人员	检验人员	其他卫生技术人员				
武汉市第九医院	230	329	270	106	2	122	18	15	3	28	4	27	82.07
武汉市第十二医院	200	297	240	91	2	108	16	11	8	15	7	35	80.81
市红十字会医院	396	568	484	165	9	201	32	19	54	25	17	42	85.21
东西湖区人民医院	360	427	298	100	0	133	26	16	12	30	35	64	69.79
汉南区人民医院	220	301	240	79	0	114	23	10	12	23	9	29	79.73
蔡甸区人民医院	320	437	370	96	13	156	35	16	34	7	33	27	84.67
江夏区人民医院	360	671	555	240	7	162	36	22	77	57	9	50	82.71
黄陂区人民医院	360	702	531	161	35	229	29	15	45	38	94	39	75.64
新洲区人民医院	353	586	482	176	0	187	47	19	16	5	37	62	82.25
新洲第二人民医院	120	263	218	98	3	63	25	12	15	1	37	7	82.89

2007 年部分职工医院人员分类一览表

单位	床位数	总人数	卫技人员	各类卫生技术人员						其他技术人员	管理人员	工勤人员	卫技人员占%
				执业医师	执业助理医师	注册护士	药剂人员	检验人员	其他卫生技术人员				
总计	5 135	7 948	5 913	2 120	71	2 526	438	291	357	506	528	1 001	74.40
长江航运总医院	552	837	642	190	39	268	49	44	52	64	25	106	76.70
省新华医院	463	991	682	245	0	345	47	39	0	52	83	174	68.82
市商业职工医院	550	712	564	194	7	278	35	16	27	31	35	82	79.21
汉阳医院	420	481	391	133	10	128	18	16	85	1	55	34	81.29
郑铁武汉中心医院	565	957	732	245	3	325	61	33	55	14	96	115	76.49
武钢第一职工医院	965	1 881	1 217	499	8	498	107	64	0	241	115	308	64.70
武钢第二职工医院	720	980	776	260	0	301	57	29	103	66	28	110	79.18
普仁医院	520	599	493	210	0	214	29	23	0	3	56	47	82.30
石化职工医院	120	137	118	45	1	46	8	12	5	1	11	7	86.13
中建三局中心医院	150	190	144	51	0	62	15	8	8	18	18	10	75.79

2007 年全市诊所、卫生所、医务室机构人员情况表

指标名称	合计	按管理类别分		按经济类型分				按设置/主办单位分			按诊所性质分				
		非营利性	营利性	国有	集体办	私营	其他	政府办	社会办	私人办	普通	中医	中西医结合	口腔	其他
机构总数(个)	1 801	132	1 654	94	22	1 656	19	77	134	1 590	849	348	272	106	65
总人员数(人)	4 572	685	3 855	485	82	3 893	71	199	635	3 738	2 099	730	630	238	162
卫生技术人员	4 400	628	3 741	449	78	3 772	60	150	585	3 665	2 043	692	624	227	157
执业医师	2 215	264	1 936	195	29	1 943	28	74	256	1 885	1 039	365	309	137	79
内:中医	255	21	233	12	2	238	2	6	22	227	65	135	19	2	8
执业助理医师	156	43	113	27	10	117	0	12	35	109	39	36	15	20	5
内:中医	32	1	31	1	0	31	0	2	1	29	4	20	3	2	1
注册护士	1 682	229	1 440	162	32	1 449	24	50	215	1 417	848	181	278	66	62

续表

指标名称	合计	按管理类别分		按经济类型分				按设置/主办单位分			按诊所性质分				
		非营利性	营利性	国有	集体办	私营	其他	政府办	社会办	私人办	普通	中医	中西医结合	口腔	其他
药剂师(士)	151	20	128	13	1	132	2	5	18	128	28	88	11	0	7
技师(士)	41	17	24	12	1	26	1	2	15	24	14	3	2	0	3
内:检验师(士)	41	17	24	12	1	26	1	2	15	24	14	3	2	0	3
其他	133	55	78	40	5	83	5	7	46	80	55	17	9	4	1
工勤技能人员	102	46	55	36	4	58	4	7	40	55	26	13	6	9	3

说明:由于部分分类标准里分项较多,仅罗列部分项目,各分项和与总数不等。

2007年武汉市按床位数分组医院、妇幼保健院、专科疾病防治院数

分组名称	总计	0~49张	50~99张	100~199张	200~299张	300~399张	400~499张	500~799张	800张及以上
医院合计	147	62	18	19	5	12	7	15	9
综合医院	92	36	10	10	2	12	5	10	7
中医医院	14	6	1	4	1		1	1	
中西医结合医院	8	6		1					1
民族医院	0								
专科医院	33	14	7	4	2		1	4	1
口腔医院	2	1	1						
眼科医院	3	1	1	1					
耳鼻喉科医院	1		1						
肿瘤医院	1							1	
心血管病医院	1							1	
妇产(科)医院	4	2		2					
儿童医院	1								1
精神病医院	4	1		1				2	
传染病医院	1				1				
结核病医院	1				1				
麻风病医院	1	1							
骨科医院	1		1						
康复医院	1						1		
美容医院	3	3							
其他专科医院	8	5	3						
护理院	0								
妇幼保健院	14	12	1					1	
专科疾病防治院	15	8	4	2	1				

2007年社区卫生服务中心和卫生院预防保健服务情况

机构分类	社区卫生服务中心	街道卫生院	乡镇卫生院
社区/乡镇卫生服务人口数	3 666 277	162 590	3 518 679
居民健康档案建档人数	2 267 354	64 762	1 101 773
其中:60岁以上健康档案建档人数	421 536	22 130	107 745
开展健康教育人次数	556 673	26 774	476 694
传染病报告例数	5 368	268	3 678
管理结核病人数	4 778	34	2 214

续表

机　构　分　类	社区卫生服务中心	街道卫生院	乡镇卫生院
管理高血压病人数	128 935	1 111	28 817
管理心脑血管病人数	25 001	321	5 036
管理糖尿病人数	26 799	149	2 320
管理肿瘤病人数	3 528	95	994
管理精神病人数	4 156	85	1 000
孕产妇产前检查人次数	25 380	686	51 916
产后访视人次数	30 950	379	30 323
0－6 岁儿童健康检查人次数	110 397	6 166	152 560
0－6 岁儿童规划免疫接种人次数	507 315	11 026	329 184
残疾人康复人次数	45 430	0	608
计划生育技术服务人次数	65 516	2 857	13 513
开展免疫规划次数	64 552.00	42.00	26 296.00
开展艾滋病行为干预次数	17 332.00	16.00	1 405.00
开展卫生应急工作次数	1 414.00	3.00	102.00

2007 年全市农村村级卫生组织按区分布情况表

地　　区	村卫生室个数	村卫生室配备 25 件以上常规设备的个数	已实行一体化管理的村卫生室个数	有乡村医生财政补助	有防保工作经费	传染病报告例数	开展免疫规划次数	开展健康教育人次数	开展卫生应急工作次　数
总　计	1 721	735	1 143	185	1 721	2 346	16 624	395 373	1 705
市辖区									
江岸区	14	14			14	0	0	0	0
江汉区									
硚口区	10	3	10	10	10	0	0	0	0
汉阳区									
武昌区									
青山区									
武汉市直									
洪山区	94	50	72	71	94	117	3 124	12 988	187
东西湖区									
汉南区	29	21	5		29	1	0	1 874	50
蔡甸区	220	1	220	1	220	66	421	10 240	115
江夏区	264	3	39	42	264	619	4 746	170 026	261
黄陂区	555	215	426	20	555	718	928	115 098	273
新洲区	482	409	335	40	482	799	7 405	79 110	819
沌口开发区	16				16	0	0	0	0
东湖高新	37	19	36	1	37	26	0	6 037	0

2007 年全市医疗机构床位利用情况(按机构类别分)

范围:武汉地区

合　　计	实　有床位数	实际开放总床日	平均开放病床(张)	实际占用总床日数	出院占用总床日数	病床周转次数	病床使用率(%)	出院者平均住院日(日)
合　计	42 430	13 806 501	37 826	11 601 184	10 827 222	23	84.03	13
一、医院	34 689	11 271 956	30 882	10 315 754	9 836 752	26	91.52	12

续表

合　计	实　有床位数	实际开放总床日	平均开放病床(张)	实际占用总床日数	出院占用总床日数	病床周转次数	病床使用率(%)	出院者平均住院日(日)
综合医院	25 725	8 387 523	22 980	7 538 126	7 405 312	25	89.87	13
中医医院	1 968	638 512	1 749	569 083	530 182	27	89.13	11
中西结合医院	1 847	460 165	1 261	617 929	568 379	35	134.28	13
专科医院	5 149	1 785 756	4 892	1 590 616	1 332 879	25	89.07	11
疗养院								
二、社区卫生服务中心	3 181	972 980	2 666	455 217	311 294	9	46.79	13
三、卫生院	2 905	993 970	2 723	427 268	311 079	21	42.99	6
街道卫生院	183	70 395	193	33 349	9 051	10	47.37	5
乡镇卫生院	2 722	923 575	2 530	393 919	302 028	21	42.65	6
四、门诊部	125	38 690	106	10 954	8 014	28	28.31	3
五、妇幼保健机构	760.00	277 105.00	759.19	226 415.00	223 005.00	43.86	81.71	6.70
六、专科防治机构	770.00	251 800.00	689.86	165 576.00	137 078.00	10.05	65.76	19.77
七、疾病预防控制中心								

2007年全市医疗机构床位利用情况(按辖区分)

范围:武汉地区

合　计	实有床位数(张)	实际开放总床日	平均开放病床(张)	实际占用总床日数	出院占用总床日数	病床周转次数	病床使用率(%)	出院者平均住院日(日)
合　计	42 430	13 806 501	37 826	11 601 184	10 827 222	23.00	84.03	13.00
江岸区	5 632	1 834 721	5 027	1 715 135	1 670 178	27.00	93.48	12.00
江汉区	7 454	1 982 591	5 432	1 734 530	1 562 199	23.00	87.49	12.00
硚口区	5 661	1 987 364	5 445	2 235 637	2 154 169	31.00	112.49	13.00
汉阳区	1 727	600 319	1 645	442 092	373 211	19.00	66.27	12.00
武昌区	7 836	2 540 883	6 961	2 053 774	2 011 457	20.00	80.83	14.00
青山区	4 028	1 270 564	3 481	1 203 381	1 158 472	21.00	94.71	16.00
洪山区	3 719	1 240 996	3 400	866 800	680 059	10.00	60.10	20.00
东西湖区	866	305 194	836	204 923	185 787	22.00	67.15	10.00
汉南区	402	146 411	401	70 368	65 412	18.00	48.06	9.00
蔡甸区	916	358 387	982	202 201	170 618	18.00	56.42	10.00
江夏区	1 216	408 618	1 120	222 709	187 638	22.00	54.50	8.00
黄陂区	1 220	405 130	1 110	291 470	264 938	41.00	71.94	6.00
新洲区	1 506	545 720	1 495	256 908	244 112	23.00	47.08	7.00
开发区	343	119 895	328	58 315	58 345	18.00	48.64	10.00
东湖高新	159	59 708	164	42 941	40 627	18.00	71.92	14.00

2007年武汉市医疗机构房屋建筑面积情况

机　构　分　类	房屋建筑面积(平方米)			租房面积(平方米)	
		业务用房面积			业务用房面积
			危房面积		
总　　计	7 858 813	5 840 688	21 193	421 136	334 580
一、医院	6 526 828	5 124 056	1 939	275 322	224 521
综合医院	5 678 570	4 548 747	1 200	78 383	64 674
中医医院	299 561	178 567	739	18 432	10 538

续表

机构分类	房屋建筑面积(平方米)			租房面积(平方米)	
		业务用房面积			业务用房面积
			危房面积		
中西医结合医院	142 471	132 580	0	61 185	56 534
专科医院	406 226	264 162	0	117 322	92 775
三.社区卫生服务中心(站)	260 118	187 859	2 448	94 857	67 504
四.卫生院	389 966	251 150	10 732	2 489	2 255
街道卫生院	26 976	18 205	2 289	0	0
乡镇卫生院	362 990	232 945	8 443	2 489	2 255
五.门诊部	25 424	17 779	0	26 773	21 938
六.诊所.卫生所.医务室	116 288				
七.急救中心(站)	7 415	7 415	0	0	0
八.采供血机构	9 037	7 511	0	0	0
九.妇幼保健院(所、站)	90 724	85 151	0	3 313	2 980
十.专科疾病防治院(所、站)	72 853	42 379	0	1 732	1 732
十一.疾病预防控制中心	319 850	81 342	6 074	10 055	7 255
十二.卫生监督所(中心)	16 987	16 389	0	6 395	6 395
十三.医学科学研究机构	1 196	848	0	0	0
十四.医学在职培训机构	18 516	16 109	0	0	0
十五.健康教育所(站、中心)	0	0	0	200	0
十六.其他卫生机构	3 611	2 700	0	0	0

2007年卫生监督中心(所)人员情况表

地区	编制人数				职工人数					
	合计	公务员	参照公务员管理	事业编制	合计	卫生技术人员	卫生监督员	其他技术人员	管理人员	工勤技能人员
总计	763	0	94	546	739	577	467	55	76	31
江岸区	186	0	0	186	144	111	107	0	26	7
江汉区	165	0	0	42	157	122	31	7	22	6
硚口区	34	0	0	34	46	37	34	3	2	4
汉阳区	35	0	0	35	33	18	18	15	0	0
武昌区	60	0	0	60	55	50	50	0	4	1
青山区	30	0	0	30	28	19	17	2	1	6
洪山区	136	0	94	42	134	98	98	22	12	2
东西湖区	17	0	0	17	17	17	17	0	0	0
汉南区	10	0	0	10	10	9	9	0	0	1
蔡甸区	30	0	0	30	31	28	28	0	3	0
江夏区										
黄陂区	40	0	0	40	56	48	38	4	2	2
新洲区	20	0	0	20	28	20	20	2	4	2
沌口开发区										
东湖高新										

2007 年卫生监督中心(所)人员情况表(续)

地　　区	千元以上监测仪器设备台数			执法取证设备(台)			交　通　工　具				财政补助中人员补助
	1000—10000 元	1—9 万元	10 万元及以上	摄像机	照相机	录音机(笔)	汽　车(辆)	现场快速检测车	摩托车(辆)	船(艘)	
总　计	136	72	4	38	77	37	80	2	0	0	10 212
江岸区	45	12	0	12	19	11	26	1	0	0	5 812
江汉区	32	37	4	0	2	0	3	0	0	0	1 739
硚口区	8	1	0	2	9	5	5	0	0	0	0
汉阳区	0	3	0	5	3	2	6	0	0	0	0
武昌区	9	1	0	2	4	2	5	0	0	0	0
青山区	9	0	0	1	3	2	5	0	0	0	0
洪山区	23	15	0	12	26	10	20	1	0	0	2 661
东西湖区	2	0	0	1	1	1	3	0	0	0	0
汉南区	0	0	0	0	0	0	0	0	0	0	0
蔡甸区	1	0	0	2	3	2	3	0	0	0	0
江夏区											
黄陂区	7	3	0	1	7	2	4	0	0	0	0
新洲区	0	0	0	0	0	0	0	0	0	0	0
沌口开发区											
东湖高新											

医院工作统计

2007 年全市市直医院运营情况(门诊服务)

单　　位	诊疗人次数					观察室		健康检查人数	急诊死亡率%	观察室死亡率%
	总计	其中:门、急诊人次数				收容人数	其中:死亡			
		合计	门诊人次数	急诊人次数						
				小计	内:死亡人　数					
市中西医结合医院	1 623 388	1 623 388	1 526 674	96 714	118	2 999	118	37 321	0. 12	3. 93
市中心医院	564 505	564 505	522 020	42 485	42	4 357	42	13 996	0. 10	0. 96
市第三医院	273 480	273 480	258 062	15 418		31 142	9	8 001	0. 00	0. 03
市普爱医院	523 235	523 235	496 357	26 878	21			13 619	0. 08	
市东湖医院	37 658	37 658	34 617	3 041				4 673	0. 00	0. 00
市武东医院	94 728	94 728	65 418	29 310		15 750	12	340	0. 00	0. 08
市中医医院	693 173	693 173	673 632	19 541		1 033		520	0. 00	0. 00
市结核病医院	16 334	16 334	16 334			948		42 639	0. 00	0. 00
市传染病医院	41 782	41 782	38 988	2 794		0	0	169	0. 00	0. 00
市妇女儿童医疗保健中心	1 593 054	1 593 054	1 498 693	94 361		14 111	17		0. 00	0. 12
市精神病医院	93 595	93 595	91 274	2 321					0. 00	
武昌医院	197 997	159 651	142 454	17 197				4 091	0. 00	0
汉口医院	243 360	160 331	158 357	1 974		10 400		2 840	0. 00	0
颐和医院	53 157	53 157	44 397	8 760		1 460		4 200		0

2007 年全市部、省属医院运营情况(门诊服务)

单位	诊疗人次数					观察室		健康检查人数	急诊死亡率%	观察室死亡率%
	总计	其中:门、急诊人次数				收容人数	其中:死亡			
		合计	门诊人次数	急诊人次数						
				小计	内:死亡人数					
同济医院	2 183 798	2 183 798	2 037 228	146 570				275 159	0	0.00
协和医院	1 885 951	1 885 951	1 764 609	121 342				307 740	0	0
省人民医院	1 033 941	1 026 287	953 586	72 701		32 726	64	22 825	0	0.20
武汉大学中南医院	641 536	641 514	602 141	39 373	32	116 418	32	20 854	0.081	0.03
省肿瘤医院	47 495	47 495	47 468	27		99	4	84	0	4
梨园医院	104 400	104 400	104 267	133		14		10 116	0	
省妇幼保健院	901 881	901 881	866 529	35 352		21 549		0	0	0
武汉大学附属口腔医院	386 277	386 277	381 187	5 090					0	0

2007 年全市区属医院运营情况(门诊服务)

单位	诊疗人次数					观察室		健康检查人数	门急诊次占总诊次%	急诊死亡率%	观察室死亡率%
	总计	其中:门、急诊人次数				收容人数	其中:死亡				
		合计	门诊人次数	急诊人次数							
				小计	内:死亡人数						
合　计	2 139 700	2 095 016	1 902 874	192 142	217	103 811	127	155 592	97.91	0.11	0.12
武汉市第五医院	366 226	366 226	309 218	57 008	92			8 826	100.00	0.16	0.00
武汉市第七医院	156 128	134 373	124 986	9 387		20 114	24	28 244	86.07	0.00	0.12
武汉市第八医院	102 025	102 025	102 025			359	8	1 958	100.00	0.00	2.23
武汉市第九医院	120 523	120 523	103 201	17 322		774	58	5 747	100.00	0.00	7.49
武汉市第十二医院	119 845	119 845	98 910	20 935	18	55 563		26 000	100.00	0.09	0.00
市红十字会医院	270 023	269 138	236 656	32 482	10	538		26 870	99.67	0.03	0.00
东西湖区人民医院	331 659	331 659	317 011	14 648	18			5 409	100.00	0.12	0.00
汉南区人民医院	59 129	59 129	40 840	18 289		652		7 620	100.00	0.00	0.00
蔡甸区人民医院	77 130	77 130	74 526	2 604	16				100.00	0.61	0.00
江夏区人民医院	122 281	122 281	117 553	4 728		25 811	37	6 822	100.00	0.00	0.14
黄陂区人民医院	177 002	154 958	152 600	2 358				22 044	87.55	0.00	0.00
新洲区人民医院	196 255	196 255	187 511	8 744	63			13 652	100.00	0.72	0.00
新洲第二人民医院	41 474	41 474	37 837	3 637				2 400	100.00	0.00	0.00

2007 年全市部分职工医院运营情况(门诊服务)

单位	诊疗人次数					观察室		健康检查人数	门急诊次占总诊次%	急诊死亡率%	观察室死亡率%
	总计	其中:门、急诊人次数				收容人数	其中:死亡				
		合计	门诊人次数	急诊人次数							
				小计	内:死亡人数						
合　计	2 961 495	2 859 921	2 560 621	299 300	74	88 330	39	120 523	96.63	0.02	0.04

续表

单位	诊疗人次数					观察室		健康检查人数	门急诊次占总诊次%	急诊死亡率%	观察室死亡率%
	总计	其中:门、急诊人次数				收容人数	其中:死亡				
		合计	门诊人次数	急诊人次数							
				小计	内:死亡人数						
长江航运总公司	175 558	175 558	164 283	11 275		33 771		11 241	100.00	0	0
省新华医院	352 667	352 667	308 628	44 039				34 985	100.00	0	0
市商业职工医院	229 056	229 056	227 660	1 396				4 729	100.00	0.00	0
汉阳医院	192 094	192 094	171 513	20 581	67	316		9 469	100.00	0	0
郑铁武汉中心医院	181 145	181 145	169 573	11 572	2	178	1	91 42	100.00	0.02	0.5618
武钢第一职工医院	997 529	997 529	852 397	145 132					100.00	0.00	
武钢第二职工医院	290 086	290 086	265 180	24 906	5			29 968	100.00	0.02	
普仁医院	402 560	300 986	270 090	30 896		54	29	6 414	74.77	0	53.70
石化职工医院	67 661	67 661	66 738	923		16 797	1	8 362	100.00	0	0.006
中建三局中心医院	73 139	73 139	64 559	8 580	0	37 214	8	6 213	100.00	0.00	0.02

全市医疗机构运营情况两年对比(门诊服务)

		诊疗人次数			观察室	健康检查人数	门急诊次占总诊次%
		总计	门诊人次数	急诊人次数	收容人数		
全市	2007年	36 091 003	28 786 654	2 104 069	1 160 665	2 159 792	85.59
	2006年	27 587 223	24 820 779	1 745 280	934 492	1 609 451	96.3
	增减	30.83	15.98	20.56	24.20	34.19	11.12
市区	2007年	30 029 552	24 798 209	1 836 000	1 010 043	1 882 911	88.69
	2006年	23 776 350	21 358 641	1 492 931	819 044	1 442 916	96.11
	增减	26.30	16.10	22.98	23.32	30.49	-7.72
县(市)	2007年	6 061 451	3 988 445	268 069	150 622	276 881	70.22
	2006年	3 810 873	3 462 138	252 349	115 448	166 535	97.47
	增减	59.06	15.20	6.23	30.47	66.26	27.96

2007年全市市直医院运营情况(住院服务)

单位	入院人数	出院人数						住院病人手术人次	住院危重病人抢救人次		治愈率%	好转率%	死亡率%	住院危重病人抢救成功率%
		合计	治愈	好转	未愈	死亡	其他		总计	其中:抢救成功人次数				
合计	198 279	197 281	100 179	78 332	5 206	2 756	10 808	49 248	18 412	16 317	50.78	39.71	1.4	88.62
市中西医结合医院	39 297	39 140	14 036	17 943	1 113	800	5 248	10 840	5 895	5 095	35.86	45.84	2.04	86.43
市中心医院	26 386	26 187	8 547	15 209	1 023	581	827	5 959	3 136	2 555	32.64	58.09	2.22	81.47
市第三医院	12 285	12 170	8 463	2 874	384	234	215	4 600	2 398	2 164	69.54	23.62	1.92	90.24
市普爱医院	24 253	24 202	10 075	10 558	1 279	422	1 868				41.63	43.62	1.74	0.00
市东湖医院	649	679	92	572	0	15	0	70	29	14	13.55	84.24	2.21	48.28

续表

单　位	入院人数	出院人数						住院病人手术人次	住院危重病人抢救人次		治愈率%	好转率%	死亡率%	住院危重病人抢救成功率%
		合计	治愈	好转	未愈	死亡	其他		总计	其中:抢救成功人次数				
市武东医院	4 701	4 596	3 396	1 058	56	15	71	157	74	67	73. 89	23. 02	0. 33	90. 54
市中医医院	9 699	9 625	2 383	7 057	7	178		1 101			24. 76	73. 32	1. 85	0. 00
市结核病医院	2 944	2 947	132	2 571	107	35	102	750	90	55	73. 24	22. 39	2. 75	89. 66
市传染病医院	2 622	2541	1861	569	41	70			619	555	75. 71	20. 27	0. 21	83. 98
市儿童医院	55 329	55 292	41 860	11 205	580	119	1 528	22 539	743	624	45. 41	50. 17	0. 08	83. 98
市精神病医院	4 829	4 746	2 155	2 381	171	4	35				45. 41	50. 17	0. 08	0. 00
武昌铁路医院	8 677	8 639	3 651	4 069	263	147	509	1 836	1 696	1 548	24. 76	73. 32	1. 85	91. 77
汉口铁路医院	6 608	6 517	3 528	2 266	182	136	405	1 396	3 732	3 640	54. 14	34. 77	2. 09	97. 53
颐和医院	2 358	2 389	643	1 498	41	37	170	257	81	62	25. 92	62. 70	1. 56	76. 64

2007 年全市部、省属医院运营情况(住院服务)

单　位	入院人数	出院人数						住院病人手术人次	住院危重病人抢救人次		治愈率%	好转率%	死亡率%	住院危重病人抢救成功率%
		合计	治愈	好转	未愈	死亡	其他		总计	其中:抢救成功人次数				
合　计	249 379	246 327	93 121	83 054	5 961	2 041	62 150	92 013	21 328	19 927	37. 804	33. 717	0. 83	93. 43
同济医院	75 087	72 953	9 259	13 359	0	328	50 007	25 835			12. 69	18. 312	0. 45	0
协和医院	62 801	62 381	23 994	32 772	1 914	623	3 078	25 519	7 578	6 955	38. 46	52. 535	1	91. 78
省人民医院	38 998	38 711	18 695	15 106	1 514	479	2 917	18 892	11 620	11 141	48. 29	39. 023	1. 24	95. 88
武汉大学中南医院	24 963	24 855	16 946	4 008	449	330	3 122	9 870	1 134	997	68. 18	16. 126	1. 33	87. 92
省肿瘤医院	13 487	13 418	3 279	8 144	1 831	164		2 438	84	39	24. 44	60. 695	1. 22	46. 43
梨园医院	6 117	6 186	1 164	4 566	64	103	289	1 373	303	200	18. 82	73. 812	1. 67	66. 01
省妇幼保健院	25 544	25 458	17 736	4 964	167	14	2 577	5 977	609	595	69. 67	19. 499	0. 05	97. 70
武汉大学附属口腔医院	2 382	2 365	2 048	135	22		160	2 109			86. 6	5. 708	0	

2007 年全市区属医院运营情况(住院服务)

单　位	入院人数	出院人数						住院病人手术人次	住院危重病人抢救人次		治愈率%	好转率%	死亡率%	住院危重病人抢救成功率%
		合计	治愈	好转	未愈	死亡	其他		总计	其中:抢救成功人次数				
合　计	114 994	114 374	48 326	51 477	5 470	1 265	7 836	31 294	9 919	8 422	42. 3	45. 01	1. 11	84. 91

续表

单　位	入院人数	出院人数						住院病人手术人次	住院危重病人抢救人次		治愈率%	好转率%	死亡率%	住院危重病人抢救成功率%
		合计	治愈	好转	未愈	死亡	其他		总计	其中：抢救成功人次数				
武汉市第五医院	12 447	12 374	5 240	5 702	526	315	591	2 231	1632	1317	42.3	46.08	2.55	80.70
武汉市第七医院	3 634	3 620	1 982	1 062	144	109	323	1 240	227	157	54.8	29.34	3.01	69.16
武汉市第八医院	8 291	8 235	5 300	1 735	212	60	928	5 295	152	90	64.4	21.07	0.73	59.21
武汉市第九医院	7 136	7 090	4 207	1 957	169	120	637	2 013	292	172	59.3	27.6	1.69	58.90
武汉市第十二医院	3 551	3 566	1 340	1 282	81	30	833	995	457	427	37.6	35.95	0.84	93.44
市红十字会医院	9 461	9 404	3 168	4 427	417	141	1 251	3 224	482	34	33.7	47.08	1.5	7.05
东西湖区人民医院	12 736	12 712	4 968	6 160	956	104	524	2 507	1135	1031	39.1	48.46	0.82	90.84
汉南区人民医院	4 602	4 577	2 577	1 713	134	15	138	36	35	35	56.3	37.43	0.33	100.00
蔡甸区人民医院	7 162	7 138	2 385	4 051	468	43	191	1 411	1 664	1 621	33.4	56.75	0.60	97.42
江夏区人民医院	10 855	10 812	4 264	5 307	561	94	586	2 794	2 407	2 316	39.4	49.08	0.87	96.22
黄陂区人民医院	17 474	17 320	6 951	8 507	807	158	897	4 214	549	391	40.1	49.12	0.91	71.22
新洲区人民医院	13 035	12 960	4 713	7 065	743	56	383	4 531	853	797	36.4	54.51	0.43	93.43
新洲第二人民医院	4 610	4 566	1 231	2 509	252	20	554	803	34	34	27	54.95	0.44	100

2007 年全市部分职工医院运营情况（住院服务）

单　位	入院人数	出院人数						住院病人手术人次	住院危重病人抢救人次		治愈率%	好转率%	死亡率%	住院危重病人抢救成功率%
		合计	治愈	好转	未愈	死亡	其他		总计	其中：抢救成功人次数				
合　计	108 240	107 711	54 678	39 452	3 824	2 230	7 527	24 704	10 158	8 404	50.76	36.63	2.07	82.77
长江航运总公司	4 435	4 421	2 008	1 780	125	140	368	802	98	27	45.42	40.26	3.17	27.55
省新华医院	11 702	11 699	6 156	4 092	307	325	819	2 813	1 152	752	52.62	34.98	2.78	65.28
市商业职工医院	17 731	17 714	6 772	6 407	1 330	291	2 914	5 264	918	727	38.23	36.17	1.64	79.19
汉阳医院	10 239	9 928	5 921	3 285	174	224	324	2 432	1 242	1 018	59.64	33.09	2.26	81.96
郑铁武汉中心医院	8 974	8 923	3 956	4 435	232	181	119	2 053	473	455	44.33	49.70	2.03	96.19
武钢第一职工医院	25 926	26 030	13 082	11 277	385	495	791	5 791	2 725	2 290	50.26	43.32	1.90	84.04
武钢第二职工医院	12 151	12 060	5 799	4 814	1 019	192	236	1 266	231	148	48.08	39.92	1.59	64.07
普仁医院	14 386	14 246	9 558	2 366	188	349	1 785	3 518	2 892	2 598	67.09	16.61	2.45	89.83
石化职工医院	889	895	252	578	34	11	20	183	14	3	28.16	64.58	1.23	21.43
中建三局中心医院	1 807	1 795	1 174	418	30	22	151	582	408	386	65.40	23.29	1.23	94.61

全市医疗机构运营情况两年对比(住院服务)

		入院人数	出院人数						住院病人手术人次	治愈率%	好转率%	死亡率%
			合计	治愈	好转	未愈	死亡	其他				
全市	2007年	922 678	919 044	438 902	342 535	25 509	10 379	101 684	261 527	47.76	37.27	1.13
	2006年	768 617	758 245	358 207	280 377	22 850	8 998	87 813	220 907	47.24	36.98	1.19
	增减	20.04	21.21	22.53	22.17	11.64	15.35	15.80	18.39	1.10	0.78	5.04
市区	2007年	757 477	755 009	342 924	290 215	20 135	9 756	91 944	230 466	45.42	38.44	1.29
	2006年	650 290	640 265	291 092	240 745	18 370	8 435	81 623	185 595	45.46	37.60	1.32
	增减	16.48	17.92	17.81	20.55	9.61	15.66	12.64	24.18	-0.10	2.23	-1.92
县(市)	2007年	165 201	164 035	95 978	52 320	5 374	623	9 740	31 061	58.51	31.90	0.38
	2006年	118 327	117 980	67 115	39 632	4 480	563	6 190	35 312	56.89	33.59	0.48
	增减	39.61	39.04	43.01	32.01	19.96	10.66	57.35	-12.04	2.85	-5.05	-20.41

2007年全市市直医院运营情况(床位利用)

单位	实有床位数(张)	出院人数	实际开放总床日数	平均开放病床(张)	实际占用总床日数	出院者占用总床日数	病床周转次数	病床工作日	病床使用率%	出院者平均住院日
市中西医结合医院	1 572	39 140	367 190	1 006	546 375	509 214	38.9	543.116	148.8	13.0
市中心医院	928	26 187	337 897	925.745	400 402	400 181	28.3	432.519	118.5	15.3
市第三医院	509	12 170	185 785	509	177 978	165 781	23.9	349.662	95.8	13.6
市普爱医院	860	24 202	313 900	860	305 109	291 895	28.1	354.778	97.2	12.1
市东湖医院	366	679	133 590	366	60 752	63 642	1.9	165.989	45.5	93.7
市武东医院	350	4 596	127 750	350	150 476	143 040	13.1	429.931	117.8	31.1
市中医医院	460	9 625	167 900	460	188 721	189 136	20.9	410.263	112.4	19.7
市结核病医院	242	2 947	88 330	242	74 112	72 956	12.2	306.248	83.9	24.8
市传染病医院	261	2 541	95 265	261	48 821	45 639	9.7	187.054	51.2	18.0
市妇女儿童医疗保健中心	801	55 292	293 134	803.107	369 983	368 808	68.8	460.69	126.2	6.7
市精神病医院	610	4 746	220 170	603.205	179 357	168 514	7.9	297.34	81.5	35.5
武昌医院	596	8 639	205 267	562.375	172 188	194 045	20.92	410.26	112.40	19.65
汉口医院	360	6 517	131 400	360	111 382	85 421	18.10	309.39	84.77	13.11
颐和医院	110	2 339	40 150	110	37 021	34 180	21.72	336.55	92.21	14.31

2007年全市部、省属医院运营情况(床位利用)

单位	实有床位数(张)	出院人数	实际开放总床日数	平均开放病床(张)	实际占用总床日数	出院者占用总床日数	病床周转次数	病床工作日	病床使用率%	出院者平均住院日
同济医院	2 094	72 953	735 444	2 015	900 069	933 228	36.2065	446.703	122.384	12.79
协和医院	2 237	62 381	809 046	2 217	847 254	843 813	28.1431	382.237	104.723	13.53
省人民医院	1 412	38 711	481 853	1 320	504 964	489 130	29.3233	382.506	104.796	12.64
武汉大学中南医院	1 036	24 855	370 124	1 014	382 104	377 917	24.511	376.814	103.237	15.20
省肿瘤医院	530	13 418	193 450	530	239 525	233 150	25.317	451.934	123.818	17.38
梨园医院	500	6 186	182 500	500	143 452	147 035	12.372	286.904	78.604	23.77
省妇幼保健院	600	25 458	209 800	575	187 425	185 638	44.2906	326.073	89.335	7.29
武汉大学附属口腔医院	80	2 365	29 200	80	26 383	28 539	29.5625	329.788	90.353	12.07

2007 年全市区属医院运营情况(床位利用)

单　位	实有床位数(张)	出院人数	实际开放总床日数	平均开放病床(张)	实际占用总床日数	出院者占用总床日数	病床周转次数	病　床工作日	病床使用率%	出院者平均住院日
武汉市第五医院	466	12 374	170 090	466	159 878	143 188	26.55	343.086	93.996	11.57
武汉市第七医院	305	3 620	111 325	305	46 362	45 606	11.87	152.007	41.646	12.60
武汉市第八医院	300	8 235	109 500	300	120 375	119 757	27.45	401.25	109.932	14.54
武汉市第九医院	230	7 090	73 000	200	78 214	78 381	35.45	391.07	107.142	11.06
武汉市第十二医院	200	3 566	73 000	200	31 856	32 113	17.83	159.28	43.638	9.01
市红十字会医院	396	9 404	122 685	336	99 203	98 463	27.98	295.138	80.86	10.47
东西湖区人民医院	360	12 712	131 400	360	126 240	126 890	35.31	350.667	96.073	9.98
汉南区人民医院	220	4 577	80 300	220	38 278	36 585	20.80	173.991	47.669	7.99
蔡甸区人民医院	320	7 138	116 800	320	69 948	64 480	22.31	218.588	59.887	9.03
江夏区人民医院	360	10 812	127 720	350	81 247	76 460	30.90	232.189	63.613	7.07
黄陂区人民医院	360	17 320	125 910	345	121 917	118 553	50.21	353.425	96.829	6.84
新洲区人民医院	353	12 960	128 845	353	82 217	85 325	36.71	232.909	63.811	6.58
新洲第二人民医院	120	4 566	43 800	120	29 938	30 682	38.05	249.483	68.352	6.72

2007 年全市部分职工医院运营情况(床位利用)

单　位	实有床位数(张)	出院人数	实际开放总床日数	平均开放病床(张)	实际占用总床日数	出院者占用总床日数	病床周转次数	病　床工作日	病床使用率%	出院者平均住院日
长江航运总公司	552	4 421	201 480	552	93 139	93 022	8.01	168.73	46.23	21.04
省新华医院	463	11 699	168 995	463	108 087	146 152	25.27	233.45	63.96	12.49
市商业职工医院	550	17 714	200 750	550	156 780	160 959	32.21	285.05	78.10	9.09
汉阳医院	420	9 928	142 850	391	107 746	106 258	25.37	275.30	75.43	10.70
郑铁武汉中心医院	565	8 923	206 225	565	143 165	146 524	15.79	253.39	69.42	16.42
武钢第一职工医院	965	26 030	352 225	965	376 305	368 388	26.97	389.95	106.84	14.15
武钢第二职工医院	720	12 060	262 800	720	231 540	217 914	16.75	321.58	88.11	18.07
普仁医院	520	14 246	187 200	513	170 094	168 768	27.78	331.65	90.86	11.85
石化职工医院	120	895		0						0.00
中建三局中心医院	150	1 795	54 813	150	17 061	16 262	11.95	113.61	31.13	9.06

全市医疗机构运营情况两年对比(床位利用)

		实有床位数(张)	实际开放总床日数	平均开放病床(张)	实际占用总床日数	出院者占用总床日数	病床使用率%
全　市	2007 年	42 430	13 806 501	37 826	11 601 184	10 827 222	84.03
	2006 年	38 605	12 709 164	34 820	9 579 827	9 675 940	75.38
	增　减	9.91	8.63	8.63	21.10	11.90	11.48
市　区	2007 年	36057	11 457 438	31 391	10 251 349	9 609 745	89.47
	2006 年	31 570	10 592 266	29 020	8 630 527	8 864 504	81.48
	增　减	14.21	8.17	8.17	18.78	8.41	9.81
县(市)	2007 年	6 628	2 349 063	6 436	1 349 835	1 217 477	57.46
	2006 年	6 117	2 116 898	4 578	800 425	664 828	37.81
	增　减	8.35	10.97	40.59	68.64	83.13	51.97

2007 年全市医疗机构门诊服务情况(按机构类别分)

范围:武汉地区

	诊疗人次			观察室		健康检查人数(千人)	门急诊次占总诊次%
	总计	其中:门急诊人次		收容病人	内:死亡		
		门诊	急诊				
合计	36 091 003	28 786 654	2 104 069	1 160 665	500	2 159.8	85.59
一、医院	22 510 433	20 339 262	1 652 377	592 945	498	1 354	97.70
综合医院	15 928 850	14 309 683	1 263 360	530 814	334	1 185.5	97.77
中医医院	1 789 683	1 645 001	130 610	35 993	20	49.4	99.21
中西结合医院	1 827 732	1 680 767	110 323	7 145	108	48.6	98.00
专科医院	2 964 168	2 703 811	148 084	18 993	36	70.5	96.21
疗养院							
二、社区卫生服务中心(站)	5 551 346	4 443 682	273 709	429 644	1	531.1	84.98
三、卫生院	2 610 617	2 106 120	122 908	109 344	1	78.9	85.38
街道卫生院	113 409	102 790	3 571	17 879	0	5.7	93.79
乡镇卫生院	2 497 208	2 003 330	119 337	91 465	1	73.2	85.00
四、门诊部	668 925	565 564	11 958	5 503	0	21.8	86.34
五、妇幼保健机构	1 363 861	1 210 968	42 807	22 185	0	127.4	91.93
六、专科疾病防治机构	140 611	121 058	310	1 044	0	46.6	86.31
七、疾病预防控制机构							

2007 年全市医疗机构住院服务情况(按机构类别分)

范围:武汉地区

	入院人数	出院人数						住院病人手术人次	治愈率(%)	好转率(%)	死亡率(%)	每百门、急诊的入院人数
		总计	治愈	好转	未愈	死亡	其他					
合计	922 678	919 044	438 902	342 535	25 509	10 379	101 684	261 527	47.76	37.27	1.13	2 216.85
一、医院	801 371	796 288	351 948	313 550	23 865	10 068	96 857	251 832	56.36	39.38	1.26	1 827.81
综合医院	584 731	581 208	246 434	226 413	17 537	8 007	82 817	180 485	56.65	38.96	1.38	1 530.80
中医医院	48 519	47 727	13 592	28 108	965	524	4 538	10 486	37.99	58.89	1.10	47.05
中西结合医院	45 273	44 755	16 916	20 195	1 262	851	5 531	13 284	50.16	45.12	1.90	28.82
专科医院	122 848	122 598	75 006	38 834	4 101	686	3 971	47 577	64.42	31.68	0.56	221.12
疗养院												
二、社区卫生服务中心	24 323	23 320	10 694	11 438	561	223	369	0	47.44	49.05	0.96	73.63
三、卫生院	56 582	56 238	47 508	7 234	749	39	708	0	85.74	12.86	0.07	207.76
街道卫生院	2 014	1 988	1 361	546	79	2	0	0	68.46	27.46	0.10	8.61
乡镇卫生院	54 568	54 250	46 147	6 688	670	37	708	0	86.37	12.33	0.07	199.14
四、门诊部	87	2 965	2 965	0	0	0	0	0	100.00	0.00	0.00	0.69
五、妇幼保健机构	33 297	33 298	24 548	5 039	164	17	3 530	9 603	84.32	15.13	0.05	48.77
六、专科防治机构	7 018	6 935	1 239	5 274	170	32	220	92	21.04	76.05	0.46	58.19
七、疾病预防控制机构												

2007 年全市医疗机构门诊服务情况(按辖区分)

范围:武汉地区

	诊疗人次			观察室		健康检查人数(人)
	总计	其中:门急诊人次		收容病人	内:死亡	
		门诊	急诊			
合计	36 091 003	28 786 654	2 104 069	1 160 665	500	2 159 792
江岸区	5 370 842	4 154 505	246 829	145 973	70	161 876
江汉区	3 940 271	3 470 115	249 022	8 526		402 443
硚口区	6 456 137	5 267 085	331 378	27 329	109	343 335
汉阳区	2 027 600	1 349 762	128 458	80 584		230 618
武昌区	6 259 805	4 649 615	320 680	434 428	154	231 328
青山区	3 035 602	2 509 917	305 542	50 701	97	237 069
洪山区	2 939 295	3 397 210	254 091	262 502	22	276 242
东西湖区	1 183 234	847 512	37 520	29 527		53 190
汉南区	231 122	147 466	23 927	8 060		11 857
蔡甸区	575 181	436 779	11 646	11 338	1	6 722
江夏区	803 517	625 347	56 735	54 217	39	22 514
黄陂区	1 469 419	795 584	38 514	4 521	3	85 518
新洲区	1 045 126	665 331	24 385	1 964	1	32 185
开发区	544 628	343 674	67 425	9 360	4	50 358
东湖高新	209 224	126 752	7 917	31 635	0	14 537

2007 年全市医疗机构住院服务情况(按辖区分)

范围:武汉地区

	入院人数	出院人数					住院病人手术人次	治愈率(%)	好转率(%)	死亡率(%)	每百门、急诊的入院人数
		总计	治愈	好转	未愈	死亡	其他				
合计	922 678	919 044	438 902	342 535	25 509	10 379	101 684	261 527	47.76	37.27	1.13	2.99
江岸区	142 627	141 327	80 481	51 751	2 633	1 632	4 830	49 651	56.95	36.62	1.15	3.24
江汉区	129 443	128 492	51 006	62 398	4 264	1 558	9 266	49 276	39.70	48.56	1.21	3.48
硚口区	170 896	168 767	45 774	56 555	3 737	2 032	60 669	48 980	27.12	33.51	1.20	3.05
汉阳区	31 900	34 476	19 866	12 101	710	615	1 149	6 260	57.62	35.10	1.78	2.16
武昌区	143 671	143 322	72 073	56 834	4 116	2 291	8 008	45 532	50.29	39.65	1.60	2.89
青山区	75 831	75 742	39 272	29 409	2 059	1 272	3 730	15 401	51.85	38.83	1.68	2.69
洪山区	63 109	62 883	34 452	21 167	2 616	356	4 292	15 366	54.79	33.66	0.57	1.73
东西湖区	20 233	20 167	10 723	7 628	1 111	124	581	2 875	53.17	37.82	0.61	2.29
汉南区	7 310	7 293	4 135	2 770	173	19	196	1 692	56.70	37.98	0.26	4.27
蔡甸区	18 739	18 484	12 218	5 425	582	49	210	3 150	66.10	29.35	0.27	4.18
江夏区	25 674	25 616	13 940	8 165	724	114	2 673	5 039	54.42	31.87	0.45	3.76
黄陂区	47 635	47 395	27 766	13 435	1 276	189	4 729	8 697	58.58	28.35	0.40	5.71
新洲区	36 823	36 392	21 547	12 375	1 308	85	1 077	8 269	59.21	34.00	0.23	5.34
开发区	5 882	5 801	3 494	1 895	118	35	259	1 302	60.23	32.67	0.60	1.43
东湖高新	2 905	2 887	2 155	627	82	8	15	37	74.64	21.72	0.28	1.83

2007 年医院及妇幼保健院医疗服务质量情况表

机构分类	诊断符合率(%)								
	入院与出院	入院与出院诊断符合人数	入院与出院诊断不符合人数	住院手术前后诊断符合人次数	住院手术前后诊断不符合人次数	住院手术前后	其中:与临床诊断符合人数	住院病理检查人数	病理检查与临床诊断
乙	%					%			3
总　　计	96.74	646 644	21 757	232 998	557	99.76	140 194	144 884	96.76
一、医院	96.77	621 448	20 750	224 672	537	99.76	136 378	140 949	96.76
综合医院	96.70	435 348	14 845	145 423	364	99.75	70 153	73 393	95.59
中医医院	99.11	30 531	274	8 408	77	99.09	4 962	5 154	96.27
中西医结合医院	99.77	38 220	89	11 637	5	99.96	15 290	15 759	97.02
专科医院	95.49	117 349	5 542	59 204	91	99.85	45 973	46 643	98.56
二. 妇幼保健院(所、站)	95.91	23 353	997	8 234	20	99.76	2 578	2 595	99.34
妇幼保健院	95.91	23 353	997	8 234	20	99.76	2 578	2 595	99.34
妇幼保健所		0	0	0	0		0	0	
妇幼保健站									
三. 专科疾病防治院	99.46	1 843	10	92	0	100.00	1 238	1 340	92.39

2007 年医院及妇幼保健院医疗服务质量情况表(续)

机构分类	医院感染率(%)	院内感染例数	出院人数	无菌手术(Ⅰ级切口)				
				感染率(%)	丙级(Ⅰ/丙)	无菌手术(Ⅰ级切口)愈合例数	甲级	甲级愈合率(%)
乙	4			5				6
总　　计	1.01	9 241	919 044	0.43	365.00	84 590.00	82 640.00	97.69
一、医院	1.10	8 731	796 288	0.47	365.00	77 616.00	75 682.00	97.51
综合医院	1.15	6 667	581 208	0.55	299.00	54 498.00	53 298.00	97.80
中医医院	0.44	210	47 727	0.06	3.00	5 180.00	4 969.00	95.93
中西医结合医院	0.05	23	44 755	1.67	46.00	2 747.00	2 351.00	85.58
专科医院	1.49	1 831	122 598	0.11	17.00	15 191.00	15 064.00	99.16
二. 妇幼保健院(所、站)	1.40	466	33 298	0.00	0.00	6 086.00	6 086.00	100.00
妇幼保健院	1.48	466	31 477	0.00	0.00	6 086.00	6 086.00	100.00
妇幼保健所	0.00	0	1 821		0.00	0.00	0.00	
妇幼保健站								
三. 专科疾病防治院	0.63	44	6 935	0.00	0.00	88.00	72.00	81.82

2007 年全市医疗机构服务效率情况表

机构分类	医师人均全年担负		总诊疗人次数	执业医师	执业助理医师	实际占用总床日数	医师人均每日担负	
	诊疗人次	住院床日					诊疗人次	住院床日
乙	7	8					9	10
总　　计	1 751	542	37 454 864.00	19 457.00	1 937.00	11 601 184.00	6.97	1.49
一、医院	1 721	789	22 510 433.00	12 627.00	451.00	10 315 754.00	6.86	2.16
综合医院	1 653	782	15 928 850.00	9 341.00	295.00	7 538 126.00	6.59	2.14
中医医院	1 657	527	1 789 683.00	997.00	83.00	569 083.00	6.60	1.44
中西医结合医院	2 567	868	1 827 732.00	705.00	7.00	617 929.00	10.23	2.38
专科医院	1 796	964	2 964 168.00	1 584.00	66.00	1 590 616.00	7.16	2.64

续表

机构分类	医师人均全年担负		总诊疗人次数	执业医师	执业助理医师	实际占用总床日数	医师人均每日担负	
	诊疗人次	住院床日					诊疗人次	住院床日
乙	7	8					9	10
三. 社区卫生服务中心(站)	2 600	213	5 551 346.00	1 931.00	204.00	455 217.00	10.36	0.58
四. 卫生院	1 097	180	2 610 617.00	1 405.00	974.00	427 268.00	4.37	0.49
五. 门诊部	1 232	20	668 925.00	473.00	70.00	10 954.00	4.91	0.06
六. 诊所. 卫生所. 医务室	1 944	0	4 609 071.00	2 215.00	156.00	0.00	7.74	0.00
七. 急救中心(站)	0	0	0.00	33.00	1.00	0.00	0.00	0.00
八. 妇幼保健院(所、站)	2 722	452	1 363 861.00	468.00	33.00	226 415.00	10.85	1.24
九. 专科疾病防治院(所、站)	398	469	140 611.00	305.00	48.00	165 576.00	1.59	1.29

2007年全市医疗机构服务效率情况表(续)

机构分类	检查阳性率								
	CT	MRI	阳性数	CT(含PET、SPECT)检查总次数	阳性数	MRI检查总次数	阳性数	800mA及以上X线机检查总次数	800mA及以上X线机
乙	11	12							13
总计	69.24	67.29	372 033	537 309	93 744	139 320	307 745	443 336	69.42
一、医院	69.22	67.29	368 684	532 609	93 744	139 320	298 750	423 724	70.51
综合医院	68.12	62.82	301 537	442 632	69 093	109 979	170 342	233 102	73.08
中医医院	82.28	93.33	17 857	21 703	10 811	11 584	22 548	25 688	87.78
中西医结合医院	80	75.01	24 241	30 302	6 602	8 802	87 233	137 439	63.47
专科医院	65.97	80.83	25 049	37 972	7 238	8 955	18 627	27 495	67.75
三. 社区卫生服务中心(站)			0	0	0	0	0	0	
四. 卫生院			0	0	0	0	0	0	
五. 门诊部			0	0	0	0	0	0	
六. 诊所. 卫生所. 医务室			0	0	0	0	0	0	
七. 急救中心(站)			0	0	0	0	0	0	
八. 妇幼保健院(所、站)	71.26		3 349	4 700	0	0	8 635	13 412	64.38
妇幼保健院	71.26		3 349	4 700	0	0	8 635	13 412	64.38
妇幼保健所			0	0	0	0	0	0	
妇幼保健站									
九. 专科疾病防治院(所、站)			0	0	0	0	360	6 200	5.81

财务、基建工作统计

2007年全市诊所、卫生所、医务室业务及收支情况表

指标名称	合计	按管理类别分		按诊所类别分				
		非营利性	营利性	普通	中医	中西医结合	口腔	其他
总收入(万元)	96 635	23 197	73 226	47 158	12 657	9 687	4 200	3 725
其中:上级补助收入	10 326	9 551	755	3 883	120	19	32	802
医疗收入	24 334	2 629	21 597	12 619	3 212	2 496	2 174	953
药品收入	29 943	4 548	25 324	16 617	4 804	3 302	459	891
总支出(万元)	88 414	22 865	65 358	44 547	10 974	7 839	3 229	3 361

续表

指标名称	合计	按管理类别分		按诊所类别分				
		非营利性	营利性	普通	中医	中西医结合	口腔	其他
其中:人员经费	33 546	9 464	24 043	19 592	4 218	2 493	1 601	1 293
医疗支出	12 533	4 221	8 248	4 998	1 307	1 082	682	581
药品支出	21 622	4 101	17 433	10 765	3 233	2 259	360	570
诊疗人次数	4 609 071	633 252	3 961 569	2 475 334	523 285	740 430	123 975	90 130
其中:出诊人次数	67 550	6 998	60 536	18 693	13 533	22 723	2 412	1 707
传染病报告例数	14	0	14	8	0	0	1	0
开展免疫规划次数	695	572	123	110	11	0	2	0
开展健康教育人次数	92 739	6 825	85 816	7 429	6 387	70 430	500	1 100
管理结核病人数	11	0	11	9	0	0	2	0
开展卫生应急工作次数	1 728	78	1 616	11	2	1 599	4	0

说明:由于部分分类标准里分项较多,仅罗列部分项目,各分项和与总数不等。

2007年武汉市政府办医疗机构收入与支出情况

指标名称	医院	综合医院	中医医院	社区卫生服务中心(站)	乡镇卫生院	妇幼保健院
机构数(个)	62	36	12	201	74	14
总收入(万元)	741 293	529 485	113 520	69 542	22 751	33 796
财政补助收入	52 960	32 651	7 591	7 797	5 032	2 599
上级补助收入	2 370	2 003	213	1 154	608	39
业务收入	685 963	494 831	105 716	60 591	17 111	31 157
医疗收入	356 469	258 574	48 864	26 062	6 734	20 893
门诊收入	121 709	79 058	20 767	15 528	4 341	12 335
内:挂号费	3 071	1 708	933	0	0	172
诊察收入	3 271	2 150	336	0	0	630
检查收入	39 082	28 324	5 476	0	0	2 941
治疗收入	45 666	25 280	8 935	0	0	5 165
手术收入	5 533	3 425	1 060	0	0	212
化验收入	17 987	13 268	2 143	0	0	2 679
住院收入	234 762	179 516	28 098	10 534	2 393	8 558
内:床位收入	16 607	12 330	2 310	0	0	1 174
诊察收入	4 316	3 358	432	0	0	239
检查收入	30 177	23 556	3 609	0	0	497
治疗收入	83 225	63 065	11 329	0	0	2 583
手术收入	49 471	39 953	3 787	0	0	2 112
化验收入	29 757	21 215	4 022	0	0	1 024
护理收入	5 111	2 702	1 031	0	0	605
药品收入	316 709	227 099	55 355	33 684	8 096	8 424
门诊收入	148 276	98 036	32 043	21 655	5 826	5 972
西药收入	113 520	79 215	21 059	0	0	5 741
中药收入	34 756	18 821	10 983	0	0	232
住院收入	168 433	129 063	23 312	12 029	2 270	2 452
西药收入	159 480	123 835	20 799	0	0	2 445
中药收入	8 953	5 228	2 514	0	0	7
其他收入	12 785	9 158	1 497	845	2 281	1 840
总支出(万元)	724 153	514 807	111 088	69 732	21 526	31 294
财政专项支出	11 560	7 001	1 443	1 796	689	179

续表

指 标 名 称	医 院	综合医院	中医医院	社区卫生服务中心(站)	乡镇卫生院	妇幼保健院
业务支出	710 980	507 805	109 645	67 936	20 837	31 114
医疗支出	397 263	281 084	55 075	30 069	13 963	19 714
药品支出	305 531	219 866	54 094	32 157	6 432	7 819
内:药品费	245 385	196 684	20 944	6 031	4 199	6 814
西药费	210 271	176 743	10 976	0	0	6 626
中药费	35 114	19 942	9 968	0	0	188
其他支出	8 186	6 855	476	5 710	442	3 581
总支出中:人员支出(万元)	134 036	80 911	22 160	17 997	7 771	9 640
离退休费(万元)	24 319	16 073	3 801	1 629	1 706	935
病人累计欠费总额(万元)	54 393	23 835	26 946	486	128	75
内:年内病人欠费(万元)	9 451	4 282	3 541	44	26	13
病人欠费率(%)	17.38	17.97	13.14	9.05	20.31	17.33
职工人均年业务收入(元)	210 994	218 942	199 389			229 602
医师人均年业务收入(元)	738 866	753 053	670 361			621 896

2007 年全市医疗机构收入与支出情况(按辖区分)

范围:武汉地区

	总收入(万元)						总支出(万元)					其中:人员经费支出
	合计	财政补助收入	上级补助收入	医疗收入	药品收入	其他收入	合计	财政专项支出	医疗支出	药品支出	其他支出	
合 计	1 395 943	83 254	12 992	604 572	662 274	29 298	1370 023	19 326	703 039	591 179	48 178	272 034
江岸区	165 856	14 598	270	89 385	59 135	2 314	157 092	2 086	91 113	54 463	9 008	34 493
江汉区	232 531	11 009	429	116 072	96 404	7 476	220 491	3 790	116 817	86 869	11 028	44 860
硚口区	280 161	15 101	1 055	134 618	123 521	5 431	343 307	4 388	200 787	131 814	5 756	20 916
汉阳区	53 970	2 079	514	18 398	31 873	817	52 433	150	18 530	32 263	1 197	7 324
武昌区	224 253	16 525	6 108	102 690	92 711	5 478	218 197	5 200	115 044	94 520	1 789	47 590
青山区	118 488	5 422	392	54 579	57 599	399	121 279	1 338	52 462	53 670	13 686	30 567
洪山区	229 816	7 413	2 981	52 629	164 651	1 855	168 086	1 083	58 270	105 053	1 906	60 344
东西湖区	14 401	1 446	103	4 445	6 596	1 810	14 420	262	6 912	5 199	1 819	4 554
汉南区	3 602	219	15	1 208	2 019	142	3 571	59	1 654	1 734	93	1 130
蔡甸区	11 248	1 791	484	3 443	5 192	335	10 728	99	5 799	4 395	192	3 756
江夏区	16 403	2 528	258	6 757	5 641	1 089	16 696	252	10 379	5 626	353	4 200
黄陂区	19 811	2 987	8	9 030	7 078	633	18 134	257	10 866	6 429	451	4 868
新洲区	17 568	1 487	120	8 059	6 533	1 180	17 569	34	10 268	6 086	589	5 558
开发区	6 270	401	122	2 680	2 765	302	6 544	248	3 368	2 521	268	1 512
东湖高新	1 564	246	134	585	561	39	1 484	80	776	539	46	364

2007 年全市各区财政对卫生部门投入决算执行情况

范围:市、区属　　　　金额单位:万元

	合 计	市 直	江岸区	江汉区	硚口区	汉阳区	武昌区	青山区	洪山区	东西湖区	汉南区	蔡甸区	江夏区	黄陂区	新洲区	沌 口开发区	东 湖开发区
合 计	86 686	39 014	3 161	4 653	3 050	2 916	5 381	3 384	2 938	2 773	1 766	3 629	4 166	5 188	3 593	632	444

续表

	合　计	市　直	江岸区	江汉区	硚口区	汉阳区	武昌区	青山区	洪山区	东西湖区	汉南区	蔡甸区	江夏区	黄陂区	新洲区	沌　口开发区	东　湖开发区
教育支出	360	99													261		
科学技术支出	107	107															
社会保障和就业支出	14 756	11 346		101	153	95	171	872	11	330	17		84	1 515	61		
医疗卫生支出	65 352	21 743	3 161	4 543	2 897	2 821	5 194	2 464	2 896	2 440	1 750	3 629	4 075	3 406	3 261	632	444
医疗卫生事务管理	6 422	1 354	1 177	645	309	168	163	241	266	201	108	680	539	258	297		16
医疗服务	16 336	8 396	593	485		1 026	699	452	1 147	486	170	759	880	354	789		100
社区卫生服务	9 032	172	548	2 070	1 561	449	2 999	768	168	49							248
医疗保障	2 138	1 077		9	40	590	24	4	10	3	2		87	292			
疾病预防控制	12 686	5 734	473	606	611	338	674	514	292	505	1 095	161	588	487	414	184	10
卫生监督	3 522	1 110	223	541	232	113	328	187	209	101	27	101		195	85		70
妇幼保健	2 096	564	148	187	126	73	117	299	74	104	17	84	133	50	120		
农村卫生	8 627	432				55			569	912	62	1 178	1 752	1 663	1 556	448	
中医药	146	146															
其他医疗卫生支出	4 347	2 757			19	9	189		161	78	268	664	96	106			
其他支出	6 110	5 718		9			17	48	30	3			7	268	10		

2007 年财政全额预算拨款单位事业收入表

范围：市、区属　　　　金额单位：万元

	合　计	市　直	江岸区	江汉区	硚口区	汉阳区	武昌区	青山区	洪山区	东西湖区	汉南区	蔡甸区	江夏区	黄陂区	新洲区	沌　口开发区	东　湖开发区
合　计	30 743	18 683	499	517	341	734	1 041	1 046	707	1 809	136	1 453	1 263	1 302	1 195	17	0
行政单位	14	7	0	0	2	0	0	0	0	4	0	0	1	0	0	0	0
疾病控制机构	13 254	8 299	183	383	0	279	759	586	439	462	89	152	606	595	405	17	0
卫生监督机构	274	0	0	0	0	67	0	47	0	33	19	68	0	26	14	0	0
妇幼保健机构	8 728	3 229	316	134	339	388	282	406	268	1 184	28	713	524	372	545	0	0
采供血机构	6 317	6 317	0	0	0	0	0	0	0	0	0	0	0	0	0	0	0
其他卫生机构	2 156	831	0	0	0	0	0	7	0	126	0	520	132	309	231	0	0
中医机构	0	0	0	0	0	0	0	0	0	0	0	0	0	0	0	0	0

2007 年财政全额预算拨款单位事业支出表

范围：市、区属　　　　金额单位：万元

	合　计	市　直	江岸区	江汉区	硚口区	汉阳区	武昌区	青山区	洪山区	东西湖区	汉南区	蔡甸区	江夏区	黄陂区	新洲区	沌　口开发区	东　湖开发区
合　计	66 801	33 676	2 629	2 870	2 235	1 533	2 724	2 483	1 917	3 107	1 673	3 448	2 837	2 838	2 349	214	268
行政单位	10 459	2 026	1 194	867	908	303	375	366	324	547	1 317	680	630	356	373	0	193
疾病控制机构	27 556	16 352	727	1 039	551	593	1 433	1 160	630	983	254	585	1 103	1 113	819	214	0
卫生监督机构	4 436	1 406	244	576	288	175	328	258	332	170	56	168	0	242	118	0	75
妇幼保健机构	10 360	3 484	464	388	488	462	399	648	350	1 224	46	794	668	453	492	0	0
采供血机构	6 600	6 560	0	0	0	0	0	0	0	0	0	0	0	40	0	0	0
其他卫生机构	7 375	3 833	0	0	0	0	189	51	281	183	0	1 221	436	634	547	0	0
中医机构	15	15	0	0	0	0	0	0	0	0	0	0	0	0	0	0	0

2007 年全市医疗机构收支表

范围:市、区属　　　　金额单位:万元

	合　计	城市医院	县医院	社区卫生机构	农村卫生院	中医院
一. 收入合计	381 541	195 902	45 248	19 096	31 999	89 296
财政补助收入	49 889	23 199	3 895	8 318	9 197	5 280
医疗收入	174 172	97 475	20 357	5 734	9 445	41 161
药品收入	145 864	70 114	19 650	4 035	10 222	41 843
其他收入	11 616	5 114	1 346	1 009	3 135	1 012
二. 支出合计	368 029	189 787	45 367	18 103	28 987	85 785
工资福利支出	92 994	48 921	12 008	5 274	9 371	17 420
其中:基本工资	35 360	15 980	6 572	2 225	5 971	4 612
津贴补贴	14 989	7 427	2 365	848	1 509	2 840
奖金	29 036	18 432	1 688	408	547	7 961
商品和服务支出	211 685	106 301	27 706	5 712	13 715	58 251
其中:专用材料费	152 524	77 219	20 240	3 573	7 259	44 233
其中:药品费	119 247	58 996	16 397	2 926	5 629	35 299
对个人和家庭补助	27 842	16 271	3 349	809	2 997	4 416
其中:离退休费	17 898	10 145	2 484	666	2 553	2 050
其他资本性支出	20 887	12 508	2 007	292	1 413	4 667
财政专项支出	14 621	5 786	297	6 016	1 491	1 031
其中:基建资金支出	2 016	187	10	1 050	749	20

2007 年全市县及县以上医院收支情况表

范围:市、区属　　　　单位:万元

	合　计	市　直	江岸区	江汉区	硚口区	汉阳区	武昌区	青山区	洪山区	东西湖区	汉南区	蔡甸区	江夏区	黄陂区	新洲区
一. 收入合计	241 150	153 671	8 087	9 762	0	13 811	5 162	5 410	3 417	7 428	2 627	4 330	7 019	8 961	11 465
财政补助收入	27 094	19 161	593	485	0	1585	582	793	933	693	119	487	563	472	628
医疗收入	117 832	77 763	4 435	4 478	0	6 207	1 978	2 614	1 397	3 133	887	1 592	3 321	4 884	5 143
药品收入	89 764	53 261	3 002	3 630	0	5 841	2 411	1 969	977	3 440	1 608	2 220	2 721	3 574	5 110
其他收入	6 460	3 486	57	1 169	0	178	191	34	110	162	13	31	414	31	584
二. 支出合计	235 154	149 488	6 907	9 252	0	13 810	5 172	5 157	3 418	8 411	2 627	4 093	7 837	7 511	11 471
工资福利支出	60 929	39 254	1 866	2 210	0	3 058	1 249	1 282	1 295	2 448	629	961	1 785	1 769	3 123
其中:基本工资	22 552	12 447	583	721	0	1 222	492	516	579	1 154	417	426	778	926	2 291
津贴补贴	9 792	6 044	367	349	0	403	168	97	238	427	79	480	245	497	398
奖金	20 120	15 181	553	773	0	1 193	219	512	295	684	56	10	369	0	275
商品和服务支出	134 007	80 853	4 111	5 682	0	9 760	2 778	3 118	1 451	4 842	1 705	2 894	4 088	5 422	7 303
其中:专用材料费	97 459	58 916	3 125	4 017	0	6 789	2 290	2 081	1 060	3 642	1 444	2 199	2 698	4 030	5 168
其中:药品费	75 393	44 667	2 428	3 076	0	5 120	2 039	1 666	903	2 993	1 277	1 903	2 109	2 964	4 248
对个人和家庭补助	19 620	13 233	653	676	0	992	340	378	314	783	199	238	545	306	963
其中:离退休费	12 629	7 552	554	586	0	863	237	353	270	576	160	216	427	299	536
其他资本性支出	14 515	11 523	15	684	0	0	223	62	358	69	84	0	1419	0	78
财政专项支出	6 083	4 625	262	0	0	0	582	317	0	269	10	0	0	14	4
其中:基建资金支出	197	187	0	0	0	0	0	0	0	0	10	0	0	0	0

2007年全市社区卫生机构、卫生院收支情况表

范围:市、区属　　　　单位:万元

	合　计	市直	江岸区	江汉区	硚口区	汉阳区	武昌区	青山区	洪山区	东西湖区	汉南区	蔡甸区	江夏区	黄陂区	新洲区	沌　口开发区	东　湖开发区
一. 收入合计	51 095	0	1 937	4 164	2 975	1 431	4 913	3 646	2 188	4 387	379	3 879	4 943	7 758	5 706	1 990	799
财政补助收入	17 515	0	548	1 924	1 228	504	2 998	1 047	660	794	62	1 178	1 801	2 668	1 555	448	100
医疗收入	15 179	0	566	1 588	1 211	542	830	1 157	777	720	81	906	1 102	2 495	2 323	570	311
药品收入	14 257	0	620	382	373	373	904	1368	403	2 423	154	1 389	1 486	2 031	1 285	696	370
其他收入	4 144	0	203	270	163	12	181	74	348	450	82	406	554	564	543	276	18
二. 支出合计	47 090	0	1 800	3 585	2 809	1 341	4 900	3 661	2 117	3 827	375	3 522	4 581	6 891	5 154	1 728	799
工资福利支出	14 645	0	577	2 051	825	386	519	913	697	1 322	109	1 390	1 308	2 103	1 574	585	286
其中:基本工资	8 196	0	344	778	324	195	259	343	376	705	52	764	945	1 559	1 110	341	101
津贴补贴	2 357	0	100	267	154	132	77	114	46	206	43	442	178	151	226	128	93
奖金	955	0	32	5	8	17	47	295	53	273	4	18	17	62	95	7	22
商品和服务支出	19 427	0	626	1 008	660	544	1 316	1 609	1 046	1 862	202	1 639	1 988	3 023	2 574	923	407
其中:专用材料费	10 832	0	495	386	272	240	887	1295	416	1 185	137	956	1 033	1 734	975	530	291
其中:药品费	8 555	0	480	217	235	153	686	1 140	303	1 083	130	757	792	1 244	716	387	232
对个人和家庭补助	3 806	0	3	61	100	95	176	330	339	247	33	301	321	968	663	126	43
其中:离退休费	3 219	0	0	47	65	69	149	280	327	170	16	289	302	898	501	86	20
其他资本性支出	1 705	0	46	52	23	9	36	115	34	81	4	39	544	470	95	94	63
财政专项支出	7 507	0	548	413	1 201	307	2 853	694	1	315	27	153	420	327	248	0	0
其中:基建资金支出	1 799	0	0	0	0	0	950	100	0	249	20	150	140	20	170	0	0

2007年全市中医院收支情况表

范围:市、区属　　　　单位:万元

	合　计	市　直	江岸区	江汉区	硚口区	汉阳区	武昌区	青山区	洪山区	东西湖区	汉南区	蔡甸区	江夏区	黄陂区	新洲区
一. 收入合计	89 296	78 959	0	0	0	0	188	0	811	0	245	1 678	3 231	3 337	847
财政补助收入	5 280	3 958	0	0	0	0	117	0	214	0	40	273	267	249	162
医疗收入	41 161	37 136	0	0	0	0	61	0	169	0	101	448	1 469	1 498	279
药品收入	41 843	37 326	0	0	0	0	10	0	421	0	93	937	1 309	1 413	334
其他收入	1 012	539	0	0	0	0	0	0	7	0	11	20	186	177	72
二. 支出合计	85 785	75 946	0	0	0	0	189	0	774	0	222	1 567	2 789	3 335	963
工资福利支出	17 420	14 607	0	0	0	0	39	0	223	0	83	515	659	866	428
其中:基本工资	4 612	3 105	0	0	0	0	21	0	92	0	43	183	356	452	360
津贴补贴	2 840	2 125	0	0	0	0	8	0	45	0	33	160	97	329	43
奖金	7 961	7 800	0	0	0	0	0	0	20	0	0	136	0	5	0
商品和服务支出	58 251	51 958	0	0	0	0	27	0	474	0	105	827	2 057	2 313	490
其中:专用材料费	44 233	39 939	0	0	0	0	12	0	407	0	68	670	1 256	1 616	265
其中:药品费	35 299	31 800	0	0	0	0	5	0	350	0	51	617	1 023	1 233	220
对个人和家庭补助	4 416	4 032	0	0	0	0	6	0	77	0	12	88	63	97	41
其中:离退休费	2 050	1 690	0	0	0	0	6	0	70	0	12	80	62	89	41
其他资本性支出	4 667	4 470	0	0	0	0	0	0	0	0	0	137	5	55	0
财政专项支出	1 031	879	0	0	0	0	117	0	0	0	22	0	5	4	4
其中:基建资金支出	20	0	0	0	0	0	0	0	0	0	20	0	0	0	0

2007 年全市基本建设完成情况表

范围:市、区属

完成投资(万元)						竣工房屋建筑面积(平方米)		
合计	部、省	市	区	乡(镇)	单位自筹	合计	业务用房	职工住宅
43 075	1 033	828	2 400		38 814	110 674	110 674	

2007 年市直单位基本建设完成表

范围:市直单位

完成投资(万元)				竣工房屋建筑面积(平方米)		
合计	部、省	市	单位自筹	合计	业务用房	职工住宅
36 672		496	36 176	85 214	85 214	

2007 年市级公费医疗、统筹医疗经费执行情况

范围:市级

公费医疗			子女统筹医疗		
享受人数	支出费用(万元)	年人均费用(元)	享受人数	支出费用(万元)	年人均费用(元)
4 600	15 399.03	33 833.48	18 309	1 622.94	889.00

采供血工作统计

2007 年全市采供血工作情况

范围:武汉地区

	采血总数	其中		全血及成份血(单位)		总采血量
		无偿献血	成份献血	自采	调剂	
采血总人次(人次)	126 006	126 006	5 804			
采供血总量(单位)	183 600	183 600	8 839	183 600	11 469	195 069
占总采血量%		94.1	4.5	94.1	5.9	

传染病防治与公共卫生统计

2007 年全市传染病报告发病及死亡情况

范围:武汉地区

发病率 1/10 万	死亡率 1/10 万	病死率%
369.1	1.19	0.32

2007 年武汉市居民死亡十种主要疾病顺位及构成

范围：武汉市区

合计			男性			女性		
病名	死亡率 1/10 万	构成(%)	病名	死亡率 1/10 万	构成(%)	病名	死亡率 1/10 万	构成(%)
脑血管疾病	134.58	26.93	脑血管疾病	136.77	24.59	脑血管疾病	132.25	30.10
恶性肿瘤	139.65	27.95	恶性肿瘤	174.88	31.44	恶性肿瘤	102.00	23.22
心脏病	78.02	15.61	心脏病	77.87	14.00	心脏病	78.18	17.80
呼吸系病计	48.59	9.72	呼吸系病计	58.65	10.55	呼吸系病计	37.85	8.62
损伤和中毒	34.99	7.00	损伤和中毒	40.24	7.24	损伤和中毒	29.37	6.69
消化系病计	17.37	3.48	消化系病计	20.29	3.65	内分泌等计	25.70	5.85
内分泌等计	21.97	4.40	精神病	8.18	1.47	消化系病计	14.25	3.24
精神病	8.26	1.65	传染病计	9.28	1.67	精神病	8.35	1.90
泌尿，生殖系病	9.74	1.95	内分泌等计	18.49	3.32	泌尿生殖系统病	7.82	1.78
传染病计	6.51	1.30	泌尿，生殖系病	11.53	2.07	传染病计	3.54	0.81
十种原因计	499.68	100.00	十种原因计	556.18	100.00	十种原因计	439.31	100.00

2007 年血吸虫病查治情况

范围：武汉地区

应查人数	粪检人数	查出病人数		上年遗留病人数	实有病人数		治疗病人数	
		计	其中新病人		计	其中晚期	计	其中晚期
178 542	11 589	2 638	51	0	2 638	268	2 638	268

2007 年查灭螺面积情况

范围：武汉地区

普查面积	查出钉螺面积		灭螺面积	基本灭光面积	历史累计有螺面积	
	计	其中新发现			有螺面积	灭螺占有螺的%
324 120	121 737	0	37 701	377	1 469 213	86.33

2007 年全市食品卫生抽样检测情况

范围：武汉地区

	合计			生产加工			销售服务		
	监测件数	合格件数	合格率%	监测件数	合格件数	合格率%	监测件数	合格件数	合格率%
总计	30 624	27 804	90.79	1 076	959	89.13	29 548	26 845	90.85
其中：酒类	24	24	100	23	23	100	1	1	100
肉及肉制品	515	363	70.49	163	140	85.89	352	223	63.35
冷食	37	37	100	9	9	100	28	28	100
饮料	153	134	87.58	94	78	82.98	59	56	94.92
乳制品	9	9	100	0	0		9	9	100
食用油脂	76	76	100	15	15	100	61	61	100
粮食	186	177	95.16	107	100	93.46	79	77	97.47

2007 年全市食品卫生监督情况

范围:武汉地区

	生产经营户数	从业人数	实际监督户数	监督户次数	合格户次数	应培训人数	培训合格数	应体检人数	体检合格人数
总　计	40 315	156 971		103 581	90 799			153 237	
生产加工业	2 216	18 249	17 840	4 788	4 038				
经营(销售)	25 050	53 108	51 755	55 564	50 393				
餐馆、小吃店、快餐店	11 419	77 195	75 311	37 952	31 553				
食堂	1 271	7 369	7 290	4 171	3 834				
集体用餐配送单位	4	65	63	15	14				
其他	355	985	978	1 091	967				

2007 年有害作业工人健康检查情况

范围:武汉地区

职工总人数	合计			粉尘			化学因素			物理因素			其他职业危害		
	接触人数	受检人数	检出数	接触人数	受检人数	检出数	接触人数	受检人数	检出数	接触人数	受检人数	检出数	接触人数	受检人数	检出数
207 783	56 308	26 700	71	24 928			11 471			18 893			1 016		

2007 年武汉市儿童四苗接种率调查情况

范围:武汉地区

	调查人数	免疫登记率(%)			单苗接种率				1.5 岁加强接种率(%)			四苗全程接种合格率(%)
		建证	建簿	BCG	卡疤	OPV	DPT	MV	DPT	OPV	MV	
合　计	2 622	99.73	99.39	99.39	97.64	96.11	98.32	97.06	98.94	97.46	98.7	90.92
江　岸	210	100	100	99.52	99.05	95.24	97.62	97.14	100	98.63	100	90.95
江　汉	209	100	100	98.09	89	95.69	99.52	94.26	99.28	90.65	99.28	93.3
硚　口	210	100	100	99.52	98.1	97.14	99.05	99.52	99.23	98.46	99.23	94.29
汉　阳	210	100	99.52	99.05	100	96.67	98.1	97.62	99.28	99.28	97.84	93.33
武　昌	209	100	99.52	99.04	99.52	95.69	95.22	96.65	100	97.08	98.54	90.91
青　山	212	100	94.34	99.53	97.17	96.23	100	98.58	98.47	96.95	98.47	90.57
洪　山	209	99.04	100	100	99.04	90.43	100	97.61	99.18	99.19	99.19	95.22
东西湖	209	98.09	100	98.09	100	97.13	94.74	92.82	98.68	98.68	100	89.47
汉　南	105	100	100	99.05	97.14	100	98.1	100	100	100	100	91.43
蔡　甸	210	100	100	100	96.67	97.14	99.52	97.62	99.26	99.26	99.26	90.95
江　夏	209	99.52	99.04	100	97.61	96.17	98.56	95.69	98.59	97.18	98.59	81.82
黄　陂	210	100	100	100	100	95.71	99.05	99.05	99.15	99.15	99.15	90.95
新　洲	210	100	100	100	95.71	98.1	98.57	96.67	95.77	94.37	94.37	89.05

2007 年全市性病疫情统计表

范围:武汉地区

性别		诊断				年龄分组						文化程度				
男	女	淋病	梅毒	非淋菌尿道炎	尖锐湿疣	0~	15~	20~	30~	40~	50以上	文盲	小学	中学	大专以上	学龄前
3812	2 900	951	2 248	1 615	1 502	75	156	2 243	2 218	1 219	801	74	415	4 542	1 610	71

2007 年全市妇幼工作主要指标完成情况

范围:武汉地区

孕产妇死亡率(1/十万)	12.2
婴儿死亡率(1/千)	4.86
围产儿死亡率(1/千)	6.04
围产保健覆盖率(%)	93.89
儿童保健覆盖率(%)	80.25
孕三月建册率(%)	65.54
产前检查率(%)	92.12
产后访视率(%)	88.92
集体儿童体检率(%)	90.82
散居儿童体检率(%)	73.84
住院分娩率(%)	99.97
新法接生率(%)	100
新生儿死亡率(1/千)	3.05
五岁以下死亡率(1/千)	6.1

2007 年全市医院住院病人前十位疾病构成情况表

范围:武汉地区

顺位	疾病种类	疾病构成(%)	治愈率(%)	好转率(%)	未愈率(%)	死亡率(%)
1	循环系统疾病	14.07	4.80	84.49	6.03	2.54
2	消化系统疾病	15.09	53.10	40.40	3.18	0.34
3	损伤和中毒	23.07	40.73	50.71	3.60	0.80
4	肿瘤	4.27	50.47	25.85	18.13	1.76
5	呼吸系统疾病	11.32	36.21	58.24	3.52	0.36
6	妊娠,分娩及产后病	9.36	73.24	1.54	0.43	0.01
7	泌尿生殖系统疾病	5.01	56.57	31.80	6.80	0.58
8	传染病和寄生虫病	2.07	12.26	79.94	4.46	1.11
9	神经系统和感觉器官病	0.87	31.12	61.59	3.31	0.66
10	肌肉骨胳系统和结缔病	0.94	22.09	68.71	7.36	0.21
	十种疾病合计	86.07	38.06	50.31	5.68	0.83

科研项目完成情况统计

2007 年全市卫生单位科研项目完成情况表

范围:市、区属

完成项目	鉴定水平			获奖等级		
	国际	国内	省内	部级	省级	市级
47	6	41			4	29

(责任编辑:桂美煊)

2007 年武汉市卫生工作大事记

1 月

(2006 年 12 月 26 日)至 2007 年 1 月 9 日

武汉市卫生局组织专家对涉及新农合工作的 7 个区的 24 家区属二级定点医疗机构和市级定点转诊医疗机构的组织管理及住院病历进行了检查。

7－13 日

武汉市政协十一届一次会议召开,市卫生局系统来自医卫、党派、民族宗教等界别的 19 位政协委员出席了会议。

武汉市卫生局完成市政协十一届一次会议医疗保障任务。

8 日

武汉市直机关工委来市卫生局检查局医政处创建“全市十佳机关作风先进处室”情况,市卫生局医政处被评为“全市十佳机关作风先进处室”。

8－14 日

市卫生局完成市人大十二届一次会议医疗保障任务。

10 日

△武汉市卫生局直属单位党办主任会召开,会上总结了 2006 年党办工作,对 2007 年工作提出要求。

△武汉市卫生局完成 2006 年全市冬季征兵体检工作,共体检 7 840 人,合格率 56.2%。

10－12 日

由国家食品药品监督管理局、卫生部、农业部等 8 部委组织的全国 31 城市食品安全联合检查组,对武汉市食品安全工作进行了检查。

12－13 日

世界卫生组织(WHO)及省卫生厅督导团对武汉市第五轮全球基金耐多药结核病防治项目进行现场督导。

16 日

武汉市政协副主席、农工市委主委侯晓华来市卫生局调研工作。

17 日

中华预防医学会武汉分会血吸虫病专委会第三届年会暨换届大会召开,市卫生局副局长朱宏斌、中华预防医学会武汉分会会长方天人到会并讲话。来自全市各大专院校和相关单位的学会委员 40 余人参加了会议。

18 日

△武汉市卫生局张建华书记、丁顺清副局长带领相关处室负责人到市传染病医院就武汉市医疗救治中心建设及医院工作进行了调研。

△武汉市卫生局召开贯彻实施《医疗广告管理办法》专题会议,明确了医政、中医、监督、行政许可办理处在医疗广告审查工作中的职责,提出了具体的工作要求。

18－25 日

武汉市卫生局对武汉地区包括同济医院在内的 83 家医疗机构操作人员进行医用耗材及检验试剂网上集中采购操作系统培训。

19 日

市卫生局召开医疗机构设置规划制定和修改工作会议,讨论如何完善 2007—2009 年全市医疗机构设置规划。丁顺清副局长,局机关医政、中医、规财、法规、妇社、农卫处负责人,各区卫生局分管局长、医政科长共 30 余人参加。

20 日

△市卫生局召开全市社区卫生服务工作研讨会,张建华书记、林国生局长,李燕、丁顺清、朱宏斌副局长和 7 个中心城区卫生局局长以及市卫生局相关部门负责人参加了研讨会。会议总结了 2006 年全市社区卫生服务工作,讨论了 2007 年社

区卫生服务工作思路。

△市卫生局在市急救中心进行2007年春节期间燃放烟花爆竹安全管理集中宣传。

22日

以国家人口计生委副主任江帆为组长的全国打击非法行医专项行动督查组对武汉市的打非工作进行了督查。

23日

市卫生局召开全市创建标准化公共卫生科总结表彰会,张建华书记、林国生局长及李燕副局长分别发表重要讲话,全市共有78家社区卫生服务中心及乡镇卫生院受到表彰。

24－26日

武汉市卫生局举办全市新型农村合作医疗管理干部培训班,来自全市6个远城区和洪山区合管办及乡镇合管站管理干部共101人参加了培训。

25－26日

武汉市卫生局召开全市疾控机构艾滋病防治工作总结会议,各区疾控中心负责人参加了会议。

29日

武汉市卫生局召开全市围产保健协作组专家会,会议向协作组专家汇报了2006年度武汉市妇幼卫生工作完成情况,通报了2007年妇幼卫生工作计划,讨论了孕产妇死亡报告调查处理制度。

29－30日

湖北省疾病预防控制暨卫生应急工作会议召开,李燕副局长及市相关单位负责人参加会议,武汉市结核病防治工作情况在大会上作了经验交流。

30日

武汉市卫生局召开了农村卫生工作研讨会,来自6个远城区及洪山区卫生局分管局长、医政科和财务科科长及局机关规财处负责人参加了会议。会议提出了2007年工作思路,重点就乡村两级医疗机构设置规划及乡镇卫生院和村卫生室标准化建设进行了研讨和交流。

31日

△武汉市卫生局召开全市疾病控制暨爱国卫生2006年度工作总结会,李燕副局长出席会议并发表讲话,各区卫生局分管局长、疾控科长,区疾控中心主任及在汉大型国有企业疾控中心(防疫站)负责人参加了会议。

△市卫生局就市精神卫生立法工作向市人大常委会做专题报告,积极争取加快立法进度,被市人大常委会列为2007年正式立法调研项目。

31日至2月1日

湖北省中医工作会议在黄石市召开,丁顺清副局长代表武汉市卫生局在大会上作了题为《构建中医药服务网络充分发挥中医药作用努力为市民提供优质中医药服务》的经验交流。

本月

武汉市卫生局稳步推进行政效能电子监察系统建设工作,委托专业软件公司开发行政审批系统,配备专用的服务器及相关硬件配置,对相关人员进行了3次培训,并于2月进入试运行阶段。

完成武汉市卫生局局机关及局属单位工资制度改革工作,共计对13 654人的工资进行了套改,其中在职人员9 869人,离退休人员3 785人。

2月

1日

武汉市卫生局副局长李燕一行前往花山皮防所住院部慰问麻风病患者及医务人员,市残联、市民政局、市红十字会有关领导同往慰问。

2日

△就贾圣明不服武汉市卫生局行政处罚向市人民政府申请行政复议一案,依法进行答辩并提交相关证据依据,经审理,市人民政府做出维持武汉卫生局行政处罚的行政复议决定。

△武汉卫生局机关近80余名工作人员与市中心医院120多名职工欢聚一堂,共贺新春。

5日

△针对麻疹疫情,武汉市卫生局召开了全市麻疹防控工作会议,布置了麻疹疫苗查漏补种等科学防治事宜,同时,召开春季麻疹防治工作新闻通报会。

△在新洲区邾城街章程村一小组开展2007年"卫生下乡"活动,共8家单位约40位专家参加了义诊活动。

6日

△武汉市卫生局妇女儿童医疗保健中心对2006年度全市新生儿疾病筛查工作进行了总结和培训,并对新生儿疾病筛查先进个人进行了表彰。

△市2006年艾滋病防治

100%安全套、VCT 项目总结表彰会在市皮防所召开。

7 日

△武汉市卫生局召开全市孕产妇死亡工作会。会上下发了《武汉市孕产妇死亡调查报告评审制度》。

△湖北省卫生厅副厅长孙昌松一行对武汉市创建标准化公共卫生科工作进行现场调研。

△武汉市委组织部知识分子工作处处长许华、副处长张海磊一行，慰问市卫生局有突出贡献的专家和享受国务院政府津贴专家市一医院院长张介眉等 7 位专家参加了慰问座谈会。

△武汉市血吸虫病专家咨询委员会年会召开。市血地办总结了 2006 年的工作，并对 2007 年全市血防工作做出部署。

7－8 日

△武汉市卫生局举办全市村级卫生组织管理干部培训班，来自洪山区、汉阳区和 6 个远城区的分管村级卫生工作的管理干部共计 62 人参加了培训。

△武汉市卫生局召开全市结核病控制工作暨结防规划培训会议，市卫生局副局长李燕出席了会议并就全球基金项目、结防工作“五率”等发表讲话。各区卫生局分管局长、疾控科长及结防所所长参加了会议。

9 日

市治贿办组成评估验收组，由市检察院副检察长王军带队，对武汉市卫生局自查自纠工作进行了评估验收，张建华书记、刘国庆书记，市一医院、市中心医院、市三医院、市普爱医院、武昌铁路医院等单位领导以及局相关处室负责人陪同检查。

13 日

△市卫生局在市急救中心进行 2007 年春节期间燃放烟花爆竹安全管理集中宣传。

△市卫生局对局机关和直属单位 67 名局管生病住院的离退休干部及局级离休干部的遗孀进行上门慰问。

14 日

△刘顺妮副市长和省卫生厅副厅长胡菊萍、省中医管理局负责人邓小川、刘学安等领导到市中医医院调研并慰问了医院干部、职工。张建华书记、林国生局长、丁顺清副局长陪同调研。

△市卫生局召开 2006 年度新型农村合作医疗定点医疗机构检查情况通报会。丁顺清副局长出席了会议，来自省肿瘤医院、市中西医结合医院等 24 家市属转诊医院和区属定点医院的分管领导参加了会议。

16 日

武汉市副市长刘顺妮前往市皮防所花山住院部慰问麻风病患者及医务人员，市卫生局党委书记张建华、局长林国生、副局长李燕及相关处室负责人陪同慰问。

17－24 日

武汉市卫生局完成 2007 年春节期间烟花爆竹安全管理值班力量安排和信息上报工作。

27 日

武汉市卫生局分别在武昌铁路医院、市疾控中心举行局领导班子民主生活会征求意见座谈会。

1－2 月

△在全市卫生监督机构按照统一部署，全面开展食品安全监督巡查。节日期间，全市未发生食物中毒和食源性疾患事件。

△针对武汉市血源储备由于受到冬春淡季和传统节日的影响而出现的季节性失衡的情况，采取有力措施，大力开展无偿献血的宣传和动员，使采血量和供血量都较去年同期提高了 30%，确保了元旦、春节期间全市各级各类医疗机构临床用血的需求。

3 月

7 日

湖北省卫生厅厅长朱忠华、副厅长黄利鸣一行到武汉市传染病医院，专题调研武汉市医疗救治中心建设情况。市卫生局局长林国生、副局长丁顺清陪同调研。

8 日

武汉农民工孕产妇定点分娩限价工作正式启动，并在市妇女儿童医疗保健中心举行了分娩定点医院授牌仪式。武汉市副市长刘顺妮、副秘书长周元及市卫生局、市妇联、市总工会、市计生委、市农民工素质进城领导小组等部门领导到会并为分娩定点医院授牌。

8－9 日

开全市 2007 年疾病预防控制暨卫生应急工作会议，市卫生局出席了会议并讲话。

9 日

召开会议将精神卫生工作纳入社区公共卫生服务，全市“精神卫生下社区、武汉市建立精神病社区防治网”工作正式启动。

13－15 日

湖北省血吸虫病防治会议在孝

感召开，武汉市卫生局副局长朱宏斌、武汉市血防办主任张兆仁参加了会议，并就 2006 年武汉市血防“整区推进、升级达标”工作在会上作了经验交流。

14 日

武汉市卫生局副局长丁顺清专题调研了新洲区双柳镇乡村卫生服务管理一体化工作情况

15 日

武汉市卫生局召开全市社区卫生服务工作会，全面部署了 2007 年全市社区卫生服务工作。

16 日

△召开全市卫生工作会，各区政府分管领导、市直各委办局、区卫生局、有关医疗卫生单位负责人以及民主党派代表约 300 人参加了会议。市委副书记胡曙光、市人大副主任刘家栋、市政府副市长刘顺妮、市政协副主席肖志钢等领导出席了会议。会议通过了林国生局长所作的《立足改革开拓创新努力推进全市卫生事业又好又快发展》工作报告；通报表彰了 2006 年全市卫生工作绩效管理先进单位、市级重点专学科、医学杰出人才、医学优秀科研成果和论文以及 2006 年度群众满意社区卫生服务机构；传达了全国卫生和中医药卫生工作会议精神。

△武汉卫生局召开全市晚血病人随访、筛查工作会议。

3 月

武汉市卫生局属 15 家单位参加 2007 年武汉市事业单位公开招考工作，面向社会招录 163 名工作人员。经笔试、面试，政审、体检，108 人被录用，其中博士 2 人，硕士 61 人，本科 41 人，大专 4 人。

19 日

武汉市卫生局召开蔡甸区、武汉经济开发区关于军山街血防工作交接有关事宜协调会议，两区的主要领导参加了会议，并达成了《关于军山街血防工作交接有关事宜的会议纪要》。

21 日

武汉市卫生局召开全市医政工作要点交流座谈会。

22 日

△武汉市卫生局被卫生部授予“全国卫生监督先进集体”的荣誉称号。

△武汉市卫生局党委书记张建华在市卫生局副局长丁顺清和蔡甸区副区长张丽筠的陪同下，调研了蔡甸区农村卫生工作。

24 日

△中央电视台一台《新闻联播》节目对“武汉医疗费首次负增长”相关情况进行了报道。

△武汉市公共卫生服务农民工暨“百千万”活动启动仪式在硚口区长丰乡举行，市卫生局党委书记张建华、局长林国生及纪委书记刘国庆出席启动仪式。

26 日

武汉市卫生局被市委、市政府授予“2006 年度全市绩效管理工作先进单位”称号。

27 日

武汉市卫生局召开全市慢性病监测及肿瘤网络直报培训工作会议。

27 –29 日

卫生部副部长蒋作君、妇社司司长杨青等一行 4 人，对武汉市社区卫生服务工作进行了视察。市委书记苗圩、市长李宪生分别会见了蒋部长一行。副市长刘顺妮、省卫生厅厅长朱忠华、副厅长胡菊萍，市政府副秘书长周元，7 个中心城区区长、卫生局长，市发改委，市财政、社保、民政、药监、卫生局负责人参加了座谈。

27 日至 4 月 10 日

武汉市晚血病人随访和筛查工作专班赴蔡甸、黄陂、汉南、东西湖、新洲、开发区等疫区，开展了第四次武汉市晚血病人免费随访、筛查工作。

28 日

武汉市卫生局召开了反腐倡廉会议，局党委委员、局领导，各区卫生局、相关医疗卫生单位党政主要领导、纪委书记，局机关副处以上干部参加了会议。

29 日

武汉市卫生局召开全市血地病防治工作会议，朱宏斌副局长到会并讲话。

31 日

武汉市乡村两级卫生服务机构标准化建设工作部署会召开。6 个远城区，东湖高新技术开发区、武汉经济开发区和洪山区卫生局的分管局长、医政科和财务科科长参加了会议。市卫生局副局长丁顺清出席了会议。会议确定了 2007 年全市乡村两级卫生服务机构标准化建设目标任务，明确了标准化建设的标准、内容及进度安排。

4 月

2 –20 日

武汉市卫生局举办三期市卫生

系统领导干部培训班,分别对局机关处级干部、各区卫生局和局属各单位的领导班子成员共 181 人进行了的专题培训。

4 日

△武汉市卫生局召开关沙酮社区维持治疗工作扩大会议。市卫生局疾控处、市公安局禁毒处、市药监局药监处及市精神卫生中心第一健康门诊主要负责人参加了会议。

△武汉人大副主任刘家栋视察了洪山区和江夏区新型农村合作医疗工作。市卫生局局长林国生、副局长丁顺清一同参加视察。

5 日

武汉市委书记苗圩及副市长刘顺妮一行,在市卫生局党委书记张建华、局长林国生的陪同下,视察了城市社区卫生服务工作。

6 日

武汉市卫生局召开全市农村卫生人员教育培训工作研讨会,6 个远城区及洪山区卫生局分管领导、部门负责人及市二卫校等四所卫校校长参加了会议。

7 日

武汉市市长李宪生审阅了市卫生局局长林国生的专题汇报和全市卫生工作会议工作报告后,对全市卫生工作做出重要批示:“近几年,我市卫生工作在已有基础上又有长足发展,这与您与局一班人积极努力和辛勤工作分不开。新的一年里,各项基础工作都应全面推进. 尤其要围绕基本医疗进社区工作,抓住城乡社区这个基础平台,研究面临的突出问题,切实夯实我市卫生工作的基础”。

10 日

武汉市副市长刘顺妮和副秘书长周元专题听取市发改委、财政、卫生、水务、农业、林业等部门有关血吸虫病防治工作开展情况汇报。

10－13 日

武汉市卫生局参加武汉市老干部工作人员激情杯乒乓球赛,分别取得男子团体优秀奖、女子团体并列第三名和女子个人并列第三名的好成绩,张建华书记参加了此项活动。

11 日

武汉市政协副主席杨付华、肖志钢,副秘书长赵信国,提案委员会主任罗国轩来武汉市卫生局对 3 号建议案办理工作进行督办。张建华书记、丁顺清副局长就办理情况进行专题汇报。

11 日、12 日

武汉市卫生局委托武汉医学会分别在市中心医院、空军 457 医院举办了二期全市医院护理质量管理培训班,来自各区卫生局护理工作负责人,各医疗单位护理部主任,护士长及护理骨干共 691 人参加了培训。

13 日

武汉市卫生局召开全市医院管理年暨医政中医工作会议,林国生局长、丁顺清副局长出席会议并发表重要讲话。

24 日

武汉市急救中心与国际 SOS 签署了战略性合作协议。签约仪式由市卫生局党委书记张建华主持,湖北省卫生厅副厅长黄利鸣、武汉市人民政府副市长刘顺妮、法国驻武汉总领事费勇、国际 SOS 领导高层以及武汉地区各医疗机构代表和新闻媒体百余人出席了签约仪式。

25 日

“百千万”活动之为万名农民工免费接种乙肝疫苗活动启动仪式在武汉经济开发区举行,市卫生局纪委书记出席了启动仪式并讲话。

26 日

△武汉市副市长刘顺妮赴蔡甸区调研血防工作,市政府副秘书长周元,市卫生局党委书记张建华、局长林国生、副局长朱宏斌陪同调研。

△武汉市卫生局召开武汉地区大医院对口帮扶基层医疗卫生单位工作会,会上总结了 2006 年工作,表彰了先进集体,部署了 2007 年工作任务。各区卫生局、武汉地区部、省属和驻汉部队医院、大型企业医院、市直医院以及各区属二级以上机构负责人参加了会议。

28 日

△武汉市副市长刘顺妮主持召开全市血吸虫病防治领导小组会议,重点部署了今年血防升级达标任务,市发改委、财政、农业、水利、林业、卫生、教育等部门和 12 个疫区区政府的血防分管领导参加会议并签订责任状。

△武汉市卫生局召开全市综合医院及结防机构合作培训暨工作会议。

△武汉市卫生局召开全市高压蒸汽消毒设备培训工作会议。

29 日

武汉市卫生局召开全市标准化公共卫生科创建工作研讨会。

本月

△武汉市卫生局制发《关于加强专业技术人员培训管理的通

知》,以进一步规范教育培训管理工作,实行办班备案制度。

△武汉市卫生局被市人事局和市科技局联合授予“武汉市科技工作先进集体”。

5 月

9－10 日

武汉市卫生局对 6 个远城区及洪山区、沌口开发区合作医疗运行情况进行核查。

10 日

第五轮全球基金耐多药项目检查组来武汉市督导检查。

△邀请解放军通信指挥学院季卜枚教授为武汉市卫生局系统离退体干部作了一场题为“强化忧患意识,提升国防实力”的报告,150 余名离退休干部参加。

上旬

武汉市卫生局局长林国生一行 7 人,赴澳大利亚、新西兰进行了为期 12 天的医疗考察活动,重点考察了澳洲、新西兰的卫生保健体制、公共卫生及社区医疗情况,并与澳大利亚中央黄金地市和新西兰怀托摩市卫生行政部门进行了交流。

11 日

武汉市卫生局举行庆祝“5·12”国际护士节暨优秀护士表彰大会。张建华书记,丁顺清、朱宏斌副局长,刘国庆书记出席了表彰大会。

12 日

张建华书记代表市卫生局参加电视直播的一把手参与“行风连线”两周年纪念活动。

14－16 日

武汉市卫生局开展新一批市级重点专(学)科建设单位评审工作。经专家考核评分,确定了市中西医结合医院消化内科等 8 个专科为第三批市级重点专(学)科建设单位。

16 日

武汉市卫生局召开专题会议,部署全市急感预防与控制工作,各区卫生局分管局长、血地办主任、血研所所长,市、区疾控中心分管领导等参加了会议,朱宏斌副局长到会并讲话。

△武汉市卫生局召开武汉地区创建全国文明城市暨“构建和谐医患关系,创建平安医院”工作部署会。

17 日

武汉市卫生局举办全市医疗机构《处方管理办法》培训班。丁顺清副局长出席开班仪式。来自各区卫生局医务科长、全市二级以上医疗机构医务处主任、药剂科主任、有关民营医疗机构负责人共 300 余人参加了培训。

18 日

武汉市卫生局召开2007 年公共卫生科创建暨疾控工作会议,局纪委书记刘国庆出席了会议并发表了讲话,对今年的疾病控制及公共卫生科创建工作提出了明确要求。

下旬

武汉市政府副秘书长周元和市卫生局党委书记张建华,率 6 人组成的医学访问团,赴法国、挪威进行了为期 12 天的医学访问与交流。

23－25 日

武汉市卫生局对 2 007 年中报的社区药物维持治疗机构进行了现场评审,确定了 12 家申报机构上报省级工作组。

24 日

武汉市委任命李滔同志担任武汉市卫生局副局长、党委委员。

28－30 日

香港食物环境卫生署第二领导、食物安全专员麦倩萍女士为首的卫生督察交流访问团一行十人,专程造访了武汉市卫生局,局长林国生、纪委书记刘国庆率相关处室和直属单位负责人接待了访问团一行。

29 日

武汉市卫生局副局长丁顺清主持召开农村公共卫生服务工作进展情况汇报会,了解当前工作情况和存在问题,并对下一步工作进行部署。

本月

△武汉市卫生局在全市卫生系统开展了“廉政电影展映月”和廉政短信有奖征集活动。

△武汉市卫生局组织实施了 2007 年度全国卫生专业技术资格考试工作,计 7082 人参考。

本月底至 6 月初

武汉市卫生局召开创建平安医院工作进展情况汇报会,座谈交流各单位创建平安医院的工作经验和做法。

6 月

1 日

武汉市卫生局启动新一轮乡村医生岗位培训,年内共培训 1 800

人,在各城区同步进行。

6日

△武汉市卫生局组织市、区有关医院眼科专家深入社区、农村开展爱眼护眼、眼保健、眼病义诊活动。

△武汉市卫生局组织机关20余名离退休干部到江岸区百步亭社区、后湖社区卫生服务中心和市心理医院参观。

7日

△武汉市艾滋病防治宣讲活动的首场宣讲在市委会议中心举行。来自市委机关各部门、市交委、市农业局、市地税局等单位的200余名干部参加了宣讲活动。

△武汉市卫生局召开2007年高温中暑及农药中毒防治工作会议。

7-8日

武汉市卫生局完成全市高考医疗保障。

8日

武汉市卫生局召开2007年全市防治艾滋病工作委员会成员单位及结核病防治领导小组联席会议。

12日

△武汉市卫生局在黄陂区横店街中心卫生院举行农村卫生服务机构标准化建设工作现场会,张建华书记,林国生局长,丁顺清、李滔副局长出席了现场会。

△武汉市卫生局参加了市委组织部、宣传部、市老干部局联合举办的“纪念中国人民解放军建军80周年声乐比赛活动”,获单位组织奖和2个表演二等奖。

12-14日

武汉市卫生局对各区2006年疾控专项经费的到位及使用情况进行了检查。

18日

武汉市市长李宪生主持召开市人民政府第10次常务会议,听取市血地办关于全市血防“整市推进、综合治理”情况汇报,会议重点就蔡甸区、汉南区血防“整区推进、综合治理”实施方案进行了研究。参加会议的有袁善腊,胡绪鹍、张学忙、刘顺妮、尹维真、孙亚等市领导,市发改委、财政、水务、农业、卫生等部门领导和蔡甸区、汉南区区政府领导。

18-22日

武汉市卫生局对各区综合医院结核病防治“五率”中报病及转诊的情况进行抽查。

19-20日

国务院在成都市召开全国城市社区卫生工作会议,武汉市卫生局林国生局长出席了会议,武汉市《大胆探索、不断创新,全力推进社区卫生服务工作》的汇报材料在会上进行了书面交流。

20日

△武汉市卫生局在东西湖区召开新型农村合作医疗信息系统建设工作现场会,市卫生局副局长丁顺清、东西湖区副区长钟作平

等领导出席了现场会。

△湖北血防办主任、省卫生厅副厅长姚云一行来武汉市专题调研血防“整市推进、综合治理”工作,武汉市卫生局副局长朱宏斌陪同调研。

20-21日

武汉市卫生局完成全市“中考”医疗保障。

20-22日

武汉市卫生局举办全市新型农村合作医疗管理干部培训班。来自全市六个远城区、洪山区、武汉经济开发区和东湖新技术开发区的区合管办主任、各街乡镇合管站的管理干部共113人参加了培训。

22日

武汉市政协副主席杨付华、副秘书长赵信国带领部分市政协委员赴黄陂,专题视察3号建议案的办理情况,武汉市卫生局张建华书记,丁顺清、李滔副局长陪同视察。

23日

武汉市卫生局召开全市医政暨无偿献血工作会议。

25-29日

武汉市卫生局组织局机关离体党支部14名成员在黄陂盘龙城休养。

27-29日

武汉市卫生局委托武汉医学会举办3期“金市麻醉药品和精神药品使用与规范化管理培训班”.来自全市各级各类医院的临床医师和中医师,医疗机构内使用、管理、调剂、保管麻醉药品及精神药品的药师、护士长。医务科主任、门诊部主任共600余人参加了本次培训。

28日

武汉市卫生局召开武汉市卫生系统纪念建党86周年暨表彰先进大会,市一医院党委等18个基层党委、36个先进基层党支部和463名优秀共产党员受到表彰。

7 月

5－11 日

武汉市卫生局完成湖北武汉台湾周医疗保障任务。

7－8 日

武汉市卫生局组织完成 2007 年医师资格实践技能考试，共有 5 780 人报名参加医师资格实践技能考试。

9 日

武汉市卫生局召开了全市“平安度夏健康社区行活动”工作会议，要求各社区卫生服务机构主动送医药到社区纳凉点，开展健康教育，保证居民平安度夏。各区卫生局与有关医疗卫生单位负责人参加了会议。

11 日

武汉市副市长召集洪山区和六个远城区的分管区长、卫生局长、合管办主任及市政府办公厅、市卫生、财政、编办、社保、审计等部门的分管领导，专题研究新农合审计报告中反映的问题，提出下一步的工作措施。

12 日

武汉市卫生局在市五医院举办医院评审研讨班，市卫生局副局长丁顺清出席，共有来自 46 所医院相关人员共 310 余人参加本次研讨班。与会人员就医院行政管理、行风监督、医疗护理、院内感染、财务后勤等方面分六个组进行对口交流讨论。

13 日

△武汉市卫生局召开全市不明原因肺炎防治培训会，各区疾病预防控制中心分管主任、有关专业科室负责人参加了会议。

△市编委同意将武汉铁路分局汉口医院更名为武汉市汉口医院，武汉铁路分局武昌医院更名为武汉市武昌医院，铁道第四勘察设计院职工医院更名为武汉市颐和医院，郑州铁路局武汉结核病防治院更名为武汉市第二结核病医院。

△武汉市卫生局召集 6 个远城区及洪山区、东湖新技术开发区卫生局分管局长、负责标准化建设办公室负责人、区合作医疗管理办公室主任，专题研究农村卫生工作。市卫生局副局长李滔出席会议。

17 日

武汉市卫生局组织医院管理、医疗、护理、疾病预防、妇幼保健、健康教育等方面专家，开始对全市 300 多家社区卫生服务机构进行专业考评活动。

18－25 日

武汉市卫生局对局直属的 14 家医疗机构的医疗服务价格进行检查。

20 日

△武汉市卫生局朱宏斌副局长和市血防办负责人一行到蔡甸区就血防“整区推进、综合治理”及急感预防等工作进行调研。

△武汉市卫生局汉南区召开血防“整区推进、综合治理”项目实施动员大会。武汉市副市长刘顺妮率市发改委、财政、水务、农业、卫生、农机化服务总站和市血地办等部门的负责人出席此次会议。

22－26 日

世界卫生组织卫生应急早期预警项目督导组对武汉市项目实施情况进行督导。市卫生局局长林国生、副局长朱宏斌陪同督导并交流了经验。

23 日

武汉市市长李宪生召集副市长刘顺妮、秘书长谭仁杰、副秘书长周元以及市政府政研室、市发改委，市财政、社保、卫生、物价、国土资源和房产、民政、规划、药监、开发办等单位负责人，就进一步推进社区卫生服务体系建设工作进行了专题研究。

26 日

△武汉市卫生局开展了 2007 年度武汉市医疗卫生科研项目评审工作，对申报的 198 项科研项目，分大外科、大内科、影像检验和分子生物学、公共卫生四组进行了评审，推选 90 项课题入围市卫生局医疗卫生科学研究项目。

△武汉市委任命武小军同志担任市中西医结合医院（市第一医院）党委书记（副局级），孙昌林同志担任市中心医院（市第二医院）党委书记（副局级），孔庆志同志担任市中心医院（武汉市第二医院）院长（副局级）、党委副书记。

27 日

武汉市卫生局召开 2007 年标准化乡镇卫生院和村卫生室主要设备器械招标工作论证会。

28 日

武汉市市长李宪生到武昌区水果湖街武重社区卫生服务站和江汉区万松街妙墩社区卫生服务站，了解社区卫生服务机构保障市民防暑度夏工作，林国生局长陪同视察。

30 日

武汉市卫生局组织人员参加“江城－07”防空袭作战演习。

31日

武汉市卫生局召开全市疾病预防控制半年工作总结会,市卫生局副局长朱宏斌出席了会议,各区卫生局分管局长、疾控科长、区疾控中心主任参加了会议。

下旬

武汉市政府法制办公室对市卫生局行政许可工作进行了检查。

8月

本月

2007年全市标准化乡镇卫生院和村卫生室医疗设备采购工作通过武汉市政府采购网发布标讯,正式进入公开招标程序。

1日

武汉地区医用耗材及检验试剂集中采购结果正式执行。

8日

武汉市卫生局召开专题会议通报首例急感处置情况,部署下一步急感防治工作。各区卫生局分管局长、血地办主任、血防所所长,市、区疾控中心分管领导等参加了会议,市卫生局副局长朱宏斌出席了会议。

8-9日

武汉市卫生局召开全市结核病防治半年工作总结会,市卫生局副局长朱宏斌出席了会议,各区卫生局分管局长、疾控科长、区疾控中心主任、分管主任参加了会议。

9-10日

武汉市卫生局召开第三轮VCT咨询员培训班,来自全市的50余名VCT咨询员参加了培训。

10日

武汉市卫生局举办全市医疗机构执业校验工作培训班暨医疗机构执业校验管理工作会议。来自全市90余家二级医院相关负责人和各区卫生局医政科长100余人参加了本次培训班及医疗机构执业校验管理工作会议。

中旬

武汉市卫生局组织20余名机关退休干部参加市老干部局组织的“纪念建军80周年时事政治及健康养生”知识竞赛活动。

15-16日

湖北省卫生厅党组书记、厅长朱忠华一行到黄陂区调研卫生工作,市卫生局局长林国生、副局长朱宏斌陪同调研。

17日

武汉市卫生局制发了《武汉市卫生系统普法依法治理(2007)工作目标及考核标准》,对下半年的普法工作进行部署。

22日

武汉市卫生局召开标准化建设和新农合工作会议,总结了半年公共卫生检查情况及近期有关工作的落实情况,重点对乡镇级经办机构管办分离、参合情况清算自查、数据中心基础数据录入等工作完成情况进行了通报,对下半年工作进行部署,市卫生局副局长李滔出席会议,6个远城区及洪山区、沌口开发区、东湖新技术开发区卫生局局长参加会议。

22-25日

武汉市卫生局召开全市麻疹防控工作总结暨突发公共卫生事件应急处置研讨会,并进行了应急演练。

23-24日

湖北省实验室质量控制督导组对武汉市12个区(江汉区除外)疾病预防控制中心实验室质量控制工作进行了督导检查。

24日

武汉市卫生局在蔡甸区召开全市急性血吸虫病防治现场会,各区卫生局,血地办、血防所及市疾控中心、市血研所负责人参加会议,副局长朱宏斌到会并做工作部署。

25日

武汉市卫生局组织人员对东西湖重大交通事故进行医疗救治。

28日

武汉市委书记苗圩、副书记涂勇、秘书长彭丽敏,市政府副市长刘顺妮在市卫生局局长林国生的陪同下视察了省新华医院举办的江汉区唐家墩街香江社区卫生服务站。

29-30日

卫生部办公厅血友病感染艾滋病患者信访问题督导调研组对武汉市两名血友病患者救助、治疗等情况进行督导调研。市卫生局副局长朱宏斌陪同督导。

30至31日

国务院城市社区卫生工作领导小组办公室在北京召开全国社区卫生服务体系建设重点联系城市工作启动会。武汉市副市长刘顺妮、市卫生局局长林国生、副局长李滔参加此次启动会。刘顺妮副市长在大会上做了题为“坚持政府主导,满足群众需求,深化城市社区卫生服务体系建设”的交流发言,介绍了武汉市社区卫生工作经验。

7 月至 8 月

武汉市四城同创办公室、市文明办、市卫生局联合行动,由市委宣传部副部长干小明、市文明办主任杨庚寅、市文明办副主任曹竹等领导亲自带队,对武汉地区 18 家省部属医院、部队医院及部分市属大型医疗单位工作进行了专项检查。对 360 名医务人员进行了医德医风和职业道德随机抽查测试,对 900 名患者及其家属进行了病人满意度调查,平均满意率达到了 83%。

本月

武汉市卫生局启动新一轮医学继续教育公共课,在 2006 年继续教育免费公共课的基础上,2007 年继续推出免费项目——《健康心理与和谐医患关系》,参加培训人数达 3 000人。

9 月

4 -5 日

全国社区卫生服务研讨会在武汉市召开。来自全国各省、市、自治区卫生厅局分管厅局长,社区卫生主管处(科)负责人及有关城市政府主管领导约 260 余名代表参加了此次研讨会。卫生部妇幼保健与社区卫生司司长杨青、处长王斌、中国社区卫生协会副会长陈博文、武汉市人民政府副市长刘顺妮、湖北省卫生厅副厅长胡菊萍出席了此次研讨会。

5 日

刘顺妮副市长一行到汉阳区调研血防达标工作,朱宏斌副局长陪同调研。

中旬

武汉市卫生局与湖北日报传媒集团联合举办了首届“湖北医德医风建设与构建和谐医患关系论坛”活动。

12 -23 日

武汉市卫生局完成 FIFA2007 中国女足世界杯医疗保障任务。

17 日

武汉市社区卫生服务体系建设技术指导组正式成立,市卫生局局长林国生任技术指导组组长,副局长李滔任副组长。技术指导组接受市社区卫生服务建设工作领导小组办公室领导和管理,由市卫生局妇社处具体负责;技术指导组下设办公室,办公室设在市疾病预防控制中心。

20 日

武汉市市长李宪生、副市长刘顺妮带领市直有关部门负责人调研了蔡甸区血防“整区推进”和家园建设工作。

20 -21 日

全国社区卫生服务体系建设重点联系城市基线调查培训会在武汉市召开,卫生部妇社司副处长刘利群到会并解读了重点联系城市工作的内涵及重点。来自全国 28 个重点联系城市的卫生局领导和技术人员参与了此次培训会。武汉市卫生局和各中心城区卫生局分管领导参与了此次会议。

20 -22 日

以日本大分市医师会议长金谷正明先生为首的医学交流访问团一行五人,来武汉市交流访问。市卫生局张建华书记、林国生局长、朱宏斌副局长、刘国庆书记会见了医师会代表团一行。

20 日、27 日

武汉市卫生局分别举办了 2 期法律知识讲座,邀请华中科技大学法学院院长易继明、市司法学校校长罗平分别就《物权法》和《信访条例＊进行专题讲解。

21 日

武汉市卫生局召开新农合工作会议.通报了 1 -8 月份市新农合工作(含新农合信息系统建设)运行情况,并探讨了存在的问题,提出了对策与建议。李滔副局长出席了会议。

25 日

武汉市卫生局召开血防达标升级工作会议,听取各有达标任务区的情况汇报,部署下阶段达标工作。朱宏斌副局长出席了会议,各区卫生局、血地办、血研所负责人及市疾控中心、市血研所有关负责人参加会议。

本月

△武汉市卫生局按照《乡村医生从业管理条例》要求,就《条例》的贯彻落实与监督检查情况,结合实施中存在的问题及有关政策建议,进行工作自查。

△武汉市卫生局印发《关于成立新型农村合作医疗信息系统建设指导小组的通知》(武农合医办〔2007〕18 号),成立了由李滔副局长为组长,市卫生局、市医学科学研究所、蓝星公司等相关技术人员组成的指导小组,建立了管理制度,制定了工作方案及进度安排,明确了

工作职责和工作要求。

△武汉市卫生局印发《关于建立新农合联席会议制度的通知》(武农合医办〔2007〕21号),建立了每季一次、由市领导小组各相关部门负责人和各区合管办主任参加的武汉市新型农村合作医疗定期联席会议制度。

10月

1日

武汉市卫生局将委托给各区卫生行政部门审批的个体诊所、卫生所、医务室、护理站、村卫生室全部下放由区卫生行政部门进行审批。

2－4日

武汉市卫生局完成武汉国际旅游节暨武汉国际赛马节医疗保障任务。

12－13日

武汉市卫生局组织开展全市有关医院护士岗位技能竞赛活动。

16－17日

卫生部在武汉市召开了全国餐饮消费安全专项整治工作现场会。卫生部陈啸宏副部长,各省、自治区、直辖市卫生厅(局)负责人、卫生监督处处长、卫生监督所所长120人到汉参会。

重阳节(10月19日)期间

武汉市卫生局对局直属单位中的43位"五老"(老红军、老领导、老劳模、老优秀党员、有突出贡献的老专家及老知名人士)进行了送"慰问卡"和电话问候;对局系统内近370名局管离、退休干部每人送去节日贺礼,并对其中53名80岁以上的老同志进行登门慰问。

22日

武汉市委组织部任命舒行政同志担任市卫生局组织部部长。

25日

武汉市卫生局召开了全市卫生监督工作会议,要求进一步做好"六城会"、"八艺节"的卫生保障工作,市卫生局林国生局长出席会议,各区卫生局分管局长、法监科长,市、区卫生监督所以及有关单位负责人共40余人参加了会议。

25日至11月3日

武汉市卫生局完成"六城会"医疗保障任务。

31日

市人大副主任刘家栋及有关专委会领导听取武汉市卫生局有关精神卫生条例立法工作汇报,基本确定将精神卫生条例列入明年市人大常委会的立法项目。

本月

△武汉市卫生局林国生局长召集6个远城区及洪山武汉经济技术开发区、东湖新技术开发区卫生局局长会议,专题听取各区农村卫生工作进展情况,布置年底相关工作。会议由市卫生局副局长李滔主持,局机关有关处室负责人参加。

△武汉市卫生局组织武汉市卫生副高职称评审。2007年参评人员544人,平均通过率为57%。

△武汉市卫生局完成铁路移交离退休人员工资套改审核工作。局系统3家原铁路医院移交前离退休人员全部转到武汉市接收,共计移交967人,其中汉口医院591人,武昌医院308人,第二结核病医院68人。

11月

10月30日至11月2日

武汉市卫生局举办新农合管理干部培训班,并对各区2008年新农合实施方案进行可行性论证和审定。各有关区卫生局局长、分管局长、合管办主任、经办机构管理审核人员及市新农合督导组和信息化指导组专业人员共70人参加,市卫生局党委书记张建华、副局长李滔出席培训与论证会。

8日

武汉市卫生局局机关全体干部集中统一参加了2007年度干部法律知识考试,考试成绩报市普法办备案。直属各单位也组织中层以上干部同时进行了考试。

9日

武汉市编委同意市第三医院与市第十二医院合并组建武汉市第三医院,加挂武汉市同仁医院的牌子。

10日

由人民日报、新华社、光明日报、经济日报、中央电台、中央电视台、中央国际电台等7家中央主要新闻组成的中央新闻采访团来汉,专题采访了武汉市社区卫生服务工作。

上旬

武汉市卫生局成立了精神卫生立法小组,成员包括市卫生局副局长朱宏斌,市人大、市政府法制办有关领导以及市精神病医院、市武东医院院长。

本月

武汉市卫生局对医疗行政审批

办理流程进行改革和优化,缩短办理时间;同时成立医疗机构校验专班,明确了校验工作流程,局行政审批效率大幅提高,在市政府各委办局中排名前五。

18日

武汉市卫生局在江岸区花桥街第一社区卫生服务中心举行了"光明社区行"启动仪式,市卫生局副局长李滔、市残联理事长张晓东、副理事长梁书安、江岸区卫生局局长罗述伦和艾格眼科医院院长田菊萍出席了启动和捐赠仪式。

20日

武汉市编委同意市精神病医院更名为武汉市精神卫生中心,同时挂武汉市精神病医院牌子。

中下旬

武汉市卫生局举办参观治理商业贿赂警示教育图片展和学习治理商业贿赂知识读本活动,全市卫生系统逾2万余名职工参加了参观和学习。

中旬至12月中旬

武汉市卫生局安排局领导班子成员和局机关正处以上干部分六期参加了市委举办的十七大精神轮训班。

24－26日

全国传染病症状监测及早期预警工作研讨会在汉召开。来自全国31个省会城市以及副省级城市疾控中心的专业人员参加了会议。卫生部应急办公室主任陈贤义、中国疾控中心副主任杨维中、世界卫生组织C K Lee等官员以及中科院地理所研究员王劲峰、华西医科大学教授兰亚佳等专家出席了会议。

20－29日

武汉市卫生局纪委刘国庆书记等12名医疗卫生管理人员和专家组团赴台湾进行医学考察、交流。

29日

武汉市治理贿赂办公室召开新闻通气会,专题介绍《武汉市医药购销领域商业行贿不良行为记录与公布实施办法(试行)》,同时将该实施办法在主要媒体上全文刊登。

本月

△武汉市汉阳区达到了血吸虫病传播阻断标准;江岸区、东西湖区达到了血吸虫病传播控制标准;洪山区、汉南区、蔡甸区、江夏区、黄陂区达到了血吸虫病疫情控制标准,在全省乃至全国率先实现达标升级。

△武汉市卫生局组织实施机关事业单位工人技术等级岗位考核工作,局直属单位共计有740人报名(不含代理制)。市卫生局负责组织医药器械等4个工种的培训和考核工作。

△武汉市卫生局组织实施2008年度全国卫生专业技术资格考试报名工作,武汉考点共计7 704人报名。

△对机关事业单位临时聘用人员再次进行清理自查,清理重点为机关及全额单位。

△武汉市卫生局完成2007年度军转干部及退伍士兵安置工作,共计接收安置转业干部10人、随军家属2人、复退军人2人。

△武汉市卫生局参加全市统一组织的公务员招录工作,局机关录用了1名工作人员。

12月

2－4日

武汉市卫生局完成市十二届人大二次会议医疗保障任务。

4日

武汉市卫生局开展"12·4"全国法制宣传日宣传活动,发放宣传资料6 300余份,并开展了法律进社区、进企业、进校园等一系列法制宣传和专项整治活动。

上旬

市四城同创办公室组织专题检查组,对武汉地区27家大中型医疗机构和社区卫生服务中心开展创建平安医院活动再次进行了专项检查。

10－12日

武汉市卫生局对各区卫生局、经济开发区社会发展局、东湖新技术开发区文化教育卫生局2007年的执法责任制和卫生监督工作进行了年终考评。

11日

武汉市副市长刘顺妮在市卫生局党委书记张建华、李滔副局长的陪同下,分别到江汉区北湖街社区卫生服务中心、万松街妙墩社区卫生服务站和硚口区六角亭街社区卫生服务中心,就"医药分开"改革和有关社区卫生服务政策落实情况进行调研。

14日

武汉市副市长刘顺主持召开全市社区卫生服务工作会,副秘书长周元,市政府办公厅,市发改委、人口计生委,财政、卫生、监察、民政、规划、国土和房产、物价、劳动社保、食品药监局分管领导,7个中心城区分管区长、区卫生局局长参加了会议。会上,李滔副局长代表市卫生局汇报了武汉市2007年社区卫生服务工作情况，汇报了武汉市社区卫生服务体系建设重点联系城市工作方案，同时介绍了国务院社区卫生建设领导小组在南京召开的社区卫生服务体系建设重点联系城市工作会议精神。7个中心城区人民政府分管区长就各区贯彻落实市人民政府关于发展社区卫生服务有关文件精神的做法和下一步的工作思路做了汇报。

15－20 日

武汉市卫生局对全市开展新型农村合作医疗工作的 8 个区进行了督导。

18－21 日

武汉市卫生局举办了 2 期局系统学习十七大精神轮训班，对局直属单位领导班子成员和党办主任、局机关副处以下干部共计 189 人进行了轮训。

中旬

湖北省卫生行业精神文明建设工作会上，武汉市创建活动经验受到肯定，作了大会交流发言。

22－24 日

由中国科协、卫生部、中华预防医学会主办，由湖北省政府、湖北省卫生厅、武汉市卫生局承办的第二届中国健康博览会在武汉市举办。卫生部原副部长、中华预防医学会会长王陇德，副省长蒋大国出席了开幕仪式。

25 日

武汉市卫生局副局长李滔召集 6 个远城区及洪山区、武汉经济开发分管局长、合管办主任，听取各区 2008 年度新农合基金征收工作进展情况汇报，部署近期工作。市新农合督导工作专班和信息指导组成员参加了会议。

25－28 日

武汉市中西医结合医院、市中医医院顺利通过了省卫生厅组织的三级中医医院管理评审。

28 日

△武汉市卫生局完成 2007 年冬季征兵体检工作，全市体检 7 065 人，合格 4 407 人，合格率 62.5%。

△"'1＋8'武汉城市圈急救网络建设暨武汉、孝感院前急救协作启动仪式"在孝感市举行。武汉市副市长、副秘书长周元、孝感市人民政府有关领导、武汉市卫生局党委书记张建华、局长林国生以及武汉市、孝感市急救中心医务人员和有关新闻媒体代表共 100 余人参加了启动仪式。

29 日

湖北省暨武汉市全民健康行动启动仪式在汉口百步亭社区举行。来自卫生、教育等多个系统的数百名人员参加了启动仪式。

下旬

武汉市卫生局对市十一医院、黄陂区人民医院进行二级医院达标评审检查。

28 日

武汉市人民政府副秘书长周元在武昌徐家棚街社区卫生服务中心主持召开会议，专题研究武汉市社区卫生服务体系建设国家重点联系城市工作方案（以下简称方案）。市卫生局副局长李滔、市政府秘书七处处长叶力猛、7 个中心城区卫生局局长参加了这次会议。

20 日

武汉市在江岸区百步亭花园社区卫生服务中心举办了首期社区护理管理培训班，7 个中心城区卫生局分管社区护理的负责人和全市 96 个社区卫生服务中心的护士长、35 个重点社区卫生服务站的护理骨干约 160 余人参加了培训。

21 日

武汉市举办了社区卫生服务管理培训班，来自 7 个中心城区卫生局的部门负责人、社区卫生服务中心的主任等共计 150 余人参加了培训。

本月

△武汉市卫生局对 12 家社区卫生服务中心、4 家社区卫生服务站进行评审、验收，确定 11 家有中医药持色社区卫生服务中心、4 家有中医药特色社区卫生服务站。

△武汉市卫生局参加全市《金秋重阳摄影展览》活动，制作的"健康、快乐、和谐"的展牌被评为金奖。

（责任编辑：胡培光）

附　　录

2007年全国十五个副省级城市卫生基本情况

（此情况由厦门市卫生局2008年10月所编资料汇编提供）

人　口　情　况

城　市	户数	年末人口数（户籍人口）	年均常住人口数	出生率	死亡率	自然增长率	平均期望寿命		
							平均	男	女
	万户	万人	万人	‰	‰	‰	岁	岁	岁
长春市	231.70	746.00		10.74	4.93	6.36			
成都市	391.58	1 112.28		8.35	8.67	-0.32	76.07	73.77	79.19
大连市	201.27	578.19		7.21	5.55	1.66	79.86	77.28	82.62
广州市	238.25	773.48	1 004.58	9.3	5.55	3.75	77.98	75.25	80.94
哈尔滨市	320.74	987.37	3 824.00	10.00	4.83	5.17	75.74	73.36	78.12
杭州市	211.99	672.35	786.20	9.01	5.65	3.36	79.74	77.44	82.25
济南市	181.88	604.85	345.42	9.66	6.58	3.08	74.00	73.00	74.70
南京市	199.62	617.17	741.30	8.40	5.56	2.84	76.88	74.52	79.38
宁波市	218.77	564.56	689.50	8.32	6.27	2.05	76.26	73.87	78.95
青岛市	281.30	757.99	838.67	10.15	6.32	3.83	79.83	76.80	83.08
沈阳市	240.57	709.77	740.00	8.22	8.86	2.36	76.30	74.37	78.28
深圳市		212.38	861.55	14.54	1.09	13.45	77.53	76.34	78.84
武汉市	260.46	828.21	891.00	7.70	4.03	3.67	77.89	75.53	80.40
西安市	211.12	764.25	830.54	10.00	5.48	4.52	75.78	73.23	78.62
厦门市		167.24	243.00	12.12	3.67	8.46	76.79	72.73	80.88

社　会　经　济　发　展　情　况

城　市	国内生产总值	财政总收入		全年财政支出							城镇居民年人均可支配收入	农村居民人均年纯收入	人均国内生产总值（按年均常住人口计算）
		总　计	其中：地方财政收入	总计	其中：医疗卫生支出（财政部门决算数据）	其中：医疗支出支出（卫财01＋卫财17新农合基金财政补助资金）							
						小　计	行政运行	基本建设	医疗保障	新农合基金财政补助资金			
	亿元	亿元	亿元	万元	万元	万元	万元	万元	万元	万元	元	元	元
长春市	2 089.00	284.50	93.30	181.50	200 126.00	76 494.00	4 543.00		145.00	12 866.00	12 811.00	4 780.00	28 130.00

续表

城　市	国内生产总值	财政总收入		全年财政支出							城镇居民年人均可支配收入	农村居民人均年纯收入	人均国内生产总值（按年均常住人口计算）
		总　计	其中:地方财政收入	总计	其中:医疗卫生支出（财政部门决算数据）	其中:医疗支出支出（卫财01＋卫财17新农合基金财政补助资金）							
						小　计	行政运行	基本建设	医疗保障	新农合基金财政补助资金			
	亿元	亿元	亿元	万元	万元	万元	万元	万元	万元	万元	元	元	元
成都市	3 324.17	996.61	716.78	753.62	162 278.00	561 705.00	6 829.00	12 755.00	690.00	26 924.00	14 849.00	5 642.00	29 888.00
大连市	3 131.00	443.00	268.00	344.60	11 2807.00	50 709.00	2 479.00	4 030.00	402.00	11 408.00	15 109.00	8 369.00	51 624.00
广州市	7 109.18		838.99	850.01	327 795.00	812 027.66	10 003.08	33 745.78	6 196.67	13 590.92	22 469.22	8 612.84	71 808.00
哈尔滨市	2 436.8	224	132	232.4	61 779.62	61 380.43	2 859.91	3 278.00	1 872.71	11 126.87	10 245.00	4 132.00	24 768
杭州市	4 103.89	788.42	391.62	335.71	119 801.4	150 097.8	5 701.8	15 524.99	3 507.45	30 296.44	21 689	9 549	52 638
济南市	2 562.81		280.54	283.44		64 219.71	4 829.28	2 643.71	2 388.00	12 376.18	17 609.00	4 669.00	35 412.00
南京市	3 275.00	628.53	330.19	343.55		633 498.00	5 689.95	22 433.00	6 461.00	19 030.00	20 317.00	8 020.00	44 852.00
宁波市	3 433.10	723.90	329.10	371.00	224 949.00	191 998.00	3 602.90	42 826.80	28.00	37 288.70	22 307.00	10 051.00	48 486.00
青岛市	3 786.52	1 070.50	292.58	321.18	90 628.00	97 008.92	6 766.22	16 615.63	2 589.89	19 437.04	17 856.00	7 477.00	45 149.00
沈阳市	3 073.90		472.40	329.40	81 378.00	92 517.00	5 416.00	11 020.00	8 364.00	11 139.00	14 607.00	6 806.00	43 499.00
深圳市	6 765.41		658.06	727.96		223 670.00	5 200.00		6 223.00		24 870.21		79 221.00
武汉市	2 590.30	634.06	296.38	387.70	194 616.00	95 293.76	4 979.43	2 262.37	2 137.92	8 608.04	14 358.00	5 371.00	29 500.00
西安市	1 763.73	260.70	125.33	174.10	88 965.00	51 206.35	2 723.19	3 014.50	237.42	12 825.07	12 662.03	4 398.64	21 339.00
厦门市	1 375.26	348.44	186.58	198.66	92 200.00	73 000.98	1 527.63	10 021.30	8 155.71	4 949.52	21 503.00	7 637.00	56 595.06

卫生机构和床位情况

城　市	卫生机构数							床位数						
	总计	其中按机构类别分			其中按设置主体分			实有床位数	其中按机构类别分			其中按设置主体分		
		医院	社区卫生服务中心	卫生院	政府办卫生机构	企业办卫生机构	私人办卫生机构		医院	社区卫生服务中心	卫生院	政府办卫生机构	企业办卫生机构	私人办卫生机构
	个	个	个	个	个	个	个	张	张	张	张	张	张	张
长春市	1 941	175	41	145	267		1 477	27 472	25 012	12	2 041	19 850		2 599
成都市	4 008	312	132	283	511	3 335	161	50 475	35 627	1 714	7 779	37 489	9 208	3 778
大连市	2 361	115	72	108	277	437	1 647	26 443	22 070		3 130	20 268	5 380	795
广州市	3 552	225	93	40	475		1 075	52 640	45 209	851	1 306	45 105		2 075
哈尔滨市	3 595	264	7	203	413	58	71	38 702	33 367	120	3 776	24 921	3 485	1 823
杭州市	2 607	138	56	225	494	347	620	36 928	29 987	1 317	2 534	32 603	1 414	648
济南市	1 482	158	122	85				25 965	20 757	82	4 481			
南京市	2 241	163	134	4				26 157	21 031	4 362	60			
宁波市	2 270	80	22	153	288	166	895	21 000	16 277	853	3 176	18 394	286	1 643
青岛市	2 116	146	64	105	251	429	1 435	30 062	23 308		4 799	26 106	1 660	2 216
沈阳市	1 856	191	103	123	361	216	1 254	34 731	30 863	482	2 757	28 511	4 469	1 472
深圳市	2 385	101	604	2	711	288	1 386	18 086	16 766	0	60	14 381	1 513	2 192
武汉市	4 364	147	103	84				42 430	34 689	3 181	2 905			
西安市	2 546	293	64	166	355	673	1 501	33 598	28 379		2 444	20 610	11 050	1 927
厦门市	1 048	37	22	16	208	34	806	8 533	6 923	22	557	7 596	150	787

卫生人员情况

城市	合计	卫生技术人员							其他技术人员	管理人员	工勤技能人员
		小计	执业医师	执业助理医师	注册护士	药师（士）	技师（士）	其他卫生技术人员			
	人	人	人	人	人	人	人	人	人	人	人
长春市	45 532	35 663	14 109	1561	12 338	2 284	1 978	3 393	1 353	3 685	4 831
成都市	86 097	68 458	24 605	4 068	22 896	4 613	3 831	8 445	3 319	5 768	8 552
大连市	42 211	33 863	12 824	956	13 364	2 011	2 093	2 615	1 330	3 134	3 884
广州市	96 091	76 791	26 566	2 490	29 724	5 783	5 011	7 217	2 917	6 563	9 820
哈尔滨市	58 057	44 893	15 602	3 595	14 193	2 952	2 862	6 272	2 142	4 118	6 904
杭州市	61 338	49 780	18 191	2 510	17 455	3 782	2 533	5 309	2 748	3 811	4 999
济南市	42 462	34 542	13 181	1 741	12 073	2 785	2 132	2 629	2 059	2 559	3 303
南京市	52 295	40 897	14 674	1 031	14 899	2 641	2 611	5 041	1 018	4 874	5 506
宁波市	41 507	35 301	12 405	3 013	10 768	2 404	1 681	5 030	949	2 392	2 865
青岛市	40 775	33 807	13 620	1 398	11 666	2 379	1 850	2 935	2 100	1 999	2 858
沈阳市	60 595	48 835	18 005	1 695	18 143	3 200	3 347	4 445	2 569	3 767	5 424
深圳市	59 170	46 877	17 450	1 335	17 869	2 876	3 125	4 222	1 974	3 450	6 869
武汉市	71 019	56 353	20 018	2 005	21 550	3 924	3 587	5 269	4 291	3 932	6 443
西安市	55 551	43 707	15 142	2 124	15 337	2 707	3 046	5 351	1 399	5 532	4 913
厦门市	17 173	13 831	5 423	641	4 853	990	934	990	769	779	1 794

居民医疗保障程度

城市	平均每千人口床位数		平均每千人口卫生人员				居民年平均就诊次数	每百居民平均住院人数	平均每百门、急诊人次中住院人数	卫生总费用占国内生产总值比例	每居民人均医疗卫生支出
		医院		卫生技术人员							
					其中：执业（助理）医师	其中：注册护士					
	张	张	人	人	人	人	次	人	人	%	元
长春市	3.68	3.35	6.10	4.78	2.10	1.65	2.27	9.10	4.75		
成都市	4.54	3.47	7.74	6.15	2.58	2.06	4.48	13.00	3.84	3:47	1 037.30
大连市	4.36	3.81	7.30	5.85	2.38	2.31	2.83	10.31	3.64	0.36	195.00
广州市	6.81	6.01	12.42	9.93	3.76	9.84	10.6	0.2	1.7		
哈尔滨市	3.38	1.85	6.00	5.15	2.00	1.44	2.00	8.00		0.30	243.53
杭州市	5.52	4.48	9.16	7.44	3.09	2.61	7.11	11.63	1.64		
济南市	4.31	3.45	7.03	5.72	2.47	2.00	3.45	8.69	3.20		
南京市	4.24	3.41	8.47	6.63	2.54	2.41	6.23	8.92	1.57	3.47	
宁波市	3.72	3.60	7.35	6.25	2.73	1.91	7.20	9.05	1.26	3.90	398.00
青岛市	3.97	3.07	5.38	4.46	1.98	1.54	1.97	8.60	4.30	2.21	119.56
沈阳市	4.89	4.35	8.54	6.88	2.78	2.56	3.06	9.20	3.50		
深圳市	2.10	1.95	6.87	5.44	2.18	2.07	4.25	4.85	1.30	3.80	
武汉市	5.10	4.20	8.57	6.80	2.70	2.60	4.35	11.14	2.56		235.04
西安市											
厦门市	5.10	4.14	10.27	8.27	3.63	2.90	9.38	14.06	1.80		330.42

财 政 补 助 情 况

城市	财政补助收入	市直单位	财政对公共卫生投入(疾控、卫监、妇幼)	市直单位	医疗卫生支出占财政支出比重(全口径,按财政部门决算数据计算)	医疗卫生支出占财政支出比重(卫财01表+卫财17新农合基金财政补助资金计算)
	亿元	亿元	亿元	亿元	%	%
长春市	6.40	2.90	1.41	0.40	3.53	4.24
成都市	11.76	3.79	3.24	0.77	2.20	
大连市	5.02	0.18	1.27	0.04	1.70	1.46
广州市	19.74	9.01	5.38	3.14	3.86	2.26
哈尔滨市	6.45	2.39	1.60	0.53	0.00	0.00
杭州市	12.81	5.01	2.25	0.61	3.82	4.78
济南市	6.05	3.41	0.97	0.49		
南京市	10.50	4.81	2.13	0.85		
宁波市	15.47	4.57	1.98	0.41	6.06	5.17
青岛市	7.76	3.74	1.56	0.47	2.82	3.00
沈阳市	6.76	2.99	2.03	0.66	2.47	2.80
深圳市	23.37	8.13	5.09	1.64		3.07
武汉市	8.67	3.90	1.83	0.74	5.21	2.55
西安市	3.84	1.90	0.91	0.28	5.10	2.94
厦门市	6.81	3.84	1.91	1.11	4.64	3.67

传 染 病 及 妇 幼 保 健 情 况

城市	法定甲、乙类传染报告发病率	传染病死亡率	婴儿死亡率	新生儿死亡率	孕产妇死亡率	住院分娩率	围产儿死亡率	5岁以下儿童死亡率	儿童计划免疫全程接种覆盖率(?苗)
	1/10万	1/10万	‰	‰	1/10万	%	‰	‰	%
长春市	198.52	0.43	4.19	2.66	28.96	96.95	9.20	5.00	99.30
成都市	269.13	1.07	7.28	5.20	19.34	99.60		9.53	97.00
大连市	331.86	0.28	4.92	3.49	11.77	100.00		6.03	95.00
广州市	400.97	1.22	4.76	3	14.27	99.26	5.74	6.48	
哈尔滨市	223.97		7.26	2.04	9.21	96.33	9.54	9.60	
杭州市	279.93	0.45	4056	2.69	10.12	99.56	6.25	6.44	98.78
济南市		0.38	6.70	4.75	26.09	99.94	5.63	8.23	94.70
南京市	136.54	0.21	6.24	3.94	11.89	99.80	8.21	7.78	98.57
宁波市	330.42	0.64	4.46	2.79	4.69	99.76	7.21	6.33	96.10
青岛市			4.01	2.80	9.89	100.00	6.76	5.15	99.00
沈阳市	212.23	0.64	8.46	6.20	8.98	100.00	10.75	10.13	100.00
深圳市	359.85	0.51	3.18	1.11	14.79		5.33	3.99	94.93
武汉市	369.10	1.19	4.86	3.05	12.20	99.99	6.04	6.10	90.92
西安市	326.86	0.38	3.46	2.68	18.36	96.46	5.96	4.07	99.29
厦门市	324.21	0.64	5.82	3.76	13.42	99.50	5.97	6.98	98.50

城镇医保、农村参和基本情况

城市	城市职工医疗保险			农村合作医疗		
	职工人数	参保人数	医疗参保率	农村人口数	参加合作医疗人数	合作医疗参保率
	万人	万人	%	万人	万人	%
长春市				400.00	361.00	90.25
成都市	360.17	261.86	72.70	516.72	559.12	96.32
大连市		236.00		241.40	211.50	87.61
广州市				241.61	228.91	94.74
哈尔滨市	877.40	830.20	94.62	337.66	280.23	82.99
杭州市				381.56	369.70	96.89
济南市		100.11		322.71	309.80	96.00
南京市		192.10		183.90	158.70	86.30
宁波市	174.10	151.80	87.19	370.35	370.23	99.97
青岛市	214.00	203.00	94.86	451.67	442.64	98.00
沈阳市	455.80	249.30	54.70	230.30	220.70	95.83
深圳市		280.55				
武汉市	238.93	166.45	69.66	299.59	244.00	81.44
西安市						
厦门市	129.91	118.86	91.49	71.91	70.66	98.27

社区卫生服务情况

城市	机构数	年末职工人数	业务收入	财政补助收入	年末固定资产总值			房屋及建筑物面积	总诊疗人次数
						房屋建筑物	专用设备		
	个	人	万元	万元	万元	万元	万元	m^2	万人次
长春市	46	1 891	1 973.00	3 120.00	1 327.00	513.00	529.00	59 963.00	65.00
成都市	132	4 127	25 966.00	9 264.00	23 043.00		3 793	148 785.00	266.44
大连市	72	1 386	970.00	9.00	9 248.00		893.00	20 978.00	129.00
广州市	232								1 029.00
哈尔滨市	35	1 899	5 145.00	1 553.00	5 523.00	2 797.00	1 954.00	29 627.70	29.00
杭州市	38	1 265	84 169.78	10 225.98	34 889.41				714
济南市	154	2 712	16 580.00	2 100.00		79 021.00	282.00	284 296.00	17.58
南京市	863	9 773	11 709.50	1 367.20	124 277.10			566 641.00	1 073.27
宁波市	39	2 286	71 357.00	13 632.00	34 549.00	16 701.00	12 779.00	153 114.00	783.55
青岛市	196	3 174	14 086.95	210.00	10 320.00	210.00	850.00	28 650.00	288.00
沈阳市	45	2 215	11 027.00	11 588.00	14 668.00	9 521.00	3 679.00	59 340.33	86.00
深圳市	604	6 523							1 643.09
武汉市	491	6 646	60 591.00	8 951.00	35 882.60		4 788.00	260 118.00	555.13
西安市	104	4 612	898.00	26.00	2 832.00			1 971.00	263.64
厦门市	22	797	7 252.44	3 397.34	4 201.81	1 141.01	2 129.33	13 957.41	13.87

新型农村合作医疗制度执行情况

城市	人均筹集标准	应筹集基金总额	实际筹集到位基金总额					资金到位率	补偿人次	已补偿人数占参加人数比例	人均补偿金额	合作医疗基金余额	支出额占实际筹集资金比例	医疗费用补偿比例									
			总额	中央	省级	地(市)级	县级							总比例	门诊					住院			
															补偿比例	县级以上医院	县级医院	乡镇卫生院	村级卫生机构	补偿比例	县级以上医院	县级医院	乡镇卫生院
	元	万元	万元	万元	万元	万元	万元	%	万人次	%	元	万元	%	%	%	%	%	%	%	%	%	%	%
长春市	50.00	16 900.00	17 000.00	6 003.00	4224.00	692.00	242.00	100.00	77.70	22.97	177.45	3128.00	81.51							32.50	28.66	36.25	41.81
成都市	40.00	21510.90	47191.69	8835.14	3664.96	4952.17	5315.24	96.25	137.37	25.55	156.39									28.00	17.00	26.51	42.74
大连市		13653.00	13325.00	208.00	7455.00	4053.00	97.60	54.80	37.20		9123.00	78.00		24.30					31.07				
广州市	95.01	22257.95	22257.95	300.05	0.00	2859.08	7403.86	100.00	14.16	6.18	1726.00	3583.09	105.33							34.22	20.07	33.93	55.47
哈尔滨市		14228.00	14151.00	5310.00	4779.00	77.00	1094.00	99.46	72.00	26.00	450.00	5744.00	79.00		13.85					31.03			
杭州市		43794.66	43973.82	770	3428	1626.15	16604.87	100.41	508	139.57	103.08	17251.6	85.31		17.01					27.47			
济南市	70.00	15366.23	15428.42	327.60	3259.20	4042.98	4556.96	100.40	272.93	89.94	106.00	5440.48											
南京市	129.00	24474.72	24474.72		398.60	6979.03	6991.54	100.00	310.70		133.86	-925.22	103.79		28.28	7.72	13.55	56.74	22.29	71.22	44.83	41.24	13.93
宁波市	136.70	50613.00	50835.00			6344.00	20950.00	100.00	285.60	77.14	170.50	17906.00	95.80	31.90	11.42					31.47			
青岛市	100.00	23325.23	24179.56			9075.49	10361.55	103.66	93.70	21.20	257.90	14340.00	99.90	35.20	21.80					33.80			
沈阳市	65.00	13633.00	12963.00	433.00	2063.00	4980.00	3615.00	95.09	125.00	62.40	95.00	4707.00	104.25	36.37	47.23					34.74			
深圳市																							
武汉市	85.00	20867.00	20552.00	4225.00	3443.00	4816.00	3743.00	98.50	78.50	32.20	184.10		81.90							32.50	24.60	39.00	50.10
西安市	50.00	17460.55	16502.39	5932.78	2580.12	2834.37	1659.12	94.51	32.32	9.25	436.63	2392.36	85.50							31.38	23.70	38.48	53.05
厦门市	80.00	5653.48	5653.48			1822.94	3123.85	100.00	3.26	4.61	1956.24	0.00	100.00	34.33						34.33			

医 疗 费 用 水 平

城市	每门诊人次数收费水平								每床日平均收费水平								出院者平均医药费用							
		市直单位	市直综合医院	市直中医院	其中:药费					市直单位	市直综合医院	市直中医院	其中:药费					市直单位	市直综合医院	市直中医院	其中:药费			
						市直单位	市直综合医院	市直中医院						市直单位	市直综合医院	市直中医院						市直单位	市直综合医院	市直中医院
	元	元	元	元	元	元	元	元	元	元	元	元	元	元	元	元	元	元	元	元	元	元	元	元
长春市	91.3	147.5	121.2	68.2	42.7	70.1	65.6	30.7	308.1	356.9	393.4	263.4	155.3	161.6	186.4	130.4	2765	5065	6164	3962	1394	2294	2921	1916
成都市	84.3	129.9	130.1	128.7	41.3	67.5	66.3	74.3	275.5	388.4	389.1	379.4	111.9	162.0	162.3	158.0	2259	6073	6020	6818	918	2533	2511	2838
大连市	134.3	161.7	164.1	135.0	64.2	69.9	68.8	81.0	382.8	437.6	445.0	316.2	162.2	169.7	172.0	134.1	4347	6306	6367	5239	1848	2446	2458	2222
广州市	111.1	144.8	135.6	114.1	55.2	79.7	75.7	70.8	507.5	568.2	808.2	562.1	178.2	216.1	321.8	271.9	5092	10241	12141	10740	1788	3895	4834	5196
哈尔滨市	159.4	153.0	153.0	84.2	71.4	71.0	71.0	56.6	326.8	437.4	437.4	283.6	161.5	216.7	216.7	138.0	2253	5669	5669	5498	1139	2809	2809	2676
杭州市	115.7	139.5	137.3	144.1	79.9	91.4	86.3	102.3	590.0	667.5	636.2	756.6	305.9	343.6	329.2	383.8	7091	9357	9133	756	3677	4813	4726	383
济南市	116.8	161.5	166.4	101.3	58.7	80.1	81.9	58.8	414.4	487.8	505.7	266.3	186.7	238.6	244.5	164.8	4035	5976	5980	5879	1818	2922	2891	3637
南京市	136.2	169.3	169.3	139.5	81.4	96.5	96.5	89.7	592.3	721.4	721.4	427.4	245.6	287.5	287.5	195.3	6804	9440	9440	6654	2821	3762	3762	3040
宁波市	105.3	169.1	172.3	143.5	71.7	113.8	110.8	108.1	602.3	716.1	866.4	562.0	319.7	392.4	487.3	415.0	6883	9798	11375	11656	3653	5369	6398	8608
青岛市	133.7	167.3	167.5	166.3	69.6	91.5	89.4	101.2	399.0	507.9	508.9	502.2	202.4	263.2	762.4	267.4	4461	7623	7708	7171	2262	3950	3974	3819
沈阳市	151.2	182.0	180.6	179.5	77.7	94.3	104.2	125.7	359.8	404.8	484.6	253.7	146.6	160.1	206.2	109.3	5006	7157	7580	8071	2039	2830	3224	3475
深圳市	116.3	181.6	181.6	138.4	46.9	74.7	74.7	84.0	573.9	837.3	837.3	569.9	164.6	290.9	290.9	248.8	4665	9164	9164	6788	1338	3184	3184	2964
武汉市	110.2	148.4	131.5	158.8	59.7	83.7	70.1	92.5	349.8	403.6	492.8	490.1	134.8	141.8	155.8	206.0	4 114	5 774	4 998	7 379	1 586	2 029	1 580	3 102
西安市	104.1	140.5	144.1	107.6	51.5	74.5	76.0	61.6	323.8	387.9	396.5	292.0	123.7	143.7	146.8	109.5	3 752	6 119	6 128	5 992	1 433	2 267	2 269	2 247
厦门市	104.1	100.0	100.0	100.0	41.5				494.8	500.0	500.0	400.0	175.2	200.0	200.0	200.0	5 803	7 200	7 500	6 000	2 054	2 500	2600	2400

医疗机构业务量情况

城市	总诊疗人次数				平均每所医疗机构总诊疗人次数			平均每一职工年诊疗人次		出院人数				出院者占用总床日数
		医院	社区卫生服务中心	卫生院	医院	社区卫生服务中心	卫生院	综合医疗	中医院		医院	社区卫生服务中心	卫生院	
	万人次	万人次	万人次	万人次	万人次	万人次	万人次	人次	人次	万人	万人	万人	万人	万床日
长春市	1 683.16	1 090.79	42.74	170.66	6.23	1.04	1.18	317.00	261.00	67.15	54.92		10.56	680.69
成都市	4 981.30	2 490.84	266.44	876.26	7.98	2.02	3.10	400.04	452.79	147.44	96.84	5.17	36.58	1 344.64
大连市	1 948.38	1 145.56	129.00	211.59	9.96	1.76	1.96	492.00	498.36	59.32	49.33		8.58	685.79
广州市	8 217.55	5 874.93	317.39	236.80	26.11	3.41	5.92	871.77	654.21	128.53	106.45	1.14	5.23	1 427.70
哈尔滨市	1 458.28	1 140.41	1.65	234.22	4.54	0.83	1.20	254.62	227.00	86.28	69.79	0.02	13.93	770.21
杭州市	4 932.60	3 070.54	833.38	692.18	24.37	16.37	3.28	1 199.2	1 275.7	78.22	71.54	1.01	1.57	962.48
济南市	2 091.21	1 424.98	17.59	248.20	9.02	0.14	2.92	435.32	506.79	52.60	44.12		5.12	612.86
南京市	3 816.65	2 318.86	860.64	4.26	14.23	6.42	1.07	687.27	638.73	54.39	47.86	5.59	0.04	681.67
宁波市	4 177.17	1 951.69	545.27	1 449.91	24.40	24.79	9.48	777.00	1468.00	51.09	42.59	1.41	5.29	572.40
青岛市	1 968.65	1 289.81	288.29	202.73	8.83	1.47	1.93	410.99	446.19	67.62	55.35		11.11	731.98
沈阳市	2 174.56	1 589.58	69.91	129.03	8.32	0.68	1.05	335.94	174.00	65.59	59.33	0.50	4.51	868.53
深圳市		4 708.09		35.98	46.61		17.99	1 006.17	1 458.00	67.84	60.86		0.01	551.36
武汉市	3 609.10	2 251.04	555.13	261.06	15.31	5.39	3.11	659.52	1 013.61	91.90	79.63	2.33	5.62	
西安市	2 476.48	1 485.02	19.60	190.94	6.82	0.19	1.15	316.38	369.92	66.86	57.22		4.29	765.77
厦门市	1 569.05	851.83	124.32	69.79	23.02	6.22	4.36	1 200.00	2 000.00	23.25	20.43	0.02	1.19	250.01

城市	病床使用率				床位周转次数				出院者平均住院天数						出院者手术例数			
		医院	社区卫生服务中心	卫生院		医院	社区卫生服务中心	卫生院		医院	社区卫生服务中心	卫生院	市直综合医院	市直中医院		医院	社区卫生服务中心	卫生院
	%	%	%	%	次	次	次	次	天	天	天	天	天	天	万例	万例	万例	万例
长春市	74.81	77.46	0.59	44.78	25.30	22.70	0.40	52.20	10.10	11.70	6.00	3.00	13.24	14.23	14.77	13.94	0.00	0.00
成都市	82.04	86.63	66.96	61.79	30.40	25.90	34.10	48.60	9.10	11.40	6.80	4.30	14.12	18.37	33.18	29.87		
大连市	75.79	81.37		37.59	23.10	23.00		28.40	11.60	12.70		4.40	14.18	16.62	14.01	13.31		
广州市	82.39	85.34	80.73	69.62	25.40	24.50	13.60	44.10	11.10	12.00	20.60	5.60	14.83	19.41	56.70	50.62		
哈尔滨市	69.72	74.10	6.41	42.35	22.83	21.50	7.62	37.22	10.45	11.79	3.08	3.85	13.03	19.00	22.57	20.38	0.02	1.44
杭州市	82.02	87.33	71.63	25.29	23.70	25.01	8.78	8.27	12.31	12.46	27.00	9.82	14.57	13.14	28.82	27.61	0.09	0.24
济南市	77.76	82.84	55.75	38.14	23.50	23.00		20.00	11.70	12.70		6.60		9.14	17.10	16.14		
南京市	78.20	86.80	42.72	18.40	22.01	24.19	13.32	6.47	12.50	12.80	11.03	9.70	13.00	15.44	16.89	16.88		
宁波市	84.50	93.61	62.08	45.67	26.73	28.28	18.38	19.38	11.20	11.75	11.91	8.39	13.09	20.83	19.65	17.82		0.95
青岛市	73.47	81.80		47.08	24.80	26.00		23.40	10.40	11.30		6.30	15.32	13.87	18.02	17.71		0.30
沈阳市	80.86	84.54	49.82	35.26	20.70	20.50	12.00	23.00	13.20	14.00	13.00	5.00	14.55	31.00	19.03	18.89		
深圳市	87.20	86.60		4.60	44.00	37.00		52.60	8.10	8.40		6.90	10.90	11.90	38.42	33.66		0.00
武汉市	84.03	91.52	46.79	42.99	23.00	26.00	9.00	21.00	13.00	12.00	13.00	6.00	12.22	14.06	26.15	24.18	0.98	0.37
西安市	66.24	70.80		28.29	20.50	21.00		16.06	11.50	11.90		6.32	14.80	20.78	21.30	19.68		0.03
厦门市	87.47	92.22	70.05	41.30	29.40	30.60	17.60	21.30	10.90	11.00	14.50	7.10			9.62	8.86		

医疗机构经济分析（二）

城市	平均每一职工年负担住院床日		百元资产医疗收入		每床占用资产				每职工平均年业务收入		职工人均年收入		离退休人员费
	综合医院	中医院	固定资产	专业设备	固定资产		专业设备			市直单位		市直单位	
						市直单位		市直单位					
	日	日	元	元	万元	万元	万元	万元	万元	万元	万元	万元	万元
长春市	200.00	147.00	52.04	112.00	12.00	19.00	5.40	8.10	6.27	9.74	1.74	2.48	22 860.00
成都市	235.89	129.39	52.67	137.28	1.84	25.92	0.71	12.61	10.49	14.25	2.81	3.82	661.00
大连市	275.00	201.33	63.60	91.30	5.08	25.00	2.80	14.00	14.81	19.99	2.51	3.06	
广州市	208.69	201.95	62.88	148.16	32.33	41.55	13.15	18.42	22.40	25.24	4.41	3.85	29 594.29
哈尔滨市	195.31	224.00	196.00	42.00	9.00	15.00	5.00	9.00	7.82	12.56	2.13	2.54	7 974.02
杭州市	319.5	255.6	51.69	114.44	25.7	44.59		19.42	26.13	37.69	4.85	6.95	1 767.09
济南市	165.89	176.53	50.71	105.88	15.11	27.33	7.24	13.88	11.53	15.44	2.99	4.03	
南京市	202.86	178.62	58.00	134.72	35.00	52.00	13.90	21.00	20.52	27.15	4.76	6.44	6 577.00
宁波市	307.00	265.00	47.03	107.94	37.42	37.63	15.54	17.01	31.88	37.86	6.39	7.47	3 288.60
青岛市	238.03	210.79	56.26	108.26	17.57	26.80	8.29	12.19	14.87	19.03	3.03	3.90	8 192.46
沈阳市	225.14	181.00	63.39	141.47	15.89	20.96	6.78	9.25	11.11	15.88	2.47	3.27	17 993.00
深圳市	95.00	191.00	60.55	121.82	56.85	67.38	27.25	33.35	30.23	42.41	8.61	11.61	6 704.00
武汉市	339.60	330.26	70.18	141.57	17.00	22.90	7.58	10.78	11.66	20.34	2.79	4.54	17 897.85
西安市	195.28	183.73	55.91	121.57	16.07	23.09	7.39	11.32	8.61	12.31	1.79	2.14	2 412.36
厦门市	400.00	500.00	72.59	94.16	29.71	31.36	18.88	20.63	33.96	38.73	6.19	6.92	7 778.04

医疗机构资产负债状况

城市	总资产		固定资产		负债总额		资产负债率	
		市直单位		市直单位		市直单位		市直单位
	亿元	亿元	亿元	亿元	亿元	亿元	%	%
长春市	28.80	18.68	17.64	11.30	9.06	5.60	31.44	30.00
成都市	62.09	25.37	40.11	16.73	13.14	3.63	21.16	14.30
大连市	42.91	26.54	26.43	16.62	9.80	3.98	23.45	15.65
广州市	103.03	38.17	69.84	23.86	19.47	4.88	18.90	12.80
哈尔滨市	24.36	13.58	19.88	8.41	5.72	3.04	23.46	22.42
杭州市	91.89	42.41	59.98	28.21	20.56	6.47		
济南市	41.28	22.81	23.22	15.52	13.67	7.35	33.12	32.20
南京市	84.85	80.06	55.06	37.34	19.73	12.39	25.69	24.74
宁波市	96.91	31.72	61.84	20.51	22.71	5.48	23.43	17.27
青岛市	60.38	28.69	39.83	19.47	21.20	9.86	35.31	34.70
沈阳市	47.60	34.29	28.21	18.77	13.27	9.22	27.88	26.87
深圳市	114.45	48.50	81.18	34.84	16.54	6.63	14.45	13.67
武汉市	52.42	34.93	32.18	20.88	11.49	6.85	21.93	19.63
西安市	32.10	25.62	21.19	16.71	10.59	8.66	32.98	33.79
厦门市	45.57	35.64	26.98	19.62	10.13	7.89	25.80	22.15

30 种疾病病种费用（一）

城市	内科								
	1. 病毒性肝炎			2. 浸润性肝炎			3. 急性心肌梗塞		
	平均住院费用（元）	其中:药费（元）	出院者平均住院日（日）	平均住院费用（元）	其中:药费（元）	出院者平均住院日（日）	平均住院费用（元）	其中:药费（元）	出院者平均住院日（日）
长春市	7 306.00	4 898.00	20.00	9 876.00	3 623.00	10.00	19 054.00	4 306.00	10.00
成都市	6 683.00	3 478.00	13.00	6 945.00	3 235.00	14.00	9 047.00	3 992.00	13.00
大连市									
广州市									
哈尔滨市									
杭州市	14 978.83	10 001.97	19.95	8 363.11	4 730.27	14.72	29 969.83	9 338.45	10.98
济南市									
南京市	11 489.00	7 331.00	19.00	6 119.00	3 359.00	10.00	37 206.00	6 282.00	13.00
宁波市	9 702.38	6 638.12	23.09	7 243.66	4 245.84	20.40	21 831.88	7 075.95	12.42
青岛市									
沈阳市	6 970.58	5 160.62	16	6 053.64	2 909.92	20	28 386.02	5 469.89	10
深圳市	7 279.00	3 922.00	18.00	4 458.00	2 087.00	12.00	10 835.00	3 255.00	8.00
武汉市	7 235.88	3 491.11	19.11	4 071.47	1 501.91	8.30	12 535.35	6 387.78	11.28
西安市									
厦门市	8 419.15	4 380.26	24.33	7 091.70	3 005.18	13.69	8 097.19	3 460.51	10.07

30 种疾病病种费用（二）

城市	内科								
	4. 充血性心力衰竭			5. 细菌性肺炎			6. 慢性肺源性心脏病		
	平均住院费用（元）	其中：药费（元）	出院者平均住院日（日）	平均住院费用（元）	其中：药费（元）	出院者平均住院日（日）	平均住院费用（元）	其中：药费（元）	出院者平均住院日（日）
长春市	5 301.00	2 934.00	8.00	4 664.00	2 618.00	10.00	4 644.00	2 708.00	11.00
成都市	6 437.00	2 565.00	11.00	8 320.00	4 374.00	17.00	7 287.00	3 892.00	15.00
大连市									
广州市									
哈尔滨市									
杭州市	16 393.34	6 088.00	15.00	3 460.00	1 911.06	8.42	13 915.85	9 465.36	13.69
济南市									
南京市	4 951.00	2 668.00	10.00	5 196.00	3 234.00	10.00	8 880.00	5 413.00	15.00
宁波市	7 355.55	4 149.56	11.81	4 756.76	2 910.84	10.93	10 745.65	7 112.66	15.05
青岛市									
沈阳市	5 647.28	2 767.03	14	5 633.16	3 122.15	12	11 252.1	7 077.74	15
深圳市	12 402.00	6 135.00	11.00	2 270.00	876.00	8.00	7 986.00	3 390.00	9.00
武汉市	5 176.69	2 389.23	13.15	12 122.00	7 771.50	22.00	6 925.39	3 195.52	10.09
西安市									
厦门市	6 430.76	2 983.23	13.63	3 318.83	1 372.58	10.44	8 713.00	3 458.47	16.58

30 种疾病病种费用（三）

城市	内科								
	7. 急性上消化道出血			8. 原发性肾病综合症			9. 甲状腺机能亢进		
	平均住院费用（元）	其中：药费（元）	出院者平均住院日（日）	平均住院费用（元）	其中：药费（元）	出院者平均住院日（日）	平均住院费用（元）	其中：药费（元）	出院者平均住院日（日）
长春市	7 985.00	3 976.00	7.00	6 737.00	3 655.00	15.00	5 605.00	3 131.00	11.00
成都市	8 917.00	3 915.00	9.00	6 489.00	3 167.00	14.00	4 014.00	1 443.00	8.00
大连市									
广州市									
哈尔滨市									
杭州市	14 264.24	8 888.81	12.18	9 848.55	4 997.62	17.43	5 692.34	2 494.19	11.09
济南市									
南京市	9 929.00	4 932.00	10.00	5 875.00	2 313.00	11.00	3 591.00	1 166.00	10.00
宁波市	8 116.93	5 299.24	10.09	6 712.45	3 853.16	14.47	6 134.66	3 387.99	14.03
青岛市									
沈阳市	9 851.81	5 495.72	10	6 362.07	3 343.72	13	5 736.49	2 087.46	12
深圳市	4 294.00	1 864.00	6.00	3 382.00	1 179.00	11.00	3 193.00	742.00	9.00
武汉市	5 633.15	2 680.39	9.84	4 846.97	2 289.49	11.94	3 466.10	1 276.10	11.67
西安市									
厦门市	7 434.66	3 081.02	9.37	21 007.68	4 855.01	17.50	12 365.20	4 473.41	18.29

30 种疾病病种费用（四）

城市	内科								
	10. 脑出血			11. 脑梗塞			12. 再生障碍性贫血		
	平均住院费用（元）	其中:药费（元）	出院者平均住院日（日）	平均住院费用（元）	其中:药费（元）	出院者平均住院日（日）	平均住院费用（元）	其中:药费（元）	出院者平均住院日（日）
长春市	11 302.00	6 388.00	13.00	6 802.00	3 984.00	12.00	5 791.00	2 917.00	9.00
成都市	8 867.00	3 822.00	13.00	7 859.00	3 749.00	16.00	9 574.00	4 514.00	13.00
大连市									
广州市									
哈尔滨市				5 730.00	3 980.00	12.86			
杭州市	21 024.44	12 740.05	20.75	16 274.69	10 858.98	20.05	12 905.17	7 670.88	14.00
济南市									
南京市	14 242.00	8 626.00	15.00	10 688.00	6 718.00	16.00	10 810.00	4 797.00	11.00
宁波市	17 687.50	11 866.61	19.00	13 017.99	9 626.33	15.88	14 849.64	9 536.08	16.18
青岛市									
沈阳市	21 890.52	11 365.08	25	8 119.8	4 836.67	32	8 096.13	4 576.44	7
深圳市	9 458.00	3 518.00	15.00	6 581.00	3 044.00	12.00	5 703.00	1 874.00	9.00
武汉市	8 374.01	3 441.72	14.84	9 090.66	3 588.13	17.29	11 812.50	3 455.69	14.69
西安市									
厦门市	13 464.28	5 873.11	18.90	10 577.14	4 988.71	16.87	8 939.20	3 667.21	15.41

30 种疾病病种费用（五）

城市	内科								
	13. 急性白血病			14. 结节性甲状腺肿			15. 急生阑尾炎		
	平均住院费用（元）	其中:药费（元）	出院者平均住院日（日）	平均住院费用（元）	其中:药费（元）	出院者平均住院日（日）	平均住院费用（元）	其中:药费（元）	出院者平均住院日（日）
长春市	12 257.00	6 719.00	17.00	8 418.00	3 447.00	8.00	3 565.00	1 517.00	5.00
成都市	18 448.00	10 867.00	23.00	8 730.00	2 358.00	10.00	3 814.00	1 639.00	6.00
大连市									
广州市									
哈尔滨市							3 330.00	1 300.00	8.63
杭州市	34 837.23	24 859.95	26.52	7 346.77	2 666.94	7.94	4 307.51	2 430.69	6.61
济南市									
南京市	30 629.00	17 842.00	21.00	6 434.00	2 044.00	9.00	4 048.00	1 968.00	7.00
宁波市	24 856.59	17 102.83	22.11	6 016.21	2 251.68	8.93	3 869.26	2 162.41	6.82
青岛市									
沈阳市	17 072.34	9 808.9	18	7 383.82	1 785.94	8	5 300.77	2 306.73	8
深圳市	15 282.00	5 958.00	14.00	5 597.00	1 060.00	9.00	3 981.00	1 253.00	7.00
武汉市	20 181.05	10 130.05	16.47	6 901.91	1 750.88	10.73	3 670.99	1 324.05	7.36
西安市									
厦门市	8 639.53	3 275.17	14.68	9 139.17	2 634.15	15.10	5 395.75	2 241.61	8.69

30 种疾病病种费用（六）

城市	内科								
	16. 急性胆囊炎			17. 腹股沟疝			18. 胃恶性肿瘤		
	平均住院费用（元）	其中:药费（元）	出院者平均住院日（日）	平均住院费用（元）	其中:药费（元）	出院者平均住院日（日）	平均住院费用（元）	其中:药费（元）	出院者平均住院日（日）
长春市	6 441.00	2 817.00	9.00	4 001.00	1 295.00	7.00	18 622.00	8 122.00	15.00
成都市	4 159.00	1 995.00	8.00	4 831.00	1 373.00	7.00	15 116.00	6 993.00	17.00
大连市									
广州市									
哈尔滨市									
杭州市	9 236.98	5 718.17	10.02	6 082.52	2 240.15	8.33	22 190.65	11 280.99	18.42
济南市									
南京市	7 293.00	4 221.00	10.00	5 392.00	1 332.00	7.00	21 225.00	10 524.00	18.00
宁波市	7 893.29	5 039.32	9.66	4 488.25	1 409.96	7.98	21 189.42	13 057.19	20.44
青岛市									
沈阳市	11 353.81	6 280.8	13	6 357.63	1 945.63	9	22 874.52	10 478.85	18
深圳市	6 941.00	2 683.00	10.00	4 611.00	891.00	8.00	24 780.00	8 972.00	21.00
武汉市	7 082.86	3 243.14	11.72	5 129.09	1 197.86	8.24	25 099.92	11 003.99	23.79
西安市									
厦门市	8 159.06	10 787.58	11.08	5 047.51	763.55	8.80	16 113.91	5 525.15	18.62

30 种疾病病种费用（七）

城市	内科								
	19. 肺恶性肿瘤			20. 食管恶性肿瘤			21. 心肌梗塞冠状动脉搭桥		
	平均住院费用（元）	其中:药费（元）	出院者平均住院日（日）	平均住院费用（元）	其中:药费（元）	出院者平均住院日（日）	平均住院费用（元）	其中:药费（元）	出院者平均住院日（日）
长春市	12 251.00	5 769.00	14.00	20 134.00	9 139.00	18.00	83 055.00	11 716.00	22.00
成都市	15 427.00	8 025.00	22.00	14 873.00	6 235.00	18.00	48 459.00	9 542.00	21.00
大连市									
广州市									
哈尔滨市									
杭州市	24 851.23	16 908.30	24.58	11 393.95	7 048.35	13.50	64 077.53	9 695.55	13.30
济南市									
南京市	18 311.00	10 268.00	18.00	22 234.00	11 102.00	18.00	71 002.00	18 129.00	25.00
宁波市	16 596.07	10 183.59	18.93	23 249.04	12 702.04	22.68	85 910.03	33 178.60	37.22
青岛市									
沈阳市	12 200.88	5 913.41	15	22 560.02	9 882.31	17	78 408.44	24 100.12	21
深圳市	20 949.00	8 396.00	19.00	43 807.00	16 811.00	30.00	81 238.00	12 530.00	23.00
武汉市	13 123.94	6 025.98	34.72	29 478.50	13 287.64	22.67	81 411.95	27 626.16	20.58
西安市									
厦门市	12 180.40	6 841.74	27.29	17 977.33	7 357.28	25.02	68 568.51	15 802.00	37.53

30 种疾病病种费用（八）

城市	内科								
	22. 膀胱恶性肿瘤			23. 前列腺增生			24. 颅内损伤		
	平均住院费用（元）	其中:药费（元）	出院者平均住院日（日）	平均住院费用（元）	其中:药费（元）	出院者平均住院日（日）	平均住院费用（元）	其中:药费（元）	出院者平均住院日（日）
长春市	10 989.00	4 684.00	16.00	8 554.00	3 235.00	14.00	18 030.00	10 375.00	15.00
成都市	11 376.00	4 162.00	17.00	8 321.00	3 108.00	13.00	5 817.00	2 205.00	11.00
大连市									
广州市									
哈尔滨市									
杭州市	12 369.71	3 993.16	28.71	10 167.38	5 269.57	14.71	16 407.77	10 334.92	16.71
济南市									
南京市	18 660.00	8 510.00	21.00	9 751.00	4 153.00	14.00	13 467.00	7 767.00	13.00
宁波市	14 041.63	8 215.01	18.02	9 893.84	4 994.93	14.22	16 944.68	10 952.95	16.36
青岛市									
沈阳市	13 071.21	4 619.01	16	10 435.1	3 827.69	15	13 126.76	7 284.68	18
深圳市	16 465.00	5 364.00	21.00	11 669.00	3 430.00	16.00	24 519.00	8 277.00	31.00
武汉市	14 558.97	6 131.66	20.87	10 434.08	4 081.32	16.78	9 448.44	3 933.85	13.85
西安市									
厦门市	23 203.20	9 446.19	25.54	12 169.15	4 982.02	18.22	13 687.47	6 884.36	16.23

30 种疾病病种费用（九）

城市	内科								
	25. 腰椎间盘突出症			26. 支气管肺炎			27. 感染性腹泻		
	平均住院费用（元）	其中:药费（元）	出院者平均住院日（日）	平均住院费用（元）	其中:药费（元）	出院者平均住院日（日）	平均住院费用（元）	其中:药费（元）	出院者平均住院日（日）
长春市	11 163.00	4 856.00	20.00	3 828.00	2 903.00	7.00	1 267.00	535.00	5.00
成都市	6 569.00	1 739.00	18.00	1 321.00	690.00	6.00	2 911.00	1 402.00	6.00
大连市									
广州市									
哈尔滨市									
杭州市	9 862.05	3 493.34	15.42	2 677.12	1 468.50	6.59	2 926.98	1 553.40	5.44
济南市									
南京市	9 277.00	2 992.00	14.00	2 124.00	1 241.00	8.00	924.00	395.00	4.00
宁波市	12 596.85	4 207.00	14.37	2 766.79	1 575.77	8.50	2 178.06	1 210.01	5.97
青岛市									
沈阳市	8 363.36	3 323.47	15	3 430.67	1 702.24	8	12 765.5	6 962.25	13
深圳市	9 334.00	2 594.00	16.00	1 789.00	624.00	6.00	1 109.00	327.00	4.00
武汉市	4 542.53	1 053.04	16.52	2 119.75	1 027.63	6.47	1 310.00	735.00	4.20
西安市									
厦门市	8 480.54	3 349.24	10.01	2 404.04	898.77	7.73	1 920.68	738.95	6.41

30 种疾病病种费用（十）

城市	内科								
	28. 子宫平滑肌瘤			29. 刮宫产			30. 老年性白内障		
	平均住院费用（元）	其中:药费（元）	出院者平均住院日（日）	平均住院费用（元）	其中:药费（元）	出院者平均住院日（日）	平均住院费用（元）	其中:药费（元）	出院者平均住院日（日）
长春市	5 393.00	1 135.00	7.00	3 067.00	727.00	5.00	6 869.00	615.00	10.00
成都市	5 563.00	1 991.00	10.00	4 017.00	1 310.00	6.00	6 397.00	1 253.00	7.00
大连市									
广州市									
哈尔滨市	5 840.00	1 260.00	10.45	4 090.00	590.00	7.73			
杭州市	7 038.70	2 327.60	8.67	5 086.11	1 472.18	7.03	4 359.65	539.42	4.13
济南市									
南京市	5 635.00	1 670.00	10.00	5 361.00	1 333.00	8.00	3 276.00	356.00	6.00
宁波市	6 044.12	1 912.04	10.78	4 829.77	1 270.73	8.37	6 154.14	1 034.63	6.76
青岛市									
沈阳市	7 411.95	1 619.17	12	3 965.46	765.67	6	5 975.09	892.16	6
深圳市	7 027.00	1 096.00	10.00	4 717.00	750.00	7.00	6 125.00	258.8	4.00
武汉市	7 084.84	1 592.77	12.92	4 198.23	873.45	6.77	6 772.23	810.61	7.85
西安市									
厦门市	5 871.61	1 165.15	10.24	5 286.91	828.19	8.30	5 622.15	729.56	6.93

（责任编辑:胡培光）

索　　引

说　　明

一、本索引分数字首、字母首和拼音首，采用主题分析法，按主题词首字汉语拼音顺序排列，同音字按声调排列，首字相同按第二字音序排列，依次类推。

二、部类名称、分目名称、人名用黑体字表明。

三、主题词后面的阿拉伯数字表示内容所在的页码，数字后的英文字母表示页面从左到右的栏别。

四、主题词下面后缩两格表示其附见内容。

五、“诊疗技术与医事珍闻”、“卫生统计”等部类未作索引。

数字首

字母首

A

B

C

D

F

G

K

L

M

N

P

Q

R

X

Y

Z